교의학개론

도시형이동

교의학 개론

Christelijk Geloof

헨드리쿠스 베르코프
신경수 옮김

국립중앙도서관 출판시도서목록(CIP)

교의학 개론 / 헨드리쿠스 베르코프 지음 ; 신경수 옮김. --
고양 : 크리스챤다이제스트, 2008
  p. ;   cm

원표제: Christelijk geloof
원저자명: Hendrikus Berkhof
네덜란드어 원작을 한국어로 번역
ISBN 978-89-447-0479-6 93230 : ₩26000

교의학[教義學]

231-KDC4
230-DDC21   CIP2008003485

차례

왜 이 책을 쓰게 되었는가? ······································· 11
영역자 서문 ·· 17

서론

1. 서설 ··· 21
2. 종교 ··· 29
3. 신앙 ··· 39
4. 기독교 신앙 ··· 49
5. 기독교 신앙의 연구: 동기들과 본질 ················ 60
6. 기독교 신앙의 연구 : 범위와 한계들 ·············· 71

계시

7. 내적 서설 ··· 83
8. 계시: 현상학적인 그리고 신학적인 ················ 89
9. 계시의 지상적 성격 ··· 97
10. 계시와 은폐 ··· 101
11. 계시의 이중성: 말씀과 성령 ··························· 107
12. 역사로서의 계시 ··· 114
13. 계시의 상징적 언어 ··· 120
14. 자기 - 계시 혹은 진리들의 계시 ···················· 130
15. 일반 계시와 특별 계시 ····································· 135
16. 고정과 전달(성경과 전통) ······························· 139

17. 계시의 일시적인 성격 ··· 175

하나님

18. 계시와 본질 ·· 182
19. 본질과 속성들 ··· 192
20. 거룩한 사랑 ·· 204
21. 변호하지 않는 탁월한 능력 ·· 230
22. 변할 수 있는 신실성 ··· 242

창조

23. 창조주로서의 하나님 ··· 254
24. 창조된 것으로서의 세계 ·· 266
25. 인간(Ⅰ): 사랑과 자유 ·· 302
26. 인간(Ⅱ): 죄책과 운명 ·· 317
27. 세계의 보존 ·· 355

이스라엘

28. 기독교 신앙에 있어서 이스라엘 ································· 371
29. 구약 성경에서의 이스라엘의 길 ································· 377
30. 신약 성경에서의 이스라엘의 길 ································· 416

성자이신 예수

31. 역사적 예수의 탐구 ·· 441
32. 인격 ··· 462
33. 생애와 인성 ·· 483
34. 죽음과 화해 ·· 492
35. 부활과 영화 ·· 506
36. 성령과 참여 ·· 526
37. "삼위—일체"로서의 계약 ·· 543

새로운 공동체

- 38. 공동체로서의 계약 ······ 555
- 39. 제도로서의 교회 ······ 565
- 40. 그리스도의 몸으로서의 교회 ······ 636
- 41. 첫 열매로서의 하나님의 백성 ······ 665

인간의 갱신

- 42. 하나님의 목적인 인간 ······ 684
- 43. 심판과 회개 ······ 692
- 44. 칭의와 믿음 ······ 698
- 45. 인도와 안전 ······ 720
- 46. 칭의와 성화 ······ 727
- 47. 자유와 사랑 ······ 735
- 48. 죽음과 부활 ······ 748
- 49. 투쟁과 진보와 인내 ······ 755
- 50. 완성된 신생 ······ 779
- 51. 기도 ······ 791

세계의 갱신

- 52. 신앙에 있어서 세계의 위치 ······ 803
- 53. 세계의 성화 ······ 815
- 54. 진보와 투쟁 ······ 822
- 55. 양면 가치와 승리 ······ 831

만물을 새롭게

- 56. 그리스도와 성령 그리고 미래 ······ 836
- 57. 개인과 인류와 미래 ······ 842
- 58. 영원한 삶 ······ 855

약 어 표

Althaus, *CW*	Paul Althaus, *Die christliche Wahrheit*, Gütersloh, I 1947, II 1948
Barth, *CD*	Karl Barth, *Church Dogmatics*, Edinburgh, T. & T. Clark, E.T. 1955ff., Vols. I-IV
Bavinck, *GD*	Herman Bavinck, *Gereformeerde Dogmatiek*, quoted from the second revised and enlarged edition, Kampen, I 1906–IV 1911. Because later editions have a different pagination, reference is made only to the paragraph and the number of the 580 subdivisions (indicated with *no.*).
Brunner, *Dg*	Heinrich Emil Brunner, *Dogmatics*, London, Lutterworth, 1950ff., Vols. I-III
Calvin, *Inst*	John Calvin, *Institutes of the Christian Religion*. Edited by John T. McNeill. Translated by Ford Lewis Battles. Philadelphia, Westminster Press, 1960
D	Henricus Denzinger, *Enchiridion symbolorum, definitionem de rebus fidei et morum,* in the revised edition of Adolfus Schönmetzer, S.I. All quotations from the 33rd edition, Freiburg, 1965, and rendered into English by the translator of this book *(Christian Faith)*
H	Heinrich Heppe, *Reformed Dogmatics*. Set out and illustrated from the sources. Revised and edited by Ernst Bizer. English Translation by G. T. Thomson. London, George Allen and Unwin, 1950; Grand Rapids: Baker, 1978
Irenaeus, *AH*	*Irenaeus Against Heresies,* quoted from *The Ante-Nicene Fathers,* Eerdmans, Grand Rapids, 1953, Vol. I
MS	*Mysterium Salutis. Grundriss Heilsgeschichtlicher Dogmatik,* ed. Johannes Feiner, Magnus Löhrer, Einsiedeln, I 1965–IV/2 1973
Ott, *AG*	Heinrich Ott, *Die Antwort des Glaubens. Systematische Theologie in 50 Artikeln,* Stuttgart-Berlin, 1972
R	Carl Heinz Ratschow, *Lutherische Dogmatik zwischen Reformation und Aufklärung.* Gütersloh, I 1964, II 1966
RGG	*Die Religion in Geschichte und Gegenwart,* 3. Auflage, Tübingen, I 1957–VI 1962
S	Heinrich Schmid, *Die Dogmatik der evangelisch-lutherischen Kirche dargestellt und aus den Quellen belegt,* 7. Auflage, Gütersloh, 1893

Schleiermacher, *CF*	Friedrich Schleiermacher, *The Christian Faith*, English translation of the second German edition, T. & T. Clark, Edinburgh, 1928
Thomas, *ST*	Thomas Aquinas, *Summa Theologiae*, left unfinished by his death in 1274, divided into Books (I, etc.) and Questions (indicated by q.), which are again subdivided into articles (indicated by art.)
Tillich, *ST*	Paul Tillich, *Systematic Theology*, Chicago, I 1951–III 1963. The pagination is that of the American edition.
Trillhaas, *Dg*	Wolfgang Trillhaas, *Dogmatik*, Berlin, 1962, quoted from the 2. verbesserte Auflage of 1967
TDNT	*Theological Dictionary of the New Testament,* translated and edited by Geoffrey W. Bromiley, Eerdmans, Grand Rapids, 1964–76, Vols. I-X
Weber, *Gl*	Otto Weber, *Grundlagen der Dogmatik*, Neukirchen, I 1955, II 1962

Scripture quotations are as a rule from the *Revised Standard Version*. Where a different version has been used, this has been indicated.

왜 이 책을 쓰게 되었는가?

베드로전서 3:15에서 우리는 우리가 가진 소망에 대한 이유를 묻는 모든 자들에게 대답할 것을 항상 예비하라는 도전을 받는다. 이 도전은 모든 기독교인들에게 다가온다. 그러나 이것은 신학자들에게 특별한 의무를 부여한다. 계몽주의 이후로 조직신학의 많은 것들이 이 임무를 세속화된 문화 속에서 취하고 있는 것으로 간주될 수 있을 것이다. 그러나 신학자는 또한 대부분의 주요한 교파들을 교란하는 혼란과 대립 속에서 어떤 외침을 듣게 된다.

이것들이 바로 내가 이 책을 쓰도록 재촉하였던 주된 고찰들이다. 우리의 세속화된 시대와 관련하여, 나의 목표는 이것을 그처럼 많은 이들에게 모호하게 만드는 모든 깊게 배인 잘못된 관념들이 제거된, 가능한 한 최신의 정보를 담은 명쾌한 복음의 재진술을 제시하려는 것이었다. 교회와 관련하여, 이 책은 한편으로는 엄격한 전통주의와 다른 한편으로는 방향타가 없는 현대주의 사이에서 이것이 어떻게 그 길을 헤쳐나가는지를 독자들이 볼 수 있는 그런 방식으로 복음을 표명하려는 것이다.

이 책에서 나는 우선 복음의 해석과 전달에서의 특별한 역할을 위하여 신학적으로 훈련받은 사람들 즉 설교자와 목사들, 그리고 우리 모두가 같은 질문들을 얼마나 많이 공유하고 있는지를 고려할 때에, 또한 사제들에게도 도움을 주고 싶다. 둘째로, 나는 신학생들을 염두에 두고 있다. 나의 판단으로서는 그들은 신학 전체에 대한 단 권으로 된 개관서를, 즉 칼 바르트의 기념비적 저서인 「교회 교의학」과 신학적인 주제에 관한 수백 권의 전문서적들의 중간에 서 있는 책을 사용할 수 있을 것이다. 그러나 나의 이전 책들에서처럼 — 그

가운데 몇 가지도 역시 영국에서 출판되었는데 — 나는 많은 "일반" 교회 신자들을 잊을 수 없는데, 그들은 갖가지 방식으로 베드로전서 3:15의 요청에 직면해 있다. 그들은 이전 어느 때보다 더 힘든 시간을 보내고 있다. 그들은 도움을 위하여 신학자들을 바라보고 있다. 그리고 만일 이것이 예배를 위하여 성도들을 장비(裝備)하게 하는 의미가 없다면 우리의 신학이 무슨 가치가 있겠는가?

그러나 이것은 이 책에 두 가지 성격을 제시한다. 나는 이 책이 정보를 주고 영감을 주게 되며, 더 많은 대중들 뿐만 아니라 전문가들에게도 도움을 주기를 원한다. 한 권의 책에서 이것을 성취하도록 돕기 위하여 나는 본문에서 두 가지 활자체를 사용하였다. 큰 활자로 인쇄된 부분들은 모든 독자들을 위하여 의도된 것이다. 이 부분들은 작은 활자체로 된 부분과는 별개로 이해될 수 있는 긴밀히 연결된 전체를 함께 형성한다. 특별히 신학자들을 위해 의도된 후자는 다른 신학 분야와의 연결고리를 보여주고, 역사를 통한 흐름들을 도출하며, 중요한 논쟁들을 언급하고, 문헌을 인용하며, 자세한 논증과 상세한 설명을 제공해 준다.

한 권의 책에서 두 가지를 다 수행하려고 하는 것은 긴 행렬(tall order)이다. 어떤 독자에게는 피상적이고 너무나 일반적인 것으로 고려될 수 있는 것이, 다른 독자에게는 심오하고 지나치게 상세한 것으로 보일 수도 있다; 전자에게는 전통적인 기독교의 전문 용어인 것이 후자에게는 이단설과 같이 들릴 수도 있다. 이것들은 이 책이 1973년에 화란에서 처음으로 출판되었을 때, 내가 부딪혔던 예상치 못한 몇 가지 것들이었다. 나는 이 책이 받았던 환대에 대해 깊이 감사한다; 화란어판은 이제 제 4판(개정판)이 나왔다. 분명히 나의 조국과 관련하여, 나의 두려움들은 근거없는 것이었다. 이제 나는 이 영어판에 대한 동일한 불확실성에 직면해 있다. 게다가, 교회적으로나 신학적으로 영어권 세계는 화란이나 유럽 대륙과는 같지 않다. 더욱이 나의 원래 청중이 화란인이기 때문에, 이 책이 또한 영어권 독자들을 염두에 두고 기획되었더라면 가지고 있었을 만큼, 영어 문헌에 대한 전거(典據)가 그렇게 광범위하지 않다.

이 책의 제목은 이러한 고찰들과 관련된다. 이 책의 관심사는 단순히 나의 신앙이나 혹은 우리의 신앙이 아니라, 기독교(인)의 신앙이다. 그러나 이 책의 제목은 "그(the) 기독교 신앙"이 아니다. 이러한 요청은 주제넘은 것일 수도 있다. 하나님이 우리에게 주신 것은 무궁무진하지만, 우리는 단순히 작은 사람들이고, 여전히 모든 것을 완전히 이해하기 위한 도상에 있지만, 복음은 항상 새로운 상황 속에서 재진술을 필요로 한다. 항상 새로운 상황들 속에서 재진술되어야 하는 많은 것들이 존재한다. 신앙에 대한 많은 신학적인 표현들이 재진술되어야 하는데, 이 모든 것들은 동일한 것을 지적하며, 그것들의 다수성에 의해서 서로를 상대화하고 보충해준다. 우리 모두는 "우리에게 주어진 은혜에 따라서", "우리의 신앙에 비례하여" 글을 쓴다. 이 책은 다수의 표현들 가운데 한 가지 표현이다. 그들이 이 책의 저자처럼 선하거나 혹은 그보다 더 좋은 신자들일지라도 — 혹은 그렇기 때문에 — 어떤 사람들에게 이것은 아무것도 의미하지 않을 수도 있다. 많은 다른 사람들에게 이 책이 그들의 신앙과 증거를 위하여 환영받는 도움의 수단이 되기를 나는 기대한다.

부제(副題)는 "신앙의 연구 서론"이다. 이 책의 크기가 "서론"이라는 단어를 거짓된 겸손으로 보이게 할 수도 있을 것이다. 그러나 나는 아주 진지하게 이것을 의미하였다. 신앙의 연구는 학문적인 훈련일 수도 있지만, 이것은 무엇보다도 먼저 예술이다. 신앙의 연구에서, 사람들은 다른 사람들의 말을 들은 후에 하나님의 진리를 과감하게 스스로 표현한다. 신앙의 연구는 — 혹은 영어권에서 더 잘 알려져 있는 것처럼, 조직신학의 연구는 — 따라서 행하고 실천하기 위한 것만큼 많은 것을 배울 수 있는 어떤 것이 아니다. 한 권의 책은 단순히 우리가 시작하도록 돕고, 우리가 그것을 우리 스스로 행하기 위해 노력하도록 자극을 줄 수 있을 뿐이다.

큰 활자로 된 부분에서는 이것을 명심하라. 이 부분들에서는 내가 하나님의 진리를 어떻게 이해하는지를 설명하려고 하였다. 그러나 어떤 독자라도 더 나은 공식을 제시하는데 있어 자유함을 느껴야 한다. 작은 활자로 된 부분에서 나는 독자들에게 내가 어떻게 해서 나의 공식에 도달하였는지를 볼 수 있는 기회를 제공하였으며, 특히 그곳에서 나는 그들이 제시된 공식적이지 않은 방향들을 사용하여 내가 말한 것을 넘어가도록 가볍게 자극을 주었다. 나는 독자들을 주제 속으로 인도한다; 그곳으로부터 그들은 스스로 계속 나아가야 한다. 사실상, 이것은 내가 스스로 하고 있는 일이다. 다른 어떤 사람보다도 나는 내가 얼마나 많은 것을 언급하지 않고 내버려두었는지를 알고 있다. 너무나 종종 나는 내가 그것을 완전히 발전시킬 수 있기도 전에, 유망한 사상의 흐름으로 보였던 것을 깨뜨려야만 했으며, 따라서 이미 긴 책으로서는 더 이상 얻을 수가 없을 것이다.

그러나 마찬가지로 작은 활자체로 된 부분들에서도 나는 이러한 서론적인 성격을 생각하고 있었다. 신학사에서 한 때 역할을 수행하였고 또한 대부분의 교의학 편람들이 지금 충실하게 물려주고 있는 모든 종류의 용어와 문제와 논쟁들이 빠져 있다. 신학사는 신앙을 성찰하는 현대의 신자에게 쓸모없는 많은 것을 솔직히 포함하고 있다. 그러나 의견의 차이가 나타나는 경우에, 내가 인용한 문헌이 나의 판단을 수정하는데 도움을 줄 수 있다.

제한적이지만 적절한 참고문헌의 선택은 정신을 어지럽게 하는 과업이었다. 단순한 제목의 열거는 매우 쉬운 것이지만 하지만, 마찬가지로 무의미하다. 나는 독특한 관점을 적절하게 설명해주거나 혹은 사람들에게 특별한 용어들에 대한 유용한 개관을 제공해주는 책들에다 나 자신을 제한하려고 노력하였다. 이 두번째 범주 속에서는 화란어 문헌이 우선적으로 고려된다. 내가 화란어 초판의 서문에서 썼던 것처럼, "훌륭한 화란어 자료들이 많은 주제들에 대해서 얼마만큼이나 많은 도움을 주었는지가 언제나 생각난다." 이것들을 영어 저작들로 대치하는 일은 — 그 이상은 아니라 하더라도 — 중요하고도 철저한 점검을 의미하는 일이었을 수도 있다. 물론 나는 내가 인용한 출판물들에 항상 동의하는 것은 아니지만 때때로 그것들에 대한 나 자신의 견해를 제시하였다. 이 책을 쓰는 동안에 나는 또한 나 자신의 초기의 저작들이 얼마만큼이나 많이 좀더 포괄적인 이 책을 위한 건축용 벽돌로 입증되었는지를 또한 알게 되었다. 한 번 이상 나는 이 책들을 참고해야 했는데 — 그런 이유로 나는 이 가운데 몇 권의 책의 영역본에 대해서 감사하게 생각하는데 — 그 이유는 여기에서 좀더 간결하게 진술되는 것을 그 책들에서 좀더 상세하게 논증하였기 때문이다.

특별히 고전적인 작가들로부터 그들의 견해를 보여주기 위하여 나는 대표적인 인용문들을 때때로 추려내었다. 그럼에도 불구하고, 아무리 신중하게 선별하였다 하더라도, 이것들은 단순한 전거(典據)들에 불구하며, 그 이상은 아니다. 이런 저자들이 어떤 입장에 서 있는지를 그가 지금 알고 있다는 생각은 아무도 하지 않기를 바란다. 이 인용문들은 독자들의 신학적인 호기심과 더 많은 것을 알려고 하는 욕구를 일깨워주기 위해 단순히 의도되었다.

독자들에게 도움을 주기 위해, 나는 다수의 좀더 오래된 것들과 보다 최근의 조직신학들을 고정된 정향점들로서 사용하고 이것들을 규칙적으로 참고하기로 결심하였다. 이 작품들은 약어표에 언급되어 있다. 이것은 이레나이우스(Irenaeus)에게서 시작하여 오트(Ott)에게서 끝나는 하나의 시리즈이다.

각 장들이 독립적으로 읽혀질 수 있는 방식으로 이 책이 씌어졌기 때문에, 비록 그것이 이 책의 기본적인 의도는 아닐지라도, 이 책은 참고 도서로 사용될 수 있을 것이다. 이런 이유로 해서 앞에서 인용된 참고문헌의 전거들이 이어지는 장들 속에서도 완전하게 언급되는 수가 있을 것이다. 일반적으로 참고문헌의 전거에서 언급된 연도는 초판의 연도이다.

화란어가 아닌 다른 언어로 된 주요한 본문 인용문들로서는 오로지 독일어와 영어와 불어 자료들만이 있을 뿐이다. 작은 활자체로 된 부분에서 나는 또한 히브리어와 헬라어, 라틴어를 사용하였다. 그러나 그곳에서도 역시 나는 많은 긴 인용문들이 사고의 흐름을 방해하지 않게 하기 위해서 나 자신을 엄격하게 제한하였다. 더욱이, 오랜 세월동안 라틴어는 신학에서 큰 역할을 수행하였으며, 이 주제를 깊이 연구하려는 사람이라면 이 언어를 숙달해야 할 것이다. 이 영어판이 독자에게 훨씬 더 쉽게 받아들여지도록 하기 위해서, 번역자는 이 고전적이고 낯선 언어 인용문들의 대부분이 여기에서 영어로 소개되도록 주의를 기울였다.

이 시점에서 나는 이 책을 대단히 정확하게 그리고 그 내용에 대한 깊은 이해를 가지고 번역해준 시에르트 우드스트라 박사(Dr. Sierd Woudstra)에 대한 감사와 찬탄의 마음을 표시하고 싶다. 그는 또한 가장 최근의 화란어 판에서 정정되어진 다수의 오류들과 부적절한 표현들도 찾아주었다.

이 책은 한 사람과 한 기관에 이중으로 헌정하려고 한다. 더불어서 그들은 이 신학책이 있게 해준 두 세계를 상징한다. 베른은 유럽과 북미에 있는 대학 시설들과 신학대학들 및 신학교들의 어디에서나 신학의 부지런한 추구를 상징한다. 그리고 나의 아내 — 글쎄, 그녀는 상징이 아니다. 다행스럽게도! 그녀는 전체 원고를 타이핑해주었고 그 외에 많은 일들을 해주었다. 그러나 이것은 가장 중요한 것이 아니다. 그녀는 어느 누구보다도 더 이 책이 씌어질 수 있었던 조용하고 행복한 분위기를 조성하는데 도움을 주었다.

레이덴(Leiden)에서,
1973년과 1979년 여름에,
헨드리쿠스 베르코프

영역자 서문

헨드리쿠스 베르코프 교수님의 신학에 대한 나의 첫번째 대면은 그의 책인 *Well-Founded Hope*(기초가 든든한 소망)에서였다. 나는 내가 수 년전에 이 강연들을 읽었을 때 받았던 지적인 호기심을 자극하는 흥분을 아직도 기억한다. 영어권 세계에서 일반적으로 조직신학이라 불리는 것에 관한 그의 주요한 포괄적인 저서를 언젠가 내가 번역할 수 있는 기회를 갖게 되리라는 것은 그 당시에는 거의 추측할 수 없었던 일이었다.

전문적인 견지에서 볼 때, 이 책을 번역하는 일은 나에게 수많은 어려움을 가져다주었는데, 그것들 전부가 만족스럽게 해결될 수는 없었다. 베르코프 교수님은 대단히 말을 아낄 뿐만 아니라, 단어의 선택에 있어서도 아주 신중하였고 전통적인 용어에서 떠나기를 주저하지 않았다. 나는 이러한 문제들에 대한 나의 질문들에 그가 확실하고도 신속하게 응답해 준데 대하여 대단히 감사를 드린다. 만일 이 번역이 원래의 화란어 맛을 얼마간 지니고 있다면, 나는 독자들이 관대히 받아주기를 요청한다. 이 책은 엄격하게 추론되었는데, 다소간 자유로운 번역으로서는 이 책의 신학적인 정밀성을 떨어뜨릴 수도 있었을 것이다.

서론 부분의 5장에서, 베르코프 교수는 왜 그가 전통적인 "교의학"을 피하고 — 전적으로는 아니지만 — 대신에 신앙론(*Geloofsleer*, 독일어로는 *Glaubenslehre*)을 선택하였는지를 설명하였다. 비록 이 용어가 특정한 영어의 해당어를 갖고 있지 않지만, 나는 "신앙의 연구"가 충분히 수수하고 동시에 이 책이 대안으로서 사용하려고 하는 전부를 충분하게 표현하고 있다고 생각하였다. "신앙의 연구"라는 용어에 익숙치 않은 독자들은 이 책이 제시하는 것이 실제로는 조직 신학이라는 사실을 먼저 염두에 두어야 할 것이다.

「기독교 신앙」은 1973년에 초판이 나왔으며, 같은 해에 2판이 이어서 출판되었다. 제3판(1975)이 나오고 나서야 비로소 저자는 주로 다른 신학자들로부터의 중요한 논평에 대한 반응으로서 제한된 수의 좀더 본질적인 변화들을 내어놓을 수 있었다. 이러한 반응들 가운데 많은 내용들은 1974년에 *Weerwoord*라는 책으로 출판되었다. 그의 60회 생일을 기념하여 베르코프 교수에게 25명의 기고자들이 증정하였던 *Reacties op Dr. H. Berkhof's "Christelijk Geloof"*(응답. 베르코프 박사의「기독교 신앙」에 대한 반응)는 「기독교 신앙」이 화란에서 받아왔고 연구되었던 강렬한 관심에 대한 또다른 예증이다. 이런 작은 변화들이 이 책의 기본적인 기획을 결코 변경시키지는 않았다. 나중에 1978년에 와서 화란의 출판사가 제 4판을 요청하였는데, 이 책은 기본적으로 저자의 기독론을 해명하고 참고문헌의 전거들을 갱신하는 면에서 훨씬 더 많은 변화를 위한 기회를 허용하였다. 이 모든 변화들이 본 역서에서 통합되었다. 약간의 작은 예외가 있기는 하지만, 역자 본인의 편집적인 변화들은 몇 가지 화란어 정기간행물의 논문들과 책 제목들을 참고문헌에서 삭제하는 것으로 제한된다.

이 책은 영어로 소개된 베르코프 교수의 책들 가운데 다섯번째 책이다. 그의 초기의 저서들은 *Christ and the Powers*(1962, 제 2판, 1978), *The Doctrine of the Holy Spirit*(1964, 1976), *Christ the Meaning of History*(1966, 1979), 그리고 *Well-founded Hope*(1969)이다. 비록 (그가 서문에서 상기시켜주고 있듯이) 이 초기의 출판물들이 이 책으로 이어졌지만, 이 책은 여태껏 그의 가장 의욕적인 작품이다.

말할 필요도 없이 번역자는 자신이 번역하는 내용에 책임을 지지 않으며 반드시 전적으로 거기에 동의할 필요도 없다. 내가 *Well-founded Hope*를 읽을 때 느꼈던 동일한 지적인 호기심을 자극하는 흥분에 의해서 항상 유도되기는 했지만 종종 나는 저자의 논의 속으로 나 자신이 조용히 빨려들어가는 것을 발견하였다. 확실히 반성과 논의를 자극해 줄 수 있는 신학 서적의 능력은 정확히 위대한 힘이다.

이 책은 최종적인 말로서 의도되지 않았다. 베르코프 교수가 처음으로 말하는 것처럼, 우리의 모든 신학, 즉 다소간 정확한 개념들로서 우리의 성령이 주시는 믿음을 표명하려는 우리의 모든 시도들은 단순히 첫번째 말에 불과하다. 하나님과 그분에 대한 우리의 신앙은 언제나 우리의 체계 그 이상이다. 그러나 이 말의 명백한 한계에도 불구하고, 말은 언급되어야만 한다. 기독교 신앙은 신앙의 연구의 책임을 추구하고 요청한다. 베르코프 교수는 자신의 답변, 즉 다른 사람들이 믿고 답변하려고 노력하는 것처럼 다른 사람들에게 도움을 주려고 했던 그의 답변을 우리에게 제시하였다. 나는 그가 훌륭한 책, 즉 사려깊고 생각을 자극하며, 또한 진정한 에큐메니컬 신학의 탁월한 본보기를 우리들에게 제공해주었다고 믿는다. 나는 이 책이 영어권 세계에서 이용될 수 있게 하는데 참여하게 된 것이 하나의 특권이었다고 생각한다. 여기에서 신학자들은 숙고해야 할 어떤 것을 발견할 것이고, 강단에 서는 사람들은 설교될 수 있고 또한 삶과 그것의 당혹스러운 문제들에 중대하게 관련된 신학을, 그리고 일반 신자들은 신앙을 깊게 해주고 그럼으로써 이것들을 그 신앙 속에 더 견고하게 세워줄 수 있는 신학적인 안목을 발견하게 될 것이다.

　어떤 사람도 다른 사람들로부터 전적으로 독립해서 하나의 책을 쓰거나 번역할 수는 없다. 내가 이 길을 따라오면서 받았던 제안들과 충고에 대해서 얼마나 많이 감사하게 생각하는지를 말하는 것은 나의 즐거운 책무이다. 나는 또한 이면에서 이루어진 많은 작업들에 대해서 출판사의 여러분들에게 감사를 드리지 않을 수 없다. 나는 그들이 흔쾌한 마음으로 마감시간을 정규적으로 연장해 준데 대해 고마운 마음을 갖고 있다. 특별히 내가 질문을 담은 다른 편지를 보낼 때마다 신속하게 그의 과제를 수행해준데 대해서 베르코프 교수님에게 진심으로 감사를 드리고 싶다. 그와 그의 친절한 부인을 좀더 개인적으로 알게 된 것 역시 하나의 즐거움이었다.

그랜드 래피즈에서,
1979년 여름에
시에르트 우드스트라

서론

1. 서설

실재(reality)에 관한 어떤 특정한 영역을 통찰하는 이 같은 작업은 그 영역이 그것과 인접한 영역들과 어떤 연관을 갖는가를 제시하면서 시작하는 것이 관례이다. 몇 개의 대략적인 윤곽들을 사용해 저자는 좀더 넓은 영역의 지도를 재빠르게 그려내며 그리고 나서 그의 특정한 주제가 그 지도상의 어느 곳에 위치하고 있는가를 지적한다. 그뿐 아니라 주제를 둘러싸고 있는 영역으로부터 그 주제로 이르는 길들을 제시한다. 우리가 기독교 신앙을 다룰 때도 굳이 동일한 과정을 따르지 않을 이유가 없는 듯하다. 따라서 우리들은 먼저 종교와 신앙의 좀더 넓은 영역에 대한 일반적인 묘사를 하고, 다음으로 이 윤곽들 안에서 기독교 신앙의 위치를 지적하고자 한다.

그러나 문제는 위에서 말한 것처럼 그렇게 아주 단순한 것만은 아니다. 방법론과 같은 순수하게 보이는 지점에서조차 우리가 들어가려는 실재의 영역의 특정한 성격이 강하게 두드러진다. 기독교 신앙이 신약성경에 규정적으로 표현된다는 사실을 가정할 때, 우리는 다음 사실을 만나기 때문이다: 처음부터 기독교 신앙은 자신이 '종교'의 일반 현상의 한 특수한 형태일 뿐이라는 가정을 반대한다. 신약성경에서 이 신앙은 자신을 성령의 선물, 선택의 열매, 특수한 계시, 어떤 인간의 마음도 생각할 수 없었던 통찰로 제시한다. 우리가 사용하려고 선택한 방법론에서 이 기본적인 종교의 확신을 처음부터 부인하는 것은 결코 작은 일이 아니다. 그러나 큰 문제는 "우리가 사용하기로 결정한 방법(met-hodos = '접근')에서 이 확신을 어떻게 표현하는가"이다. 자신을 어떤 낯선 실재로의 도약으로 표현하는 그 무엇에 접근하는 일이 어떻게 성취될 수 있는가? 역으로 만일 이 기독교 신앙이 또한 우리들의 실재와 아무튼 어딘가에 잇닿아 있고 우리들의 실재의 한 부분이 된다면 우리가 그런 시도를 어떻게 포기할 수 있는가? 우리들이 직면한 문제는 교의학의 소위 '서설'의 적합성과 내용들에 대한 문제이다.

이 문제는 신학에서 늘 큰 역할을 해왔다. 일찍이 2세기에 변증론자들은 그들이 자신들의 대적들과 공통적으로 가지고 있다고 생각되는 경험들과 확신들을 추구했다. 중세 이래로 로마 가톨릭 신학은 praeambula fidei(신앙의 입구)라는 교리를 주장해왔다. 아퀴나스(Aquinas) *STI*, q. 2, art. 2, 그리고 II, q. 1, art. 2를 보라. 개혁자들은 이러한 추구가 아무런 가치가 없다고 보았다. 그러나 멜란히톤(Melanchthon)과 베자(Beza)에 의해서 도입된 개신교 스콜라주의는 교의학에 자연신학이라는 기본구조를 제공함으로써 곧 중세의 전통을 계승했다. 17세기에는 데카르트(Descartes)의 영향 아래서 이 기본구조가 기독교 신앙의 진리를 증명하는 하나의 조력자로 인식되었다. 18세기에는 서설이 신학의 참된 내용이 되었다. 그러나 칸트(Kant)의 순수이성 비판(*Kritik der reinen Vernunft*, 1781)은 서설이라고 하는 이 수세기에 걸친 낡은 이성주의와 그것의 신존재증명을 종결시켰다.

그러나 이것으로 서설의 문제가 끝나지는 않았다. 그렇지만 이 문제의 형식은 변경되었다. 유럽에서 증가하고 있는 삶의 세속화로 인해 신학자들은 모든 사람들에 공통되는 경험들과 통찰들로부터 기독교 신앙에 접근해야 할 필요성을 변증론자들 이래 어느 때보다도 강하게 느끼게 되었다. 서설의 현대적 전통의 막을 연 영예는 슐라이어마허(Schleiermacher)의 *CF* pars. 1-14에게 돌아간다. 그는 그곳에서 기독교 신앙을 '절대의존의 감정'에 정초시켰으며 기독교 신앙을 이 절대의존의 감정의 가장 발전된 형태로 간주했다. 19세기 신학은 이 전통을 지속하고 부연하였다; 기독교 신앙의 본질과 진리성은 이

제 일반 종교현상의 본질과 진리성 위에 세워졌다.

그러나 슐라이어마허는 그의 서설에 문제점이 있음을 알게 되었다. 그는 그것들을 2판에서 수정했고 그것과 관련해 그의 *Zweites Sendschreiben*(Lücke 박사에게 보낸 둘째 공개편지, 1829)에서 그의 변화된 관점과 변화의 이유들을 명백하게 설명하였다. 거기서 그는 서설을 포함하고 있는 그의 '서론'과 그의 교의학 사이에 폭넓은 균열이 있음을 말하고 있다. 그래서 그는 아무도 "내가 기독교 경건을 설명하기 위해 일반 종교의식을 사용하기를 원한다"고 생각해서는 안된다고 말한다. 이 기본구조는 비록 우리들에게 '구속'이라는 개념을 줄 수는 있더라도 결코 구속주 자신을 줄 수는 없다. 그는 이어서 "Für die christliche Glaubenslehre ist die Darstellung zugleich die Begründung"(기독교 교의는 그것의 설명인 동시에 그것의 증명이 된다)고 말하고 있다. 따라서 *CF* 2판 par. 11에서 그가 추구했던 주목할 만한 사고의 길은 기독교 신앙의 유일무이한 성격을 현상학적으로 설명하는데 이르는 것이었다. 그는 이제 기독교 신앙의 진리성을 위한 증명을 제시하는 척하지 않았다. "이곳에서 우리가 말하는 모든 것은 교의학에 상대적인 것이며, 교의학은 기독교인만을 위한 것이다: 즉 이 설명은 기독교의 울타리 안에 살고 있는 사람들을 위한 것이다." 이와 같이 일반 종교 의식과 기독교 신앙 사이에 도약이 있다. 그리고 후자를 전자의 가장 높은 형태라고 부르는 것은 일반 명제가 아니라 신앙의 명제를 만드는 것이다.

20세기에 이 방법론적 불확실성은 서설의 밑에 놓인 다이너마이트가 되었다. 가장 좋은 예는 바르트(Barth)의 *CD*, esp. I, 1 과 I, 2 "하나님 말씀론: 교회 교의학의 서설"이다. 슐라이어마허의 "기독교 교의는 그것의 설명인 동시에 그것의 증명이다"는 언명이 이제 출발점이 된다. "교의학의 서설은 교의학 자체의 한 부분으로서만이 가능하다. 서설(Prolegomena)이라는 단어에 있는 pro라는 음절은 표상적으로 이해되어져야 한다. 문제시되는 것은 미리 말해져야만 할 것들이 아니라 첫번째로 말해져야만 할 것들이다"(*CD* I, 1, p. 45). 그리고 첫번째로 말해져야만 할 것은 하나님이 인간적 가능성들 안에 있는 어떤 뿌리나 접촉점 없이 그의 말씀을 발생시키신다는 사실이다.

이리하여 바르트는 주변 영역으로부터 접근을 시도하는 것을 완전히 거절한다. 이 정직성이 거대한 영향력을 만들었다. 왜냐하면 그것이 교의학을 한 길을 제시하고 간격을 위장해야만 하는 강요로부터 해방시켰기 때문이다. 이 급진주의가 다른 사람들에 의해 추종되었음은 놀랄 만한 일이 아니다. 브루너 (Brunner), 포겔(Vogel), 그리고 베버(Weber) 등의 조직신학들이 그 예들이 다. 그러나 알트하우스(Althaus)와 부리(Buri)의 조직신학에서 분명하듯이 모든 사람들이 이를 따른 것은 아니다. 특히 ST에서 틸리히(Tillich)가 사용한 '상호연관의 방법(method of correlation)'이라는 정반대의 방법이 거대한 영향력을 형성했다. 틸리히는 인간의 의식과 기독교 신앙을 질문과 대답으로 상호연관시키기를 원했다. 그는 기독교 신앙을 인간의 사고 및 탐구와 무관하게 마치 진공 속에서 움직이는 것처럼 보는 것을 거절했다. 많은 사람들이 바르트 안에서 이런 위험성을 보았다. 그 자신의 방법에 대해 틸리히는 말한다: "상호연관의 방법을 사용함에 있어서 조직신학은 다음과 같은 방식으로 나아간다: 조직신학은 실존적 질문이 일어나는 인간의 상황을 분석한다. 그리고 나서 조직신학은 기독교 말씀 안에서 사용된 상징들이 이 질문들의 대답임을 논증한다."(ST I, p. 662).

그러나 이 간단한 인용은 이 방법 역시 반대를 불러일으켰음을 충분히 보여준다. 인간의 상황으로부터 단지 질문만이 일어나는가? 왜 답은 일어날 수 없는가? 그리고 이런 질문들은 과연 기독교 신앙으로 적절하게 답변될 그런 본성을 가지고 있는가? 기독교 신앙이 과연 우리들의 질문들에 꼭 들어맞는 답변인가?

서설에 대한 오늘날의 입장은 아주 혼란스럽다. 대부분의 신학자들은 바르트와 상반되는 입장이다. 그들은 기독교 신앙의 기본 개념들의 정합성과 중요성이 말해지기 전에 어떤 것들이 먼저 말해져야 한다고 본다. 물론 그들은 이 먼저 말해져야 할 것들은 나중에 말해질 것과 매우 다르다고 보고 있다. 개신교 신학은 이런 질문들로서 인간 실존의 구조와 곤궁, 그의 역사성 (Geschichtlichkeit), 그리고 그의 유토피아적 미래를 향한 지향성 등을 들고 있다.

이 문제는 로마 가톨릭 신학에 있어서 항상 특별하게 중요시 되어왔다. 로마 가톨릭 신학은 인간의 자기를 초월하고자 하는 선천적인 충동을 특별히

강조한다: 인간은 그 자신이 자신의 힘으로 성취해 왔고 또 성취할 수 있는 것 그 이상을 추구한다. 그리고 이 '그 이상(more)'을 인간은 계시에서 발견한다. 오늘날 라너(K. Rahner)는 이런 방법의 전사이다. 이런 접근 방법의 좋은 사례는 New Catechism(새 교리문답서)의 서론(실존의 신비)이다. 이곳에서는 보다 넓은 구조인 세상과 인간에 대한 진화론적인 관점과 자주 조화된다.

19세기와의 유사점과 차이점이 모두 눈에 띈다. 오늘날도 마찬가지로 기독교 신앙을 인간의 본성적 실존에 단단히 정초시키려는 요구가 있다. 이 관심은 (최근에 그 인간학적 정합성의 대부분을 상실한) 종교 자체 이상의 것을 포함한다. 그것은 이제 인간이 집착하고 있는 어떤 것, 의미, 위임(mandate) 그리고 삶의 전망에 대한 광범위한 연구를 포함한다. 이같은 좀더 광범위한 이해는 서설에 대한 우리들의 사고를 풍성하게 하기 때문에 환영되어져야 한다. 그러나 이러한 광범위한 조망이 슐라이어마허가 반대하기 시작했고 또 바르트로 하여금 전통적 서설을 포기하게 이끌었던 그 균열이 여전히 남아 있다는 사실을 숨길 수는 없다.

우리들은 서설의 적법성의 편에 선다. "만일 어떤 것이 '먼저' 말해지게 된다면, 기독교 신앙은 그 먼저 말해진 것과 조화롭게 연관되어져야만 한다"는 사고에 의해 서설의 적법성에 대한 토론은 불필요하게 짓눌려있다. 우리 세계에는 많은 다른 종류의 관계성들이 있다: 종합적, 대조적, 변증법적, 보완적. 우리가 기독교 신앙이 우리들의 경험적 실재의 특정한 영역들과 특별한 관계성을 유지하고 있다는 확신을 갖고 있다고 해서 지금 당장 그 관계성의 본성을 결정해야 할 필연적인 이유는 없다. 저 관계성의 실재를 우리들은 확신한다; 더 말하자면, 우리들은 기독교 신앙이 우리 경험적 실재의 전체와 연관되어 있다고 확신한다. 이런 확신은 기독교 신앙 자체에 내재한다. 이 확신은 우리에게 일어난 그 말씀(the Word)이 동시에 모든 창조된 실재의 토대라는 전제에서 나온다. "자기 땅에 오매 자기 백성이 영접치 아니하였으나"(요 1: 11). 부활의 첫 열매는 또한 만물들 가운데

제일 먼저 나신 자이시며(골 1: 15ff.) 만물을 통일하는 머리이시다(엡 1: 10). 따라서 신적 구원과 지상적 실재는 상호 보완적인 개념들이다; 이 상호 관계성 속에서만 그들은 지각될 수 있다. 하나님의 치유하시는 사역과 구원을 가져다주시는 사역은 우리들을 향하고 또한 우리들이 살아가는 세상을 향한다. 이런 사실로부터 다음이 귀결된다. 원칙적으로 기독교 신앙의 내용들을 다루지 않는 것은 아무것도 없고 또 기독교 신앙으로 이르는 길이 완전히 없는 그런 지역도 없다. 따라서 모든 실존은 서설의 영토로 간주될 수 있다. 실천적으로 그러한 것은 물론 불가능하다. 모든 것을 알고 그것을 그의 시야에 가져올 사람은 아무도 없다. 모든 사람들은 한계들을 갖는다. 이러한 이유 때문에 신학자들 간에 그들의 서설에서 광대한 차이가 나타난다. 그리고 아무도 혹자의 접근이 옳고 혹자의 접근은 틀리다고 말할 수 없다.

그러나 이 통찰들 때문에 서설을 기록한다는 것이 매우 어렵게 된다. 게다가 '이 서설을 통해서 무엇이 성취될 수 있는가'가 질문될 수 있다. 하나님의 구속 사역이 우리들의 실재에 도달하고 영향을 주는 방식은 구속 사역 자체로부터 설명하는 것이 더 분명하게 되는 것이 아닌가? 전제의 문제들로 고민하지 않고 곧바로 핵심으로 뛰어들었던 종교개혁 신학자들의 실천이 더 바람직해 보인다.

그러나 우리가 생각하기로는 이러한 현명한 소박성을 더 이상 추종할 수 없다. 우리들이 살고 있는 시대가 다르기 때문이다. 우리들과 종교개혁 사이에는 계몽주의 시대가 있고 또 계몽주의를 뒤따르는 모든 것들이 놓여 있다. 결과적으로 인간의 자의식은 무한히 찬양되어 왔고 반면 하나님은 인간에게 점점 더 의문시되어왔다. 현대인들에게 하나님의 구원과 그가 알고 있는 실재는 두 개의 서로 다른 것들이 되어왔다: 세상은 점차 더욱 분명해져 왔고 구원은 점차 모호해져 왔다. 기독교 신앙인들도 역시 그런 풍조로부터 독립적일 수는 없었다. 오늘날 기독교 신앙에 관한 어떤 책은 그것의 유효성을 희생한 대가로 이런 풍조를 무시할 수 있었다. 과거의 어떤 시대들에서는 서문을 생략하는 것은 의심의 여지없이 적절한 일이었다.

저자들은 직접적인 접근을 통해 그의 독자들에게 호의를 제공할 수 있었다. 그러나 오늘날 동일한 접근은 독자들에게 차갑게 느껴질 것이며 저자가 독자를 참으로 돌아보지 않았다는 인상을 준다. 그것은 우리가 신앙에 대해 말할 때 우리들이 일상적이고 참된 세상 곁에 독자적으로 존재하는 어떤 세상을 다루고 있다는 생각을 촉진시킨다. 따라서 우리들은 서설을 선택한다.

그러나 우리가 이런 결정을 한 순간, 장애물들이 다시 일어난다. 먼저, 실재의 어떤 국면을 기독교 신앙이 말하는 계시를 이해하기 위한 토대로 삼아야 할 것인가 하는 문제가 제기된다. 이 선택 자체가, 선행하는 검토되지 않은 철학적 윤리적 혹은 신학적 전제들에 기초된, 논의의 여지가 없는 어떤 결정을 입증하는 것은 아닌가? 서설의 처음 시작에 내려진 이런 전제들은 이리해서 우리들의 전 교의학에 결정적인 영향력을 갖게 될지도 모른다. 혹 반대로 신앙의 문제를 다루기 위해 영역을 선택하고 기술하는 일이 신앙이 어떻게 기술되어야 하는가에 벌써 의존하고 있는 것은 아닌가? 두 개의 위험성들이 동시에 신랄할 수도 있다. 어떤 경우든 악순환이라는 결말이 결코 가상적일 수 없다. 다르게 말한다면, 실재의 한 단편을 객관적으로 분석하려할 때, 우리들은 그 단편을 아마도 우리들의 기독교 신앙 이해에 상응하고 있는 어떤 관점에서부터 보고 있을지 모른다. 우리들은 그 단편을 우리들로 하여금 어떤 종교적 결정이 내포된 신앙을 보게 해주는 그런 실재에 대한 묘사와 더불어 보고 있을지 모른다.

우리는 이런 위험을 피할 수 있을까? 참으로 불가능하다. 누구도 자신 밖으로 나가서 철저하게 객관적인 관점에 설 수 없기 때문이다. 특히 그러한 근본적인 문제들이 문제시되는 시점에서는 더욱 그러하다. 우리가 할 수 있는 것은 위험들을 최소화하기 위해 그런 함정을 인식하는 일이다. 그런 위험들을 알고 있는 사람은 그의 서설을 당시대에 우연히 유행하고 있는 어떤 철학적 토대 위에 세우지 않는다. 문학, 자연과학, 혹은 사회과학의 영역에서 우연히 유행하는 동향들을 사용하지 않는다. 그런 것은 목회적, 사목적 혹은 변증적 본성의 설교나 글들에 있어서 아주 충분하거나 심지어 필수불가결할지도 모른다; 그러나 기독교 교의에 관한 책은 자기 나름의 필요조건을 갖는다.

 잘못된 길로 접어든다는 것이 얼마나 쉬운가를 염두에 두면서, 우리의 서설에서 우리는 기독교 신앙이 처음으로 '전개' 혹은 '시작'(이 용어들의 타당성은 나중에 명백히 할 것이다)된 실재의 영역을 즉 종교의 영역을 우리의 출발점으로 사용하고자 한다. 이리하여 우리는 현상학적인 접근과 역사적 접근의 결합을 시도한다. 동시에 우리들은 계몽주의의 단절이 있은 후 슐라이어마허를 전후로 해서 새로운 힘을 얻어온 서설에 대한 고래의 전통을 거슬러 올라갈 것이다. 이것은 후기 기독교(religionslos)라고 종종 강조적으로 표현되는 시대에 있어서 적절한 선택이 아닌 것 같아 보인다. 그러나 그런 시대에 있어서조차 우리들은 기독교의 근원이 종교의 세계에 있다는 사실을 정직하게 인정해야 한다. 우리들의 세상이 기독교 신앙을 '종교적인 삶'의 한 형태로서 지속적으로 간주하고 있기 때문에, 우리들은 이 사실을 어떤 방식으로든 무시하거나 부인할 수도 없었다.

 실재의 다른 측면들의 세속화를 고려할 때, 이 전망은 "우리가 어떤 영역들에게 초월적인 차원을 더할 수 있을 때만이 이 영역들이 우리 서설을 구성하는데 적합하다"는 조건하에서 정당하다. 경험은 이 조건이 우리의 현대 세계에 의해서 의문시되고, 부정직하다고 간주되는 것을 가르쳐준다. 이는 실로 "우리가 종교를 우리 서설의 내용으로 만든다면, 우리는 지성을 상실할 위험을 감수하고 있는가"의 문제이다. 더군다나 우리의 문화 속에 종교에 대한 연구가 있다; 실로 종교에 대한 연구의 강도가 더 증가하는 것 같다. 현대인은 게다가 궁극적이고 가장 포괄적인 질문들을 취급하는 것이 바로 종교라는 막연한 생각을 가지고 있다. 우리들은 아무런 어려움 없이 이 질문들을 현대인의 사고를 점유하고 있는 많은 다른 질문들 즉 삶과 실존의 의미, 자유, 죽음, 우주에서 인간의 위치, 진화의 방향 등의 질문과 연결시킬 수 있다. 전체 실재에서 우리들은 종교라는 측면을 취한다. 그리고 그것을 전체 실재를 위한 기독교 신앙의 정합성을 이해하기 위한 토대로 사용한다.

요즘 서구세계에서는 신학이 하루살이 같은 현대 철학적 사유를 사용해 서설을 건설하려는 강한 경향을 보이고 있다. 칸트(Kant), 헤겔(Hegel), 하이데거(Heidegger), 야스퍼스(Jaspers), 화이트헤드(Whitehead), 비트겐슈타인(Wittgenstein), 메를로 퐁티(Merleau-Ponty), 테이야르 드 샤르뎅(Teilhard de Chardin), 블로흐(Bloch), 기타 다른 사상가들이 어떤 종류의 신학을 전개시키기 위해 사용된다. 이들 사상가들이 종종 그들 자신이 거절한 방향에서(테이야르 드 샤르뎅은 여기서 예외다) 해석되어진다. 그러나 이것 자체를 반대할 수 없다("모든 것은 자기 자유니까"). 그러나 그들의 의지와 상관없이 일방적으로 그들에게 '세례'를 주고 그들을 '신앙의 입구'에 세우는 것에는 문제의 여지가 있다.

그러나 만일 위대한 지성적 능력과 명석한 통찰력을 소유한 어떤 신학자가 자신의 서설에서 실존의 분석(Daseinsanalyse)을 제공할 수 있다면, 그래서 이 실존 분석 안에서 많은 그의 동시대 사람들이 그들 자신을 발견할 수 있다면, 그리고 동시에 이 실존 분석이 그 동시대인들에게 기독교 신앙에 대한 새로운 전망을 제시할 수 있다면, 상황은 다를 것이다. 파스칼(Pascal)의 명상록(*Pensées*)이 이런 좋은 예이다. 그러나 파스칼은 조직신학자가 아니었다. 그리고 일반적으로 신학자들은 이런 실존 분석을 위한 재능이 결여되어 있다.

2. 종교

인간의 종교라는 분야는 아주 광대하고 다양해서 오랜 기간에 걸친(18, 19세기) 열정적인 '종교의 본질' 연구에도 불구하고 이제 포괄적인 정의를 발견할 수 있다는 희망마저 사라진 상태이다. 모든 연구가들이 그들이 추구하는 것에 대해 다소 분명한 상(像)을 가지고 있음에도 불구하고 그러하다. 그러나 다양성에도 불구하고, 이 상들은 상이하기보다는 유사하다. 이 같은 사실은 주어진 정의들에 대해서도 마찬가지로 적용된다. 이러한 사실이 우리들로 하여금 우리 자신의 정의를 내릴 수 있도록 격려한다. 이런 정의의 부적합성을 인식하면서, 따라서 보다 나은 정의에 대해 개방적

자세를 취하면서, 우리들은 종교를 다음과 같이 기술한다: 종교는 절대적인 것과의 관계이다.

이 기술은 '종교에 있어서 특징적인 것이 무엇인가?' 그리고 '인간의 삶에 있어서 종교의 기능이 무엇인가?'를 설명해주는 장점을 가진다. 인간의 삶이란 결국 관계들 속에서의 삶이다. 우리들은 우리들을 둘러싸고 있는 세상, 다른 동료 인간들, 우리의 직업, 사회구조, 문화, 과학, 자연과의 관계성 안에서 그리고 이 관계성을 통해서 살아가고 있다. '절대적인 것과의 관계로서의 종교'라는 정의는 '우리들이 여전히 또 하나의 다른 관계성 속에 서 있다는 것, 즉 우리 현상계와 분리되어서 알려질 수는 없지만 그럼에도 불구하고 우리 현상계의 부분이 아닌 어떤 것 즉 우리들 실존의 터전인 어떤 실재와의 관계성 속에 서 있다는 것'을 우리에게 알려준다.

더 이상의 어떤 다른 터전을 필요로 하지 않는 그런 터전이 존재하는가? 현상세계의 모든 한계들, 유한성 그리고 상대성 속에 절대적이고 자기 충족적이고 다른 어떤 것에 의존하지 않을 뿐 아니라 나아가 이 상대성들의 세계를 지탱하는 그런 힘이 존재하는가? 이곳에서 우리들은 단지 다음 사실만을 말할 수 있다: 이러한 절대적인 것에 대한 탐구는 이 탐구가 그것을 생각하고 필요로 하는 인간 존재에 속한다는 것을, 그리고 그것과 더불어 이 절대적인 것이 발견되어질 수 있고 인간이 그것과의 관계 속에 들어갈 수 있다는 확신이 동반된다는 것을 은연중에 나타낸다.

우리들은 이곳에서 '필요'와 '확신'을 언급했다. 우리는 또한 다음과 같이 말할 수 있다. 종교는 질문이면서 동시에 응답이다. 이런 '내적인 필요'와 질문하는 태도는 아마도 소위 인간에게 있어서 가장 불가사의하고 가장 매혹적인 측면일지도 모른다. 반복적으로 말하건대, 인간 존재가 속하고 또 인간이 필요로 하는 현상세계와 인간의 관계성은 인간에게 충분하지 않아 보일 수 있다. 인간은 이 세상 너머에 도달하지 않을 수 없고 따라서 자신 너머에 도달하지 않을 수 없다. 세상이 인간의 질문에 대해 주는 응답과 또 이 응답이 인간에게 주는 만족은 인간에게 충분하지 못하다. 인간은 주어진 모든 응답에도 불구하고 질문하기를 멈추지 않는다. 인간의 본성은 명백히 다음과 같다: 인간은 소위 현상적인 관계성들과 상대성들에 자신을 의탁할 수 없다. 인간 안에는 영원한 불안, 목마름, 공허, 성취와 실현에의 외침들이 있다.

    종교의 이면은 그것의 확실성, 그것의 '응답으로서의 실재'이다. 종교적 인간은 그가 궁극적인 답을 얻었다는 사실, 절대적인 것이 그와 관계성에 들어가 있다는 사실, 이리하여 그가 자신의 인간성의 실현을 가져올 수 있는 지식과 삶의 깊이 속에 들어가 있다는 사실을 지속적으로 경험한다.

    의도적으로 우리는 이곳에서 '지식'과 '삶'이라는 두 단어를 사용했다. 인간의 근본적인 갈증이 이들 둘 다와 연관되어 있기 때문이다. 지식에 대한 인간의 갈증은 너무나 거대해서 이 상대성들의 세상으로부터 얻어질 수 있는 지식들로는 잠재울 수 없다. 인간은 늘 절대적인 터전에 대해 질문하기를 멈추지 않는다. 그리고 인간의 자기실현에 대한 동경이 너무나 거대해서 제한된, 흔들리는, 지상적인 그리고 근심에 찬 인간 실존이 자신에게 줄 수 있는 만족과 행복에 의해서 달래질 수 없다. 인간은 절대적인 것에 대한 지식과 완전한 자기실현을 향해 늘 자신을 강요한다. 인간에게 있어서 이 두 개의 요구는 명백하게 하나이다. 인간은 진리와 행복, 계시와 구원을 갈망한다. 종교 안에서 그리고 절대적인 것과의 관계를 통해서 인간은 이 두 가지를 다 발견하기를 희망한다: 신적인 것의 계시는 동시에 어떤 면에서 구원과 지복으로 인도하는 길의 계시이다.

    이처럼 종교는 현상적인 관계들을 넘어서 있는 관계이다. 그러나 종교는 현상적인 관계들과 보완적으로 가장 직접적으로 연관되어 있다. 이 후자의 사실이 우리를 당황하게 하는 종교 안에 있는 다양성을 설명해준다. 지식과 구원에 관한 질문이 다른 방식으로 제기되는 가지각색의 인간 상황에 모든 종교는 — 질문인 동시에 대답인 — 상호보완적으로 속한다. 이리하여 종교는 어떤 특정한 문화-인류학적 양식을 어떤 방식으로든 돌파하지만, 동시에 어떤 특정한 문화-인류학적 양식 안에서 구현된다. 본질의 관점에서가 아니라 현시적 관점에서 볼 때 종교는 많은 방식으로 예를 들어 지리적·심리적·사회적·문화적·역사적인 방식으로 조건지워진다.

따라서 질문의 큰 다양성이 있다. 특히 질문이 구원과 관계할 때 그러하다. 어떤 종교에서는 인간의 부족함이 특별히 크고 위협적인 세상 안에서 느끼는 인간의 왜소함과 무력함 안에서 경험된다. 다른 종교에서는 그것이 고통과 수난의, 혹은 가멸성과 죽음의, 혹은 인간의 끊임없는 실수들과 죄의 신비이다.

게다가 대답의 다양성은 더욱 크다. 종족적 결합에서, 영혼불멸에 대한 신앙에서, 자신이 자신을 지탱하고 둘러싸고 있는 그의 조상들 세계의 일원임을 인식함에서 인간은 휴식처를 발견한다. 나아가 자연의 영원한 순환 안에서, 태양과 별들에 있는 우주적 질서, 행위와 운명의 상호연관, 혹은 빛과 어둠의 양극성 안에서 휴식처를 발견하기도 한다. 어떤 이들은 국가의 삶 혹은 우주적 인간성의 관념에, 신의 불꽃으로서의 인간의 영혼에, 혹은 세계영혼을 묵상함에 시선을 돌린다. 유대교와 기독교의 구속사는 그것을 통해 인간이 하나님과 관계성에 들어가는 수단들이다.

이런 내용에 관한 엄청난 다양성에도 불구하고, 구조적으로 종교들은 대단한 동형성(unifomity)을 드러낸다. 거의 모든 종교들이 세 가지 요소들을 갖는다: 신화, 교의, 혹은 선언의 요소; 신성한 제나 제식; 그리고 도덕적 행위에 대한 법칙들. 처음의 것은 절대적인 것이 자신을 열어 보이는 양태를, 두번째 것은 인간의 즉각적인 반응을, 그리고 세번째 것은 그런 지식과 인간의 일상 삶의 구원에 대한 결과와 각각 관계한다. 많은 사람들이 여기에다가 네번째 요소를 더하기도 한다: 종교의 신비적인 구성 요소인 내적 경험. 그러나 이것은 개인적인 특성의 척도를 전제하고 있고, 또 모든 종교에서 발견되는 것이 아닌 신성과 이 개인적 특성에 상응하는 만남을 전제하고 있다.

종교의 다양성과 이 다양성의 원인들에 돌아감으로써, 우리는 지금 종교에 고유한 문제점들에 직면해 있다. 우리들은 주어진 종교적 대답들이 크게 다르다는 것을, 그리고 그런 답변을 제공하는 사람들과 종족들과 국가들 혹은 문화들이 숨쉬는 세계에 따라 그 답변이 달라진다는 것을 보았기 때문이다. 절대적인 것은 사람이 살아가고 있는 세상과 분리되어서 알려지거나 경험될 수 없다. 본질상 절대적인 것은 현상적인 것과 상대적인 것을 무한히 초월한다. 그러나 절대적인 것은 동시에, 우리들이 현상세계에 묶여있다는 사실 때문에, 이 상대적인 현상들 안에 나타날 때 비로소 알려질 수 있다.

그리고 이것 때문에 차이점들이 생겨난다. 어떤 이들에게는 자연의 순환이 절대적인 것의 창(窓)인 반면, 어떤 이들에게는 이것이 순수하게 현상적이고 세속적 사건이다. 역사에 대해서 혹은 세계영혼에 대해서 혹은 우주적 조화에 대해서도 동일한 것이 적용된다. 어떤 이들에게는 이들은 순수한 세속적 사건들이다. 반면 다른 이들에게는 그들은 신성한 사건들이다. 이런 상이점들 뒤에는 더욱 심각한 문제가 놓여있다: 상대적인 것 안에서 절대적인 것을 본다는 것 자체가 모순이 아닌가? 그러나 현상계에 묶여있는 인간이 이것말고 어디에서 절대적인 것을 볼 수 있는가? 그렇다면 이것은 정의상 발견되어질 수 없는 것을 인간이 추구한다는 것을 의미하는 것이 아닌가? 즉 종교는 자기기만의 고상한 형태인가? 절대적인 것은 어디에도 없기 때문이다. 절대적인 것을 세속인인 사실 혹은 사건에서 발견하려고 시도할 때 우리는 세속적인 것을 지나치게 강조하거나 신성화시킬, 그리고 그것의 세속성을 오해할 엄청난 위험성에 직면한다; 동시에 절대적인 것을 상대화하고 세속화시킬 엄청난 위험성에 직면한다.

이 아주 중요한 시점에 종교의 영역에 무신론의 현상이 일어난다. 무신론은 전적으로 종교를 부인하는 적으로서 보통 소개된다. 그러나 그렇다면 우리들은 종교와 무신론이 종교에 고유한 문제점에 대한 반대방향의 답으로서 변증법적으로 관계되어 있다는 사실을 인식할 수 없게 된다. 이 점은 무신론적 종교인 불교에서 분명하게 보여진다. 이 양극성이 그리스-로마 그리고 계몽주의의 무신론에서 동일하게 분명히 보여진다. 무신론은 종교적 질문들은 공유하지만 종교적 답변들을 공유하지 않는다는 사실이 중요하다. 무신론은 절대적인 것을 질문한다. 그러나 이 절대적인 것이 어느 곳에도 없다고 관찰한다. 무신론은 세속 세계의 공허한 사실들과 상대성에게 완전한 정의(complete justice)를 실현하려는 정열적인 열망으로 특징지어진다. 종종 무신론은 절대적인 것이 참으로 얼마나 절대적이어야 하는가를 파악하고 있는 듯한 아주 독실한 경건성을 또한 보여준다. 신성이 종교적인 방식으로 존재한다는 것을 믿음으로 그 신성을 모독하길 원하지 않는 그런 경건성을 보여준다. 이런 무신론의 종교적 근원은 왜 무신론이 새로운 종교적 형태로 자주 돌출했는가를 설명한다. 무신론은 세속의 전체성 즉 상대적이고 현상적인 세상의 전체성을, 종교적인 형태로, 어떤 절대적인 과정으로 혹은 어떤 절대적 심연의 탄생으로 신비적으로 경험하기도 했다. 일반적으로 말해서, 종교에 의해 명확하게 표현되는 우주적이고도 근절할 수 없는 질문의 답변으로 신성화 경향과 세속화 경향은 역사 속에서 지속적으로 번갈아 나타났다.

이 마지막 문장에 사용한 '우주적' 그리고 '근절할 수 없는'이라는 표현은 해명이 필요하다. 이 논제는 여러 시대를 걸쳐서 특히 계몽주의 시대 이후부터 비난을 받아왔다. 이 이의제기가 무신론의 현상과 관련된 이상, 이 이의제기는 종교와 무신론의 양극적 관계성을 언급함으로써 납득되어질 수 없다. 더 많은 이유를 들면서 사람들은 서구세계에 만연한 종교적 무관심을 지적할지도 모른다. 그들은 불가지론과 회의주의의 만연을 지적할지도 모른다. 이렇게 되면 전 문제가 한편으로 제쳐진다. 이런 것들은 모든 문화 안에서 일어났고 또 일어나는 것들처럼 보인다. 종교는 인간의 실재와 실존경험에 있어서 어느 정도의 의식적 깊이를 전제한다. 그러나 많은 사람들이 그것을 평이하게 소유하지 못하고 있다. 게다가 많은 사람들에게 있어서 삶의 미학적·역사적·사회적 차원에 대한 인식이 거의 발전되어 있지 않거나 심지어 전혀 발전되어 있지 않다. 그러나 이 사실이 우리들을 그런 인식형태의 우주적이고도 근절될 수 없는 성질을 부인하도록 이끌지 않는다.

효과적으로 부정을 하려면 통계적 사실들 이상의 증거가 있어야 한다. 만일 종교의 근원이 인간의 본성에 있는 더욱 본질적인 요소로 환원될 수 있다면 그런 경우에만 이 부정은 성공적이 될 수 있다. 그래서 사람들은 종교적인 질문들의 근저에 비종교적인 질문들이 있다는 사실, 그리고 따라서 종교적인 대답이 이 질문에 적합하지 않다는 사실, 결론적으로 종교의 대답이 비정합적임이 드러난다는 사실을 논증하려 했다. 많은 사람들이 이런 방식으로 종교를 비종교적인 요소들로 환원하려는 시도를 통해 자신의 주장의 정당성을 입증하려 했다. 종교의 원천은 성직자의 현혹적인 책략, 안 알려진 것에 대한 공포, 과학적 본능의 원시적 형태, 안전에 대한 갈망, 신경계의 장애, 기존하는 제도에 대한 지지, 인간의 약함에 대한 대상작용, 도덕적 규범에 대한 지원 등등으로 언급되어왔다. 즉 종교는 심리적, 사회적, 지성적, 혹은 도덕적 요소들로 환원되어졌다. 가장 잘 알려진 그리고 가장 광범위하게 받아들여지는 환원은 마르크스의 이론이다. 마르크스는 종교를 경제적인 조건들의 반영으로 보았다. 억압받는 사회계급은 이 아편(특히 내세의 지복을 약속하는 것)을 통해 그들의 사슬을 잊으려 한다.

이들 모든 이론들은 그들 나름의 강점들이 있다. 그 본성에 있어서 종교는 전인에게 영향을 미치기 때문에, 종교는 또한 전인에 의해서 자양분이 주어지고 채색되어진다. 그렇기 때문에 사람들이 아주 많은 연관들을 지적할 수 있게 된다. 그러나 그렇다고 해서 종교를 이들 연관들 중에 하나로 환원해서는 안된다. 지금까지 그런 환원 가운데 아무것도 성공을 거둔 것이 없다. 마르크스주의는 자신이 이것을 위한 실천적인 증명을 제공할 수 있으리라고 자신했다. 그들은 계급해방을 통해 사람들의 종교에 대한 요구를 영원히 제거할 수 있으리라고 기대했었다. 그러나 이런 증명은 아직 성취되지 않았고 멀지 않은 미래에 그것이 성취되리라는 자신감도 감소되고 있다.

만일 우리들의 정의가 문제의 핵심을 건드리고 있다면, '절대적인 것과의 관계'로서의 종교는 사람의 다른 관계 혹은 다른 측면으로 환원될 수 없다. 비록 종교가 사람의 다른 필요들에 상응하는 것이 보여진다 해도, 절대적인 것을 가정한다는 것 그리고 이 절대적인 것과의 한 관계를 가정한다는 것은 정신적인 도약임이 분명하다. 이 정신적 도약은 그것 자체로는 실재로부터 형성된 실재의 단편에 의해서 요구되어지지 않는다. 그 단편이 세속 현상세계에 속하기 때문이다. 혹자는 이 현상 세계에 절대적인 것을 향한 잠재적 경향성이 벌써 내재되어 있다고 가정할 수도 있다. 그러나 이 경우는 더 이상 환원의 문제가 아니다. 이것은 순환논리의 문제와 관계된다.

이러한 비환원성은 종교의 보편성과 비근절성을 필연적으로 의미하고 있는 것은 아니다. (정신적 질병 역시도 환원될 수 없다.) 그러나 절대적인 것과의 관계를 향한 도약이 인간 의식의 특징임을 전제한다면, 현실적으로 그들이 밀접하게 서로에게 속한다고 말할 수 있다. 이 명백한 가정은 종교가 보편적 현상이라는 사실에 의해서 강화된다. 그리고 종교가 보편적 현상이라는 사실은 종교가 근절될 수 없다는 결론을 이끌어낸다. 우리가 이 현상에 있어서 유일무이한 것에 초점을 맞출 때만, 우리들은 과학적인 진보를 성취할 수 있다. "종교는 자기로부터 출발한다"(오토 R. Otto). 인간은 종교적 문제성을 피할 수 없다(주의注意: 나는 '종교'라고 말하지 않았다). 이 문제성 안에서 인간은 그의 최후의 경계들을 향해서 그리고 이 경계들 너머를 향해서 발돋움한다. 그리고 이러한 발돋움을 할 때야 비로소 그는 충실한 사람이 된다. 이 무한을 향한 충동이 없다면 인간은 이차원적 존재로 남게 된다.

그러나 이런 충동은 대답보다는 질문에서 더욱 분명하게 돌출된다. 그 대답들은 지나치게 다양하고 불확실하기 때문에 보편타당성이 표현되기를 요구할 수 없다. 그러므로 우리들은 궁극적인 질문에, 종교적인 진리의 궁극적 질문에 주의력을 집중한다. 만일 종교가 인간 영혼의 환원될 수 없는 행위라면, 그렇다면 그것은 인간학적 진리를 포함한다. 인간은 그가 놓여 있는 세상에 만족하면서 살 수 없다는 것이 판명된다. 이 사실은 인간의 다른 행위들에 의해서 적어도 암시되어진다. "인간은 무한히 자기를 초월하려고 한다"(파스칼) 이러한 선천적 불만족이 "다른 세계" — 그것을 향해 인간이 결정되어 있는 — 의 존재를 증명하는가? 종교현상은 이런 결론을 허락하지 않는다. 왜냐하면 종교는 늘 상대적인 것 속에서 절대적인 것을 추구하게 되어 있으며, 따라서 무신론이라는 반대자를 적법하게 인정하는 그런 문제성과 관계하기 때문이다. 그의 종교에서 인간은 그 자신과 그의 세계를 넘어 뻗어 나가지만 결국 불가피하게 자신과 이 세계로 떨어지게 되는 듯하다. 이것과 더불어서, 가장 주목할만하고 신비스러운 어떤 것이 인간에 대해 말해진다. 그 이하도 그 이상도 아니다.

인간 실존의 한 측면인 종교라는 주제에 대해 다음의 중요하고 영향력 있는 사상가들이 언급되어져야 한다. 가장 먼저 언급해야 하는 것이 슐라이어마허와 그의 저서 「종교론」(*On Religion. Speeches to its Cultured Despisers*(1799; E. T. 1958)이다. 특별히 그의 두번째 대화가 중요하다. 그는 종교를 지성적인 것과 도덕적인 것으로 환원하는 것에 반대해 논쟁한다. 그에 따르면 종교는 "영혼 속에 있는 다른 영역"이다. 그리고 종교의 특징은 "느낌"이나 "우주에 대한 지각"으로서의 "무한에 대한 이해와 취향"이다. 슐라이어마허가 종종 그의 사상을 표현했던 낭만적이고 범신론적 방식을 무시한다면, 그는 종교를 '창조적이고 근원적인 힘 — 많은 상대적인 현상들 속에서 지각되고 느껴질 수 있는, 즉 계시로서 자신을 인간에게 강요하는 힘 — 에 의한 인간 존재의 붙들림'으로 사고했다. 이러한 종교에 대한 이해는 *CF*에서 초기에 언급했던 "절대의존의 감정"이라는 정의보다 더 폭넓고 비옥하다. 저 감정은 종교의 핵심이라기 보다는 종교의 결과이기 때문이다.

19세기에는 종교에 대한 사고와 저작물이 풍부했다. 불행하게도 진화론적 이론들(이것들은 "정점에 이른" 종교인 기독교의 관점으로부터 어떤 것이 참으로 종교이고 어떤 것이 종교가 아닌지를 결정하려고 했다)과 종교를 실재의 다른 측면들에 정초시키려는 경향이 종종 정직하고 개방된 숙고를 방해했다. 오히려 심리학의 도움으로 사람들은 인간의 이성이나 감정들 혹은 도덕적 인식에 종교의 토대를 놓으려고 시도했다. 칸트의 영향 때문에 종교는 특별히 선과 악에 대한 인간의 인식과 연결되어졌다. 이 모든 경우에 있어서 종교 자체가 자신을 완전히 그리고 철저하게 표현하도록 허락되지 않았다. 슐라이어마허는 달랐다. 그는 '감정'이라는 불명료한 단어를 가지고 인간 의식의 지향을 명료하게 표현하려고 노력했다. 이러한 점에서 그는 그의 뒤를 따라 종교를 감정에 정초시키려 하는 다른 사람들과 달랐다.

출현된지 약 100년 후에 슐라이어마허의 「강화들」(*Discourses*)이 한 젊은 종교학자 오토(R. Otto)에 의해서 다시 제기되었다. 오토는 1917년 그의 거작 「거룩의 개념」(*The Idea of the Holy*)을 가지고 슐라이어마허의 전통을 뒤따르고 있었다. 오토의 종교에 대한 묘사에 의하면, 종교의 특징은 '전적 타자', '누미노제'(das Numinose), '거룩한 것'에 의해 인간이 교차적으로 매혹되어지고 반발되어진다는 데 있다. 이 기술이 그로 하여금 19세기에 일반적으로 설명될 수 없었던 종교의 기괴하고 냉정한 많은 형태들과 측면들을 설명할 수 있게 했다. 오토의 견해는 지금까지도 유행되고 있다.

슐라이어마허와 오토의 뒤를 이어 주목받을 만한 세번째 사람은 죄더블롬(Söderblom)이다. 그 역시도 전적으로 유일무이한 현상으로서의 종교를 명료하게 표현하는데 흥미를 가졌었다. 비록 그의 견해가 조직적으로 표현되지 않았지만, 그는 오토처럼 '거룩'의 범주를 종교에 있어서 전형적인 것으로 간주했다. 그의 주요 저작은 「하나님 신앙의 형성」(*Das Werden des Gottesglaubens*(Swedisch 1914; German 1916)이다. 한 세대 후에 위대한 종교 현상학자인 판 데르 레우(G. van der Leeuw)가 죄더블롬과 오토에 의해서 세워진 토대 위에서 자신의 견해를 펼쳐갔다. 그의 「종교현상학」 *Phaenomenology der Religion*(1st ed. 1933; E. T. *Religion in Essence and Manifestation*, 1963) 여기저기와 *De godsdiensten der wereld*(2nd ed. 1948)에 있는 그의 간단하지만 의미심장한 서론을 보라.

판 데르 레우 이후에 종교사가들의 관심은 구체적인 종교적 표현들과 전체 문화 속에서 그들의 정합성으로 강하게 경도되었다. 종교 현상에 관심을 가지는 오늘날의 철학적 신학자들 가운데 특별히 틸리히가 언급되어야 한다. 그의 *ST III*, pp. 86-106, 162-244와 그의 간결한 연구인 「기독교와 세계종교들의 만남」(*Christianity and the Encounter of the World Religions*(1963))을 보라. 모든 그의 기술들이 다 동일하게 가치있는 것은 아니다. "삶의 자기 초월"은 방향을 상실했고 "절대적인 것에 대한 경험"은 지나치게 간결하다. 후자의 평가는 앞에서 언급한 간결한 연구에 대해서도 타당하다: "종교는 궁극적 관심에 의해 사로잡혀있는 상태이다. … 이 관심은 무조건적으로 심각하다. … 이러한 관심의 내용을 주된 종교들은 신이라고 부른다"(p. 4) 그의 신학에서 틸리히는 종교에 있어서 절대적인 것과 상대적인 것 — 틸리히는 이것을 보편적인 것과 구체적인 것이라고 부른다 — 의 변증법적 관계에 아주 주목한다.

종교와 양극적 관계를 갖는 무신론은 주로 세 가지 요소들에 의해서 길러진다: 불변하는 자연법칙, 세계 속에 있는 고난, 그리고 인간의 자율. 이들 각자는 나름대로 세상에 의미와 지복을 제공하는 절대적인 것의 현존을 거절하는 논증을 한다. 신약과 구약 모두가 종교에 대한 이런 무신론적 비판을 지지하고 있다는 것은 우연한 일이 아니다(이사야 44:9-18, 로마서 1:18-25을 보라).

3. 신앙

기독교 신앙이란 넓은 종교 영역 속에 있는 한 현상이다. 그러나 이 영역에 속한 현상들의 엄청난 다양성을 고려해 본다면, 기독교 신앙을 이렇게 위치 지우는 것이 그다지 유익한 일이 되지 못한다. 다행히도 우리들은 그렇다고 해서 그 영역을 떠날 필요는 없다. 역사적 그리고 현상학적 접근이 우리들로 하여금 기독교 신앙이 발생하고 있는 맥락을 구성하는 실제의 영역에 대해 더욱 구체적이 될 것을 강요한다. 넓은 종교의 영역 안에서 우리들은 이 구체적인 영역을 신앙의 영역이라 부른다. 이렇게 구체화되었을 때 비로소 이 맥락에 대한 역사적 접근이 가능해지고 바람직해진다.

종교의 역사에서 우리들은 상당한 정확성을 가지고 종교사에서 일어난 가장 위대했던 종교적 도약의 하나에 — 비록 가장 위대했던 종교적 도약이라고 말할 수는 없지만 — 연루되었던 특정한 시기에 대해서, 특정한 지정학적 영역에 대해서, 그리고 일단의 사람들에 대해서 지적할 수 있다. 그것의 모체는 주전 이천년대의 전반부에 즉 대략 1700 B. C. 에 바빌론에 있던 수메르-아카드 문화였다. 우리가 알기에 당시에 일단의 사람들과 종족들이 메소포타미아를 떠나 시리아 사막의 서부지역들에 이르렀으며, 팔레스타인과 다른 나라들(몇몇은 이집트까지 이주를 했다)에서 새 삶을 시작했다. 그들은 그곳에서 원주민들 사이에서 다양한 정도의 성공과 더불어 반쯤 유목민으로서 살았으며 그들의 미래를 위해서 일했다. 우리들은 이 같은 사실을 고고학적 발굴을 통해서 알고 있다. 그러나 이 사람들의 상세한 관찰과 그들의 경험은 이스라엘 민족에 의해서 보존된 전래된 전승에 의해서만 소유할 수 있다. 그리고 이 전승들은 창세기라는 책에 수집되어 있다. 약간의 양식화 작업을 포함하는 이러한 수집은 후대의 기자에 의해서 수행되었다. 그러나 대체로 기자들은 신뢰할 만한 역사적 상을 보여주었다. 이 같은 사실은 그 당시에는 알려져 있지 않거나 타부였던 ─ 그러나 바빌론과 페니키아의 주전 이천년대에 대한 발굴의 결과 우리에게 알려진 ─ 신들의 이름들, 제식들, 족보들, 그리고 율법들에 대한 기자들의 언급에서 분명해진다.

역사적인 토대를 재구성하는 일은 다음의 결과를 산출한다. 한 바빌론의 유목민 족장이(여러 명의 족장들이었는지, 이들이 동시에 출발했는지 아니면 큰 차이를 두고 각각 출발했는지는 우리의 목적에 있어서 중요하지 않다) 경제적인 이유로 그의 가족, 부족, 혹은 뜻을 같이하는 사람들과 함께 당시의 달[月]신 숭배의 중심지였던 메소포타미아에 있는 유명한 도시 하란을 떠났다. 이 이주는 그가 더 이상 도시신이나 혹은 바빌론 생활을 대표했고 보호했던 다른 신들을 의지할 수 없다는 것을 의미했다. 그는 또한 그가 향하고 있는 미지의 땅의 신들을 의지할 수도 없었다. 이 신들은 그곳의 토착 도시 주민들의 신들이었기 때문이다. 그럼에도 불구하고 아브라함이라는 바빌론 이름을 가지고 있던 이 사람은 이주를 감행했다. 그는 이 때 자신을 부르신 이름없는 높으신 하나님, 그가 떠난 옛 고향과 앞에 놓여 있는 위험한 사막뿐 아니라 그가 가고자 하는 새로운 지방도 다스리는 하나님, 특정한 지역에 제한되는 분이 아니고 그의 초월성 때문에 움직일 수 있으며 따라서 그가 새로운 세상으로 이주할 때 그를 보호할 수 있는 하나님에 의해서 인도되고 보호받으리라는 이상한 새로운 확신을 가지고 있었다. 이런 신뢰는 어긋나지 않았다. 따라서 이런 신뢰는 앞으로 지속적인 경험을 통해서 더욱 확고히 되고 풍성해지게 될 것이었다. 이 확신은 그의 가족과 후세대들에게 전파되는 영향력을 가졌다. 그들은 "우리 아버지의 하나님"이라 말하기 시작했고 나중에는 "우리 조상들의 하나님"이라 말하기 시작했다. 또한 그의 반(半) 유목민 후손들은 이 하나님이 그들의 거대한 두 개의 소원을 성취시켜 주실 것을 확신했다: 수많은 후손들과 그들 자신이 영원히 거주할 수 있는 한 나라.

몇 세기 후에 모세가 이 하나님의 이름으로 나일강의 삼각주에서 학대받던 아브라함의 후손들을 애굽의 종살이에서 이끌어내었을 때 이러한 하나님과의 관계는 새로운 자극을 받았다. 시내 광야에서의 망명 생활 동안의 그의 종교적 경험들에 의해 영감을 받아서 그는 이 하나님에게 "야훼"라는 새롭고 신비한 이름을 부여했다. 이 이름으로 그는 소위 "십계명"(아마도 오늘날의 십계명의 단순한 원형이었을 것이다)을 선언했고 그것을 이 부족들과 그들의 하나님 사이에 있는 관계의 토대로 만들었다. 이것이 이스라엘 신앙의 원역사를 마무리지었다. 가나안 땅에서 이어지는 역사는 이 신앙과 당시에 그곳에 있었던 — 중동지역 어느 곳에서도 볼 수 있었던 — 종교적 믿음들과 제의들과의 치열한 투쟁이었다.

이 종교가 당시의 다른 종교들과 어떻게 달랐는가에 대한 질문은 종교의 고유한 문제에 대해 다룬 제2장에서 우리가 말한 것들을 상기함으로 잘 답변되어진다. 종교는 초월적이고 절대적인 것과의 관계이다. 그러나 사람들은 이런 관계를 내재적이고 상대적인 것을 통해서만 가질 수 있다. 우리가 아는 한, 인간과 그의 종교가 발생한 때부터 아브라함의 시대까지 아무도 이것을 문제로 느끼지 못했거나 혹은 기껏해야 한 둘 정도가 이것을 문제로 느꼈을 것이다. 세상은 신적인 힘의 표현인 우주적이고 자연적인 과정으로 경험되었다. 절대적인 것은 상대적인 것 안에서 자신을 표현한다. 모든 실재들은 "신성의 살아있는 옷"(der Gottheit lebendiges Kleid)이다. 이 말이 함축하는 것은 신성이 실재와 유사하다는 것이다: 무한하게 다양하고(따라서 다신론이 나온다), 장엄하고, 불명료하고, 모순적이고, 기괴하고, 많은 얼굴을 갖고 따라서 얼굴이 없다. 희생과 주문의 도움으로 인간은 자신을 위해 신적인 힘의 은총을 얻어내야만 한다.

아브라함은 그런 길을 버렸다. 이주를 시작할 때 그는 힘과 그 힘이 미치는 영역이 다른 신들의 그것에 의해서 제한되지 않는 한 분 초월적인 신의 부르심을 들었고 이 부르심을 신뢰했다. 확실히 많은 종교들이 "지고의 신"을 가지고 있다. 그러나 이 신은 그가 높으면 높을수록 수동적이다. 구체적인 곤경에서 효과적인 도움을 얻기 위해서는 사람들은 좀더 낮은 신들에게 가야만 했다. 아브라함의 종교에 있어서 놀라운 것은 이 초월성과 근접성이 구체적인 삶의 문제들에 있어서 함께 간다는 것이다. 이 신의 초월성이 저 근접성을 일반적인 현존이나 자연 자체의 실재 속에 내재하는 어떤 것으로 이해하는 것을 불가능하게 한다. 그러나 이러한 초월성이 또한 수동성으로 경험되어지지도 않는다. 이러한 신성은 살아있고 활동적이다. 그러나 그러함으로써 그는 자신을 현상세계의 상대성 안에 알려야 한다. 그러나 필연적으로 세계에 스며들어 있는 정적 존재의 계시로서가 아니라 자신을 이 세상과 구별하는 해방시키고 인도하는 행위들 안에서 그렇게 한다.

초월적인 하나님과 그의 인간 세상 사이에 있는 이런 새로운 관계성은 따라서 세상의 철저한 비신성화를 의미한다. 하나님은 세상 위에 있고 이 곳으로부터 세상을 심판하거나 구속하는 관계로 들어온다. 그리고 이 관계의 시작은 그의 신적 의지에 달린 것이지 마술적 수단들에 의해 영향받는 것이 아니다. 인간은 하나님을 부르며 그의 도움을 간구하며 그의 중재를 기다릴 수 있다. 그러나 자연적이고 마술적이고 신비적인 수단들에 의해 그로 하여금 세속 세상에 현존하도록 강요할 수 없다. 아브라함과 더불어서 신성과 세속 세상 사이에 놓인 단절이 인식되기 시작했다. 종교는 그 자명성을 상실하게 되었다. 하나님은 너무 멀리 떨어져 계시고 숨어 계신다. 그러나 그가 오셔서 도우실 때 그는 자연종교의 어떤 신들이 할 수 있는 것보다 더 무한히 근접하여 계신다. 그 때에 그는 얼굴을 가지고, 명확한 목적을 가지고, 위대한 계약의 파트너로서 현존하며, 그리고 그의 구속하는 근접성을 묘사함에 있어서 가장 과격한 신인동형론을 허락한다.

이렇게 해서 종교에 있어서 고유한 문제성이 이곳에서 극복되었다고 말할 수는 없다. 그 이유는 이것이 우리 전 인간 실존과 너무나도 직접적으로로 결합되어 있기 때문이다. 우리들은 그것이 전적으로 다른 구조를 얻었다고 말할 수 있다. 그것은 우선 지적인 결론이 아니다. 그것이 실존적 경험으로서 시작했기 때문이다. 창세기의 기자들은 이러한 신앙이 아브라함과 그의 동료들에게 얼마나 "어려운" 일이었는가를 분명히 하기 위해 사용되지 않은 어떤 기회도 남기지 않는다. 오랫동안 그들은 그들의 하나님의 구원하시는 근접성에 대한 어떤 징표도 받지 못한 채 살아왔다. 따라서 만일 그들이 하나님의 숨겨짐으로 경험한 이러한 '공허'가 바로 그들에 대한 시험이 아니었었다면, 그들의 삶은 무(無)-신적(神的)인 것으로 불려지게 되었을 것이며 그 결과 그것은 "하나님과 다툼"의 형태를 취했을 것이다; 미래에 있을 도움에 대한 기대들의 기초가 되었던 지나간 구원의 만남을 기억했기 때문에 그들은 그것을 참아낼 수 있었다. 성경의 기자는 아브라함의 전 삶을 이런 관점으로부터 보고 있다. 불신앙의 가장자리에 존재하는 신앙의 삶을 실천하면서, 더듬어가는 방식을 통해 그는 약속으로부터 성취로 그리고 그곳에서부터 다시 새로운 약속을 향해 간다. 이러한 전망은 시편에서 보여지듯이 이스라엘의 신앙의 특징이 된다.

하나님과의 이러한 관계성의 본성에 있어서 또다른 특징은 형상의 금지이다. 만약 그가 원한다면 이곳에서 저곳으로 옮길 수 있는 신의 형상 안에서 고대의 종교인은 신의 도움의 현존을 마음대로 조정할 수 있었다. 하나님은 이것을 이스라엘에게 엄격하게 금지했다. 그는 인간에 의해서 조절되는 것을 거절한다. 이것과 관련되어 신과 인간의 관계성 안에 있는 대화에 중요한 자리가 할당된다. 대화는 가장 인간적이고 가장 직접적인 상호 접촉의 형태이다. 이렇게 해서 '말씀'이 이스라엘의 중심이 되었다. 이 말씀은 하나님으로부터 주권적으로 오거나 혹은 전혀 오지 않는다. 그것은 조절되거나 주문을 통해 나타나게 할 수 없으며 다만 전적인 신뢰와 순종만이 요구된다. 소위 십계명의 첫 세 계명이 특히 이러한 근본적이고 엄격한 관계성을 명백히 표현한다. 왜 처음부터 그리고 시간이 경과함에 따라 점차적으로 더더욱 미래가 신을 향한 이러한 관계성의 초점이 되었는가를 살펴보는 것은 어려운 일이 아니다. 야훼의 숨겨진, 우연적인 현존은 이러한 현존을 잠정적인 것으로 특징지으며 야훼가 영원히 계시되고 모든 그의 약속들이 성취될 미래에 대한 약속을 포함한다. 하나님이 도상에 있는 그의 백성과 동행하시는데, 이 길은 목적을 갖고 있음이 분명하다.

'종교'라는 용어는 야훼와 그의 백성의 이러한 상관관계를 표현하는데 더 이상 적합하지 않다. 이 용어는 그것을 표현하기에는 지나치게 일반적이다. 이런 관계를 위한 관습적 고안물이 '신앙'이다. 이 개념은 신과 인간 사이에 있는 거리의 개념을 포함한다. 그것은 '종교'처럼 경험에 아주 밀접하게 연결되어 있는 것이 아니다. 그것은 경험 너머에 도달할 것을 제안하며, 심지어 경험을 대항해서 굳게 설 것을 제안한다. 그것은 이따금 전적으로 맹목이 될 수도 있는 신뢰에 대해 말한다. 그것은 '아직 아니'와 '약속에 의지한 삶'이라는 기조음을 갖는다. '신앙'이라는 단어는 신약성경에서 매우 자주 사용되었다. 구약성경에서는 비록 그것이 몇 구절들에서 아주 중요한 단어가 되었지만 여전히 드물게 사용되었다. 그렇지만 그것은 구약성경에서 유래한다.

신앙-종교의 기원에 대해서는 H. 베르코프(H. Berkhof), *Geloven in God*(1970)이라는 총서에 있는 "Openbaring als gebeuren" pp. 101-132, 그리고 그곳에 언급된 참고문헌을 보라. 어근 아만('m-n)은 '견실함'을 의미한다; 니팔형인 네만(ne'eman)은 '충실함,' '자신이 충성됨을 증명함'을 의미한다; 그리고 히필형인 헤민(he'°min)은 '누군가가 충성되다고 생각한다'를 뜻한다. 이것이 야훼와 그의 약속에 대해 인간이 행하는 것이다. 인간은 종종 그 자신의 경험들과 계산들에 직접적으로 반대되게 행해야 하기도 한다.

이것이 이사야 7장에서 아름답게 예증되어 있다. 그곳에서 이사야는 전쟁의 한가운데 있는 아하스 왕을 방문해 예루살렘이 해를 입지 않는다는 야훼의 말씀을 신뢰하라고 한다. 언어 유희를 통해 그는 신경이 날카로워지고 낙담해 있는 왕을 권면한다: "임 로 타미누 키 로 테아메누". 문자적으로 번역한다면: "만일 네가 굳세게 서지 않는다면, 너는 확고하게 남지 않을 것이다" 혹은 "만일 네가 내 곁에 서 있지 않는다면, 너는 전혀 설 수 없을 것이다"(예루살렘

성경). 이스라엘의 실존은 야훼의 약속을 신뢰하면서 사는 것에 대한 이스라엘의 준비에 의존한다.

동일한 것이 창세기 15: 1-6의 핵심 구절에서 언급될 수 있는데, 그곳에서 하나님은 불신하고 있는 무자(無子)한 아브라함에게 한 아들과 수많은 후손을 줄 것을 약속한다. 이때 아브라함에 대해 다음이 말해진다: "그리고 그가 주님을 믿었다(wᵉheʼmin bayhwa). 그리고 그는 이것을 그의 의로 여겼다." 이것은 다시 말해서 하나님이 아브라함의 신앙과 신뢰를 그의 약속에 대한 적합하고 유일하게 타당한 반응으로 간주했다는 것이다.

구약의 신앙개념에 대해서는 *TDNT* VI에 있는 피스튜오 *B*(Weiser) 항목을 보라. 그리고 T. C. Vrizen의 *Geloven en vertrouwen*(1957)에 있는 그것에 대한 정정을 보라.

이러한 신앙-종교는 당시에 다른 모든 곳에서 유행했던 종교와 충돌했다. 이러한 갈등이 즉각적으로 일신론 대 다신론의 형태를 취하는 것은 아니다. 다른 신들의 존재가 부정되지 않았다. 하늘과 땅, 태양과 달, 식물과 토지의 산출력, 사회와 국가들은 부인할 수 없이 강력한 실재들이다. 그러나 그들은 약속을 만들고 지킬 수 없다. 또한 그들은 의지할 데 없는 인간과 계약 관계에 들어갈 수 없다. 이것이 자신의 신뢰를 이런 힘들에게 두는 사람들이 그들의 신앙에서 낙망하게 되는 이유이다. 이런 이유 때문에 가나안에서 야훼종교가 결실을 주장하는 하늘신 바알을 숭배했던 토착민들의 농경문화의 종교와 평화를 유지할 수 없었다. 이들 두 상반되는 형태의 종교 사이의 충돌은 아주 강했고 여러 세기 동안 지속되었다; 바빌론 유수 때문에 비로소 일종의 종결이 이루어졌다. 바알종교는 야훼신앙보다 아주 쉽고, 더욱 자연스럽고, 그리고 더욱 의미심장하게 보였으므로 이스라엘에게도 바알제의는 그렇게도 큰 매력을 가졌었다. 따라서 바알종교는 그렇게 오랫동안 버틸 수 있었다. 바알의 현존은 가시적이며 그의 축복들은 다소 예견될 수 있으며, 게다가 이 축복들이 더디올 때 그것들에게 영향력을 미칠 수 있는 마술적인 수단이 있었다. 야훼에 대한 신앙은 이러한 풍요로운 종교와 비교할 때 빈약해 보였다. 많은 사람들이 바알종교의 강력한 매력 앞에 저항할 수 없었다. 한편으로 다른 많은 사람들은 야훼를 바알의 지고한 아들, 이스라엘의 참되고 더 많은 풍요의 신으로서 경배하기 시작했다. 야훼종교가 완전히 승리한 것은 작은 헌신된 집단들과 선지자들 때문이었다. 선지자들의 신앙과 그것에 기초한 설교, 약속들, 그리고 권면들은 사건의 경과에 의해서 지속적으로 명백하게 확증되었다.

그러나 이러한 승리는 개혁되어야 할 많은 과제들을 남겨두었다. 바빌론 유수 이후 율법주의가 이스라엘의 지배적인 종교관이 되었다. '해야 할 것'과 '해서는 안될 것'에 대한 엄격한 율법적 조항들의 두터워지는 목록을 지키는데 모든 강조점이 놓여졌다. 이런 전개는 야훼종교의 본래적 신앙 전망에 대한 변형이었다. 바알종교에서 그랬던 것처럼 이스라엘에게도 그것이 다시 이스라엘의 주권자 하나님을 지배하기 위한 수단이 되었다. 포로 전후기의 예언서들을 읽으면 우리들은 이스라엘 종교의 부정적인 인상을 얻는다. 대다수의 백성들에게 아브라함과 모세의 신앙-종교는 지나치게 힘든 요구였다. 신앙-종교는 확실성(혹은 사이비 확실성)의 폐기와 위험들을 감수함(혹은 확증 안된 약속에 대한 신뢰)을 포함했다. 그것은 구약의 증언에 따르면, 위대한 아브라함, 모세, 그리고 다윗조차도 실패했던 어떤 것들을 감당할 것을 포함했다. 따라서 구약의 증언들은 하나님과의 사귐을 끊임없이 단절시키는 인간의 죄에 대해서 빈번히 그리고 아주 과격하게 말하고 있다. 따라서 구약성경의 진로가 독자에게 이상한 인상을 준다: 구약성경의 진로에는 아무런 진보가 없는 것처럼 보인다; 그 진로는 점강적이며, 시작과 동일한 문제로서 끝난다.

이런 관찰들 때문에 모순적으로 보일 수도 있지만, 이러한 신앙-종교는 많은 후기 종교 형태들의 토대와 하부구조(infrastructure)가 되었고 따라서 세계적인 중요성을 가지고 있다. 이것으로부터 세 개의 세계종교가 태동했기 때문이다: 유대교, 기독교, 그리고 이슬람교. 이들 세 아들과 그 어머니의 관계는 상당히 다르며 그들 중에 누구도 그 어머니를 분명하게 닮지 않았다. 그러나 이 셋은 모두 구약성경의 하부구조에 의해서 형성되었다. 셋은 모두 초월적인 하나님이 주권적으로 비신성화된 세계와 관계를 형성한다는 전제에서 출발한다. 현상세계의 어떤 측면을 절대화하는 원시 자연종교와 다양한 현대 이데올로기들과는 대조되게, 이 세 종교는 근본적으로 다른 방향을 취한다. 그럼에도 불구하고 그들이 어떻게 서로 다른 방향으로 가게 되었는지는 다음 장에서 논의될 것이다.

이곳에서 우리는 종교라는 넓은 영역 안에서 기독교 신앙이 신앙의 영역에 위치하고 있다는 것을 보았다. 이러한 사실은 우리들로 하여금 종교와 신앙의 관계에 대해서 질문하도록 이끈다. 일찍이 우리들은 '종교적인 도약'이라는 단어를 연속성과 불연속성 둘 다를 표현하기 위해서 사용했었다. 신앙은 종교의 다양한 형태 그리고 아주 풍부한 현상들 중에 있는 하나의 변형이거나 혹은 하나의 '높은 단계'가 아니다. 그렇게 말하고 있는 사람은 신앙의 구조를 제대로 파악 못하고 있으며, 신앙이 모든 종류의 종교적 형태를 배타적으로 반대하고 있다는 사실을 인식하지 못한 것이다. 그러나 이러한 점들을 예리하게 알고 있는 사람은 반대로 너무 나아가 신앙과 종교를 서로 반대되는 것으로 간주할 수도 있다. 그러나 이 경우 우리들은 이들이 한 영역 안에 있는 반대물들이라는 사실을 잊어서는 안된다. 그들은 그들이 공유하고 있는 종교적 문제에 대한 상반되는 대답을 주고 있기 때문이다.

만일 우리의 눈이 맑아 신앙-종교와 다른 종교의 형태들의 변증법적 관계를 분명하게 볼 수 있다면, 이제 진리에 관한 질문이 등장하게 된다. 우리들은 우리가 어떤 방향으로 가기를 원하는지를 선택해야만 한다. 그러나 우리가 이 서론에서 따르고 있는 현상학적 접근은 진리 문제를 풀기 위해 사용될 수 있는 아무런 통찰력도 제공하지 않는다. 현상학적 접근은 오히려 이론적·경험적 검증이라는 의미로 사용되는 '해결책'이 이런 맥락에서 주어질 수 없다고 알려준다. 결국 종교의 열렬한 숭배자만이 그것에 대해 말할 자격이 있다. 이런 종교 혹은 저런 종교를 선택하는데 있어서 객관적 정보만으로는 불충분하다. 그렇게 할 수 있다고 생각하는 것은 실존적 기만이다. 그러므로 종교를 검토하는 것과 선택하는 것에는 간격이 있는 것 같다. 종교적 진리는 실존적 진리이며 이런 진리는 선택의 문제이다. 그런 선택은 '주체 밖에서 주체를 대신해서 선택해 줄 수 있는 객관적인 요인이 없다'는 의미에서 주관적이다. 동시에 선택은 '그것이 주체가 행한 선택이거나 혹은 주체가 경험한 것이 아니라, 주체에게 행해진 것 혹은 나아가 자신을 열어 보인 진리에 의해 압도된 것'이라는 의미에서 주관적이지 않다. 2장과 3장에서 즉 먼저(이 '먼저'는 단지 논리적이고 인간학적 개념이다) 종교의 영역에서 다음으로 신앙의 영역에서, 우리들은 기독교 신앙이 이러한 '선택'과 '선택되어짐'의 전제를 함축하고 있다는 사실을 분명하게 하기 위해 노력했다. 그것들은 둘 다 기독교 신앙을 형성시켰던 가장 먼저 되고 가장 중요한 선택 — 이것에 대해서 우리는 다음 장에서 연구할 것이다 — 을 포함한다.

불행하게도 종교현상학을 연구하는 사람들이 항상 이러한 현상학적인 차이와 관계를 분명하게 인지하고 명백히 표현하고 있는 것은 아니다. '종교'와 '신앙'의 차이는 종종 간과되며 이들 어휘들은 상호 교환적으로 사용된다. 따라서 유대교, 기독교, 이슬람교가 자주 별개의 그룹이 아니라 하나의 혹은 몇 개의 특징들을 기초로 해서 다른 종교들과 함께 취급되어지며, 같은 제목 하에서(예를 들어 일신론, 윤리적 일신론, 인격적인 하나님 개념, 구속의 종교들, 역사적 종교들, 특정한 창시자들에 의해서 나온 종교들) 논의된다는 사실은 놀라운 일이 아니다. *RGG* V, s. v. Religion II: Typen der Religion을 보라. 심지어 완전히 다른 종교들, 예를 들어 조로아스터교나 불교들을 포함하는 그런 기술은 위에 언급된 셋의 특이성을 모호하게 한다. 그러나 역사적으로 이 특이성은 이 셋의 근원인 구약성경으로부터 쉽게 보여질 수 있다. 구약성경은 이 특이성이 어떤 이념의 문제가 아니라, 신앙과 결과적으로 그것으로부터 나오는 실천과 관련된 다른 특징들과 더불어, 하나님과 인간과 세계의 삼각관계를 새로운 방식으로 경험하는 것임을 분명히 하였다.

따라서 우리들은 「비기독교 세계 안에 있는 기독교의 메시지」(*The Christian Message in a Non-Christian World*(1938)에서 크레머(Kraemer)에

의해서 옹호된 유형론(typology)과 더불어 나아간다: "가장 적절한 구분은 예언적 계시종교와 초경험적 실현의 자연종교를 나누는 것이다. 첫째의 제목 하에 기독교, 유대교가 해당된다. 역사적으로 그리고 그 본성상 기독교적 유대교적 배경과 관계되어 있는 이슬람교도 어느 정도 해당된다"(p. 142). (혹자는 크레머가 사용한 용어와 견해를 달리할 수도 있을 것이다.)

4. 기독교 신앙

세계 어느 곳에서도 이스라엘의 신앙은, 우리가 3장에서 기술했듯이, 사람들의 종교적 믿음들을 위한 유일한 결정적 요소가 아니다. 그러나 오늘날까지 이 신앙은, 누룩처럼, 다른 형태들의 종교에 있어서 영감적이고 비판적인 효모의 역할을 해왔다. 이곳에서 우리들은 앞에서 사용한 '하부구조'(infrastructure)라는 단어를 다시 상기한다. 이 책은 기독교 신앙을 전개하는 것을 목적으로 한다. 이곳에서 우리들은 '무엇이 이 신앙에 있어서 결정적인 구조들인가?' 그리고 '이런 것들이 그들의 하부구조인 구약성경의 신앙에 어떻게 의존하고 있는가?'를 질문해야만 한다.

'어떤 요소들 안에서 그리고 어떤 방식으로 이스라엘의 하부구조가 기독교 신앙 안에 결정적인 방식으로 현존하는가?'를 언급함으로써 최선의 방법으로 시작할 수 있다. 그것은 특별히 다음의 사고들 속에서이다: 초월, 신적 자유, 하나님이 세상 사람들을 인격적으로 만나심, 이렇게 오시는 하나님에 대한 죄인들의 저항, 미래에 있을 근본적인 구원의 확신. 이 모든 것이 이제 하부구조가 되었다는 것은 새로운 사고들의 결과라기보다는 새로운 사실들에 대한 믿음의 결과라고 할 수 있다. 미래에 나타나게 될 구원이 지금 벌써 원칙적으로 현존하며, 그것이 나사렛 예수의 사역과 수난과 죽음과 부활에서 실현되었다는 확신에 기독교 신앙은 기본적으로 놓여 있다. 이 사건이 기존의 신앙에 다음 일곱 개의 요소들을 더한다:

1. 구약성경에 있는 하나님이, 신인동형론으로 될 정도까지, 아주 인격적

으로 인간에게로 오심이 여기에서 측정할 수 없을 정도로 강화되고, 그렇게 해서 완성되었다: 그는 '성자'로서 '성부'인 그와 유일무이한 관계를 형성하는, 한 인간 안에서 사람들에게 오셨다.

2. 이 유일하고 모든 것을 능가하는 오심은 비견될 수 없고 능가할 수 없는 범죄행위 즉 성자를 신성모독자로 정죄하는 일을 유발시켰다. 인간은 그들을 향한 하나님의 가까이 오심을 견딜 수 없었던 것이 명백하다.

3. 사람들이 그를 심판해 죽게 했으나, 하나님은 이 예수를 죽음에서 일으키셨다. 그는 새롭게 된 사람으로 부활하셨으며, 이 사람 안에서 하나님은 그 '첫 열매'와 더불어 인류의 구원을 위한 새로운 시작을 하신다.

4. 부활의 빛에서 십자가의 죽으심은 단지 인간의 하나의 죄악으로서 뿐 아니라 특별히 대속적 수난으로서 보여진다. 이 대속적인 수난 안에서 아들은 아버지의 뜻을 따라 자신을 그의 원수들과 동일시했고 그렇게 해서 하나님과 범죄한 인간 사이에 화해를 가져왔다.

5. 이 부활하신 예수로부터 "성령"이 오신다. 성령은 스스로의 힘으로는 하나님과 충실한 관계를 유지할 수 없는 그런 사람들이 하나님과 신실한 관계를 유지할 수 있다는 것에 대한 보증인이시다. 그분은 예수 안에서 하나님의 은총이 결정적으로 일어났고 그렇게 해서 그들이 얼마간 새로운 순종을 성취할 수 있게 되었다는 사실을 사람들이 믿게 하신다.

6. 이제 하나님의 은혜로운 오심이 예수 안에서 명확해졌고, 성령은 이스라엘이라는 한계를 넘어간다. 하나님의 구원은 보편적이 된다. 복음은 어느 곳에서든지 종교적인 그리고 무신론적인 사람들에게 선포된다. 교회가 나타났고 널리 퍼져서 예수 안에서 하나님이 인간이 되었다는 것을 믿는 사람들의 세계적인 공동체가 되었다.

7. 기독교 신앙에서는, 구약성경에서와 마찬가지로, 구원의 완성이 미래에 있다. 그러나 그 미래는 이제 그의 왕국을 건설하시기 위한 예수의 재림으로서 이해되며, 그의 부활과 영의 사역 안에서 우리의 역사 안에서 이미 활동하고 있는 그 힘들이 완전히 전개되는 것으로 이해된다.

이스라엘의 신앙의 하부구조에 대한 이 관계는 구약성경이 기독교 신앙 안에서 가지고 있던 자리에서 드러난다. 비록 구약성경이 궁극적으로 기대했던 것들이 아직 완성되지 않았지만, 지금부터는 그것은 예수 안에서의 성취를 위한 준비로서 읽혀진다. 신약성경과 비교해 볼 때 구약성경에는 "여분"(plus)이 남아 있다. 구약성경이 신약성경에서 차용될 대부분의 개념들과 용어들을 제공했다는 것 역시 참되다. 다른 한편으로 신약성경에 남아 있는 "여분" 역시 — 구약성경에 보여졌으나 그곳에서 결정적으로 극복될 수 없었던 하나님과 인간 사이의 소외를 예수가 하나님을 대신하여 그의 사역과 그의 십자가의 죽음을 통해서 제거했다는 사실에 놓여 있는 "여분" — 최소한 그 만큼의 강조를 받는다. 따라서, 대체적으로, 신약성경은 구약성경이 미래로부터 기대하던 구원을 원칙적으로 예수의 오심과 연결시킨다.

구약성경의 하부구조에 대한 이러한 관계는 신약성경에서 발견되는 신앙의 개념에 의해서도 보여진다. 이 개념은 구약성경의 그것과 밀접하게 연결되면서도 동시에 그것과 구별된다. 신약성경에서 역시 신앙은 하나님이 인간과 함께 하시는 수단인 말씀과 행위들에 대한 인간의 상관물이다. 즉 '굳세게 믿는' 자세이며 바꾸어 말하면 '신뢰하는' 자세이다. 신약성경에서 그 신앙은 사람들이 자신을 위탁할 수 있는 한 인물과 근본적으로 연결되어 있다. 그 안에서 화해라는 의미와 하나님의 자녀가 된다는 의미의 구원이 벌써 실재가 되었기 때문이다.

이것은 실제로 단순히 정도의 차이에 불과하다. 성취된 구속은 그것의 완전한 실현을 위한 미래를 또한 가리키고 있기 때문이다. 이것은 신약성경이 '일어난 구원에 대한 신뢰'라는 바울적 신앙 개념 이외에 히브리서의 그것을 포함하고 있다는 사실을 이해할 수 있게 해준다. 히브리서는 근본적으로 미래지향적이며, 신앙이 훨씬 더 구약적 흐름을 따라 구성되어 있다. 따라서 히브리서에는 기독교 공동체가 구약의 신앙의 선진들(히브리서 11장)과 동일한 미래지향적인 종교적 자세를 가져야 하는 것으로 이야기된다. 따라서 우리들은 부버(M. Buber)가 그의 「두 종류의 신앙」(*Two Types of Faith*(E. T. 1951))에서 행한 대조를 거절해야만 한다. 그에 의하면 구약에서의 신앙은 실존적 신앙 즉 야훼와 이스라엘 사이의 계약에 대한 신뢰를 뜻했고, 신약에서의 신앙은 바울 때문에 지적인 신앙 즉 진리에 대한 교의를 수용하는 것을 뜻한다. 그러나 구약에서 역시 전달된 사실들이 신앙의 구성요소이며, 신약에서 신앙은 또한 신뢰하며 순종하는 관계이다. 부버를 반대하는 T. C. Vriezen의 *Geloven en vertrouwen*과 브룬너(E. Brunner)의 *Dg* III(E. T. 1962), pp. 159-162를 보라. 구약과 신약의 차이는 근본적으로 신앙 개념 자체에 있는 것이 아니라, 신앙이 지향되는 인간 존재 안에서의 하나님의 현존의 상이한 성격에 놓여 있다.

우리가 이렇게 해서 기독교 신앙이 구약성경 신앙을 흡수하고 초월하는 방식을 탐구할 때, 2장과 3장에서와 같은 진리 질문이 다시 제기된다. 종교와 문화 영역 안에서 일어나는 이 현상들의 서술에 근거하여, 어느 누가 신앙의 한 가지 형태로부터 다른 신앙의 형태로의 전이가 참되다는 것을 실증할 수 있을까? 벌써 두 번씩이나 우리들은 지금 우리가 여기서 사용하는 접근방식의 본성상 진리에 대한 질문에 답을 줄 수 없다는 것을 보아왔다. 지금은 우리가 세 번째 질문하는 것이기 때문에, 우리들은 보다 실질적인 질문 즉 "구약성경의 신앙에서 기독교 신앙으로의 이행이 내적인 필연의 결과였는가?"를 묻고 싶다. 비록 일반적인 종교인은 그렇게 생각하지 않겠지만, 이 경우 적어도 신앙을 가지고 있는 사람이라면 기독교 신앙의 진리를 확신할 수도 있을 것이다. 그러나 구약성경의 신앙을 넘어서는 이행이 세 가지 다른 방향으로 행해졌다는 사실은 우리가 너무 많은 것을 기대했다는 것을 알려준다. 질문은 이처럼 다시 물어져야 한다: 후에 유대교와 이슬람교가 구약성경을 넘어가게 만든 압력과 전혀 다르거나 그것보다 적어도 내적인 필연성에 기독교 신앙으로의 전이가 의존하고 있다는 사실이 보여질 수 있는가?

많은 사람들이 아직도 유대교와 구약성경의 신앙을 동일시하는 실수를 범한다. 이러한 종류의 신앙은 바빌론 유수에서 돌아왔던 사람들에 의해서 주전 4, 5세기에 시작되었다. 그러나 예루살렘의 멸망(A. D. 70) 때까지 유대교 서기관들에 의해서 구약성경에 적용된 주석학적 방법들은 A. D. 500년 경에 명확하게 형성된 탈무드에 구현된 주석과 적용과 같은 그것 나름의 특수한 구조를 갖지 못했다. 탈무드는 신약성경의 유사물로 간주되어질 수 있다. 둘 다 구약을 새로운 신앙의 관점에서 완성하기 때문이다. 이 사실은 이들이 구약을 읽을 때 완전히 다른 해석에 종사한다는 것을 암시한다. 많은 유대교의 변형체들, 정통주의, 보수주의, 신비주의, 그리고 많은 자유주의 형태들에게 있어서 계약의 실현은 계약의 파트너인 인간의 순종에 종속된다. 구약에 의하면, 계약이 그 안에서 발견되고 기독교 신앙에 의하면 하나님 자신에 의해서 극복되어 온 위기가 유대교에서는 영속적인 본성을 가지고 있다. 이 영속성은 그러나 참을 만하다. 유대교에 의하면 인간이 힘이 없는 것이 아니기 때문이다: 죄는 행위에 대해서 제한되며, 모든 테슈바(돌이킴)의 후속 행위는 죄를 보상할 수 있다. 유대교 신자는 따라서 하나님의 계약에 신실함으로 응답해야 하는 의무가 있다. 그는 율법을 지키고 순종을 위해 투쟁을 해야 하며 그렇게 해서 하나님 나라의 실현을 진행시켜야 한다. 따라서 그는 구약 선조들의 죄 속에서 지속적으로 반복되는 타락을 보지만, 인간이 참으로 어떠한가에 대한 폭로를 보지는 않는다. 기독교인들이 구약을 인간의 죄와 신의 은총의 증언으로 읽는 반면, 유대교 신자는 충족시켜 주는 하나님의 계약의 파트너로서의 그의 윤리적 책임성에 대한 지침을 그에게 제공해주는 책으로 구약을 이해한다. 아마도 역사에서 벌써 일어난 명확한 대속적 속죄에 대한 신뢰를 가지고 있는 기독교 신앙을 그는 착각 혹은 적어도 때이른 승리의 주장으로 간주한다. 이 차이들의 심도 깊은 분석을 위해 우리는 다음을 추천한다: L. Baeck, *The Essence of Judaism*(E. T. 1961); K. H. Miskotte, *Het wezen der Joodsche religie*(1933), 그리고 H. J. Schoeps, *Jüdischer Glaubein dieser Zeit*(1934) 그리고 *The Jewish-Christian Argument*(E. T. 1963). 또한 31장의 끝 부분을 보라.

종교적으로 뿐 아니라 역사적으로도 이슬람교는 많은 관점에서 수수께끼로 남아있다. 그것은 기독교와 유대교가 벌써 확고히 형성되어 있었을 때 발생했다. 마호메트가 기독교에 대해 얼마나 많은 것을 알고 이해했는가를 코란에서 살펴보기는 어렵다. 처음에 그가 유대교에 강하게 집착했던 것은 확실하다. 그의 활동 초기 단계의 그의 예언적 의식과 예언서들은 우리들에게 강하게 구약의 어떤 예언서들을 상기시켜준다. 그는 한 분이신 하나님을 선포했고 모든 죄인들과 불신앙인들에게 다가오는 하나님의 심판을 선포했다. 선지자로서 그는 자신이 구약의 선지자와 신약의 사도들의 연장선에 서 있는 것으로 생각했다: 그가 아직 이 메시지를 들어본 적이 없는 사람들에게 보내졌다는 사실 말고는, 동일한 메시지를 가졌다. 이런 것이 그의 메디나로의 이주(622) 후에 바뀌었다. 그의 유대인들과의 밀접한 접촉으로 인하여 유대인들은 그의 메시지가 비유대교적인 것이라고 거부하였고 그를 거짓 선지자로 낙인 찍었다. 그들에 반대해서 그는 아브라함에게 호소했다. 그는 자신이 아브라함의 신앙 양태를 계승하고 있다고 생각했다. 메디나 시기는 수난에서 투쟁으로, 예언에서 신정(神政)으로의 전환이었다.

유대교와의 차이는 부과된 좀더 가벼운 계명들에 의해서 그리고 기도할 때 예루살렘을 향하지 않고 아브라함에 의해서 직접 세워졌다고 오늘날 일컬어지는 메카에 있는 한 고대 자연종교의 사당인 카바(Kaaba)를 향한다는 점에 의해서 이제 특징지어진다. 이들 모든 변화들이 결합되어 이슬람교를 유대교와 독립적으로 만들며 그것을 자기 나름의 구조를 갖는 신앙으로 튼튼히 세운다. 여기에서도 역시 초월적 하나님과 인간의 계약관계가 중심적이다. 그리고 유대교에서처럼, 이 계약은 하나님의 일방적인 은총의 행위에 의해서 세워지지 않는다: 이것은 사람들에게 율법을 지킴으로써 그들이 다가올 심판을 견딜 수 있다는 것을 확신하기를 특별히 요구한다. 그러나 율법의 이러한 준수는 유대교에서보다 훨씬 더 현실적이고 제한된 술어들로 이해되어진다. 그러므로 이슬람교는 누군가가 몇 개의 쉬운 계명들을 준수할 때, "그것에 속해 있다"는 강한 집단 의식의 평형추를 위한 여지를 남긴다. 이처럼 이슬람교는 율법 준수라는 유대교적 요소와 계약에 의한 보장이라는 기독교적 요소가 결합된 것으로 보인다.

게다가 이러한 결합의 본성이 이슬람교로 하여금 기존의 자연종교적 국가 종교적 종교 패턴들과 삶의 패턴들에 잘 적응하도록 만든다. 따라서 이슬람교는 자신을 수백만의 사람들에게 명백하고 가장 높은 종교의 형태로 소개할 수 있었고, 그들, 특히 저개발 국가에 살고 있는 사람들에게 당당한 정체감을 제공할 수 있었다. 이러한 현상이 외부인들에게 준 신비한 인상을 연구하기 위해서는 H. Kraemer의 *De Islam als godsdienstig- en als zendingsprobleem*(1938)을 보라. 기독교와 유대교와의 관계를 위해서는 *Christianity in World History*(1964), V 6(a) and (b), pp. 215-251에 있는 A. T. van Leeuwen에 의한 토론을 보라. 그리고 보다 미묘한 차이를 위해서는 *De Islam als na-christelijke religie*(1959)에 있는 W. A. Bijlefeld의 결론을 보라.

 구약이 계약과 그것의 위기를 묘사하는 방식은 속편을 요구한다. 그러나 이것이 참된 속편이 되려면, 이것은 위기를 극복하거나 혹은 견딜 수 있게 해주는 새로운 요소를 더해야만 한다. 그와 같은 것이 이 세 종교들에서 행해졌다. 이 세 개의 '해결책들'은 아주 다양한 각도에서 조망되어진다. 혹자는 영감을 불러일으키는 힘인 하나님의 사랑이 기독교보다 더 분명하게 보이는 곳이 없다고 말할 수 있다: 혹은 인간의 도덕적 책임성이 유대교보다 더 심각하게 다루어진 곳은 없다고 말할 수 있다; 혹은 어떤 종교도 이슬람교처럼 이성적이고 또 인간의 능력들에 적합한 것은 없다고 말할 수 있다. 혹자는 레싱(Lessing)의 현자 나탄(Nathan the Wise)에 동의하며 추종자들의 도덕적 수준을 진리의 기준으로 삼을 수 있다. 즉 그들이 다른 두 종교를 추종하는 사람들에게 보여주는 사랑의 척도를 따라 진리성을 평가할 수 있다. 그러나 레싱의 연극은 진리는 이런 방식으로 결정되어질 수 없다는 것을 말하려 했다. 그리고 동일한 것이 다른 비교의 수단들에도 적용된다. 그것들은 모두 한 특정 신앙에 뿌리를 두고 있는 전제된 기준으로부터 시작한 것이다; 그들은 따라서 순환논리에 기초하고 있다.
 한편 진리성에 대한 참된 결정은 전혀 다른 영역에서 행해진다. 유대교 신자는 모세의 율법과 선지자들 이후에 메시야가 올 때까지 하나님으로부터 어떤 새로운 계시도 없다고 믿는다. 그리고 그런 새로운 계시는 불필요하다고 믿는다. 기독교 신자들은 그 이후에 아주 근본적이고 해방시키는 계시가 일어났다고 믿는다. 이슬람교도는 일련의 계시들이 최종적이고 최고의 것에 의해 종결되었다고 믿는다. 이 최종적이고 지고한 계시는 모든 시간을 위해 이전에 일어난 모든 계시의 진리들을 파악하고 요약한다. '역사 속에서의 어떤 사건들이 하나님에게서 오는 계시인가 아닌가' 가 진리를 결정하는 참된 질문이다. 이러한 질문은 논리적인 논증을 통해서 답변되어질 수 없다. 이성적인 것과 실재적인 것(factuality)은 두 개의 전혀 다른 범주들이다. 그럼에도 불구하고 사람들은 늘 그것들을 종교 안에서 연결하려고 시도한다. 모든 종교는 변증적 문헌을 가지고 있다. 이 변증적 문헌을 통해서 그들은 그들 자신의 신앙의 합리성을 실증하려 시도한다. 이런 시도가 전적으로 의미 없지는 않다. 그러나 논증들은 처음부터 확신하고 있던 사람들에게만 참으로 설득적이다.

   기독교 신앙에서 진리의 문제에 대한 방법론적 해결 가능성의 사고는 성령에 대한 신앙고백에 의해 처음부터 제거되어 있다. 이 고백은 인간은 자신으로부터 하나님에 관한 진리를 발견할 수 없다는 것을 의미하고 있다. 하나님만이 하나님을 우리에게 알게 하시기 때문이다. 이것은 방법론적으로 다음을 의미한다: 그 속에서 신앙의 양식이 드러나는 실재의 영역을 지적할 수는 있지만(우리가 방금 했던 것처럼), 우리는 그 내적인 필연성에 의해 더 넓은 영역에서 좀더 구체적인 영역으로 인도되는 그런 접근방법(met-hodos)을 제시할 수 없다. 방법론적으로, 그러나 지금은 긍정적으로 말해서, 이것은 또한 기독교 신앙의 진리가 미리 분명하게 표현되어질 수 없고, 청취자나 혹은 독자들에게 선포 속에서 그리고 신앙의 내용들의 설명 속에서 계시될 때에만 비로소 드러난다는 것을 의미하는데, 그 이유는 이것이 참된 하나님의 지식이며 인간의 참된 구원임을 그가 알게 되기 때문이다. 그러나 비록 그가 외부인들에게 그것을 분명하게 설명할 수 있다 하더라도, 이러한 진리 인식의 깊은 터전은 그에게 숨겨져 있다.

이 지점에서 우리들의 접근방법을 슐라이어마허가 스스로 그의 *CF*의 서론에서 만든 접근방법과 비교하는 것이 도움을 줄 수 있을 것이다. 교회에 대한 약간의 서론적인 언급들 뒤에, 슐라이어마허는(우선 기본적인 전제들을 위하여) 그가 "윤리학"이라 부르고 우리는 지금 "철학적 인간학"이라 부르는 것으로 나아갔다. 그는 자신의 출발점을 인간의 자의식에 두었다(3). 이 인간의 자의식에서 "절대 의존의 인식"인 종교는 "가장 높은 단계"이다(5). 필연적인 구별을 위해 슐라이어마허는 그가 종교철학이라 부르는 것 그리고 우리들은 차라리 종교현상학이라고 부르는 것에서 나오는 기본 전제들을 필요로 하였다. 이것들의 도움으로 그는 종교를 그들의 발전 정도의 차이에 따라 그리고 본질상의 차이에 따라 조사했다. 진화론적 견해에 의하면 일신론적 종교가 제일 높은 종교이다. 그 이유는 특히 종교에 인간의 종교적 인식이 그의 '감각' 인식, 즉, "세계-내-존재"에 대한 그의 인식으로부터 전적으로 독립해 있기 때문이다. 세 개의 일신론적 종교가 있다. 유대교는 여전히 자연종교의 혼합물을 — 비록 그것들이 거의 사멸되었지만 — 포함한다(8, 4). 이슬람교는 감각세계에 강하게 부착된 것이 특징이다. "기독교는 이 두 개의 약점에서 자유하기 때문에 다른 두 개보다 높은 자리에 선다. 그것은 역사에 나타난 가장 순수한 일신론의 형태이다." 기독교에서 유대교나 이슬람교로 개종하는 것은 일종의 질병일 수 있을 뿐이다(8, 4).

그러나 슐라이어마허는 이러한 순수한 "경험적" 추론의 방식에 만족하지 못했다. 그는 그것을 더욱 현상학적인 접근으로 보강했다. 이 접근에 의하면 기독교와 유대교는 목적론적 종교이며(모든 것들이 도래하는 하나님 나라라는 목적에 봉사한다) "미학적" 종교인 이슬람교와 대조가 되었다. 즉 이슬람교는 관조와 포기와 묵종의 종교이다. 도덕이 자연적인 것보다 더 높은 것이므로, 도덕성이 주된 역할을 하는 종교는 자연종교보다 더 높은 상태에 있다. 그리고 이들 도덕적 종교들 가운데 유대교는 그것의 상벌구조 때문에 기독교보다 아래에 있게 된다(9). 이리하여 두 가지 방향 — 발전수준의 방향과 각 종교의 본질에 대한 분석의 방향 — 을 따라서 슐라이어마허는 기독교 신앙이 참되다는 결정적인 증명을 제공했다. 적어도 이것은 그렇게 보인다.

이제 막 그가 결실을 거둘 즈음에(11), 그는 갑자기 생각을 바꾼다. 그것에 대해 본서 p. 22에 우리들이 기록한 것을 보라. 슐라이어마허는 11장 5절에서 우리들에게 이런 종류의 증명을 제공하려는 것이 전혀 그의 의도가 아니었음을 확실히 한다. 그는 기독교와 다른 종교의 차이를 주의깊게 구별하는데 흥미를 가지고 있을 뿐이라고 했다. 왜냐하면 종교현상학은 "어떤 특정한 사실을 구속적인 것으로 인지할 때, 그리고 한 개인의 의식 속에 있는 중심부를 실제로 어떤 특정한 순간에 제공할 때 어떤 필연성도 세울 수 없기 때문이다." 슐라이어마허의 이러한 언명의 전반부는 사실성과 그 사실성에 대한 통찰 사이에는 도약이 있다는 것을 말해준다. 그리고 후반부는 관조적인 객관과 실존적인 선택 사이에 도약이 있다는 것을 말하고 있다.

서설의 긴 여정의 끝에서, 슐라이어마허는 기독교 신앙을 향한 도상에서 그가 깊은 단절을 만났고 오직 도약을 통해서만 그것을 건널 수 있었다고 고백한다. 그러므로 11장 끝에서 이렇게 말한다: "우리들은 기독교의 진리성 혹은 필연성을 증명하려는 모든 시도들을 전적으로 거부한다; 이와는 반대로 '모든 기독교인들은 이런 종류의 연구를 시작하기 전에 그들의 종교가 이것 이외의 어떤 다른 형태를 가질 수 없다는 것을 이미 내적으로 확신하고 있다'는 것을 우리는 전제한다."

독자들은 방법론과 결론이 유사하다는 것을 알아차렸을 것이다. 먼저 슐라이어마허는 전 종교 영역을 개관한다. 그리고 나서 그는 함께 다른 범주를 형성하고 있는 세 종교들을 발견한다. 그는 이들을 각각 비교한다. 그럼으로써 무엇이 기독교에 있어서 고유한 것인가를 기술한다. 그리고 끝으로 그가 진리 문제를 답하지 못한 것은 현상학적 기술이 본래 그같은 일을 하기에 부적합하기 때문이라고 말한다. 주제에 대한 우리의 접근방식과 슐라이어마허의 그것의 차이는 다음과 같다: (1) 슐라이어마허 이후의 한 세기 반 동안의 종교역사에 대한 연구의 덕택으로, 우리들은 종교들을 가장 낮은 곳에서부터 가장 높은 곳까지 펼쳐진 조화로운 단계들 속에 위치 지을 수 없게 되었다. 우리들은 진화론적 발전 이론에 다소의 진리가 있다는 것을 부인하지 않는다. 그러나 이것은 단절들, 종교적인 도약들, 그리고 반대들을 배제하지 않고 포함한다; 그리고 우리의 진화론적 시각은 우리들 자신이 많은 교차로에서 행한 선택에 결정적으로 의존하고 있다. (2) 이것과 관련해서 슐라이어마허가 많은 종교들을 단계의 사다리에 위치시킬 때 각 종교들의 특수성들을 정당하게 다루지 않았다는 사실이 언급되어야 한다. 다신론의 경우가 그러하며 특히 그가 몇몇 모습을 근거로 해서 이슬람교를 "미학적" 유형으로 간주한 것이 그러하다. (3) 슐라이어마허에게 있어서 종교의 세계는 근본적으로 이념의 세계이다. 일신론 같은 최고의 종교들은 하나님에 대한 가장 순수한 이념을 가짐으로써 다른 종교들과 구분되어진다. 그러나 이스라엘에게 있어서 일신론은 특별한 관계와 경험들의 상관물이며 결과였다. 즉 그들과 한 분 유일하신 하나님과의 특수한 관계와 또 그와 함께 했던 경험의 상관물과 결과로서 일신론이 나왔다. 종교들은 우리들의 절대의존 인식의 본성을 반영하는 이념들이 아니다. 종교들은 이 세상의 실재 가운데서의 초자연적인 실재와의 만남이다. 슐라이어마허의 초기 정의인 "보편의 인지(Anschauung des Universums)가 이것을 더 공정하게 평가해준다. (4) 우리는 슐라이어마허가 11장 끝 부분에서 그의 변증론적 서설이 비효과적임을 인정했다는 것을 알고 있다. 그러나 이런 인정은 슐라이어마허에게 늦은 감이 있다. 그는 이 인정에 따라 그의 진화론적이고 유형론적인 접근을 재고했었어야 했다 — 이것은 이루어지지 않았다.

큰 윤곽에 있어서 우리들은 슐라이어마허를 따른다. 그러나 현상학적 한계를 넘어가는 기존의 증명을 동반한 깔끔한 계층적인 체계와 더불어 나아가려고 노력하지는 않을 것이다. 우리들은 현상학적 실재가 진리 질문에 대한 답변을 위한 기준을 제공할 수 없음을 정직하게 인정해야만 한다. 이런 인정은 현상들이 스스로 말하게 하는 자유를 우리에게 허락해준다. 그때에 우리는 그들이 아무것도 증명하지 않은 채, 지극히 개인적이고 결정적인 선택이 요구되는 갈림길과 반대방향 앞에 우리들을 반복적으로 세우는 것을 관찰하게 될 것이다. 이것이 기독교 신앙 연구의 서설이 우리에게 제시할 수 있는 유일한 통찰이다. 그러나 이런 통찰을 미리 표현해야 하는 많은 이유가 있다. 만일 이 통찰이 기독교 신앙이 경험적 실재 전체 안에서 차지하고 있는 영역에 대한 분명한 결정을 토대로 하고 있다면, 그것은 확실히 그러하다. 진리성을 증명하는 것이 아니라 기독교 신앙의 위치를 단지 지시하는 것이 서설을 필요로 하는 참된 이유이기 때문이다. 더욱이 주변 영역들은 복음이 그러한 특정한 위치에 놓이게 되는 정당성을 자세하게 해명해 줄 수 없다. 이것을 위해서는 주제가 스스로 말을 해야 할 것이다.

5. 기독교 신앙의 연구: 동기들과 본질

기독교 신앙은 많은 갈림길과 수렁들을 지나서 시작한다. 이 새로운 영역으로 이주하게 될 때, 사람들은 그의 새로운 상황에 대해 고찰할 필요를 느끼게 된다. 이런 욕구는 인간 존재에 선천적인 것이다. 신자들에게 있어서 해명을 위한 이러한 충동은 둘중 어느 한 방향으로 나아갈 수 있다. 뒤를 돌아보면서 그는 갈림길과 수렁 '이전'에 놓여있는 것에 대한 자신의 관계를 생각하고 설명할 수 있을 것이다. 이 경우 그는 자신과 함께 그것을 선택하지 않은 사람들과 대화를 시작하려고 노력한다. 이런 설명과 해명은 다른 형태를 취하고 또 다른 이름 하에서 수행될 수 있다: 종교철학, 변증론, 논쟁학, 변론학; 앞에서 우리들은 신앙의 연구의 서설이 이와 비슷한 것을 추구한다는 것을 보았다. 그러나 신자는 더욱더 근본적인 욕구를 만족시키는데 흥미를 가질 수 있다. 즉 그의 새로운 상황과 무엇이 이 상황에서 독특한가 하는 것을 좀더 분명히 하고 싶어할 수 있다. 이때의 질문은 "왜 내가 믿는가?"가 아니라 "내가 무엇을 믿는가?"이다. 이때 사람은 신앙을 향해 사고하지 않고 신앙 자체로부터 사고한다. 이 같은 일이 우리가 "신앙의 연구"(study of the faith)라고 부르는 이곳에서 행해질 것이다. 따라서 이런 해명을 추구하는 사람은 이미 신자이며 그의 신앙에 관해 질문하기를 원한다는 사실이 처음부터 끝까지 전제된다. 처음부터 이런 사실을 분명히 하는 것은 중요한 일이다. 많은 사람들이 신앙에 대한 연구가 그 신앙에 대한 토대나 혹은 심지어 증명을 제공할 것으로 보고 있기 때문이다. 우리는 그런 일이 수행될 수 없음을 논증하였다. "그런 주장이 참된 것인가?" 혹시 아닐 경우 "그러면 이러한 영역에서 무엇이 말해질 수 있는가?"라는 질문은 앞에서 언급된 '뒤를 향한 고찰'에 속한다. 신앙의 연구를 시작하려는 사람은 그것의 규칙을 준수해야 하며 그의 출발점을 신앙 자체 안에 두어야 한다. 어쩌면 이런 방식을 통해 그는 자신의 신앙의 근거에 대한 자신의 질문에 답을 발견할 수도 있을 것이다. 어쨌거나 기독교 신앙은 그 나름의 확실성을 수반한다; 만일 기독교 신앙이 충분하게 연구된다면 이러한 사실이 아주 명백해질 것이다.

신앙의 연구에 있어서 혹자는 예수 그리스도 안에 있는 하나님과 그의 관계에 대해 생각한다. 신앙에 대한 그런 사고의 요구는 기독교 교회에서 늘 강하게 느껴져 왔다. 이것은 이상하게 보인다. 관계는 사람들로 하여금 그것을 늘 숙고할 것을 결코 강요하지 않기 때문이다. 사람들이 자신의 결혼관계나 친구관계 혹은 시민증서를 끊임없이 지적으로 해명할 필요를 느끼는가? 일반적으로 이런 필요는 이들 관계에 있어서 어떤 것이 잘못되었을 때에만 일어난다. 이같은 일은 신앙과 다른 것인가? 교회의 역사에서 우리는 신앙에 대한 고찰로 이끌었던 몇 개의 동기들을 발견한다. 다소 길거나 짧은 신조적 언명들로 구성된 아주 초기의 표명들은 선교적 상황과 교회의 교리문답적 필요들속에 그 기원을 갖고 있었다; 외부인들에게 신앙이 무엇인지를 알려주기 위해 신앙 관계의 핵심이 분명하게 표현될 필요가 있었다. 얼마 지나지 않아 다른 동기가 더해졌다: 교회는 거짓 복음에 의해 발생한 혼란에 대처할 수 있는 도움이 필요했다. 나아가 시간이 흐름에 따라 정상적인 교회의 생활, 특히 설교는 신앙의 내용에 대한 간략하지만 더욱 조직적인 요약을 필요로 했다. 이 요약 안에서 성경에 대한 개인의 해석들의 결과들이 정돈될 수 있었다.

아주 최근에 들어와 다른 동기가 강하게 등장했다: 세속주의가 유럽을 지배하고 있던 기독교를 과격하게 엄습했기 때문에, 교회를 포함한 많은 것들이 성경과 교회의 언어로부터 아주 이질적이 되었다. 세대 차이보다 더 큰 이 차이는 적어도 부분적이라도 메워져야만 한다. 간격을 메우는데 필요한, 즉 신앙을 전달하는 데 필요한 언어와 개념들에 종사할 과제가 이제 신앙의 연구에 주어진다. 이렇게 해서 신앙의 연구는 일차적으로 전통(*traditio*)에 대한 해석학적 과정 ─ 전통적 형식으로는 그것을 이해할 수 없는 사람들에게 신앙을 전달하는 것 ─ 의 하녀가 되었다. 신앙의 연구는 그것이 도울 수 있고 또 도와야만 하는 사람들의 정신상태와 상황을 잘 인식하면서 수행될 때만 성과가 있다. 교회는 신앙을 다른 사람에게 전달하기 위해서 뿐만 아니라, 교회 자체가 무엇을 믿고 있는가에 대한 좀더 분명하고 심도있는 이해를 얻기 위해서, 그리고 그런 신앙으로 살기 위한 투쟁에 있어서 강하게 되기 위해 신앙의 연구를 필요로 한다.

요약하면 우리는 이제 이렇게 말할 수 있다: 신앙에 대한 연구는 모든 것을 해명하고자 하는 인간들의 일반적인 욕구 외에도 주석, 논쟁, 해석학, 그리고 세계와 끊임없이 공격받는 교회의 만남에서 일어난다. 이 배후에서 우리들은 가장 심도 깊고 가장 포괄적인 동기 즉 우리가 기독교 신앙의 "비자명성"(non-self-evidence)이라 부를 수 있는 것을 인지한다. 신앙은 우리가 보았듯이, 내적인 필연성에 따라 주어진 실재로부터 발생하는 것이 결코 아니다. 그것은 차라리 느슨하게 그것에 접맥되어 있다. 그것은, 루터가 말했듯이, "불안한 것"이다. 이러한 긴장상황이 의심의 흡입력에 대한 저항으로서 숙고의 필요를 고양시킨다.

앞에서 언급된 동기들에 상응해서, 역사는 신앙의 영역 안에 엄청나게 다양한 기획들을 진열한다. 어떤 것들은 특히 교리문답적 가르침을 제공할 필요에 따라 탄생했다. 예를 들어 니사의 그레고리(Gregory of Nyssa)의 *Oratio catechetica*(383)와 칼빈(Calvin)의 「기독교 강요」(*Institutio christianae religionis*(1st ed. 1536) 등이다. 다른 것들은 잘못된 적을 논박하기 위해 의도되어졌다. 예를 들어 이레나이우스(Irenaeus)의 「이단 논박」(*Adversus haereses*)(ca. 185)와 M. Chemnitz의 *Examen Concilii Tridentini*(1573) 등이다. 중세에서는 성경과 교부들의 글에 대한 주석이 신앙의 연구의 토대였다. 바르트(Barth)는 교회의 선포를 위해 그의 「교회 교의학」(*Church Dogmatics*[1932ff.])을 썼다.

훨씬 더 단호하게, 노르트만스(Noordmans)는 그의 *Herschepping*(1934)을 교회의 말을 위한 "규범"을 분명히 하기 위해 제공했다. 동시대의 지적 기후와의 대면을 의식하고 신앙을 조직화할 필요는 특별히 계몽주의 이후부터였다. 슐라이어마허의 「기독교 신앙론」(*Christian Faith*)(1822)은 아마도 최초의 현저한 모범으로 간주된다. 그러나 이런 동기는 오리겐(Origen)의 「원리」(*De principiis*)(ca. 220)에서도 역시 강하다. 13세기에 신학이 아리스토텔레스주의의 발달과 대면했을 때 그것은 아주 강했다. 토마스 아퀴나스(Thomas Aquinas)의 「신학대전」(*Summa theologica*[1274])은 당시의 유행하는 아리스토텔레스(Aristotle)의 범주들 안에서 복음을 표현하려는 웅대한 시도였다. 오늘날 교의학의 가장 의미심장한 대안적인 동기들과 방법들은 *CD*에 나타난 바르트의 그것들과 *ST*에 나타난 틸리히(Tillich)의 그것들이다. 바르트는 그의 교의학에서 설교를 위한 규범인 하나님의 말씀에 대해 묻는다. 틸리히는 그런 접근을 "케리그마 신학"이라고 부른다. 그러나 그의 우선되는 관심은 동시대인들의 필요에 답을 주는 것이 아니다. "신학이 응답해야만 하는 '상황'은 특정한 시대에 있어서 인간의 창조적인 자기 이해의 전체성이다."(*ST* I, pp.3-8). 반대로 바르트는 우리들은 오직 하나님의 말씀으로부터 무엇이 우리들의 참된 필요인지를 배울 수 있다고 주장한다.

그러나 앞서 말한 것으로부터 '교의학은 신자들과 교회와 그리고 세계에 제공해야만 하는 봉사를 끊임없이 인식하고 있어야 한다'는 결론이 내려져서는 안된다. 그것은 바람직한 것이 아닐 수 있다. 여기에서 동기와 목적을 구분하는 것이 필수적이다. 예를 들어, 올바른 가르침에 대한 요구가 신앙에 대한 고찰을 강요할 수도 있다. 그러나 이런 고찰 가운데 '결과가 참으로 가르침에 적합한가' 하는 문제가 지속적으로 질문되면 그것은 잘못이다. 그같은 일은 가르침을 위해서도 좋지 못할 것이다. 왜냐하면 가르침은 스스로에게 봉사하는 것이 아니라 신앙의 진리에 봉사하는 것이기 때문이다. 야기되는 모든 필요들보다 늘 한 발짝 앞서가려 노력할 때가 아니라 진리 자체를 위해서 진리를 분명히 할 때, 신학은 교회를 가장 잘 섬기게 된다. 정확히 생명과 관계하기 때문에, 이것은 일종의 "무목표"(無目標) 속에서 전진해야 할 의무가 있다. 우선적으로 이 욕구들을 충족시키기 위해 노력함으로써가 아니라 진리를 섬김으로써, 이것은 모든 욕구들을 만족시킬 수 있다. 그러나 여기에서 절대적인 대조의 용어로 말하는 것은 타당하지 않다. 따라서 우리는 "일종의" 무목표라고 말했다. 비유하자면 여전히 그의 설교를 들을 청중을 잊지 않은 채 텍스트에 집중하는 설교자를 들 수 있다. 그것은 긴장상태로 인도될 수 있다. 체제 순응적으로 신앙의 연구는 요구들의 노예가 될 수 있거나 혹은 자기 도취적으로 그리고 추상 속에서 자신을 잃어버림으로써 아무런 결실을 맺지 못할 수도 있다. 그러나 이것은 너무 극단적인 경우이며 이러한 경우는 설사 일어난다 해도 완전히 순수한 형태로 일어나는 것은 아니다. 만일 신앙의 연구자가 스스로, 그 자신의 영혼 안에서, 신앙의 긴장을 지각하고 그것을 다른 사람들에게 번역할 때 '무엇이 포함되는가'를 깊이있게 알고 있는(이것은 모든 연구자들에게 있어서 최상의 요구이다) 살아있는 인간이라면, 추상의 위험은 적을 것이다. 실제로, 이런 초연함이 풍성한 추구를 보장한다는 인식을 통하여 연구자는 의식적으로 그의 연구의 무목적 태도를 앞세우기 위해 노력해야 할 것이다.

뒤따르는 모든 세대를 위해서, 캔터베리의 안셀름(Anselm of Canterbury)은 교의학에 있어서 이런 무목적성을 '지성을 추구하는 신앙'(fides quaerens intellectum)과 '나는 알기 위해 믿는다'(credo ut intelligam)라는 표현을 통해서 정식화했다. 이러한 풍성한 무목적성은 신학의 역사에 있어서 정기적으로 관찰되어질 수 있으며, 또한 아주 특정한 요구들에 의해서 작품을 저술하였던 사상가들에게 있어서도 마찬가지이다. 좋은 실례가 앞에서 언급된 아퀴나스(Aquinas)의 「신학대전」(Summa)과 바르트(Barth)의 「교회 교의학」(Church Dogmatics)이다. 초기 교회에 있어서는 필요감이 지배적인 동기였다. 17세기의 개신교 스콜라주의에서는 그러한 신앙의 조사가 주로 스스로를 위해서 행해졌다. 이것은 '두 시기에 있어서 다른 동기가 전혀 아무런 역할도 하지 않았다'고 말하려는 것이 아니다. 19세기와 20세기에 일어난 대학에서의 학과의 분화는 신앙의 연구가 아주 독립적인 학문 분야가 되게 했다. 그러나 일차 세계대전 이후에 그리고 보다 최근에 이러한 것에 대한 명확한 반대작용이 일어났다.

우리가 신앙의 연구를 교회의 성화의 한 요소로 간주할 때, 신앙의 연구의 본질이 가장 잘 파악된다. 신앙-관계 속에서 하나님은 스스로 그의 사랑으로써 우리들을 사로잡으신다. 우리는 우리의 전존재로, 따라서 우리의 온 마음으로 그를 사랑함으로 그것에 반응할 수 있다. 신앙의 연구는 우리의 마음을 다하는 하나님 사랑의 유일한 형태는 아니지만 그것의 한 형태임이 확실하다. 오직 성화의 맥락 안에서만, 이것의 본성과 윤곽이 드러난다. 사랑하는 것은 무목적인 행위인데, 그것은 사랑이 그 목적을 그 자신 안에 두기 때문이다. 이 사랑이 존재의 성화의 한 요소라면, 이것은 그들을 신앙 밖으로 몰아내는 안과 밖에 있는 힘들에 대항해서 신자들과 하나님의 백성들이 종사하는 투쟁의 일부분이다.

그러나 이 성화의 맥락은 우리들에게 여전히 또 다른 측면을 알려준다. 성화는 조직신학이 '행위' 혹은 '선행'이라고 부르는 것에서 일어난다. 그러나 신약성경은 모든 곳에서 이런 선행들의 이중성을 우리에게 알려준다. 부지불식간에 목적 없는 감사의 행위가 그 안에서 사람이 자신을 발견하고 혼자 힘으로 살아가는 성취물이 될 수 있다. 이 위험은 신앙의 연구의 실행에서 특히 크다. 이 행위의 지적인 본성 때문에 지적인 교만의 위험이 여전히 상존한다. 누군가가 하나님 자신보다는 하나님에 대한 그들의 생각에 더 흥미를 느끼는 신학자들을 위해 지옥의 가장 아랫 부분이 예비되어 있다고 말했다. 신학자들 뿐 아니라 교회는 이러한 신학적 자기 칭의의 위험에 대해 늘 감시하고 있어야 한다. 참된 신학화는 신학을 연구하는 사람의 지적 능력에 단지 부분적으로만 의존한다. 신학화는 하나님과 신학하는 사람의 만남에, 즉 올바른 관계에 동일한 정도로 의존한다.

이것을 이런식으로 제기할 때, 우리는 교의학의 기본질문으로 종종 간주되는 '관계와 객관화의 대비'를 떠올리게 된다. '신앙'은 관계이며, '연구' 혹은 설명은 객관화하는 활동이다. 결과적으로 신앙의 연구는 용어 자체가 아주 모순적으로 보인다. 사랑의 관계는 경험되어질 수 있다: 그것은 또한 연구될 수도 있다: 그러나 어떤 사람이 도대체 양자를 동시에 할 수 있는가? 특별히 전후에 실존주의적 사고 ― 이것은 실존과 객관화의 대비를 전제한다 — 의 영향 때문에, 이것은 많이 토의되는 문제가 되었다. 같은 것이 위에서 언급한 치명적인 역전 즉 하나님 자신보다는 하나님에 대한 자신들의 사고에 더 흥미를 가지는 일에도 적용된다. 그러나 이 문제에 주어진 철학적인 배경과 토대는 실재와 일치하지 않는다. 관계와 객관화는 서로를 필연적으로 배척하는 것이 아니다. 실제로, 사랑은 객관화를 강요할 수도 있다. '객관화'라는 용어는 두 개의 전혀 다른 것을 의미할 수 있다: '매력을 느끼는 대상에 대한 경건한 관조'와 그것의 독특한 성격을 무시하면서 '그것을 지배하려는 불경건한 시도.' 이 둘은 동일시될 수 없다. 신학에 있어서 후자는 끊임없이 현존하는 위협이다. 그리고 전자야말로 합법적으로 행해질 수 있는 유일한 것이다. 이것은 하나님에 관한 모든 올바른 사고는 하나님과의(with) 만남에서 일어나며 이 하나님과의 만남을(at) 목적으로 하고 있다는 것을 의미한다. 이러한 사고에 우리들이 종사할 때, 우리들은 단지 지성적 행위들 뿐 아니라 우리들의 전 실존과 함께 그것에 관여하게 된다. 이것을 참되고 의미있는 사고로 만들어 주는 가능성은 다른 측면으로부터 성령에 의해 확립된 관계에 의존한다. 그러나 이런 사고가 가능하다는 것은 고전적인 신학과 현대 신학의 많은 지면으로부터 명백해진다.

신학에 대한 고전적인 정의가 올바르게 말한다: "신학은 하나님에 대해 가르치며, 하나님에 의해서 가르침을 받고, 그리고 하나님께로 나아간다." 관계와 객관화의 문제에 대한 그 이상의 연구를 위해서는 H. Berkhof의 *God voorwerp van wetenschap?*(1960)과 그곳에서 인용된 참고문헌을 보라. H. Gollwitzer의 *The Existence of God as Confessed by Faith*(E. T. 1965), esp. II, 4; T. F. Torrance의 *Theological Science*(1969), esp. pp. 295-303을 보라.

신앙의 연구는 조심스럽지만 없어서는 안될 기능을 갖고 있다. 그것은 지리학적인 영역에서의 지도에 비교될 수 있다. 이 지도는 실제 지리에 대한 인식에 기초하고 있으며 사용자를 해당 지역의 전체성과 일관성에 익숙하게 만들려는 의도를 가지고 있다. 이러한 일관성에서 분리될 때 지도는 추상이나 혹은 대용물(Substitute)이 되어버린다. 지도를 작성한 사람은 사용자를 위해서 그리고 사용자의 필요를 고려해서 그가 그것을 했다는 사실을 알고 있다. 그러나 작성하는 중에 그의 유일한 관심은 가능한 한 좋은 지도를 그리는 것이다.

신앙의 연구의 기능에 대한 또하나의 명확한 예증이 브룬너(Brunner)에 의해 주어진다: "분석 화학자가 그의 증류기로 시장에서 판매될 식료품들을 분석한다. 이렇게 함으로써 그는 모든 단순한 대용식품 가운데 어떤 것이 식용의 가치가 있는가를 식별할 수 있다. 그러나 그렇게 하는 가운데 그는 인간의 식용을 위하여 의도된 물질들을 그것의 실제 목적으로부터 전용하고, 심지어는 실제로 그것을 파괴하기도 한다. 그러나 모든 그의 분리와 검사의 방법들의 결과는 전체 인류의 음식에 기여한다. 이처럼 신학자들이 명확하게 하고, 격리시키고, 재결합시킨 것, 그의 교의학적 개념들과 그의 조직적인 조작들은 신자들이 필요로 하는 '음식'이 아니고, 또한 설교되어져야 할 것도 아니다. 그러나 이것은 설교자와 목회자들을 도울 수 있다"(*Dg* I, pp. 64f.).

이러한 반성적인 수고의 동기들과 성격을 고려할 때, 우리들이 이러한 과업에 부여해야 하는 호칭의 문제가 남는다. 이러한 학문연구 분야에 보편적으로 사용되는 이름은 '교의학'(영어권에서는 조직신학)이다. 비록 이 책에서 우리들이 이러한 호칭을 전적으로 피하지는 않겠지만, 우리들은 그것이 우리들의 이것을 정확히 적절한 서술로 간주하지는 않는다. '교의'라는 용어는 우리들에게 교회의 고전적인 교리적 선포, 특히 삼위일체론, 성부와 성자의 관계, 그리고 성자 안에 있는 신성과 인성의 관계에 대한 4세기부터 6세기까지의 선포들을 상기시켜준다. '교의학'이라는 용어는 이 신학의 연구가 저 교리적 선포들에 일차적으로 혹은 오로지 그것에만 관심을 가지고 있고, 또한 그것들의 권위에서 출발하고 있다는 사실을 시사하는 경향이 있다.

이것은 동방정교회 교의학에는 어느 정도 사실로 적용되고, 로마가톨릭 신학에는 훨씬 적게 적용되며, 개신교 교의학에는 전혀 적용되지 않는다. 따라서 대부분의 개신교 신학자들은 '교의'라는 용어를 다르게 이해한다; 그러나 독자는 그것을 알기가 종종 어렵다고 생각한다. 훨씬 광범위한 의미를 획득하고 있는 '교조주의'(dogmatism)와 '교의학'(dogmatic)이라는 용어들은 사람들의 어깨에 멍에처럼 놓여진 권위적인 주장들, 실재와 반대되는 주장들을 여전히 암시한다. 이러한 이유들 때문에 우리는 이 용어를 포기한다 (그것은 어쨌든 3세기 정도 낡은 것이다).

우리들은 차라리 '신앙의 연구'(study of the faith)라는 이름을 선호한다. 그러나 이것 역시 약점들이 있다. '교의학'이 객관주의적 함축을 가지듯이, 신앙의 연구는 주관주의적 냄새를 풍긴다. 연구의 저자는, 보다 보편적인 타당성을 포기하고, 단지 그의 개인적인 견해를 표현하는 것처럼 보일 수도 있다. 그러나 이러한 오해는 우리가 '신앙'이라는 용어가 종교들의 세계에서 갖는 의미를 기상할 때 사라진다. 신앙은 하나님과 인간의 관계이다. 관계를 묘사하는 사람은 다소 주관적인 것이나, 혹은 다소 객관적인 것으로 묘사하지 않는다. 그는 그것을 만남 속에서 두 주체들의 함께함으로 묘사한다. 만남은 두 주체들에게 있어서 주체를 넘어서는 것으로 소유되며 따라서 객관적인 실재이다. 기독교 신앙을 고찰하는 사람은 인간의 상황 자체를 고찰하는 것이 아니다. 신앙은 인간이 자신의 밖을 가리키는 행위이다. 그것은 늘 '어떤 것'을 믿는 것이다. 우리가 신앙을 주관적인 태도로(the *fides qua creditur*) 취급할 때 우리들은 동시에 '믿어진 신앙', '신앙의 내용들'(the *fides quae creditur*)을 취급한다. 우리의 생각에는 '신앙의 연구'라는 용어가 주관적으로 오해될 위험성이 '교의학'이라는 용어가 객관적으로 오해될 위험성보다 훨씬 적다.

'교의'(dogma), 복수 형태인 '교의들'(dogmata)이라는 단어는 헬레니즘시대와 기독교적 헬라어의 그것과는 아주 다른 용법을 갖는다. 헬레니즘과 기독교적 헬라어에서는 그것이 '정부의 칙령'부터 '개인적 견해'에 이르기까지 아주 광범위한 의미를 가졌다. 이러한 의미론적 폭이 '교의학'(dogmatic)이라는 용어를 설명하고 변호하는데 자주 편리하게 사용되었다. 역사적 문제성들을 위해서는 *TDNT* II, s. v. dogma(Kittel), *RGG* II, s. v. Dogma II(Gloege)와 브룬너(Brunner), *Dg* I, pp. 103-107과 많은 교의학의 안내서들을 보라. 그 단어의 현대적이고 상이한 의미를 위해서는 Gloege, *RGG* II, s. v. Dogma II를 보라. 바르트가 *CD* I, 1, pp. 304-309에서 행한 그것의 재해석은 잘 알려져 있다. "교의는 교회의 선포와 성경에 증언된 계시의 일치다"(p. 304) 그리고 따라서 "일종의 종말론적 개념"(p. 309)이다.

여러 세기 동안 '교의'라는 단어는 특별히 신적 계시에 대한 교회의 무오한 선언을 의미했다. 종교개혁 이래로 개신교 교회들에서는 이러한 의미가 더 이상 유지될 수 없었다. 두 가지 이유 때문에 그러했다: (a) 모든 교회적 선포들은 성경에 있는 무오한 하나님의 말씀에 의해 검증되어져야 한다; (b) 신앙은 더 이상 "교회가 말하는 것은 무엇이든 믿어져야 한다는 것에 대한 동의"가 아니라, 그리스도 안에 있는 하나님의 약속들을 수용하고 신뢰하는 개인적 관계이다. 그러한 것은 원칙적으로 객관주의의 종말이다.

종교개혁은 그것의 신앙을 교의들로 표현한 것이 아니라, 하나님 말씀에 대한 오류가 있을 수 있는 인간적 요약인 신조적 언명들로 표현했다. 최근에 로마 가톨릭 교회에서 역시 교의가 진리 선언의 수단으로써의 그것의 신빙성을 잃어버린 것처럼 보인다. 마지막 공의회에서는 고의적으로 교의들을 선포하는 것을 삼갔다.

따라서 교의학이라는 단어가 개신교의 분위기에서 일어났다는 것은 주목할 만하다. 그것은 L. F. Reinhard에 의해서 그의 저서 *Synopsis theologiae dogmaticae*(1659)에서 가장 먼저 사용되었다.

그것 이전에는 theologia가 Summa, Sententiae, Institutio(-nes), Loci, Syntagma, Systema 등의 부가적으로 상술하는 용어들과 함께 쓰였다. '교의학'이라는 이름이 일반적인 동의를 얻은 것은 신학영역에 있어 증가하는 분화가 새로운 이름을 요구했기 때문인 것 같다. 그러나 한 세기 뒤에 또 하나의 다른 이름이 도입되었다: 신앙의 연구(화란어로 Geloofsleer).

Christian Wolff의 보수적 추종자인 S. J. Baumgarten이 그의 교의학을

*Evangelische Glaubenslehre*라고 불렸다. 이 책은 Semler에 의해서 3권으로 출판된(1759f.) 유고작이다. 그러나 슐라이어마허의 *Christian Faith*(1822)을 통해서 비로소 그것은 광범위하게 쓰이는 이름이 되었다. 그러나 동시에 그 이름에 대한 고려해 볼 만한 반대가 있다. 슐라이어마허에게 있어서 그것은 많은 사람들의 눈에 명백히 주관적으로 보이는 방법과 분명하게 연결되어 있기 때문이다. 유명한 15장을 생각하라: "기독교 교리들은 기독교의 종교적 감정을 말로 표현한 것이다." (그러나 슐라이어마허에게 있어서 주체는 신앙하는 개인이 아니라 교회임을 — 2장을 보라 — 그리고 또한 30장에 의하면 슐라이어마허가 기독교적인 지성의 상태를 그것의 신학적인 그리고 우주론적인 언명들에 기초해서 묘사하고 싶어함을 기억해야 한다.) 결과적으로 많은 정통주의 신학자들은 '신앙의 연구'라는 용어를 거절하며 대부분 '교의학'이라는 용어를 선호한다. 이러한 대조는 아직 과거의 문제는 아니다: 위에서 논의했듯이, 내 생각에는 이러한 대조는 잘못이다.

신앙의 연구에 대한 일종의 정의 같은 것을 요청함 없이 이 장을 마무리할 수는 없다. 정의가 제일 먼저 와야 한다는 이의가 제기될 수 있다. 그러나 그런 경우에 저자는 너무 조급하게 그 자신의 견해를 독자들에게 강요하는 것이 된다. 정의는 앞서는 폭넓은 소개에서 나와야 한다. 그러면 우리들은 적어도 우리의 정의(한계)에 대해 다소간 어림짐작을 가지게 된다. 게다가 정의와 더불어 시작하는 것은 어떤 정확한 정의가 결정적 의미를 갖는다는 것을 의미한다. 그러나 모든 정의는 그것에 대해 인위적인 것을 가지고 있다. 어느 누구도 그 자신의 정의의 노예가 되어서는 안된다. 이러한 유의점과 더불어서 우리들은 기독교 신앙의 연구를 다음과 같이 묘사한다: 하나님이 그리스도 안에서 우리들과 더불어 시작하신 관계의 내용에 대한 조직적인 고찰.

이것에 우리들은 다음의 주의할 점들을 추가한다: (1) 이러한 고찰은 직접적으로 인간의 정신의 상태나 또는 직접적으로 하나님 자신에게로 향하지 않는다. 그것은 하나님과 인간의 만남을 향한다. 이 만남 안에서 신앙은 하나님을 주도권을 가지신 분으로 고백한다. (2) 정의에서 우리들은 그러한 관계들의 내용을 정의할 수 없지만, 이러한 고찰은 관계의 내용(물론 관계 자체에서 분리되지 않는)을 향한다; 관계의 내용들은 고찰이 진행됨에 따라 좀더 분명하게 될 것이다. (3) 우리들의 관심은 관계에 대한 지성적인 통찰이다. 그러나 이것은 신자들이 그러한 관계와 더불어 행하는 첫번째 것 — 유일한 것은 말할 것도 없이 — 이 아니다. 제일 먼저 신앙에 의한 그의 관계의 시작이 온다. 그리고 기도와 찬양에서, 경험과 행위 안에서 그것에 대한 실천이 온다. 비록 의도적인 고찰을 하지는 않는다 하더라도, 그 안에서 그의 지성은 늘 적극적인 역할을 수행한다. (4) 그것은 조직적 고찰에 관심을 갖는다. 이것은 예를 들어 성경공부, 명상, 설교준비, 혹은 당대의 문제들에 대한 토론들에서 행해지는 고찰과는 다르다. 조직적 탐구는 그것 자체를 위해서 행해진다; 그것은 하나님의 우리와 함께 하심에 대한 좀더 나은 그리고 좀더 깊은 이해를 목적으로 하는, 그리고 특히 그들의 통일된 전체로서의 상호관계의 다양한 요소들과 측면들을 이해하기 위한, 하나님의 우리와 함께 하심에 대한 규명이다. 어느 정도까지 후자가 가능한가 하는 것은 — 바꾸어 말하면, 이러한 추구가 갖는 한계들은 무엇인가 — 다음 장의 주제중의 하나이다.

6. 기독교 신앙의 연구: 범위와 한계들

이러한 "하나님이 그리스도 안에서 우리들과 더불어 시작하신 관계의 내용에 대한 조직적인 고찰"의 결과들에게 어떤 가치를 돌릴 수 있을까? 이곳에서 우리들은 다시 우리들이 풀 수 없는 진리에 관한 문제에 직면한다. 우리가 할 수 있고 또 해야만 하는 것은, 모든 그러한 신학적 연구의 배후에 놓여있는 이 질문의 빛에서 신앙의 연구를 더욱더 명료하게 설명하기 위해 노력하면서, 신앙의 연구의 자리와 의미에 대한 또하나의 다른 관찰을 하는 것이다.

기독교 신앙의 연구의 진리 내용들은 우리들이 기독교 신앙 관계에 돌리는 진리에 전적으로 의존한다. 동시에 신앙의 연구의 진리는 그 자체로서 신앙 자체의 진리의 아주 뒤쪽에 남아있다고 말해져야 한다. 모든 신앙의 연구는 신앙관계에 대한 신자 개인의 지성적으로 명료하게 하는 반응이다. 이 반응은 특정한 필요들, 그의 전통, 그리고 개인적 취향들에 의해서 결정되어진다. 이렇게 해서 신앙의 연구는 신앙 자체에서 나올 수 없는 모든 종류의 것들을 포함하기도 하며, 신앙 관계의 경험 전체(아무도 가질 수 없는)에 속하는 많은 것을 늘 내버려두기도 한다. 따라서 신앙을 어떤 신학적 모형과 동일시한다는 것은 불가능하다. 그런 동일성의 위험은 결코 비현실적이지 않다. 그러나 모든 교회들이 원칙적인 차이를 주장한다: 토마스 아퀴나스(Thomas Aquinas)를 교회의 아버지로 만드는 로마 가톨릭 교회의 선언(1879)조차도 결코 이러한 차이를 폐지하려 하지 않았다.

위에서 언급한 내용을 긍정적인 용어로 표현한다면, 우리들은 "신앙의 연구는 그것이 전제하고 또 명확하게 표현하기 위해서 애쓰는 기독교 신앙의 진리성에 참여한다"고 말할 수 있다. 그러나 누군가가 "그것이 무엇을 의미하는가?"라고 물을 수 있다. 신앙의 연구는 진리를 분명하게 선언하고 있다고 주장할 수 있는가? '신앙'의 '진리'라고 말하는 것은 용어상 모순이 아닌가? 진리가 늘 보편타당성과 검증가능성을 소유할 것을 요구하는 것은 아니지 않는가? 그리고 그러한 기준에 따르면, 신앙의 연구는 주관적인 추구(비록 거대한 공동체가 그것 뒤에 서 있다 하더라도) 이상의 어떤 것일 수 있는가? 신뢰는 신뢰되어지는 사람이나 대상의 신뢰성에 대한 지식에 기초하는 것이다: 따라서 그것은 지식을 포함하고 전제한다. 진리와, 심지어 모든 것을 포괄하는 보편타당한 진리와, 관계하려고 하는 것이 신앙의 본질에 속한다. 따라서 신앙의 연구는 그것이 진리를 분명하게 표현하기 위해서 노력하고 있다는 주장을 버릴 수 없다. 그러나 만일 그것의 진리가 특정한 집단의 밖에서는 인정되지 않고 심지어 아주 거절된다면, 그러한 것은 무엇을 의미하는가?

서론-6. 기독교 신앙의 연구:범위와 한계들

이곳의 문제들에 익숙해지기 위해서 최근에 출판된 두 권의 책들이 유용하다: J. L. Springer의 *Waar, wat enwie is God?*(1969), 그리고 T. F. Torrance의 *Theological Science*(1969). Springer의 책의 모토는 잘 알려진 칸트(Kant)의 언명이다: "나는 신앙의 여지를 위해서 지식을 그만 두어야 한다"(Ich musste also das Wissen aufgeben, um zum Glauben Platz zu bekommen). 이곳에서의 지식은 시간과 공간을 갖는 현상계에 의해서 제한된다. 그렇다면 믿는다는 것은 전적으로 다른 어떤 질서이다. 이러한 길을 통해서 Springer는 쉽게 기독교 신앙과 조화될 수 없는 theologia negativa를 끝낸다. 제목이 암시를 하듯이 Torrance의 책에서 우리들은 반대기류를 느낄 수 있다. Torrance에 의하면 신앙의 연구는 참으로 과학적인 행위이다. 신앙의 연구는 자연과학처럼 그것의 대상에 엄격하게 집중하며 그것의 대상에 의해서만 결정된 그것의 방법론을 가지고 있기 때문이다. 내 견해에 의하면, Torrance는 '과학'의 '신앙' 성격에서 일어나는 문제성에 충분한 주의를 기울이지 못했다.

이곳에서 일어나는 문제들은 다음 질문으로 요약되어질 수 있다: 신앙의 연구는 과학인가? 과학적 행위는 선천적으로 주어져 있는 실재를 항상 전제한다. 과학은 저러한 실재들에게 질서와 통일과 통찰을 가져올 분석적 개념들과 종합적 개념들을 사용하여 이 실재를 통찰하고 해명하기를 추구한다. 동일한 것이 신앙의 연구에 있어서도 참되다. 만일 신앙의 연구가 자신을 과학으로 제시한다면, 과학적 행위 자체는 인간에게 유용한 신중한 기획이기 때문에, 그 학과에 있어서 그것이 아마도 유용할 것이다. 이러한 인식은 신앙의 연구로 하여금 자신에게 대상에게만 속하는 절대성을 돌리지 않게 한다. 그러나 통상적으로 과학에 의해서 이해되어진 것과 아주 다른 차이가 있다. 과학은 원칙적으로 모든 사람에게 공통적인 경험, 연구 및 검증의 방법에 기초하고 있다. 그러나 신앙의 연구는 이러한 공통성이 결여되어 있는 어떤 확신에 기초해 있다. 그리고 이 확신은 성령의 특별한 사역에 의해서 초래되었다고 말해진다. 우리는 성령에 대한 이러한 호소 때문에 신앙의 연구는 진정한 과학적 추구가 아니라고 말해야만 하는가?

그러나 그 때 질문이 생기게 된다: 언제 어떤 것이 과학적이고 언제 그렇지 않는가? 하지만, 과학적 탐구행위가 더 깊어질수록 그리고 그가 추구하는 진리 안에 더욱 많은 것이 포함될수록, 그 과학적 연구에 있어서 주관적 요소가 더욱 강해질 것이며 그것의 가해성과 검증 가능성이 더욱 작아질 것이다. 궁극적 진리에 대한 고찰은 늘 선택의 성질을 띠고 있을 것이다. 이러한 영역에 대한 연구를 과학적 행위에서 배제하는 것은 과학을 피상적 현상에 대한 조사로 제한하고, 궁극적인 전제들, 연관들, 그리고 관점들에 대한 모든 문제들을 무시하도록 운명 지우는 것이다. 이것은 다음의 결과를 낳는다: 지식은 별로 중요한 것이 아니며 중요한 것은 알 수 없다. 이런 시각에서 본다면, '신앙의 연구가 과학이라 불려져야 하는가'의 문제는 과학 자체와 그것의 범위와 목적들을 위해서도 결정적인 의미를 갖는다.

'과학이 무엇을 의미하는가?' 라는 관점으로부터, 신앙의 연구뿐 아니라 모든 다른 형태의 조직적 사고 — 특히 철학과 윤리학 — 에게도 그것의 과학적인 성격에 대한 질문이 관계한다. 헤겔의 지성적인 작업은 과학인가? 혹은 마르크스(Marx), 야스퍼스(Jaspers), 블로흐(Bloch), 테이야르 드 샤르댕(Teihard de Chardin)의 그것은 어떤가? 혹은 네덜란드의 W. Banning, J. H Vanden Berg, 혹은 H. Fortmann의 그것은 어떤가? 이것은 정의 이상의 문제이다. 과학과 사회와 대학이 사회에 제공하는 봉사의 전 관계가 문제가 된다.

신앙의 연구는 '과학'이라 불리는 인간 활동의 형태 외의 어떤 것으로는 생각되어질 수 없다. 신앙은 자신이 실재, 즉 가장 높은 실재를 향하고 있다는 확신을 수반하고 있기 때문이다. 그것은 과학에 있어서 특징적인 개념적인 접근을 사용해 이 실재와 관계하기를 추구한다. 동시에 신앙은 자신의 진리 주장이 신자들의 공동체 밖에서 인정을 받지 못하며, 또한 과학적인 성격을 갖는 신앙의 연구의 주장도 신자 공동체 밖에서 인정을 받지 못한다는 것을 안다. 이것은 전 실재 안에서 기독교 신앙이 갖는 비자명한 위치의 직접적인 결과이다. 하나님과의 만남은 예견할 수 없고 또한 인간의 죄 때문에 심지어 불가능해 보이기 때문이다. 그러나 신앙의 연구는 자신이 과학적 성격을 가지고 있다고 주장하지 않을 수 없다. 게다가 이런 주장을 통해서 신앙의 연구는 과학의 경험주의적 협소화를 견제하는 기여를 하고 있다는 사실을 신앙의 연구는 인식하고 있다. 저것을 넘어, 신앙의 연구는 '자신의 이러한 주장이 자신을 둘러싸고 있는 문화적 환경 안에서 인정되고 있는가 아닌가'를 정말로 지켜봐야 할 것이다. 그러나 '신앙의 연구가 이 인정을 얻는가 그렇지 못하는가'는 그것의 자기이해와 자기 과업이해에 아무런 영향도 미치지 못할 것이다.

몇몇 나라들에서는 신학연구가 대학과 전적으로 분리되어 있으며 교회에 의해서만 지원된다. 교회와 국가를 분리하고 있는 미국의 경우도 마찬가지이다. 미국에서도 역시 점점 더 많은 대학들이, 그들의 '중립성'을 유지하기 위해, 자주 신앙의 연구(조직신학)를 포함하지 않는 '종교학과'를 갖고 있다. 독일, 스위스, 그리고 스칸디나비아와 지중해 연안의 나라들에서는 신학이 대학에서 수행된다. 네덜란드에서도 마찬가지이다. 단지 국립대학들의 경우 이 학문의 교수들은 국가가 아니라 교회에 의해서 임명된다는 점만 다르다(소위 'duplex ordo').

과학으로서의 신학에 대해서 바르트의 *CD* I, 1, pp. 3-11; 브룬너의 *Dg* I, pp. 60-66; Trillhaas의 *Dg* pp. 48-57; 특히 베버(Weber)의 *Gl* pp. 56-64; 나아가 또한 G. J. Heering의 *Geloof en openbaring*(1판, 1935), I, 1, 6장 및 Ott의 *AG* 7장을 보라. 독일에서의 계몽주의 이후부터 상황에 대한 폭넓은 조사는 G. Sauter가 편집한 *Theologie als Wissenschaft*(1971), 특히 Sauter 자신이 쓴 철저한 조사 연구서를 보라.

현재 신학의 과학적 성격의 문제는 특히 '검증'이라는 이름 하에서 논의되고 있다. 이 '검증'이라는 용어는 자연과학들의 방법론으로부터 빌려온 것이며, 따라서 신학에 적용하기에 전혀 적합하지 않은 전적으로 다른 영역이다. 어쨌거나 우리들은 진리에 대한 우리 자신의 규정을 통해 참된 것을 창출할 수 없다는 것이 확실하다: 하나님과의 만남을 통해서 우리 자신들이 먼저 '확립'되어야 한다. 그러나 우리가 이 궤도와 마주쳤을 때, 우리가 믿는 것은, 비록 그것이 증명될 수는 없지만, 윤리적 실천에 있어서 뿐 아니라 일관성과 분명함을 통해 과학적으로도 시험을 견딜 수 있어야 한다. *Rondom het Woord*, 5월 10월. 1972, 특히 H. M. Kuitert와 V. Brümmer의 강의들을 보라.

우리들은 벌써 '과학이 됨'의 요구가 신앙의 연구의 고유한 한계들을 지적하는 것을 유의하였다. 이 한계에 대한 보다 깊고 더욱 구체적인 이해를 얻기 위해 우리가 노력하는 것은 필수불가결하다. 그럴 때 우리들은 자주 일어나는 이 학과에 대한 과대평가의 유혹에서 벗어날 수가 있게 된다. 모든 학과는 연구대상과 방법론에 의한, 또한 연구하는 주체들에 의한, 그들 나름의 한계들을 갖는다. 신앙의 연구에 있어서 이 한계는 독특하며 중요하다. 주체와 객체 사이에 있는 아주 특별한 관계 때문에 그렇다. 이 특별한 한계는 다음과 같다:

1. 여기에 있는 한계는 우리가 피조물들이라는데 있다. 우리의 대상은 우리를 창조하신 하나님이시다. 우리들은 그를 파악할 수 없다. 반대로 그가 우리들을 파악한다. 신학의 대상은 현저한 주체이신 그분과의 관계이다. 이러한 사실은 과학적으로 거의 참을 수 없는 상황을 만든다. 이 참을 수 없는 상황은, 기독교 신앙에 의하면, 단지 주체가 그렇게도 완전하게 우리 실재 안으로 들어와서, 주체를 유지하면서도 그 주체는 자신을 또한 우리들을 위해 객체로 만들기 때문에 참을 수 있게 된다.

2. 여기에 있는 한계는 우리가 죄인들이라는데 있다. 우리 자체는 기꺼이 우리의 삶을, 따라서 우리의 사고를, 계시와 이 하나님의 뜻에 따라 지배하지 않는다. 그의 형상을 따라 변형되는 것 대신에, 우리들은 의식적으로 혹은 무의식적으로 늘 그를 우리 자신의 형상을 따라, 우리 자신의 이념과 이상의 반영을 따라 그리고 있다. 하나님과 온전히 동행함에 대한, 또한 우리들의 신학적 사고에 있어서, 우리들의 저항을 끊임없이 극복해야 하는 분은 성령 그분이다.

3. 여기에 있는 한계는 우리들이 도상에 있다는 데 있다. 하나님은 우리

서론-6. 기독교 신앙의 연구:범위와 한계들

와 함께 그의 역사를 통해 완전한 구원을 향해 길을 가신다. 지금은 우리 자신이 알려진 것처럼 알지 못한다. 새로운 상황들에서 하나님은 끊임없이 새로운 방식으로 자신을 인류에게 보여주신다. 계시가 아직 완성된 것이 아니다. 따라서 우리의 지식도 단편적이다. 모든 신앙의 주석은 따라서 구시대의 스냅 사진이다. 정확하게 말해서 그 그림은 참으로 영원한 실재에 대한 스냅 사진이다. 그러나 저 영원은 우리 위에 있는 창공이며 우리 앞에 멀리 있는 지평선이다. 결과적으로 교의학은 결코 최종적인 모습을 취해서는 안된다. 신앙 자체가 최종적이지 않기 때문이다; 신앙은 주의깊게 보게 됨을 의미한다.

신학의 이 한계에 대한 좋은 토의는 알트하우스(Althaus)의 *CW* I, pp. 288ff 이다. 다가오고 있는 '관찰의 신학'(theologia visionis)과 현재의 '길 혹은 여정의 신학'(theologia viae or viatorum)에 대한 고전적인 대조가 있다 — 주해자들이 항상 이 종말론적인 한계를 착실히 고려하고 있는 것은 아닌 것 같다.

몇몇 성경적 요소들과 구절들은 또한 이 한계를 우리들에게 일깨우는 목적에 봉사한다. 구약성경에 따르면 하나님을 보는 자는 누구나 죽어야 한다. 신약성경에 따르면 우리들은 그를 그리스도 안에서 신앙으로 간접적으로 본다 — 그러나 신앙과 보는 것은 본질적으로 상반된다. 심지어 모세도 하나님의 영광을 보도록 허락되어 있지 않다; 그는 '이름'을 들었고 하나님의 '뒤'를 보았다. 즉 그도 간접적으로 하나님을 뒤따라가며 하나님을 보았다(출애굽기 33: 18, 23). 구약성경은 죄인에 의한 하나님의 조종에 대해 강하게 경고한다 (십계명중 두번째 세번째 계명들; 거짓선지자에 대한 경고들; 그리고 출애굽기 3: 13-15의 '나는 나다'는 구절은 또한 그 이름이 마술적 조종으로부터 보호되어져야 함을 의미한다). 신약에서 우리들은 특히 고린도전서 13: 9-13을 생각한다: 지금은 우리들은 '부분적'으로 알고, '거울'로 보는 것 같이 알기 때문에 온전히 아는 것은 아직 기다려야 한다.

이 시점에서 신앙의 연구가 '조직적' 연구라는 사실을 더욱 면밀히 고려하는 것이 필수적이다. 지금까지 우리들은 이 용어를 제한되고 평이한 의미로 사용해왔다: 조직적 연구는 '주제를 분할하고 결합할 수 있는 개념을 사용해 주제가 구조화되고 정돈되고 그리고 지성적으로 명백해지게 하는 연구'이다. 그러나 문제는 "이러한 정돈의 행위가 무엇을 목적으로 하고 있는가?"가 질문되어야 한다는 데 있다. 과거에는 이 목적이 체계를 구축함으로 자주 말해졌다. 우리에게 계시된 신적 사고들의 총체에 대한 거울로서의 한 거대하고 유기적이고 개념적인 통일체를 구축한다고 말했다. 오늘날은 이런 대답을 듣기가 좀처럼 힘들다. 우리들은 우리들의 신학적 사고의 한계를 너무 많이 안다. 우리들은 체계를 움켜잡는 것을 허공을 움켜잡는 것 혹은 적어도 우리들의 능력을 벗어나는 어떤 것을 움켜잡는 것으로 간주한다.

그 한계들에 관해 우리가 특별히 언급했을 때 우리들은 또한 그것에 동의했다. 그러나 그것과 더불어서 모든 것이 말해진 것이 아니다. 지금 문제는 '체계가 아니라면, 우리는 과연 무엇을 목적으로 하고 있는가?'이기 때문이다. 어떤 대안이 거기에 있는가? 우리는 그들과 관련됨 없이 모든 종류의 주제들을 토론할 수 있다. 그러나 과학적으로 이것은 우리가 단지 절반의 작업을 한다는 것을 의미한다. 인간의 영혼은 계속 나아가서 유비들과 연관들을 발견하고 싶어한다. 조직적 고찰에는 한계가 없다. 우리들은 하나님의 통일성과 따라서 그의 사고들과 사역들의 통일성을 믿기 때문에, 이것은 신학에서 특별히 그러하다. 모든 곳에서 참된 것이 이곳에서는 더욱 참되다: 체계적 고찰은 그 체계로 향한다.

그러나 그 체계라는 것은 우리들이 도달할 수 있는 성질의 것이 아니다. 이 통일성은 하나님의 특권이지 우리의 처분에 달린 것이 아니다. 그리고 하나님이 사역하신 것이 역사, 특히 한 인격에게 집약된 역사이다. 역사의 사실성과 역사가 종사하고 있는 그 인격의 주체성과 유일성이 우리들의 체계화하는 능력을 제한한다. 모세처럼 우리는 하나님을 뒤따라가며 볼 수밖에 없다. 우리가 앞에서 특별히 언급했듯이 우리들의 인식능력에는 특정한 한계들이 있다. 그리고 그것은 그 체계가 우리들이 도달할 수 있는 영역 밖에 있음을 의미한다.

이것은 '조직'이라는 용어가 우리들에게 무의미하다는 것을 의미하지 않는다. 그것은 우리 사고의 한계와 지평을 보여준다. 그것은 우리가 멀리서부터 도달하려고 애쓰는 종말론적 개념이다. 그것은 우리가 항해하고 우리의 항로를 그려나가는 데 사용되는 북극성이다. 하나님이 우리들에게 계시하는 것의 일관성과 통일성에 대한 추구는 끝없는 과제이다. 이 과제에 대한 분명한 인식을 하고 있는 사람만이 그의 조직화하는 능력에 내재하는 한계들을 예리하게 인식하고 있다. 체계에 대한 관심이 적으면 적을수록 한계들도 더 적게 발견될 것이며, 그가 애초에 가지고 있던 목적에 유용하지 않는 상이하며 산만한 표상에 더욱더 만족하게 될 것이다.

교의학의 조직적 성격에 대해서 Heering, *Geloof en openbaring*, I, 1, par. 7; Borth, *CD* I, 2, pp. 861-870; Althaus, *CW* p. 299; Tillich, *ST* I, pp. 58f.; 특히 Weber, *GI* I, pp. 66-70. 신앙의 연구의 조직적 내용들은 (조직적 '형태'와 혼동하지 말라) 상당히 다르다. 그런 것들은 멜란히톤(Melanchthon)의 *Loci Communes*(1521) 1판에서는 거의 나타나지 않는다. 이 책은 중세적 체계들에 대한 반동이었다. 고도의 조직적 내용들은 위험성과 더불어 아퀴나스, 슐라이어마허, 바르트, 틸리히 등 위대한 교의학자들 저작들에서 발견된다 — 이 한 단계씩 발견된 통일성과 집중성이 다음 단계가 논리적으로 연역될 수 있는 원리가 되는 위험성을 그들 자신이 알았지만 늘 그것을 피할 수 있었던 것은 아니었다.

모든 조직신학자들이 다소 의식적으로 어떤 테마를 중심으로 삼게 된다. 예를 들면 하나님의 주권, 성육신, 화해, 칭의, 중생, 혹은 미래 등이 그것이다. 그런 중심 테마 안에서 그는 통일성을 표현하려고 하거나, 혹은 통일성에 접근하려 한다. 이런 방식으로 해서 그런 개념에 과부하가 걸리고, 결과적으로 다른 동일하게 필수적인 개념들이 요구되는 적절한 강조를 받지 못한다는 것을, 독자는 별다른 어려움 없이 통상적으로 발견한다. 폐쇄된 체계의 불가능성에 대해서 17장을 또한 보라.

우리는 신앙의 연구의 단락에 대해 질문하면서 마치고자 한다. 그것은 적어도 세 가지 관점으로부터 구성될 수 있다. 신앙의 연구가 하나님과 사람 사이의 관계에 관계하기 때문에, 우리의 출발점은 하나님이거나 사람이거나 혹은 관계가 될 수 있다. 만일 하나님으로부터 시작한다면, 일상적인 순서는 성부와 성자와 성령이 성공적으로 조화된 삼위일체적 기획이다. 만일 인간으로부터 시작하면, 우리들은 하나님에 대한 그의 다른 관계들에서 인간을 볼 수 있다: 피조물, 죄인, 구속됨, 성화됨. 만일 관계가 중심이 된다면, 그리고 이 관계가 역사를 갖는다고 생각을 한다면, 그 결과 구속사적 (heilsgeschichtlich) 혹은 기독론 중심적 기획이 나올 것이다. 자료의 범위 때문에 신학자는 결코 그의 기획을 엄격하게 고수할 수 없다. 대부분의 교의학적 저서들은 여러 방법들의 조합을 드러낸다. 비록 방법론적 엄격성을 포기하지만, 이것이 더 큰 포괄성과 유연성을 가져다준다. 따라서 이 조합은 교의학의 대상인 "하나님의 다양한 지혜"에 더욱 적합하다. 비록 개인적인 편차는 있지만, 많은 위대한 신학자들에 의해 대체로 지지되었고 또 지지되는 수세기 동안의 교의학 단락 안에서(게다가, 그것은 많은 신조들과 교리문답집들에서 발견된다) 이 순서는 구체화되어 있다. 우리들도 같은 것을 하려 한다 — 한편으로는 고수하고 또 한편으로 변형도 가하려 한다.

이 순서는 하나님, 그의 존재와 계시와 더불어 시작하며 다음으로 피조물이며 죄인인 인간을 다룬다. 그리고 나서 더욱 구속사적이고 기독론적인 접근(이스라엘: 그리스도의 인격과 사역)이 뒤따른다. 뒤따르는 성령론 단락에서는 인간과 그의 중생이 중심이다. 이것은 결론짓는 종말론 단락에서도 거의 마찬가지이다. 전체는 통상적으로 우리들의 하나님 지식을 위한 원천과 규범들에 대한 토론에서 시작된다. 일반적으로 우리들은 이 전통을 고수할 것이다. 우리가 그것으로부터 현저하게 벗어났을 때 우리들은 그 이유를 제공할 것이다.

초기에는 교의학이 종종 지금 우리가 신학적 윤리학이라 부르는 것, 즉 기독교인의 삶에 대한 가르침을 포함했다. 신학으로부터 윤리학의 분리는 17세기 전반기에 일어났다(Amesius, Calixtus). 이 분리는 두 분야 모두에게 위험을 초래했다. 신앙과 행위는 동전의 양면처럼 늘 함께 간다. 서로로부터의 분리는 기독교 신앙에 대한 지성적인 오해와 기독교인의 삶에 대한 도덕론적 견해로 쉽게 인도된다. 그런 이유로 조직신학자들은 결코 진정으로 그 단절에 묵종하지 않았으며 교의학과 윤리학을 조합하기를 계속했다. 지난 세기의 좋은 실례가 M. Kähler의 *Die Wissenschaft der christlichen Lehre*(1833)이다. 우리의 세기에 잘 알려진 것이 바르트의 *CD*이다. II, 2는 윤리학에 있어서 중요한 부분을 담고 있으며, III, 4에서는 창조윤리가, IV, 4(바르트는 작은 단락만 마무리할 수 있었다)에서는 화해윤리가 주어져 있다. 그러나 이것들에 예외들이 있다. 우리들의 다원화 사회 속에서 윤리학은 더욱 다양하고 역동적인 상황들과 대면한다. 윤리학은 이런 사회 속에서 아주 전문화된 과제가 되어가고 있다. 그 결과 교의학과의 조합은 우연히 고도의 재능이 있는 학생에 의해서만 수행될 수 있게 되었다.

교의학의 삼위일체론 단락은 칼빈(Calvin)의 「기독교 강요」(*Institutes*) 최종판(1559)에서 발견된다. 인간학적 기획은 멜란히톤의 「신학총론」(*Loci communes*) 초판(1521)에서, 슐라이어마허의 「기독교 신앙론」(*Christian Faith*)(이 책은 "경건한 자의식"에서부터 시작한다), 그리고 켈러의 위에서 언급된 책(이 책은 "칭의 속에 있는 신앙"에서 시작한다)들이다. 바르트의 *CD*는 삼위일체론적 기획을 갖는다. 구속사 신학들의 고전적인 사례들은 Cocceius의 *Summa doctrinae de foedere et testamento Dei*(1648)와 J. C. K von Hofmann의 *Der Schriftbeweis*(1855)이다. 고전적인 조합의 기초는 P. Lombard의 *Sententiarum libri* IV(1157)에 의해서 놓였다: 이 책은 삼위일체, 창조물들, 구원, 성사들, 그리고 종말론이라는 단락으로 구성되어 있다.

CD IV, 1-3의 기획에서 바르트는 전통적인 형태에 대한 과감한 수정을 가했다. 세 번에 걸쳐서 세 번의 다른 각도에서 그는 거대한 교의학적 핵심을 논했다(죄에 대한 교설, 교회에 대한 교설, 그리고 성화에 대한 교설에서): (1) 하나님의 구속하시는 겸손; (2) 그것 안에 포함된 인간의 고양; (3) 그것 안에 동일하게 내포되어 있는 인간의 부르심과 과제. 이것이 나아가는 상호관계

들은 종종 놀라운 발견들과 전망들에 굴복한다. 역은 다음과 같다: 모든 테마들은 세 번씩 다루어지며 자연적인 관계들을 파괴함으로 끝맺는다. 이 새로운 기획에 대한 찬반을 고려하기는 아직 너무 이르다. 절제된 의심 속에서(in dubiis abstine)를 기억하면서 우리들은 고전적인 순서에 머무른다.

계시

7. 내적 서설

    고전적인 교의학의 순서에 관해 논의했던 6장의 끝에서 우리는 말이 난 김에 "전 영역은 통상적으로 우리들의 하나님 지식을 위한 원천과 규범들에 대한 토론에서 시작된다"고 언급했다. 이제 우리들 역시 그런 선행하는 토론을 원하고 있는 것인지, 그리고 만일 그러하다면 그것의 본성은 무엇인가에 대해 물어야 하는 지점에 우리들이 와 있다. 그러한 토론에 대한 필요성은 6장의 분류에 대한 숙고로부터 명백하게 되지 않았다. 오히려 우리들이 신앙의 연구에 종사할 때 우리들이 폐쇄된 순환에 들어감이 명백해졌다. 또한 원칙적으로 그것은 우리가 정합성과 연관들을 발견하기 위해 노력하고 있을 때 우리가 움직여 가던 방향이 아님이 명백해졌다. 교부들로부터 우리들은 "그것을 향한 접근은 문제가 아니다"(methodus est arbitraria)는 현명한 언명을 가진다. 당황함 없이 — 왜냐하면 그것은 주제 자체로부터 나오기 때문이다 — 우리들은 어떤 순환 논증 속에 있는 우리 자신을 발견할 수 있다. 그 증거로 우리들은 더 이상의 소동 없이 성공적으로 주제로 뛰어들 수 있었고, 이렇게 해서 만일 우리들이 고전적 순서를 따른다면, 신론에 대한 장으로부터 시작할 수 있었다.

    그러나 수세기 동안 이것은 교의학에서 규칙이라기보다는 차라리 예외가 되어왔다. 이것은 부분적으로 많은 사람들이 서설을 선호함에서 기인한다: 실재 전체 안에서의 기독교 신앙의 위치를 미리 결정하려는 열망이 있다. 그러나 그것 외에 혹은 그것에도 불구하고, 많은 신학자들은, 또한 그들이 이미 그 순환에 들어갔을 때, 완전히 주제에 뛰어들기 전에 그들이 취하고 있는 방법론적인 근거에 대해 제시하고 싶어한다. 더욱 혼란스럽게도 그런 순환 내의-언급(account-within-the-circle) 역시 서설이라는 이름 하에서 수행된다. 이 혼란을 피하기 위해 우리들은 이 두번째 '시작' — 이것은 첫번째와는 달리 간격을 뛰어넘어온 다음에 수행된다 — 을 '내적' 서설이라 부른다. 바르트는 그것들을 '먼저 말해져야 할 것들'이라 칭하며 그가 '미리 말해져야 할 것들'이라고 칭한 외적인 서설(그는 이것을 거절한다)과 대조시켰다.

순환 안에서 주제 자체가, 우리들이 신앙의 내용들을 설명하는 것을 시작하기 전에, 우리들에게 더욱 방법론적이고 형식적인 본성에 대한 어떤 것들을 '먼저' 말할 것을 강요하는가? 만일 우리들이 '강요'라고 말한다면, 대답은 지금까지 우리들이 보아왔던 대로 부정적임이 틀림없다. 따라서 많은 신학자들은, 다소의 저명한 신학자들을 포함해, 내적 서설의 필요성을 느끼지 못했다. 그러나 옛날과 지금의 다수의 신학자들에게 있어서는 그 필요성이 존재했고 또 존재한다. 이것은 놀라운 일이 아니다. 비록 주제 자체가 우리들을 강요하지는 않더라도, 우리가 신학하는 환경이 여전히 우리들을 강요한다. 그 순환을 개관하면서 신학자들은 계속해서 제기되는 출발점들과 구조들의 문제에 아주 강한 인상을 얻게 되어 그 결과 그 문제들을 개별적으로 더욱 공식적이고 분리된 방식으로 다루는 것이 가장 좋은 방법이라고 생각하게 되는지도 모른다. 그 결과 그는 각 장들에서 그들에게 다시 돌아갈 필요가 없어지게 된다. 만일 그가 많은 독자들이 이 출발점과 구조들을 반대하고 있고 이들을 극복하기 어려운 장애물로 간주하고 있다고 가정한다면, 그는 이 필요성을 더 강하게 느낄 것이다. 그 때의 관심은 외적 서설에서 그러하듯이 주제에 대한 소개를 제공하는 것이 아니다. 공개적으로 정직하게 모든 카드들을 테이블에 올려놓아, 독자들이 처음부터 그가 지금 들어가는 순환 안에 규칙이 무엇인지를 알게 하는 것이다. 간단하게 말해서 내적 서설에서 우리는 하나님과 인간의 관계성 안에 함축적으로 주어진 인식론을 그 관계로부터 추상화시켜 먼저 다루게 된다.

이것에 대한 반대는 — 그것은 반드시 말해져야 한다 — 적지 않다. 하나님과 인간의 관계성은 가장 내면적인 것이며 깊은 인격적 관심으로 가득 차 있다. 내적 서설에 종사하는 사람은 거리를 두는 고찰과 더불어 시작한다. 이 거리를 두는 고찰은 무서운 결과들을 가져올 가능성으로 가득 차 있다. 관계성이 그런 형식화를 취할 수 있는가? 그럼에도 불구하고 그는 주제 자체에 여전히 종사하고 있는 것인가? 변증적인 외적 서설로 미끄러질 위험이 아주 크지 않은가? 그리고 설령 그가 이 위험을 용케 피했다 해도, 어떻게 그는 주제 자체에 대한 중요한 토론을 끊임없이 예견하지 않은 채 내적 서설에 종사할 수 있는가? 이 반대들은 아주 중대해서 모든 과제들을 포기하기에 충분해 보인다.

그러나 우리들이 어쨌든 전진해야 하는 이유는 다음 사실에 있다: 우리 시대에 서구세계에서 기독교 신앙과 세속화된 문화적 성향 사이의 소외가 아주 거대하고 아주 절실하게 느껴져서, 만일 우리들이 처음부터 이 소원의 상태에 다소의 빛을 뿌리기 위해 무엇인가를 하려면, 우리들이 그 위험들을 감수해야만 한다. 정확히 말해서 현대 자율적인 사고가 기독교 신앙을 방법론적인 그리고 형식적인 근거들 위에서 거절하기를 바라는 영역에, 신학은 기꺼이 현대인들과 함께 2, 3마일을 걸어야만 한다: 그에게 동의하기 위해서가 아니라, 그 자신이 기독교를 반대하기 원하는 그 영역에서 그를 확고하게 반박할 수 있기 위해서. 따라서 우리들은 여기에서 우리들의 신앙의 연구를 인식론과 더불어, 즉 그리스도 안에서 하나님이 우리들과 세우신 관계성의 형식적 구조와 더불어 시작한다. 따라서 우리들은 그 구조적인 것을 건조한 추상과 형식주의의 형식으로부터 보호하기 위해서 지속적으로 주의하기를 망설이지 않을 것이다.

그러나 그러면 어디에서 우리들은 저 형식적 구조를 보게 되는가? 대체로 세 가지 대답들이 이 질문에 주어져 있다.

로마 가톨릭 신학은 주로 '교회'론을 내적 서설로서 제시해 왔다. 하나님과 인간의 관계성은 구원과 계시의 수호자인 교회 안에서 그리고 교회를 통해서 이루어지기 때문이다. 이 서설의 방식은 반동 종교개혁(Counter-Reformation) 때 일어났으며 적어도 제1차 세계대전까지 번창했다. 그것이 발생한 시대와 일치해서 그것은 이성적인 변증의 성격을 갖는다. 이 서설들에서 교회의 네 가지 표지(통일성, 거룩성, 보편성, 사도적 계승)가 다루어졌다. 그리고 이들은 단지 로마 가톨릭 교회에서만 발견된다고 설명되어졌다.

이것에 반대해서, 종교개혁 신학은 그 내적 서설로서 동일한 이성적 변증의 형태를 따르는 성경의 권위에 대한 이론을 발전시켰다. 성경은 그 무오성을 보장하는 네 가지의 성격들을 가지고 있는 것으로 설명되었다: 신적 권위, 필연성, 명쾌성, 그리고 완전성 혹은 충분성.

오늘날은 두 방식들이 대체로 제삼의 것에 의해서 대체된다: 내적 서설로서 '계시'의 개념에 대한 토론. 이것은 이전의 양대 전통들 이후에 절대적으로 새로운 어떤 것이 아니다. 이 전통들도 계시론에 대한 기획을 염두에 두었다. 각각에 있어서 교회와 성경이 그것의 중심적이고 무오한 소유자였다. 그러나 강조점이 바뀌었다. 로마 가톨릭 신학자들은 점차 교회론을 주로 서설에서 발전시키는 것과 그 이성적 변증적 성향에 만족하지 못하게 되었다. 그리고 성경에 대한 역사비평학의 등장 이후에 개신교 신학자들은 더 이상 그것의 명백한 무오성으로부터 시작할 수 없었다. 따라서 양쪽은 교회와 성경을 넘어 뒤로 돌아가 더욱 포괄적인 개념 — 양쪽이 다 언급하고 있으며 그것으로부터 그들이 그들의 신적 권위를 이끌어 내는 — 에 이르게 되었다.

우리가 보기에 내적 서설의 테마로서의 계시가 우리가 위에서 언급했던 필요들에 응답하는 것 같다. 이 개념은 현대인이 이상하고 논쟁의 여지가 있다고 간주하는 하나님에 대한 모든 담화의 전제를 정확하게 포함한다. 의식적으로든 무의식적으로든 그는 어디에서나 동일한 법칙들에 의해서 통치되는 세상에서 그리고 지성적인 세상에서 살고 있다. 그의 사고를 위한 공격은 다음과 같다: 밖으로부터 이 세상에 들어와 세상의 일들을 간섭하는 하나님이 존재한다. 그리고 이 확신은 심판과 은총 속에서 인간과 관계하시는 하나님에 대한 기독교인들의 모든 이야기의 토대를 형성하는 전제이다.

그러나 우리가 이곳에서 말하는 것 안에 함축된 것은 내적 서설의 이 형태가 어려움들의 끝이 아니라 시작이라는 것이다. 성경에서 이 개념은 아주 당연한 일이어서 그것은 중심적 역할을 하지 않는다. 그리고 수세기 동안 그러한 것은 신앙의 연구에 있어서도 마찬가지 경우였다. 그것이 이제 중심 개념이 되었다는 사실은 그것이 자기-명증성을 잃었기 때문이다. 이제 그것을 기독교 인식론의 총괄로서 위치지우는 사람은 따라서 그의 어깨로 모든 현대적인 내재론적이고 경험론적인 사고의 반대를 짊어져야 한다. 그의 서설에서 그는 이 모든 문제들을 무시할 수 없을지도 모르며 재빨리 그것들을 해결할 수도 없다.

그는 다음 사실들을 고려해야만 한다: 성경에서 계시는 주변 개념이다; 성경는 어디에서도 하나님을 전적으로 알려지지 않은 분으로 이야기하지 않는다; 그리고 만일 일종의 계시가 있다면 그것은 비밀 속에서, 인간의 삶과 세계가 일어나는 방식들에서 늘 숨겨진 형태로 일어난다; 참 계시는 단지 아주 먼 미래에 일어나게 될 것이다. 대부분의 다른 종교들도 역시 계시를 받은 것처럼 말한다. 세번째로 현대인의 귀에 '계시' 라는 용어는 지성적이고 초자연적인(때로는 또한 신비적인) 함축을 갖는다.

그것 모두가 매력적으로 들리지는 않는다. 그러나 일단 우리가 내적 서설을 하기로 결정했다면, 우리들은 도저히 어떤 더 쉬운 개념을 찾을 수 없다. 더 쉽다는 것은 우리가 이 서설에서 무력화시키려고 의도했던 어려움들을 다소간 회피하는 것을 시도함을 의미하게 될 것이기 때문이다. 20세기에 우리들은 '계시' 라는 도전적인 개념으로부터 도망할 수 없다. 만일 이 개념이 만병통치약으로서 주어지는 것이 아니라(교의학이 늘 이 위험을 피한 것은 아니다) 그것의 문제성과 부족성 안에서 주어지는 것이라면, 어떤 부족한 취급이 전혀 취급하지 않는 것보다는 낫다. 방향과 목적이 지금 다름에도 불구하고, 이 마지막 지점은 또한 우리들이 규칙적으로 외적 서설로 돌아갈 것을 함축한다.

교의학에 대한 많은 저작들에서, 특별히 초기 몇 세기들의 저작들에서 외적 서설과 내적 서설이 완전히 얽혀져 있었다. 그러한 이유 때문에 수세기 동안 지금과 같은 형태의 고찰을 할 필요가 없었다. 아퀴나스는 신론과 더불어 그의 교의학(*ST* I)을 시작하기 전에 한 서론적인 질문을 다음 제목 하에서 제시하였다: "성스러운 이론의 본성과 영역". 이곳에서 그는 많은 예비적인 질문들에 대해 개괄적으로 논하였다. 칼빈(*Inst* I, 1559)은 신론을 취급하기 전에 하나님의 지식(하나님에 대한 자연지식, 성경, 그리고 다른 종교들)에 대해 12장을 할애하였다. 이것은 거의 현대적인 인상을 주지만, 그것은 최근의 토론들에서 발견되는 방법론적인 신중함이 결여되어 있다. 폴라누스(Polanus)가 그의 *Syntagma theologiae christianae*(1609)에서 발전시킨 내적 서설인 성경에 대한 엄격한 처리와 비교될 때 차이를 발견할 수 있다. 저 논문은 부분적으로 로마 가톨릭 신학자들인 벨라르민(Bellarmine)과 스테이플턴(Stapleton)의 교회원리의 우선성을 반박할 필요에서 발생했다. 비슷한 것이 — 비록 성경-서설을 덜 엄격하게 다루었지만 — 동시에 루터파(Wigand, Heerbrand, and especially J.Gerhard with his *Loci theologici*, 1610ff.) 사이에 시작되었다.

로마 가톨릭 신학에서 교회론을 서설의 포로로 만드는데 대한 반대가 J. A. Möhler에 의해서 시작되었고, M. J. Scheeben 이래로 특별히 강하게 되었다. 슐라이어마허는 개신교의 성경-서설을 강하게 반대했다. 정통주의 진영에서 그것들은 오랫동안 주장되어 왔다. 그러나 칼빈의 모범을 따르는 바빙크(Bavinck)는 벌써 그것들을 보다 넓은 틀인 계시-서설 (*GD* I, pars. 9-14)에 위치시켰다.

비록 상당한 변형들에도 불구하고 오늘날 계시에서 시작하는 것은 일상적 관례이다. 알트하우스(Althaus), 브룬너(Brunner) 그리고 베버(Weber)의 교의학을 보라. 한 예외는 포겔(H. Vogel)의 *Gott in Christo*(1951)이다. 그곳에서 계시 개념은 성경론에 대한 방대한 취급 이후에 논의되었다. 가장 잘 알려진 예는 바르트이다. 그는 '하나님 말씀론'인 *CD* I, 1과 2 두 권에 걸쳐 계시를 내적 서설로서 논하였다. 그 논의에서 그는 자신의 광대한 삼위일체론에 대한 토론에 의해 그의 교의학이 더 적은 범위인 기독론과 성령론에 적합하게 될 것을 많이 기대한다. 바르트가 이 내적 서설의 필요성의 터전을 교회 내의 이 단적 반대의 현실에 두려고 했다는 사실은 기억할 만하다(I, 1, pp. 33-38). 루터파 신학자 프렌터(Prenter)는 동일한 일을 했다(*Creation and Redemption*, E. T. 1967, pars. 2ff.). 이 동기는 불필요하게 제한되어 있고 실제 취급은, 바르트에게서 특히, 이 동기를 훨씬 넘어가고 있다.

선택의 정당성을 충분하게 조사하지 않은 채 그리고 그것이 포함하고 있는 문제성들을 충분히 고려하지 않은 채, 계시 개념이 너무 쉽게 서설로서 사용된다는데 위험이 존재했다. Trillhaas, *Dg* p. 44와 Weber, *Gl* pp.187f.에 있는 이 선택의 정당성에 대한 의심이 흥미롭다. 두 개의 강력한 앵글로-색슨의 공격은 F. G. Downing, *Has Christianity a Revelation?*(1964) (p. 123의 "'계시'는, 오늘날 어떤 형태의 신학적 사용에 있어서도, 신약에서 주요한 용어로 일어나지 않는다"는 결론과 더불어)와 J. Barr, *Old and New in Interpretation*(1966), esp. III 에게서 시작되었다. 일찍이 H. Schulte는, *Der Begriff der Offenbarung im NT*(1949)에서 벌써 질문하였다: "신약성경이 참으로 계시 개념에 대해서 알고 있는가? (p. 9)", 그리고 그녀는 "그것(신약성경)은 그것이 주의하고, 보호하고, 묘사하고, 상세히 말해야 하는 어떤 독립된 테마와도 관계하지 않는다(p.87)."고 결론지었다. 앞에서 우리들은 간략하게 이 반대들을, 우리가 그 반대들을 공유하는 한, 지적하려 시도했었다. 성경적 맥락에서 계시라는 개념에 대한 자세한 연구를 위해 H. Berkhof의 "Openbaring als gebeuren," in *Geloven in God*(1970), pp. 97-169를 보라. 그것에 대한 광범위한 조직신학적 고찰은 H. Thielicke, *The Evangelical Faith*, II (E. T. 1977), esp. pars. 1-8에 의해서 제공된다.

8. 계시 : 현상학적인 그리고 신학적인.

계시와 더불어 기독교 신앙의 연구를 시작하는 것은 찬성과 더불어 늘 환영받은 것이 아니다. 그것은 모든 다른 종교들은 착각과 오해이며 오직 기독교 신앙만이 계시에 의존하고 있다는 함축적인 암시를 전하고 있는 것 같다. 모든 종교들이 계시를 바탕으로 하는 것이 아닌가? 저 질문적인 언급 속에 종종 모든 종교들은 결과적으로 동일하게 참되거나 동일하게 잘못이라는 암시가 함축되어 있다. 이 다양한 발언들은 더욱더 비평적인 조사를 필요로 한다.

"모든 종교들은 계시에 토대하고 있다"는 테제는 종교현상학으로부터 도출된다. 종교현상학에서는 이 테제가 "모든 종교들은 절대적인 것이 계시를 통해 알려진다는 확신에 의해서 산다"는 언명으로 더욱 분명하게 기술될 수 있다. 이 테제는 올바를 뿐 아니라, 그것은 또한 거의 동의어 반복처럼 들린다. 만일 종교가 (우리가 2장에서 보았듯이) 우리들을 무한히 초월하면서 동시에 현상세계에 출현한 어떤 세상과의 관계성이라면, 그 때에 인간의 종교성은 그러한 출현, 드러남, 현시, 현현, 계시, 혹은 누가 그것을 무엇이라고 부르든지 간에 그것에 항상 의존한다. 참 하나님의 참 계시가 종교들에 의해서 포착된 이러한 계시의 사고에 상응하는가의 문제는 종교현상학에 의해서는 질문될 수도 없고 답변될 수도 없다. "Vor der Offenbarung macht die Phänomenologie halt"(계시 앞에서 현상학은 정지한다; Von der Leeuw).

헉슬리(J. Huxley)의 *Religion without Revelation*은 일종의 추상적 작품이다. 현상학적 접근이 얼마나 쓸모 없는가는 T. P.van Baaren, *Voorstellingen van openbaring phaenomenologisch beschouwd*(1951)에서 잘 드러난다. 심지어 그가 '계시'를 '계획된' 계시로 한정했음에도 불구하고 그는 10개의 다른 종류들을 발견한다(p. 113). 이들의 일부분을 그는 '고상한' 혹은 '의미 있는' 것으로 간주한다. 그러나 그는 이 접근과 구별에 대해 설득력 있는 논거를 제시하지 못했다. *RGG* IV, s. v. Offenbarung I을 보라. 우리 시대에 고독한 예외자인 틸리히는 현상학적인 시각과 신학적인 시각을 종합할 것을 시도하였다; *ST* I, pp. 106-108을 보라.

그러나 인간으로서 우리들은 현상학이 우리들에게 말할 수 있는 것보다 더 많은 것을 알고 싶어한다. 우리가 제기하는 질문은 다음과 같다: 모든 종교들에 있어서 공통적인 계시 관념이, 그것이 진리를 위한 보편타당한 표준을 제공하는 방식으로, 하나의 공통분모 아래에 포함될 수 있는가? 다른 말로 하자면, 우리들은 모든 이 계시인 체하는 것들의 진리성을 객관적으로 결정할 수 있는가?

이 자칭들은, 예를 든다면 원시 부족 종교의 물신숭배부터 불교의 무(無)우주적(a-cosmic) 신비주의에 이르기까지 거의 한계없이 다양하게 발생한다. 그 범위 내에서 예를 들어 신탁으로부터 부자가 되는 방법을 전수받은 고대인, 신적인 것이 거주하는 국수주의자인 소크라테스(Socrates)의 다이모니온(daimonion), 국가의 분위기와 상반되는 계시를 받은 선지자 예레미야, 내적 빛에 의해 인도함을 받는 퀘이커 교도가 발견된다. 이것은 계시의 매개물이 되는 현상들의 다양성이 문제가 아니고, 신적인 것의 경험의 다양성과 심지어 대비의 문제이다. 이 다양성 자체가 진리에 대한 어떤 표준을 산출하는가? 19세기에 있어서 이 질문은 공개적으로 토론되었고 쉽게 긍정적으로 답변되었다. 당시의 종교현상학을 공부하는 사람들도 마찬가지였다.

사람들은 계시의 '낮은' 형태와 '높은' 형태에 대해 말했다. 그러한 가치평가는 진리에 대한 기준 — 이 기준은 통상적으로 거의 말해질 수 없었거나 혹은 전혀 말해질 수 없었다 — 을 요구하고 있다. 암묵적으로 이 기준이 존재하는 것처럼 전제되었다: 세속화된 유럽-미국 문화의 생활양식과 일치하는 것은 무엇이든지 계시라고 고려될 만하고 또 수용될 만하다. 이 기준은 깊이가 없었고 나아가 검증될 수도 없다; 게다가, 현대인들은 바로 그의 문화적 양식 때문에 거의 계시를 경험하지 않는다는 사실을 고려한다면 이것은 완전히 회피적이다. 사실, 여기서 우리가 제2장에서 언급한 인식론적 수수께끼가 우리들에게 생각난다. 이 인식론적 수수께끼를 우리는 이곳에서 다음처럼 정식화한다: 객관적인 기준을 사용해 계시인 체하는 것을 위에서 내려다볼 장소에 자신을 위치시키는 사람은 그 자체로 계시 경험의 밖에 서 있는 것이다: 그러나 그러한 경험을 하는 사람은 그 경험 안에서 객관적인 관찰자가 추구하는 그 기준이 쓸모 없다는 것을 발견한다.

이 수수께끼의 무게의 깊이를 충분히 아는 사람은 자신이 갈림길에 도달했다는 것을 안다. 그는 계시의 진리내용에 관한 '계시'에 대한 전 주제를 포기하고 자신을 현상학에만 제한시키든지, 아니면 그 자신의 계시경험을 자신의 고찰의 출발점으로 삼든지 해야 한다. 과학적으로 말해서 두 길이 다 적절하다. 종종 추구되는 제3의 길, 즉 실재로부터 진리를 증류하는 길은 막혀 있다. 현상학은 첫번째 길을, 조직신학은 두번째 길을 택한다. 서로 돕는 가운데도, 그들은 완전히 다른 길을 따라가게 된다. 이 말은 그들이 상대방의 길에 서지 않는다는 것을 의미한다.

저 마지막 지점은 늘 수용된 것은 아니었다. 그 지점에 대해 이의가 제기되어 왔다. 예를 들어, 기독교 신앙은 이스라엘 안에서, 예수 그리스도 안에서, 그리고 그분으로부터 나오신 성령 안에서 하나님과의 관계성을 발견하기 때문에, 모든 다른 신적 계시의 주장들을 착각이라고 거절한다. 그러나 그러한 결론은 논리적 귀결도 아니요 또한 실질적으로 타당하지도 않다. 성경은 하나님으로부터 오는 계시가 이스라엘과 그리스도 밖에도 있다는 인상을 주는 구절들을 담고 있다. 그러나 교회 안에는 이 구절들을 최소화하려는 끊임없는 시도가 있어왔다. 그 사실은 이해할 만하다. 기독교의 하나님 계시의 독특성을 종교들의 세계에 있는 계시에 적합한 다양성과 결합한다는 것은 어려울 뿐 아니라 심지어 불가능해 보이기 때문이다. 예수 그리스도가 유일한 길이요 진리요 생명이라는 믿음 그리고 아무도 그를 통하지 않고서는 아버지께로 올 수 없다는 믿음이 자연스럽게 예수밖에는 참된 계시가 없다는 결론으로 나아가는 것 같다.

그러나 동시에 그 동일한 믿음이 우리들을 마치 반대로 보이는 방향으로 이끈다. 만일 예수 그리스도 안에서 하늘과 땅의 창조자인 성부가 계시된다면, 그리스도 안에서 마찬가지로 창조된 실재의 궁극적인 신비가 명백하게 드러나야 한다. 그 때에 '육신이 된 말씀' 안에 그것에 의해서 만물이 창조된 '그' 말씀(요 1:1-14)이 계시되어 있는 것이 틀림없고, 만물들은 그리스도에 의해서 그리고 그리스도를 위해서 창조되어 있는(골 1:16) 것이 틀림없다.

그러나 그 때에 하나님의 창조 속에 확고히 머무르는 이 실재가 어떤 형태로든 ― 부분적으로든, 우연적으로든, 혹은 파손되었든 ― 그 창조자의 목적을 증거하지 않아야 한다는 것이 불가능하다. 그 때에 사람이 하나님과의 관계성을 위해 창조되었다는 사실이 확실해지며, 그의 절대적인 것을 향한 갈망이 실재에 상응한다는 사실 역시 확실해진다. 그 때에 이 목마름과 더불어 이 창조된 실재를 돌아다니는 사람은 그것 안에서 표지들, 빛들, 그리고 하나님의 본성과 목적들의 표출들을 규칙적으로 감지하게 되는 것이 확실하다. 바로 우리가 예수 그리스도가 세상의 창조주의 핵심적 계시임을 믿기 때문에, 우리들은 그분 밖에 그리고 그가 중심이 된 역사 밖에 이 중심적인 창조의지에 대한 암시가 전혀 없다는 것을 믿을 수 없다. 그는 세상을 이해하기 위한 열쇠이며, 이 세상은 그 열쇠에 알맞은 문이다.

그러나 그같은 사실은 단지 믿어질 수밖에 없는 것이고 따라서 그리스도를 믿는 사람들에 의해서 다소 파악될 수 있다. 그리스도를 믿지 않는 사람은 동일한 실재를 보더라도 그것의 계시적인 측면을 필연적으로 어떤 관점으로부터 파악해야 하기 때문에 (기독교 신앙의 시각에 의하면) 그것을 반드시 오해하게 되어 있다. 그러나 '잘못 이해한다'는 것이 '전혀 이해하지 못한다'는 것과 같은 것이 아니다. 긍정적으로 표현하자면 우리들은 다음처럼 말해야 한다: "그리스도 안에 있는 신적 계시는 참으로 규정적이다. 그러나 배타적이지는 않다." 이들 두 형용사들의 무분별한 사용이 많은 혼란을 야기시켜왔다. 그리스도가 유일한 진리라는 사실은 그분 밖에 어디에서도 진리들이 발견될 수 없다는 것을 의미하지 않는다. 그 사실은 모든 그런 진리들이 중심이신 그분 안에서 완성되지 않으면 단지 단편적이고 파손된 것임을 뜻한다. 따라서 그리스도 안에서 성부를 발견한 사람은 수용적 지성을 가지고 성부의 특징과 사역의 자취를 발견하기 위해 이 세상을 둘러보게 될 것이다. 만일 사람들이 이스라엘을 향하고 있는 그리스도 안에서의 하나님의 계시 밖에서 그것들을 전혀 지각할 수 없다면, 그것들은 참 자취들이 아닐 것이다. 그러나 동시에 만일 그것들이 이 계시와 분리되어 있다면, 그것들은 참 맥락과 참 의미 안에서 이해되어질 수 없을 것이다. 따라서 기독교인의 계시에 대한 신앙은 세계 도처에서 발견되는 계시에 대한 신앙들과 필연적으로 변증법적 관계에 서 있다.

성경적 자료에서 이 변증법적 성격이 분명하다. 구약에서 이스라엘의 하나님을 알지 못한 백성들이 하나님으로부터 유리된 상태로 어둠 속에서 살고 있다는 사실에 대해서는 의심의 여지가 없다. 동시에 구약은 이스라엘이라는 한계 밖에 있는 하나님의 지식을 알고 있다: 멜기세덱, 발람, 욥. 신약에서 하나님이 자신을 이스라엘과 그리스도 밖에서 또한 드러내신다는 사실이 한 번 이상 아주 자연스러운 일로서 언급되어진다. 그러나 그 때 동시에 이 사실이 인간들로 하여금 그들의 하나님으로부터의 유리됨을 극복하게 하지 못한다는 사실이 추가된다. 요한복음 1장에서 우리들은 영원한 말씀은 세상의 빛이시지만 어둠 속에 있는 이 세상은 이 빛을 파악하고 이해하고 극복하지 못했다(헬라어 카테라본; 1:4f.)는 사실을 읽는다.

약간 더 나아가, 비슷한 분위기에서, 성육신한 말씀이 그 자신의 것에게로 왔으니 그 자신의 것이 그를 영접하지 않았다(vv. 10f.)고 말해진다. 사도행전 14:16f.에 의하면 하나님이 모든 나라들로 제각의 길을 가게 내버려두는 동안에도, 하나님은 자신이 제공한 축복을 통해 세상에 대하여 자기를 증거하기를 그치지 않으셨다. 바울 사도는 그의 아레오바고 연설에서 동일한 사고를 표현했다: 하나님은 한편으로 그의 피조물들에게 그들이 그를 찾고 발견할 수 있는 충분한 축복들을 주신다고 말하면서, 또 한편으로 그들은 '무지의 세대들' 속에 남아 있었고 하나님에 대한 예배를 우상에 대한 예배로 왜곡시켰다(행 17:27, 29f.).

이 사고가 로마서 1:18-22에 분명하게 표현된다: 하나님의 영원하신 힘과 신적인 본성이 분명하게 사람들에게 계시된다. 그러나 그들은 창조주보다는 창조된 것들을 섬기고 봉사함으로써 진리를 은폐시켰다. 특별히 이 마지막 구절은 사람들이 단순하게 다음처럼 말할 수 없다는 것을 보여준다: 하나님이 자신을 참으로 계시하였지만, 그것이 다소간 인간에게 도달하지 않았다. 역으로, 사람들은 어떤 본질적인 것이 자신에게 도달했지만, 그것을 참을 수 없어서, 그것을 그 자신이 만든 삶의 개념과 통합시켰기 때문에 유죄하게 된다.

단지 몇 개의 성경 구절들이 이 문제를 건드리고 있다. 그러나 그 구절들이 나온 전통이 무엇이든 간에(요한, 누가, 바울) 그것들은 모두 교회사에서 좀처럼 주장되지 않았던 변증법적 언어를 말한다. 사람들은 기독교 신앙 밖에서 단지 사탄의 어둠만을 보았거나(특별히 개신교 정통주의자들이 그러했다) 그 관계가 그리스도에게로 인도되는 조화로운 준비로서 해석되었다(특히 로마 가톨릭, 성공회, 그리고 개신교 자유주의에서).

더욱 변증법적인 견해가 순교자 저스틴(Justin)의 「변증」(*Apologia*)에서 발견된다. 그는 한편으로 종교들을 사악한 착각의 산물이라고 보면서, 다른 한편으로 "말씀의 씨앗들"이 헤라클레이토스, 소크라테스, 그리고 플라톤 안에서 작용하고 있는 것을 본다(I. 46; II. 8, 10, and 13). 저스틴은 개혁자 츠빙글리(Zwingli)를 생각나게 한다. 츠빙글리는 특별히 그의 사후에 출판된 *Brevis et clara expositio*(1536)에서 루터에 대해 분개하면서 다음과 같은 확신을 표현했다: 하나님 나라에서 츠빙글리는 소크라테스, 아리스토텔레스, 대 카토와 소 카토, 대 스키피오와 소 스키피오, 세네카(Seneca), 그리고 많은 다른 그리스와 로마 사람들을 만날 것을 기대하고 있다. 많은 유보와 더불어서, 그러나 위대한 통찰력과 더불어서 칼빈은(*Inst* I) 신적 계시와 하나님으로부터의 소외 사이에 있는 변증법을 표현했다. 오늘날의 사상가들 중에서 특히 크레머(H. Kraemer)가 이 변증법적 관계를 그의 *Godsdienst, godsdiensten en het christelijk geloof*(1958), esp. V.에서 정식화했다.

소위 '독일 기독교 연맹'은 그들의 정치적 무지몽매로 인해 그리스도의 규정적인 위치를 제대로 보지 못하고, 히틀러의 독일에서 새로운 신적인 계시를 보기 시작했다. 이때 '고백교회'는 확고한 척도를 취해야 했다(1934). 그들이 취한 이 척도는 바르멘 선언의 첫 문장에서 이렇게 표현한다: "성경의 증언에 의하면 예수 그리스도는 우리들이 청종해야 하고 또 우리들이 살든지 죽든지 신뢰하고 순종해야 하는 하나님의 유일한 말씀이시다. 교회가 그 선포의 원천으로서, 이 유일하신 하나님의 말씀 밖 혹은 곁에, 여전히 다른 사건들과 힘들, 환경들과 진리들을 신적인 계시로서 고백할 수 있었어야 한다는 견해를 우리들은 잘못된 가르침으로서 거절한다."

몇 년 후에 바르트는 CD I,2에 있는 그의 자주 토론되는 par. 17 "종교의 폐기로서의 하나님의 계시"에서 이 선언의 신학적인 토대를 제공하였다. 그리스도에 대한 선지자적-사도적 증언 밖에서 그는 단지 인간의 종교를 만난다. 그는 이것이 우상숭배와 자기칭의를 통해 계시를 부인하는 불신앙(par. 17, 2)이며 불신자들의 관심(p. 300)임을 본다. 그렇다면 종교적인 사람은 계시에 대한 일종의 지식이나 혹은 의혹을 가지는가? 바르트의 주된 인상은 종교는 초월적인 사건에 대한 반응이 아니라 자율적인 인간들의 투사일 뿐이다(p. 305에 한 예외가 있다). 훨씬 뒤에서야 비로소 바르트는 다음 사고를 분명히 했다: 그리스도 안에 있는 계시는 세상에 대해 부정적인 빛을 뿌릴 뿐 아니라 또한 세상에 널리 펴져있는 세상과 함께하시는 하나님의 개입을 전제한다: CD IV, 1, pp. 483f. 그리고 IV, 3, pp. 135-165에 있는 "창조의 빛들"에 대한 교의를 보라.

제2차 세계대전 이후의 변화된 문화적 분위기와 확장된 조망에 따라 강조점들이 기독교 신앙과 다른 종교들 사이에 있는 변증법을 보다 긍정적으로 평가하는 쪽으로 기울어졌다. 인류의 하나됨에 대한 인식이 아주 거대해져서, 그 결과 많은 사람들이 성경적 계시와 인간의 종교들 사이에 있는 간격을 상상해보는 것이 어렵다는 것을 발견한다. 성경적 계시가 자신의 종교적 어휘를, '하나님'이라는 이름을 포함해서, '이교도' 환경으로부터 얻었다는 사실이 올바르게 지적되었다. 주된 사고방식의 한 전형적인 예는 로마 가톨릭의 「새 요리문답」(*New Catechism*)(E. T. 1969)에 나타난 이 주제에 대한 표상이다. "국가들의 길"이라는 제하에서 그것은 가장 중요한 종교들과 이데올로기들을 간략하게 논한다(pp.25-32). 이 개관은 "세상 전체 안에 있는 하나님의 영"(p. 33)에 대한 논의를 포함하고 있다. 첫눈에 보기에 이곳에서 종교적인 진리들이 계시에 의해서 알려진 것으로 폭넓게 존중되고 있는 것 같다. 근접해서 살펴보면 최종적인 계시적 진리로서의 그리스도에 대한 신앙이 전적으로 이 존중의 규범이 됨을 분명히 알 수 있다. "다른 방식의 삶에 있는 진리의 여명이 기독교인들로 하여금 그리스도의 진리에 대한 보다 깊고 생생한 확신을 얻도록 도와줄 수 있다"(p. 33). H. 큉(H. Küng)이 *On Being a Christian* (E. T. 1976), A, III에서, 그리고 M. M. Thomas가 *Man and the Universe of Faith* (1975), esp. pp. 146-157에서 어떻게 그리스도를 종교들의 '비판적 촉매'로 연결시키는가가 흥미롭다.

우리가 언급한 이 '변증법적 관계'는 이런 의미에서 변증법적이다: 하나의 축에 대한 조사는 불가피하게 다른 축을 지시한다. 종교를 하나님에 대한 반란으로 이해하는 사람은 그곳에 이 하나님에 대한 인식이 약간이나마 있다는 것을 가정해야 한다; 그렇지 않으면 그것은 반란이 될 수 없다. 역으로, 종교들은 계시의 표현들이라는 견해를 갖는 사람은, 그가 일반적인 형태 이상으로 말하기를 원하자마자, 그가 참으로 간주하는 것과 거짓으로 간주하는 것, 순수로 간주하는 것과 비순수로 간주하는 것을 구별해야만 할 것이다; 그리고 그 때 어디에서 그가 진리에 대한 자신의 기준을 발견하는지가 공개될 것이다. 그리고 항상, 어떤 방식을 취하든지 간에, 그는 그의 신학에서 이 사실을 말해야 한다: 예수는 고도의 종교적인 견해를 갖는 사람들에 의해서 십자가에 달리셨다.

그리스도와 기독교 교회 사이에 변증법적 관계가 존재하며, 이 변증법은 그와 종교들 사이에 있는 그것과 — 비록 완전히 일치하지는 않지만 — 유비가 된다는 사실을 당분간 잊지 말아야 한다. 그러나 이 관계는 다른 맥락에서 다루게 될 것이다.

9. 계시의 지상적 성격

기독교 신학은 나사렛 예수의 오심과 수난과 영광 안에서 우리가 하나님 자신의 계시와 관계해야 하며, 따라서 이 사건이 계시 일반에 관한 우리의 사고의 출발점이요 안내자여야 한다는 확신에 기초한다. 이 확신은 결코 비이성적인 것이 아니다. 그러나 그 확신은 인간들의 뿌리깊은 다른 많은 확신들처럼 '이성적으로 미리 증명될 수 없다'는 사실을 공유한다.

이 확신은 그 자체로서 예견될 수 없는 그리고 이성적으로 통찰될 수 없는 만남과 관계하기 때문에, 그같은 사실은 여기에서 더욱 그러하다. 만일 우리가 증명에 대해 말할 수 있다면, 그 때 신앙 자체가 그 증명을 내포하고 있는 것이며, 따라서 결과적으로 그것이 증명으로 보여질 수 있음에 대한 회고일 뿐이다. 그러나 우리는 그것이 본래부터 예증될 수 없다는 사실을 토대로 선택하기를 거절할 수 없다. 그런 거절은 우리들의 사고의 종말을 수반하게 된다. 그 때 우리들은 계시에 대한 정리되지 않은 그리고 모순적인 언명들의 잡동사니 속에 빠져있게 되기 때문이다. 이 간격을 뛰어넘을 때 비로소 우리의 사고는 계속 진행될 수 있다.

  그러기 위해 우리들이 해야할 첫번째 일은 저 새로운 영역을 개관하고 기독교인의 계시에 대한 신앙의 밑에 놓여있는 전제들을 추적하고 정식화하는 것이다. 이렇게 함으로써 우리들은 '한 마디'를 할 수 있게 된다; 이것은 강요적인 실증을 수행하는 것보다는 덜하지만, 권위적인 주장을 하는 것 이상이다. 다음 문단들에서 우리들은 일련의 요소들을 나열할 것이다. 우리가 계속 전진함에 따라 그들의 내적 상호관계가 좀더 분명해지기를 희망한다. 이 일련의 나열은 결코 철저한 것이 아니다. 기독교 신앙에 대한 교리에서 어떤 분석이나 표상도 그렇게 할 수 없다. 우리들은 이 요소들을 중요해 보이는 것부터 언급할 것이다.

  우리는 계시의 지상적 성격에서 시작한다. 계시는 결코 천상적 사건이 아니다. 그것은 지상에서, 지상적 삶의 양식 안에서 일어난다. 그의 현 실존양식 안에 있는 인간은, 우리가 측량할 수 없는 이유 때문에, 그의 영혼의 영감과 풍요를 위해 그 자신을 둘러싸고 있는 그리고 그 자신 안에 있는 현상적 실재에 의존한다. 인간은 이렇게 해서 하나님을 직접 만나게 구성된 것이 아니라, 매개물을 통한 만남으로 구성되어 있다. 우리들은 심지어 직접적인 만남이 무엇을 의미하는지도 상상할 수 없다. 비록 예를 들어 하나님이 자신을 신비스런 음성, 눈을 멀게 하는 빛, 혹은 열광적인 황홀감에 대한 경험 안에서 계시하신다 해도, 이것들은 여전히 우리 지상적 실재 속에 있는 현상들일 것이다. 그들은 따라서 하나님과의 만남과 별개로 상상할 수 있고, 스스로는 아무것도 증명하지 않는다. 그들은 계시를 중재하며 동시에 은폐한다.

몇몇 사람들은 이 문제성을 하나님으로부터 유리된 인간의 죄성과 연관시킨다. 그러나 그것은 동일한 정도로 또한 우선적으로 우리들의 피조적 한계와 연관된다. 성경은 계시에 대한 많은 지상적 형태들을 제시한다: 나무들, 천재지변, 천둥과 번개, 불타는 덤불, 밤중의 한 목소리, 어떤 환상, 그리고 많은 다른 것들. 이런 계시의 수단들이 시간이 경과함에 따라 점차 영적인 성격의 것이 되었고, 그 결과 계시의 수단들은 주로 들리는 말과 내적 경험으로 구성되었다는 사실이 지적되었다. 만일 그러하다 해도 그 사실이 우리들의 주제에 아무런 의미도 갖지 못한다. 그 때 역시 우리들은 지상적 실재들과 관계해야 하기 때문이다. 이것은 예수 안에 나타난 핵심적 계시에도 마찬가지이다. 그는 사람이었고 한 유대인이었으며 유대인의 랍비로서 보여졌다.

계시의 지상적 성격에 대한 이 문제성은 기독교인에게 특수한 것이 아니다. 계시의 경험이 있는 곳이라면 어디든지 그런 문제성이 생긴다. 이스라엘과 그리스도 안에 있는 계시의 지상적 특성은 지상에 있는 종교 일반의 고유한 문제를 공유하고 있다. 따라서 기독교의 계시는 스스로를 계시라고 표명하는 모든 것들이 가지고 있는 무방비 상태와 모순 가능성을 또한 공유한다. 그것은 늘 "비방받는 표적"(눅 2:34)이다. 따라서 신앙은 무신론과 불가지론을 비정상적인 태도들이라고 간주할 수 없다. 계시의 지상성은 그런 태도들을 야기시킨다. 건전한 방식으로 그들은 신앙을 동반한다. 그들은 신앙에 대해 신앙의 근거가 비자명적임을 상기시켜주기 때문이다. 이 모든 것이 이제 다음을 긴급한 문제가 되게 한다: 어떻게 자연적 현상 속에서 초자연적인 것이 인지될 수 있는가? 우리가 이미 보았듯이 초자연적인 것이 자연적인 것을 핍박하고 흡수하고 혹은 침해하는 방식으로 그것이 수행되는 것은 아니다. 혹은, 때때로 제시되었듯이, 하나님으로부터 오는 계시로 '보여지는' 어떤 증언들에 의해 일상적인 지상적 사건이 뒤따르는 것도 아니다. 일어난 사건에 대해 전자는 객관주의적으로 오해하고 있으며 후자는 주관주의적으로 오해하고 있다. 참 사건은 어떤 마주침 — 이 마주침 안에서 자연적인 것이 신적 말씀과 행위의 투영이 된다 — 이다. 저것을 지각하는 사람은 이렇게 해서 자연적인 것 때문에 하나님과 직접적인 대면으로 향해진다. 다른 사람들은 이 만남을 긍정도 부정도 할 수 없다. 경험이 기초이며, 간과될 수 없다. 따라서 그것은 교의학의 객관적인 범주로 더 이상 기술될 수 없다.

성경에서 계시의 지상적 성격은 항상 전제된다. 그러나 드물게 특별히 언급되기도 한다. 그것이 특별히 언급될 때 그것은 모든 계시의 원칙적 간접성에 대한 고백의 형태를 취한다. "아무도 하나님을 본 자가 없다"(요 1:18). 하나님을 본 자는 반드시 죽는다(출 19:21; 삿 13:22). "지금은 우리가 거울을 보듯이 희미하게 본다"(고전 13:12). 이 주제에 대한 가장 깊은 고찰은 출 33:18-23에 있다. 그곳에서 모세는 하나님의 얼굴을 보기를 소망한다. 즉 그는 직접적인 계시와 만남을 요구한다. 그는 거절당한다. 그러나 그는 하나님의 이름이 선포되는 것을 듣게 되었다. 그리고 나중에 그가 지나칠 때 하나님의 뒤를 보았다. 하나님을 직접 보는 것이 과연 성경적 테마이지만, 그것은 역사의 마지막에 성취될 약속이다. 신앙의 연구에 있어서 계시의 지상적 성격은 다양하게 평가된다. 초자연적인 것에 대해 더 민감했던 시대부터 특별히 많은 사람들이 자연적인 것을 초자연적인 것을 위한 필연적이고 적절한 수단으로 보았다. 칼빈은 이곳에 있는 문제들을 인식한 사람들 중의 하나였다. 그는 계시 안에서 신적인 것의 적응을 보았다(예를 들어 *Inst* I, x, 2; I, xi; I, xiii,1, 그리고 여기저기를 보라). 특별히 형상의 금지에서 그는 그것을 보았다. 하나님이 보이는 물질적인 형태로 자신을 계시하시는 것은, 그분이 그와 같기 때문이 아니라 우리들을 위하시기 때문이다. 마치 어머니가 그의 자녀에게 말할 때 하는 것처럼, 하나님도 교육적 수단들을 사용하신다. " ··· 마치 간호원들이 유아들에게 일상적으로 하듯이, 하나님도 우리들에게 말씀하실 때 옹아리라는 수단을 사용하신다"(I, xiii, 1). 초기 사고에서 바르트는 역설이라는 더욱 광범한 개념을 사용했다: 하나님과 인간 사이의 간격의 결과로 계시의 내용들과 형식 사이에 현저한 차이가 있다. *CD* I, 1에서 그는 계시의 '세상성'에 대해 많은 의미있는 말을 했다(pp. 189-198). 그곳에서 그는 하나님의 말씀에 대해 "그것의 형태는 … 그 내용에 상응하지 않으며 오히려 모순된다"(p.189)고 기록한다.

칼빈과 바르트의 비교를 위해 스킬더(Schilder)의 *Zur Bergriffsgeschichte des 'Paradoxon,'* 1933, esp. ch. IV.를 보라. 쿠이테르트(H. M. Kuitert)는 그의 *De mensvormigheid Gods*에서 둘 다와 논쟁한다: 그에 의하면 하나님의 본질은 우리가 적응이라 부르는 것, 즉 만남 속에서 우리의 계약 파트너가 되심 속에 참으로 놓여있다. 상이점들 뒤에 놓여 있는 기본적인 질문은 계시의 지상적 형태가 계시적 사건을 방해하는(정말 방해하는가?, 혹은 어느 정도 방해하는가?) 것으로 간주되어야 하는가이다. 우리의 견해에 의하면 이 지상성은 죄의 결과가 아니다. 그러나 그것은 또한 적절한 도구도 아니다. 그것은 첫 번째 창조의, 실존의 육체적 물질적 양식의, 잠정적 형태에 속한다(고전 15:44-49를 참조하라). 하나님은 참으로 자기 자신과 자신의 본질을 계시하신다. 그의 적응은 '마치~처럼'이 아니다. 그러나 그의 계시는 이 잠정적인 실존의 한계들 안에서 일어난다. 따라서 그것은 그 맥락에 의해서 결정되며 제한된다.

10. 계시와 은폐

이 주제는 앞선 주제와 밀접하게 연결되어 있지만 보다 폭넓은 다른 문제를 포함한다. 계시의 개념은 자신의 정반대되는 상관물인 '은폐'라는 개념과 연결되어 있지 않으면 정의될 수 없기 때문이다. 두 개념들은 변증법적 관계성 안에서, 혹은 오히려 세 개의 다른 변증법적 관계성들 안에서 서로를 동반한다.

a. 계시는 은폐를 전제한다.

감추어진 것만이 계시될 필요가 있다. 계시의 사실로부터 우리들은 이 사건 밖에서 하나님은 우리들에게 숨겨진 분이시라는 것을 배우게 된다. 그러므로 계시는 우리들이 미리 추측하는 것, 혹은 오랜 추구 끝에 유감스럽게 발견돼야 하는 것을 확인한다: 하나님이 우리들에게 숨겨져 있다는 사실. 어떤 신비적이며 간접적인 빛이 지상적 현상의 세상을 관통하며 비칠지도 모른다. 그러나 하나님의 얼굴은 그것 안에서 보여질 수 없다. 실재들은 다양하게 해석되어질 수 있으며 항상 하나님을 향해 투명한 것이 아니다. 계시적인 만남이 우리들에게 이것이 우리들의 근시안적인 상상에 불과하다는 것을 말해준다. 계시가 그것을 폐기하는 순간에, 계시는 우리들의 불확실성을 확인한다. 하나님이 자신을 알도록 만들 때, 우리들은 비로소 확실하게 하나님은 하나님에 의해서만 알려질 수 있다는 사실을 알게 되기 때문이다.

구약에서 이 진리는 특별히 욥기에서 잘 증거되어 있다: 그들이 하나님에 대해 논의할 때, 사람들은 하나님의 "권고를 지식없는 말들로써"(38:2) 어둡게 한다; 하나님이 자신을 계시하실 때 그분이 그 이전에 얼마나 욥과 그 친구들에게 감추어져 있었는가가 명백하게 된다. 신약에서 바울은 고린도전서 2:6-16에서 이 문제성을 다룬다: "하나님은 그것을 우리들에게 성령을 통해서 계시하셨다. … 아무도 하나님의 영이 없이는 하나님의 생각을 이해할 수 없다."

이 측면에 대한 인상적인 연구가 바르트의 CD II,1, par. 27, 1, pp. 179-204에 "숨어계신 하나님"이라는 제목하에 주어져 있다. 그러나 바르트와 다르게 우리들은 숨어계신 하나님에 대한 인간의(플라톤, 플로티노스) 추측을 계시된 은폐성에 대한 순수한 대비로 보지 않는다. 우리들은 그것을 (객관적으로는) 은폐된 하나님에 대한 반영으로, 그리고 (주관적으로는) 은폐된 하나님에 대한 추측으로 본다.

b. 계시는 은폐를 드러낸다.

하나님이 그의 계시 안에서 자신의 은폐로부터 출현할 때, 그는 그 행동에 의해 숨어있는 하나님이기를 그만두는 것이 아니다: 오히려 하나님의 숨겨짐이 완전히 개방된다. 우리가 이전에 잘해야 추측밖에 할 수 없었던 것이 이제는 분명하게 확실해진다: 하나님이 얼마나 광대하게 높으시며 또 숨겨지셨는가, 그의 은혜로우신 겸손이 얼마나 말할 수 없이 대단히 기묘한가, 그것 안에서 그가 우리들에게 열어보이신 미래가 얼마나 상상할 수 없을 정도로 영광스러운가. 계시는 우리들을 위대한 신비에 가입시킨다. 이것은 가입자를 거만하게 만들지 않는다; 오히려 매 걸음마다 그를 더 작고 더 겸손하게 만든다. 만일 그렇지 않았다면 하나님은 하나님일 수가 없다. 우리가 그분을 더욱더 알아갈수록, 우리의 지성을 통해 우리는 더욱더 적게 그분을 이해할 수 있다.

우리들은 이러한 사실들을 특별히 구약에서 듣는다. 시내산에서의 계시는 하나님의 장엄한 은폐의 계시이다. 시편은 그것을 노래한다(예를 들어 77편과 139편을 보라). 이 연관에서 욥이 언급되어져야 한다; 창조의 불가해성을 지적하면서 하나님이 욥에게 자신을 계시할 때(38-42장), 그는 자신을 정확하게 불가해적인 하나님으로 계시한다. 이런 연관에서 가장 충격적인 구절은 이사야 45:15이다. 그곳에서 선지자는 그의 백성을 구원하시는 하나님의 놀라운 역사를 생각하며 선언한다: "구원자 이스라엘의 하나님이여 진실로 주는 스스로 숨어 계시는 하나님이시니이다." 이것을 루터의 표현을 빌려 말하면 다음과 같다: Deus revelatus(계시된 하나님)는 — Deus publicatus(공개된 하나님)의 정반대인 — 정확하게 Deus absconditus(숨어계신 하나님)이다.

이 측면에 대한 교의학 저작물 중에서 우리들은 특별히 소 주제 a에서 언급한 바르트의 논점을 언급해야 한다. 우리들은 또한 G. J. Heering, *Geloof en openbaring*, II (1937), ch. II, "계시," 그리고 특별히 par. 5, "계시와 은폐"를 지적한다.

c. 계시는 은폐의 형태를 가정한다.

이것과 더불어 우리들은 우리가 계시의 지상적 성격에 관해 말했던 것을 다룬다. 우리들은 이것이 전적으로 창조 자체에 기인하는 것이지 결코 인간의 죄의 결과가 아님을 보았다. 그러나 이 죄에 의해서 그것이 더 심화되었다. 이제 이 지상성은 은폐가 된다. 그리고 하나님의 은폐를 이중적으로 만든다. 그는 자기 세상에 단지 낯선 사람으로서, 고난당하는 종으로서, 십자가에 달리신 자로서만 제시될 수 있다. 역설(paradox)이라는 개념

이 이곳에 적합하다: 하나님은 정반대 것의 외양(doxa)을 반대하며(para) 자신을 드러낸다. 이 외양은 그에게 강요된다. 왜냐하면 인간이 자신의 사고와 투쟁을 통해 하나님이 스스로에 관해 계시한 사고들을 부인하기 때문이다. 구원의 역사에 그같은 일이 일어났다. 구원의 역사의 한가운데 십자가의 거리끼는 것과 미련한 것이 있다. 그같은 일은 개인이 하나님과 인격적으로 연합될 때도 마찬가지이다. 그 때 인간은 하나님이 그의 얼굴을 인간으로부터 숨겨야 한다는 것을 경험한다. 왜냐하면 이 연합에서 인간은 자신의 의지를 하나님께 강요하려 하기 때문이다. 그것은 하나님이 그의 백성과 세상에 보낸 심판들에서도 역시 마찬가지이다. 숨겨진 형태로 이 심판 속에서 선택의 여지가 없이 인간들이 스스로 선택한 길을 가게 허락하시며, 그렇게 해서 인간들에게 그와 인간들 사이에 어떤 일이 일어나는가를 알게 하시는 분으로 하나님은 계신다.

이것들은 하나님에게 강요되는 은폐의 세 가지 측면들이다. 그러나 하나님은 그것을 능동적으로 수용하시며 그것들을 사용하여 계시하신다. 이 모든 측면들이 특별히 구약에서 발견된다. 처음의 것은 특별히 후기 저작물들에서 의로운 자의 고난, 충성스런 남은 자, 수난당하는 종에 대한 강조와 더불어 발견된다 — 이 모두는 하나님의 숨겨진 현존의 형태들이다. 특히 G. von Rad, *OT Theology*, II (E.T. 1965)를 보라. 두번째 측면은 특별히 시편에서 일어난다. 쿠이테르트(Kuitert)가 이 측면에 대해 *De mensvormigheid Gods* pp. 245-267 "하나님의 은폐"에서 예리하게 기록했다. 그에게 있어서 하나님의 이 숨겨짐은 배타적으로 인간에 대한 하나님의 계약적 연합의 한 형태이다. 그러나 우리는 이 '배타적'이라는 용어를 거절한다. 이것은 하나님의 본질과 계시의 일치에 대한 쿠이테르트(Kuitert)의 신념에 기초한다(p. 265를 보라). 세번째 측면은 신명기와 선지서에서 잘 발견된다. 그의 백성의 불순종 때문에 하나님은 징계하시고, 내버려두시고, 숨겨진 분으로 계시도록 강요된다. 신약에서는 그리스도 안에 있는 하나님의 은혜로운 현존의 즐거움 때문에, 이 둘째와 셋째 측면들이 물러간다(비록 사라지지는 않았지만). 그러나 처음 측면은 더 강조된다. 하나님은 수난당하는 십자가에 달린 그리스도 안에서 현존한다. 특별히 바울이 그 사실을 깊게 고찰했다. 특별히 고린도전서 1:18-2:5을 보라. 그곳에서 그는 인간들의 자기칭의와 지혜를 십자가의 거리끼는 것과 미련한 것과 대조시킨다.

교회사에서 루터는, 모든 다른 사상가들보다 훨씬 먼저, 은폐를 계시의 형태로 사고했다. 교회는 극히 제한된 형태로 그의 통찰들을 활용할 수 있었다. 이곳에서 문제가 되는 것은 그의 theologia crucis(십자가의 신학)과 Deus absconditus(숨어계신 하나님)이다. 이 관념은 특정한 시기나 특정한 저작물에 국한되는 것이 아니라, 루터의 모든 사고에 스며들어 있다. 이 관념들의 강력한 표현들이 그의 초기 종교개혁 저작물들의 하나에서 발견된다. 하이델베르크 논쟁(1518)에서 그는 바울 연구를 토대로 28 신학적 역설(theologica paradoxa)을 그의 동료 어거스틴파 수도사들에게 제출한다. 그중에 유명한 19번째, 20번째 결론들을 인용한다: "창조된 물건들을 바탕으로 해서 '하나님의 보이지 않는 것들'을 해석하려 시도하는 사람은 신학자라 불릴 자격이 없다 (롬 1:20); 그러나 하나님의 보이는 뒷면을 수난과 십자가로 파악하는 사람은 신학자라 불릴 자격이 있다." 부연하는 설명이 더해진다: "하나님의 보이는 뒷부분들은 보이지 않는 부분들과 대면해 있다. 이 안보이는 부분들은 하나님의 겸손과 그의 약함과 그의 어리석음을 의미한다."

그렇게 해서 하나님은 그의 반대 안에서 역설적으로 보여질 수 있다. 비록 지고하신 분이시지만, 그는 십자가에 있는 그의 현존 안에서 (종종) 숨어계신 하나님이시다 — 그는 특별히 겸손하시고 수난당하시는 분으로서 그러하시다. 따라서 루터의 유명한 표현들이 나온다: "숨어계신 하나님이 반대의 형태 속에서 즉 수난 속에서 계시된다." 등등. 두 개의 다른 특징적인 인용문구가 있다: "하나님은 숨어계신 분이다. 이것이 그의 고유한 특성이다": J. T. Bakker의 *Coram Deo* (Duch 1956), p. 159: "하나님은 그들에게 계시하기 위해서 그 자신의 것들을 숨기신다. … 이 은폐 속에서 그는 계시의 장애물인 교만을 제거하신다": W. von Loewenich의 *Luther's theologia crucis* (E. T. 1976), p. 30을 보라. 이런 생각들이 Kohlbrugge와 초기 시대의 바르트에 의해서 더 연구되었다. 그의 「옥중서신」(*Letters and Papers from Prison*)(E.T. 1953)의 몇 구절에서 본회퍼(Dietrich Bonhoeffer)는 계시의 숨겨진 형태에 대한 자기 나름의 현대적 해석을 한다. 1944년 7월 16일자 편지에 있는 이 문장이 종종 인용된다: "하나님은 스스로를 세상 밖에서 십자가로 강요한다. 그는 세상에서 약하시고 무력하시다. 바로 이 길, 이 유일한 길을 통해 그는 우리와 함께 계시고 우리를 도우신다." 게다가 사신신학은 본회퍼에게 호소하면서 하나님의 은폐에 관해 종종 기술한다. 그러나 그들에게 있어서 이 관념들은 더 이상 인간의 배신과 연결되는 것이 아니라 인간의 성숙과 연결된다. 하나님은 인간의 성숙을 위해서 기꺼이 한 걸음 물러난다(본회퍼에게 있어서 성숙과 배신은 여전히 함께 간다). 그러나 그 때 사람들은, 만일 그것이 진리를 담고 있다 해도, 계시의 "지상적 성격"이라는 제목 아래 속하는 듯한 다른 주제를 다룬다. 그러나 그것은 그곳에도 놓일 수 없다. 그것은 하나님의 계시가 인간의 성숙에 대해 위협을 초래한다고 가정하기 때문이다(이런 가정이 갖는 함축에 의하면 종말에 우리가 '하나님을 볼 때' 우리는 절대적으로 미성년자가 되게 된다). 성경은 이런 대리물을 사탄적인 기만으로 거절한다(창 3:4f.)

지금까지의 계시의 은폐에 대한 많은 언급들은 독자들에게 다음과 같은 불편한 감정을 갖게 한다: 은폐는 계시를 무효화시키는 위협이며, 그리고 이런 상황하에서는 아무도 더 이상 계시에 대해 정직하게 말할 수 없다. 그럼에도 불구하고 계시가 일어날 수 있고 또 일어나야만 하는 것은 계시하시는 하나님이 그의 성령을 통해 인간의 눈을 열어 그의 숨겨진 임재를 보게 하기 때문이다. 다음 단락에서 우리는 이것을 다루게 될 것이다. 여기에 다음이 주목되어야 한다: 우리가 계시의 은폐성을 깊게 인식할 때만, 따라서 하나님이 우리의 눈을 그것을 향해 열어주셔야 한다는 필연성을 깊게 인식할 때만, 우리는 성령의 조명에 대해 의미있게 말할 수 있다. 그렇지 않다면 우리들은 다시 우리들의 계시에 대한 통찰을 우리 자신의 힘에 기초하려 할 것이요, 그렇게 해서 지성적으로 혹은 다른 방식으로 우리들이 마음대로 처분할 수 있는 보다 덜 숨겨진 계시를 구성하게 될 것이다. 우리가 성령의 열어주심을 알 때만 우리들은 이 잠정적인, 더구나 그로부터 소외된, 세상 속에 있는 하나님의 이 은폐를 유지할 수 있다.

결론적으로 우리들은 모세에게 일어난 하나님의 계시 이야기를 지적한다 (출 3). 이곳에서 계시 가운데 있는 하나님의 은폐가 강하게 강조된다. 불타는 가시덤불은 계시의 지상성을 말한다. 그러나 그 은폐성은 하나님이 그의 이름을 말하기를 거절하고 에흐예('ehyeh) 혹은 에흐예 아셰르 에흐예('ehyeh 'ᵃser 'ehyeh) (14절)로서 알려지기를 원하셨을 때 심화된다. 그것과 더불어서 그는 자신을 인간의 마술적인 조정의 가능성으로부터 멀리한다. 그러나 그것은 불가지론을 위한 토대와 조금 다르다. 왜냐하면 조정되어질 수 없는 이 '이름없음'은 동시에 하나님의 신실하심에 대한 증언이며 미래를 향한 지시자이다. 신앙과 신뢰 속에서 하나님의 신실하심에 응답한 사람은 이 미래에 이 신실성이 하나님의 행위 안에서 계속 확인되어지는 것을 보게 될 것이다. 이처럼 계시는 하나님과 인간 사이의 칸막이를 제공하는 은폐의 영역에서 일어난다. 그러나 칸막이는 정확하게 이런 방식으로 보호막으로 봉사하며, 이 보호막 안에서 하나님은 그의 작고 유죄한 피조물들의 참된 계약의 파트너가 되실 수 있다. 같은 내용이 앞에서 언급한 하나님이 자신의 얼굴을 모세에게 보여주기를 거절하시고 단지 그의 뒷모습만 보여준 이야기 속에서 발견된다 (출 33:18-23).

11. 계시의 이중성: 말씀과 성령

계시는 만남의 사건이다. 그것은 늘 두 부분을 포함하며, 그것에 대한 접근은 두 측면에서 와야 한다. 계시는 모든 다른 만남, 함께함의 형태와 동일하며, 따라서 그것은 (객관적으로) 단지 신적인 사건으로 혹은 (주관적으로) 단지 인간적인 사건으로 묘사될 수 없다. 이 사건은 그것이 전적으로 한쪽 편이 주도적이라는 점에서 우리가 통상적으로 만남이라 부르는 것들과 다르다. 은폐 속에서 우리들의 실재 속에 들어오심으로 그 만남을 가능하게 하신 분은 하나님, 하나님 한 분이시다. 우리는 '성취한다'는 표현 대신 '가능하게 한다'는 표현을 사용한다. 하나님은 그의 파트너인 인간 편에서의 계시에 대한 응답이 없이는 이 만남을 성취할 수 없기 때문이다. 사실, 계시는 그것 자체로 다른 쪽에서부터의 지각과 인정이 없다면 계시일 수가 없다. 그 빛에서 볼 때, 구조적으로 계시 사건은, 비록 이 경우 그것에 대한 주도권이 아주 일방적이긴 하지만, 우리의 만남과는 거의 다르지 않다.

그러나 다른 아주 철저한 차이가 있다: 지상적 거리와 인간의 유죄한 하나님으로부터의 소외의 결과, 계시는 이제 간접적으로 숨겨진 방식으로 일어난다. 반면 인간은, 이 상황에서 자신의 인지 능력들이 작용하는 방식 때문에, 혼자 힘으로는 계시를 인식하고 싶어하지 않거나 혹은 인식할 수 없거나 혹은 어떤 경우든지 인식하는데 실패한다. 따라서 하나님이 우리들 세상에 오심에 우리의 인지의 본래의 한계들을 넘어서는 창조적인 도약이 상응해야 한다. 우리 인지능력의 고양과 해방이 동시에 요청된다; 그리고 이것은 우리의 능력을 넘어선다. 자연 속에서 초자연적인 것을 인식하고 낮아짐 속에서 신적 위엄을 인식하기 위해서 우리들은 계시 외에 우리 지성의 조명을 필요로 한다. 하나님이 우리 안에서 이 이중 계시 행위를 하지 않는다면 어떤 계시도 결과될 수 없다. 그는 우리 실재 속에서 자신을 나타내야 하고 또한 우리가 그의 임재를 보게 하기 위해 우리의 눈을 열어주어야 한다.

이 이중 행위에 대해 교의학은 '말씀'과 '성령'이라는 개념들을 사용한다. 양 개념은, 함께 또한 각각, 성경에서 중요한 역할을 한다. 말씀이 모든 계시적 사건의 공통분모로 종종 사용된다. 그러나 계시는 결코 늘 말씀들의 형태로 일어나지는 않는다; 그것은 또한 사건들 속에서, 환상들 속에서, 예배의식 속에서, 그리고 (그리스도 안에서) 한 인격 안에서 일어난다. 이것들 모두를 '말씀'이라 명명하게 되면, 계시의 의사소통적 기능이 아주 강조된다: 그것은 우리 실존에 대한 한 호소로서 일어나며, 그리고 들려지고 이해되고 복종되어져야 한다. 그러나 이 후자의 일이 참으로 일어나려면, 말씀 사건은, 즉 말을 발화함은 분명히 다른 사건, 즉 말씀을 들음에 의해 상응되어야 한다. 그같은 일을 가져오는 것이 성령의 사역이다. 즉 밖에서 우리에게 오실 뿐 아니라 우리의 삶과 실존을 변형시키는 하나님의 사역이다. 하나님은 우리의 삶과 실존을 변형시켜 우리에게 귀를 주시며 또한 우리들로 하여금 그가 말씀하시고 계시하시는 하나님으로 우리에게 오는 것을 허락하게 한다.

이 말씀과 성령의 이중성과 '결속성'은 따라서 계시행위에서 일어나는 만남의 사건의 기술이다. 실로 우리는 — 앞에서 말한 상이함에도 불구하고 — 이렇게 말할 수 있다: 두 사람이 참으로 서로 만날 때, 이것이 다소간 말씀-성령계시의 예증이 될 수 있는 '밖으로부터' 그리고 '안으로부터'의 한 유비이다. 신자들은 늘 이 이중 실재 속에서 살아왔다. 그러나 신학은 종종 그것에 적합한 개념들을 발견하는데 많은 어려움을 가졌다. 유럽 사람들의 지성이 만남이라는 이 특수한 범주를 명확하게 할 수 있었던 것은 아주 드문 일이었다. 객관적으로 하나님으로부터 혹은 주관적으로 사람으로부터 사유되어졌다. 그러나 성경의 언어와 개념들은 이 양자택일을 모른다. 말씀과 성령의 변증법에 대해 신학은 특별히 두 개의 난점을 가지고 있다.

첫번째 문제는 '말씀과 성령의 상호관계'의 문제이다. 이 이중성이 계시에 두 가지 인지적 근원이 있음을 의미하는가? 만일 성령이 말씀 곁에 있는 또다른 근원이라면, 이것은 사람이 — 성령의 조명에 따라 — 객관적인 말씀의 계시를 거역할 수 있음을 의미하는가? 이런 방식 속에 성령을 우리의 개인적 관념들의 익명(pseudonym)으로 만드는 주관주의가 잠복한다. 그렇다면 우리는 역으로 성령을 말씀에 기생하는 확신시키는 힘으로 간주해야 하는가? 이 경우 성령은 참으로 말씀 속에 내주하게 된다. 그러나 말씀은 결코 이 확신시키는 힘을 갖지 않는다; 그것은 그것의 청자들(hearers)을 냉담하게 하거나 혹은 심지어 저항을 야기시키기도 한다. 성육신한 말씀은 확실히 사람들을 자동적으로 확신시키지 않았으며 오히려 가장 다양한 반응을 야기시켰다. 주문 같은 것은 없다. 따라서 말씀과 성령은 교환할 수 없다. 그러나 그들은 하나이다.

우리가 이곳에서 말씀이라 부르는 것은 벌써 사람에게 영감을 주는 성령의 사역이다. 따라서 만일 우리가 우리 자신을 신자 안에서의 성령의 사역에 한정시킨다면, 말씀과 성령은 상호보완적이다. 즉 성령은 우리의 영혼을 자극해 그가 우리에게 말씀 안에서 말하는 것을 듣게 한다. 믿는 주체 안에 있는 성령을 인식할 수 있는 영적 혹은 신비적 특징이 아니라 거기에 사람이 자기 밖에 은폐되어있는 계시를 발견함이 있다. 그러나 동시에 성령에 의해서 우리가 이 발견을 우리 영의 구조들과 한계들 안에서 성취한다는 사실이 말해져야 한다; 따라서 우리의 주체성이 말씀을 이해하는데 작용하게 된다는 사실이 말해져야 한다. 모든 이해는 주관적이다; 그러나 그것은 늘 초-주관적으로 경험되는 실재를 이해하는 주관이다. 말씀과 성령의 결속성을 통해 인간은 만남과 이해의 과정 속에 포함되게 된다. 이 만남과 이해의 과정 속에 인간의 주관성이 완전히 종사하며, 동시에 자신과 조우하는 구속사건에 점진적으로 개방됨에 따라 자신의 편견들과 투사들이 제거된다. 이 정식화는 점차 발전하는 사랑과 우정 속에 있는 사람들에게서 일어나는 것과 쉽게 유비가 된다. 말씀과 성령의 이 전진적인 상호작용은 만남을 초래하며 점차적으로 그것을 순화시키고 깊이있게 만든다.

말씀과 성령의 관계는 구약에 있어서 중요한 테마가 아니다. 그곳에서 성령의 사역은 말씀이 오거나 혹은 발생하는 계시의 증인들의 작은 범위에 제한된다. 신약에서 비로소 우리들은 이 이중 사역 속에서 계시적 사건이 어떻게 일어나는가를 볼 수 있다. 그것은 말씀의 성육신으로부터 오순절 성령강림으로 나아간다. 비록 계시에 대한 승인이 인간의 일로 남기는 하지만, 이 응답에 있어서 인간은 전적으로 하나님께 의존한다. "혈육"이, 즉 인간 자신의 통찰이 인간에게 그리스도가 누구인가를 알려주지는 않는다(마 16:17). 오직 성령이 그에게 예수가 주님이심을 말하도록 가르치신다(고전 12:3). "우리가 … 하나님께로서 온 영을 받았으니 이는 우리로 하여금 하나님께서 우리에게 은혜로 주신 것들을 알게 하려 하심이라"(고전 2:12).

사람을 중생하게 하는 성령은 인간으로 하여금 계시적 사건과 만나게 하는 것 이상(以上)을 행한다. 나중에 다른 맥락에서 우리들은 이 '이상'을 다루게 될 것이다. 성령의 계시적 기능이 언급되는 곳 어디서나, 이것은 엄격하게 주목하게 하는 성격을 가지고 있다. 성령은 눈을 열어준다. 그러나 우리 안에 있는 그 자신의 현존을 향해서가 아니라, 우리 밖에 있는 그리스도의 현존을 향해서 그렇게 한다. " … 진리의 성령이 오시면 … 그가 자의로 말하지 않고 오직 듣는 것을 말하시며 … 그가 내 영광을 나타내리니 내것을 가지고 너희에게 알리겠음이니라"(요 16:13, 14). 사도행전 2장에 따르면, 성령이 오시는 무대는 예수의 부활에 대한 설교였다. 그러나 성령의 사역 자체는 그 나름의 기원과 질서를 갖는 사건이다. 사도행전 16:14은 성령과 객관적 계시적 사건과의 관계를 잘 실증해준다; 그곳에서는 바울의 설교를 듣고 있던 루디아에 대해 "주께서 그의 마음을 열어 바울의 말을 청종하게 하신지라"고 언급되고 있다. 서신서들에서 (그리고 초대교회 후반부에) 성령의 이 주목하게 하는 행위는 그런 이유 때문에 "빛을 줌", 조명(photizein, photismos)이라고 종종 묘사된다: "어두운 데서 빛이 비취라 하시던 그 하나님께서 예수 그리스도의 얼굴에 있는 하나님의 영광을 아는 빛을 우리 마음에 비취셨느니라"(고후 4:6). 성령이 왜 이것을 모든 사람에게 하지 않는가의 문제와 성령과 관계된 인간의 역할에 대해서는 49장 c를 보라.

교회의 역사에서 수세기 동안 계시 사건에 있어서 성령의 이 특수한 기능이 제대로 주목되지 않았다. 서구신학은 참으로 늘 하나님과의 관계에 있어서 인간의 주체적 역할을 보는 눈이 있었지만 그 때는 언제나 신앙의 열매(성화, 선행, 공로)와 관계되었다. 중세 이후, 즉 새 시대의 여명에 이르기까지 신학자들이 계시와 신앙 사건에 있어서 인간의 주체적인 고유한 역할을 참으로 주목하지 못했다. 루터부터 슐라이어마허까지, 데카르트에서 칸트까지, 인간 자신의 역할이 점차 증대되었다. 신학에서 이것은 말씀 곁에 있는 계시의 중보자인 성령의 역할에 대한 증가하는 연구를 뜻했다. 영성주의자들과 퀘이커(Quaker) 교도들은 너무 멀리 나가서 그들의 기원을 성령에, 즉 객관적인 계시 사건과 대비되는 어떤 독립적 내용인 주관주의의 극점에 두는 것처럼 보인다: 그들은 주관적 극점을 지나치게 강조한다.

루터와 칼빈은 성령의 이 가리키는 기능을 엄격하게 주장하면서 이 전개를 강하게 거절했다. 그러나 그들의 추종자들은 이 지시기능이 '어떻게' 일어나는가의 문제로 갈라지게 되었다. 루터파들은 성령의 사역에 대해 per verbum(말씀을 통해)라고 말한다; 개혁주의자들은 이 사역에 대해 cum verbo(말씀과 더불어)라고 말한다. 전자는 말씀의 단독적 사역에 이를 우려가 있고, 후자는 성령이 말씀과 분리하여 단독적으로 사역할 우려가 있다. 도르트 신조(The Canons of Dort, 1691)는 그들의 쿰 베르보(cum verbo)와 더불어 이런 방향으로 위험스럽게 멀리 나갔다(I, 12와 III/IV, 13을 보라). 신학은 객관주의와 주관주의 사이에 다른 길을 모색하기 위해 힘겨운 노력을 했다. H.Berkhof, *The Doctrine of the Holy Spirit*(E. T. 1976), pp. 36-38과 G. J. Hoenderdaal, *Geloven in de Heilige Geest*(1968), esp. ch. 6을 보라. 이 문제들이 오늘날에도 얼마나 정합적인가는 두 독일 신학자들로부터 분명하다. 제목의 순서에서 보여지듯이 헤링(G. J. Heering)은 *Geloof en openbaring*(II, 1937)에서 성령, 그리고 성령을 통해 인간 주체를 강조한다. 그는 성령의 위치와 기능을 계시 위에 둔다. 그러나 그는 성령과 계시 양자를 밀접하게 연결시키려 한다(그러나 성령의 지시 기능이 늘 분명하게 유지된 것은 아니다. 특히 II, II, par. 7을 보라). 뵐더링크(J.G.Woelderink)는 특히 *Degevaren derdoperse geestesstroming*(1941), ch.5 와 *Van de Heilige Geest en van zijn werk*(n. d.), ch. 6에서 성령으로부터 계시가 오기를 수동적으로 기다리는 것을 (소위 경험론적 기독교인들이 그러했다) 지나치게 우려한 결과, 루터파의 페르 베르붐(per verbum)에 위험스럽게 접근했다.

두번째 문제는 성령과 우리 영혼의 관계의 문제이며 이것은 벌써 위에서 다루어졌으며 원칙적으로 답변되었다. 사람들은 인간 영혼이 활동할 영역을 전혀 남겨두지 않는 것 같은 인상을 주는 방식으로 성령의 필연성과 지배적인 역할에 대해 말할 수 있다. 이것은 근본적으로 잘못된 표상이다. 왜냐하면 그것은 성령의 사역의 목적 자체를 부인할 위험이 있기 때문이다. 성령의 사역의 목적은 하나님과 사람 사이에 참된 만남을 가져오는 것이다. 정반대로, 인간 주체를 살리기 위해 바울의 "성령이 친히 우리 영으로 더불어 우리가 하나님의 자녀인 것을 증거하시나니"(롬 8:16)를 의지하여 성령과 우리 영의 협동과 상호작용이 주장되었다. '협동'과 '상호작용'이라는 용어들은 만일 적절한 의미가 주어진다면 사용될 수 있다. 바울은 다음과 같이 말하고 싶어한다: 성령이 아주 강하게 우리 영에게 증거한 결과 우리 영이 성령에 동의할 수밖에 없고 이 증언을 우리 영 자신의 것으로 수용할 수밖에 없게 되었다. 이 협동에 있어서 성령은 따라서 일차적이며 지배적이다. 그러나 그의 목적은 우리 영의 제거가 아니라, 우리 영을 일깨워 우리 영에게 새로운 삶을 가져와 지속적으로 성령과 상호작용하게 하는 것이다. 우리 안에서 믿는 것은 성령이 아니다. 성령의 조명을 받은 우리가 믿는 것이다. 만남에서 우리들은 객체들로서 취급되지 않는다. 우리들은 주체들로 취급되며 지고의 주체성으로 고양되며 그 결과 우리는 참된 주체들이 된다.

서구신학과 또 그것에 영향을 받은 신학은 오늘날까지 수세기 동안 여기에서 노출된 문제들에 종사해 왔다. 서구의 정신은 지극히 활동적이며, 그 자체의 주체성을 인식하고 있다. 그것은 주위 세계를 객체로 파악하며, 그렇게 함으로써 이 객체를 지배하려는 충동을 갖는다. 서구의 정신은 자신의 이 주-객 도식을 하나님과의 관계에도 적용시키려는 경향이 있다. 따라서 하나님이 주체이며 인간은 순수하게 그의 사랑과 증오의 객체이든지, 혹은 인간이 주체이며 따라서 하나님과의 만남의 결정과 그의 구원의 결정이 그 자신의 손에 달려 있든지이다. 대조가 지나치게 두드러졌다: 그 결과 양측 모두가 성경적이고 종교적인 범주들을 부당하게 취급하게 되었다. 그러나 대립들은 늘 맹렬했다: 어거스틴(Augustine)과 펠라기우스(Pelagius), 루터(Luther)와 에라스무스(Erasmus), 칼빈(Calvin)과 볼섹(Bolsec), 항변파(Remonstrants)와 반(反) 항변파(Counter Remonstrants), 몰리나주의자(Molinists)와 토마스주의자들(Thomists). 이제 우리들이 잘못된 양자택일의 희생자들이라는 사실이 점차 분명해진다. 그러나 우리 서구정신 속에서 적절한 개념들을 발견하기가 어렵다. 도르트 신조들(Canons of Dort)에 의해서 좋은 정식화가 제공된다. 도르트 신조는 다음과 같이 고백한다: "따라서 중생을 입은 의지는 하나님에 의해서 행위하게 되며 또 영향을 받게 될 뿐 아니라, 이 영향의 결과 그 자신이 활동적이 된다. 따라서 사람들은 받은 은총의 힘으로 믿고 회개한다고 언급될 수 있다"(III/IV,12). 이곳에서 의지의 중생에 대해 말해진 것이 정신의 중생에 대해서도 동일하게 적용될 수 있다. 화란에서는 19세기에 특별히 윤리신학에서(Chantepie de la Saussaye, Sr. Gunning) 인간을 하나님 곁에 그리고 밑에 있는 주체로서 취급하려고 했다. 하나님의 행위와 인간의 행위의 상호관계에 대한 한 광범위한 연구가(약간 고전적이기는 하지만) 영국신학자인 오만(J.Oman)의 *Grace and Personality*(1917)라는 작품 속에 주어져 있다. 이 주제에 대해 Berkhof, *The Doctrine of the Holy Spirit*, pp. 96ff. 그리고 Hoenderdaal, *Geloven in de Heilige Geest*, ch. 4를 참조하라.

12. 역사로서의 계시

우리가 되풀이하여 사용해 온 "계시 사건"이라는 표현은 계시가 역사의 지평 위에서, 연속적으로 연결된 역사적 사건들 속에서 우리에게로 온다는 것을 시사한다. 우리가 이 표현을 그것으로 제한하지 않는다면, 이것은 실제로 그러하다. 왜냐하면 하나님은 역사의 하나님이신 만큼 자연의 하나님도 되시기 때문이다. 우리의 유리한 위치에서 볼 때, 그는 이 두 가지 모두에 있어서 숨겨져 있으며, 그의 존재의 흔적들이 이 양자에게서 기대될 수 있다. 하나님에 관해서, 이 둘은 그의 계시 존재의 무대가 될 수 있다. 이 둘의 분리는 실제로 단순히 유럽 정신의 산물일 뿐이며, 성경은 기껏해야 단순한 구분만을 알고 있으며, 우리가 "자연"이라 칭하는 것과 "역사"라고 부르는 것을 위한 개별적인 단어들을 갖고 있지 않다.

그러나 우리는 역사 안에서의 하나님의 계시에 대하여 강조하여 말할 수 있다. 구약 성경은 자연적인 사건들 안에 있는 신적인 계시들을 언급한다(아브라함의 거룩한 나무들, 모세의 불타는 가시덤불, 홍해 가운데로 길을 만드는 동풍, 시내산에서의 자연 현상들, 천둥과 번개 등등). 설령 그렇다 하더라도, 이러한 일들은 역사 안에서 그의 백성들과 하나님의 연합을 수반하는 현상들의 자연 속에 더 많은데, 그 역사에 대하여 그들도 역시 끊임없이 지적하였다. 따라서 점차로 강조되듯이 역사 속에서의 계시는 자연 속에 있는 계시를 식별하기 위한 지침이며 시금석이 되었다. 구약 성경에서 우리는 역사 속에서의 계시가 그것의 모체, 즉 원시 종교들이 살았던 자연 계시로부터 풀려나는 것을 목격한다. 두 세계 사이의 차이는 전자에 있어서는 계시가 오로지 자연 속에 있는 사건이었던 반면에, 후자에 있어서는 그것이 배타적으로 역사 안에서 발생하였다는 것이 아니라, 전자에 있어서는 역사가 자연 계시의 일부분으로 간주되었으며, 후자는 자연 계시를 역사적인 계시의 과정 안에 있는 한 요소로 보았다는 사실이다.

우리는 역사 안에 있는 신적인 계시를 어떻게 상상하거나 이해할 수 있는가? 성경의 계시 사건의 성격과 모순되는 것으로서 우리가 배제해야 하는 세 가지 "모델"이 있다. 계시는 역사와 일치하지 않는다. 역사는 제일 먼저 인간의 활동의 영역이며, 따라서 하나님으로부터 인간의 소외의 영역이며 그분에 대한 반역이다. 그러므로 역사는 그 자체 안에서 아무런 계시 능력도 갖고 있지 않다. 그것의 성장과 쇠퇴의 기간, 즉 그것의 재난과 놀랄 만한 사건들은 역사로부터 배워야 할 "교훈들"이 있음을 시사할 수도 있지만, 그 자체로서의 역사가 하나님이 숨겨져 있는 영역으로 간주될 수 있을 만큼 역사와의 대립도 존재한다.

더욱이, 계시는 역사의 나머지와 분명하게 구분될 수 있는 유기적이고-진화론적인 역사의 과정이 아니다. 그 이유는 이 "과정"과 "세속적인" 역사의 과정 사이에 있는 선들이 너무나 흐리고 유동적이기 때문이다. 이러한 개념을 갖고 있는 사람들이 아주 좋아하는 용어인 "신성한 역사"가 전적으로 일반 역사 속으로 들어왔다. 더욱이 이 과정은 조금도 유기적이고-진화론적이지 않다. 이것은 뒤틀림과 갈라진 틈과 반복으로 가득 차 있으며, 대부분의 시간에 오르막이라기보다는 내리막의 인상을 더 많이 준다. 우리는 살아있는 유기체와 같이, 점차로 펼쳐지는 원리 가운데 어떤 것도 여기에서는 보지 못한다. 이것은 오히려 전투와, 즉 말을 듣지 않는 피조물을 정돈시켜서 제 길을 가게 하기 위한 하나님 편에서의 계속적인 투쟁과 좀더 같게 보인다.

이것은 다른 사람들로 하여금 정반대의 견해에 이르게 하지만, 그것도 역시 마찬가지로 유지될 수 없다. 계시는 일련의 전혀 순간적이고 수직적인 역사 안으로의 돌입에 있지 않다. 돌출점들(여하튼 이것들은 무엇인가?)은 유기적인 전체의 일부분이 될 수 없으며, 더욱이 서로간에 분리되지도 않는다. 따라나오는 것이 앞선 것을 미리 예상하며 그것에 새로운 빛을 비춘다. 그것 안에는 발전이 있는데, 이 발전은 하나님과 인간의 본성과 그들의 상호작용의 직접적인 결과이다. 이 발전은 아무런 생물학적인 전개됨도 갖고 있지 않으며, 오히려 그 주제들이 절정의 위기로 발전되어가는 고전적인 작가들의 희곡 속에 있는 진전을 닮았는데, 그 때에 이 위기로부터 새로운 시작이 이루어진다. 그러나 분명히 역전될 수 없는 통일성이 존재하는데, 예를 들어, 모세는 족장들에 대한 약속을 떠나서는 이해될 수 없고, 선지자들도 율법없이는 이해될 수 없으며, 그리스도도 구약 성경을 떠나서는 이해될 수 없다.

계시가 어떻게 역사적인 형태를 취하는지를 묘사한다는 것은 오히려 대체적으로 어려운 일이다. 우리는 이러한 서술을 선택한다. 계시는 사건들과 그것들의 해석이 누적되는 과정으로 이루어진다. 하나님은 그 자신의 역사를 수립하시는데, 그것은 한편으로는 역사의 규칙적인 법칙들을 따르지만, 다른 한편으로는 중단과 전환과 대이변과 해방의 사건들에 의하여 그 역사 안에서 그 자체의 전통을 수립한다. 이 역사는 기존의 종교적인 전통들과 연결된다. 하나님은 반유랑민들의 부족신(神)으로서 "조그마하게 시작하였다." 그는 사람들이 자기를 믿도록 권유하였으며 보호와 구원의 행동에 의해 예상외로 그러한 신뢰에 보답하였다. 이러한 행동들은 더 큰 신뢰를 고무하였으며, 마찬가지로 확증되었다. 그렇게 해서 하나님의 계시 행동은 역사를 통하여 궤적을 남겼다. 사건들은 통찰들로 인도했고, 통찰들은 사건들에 특별한 빛을 비추었다. 그래서 해석과 적용을 통하여 전달된 특별한 역사가 형성된다. 이야기는 다른 사건들을 계시적인 것으로 이해하기 위한 기초를 형성하는 환상과 기대를 불러일으킨다. 동시에 상반되는 과정이 일어나기 시작한다. 나중의 사건들이 이전의 사건들에 새로운 빛을 비추어주며, 이것들은 더 좋고 더 정확하게 이해된다. 사실들은 그 사실들을 미리 예언하거나 혹은 나중에 해석하는 예언자들의 말을 수반한다. 그러한 누적 과정이 이스라엘에서 일어났다. 이것의 주요한 구분들은 족장들의 이주와 애굽의 속박에서의 구원, 가나안 정착, 다윗과 솔로몬의 왕권, 대선지자들의 심판과 구원의 메시지, 바벨론 유수와 그 유수로부터의 귀환, 제2성전을 둘러싼 국가의 더디고 힘든 재건이었다. 이 역사 내에서 가시적으로 되는 계시의 요소들은 그 다음에 예수의 선포와 그의 수난과 죽음, 그리고 그의 부활에서 결정적인 절정에 도달한다. 이 사건들은 축복과 구원과 저주와 재난을 담고 있는 구약 성경 전체의 역사의 빛 안에서 해석된다. 그리고 역으로 이제는 그리스도의 빛 안에서 전체 구약 성경이 그에게 이르게 되는 역사로서 재해석된다.

   십자가와 부활에서 비롯되고 그 다음에는 조화로운 진화의 방식으로, 그 지점에서 계속되는 이러한 누적 과정을 포착하는 것은 불가능하다. 반복된 투쟁과 패배와 구원의 이러한 이야기 속에서, 자기 백성과 인류에 관한 하나님과 하나님의 생각들의 사실에 대한 끊임없는 더욱 선명한 묘사가 가시적으로 된다. 이 "끊임없는 더욱 선명한"이란 말은 이것이 그 안에 진보와 발전이 있는 과정임을 의미한다. 우리는 이 진보가 무엇을 의미하고 무엇을 의미하지 않는지를 분명히 보아야 한다. 예를 들어서, 이것은 에스겔 당대의 사람들이 아브라함보다 하나님을 훨씬 더 잘 알았다는 것을 의미하지 않는다. 하나님께서 일어나고 있는 일 속에서 자신을 알리시는 어느 곳에서든지, 그는 자신을 알리시고 그의 마음을 드러내신다. 그러나 그러한 사건들은 여전히 새로운 만남의 상황들을 만들어내고, 하나님의 자기-계시의 함축적인 양상들 가운데 더욱 많은 것을 명백하게 만든다. 우리는 인간의 사랑의 관계들 속에서 동일한 일이 일어나는 것을 본다. 또 다른 실례는 작은 다락방의 창문과 또한 넓은 풍경의 전체적인 조망을 제공해 주는 큰 창문을 통해서 비칠 수 있는 강렬한 태양의 예가 될 수도 있을 것이다. 그러나 이 유비들은 역사로서의 계시가 그것의 드러내게 하는 기능으로 인하여 하나님과 사람의 관계를 규칙적으로 위기 상황으로 몰고가는 한편으로, 하나님께서 그의 은혜로 말미암아 위기를 극복하시는 방식으로 그의 자기-계시를 확증하신다는 통찰과 더불어 확대되어야 한다.

필연적인 질문은 종종 '구원사'라고 불리는 이 누적의 과정이 그리스도와 함께 오는 결정적인 위기와 자유 이후에 계속되느냐 하는 여부이다. 이 것은 확실히 사실이다. 이제 그리스도의 교회는 그의 구원으로부터 비롯되고 그의 주되심 아래에서 담대히 살고 끊임없이 변하는 상황들 속에서 그의 심판과 은혜의 행동들이 그 안에서 다시금 새로운 방식으로 이해되는 주님과 더불어 끊임없이 새로운 경험들을 체득하게 된다. 그리스도 이전의 시간과의 차이는 이 누적의 과정이 지향되는 위기와 해방이 이제 인간사 전체의 위기와 해방이라는 사실이다. 우리는 이제 그리스도 안에서 일어난 일이 전세계적으로 작용되는 "시간들 사이의" 시기에 살고 있다. 그 안에서 일어난 일은 그 이후의 모든 계시 사건들을 위한 기초와 한계와 규범이며 그렇게 남아 있다. 신앙, 즉 그를 중심 계시로서 믿는 일은 인간사 안에서의 하나님의 마음의 드러냄으로서 식별될 수 있는 모든 것을 계시로서 단순히 받아들일 수 있다. 앞에서 다른 문맥에서 언급되었던 것이 또한 이 문제에도 적용된다. 비록 배타적이지는 않지만, 그리스도는 규범적이시다.

성서-신학적인 논의를 위해서는 H. Berkhof, "Openbaring als gebeuren," in *Geloven in God*을 보라. 계시의 역사적인 차원에 대한 체계적인 논의를 위해서는 브리스톨 회의(Bristol Conference)의 신앙과 직제(Faith and Order) 보고서인 *God in Nature and History*(Faith and Order Papers, no. 50, 1967)를 보라.

위에서 우리는 특별히 폰 라트가 설명해온 방식으로 성서학 분야에서의 소위 전승사적인 방법의 통찰들을 교의학에 적용하려고 노력하였다. 첫번째 모델에서 우리는 우리가 헤겔을 염두에 두고 있다는 사실을 거절하였고; 두번째 모델에서는 19세기의 폰 호프만(J.C.K. von Hofmann)의 구원사 신학을 거절하였으며; 세번째 모델에서는 바르트의 초기 사상, 특히 '실존파악'(Existenzergreifung)으로서의 계시가 반복해서 수직적으로, 역사의 수평적인 차원 외부에서 일어나는 것으로 보았던 불트만의 사상을 거절하였다. 불트만과는 대조적으로 쿨만(Cullmann)은 계시의 역사적인 성격을 강하게 주장하였다. 그러나 그가 자신의 「역사 속에서의 구원」(Salvation in History)(E.T. 1967)에서 그것을 위해 발전시킨 범주들 역시 구약에 있는 관계들의 복잡성을 바르게 평가하는 일과 계시 개념 안에 포함된 조직적인 문제들을 해결하는 일 양자 모두에 대해서 여전히 불충분하게 이루어졌다.

폰 라트의 모델의 흐름들을 따르는 새로운 교의학적인 출발이 판넨베르크(Pannenberg)에 의해서, 지금은 *Basic Questions in Theology*, I(E.T. 1970), pp. 15-80에 나오는 그의 논문인 "Redemption Event and History"(1959)에서 처음으로; 다음으로 논문집인 *Revelation as History*(E.T. 1968), pp. 123-158에 나오는 그의 "Dogmatic Theses on the Doctrine of Revelation"에서; 그 이후에 다시 한 번 그의 *Stellungnahme zur Diskussion*(pp. 285-351)에 나오는 논문집인 "Theologie als Geschichte"(1967)에서 이루어졌다. 여기에 계시론의 새로운 기획을 위한 결실있는 통찰들이 발견된다. 그러나 이것들은 내가 생각하기에 예를 들어서 계시의 논증 가능성과 하나님의 자기-계시의 부정, 행위 계시에 대한 말씀 계시의 종속에 대해서 도움보다는 오히려 방해가 되는 다른 사상의 흐름들에 의해서 교차되고 있다.

판넨베르크가 "역사"의 개념을 중심으로 삼기를 원한 반면에, 바(J. Barr)는 이것을 거절하고, 그것을 누적된 전승의 모델로 대치하려고 하였다. 그의 *Old and New in Interpretation*을 보라. 그는 이 점에 있어서 자신이 판넨베르크로부터 멀리 벗어났다고 생각하지만, 그들의 결과는 주목할 만한 수렴을 보여준다. 바의 주장의 핵심은 "전승의 성장과 발전이 구원론적으로 기능적이라는 것이다. 우리는 일련의 신적인 행동들, 즉 전승을 구성하는 그것의 해석과 표상을 갖고 있지 않으며; 전승의 성장, 즉 도래하는 신적인 행동들과 그것들의 실제적인 사건의 충격을 위한 모형을 제공해주는 그것의 존재를 갖고 있다." (p. 156). 나는 판넨베르크와 바의 수렴하는 길 위에서 계속하려고 노력하였다.

나의 견해로서는 지금까지 "구원사"라는 현재의 개념들이 성서학의 통찰들을 뒤쫓아가는 것이었다.

위에서 언급된 것의 결과는 우리가 언약 사이의 기간의 계시 기능에 대해서 생각하기 시작해야 한다는 것이다. 만일 계시사가 누적 과정이고 따라서 우리가 "이것이 역사적인 견지에서 볼 때 상당히 현저하고 또한 전적으로 도약에 의해서 펼쳐지는 간격들을 보여주는 성경적인 구원사에 이것이 필수적"(pp. 153f.)이라는 쿨만의 견해를 거절한다면, 그러면 언약 사이의 기간도 역시 이 과정에서 연결하는 역할을 충족하는 것이다. 사실상, 신약은 이 기간의 지식이 없이는 이해될 수 없다. 이것의 계시 내용을 측정하는 일은 선행하는 것(구약)과 후속되는 것(신약)의 토대 위에서 이루어져야 할 것이다.

13. 계시의 상징적 언어

계시는, 듣는 자가 자기의 삶을 위한 그것들의 해방하는 힘을 이해할 수 있는 방식으로 계속해서 재표명되는 경험과 통찰들의 상호작용 속에서 일어난다. 이 과정에서 언어의 중요성은 명백하다. 만일 계시가 사람을 위한 계시가 되려면, 이것은 계시로서 이해될 수 있는 그런 언어로써 표현되어야 한다. 그러나 이것이 가능한가? 우리는 계시의 "지상적인" 성격에 대해 언급하였다. 이것은 표현되는 언어에 의해서 소위 강조된다. 그 이유는 이 언어가 지상적인 언어이고, 또한 그 속에서 인간적인 모든 것과 같이, 이 지상적인 경험 세계에 매여있기 때문이다. 우리는 이 지상적인 경험들을 위한 그리고 단지 이것들만을 위한 말들을 가지고 있다. 만일 이러한 경험들 속에서 사람이 계시의 새로운 차원을 발견한다면, 그는 "보통" 세계로부터 이것을 위한 단어들을 차용해야 한다. 이 차용한 단어들을 가지고 그는 전달을 용이하게 하려고 하지만, 마찬가지로 그것을 방해하기 위하여 이것들을 사용할 수도 있다.

우리는 여기에서 구분을 하여야 한다. 시와 유사한 언어적인 주제들과 같이, 계시는 소위 비유적인 언어를 사용한다. 우리는 하나님을 바위, 방패,

빛, 기타 등등으로 말할 수 있다. 우리는 그를 단지 어떤 문맥 속에서만 이것들과 비교하려고 한다. 또한 우리가 하나님의 보좌와 그의 거하심, 그의 눈과 오른손 등등에 대해서 말할 때, 언어적인 문제가 아직 우리를 염려하게 할 필요는 없다. 우리는 여전히 언어의 과도기적인 사용의 영역 속에 있다.

하나님 안에 있는 어떤 현실이 이 상징들에 응답하는지 표현하려고 할 때 우리의 문제가 시작된다. 하나님의 본질, 그의 마음, 그의 성품이 무엇인지를 인간의 언어로 표현하려고 할 때 실제적인 언어적 난점이 야기된다. 이것을 위하여 성경은 "주", "심판주", "창조주", "왕", "아버지"와 같은 단어들을 사용하며; 하나님과 우리의 관계를 지시하기 위하여서는 "진노", "사랑", "후회", "자비"와 같은 단어들을 사용한다. 이것들은 모두 다 인간의 개인적이고 사회적인 관계들로부터 파생된 단어들이다. 이것들을 하나님께 적용하기 위해서는 우리가 어떤 권리를 가져야 하는가? 오랜 세월동안 신학은 이 문제와 씨름해 왔다. 최근에 이 씨름이 격렬하게 되었다. 심층심리학은 우리가 "투사"의 현상을 발견하게 해주었다. 이것은 우리가 "아버지", "심판주", "진노", "사랑"과 같은 단어들을 가지고 빈 화면에 우리의 유아기의 경험들과 욕구들의 확대된 이미지를 투사하는 것이 될 수도 있을 것이다.

최근에 나타나게 된 또 다른 문제는 이 단어들이 아직도 우리들에게 충분한 의미를 가지고 있다는 사실이다. 현대의 도시인에게 "목자"로서의 하나님 이미지는 많은 것을 의미하지 않으며; 공산주의 국가에 살고 있는 사람에게 "왕"은 과거의 봉건주의 사회의 전형이다; 산업화된 세계의 사람들에게 "아버지"의 기능은 너무나 위축되어서 이 단어의 성경적인 함축성의 많은 것들이 그들에게 낯선 것이 되어버렸다.

다른 단어들을 선택함으로써 언어적인 문제를 피해보려는 경향이 언제나 있어 왔다. 따라서 신학은 언제나 전(全, omni)과 결합된 단어 조형: 즉 전능, 전지, 전재(편재)에 의해 하나님을 지칭하려는 경향을 갖고 있었다. 그러나 이것은 전혀 문제를 해결해 주지 않는다. 우리는 아직도 알려진 지상의 실체들로부터 시작한다: 무한히 확장되는 힘, 지식, 현존. 함축적이지만 입증되지 않은 전제는 계시의 세계가 우리 세계의 무한한 확장이라는 사실이다. 이것을 회피하는 사람은 정반대의 과정을 취하여 지상적인 단어들에 "무"(불)라는 접두사를 덧붙일 수 있다: 무한한, 불변의, 등등. 그러나 이 칭호도 역시 유한성과 일시성의 지상적인 경험들에 매여 있다; 마이너스 기호를 앞에 덧붙임으로써 이것들의 내용이 부정되지만, 이것들을 새로운 내용으로 채우지는 못한다.

비유적인 언어의 문제를 제거하기 위하여 종종 추종되는 과정은 비인격적이고 추상적인 개념들을 인격적이고 구체적인 표현들을 대신하여 사용하는 것이다: 영, 존재, 보편, 근거, 절대 등등. 그러나 이것 역시 도움을 주지 못한다. 그가 "저급한" 비유 언어를 추상적 개념의 "고급한" 언어로 교체하였다고 생각할 수도 있다. 그러나 이 개념은 언제나 색이 바랜 이미지이다. 하나님에 대한 우리의 언급에서, 개념은 이미지와 같은 문제를 경험한다. 우리는 언제나 이 세계의 실재에서 유래한 용어로써 하나님에 대해 말하는데 관여하고 있다. 용어들이 이제 비인격적인 실재들로부터 파생되기 때문에 문제가 단순히 옮겨졌을 뿐이다. 기본적인 전제는 하나님께 더 가까이 와서 인격적인 범주들 대신에 비인격적인 범주들을 사용하여 그를 좀더 적절하게 표현한다는 것이다. 이 전제는 검증을 필요로 한다. 그리고 성경은 이것을 위해 사용될 수 없다. 성경의 언어는 인격적이고 사회적인 이미지들에 대한 지속적인 선호(選好)를 보여준다.

계시의 언어의 상징적인 성격을 피할 수 있는 방법은 없다. 이 사실이 그 자체로서 우리를 당황하게 만들 필요는 없다. 우리가 계시 그 자체에 대해 주목하였던 것 이후에는, 우리는 다른 것을 기대할 수 없었다. 그 이유는 이것이 우리의 지상적인 현실의 구조 속에서 은폐되어 일어나기 때문이다. 이것은 이 현실을 제거하지 않는다. 이것은 그것 밖에서나 그것을 초월하여 일어나지 않는다. 하나님은 지상적인 현실들 안에서, 이것들과 더불어, 이것들을 통하여 스스로를 표현하신다. 계시와 지상적인 현실은 모든 곳에서 함께 일어난다. 이것은 이 현실을 상징적으로, 즉 또 다른 현실과 일치하게 만든다. 그리고 상징적인 사건을 위한 적절한 언어는 상징적인 언어이다.

그러나 그 때에 계시 사건의 성경적인 해석들에 의해 사용되는 인격적이고 사회적인 상징의 언어가 가장 적절한 것인지 아니면 다른 표현들에 의해 대치될 필요가 있는지에 대한 문제가 남는다. 그러나 이것은 외부에서 답변될 수 없는 문제이다. 언어의 기능적인 적절성은 이 언어의 매개를 통하여 이 언어가 말하려고 하는 것을 이해하는 사람에 의해서만 판단될 수 있다. 이 사람은 나중에 그 개념에 의해서 언어를 평가할 수 있다. 이 개념에서 출발하는 사람은 그가 개인적으로 더 적절한 것으로 생각하는 다른 상징들을 계속해서 고안할 수 있다. 그러나 그가 오직 언어의 매개를 통해서만 그 개념에 접근하였기 때문에, 그는 원칙적으로 폐쇄된 순환 속에서 움직인다. 우리는 이 순환을 종종 우연히 만나왔다. 우리가 이것으로부터 뛰쳐나갈 때, 이것은 신앙에 대한 우리의 사고의 끝을 의미한다. 따라서 우리는 그 안에 머물러 있으면서 이것을 계속해서 인식할 필요가 있다.

성경의 증인들이 인간 존재와 비인격적인 관계들의 언어를 상징적으로 계시에 적용하는 일상적인 방식은 이 계시 안에서 매우 인간적으로 행동하시면서 그들과 인격적인 관계를 맺으시는 하나님을 그들이 만난다는 사실에 기인한 것이다. 그들의 신인동형론적인 언어는 그들이 묘사하는 만남의 성격에 상응한다. "원시적이든" 그렇지 않든 간에, 그들의 비유적인 언어는 절대적으로 적절해서는 안되지만, 그들이 관련되는 사건과 그들이 그 안에서 만나는 인격을 묘사하기에는 확실히 유비적으로 적절하다.

구약과 신약의 증인들로부터 우리는 그들 자신의 언어 사용에 대한 의식적인 성찰을 기대할 수 없다. 학문적인 초연함이나 실존적인 소외가 나타나기까지는 이것은 이루어지지 않았다. 그러나 우리는 이 언어적인 상징론을 위한 토대를 드러내주는 다수의 중요한 진술들을 우연히 만나게 된다: "하나님이 자기 형상대로 사람을 창조하셨다"(창 1:27). "귀를 지으신 자가 듣지 아니하시랴?"(시 94:9). "이러하므로 내가 하늘과 땅에 있는 각 족속(파트리아)에게 이름을 주신 아버지 앞에 무릎을 꿇고 비노니"(엡 3:14, 15). "이 비밀[남자와 아내의 '둘이 하나됨'(biunity)]이 크도다 내가 그리스도와 교회에 대하여 말하노라"(엡 5:32). 이 단어들은 하나님과 사람의 창조적이고 구원적인 교제를 통하여 우리의 지상적이고 인간적인 현실들이 그의 본질과 사역의 "이미지"와 "신비"가 된다는 인식을 나타낸다. 우리가 하나님을 만날 수 있다는 사실은 하나님의 편으로부터 유비가 존재한다는 증거이다. 이것이 그가 자신을 우리 안에 투사하시기 때문이다. 그러므로 우리는 투사에 의해서 그에 대해 의미있게 말할 수 있다. "사람을 만드실 때, 하나님은 인간을 신격화하셨으며; 따라서 인간은 필연적으로 하나님을 인격화하게 된다"(F.H. Jacobi; "Den Menschen bildend theomorphisierte Gott; notwendig anthropomorphisiert darum der Mensch"). 만남의 현실 외부에서, 이 이미지-언어는 포이어바흐 이후로 그랬던 것처럼 용어의 현대적인 의미에서 일방적이고 인간학적으로 "투사"로서 설명되지 않으면 안되었다.

신인동형론적인 상징 언어가 신약에서 퇴각한 것처럼 보일 수 있다. 사실이 실제로 그렇다면, 이것은 "보다 장엄한 하나님 개념"과는 아무런 관련이 없다. 이와 반대로, 구약의 계약 관계의 인간적인 하나님이 이제 사람 안에서 직접 우리에게로 오셨다. 이제 우리는 그리스도의 누스(마음) 안에서 우리 안에 하나님의 누스를 가지고 있다(고전 2:16). 우리는 "그리스도의 얼굴"을 떠나서는 어떤 다른 "하나님의 영광에 대한 지식"을 알지 못한다(고후 4:6). 상징의 언어는 신약에서 소멸되지 않지만, 이제 한 사람의 삶과 그의 사역과 운명 속에 집중되고 있다.

그러나 성경의 저자들은 그것이 없이는 그와의 만남이 현재의 그것이 될 수 없는 하나님과 사람 사이의 영원한 거리를 분명히 의식하였다. 정확히 그렇게 쉽게 신인동형론적으로 표현하는 구약은 이것이 유비적인 언급이라는 사실을 한 순간도 잊지 않고 있다. 인간은 하나님이 아니다 — 그는 심지어 하나님의 형상도 아니다(따라서 그리스도가 신약에서 요청된다); 그는 그의 형상과 모양을 "따라서" 지음받았다(문자적으로: "그의 형상으로", 그의 "모양"을 따라, 브찰메누 키드무테누, 창 1:26). 이러한 접두사들과 더불어 거리는 주의깊게 보존된다. 환상을 통하여 계약의 인간적인 하나님을 보았을 때, 에스겔도 역시 "사람의 모양을 한 형상"(겔 1:26)을 언급하였다. 구약에서 비유의 언어는 형상들의 금지와 놀랍게 결합되어 있다. 후자는 전자의 중요성을 폐기하지 않지만, 우리가 여기에서 (적절한) 형상 언어를 갖고 있다는 인식을 살아있게 해준다. 이것은 형상을 넘어서 있는 것을 지시한다. 우리는 객관화와 조작을 통하여 하나님을 형상으로 포착할 수 없다. 이것은 만남과 말씀 사건 속에서 하나님의 주권을 침해할 수 있는 것이다. "음성뿐이므로 너희가 그 말소리만 듣고 형상은 보지 못하였느니라"(신 4:12). 그러므로 우리는 읽게 된다: "거룩하신 자가 가라사대 그런즉 너희가 나를 누구에게 비기며 나로 그와 동등이 되게 하겠느냐 하시느니라"(사 40:25). 형상들의 사용과 금지 사이의 이 긴장은 우리가 지금 착수하는 교의학적인 질문들을 제기한다.

"유비적으로 적절하다"는 표현은 이 적절성에 한계가 있다는 것을 의미한다. 상징은 그 자체를 넘어 있는 것을 지시한다. 따라서 이것은 그것이 적절성을 잃는다거나 혹은 적어도 이것이 불분명하게 된다는 것을 의미하지 않는가? 이 적절성은 무엇으로 이루어져 있으며 어느 정도까지 나아가는가? 이 질문에 답할 때 우리는 현재의 세계 안에서(따라서 종말의 완전한 계시 이전에) 우리와 계시적인 연합 속에 계신 하나님이 유비의 관계를 창조하신다는 믿음으로부터 계시의 언어의 유비적인 성격에 대한 믿음이 비롯된다는 사실을 깨달을 필요가 있다. 이것은 그가 우리를 그의 형상으로 만드시고, 따라서 우리와 사귀시며, 그 다음에 그의 형상으로 만들어진 우리 세계의 어떤 요소들을 말하자면 그에게로 돌이키기 위하여 그의 증인들에게 영감을 주신다는 사실에 놓여 있다. 이것이 만남과 연합의 구조라는 믿음은 우리가 이 연합과 이것의 결과들을 표현하는 상징 언어의 상대적인 적절성에 대한 우리의 확신의 근거이다. 따라서 우리는 "아버지", "주", "정의", "자비" 등등의 단어들을 말할 수 있다: 하나님의 본질과 그의 행위는 그와 같은 어떤 것이다. 하나님으로서 그는 땅 위에서 이 이름으로 거하는 자들에 못지 않게 그러나 무한히 더 크신 "아버지"이시다. 그는 따라서 언제나 이 용어로 표현되는 존재 이상이시지만 본질적으로 다르시지는 않다. 이것으로부터 하나님과 우리의 계시적인 연합이 그 자체로서 상징 언어의 근거와 규범과 제한이라는 사실이 이어진다.

우리가 유비적으로 하나님께 귀속시킬 수 있는 지상적인 아버지의 특성들 가운데 어떤 것을 우리는 이 상징을 둘러싸고 있는 다른 상징적인 용어들과의 비교에서 발견할 수 있다. 그러므로 우리는 계시나 계시의 하나님을 단순히 하나의 단일한 용어를 가지고 규정해서는 안된다. 다른 용어들과 이것들이 표현하려고 하는 것으로부터 분리되었을 때, 모든 상징적인 용어는 그것의 적절성과 투명성을 상실하게 된다.

그러나 그것들이 속해 있는 문맥 속에서 상징적인 용어들이 기능할 때에는, 이것들은 너무나 적절하고 투명해서 우리는 이것들이 더 이상 "비유적인" 의미로 사용되고 있다고 말할 수 없다. 그 이유는 그 때에 이것들이 창조 안에 근거를 두고 계시의 만남 속에서 실현되는 참된 유비에 참여하기 때문이다. 따라서 어떤 개념들이 하나님께 귀속될 때, 이것들은 비유적으로가 아니라 최초의 가장 본래적인 의미로서 사용된다. 하나님은 "이를테면" 어떤 아버지가 아니라: 지상의 모든 아버지가 그에게서 유래되는 아버지이시다. 같은 사실이 "주", "공동체", "사랑" 등등과 같은 단어들에 적용된다. 이것으로 인하여 계시의 상징적인 언어는 또한 우리의 지상적인 실재와 관련하여 비판적인 기능을 수행할 수도 있다. 우리는 이것을 예수의 비유적인 언어 속에서 분명하게 보게 되는데, 그 속에서 결정적인 순간에 아버지, 집주인, 농부, 고용주 등등으로 묘사되는 하나님은 그의 지상적인 유사 상대자들이 익숙하게 행하는 것과는 놀랍게 다른 방식으로 반응하신다. 그가 다르다는 사실은 하나님이 실제로 아버지 등등이 아니라 우리가 그것의 본질적인 의미로부터 소외되어 있다는 것을 의미한다.

하나님은 그의 형상을 따라서 사람을 창조하셨으며 따라서 인격적인 범주들 속에서 그와 사귀신다. 이 관계는 역전될 수 없다. 그러므로 사람으로부터 유래된 모든 형상들과 인간적인 연상들이 비유적인 의미 이상으로 하나님께 적용될 수 있다고 말할 수는 없다. 구약은 하나님에 대한 풍부한 이미지들을 포함하고 있지만, 그 당시의 종교적 세계에서 큰 역할을 수행하였던 두 가지 일련의 형상들은 구약 어디에서도 하나님께 유비적으로 적용되지 않는다: 동물 세계의 형상들과 성적인 형상들. (야훼는 젊은 황소로 묘사되어서는 안된다). 두 가지가 다 이것을 인격적으로 표현하지 못하고 있다. 이것과 더불어 성경 저자들에 의해 사용되는 형상들에 우리가 우리 자신을 성경주의적으로 제한해서는 안된다는 사실이 또한 언급된다; 이것은 새로운 형상들의 선택에 있어서 우리가 이것들의 이상과 규범들에 의해 인도되어야 한다는 것을 의미한다.

오랜 세월 동안 기독교 교회는 성경의 상징 언어에 대하여 큰 난점을 가지고 있었다. 성경의 하나님을 다소간 플라톤과 아리스토텔레스(그들은 추론의 과정을 통하여 하나님을 전적으로 이 세계를 초월하시는 분으로 생각하였다)의 신(神) 개념들과 동일시하면서, 교회는 신인동형론적인 언급 방식을 설명과 해명이 요청되는 저급한 질서를 갖고 있고, 비유적인 것으로 간주하였다. 이것에 대해서는 H.M. Kuitert, *De mensvormigheid Gods*, 특히 III-V를 보라.

틸리히는 오늘날 이 흐름을 따라서 가장 분명하게 사고하였던 신학자이다. 그에 의하면 하나님에 대한 오직 하나의 적절한 묘사, 즉 "존재 자체"(스콜라주의적인 용어의 *ipsum esse*)만이 존재하기 때문에, 그는 기독교가 사용하는 상징들의 진리 내용을 적절하게 평가하는데 상당한 난점을 갖고 있었다. 이것들의 진리는 매우 간접적이다. 상징은 "진리의 한 단편"을 사용한다. 따라서 "이것이 받아들여지는 실재의 영역은 말하자면 거룩한 것의 영역으로 고양된다"(*ST* I, p. 241). 그러나 거룩한 것은 이 부분이 아니라 이것의 무한한 근거이다. 이것은 상징들의 진리 내용이 그것의 토대를 상실하였다는 것을 의미한다. 242면을 보라: "신학은 구체적인 상징들을 약화시켜서는 안되며, 이것들을 분석하여 추상적이고 존재론적인 용어들로 이것들을 해석해야 한다." 우리의 견해로서는 이 문장은 모순된다. 성경의 상징 언어를 유비적으로 이해하지 못하고 추상적인 존재론(존재 자체)의 표현으로 이해하는 사람은 이것을 해석하지 않고 폐지한다.

틸리히가 상징 언어의 부적절성에 모든 강조점을 두는 반면에, 쿠이테르트는 이것의 적절성을 강조한다. 이것은 우리가 9장에서 언급하였던 그의 견해로부터 나타난다. 그에게는 하나님이 그의 사람과 함께 있으심에 거의 일치한다. 이것은 틸리히의 입장과 정반대된다. 여기에서는 관계 이면에 하나님의 신비를 위한 여지가 거의 남아 있지 않다. 그 결과로서 인격적이고 사회적인 이미지들의 언어는 이것의 은유적인 성격의 대부분을 상실하였다. 전형적인 것이 (위에서 언급된) 그의 학위논문의 네번째 주장이다: "성경 안에서 하나님이 성경적이고 이스라엘적인 사람을 닮으셨다는 것은 그의 말씀과 행동 속에서 이스라엘에 대한 계약의 동반자가 되신다는 표현처럼 하나님의 존재에 대한 이스라엘의 적절한 표현으로서 이해되어야 한다."

두 위대한 신학자가 이와 관련하여 유비 개념에 대한 엄격하고 일관된 연구를 시도하였다. 첫번째 신학자는 아퀴나스이다. 특히 *ST* I, q.13: "De nominibus Dei"를 보라. 그는 우리의 언어가 하나님의 일들을 부적절하고 모호하게(*aequivoce*) 표현할 것이라는 관념을 거절하였지만, 마찬가지로 이것이 완전하게 적절한 것(*univoce*)이라는 관념도 거절하였다: 그는 유비적(*analogice*)이라는 관념을 선택하였는데, 그것에 의하면 하나님과 사람의 무한한 차이로 인하여 유사성보다는 상이성이 더 큰 것으로 간주되어야 한다. 더욱이, 이 유비가 그것의 자료와 규범을 하나님 안에서 발견한다는 사실이 기억되어야 할 필요가 있다. 그는 유비를 일으키시는 분(아날로간스, *analogans*)이고, 우리의 언어와 개념들은 유비되는 것(아날로가툼, *analogatum*)이다. 그러나 인식론적인 순서에 있어서 우리는 후자로부터 출발해야 한다: "그러므로 우리는 말씀이 의미하는 것의 관점으로부터 이것이 주로 하나님과 파생적으로 피조물들에 대해 사용된다고 결론을 내리는데, 그 이유는 말씀이 의미하는 것 — 이것이 나타내는 완전 — 이 하나님께로부터 피조물에게로 흐르기 때문이다. 그러나 이 단어의 우리의 용법의 관점에서 보면 우리가 이것들을 먼저 알고 있기 때문에 우리는 이것을 피조물들에게 먼저 적용한다"(I, q. 13, art. 6). 상징 언어의 적절성에 대한 아퀴나스의 확신은 하나님의 형상 속에 있는 그의 창조에 의하여, 인간이 하나님과 맺고 있는 유비적인 관계에 근거하고 있다.

두번째 위대한 유비 사상가는 바르트이다. *CD* II,1, par. 27.2, 특히 pp. 224-243을 보라. 아퀴나스와는 달리 덜 철학적이고 더 구체적이고 성경적이고 역사적으로, 그는 인간과 은혜로운 연합 가운데 계신 하나님이 유비를 창조하신 다는 사실을 강하게 강조하였다. 우리는 고정된 존재 유비(analogia entis, 아날로기아 엔티스)로서 이것을 처리할 수 없으며, 그의 자기-계시 안에 계신 하나님으로부터 계시의 유비(analogia revelationis, 아날로기아 레벨라치오니스) 혹은 신앙의 유비(analogia fidei, 아날로기아 피데이)로서 이것을 받아야만 한다: "우리의 말은 우리의 소유물이 아니라, 그의 것이다. 그리고 이것들을 그의 소유물로 처리하시면서, 우리가 이것들을 이 관계 속에서 이용하도록 허용하시고 명령하실 때, 그는 또한 이것들을 우리의 재량에 맡겨놓으신다"(p. 229). 바르트는 이것이 "기존의 입증할 수 있는 것"이 될 수도 있는 유비를 거절한다 (p. 231). "우리가 이것을 거절할 때, 즉 창조에 의해서 파악될 수 있는 하나님의 존재 안에 유비가 그것의 토대를 가지고 있고 따라서 이것이 그의 계시의 … 양식과 그의 은혜의 사역이라고 우리가 이해할 때, 이 개념의 특별한 탁월성과 이것의 사용이 명백하게 수반하는 위험이 제거된다"(p. 231). 따라서 유비가 창조 안에 그 근거를 갖고 있다는 사실을 바르트가 부인한다는 것은 사실이 아니며, 이 근거는 계시 안에 있는 이것의 실제적인 발생의 배후로 완전히 퇴각한다. 그 결과로서, 바르트는 때때로 유명론의 언저리에서 움직이고 우리의 전망과 우리가 사용하는 용어로 보면, 이것이 나타내는 말씀과 주체의 관계가 독단적이라는 인상을 주는 것처럼 보인다. 그는 또한 유비의 사용을 계시 안에서 "하나님 자신에 의해 이루어진 선택"으로 제한하기를 원하였다. 그의 유비관에서의 이러한 긴장은 창조와 구속 사건의 관계에 대한 그의 견해로부터 비롯된다: 그러나 *CD* III,1 이후로, 그는 이것들을 좀더 밀접하고 분명하게 결합하였으며, 그렇게 해서 III,2에서 관계의 유비(아날로기아 렐라치오니스, *analogia relationis*)를 언급하기 시작하였다.

유비에 대한 다른 개신교의 고찰들을 위해서는 G.J. Heering, *De Christelijke Godsidee*(1945), 특히 III; H. Gollwitzer, *The Existence of God as Confessed by Faith*(E.T. 1965), pp. 142-201; G.D. Kaufman, *Systematic Theology*(1968), par. 8을 보라; 그리고 특별히 E. Jüngel, *Gott als Geheimnis der Welt*(1977), 17과 18장에 나오는 바, 사람이 되시는 하나님의 사랑이 유비를 창조하신다는 통찰의 전망에서 비롯된, 바르트의 유비론에 대한 신랄한 비

판과 그것의 심화를 보라: "이것은 복음이 우리를 위해 의도된 사건으로서 이해되어야 한다는 것을 의미한다"(p. 390).

바르트와 마찬가지로 아퀴나스도 하나님의 존재와 행동에 적용된 상징의 언어가 비유적이 아니라, 그 대신에 그것의 가장 본질적인 의미를 부여받는다는 사실을 강조하였다. 아퀴나스는 이렇게 말했다: "표명된 속성(perfections)이 관련되는 한에서, 말씀들은 문자적으로 하나님께 대하여 사용되며, 실제로 피조물들에게 사용되는 것보다 더 적절하게 사용되는데, 그 이유는 이 속성이 원래 하나님께 속하기 때문이다"(ST I, q. 13, art.3). 그리고 바르트는 우리가 229면에서 인용하였던 문장을 계속하였다: "그런데 이것들이 제시되는 용법은 부적절하고 단순히 그림 같은 용법이 아니라, 그것들의 고유한 용법이다 … 우리가 이것들을 하나님께 적용할 때 이것들은 그것들의 원래의 대상으로부터, 따라서 그것들의 진리로부터 소외되는 것이 아니라, 오히려 이와 반대로 그것으로 회복된다." 이어지는 글에서, 바르트는 이러한 사상을 아퀴나스보다 더욱 완전하게 다루고 있다. 그러나 아퀴나스는 상징 언어가 현존재의 일시적인 성격과 이것을 위해 주어진 계시와 함께 결합되어 있다는 것을 더욱 강하게 고려하였다. 되풀이하여 그는 여기에서는 우리가 아직 본질을 통하여(per essentiam) 하나님을 알지 못하기 때문에, 유비는 오직 이생에서, 이생을 따라서만(in hac vita, secundum hanc vitam) 유효하다고 지적하였다.

14. 자기-계시 혹은 진리들의 계시

이 주제에 관하여 우리는 훨씬 더 간단하게 다룰 수도 있는데, 그 이유는 신학적으로 이것이 그렇게 큰 문제들을 제시하지 않기 때문이다. 그러나 이것을 언급하는 것이 필요한데, 그 이유는 교회사에서 이 분야의 문제들에 대하여 잘못된 공식화가 이루어졌고 여전히 많은 해를 끼치고 있기 때문이다. "계시"에 대해서 많은 사람들이 복수, 즉 일련의 "진리들", 즉 하나님, 창조, 천사, 섭리, 죄, 성육신, 삼위일체, 종말론 등등과 같은 다양한 "초자연적인 주제들"에 대한 다수의 명제들을 생각하였고 또 생각하고 있다. 계시에 대한 이런 복수 개념은 또한 필연적으로 주지주의적이다. 이는 만남과 신뢰는 단수로 지시되어지기 때문이다.

만일 기독교 신앙이 일차적으로 살아계신 하나님과의 신뢰-만남으로 간주된다면, 복수의 계시 개념을 위한 여지는 더 이상 존재하지 않는다는 사실이 또한 포함된다. "계시된 진리들"에 대해 언급하는 대신에, 먼저는 이해하는 지성이 아니라, 사랑의 마음, 즉 인간의 자기 포기, 다시 말해서 스스로 위험에 처하면서 승리하는 인간 존재에 호소하면서 한 인격 혹은 단수의 사건으로서의 진리에 대해 언급하기 시작한다.

이러한 날카로운 구분이 유행하게 된 이후로, 유익한 변화와 정화가 계시에 대해 언급하는 방식 안에서 일어나게 되었다. 지적인 복수가 인격적인 단수에 길을 내어주게 되었다. 더 이상 계시된 진리들이 아니라, 스스로를 계시하시는 하나님과, 오히려 하나님의 "자기-계시"를 언급하게 되었다. 그러나 우리가 여기에서 정반대의 측면에서 생각할 수 있는지 의문시된다. 계시가 무엇인지를 언급하는 것과 관련하여, 단수와 복수는 서로를 배제하지 않는다. 이 문제에 대해서는 우리의 지상적인 현실에서도 동일하게 적용되는데, 여기에서는 유기체와 과정, 제도, 사건들이 단순히 단수와 복수의 조합 속에서만 종종 묘사될 수 있다.

실제로는 단수이지만, 그의 무한한 완전성 속에서 단수의 인간 언어로서는 결코 표현될 수 없는 계시하시는 하나님을 우리가 생각할 때에도 동일한 사실이 계시에 적용된다. 이것은 피조물적인 유비의 방식으로 양상들과 상황들의 복수성과 완전성을 그의 단일성 안에 포함하고 있는 사람에 대해서도 역시 적용된다. 그러므로 이것은 또한 이 둘 사이의 만남에 대해서도 적용되는데, 그곳에서 특별히 이것은 끊임없이 변하는 상황과, 배열과 도전과 더불어 역사 속에서 일어난다. 계시 안에서 "영원히 부요하신 하나님"은 육체와 영혼을 가진, 즉 공간적이고 역사적인 양상들을 지닌 우리 인간 존재의 복수성으로 들어오신다. 그러나 이 모든 것 속에서 이것은 하나의 만남으로 남는다. 그러므로 기독교적인 계시 개념은 언제나 단수와 복수의 긴장 속에서 묘사되어야 할 것이다.

따라서 교의학은 상당히 많은 주제들을 가지고 있는 것을 조금도 부끄러워해서는 안된다. 오히려, 이것은 언제나 그것이 아직 충분히 논의하지 않았다는 사실을 깨달아야 한다. 창조의 진리뿐만 아니라, 죄와 화해, 종말론, 그리고 더 많은 주제들에 대한 진리가 존재한다. 따라서 "진리들"이라는 복수를 사용하는 것은 전적으로, 많은 경우에 있어서 적절하다. 하나의 원이 그것으로 구분될 수 있는, 그래서 모든 부분이 하나의 중심점에서 방출되어 그것을 다시 지시해주는 많은 부분들과 이 복수가 비교될 수 있다는 사실이 깨달아지는 한에서 그러하다. 배경에서 뽑아내어질 때, 이 진리들은 단순히 그것들이 부여받게 되는 초자연적인 권위와 그것들이 요구하는 지성의 희생(sacrificium intellectus) 가운데 있는 그 밖의 그런 개념들 및 해석들과는 다른, 하나의 세계관과 이론의 양상들로 변하게 된다. 그러나 원을 축소시켜서, 그것을 중심으로 제한하여, 단지 실존적인 만남에만 관계하는 사람은 이 만남을 증발시키고 마는데, 그 이유는 이것이 통찰력과 전망의 구체성과 복수성 안에서 일어나고 발전하기 때문이다.

하나와 다수의 이러한 수렴은 쓸 수 있는 공식으로는 쉽게 표현되지 않는다. 일반적으로, 계시의 수령자들인 우리는 단수가 아니라 복수로 시작하고, 중심이 아니라 주변에서 시작하는 것이 좋을 것이다. 그 때에 그곳으로부터 우리는 다양한 주제들의 계시 내용을 발견하려고 노력해야 한다. 따라서 예를 들어, "창조"의 주제에 있어서 우리의 관심사는 피조된 세계에 대한 정보나 심지어 일차적으로 창조의 행동이 아니라, 창조주이신 하나님이 그의 피조물인 우리들에게 다가오시는 방식이다. 혹은, 또 다른 실례를 사용하면, "예수의 지상 사역"이라는 주제에 대해서, 우리의 관심은 모든 종류의 역사적인 세부 묘사가 아니라, 예수의 말과 행동 속에서 하나님과 인간의 만남이 어떻게 드러나는가 하는 것이다. 다행히도, 오늘날의 많은 조직신학들 속에서는 진리와 진리들의 이러한 조합이 효과적으로 이루어져 왔다.

특별히 로마 가톨릭 교회와 로마 가톨릭 신학에서는 이러한 복수 안에서의 언급 방식이 모든 초래되는 결과들과 더불어 오랜 세월 동안 지배해 왔다. 아주 최근에 이르기까지 그곳에서는 veritates, mysteria, doctrinae, dogmata, revelata, 등등을 유창하게 언급하였다. 이와 관련하여 중심적인 것은 제1차 바티칸 공의회의 선언인데, 이것은 Constitution dogmatica de fide catholica(가톨릭 신앙의 교리 헌장)에 나타나며, 특히 2장: "De revelatione"(계시에 관하여)와 4장의 "De fide et ratione"(믿음과 이성에 관하여)(D 3004-3007, 3015f.)이다. 여기에서 흥미로운 것은 "인류에게 자신과 그의 의지의 영원한 결의를 계시하시는 것을" 하나님이 기뻐하셨다는 묘사이다(D 3004); 복수와 나란히, 우리는 여기에서 자기-계시의 단수를 보게 된다.

단수는 제2차 바티칸 공의회의 선언에서, 특별히 Constitutio dogmatica de divina revelatione(하나님의 계시의 교리 헌장)에서 훨씬 더 큰 역할을 수행하기 시작하였는데, 그 가운데 1장인, "De ipsa revelatione"(참된 계시에 대하여)는 "그의 지혜와 선하심 안에서 하나님은 자신을 계시하시기를 기뻐하셨다"라는 말로써 시작하고 그 다음으로 단수와 복수를 훌륭하게 더불어 연결시키면서 계속 서술하고 있다. 다음 장들에서도 역시 계시는 일련의 교리적인 명제들로서가 아니라 하나님과의 친교의 새로운 관계에 대한 매개로서 간주되고 있다. 마지막 장인 6장, "De veritatibus revelatis"(계시의 진리에 대하여)가 제1차 바티칸 공의회의 언어로 되돌아간 것은 불행한 일이다. 그에 못지않게 중요한 것이 Decretum de oecumenismo[경세(經世)의 작정]에 나오는 유명한 진술: "서로의 가르침들을 비교하면, 그들[즉 로마 가톨릭 신학자들]이 기독교 신앙의 기초에 대한 관계에 있어서 상이하기 때문에, 가톨릭 교리의 진리 안에 점진적인 순서나 혹은 '계층'이 존재한다는 사실을 명심해야 한다"(11장). 하나님과의 만남은 상이한 진리들의 비중을 결정하는 토대이다. 이전의 veritates(진리들)-개념의 관점에서 보면 이것은 혁명적인 사상이다.

"내가 어떻게 은혜로우신 하나님을 발견할 것인가?"라는 루터의 질문으로부터 탄생한 개신교 신학은 단수로서 시작하였으며 이 기원을 결코 완전히 부정할 수 없었고, 심지어 veritates(진리들)-사고가 다시금 절정을 누렸던 개신교 스콜라주의의 두 세기 동안에도 그러하였다. 개혁파 계약 신학에서 계약에 초점을 맞추는 것과 마찬가지로 루터파의 그리스도가 행하신 일(was

Christum treibet)은 중심, 즉 죄인들의 구주이신 그리스도를 둘러싼 일차적이고 이차적인 진리들의 동심원적인 계층구조의 형성으로 나아가지 않으면 안 되었다. S par.13; R I, ch.III; H III을 보라. 이것이 칼릭스투스(Calixtus)에 대한 에큐메니컬적이고 평화적인 태도로 나아가게 되었을 때, 기본 조항(*articuli fundamentales*)에 대한 소위 혼합주의 논쟁이 일어나게 되었다(17세기 초반). 칸트에 의한 순수 이성과 실천 이성의 분리 이후에, 그리고 그 안에 포함된 지식과 신앙의 분리 이후에, 슐라이어마허와 이어지는 신학 속에서 계시의 개념의 복수성은 특별히 자유주의 신학에서 가능한 한 뒤로 멀리 밀려나가 되었다. 이러한 경향은 리츨에 의해서, 그리고 현세기의 불트만의 실존주의에 의해서 더욱 촉진되었다.

이것은 계시의 내용에 있어서의 꾸준한 축소를 의미하였다. 모든 복수는 의심을 받게 되었고, 실존적인 태도를 표명하는 대신에, 관조적이고, 객관화적인 사고의 결과로서 간주되었다. 이렇게 해서 신앙은 현실로부터 떨어져 나오게 되었고, 그것의 내용을 결여하게 되었으며, 인간적인 태도로 축소되었다. 이 방향으로 가장 멀리 나간 것이 부리(F. Buri)의 「신앙의 자기이해로서의 교의학」(*Dogmatik als Selbstverständnis des Glaubens*)(I, 1956; II, 1962)와 「전능자」(*Der Pantokrator*) (1969)이다. 좀더 전형적인 것은 에벨링(G. Ebeling)의 실존주의적인 교의학인 「신앙의 성격」(*The Nature of Faith*)(E.T. 1961)인데, 여기에서 그는 이것들을 신앙의 태도의 양상들로 축소함으로써 신앙의 전체 내용을 축소하였다: 예를 들어, 하나님은 "신앙의 진리", 성령은 "신앙의 대담성", 그리고 종말은 "신앙의 미래"로 불리고 있다. 그러나 최근에 하나님의 "자기-계시"의 관념은 비판에 부딪히게 되었다; 여기에 대해서는 17장의 작은 글씨체로 된 부분을 보라.

15. 일반 계시와 특별 계시

계시의 주제에 관한 신학적인 논의에서, 지금 고려하고 있는 구분은 일반적으로 아주 상세하게 정리된다. 이것은 우리의 논의에서는 그렇지 않을 것이다. 우리는 8장에서 이 주제의 핵심을 이미 논의하였다. "일반"과 "특별"의 대조는 여기에서 제기되는 문제들을 분명하게 표현하기에는 실제로 적절하지 않다. 사실, 이 용어 자체는 불분명하다. 사람들은 일반 계시를 일반적으로 그런 것처럼, 하나님의 특별한 행동에 의존하지 않고 그와 그의 피조물의 관계와 더불어 주어진 계시로서, 또한 사람들이 어디에서나 항상 경험할 수 있는 계시로서 생각할 수도 있다. 이와는 달리, 특별 계시는 하나님의 특별한 행동에 근거하고 있는 것으로 생각되는 계시와 특별한 개인들이나 집단들에만 다가오는 계시와 관련된다. 이와 관련하여 사람들은 이스라엘을 향하여 그리스도 안에서, 성경 안에서, 그리고 교회를 통하여 주어진 계시를 생각한다.

"일반"과 "특별"이라는 표현은 이 계시들을 다른 신적인 계시들과 구분하기 위하여 의도되었다. 그러나 이것은 특별 계시가 일반 계시의 상세한 설명으로서 간주되어야 한다는 것을 암시하는 것처럼 보인다. 그것은 여기에서 의미하는 바가 전혀 아니다. 그 취지는 오히려 더 풍부하고 충만한 것으로서의 특별 계시를 더 희미하고 더 빈약한 것으로서의 일반 계시와 대조하는 것이다. 따라서 이 용어의 대구는 의미하는 바를 표현하기에 실제로 적합하지 않다.

언어학적인 논증 이외에, 이러한 결론을 확립해주는 네 가지 신학적인 고찰들이 존재한다.

a. "계시"라는 용어는 너무나 강해서 하나님께서 그의 창조의 사역들 속에서 알려지실 수 있는 방식을 지적할 수 없다. 예전에 우리는 우리의 경험적인 실재를 통하여 비치는 간접적인 빛의 영상을 이용하였다. 이것은 사람들을 인간이 알 수 없는 신비로 향하게 한다. 동시에 이 빛은 사람들이 그것의 근원에 대한 최대한의 다양한 개념들을 가질 수 있고 또한 심지어는 분리된 근원의 존재를 부인할 수도 있을 만큼 간접적이고도 확산적이었다.

b. 만약 계시가 만남의 사건이라면, 각 계시는 어떤 개인이나 집단이 하나님의 현존을 의사전달의 사건으로서 경험하는 매우 "특별한" 사건이다.

그렇다면 "일반 계시"는 용어상 모순된다.

c. 하나님의 인간과의 계시적인 만남이 구약과 신약에서의 이스라엘과 그리스도의 역사로 제한된다고 생각할 만한 어떤 좋은 이유도 존재하지 않는다. 우리는 사람들이 지금 인간 존재의 현단계에서 그것을 파악할 수 있는 한, 하나님에 대한 마지막 진리가 그 계시 안에 표현되어 있다고 믿는다. 그러므로 이것은 스스로를 계시로서 나타내는 그 밖의 모든 것을 우리가 평가하는 표준 치수이다. 이것은 앞에서도 언급되었듯이, 그리스도 안에서의 계시가 배타적인 것이 아니라 규범적이라는 사실을 함의한다. 이들 양쪽 개념들의 혼동이 지금까지 일반-특별 계시 문제의 무거운 짐들 가운데 하나였던 것이다.

d. 성경적인 계시와 그 계시 바깥에서 계시로 간주되는 것 사이에서의 일종의 단절을 암시하는 일반-특별 계시의 대조는 또한 양자의 공통된 배경이나 혹은 상이하게 진술되는 바, 계시 사건이 그 당시의 세계에 어떻게 뿌리박고 있는가를 충분히 보여줄 수 없다. 이 용어는 너무나 불명확해서 열방에 대한 하나님의 관심과 이스라엘에 대한 그의 관심 사이의 역사적인 관계와 성장과 변증법적인 관계를 보여줄 수 없다.

우리는 이스라엘에 대한 하나님의 계시에 의하여, 그리고 그리스도 안에서 살아간다. 이것은 우리에게 있어서 계시, 즉 하나님의 자기 현시(顯示)이다. 우리가 여타의 계시들에 대해서 아는 것은 여기에서 가장 심오한 단어가 언급되었다는 우리의 신념을 단순히 확증할 수 있을 뿐이다. 그러나 우리는 저 다른 계시들을 "일반"과 같은 용어로써 특징지을 수 없다. 그리스도의 충만하심 속에 서 있는, 우리로서는 아마도 "부분적인", "암중모색하는", "희미한", "실현되지 않은" 등등의 단어들을 사용할 수 있을는지 모른다. 그러나 이 모든 용어들 역시 약점을 갖고 있으며 매우 하찮은 것을 언급한다. 더욱이 우리는 이러한 규정들을 우리가 스스로 어떤 내적인 경험도 갖고 있지 않은 현상들에 적용한다. 그렇다면 교리적인 범주들을 여기에서 적용하는 일이 아직도 필수적인가?

신약성경에서 로마서 1:18 이하는 언제나 일반 계시라고 불리는 것의 고찰을 위한 출발점이었다. 바울의 이 부분이 그 용어로써 의미하는 바를 얼마나 적게 언급하고 있는가는 다음 사실로부터 분명해진다. (1) 바울이 말하는 바는 "하나님의 진노가 사람들의 모든 경건치 않음과 불의에 대하여 하늘로 좇아 나타나나니"라는 18절의 진술을 입증하기 위하여 의도되었다. (2) 계시에 대한 그의 통상적인 용어들과는 달리, 바울은 "하나님을 알 만한 것"(토 그노스톤 투 데우)을 나타내기 위하여 여기에서 중성적인 용어들을 사용하였다. (3) 이 "계시"의 효력은 부정적이다. 이것은 사람들을 유혹하여 우상을 숭배하게 하고 그들로 하여금 "핑계치 못하게" 만드는 데에만 사용된다. 따라서 만남이라는 의미에서의 계시는 일어나지 않는다.

이러한 세가지 제한적인 측면들이 종종 간과되었다. 이것은 특별히 로마 가톨릭 신학에서 그러한데, 이 신학은 자기들이 자연과 초자연 계시라고 일반적으로 부르는 것 사이에서의 구분을 지지하기 위하여 이 구절에 호소한다. 제1차 바티칸 공의회는 자연 계시의 교리를 성전(聖典)으로 인정하였는데, 로마서 1:20에 호소하면서 이렇게 진술하였다. 하나님은 "인간 이성의 자연적인 빛을 통하여 지음받은 사물들로부터 확실하게 알려지실 수 있지만(D 3004), 자연 계시가 "오류의 혼합없이" 알려질 수 있기 위해서는 초자연 계시가 필수적이다"(D 3005).

"자연-초자연"이라는 술어는 또한 개신교 신학에 의해서도 접수되었지만, 그 외에도 "일반-특별"이라는 표현이 생겨났다. 종교개혁자들에게 있어서, 이 이중 용어는 그리스도 안에서의 하나님의 은혜의 특별 계시와 함께 있을 때, 선취되어진 종속적인 역할만을 수행하였다. 칼빈은 이러한 점에서 하나의 예외였는데, 그는 「기독교 강요」의 서두의 장들에서 이 문제를 주의깊고 예리하게 논의하였다. I,iii과 I,v에서 그는 "신에 대한 감각", 즉 "종교의 씨앗"에 대하여 광범위하게 주석하고 있는데, 이것은 모든 사람들에게서 발견된다. 그러나 칼빈도 역시 로마서 1:20-22와 관련하여 이 일반 계시에 포함된 하나님에 대한 지식은 무지와 죄로 인하여 부패되었거나 억제되었다고 단언한다(I,iv; I,v,11-15). 칼빈은 일반 계시를 아주 강하게 혐오하는 것처럼, 이 계시가 계시적인 만남에 이른다는 사실도 강하게 부인한다. 우리는 일반 계시를 인식하기 위하여 성경의 안경을 필요로 한다(I,vi). 정확성은 덜하지만, 벨기에 신앙고백의 제2항은 칼빈의 정신을 따라 두 계시들의 관계를 표현하고 있다.

칼빈과 루터파 신앙고백서들의 이러한 변증법은 개신교 스콜라주의(루터파와 개혁파)의 지지자들 사이에서 곧 시들어 버렸다. 일반 계시는 이제 특별 계시의 하부구조와 상부구조로서 점차로 작용하게 된 하나님에 대한 포괄적인 자연 지식(*theologia naturalis*)을 위한 토대가 되었다. 별로 중요하지 않은 역할이 기본적인 것이 되었다. S pars. 2-5; R II, par. 16; H 1; 그리고 1650-1750 사이의 화란에서의 발전에 대해서는 P. Swagerman, *Ratio en revelatio*(1967)를 보라.

계몽주의 이후로 19세기에 기독교 신앙은 가장 높은 것이기는 하였지만, 많은 사람들에게 있어서는 일반적인 종교적인 인식의 특별한 형태가 되었다. 소위 "독일 기독교인들"에게서 이러한 사상의 유형의 열매들을 주목하였던 20세기는 또한 바르멘 선언(1934)에서 자연 신학에 대한 날카로운 반작용을 목격하였다. 일반 계시는 또한 자연 신학의 이러한 위기 속으로 끌려들어갔는데, 특별히 바르트를 통하여 그의 엄격한 그리스도 중심적인 계시의 개념과 더불어 그러하였으며, 이것의 역(逆)은 계시의 모든 다른 형태들에 대한 전적인 거절이었다(*CD* II,1).

칼빈으로 거슬러 올라가서, 베르카우어(G. C. Berkouwer)는 「일반 계시」(*General Revelation*)(E.T. 1955)에서 일반 계시와 하나님에 대한 자연적인 인식을 엄격하게 갈라 놓으려고 노력하였다. 그는 또한 바르트와 브룬너 사이의 논쟁과 이 주제에 관한 여타의 최근의 논쟁들에 대한 광범위한 개관을 제시하였다.

심지어 이런 모든 논쟁들 이후에도 여전히, 현대 로마 가톨릭 신학은 자연 계시와 초자연 계시의 이중성을 유지하고 있다. 그러나 첫번째 것의 역할은 덜 중요하게 되었고, 인정되는 한에 있어서 종종 (우주적인) 기독론에 고정되고 있어서, 창조의 중보자로서 그리스도는 또한 자연 계시의 근원으로 된다. 이 신학은 칼빈과 다른 사람들이 그랬던 것보다도 이 계시의 결과에 대하여 더욱 낙관적이다. 로마서 1:18-22에 나오는 단지 긍정적인 진술들만이 종종 언급되었다. 완화된 신앙 공식들이 제2차 바티칸 공의회의 헌장 「계시에 관하여」(*De revelatione*), pars. 3과 6에 나타났다. 이것은 또한 새 교리문답에서도 역시 사실로 나타났는데, 거기에서는 예를 들어 이와같은 전형적인 문장이 나타난다. "인류가 하나님을 더듬어 찾는 탐구 행위는 인간을 향한 하나님의 탐구에 의해서 고무되어진다"(p. 33).

내가 여기에서 변호하였던 견해는 「종교와 기독교 신앙」(*Religion and the Christian Faith*)(1956), 20장에 나오는 크레머(H. Kraemer)의 견해와 많은 접촉점을 포함하고 있다. 그는 "일반 계시"를 "오도하는 표현"이라고 불렀다. 그의 결론은 다음과 같다. "용어의 전체적인 문제에 대하여, '일반 계시와 특별 계시'라는 이러한 전통적인 표현들이 폐기될 것이라는 희망을 우리는 거의 갖고 있지 않다. 만족스럽고, 일반적으로 받아들여질 수 있는 새로운 표현들을 찾아내는 것은 매우 어렵다. 가장 가능한 방법은 그것들의 정화(淨化)를 위한 굴하지 않는 투쟁이다"(p. 355).

16. 고정(固定)과 전달(성경과 전통)

앞의 내용으로부터 분명해진 것은, 우리가 생각하기에 계시가 소위 사건들과 그것들에 대해서 내려진 해석들의 축적 과정 속에서 일어난다는 사실이다. 만약 역사 속에서 하나님께서 그 자신과 우리를 향하신 그의 영원하신 목적들을 드러내시는 사람들이 나타나고 사건들이 일어나는 것이 사실이라면, 그러한 계시들은 또한 도래할 시대를 위해서도 유효하다. 문화적인 형태들과 그들의 상황의 사고 방식들 속에서 최초의 증인들에게 도달하였던 이러한 유효성은 그들의 상황 속에서 이어지는 세대들에게도 전달되어야 할 필요가 있다. 그러나 그것은 유일성, 즉 초기의 사건들의 계시적인 차원이 역사의 흘러가는 흐름 속에서 삼켜지고 잃어버려지는 새로운 상황에 대한 변형이나 적응이 아니라, 과거 사건들에 대한 진정한 해석과 전달이 되어야 할 것이다. 이것은 초기의 계시 사건들로부터 살아가기를 원하는 다음 세대들 속에서 이중적인 필요를 일깨워주는데, 한편으로는 이것들이 사라지고 와전되지 않도록 보호하는 방식으로 이 사건들을 고정시키는 것이며, 다른 한편으로는 아마도 도래한 시대를 위하여 이 고정된 사건들을 후대의 계시 사건의 빛 속에서 또한 새로운 빛을 발하고 분명하게 표현하여야 하는 필요이다. 그렇게 함으로써만 각각의 새로운 현재는 초기의 계시 사건의 영원한 차원과 만나게 된다. 여러 세기를 거쳐서 이러한 이중적인 필요가 고정(固定)과 해석의 이중적인 활동 속에서 표현되었다. 그것은 대체로 "성경"과 "전통"이라는 용어 아래에서 논의되는 이중성으로 나아가게 되었다. 우리는 우선 각각을 나누어서 고찰한 다음에 연결해서 고찰할 것이다.

a. 고정의 산물로서의 성경

이스라엘과 그리스도 안에서의 계시는 만약 이것이 기록된 문서들로 고정된다면 단순히 영구적으로 전수되고 간파될 수 있다. 왜냐하면 그것은 역사가 후대의 세대들에게로 전달될 수 있는 유일한 신뢰할 수 있는 방법이기 때문이다. 만약 하나님께서 다른 방식으로 자신을 계시하셨다면, 그러한 고정은 아마도 불필요하였거나 혹은 심지어 불가능하였을 것이다. 만약 하나님이 자연의 사건들 속에서나 혹은 각 인간의 마음의 고요한 깊이 속에서 자신을 계시하셨다면, 문서 형태는 이 계시에 낯선 것이 되었을 것이다. 따라서 계시의 자연주의적이거나 정신주의적이거나 혹은 신비적인 개념들이 주장되는 곳에서, 사람들은 대개 "책의 종교들"(유대교, 기독교, 이슬람교)을 험담하면서 말한다. 그러나 한 가지 책 혹은 여러 책들이 중심적인 자리를 갖고 있는 곳에서, 중요한 것은 그 자체로서의 책이 아니라, 계시가 역사 속에서 경험되었다는 사실이다. 이것이 사실인 곳에서, 기록된 고정은 결국 내적인 필연성이 된다.

드디어 ─ 왜냐하면 먼저 구전 전승의 기간이 있다는 것은 단순히 당연하기 때문이다. 그러나 그것은 단순히 일시적일 수 있을 뿐이다. 일반적으로 사건들과 현재 사이의 거리가 더 이상 귀로 들은 증인과 눈으로 본 증인들에 의해서 연결될 수 없을 때, 그리고 구전 전승의 이중적인 위험, 즉 요약과 정돈과 상술(詳述)과 윤색(潤色)이 너무 크게 될 때, 일반적으로 기록된 고정(固定)이 일어나게 된다. 이런 것과 관련되었을 때, 사람들은 계시와 고정 사이의 다양한 관계들을 생각할 수 있다. 때때로 이것들은 거의 일치하였는데, 예를 들면 예레미야의 예언들을 기록하였던 서기(書記) 바룩과 자기의 서신들을 기록한 바울이 있다.

때때로 계시와 고정 사이에는 긴 기간이 있었는데, 특별히 단지 소수의 사람들만이 글을 알았고 많은 사람들은 구전 전달에서 도움을 받았던 그러한 세기들이 그러하였다. 우리는 족장 설화와 출애굽기와 팔레스타인 진입에 관한 설화에서 이러한 긴 간격을 가정해야 한다. 그 간격이 크면 클수록, 고정은 이미 더욱더 해석적인 전달을 의미할 것이다. 그런 경우에 성경은 전승의 단편에 기초하고 있으며, 그것의 결정체이다.

이런 통찰의 중요성은 특별히 예수의 생애에 대한 네 가지 다른 판들 속에서 특별히 감지된다. 이것들은 다른 장소에서 초대 기독교 교회에서의 다양한 상황들을 배경으로 가지고 목격자들의 죽음 이후에 이어지는 기간에 기록되었다. 그것은 각 복음서 기자들이 전해받은 것을 서술하는 방법 속에 반영되어 있다. 서술 과정에서 저자는 그가 글을 쓰고 있는 사람들을 위하여 이것을 사실적으로 묘사한다. 이것은 차이점으로 귀결되고 심지어 때때로는 고정 과정에서 모순되기도 한다. 이 네 가지 판들은 역사적인 것이 어떻게 전수되어지는가를 우리에게 보여준다. 이들 안에 있는 차이점들은 단지 한 가지 규범적인 설화만이 존재하는 것이 아니라는 것을 우리에게 말해주는데(역사의 연속성을 고려할 때, 그러한 일은 불가능하다), 이 차이는 우리의 상황 속에서 그리고 우리 자신의 방법으로 고정된 전승을 해석적인 방법으로 전수하기 위한 우리를 향한 초대와 지침이다.

성경에서 동사인 "쓰다"(to write)와 (신약에서) 그것의 명사형인 "쓰기"(writing)의 역할을 규명하는 것은 흥미로운 일이다. 계시의 위대한 수령자였던 모세는 또한 모세오경에서 위대한 작가로도 묘사되고 있다. 여호수아서와 몇몇 선지서들에서도 역시 쓰기는 중요한 시기마다 역할을 수행하였다. 십계명의 중심 계시가 위험하게 되었을 때에, 하나님 자신이 쓰시는 것으로 묘사되었다(출 24:12). 신약에서 우리는 누가복음 1:1-4; 요한복음 20:30f., 그리고 요한계시록 1:3, 11, 그리고 22:18f.에 이르기까지 여러 구절을 생각하게 된다.

위에서 우리는 전승사와 편집사 방법의 결과들로부터 체계적인 결론들을 끌어내려고 노력하였다. 성경의 역사비평적인 연구의 결과로 우리는 성경의 형성으로 나아갔던 전승 과정에 대한 전체적인 통찰을 소유하고 있다. 이것이 관련되는 곳에서 세세한 많은 것들이 해결되지 않은 채 남아있으며 아마도 해결될 수 없을 것이다. 비록 상이한 사회적 계층에서이기는 하지만, 아마도 구전과 성문 전승은 서로를 따를 뿐 아니라 서로 간에 나란히 발전하였을 것이다. 아마도 십계명의 최초의 형태는 최초의 고정된 문서들 가운데 하나였을 것이다.

팔레스타인으로 들어간 이후의 최초의 세기들 동안의 성소들은 전승들을 기록하는 과정에서 큰 역할을 하였음이 분명하며, 나중에는 예루살렘 궁정의 역대기 사가들과 성전의 제사장들이 그러하였을 것이다. 전승이 바벨론 포로기에 의해서 위협받았을 때, 과거의 고정에 대한 강력하고 지속적인 관심이 일어났으며 이 고정은 현재를 위한 그 과거의 관련성을 설명하는 그런 방식으로 이루어졌다. 복음 문헌은 그리스도 이후 60년과 100년 사이에 나타났는데, 그 시기는 목격자들이 죽고 이방 그리스도교 교회들에게 있어서 주 그리스도가 관념으로 증발할 위험이 존재하였던 때였다.

지금까지 우리는 여러 세기에 걸친 고정 과정의 경과를 통하여 수용을 위하여 선별되었던 개별적인 문서들에 우리 자신을 제한해 왔다. 결국 이 문서들은 더 큰 단위들로 수집되었다. 그리고 마침내 계시 사건의 성문화된 고정으로서 간주될 수 있는 일단의 문서들의 범위와 한계들에 대한 일치가 도출되었기 때문에 이 과정은 종결되었다. 우리는 이것을 정경의 형성이라고 부른다. 계시 사건이 본질적으로 완료된 것으로 생각되었을 때, 이것은 단순히 시간들 속에서 시작되고 완성될 수 있었다. 한 문서가 정경적인지 아닌지를 결정하는 규범은 그의 글이 증언하려고 하는 계시 사건에 대하여 저자가 연대기적으로나 개인적으로 얼마나 근접해 있느냐(실제로든 혹은 가정으로든 간에) 하는 것이었다. 그러므로 상당한 정도로 정경의 형성은 역사적인 고찰들에 의존하고 있다; 이것은 계시의 역사적인 성격으로 인하여 정확히 그러하다. 결과적으로 정경의 최종적인 결정은 교회의 결정이 아니라 많은 논의와 사고와, 또한 신학자들에 의한 역사적인 논증의 찬반 양론을 오랜 기간 동안 저울질한 결과였다. 오늘날에 이르기까지 이것은 정경의 범위에 관한 전체적인 일치에는 이르지 못하였다.

소위 "외경"(이것의 정경성은 오늘날까지도 논의의 주제로 남아 있다)은 단지 동방 정교회와 로마 가톨릭 교회, 약간의 루터파에 의해서만 받아들여지고, 다른 개신교 교회들에 의해서는 전혀 받아들여지지 않고 있다. 이러한 명료성의 부족은 계시의 역사적인 성격에 의해서 야기된다: 결국 역사의 흐름은 경계선을 알지 못한다. 더욱이 만일 대체로 고정과 해석 사이에서 어떤 분명한 구분도 이루어질 수 없다면, 정경의 한계들은 당연히 모호하고 유동적으로 될 것이 분명하다. 그러므로 교회들은 심지어 역사비평적인 연구로 말미암아 어떤 문서들의 "진정성"에 대하여 오래 전에 정경 안에 그것들을 포함시켰던 사람들과 전혀 다른 관념들을 우리가 가지게 된다 하더라도 기존의 정경의 제한들을 수정하려는 거의 혹은 아무런 의향도 보여주지 않는다.

그러나 오늘날 우리가 더 이상 권위있는 고정으로서 인정할 수 없는 것을 우리는 종종 해석적인 전달의 보기로서 평가할 수 있다. 우리가 지금 갖고 있는 정경은 매우 다양하고 계시 과정과는 종종 모순되는 반작용들을 포함하고 있다. 그렇게 해서 이 정경은 계시가 체계나 이데올로기가 아니라, 살아계신 하나님과 역사 안에서 살아있는 사람들의 만남이라는 사실을 우리에게 알려준다. 성경의 통일성은 그 자체 안에 있지 않고 계속해서 변하는 만남들 속에서 동일하게 남아계시는 하나님의 단일성 안에 놓여 있다. 정경은 우리가 이 만남들을 발견할 수 있는 영역을 표시한다. 우리가 이렇게 살아계신 하나님을 만났을 때, 우리는 또한 그 반대되는 길로 갈 수도 있다: 즉 모든 저자들이 지시하는 것의 내부로부터, 우리는 이제 그들의 지시가 그들이 지시하는 것과 일치되는지의 여부와 그 정도를 평가할 수 있다.

　희랍어 단어 카논은 "규칙"이나 "측량도구"뿐만 아니라 "목록", "일람표", 혹은 "계산표"를 의미한다. 두 가지 의미가 다 여기에 적용될 수 있다. 구약 정경의 형성은 페르시아 시대(주전 5세기와 4세기) 동안에 시작되었다. 이제 더이상 독립 국가가 아닌 이스라엘은 자신의 신앙의 계시 자료들에 대하여 국가적인 정체성을 명료하게 발견하지 않으면 안되었다. 오경의 책들은 아마도 에스라 시대(느 8:2를 보라)나 혹은 그 이후에, 그러나 적어도 주전 약 300년경 이전에, 즉 사마리아인들이 떨어져 나와서 오경을 그들의 유일한 거룩한 책으로 채택하였을 때에 수집되었던 것으로 보인다. 시락의 아들 예수의 지혜서(39:1; 44f.)로부터 우리는 주전 약 200년경에 율법서 이외에, 선지서들이 수집되고 정경의 지위를 부여받게 되었던 것으로 추측한다. 주전 130년경 예수 시락의 손자가 그의 조부의 저작에 덧붙인 서문은 그 당시에는 아직 거룩한 책들의 정확한 목록이 존재하지 않았음을 보여준다.

　율법서와 선지서들 이외에 세번째 범주, 즉 "글들"(writings)이 있었는데, 이것의 핵심은 시편에 의해서 형성되었으며, 이 손자는 그의 조부가 기록하였던 것을 또한 그것으로 생각하였다. 이 범주의 성장은 여전히 얼마동안 계속되었다. 칠십인역에는 또한 솔로몬의 시편, 솔로몬의 지혜, 바룩, 토빗, 유딧, 다니엘, 벨과 용, 마카베오의 네 권의 책, 그리고 다른 책들이 포함되어 있었다. 예수의 시대에는 아직 정경의 한계들에 대한 합의가 없었다. 아가(雅歌)서와 전도서, 에스더서는 의혹을 받고 있었다. 신약은 이 책들에서는 인용하지 않았다. 사두개인들은 오직 율법서(오경)만을 정경적인 것으로 인정하였다. 예루살렘 멸망 이후에 얌니아에서 개최되었던 랍비들의 주요한 공의회가 패배하여 갈팡질팡하는 유대인들의 영적인 지도를 떠맡게 되었을 때 이러한 불확실한 상황은 끝나게 되었다. 제1세기의 90년대 동안에 그들은 70인역에 의해서 거룩한 문서로 번역되었던 총서들보다 상당히 축소된 정경적인 책들의 목록을 작성하였다. 이 목록을 가지고 랍비들은 한편으로는 헬레니즘적인 정신에 맞서고 다른 한편으로는 묵시적인 장르에 의해서 배양된 미래에 대한 열광적인 민족주의적 기대들에 맞서는 것이 가능하였다.

그들은 계속적인 계시의 관념을 거절하였다: 말라기는 마지막 예언자로 간주되었다. 다니엘은 포함되었지만, 그들은 이것이 위경적인 작품이었다는 사실을 알지 못했다. 기독교인들의 선교 성경이 되었던 70인역은 거절되었다; 이것의 자유로운 해석들은 이것을 너무 쉽게 기독교인들로 하여금 구약을 그리스도에 대한 예언으로 해석하게 만들었다. 유대인들은 이제 그들 스스로 새로운 번역본들을 만들어 내었다. 약 130년경에 이루어진 첫번째 번역본은 아퀼라(Aquila)로부터 나왔다; 이것은 융통성없는 문자적 번역이었다. 얌니아의 영향은 플라비우스 요세푸스(Flavius Josephus)에게서 볼 수 있는데, 그는 22권의 영감된 책들의 엄격하게 제한된 정경을 알고 있었으며(Contra Apionem I,8), 제4 에스드라서에서는 24권의 정경적인 책들을 언급하고 있다 (14:18-48).

기독교 교회는 얌니아의 결정을 따르지 않았다. 이것은 70인역의 보다 큰 정경을 포함하였지만, 유대인들과 같이 모든 책들이 다 같은 수준에 있지는 않다는 사실을 알고 있었다. 그러나 4세기 후반에 제롬(Jerome)은 이 확대된 정경이 그가 원래의 진정한 정경이라고 생각하였던 유대교 회당의 정경과 모순된다고 공격하였다. 소위 외경적인 책들에 대한 그의 거절이 성공하기까지는 많은 세기가 지날 때까지, 즉 역시 정경의 문제에 대하여 근원으로 돌아가기를 원했던 종교개혁자들의 시대까지 기다리지 않으면 안되었다. 칼빈은 이 점에 있어서 루터보다 더 철저하였다. 이와 반대로 트렌트 공의회는 전통적인 기독교 정경을 유지하였다.

그 때 이후로 구약 정경의 범위는 로마 가톨릭과 개신교 교회들 사이에서 상이한 주제들의 하나가 되었다. 이 차이점을 과소평가해서는 안되는데, 그 이유는 이것이 또한 로마 가톨릭 교회와 그것의 신학에 대한 희랍 사상의 영향의 정도에 관련되기 때문이다. 그러나 이 차이점을 과장해서도 안된다: 루터파는 외경을 존중하였다. 도르트 대회는 정경적인 책들의 내용과 이 책들의 내용을 비교할 수 있도록 이 책들 역시 (주해는 달지 않고서) "독자들에 대한 경고"를 덧붙여 번역되도록 명령하였다. 그리고 로마 가톨릭의 「새 요리문답」 (New Catechism)은 이렇게 언급하였다: "문제는 나타나는 것만큼 그렇게 중요하지 않다. 첨언하면 종종 매우 아름다운 이 책들이 성경의 일부분이라는 사실은 이것들이 나머지 책들만큼 중요하다는 것을 의미하는 것은 아니다. 그리고 이 책들은 새로운 메시지를 더해주지 않는다."(p. 47).

전술한 것으로부터 구약 정경의 범위로서 무엇이 적절하게 고려될 수 있는지에 대한 질문이 반드시 야기된다. 구체적으로 말하면, 이 질문은 제롬과 종교개혁자들이 70인역 정경으로부터 얌니아의 정경으로 전환하였을 때 옳은 일을 하였는가에 대한 것이다. 만일 얌니아의 결정이 유대교 내에서의 발전들과 70인역 구약 정경에 대한 기독교 교회의 호소에 대한 방어적인 반작용이었다면 문제는 절박하게 된다. 우리는 우리 역시 계시의 시대가 말라기와 더불어 끝났다고 주장하는 객관적인 근거 위에서라면 얌니아의 정경을 주장할 수 있을 것이다. 그러나 이 경우에도 또한 우리가 포함할 수 없는 다니엘(2세기)과 같은 다른 책들이 존재한다.

그러나 이것은 우리가 전술한 내용에서 전개하였던 것처럼 계시의 개념과 모순된다. 왜냐하면 예수의 사역은 구약과 신약 사이의 소위 중간기에 나타났던 계시의 해석들을 떠나서 별도로 생각될 수는 없기 때문이다. 이와 관련하여 우리는 특별히 묵시 문학과 사상을 생각하게 된다. 우리가 보았던 것처럼, 정경이 아직 닫힌 것으로 간주되지 않았기 때문에 이러한 발전이 가능하였다. 따라서 신약에서 묵시적인 글이 한 번 이상 "성경"(눅 11:48; 요 7:38; 고전 2:9; 약 4:5; 유 14ff.)으로서 권위있게 인용되었다. 중간기의 해석들이 신약의 계시와 연결되는 방식은 이것들을 계시사의 일부분으로 만들었다.

신약에서 이 해석들은 때로는 받아들여지고, 때로는 거절되고, 때로는 변경되었다. 그리스도 안에 있는 계시는 우리가 이러한 해석들의 가치를 평가하는 기준이다. 그러나 동일한 사실이 구약과 신약의 모든 책들에도 적용된다. 그러므로 우리의 결론은 이와 같이 개신교 교회들이 초기의 더 넓은 정경으로 돌아가지 말아야 할 아무런 이유도 존재하지 않는다는 사실이다. 그러나 우리는 이것을 더 강력하게 제기할 수는 없는데, 그 이유는 받아들여진 70인역 정경이, 한편으로는 세례 요한의 임박한 종말 기대(*Naherwartung*)의 분위기를 준비시켰던 에녹서와 같은 묵시적 저작들을 정확히 결여하고 있으며, 다른 한편으로는 야훼신앙의 어떠한 헬레니즘화를 반영하고 있고 이러한 형태에서 신약에 거의 혹은 전혀 아무런 영향을 미치지 못하는 외경 자료를 상당히 포함하고 있기 때문이다.

우리들로서는 이상적인 정경은 따라서 기존의 두 정경의 어느 쪽과도 일치하지 않는다. 현재의 정경은 구약의 계시 사건과 신약의 계시 사건 사이에서 해석적인 교각을 형성하는 그런 글들과 더불어 확대되어야 할 것이다. 그러나 누가 이러한 결정을 내릴 권한을 갖고 있는가?

신약 정경의 형성은 구약의 그것과의 유사성과 차이점을 보여준다. 신약에 있어서는 역사서들이 서신서들 이후에 기록되었고, 짧은 역사적인 시간의 간격으로 말미암아 목격자의 기준이 주요한 역할을 수행하였다. 바울 서신들은 교회들 안에서 읽혀질 수 있도록 제1세기의 기간 동안에 결합되었다. 우리는 2세기 중엽에 우리의 사복음서가 수집되었다는 사실을 알고 있다(또한 약 170년경에 만들어진 타티안의 사복음서 대조인 *Diatesseron*을 생각해 보라). 한편으로, 바울적인 수집물에 이어서, 몇몇 다른 초기 기독교 저작들과 함께 다른 사도들과 그들의 제자들의 서신들 역시 교회들 내에서 읽혀지도록 함께 수집되었다. 이 수집 과정 이후에 한계 설정의 과제가 이루어졌다.

교회는 적대자인 마르키온(Marcion)이 2세기에 "정화된" 누가와 바울만을 포함하는 예리하게 요약된 정경을 발표하였을 때에 이 일을 긴급하게 수행해야 한다고 느꼈다; 다른 한편으로 영지주의를 통하여 교회는 거룩한 글들의 확대에 직면하게 되었으며, 몬타누스주의 운동에서는 계속적인 계시에 대한 믿음에 부닥치게 되었다. 교회는 이러한 증가와 감소 사이에서 자신의 길을 모색하기를 배워야만 하였다. 교회의 목표는 목격자-사도들의 저작들과 그들의 직접적인 추종자들의 저작들을 정경적인 것으로 인정하는 것이었다. 사복음서와 바울 서신들(소위 목회서신들도 포함하여)에 대해서는 일치가 이루어졌다. 그 이후 오랫동안 유다서와 베드로후서, 히브리서, 계시록, 바나바서, 클레멘트 1서, 헤르마스의 목자와 같은 다른 서신들과 저작들에 대해서는 불확실성이 남아 있었다. 이 글들은 기원에 있어서 사도적인가 그렇지 않은가? 기본적인 역사적이고 이차적인 교의학적 주장들이 이 책들 각각의 정경성을 지지하거나 반대하는 쪽으로 평가를 수행하였다.

신약의 27권의 책들 속에서 우리 앞에 놓여 있는 결과는, 39번째 부활절 편지(367년)에 나타나는 아타나시우스의 목록에서 나왔는데, 이것이 나중에 서방 교회를 위하여 어거스틴에 의해서 채택되었고 몇몇 대회들에 의해 비준되었다. 오직 소수의 동방 교회들만이 다른 정경을 포함하였다. 또 다른 세기에 루터는 교리적인 근거에서 몇몇 책들의 정경성에 의문을 표시하였다. 그러나 이러한 늦은 시기에 이것이 정경의 범위에 있어서의 변화들로 나아가지는 못하였다.

기존의 일치에도 불구하고, 신약 정경은 구약 정경만큼이나 많은 의문들로 둘러싸여 있다. 이것을 결정한 사람들은 다양한 저작들의 사도적인 기원에 관한 의문으로부터 출발하였다. 이러한 전망으로부터 그들은 몇몇 책들을 올바르게 배제하였다. 그러나 그들은 또한 히브리서와 베드로후서와 같이 그들이 사도적인 저작이라고 잘못 생각하였던 약간의 책을 포함하였다. 이 책들이 지금 배제되어야 하는가? 이것은 우리가 그들이 사용하였던 동일한 기준을 사용해야 하는가의 여부에 달려 있다. 이 질문은 나중에 논의될 것이다. 여기에서 제기되는 또 다른 의문은 이것이다: 만일 또 다른 사도적인 저작, 예를 들어 바울 서신이 발견된다면, 이것이 여전히 정경에 포함되어야 할 것인가 하는 것이다. 지금까지 이 의문은 이론적인 것으로 남아 있지만, 이것은 어느 때라도 변할 수 있다. 초대 교회의 표준들을 따르면, 이런 서신은 실제로 정경에 포함되어야 할 것이다. 그리고 만일 우리가 초대 교회를 따르고 목격자와 그들의 직접적인 계승자들의 세대에 일차적으로 정경성을 부여한다면 이것은 우리의 기준에 따라서도 역시 이루어져야 할 것이다.

정경의 문제의 역사적 측면에 대해서 우리는 구약과 신약 입문들과 H.F. von Campenhausen, *The Formation of the Christian Bible*(E.T. 1972)를 참조할 수 있을 것이다.

정경의 사실은 따라서 그리스도 안에서 그 절정에 도달한 계시사의 영속적인 기록을 가질 필요성의 필연적인 결과이다. 정경은 이 역사가 그 절정에 도달하였고 이제 해석적인 전달의 역사 속에서 계속되고 있는 상황을 전제로 한다. 정경은 고정된 기록을 위한 필요로 말미암아 필요할 뿐만 아니라 계속되는 번역을 위해서도 마찬가지로 필요하다. 일차적으로 설교에서 일어나는 후자는 해석적으로 전달되어야 하고 또한 모든 전달의 원천과 규범이 되는 이야기(narrative)나 본문을 언제나 전제로 한다.

정경의 이러한 영속적인 "박(箔)입힘"(foil)이 없이는, 모든 표명은 시대의 정신에 대한 적응이나 교회의 독백으로 조만간 퇴보하게 된다. 이러한 전망에서 볼 때 교회가 그 당시에는 거의 이해하지 못하였던 책들(예를 들어 바울 서신들)에 정경적인 지위를 부여하고, 교회의 신앙을 상당히 많이 반영하고 있었던 책들(예를 들어 클레멘트 1서, 바나바서, 헤르마스)을 거절하였다는 사실은 중요하다. 이것은 교회가 정경의 주요한 내용의 "창조자"가 아니었으며 이 내용이 무엇인지를 거의 "결정"하지 않았다는 사실을 다시 한 번 강조하고 있다. 실제로 교회는 단순히 이것을 "인정"하였을 뿐이다.

정경의 사실이 이처럼 명쾌한 것처럼, 이것의 기존의 범위를 명쾌하게 만드는 것은 불가능하다. 옛 개신교 신학은 필경은 교회로 하여금 정경의 제한들에 대한 무오한 고정에 이르게 만들었던 특별한 신적 섭리의 관념으로 피난하였다. 이 관념은 지지될 수 없다. 정확한 범위의 결정은 논의의 여지가 있으며 때로는 심지어 잘못된 고찰들의 결과였다. 이것은 기본적으로 교의들과 신조들과 같은 질서를 지니고 있는, 계시에 대한 오류를 범하는 인간적인 반응이었다.

신앙의 연구를 위하여 답변을 요하는 두 가지 질문이 여기에서 야기된다.

첫번째 질문은 이러하다: 어떤 신약의 사본이 정경적인 지위를 얻으려면 어떠한 조건들이 충족되어야 하는가? 초대 교회는 일차적으로 사도성의 조건, 즉 사도들의 직접적인 제자들에 의해서도 충족되는 조건(따라서 복음서들의 인정)을 가지고 작업하였다. 신학적으로도 역시 이것은 적절한 사용 규범이었다. 사도들은 역사적인 예수나 혹은 그를 나타내거나 선포하기 위하여 승귀되신 그리스도에 의해서 특별히 부름받은 최초의 증인들이었다. 이 표현과 더불어 우리는 그들의 권위가 단순히 그들의 역사적인 근접성의 사실에만 놓여 있지 않다는 사실을 언급하게 된다. 부름받지 못한 많은 목격자들이 있었다. 그리고 부름받은 가장 위대한 증인인 바울은 거의 목격자로 불리어질 수 없었다. 역사적인 근접성과 나란히 정경적인 증인은 역사적인 것의 계시적 가치에 대한 통찰을 필요로 하였다. 사도들과 그들의 몇몇 최초의 제자들의 현존하는 문서들 속에서 교회는 이 이중적인 차원을 인식하였다. 이런 이유로 해서 교회는 목격자의 개념뿐만 아니라 영감의 개념 — 즉 목격자 됨이 그것의 하나의 측면인 — 도 사용하였다. 영감의 기원과 내용을 더욱 두드러지게 만들려는 시도들은 결코 성공적이지 못했다. "어떻게"를 우리는 측정할 수 없다. "그것"(that)을 우리는 이 증인들이 우리에 대해서 갖는 영속적인 권위(how)에 근거하여 인정해야 한다. 우리는 나중에 그것으로 돌아갈 것이다.

어려운 문제는 이것이다: 역사적인 근접성과 영감된 해석의 이러한 결합이 어디에서 존재하였으며 이것이 어디에서 끝이 났는가? 사람들은 이것이 바울에게 있었으며, 또한 제3세대의 작가들에게는 더 이상 존재하지 않았다는 사실을 알고 있었다. 그렇다면 제2세대 작가들에게는 이것이 어떠하였는가? 오랫동안 이 문제에 대해서는 일치가 이루어지지 않았다. 교회는 단순히 추정된 사도성의 역사적인 규범을 사용함으로써 그럭저럭 지내왔다. 베드로후서와 같은 저작들이 잘못된 방식으로 사도의 것으로 간주되었기 때문에, 후대의 보다 정통한 세대들은 어떤 문서들이 정경에 있어야 하는 여부와 그 이유에 대한 문제에 다시 부닥치게 된다. 만일 사도성이 결여된다면, 정경성은 단순히 있을 수 있는 기본적인 영감에만 근거될 수 있다. 이 영감은 영감된 것으로서 분명하게 경험되는 정경의 다른 부분들에 비추어서만 인식될 수 있을 것이다. 그러나 그런 부분들을 지시하는 것이 가능한가? 여기에서 우리의 첫번째 질문이 두번째 질문으로 넘겨지게 된다.

두번째 질문은 이것이다: 우리는 신약 성경에서 "정경 안의 정경"을 발견할 수 있는가? 즉 그것들이 다른 표현들을 위한 규범으로 사용될 수 있을 만큼 복음의 핵심의 규범적인 해석을 제공해주는 부분들이나 저작들이나 저자들이 존재하는가? 여기에서 우리는 복음서들과 바울의 중심 서신들(로마서, 고린도전후서, 갈라디아서)의 공통된 전승과 그것들이 제공해주는 그리스도 사건에 대한 이해를 생각할 수 있었다. 우리는 이것들이 바울의 시각에 일치하는 정도에 따라 다른 저작들의 정경성을 인정하려는 경향을 갖고 있다. 그러나 "일치"가 여기에서 무엇을 의미하는가? 다른 상황들과 세대들은 다른 용어들과 강조들을 요청할 수 있을 것이며, 이러한 차이들이 너무나 커서 오직 주의깊은 독법(讀法)만이 일치를 가져올 수도 있을 것이다.

다른 저자들은 바울에게서는 상상하기 힘들고 그의 사상에 어울리지 않는 것처럼 보이는 사상의 흐름들을 발전시킬 수 있는 한편으로, 정확히 이런 이유로 해서 그들은 가장 영감된 증인에 의해서조차도 결코 충분하게 표명될 수 없는 계시의 무진장함을 필수불가결하게 상기시켜 줄 수도 있을 것이다. 복음서들과 바울의 토대 위에 서 있을 때, 신자들은 어떤 상황에서는 신약 성경에 대한 다른 해석들 속에서 많은 도움을 발견할 수 있지만, 여전히 다른 해석들은 그들에게 전달되지 않는다.

어떤 저작들은 언제나 중요성에 있어서 이차적인 것으로 간주될 것이다. 그러나 교회사는 우리의 우연하게도 상당히 큰 정경이 교회와 개인 신자들이 새로운 상황에서 복음에 대한 새로운 이해와 새로운 해석을 발견하는데 큰 도움이 되었다는 사실을 가르쳐준다. 역으로 말하면, 정경을 바울로 제한하거나 혹은 그것을 그의 견해와 일치되는 것으로 고려했던 것(마르키온, 루터)으로 축소하려는 경향은 복음에 대한 너무나 좁은 견해로부터 비롯되었으며 복음을 하나의 개념이나 교의나 이데올로기로 바꾸려는 위협을 포함하고 있었다.

그러므로 우리는 전자를 위하여 후자를 너무나 서둘러 거절하지 않으면서, 정경에서 중심과 주변, 그리고 봉우리와 평지들을 아주 잘 구분해야 한다. 아무도 전체를 내면적으로 전용할 수는 없다. 그러나 이러한 인식 안에서 모든 신자들은 지금까지 그에게 낯선 것으로 남아있었던 구절들과 사상의 흐름들 속에서 새로운 발견을 위하여 개방되어 있어야 한다.

정경의 문제는 제2차 세계대전 이후에 다시 첨예하게 되었다. 주된 강조가 성경의 여러 책들의 메시지에 주어졌던 한 기간 이후에, 이제 차이점들이 오히려 강조되었다. 특히 불트만 학파는 신약에서 비타협적으로 모순되는 해석들을 언급할 정도로 나아가려는 경향을 갖고 있다. 차이점들에 대한 이러한 일방적인 관심은 다양한 증인들 사이에서의 기본적인 일치를 쉽게 간과하는 데로 나아가게 되었다. 그러나 신약에서 복음의 제시에 있어서의 큰 차이점들은 매우 분명하다: 공관복음서들과 요한복음 사이에서, 바울과 야고보 사이에서(약 2:24에 반대하는 롬 3:28!), 원시 바울 저작들과 에베소서(우리가 이미 그리스도와 함께 부활하였으며 구원의 우주적인 영역에 있다는 사실을 강조하는) 사이에서, 바울과 목회서신들(신앙고백과 교회, 직분, 교회 정치에 대한 관심을 보여주면서 제2세대의 분위기를 암시하는) 사이에서, 요한 저작들의 지금 여기(실존적인) 종말론과 요한계시록의 묵시 사이에서, 바울의 신앙 개념(칭의의 상관물)과 히브리서의 신앙 개념(미래를 위한 약속의 상관물) 사이에서, 등등.

케제만(E. Käsemann)은 *Exegetische Versuche und Besinnungen*(I, 1960; II, 1964; E.T. *Essays on NT Themes*)에 실린 몇 편의 논문에서, 그가 바울의 십자가 신학(*theologia crucis*)에서 "십자가에 달린 자의 주되심"과 "불의한 자의 칭의" 이 양자의 통일성을 표현하는 것으로 발견하였던 "정경 안의 정경"을 찾아낼 만큼, 너무나 큰 타협할 수 없는 모순들을 여기에서 보게 되었다. 이러한 근거 위에서 그는 열광주의로든(에베소서) 혹은 제도존중주의로든(목회서신)간에 신약의 다른 표현들을 거절하게 되었다. 이러한 견지, 즉 루터의 입장의 강화된 지속이 큉(H. Küng)에 의해서 반론을 받게 되었는데, 그는 이것을 분파주의적이고 주관주의적인 것이라고 불렀으며 정경에 나오는 다른 음성들이 반(反)바울적인 것으로 간주될 수 없으며 바울의 그것에 대하여 주변과 중심으로서 결합되어 있다고 주장하였다. 특별히 그의 *Kirche im Konzil*(1963), D I를 보라.

중요한 출판물들과 현재의 논의를 위한 개관을 위해서는 케제만과 다른 저자들의 글이 실린 논문집 *Das NT als Kanon*을 보면 되는데, 여기에서 케제만은 다시 한 번 그의 입장을 표명하면서(pp. 336-410) 정경을 진리와 그것의 일탈들 사이에서의 투쟁의 무대로서 보고 있다: 그 결론적인 문장을 보라: "이것은 처음으로 미지의 하나님의 복음이 신들의 세계로 밀고 들어오는 그 역사의 방증(傍證)이다"(p. 410).

원칙적으로 우리는 큉에게 동의한다. 하나님의 계시는 모든 인간의 이해를 초월한다. 어떤 사람도 심지어는 바울과 같은 수준의 증인조차도 이것을 충분히 표현할 수 없다. 이것은 하나의 "중심적인 관념" 속에서 포착되거나 표명될 수 없다. 더욱이 이것은 역사적이며 시대와 더불어서 이동을 요한다. 바울이 염두에 두었던 것을 다른 상황에서 다른 충동에 반하여 말하기 위하여, 야고보는 심지어 바울의 용어와 모순되는 용어로서, 전혀 다르게 표현하지 않으면 안되었다. 교회가 의식적으로든 무의식적으로든 간에, 이러한 큰 변형들을 지닌 정경을 선택하였던 것은 축복이었다(마르키온에 반대해서).

우리가 오늘날 적법한 것으로 인식하기 힘들거나 불가능한 신약의 해석들이 우리가 지금은 상상할 수 없는 질문들과 충동들을 해소시켜주는 답변을 포함하는 것으로 나중에 입증될 수도 있을 것이다. 오직 이것을 깨닫는 사람만이 정경 안에 있는 결점들과 일탈들을 지적할 수 있는 권리를 갖고 있다. 그는 매우 겸손하게 그렇게 할 것이며 단지 한 증인에 의해서 인도되지 않고 해석적인 음성들의 전체 합창을 그의 표준으로서 취하게 될 것이다. 이런 이유로 해서 "정경 안의 정경"을 위한 탐구는 실제로 적절하지 않다.

위의 논의에서 우리는 구약을 남겨 놓았다. 원칙적으로 구약에서도 그 사실이 적용된다. 그러나 한편으로 너무나 큰 시간 간격으로 인하여, 변형들이 너무나 크다(창세기와 비교되는 다니엘, 레위기와 비교되는 아모스, 이사야와 비교되는 전도서 등등). 다른 한편으로, 바벨론 유수(幽囚) 이후에 우리에게 전달된 정경의 편집자들은 선지자적이고 신명기적인 정신으로 이 책들을 의식적으로 편집하였다. 특히 아가서와 전도서와 에스더는 정경에 들어와 있는 그들의 권리에 대해서 거듭 반복해서 의혹을 받아왔다. 그러나 다른 시대에 정확히 이 책들은 계시와 인간의 경험 사이의 가교로서 기능하였다. 내가 생각하기에 더 큰 어려움은 역대기 책들이 보는 것과 같은 하나님의 역사 인도의 명료성이 욥기에 따른 그것의 불명료함과 어떻게 조화될 수 있는가 하는 문제이다. 구약과 관련하여, 우리는 선포에 있어서 어떤 흐름들은 선택하고 다른 흐름들은 신약에 비추어서 때때로 반대해야 할 것이다.

　이러한 커다란 전승 과정의 어디에서도 우리는 쉽게 기꺼이 사용할 수 있는 규범들을 공급받지는 못한다. 그렇다면 정경이 어떤 가치를 지니고 있는지를 질문할 수 있을 것이다. 정경은 교회가 그것의 원래 형태와 깊이와 넓이 속에서 발견해왔고 오랜 세월을 통하여 끊임없이 이것을 그곳에서 만나왔던 지평이라고 하는 것이 그 답변이 되어야 할 것이다. 신앙과 직제 보고서인 *The Authority of the Bible*(Louvain, 1971), esp. III 4-7을 보라.

　이것을 통해서 우리는 성경의 권위에 대한 많이 논의된 문제에 이르게 된다. "권위"라는 용어가 그리스도 안에 계신 하나님과의 만남과 관련하여 아주 적절한 것인지는 분명하지 않다. 바울은 "성령이 친히 우리 영으로 더불어 우리가 하나님의 자녀인 것을 증거하시나니"(롬 8:16)라는 말씀 속에서 이러한 만남에서 일어나는 일을 묘사하였다. 그리고 여기에 근거해 있는 삶을 그는 자유와 확신의 삶으로서 묘사하였다. 복종과 순종의 상관물들과 더불어 "권위"라는 용어를 이 삶에 정당하게 적용할 수가 있는가?

　그러나 "권위"는 만남의 상황에 적절하게 귀속되는 용어이다. 권력의 행사와 맹목적인 복종은 한 쪽이 다른 쪽의 권위와 만나는 상황과는 관계없다. 그러나 이것은 더 높은 쪽과 더 낮은 쪽을 전제로 한다. 그리고 정확히 이것은 하나님과의 만남을 위해서 본질적이다. 우리의 영의 증거는 성령의 증거를 따르고 또한 그것과 만난다. 그러므로 "권위"의 개념을 도입할 만한 모든 이유가 여기에 존재한다.

　그러나 이것은 "성경의 권위"의 조합이 적절하고 분명하다는 사실을 의미하지는 않는다. 결국 성경은 계시와 동일시될 수 없다. 이것은 그것에 대한 인간적인 반응이다. 여기에서 우리는 계시를 간접적으로, 인간의 증거의 거울에 비추어서 만난다. 그리고 이 증거가 그 자체로서 해석사의 산물일 때에, 우리는 이중적인 간접성을 언급해야 한다. 일반적으로 이러한 간접성은 교회의 언어 속에서 전제되고 고려된다. 주머니에 성경이 들어있는 사람은 그가 자기의 주머니에 하나님의 말씀을 가지고 있다고 말하지 않을 것이다.

한편, 계시와 성경 사이의 이러한 간접적인 관계는 그 간접성에 있어서 매우 친밀하고 분명하다(positive). 성경이 아닌 그 어느 곳에서도 계시에 대한 일차적인 증인들의 말씀은 우리에게 오지 않는다. 이들의 권위, 즉 그들에게 다가온 계시의 권위는 성경 말씀들 속에서 우리에게로 온다. 하나님의 이름 안에서 우리는 우리 자신을 그 말씀들이 우리에게 들려지도록 내어 맡긴다. 그러므로 성경의 권위는 기독교 신앙에 필수적이라고 말할 수 있다.

그러나 만일 성경과 계시의 관계가 간접적이라면, 성경의 권위는 또한 간접적인 성격을 갖는다. 구체적으로 이것은 다음을 의미한다: 첫째로 권위있는 음성으로 성경은 우리를 계시에 내어맡기고; 다음으로 우리가 계시에 대해서 이해하였던 것의 권위 위에서 우리가 성경의 증언들을 평가하며, 그렇게 해서 이들 사이에 상호작용이 일어나게 된다. "성경의 권위"의 개념은 이 과정의 일부이며 이것에 의해서 제한된다. 그런 정황을 떠나서 이것을 사용하려는 사람은 계시와 성경 사이의 간접적인 관계를 인식하지 못하며, 성경의 증언들 속에 있는 인간성과 역사성과 다양성을 정당하게 평가할 수 없거나 혹은 다만 어려움 속에서만 그렇게 할 수 있다.

우리의 논의만큼 간결한 성경의 권위에 대한 논의는 개신교 교의학의 전통 속에서는 일반적인 것이 아니다. 사실상, 우리가 여기에서 제시한 관점의 전망에서 보면 "성경의 권위"라는 용어를 "성경에 대한 확신"의 그것으로서 보충하는 것에 대한 상당히 지지가 있을 것이다. 위의 설명은 루터가 성경의 권위를 그의 "그리스도가 행하신 일"(was Christum treibet)로서 인정하고 한정하였던 방식과 그렇게 다르지 않다(그의 *Vorreden zur Heiligen Schrift*, 1522). 칼빈에게 있어서 성경은 보다 분명하게 그 자신의 성격과 권위를 지니고 있지만 그는 그것에 대한 상세한 이론을 제시하지 않았다. 한편으로, 성경은 그에게 있어서 하나님이 직접 그것을 통하여 말씀하시는 도구였다: "따라서, 성경의 최고의 증거는 일반적으로 하나님이 친히 그 안에서 말씀하신다는 사실에서 유래한다"(Inst I, vii, 4); 다른 한편으로, 이것의 인간적인 언급 방식을 통하여 이것은 그의 피조물들의 제한된 이해에 대한 하나님의 순응을 보여준다(그는 주석들 속에서 이것의 많은 예들을 제시하였다). 한편으로는 반동 종교개혁과, 다른 한편으로는 열광주의(Spiritualism)와의 싸움 속에서 이러한 일정치 않은 언급은 성경의 권위에 대한 신중한 교리에 양보하지 않으면 안 되었다. 그러한 것으로서 이것은 정상적인 것이었다. 그러나 진정한 동기는 반동 종교개혁이 교회론에서 스스로를 위하여 만들었던 것과 유사한 개신교 신앙의 분명한 어떤 토대를 위한 필요였다(cf. 7장).

이렇게 해서 결국 성경의 개별적인 저자들에게 성령의 구술의 속기사가 되는 것 이외의 어떤 다른 여지도 남겨두지 않은 개신교 스콜라주의의 영감 교리; 즉 연대기적이고 지리적이고 물리적인 자료들과도 관련되고 저자들 사이에서의 일탈과 모순을 위한 어떤 여지도 남겨두지 않는 영감 교리가 나타나게 되었다. S pars. 6ff; R par. 6; H II를 보라. 이러한 발전의 절정은 스위스 *Formula consensus*(스위스 일치신조, 1675)인데, 이것은 자음과 모음점들을 포함하여 맛소라 본문 전체가 영감된 것으로 선포하였다. 그 이유는 만일 이 주제와 관련하여 어떤 것이 의심스러운 것으로 남아 있다면, 원칙적으로 성경 전체의 권위가 붕괴되기 때문이다.

*Formula consensus*는 그것의 합리주의적인 논증을 가지고 결코 이것을 예방하지 못하였으며 실제로 그런 발전을 위한 단계를 설정하였다. 이미 17세기에 오류와 모순들이 성경 본문과 이야기들 속에서 발견되었다. 계몽주의는 이것으로부터 성경의 무오한 권위는 존재하지 않는다고 결론지었다. 정통주의 진영에서 이러한 결론은 다소간 온건하고 수정된 "변증적인 영감론"과 만나게 되었다. 화란에 있어서 우리는 카이퍼와 바빙크에 의해서 발전된 소위 "유기적" 영감설을 언급할 수 있다. 이 후위부대의 작은 논쟁들은 비록 그 빈도가 줄어들고 있기는 하지만 오늘날에 이르기까지 계속되고 있다.

우리가 앞에서 주목한 것처럼 이 모든 것이 영감 및 성경의 권위와 같은 개념들이 무의미하게 되었다는 것을 의미하지는 않는다. 일어났던 일은 이것들이 합리적이고 경험적으로 검증할 수 있는 사실들의 영역에서 제거되었다는 사실이다. 소위 성경의 "고등 비평"은 하나님의 권위를 인간적으로 분명하고 접근할 수 있게 만들려는 시도에 대한 유익한 판단이었다. 성경의 영감에 대한 고백과 그것에 근거하고 있는 권위는 성경 말씀들이 진정으로 인도해 주고, 또한 그것들이 하나님과의 만남을 중재해주는 신앙의 경험을 표현하고 있다. 이러한 환원될 수 없는 경험은 성경의 어떤 말씀과 구절들에 근거하고 있으며, 결국은 이것이 성경에서 나온 더 많은 말씀들에 의해서 풍부하게 되고 심화된다는 기대를 불러일으킨다.

"영감"이라는 용어는 경험과 기대의 이러한 결합을 표현한다. 불행하게도 이것은 17세기의 영감 교리와 너무나 밀접하게 연결되어서 이것의 유용성이 모호하게 되었다. 많은 사람들에게 이것은 인간성과 오류성과 부정확성을 위한 아무런 여지도 남겨두지 않는 어떤 것을 제시한다. 그러나 신앙은 이 모든 오류있는 인간의 말들 속에서 하나님의 음성의 메아리를 인식한다. 이것은 그들의 모든 한계를 지닌 이러한 인간적인 반응들을 통하여, 그리고 그것들에도 불구하고 살아계신 하나님의 현존 속에 그것이 놓여져 있다는 사실을 인식한다.

이 지식은 명료하게 이루어질 수가 없다. 그의 계시 안에 계신 하나님이 우리의 인간 현실 속에서 자신을 숨기시고 동시에 그것과 구분되시는 방식이 우리의 상상력과 개념적인 능력을 넘어서 있기 때문에 이것은 이루어질 수 없다. 그러므로 성경의 증인들의 말씀들 속에 있는 하나님의 말씀의 간접적인 현존을 정확하고 포괄적인 공식으로 우리가 포착할 수 있을 것이라고 기대할 만한 아무런 이유도 갖고 있지 않다. 성경이 하나님의 말씀을 매개한다는 신념의 구체적인 함의들은 이 책을 통하여 내내 분명하게 되어야 할 것이다.

이것은 영감의 개념에 대한 새로운 연구가 무익하게 될 것이라는 사실을 의미하지 않는다. 우리가 여기에서 할 수 있었던 것보다 그것에 대해 더 많이 말하는 일이 가능해져야 한다. 바르트는 *CD* I,2, par. 19.2에서 새로운 출발을 수행하였다. 역사적이고 비평적으로 성경을 일관되게 읽은 결과 제기된 문제와 이것을 관련시킴으로써 이제 이 일이 수행되어야 하는데, 이 일은 발전과 다양성을 보여주기 위하여 상당히 많은 것을 행하였다. 저작들이 영감된 것인지(고전적인 축자 영감론) 저자들이 영감을 받은 것인지(슐라이어마허, *CF* par. 130와 그 이후의 많은 사람들)에 대한 19세기의 문제는 이제 훨씬 더 복잡한 형태로 나타난다. 최소의 단위나 최초의 독법이 규범적인 것으로 간주되어야 하는가? 그렇지 않으면 우리는 최종판과 정경 안에 포함된 것을 받아들여야 하는가? 그렇지 않으면 아마도 사이에 있는 단계들의 하나를 취해야 하는가? 그렇지 않으면 우리가 지금 갖고 있는 형태에 이르는 전체 과정을 받아들여야 하는가? 그러나 때때로 이것 역시 오해와 왜곡과 심지어 모순으로서 표시되는 과정이었다.

영감론은 11장에서 일찍이 지시된 방식으로 성령론으로 나아간다. 성경의 기원과 성장은 그의 인간에게로 오심에 있어서 성령이 역사를 통하여 나아가시는 방식의 일부이다. 우리는 예를 들어 회심의 경험을 우리가 추적할 수 없는 것처럼 이 부분도 역시 상세히 따라갈 수 없다. 따라서 우리는 우리가 위에서 큰 활자체로 다루었던 것 이상으로 말할 수 없다. 영감론의 역사에 대해서는 *RGG* III, *s.v. Inspiration II and III*을 보라. 새로운 표명을 위한 시도들에 대해서는 신앙과 직제 보고서인 *The Authority of the Bible*, 특히 IV를 보라. 이 보고서는 성령의 활동의 연속성을 성경과 성경을 믿고 해석하는 교회 안에서 강력하게 강조하고 있다.

이곳은 신앙의 연구와 관련하여 그것이 지니고 있는 해석학의 개념에 대하여 무언가를 언급하고 특별히 성경이 이 책에서 사용되고 있는 다양한 방식을 설명하기 위한 자리이다. 오랜 세월동안 본문 그 자체의 문맥과 기능과 특성을 크게 고려하지 않고서 각각의 주제를 위한 일련의 증거 본문들(*dicta probantia*)를 찾아내는 것이 교의학에서 관례적인 것이었다. 오늘날에는 이것이 더 이상 가능하지 않다. 해석학은 우리에게 보다 비판적인 성향을 제공해주었고, 성경에 대한 호소는 훨씬 더 차별적이고 선별적으로 되었으며, 따라서 과거에 그러하였던 것보다 종종 훨씬 더 간접적이고 일반적으로 되었다. "해석학"은 해석의 이론이며, 하나의 책이나 구절에서 지켜져야 하는 규칙들의 전체이다. 현대 해석학은 우리에게 성경 안에서 세 가지의 구분을 하도록 가르쳐준다: (a) 언급된 것과 그것에 대해 의도된 것 사이에서; (b) 다른 저자들과 책들과 증거들 사이에서; 그리고 (c) 그 때와 지금 사이에서. 일단 우리가 이 구분을 알게 되면, 하나의 본문에 대한 무분별한 호소는 더 이상 가능하지 않으며, 그 대신에 우리는 저자들이 말하려고 했던 것을 다른 성경 저자들로부터 일탈되는 방식으로뿐만 아니라 그것과 일치되도록, 우리가 오늘날 그것을 하나님의 말씀으로 듣는 그러한 방식으로 재진술해야 한다. 따라서 신학적 해석학은 이것을 과거와 연관시키고 해석적으로 현재에 넘겨주는 이중적인 과정을 촉진시키는데 이바지한다. 이 신앙의 연구에서 우리는 이 세 가지 구분을 염두에 둘 것인 바, 이것은 성경의 권위에 대한 호소가 이루어지는 방식과 그것의 가능성의 여부를 결정할 것이다.

이 방식은 성경의 증거에 대한 네 가지 수준을 구분함으로써 분명하게 해명될 수 있다.

1. 하나님과 그가 구원적으로 자신을 계시하시는 말씀과 행동들에 대한 직접적인 증거. 예: 출애굽 이야기, 선지자들에 대한 계시들, 시편에 나오는 하나님에 대한 찬양, 예수와 그의 부활 이야기, 서신들 속에 나타나는 간략한 케리그마적인 핵심들.

2. 이 증거에 직접 근거해 있고 그것으로부터 나오는 통찰들. 예: 창조와 죄와 이신칭의와 영생에 대한 고백.

3. 이 통찰들이 비유적으로나 혹은 다른 방식으로 이 통찰들과의 명확한 연관 없이 표현되고 상세히 언급되는 표현들. 예: 창조의 다양한 전승들, 종말에 대한 견해들, 하늘과 천사들과 마귀에 대한 관념들.

4. 비록 이 세 가지 수준들과 관련되지만, 이것들로부터 유래하지 않고 오히려 다른 (사회적이고 종교적인) 전승들로부터 비롯되는 표현들. 예: 우주의 세 가지 수준들, 희생제, 음식법들, 여성의 지위, 심리학적이고 의학적이며 또한 상이한 견해들.

실제 본문들에서는 이 네 가지 수준들이 결합되어 있다. 첫번째는 거의 언제나 모든 종류의 표현들과 혼합되어 있고(예를 들어 출애굽 이야기), 네번째는 케리그마와의 관련이 없이는 거의 결코 나타나지 않는다(예를 들어 제사법들). 해석적인 전달을 위하여 우리는 성경의 저자들과는 대체로 관련이 없었던 구분들을 내리고 있다. 언제나가 아니라 대체로; 예를 들어 암 5:25f.; 마 19:7ff.; 고전 7:25. 우리는 계시의 역사적인 형태와 현재를 위한 그것의 관련성을 둘 다 공정히 평가할 수 있도록 이것들을 훨씬 더 체계적인 형태로 언급해야 한다.

다른 편으로부터 우리에게 언급된 것을 우리 자신의 주형 안으로 주조하려는 의식적이거나 무의식적인 의도를 가지고, 우리가 이러한 구분들을 무분별하게 만드는 위험이 존재한다. 그러나 해석학의 목적은 정확히 우리가 이러한 구분들을 적절하고 책임있게 해내기를 배우는 것이다. 따라서 우리는 우리 자신의 감정과 염원과 관련하여 비판적으로 되어야 할 것이다. 다른 한편으로 성경의 저자들에게는 알려지지 않았던 우리 문화의 진정한 통찰들이 고려될 수도 있을 것이다(예를 들어, 우리가 창세기 3장과 로마서 5장이 죄와 죽음 사이에서 만들어내는 관련성에 대해서 생각할 때).

그러나 네 가지 수준들을 식별하기 위한 기준을 제공해 주어야 하는 것은 특히 성경 그 자체이다. 성경의 이러한 전체성은 실제로 모든 부분들의 결합이지만, 이 전체성으로부터 새로운 빛이 부분들에 비추어지며 다소 중심적인 것과 다소 주변적인 것을 보여준다. 부분들로부터 전체로 나아가며 또한 그와 반대로 이루어지는 이 이중 운동을 우리는 "해석학적인 순환"이라고 부른다.

두 가지 예가 있다: 만일 우리가 예수의 부활을 첫번째 수준으로 동정녀 탄생을 세번째 수준으로 고려한다면, 결정적인 고찰은 첫번째 수준이 신약의 모든 곳에서 언급되고 있고 두번째 수준은 단순히 마태와 누가의 서문에서만 언급되고 있다는 것이다. 만일 우리가 마귀에 대해 언급된 것을 두번째 수준이 아니라 세번째 수준으로 고려한다면, 이것은 사탄의 모습이 거의 나타나지 않고, 그것이 나타나는 곳에서는 매우 다른 방식으로

나타나기 때문이다(예를 들어, 욥기와 공관복음서들에서). 따라서 해석학은 전혀 값싼 축소화를 시도하지 않는다. 이것은 성경적인 자료들을 적절한 정황과 전망 속에 두려고 하며, 그렇게 해서 우리가 해석의 과제를 추구할 수 있는 한계들과 자유를 위한 우리의 안목을 민감하게 하려고 한다. 이것에 관한 일종의 일치가 신앙과 직제 위원회 보고서인「에큐메니컬 운동을 위한 해석학적인 문제의 중요성」 *The Significance of the Hermeneutical Problem for the Ecumenical Movement*(Bristol Conference, 1967)에서 발견된다; 또한 위에서 언급된 보고서인 *The Authority of the Bible*, III을 보라.

b. 전달 과정으로서의 전승

대체로 개신교 교의학은 전승에 관한 별개의 장을 갖고 있지 않다. 이것은 성경에 대해서는 적용되지 않는다; 성경의 명료성과 무오성, 충분성은 철저하게 논의된다. 그것은 겉보기에 성경의 권위에 대한 계속적인 언급의 역할 이외의 어떤 다른 역할을 전승에 남겨두지 않는다. 확실히 이것이 그 자체로서 계시 사건 안에 있는 하나의 요소일 수 있었을 것이라는 관념을 위한 여지는 존재하지 않는다.

그러나 신앙의 연구에 있어서 전승의 개념에 대한 이러한 무시가 지속되어서는 안된다. 계시는 인간사(史)를 초월하시고, 따라서 계시의 원래의 영역의 시간적이고 공간적인 한계들을 넘어가시는 하나님께서 인간과의 만남을 가지시기 위하여 역사의 장으로 들어오시는 것을 의미한다. 그 때에 일어난 만남들은 다른 시간과 장소들에서의 만남들을 촉진시키는 데로 나아가도록 의도되고 적합하게 된다. 따라서 신약 성경에 나오는 그리스도의 계시는 그것의 결정적인 성격에도 불구하고 혹은 그것으로 인하여 끝이 아니라 성령의 오심과 활동을 그것의 결과로서 야기시킨다.

성령은 그의 구원 활동을 범세계적으로 지속하고 해석하기 위하여 그리스도로부터 나오신다. 성령의 이러한 오심은 새로운 구원 행동이며 그가 그것의 보완물이자 부본(副本)인 그리스도의 오심과 동일한 중요성을 가지고 있는 행동이다. 사건들은 해석적인 전달이 없으면 공중에 매달린 채로 남아있게 될 것이다. 이것은 하나의 계속적인 계시의 사건이다. 해석적인 전달이 없는 고정은 신앙을 화석화시킨다; 고정이 없는 해석적인 전달은 이것을 소멸시키고 만다. 고정과 해석적인 전달의 관계는 말씀과 성령의 관계의 상술(詳述)이다.

성경과 전승의 단일성은 이것들이 고정과 해석적인 전달로서 깔끔하게 분리될 수 없다는 사실에 의해서 강조되고 동시에 복잡하게 된다. 구약 성경은 이스라엘에 대한 하나님의 구속의 길들을 기록된 형태로 기록하고 있다. 그러나 이것의 다양한 역사적인 전승들 속에서 이것은 또한 이러한 전승들의 다양한 재해석들을 보여준다(야휘스트, 신명기사가, 등등). 신약 성경은 그리스도 사건에 대한 성문화된 기록이다. 동시에 이것은 사복음서와 바울과 요한과 야고보와 베드로의 상이한 해석들 속에서, 사도행전과 다른 곳에 나오는 초대 교회사의 이야기 속에서 광범위한 설명들과 재해석들과 적용들을 제공하고 있다.

고정의 산물인 성경은 동시에 대부분이 원천에 가깝게 일어났던 해석적인 모델들의 명문집이다. 이것들은 확실히 다음 세기들 동안에 그것들을 단순히 반복하기 위하여 우리에게 전해지는 것은 아니다; 이것들은 후대의 시간과 상황들을 위하여 같은 정신에서 같은 흐름을 따라서 해석적인 번역을 지속하라는 초청과 명령으로서 그곳에 존재한다.

만일 계시의 관심이 하나님과 사람 사이의 지속적인 만남이라면, 전승은 신학적으로 성경과 같은 중요성을 가지고 있다. 그러므로 우리는 이것이 양면적인 행동이라는 사실을 염두에 두어야 한다. *Tra-ditio*는 "넘겨주는 것"을 의미한다. 이것은 한편으로 넘겨지는 자료가 완전하게 보존되고, 다른 한편으로는 실제로 이것이 의도되었던 사람들의 수중에 들어올 때에만 성취된다. 하나님의 구속적인 활동의 전승은 한편으로는 그 가운데 아무것도 상실되지 않도록 이 구원을 사려깊게 보호해야 하며; 이것을 위하여 구원 계시의 고정인 성경으로의 계속적인 돌아옴이 필수적이다.

다른 한편으로 전승은 그 사건이 원래 표현되었던 언어를 이해하지 못하는 사람들이나 그것을 오래 전에 표현하였던 사람들과 문화들에 의해서 이것이 다른 시간과 장소에서 이해될 수 있는 그런 방식으로 이 구원을 말로 나타내는데 있어서 마찬가지로 활력이 있어야 한다. 불행하게도, "전승"이라는 용어에서 사람들은 대개 단지 첫번째 활동; 즉 이것을 전달할 필요가 아니라 보존할 필요, 재해석이 아니라 반복만을 들을 뿐이다. 이러한 위험한 일방성은 전승의 과정에서 많은 긴장과 방해와 위기들을 야기시켜왔다.

이것은 모든 교회에 적용되며, 너무나 명백해서 이제는 이것에 대해서 너무 많은 것이 언급될 필요가 없다. 개신교 교회에 대해서는 이것들이 순전히 "성서적"이고, "성경적"인 것이라는 착각으로써 살려고 한다는 추가적인 요인이 존재한다. 전승의 역할은 주로 부정적으로 평가되고 따라서 가능한 한 무시되었다. 역사적으로 이것이 설명될 수 있으나, 그런 점에서 이에 못지 않게 해롭다. 종교개혁 교회들도 역시 전승의 과정 안에서 그것으로부터 생존한다. 만약 그렇지 않다면 성경의 번역과 독법(讀法)은 신앙을 창조하고 유지하는데 충분한 것으로서 그곳에서 경험되었을 것이다. 실제로 설교는 이들 교회에서 중심적인 위치를 차지하고 있다. 설교에서 성경이 해석되고 적용된다. 그러므로 설교는 성경적인 고정 위에(on) 근거하고 있으면서 그것으로부터(from) 구분되는, 해석 과정에 있어서 중심적인 행동이다. 또한 그들의 요리문답 교육과 교회 교육, 신학 연구, 경건문학 등등에 있어서, 종교개혁의 교회들은 전적으로 전승의 과정에 참여하고 있다.

그러나 이 과정의 신학적인 중요성에 대한 이러한 거의 전적인 성찰의 결여로 말미암아 불행한 결과들을 갖게 되었다. 상이한 전승들이 교회 내에서 작용한다: 특히 이른바 관점들은 그것들의 긍정적인 가치와 그것들의 제한된 인식 양자에 대해서 좀더 객관적이고 비판적인 평가를 감수할 수 있었을 것이다. 제 전승들은 "성경적인 기독교"로서 알려지기를 몹시 원하면서도, 부지중에 전승은 결정적인 역할을 수행한다. 후자가 사실로 나타날 수 있고 또 심지어 그렇게 되어야 하지만, 오직 전승의 과정의 토대와 목적과 한계들이 이해될 때에만 이것이 책임적으로 이루어질 수 있다는 사실은 불충분하게 인식되고 있다.

성경은 언제나 전달되고 해석된다. 이것은 그것으로부터 살고 그것을 전달하는 공동체 안에서 산다. 만일 이것이 그렇지 않다면, 이것은 역사 안에서 작용할 수 없을 것이다. 이것이 일깨워주고 또 그 안으로 삽입되는 해석적인 과정은 이것의 중요성이 그것의 역사적인 한계들을 훨씬 능가한다는 사실을 입증한다. 성경과 전승의 이중성은 영원이 우리의 역사 안으로 들어왔다는 사실을 표현한다. 그러므로 해석적인 과정은 우연적이거나 독단적이지 않다. 우리와 함께 역사를 통해 나아가시고 우리에게 자신을 계시하시며 우리와 만나시는 분이 하나님 자신이라는 사실을 믿는 사람은 이러한 토대 위에서 성경 안에 기록된 증언들을 통해서 말씀하시는 같은 성령이 해석 과정의 궁극적인 담지자와 관리자라는 사실을 믿는다.

여기에서 내려지고 있는 단언은 우리가 전달의 신학적인 필요에 대해 질문하게 될 때 좀더 구체적으로 된다. 왜 성경들을 전달하고 그 결과들을 기다리지 않는가? 그러나 성경은 중심적인 부분과 주변적인 부분들을 가진 언덕과 구릉과 평지로 가득찬 도서관이다. 그 안으로 들어가고 그것의 중심적인 전망을 발견하기 위해서 독자는 도움을 필요로 한다. 신자들의 공동체는 서론과 안내와 요약을 제공해야 한다. 이것은 그럼에도 불구하고 성령의 인도하심에 의존하면서 이루어져야 하고 또한 오랜 세월 동안 이루어져 왔던 대담한 사업이다. 증거를 위하여 우리는 초대 교회의 예전적인 신조들과 종교개혁의 신앙고백들, 요리문답들, 그리고 모든 종류의 다른 교회의 진술들을 지적할 수 있다. 전승은 성경의 설명적인 요약과 초록들을 준비하는 결코 끝나지 않는 과제이다.

전승의 마찬가지로 중요한 기능은 각각의 새로운 시대와 상황에 대한 성경 메시지의 적절성을 보여주는 것이다. 각각의 사람과 매 시대, 그리고 모든 상황은 유일하며 반복될 수 없다. 영원이 특정한 사람들과 시대와 상황들을 성경의 증언들 속에서 만나기 때문에, 재공식화는 계속해서 필요하다. 그리고 영원이 이 증언 속에서 작용하기 때문에, 이것 역시 이루어질 수 있다. 성경에 기록된 것은 원칙적으로 모든 사람들과 모든 시대를 위한 말씀과 답변을 포함한다. 그러나 이것은 전승 과정에서 해석적인 번역이 해명해야 하는 것이다. 더 깊은 만남들을 위해서 새로운 빛, 다른 강조, 상술(詳述), 요약들이 언제나 필수적일 것이다. 우리는 이것들을 설교와 종교 교육 속에서 목회적인 접촉들과 기독교 문학, 신학적인 성찰 등등을 통하여 받는다.(이 책 역시 전승 과정 속에서 작은 요소가 되도록 의도되었다!).

우리는 여기에서 성경 그 자체가 전승에 의해서 (불행하게) 왜곡되어야 하는 조화와 종합을 보여준다는 사실을 암시하지는 않는다. 우리가 주목한 대로, 성경 그 자체는 다양하게 강조된 전승들의 수집물이다. 모든 새로운 상황이 성경에서 같은 강조점을 가지고 발견될 수 있거나 그렇게 되어서는 안되는 계시적인 요소들을 해명하고 강화하는 것을 돕는다. 전승은 모든 상황들을 인식하고 모든 필요들에 답하기 위하여 복음의 본래적인 잠재성을 열어 놓는다; 이것은 인간의 삶의 전부가 이 복음에 의해서 얼마나 많이 이해되고 판단되고 용서되고 거룩하게 되는가를 보여준다.

예를 들어, 하나님의 위대한 행위들을 그들의 당대인들에게 이야기할 때 야휘스트들과 신명기 역사가들, 제사장적인 작가들과 역대기 기자들의 상이한 집필 경향들을 구약에서 주목하라. 혹은 유대인들(로마서, 갈라디아서)이나 헬라인들(골로새서, 에베소서, 히브리서), 혹은 영지주의자들(요한복음)에; 혹은 제1세대 기독교인들(바울)이나 혹은 다음 세대들(제2바울 서신들, 공동 서신들)에게 말할 때 신약에 나오는 용어들의 차이점들을 주목하라.

교회사는 이것을 계속하며 해석들에 대한 압도적인 개관을 제공한다. 이때에는 강조점이 그리스도의 인격에 있고(동방 정교회), 다른 때에는 그의 사역(서방 교회)에 있고; 지금은 예표로서의 그에게 있고, 다음에는 다시 그의 우주적인 중요성이나 혹은 개별적인 영혼에 대한 그의 길 위에 있다. 신비주의와 활동주의, 외향성과 내향성, 전통주의와 미래 지향성, 자기 칭의와 숙명론, 낭만주의와 현실주의, 회의주의와 사색주의가 문화와 시대의 분위기 속에서 계속해서 교체되고 지배적인 요소로서 (줄곧 가속화시키는 것으로 보이면서) 서로를 뒤따른다. 이러한 교대 속에서 많은 전통적인 기독교의 말씀들이 그들의 색채를 잃어버리고 새로운 말씀들이 그 자리에 나타난다. 이것은 재난이 아니라 필연과 부름이다. 교회사는 교회의 전달 활동의 역사이다.

그러나 이 전승을 고요하고 평탄한 사건으로서, 마치 예를 들어 부드럽게 흘러가는 시내나 성장하는 유기체와 같이 생각하는 것은 잘못된 일일 것이다. 교회사 전체가 이것을 반증(反證)한다. 정확히 해석은 종종 강조의 변화를 의미하기 때문에, 계시는 왜곡되고 변형될 위험 속에 있으며, 따라서 이것은 개혁적인 답변을 주는 대신에 그 시대의 관념과 이상들을 따르게 된다. 그 때에 계시는 자기의 길을 빨리 나아가는 대신에 방해를 받게 된다. 개인적이고 집단적인 많은 형태들 속에서, 기독교는 끊임없이 이런 위험에 압도당해 왔다. 만일 이것이 그렇지 않다면 이상할 수도 있다; 왜냐하면 이것의 내용들과 관련하여 계시는 우리의 열망들과, 또한 우리의 종교적인 열망들과 모순되기 때문이다. 인간은 이것을 자신의 열망들에 대한 무해한 성찰과 확증으로 바꾸기 위한 모든 기회를 포착할 것이다. 많은 전승들은 성령이 부정되고 억압되는 거짓된 전승들이다. 이것을 아는 사람들도 심지어 그리스도 사건이 여전히 실제로 이 세상에서 발판을 얻어왔는지, 그리고 기독교가 이것에 대해 인류를 면역시키기 위한 일관되고 성공적인 시도였는지를 질문하려는 경향을 가질 수도 있다.

그러나 정확히 이 질문이 질문되어 왔다는 사실과 이것이 규칙적으로 항의에 부딪치고 갱신되어졌다는 사실은 부정적인 답변 이상의 것이 요구된다는 암시일 수도 있다. 십자가에 달리신 그리스도가 또한 부활하신 그리스도라는 사실이 확실한 만큼, 우리는 성령의 길들 속에서 십자가가 최종적인 말이 아니며, 순수한 해석과 진정한 이해가 우리의 모순과 모호성을 압도할 것이라는 것을 확실히 믿을 수 있다. 그러나 함의에 의해서 이것은 또한 우리가 전승을 조화로운 발전으로 생각할 수 없으며 단순히 혼란과 우회 혹은 모순과 갈등의 측면에서만 생각할 수 있다는 사실을 의미한다.

조화롭고 유기적인 발전으로서의 전승 과정의 개념은 낭만주의 시대 이후로 로마 가톨릭 신학의 어떤 영역들에서 지배적으로 되었다. 그 토대는 묄러(J.A.Möhler)에 의해 놓아졌고, 쉐벤(M.J.Scheeben)과 뉴먼(J.H.Newman), 아담(K.Adam)과 많은 다른 사람들에 의해 계속되었다. 이 개념은 여전히 지지되고 있지만, 제2차 바티칸 공의회 이후로 좀더 큰 뉴앙스를 지닌 더 변증법적인 개념으로 대치되었다.

"전승"(*traditio, tradere*)이라는 용어 그 자체는 모호하다. 이것은 "전달하다" 뿐만 아니라 "배반하다"(betray)를 의미한다. 이러한 언어적인 유사성은 우발적인 것으로 보일 수도 있다. 그러나 양자의 경우에 그 자체의 배경으로부터 옮겨져서 전혀 다른 정황 속에 두어진 사람이나 사물이 존재한다. 전달과 배반은 정확히 서로 나란히 있으며 쉽게 같은 것으로 된다. 이탤릭체 표현인 *traduttore traditore*를 비교하라.

구약에서 전승의 과정은 결코 점진적이지 않다. 오랜 세월 동안 예언적인 야훼신앙의 전달은 바알숭배의 자연주의와 그 이후의 도덕주의적인 율법주의(야훼신앙의 율법적인 측면에 대한 지나친 강조)에 의해서 위협받았다. "참된" 선지자들과 "거짓된" 선지자들 사이의 충돌은 두 반대되는 전승들 사이의 충돌이었다. 신약에서 파라디도나이라는 동사가 대부분 긍정적으로 사용되고 있지만, 파라도시스라는 명사가 더 자주 부정적으로 하나님의 말씀을 거스리는 사람들의 거짓된 전승으로서 사용된다는 것은 주목할 만하다(막 7:1-13; 갈 1:14; 골 2:8). 신약은 또한 처음부터 전승들의 충돌을 보여준다: 유대교와 바울, 영지주의와 요한.

교회사를 모순되고 상반되는 해석들의 역사로서 묘사하는 것이 어려운 일은 아닐 것이다. 그리고 신적으로 전복하는 계시의 능력이 잘못된 해석과 체제 순응주의에 의해서 억압되고 무해한 것으로 해석되어지는 역사로서 그 전체를 간주하는 것도 상당히 가능한 일이 될 수 있을 것이다. 대체로 이것은 연속적이고 동시적인 헬라화, 윤리화, 독일화, 국민화(化), 스콜라주의화의 역사로서 묘사될 수 있다. 키에르케고르와 프란츠 오버벡과 같은 사람들이 교회사에 대해 언급한 것을 생각해 보라! 교회의 참된 역사는 대체로 고립된 개인들과 순교자들 그리고 소수파들의 역사였다.

　이 문제들에 대한 우리의 조사는 우리를 최종적이고 모든 것 중에서 가장 어려운 질문으로 인도한다: 우리는 어떤 기준을 사용하는가? 우리가 참된 전승을 어떻게 인정할 수 있는가? 참된 해석의 길이 어디에 있는지를 우리가 어떻게 결정하는가? 혹은 좀더 정확히 말하면, 그 길은 어디에 있는가? 그 이유는 사람과 시대와 문화의 커다란 차이들로 말미암아, 계시는 오직 다수의 전승들 속에서만 전달될 수 있기 때문이다. 이러한 다수성은 너무나 다양해서 여기 혹은 지금 옳은 해석인 것이 다른 곳에서나 후대에는 충분하지 않거나 요점에서 벗어나 있거나 혹은 심지어 기만적인 것이 될 수도 있다.

　바른 방향으로부터 나와서 그곳으로 가는 길들을 어떤 제도나 기관이나 사람이 엄연하게 우리에게 보여줄 수 있는가? 동방 교회는 이렇게 답변한다: 원래의 나누어지지 않은 교회의 공적인 선언들, 구체적으로 니케아(325)로부터 니케아(787)까지의 일곱 차례의 공의회들의 교리적인 선언들. 이 답변은 우리가 많은 다가오는 세기들의 변화하는 도전들과 투쟁들에 대처하는데 도움을 줄 수가 없다; 이것은 전통주의와 화석화로 나아간다. 로마 가톨릭 교회의 답변은 참된 전승은 주교들의 공적인 교도권에 의해서 결정되고 특히 교황의 무오한 교도(敎導)직에 의해서 결정된다는 것이다. 그러나 이러한 교도직은 우리가 볼 때에, 성경적인 예언적 해석들을 거절하는 반면에(예를 들어 종교개혁) 이상한 성장을 재가해 준다(예를 들어 마리아 숭배 교리)는 고찰로 말미암아 이러한 권위를 정당한 중재자로서 인정하는 것을 불가능하게 만든다.

　세번째 답변은 다양한 형태로 나타나는데, "성령주의적인" 집단들과 운동들에 의해서 주어진다: 그들은 성령에 의해 인도되는 개인의 내적인 빛을 결정적인 것으로 간주한다. 그러나 이러한 권위는 너무나 개인주의적이고 주관주의적이며, 성령과 인간의 영을 흐리게 만드는 것에 대해 거의 아

계시-16. 고정과 전달(성경과 전통) *169*

무런 저항도 하지 못하여서, 주관주의적이고 독단적인 전승들에 대한 반(反)권위로서 결코 봉사할 수 없다.

 종교개혁적인 답변은 성경에 기록된 것처럼 오직 계시만이 상이한 전승들의 중재자로서 행동할 수 있는 반(反)권위가 될 수 있다는 것이다. 원칙적으로 우리가 성경과 전승 사이의 보완적인 관계에 대해 언급해 온 것을 고려하여 우리는 이것을 유일하게 가능한 답변으로서 고려한다: 이것들 사이의 적절한 상호작용은 오직 전승들이 계속해서 성경의 빛에 의존하고 그것들을 그 속에서 평가함으로써 정당하게 될 때에만 가능하다. 그러나 우리에게 있어서 이 답변은 이것이 교의학에 관한 대부분의 종교개혁적인 책들 속에서 갖고 있는 자명성을 상실해 버렸다. 그 이유는 중심적인 계시의 핵심들 이외에도 성경이 다양한 상이한 해석들을 포함하고 있다는 사실을 우리가 알고 있기 때문이다. 우리는 이 가운데 어떤 것에 의존할 수 있는가? 모든 사람이 전승 과정에서 그 자신의 입장에 근거하여 선택을 내린다. 모든 이교도들이 그들 자신의 본문을 가지고 있다.

 성경이 전승들의 모순 속에서 중재자로서 직접 그리고 쉽게 사용될 수 없다는 것은 실제로 사실이다. 종종 사실상 심판관은 스스로 선창 안에 앉아 있는 것으로 보인다. 그러므로 이러한 반(反)권위인 성경은 우리가 이 전승 과정 속에서 서 있기를 원하는 곳과 관련하여 우리 자신이 선택을 내려야 하는 것으로부터 우리를 면제(免除)해주지 않는다. 그러나 교회사는 성경이 다시금 반복해서 인도하고 정정하고 해방시키는 반권위로서 행동해 왔다는 암시들로 가득 차 있다.

 우리 자신의 견해들과 욕망들을 위하여 성경을 불법적으로 사용하는 것과 이것이 실제로 말하는 것에 의해서 기꺼이 인도를 받는 일 사이에는 미묘하지만 심오한 차이가 존재한다. 전승들은 수신인들의 상황을 고려하는 한편으로, 그를 자유롭게 반대하는 계시의 권위를 가지고 이것들이 특별히 그를 대면시키는 한도 안에서 좀더 충분하다. 성경에 대한 진정하고 정당한 의존의 인증(認證)은 스스로 그것으로 향하는 전승이 복음의 핵심인 십자가를 반향(反響)한다는 사실이다.

그러나 모든 전달자가 자신의 양심 속에서 확신적이 되어야 하는 그것에 대한 이러한 인증은 모두에게 쉽게 이해될 수 있는, 용이한 "성경적인 기준"이 아니다. 이것은 마술적인 공식과 더불어 모든 혼란에 종지부를 찍을 수가 없다. 우리가 역사 안에서 계시와 더불어 취하는 모든 새로운 걸음은 우리가 이전에는 가지 못했던 지역으로 들어가는 걸음이다. 의심에 사로잡힌 전달자가 성경의 전승들의 참된 의미를 (반복하지 않고) 지속해 나간다는 확신에 단순히 머물러 있을 수 있는 때가 있다. 여기에서 그는 전승의 이전 세기들 속에 있는 성령의 길들에 의해서 지탱된다. 마찬가지로 그리스도의 전(全)교회는 성령이 그 길을 알고 지시하시기 때문에 그가 규칙적으로 최종적인 결정뿐만 아니라 필수적인 정정을 수행하신다는 확신에 의해서 전승의 이러한 역류들 속에서 유지된다.

여기에서 제시된 성경과 전승 사이의 관계에 대한 논의는 교의학에서 이것에 의해서 대체로 의미되었던 것과 단지 부분적으로만 일치한다. 그 이유는 "전승"이라는 용어가 두 가지 의미를 갖고 있기 때문이다: (1) 트라디툼(*traditum*) 혹은 트라덴둠(*tradendum*), 즉 전달되거나 전달되어야 하는 것; (2) 트라데레(*tradere*), 즉 전달하는 행동. 때때로 이것들은 *traditio passiva*(수동의 전달) 혹은 *activa*(능동의 전달)로 구분된다. 우리는 트라덴둠이 (아주 넓은) 정경 속에서 전적으로 발견되고 따라서 성경의 내용 이외에 그 자체의 내용을 갖고 있지 않다는 사실을 전제로 한다. 이런 이유로 해서 우리는 전달의 행동의 문제에 집중하였다. 그러나 로마 가톨릭 진영과 그것의 신학 속에서 사람들은 성경에 포함된 것과 나란히 트라덴둠에 대해서 언급한다. 이것은 "성경과 전승"의 병치에 대하여 전혀 다른 의미를 제공한다. 그 때에 문제가 제기된다: 성경 안에서 발견되지 않고 그 밖에서 발견되는 신앙의 양상들이 존재하는가? 만일 그렇다면, 이것들은 무엇인가? 로마 가톨릭 신학은 계시의 두 원천에 대해서 언급한다. 개신교 신학은 이것에 반하여 오직 성경만(*sola Scriptura*)을 제시한다. 비록 문제의 이러한 공식이 우리의 것은 아니지만, 우리는 이와 관련하여 이것에 대해 무언가를 언급해야 하며, 이것이 교회의 논쟁들 속에서 커다란 역할을 수행하였고 여전히 상당한 정도로 수행하기 때문에 더욱 그러하다.

신약에서, 파라디도나이와 파라도시스가 긍정적인 의미로 사용될 때, 이것들은 사도들에 의해서 전달된 것처럼 케리그마의 내용으로서 예수 그리스도의 사건을 가리킨다(눅 1:2; 행 16:4; 롬 6:17; 고전 11:2, 23; 15:3, 그리고 다른 구절들). 이 트라디툼은 고정적이고 전적으로 그리스도 중심적이다. 그러나 공식은 결코 획일적이지 않다. 이것에 대한 초기의 요약들은 예를 들어서 로마서 1:3f.; 고린도전서 8:6; 12:3; 15:3ff.; 빌립보서 2:11; 요한일서 4:15에서 발견된다. 전달의 직접적인 시작의 과정 속에서 이 핵심은 상당히 다양한 개념과 용어들 속에서 표현되고 상술되고 적용되고 강조된다. 아마도 초대 교회의 "선지자들"은 성령의 기관으로서 특정한 상황에 대한 하나님의 구원과 계명들을 실현하면서, 여기에서(행 11:27; 13:1f.; 고전 12:28ff. 등등) 큰 역할을 수행하였을 것이다. 그러나 이들과 나란히 또한 거짓 선지자들이 일어났으며 따라서 영들을 분별해야 할 중대한 필요가 야기되었다.

이 문제는 스스로를 진정한 해석적인 번역물로 나타냈고, 그 주장을 뒷받침하기 위하여 더 많은 글들과 구전 전승들에 호소하였던 영지주의와의 충돌 속에서 2세기에 절정에 도달하였다. 이것의 주된 대적자들은 이레나이우스(*AH*)와 터툴리안(*De praescriptione haereticorum*)이었는데, 그들은 성경과 전승(교회)의 관계를 조사하였다. 동일한 성령이 그들 양자 안에서 역사하셨다. 교회는 성경으로부터 살며 교회만이 성경을 이해한다. 성경을 이해하기 위해서는 신앙의 규칙(*regula fidei*), 즉 성경의 이해를 위해 교회가 만든 요약된 지침들에 의해서 나아가야 한다. 모든 강조가 성경과 교회의 해석 사이의 상호작용 사이에, 그리고 우리가 전승을 요약하고 초록하는 기능이라고 불렀던 것에 오게 된다. 영지주의와의 격렬한 투쟁의 심화된 결과는 전승의 개념 속에서 보존의 요소, 즉 환언하면 되돌아가는 조망이 해석적인 의무를 대치하였다는 사실이었다. 오랜 세월동안 전승에 대한 논의는 레렝스의 빈센트(Vincent of Lerins)(그의 *Commonitorium*, A.D. 434, 2:5)의 정의에 의해 지배되었다: "모든 곳에서 언제나 모든 사람에 의해 믿어져 왔던 것."(이 공식을 가지고 그는 어거스틴의 "신발명품들"에 종지부를 찍기를 원하였다!)

이것은 중세 후기 시대에 이것이 모호한 길을 발견하였던 막다른 골목으로 전승의 교리를 이끌었다. 교회의 교리와 실천은 성경에서 직접 파생될 수 없었던 너무나 많은 요소들을 포함하였다(7성례전 가운데 5가지, 유아 세례, 필리오케, 등등). 이 요소들을 정당화하기 위하여 사도들의 시대로부터 유래하는 별개의 구전 전승의 관념에서 피난처를 찾았다. 이러한 신념은 근원에 있어서 영지주의적이었고 교부들에 의해서 거부되었다(오리겐과 바질의 예외가 있지만). 이제 아직 역사적으로 생각해 보지 않았던 문화 속에서 전승을 위한 별개의 영역을 만들어내는 것이 필수적으로 되었다. 따라서 로마 가톨릭의 "두 원천" 교리가 야기되었다. 트렌트 공의회는 성경의 책들 이외에 "사도들이 그리스도 자신으로부터 받았거나 혹은 손에서 손으로 전달된 것처럼 성령의 영감 아래에서 이것이 사도들로부터 전달되었고, 그렇게 해서 우리에게 내려온 기록되지 않은 전승들"에 포함된 한에서 "동일한 충성됨과 존경으로"(D 1501) 그 진리를 인정하고 경모한다고 선언하였다. 계시의 두 원천들은 이렇게 해서 서로 나란히 놓여진다. 두번째 원천의 내용은 더 이상 지시되지 않는다. 모든 더 이상의 지시는 역사적으로 입증될 수 없었을 것이다. 내용에 대한 이러한 상술은 이렇게 해서 다른 곳으로부터 와야 할 것이다. 제1차 바티칸 공의회는 오직 교황만이 사도적인 전승을 무오하게 결정할 수 있다고 선언하였다(D 3074). 그 당시의 교황인 피우스 9세는 "나 자신이 전승이다"라고 주장하였다.

한편 묄러 이후로 로마 가톨릭 신학에서 또 다른 전승의 개념이 나타나기 시작하였다. 두 원천설은 계시가 다양한 진리들의 지적인 전달이라는 사실을 너무나 지나치게 제시하였다. 이와 대조적으로 계시는 하나님과의 친교이며 신적인 삶의 수여라는 사실이 점차적으로 단언되었다. 전승은 비록 기본적인 것이기는 하지만, 여기에서 삶의 흐름으로, 즉 성경이 그것의 한 가지 요소가 되는 발전의 유기적인 과정으로서 간주되었다. 그러나 이러한 반대되는 사상의 흐름의 결과는 전통적인 접근방법과 모두가 상당히 다른 것은 아니었다. 양자의 경우 모두에서 계시는 그것의 성경적인 위탁 이상의 것이며 무엇이 계시에 속하는지를 교회의 교도권이 결정한다. 그러나 구전적인 사도적 전승들의 관념은 점차적으로 버려졌다.

20세기에 와서 로마 가톨릭 성경 연구의 부흥은 점점 더 사람들을 성경에서 아무런 근거도 발견될 수 없는 소위 계시적인 진리들에 대해 비판적이 되도록 만들었다. 많은 사람들이 성경을 질료적인 원리로, 교회의 전승을 계시의 형식적인 원리로 간주하고 싶어한다. (트렌트 공의회가 구전 전승에 대하여 특정한 내용을 제공하지 않기 때문에, 사람들은 그것의 선언을 이런 식으로 해석할 수도 있다.) 이 개념들은 이레나이우스와 터툴리안의 개념들에 근접해 있다. 그러나 두 원천 이론은 결코 부인되지 않았으며 최근의 몇몇 교황의 선언들 속에서 나타나고 있다.

「신적인 계시에 관하여」(*De divina revelatione*)라는 헌장에서, 제2차 바티칸 공의회는 성경과 전승의 관계를 새롭게 표명하였다. 여기에서 지배적인 것은 하나님의 자기-수여로서의 계시 개념이다. 두 자료에 대한 언급은 여기에 어울리지 않는다. 트라디티오(*traditio*)가 단수로 사용되며 신적인 계시의 전달(*divinae revelationis transmissio*)로서 이해된다(cap. II). 이 트란스미시오(*transmissio*)는 성경에 대한 계속적인 더 깊은 이해에 이르는 유기적인 성장 과정으로 이해된다(II 8). 그러나 교황의 주장에서 "따라서 교회가 계시의 전체 내용에 대한 자신의 확신을 끌어오는 것은 거룩한 성경으로부터만이 아니다"(II 9)라는 문장에 뒤이어 트렌트 공의회로부터의 인용(D 1501; 위를 보라)이 이어졌다. 이 부가문은 이것이 전통적인 두 원천 이론 속에서 가지고 있는 의미에서 지금까지 언급된 모든 것을 다시 해석할 수 있는 가능성을 열어놓고 있다. 따라서 공적인 로마 가톨릭의 입장은 이 주제에 대해 불분명하게 남아 있다. 그러나 전혀 불명료하지 않고 결정적으로 중요한 내용이 이어진다(II 10): "기록된 것이든 내려온 것이든 간에 하나님의 말씀을 진정으로 해석하는 직책은 교회의 살아있는 교도직에만 위탁되어 있다."

거룩한 성경의 명료성의 교리를 견지하고 있는 전체 종교개혁은 성경이 전승에 의해 보충되어야 한다거나, 혹은 교회가 그 자체 안에서는 불명료한 성경을 해석해야 할 것이라는 관념을 격렬하게 반대하였다. 예를 들어 벨기에 신앙고백 제7조를 보라: "아무리 이 사람들이 거룩하게 될 수 있다 하더라도, 우리는 사람들의 어떤 글이 저 신성한 성경과 같은 가치를 가질 수 있는 것으로 고려할 수는 없으며, 관례나 다수나 오래된 것이나 시대와 사람들의 계승이나 공의회나 명령이나 법령들이 하나님의 진리와 같은 가치를 가지고 있는 것으로 생각해서도 안되는데, 그것은 진리가 모든 것 위에 있기 때문이다." 이것은 종교개혁이 새롭고 정당한 재해석과 더불어 나타나는 것을 가능하게 해주었다. 그러나 심지어 종교개혁도 역사적으로 생각하지는 않았으며, 따라서 그 관심은 일방적이고 성경주의적으로 과거지향적인 것이었다.

19세기 이후로 현대의 역사적 사고와 성서학 분야에서의 전승사적인 방법의 발원은 현대 개신교 신학에서의 성경-전승 문제의 표명에 있어서 상당한 다양성에 이르게 되었다. 이러한 다양성은 세계교회협의회에서의 동방 교회와의 접촉을 통하여 더욱 뚜렷하게 되었다. 더 새로운 개념들이 제4차 몬트리올 신앙과 직제 협의회(1963)의 두번째 부분의 보고서("성경과 전승, 그리고 전승들")에서 다소간 공식적으로 표현되었다. 여기에서는 이렇게 선언되었다: "전승(the Tradition)은 교회 안에서 교회에 의해 세대에서 세대로 전달된 복음 그 자체, 즉 교회의 삶 속에 현존하시는 그리스도 자신을 의미한다. 전승(tradition)은 전승의 과정을 의미한다"(par. 39). 그리고: "우리는 성경 안에서 증거되고 성령의 능력을 통하여 교회 안에서 교회에 의해 전달된 복음의 전승(the Tradition)(케리그마의 파라도시스)에 의해서 우리가 그리스도인으로서 존재한다고 말할 수 있다"(par. 45). "그러나 성령의 활동인 이 전승(Tradition)은 전승들 속에서 구현된다"(par. 46). 전승들의 정당성을 판단하기 위한 최종적인 규범에 대해서, 개신교도들과 정교회는 몬트리올에서 일치에 도달할 수가 없었다. 개신교도들은 부분적으로는 "전체 성경" 안에서, 부분적으로는 "성경의 중심"에서 궁극적인 규범을 찾았다(par. 53).

신학적으로 이 관점들이 함께 근접하고 있지만, 차이점의 핵심이 사라지지 않고 있다는 것은 분명하다. E. Flesseman-van Leer, "Plaatsbepaling in de hedendaagse discussie over de traditie," in *Nederlands Theologisch Tijdschrift*, Feb. 1967: 그리고 역사적인 전망에 대해서는: J. N. Bakhuizen van den Brink, *Ecclesia*, II(1966), arts. 1-7를 보라. 그럼에도 불구하고 사람들은 전통적인 과거지향적인 전승의 개념에 머물러 있다. 다수의 전승들을 받아들일 준비가 있는지에 대한 것은 말할 것도 없거니와, 지속적인 해석의 도전과 이것의 유효성을 판단하기 위한 규범에 대한 문제는 아직 필요한 주목을 받지 못하고 있다(비록 몬트리올이 50장과 56장에서 이 문제를 다루고 있지만). 특별히 로마 가톨릭의 두 원천 이론, 즉 로마 가톨릭 교회에 의해서 아직도 거부되지 않고 있는 교리를 둘러싼 싸움은 우리가 보기에 이 문제를 더 광범위하고 더 낮고 더 생산적인 방식으로 제기하지 못하도록 서방 교회와 신학의 에너지를 빼앗아 가버렸다.

한편, 이 문제는 이전보다 더 큰 힘을 가지고 20세기의 우리들에게 제시되고 있다. 19세기는 근대의 시대 정신과 강렬하게 대결하던 시대였다. 제1차 세계대전 이후에 이러한 관심의 결과로 트리덴툼의 유일성과 독특성이 상실될 위험에 처하게 되었다는 사실을 발견하게 되었다. 이것은 소위 "성서 신학"으로 불리는 것에 대한 새로운 관심으로 나아가게 되었다. 오늘날 제2차 세계대전 이후에, 세속주의의 영향력이 새로운 힘을 가지고 단언될 때, 우리는 해석적인 표현을 위한 내용과 규범들로부터 현대의 해석적인 전달의 개념들과 강조점들에로 나아가는 변화를 다시 주목하고 있다. 이러한 진자 운동은 전승의 개념의 두 측면의 자연적인 결과이다. 바울은 "성령을 소멸치 말며 예언을 멸시치 말고 범사에 헤아려 좋은 것을 취하고"(살전 5:19f.)라고 기록하였다. 이러한 이중적인 도전이 기독교 교회를 물러나서는 안되는 긴장 관계 속에 두고 있다. 교회가 여기에서 물러날 수 있는 온갖 종류의 길들이 존재하며, 교회는 아주 종종 — 성서주의적으로, 전통주의적으로, 그리고 신령주의적으로, 등등 — 굴복하였지만, 이것은 언제나 교회의 소명을 희생하여 왔다.

17. 계시의 일시적인 성격

우리는 계시의 개념에 대한 우리의 논의의 결론에 이르게 되었다. 여기에서 우리의 목표는 자료 전체를 위한 무대를 설치하는 서론을 제공하는 것이었다. 그러나 이미 처음에 우리는 이 개념에 수반되는 난점들을 언급하였다. 이 난점들은 주제에 대한 각각의 연속적인 서술과 더불어 더 분명하게 되었다. 현세성과 은폐성, 상징적인 성격, 성령의 역할, 그리고 역사와 전승의 기능에 대한 논의를 생각해 보라. 이것은 우리가 기독교 신앙 속에서 경험되는 하나님과의 만남을 포착하기 위하여 "계시"라는 용어를 단순하고 자명하게 사용할 수 없다는 사실을 분명하게 해 주었다.

만약 우리가 이 용어를 사용한다면, 우리는 이것을 더 명확하게 하고 또한 계시를 "은폐된", "간접적인" 등등으로 말함으로써 이것을 한정하기 위하여 즉시로 형용사를 필요로 한다. 이러한 병치는 계시의 개념을 거의 파괴한다. 전적으로 그렇지는 않다. 신앙은 계시에 대하여 말하는 것을 은폐성과 간접성 속에서 충분히 정당하게 인식한다. 그러나 더 많은 것을 염원하고 기대하는 것도 역시 충분히 정당하다. 자신을 간접적으로 은밀하게 계시하시는 이 하나님과의 친교는 그가 우리와 더불어 훨씬 더 직접적이고 더 충만한 만남으로 가는 도중에 계시다는 신뢰와 확신을 우리 안에 불러일으키는데, 이 만남 속에서 그의 존재의 광채가 현재의 두터운 안개를 뚫고 비치며 우리는 그를 "얼굴과 얼굴을 대하고" 보게 될 것이다.

그러므로 우리가 이제 이것을 "일시적인" 것으로 아는 대로, 우리는 은폐되고 간접적인 계시의 교제를 요청할 수 있고 또 요청해야 한다. 이 용어와 더불어, 우리는 이 친교의 형태가 일시적이고 임시적이며 불완전한 것이라고 말할 뿐만 아니라, 이것이 더 높은 친교를 준비하고 또한 이러한 접촉 속에서 하나님께서 그의 미래 속에 우리를 위하여 모아놓으신 것, 즉 드디어 충분하고 실제적으로 계시라고 불리어지는 것을 기대하게 된다.

따라서 우리가 계시로서 알고 있는 것을 "일시적인" 것이라고 부르는 것을 피할 수 있는 방법은 존재하지 않는다. 동시에 우리는 그렇게 해서 우리가 최종적인 답변들을 제시할 수 없는 일련의 새로운 질문들을 상기시킨다는 사실을 알게 된다.

우선 우리는 우리가 알고 있는 인간 존재의 유일한 형태 속에서 우리가 그런 감추어지고 간접적인 방식으로 하나님과 접촉하는 일이 왜 일어나는지를 알고 싶다. 우리는 한 가지 이유가, 탕자와 같이 우리가 아버지의 집을 떠났다는 사실에 기인하고 있는 우리의 죄라는 사실을 알고 있다. 그러나 우리는 이것이 우리 인간 존재의 지상성과 역사성과 매우 밀접하게 연결되어 있다는 사실을 또한 알고 있다. 그런데, 또한 죄는 별문제로 하고, 하나님은 이생에서는 그가 우리를 위하여 창조하신 운명을 실현하실 수 없다. 우리에게 불가해한 어떤 이유로 해서, 그가 원하지 않으시기 때문에 그는 하실 수 없다. 분명히 그는 자기의 피조물들과 더불어 어떤 과정을 통과하여 지나가기로 결정하셨다. 우리가 믿음에 의해 계시로 알게 된 것으로 인하여, 우리는 이 과정을 알고, 그가 스스로 그 안에 계신다는 사실을 알며, 또한 먼 곳으로부터 이러한 과정의 운명을 역시 알고 있다.

우리가 계시의 관점에서 이것을 볼 때, 우리가 혹시 이 과정의 목표에 대하여 더 많은 것을 말할 수 있겠는가? 성경의 용어로 우리는 "얼굴과 얼굴을 맞대고" "하나님을 본다"고 익숙하게 말한다. 희미한 것이 걷히고, 비늘이 우리 눈에서 떨어지면, 우리는 하나님의 마음을 보며 그럼으로써 모든 실재의 중심을 보게 된다. 그러면 완전한 지식에 대한 우리의 갈증은 영원히 충분하게 충족될 것이다. 그러나 이것들은 우리가 우리의 현재의 불완전한 지식의 세계로부터 두게 되는 모든 제한적인 개념들이다. 제한적인 개념으로서 이것들은 더 이상의 아무런 명료성도 갖고 있지 않다.

한편, 인간으로서 우리는 완전한 지식 역시 그 자체의 한계들을 지니지 않으리라고 거의 상상할 수 없다. 하나님과의 직접적인 접촉이 피조물에게 여전히 생각될 수 있는가? 그것은 우리 피조물적인 존재의 종말이 아니겠는가? 영원을 통한 하나님과 우리의 친교는 중개적이며 간접적인 것이라고 우리는 가정해서는 안되는가? 우리는 한 사람, 즉 인간이 되신 그리스도를 향하지 않고 다른 방법으로 여전히 하나님을 알 수 있겠는가? 우리는 심지어 우리가 역사적인 존재가 되는 것을 그만둘 것인지의 여부를 물어볼 수도 있을 것이다. 그러나 어쩌면 우리는 또한 충분한 계시를 영원히 더 깊게 관통하는 점진적인 발견으로서 생각해야 할지도 모른다. 이러한 고찰들은 현재의 계시적인 친교 속에서 일시적인 것으로 간주되어야 하는 것과 영원한 것으로 간주되어야 하는 것에 대하여, 그리고 기본적이거나 혹은 점진적인 것으로서 일시적인 것과 완전한 것 사이의 차이에 대하여 우리가 생각할 수 있는지에 대해 우리를 덜 확신하게 만든다. 그리고 덧붙여 말하자면, 이것들 사이의 차이는 정도의 차이가 될 수도 있을 것이다.

그러나 이러한 흐름을 따라서 생각하게 될 때, 우리는 종말론의 영역으로 옮겨가게 된다(58장을 보라). 불가피하게 그렇게 된 것은, 계시가 종말론적인 개념으로 보여질 수 있다는 사실이 밝혀졌기 때문이다. 그러나 우리는 우리가 내적인 서문으로 사용해왔고 신앙에 대한 이 연구의 토대로 삼았던 계시의 일시적인 성격으로 돌아감으로써 사고의 훈련을 마무리짓는다. 그것으로부터 우리는 6장에서 다른 맥락과 다른 관점에서 우리가 일찍이 내렸던 결론을 신앙에 대한 이 연구와 일반적인 조직신학을 위하여 한 번 더 도출할 필요가 있다. 즉 만약 계시가 일시적이라면, 인간의 신앙 응답은 심지어 훨씬 더 그러하며, 따라서 그것에 대한 개념적인 반성(反省)은 전적으로 일시적이다. 그러한 이유로 해서 폐쇄된 체계는 교의학적으로 불가능하다. 그것은 체계화되어야 하는 바로 그 자료와 모순될 것이다. 체계화는 사실 반성의 한 측면이다. 그러나 그 단편성과 불완전성으로 인하여 이것은 이것이 나아가게 되는 계시의 일시적인 성격을 성찰해야 할 필요가 있다. 반성하는 주체(교회, 집단, 개인)가 반성의 대상을 지배하면 할수록, 점점 더 이것은 폐쇄된 교리 체계가 될 것이다. 심지어 이것은 종말론적인 진리를 예기(豫期)할 수 있다는 착각을 불러일으킬 수도 있다. 그러나 역사와 반성이 계속되고 그것의 의도치 않은 일시적인 성격이 명백하게 될 때 체계는 무너진다. 교의학자가 그의 구상의 일시적인 성격을 확신하면 할수록, 그의 작품에서 영속성의 표준의 가능성은 점점 더 커진다.

 구약성경이 "계시하다"를 위한 중심적인 용어를 갖고 있지 않다는 사실이 좀더 자주 주목되어 왔다. 이 관념 자체는 물론 존재한다. 이것은 다양한 방식으로(갈라, 라아, 야다, 야라, 다바르, 아마르 등의 동사 형태로) 묘사되고 있다. 구약의 증인들은 중심적이고 포괄적인 개념에 대한 필요를 느끼지 않은 채로 매우 다양한 신적인 만남 속에서 살았다. 모세가 하나님의 계시의 충만한 영광을 견딜 수 없었던 출애굽기 33:18-23을 우리는 상기하게 된다. 그리고 신약에서도 이것은 실제로 다르지 않다. 그러나 여기에서는 미래의 계시에 대한 기대가 특별히 강한 반면에, 현재의 계시는 때때로 의도적으로 경시된다. 즉 "우리는 아직 '보지' 못한다"(롬 8:24; 히 2:8; 11:1과 기타)거나 혹은 "지금은 우리가 거울로 보는 것같이 희미하나"(고전 13:12), 혹은 "우리가 어떻게 될 것인지는 아직 나타나지 아니하였으니"(요일 3:2)와 같다.

계시와 계시하다를 뜻하는 용어들(아포칼립시스, 아포칼립테인, 에피파네이아, 파네로운, 파네로시스)은 실제로 역사 속에서의 계시와 자주 관련되지만, 이것들은 종말론적인 계시를 주로 지칭한다. 예를 들어 누가복음 17:30; 로마서 8:18f.; 고린도전서 1:7; 골로새서 3:4; 데살로니가후서 1:7; 2:8; 디모데전서 6:14; 디도서 2:13; 베드로전서 1:5, 7, 13; 4:13; 5:4를 보라. 이러한 용어들의 사용은 현재를 위한 중심적인 계시, 즉 예수 그리스도 안에서, 정죄받고 수난당한 인간 안에서 일어났으며, 완전한 계시의 예기로서의 그의 부활이 출현을 통하여 소수의 사람들에게만 간접적으로 알려지게 되었다는 사실과 관련된다. 혹자는 여기에서 계시를 바르게 말할 수도 있겠지만, 그것은 나중에라야 비로소 실제로 계시가 될 것의 "첫 수확"과 "공탁금"의 의미에서 그러할 것이다. F. G. Downing, *Has Christianity a Revelation?*; A. Richardson, *An Introduction to the Theology of the NT*(1958), 2장과 성서 신학에 관한 다른 책들을 보라.

교회사에서 계시가 일시적이라는 인식은 종종 변두리로 밀려났으나, 이것은 결코 사라지지 않았다. 이러한 의미에서 이것은 이레나이우스에서 상당히 많이 나타나는데, 그는 계시를 세 가지 수준으로 구별하였는데, 즉 구약에서, 그리스도를 통하여, 또한 종말에서이다(*AH* IV.20). 그리스도 안에서의 계시도 역시 일시적이며 앞을 향한다. "따라서 하나님의 말씀은 항상 개요들, 말하자면 다가올 일들을 보존한다"(*AH* IV.20.11). 점진적인 밝혀짐에 대한 그의 비전으로 인하여 그는 심지어 종말에는 하나님에 대한 점진적인 앎이 있을 것이라고 가정할 정도로까지 나아간다. "우리는 하나님의 은혜로 말미암아 이 가운데 어떤 것들(성경의 사실들)을 설명할 수 있는데, 우리는 사람들을 현세에서 뿐만 아니라 내세에서도 하나님의 수중에 맡겨 두어야 하는데, 그렇게 해서 하나님은 영원히 가르치시며 사람은 하나님이 그에게 가르쳐주시는 것들을 영원히 배우게 될 것이다"(*AH* II.28.3).

중세 이후로 도상의 신학(*theologia viae, viatorum* 혹은 *revelationis*)과 영광의 신학(*theologia gloriae, patriae* 혹은 *visionis*) 사이의 구분이 사용되었다. 토마스는 언제나 이것을 분명히 염두에 두고 있었는데, 그 이유는 오직 영광의 단계에서만 인간이 그의 피조물적인 한계들을 뛰어넘어 아주 높이 고양되어서 그의 본질 속에 계신 하나님(visio Dei per essentiam)을 볼 수 있을 것이기 때문이다. 계시에 대한 우리의 현재의 지식은 특별히 우리의 지상성에 의해 제한되는데, 물질적이고 필멸적이며 우리의 감각에 의존하고 있어서, 그의 은혜의 빛에 의해서조차도 우리는 하나님을 그의 본질 속에서가 아니라, 단지 그의 행동 속에서만(effectus) 알 수 있다. ST I, q. 12; cf. Summa contra Gentiles III, chs. 38-63을 보라.

희랍 교회의 교부들에게 호소하면서, 동방 신학은 본질을 통한(per essentiam) 하나님에 대한 종말론적인 비전의 교리를 거절하였다. 일련의 동방 교회회의들에 의해서 지지되었던, 토마스의 동시대인인 그레고리 팔라마스(Gregory Palamas)는 인간은 그의 본질 가운데 계신 하나님을 결코 알 수 없으며, 단순히 그에게서 발산되는 "에너지들" 속에서, 그리스도의 인간 본성 속에서, 은총의 본성 속에서만 그를 알 수 있다고 가르쳤다. V. Lossky, Vision de Dieu(1962)를 보라.

종교개혁 신학은 전적으로 다른 근거 위에서 토마스의 교리를 거절하였다. 이것은 지상의 피조된 실재가 아니라 죄를 하나님과의 완전한 영적 교제를 가로막고 서 있는 크고 유일한 장애물로 간주하였다. 그런데 은혜는 자연을 더 높은 수준으로 고양시키지 않고 타락한 자연을 회복시킨다. G. C. Berkouwer, The Return of Christ(E. T. 1972), pp. 374-381을 보라. 우리의 견해로는 로마 가톨릭 신학에 반대했던 종교개혁 신학은 우선 죄적인 측면을 바르게 제기하였지만, 그런 이유로 해서 존재론적인 측면을 거절함으로써 잘못을 범했다.

그러나 최근에, 이전 어떤 때보다도 더 계시의 일시적인 성격을 강조하는 사상의 흐름이 개신교 신학에서 발전되고 있다. 토마스의 동기와는 달리, 그것에 대한 개신교의 동기는 존재에 대한 역사주의적이거나 혹은 미래주의적인 견해이다. 판넨베르크와 다른 사람들이 저술한 「역사로서의 계시」(Revelation as History)를 보라. 다른 사람들 중에서, 판넨베르크는 다음의 명제들을 옹호하고 있다(pp. 123ff). "1. 성경의 증언에 의하면, 하나님의 자기-계시는 신현의 형태로 직접 일어나지 않았고, 역사 속에서의 신적인 행동들을 통하여 간접적으로 일어났다. 2. 계시는 처음에 일어나는 것이 아니라 계시의 역사의 마지막에 일어난다." 그가 2번에서 말하는 것은 사실임이 분명한데, 그 이유는 역사 과정에서의 모든 계시적인 요소들이 밝혀지는 것은 단지 마지막에서이기 때문이다.

몰트만도 마찬가지로 우리의 역사의 틀 안에서는 하나님의 자기-계시에 대해서 말할 수 없다는 결론에 도달하였다. 계시는 "현현"이 아니라 "약속"의 형태를 갖고 있다. 이것은 하나님의 종말론적인 하나님의 자기-드러내심을 가리킨다. *Theology of Hope*(E. T. 1967), 특별히 I, par. 2; 그리고 "Gottesoffenbarung und Wahrheitsfrage" in *Perspektiven der Theologie*(1968), pp. 13-35를 보라. 이와 비슷한 근거에서 *Zukunft und Verheissung*(1965)에서 자우터(G. Sauter)도 역시 드러냄(묵시)이 아니라 약속인 바, 그의 계시 안에서 "하나님의 행동들을 표현하는" "계시의 '아직-아니'"를 주장하고 있다(p. 367). 이러한 관념들은 계시를 공허하게 만드는 일을 초래할 수도 있었다. 그러나 이것은 특별히 판넨베르크와 몰트만에게서, 약속의 사건으로서의 예수의 부활을 크게 강조함으로써 예방된다.

하나님

18. 계시와 본질

하나님의 계시를 다루었으므로, 이제 우리는 위험을 무릅쓰고 하나님 자신에 대해서 말해야 한다. 한 주제에서 다른 주제로의 이러한 이동은 거대한 발걸음으로, 심지어는 도약으로 보일 수도 있을 것이다. 지금까지 우리는 하나님으로부터 오는 사건에 대해서 언급했다. 이제 우리는 사건에서 주체에로, 강에서 원천으로 옮겨간다. 하지만 이것은 실제로 그만큼 큰 발걸음인가? 우리는 전혀 보조를 내딛지 않는다고 말할 수도 있다. 계시에 대해서 말하는 것과 관련하여, 우리는 줄곧 하나님 자신에 대해서 말하지 않았는가? 계시는 하나님의 계시이거나 그렇지 않으면 전혀 계시가 아니다.

이러한 외관상으로 모순되는 방법 속에서 하나님과 그의 계시의 관계를 표명함으로써, 우리는 이미 이 주제의 중심부에 들어와 있다. 한편으로 우리는 계시와 하나님의 본질을 서로간에 충분히 가깝게 관련시킬 수 없다. 계시는 정의상 본질의 계시, 즉 자기-계시이다. 그러므로 하나님의 본질은 그의 계시로부터 알려진다. 우리가 앞의 항목들에서 계시의 개념에 덧붙였던 많은 제한들과 한계들은 이 명제로부터 벗어나지 않는다. 이것들은 우리에게 계시의 간접성과 단속성(斷續性)을 상기시켜준다. 그러나 이것들은 그것의 간접적이고 일시적인 성격 속에서 우리가 단순히 어떤 것, 어떤 측면, 신적인 신비의 어떤 부분이 아니라, 하나님 자신, 그의 중심, 그의 가장 깊은 본질을 인식한다는 사실을 부인하지 않는다. 우리는 거울로 보며 따라서 하나님을 얼굴과 얼굴을 대하여 보지 않는다. 그러나 우리가 그 거울로 보는 것은 예수 그리스도의 얼굴에 나타난 하나님 자신이다.

하나님의 계시는 그의 본질의 계시이다. 그것은 계시의 내용에 대해서도 사실이다. 우리가 계시 사건에서 만나는 하나님의 행동과 덕성, 그의 말씀과 속성들은 우리에게 하나님의 성품을 밝혀준다. 하나님의 이러한 속성들은 다음 항목들의 주제가 될 것이다. 그러나 만약 계시가 그의 본질의 계시라면, 그 진술은 단순히 계시의 내용에만 관련될 뿐만 아니라 계시의 사실에도 적용될 수 있다. 그래서 이것은 또한 스스로를 계시하기를 원하시며 그의 피조물들과 교제를 맺기를 원하시는 하나님의 본질에도 속한다. 그 자체로서 계시는 의사전달이다. 심지어 어떤 구체적인 내용은 별문제로 하더라도, 이것은 우리들에게 의사를 전하시는 하나님을 계시해 준다. 말하자면, 이러한 하나님은 완전히 살아계시며 그의 계시 행동 속에서 자기-실현을 발견하신다.

우리는 위에서 "한편으로"라는 말로써 표명된 사상의 흐름에 착수하였다. 그 이유는 지금까지 언급되었던 것에서 벗어나지 않은 채로, 더 많은 것이 언급되어야 할 필요가 있기 때문이다. 한편으로, 계시는 본질의 계시이지만, 다른 한편으로 하나님은 그의 계시 이상이신 분이다. 하나님의 **본질은 그의 계시를 초월한다**. 이것은 한 가지 이상의 측면에서 사실이다. 하나님의 계시는 인간 피조물들에게로 향하고 그것의 본성은 이러한 전달에 의해서 결정되고 제한된다. 어떤 피조물도 하나님의 본질의 무한하고 다함이 없는 풍부함을 자기의 것으로 삼을 수 없다.

하지만 그는 그의 본질을 우리들에게 계시하신다. 우리는 그의 마음을 바라본다. 우리는 하나님의 어떤 것을 만나는 것이 아니라 하나님 자신을 만난다. 그러나 동시에 그 자아는 접근하기 어려운 신적인 비밀들의 세계를 포함한다. 하지만 우리는 우리가 하나님에 대해서 알 수 있는 것과 더불어 충돌하는 이 무한한 세계들 속에는 아무것도 존재하지 않는다고 확신할 수 있다. 기하학에서 빌려온 도해를 이용한다면, 계시에서 우리는 하나님의 본질의 원으로부터 임의의 한 부분이 아니라, 진정한 중심에 도달하는 한 부분, 즉 한 조각을 갖고 있다. 그 조각이 아무리 작은 것이라 하더라도, 이것은 중심에 이르게 된다.

하지만, 우리가 "하나님의 본질은 그의 계시보다 더 크다"라고 말할 때, 우리는 우리가 "양적인" 문제라고 부를 수도 있는 것을 그렇게 많이 생각하지 않는다. 이 명제는 또한 더 본질적인 어떤 것, 즉 하나님은 계시의 행동이 생겨나는 주체라는 사실을 목표로 삼고 있다.

주체는 행동보다 앞서 있으며 그것을 가능하게 한다. 만약 계시가 본질의 계시라면, 논리적으로 본질은 선행하며 먼저 온다. 우리와의 관계에 의해서 결코 소진되지 않는 점에서, 주체는 이러한 관계를 초월하기 때문에 이 관계를 단순히 달성할 수 있다. 하나님이 그의 계시에 흡수되지 않고 그것과 동일하지도 않다는 사실은 정확히 계시 사건을 가능하게 만드는 전제 조건이다. 계시의 지평은 이 지평 속에서 바로 하나님이 나타나신다는 것이 사실인 만큼 확실하게 하나님 자신의 지평이 아니다. 주체로써 하나님은 그의 자기-계시의 행동을 초월하신다.

상기의 사실은 하나님이 이중적인 방식으로 계시 안에 나타나신다는 것을 의미한다. 한편으로 그는 모든 계시가 이 사건의 원천과 주인이라고 지시하는 분이다. 다른 한편으로 그는 모든 계시 속에서 스스로를 자기 밖에 있는 것에게 주시기 위하여 그의 장엄 가운데서 나타나시는 분이다. 하나님은 자유로우시고 주권적이시며 우리를 필요로 하지 않으신다. 그러나 동시에 그는 마찬가지로 혼자가 되기로, 즉 스스로가 전부가 되지 않기로 결정하신 하나님이시다. 그리고 그 결정은 그의 본질과 완전히 조화를 이룬다. 자유로우신 하나님은 영적인 교제를 수립하시기 위하여 그의 자유를 사용하신다. 주권적이신 분이 스스로를 주셨다. 그는 존재하는 유일한 분이 되기를 원치 않으신다. 그러나 이것은 그의 자유와 주권의 종말을 의미하지 않는다. 하나님이 스스로 존재하신다는 사실은 계시의 동반자 안에서 희생되거나 제거되지 않으며 그것을 통하여 정확하게 실현된다.

당분간 우리는 **초월과 겸손**이라는 다소 형식적인 용어들을 사용하여 두 가지 측면을 지적할 것인데, 왜냐하면 이 단락에서 계시의 사실과 본질의 사실의 형식적인 관계에 관한 질문을 다루기 때문이다. 다음 단락들에서는 이런 형식적인 관계에 대한 내용이 다루어질 것이며, 그 다음에는 "능가하고" "웅크리는" 초월과 겸손의 개념들이 좀더 특정한 개념들에 의해서 대치될 것이다.

성경에서 이 두 가지 측면은 지적인 문제로서라 하더라도 규칙적이지만 드물게, 그리고 거의 언제나 이 두 측면들 사이의 구분이 두 가지가 다 하나님의 한 가지 본질과 한 가지 행동 속에서 갖고 있는 통일성의 그림자 속에 전적으로 머물러 있는 그러한 방식으로 나타난다. 이 이중성은 이사야 57:15의 "지존무상하고 영원히 거하며 거룩하다 이름하는 자가 이같이 말씀하시되 내가 높고 거룩한 곳에 거하며 또한 통회하고 마음이 겸손한 자와 함께 거하나니 이는 겸손한 자의 영을 소성케 하며 통회하는 자의 마음을 소성케 하려 함이라"라는 유명한 말씀 속에서 나타난다. 우리는 "이스라엘의 거룩한 자"로서의 하나님에 대한 이사야의 묘사 속에서 또한 이러한 "양자의 일치" 사이의 긴장을 발견한다. 그리고 출애굽기 3:13-15에 나오는 야훼라는 신명(神名)의 해석에서 훨씬 더 큰 긴장을 발견한다.

한편으로는 하나님께서 "그의 이름이 무엇이냐?"라는 질문을 받아들이시기를 거절하시는 것이 분명하다. 그런데 그는 "나는 스스로 있는 자니라"라고 답변하시는데, 이것은 스스로 주체와 주님으로서 남아있기를 원하시며 조종되기를 거절하시는 분의 파악하기 어려운 동의어 반복이다. 다른 한편으로, 이 이름은 또한 "내가 너희와 함께 있을 것"이며 너는 나의 구원의 현존을 경험할 것이라는, 즉 "네 조상들의 하나님"(15절, cf. 또한 12절)이라는 이름과 실질적으로 동일한 이름으로 만들어주는 약속을 포함하고 있다. 여기에서 이중의 고리는 또한 종종 하나님께 사용되는 "표호"(表號)라는 칭호의 기조(基調)이다.

동방에서는 이름은 본질의 계시이다. 본질과 계시는 이름 속에 포함되어 있다. 그가 우리에게 도달하시는 것과는 별개로 하나님의 주권을 일방적으로 표현하는 것처럼 보이는 한 가지 개념이 있다. 그것은 히브리어 카보드와 희랍어 독사인데, 둘 다 영광으로 번역되고 때로는 "영예"로 번역된다. 이 용어들은 특별히 하나님의 초월성을 표현한다. 그러나 그 초월은 결코 그의 겸손과 별개로 고려되지 않는다. 그의 카보드는 그의 이름 속에 구체화되어 있고, 그의 성전에서 나타나며, 그가 자기 백성에게 주시는 구원 속에서 실현된다(예를 들어 시 29편을 보라). 그리고 천사들이 첫번 성탄절 밤에 노래하였던 독사는 우리를 위한 "땅 위의 평화"(눅 2:14)를 의미하는데, 우리가 "그리스도의 얼굴에서"(고후 4:6)) 알게 된 것이 바로 이 독사이며, 아주 역설적으로 요한복음에서는 십자가에 달리신 예수 그리스도의 죽음과 연결되어 있다(독사제인이라는 동사, 12:23-33; 13:31f.).

초월과 겸손의 이러한 일치에 대한 신학적인 통찰은 교회사에서 전반적으로 상실된 주제가 되었는데, 그것은 특별히 거의 초기로부터 기독교 신학에 미친 희랍 철학의 커다란 영향력 때문이었다. 희랍 철학은 우리의 실재의 궁극적인 근거에 대한 반성이었다. 자신의 사상으로 말미암아 철학자는 소위 더 높이 높이 올라가 마침내 신(神)의 개념에 도달하였다. 이러한 지적인 접근의 결과는 하나님께서는 우리로부터 멀리 떨어져서 가능한 한 높이 계셔야 한다는 것이었으며, 그는 초월적인 존재로서, 우리의 생각의 최종적인(움직이지 않는) 대상으로서, 또한 그렇게 해서 우리의 생각의 근거와 지평과 종말로서 일방적으로 생각되어야만 했다.

플라톤에게서 이것은 아직 일관되고 분명하게 발전하지는 않았다. 그러나 그는 가장 높은 관념, 즉 "존재를 초월하는"(에페케이나 테스 우시아스, *Republic* VI. 509b) 선의 관념으로 신성(神性)을 (우연히) 묘사함으로써 큰 영향을 미쳤다. 아리스토텔레스에게 있어서 하나님은 완전한 존재이고, 스스로 생각하는 생각이며, "부동의 동자"(프로톤 키눈 아키네톤)이다. 스토아철학에서는 신성(神性)은 우주의 조화, 로고스, 자연 질서의 의미였다. 모든 가운데에서 가장 초월적인 것은 하나님을 오히려 "시초" 혹은 "일자"라고 불렀던 신플라톤주의의 신 개념이다.

이러한 전통들로부터 기독교 신학으로 나아가는 가교는 헬라파 유대 사상가였던 알렉산드리아의 필론이었는데, 그는 당시의 지식인들에게 그들이 찾았던 순수 초월적이고 유일신론적인 신 개념을 구약 성경에서 발견할 수 있다는 사실을 보여주려고 노력하였다. 이에 따라서 그는 70인역을 따라서 출애굽기 3:14에 나오는 신명(神名)을 "존재하는 자"(the one who is, 호 온)로 해석하였다. 교회의 교부들은 이 점에 있어서 그를 따랐다. 이미 아리스티데스(Aristides)는 그의 변명(*Apology*, ca.140)에서 기독교 신앙을 진정한 철학으로 제시하였으며 하나님을 부정어의 형태로, 즉 "불멸하고 불변하며 분할할 수 없는 자"(4)로 묘사하였다. 하나님 개념의 교부적인 발전도 같은 패턴을 따랐는데, 교회의 교부들에게 있어서 하나님은 특별히 (아타나시우스의 마음에 드는 정의를 사용하면) "불가해한 존재"(아카탈렙토스 우시아)였다. 중세의 신론은 미지의 저자의 약 500여 저작들로부터 신선하고 강한 충동을 받아들였는데, 그는 나중에 아레오바고의 디오니시우스(행 17:34를 보라)로 생각되었으며, 그러한 이유로 해서 거의 사도적인 권위를 용인받았다. 신플라톤주의적인 부정의 신학(*theologia negativa*)과의 깊은 관련은 그에게서 비롯되었는 바, 그것에 의하면 하나님은 사람이 모든 지상적인 유비들을 끊임없이 부정함으로써만 다가갈 수 있는 가까이 갈 수 없는 빛 가운데 거하신다.

아리스토텔레스는 특별히 토마스 아퀴나스(Thomas Aquinas)를 통하여 (서구의) 중세 신론에 다른 지배적인 영향력이 되었다. 아리스토텔레스를 따라서 그는 하나님을 *primum movens omnino non motum*(만물에 대한 제일의 不動의 動者)이라고 생각하였다. 그는 모든 참된 존재의 근거, 즉 존재 자체(*ipsum esse*)이며 만물이 지향하는 목표, 즉 지고선(*summum bonum*)이다. *ST* q. 2-13을 보라. 토마스에 의하면 하나님에 대한 가장 적절한 이름은 출애굽기 3:14에서 하나님이 스스로 사용하시는 이름인 존재하는 자(*Qui est*)이다 (*ST* q. 13, art. 11).

우리에게서 떠나계시는 하나님의 모습, 즉 그의 초월성에 대한 이러한 일방적인 강조가 최근에 이르기까지 로마 가톨릭과 개신교 신학 양자 모두에서 신론을 지배해 왔다. 왜냐하면 로마 가톨릭 신학은 제1차 바티칸 공의회에서 하나님을 이렇게 정의하고 있기 때문이다. "… 그의 지성과 의지와 모든 속성에 있어서 능하시고 영원하시며 광대하시고 불가해하시며 무한하시다. 그는 한 분 유일하시고 영적인 본질이시며 전적으로 단순하고 불변하시기 때문에, 우리는 그가 존재와 본질에 있어서 세계와 구분되시며, 그 자신 안에서 그 자신으로부터 복을 누리시며 그의 밖에서 존재하거나 생각될 수 있는 모든 것들을 초월하여 거룩하게 숭귀되셨다고 선포해야 한다"(D 3001).

이것을 다음에 나오는 벨기에 신앙고백의 서문과 비교해 보라. "우리 모두는 우리가 하나님으로 부르는 오직 한 분의 단순하고 영적인 존재가 계시며, 그는 영원하고 불가해하고 불가시적이고 불변하시고 무한하시고 전능하시고 전적으로 지혜로우시고 의로우시고 선하시며 모든 선으로 흘러 넘치는 원천이시라는 사실을 마음으로 믿고 입으로 고백한다." 16세기로부터 18세기에 이르기까지의 루터파와 개혁파 양 진영의 개신교 정통주의의 스콜라주의 신학은 전적으로 이러한 흐름을 따라 움직였다. 하나님은 가급적 *spiritus independens, actus purissimus, spiritus simplicissimus, ens spirituale a se subsistens* (독립적인 영, 순수 행동, 단순한 영, 스스로 존재하는 영적인 존재) 등과 같을 뿐만 아니라 *essentia spiritualis (infinita)*([무한한] 영적인 본질)로 불리어졌다. S par. 17; R par. 17; H IV를 보라.

만약 여러 세기에 걸쳐 기독교 교회가 하나님에 대해 더 많이 말할 수 없었다면 실제로 이상했을 것이다. 다행하게도, 하나님의 초월에 대해서 말할 뿐만 아니라 하나님의 겸손에 대한 찬양으로 가득 차 있기도 한 설교와 예전과 찬송과 묵상들 속에서 사용된 또 다른 전혀 다른 용어가 존재한다. 그러나 교의학은 이 후자의 관점들을 계시의 영역에 국한된 것으로 보았으며 하나님의 본질에는 속하지 않는 것으로 여겼다. 이것이 바로 신론이 신앙에 대한 연구에 있어서 그토록 추상적이고 흥미없는 분야가 된 이유이다.

오늘날 우리는 본질과 계시의 이러한 분리가 얼마나 지지될 수 없는 것인지를 알게 되었다. 반작용에 의해서 그것은 전통적인 신론을 이질적인 요소로서, 즉 계시를 알지 못하는 희랍적인 사고의 산물로서 거절하게 되었다. 그러나 우리는 교의학이 결코 철학적인 표현 수단 없이 존재할 수는 없다는 사실과 또한 이것이 당대의 교육받은 남녀에게 이해될 수 있는 언어로 신앙을 표현할 필요가 있다는 사실을 결코 잊어서는 안된다. 하나님에 대한 희랍적 사고의 용어를 채택함으로써, 교회는 교회가 계시 속에서 들은 대로 하나님의 초월의 메시지를 당대의 용어로 표현하려고 하였으며, 또한 이스라엘의 하나님이 바로 그들이 찾고 있었던 분이라는 사실을 헬라 세계의 탐구자들에게 선포하려고 노력하였다. 만약 이러한 협력 관계 속에서 헬레니즘이 이스라엘보다 더 강한 것으로 입증된다는 사실이 판명되면, 이것은 특별히 신앙을 표명하려는 우리의 노력에 있어서 우리를 향한 끊임없는 경고로서 도움이 될 수 있을 것이다.

우리는 희랍 사상에 의해서 영향을 받은 신론의 발전이 전적으로 잘못되었다고 말할 수는 없지만, 그러나 이것은 지나치게 일방적이었다. 이러한 일방성은 이스라엘에 대한 그리고 그리스도 안에서의 그의 계시로부터 오직 그것만을 읽는 대신에 추상적인 사상으로부터 하나님의 본질을 끌어내려고 하였다는 사실에 기인하고 있다. 이렇게 해서 많은 사람들의 마음 속에는 멀리 떨어져 있는 냉담한 신(神)의 이미지가 각인되어졌다. 이러한 발전에 대한 균형있는 평가를 위해서는 Althaus, *CW* II, pp.10-13과 특별히 Pannenberg, "The Appropriation of the Philosophical Concept of God as a dogmatic Problem of Early Christian Theology," in *Basic Questions in Theology*, II(E.T. 1971), pp. 119-183을 보라.

이 모든 세기들을 통하여 그의 계시에 있어서 하나님의 겸손의 관점으로부터 신론을 표명한 신학자들이 하나도 없었다고 한다면 매우 이상할 것이다. 그러나 진정한 의미에서 이것은 어거스틴과 16세기 중엽까지의 개혁 신학에 대해서만 언급될 수 있다.

어거스틴은 그리스도 안에서의 그의 계시로부터 하나님의 본질이 습득되어야 한다는 사실을 점점 더 알게 되었다. 그에게 있어서 하나님은 처음부터 높고 존귀한 분일 뿐만 아니라 사랑 안에서 인간을 향하여 자기를 낮추신 분이다. 자연인의 오만함(*superbia*)에 반대해서 그는 하나님 자신의 낮아지심(*humilitas*)인 그리스도의 낮아지심(*humilitas Christi*)을 전적으로 강조하기까지 하였다. "그래서 또한 이러한 이치가 존재한다: 어떤 다른 것보다도 더 인간이 하나님께 나아가지 못하게 하는 인간의 교만은 하나님 편에서의 그러한 위대한 겸손에 의해서 반박되고 치료될 수 있다는 사실이다"(*De trinitate* XIII.17.22). *Sermo* 142.6(요한복음 14:6에 관한 설교)에 나오는 그의 외침은 유명하다. "하나님은 얼마나 겸손하시며, 인간은 또 얼마나 교만한가!"

A.D.R.Polman, *De leer van God bij Augustinus*.을 보라.

칼빈이 하나님의 영광(*gloria Dei*)이라고 부르기를 선호하는 하나님의 초월에 대한 강한 인식으로 말미암아 약화되어서 비록 온기는 덜했지만, 이 가운데 많은 것이 어거스틴의 훌륭한 제자였던 칼빈에서 발견된다. 그는 초월과 겸손 사이에서 주목할 만한 균형을 갖고 있는데, 하나님의 영광은 그의 자비 속에서 표현되고 우리를 향한 그의 자비는 그 자신의 영광에 이바지한다. 제네바 요리문답의 첫부분을 주목해 보라. "그는 우리 안에서 영광을 받으시기 위하여 우리를 지으셨고 우리를 세상에 두셨다. 그가 시작하신 우리의 삶이 그의 영광을 지향하는 것은 확실히 적절하다"(2). 그리고 제7항에 따르면, 이것은 우리가 "그를 전적으로 신뢰할 때" 일어난다. 이것은 또한 제14항에서 더 설명된다. "하나님에 대한 신앙의 토대와 시작은 그리스도 안에서 그를 아는 것이다."

그러나 깊은 개인적인 이유들로 해서 전통적인 신론을 루터만큼 근본적으로 거절하였던 사람은 신학의 전역사에서 아무도 없다. 스콜라철학의 높고 장엄하신 하나님은 그에게 두려움을 주었다. 왜냐하면 "그의 장엄을 바라보는 사람은 그의 영광에 압도되기 때문이다." 그는 하나님을 우리와 그의 계시로부터 떨어져 계신 하나님(*Deus absolutus*)과 나타나시거나 혹은 확정되지 않으신 하나님(*Deus nudus* 혹은 *vagus*)으로 불렀다. 만약 그가 구유와 십자가에서의 그의 계시 안에서 반대편으로 은폐되셔서(*absconditus sub contrario*) 우리에게로 낮아지시지 않았다면, 우리는 그의 진노 속에서 소멸되었을 것이다. 이러한 은폐성은 정확히 그의 진정한 사랑의 본질을 계시한다. "하나님은 감추어지신 하나님이며, 이것은 그의 특별한 특성이다."

루터는 이것을 대단히 크게 강조해서 때때로는 마치 하나님과 그의 겸손이 하나인 것처럼 나타난다. 그러나 그 때에 (전적으로 다른 의미에서) 감추어지신 하나님(*Deus absconditus*), 즉 그 자신의 계시를 훨씬 초월하여 높이 계신 장엄하게 초월적인 하나님이 하나님의 사랑의 계시 배후에서 갑자기 나타난다. 루터에게는 초월과 겸손 사이에 두려운 긴장, 심지어 갈등이 존재한다. 그는 괴로워하는 영혼들이 첫번째로부터 두번째로 달아날 것을 요구한다. 이러한 긴장은 칼빈에게는 나타나지 않는데, 그 이유는 그에게는 하나님의 이 두 가지 측면이 모순되지 않고 보충적이기 때문이다. 루터파 정통주의는 루터의 신론에는 전혀 영향을 미칠 수 없었다. 하르낙[T. Harnack, *Luthers Theologie*(1862)]의 고전적인 작품이 그것에 흥미를 갖고 나서야 비로소 되살아나게 되었다. 보다 자세한 연구를 위해서는 J. T. Bakker, *Coram Deo*(Dutch 1956)를 보라. 특별히 루터의 신론과, 또한 교부 시대로부터 리츨에 이르기까지의 신론의 전체 역사를 위해서, 우리는 특히 G. Aulen, *Het christelijk Godsbeeld*(Swedish 1927; Dutch 1929)를 언급한다.

독일 관념론으로의 철학적인 정위(定位)와 종교적인 주체 안에서의 출발점으로 인하여, 19세기 신학은 이전 세기들의 형이상학적인 신론과의 분명한 단절을 의도하였다. 그러나 일반적으로 이러한 단절은 하나님의 자기 계시와 본질의 새로운 신학적인 결합에 이르지는 못했다. 실제로 결실있는 새로운 시작이, 특별히 소위 중재 신학(*Vermittlungstheologie*)에서 있었는데, 그것은 성경과 관념론 양자의 영감 아래에서 전통적인 초월주의와 초자연주의를 거절하였다. 그러나 다른 곳에서는 왼편뿐만 아니라 오른편에 대해서도, 신론은 일반적이고 추상적인 범주들에 의해서 계속해서 통제되었다. 20세기에 와서야 비로소 심오한 변화를 목격하게 되었는데, 그것은 주로 특별히 교회교의학(*CD*) II,1,vi의 "하나님의 실재"(pars. 28-31)에서 바르트의 신론 해설을 통해서였다.

바르트는 하나님의 본질을 그리스도 안에서의 그의 계시로부터 엄격하게 끌어내었다. 이 계시 안에서 그는 자신을 사랑의 하나님으로 알리셨다. 그러나 이 사랑은 필연성도 아니며 독단적인 변덕도 아니다. 이것은 하나님의 본질의 자유로운 선택, 즉 하나님이 그의 자유를 실현하시는 방식이다. 따라서 하나님에 대한 "정의"를 제공하는 것을 목표로 삼고 있는 28장(pars.)의 제목은 "자유 안에서 사랑하시는 자로서의 하나님의 존재"이다. 자유는 말하자면 배경을 구성하며 사랑은 전경(前景)을 구성한다. 초월은 전통적으로 그랬던 것처럼 여기에서 겸손으로부터 추상되지 않으며, 루터에게서와 같이 이것에 반대되지도 않는다. 초월은 겸손 속에서 자신을 실현한다. 계시는 전적으로 본질의 나타남이며 실현이다. 따라서 바르트는 "행동하시는 하나님의 존재"라는 장에서 신론을 시작하는데, 여기에서 우리는 다른 것들 가운데에서 "그것의 진정한 깊이에서 하나님의 신성은 이것이 사건 — 어떤 사건이나 일반적인 사건들이 아니라, 하나님의 계시 안에서 우리가 분깃을 갖는 그의 행동의 사건이라는 사실에 있다"(p. 263)는 내용을 읽게 된다.

신론에 있어서 바르트의 이러한 신선한 공식은 그의 신학의 어떤 다른 부분보다도 더 큰 영향을 미쳤다. 특별히 Weber, Gl I, pp. 439-450을 보라. 결코 그를 따르지 않는 많은 사람들조차도 이 점에 있어서 그들이 바르트를 무시할 수 없다는 사실을 알고 그리스도를 떠나서 해석된 철학자들의 하나님께로 돌아간다. 그럼에도 불구하고 철학적인 하나님 개념이 신학적 사고에 계속해서 영향력을 미친다는 사실이 틸리히에게서 나타나는데, 그는 존재 자체(*ipsum esse*)로서의 하나님에 대한 스콜라주의적인 정의를 다시 받아들였다. "하나님은 존재가 아니라 모든 존재의 근거이시다." 그는 모든 존재를 지탱하는 존재, 즉 존재 자체이시다. 동시에 기독교인이자 루터에게서 영향을 받은 신학자로서, 틸리히는 계시적인 측면들(의, 사랑, 거룩, 나너 관계 등등)을 초월적인 신 개념과 관련시키기를 원했다. 그러나 그는 철저한 추상의 과정을 통해서만 이것을 할 수 있었다. *ST* I에서, 특별히 "The Reality of God"(하나님의 실재)를 보라.

바르트와 틸리히의 대조적인 사고 패턴은 신론에 있어서 각 사상가를 대결시키는 대안을 상징하고 있는데, 그것은 성경의 겸손이나 혹은 철학적인 초월을 지배적인 주제(motif)로 만드는 것이다. 예를 들어서 다음 두 간략한 연구들을 비교해 보라. Barth의 *The Humanity of God*(E.T. 1960)과 틸리히의 *Biblical Religion and the Search for Ultimate Reality*(1955). 우리의 견해로는 첫번째 대안은 초월의 측면을 바르게 평가할 수 있지만, 두번째 대안은 겸손의 측면을 바르게 평가할 수 없다. 이와 더불어서 우리는 더 깊이 연구해 볼 때, 첫번째 대안 역시 나중에 논의될 중대한 문제들을 야기한다는 사실을 부인하지 않는다.

19. 본질과 속성들

우리는 여기에서 제시된 "초월"과 "겸손"의 형식적인 개념들이 다른 더 본질적인 개념들에 의해서 대치될 것이라고 말함으로써 18장의 본문을 마무리지었다. 만약 그 일이 이루어질 수 없었다면, 우리는 아직도 하나님을 실제로 알지 못했을 것이다. 왜냐하면 그를 아는 것은 우리를 향한 그의 의향 속에서 그를 아는 것을 의미하기 때문이다. 이렇게 해서 하나님의 본질을 조사하는 것은 우리가 그의 "성품"(character)을 조사하는 것을 의미한다. 이 질문에 대한 답변과 더불어 우리는 신자들로서 일어서거나 넘어진다. 여러 세기를 통하여 신앙에 대한 연구는 하나님의 "속성들"에 관한 교리에서 이것을 답하려고 시도해 왔다.

이 용어는 적절한 선택이 아니다. 특성, 속성, 덕성, 혹은 완전성과 같은 용어들도 사용되었다. 그러나 이 가운데 어느 것도 충분히 만족스럽지 않다. 우리는 일반적으로 인정된 용어에 머물러 있을 것이다. 직접적으로 이것은 하나님의 경우에 있어서 우리가 속성들과 같은 어떤 것을 말할 수 있는가 하는 문제를 불러일으킨다. 결국은 속성이 결정하고 한계를 짓는다. 하나님은 그의 본질을 단순히 제한하는 특별한 특성들 없이는 모든 것을 이해하지 못하시는가? 그러나 이것을 묻는 사람은 명확하게 결정되었거나 혹은 오히려 불확정적인 하나님 개념을 가지고 일하고 있다. 우리가 계시 안에서 만나는 하나님은 명확히 전부가 아니다. 예를 들어, 그는 피조되지 않았으며, 죄를 짓지 않으신다. 그러한 이유로 해서 이미 그는 어떤 속성들은 갖고 계시며 다른 것들은 갖고 계시지 않으신다. 18장에서 우리는 그를 나타내기 위하여 두 가지 용어를 사용하였다. 이 둘은 무한으로서 동일하지 않다. 그러나 동시에 이 각각의 용어들이 무한히 풍부한 덕과 속성들을 표상하고 있다고 할 수 있을 것이다.

물론 이러한 속성들은 하나(one)의 존재 이외의 독립적인 존재를 갖고 있지 않다. 동시에 이것들은 그 존재를 구성하고 묘사한다. 형식적으로 말해서, 본질과 속성들의 관계는 하나님의 형상으로 창조된 인간에게서 우리가 발견하는 것과 유사하다. 한 분이신 단순하신 하나님은 동시에 무한히 풍부하시고 구분된 하나님이시다. 우리는 확실히 하나님에 대하여 빈약한 단수적인 칭호를 사용함으로써 그의 존재의 단순성에 접근하지 않으며, 우리는 풍부한 형용사들을 모으고 축적함으로써 그러한 의미에 단순히 접근할 수 있을 뿐이다. 교회와 믿는 개인은 그들의 찬양의 송가 속에서 특별히 이런 일을 행한다. 노래와 예전 속에서 하나님의 영광스러운 속성들이 계속해서 찬양된다. 사랑과 환희를 더듬거리면서 말하는 대신에, 전통적인 교의학에서 속성들의 교리는 실제로 차가운 인상을 주었다. 이것은 부분적으로는 앞에서도 언급했던 사실, 즉 교의학이 추상적이고 일방적인 하나님에 대한 초월적인 개념 쪽으로 잘못 정향되어 있다는 사실에 부분적으로 기인한다. 그러나 부분적으로는 어쩔 수 없는데, 그 이유는 지적인 탐구에 있어서 우리는 하나님을 찬양하고 경배할 때, 우리가 잊어버릴 수도 있는 질문들에 관심을 가져야 할 필요가 있기 때문이다.

그래서 우리는 하나님의 속성들이 얼마나 무수하게 많은가를 질문하는 데서 시작할 수 있을 것이다. 말이 난 김에 이미 우리는 답변을 하였는데, 비록 하나님은 전부가 아니시지만, 그의 본질과 덕에 있어서 그는 헤아릴 수 없을 만큼 부요하시다. 그의 속성들에는 한계가 없다. 이 말은 이것들을 열거하고 연구하기를 시작하는 것이 무의미하다는 것을 의미하지는 않는다. 결국 우리는 하나님을 그의 계시의 "영역"에서 알며, 그곳에서 그는 특별한 품성들을 갖고서 우리에게 나타나신다. 우리는 그것에 대해서 말할 수 있고 또 말해야 하는데, 우리가 그곳에서 만나는 제한된 수의 속성들이 하나님의 참된 본질을 나타낸다는 사실을 줄곧 알게 되면, 그것에 의해서 우리는 우리가 알지 못하는 하나님의 속성들이 그 본질과 모순되지 않고 그것을 확증해 준다는 사실을 확신하게 된다.

우리가 그의 속성들에 대한 하나님의 존재의 관계에 대한 관념을 얻으려고 할 때, 더 많은 질문들이 야기된다. 여기에서 역시 우리는 그 방법을 유비적으로 생각한다. 이것들은 인간 속에서 관련된다. 따라서 우리는 이것들이 하나님의 단순한 존재의 합성물을 이룰 수 있는 것처럼 속성들을 생각해서는 안된다. 우리는 속성들을 그 자신이 그것으로부터 분리될 수 있는 부가물과 상당히 유사한, 하나님의 존재 다음에 있는 힘과 본질의 분리된 세계로서 생각해서도 안된다. 역으로 우리는 단수를 구하기 위해 복수를 없애서도 안된다. 이렇게 해서 우리는 이것이 아무리 심오하게 생각될 수 있다 하더라도, 최종적으로 분석할 때, 하나님의 모든 속성들이 동일한 것, 즉 하나님의 단순한 존재를 나타낸다고 말할 수 없다. 그것은 복수의 풍부함을 단순한 외양으로 축소하게 될 수도 있다. 속성들의 복수성이 우리의 주관적인 이해 안에서만 존재해서, 이것은 하나님의 본질의 표현이 아니라 단순히 그것에 대한 우리의 제한된 견해의 표현에 불과할 것이라고 말해서도 안될 것이다. 우리가 말할 수 있는 것은 우리가 속성들이라고 부르는 것은 그의 계시 역사에 있어서 우리가 하나님을 단수-복수로서 만나는 방식을 나타낸다는 사실이다. 그러나 그 때에 이것은 투사(投射)나 독단성이 아닌데, 그 이유는 그가 그 속에서 나타나시는 그대로 존재하신다는 사실(18장)을 우리가 믿을 수 있기 때문이다.

따라서 우리는 하나님의 속성들은 우리를 향하시고 있는 그의 존재 자체라고 말해야 한다. 그의 속성들은 서로서로와 함께 하나이며 그의 존재와 더불어 하나이다. 하나님이 그의 속성들이다. 이것은 속성들 내에서의 차이점들이 폐기된다는 것을 의미하지 않는다. 각각의 속성 속에서 우리는 상이한 전망으로부터 하나님의 존재의 충만성을 고백한다. 이러한 전망들은 계시에 대한 우리의 경험(거룩, 사랑, 정의)과 우리의 일반 경험(시간, 공간, 지식, 변화 등등)으로부터 유래한다. 주관적인 요소를 더하면서도, 이것은 이러한 진술들을 주관주의적으로 그릇된 인간의 말로 표현하지 않으며, 그 대신에 이것들을 유비적으로 참되게 만들어준다. 이 점에 대해서 우리는 계시의 상징적인 언어에 대하여 13장에서 언급되었던 것을 염두에 두어야 한다.

말이 난 김에, 우리가 하나님께 돌릴 수 있는 속성들은 그의 겸손뿐만 아니라 그의 초월에 대해서도 본질을 더해준다는 사실을 우리는 주목하였다. 전통적인 신론에서 하나님의 초월을 일방적으로 강조하였기 때문에, 신학사에서는 특별히 그의 무한, 불가해성, 불변성, 편재, 전지, 전능, 단순성, 영원, 영성, 거룩과 같은 하나님의 초자연적인 높으심을 나타내는 속성들이 연구되고 발전되었다. 하나님의 겸손의 속성들은 훨씬 더 불분명하게 남아 있게 되었고, 그 가운데 가장 중요한 것은 지혜, 선하심, 사랑과 의가 있었다. 하나님의 본질은 이스라엘에 대한 그리스도 안에서의 그의 겸손으로부터 파생되지 않았다. 그렇게 해서 멀리 떨어져서 무관심하고 냉정한 하나님의 이미지가 구성되었다.

하나님의 이러한 이미지를 우리가 거절하고 하나님의 겸손을 우리의 출발점으로 삼는 일이 우리가 방금 언급한 모든 속성들을 하나님이 갖고 계시지 않을 것이라는 사실을 의미하지는 않는다. 그러나 이러한 대부분의 것들은 우리들에게 있어서는 더 이상 그렇게 중요하지 않다. 그리고 이것들이 재평가에서 얻은 중요성은 그것들이 계시의 만남에서 작용하고 또한 그것으로부터 파생될 수 있는 방법과 정도에 달려 있다.

몇 가지 예를 들어보자.

우리는 하나님의 편재(omnipresence)를 고백한다. 이러한 신앙고백은 종종 멀리 계신 것처럼 보이는 하나님께서 사람이 그것을 조금도 기대하고 있지 않을 때조차도, 그의 심판과 은혜, 그의 도우심과 인도하심에서 나타내시는 무제한적인 능력을 갖고 계신다는 믿음에 근거를 두고 있다. 그것을 보기 시작한 사람은 이 하나님께서 결코 또한 어디에서도 그의 피조물을 잊어버리지 않으실 것이며, 그럼으로 해서 그가 어디에나 계신다고 말할 수 있다는 사실을 담대하게 믿는다.

우리는 하나님의 전지(omniscience)를 고백한다. 하나님의 편재에 대해서, 시편 139편의 시인은 그것을 가지고 자녀들을 놀라게 하려는 것이 아니라, 하나님의 고독하고 고통당하는 자녀들을 위로하기 위하여 그것에 대해 노래한다. 자비하신 하나님께서 심지어 우리의 존재의 깊은 곳에서까지 우리를 온전히 알기를 원하신다는 사실은 그가 우리를 용납하시며 우리를 사랑하신다는 사실을 의미한다. 그처럼 우리를 다루시는 하나님으로부터 창조의 어떤 것도 감추어질 수 없다는 사실이 분명하다. 그러므로 우리는 그가 모든 것을 아신다고 말할 수 있다.

그렇게 분명하지는 않은 용어로써, 우리는 하나님의 단순성(simplicity)

을 고백한다. 하나의 이름, 하나의 구원, 하나의 위로, 하나의 신앙이 존재한다. 이것들은 명백하고도 일관되게 한 분이신 하나님으로부터 나오는데, 그분 안에는 어떠한 모순이나 이중성이나 변화도 없다. 그는 우리의 모든 신뢰를 받으실 만한 단순하시고(부분들로 이루어지지 않은) 유일하신 하나님이시다.

우리는 하나님의 영원성(eternity)을 고백한다. 그것으로써, 우리는 하나님께서 시간 안에 계시지 않거나, 그가 시간 밖에 멀리 계시거나, 무시간적인 영원 안에 계실 것이라는 사실을 의미하지 않는다. 이와 반대로, 우리가 그를 시간을 통하여 우리와 함께 거하시는 분으로서 알게 되는 것은 정확히 시간 안에서 이다. 그러한 점에서 우리는 우리의 시대가 그의 손 안에 있고, 우리의 시대를 가능하게 만드시며, 우리의 시대를 초월하고 둘러싸고 있는 것, 즉 영원으로부터 이것을 인도하시고 지도하시는 분으로서 그를 알게 된다.

그래서 우리는 오랫동안 존속할 수 있었다. 그러나 이러한 예들은 유일하게 신적인 것으로 대개 간주되는 많은 속성들이 계시의 만남에서 우리에게 최초로 각인되는 것들이 분명히 아니라는 사실을 우리로 알게 하기에 충분하다. 이것들은 오히려 그러한 경험들의 전제조건들이거나 결과들이다. 그러한 이유로 해서 우리는 다음에 오는 지면에서 그의 계시를 따라서 그의 으뜸되는 기본적인 속성들이 되는 그런 속성들을 선호해서 다루게 될 것이다. 이것들은 비록 전부가 그것으로부터 파생되지는 하지만, 단순히 그의 겸손의 속성들만은 분명히 아니다. 그러나 이러한 겸손으로부터 우리는 한 분 하나님과 완전한 하나님, 그리고 그렇게 해서 겸손이 의거하고 있는 초월을 배우게 된다.

이것을 분명히 하기 위해서, 우리는 다음 장들의 표제에서 항상 명사와 형용사를 결합할 것인데, 전자는 초월의 측면을 나타내고 후자는 겸손의 측면을 나타낼 것이다. 이 표제들은 각각의 장들이 거룩과 사랑, 전능, 불변성과 같은 몇가지 하나님의 고전적인 속성들에 대한 논의를 포함하게 될 것이라는 사실을 분명히 해준다. 그러나 이것들은 추상적인 신성의 개념의 전망으로부터 발전된 것이 아니라, 역사 안에서의 하나님의 경험으로부터 읽혀진다. 그것에 의해서 이러한 속성들은 전통적인 속성들의 교리에서는 보여질 수 없었던, 그것들의 분명하거나 실제적인 상대편을 떠나서는 결코 존재할 수 없다는 사실이 분명하게 될 것이다. 단지 이러한 맥락에서만 이것들은 백성들의 하나님이 되시기를 일관되게 원하시는, 전적으로 유일하신 하나님의 속성들로서 나타나게 된다.

18장에서 논의된 주제와 같이, 속성들의 교리는 하나님에 대한 희랍적이고 성경적인 개념을 조화시키려는 시도가 모든 종류의 복잡한 문제들과 해석들에 이르게 되었다는 사실로 인하여 지루한 역사를 갖고 있는데, 이런 것들은 오직 성경의 계시 개념으로부터 출발할 때에는 사라진다. 이 개념들 사이의 놀랄 만한 거리는 예를 들어서, 하나님의 영광을 보기를 원하고 그 다음에는 "나는 은혜 줄 자에게 은혜를 주고 긍휼히 여길 자에게 긍휼을 베푸느니라" (출 33:18f.)라고 그 이름이 선언하시는 것을 듣는 모세의 이야기를, 하나님은 속성들이 없으시다(아포이오스 가르 호 데오스; *Legum allegoriae* 1,13,36)라고 하는 필론(Philo)의 진술과 혹자가 비교할 때 분명하게 된다. 그의 방법을 따라서 교회의 교부들은 이 두 가지 통찰들을 일치시키려고 하였다. 이러한 시도에서 그들은 고의든 고의가 아니든 간에 더 깊고 궁극적인 진리가 희랍 철학자들에 의해서 설명되었다고 대체로 가정하였으며, 그러한 이유로 해서 그들은 하나님의 속성들을 비본질적인 어떤 것으로 단순히 과소평가해서 변증적으로만 언급할 수 있었다. 저스틴(Justin)은 하나님은 이름이 없으며 우리가 그에게 부여하는 이름들은 그의 은혜와 사역에 대한 술어들(엑 톤 유포이온 카이 톤 에르곤 프로스레세이스, *Apologia* II,6)이라고 주장하였다. 그것이 바로 이 문제가 여러 세기 동안 표명되었던 방법이었다.

그러나 우리는 18장을 토대로 해서 어거스틴이 이 속성들에 대하여 보다 적극적이었을 것으로 기대할 수도 있다. 그에게 있어서 이것들은 하나님의 본질과 일치한다. "왜냐하면 특성들에 따라서 그곳에서 언급될 수 있는 것처럼 보이는 것은 무엇이든지 간에 본체나 본질에 따라서 이해될 수 있기 때문이다"(*De trin*. XV,5,8). "그러나 하나님에게 있어서는 존재하시는 것은 강하시거나 의로우시거나 혹은 지혜로우시거나 혹은 그 밖의 무엇이든지 간에 그것이 되시는 것과 같아서, 그것에 의해서 그의 본질이 함의되는 단순한 다수성이나 혹은 다수의 단순성에 대해서 말할 수도 있을 것이다"(*De trin*. VI.4.6). 그 때 이후로 서방의 신학은 문제가 있음에도 불구하고, "덕성들은 본질 그 자체이다"라고 주장하기를 원하였다. 그것은 동방 교회에서는 사실이 아니었다. 그곳에서는 속성들이 하나님의 존재로부터 발산되지만 그 존재 자체는 아닌 "에너지"로서 간주되었다. 이 교리는 특별히 그레고리 팔라마스(Gregory Palamas, 1296-1358)에 의해서 설명되었으며, 1351년의 콘스탄티노플 교회회의에서 공식적인 교회의 교리로 격상되었다.

서방의 교회는 어거스틴을 따르려는 생각을 갖고 있었으나 철학자들의 속성없는 신과 단절하는 것이 불가능하다고 생각하였다. 그것이 바로 토마스가 항상 분명하지 않은 이유이다. *ST* I, q.3, art 3과 I, q.13(특별히 art. 12)를 보라. 한 가지 독특한 인용문을 거론해 보자. "그런데 하나님은 형태와 같이 단순하고 동시에 구체적인 사물과 같이 존재하시며, 그렇게 해서 우리는 때때로 그의 단순성을 나타내기 위하여 추상 명사들로써 그를 가리키며 때로는 그의 존재와 완전성을 나타내기 위하여 구체적인 명사로써 그렇게 한다. 비록 어떤 언급 방식도 그의 존재 방식에 정확히 일치하지는 않는데, 그 이유는 이생에서는 우리가 스스로 안에 계신 그대로의 그를 알지 못하기 때문이다"(*ST* I,q.13, art.1, ad 2).

신학은 개신교 스콜라주의를 포함하여 이러한 양면적인 가치를 지닌 방향에서 계속되었다. S par. 18; R par. 18; H V를 보라. 보편적인 불확실성(한편으로 속성들은 하나님 안에 객관적으로 존재하고, 다른 한편으로 이것들은 인식하는 주체의 투영이다)이 특별히 *Leidse synopse* (*Synopsis purioris theologiae*, 1625), Disp. VI 21에서 분명하게 표현되고 있다. "비록 이 본질은 실제로 하나님께 완전히 적절한 것이고, 그렇게 해서 하나님 안에 다양한 부분들이 있는 것이 아니라, 그가 갖고 있는 특성들이 무엇이든지 간에 그것들이 그 본질에 속해 있다 하더라도, 우리는 그에게 다양한 특성들이나 속성들을 돌려드리는데 … 비록 이것들이 서로서로간에 또한 그 본질과 구분될 수 있다 하더라도, 그럼에도 불구하고 이것들은 실제로 분리된 속성들이 아니라

이성적인 피조물들이 만들어낸 일종의 구분들이다."

우리는 그 때에 사람이 객관적이고-주관적인 주제에 의하여 생각하지만, 인격적인 상호주관적 만남에서 일어나는 것을 묘사하기 위한 개념들과 용어들이 부족하다는 사실을 명심해야 한다. 그것이 바로 정확히 객관적이고 주관적인 개념들의 전후 운동이 분명히 표현하려고 했던 것이다. 이 전체 문제에 대해서는 Bavinck, *GD* II, par. 27, no. 185와 Barth *CD* II,1, pp.327-330을 보라. 단지 유명론(Occam, Biel)만이 철저하게 저스틴의 방향을 선택하였는데, 속성들은 하나님의 객관적인 실재(*ratio ratiocinata*)가 아니라 주관적인 인간의 착상(*ratio ratiocinantis*)에만 근거하고 있는 하나님의 다양한 행위들을 지칭하는 단순한 이름(*nomina*)에 불과하다. 에크하르트(Eckhart)도 역시 하나님의 통일성을 근거로 해서, 그의 존재 내의 모든 구별을 거절하였다. "모든 구별은 낯선 하나님에게서 나온다(omnis distinctio est a Deo aliena)." 1329년에 이 명제는 교황(D 973f)에 의해서 정죄되었다.

대체로 이 견해는 또한 *CF* par. 50으로 인하여 슐라이어마허에게도 돌려지게 되었다. "우리가 하나님께 돌려드리는 모든 속성들은 하나님 안에 있는 특별한 어떤 것이 아니라 절대 의존의 감정이 그에게 관련되어지는 방식에 있어서 특별한 어떤 것을 단순히 나타내는 것으로 간주되어야 한다." 그러나 마찬가지로, 하나님과 인간의 관계에 대한 슐라이어마허의 전체 개념에 있어서 이것은 주관적인 것이라기보다는 관계적인 것으로, 또한 그렇게 해서 고전적인 개념과 더욱 연결되어 있는 것으로 이해되어야 한다. G. Ebeling, "Schleiermachers Lehre von den göttlichen Eigenschaften"(1968, in *Wort und Glaube*, II, 1969, pp. 305-342)을 보라. 한편 그것의 삶과 예전에 있어서 기독교 교회는 플라톤과 교회 교부들의 권위에 입각하여 규칙적으로 맨처음에 제시하였던 하나님의 단수성과 단순성이 이 신앙과 어떻게 일치될 수 있는지는 분명히 알지 못했지만, 하나님께서 실제로 속성들을 갖고 계신다는 사실을 결코 의심하지 않았다.

어떤 의미에서는 속성들이 하나님께 돌려지게 된 그 순간에, 이것들의 구분에 대한 질문이 생겨나게 되었다. 스스로를 계시하시는 하나님 안에서의 초월과 겸손의 이중성을 고려할 때, 속성들에 대한 두 부분의 구분이 가장 자연스러운 것으로 보일 수도 있다. 그러나 이것이 근거하고 있는 하나님에 대한 성경적인 개념은 철학적인 희랍의 개념에 의해서 너무나 흐려져서 이러한 두 부분은 *De divinis nominibus* VII,3에서 아레오바고의 위(僞)디오니시우스(ca. 500)가 개발한 "세 가지 방법"의 철학적인 이론의 도움을 받을 때에만 받아들여질 수 있었는데, 그것에 의해서 우리는 하나님을 만물의 추상적 개념 속에서나 혹은 만물을 능가하는 존재 속에서, 혹은 그의 존재에 있어 만물의 원인이신 하나님을 알게 된다. 이것은 부정의 방법(*via negationis*), 탁월성의 방법(*via eminentiae*), 인과율의 방법(*via causalitatis*)이라는 라틴어로 더 잘 알려져 있다. 바꾸어 말하면, 사람들은 인간의 특성들과 정반대되는 속성(예를 들어 무한성)이나 혹은 그것의 가장 높은 단계(예를 들어, 편재)를 하나님께 돌리거나, 혹은 — 그러나 이것은 앞의 두 가지에 포함되어 있다 — 우리의 지상적인 실재의 최종적인 원인으로서 그에게 문의한다. 위(僞) 디오니시우스에게 있어서 이러한 유형의 추론은 신플라톤주의적이고 극히 초월적인 하나님 개념에 도움을 주었는데, 이것은 이어지는 여러 세기 동안 계속해서 영향을 미쳤다.

그 결과는 한편으로는 신적인 속성들에 대하여 이중적인 구분이 도입되었으며, 다른 한편으로는 초월의 속성들이 하나님의 겸손의 속성들을 거의 빛을 잃게 만들었다는 사실이었다. 두 가지의 구분은 다양하게 지칭되었는데, 다음과 같다. *attributa negativa et positiva*(부정적이고 긍정적인 속성), *interna et externa*(내적이고 외적인 속성), *quiescentia et operativa*(정적이고 동적인 속성: 루터); *incommunicabilia et communicabilia*(공유적이고 비공유적인 속성:개혁교회). 이런 명칭들 뿐만 아니라, 이중적인 구분 자체도 비판에 노출되어 있다. Bavinck, *GD* II, par.27, no. 187과 Barth, *CD* II,1, pp. 335-345를 보라. 다만 이러한 두 가지 일련의 진술들이 서로간에 끊임없이 관련될 때에야 비로소 이것들은 하나님의 통일성으로부터 벗어나지 않으며 초월과 겸손 사이의 구분과 관련성 모두를 나타내는데 사용될 수 있다.

그러므로 우리의 반대는 이중적인 구분과 그 자체로서의 용어에 대한 것이 아니라, 속성들이 이스라엘에 대한 그리스도 안에서의 계시로부터가 아니라, 추상적이고 희랍 철학적인 하나님의 통일성과 고양되심의 개념으로부터 그것들의 본질을 받는다는 사실과 그 결과로서 두번째의 일련의 속성들을 논하는 것이 첫번째의 일련의 속성들을 논하는 것보다 훨씬 못미친다는 사실에 대한 것이다. 그렇게 해서 여러 세기에 걸쳐 교의학 책들은 그들이 포함하고 있는 기독론과 구원론에 부합되지 않은 차갑고 추상적인 신론을 제시하였다.

종교개혁은 근본적인 그러나 짧은 단절을 의미하였다. 18장을 보라. 종교개혁자들은 전적으로 계시에 근거하고 있는 속성들에 관한 교리를 고안하기를 원했다. 그러나 16세기 중엽이 지나자 즉시로 개신교 신학은 이 문제에 대해 스콜라주의의 전통으로 돌아갔다. 그의 신론이 독일 관념론의 개념을 지향했던 슐라이어마허조차도 갱신을 가져올 수 없었는데, 그 이유는 이 개념은 성경적이라기보다는 희랍적인 것에 더 가까웠기 때문이다. 사람들은 멀리 떨어져 계신 소극적인 하나님에 대한 이러한 개념의 지속에 단순히 놀랄 수 있을 뿐이다. 결국, 그러한 무한한 영적인 본질(essentia spiritualis infinita)이 인간에게 어떤 유익을 주는가? 그러나 이것이 우리를 괴롭히지 않는 커다란 유익을 준다니! 아마도 여기에서 우리는 이것의 강인한 뿌리들 중의 하나를 갖고 있을 것이다.

루터교도인 크레머(H. Cremer)는 그의 연구인 「하나님의 속성에 관한 기독교 교리」(Die christliche Lehre von der Eigenschaften Gottes, 1897)에서 속성들에 관한 교리를 성경적으로 변형시킨 선구자였다. 그는 이 교리를 전적으로 계시로부터, 좀더 명확하게 말하자면 죄와 은혜의 대비로부터 전적으로 이끌어내려고 애썼다. "모든 속성들 안에서 활동하는 의지는 그의 사랑이 공급되도록 하기 위하여 죄를 반대하는 의지이며, 모든 속성들의 주된 특징은 구원을 베푸실 때에 심판과 은혜의 통일성 속에 계신 하나님의 자기-표명이다" (p. 109). 같은 기간 동안에 다른 곳에서 사람들은 새롭고 더 나은 접근방법들을 우연히 발견하였다. 예를 들어, T. Haering, *The Christian Faith*(E.T. 1915), Vol. II, pp. 488-513을 보라.

그러나 진정한 변화는 오직 바르트의 *CD* II,1(1940), par.29: "The Perfections of God"(하나님의 완전성)에서 비로소 나타났다. 전통적인 이중적 구분을 따라가면서도, 그는 각각의 속성들에 대해서 기독론적인 토대와 내용을 부여함으로써, 그리고 항상 겸손의 속성(사랑)을 초월의 속성(자유)과 결합함으로써 그것의 결점을 피하였다(*CD* II,1, pars,30-31을 보라). 우리는 속성들의 주관적인 해석에 반대하여 객관적인 것을 변호하려는 경향을 우리가 덜 갖고 있다는 인식을 가지고 이러한 방법을 따르게 될 것인데, 그 이유는 우리가 계시 사건들에 있어서 이 진술들과 그것들의 삶의 자리(*Sitz im Leben*)를 연결시키려는 경향을 더 많이 갖고 있기 때문이다. 여기에 함축된 뜻은 바르트와는 달리, 지혜와 편재와 영원성과 같은 속성들을 특별히 취급하거나 재해석할 필요를 우리가 느끼고 있지 않다는 것인데, 이런 것들은 우리가 보기에 이것들의 성경적인 근거들보다 좀더 희랍적인 근거들로 인하여 교의학에서 매우 확대되어 나타나고 있다.

틸리히를 제외하고, 바르트 이후에 나타났던 교의학에 관한 주요한 편람들은 바르트가 설명하였던 이러한 관점들에서 출발한다. Brunner, *Dg* I, pp. 241-247; *MS* V, IV; Trillhaas, *Dg* pp.119-132; Weber, *Gl* I, pp.450-508, 그리고 (적게는) Althaus, *CW* II, pars. 25-27을 보라. 그럼에도 불구하고 바른 길을 찾아서 그 위에 머무르는 것이 얼마나 어려운 것인지를 두 가지 사례에서 볼 수 있다. 바른 출발 이후에, 브룬너는 이상한 구분으로 끝을 맺고 있다. "스스로 안에 계신 하나님은 거룩하신 분이신데; 이것은 그의 본성과 그의 주권, 그리고 세계로부터의 그의 자유이며, 즉 그가 결코 세계로 말미암아 규정되지 않으신다는 사실이며, 그 자신 안에서 그는 전적으로 자충족적이시다. 그러나 스스로 안에서 하나님은 전능자와 전지자, 의로운 분이 아니신데, 이것은 그가 창조하신 세계와 그가 관계를 맺고 계시다는 것이다"(p. 247). 이렇게 해서 계시와 존재, 겸손과 초월은 결국 서로 분리되어 있다.

두번째 사례는 뢰러(M. Löhrer)이다. 그는 *MS V*, IV, par. 3,2a, '구원의 역사'에서 속성에 관한 교리를 정초시킨 후에, 비록 후자가 전자를 통하여 새로운 빛 속에서 나타난다는 사실을 보기는 했지만, (라너[Rahner]를 따라서) 구원사에 있어서 하나님의 자유 안에서의 신비로운 행동하심과 창조로부터 습득될 수 있는 그의 정적인 "속성들" 사이를 구분함으로써 이상한 곡해를 더하고 있다(또한 dd 아래를 보라). 이러한 불필요하고 혼란스러운 구분 속에서 우리는 *MS*의 그것과 반대되는 토대 위에 세워진 신학 전통에 대한 위험한 양보를 보게 된다.

20. 거룩한 사랑

　우리는 일반적이고 추상적인 용어로 초월과 겸손, 계시와 존재와 속성들에 대해서 충분히 다루었다. 이러한 논의의 유용성은 우리가 이 개념들에 부여할 수 있는 구체적인 의미에 의존하게 될 것이다. 어쩌면 세상 어디에서도 형식-질료의 구분이 실제로 가능하지 않을 수 있겠지만, 하나님의 계시와 관계되는 곳에서는 확실히 가능하지 않다. 그러므로 한 차례 이상, 우리는 우리가 이 주제에 관하여 말하려고 했던 것을 앞의 두 장에 예기(豫期)하는 것이 필요함을 발견하였다. 그러나 지금에 와서 비로소 우리는 실제로 이 문제에 본격적으로 착수하게 되었다. 이 장에서 우리는 하나님의 존재가 아니라, 그의 "성품"에 대해, 그리고 그것과 더불어 기독교 신앙의 핵심에 대해서 담대하게 말할 수 있고 또 말해야 한다. 우리는 무엇보다도 먼저 우리에게로 오심 가운데 있는 높고 거룩하신 하나님이 스스로를 사랑으로 나타내신다고 말함으로써 그렇게 한다.

　18장에서 우리는 하나님이 대화하시는(communicative) 하나님이심에 틀림없다는 사실을 계시의 사실로부터 추론하였다. 그러나 그는 다른 방식으로도 계실 수 있다. 그와 우리의 관계를 고려할 때, 대화는 경고적인 선언, 혹은 심지어 진노, 혹은 어쩌면 증오의 계시의 형태 안에 있을 수도 있다. 여하튼 사람들은 대화를 (실제로 많은 사람들이 할 수 있는 것처럼) 계명, 즉 행동 규칙에 대한 정보의 계시로서 생각할 수도 있었다. 그의 대화에 있어서 하나님은 자신을 노하거나 교훈하거나 명령하거나 혹은 영감을 주시는 하나님으로 나타내실 수 있다. 그러나 신앙이 우리로 하여금 접촉하게 해주는 놀라운 발견은 하나님은 그의 겸손을 통하여 무엇보다도 먼저 주시는 분, 즉 스스로를 주시는 분이시며, 그분의 목표가 그 자신의 존재의 부요함 속에서 자신을 나누어 주심으로써 사람을 행복하게 만들어 주시는 분이다.

　이 마지막 표현들 속에서 우리는 일반적으로 사랑의 하나님으로 불리어지시는 분을 묘사하려고 한다. 이것들은 우리 인간 존재 전체에 있어서 가장 놀랍고, 불가해하며 경이로운 것, 즉 우리가 사랑이라고 부를 수 있는 궁극적인 실재에 의해서 지탱되고 둘러싸여 있다는 사실을 나타낸다. 이러한 확신과 더불어 우리의 기독교 신앙과 기독교적 존재가 서거나 넘어진다. 여기에서 우리는 모든 것의 중심에 서 있으며, 따라서 또한 우리의 신앙에 대한 연구의 중심에 서 있다. 여전히 추구해야 할 모든 일은 이러한 놀라운 실재에 대해서 상세하게 설명하는 일일 것이다.

따라서 이 장에서 우리는 우리가 하나님을 사랑으로서 알게 될 때 열려 있는, 방대한 영역을 조사하려고 하지 않을 것이다. 우리는 여기에서 보다 넓은 범위가 아니라 그것의 초점에 관심을 갖고 있다. 성경은 사랑(love)이라는 단어뿐 아니라 다른 많은 단어들도 사용하는데, 그 가운데에서 은혜와 자비가 가장 중요하다. 우리는 여기에서 그런 단어들을 사용하지 않는데, 그것은 이 단어들이 특별히 하나님께서 우리와 맺으시는 관계의 구체적인 내용을 가리키기 때문이다. 우리의 죄와 관련하여 이것은 은혜라고 불리며, 우리의 필요와 관련해서 이것은 자비라고 불린다. 그러나 이 장은 이러한 관계 속에서 표현되고 또한 필요나 죄책과는 관계없는 실재이신 하나님의 영원한 속성에 대한 장이다. 그러한 속성에 대해서 우리는 "사랑"보다 더 좋은 단어를 갖고 있지 않다.

그러나 이 단어의 사용은 또한 위험성도 내포하고 있다. 모든 계시적인 단어들처럼, 이것은 인간의 경험의 언어로부터 파생되었다. 그런 언어에 있어서 "사랑"은 가장 형편없는 탐욕의 형태로부터 가장 숭고한 형태의 자기 희생에 이르기까지 넓은 영역의 감정들과 관계들을 포함하는 단어이다. 그러므로 이 단어의 현재의 용법은 하나님의 사랑이 무엇을 의미하는지를 우리에게 말해 줄 수 없으며, 단순히 하나님이 사랑하시는 자로서 스스로를 나타내시는 계시만이 그것을 할 수 있다. 그 자체로서의 사랑은 성격상 신적인 것이 아니다. 오히려 하나님의 기본적인 성품은 그가 사랑이시며, 가장 유일하신 사랑이시라는 사실인데, 그 사랑으로써 그는 이스라엘과의 계약 속에서 그리고 예수 그리스도의 삶 속에서 스스로를 인간에게 주셨다.

따라서 사랑이라는 단어가 우리에게 의미하는 것을 무한히 확장함으로써 하나님의 사랑을 발견하는 것은 불가능하다. 그러나 정확히 이 지상적인 단어가 하나님의 마음의 깊은 곳에서 영원히 살아있는 것을 표현하기 위하여 요청된다는 사실 역시 우연적인 것이 아니다. 13장에서 우리는 하나님께 적용되는 그러한 단어들이 "유비적으로 적절하다"는 사실을 확립하였다. 이 단어들은 우리가 찾는 실재가 어떤 방향으로 가시적이 되는지를 나타낸다. 성경에서 하나님의 사랑은 때때로 아버지나 어머니의 사랑과 비교되고, 그 다음에는 다시 남편이나 친구의 사랑과 비교된다. 그러나 동시에 하나님의 사랑은 단지 그것과 비교될 수 있을 뿐이며 우리가 이러한 형태의 사랑으로써 의미하는 것을 훨씬 능가하는 것이 분명하다.

이스라엘 백성과 그의 싸움에 대한 이야기와, 또한 죄있는 세상을 위하여 죽도록 예비되신 아들에게서 하나님의 사랑의 본성을 이끌어낼 때, 사람들은 이 사랑의 낯설음과 비교될 수 없음으로 인하여 감동을 받는다. 우리는 이것을 자신을 주시는 사랑으로 특징지었다. 그러나 우리가 여기에서 갖고 있는 것을 깨달을 때 이것은 아직도 너무나 희미하다. 이것은 다른 사람이 아무리 멀리 떨어져 있고 적대적이라 하더라도, 다른 사람에게 결연히 바쳐진 것이고, 까닭없이 멈추어 서는 사랑이다. 또한 이것은 이유가 없는 것이며 그것을 요청하지 않거나 심지어 그것을 반대하는 사람들까지 풍요롭게 할 수 있을 만큼 큰 희생의 사랑이다. 이런 이상하고 놀라운 태도에 대하여 우리는 사랑보다 더 좋은 단어를 갖고 있지 않다. 그러나 우리가 이 단어에 대해서 일반적으로 생각하는 것은 하나님의 마음 속에서 실제로 발견되는 것에 훨씬 못미친다.

"거룩한 사랑으로서의 하나님 — 이 신앙의 교리에 대한 교의학적인 주해는 그것의 장점을 보여주고 있는 바로 그 환경으로 인하여 어려운 것이 된다. 즉 이것은 단순한 만큼 매우 풍부하다 … 이것은 우리 앞에 있는 부분과 같이 어떤 단일한 부분에서 다른 부분들에서의 불필요한 반복없이, 가장 필요한 것을 말하는 것을 어렵게 만든다"(Haering, *The Christian Faith*, Vol. I, pp.337f.). 이러한 관찰 결과는 많은 편람들에 적용된다. 좀더 나은 설명을 위해서는 Barth, *CD* II,1, par.30, esp.1; Althaus, *CW* II, pars.25-27; Brunner, *Dg* I, chs.14-15; Weber, *Gl* I, pp. 466-483을 보라.

성경은 많은 구절에서 하나님의 거룩한 사랑에 대해서 증거한다. 이것은 특별히 요한일서 4:7-19에서 발견된다. 여기에서 우리는 유명한 호 데오스 아가페 에스틴과 예수의 수난을 발견한다. 때때로 구약에서 하나님의 사랑은 단순히 희미하게만 나타나고 신약에서만 이것이 그 참된 광명을 비추는 것으로 주장된다. 그러나 그것은 구약과 신약의 차이점에 대한 그릇된 공식화이다. 구약에서 우리는 특별히 선택된 백성들을 위한 하나님의 언약의 사랑을 발견하지만, 신약에서는 그리스도 안에서 그를 통하여 이 사랑이 보다 근본적이고 우주적이며 개별적인 표현을 받고 있다. 구약에서 하나님의 사랑은 특별히 시편과 많은 선지서에서 감동적으로 선포된다. 시편 25편이나 103편, 호세아, 특별히 1-3장, 제2이사야, 신명기에서 아하브와 하바를 신학적으로 의식하여 사용하고 있음을 주목하라.

신약에서는 이러한 신학적인 용법이 요한에게서 가장 빈번하게 발견된다. 특별히 요한일서 4:7-19를 보라. 여기에서 우리는 유명한 호 데오스 아가페 에스틴(8절)을 발견하는데, 물론 이것은 정의로서 받아들여져서는 안되는데(하나님은 또한 "영이시며" "빛이시다"), 문맥을 보게 되면 하나님에 대한 궁극적인 진리를 표현하기 위해서 의도된 것이다. 요한이 역사 속에서의 하나님의 구원사역으로부터 이 사랑을 끌어내었다는 사실을 얼마나 많이 알고 있는지를 주목하라(이어지는 두 절을 보라; cf. 요 3:16). 바울도 역시 하나님의 사랑에 대해서 자주 숙고한다. 고린도전서 13장의 "사랑의 송가"는 이것이 그리스도 안에서 나타난 것처럼 우리를 향하신 하나님의 생각을 묘사한 것으로서 우선 이해되어야 한다. 나아가서 특히 로마서 5:5ff.; 8:31-39를 보라. Cf. 또한 *TDNT* I, *s.v. agapao*(논의 자체보다도 인용절들 때문에 더욱더). 그러나 성경에서 하나님의 사랑이 결코 하바나 아가페에 의해서만 표현되고 있는 것은 아니라는 사실을 주목해야 한다. 예를 들어, 구약에서 이것은 또한 브릿, 미쉬파트, 헤세드, 헨, 츠다카 등의 단어로 표현되고 있다.

상징주의와 유비에 대해서는 이미 구약에서 하나님의 사랑이 아버지의 사랑과 반복해서 비교되고 있고 때로는 어머니의 사랑과도 비교된다(사 49:15; 66:13). 예수를 따르며 그의 권위 위에서 신약은 하나님을 주로 "아버지"로 지칭하는데, 이스라엘 사람들의 귀에는 또한 아바라는 이름이 보기드문 친밀한 느낌을 갖고 있었다. 동시에 마태복음 7:9-11에서의 비교와 탕자의 비유(눅 15장)는 하나님의 아버지됨이 지상적인 아버지의 그것을 얼마나 훨씬 더 능가하는지를 입증해 준다. 또한 선지자가 하나님의 사랑과 지상적인 어머니의 그 것 사이의 거리를 알고 있음을 스스로 보여주는 이사야 49:15를 보라. 이스라엘이 버려진 아이라고 불리는 것(겔 16:5)과 바울이 신자들을 양자로 입양된 하나님의 자녀들이라고 부르는 것(롬 8:15, 23; 갈 4:5)도 역시 하나님의 아버지됨의 독특한 특성을 강조한다. 예수의 자기 희생적인 사랑은 친구의 그것과 비교될 수 있지만(요 15:13), 원수된 자들에 대한 사랑으로서 이것은 그러한 유비를 훨씬 능가한다(롬 5:7f.). 선지자들은 하나님의 사랑을 자기 아내를 위한 남편의 사랑과 비교하기를 좋아하지만, 이 아내, 즉 이스라엘의 계속적인 불성실함으로 인하여, 하나님의 사랑은 또한 이러한 유비를 초월한다(렘 3장; 겔 16장과 23장; 특히 호 1-3장).

교회사에서 우리는 물론 끝없는 논의와 성찰과 찬송의 주제였던 하나님의 사랑이 교회의 신앙고백과 교훈에 있어서 거의 중심적이고 압도적인 주제가 아니었다는 주목할 만한 사실에 직면한다. 이와 관련하여 가장 훌륭한 것은 요한의 명성이 특별히 그들이 아가페에 부여하는 중심적인 위치 덕분이라고 생각했던 동방 교회들이었다. 이것이 서방 교회에서는 적용되지 않은 것은 아마도 한 가지 이상의 요인에 기인한 것이었을 것이다. 서방에서 우리는 동방에서보다 하나님을 매일매일의 실재와 직접적으로 관련시키는 경향이 더 많았는데, 거기에서는 하나님의 사랑이 거의 나타나지 않았다. 부조리가 우리를 괴롭힐 뿐만 아니라, 죄책의 문제가 서방에서는 훨씬 더 주목을 받았다. 거기에 희랍적인 하나님 개념의 스콜라주의적인 윤색을 더해보면, 하나님의 사랑에 대한 찬가가 많이 약화되었음이 분명해질 것이다. 더욱이, 개신교 교회에서는 하나님의 사랑과 그의 공정한 진노와 벌하시는 정의의 관계에 대한 문제가 큰 역할을 수행하였다.

나중에 근대 철학과의 결합은 사랑하시는 분으로서의 하나님에 대한 (인격적인) 이해에 바람직하지 못한 결과를 가져왔다. *CF* pars. 165-67의 끝에 나오는 슐라이어마허의 이 주제에 대한 추상적인 취급을 보라(par. 165는 이렇게 기록되어 있다: "신적인 인과율이 세상의 통치에 있어 사랑과 지혜로서 우리에게 제시되었다."). 리츨에게 있어서 하나님의 사랑은 도덕적인 세계 질서, 즉 하나님의 나라를 가져오는 단순한 수단이다. "사랑은 그의 진정한 운명의 달성에 있어서(*Bestimmung*), 그리고 그렇게 하기를 사랑하는 이가 그 자신의 적절한 목적을 추구하는 그러한 방식에 있어서(*Selbstzweck*) 자신과 비슷한 성격을 지니고 있는 또 다른 영적인 존재를 전진시켜주는 끊임없는 목적이다"(*Unterricht in der christlichen Religion*, 1875, par. 12d).

마찬가지로 하나님을 존재 자체로서 정의하는 틸리히에게서도, 하나님의 사랑의 개념은 단순히 사소한 상징적인 역할만을 갖고 있다. "만약 하나님이 사랑이라고 우리가 말한다면, 우리는 분리와 재결합의 경험을 신적인 삶에 적용하는 것이다"(*ST* p. 280). 이들 각각은 제각기 독일 관념론과 칸트와 하이데거의 철학 사조들이 어떻게 해서 복음의 핵심이 크고 분명하게 다가오는 것을 방해하는 장애물들이 되는지에 대한 좋은 보기이다. 불행하게도, 이들은 예외라기보다는 오히려 규칙이다. 물론 위에서 언급했던 해링(T. Haering)과 같은 다른 사람들도 있다. 그리스도의 하나님과 하나됨에 근거하여 후자를 오직 "사랑의 심연"으로서만 보기를 원했고, 심지어는 자기 희생을 하나님의 본질로 볼 만큼 멀리까지 나아갔던 모리스(F.D.Maurice)가 이전 세기로부터 특별히 언급되어야 한다. 그 결과들에 대해서 모리스는 우리에게 바르트를 현저하게 상기시켜 준다. 이러한 영적인 유사성에 대해서는 E. Flesseman-van Leer, *De overmacht van de liefde: Inleiding in de theologie van F.D.Maurice*(1968).

자유 안에서 사랑하시는 분으로서의 하나님에 대한 그의 정의를 통하여, 그리고 그가 이러한 통찰을 그의 사고의 방법론적인 토대로 만들었던 일관성에 의해, 이것이 교의학에서 가져야 하는 중심적인 위치를 하나님의 사랑의 고백에 최종적으로 부여한 사람은 바르트(*CD* II,1)였다. 그후로 다른 신학자들도 똑같이 그렇게 하였다. 그러나 이 점에 있어서 바르트를 따르지 않은 사람들도 있다(Prenter와 Trillhaas). 우리는 하나님의 사랑의 경이를 마음과 심정으로 믿고 받아들이기가 매우 어려운 것처럼 보인다.

　하나님의 사랑은 지상적인 관계들 속에서 우리가 사랑이라고 부르는 것보다 무한히 크다. 하나님께서 사람보다 더 크시고 다르신 것처럼 그의 사랑도 그만큼 더 크고 다르다. 그는 이 사랑의 내용을 결정하시는 주체이시다. 사랑의 개념은 하나님이 어떤 분이신지 결정하지 않으며, 하나님께서 사랑이 무엇인지를 결정하신다. 그는 주체이며 사랑은 술어이다. 이 둘은 교환될 수 없다. 이 사랑의 독특성과 신적인 성격을 표현하기 위해서 우리는 더 많은 규정을 덧붙이고 하나님을 거룩한 사랑으로 말한다. 이런 방식으로 우리는 그의 초월과 겸손의 일치를 표현한다. 이것은 앞에서의 논의에서 이미 전제되었지만, 또한 별개의 논의를 필요로 하는데, 이 논의에서 우리는 그의 사랑을 더 깊이 규정하는 하나님의 속성으로서 거룩성을 말하게 된다.

　또한 이제, 우리의 관심은 이 속성이 하나님과 우리의 관계 속에서 나타나는 방식이 아니다. 따라서 예를 들어, 우리는 이러한 관계들의 토대이신 하나님 자신의 본질에 빛을 비추는 한에 있어서만 "의"와 "진노"에 대해서 언급하게 될 것이다. 그러므로 우리는 다음과 같이 엄격하게 질문한다. 하나님의 사랑이 거룩한 사랑이라는 사실, 즉 이것은 이 사랑 안에서 전적으로 주권적이고 자유로우신 분으로 행동하시는 하나님으로부터 온다는 사실은 무엇을 의미하는가? 단순한 답변은 불가능하다. 우리는 다음 논점들에서 그것의 다양한 측면들을 제시한다:

　1. 하나님의 사랑은 무한히 높으신 하나님이 우리에게 오셔서 낮아지신 것이다. 따라서 이것은 이 세상에서는 유례가 없는 방법과 기준으로, 높은 곳에서 낮은 곳을 향한 사랑이며 따라서 실제로 결함을 보충해 주는, 그러나 그 가교를 놓음에 있어서 간격을 전제로 할 뿐만 아니라 그것을 확증해주는 사랑이다. 그 이유 하나만으로 해서 이미 인간은 받을 만한 가치가 없고 기대할 수도 없었던 호의에 의해서만 오로지 그것을 경험할 수 있다. 여기에서 우리는 우리의 유비적인 상징의 한계들 가운데 하나를 떠올리게

된다. 하나님의 사랑을 아버지나 어머니의 그것과, 혹은 남편이나 친구의 그것(이것들은 성경에서 나타나는 네 가지 유비들이다)과 비교할 때, 이러한 비교들에서 우리가 표현할 수 없는 것이 정확히 바로 이러한 요소의 근본적인 차이이다.

2. 이러한 사랑 속에서 하나님은 자유롭게 행동하신다. 그는 그 속에서 존재하시며 자신을 완전히 내어주신다. 예를 들어서 우리는 하나님께서 그의 거룩성을 돋보이게 하거나 어떤 사람과 더불어 그의 사랑을 나누거나 혹은 어떤 동반자로 말미암아 스스로 부요하게 되기 위해서, 그의 사랑의 대상과 동반자로서 우리를 필요로 하신다고 말할 수 없다. 우리가 그러한 동기들을 하나님께 돌리게 되자마자, 그의 계시 안에서 우리가 이것을 목도하는 바, 그의 우리를 향하신 주권적이고 은혜로운 방향 전환은 그 광채와 힘을 잃어버리게 될 것이다. 그러나 우리는 그 반대로도 말할 수 없다. 왜냐하면 그렇게 되면 그의 마음 깊은 곳에서 하나님께서는 그의 피조물들과 관계를 맺지 않으실 것이며, 그렇게 되면 우리의 상황이 그와 **본질적**으로 관계가 없게 될 것이기 때문이다. 우리가 할 수 있는 전부는 그의 자유가 그의 사랑과 일치하며, 그의 능력이 그의 의지와 일치한다는 사실을 놀라움을 가지고 주목하는 일이다. 분명한 것은 우리의 계약의 동반자가 되시는 일 이외에는 그가 아무것도 할 수 있기를 원치 않으신다는 사실이다.

3. 그의 사랑 안에서 하나님께서 자신을 우리에게 주신다는 사실은 그가 우리를 향한 그의 방향 전환에 있어서 스스로를 부인하지 않으신다는 사실을 의미한다. 그는 그 자신으로 남아계신다. 만약 이것이 그렇지 않다면, 우리는 하나님 자신의 사랑이 아니라, 스스로를 이런 사랑으로 변화시킨 어떤 하나님의 사랑을 경험하는 것이 될 것이다. 실제로 그의 사랑 안에서 우리를 사랑하고 자신을 우리에게 주시기 위해서는, 하나님이 자신을 버리시지 않고, 정확히 그의 하나님 되심과 그의 초월과 그의 거룩 안에서 자신을 완전하게 유지하시는 것이 필수적이다. 오직 자신을 완전하게 유지하심으로써 하나님은 스스로를 완전하게 주실 수 있다. 그 역도 마찬가지로

사실이다. 즉 그는 자신을 완전하게 주심으로써 완전하게 자신을 유지하신다.

4. 성경에서 이것은 하나님이 질투하시는 하나님으로 불리어지시기를 좋아하시는 분이라는 사실과 같다. 그의 사랑의 거룩성은 그의 사랑 안에서 그가 실제로 그리고 완전하게 스스로를 위해서 우리를 원하신다는 사실, 즉 그가 그의 신적인 존재의 하나됨과 배타성 속에서 전적으로 우리와 함께 있으시기를 원하시고, 우리에 의해서 용납되시기를 원하신다는 사실을 의미한다. 이것은 우리가 또한 마찬가지로 다른 힘들에, 특별히 우리 자신에게 속하기를 원하기 때문에, 우리의 저항에 직면한다. 하나님의 거룩한 사랑은 그것을 묵종할 수 없다. 이것은 반대를 허용할 수 없다. 이것은 우리의 저항을 차단하기 위해 우리의 길을 가로막는다. 그의 질투하시는 사랑 안에서 하나님은 그와의 사귐을 위한 우리의 총체적인 항복을 요구하신다.

5. 이 질투는 그의 사랑 안에서 그가 우리에게 갖고 계신 의향의 소극적인 측면이다. 그는 우리의 삶 속에 임재하기를 원하실 뿐만 아니라, 그가 임재하심으로 그는 그 삶을 변화시키고 갱신하시기를 원하신다. 그는 우리가 그와 같이 보이며 그의 거룩성과 그의 사랑을 닮기를 원하신다. 하나님께서 우리를 위하여 선택하신 것처럼, 만약 우리가 다른 사람들을, 심지어 우리의 원수들까지라도 아무런 이유없이 선택한다면, 우리는 그의 사랑을 닮는 것이다. 그리고 만약 우리가 우리의 삶 속에서 하나님의 타자성이 충분히 자유롭게 나타나게 하고 그의 우선권을 인정한다면, 우리는 그의 거룩성을 대표하는 자들이다. 그러나 거룩성과 사랑은 불가분리적으로 하나이다. 하나님의 타자성은 우리를 통하여 세상 속에서 활동하기를 원하시는 그의 아버지됨과 그의 이름과 그의 사랑의 계시의 타자성이다. 그러므로 우리는 말과 행동으로 기도한다:

하늘에 계신 우리 아버지여
이름이 거룩히 여김을 받으시옵소서!

"하나님의 사랑은 이것이 거룩하다는 사실에서 모든 다른 사랑과 구분되는 신적인 존재와 행동이다. 거룩하다고 할 때, 이것은 그가 사귐을 구하시고 창조하실 때, 하나님께서 항상 주님이시라는 사실에 의해서 특징지어진다. 그러므로 그는 모든 다른 의지에 반하여 그 자신의 의지를 구별하시고 지탱하신다"(Barth, *CD* II,1, p. 359).

거룩성의 개념이 일차적으로 도덕적인 특성으로 고려되지 아니하고, 하나님이 전적으로 타자이시며, 누미노스적이시며, 장엄하신 두려움의 신비(*mysterium tremendum*)이며 동시에 매력적인 신비(*mysterium fascinans*)라는 사실을 표현하는 것으로 고려되는 것은 특별히 널리 읽혀진 오토(R. Otto)의 「거룩의 관념」(*The Idea of the Holy*)(E.T. 1928)이라는 책 때문이다. 또한 구약에서 코데쉬와 카도쉬라는 단어는 무엇보다도 먼저 하나님의 다가갈 수 없는 장엄을 나타낸다. 더 고대 사본들에서 이 장엄은 우리가 원시적인 고대의 종교들에서 알고 있는 것과 같은 그러한 금기(taboo) 관념들과 아직 밀접하게 연결되어 있다(레 10:1-5; 삼상 6:19f.를 보라).

이사야 6장에 나오는 하나님의 거룩성에 대한 고전적인 인용절, 즉 이사야의 소명에 대한 환상은 이런 관념들이 전혀 없다. 하나님에 대하여 이 선지자가 선호하는 이름은 "이스라엘의 거룩한 자"이다. "이스라엘"이라는 말의 첨가는 하나님의 이러한 놀라운 지고하심에 대한 경험이 정확히 우리를 향한 그의 방향 전환, 즉 그의 가까이 계심 속에서 비롯되었음을 우리에게 생각나게 해준다(예를 들어 출 15:11; 겔 20:41을 보라). 특별히 제2이사야에서 분명한 것은 이스라엘의 거룩한 자로서, 그가 구원자(고엘)시라는 사실이다(41:14; 43:3,14; 47:4).

강조점을 뒤집어 보면, 에스겔도 같은 사실을 말하고 있다. "그러므로 너는 이스라엘 족속에게 이르기를 주 여호와의 말씀에 이스라엘 족속아 내가 이렇게 행함은 너희를 위함이 아니요 너희가 들어간 그 열국에서 더럽힌 나의 거룩한 이름을 위함이라"(36:22; 22-32 전부를 보라). 거룩성과 사랑의 일치에 대한 가장 심오한 표현은 호세아에 의해서 주어졌다. "이는 내가 사람이 아니요 하나님이라. 나는 네 가운데 거하는 거룩한 자니 진노함으로 네게 임하지 아니하리라"(11:9). 제의 전승에서는 이것이 사람들을 사로잡고 그들을 신성하게 하기를 원하는 거룩성의 특징이라는 인식이 매우 강하다(위의 5번을 보라). 이것은 특별히 소위 성결법인 레위기 17-26장, 특히 19장에서 분명한데, 여기에서 이스라엘은 하나님의 타자성, 즉 하나님의 거룩성으로 인하여 새로운 삶의 방식으로 부름받고 있다. 구약에 나오는 거룩성의 개념을 위해서는 특별히 아이히로트(Eichrodt)와 프리젠(Vriezen)의 성서 신학을 보라.

용어상으로 볼 때 하나님의 거룩성은 신약에서는 두드러지지 않는다. 예수는 때때로 "하나님의 거룩한 자"라고 불리며 영은 시종일관 성령으로 불린다. 사람들에게로의 이러한 가장 가까운 근접함 속에서, 하나님의 거룩성이 나타난다. 성령의 사역으로 인하여 모든 강조점은 이제 그리스도를 닮고 하나님의 이름을 거룩하게 함으로써 인간이 하나님의 거룩하신 사랑에 참여하는데 집중된다. 이 실재에 참여하는 자들로서, 신자들 자신은 이제 "거룩하다"고 불린다. 그러나 구약에서의 하나님의 누미노스적인(본질적인) 거룩성은 배경에, 그리고 그것이 분명히 표현되어 있는 히브리서 12:29; 베드로전서 1:15f.; 요한계시록 4:8과 같은 구절들에 남아 있음을 감지할 수 있다. 신약에 나오는 거룩성의 개념을 위해서는 *TDNT* I, *s.v. hagios*를 보라. 더 자세한 내용을 위해서는 46장을 보라.

최근 수십년간의 신학에서, 거룩하고 전적으로 유일한 사랑의 종류로서의 하나님의 사랑의 주제는 에로스와 아가페의 관계에 대한 주체의 형태로 반복해서 논의되었다. 의미에 있어서 육체적인 욕망으로부터 신비적인 황홀에 이르기까지 전부를 망라하는 희랍어 에로스는 또 다른 인간 존재나 혹은 대상에 대한 인간의 욕구를 표현하는데, 그것에 의해서 인간은 자기 자신의 자아의 만족이나 부를 발견하기를 기대한다. 70인역은 구약의 사랑의 개념을 위하여 이 단어를 사용할 수 없었기 때문에, 덜 일반적이고 더 의미가 약한 아가페(아가판: 어떤 사람이나 사물을 '좋아하는 것')라는 용어를 하바(소리의 유사성 때문에)의 동가어(同價語)로 채택하였으며, 그렇게 해서 이 단어가 신약에서 핵심 단어가 되었다. 이러한 사실에 입각하여, 니그렌(A. Nygren)은 그의 훌륭한 작품인 「아가페와 에로스」(*Agape and Eros*: E.T.I [1932], II [1938-39]: 본사 역간)를 저술하였다. 체계적이고 역사적으로 그는 자기중심적이며 또한 대상의 가치로부터 자신을 풍요롭게 만드는 에로스와, 아무런 가치도 없는 것에게 스스로를 이타적으로 내어주는 아가페를 대조하였다. 몇몇 신학자들과 철학자들이 이러한 대조에 있어서 그를 따랐다. 니그렌의 출발점은 의심할 바 없이 옳았다. 거룩한 사랑으로서, 스스로를 내어주는 하나님의 사랑은 독특한 것(*sui generis*)이다. 그러나 그는 이 사랑과 죄적인 것으로 간주되는 인간의 에로스를 절대적으로 비교할 때 목표를 빗나가고 말았다. 성경에서 하나님의 사랑은 인간의 에로스 즉 결혼과 부모됨, 우애에서 파생된 상징들 속에서 규칙적으로 표현되는 어떤 것을 의미하고 있음에 분명하다. 나에게 있어서는 이것이 하나님의 사랑은 이유없이 자신을 줄 뿐만 아니라 정확하게 스스로를 실현하는 것으로 간주된다는 사실을 지시하는 것처럼 보인다. 자신을 내어주심에 있어서 하나님은 스스로를 실현하신다. 니그렌은 큰 차이점은 정확하게 주목하였으나 간격은 정확하게 주목하지 못했다. 아가페와 에로스는 하나님 안에서 조화된다. 그러므로 인간 안에서 정화된 에로스는 아가페와 조화될 수 있어야 한다. (*RGG* II, *s.v. Eros und Agape*; 이 문헌에 바르트[Barth], *CD* IV 2, pp. 734-751이 덧붙여져야 한다). 내 판단으로는 니그렌을 적절하게 수정한 것이 E. Jüngel, *Gott als Geheimnis der Welt*, pp. 436ff.와 461ff.이다. (더 자세한 내용을 위해서는 *RGG*, *s.v. Eros und Agape*를 보라.)

우리가 이제 우리의 주제를 완결한 것처럼 보일 수도 있다. 왜냐하면 우리는 하나님의 거룩한 사랑을 두 가지 전망으로부터, 즉 그의 겸손과 그의 초월 가운데에서 보여져야 하는 하나님 안에서의 중대한 일치로 제시했기 때문이다. 그러나 현실은 그러한 완결을 불가능하게 만든다. 이와는 반대로, 이 논점에서 우리는 가장 어려운 문제에 직면해 있다. 만약 하나님의 사랑의 거룩한 뜻이 자신을 그렇게 강력하게 나타내거나 혹은 이 뜻에 대한 심각하고 항구적인 저항이 아무데서도 문제가 되지 않는다면, 만사가 순조롭게 해결될 것이다. 그러나 그 정반대가 사실이다. 이 유일하고 유례가 없으며 질투하는 사랑 앞에서 사람이 이 사랑에 아무리 적응한다 하더라도, 그는 적이며 반역자로서 판명된다. 만남 속에서 하나님은 자신을 인간에게 거룩한 사랑으로 내어주기를 원하신다. 그러나 만약 인간이 이 만남을 거절하고, 그때에 하나님께서 여전히 인간을 만나기를 원하시면 그는 또 다른 방식으로 자신을 나타내셔야 할 것이며, 인간이 자신의 상황을 깨닫도록 하시고 그를 돌아서게 하시는 방식으로 인간을 다른 방식으로 다루셔야 할 것이다.

그러나 하나님은 그 외에 어떻게 자신을 우리와 관련시키시는가? 만약 그가 우리의 거절에 상관없이 계속해서 그의 사랑을 주시는 방식에 변화가 있다면, 우리가 거절하는 것이 하나님의 사랑이라는 사실이 분명해지지 않는다. 그리고 만약 하나님께서 우리의 거절로 인하여 영원히 우리를 거절하신다면, 그의 태도는 우리의 태도로 말미암아 결정되며 그의 사랑은 그것의 목표를 달성하지 못한다. 하나님이 자신을 버리시든가, 혹은 그가 우리를 버리시든가, 아니면 그가 둘다를 버리신다. 그에게 적대적인 인간과의 대립은 어쩔 수 없이 하나님 안에서의 갈등에 이르게 되는 것처럼 보인다. 그리고 이것은 실제로 우리가 구약 성경의 역사적이고 예언적인 증인들로부터 얻게 되는 강한 인상이다.

여기에서 우리는 하나님의 은혜와 그의 정의, 그의 진노와 그의 사랑이 계속해서 교체되는 것을 발견한다. 이것은 멈출 수 없는 것처럼 보이는 운동이다. 반역하는 인간과의 대립은 하나님의 존재 안에 한 편에서는 거룩한 정의와 다른 한 편에서는 관대한 은혜 사이에서 분열을 일으키는 것처럼 보인다. 신약 성경에서 이러한 대립은 훨씬 덜 강하다. 그러나 여기에서도 역시, 이것은 어디에서나 눈에 뜨인다. 하나님은 그의 계획을 거스르는 사람들을 소멸하시는 불이시다. 그의 거룩성을 위하여 그의 사랑의 어딘가에는 제한이 존재한다. 죄인과 그의 관계에 관련된 하나님 안에서의 이런 가정되거나 혹은 실제적인 대조의 결과로서, 하나님의 사랑에 대한 증거가 교회와 신자들의 삶과 고백과 사상 속에서 종종 그토록 중심적인 주제와 더불어 기대될 수 있었던 것보다는 훨씬 덜 분명하게 울려퍼진다는 사실은 이해할 수 있는 일이다. 많은 사람들은 하나님이 의지할 수 없으며 독단적이라는 관념에서 벗어나는 것을 어렵게 생각하는데, 바로 이것으로 인하여 그들이 하나님의 사랑의 기쁜 메시지에 스스로를 완전히 복종시킬 수 없는 것이다.

 그런데 이것은 커다란 오해에서 비롯된 것이다. 복음은 우리가 완전한 확신 속에서 하나님의 은혜로운 사랑에 복종할 수 있는 모든 것에 대하여 의심의 여지를 남겨 놓지 않는다. 그렇게 하기를 거절할 때에만 비로소 우리는 하나님 안에 있는 이중성의 정죄의 희생물이 된다. 그 때에 우리는 그가 스스로 거절하는 사람에게 요청하는 그의 정의와 대면하고, 그가 우리의 소외에 수반하는 그의 진노와 대면하게 된다. 그러나 이것들은 그의 거룩한 사랑의 표현들이며 그렇게 남아 있다. 하나님은 여기에서 우리를 상처입은 사랑으로 만나시는데, 이 사랑을 통하여 우리를 그의 사랑에 굴복하게 하시기 위해서 우리로 하여금 우리의 소외를 알게 하려고 노력하신다. 구약과 신약 성경에서 하나님과 인간의 교제의 전형적인 역사는 그 사실에 대한 하나의 계속적인 선언이다. 이 이야기는 거룩성과 자비가 함께 일어나는 예수 그리스도의 죽음과 부활에서 절정에 이른다. 즉 한 의로운 인간(Man)이 하나님의 은혜가 모든 사람에게 미치도록 하기 위하여, 모든 사람의 소외를 대신하여 지셨다는 사실이다. 그러나 그 때에도 역시 은혜는 어떤 원리나 이념으로 바뀌지 않는다. 이것은 자동적으로 나타나지 않는다. 만남 속에서 하나님은 그의 동반자를 존중하시는데, 그의 은혜를 거절하는 사람은 그 누구든 간에 그의 진노 아래 남아있기를 선택하는 것이다.

 그러나 신자들은 아무도 이 변증법을 벗어나지 못한다. 왜냐하면 그들도 역시 그의 은혜의 지배로부터 되풀이해서 스스로 벗어나려고 애쓰기 때문이다. 우리의 죄악된 존재 안에서 반영되고 굴절되었기 때문에, 하나님의 거룩한 사랑의 단일성은 결코 분명하고 항구적으로 가시적이 될 수 없다. 그러나 믿는다는 것은 우리가 경험하는 것에도 불구하고, 위대한 동반자(Partner) 안에 이러한 단일성이 존재한다는 사실을 항상 의미한다. 그의 무조건적이고 무한한 사랑은 또한 그의 은폐성과 심판과 진노 속에서 작동한다.

 그래서 제기되는 마지막 질문이 이것이다: 인간에게 관련되는 하나님의 이러한 단일성은 결국 모든 변증법과 분열에 대한 승리가 아닌가? 하나님은 그에게 반역하는 동반자들이 그의 진노의 태도를 영원히 영속시키도록 강요한다는 사실을 묵인하실 수 있는가? 이 질문은 57장의 마지막에 가서야 비로소 논의될 수 있을 것이다. 하나님의 존재의 빛이 계시의 만남의 프리즘 속에서 아무리 크게 굴절되고 분명치 않게 된다 하더라도, 하나님이 거룩한 사랑의 한 빛이시라는 사실을 이러한 굴절이 증거한다는 점을 우리가 아는 것만으로도 여기에서는 충분하다.

여기에서는 두 가지 성경의 진술을 나란히 놓고 고려해야 한다. "자비한 자에게는 주의 자비하심을 나타내시며 … 사특한 자에게는 주의 거스리심을 보이시리니"(시 18:25f.)와 "우리가 주를 부인하면 주도 우리를 부인하실 것이라 … 우리는 미쁨이 없을지라도 주는 일향 미쁘시니"(딤후 2:12f.).

위에서 언급된 것은 "의"와 "진노"라는 단어들이 구약과 신약에서 작용하는 방식과 밀접하게 연결되어 있다. 특별히 의(righteousness)라는 개념은 크레머(H. Cremer)가 이것을 하나님의 계약적인 행동의 맥락 속에다 다시 놓고서 그것을 강건케 하는 의(*iustitia salutifera*)라고 묘사한 이후에 많은 논의의 주제가 되었다. 우리는 성서 신학들을 참고한다. 필자는 여기와 이 장의 다른 곳에서 "하나님의 계약의 성격"(6,7장)에 대해 장황하고 철저하게 다루고 있는 아이히로트[Eichrodt, *Theology of the OT*, I (E.T.1961)]에 의해서 주로 안내를 받고 있다.

또한 *TDNT* II, *s.v.* 디카이오수네를 보라. 하나님께 적용되었을 때, 정의와 의를 위한 구약의 단어들(체덱, 츠다카, 미쉬파트)은 그가 이스라엘과 맺은 계약 관계의 결과로서 하나님이 행하시는 것을 나타낸다. 바깥을 향했을 때에는, 이것은 이스라엘의 대적들에 대한 방어와 그들을 정복하는 것을 의미하였으며(최초로 사용된 것은 치드콧트, 삿 5:11), 내부를 향했을 때에는, 이것은 특별히 가난하고 의지할 데 없는 자들을 향한 계약의 약속들을 따라 사는 것뿐만 아니라 그들의 계약의 의무들을 멸시하는 모든 사람을 필요한 경우에 처벌하고 반대하는 것이기도 했다(Von Rad, *OT Theology*, I, E.T. 1962, p. 377과는 반대로).

하나님의 의는 이렇게 해서 일차적으로 그의 적극적인 계약에 대한 성실성이기 때문에, 이 단어는 호의와 자비 등의 단어와 비슷한 뜻으로 여러 곳에서 나타난다. 후대에 와서 또한 이 단어는 특히 제2 이사야에서 죄인을 향한 하나님의 계약의 성실성을 (특별히) 나타내게 되었는데, 여기에서는 계약법들에 근거하여 의를 선언하기 위하여 심지어 히필형인 히츠디크가 죄인으로 선언된 사람들에게 적용되고 있다(50:8; 53:11). 포로기 이후에, 은혜와 의의 이러한 통일성이 상당히 많이 상실되었으며, 하나님의 의는 일반적으로 율법 준수자들을 보상하고 죄인들을 처벌하는 분배적 정의(*iustitia distributiva*)로서 생각되었는데, 이것은 구약의 중심 증언들에서 결여되어 있지는 않으나 하나님의 은혜로운 계약의 성실성과 관련해서는 이차적인 요소였다. 이 후자의 요소는 쿰란 공동체의 몇몇 찬송가들로부터 보았을 때, 완전히 잊혀지지는 않았다(특별히 8번 찬송을 보라). 그러나 바울은 요약되고 심화된 제2 이사야의 용어를 사용하였다. "내가 복음을 부끄러워하지 아니하노니 이 복음은 모든 믿는 자에게 구원을 주시는 하나님의 능력이 됨이라. 복음에는 하나님의 의가 나타나서 믿음으로 믿음에 이르게 하나니"(롬 1:16f.). 해석자들은 바울이 사용한 "하나님의 의"가 하나님이 정의(소유의 2격)에 따라서 혹은 그가 인간에게 주시는 어떤 것(기원의 2격)에 따라서 행동하시는 하나님의 속성을 지칭하는지의 여부에 대해서는 아직 일치하지 않고 있다. 우리의 판단으로는 두 가지가 다 함의되어 있다. 여하튼, 바울에게 있어서 "의"가 정의상으로 구원과 구속을 지칭하는 것은 분명하다. 특별히 로마서 3:21-26에서 바울이 디카이오스라는 단어와 그것의 파생어들을 어떻게 사용하고 있는지를 보라. 이것은 심판의 요소가 결여되어 있지는 않지만, 이 심판이 그리스도의 화해의 죽음을 통하여 은혜로 변화되며, 정확히 이러한 방식으로 하나님의 의가 승리한다는 것을 보여준다(특별히 25f.와 그 외에 로마서 4:25; 8:3; 고린도후서 5:21과 같은 구절들을 보라).

그 자체로서 진노라는 단어는 이러한 적극적인 계약의 느낌이 결여되어 있다(*TDNT* V, *s.v.* 오르게에 나오는 광범위한 논의를 보라). 그러나 이스라엘의 성숙한 종교적인 의식 안에서 이것의 의미는 다른 종교들에서의 그것과는 전혀 다른데, 다른 종교들에 있어서 신들의 진노는 마술과 희생 제물들에 의해서 무마될 수 있는 변덕을 가리킨다. 진노는 증오와 혼동되어서는 안되는데, 이것은 계약의 위반을 언급하며 또한 하나님의 손상된 사랑의 표현이다. 거짓 선지자들은 사람들을 값싼 신적인 은혜로서 달래려고 하였다. 그러므로 참된 선지자들은 그들을 하나님의 진노와 대면하도록 하지 않으면 안되었다(암 9:10; 사 5:18ff.; 그리고 여러 곳에서). 그러나 그것은 결코 그들의 마지막 말이 아니었다. 하나님의 진노에 대해 그토록 통렬하게 언급할 수 있었던 호세아와 예레미야, 그리고 에스겔은 또한 하나님의 마지막 말씀, 즉 그의 가장 깊은 본성이 최상으로 표현하시는 말씀이 사랑이라는 것도 알고 있었다. "저가 비록 근심케 하시나 그 풍부한 자비대로 긍휼히 여기실 것임이라"(애 3:32). "그 노염은 잠간이요 그 은총은 평생이로다"(시 30:5). "내가 넘치는 진노로 내 얼굴을 네게서 잠시 가리웠으나 영원한 자비로 너를 긍휼히 여기리라"(사 54:8). 그러나 이것은 닫혀진 이론으로 바꿀 수 없는 그만큼, 확실하게 자유로운 은혜, 즉 거룩한 사랑의 표현이기도 하다. 그러므로 영원히 야훼께 저항하는 이스라엘과 그 주변 국가들 가운데 있는 자들에 대해서는 마지막 말씀이 될 진노의 심판이 있을 것이다.

신약도 진노에 대해서 비슷하게 언급하고 있지만, 하나님의 진노가 그리스도의 속죄의 희생을 믿는 각 사람으로부터 옮겨졌다는 점에서는 이와 다르다. 또한 여기에서 이것은 이론적으로 닫혀진 경우가 아니다. 신약은 불신자들에 대한 종말론적인 진노의 심판과 그리스도를 알았으나 의식적으로 그를 거절하였던 사람들을 위한 지옥에 대해서 언급한다(마 25장; 롬 2:8; 살전 2:16; 히 12:25-29). 그런데 그 때에 진노는 말하자면 여전히 그의 (거절된) 사랑의 역전으로서 하나님께 어쩔 수 없이 강요된 어떤 것이다. 또한 요한복음 3:17f.와 36을 보라: "아들을 믿는 자는 영생이 있고 아들을 순종치 아니하는 자는 영생을 보지 못하고 도리어 하나님의 진노가 그 위에 머물러 있느니라."

교회사의 과정에서 많은 사람들이 하나님 안에서의 사랑과 정의의 관계에 대해서 생각해 왔다. 유스티티아(*iustitia*)를 분배적으로, 즉 *suum cuique tribuere*로서 해석하였던 로마법의 영향을 받아, 중세 시대는 의라는 단어를 이러한 방향으로 일방적으로 해석하였다. 이것은 로마서 1:16ff.이 그의 눈을 열어서 그것의 구원의 의미를 보게 만들기까지 그 단어를 루터에게 두려운 단어가 되게 하였다. 이것은 그 자체로서 루터로 하여금 심판과 은혜에 있어서 하나님의 단일성을 강조하게 하였을 것이다. 그러나 그런 일은 일어나지 않았는데, 그 이유는 계시의 하나님(*Deus revelatus, absconditus sub contrario*)과 커다란 긴장 관계 속에 있는 절대적인 하나님(*Deus absolutus*)의 위엄 앞에서의 루터의 영원한 두려움 때문이었다. 이것에 대해서는 18장을 보라. 초월과 겸손 사이의 긴장이 루터에게 있어서는 너무나 커서 그는 종종 하나님 안에서의 이중 관계와 대조의 가장자리로 이동할 정도였는데, 그것은 한 편으로는 위엄과 창조질서의 하나님, 율법, 분배적 정의(*iustitia distributiva*), 외래적인 일(*opus alienum*), 세상의 통치이며, 다른 한 편으로는 사랑의 하나님, 화해, 복음, 칭의, 고유한 일(*opus proprium*), 하나님의 나라이다. 그러나 루터는 또한 그의 적들로 인하여 무기와 갑옷 시종들을 필요로 하는 선한 군주와 아주 유사하게, 사랑이 진노와 복음을 둘 다 포용하는 최종적인 통일성임을 알고 있었다. "비록 다른 것이 바깥에 있는 것을 위해 필요하지만 … 그러나 그의 저택과 성채에는 단지 순수한 은혜와 사랑만이 존재한다. 따라서 또한 은혜 안에는 진노와 불쾌한 일이 없으며, 그의 마음과 그의 생각들은 오직 순수한 사랑일 뿐이다"(요일 4:16ff.에 대한 설교). 그러나 이것은 마지막 전망이다. 우리는 노하심으로부터 은혜의 하나님께로 피하도록 강권된다.

개신교 스콜라주의는 루터 안에 있는 이러한 무시무시한 긴장과 깊은 관심사를 내세우지 않았다. 남은 것은 하나님 안에서의 의(*iustitia*)와 자비(*misericordia*)의 병치였다. 루터의 발견에도 불구하고 유스티티아(*iustitia*) 개념은 전적으로 "요청하는 정의"라는 전통적인 의미로 다시 사용되었다. 유명한 것이 루터파인 켄스테트(Quenstedt)의 정의이다. "이것은 합리적인 피조물에게 옳고 정당한 것을 요구하시는 신적인 의지의 지고하고 불변하는 규칙이다"(S p. 80).

칼빈을 뒤따라, 개혁파는 정의와 자비를 대조하는데 있어서 좀 더 신중하였지만, 이것은 실제적인 의미는 없었는데, 그 이유는 후기의 칼빈처럼, 그들이 하나님 안에서의 이중성을 영원한 작정의 교리로 바꾸었기 때문이었다. 이 이중성의 전형적인 것이 호팅거(Hottinger)의 정의이다(H VIII). "이것은 창조되고 타락할 전인류로부터 하나님께서 어떤 사람들은 영원한 생명으로, 다른 사람들은 영원한 죽음으로 미리 정하셨던 사람들에 대한 예정이다." 또한 작정들과 관련하여 H VII에 나오는 베자(Beza)의 도식을 유의하라. 이 신학자들은 둘 다 타락전 선택론자들이었다. 그러나 타락후 선택론적인 벨기에 신앙고백은 제16항에서 인류의 한 부분의 구원을 하나님의 자비와 하나님께서 "다른 사람들을" 그의 정의에 대하여 간과하시는 사실의 탓으로 돌렸을 때, 아무런 달라진 점이 없었다. 루터파 이상으로, 개혁파는 그들의 예정론을 통하여 하나님 안에서의 이중성을 영속화시켰다. 이것이 많은 불확실성을 야기하였고 많은 그리스도인들에게서 기독교 신앙의 기쁨을 빼앗아 갔다는 것은 익히 아는 사실이다.

조만간에 성서적 용법에 대한 루터의 발견이 반작용을 불러일으켰어야만 했다. 이것은 늦게 일어났으며 또한 차례에 있어서 일방적이었다. 리츨은 성경에서 정의와 은혜가 종종 일치한다는 사실의 혁명적인 의미를 발견하였던 사람이다. 이것으로 인하여 그는 의의 관념으로부터 모든 보응의 관념을 제거하였으며 그것을 하나님의 용서와 일치되게 하였다. 그러나 그는 하나님의 진노의 관념을 완전히 제거할 수는 없었다. 그는 그것을 남겼는데, 오직 종말론적인 기능만을 남겼다. 즉 하나님의 사랑의 의지를 마지막까지 거역하는 사람들은 파멸될 것이라는 사실이다. 그의 주저 *The Christian Doctrine of Justification and Reconciliation*, esp. II(E.T. 1902) on righteousness, pars. 14와 15; 또한 on wrath, pars. 16-21을 보라. 오늘날은 리츨의 표현의 일방성이 일반적으로 인정되고 있다.

사랑에 대한 이러한 배타적인 강조와는 대조적으로, 정통 루터파 교리 전통은 루터가 그토록 깊이 경험하였던 하나님 안에서의 이중성을 체계화하는 경향이 있다. 현저한 예가 R. Prenter, *Creation and Redemption*(E.T. 1967)이다. 처음에 그는 "창조의 하나님"(특별히 17장을 보라)을 다루었으며, 그 다음에 "구원의 하나님"(특별히 32장을 보라)을 다루었다. 그렇게 해서 죄인이 한 편으로는 은폐성과 진노와, 다른 한 편으로는 자비의 계시 사이에서 하나님 안에서 경험하는 이중성은 하나님의 참된 존재의 일부가 된다. 그렇지만 프렌터는 이 두 가지 "하나님의 이미지"를 수렴하려고 노력한다. "구원의 하나님의 이러한 모습을 통하여 창조의 하나님의 모습이 강화되고, 그렇게 해서 창조의 경륜 속에 있는 하나님의 거룩한 자비의 끊임없이 주시는 선하심은 구원의 경륜 속에 있는 하나님의 의로우신 사랑의 무한히 용서하시는 선하심과 결합된다"(p. 416).

루터파 신학은 하나님 안에서 인간이 경험하는 이중성으로부터 일치에 대하여 생각하는 경향이 있다. 개혁파 신학은 그 반대로 생각하는 경향이 더 많이 있다. 칼빈은 그리스도의 화해의 사역 안에서의 정의와 사랑의 관계와 관련된 문제를 가지고 씨름하였다(Inst II, xvi와 xvii). 그리스도와 떨어진 하나님은 노하시는 하나님이며, 오직 그리스도로 인하여서만 은혜로우신 하나님인가? 그것은 불가능하다. 우리를 위한 그의 사랑은 영원전부터이다. "참으로, 그가 우리를 먼저 사랑하셨기 때문에, 그는 나중에 우리를 자기와 화해시키신다"(xvi,3). 불일치가 있지만, 하나님 자신 안에서가 아니라, 그의 의와 우리의 죄 사이에서이다. "perpetuum et irreconciliabile dissiduum inter iustitiam et iniquitatem"(의와 죄 사이의 영원하고 화해할 수 없는 먼 거리). 이것을 제거하기 위해서 그리스도 안에서의 화해가 필요하다. 오직 이 방법에 의해서만 하나님의 영원한 사랑이 그 목표에 도달한다. 여기에서 우리는 루터와 다른 분위기 속에 있다. 사랑이신 하나님의 통일성으로부터 출발하는 이런 내용들로 인하여, 루터파는 그를 반대하였고 소키누스(Socinus)는 그를 지지하였으나, 칼빈은 그의 관점을 변경하지 않고서 나중에 설명을 통하여 II, xvii을 덧붙였다. 그러나 칼빈의 이러한 통찰력에서는 아무것도 나오지 않았으며, 우리가 보았듯이, 이것은 또한 후대의 개신교 스콜라주의 신학에서도 빈약하게 남아 있는데, 그 이유는 사람이 한 가지 영원한 작정으로부터 다른 것으로가 아니라 노하심으로부터 은혜로우신 하나님께로 피할 수 있으므로 해서, 그의 선택과 유기의 영원한 이중 작정 교리가 루터파의 그것보다도 훨씬 더 많은 비판을 받는 하나님 안에서의 이중성을 산출하였기 때문이다.

개혁 교회의 전통 속에서 바르트는 칼빈의 출발점으로부터 계속해서 나아가서, 또한 거룩한 사랑의 통일성으로서의 그의 영원한 작정과 관련되는 하나님의 통일성을 주장하려고 노력하였다. 신론과 관련하여 특별히 CD I, par,30,2: "God's Mercy and Justice"를 보라. 바르트는 리츨의 방식으로 그것들 전부를 너무 쉽게 일치시키지 않으면서 둘의 통일성을 주장하기를 원하였다. 하나님의 거룩성으로 인하여, 또한 분배적 정의(iustitia distributiva), 즉 죄에 대한 진노와 심판이 존재한다. 하나님은 이 심판을 그리스도 안에서 자신에게 받아들이심으로써 자신과 인간에게 대하여 신실하게 머무르신다. 그 이후로부터 이 심판은 우리들에게는 과거의 문제이다. 성경에 나오는 심판에 대한 모든 선포는 우리가 받아야 마땅하지만 그리스도를 통하여 벗어나게 된 심판을 우리가 알 수 있게 하기 위해 의도되었다. 바르트는 우리를 향한 하나님의 이중성을 통일성 안에서 통합하려는 가장 인상적인 시도를 제시하였다. 그러나 그렇게 하기 위해서 그는 신약에서 해결되지 않은 채로 남아있는 것을 끝내 버렸다. 그러나 여기에서 심판은 그리스도가 담당하셨지만, 그의 희생을 거절한 모든 이들을 위한 미래의 현실이 아직 남아있기 때문에 이것은 완결된 문제가 아니다.

반대 방향에서 출발하여, 루터파와 개혁파는 같은 문제를 가지고 씨름하였다. 그들은 서로를 필요로 한다. 하나님은 관대하게 너그러우시지도 않지만, 정신분열증 환자도 아니다. 그는 한 분이시다. "그러나 이 통일성은 … 하나님의 철저한 개념 속에 합리적으로 표현될 수 있는 통일성이 아니다"(Prenter, *Creation and Redemption*, p. 420). 만약 어디엔가 있다면, 우리는 얼마만큼이나 많이 아직도 우리가 도중에 있으며, 도정(道程)의 신학(theologia viatorum)에만 단순히 속해 있을 수 있는지를 여기에서 알고 있다. 우리는 아직 멀리 떨어진 곳에서(dissiduum) 살고 있다. 하나님은 아직 그의 존재의 조화 속에서 완전하게 스스로 우리를 향하실 수 없으시다. 그러나 우리는 그것을 향해 가는 도중에 있다. 왜냐하면 모호하지 않은 거룩한 사랑이신 하나님은 또한 구원의 전체 사역의 원천이시기 때문이다.

우리가 이 장에서 언급한 모든 것은 우리가 지금 인격이신 하나님에 대해서 말하는 사실을 불가피한 것으로 만든다. 신앙에 대한 현대의 연구들 속에서 개별적인 단락이나 장이 종종 이 주제에 바쳐지고 있다. 우리의 경우에 이것은 앞에서 언급되었던 많은 사실의 반복으로 귀결될 것이다. 그러나 다소간은 이전의 주제에 대한 부록으로서, 이 주제를 명확하게 다루는 것이 필수적인데, 그 이유는 정확히 "하나님은 인격이시다"라는 진술에 대한 거절과 망설임과 논의들이 신론이 짊어지고 있는 문제들을 정확하게 조명해주어야 하기 때문이다. 하나님에 대하여 인격(person)이라는 단어를 적용하는 것에 대하여 우리가 말하게 될 것은 우리가 계시의 상징 언어에 대하여 13장에서 언급한 것에 전적으로 의존하고 있다.

우리는 그를 만남으로써 하나님을 안다. 이 단어는 인격의 세계로부터 유래하였다. 하나님은 우리보다 무한히 더 높으실 수 있지만, 그가 우리를 만나실 때 그는 스스로를 인격으로서 사람들에게 주신다. 그는 인격이라는 단어가 우리에게 제시하는 것보다 더 크실 수 있는 어떤 방식에서든지 간에 그가 더 작아지실 수 있는 방법은 없으며 그가 더 크신 모든 것 속에서 그는 결코 다른 분이실 수 없다.

그러나 이러한 사실을 가정하여, 더 깊이 성찰해보면 우리는 피할 수 없는 다른 질문들에 이르게 된다. "인격"이라는 말로써 우리는 정확히 무엇을 이해하는가? 여러 세기 동안 인격은 "개체"로 정의되었다. 그러나 하나님은 그 각각이 자기의 개별적인 제한을 갖고 있으면서 다른 것들 사이에 있는 개체가 아니다. 나중에 인격은 오히려 "나" 혹은 "자아의 인식"으로서 규정되었다. 그러나 "나"는 내가 아닌 것과 관련하여 스스로를 안다. 그러나 하나님은 그 밖의 다른 어떤 것과 관련된 인격이 아니시다. "대상"이라는 관념과 그것이 반대되는 관계로 인하여 이와 비슷한 반대 의견이 "주체"라는 명칭에 대해서 제기될 수 있다. 오늘날 우리는 인격이 "대화의 존재"라는 사실과 인간은 말을 건넬 수 있을 때에만, 즉 듣고 응답할 때에만 비로소 인격이 된다는 사실을 특별히 강조한다.

그러나 하나님에 대해서는 우리는 그가 우리와의 관계를 통하여서만 인격이 되신다고 말할 수 없다. 이러한 고찰들은 왜 많은 철학자들과 신학자들이 하나님에 대해 인격성을 거부하는지 그 이유를 이해할 수 있게 해준다. 이해하지 못하는 것을 무엇이나 인격화하는 어린이들의 성향을 우리가 생각할 때, 이것은 더욱더 그러하다 — 이것은 그들이 갖고 있는 하나님 개념 안에서의 이러한 단계를 넘어서 지적으로 성숙한 사람들이 위로 올라가야 한다는 사실을 지적하는 것으로 보일 수도 있다.

그러나 이러한 인격화하려는 경향을 상기시켜주는 것으로 인하여 우리는 여기에서 주의하지 않으면 안된다. 어린이들은 비밀을 지니고 있고 또한 그들에게 있어 한계가 없는 것은 무엇이든지 인격화한다. 성숙하게 되면, 인격화되는 사물들의 영역이 오직 실제의 인격들만 남을 때까지 줄어들게 된다. 그런 경우에 하나님은 그 자체로서 인격들의 세계에 속한다. 왜냐하면 그는 우리가 우리 자신의 목적들을 위하여 전용할 수 없는 현저하게 주권적이고 자유로우신 분이시기 때문이다. 그러므로 그를 위하여 비인격적인 명칭들을 사용하는 것은 이것이 계시의 만남 속에서 우리에게 일어날 때에, 그의 신성의 본질을 오해하는 것이 될 것이다. 그 이유는 이 세계의 언어는 우리가 갖고 있는 유일한 언어이며, 우리는 각각 사물들과 인격들의 세계로부터 파생된 "그것"과 "그/그녀"라는 단어들만을 갖고 있기 때문이다. 이 둘 가운데 어떤 것도 충분하지 않지만, 첫번째 집단과 구분하여 마지막으로 언급된 범주는 우리가 그의 계시 안에서 하나님을 알게 되는 방식을 고려할 때 "유비적으로 충분한" 것으로 간주할 수 있을 것이다 (13장을 보라). 이것은 하나님께서 우리가 인간의 인격성에 대해서 알고 있는 것보다 무한히 크시다는 사실과, 또한 우리가 사물들의 세계보다 더 큰 인격들의 세계 안에 있는 모든 것, 즉 자의식, 자유, 다른 것들과 교제를 시작하실 수 있는 능력, 요컨대 주체가 되시는 능력을 그에게 정확하게 돌릴 수 있다는 사실을 의미한다.

만약 이것이 사실이라면, 우리는 우리가 진정한 의미에서 인격들이라고 말할 수 없으며 일종의 비유적인 의미에서 하나님만이 그러하시다고 말할 수 있을 것이다. 이 명제는 변경되어야 할 것이다. 하나님은 신적이고 절대적인 의미에서 주체이시다. 그 형상으로 창조되었기 때문에, 우리도 역시 파생적이고 피조물적인 방식으로 주체들이다. 우리는 절대적인 의미에서 주체들이 아니다. 우리는 심지어 그것이 무엇인지조차 알지 못한다. 우리의 주체성은 다른 인격들에 의존하고 있으며 우리가 뿌리박고 있고 우리가 우리의 정신신체적 존재와 더불어 그 일부를 이루고 있는 대상 세계에 의하여 제한을 받는다. 따라서 하나님의 인격성에 대한 믿음은 우리에게 우리가 인격들로서 어디에 서 있는가를 보여준다. 이것은 동시에 자유케 하고 격려하는 신앙이다.

만약 우리가 "그것"-세계의 유비를 따라서 하나님을 생각해야 한다면, 우리의 인격성은 비인격적인 우주 안에 있는 예외, 즉 맹목적인 진화 과정의 우연한 결과가 되어버릴 수도 있다. 그러나 우리는 인격적이고 인격화하는 계시의 토대 위에서, 우리의 인격성이 영원한 목적에 응답하며, 우리가 만남과 대화와 응답 가능성을 향하여 운명지어져 있음을 믿을 수 있다.

"인격"의 개념을 자극하였던 것은 기독교적인 사상(기독론, 삼위일체론)이었으며 인격적인 하나님과의 관계를 통해서만 인간의 인격성이 발견된다는 사상이 한 차례 이상 표현되었다. 그런데 이러한 발견의 시초는 어거스틴의 「고백록」이었으며, 그 이후로 이것은 서구 문명의 양도할 수 없는 부분으로 남게 되었을 것이다. 이 명제가 그것의 문화적-역사적인 관점에 있어서 어느 정도까지 유지되는가는 좀더 면밀한 조사를 필요로 한다. 여러 세기에 걸쳐서, 기독교 철학자인 보에티우스(Boethius, ca. 500)가 내린 정의가 일반적으로 용인된 것이었다. "인격은 합리적인 본성을 천부적으로 부여받은 나누어질 수 없는 본질이다." 이 정의에 있어서 인격은 여전히 매우 상당하게 이성의 선물을 소유한 본성의 그 부분의 일반적인 유형에 대한 표현이다. 중세는 두 가지 특징적인 단어로써 하나님의 인격성이나 주체성을 표현하였는데, 그것은 아세이타스(*aseitas*: 하나님은 그 자신으로부터 계시고[a se] 그 자신의 근거이시며, 무조건적인 주체이시다)와 악투스 푸루스(*actus purus*: 아리스토텔레스의 언어로 말하면 하나님은 순수한 실재이시며, 그에게는 어떤 실현되지 않은 가능성도 없다)이다. 칸트와 낭만주의에 와서야 비로소 그 이후에, (인간의) 인격성(Persönlichkeit)의 개념이 객관화될 수 있는 사물들의 세계에 대한 자의식적인 상대로서 중심에 서게 되었다.

하나님의 개념에 대해서는 이 전망과 더불어 두 가지 방향으로 들어갈 수 있었다. 스피노자(Spinoza)의 "모든 결정은 부정이다"(omnis determinatio est negatio)를 따랐던 독일 관념론은 인격성의 개념이 절대 이성(Reason)으로 생각되었던 신성에는 적용될 수 없는 것으로 생각하였다. 이러한 흐름은 또한

(특별히 헤겔의 영향을 받았던) 슈트라우스(Strauss)와 비더만(Biedermann) 과 립시우스(Lipsius)와 같은 신학자들에 의해서도 추종되었다. 이와는 대조적으로 대다수의 신학자들에게 있어서 인격성의 개념을 하나님께 전가하는 것은 한 편으로는 관념론적이고-범신론적인 사상에 대하여, 다른 한 편으로는 자연주의적이고-무신론적인 사상에 대하여 정확하게 좋은 신학의 표어가 되었다. 화란에서 이것은 특별히 소위 윤리 신학의 입장이었다. J.H.Gunning, *Spinoza en de idee der persoonlijkheid*(1876)을 보라.

상이한 명칭으로, 이러한 대조는 20세기에도 계속되었다. 자유롭고 성년에 이르렀으며 조작할 수 있는 능력을 가진 자율적인 인간의 관념은 절대적으로 자유로운 주체의 관념과 조화될 수 없다. 그것은 그것을 파괴하지는 않는다 하더라도, 우리의 주체성을 위협할 수도 있다. 인간은 주체이든가 혹은 하나님이지만, 동시에 둘다는 아니다(Sartre).

신학에서 특별히 틸리히는 비록 다른 근거들 위에서 이기는 하지만, 하나님이 인격으로 불리어지는 것을 보기를 원치 않는다. 그 이유는 만약 하나님이 존재 자체시라면, 그는 "개별화와 참여의 양극성"을 초월하시며 (또한 "인격성은 개별성을 포함하고") 있기 때문이다. 그러므로 "존재의 양극성들은 존재의 근거 안에서, 즉 존재-자체 안에서 사라진다." 그러나 우리는 "인격적인 하나님"의 상징이 없이 지나갈 수는 없다. 이것은 하나님이 인격적인 모든 것의 근거이시며 그가 자신 안에 인격성의 존재론적인 능력을 지니고 계시다는 사실을 의미한다. 그는 인격이 아니시지만 적어도 그만큼 인격적이시다"(*ST* I, p. 245). 이와 관련된 틸리히의 견해에 대해서는 13장에서 더 자세하게 보라.

이와는 정반대로 부버(Buber)의 인격주의적인 (유대교) 신학이 있다. 그의 커다란 영향은 특별히 그의 「나와 너」(*I and Thou*)(E.T. 1937)]를 통해서 나타났다. 현세기의 화란의 기독교 신학자들 가운데에서 우리는 윤리 신학의 전통에 서 있으며, *De heilige*를 저술하였던 콘스탐(P. Kohnstamm)과, *De christelijke godsidee*(1945)를 저술하였던 온건한 자유주의자인 헤링(G.J. Heering)을 거론할 수 있다. 브룬너(Brunner)도 특별히 그의 「만남으로서의 진리」(*Truth as Encounter*)(E.T. 1964)]라는 표제하에서 역시 신학적 인격주의자였다. 하나님이 인격이시라는 사실이 우리의 인격성을 위협하거나 배제하지 않으며, 그 대신에 그것을 전제로 하거나 가능하게 만든다는 사실은 부버를 따랐던, 오트(H. Ott)에 의해 「인격적인 하나님」(*Der persönliche Gott*)(1969)에서 정교하게 변호되었다.

하나님을 인격으로 부르는 것에 반대하는 많은 것이 언급될 수 있다. 오히려 그렇게 하지 않는 것에 반대하는 더 많은 것이 언급될 수 있다. 자신의 관점에 대하여 아무리 마지 못해서 그렇다고 하고, 반대 입장에 대하여 아무리 높이 평가한다 하더라도, 여기에서는 한 가지 입장을 취해야 하며 선택이 이루어져야 하는데 — 선택하지 않는 것도 역시 하나의 선택이다 — 그 이유는 이것이 그것들의 전체성 속에서 신앙과 신학에 관계하기 때문이다. 문제가 되는 것은 적어도 사람이 하나님을 자유 안에서 사랑하시는 분으로서 만나든지 (Barth) 아니면 그를 존재 자체로서 경험하게 된다는 것이다(Tillich).

이미 언급된 논문 이외에 우리는 Barth, *CD* II,1, pp.287-297(19세기의 하나님의 인격성의 개념의 사용에 대한 상세하고 비판적인 논의를 담고 있다); Althaus, *CW* par.25; Brunner, *Dg* I, pp.121-123,139-141; *RGG* V, *s.v. Person* (by Pannenberg); H. Gollwitzer, *The Existence of God as Confessed by Faith* (E.T. 1965), pp. 183-201; 그리고 H. Thielicke, *The Evangelical Faith*, II (E.T. 1977), ch. VII.를 참고하였다.

상기의 사실에 대한 부록으로서, 우리는 현세기의 60년대에 시작된 유신론에 대한 논의를 여전히 참고하였다. 이 용어의 현재의 의미는 틸리히에게로 거슬러 올라가는데, 그는 자신의 「존재에의 용기」(*The Courage to Be*)(1952)의 마지막 부분에서 유신론의 하나님 위에 있는 하나님 혹은 요컨대 하나님 위에 있는 하나님을 변호하였다. 이 용어는 J.A.T. Robinson, 「하나님께 솔직히」(*Honest to God*)(1963)을 통하여 일반적으로 알려지게 되었다; 특별히 2장, "유신론의 종말?"(The End of Theism?)을 보라. 브라운(H.Braun)과 신(神)의 죽음의 신학자들도 역시 이 용어를 그들이 반대하려고 노력하는 것의 요약으로서 사용하였다. 그들은 그들이 변호하기를 원했던 것보다도 그들이 반대하기를 원했던 것에 대하여 더 분명한 견해를 갖고 있었기 때문에(틸리히는 예외이지만, 그러나 그를 이어서 이 용어를 사용했던 사람들은 거의 그의 추종자들이라고 말할 수 없다), 이것을 중심적인 개념으로 만드는 것은 많은 성공을 거두지 못했으며, 그러한 이유로 해서 이것은 이제 사용되지 않게 되었다. 위에서 언급한 *ST*의 인용절에서 틸리히는 이렇게 적고 있다. "일반적인 유신론은 하나님을 세계와 인류 위에 거하시는 천상의, 전적으로 완전한 인격으로 만들었다." 만약 하나님이 인간 개개인들 위로, 즉 "저 높은 곳에서" 공중에서 느슨하게 떠다니는 개체로서 호머의 신들의 방식을 따라 보여진다면 우리는 이 견해와 더불어 나아갈 수 있다. 우리는 이러한 묘사가 평균적인 기독교인의 신앙을 나타내는지에 관한 문제를 홀로 내버려둘 수 있다. 신학에서 이러한 풍자화는 어디에서도 논의되지 않는다. 그러나 문제는 격리된 초월의 목욕물과 함께 틸리히가 아이, 즉 인격적인 나-당신의 관계도 함께 내어버렸기 때문에 더욱 악화되었다. 만약 유신론이 이러한 관계를 포함하는 것으로 이해된다면, 주의(主義)들에 대한 그의 혐오에도 불구하고 이 신학자는 또한 그 개념을 변호해야만 할 것이다. 왜냐하면 원칙적으로 하나님은 "모든 존재의 무한하고 무진장한 깊이와 근거"와 다르며 그것보다 크시기 때문이다 (Robinson, *Honest to God*, p. 46). 또한 Gollwitzer, *The Existence of God*, pp. 39-45, 그리고 Ott, *AG* art 9를 보라.

21. 변호하지 않는 탁월한 능력

하나님의 존재에 관한 논의에서 중심적인 것으로 간주될 수 있는 앞장에 이어서, 편재와 영원, 지혜와 전능과 같은 정상적인 속성들을 길거나 짧게 다루는 데로 나아가는 것이 전통적이다. 그러나 이 속성들의 대부분은 신앙의 연구에서의 그들의 명성과 위치를 이스라엘의 하나님, 즉 예수 그리스도의 아버지와의 만남에 의해서 우리에게 전달된 사실로부터 파생되지 않았으며, 이것들의 배경은 오히려 계시에서 추상된 철학적이고 일방적으로 초월적인 하나님의 개념의 영향이다. 우리는 특별히 바르트의 영향력 아래 있는 현세기의 신학이 성경의 내용을 이러한 추상적인 개념들 속으로 쏟아부으려고 노력하거나, 혹은 적어도 이것들을 성경적인 계시의 경험과 관련시키려고 노력하는데 대하여 감사한다. 그러나 그 때에도 여전히 이 개념들의 이상한 유래가 현저하게 남아있다. 이것은 교의학자가 낯선 영역으로 나아가도록 유혹한다. 하나님의 편재와 더불어 그는 철학적인 공간 개념을 구성하도록 강요받음을 느끼며, 하나님의 영원성과 더불어서는 시간과 유사한 어떤 것을 구성하도록 강요받음을 느끼게 된다. 다른 속성들(지혜, 선, 영광)과 관련하여서 그는 대조적으로 하나님에 대하여 다른 곳에서 언급된 것을 쉽게 반복할 수도 있다. 이러한 이유들로 해서 우리는 속성들의 교리의 전통적인 내용을 논의하도록 우리 스스로가 선험적으로 강요받고 있다고 생각하지 않는다.

그러나 이것은 비판적인 연구 없이 이 전체의 내용을 제쳐놓을 수 있는 권리를 우리에게 주지는 않는다. 아마도 전달된 용어들 가운데 어떤 것들은 하나님과 우리의 관계를 위하여 매우 중요한 질문들을 제기할 것이다. 그 역도 역시 아주 잘 상상될 수 있는데, 그것은 속성들의 교리에 있어서 희랍 철학적인 정위(定位)로 인하여 하나님의 어떤 결정적으로 중요한 덕성들이 일반적으로 논의되지 않기 때문이다. 그러한 가능성에 대비하여 오늘의 신학자는 또한 그의 주의를 집중시켜야 할 것이다.

내가 본 바로는, 잊혀질 수 없는 두 가지 일반적으로 논의되는 신적인 속성들이 있으며, 자신들의 위치를 차지할 만하면서도 거의 논의되고 있지 않은 다른 두 가지가 있다. 처음 두 가지는 하나님의 전능과 불변성이고, 다른 두 가지는 하나님의 무변호성과 변화성이다. 한 짝으로 고려될 때, 이것들은 서로 상충하거나 모순되는 것처럼 보인다는 사실이 주목될 수 있다. 이러한 대조는 각각의 개념의 내용과 한계를 제시하기 위하여 요청된다.

우리는 전능과 무변호성이라는 하나의 짝에서부터 시작한다. 일반적이고 보편적인 관념은 하나님에 대한 성경의 증언에 있어서 강조점이 하나님의 전능성에 주어진다는 사실이다. 그러나 그것은 커다란 실수이다. 이와는 반대로, 사람이 계시에 대한 성경의 기사로부터 얻게 되는 첫 인상은 하나님의 무력함과, 인간이 어떻게 그에게서 주도권을 취하였는가 하는 사실, 그리고 우리가 여기에서 그의 "무변호성"이라고 부르게 될 것의 인상이다. 이것을 우리는 그가 그의 "상대편"을 위하여 여지를 남겨놓고 자유와 주도권과 그 "상대편"의 반응을 받아들이며 스스로를 그것에 내어주는 그런 속성으로 이해한다. 이것은 하나님 안에서의 수동적이고 수용적이며 견디고 참아내는 것과 관련된다. 성경에서는 이것이 아주 두드러지지만, 전통적인 신론은 하나님의 인내나 혹은 오래 참으심을 논의할 때에조차도 이러한 측면을 위한 자리를 갖고 있지 않다. 우리는 이 속성을 하나님의 "무력함"으로 부르지 않는다. 그것은 하나님의 전능성과 논리적으로 모순될 수 있다. 무변호성은 그 자체로서 능력의 적극적인 행사를 배제하지 않으며, 반대편의 능력을 소멸하는 강제적인 능력의 행사를 배제한다. 여기에서 문제가 되는 것은 하나님이 그의 능력을 느껴지게 만드시는 아주 특별한 방식이다.

우리는 이러한 무변호성을 이미 창조에서 만났다. 하나님은 말하자면 세계를 스스로 상대편에 설정하심으로써 뒤로 물러나셨다. 그러나 **무변호성**이라는 단어는 우리가 알고 있는 인간이 아닌 피조물과 하나님의 관계를 표현하기에는 너무 강한 표현일 수도 있다. 이 피조물은 실제로 하나님의 "상대편"이지만, 이것의 본성은 그것을 자기의 의지에 따라 사용하시는 하나님의 능력을 반대하거나 저항하는 그런 것이 아니다. 이것은 인간과는 완전히 다르다. 인간은 하나님에 의해 그의 형상으로 창조되었는데, 이 형상은 적어도 하나님과 유비적으로, 그가 사랑하고 능력을 구사할 수 있는 자유를 갖고 있다는 사실을 의미한다. 그는 응답하고, 거슬러서 행하며 주도권을 행사하고, 실제로 하나님을 대신하여 하나님 아래에서 심지어 창조의 일부분에 대한 지배권을 행사할 수도 있다. 인간을 창조하실 때에, 하나님은 말하자면(실제로 이것은 "말하자면"인가? 여기에 대해서는 나중에 다루겠다) 다른 편을 위한 여지를 만드시기 위하여 뒤로 물러나셨다. 그 여지는 다른 쪽이 하나님께서 만나서 교제하기를 원하시는 동반자가 될 수 있기 때문에 요청된다. 인간은 자기 자신의 자유와 주도권의 영역이 없으면 진정한 상대자가 될 수 없다. 모든 부수되는 결과들과 더불어 이 여지를 제공함에 있어, 하나님은 그의 어떤 능력을 버리시며 스스로를 다소간 의존적으로 만드신다.

인간은 하나님과의 계획된 만남과 교제로부터 물러서기 위해서 그의 자유를 사용하기를 선호하는데 반하여, 이러한 능력의 포기는 하나님 자신에게 있어서는 참으로 과감한 것으로 보여진다. 인간이 자신을 위하여 하나님이 주신 여지를 요청하는 것, 그것이 죄이다. 인간은 하나님의 동반자가 되는 대신에 그의 경쟁자가 된다. 하나님이 주신 공간 속에서 더 이상 하나님의 교제와 권위에 의해서 결정되지 않은 삶이 전개된다. 여기에서 일정한 제한이 하나님의 능력에 주어졌다. 만약 그가 그 경계를 넘어서 존재한다면, 그는 우리가 무변호성이라 불렀던 방식으로 감추어지거나 노하거나 분을 품거나 혹은 인정되지 않은 자로서 존재한다. 그것이 바로 그가 인류의 실험적인 정원으로서 선택하였던 이스라엘에서 존재하시는 것을 우리가 보는 방식이다. 이스라엘에서의 하나님의 역사(歷史)는 상당한 정도에 있어서 그의 계획의 실패를 보시며, 그 동반자를 그의 뜻대로 강요하는 능력을 명백하게 갖지 않고서(혹은 갖기를 원치 않고서), 그의 동반자의 적대적이거나 혹은 적어도 불순종하는 주도권에 대하여 반복적으로 반응해야 하는 하나님의 역사이다.

모든 지상적인 권력을 포기하고서, 예수가 무관심과 혐오와 심지어는 그의 환경의 증오의 희생물이 되었을 때, 그 무변호성이 강조된 형태 안에서 가시적으로 되었다. 이러한 무변호성은 그가 스스로를 구하실 수 없는 십자가에서 그것의 밑바닥에 도달하였는데, 그곳에서 하나님은 침묵하셨으며 자유롭고 반역하는 인간은 하나님에 대하여 승리하였다.

그러나 심지어 그 이후에도 무변호성의 문제는 계속된다. 왜냐하면 성령이신 하나님께서 무변호적인 수단을 가지고, 즉 선포와 설득의 수단을 가지고 역사하셔야 했기 때문이다. 영도 역시 십자가의 길을 가셨는데, 그 이유는 모든 곳에서 그가 저항을 받고 슬픔을 당하였기 때문이다. 그리고 그가 스스로 인간의 마음을 사로잡으신 곳에서 그들을 거룩하게 하심으로써

234

또한 그들을 원수를 되갚지 않는, 즉 다른 쪽 뺨을 돌려주고 고통을 겪을 준비가 되어 있는 무변호적인 사람들로 만드셨다.

우리는 모든 것이 다 여기에서 도저히 언급될 수 없다는 사실을 구약에서도 아주 많이 생각할 수 있다. 하나님의 무변호성은 어두침침한 역사 서술(특별히 신명기사가 학파에서)과 선지자들의 계속적이고 대개는 효과가 없는 외침과 변론 양자에 스며들어 있는 전제이다. 특별히 선지자들 안에서의 야훼의 탄식들(예를 들어 미 6:1-5; 말 1:2f.,6; 2:6; 3:8f.)과 하나님께서 사람을 지으신 것을 "후회하셨다"(창 6:6)라는 대담한 표현을 생각해 보라. 신약에서 이러한 무변호성은 하나님을 먼 여행을 떠나고 없는 사람으로서 묘사하는 몇몇 비유들에서(마 24:50; 25:14; 막 12:1), 그리고 예수가 힘으로 그의 왕국을 세우기를 거절하는 데서(마 26:51f.; 눅 22:38; 요 6:15; 18:36), 십자가 위에서의 그의 무력함과 하나님의 버리심에서(막 15:31f., 34), 성령을 거역하고(이사야 63:10에서의 인용과 함께, 행 7:51) 심지어 소멸하는(살전 5:19) 인간의 능력에서, 그리고 결코 스스로 원수갚지 말라는 신자를 향한 훈계 속에서(마 5:38-42; 롬 12:19-21; 벧전 2:19-23) 여전히 좀더 신중하게 설명된다. 또한 예루살렘을 향한 예수의 힘없는 탄식(마 23:37), 바울이 그를 무력한 종으로 묘사하는 방식(빌 2:6-8), 그리고 그를 문 밖에 서서 두드리는 나그네로 묘사하고 있는 요한계시록(3:20)을 상기하라. 그것은 분명히 하나님이 어떻게 존재하시는지를 보여준다.

교회사에서 이 요소는 너무나 적은 영향을 미쳤으며, 신학사에서는 그보다도 더 적은 영향을 미쳤다. 가장 깊은 이유는 아마도 하나님의 이러한 이미지가 안전에 대한 우리의 충동을 만족시켜주지 않고, 인간의 부수적인 이미지가 우리 자신을 유지하려는 우리의 충동을 만족시켜주지 않는다는 사실 때문일 것이다. 이런 유감스러운 상황의 도움을 받아서 사도신경은 하나님의 "전능하신"이라는 한 가지 속성만을 언급하고 있다. 이러한 일방성은 예전과 요리문답에서 오늘날에 이르기까지 작용하고 있다. 더욱이 특별히 신학과 관련하여, 우리는 겸손의 속성들을 희생하고 하나님의 장엄의 속성들에 대한 치명적이고 일방적인 강조를 다시 한 번 상기해야 한다. 그러나 심지어 그 때에도, 중세 동안에 이루어졌던 하나님의 전능성에 대한 논의에 있어, 인간의 반역으로 말미암은 하나님의 능력의 제한에 대하여서는 그렇게 깊은 사고가 없었던 반면에, 하나님이 그가 원하시는 모든 것을 하실 수 있었겠는지의 문제(예를 들어, 4를 3으로 바꾸거나, 혹은 그것이 결코 일어나지 않았던 것처럼 과거를 없이 하는 것)와, 어떻게 그의 무한한 능력이 그가 행하려고 분명히 결정하였던 것과 관련되느냐는 문제와 같은 추상적인 질문에 대해서는 끊임없는 논의가 있었는가 하는 것이 우리를 당황스럽게 하는 문제로 남아있다. 또한 많은 후속되는 세기들을 특징지어준 것은 Thomas, *ST* I, q.25: "De divina potentia" 였다. 토마스와 그를 이은 전통은 실제로 제한을 알고 있었다. 창조의 태초 이후로 절대적인 전능(*omnipotentia absoluta*)의 옆에는 그 창조에 의해서 부분적으로 결정된 하나님의 전능, 즉 규정적 혹은 조건적 능력(*potentia ordinata or conditionata*)이 존재한다(q. 25, art. 5, ad 1).

16세기 말엽에 르네상스와 인문주의의 영향 아래에서 인간의 자유와 자율이 강하게 주장되었을 때에, 이것은 멀리 17세기에 이를 때까지, 하나님의 전능과 인간의 자유의 관계에 대한 주제에 큰 긴장을 조성하게 되었다. 예수회의 몰리나(Molina)는 하나님의 예지도 역시 인간의 주도권에 의해서 결정된다고 주장하는 매개 지식(*scientia media*) 이론을 가지고 나타났는데, 이 가르침은 루터파 신학에서 환영을 받았으며 이상한 것은 개혁파 진영에서도 처음에는 용납되었다는 사실이다. 이러한 가르침에 대해서는 Barth, *CD* II,1, pp. 567-586을 보라. 교황은 1607년에 그것에 대한 논쟁이 끝나도록 명령을 내렸다.

개혁 신학에서 항변파와 반항변파 사이에 격렬한 논쟁이 벌어졌다. 주된 논쟁점은 인간의 자유의지가 하나님의 은혜를 거스를 수 있느냐의 여부에 대한 것이었다. 항변파는 사도행전 7:51에 호소하면서 이것을 확언하였다 (*Remonstrantie*, art. 4). 그들의 견해는 도르트 신조 III/IV에서, 특별히 10-12에서 정죄되었다. 두 논쟁에 있어서(예를 들어 아미로[M. Amyraut]를 둘러싼 다른 논쟁에서와 같이), 문제는 비록 멀리까지 파급되기는 했지만, 아주 제한적인 영역에 속해 있다. 그 이유는 이 문제가 구원에 대한 하나님의 선택과 관련하여 인간 편에서의 독립적인 주도권을 위한 여지가 있느냐의 여부에 대한 것이었기 때문이다.

계몽주의 이후로 인간의 자율과 성숙성은 인문주의와 르네상스에서 그랬던 것보다도 훨씬 더 강한 강조를 받아들이게 되었다. 이로 인하여 다수의 신학자들은 당시에 때때로 "하나님의 자기 제한"으로 불렸던 것에 대한 문제를 좀 더 철저하게 검토하게 되었다. 독일과 영국에서는 예수의 성육신과 인간적인 의식과 관련하여 소위 겸허설 주창자들(Kenotics: 빌 2:7에 나오는 헤아우톤 에케노센을 따라서, 이들 중에는 G. Thomasius, F.H.R. Franck, C. Gore가 있다)이 하나님의 그러한 자기 제한을 가르쳤다. 그들은 자기 제한을 일종의 자기 소멸로 바꾸는 것을 피하지 않았고, 그렇게 해서 그들이 추구하던 것을 놓치면서 이따금 이상한 사변으로 나아갔다. 겸허설의 기독론에 대해서는 P. Althaus, *RGG* III, *s.v. kenosis*와 F.W.A. Korff, *Christologie*, I (1940), pp. 270-291에 나오는 철저한 해설을 보라. 우리는 또한 F.D. Maurice(20장에서 언급되었다)를 참조하였는데, 그는 자기 희생을 하나님이 완전한 사랑이시라는 사실을 표현하는 것으로 간주하였다.

화란에서도 유사한 관념들이 윤리 신학에 의해서 발전되었다. *Ernst en Vrede*, III (1855), pp. 437-447에 나오는 D. Chantepie de la Saussaye와 *Blikken in de openbaring*, II (1868), 특별히 "하나님의 장엄"에 관한 III와 IV에 나오는 J.H.Gunning을 보라. 나의 판단으로는 이 신학자들의 목표가 원칙적으로 옳았다. 그들의 관념에 대한 비판은 종종 친숙하고 전통적이며 일방적인 하나님 개념으로부터 유래하였다. 그러나 그들 스스로는 그들의 개념의 좁은 영역과 또한 존재와 계시의 통일성에 대한 그들의 여전히 불분명한 인식으로 인하여 오해를 불러일으켰다. 20세기에 와서 이러한 사상의 흐름들이 *De heilige*에서의 콘스탐(Kohnstamm)과, *Die Botschaft vom Reiche Gottes* (1942; 12번째 담화를 보라)에서의 라가츠(L. Ragaz)와 같은 사상가들에 의해서 계속되었다. "생성 중의 세계"의 관념에 대한 라가츠의 변호는 로마 가톨릭의「새 교리문답」(*New Catechism*)(E.T. 1969)에서도 발견되는데, 이것은 전능에 대한 고백과 생성 과정 속에 있는 죄악된 세계 안에서 고난당하시고 투쟁하시는 하나님에 대한 고백을 연결하고 있다(pp. 492-500).

우리가 그리스도 안에서 보는 능력과 무력함의 결합의 근거 위에서 정확하게 바르트가 전능의 교리를 심오하게 재표명하면서 나타났을 것으로 생각할 수 있을 것이다. 놀랍게도 이것은 거의 마지막에 이르기까지 전능에 관한 그의 오랜 논의에서 어떤 역할도 수행하지 않았다(*CD* II,1, pp. 522-607). 처음부터 그는 전통적인 스콜라주의적 신학의 전능의 개념을 가지고 시작하였는데, 이것을 그는 최종적으로 사랑의 개념의 관점으로부터 규정하고 정정하였으며 (pp. 597ff.), 그것은 그로 하여금 십자가에 달린 자와 관련하여(고전 1:24), 하나님의 무력함과 무변호성이 아니라 화해를 강조하게 만들었다(pp. 606f.). 이와는 대조적으로, 포겔(H. Vogel)은 비록 불충분하게 하기는 했지만, 전능과 무력함을 서로 변증법적으로 대담하게 관련시켰다. *Gott in Christo* (1951), pp. 359-361을 보라.

옥중서신에서 본회퍼(Bonhoeffer)는 훨씬 더 나아갔으며, 심지어는 그리스도 안에 계신 하나님을 우리의 자율과 성숙성의 희생물로 제시하는 데까지 나아갔다. 종종 인용되는 다음 말들을 상기하라. "하나님은 자신을 세상으로부터 십자가 위로 밀려나도록 허락하신다. 그는 세상에서 약하고 무력하시며, 이것은 정확히 그가 우리와 함께 계시고 우리를 도우시는 방법이며 유일한 방법이다 ⋯ 성경은 인간을 하나님의 무력함과 고난으로 인도하신다. 오직 고난 당하시는 하나님만이 도우실 수 있다. 그런 점에서 우리는 하나님에 대한 거짓된 관념을 제거해주는, 위에서 윤곽이 제시되었던 세계의 성숙을 향한 발전이, 그의 약하심을 통하여 세상에서 능력과 공간을 얻으신 성경의 하나님을 보는 방법을 드러내준다고 말할 수 있을 것이다"(*Letters and Papers from Prison*, E.T. 1971, pp. 360f.). 이런 말들은 대단한 인상을 주었다. 이제 전문적인 신학이 자신의 사상 속에서, 여기에서 이루어진 논점을 또한 구체화해야 할 때이다.

이렇게 해서 계시 안에 있는 어디에서나 우리는 그에 대한 우리의 반역 속에서도 우리에게 여지를 제공하시기 위해서 뒤로 물러서시는 하나님을 만난다. 그는 자기의 소유를 반역하는 아들에게 주시는 아버지와 같다(눅 15장). 그것이 우리가 **무변호성**(defenselessness)이라는 단어에서 말하려고 했던 것이다. 그러나 우리는 이것이 첫 단어일 수는 있어도, 이것이 마지막 단어가 될 수는 없다고 말해야 한다. 이것은 명사가 아니라, 형용사를 제공할 수 있다. 만약 그의 무변호성이 무력함의 무변호성이었다고 한다면, 하나님은 하나님이 아닐 수도 있으며, 우리는 심지어 그가 우리를 위하여 창조하였고 우리가 우리 자신을 위하여 확보해 놓았던 공간에서 그를 만나지 못하였을 수도 있다. 그 정반대가 사실이다. 이 무변호성은 그의 우월성의 표현이다. 그는 그가 승리하실 것을 아시기 때문에 포기하실 수 있다. 그러므로 포기하는 것은 오히려 뒤로 물러서는 것의 정반대되는 운동의 첫번째 가시적인 징표일 뿐이고, 새롭고 은폐된 적극적인 현존일 뿐이다.

인간의 창조는 인간을 위한 자유와 하나님으로부터의 권위의 위탁을 의미한다. 그러나 하나님은 그의 지탱자와 법 수여자로서 인간과 계속해서 동행하신다. 인간이 죄에 떨어졌을 때, 하나님은 그를 버리지 않고, 초대하고 경고하며, 은폐를 베풀고 심판하시면서 그를 뒤따르셨다. 이스라엘 안에서 그는 어쨌든 간에, 그에게서 떨어져 나간 인간과 계약을 맺으셨는데, 그 계약을 인간은 불순종을 통하여 계속해서 깨뜨렸지만, 신실하신 하나님은 영원히 그것을 유지하셨다. 그러나 이 불순종으로 인하여 하나님은 그의 의도와 달리 다르게 나타나시지 않을 수 없었다. 그러나 그는 결코 떠나지 않으셨다. 그는 자기의 불성실한 동반자가 자신이 선택한 길을 따라서 마지막까지 곧장 계속해서 나아가도록 허용하실 때에 그의 심판 속에서 현존하셨다. 그러나 인간이 그 마지막에 이르러 빈손으로 그곳에 서 있을 때, 그는 하나님이 그의 구속주로서 그곳에서 그를 기다리고 계심을 발견한다. 그러므로 전체 구약 성경은 "만군의 주님"과 그의 능하신 구원의 행동들에 대한 찬양으로 가득 차 있다.

예수의 삶에서도 역시 능력의 측면이 확실히 결여되어 있다. 한 편으로 우리는 듣는 자들에게 깊은 인상을 심어준 그의 가르침 속에서 "권위"를 생각하고, 다른 한 편으로는 그가 병자를 치유하시고 귀신들을 쫓아내실 때 행하신 "능하신 일들"을 생각한다. 그러나 특별히 그리스도의 부활에서 하나님의 현존의 탁월한 능력이 죄와 죽음과 마주하여 나타났다. 그리고 부활의 빛 속에서 십자가는 하나님에 대한 인간의 능력의 확인뿐만 아니라 또한 훨씬 더 크게 그것과 정반대되는 것, 즉 그 속에서 화해를 가져오는 신적인 포도주와 하나님의 능력의 표적의 표현이라는 사실이 알려지게 되었다.

　마지막으로, 성령은 자신의 무변호적인 방식 안에서 탁월한 능력으로써 활동하신다. 인간의 마음의 저항이 아무리 고집스럽다 하더라도, 성령은 용서와 갱신의 능력을 통하여 적대자들을 하나님의 자녀들로 만드실 수 있으며, 그들을 믿음과 소망과 사랑으로 새롭게 태어나게 하실 수 있다. 그리고 아무리 그 저항이 세계적인 것이라 하더라도, 성령은 모든 나라들과 인종들 가운데에서 하나님의 백성을 모으실 수 있으며, 세속적인 문화 속에서도 역시 복음을 발효시키는 영향력으로 삼으실 수 있다.

　결합된 이런 모든 경험들로 해서 우리는 하나님의 무변호적인 탁월한 능력에 대해서 말할 수 있다. 만약 우리가 세상에서의 그의 무변호성을 본다면, 우리는 그것을 거의 무기력한 것이라고 부르게 될 것이다. 그리고 만약 우리가 세상에서 그의 탁월한 능력을 본다면, 우리는 그것을 거의 전능이라고 부르게 될 것이다. 그러나 우리가 이것들이 어떻게 서로서로 관련되는지를 본다면, 우리는 이 두 가지 표현을 피해야 한다는 것을 알게 된다. 그러나 불행하게도, 하나님에 대한 잘못된 개념의 압력으로, 교회는 첫 번째 측면을 수호하고 다른 측면은 반대하게 되었다. 교회는 하나님의 전능성을 강조하여 가르쳤으며 그것으로 인하여 지나치게 너무나도 많은 불필요한 묵인과 반역과 의심과 불신앙에 대해서 책임을 떠맡게 되었다. 성경에서 "전능한"이란 용어는 단지 몇 번만 나타나며 그 때에도 종말론적인 맥락에서만 나타난다. 현재로서는 우리는 이것을 사용할 수 없다. 그러나 우리는 적어도 "탁월한 능력"이라는 표현은 사용할 수 있다. 이 단어의 적법성은 인간의 존재 안에 있는 긍정적이고 부정적인 현상의 각각을 깊이 검토하는 데서 유래될 수 없다. 우리는 십자가에 달리신 예수가 또한 부활하신 분이라는 근거 위에서 이것을 감히 사용한다. 그 가운데에서 우리는 하나님의 거룩한 사랑의 탁월한 능력을 만난다. 이 믿음의 결과는 희망, 즉 언젠가는 이 사랑이 모든 저항을 녹여 없애고 그래서 전능하게 될 것이라는 확실한 기대인데, 그 이유는 그 때에 우리 하나님이 주신 능력이 이 사랑을 완전하게 섬기게 될 것이기 때문이다.

우리는 아직도 한 걸음 더 나아가야 한다. 만약 언젠가 우리와의 사랑의 사귐 속에서 하나님께서 전능하게 되신다면, 그 때에 그런 일은 단지 그가 이미 그 자신 안에서 영원 전부터 전능하시기 때문에 가능하다. 그는 우리가 지상의 권세들에서 보는 것처럼 적은 능력에서 시작하여 많은 능력을 향하여 꼭대기까지 줄곧 올라가지 않으신다. 오직 그만이 그의 본질에 있어서 이미 그러하신 대로 전능하게 되실 수 있다. 그의 사랑 안에서 전능하시기 때문에, 하나님은 그것 안에 인간과 그의 능력을 위한 공간을 만드시기로 결정하셨다. 그는 사귐에 이르기 위해 능력을 잃어버리시기로 결정하셨다. 그의 무력함은 우리 없이, 우리를 거슬러서 전능하게 되지 않으시려는 은혜이다. 그렇게 해서 그는 이 계약의 동반자 관계의 성실성을 위하여 우리와 더불어 역사 속에 연루되셨으며, 그 속에서 우리가 우리 자신이 되는데 필요한 공간을 우리에게 주시기 위하여 그의 탁월한 능력을 숨기시고 그것을 그의 무변호성 속에서 나타내셨다. 그러나 그 무변호성 안에서, 그는 우리가 영원히 그를 반대함으로써 우리 자신을 반대하는 것을 선택하지 못하도록 그의 탁월한 능력을 유지하신다. 그러므로 우리는 말과 행동으로 기도한다.

> 당신의 나라가 임하옵시며,
> 당신의 뜻이 하늘에서 이룬 것같이
> 땅에서도 이루어지이다!

바르트는 하나님의 전능성의 이러한 무변호성에 대하여 거의 혹은 아무런 주의를 기울이지 않았지만, 그래도 구약(*CD* II,1, pp. 600f., 603f.)과 신약(pp. 605ff.) 속에 있는 탁월한 능력에 대한 참조문들을 훌륭하게 개관하였다. "전능성"(omnipotence)은 성경에서 해당되는 표현이 없는 단어이다. "전능하신"(almighty)이라는 단어는 상당히 자주 나타나는 것처럼 보인다. 그러나 구약은 히브리어로 된 엘 샤다이라는 단어를 갖고 있다. 이 명칭("지고하신 하나님"?)의 정확한 의미는 논쟁을 일으키는 문제이다. 70인역은 이것을 희랍어의 "전능하신"(판토크라토르)이라는 말로 번역하였는데, 이 용어는 "만군의 야훼"를 위해서도 동일하게 사용되었다. 이런 희미한 의미로서 이것은 고린도후서 6:18에서 사용되고 있다. 남은 부분을 위해서는 이것은 단지 요한계시록에서만 나타나는데, 이 책은 정확히 우리의 눈을 미래로 안내하는 책이다. 하나님을 위한 "전능하신"이라는 술어의 인기는 절대적인 의미에서 성경적인 용법에서는 아무런 근거를 찾을 수 없다. 여기 있는 것은 정확히, 예를 들어 예수의 고난의 필요성을 나타내는 "해야 한다"(데이, 에데이)라는 단어 안에 종종 현저하게 결합되어 있는 능력과 무변호성의 측면인데, 그것이 하나님께 강요되고 또한 그의 탁월한 능력 속에서 그가 그것을 자기의 계획의 일부분으로 만드시기 때문에 이것이 이루어져야 한다는 것이다. Cf. 또한 사도행전 4:27f. 도 역시 그러하다. 구약을 위해서는 우리는 창세기 50:20과 이사야 10:5-20을 참고로 한다. 또한 27장을 보라. 신약에서 나타나는 양 측면의 수렴을 위해서는 또한 예를 들어 로마서 8:18-39와 고린도전서 1:18-25와 요한계시록에 나오는 아름다운 모습을 보라. 보좌의 중앙에 죽임당하신 것처럼 보이는 어린양이 서 있다.

이러한 배경에 반하여 일반적으로 유지되는 전능성의 관념을 비판할 뿐만 아니라, 위에서 언급된 본회퍼의 옥중서신에서 나타나는 이해할 수 있는 반응도 역시 필수적인 것이 된다. 또한 "우리와 함께 계신 하나님은 우리를 용서하시는 하나님이시다(막 15:34)!"라는 그의 진술을 보라. 그에게 있어서 하나님은 전적으로 무력하신 분으로 나타난다. 부활은 여기에서 아무런 역할도 하지 못한다.

우리는 이제, 특별히 예수의 고난과 관련하여 K. Kitamori, *Theology of the Pain of God*(Japanese 1946; E.T. 1958ff.)의 출판 이후 많은 이들에 의해 출판되었던 하나님의 고난에 대해서 말할 수 있는가? 이 고난 속에서 하나님이 무력한 희생자가 아니라 사람과 더불어 함께 고난당하신 분이라는 사실을 명심한다면, 확실히 이것은 위에서 언급된 것과 일치한다. 그것은 고난의 또 다른 형태이지만, 더 작은 고난은 아니다. 이것에 대해서 유익한 것은 H. Wiersinga, *Verzoening met het lijden?* (1975), ch. 3.

22. 변할 수 있는 신실성

하나님의 불변성(immutability)의 속성에 대하여 약간의 주의를 기울이는 것이 신앙의 연구에 있어서 관례적이다. 이 말로써 만약 하나님의 신실성의 불변성을 의미한다면 이것은 옳다. 하나님은 신뢰할 수 없거나 변덕스러우시지 않다. 그는 그의 목적을 고수하시며 그의 손으로 하신 일을 버리지 않으신다. 그 자체로서 믿는다는 것은 그러한 불변하시는 하나님을 믿는 것을 의미한다. 그러나 신학적인 토론의 여러 세기에 있어서, 이 신앙은 이것이 속해 있는 살아있는 맥락으로부터 너무나 많이 떨어져 나오고 또한 낯선 철학적인 사상 형태들과 너무나 지나치게 결합됨으로 해서, 그것의 광채와 힘을 잃어버렸으며 똑같이 중요한 다른 신앙의 요소들과도 마찰을 빚게 되었다.

이 후자와 관련하여 우리는 특별히 그의 계시 안에서 하나님께서 반복적으로 방향을 바꾸시고 또한 새로운 출발을 통하여 최초의 시작을 진부한 것이 되게 하시는 활동하시는 하나님으로서 스스로를 나타내시는 환경을 생각한다. 그는 전혀 새로운 상황들 속에서 자신을 새롭게 나타내신다. 이것은 하나님께서 우리를 만나시기를 원하신다는 사실 속에 내재해 있다. 언제나 그는 그를 찾으면서도 언제나 그를 피하는 인간에게 스스로를 새롭게 적응시키셔야만 한다. 이것은 그의 존재에 영향을 미치지 않는 하나님의 외양에 있어서의 변화일 뿐인가? 이것은 가장 중요한 문제이다. 말할 수 있는 분명한 것은 하나님의 존재는 변하는 만남 가운데에서 변하지 않은 채로 남아있다는 사실인 것처럼 보인다.

그러나 그런 경우에 이미 창조는 우리들에게 난점을 불러일으킨다. 그 자신 밖에서의 세상의 창조는 하나님께서 행하신 가장 큰 변화이다. 그러나 이러한 변화를 가져옴으로써 하나님은 또한 그것을 스스로 경험하신다. 창조의 때로부터 하나님은 변화되셨다. 그는 이제 창조주와 지탱자가 되셨다. 그는 "반대편", 즉 그의 외적인 존재 옆에 있는 유한한 존재를 받아들이셨다. 그리고 인간을 창조하셨을 때, 그는 다시 변하셨다. 그는 그 자신을 거스르는 자유와 주도권의 중심을 창조하셨다. 그는 그의 계시의 수령자와 대화의 동반자를 얻으셨다. 그리고 그가 이스라엘과 특별한 관계를 맺으셨을 때, 그는 위엄있고 은혜로우시며, 실망하시고 고집스러우신 계약의 동반자가 되셨다. 그리스도 안에서 말씀이 육신이 되시고 그가 사람들 중의 사람의 모습으로 우리에게 아주 가까이 오셨을 때에 그는 다시 심오한 변화를 경험하셨다. 그러나 이 사람은 십자가에서 죽으시면서 자기의 하나님의 버리심의 고통을 소리치셔야만 했다. 하나님이 관련되지 않고서 이런 일이 일어날 수 있는가? 그러나 그 때 부활에서도 마찬가지의 근본적인 변화가 일어났다. 그리고 하나님이 그의 존재에 대한 저항을 뚫고 나타나시는 이러한 해방은 이 하나님이 인간의 마음 깊은 곳과 지상의 넓은 곳으로 나오시는 영의 활동 속에서 계속되고 확대된다. 그리고 이것은 그 성취에 있어서 하나님이 근본적으로 오직 창조의 변화와 비교될 수 있는 변화를 가져오시기 위해 일어난다.

단지 잠시만 이것을 곰곰이 생각해 보면, 우리는 변화 가능성이 하나님과 그의 세계의 연합의 일부분이 되는 정도에 대해서 감동을 받게 된다. 그러나 이것이 신앙의 연구에 있어서 그토록 적은 반향을 발견하게 된 것은 단순히 외래적인 영향력에 기인한 것일 뿐만 아니라, 우선적으로 성경 안에서 변화가 변덕과는 결코 연결되지 않으며 항상 하나님의 신실성의 표현이라는 사실에 기인하고 있기 때문이다. 그럼에도 불구하고가 아니라 정확히 그의 변화에 있어서 하나님은 일직선을 따라가신다. 정확히 일정한 변화로 인하여 그는 그대로 남아계시며, 우리와 관련하여 항상 동일하게 머무르신다. 결국 그의 거룩한 사랑 안에서 그는 그 자신으로 계신다. 그러나 사랑은 그것이 계속해서 그것의 대상과 대면하여 있을 때에만 그 자체로서 남아있을 수 있다. 그러므로 사랑은 변화 가능성과 불변화성의 연합이다. 따라서 선지자들은 하나님이 그의 계약의 신실성 속에서, 또한 이스라엘의 커다란 재난의 안과 그 이후에도 역시 동일하게 남아있는 분으로 알았다. 그러므로 예수는 율법을 폐하러 오신 것이 아니라 그것을 완성하러 오셨다. 그의 십자가와 부활은 이스라엘의 이전의 역사에서 가시적이

된 흐름들에서 나온 최종적인 결과들이다. 그 안에서 하나님의 모든 약속들은 그들의 "예"를 발견한다(고후 1:20). 그리고 성령 안에서, 선지자들이 이미 예견한 새로운 시대가 실현되기 시작한다 — 그것의 완성은 성취를 가져올 것이다. 따라서 성경의 어디에서든지 신실하심이 영원히 계속되는 하나님에 대한 찬양이 울려퍼진다.

"하나님의 자존성(aseitas)은 그의 불변성을 의미한다. 그러나 이 사실은 성경에서 거의 뒷받침되고 있지 않는 것으로 나타난다"라는 중요한 서론적인 말을 한 후에, 바빙크(Bavinck)는 성경 안에 나타나는 변화와 불변성의 수렴에 대해서 간결하게 묘사하였다(GD II, no. 193). 우리는 구약에서 이러한 수렴의 몇몇 사례들을 언급하게 되는데, 출애굽기 3:14에 나오는 신명(神名)은 둘 다 인간이 변하시는 하나님을 이해하거나 통제할 수 없으며, 이러한 변화 속에서 하나님이 그의 백성들의 신뢰를 충분히 받으실 만한 신실한 분으로서 나타나실 것이라는 사실을 지시하고 있다. 하나님이 그를 부르시는 환상 속에서, 에스겔은 생물들의 머리 위로 "말하자면, 두려움을 불러일으키는 수정같이 빛나는 궁창"(겔 1:22)을 보았는데, 독자들은 잠시동안 이것이 불변하시는 하나님의 상징이라고 생각할 수도 있겠지만, 그러나 이것은 선지자로 하여금 그의 말씀과 더불어 다가올 변화를 수반하도록 명하시는(28c절; 2:1ff.) "마치 사람의 형상과 같은 모양이 그 보좌의 형상 위에 앉아계시는"(26절) 단순한 그의 보좌일 뿐이다.

제2이사야의 예언들은 변화와 불변성 사이의 긴장으로 가득 차 있어서, 하나님을 경외하는 백성들은 하나님께서 그가 행하셨던 것으로부터 완전히 벗어나서 이제 이방의 군주를 통하여 구원을 베푸실 것이라는 생각에 반발하는데, 선지자를 통하여 하나님은 그들에게 "너희는 이전 일을 기억하지 말며 옛적 일을 생각하지 말라"(43:18f.)라고 외치시지만, 동시에 이 새로운 일은 홍해를 건너라는 것과 같은 명령을 지니고 있는 것으로 묘사된다(43:16ff.; 48:20f.; 52:12). (우리의 판단으로는, 폰 라트[Von Rad]가 그의 「구약신학」의 이중적인 구분에 있어서 이런 변화를 바르게 강조하였는데 — 이사야 43:18f.가 그의 두 번째 책의 표제를 형성하고 있다 — 그렇지만 그 속에 있는 연속성에 대해서는 과소평가하였다.)

이와 관련하여 그와 인간의 관계에 대한 변화의 표현으로서 하나님의 **후회**가 특별한 역할을 하고 있다. 이것은 요나의 작은 책에서의 강조점 가운데 하나이다. 더 자세하게는 창 6:6f.; 출 32:10-14; 삿 2:18; 삼상 15:11; 대상 21:15; 시 106:45; 암 7:3, 6; 욜 2:13을 보라. 이 후회는 변덕과는 거의 관계가 없기 때문에 이것은 이스라엘의 신조 안에서 하나님의 신실성을 나타내는 것으로 사용될 수 있는 인상을 상당히 많이 조성하고 있다(욜 2:13; 욘 4:2). 그러한 이유로 해서 성경의 저자는 그 다음에 변하기 쉬운 인간과는 달리 하나님은 후회가 없으시다고 단순히 말할 수 있었는데(삼상 15:29를 11,15; 신 23:19; 시 110:4; 슥 8:14; 말 3:6과 비교하라), 그 이유는 후회라고 불리는 것은 정확히 인간과의 관계에 있어서 하나님께서 그의 존재와 일치되게 행동하실 것이라는 사실을 의미하기 때문이다.

큰 변화들에 대해서 말하고 있는 신약에서도 역시, 이 변화들은 그럼에도 불구하고 "변화로 말미암은 변경이나 그림자가 전혀 없으신"(약 1:17) 하나님의 견고한 약속들로부터 유래하는 것으로 간주된다. 인상적인 것은 하나님이 이스라엘과의 관계를 변화시키시는 것에 대하여 바울이 언급하고 있는 로마서 9-11장에 나오는 변화와 불변성의 혼합이지만, 정확히 그 가운데에서 "하나님의 은사와 부르심에는 후회하심이 없느니라"(11:29)라는 결론에 도달한다.

더 자세하게는 Barth, *CD* II,1, pp. 495-499; H. Berkhof, "Verandering als theologisch probleem" (*Streven*, Apr. 1968), 그리고 L.J. Kuyper, "The Suffering and the Repentance of God" (*Scottish Journal of Theology*, Sept. 1969)에 나오는 성서적인 고찰을 보라.

앞의 장들에서 신론의 발전에 대하여 언급되었던 것에 따르면, 교회사에서 하나님의 불변성이 대체로 일방적으로 하나님의 변화 가능성을 희생하고 발전되었다는 사실은 아무런 놀라움도 불러일으킬 수 없다. 출애굽기 3:14의 에흐예 아세르 에흐예를 "스스로 존재하는 자"(호 온)로 번역하는 70인역 번역자들의 결정은 또한 한 분의 높고 불변하시는 신성에 대한 그들의 개념이 이미 구약에서 발견될 수 있었다는 사실을 희랍 지식인들에게 보여주려는 욕구에 의해 확실하게 그 동기가 유발되었다. 이 결정은 신론에 막대한 영향을 미쳤다. 철저하게 이러한 흐름을 지속한 첫번째 사람은 알렉산드리아의 필론 (Philo of Alexandria, B.C. 25-A.D. 42)이었다. 하나님에 대한 그의 개념을 창 세기 6:6에서 하나님의 후회에 대하여 언급된 것과 일치시키기 위하여 그는 *Quod deus immutabilis sit*(호티 아트렙톤 토 쎄이온)라는 소책자를 저술하였는 데, 거기에서 그는 만약 지혜로운 사람이 특히 변덕스럽다면, 그 때에 하나님 은 물론 무한히 더욱더 그러하시다고 확언하였다. "후회"라는 단어는 교육적 으로 우리의 죄가 우리를 놀라게 만든다는 것을 의미하는데, 다행스럽게도 하 나님은 그의 창조를 중단하지 않으셨다. 필론의 사상들은 오늘날 이것들이 받 고 있는 성급한 거절을 받아서는 안된다. 희랍 신들의 변덕과 지상적인 사건 들의 변화와 대조하여, 하나님의 신뢰성에 대한 믿음이 여기에서 울려퍼진다.

같은 사실이 교회의 교부들에게도 적용된다. 아리스티데스(Aristides)는 부 패하기 쉽고 변하기 쉬운 스토이케이아에 대한 그들의 믿음에 대하여 그의 당 대인들을 꾸짖었는데, 참되신 하나님은 썩지 않고 변하지 않으시지만, 동시에 그의 뜻에 따라 세계를 바꾸시고 변화시키신다(*Apologia* 4). 이것은 정확하다. 그러나 우리는 이렇게 해서 하나님이 "모든 열정과 결점과 분노와 망각, 무지 등을 초월하여"(아노테론 판톤 톤 파톤 카이 엘라토마톤, 오르게스 테 카이 레쎄스 카이 아그노이아스 카이 톤 로이폰, *Apologia* I) 계신다고 할 때, 이질 적인 요소를 느낀다. 여기에서 신뢰성은 무감정성(apatheia)으로 된다. 하나님 의 불변성의 교리는 교회의 교부들 안에서 항상 이러한 양면적인 성격을 가 지고 있었다. 신뢰성은 항상 아파쎄이아를 포함하였다. 이것에 대해서는 E.P. Meyering, *Orthodoxy and Platonism in Athanasius. Synthesis or Antithesis?* (1968), II B와 IV, 특별히 pp. 134-142를 보라.

사벨리우스(Sabellius)의 소위 성부수난설에 대한 투쟁으로 인하여 교회의 교부들은 하나님께 변화 가능성의 속성을 전가하는 어떤 것에 대해서도 훨씬 더 민감하게 되었다는 사실이 추가되어야 한다. 아리스토텔레스의 영향 아래 에서 중세는 이러한 가르침이 굳어지는 것을 보았다. 아리스토텔레스에 의하 면 모든 운동은 덜 완전한데서 더 완전한 것으로 혹은 그 반대로 이루어지는 운동이다. 따라서 운동은 불완전을 의미한다. 그러므로 그의 신론에서, 토마스 는 "부동의 제일 동자"라는 아리스토텔레스의 정의와 더불어 시작하였다. 불변성(immutabilitas)은 거의 **부동성**(immobilitas)으로 된다(ST I, q.9를 보라). 하나님은 — 에스겔에 의하면, 확실히 그렇지 않으신 — 거대한 얼음 벌판을 닮아가기 시작한다(1:22). 현세기에 이르기까지 줄곧 이러한 하나님의 개념이 로마 가톨릭의 교의학을 지배해 왔다.

종교개혁은 아리스토텔레스의 권위를 떨어뜨렸으나, 이 점에 있어서는 교부들과 필론을 넘어서 더 멀리까지 되돌아가지는 못했다. 즉 이것은 그의 계시에 대한 하나님의 변화 가능성에 대한 진술들의 타당성을 제한하였는데, 이 진술들은 그의 존재에 대한 것이 아니라 그의 관계에 대한 진술들이었다. 창세기 6:6에 나오는 하나님의 후회에 대하여 칼빈을 보라. 그는 이것을 우리를 위하여 하나님을 인간적인 조건들로 묘사해주는, 우리의 능력에 적응시킨 "언급 방식"이라고 불렀다. "'후회'라는 단어는 하나님께서 그의 행동에 대하여 변하신다는 사실을 의미한다." 이것은 어떻게 "그가 그 자신 안에 있는지가 아니라, 그가 우리에게 보이는 그대로"(Inst I, xvii, 13)를 말한다. 이 점에 있어서 가능한 한 다른 경우보다도 훨씬 덜 강요받고서도, 개신교 스콜라주의는 중세의 스콜라주의 전통을 지속시켰다. "불변성은 자연적이든 윤리적이든 간에, 모든 행동을 거절하는 신적인 본질과 그것의 모든 완전성들의 영원한 일치이다"(Quenstedt, S p. 79를 보라).

코르프(Korff)가 다음과 같이 서술한 것은 적절하다. "하나님의 불변성의 교리는 이것이 신학 속에서 하나님의 개념의 이교적인 쇠락을 예방하는 둑을 급하게 세웠다는 사실을 지지한다. 그러나 이것은 하나님의 개념 속에 똑같이 이교적인 경직성을 도입함으로써 단순히 그것을 할 수 있었다"(Christologie, I, p. 257). 몰리나파와 항변파는 인간의 주도권과 자유를 공정하게 평가하려는 욕망으로부터 이러한 경직성을 실제로 반대하였으나(예를 들어, C. Vorstius, *Tractatus theologicus de Deo*, etc., 1610, par. 34f., p. 306: "하나님의 뜻은 어떤 점에서 변할 수 있다"를 보라), 이러한 반대가 너무나 시험적이었기 때문에 신인협력적인 이단으로서 맹렬하게 공격을 받았다.

저항이 없지는 않았으나 바빙크가 불변성의 고전적인 교리에 양보하였을 때, 그의 일련의 생각은 매우 현저한 것이었다. "비록 그 자신 안에서는 불변하시지만, 하나님은 말하자면(! H.B.) 그의 피조물들의 삶을 사시면서, 그들의 변화하는 환경에 냉담하지 않으신다"(*GD* II, no. 193). 그리고 그는 이런 이상한 문장으로 끝을 맺고 있다. "하나님의 불변하시는 '존재'는 그 자체가 '생성'되는 모든 것들의 구분되는 존재이자 나타남의 원인이시며, 좀더 특별하게는 전적으로 다른 법과 질서에 따른 그들의 존재의 원인이시다"(p. 148). 전통적인 견해와 그것에 대한 비판에 대해서는 또한 H.M. Kuitert, *De mensvormigheid Gods*(1962), 특별히 III과 VIII A를 보라.

19세기는 변화를 가져왔다. 그러나 슐라이어마허에게는 아직 아니었는데, 그는 변하시는 하나님을 "절대 의존의 감정"의 "기원"으로서 사용할 수 없었다 (*CF* par. 52, 後記). 이것은 독일 관념론에서 하나님과 역사를 결합함으로써 촉진된 "중재 신학"이라고 대체로 불릴 수 있는 진영에서 일어났는데, 이 신학은 존재와 계시의 분리를 통하여 직접적으로 이것들을 무력하게 만들지 않으면서도, 다른 관련된 성경적인 요소들을 거론하였다. 우리는 21장에서 언급했던 겸허설 주창자들을 생각하는데, 그들은 빌립보서 2:7에 호소하면서, 하나님의 영원한 아들이 스스로 근본적인 자기 제한을 겪으셨다는 의미에서 성육신에서 하나님의 변화를 대담하게 언급하였다. 화란에서는 윤리 신학이 같은 노선을 따라 사고하였다. *Blikken in de openbaring* II, 특별히 ch. IV에 나오는 J.H. Gunning을 보라. 또한 "아리스토텔레스적인 하나님 개념의 거상(巨像)"에 대한 공격(p. 378)을 포함하고 있는 "'하나님의 불변성'과 성경과 특별히 예수 그리스도의 선포와 상충되는 그것의 상관물들"이라는 제목을 달고 있는 Kohnstamm, *De heilige*, par. 81을 보라(p. 377).

그러나 가장 통찰력이 있는 것은 I.A. Dorner가 바르게 쓴 그의 유명한 다음과 같은 연구였다. "Über die richtige Fassung des dogmatischen Begriffs der Unveränderlichkeit Gottes"(1856-58년에 *Jahrbücher für deutsche Theologie*로 출판되었고 나중에는 그의 *Gesammelte Schriften*, 1883, pp. 188-377의 한 부분이 되었다). 그는 하나님의 사랑 안에 이 불변성을 두려고 하였다. 그리고 정확히 이것은 변화를 의미하였다. "하나님은 정확히 스스로를 보전하시려는 목적과, 인간의 일반적인 조건으로 말미암아 요청되는 자유롭게 변하는 인간성과 상치되는 그의 윤리적인 목적의 통일성과 불변성을 위하여 그의 활동을 제한하신다."

바르트는 의식적으로 도르너(Dorner)의 노선을 계속 따랐다(*CD* II,1, pp. 491-522). 그러므로 그는 불변성이 아니라 하나님의 항구성을, 즉 그의 자유-안에 있는-사랑 안에서 언급하고 있다. "… 순수한 **부동**(immobile)은 죽음이다. 그래서 만약 순수한 부동(immobile)이 하나님이라면, 죽음이 하나님이다 … 그리고 만약 죽음이 하나님이라면, 하나님은 죽었다"(p. 494). "하나님이 그 자신과 그의 모든 일 속에서 살아 계시는 것은 바로 그의 항구성 안에서 그것으로 말미암아서이다"(p. 495). 그렇다면 변화도 역시 그의 존재에 속하는가? 바르트는 이렇게 말한다. "그러나 오직 창조와 인간에 대한 그의 관계에 있어서, 즉 그의 은혜의 계시에 있어서만 이 모든 것이 하나님 자신 안에 있지 않은 현실이 되는 것은 사실이 아니다"(p. 499). 그러나 주된 흐름은 전통적인 사상에 훨씬 더 가깝다. "그 자신은 그의 태도와 행동의 변화 속에서 변하지 않으신다"(p. 498).

바르트 이후에, 우리는 다른 신학적인 전통들 속에서, 바르트의 한 가지 노선을 강조하고 마찬가지로 변화를 하나님에게 고유한 것으로 가정하려는 경향을 목격하게 된다. 의식적이든 무의식적이든 간에 삶에 대한 전후의 전망이 여기에 큰 영향을 미쳤다. 본질적으로 정적인 것으로 경험된 세계 안에서 변화는 단순히 열등하고 위험한 것으로 간주될 수 있을 뿐이었다. 그런데 세계가 역동적인 발전의 과정으로서 경험되었기 때문에, 그와 반대되는 일이 일어났다. 본질적으로 변화에 낯선 하나님은 본질적으로 우리에게 낯설게 되었다. 철학자 화이트헤드(A. N. Whitehead: 1861-1947)의 (또한) 예측될 수 없는 생성의 과정의 결과로서의 그의 신론에서 영감을 받았던 몇몇의 미국 신학자들은 스스로 안에서 변하시는 하나님에 대해서 말하기 시작하였다.

하트숀[C. Hartshorne, *The Divinity Relativity* (1948)]을 보라. 그는 하나님이 그 자신에 의해서가 아니면 능가될 수 없으며, 어떤 점에서 하나님은 스스로를 사람들과의 만남에 의존하게 만듦으로써 그들과의 연합을 통하여 부요하게 되실 수 있다고 단언하였다. 하이데거를 따르는 오그덴(S.M. Ogden)은 무한한 상대성과 의존이라는 의미에서 유비를 통한(*per analogiam*) 세속성을 하나님께 전가하였다(불트만을 위한 기념논문집 *Zeit und Geschichte*에 1964년에 기고한 그의 논문 "하나님의 세속성"에서). 그리고 윌리엄스(D.D.

Williams)는 존재 유비(*analogia entis*)에 더하여, 하나님 안에 있는 중심적인 요소로서의 사랑에 호소하면서, "연관성이 없는 인과율은 사랑과 양립될 수 없기" 때문에 "하나님의 존재 안에는 창조적이고 세속적이고 관계적인 측면이" 존재한다는 결론을 도출하였다(*The Spirit and the Forms of Love*, 1968, p. 128에서).

불트만도 역시 오그덴을 따라서 나중의 저서에서 "하나님 안에 있는 변화들"에 대해서 언급하기 시작하였다. 두 사람 다 특별히 마태복음 25장에 나오는, 가면을 쓰고서 우리를 만나시는 그리스도, 즉 우리를 참된 실존으로 인도하기 위하여 만남 속에서 스스로를 우리에게 전달하시는 하나님께 호소하고 있다. 불트만에 대해서는 *Glauben und Verstehen*, IV, pp. 113-127에 나오는 그의 논문 "Der Gottesgedanke und der moderne Mensch," 1963을 보라.

전혀 다른 방향에서(화이트헤드학파와 비슷한 부분이 없지는 않지만) 테이야르 드 샤르뎅(Teilhard de Chardin)이 나타났다. 그는 자신의 길을 더듬어 모색하면서, 진화의 과정 속에 있는 하나님의 불완전성에 대해서 말하였으며 그렇게 해서 하나님의 변화 가능성에 대하여 로마 가톨릭 진영 안에서 특별히 성육신과 관련하여 온갖 종류의 질문들을 제기하였다. "그 자신 안에서는 변할 수 없는 그가 스스로 그 밖의 다른 것 속에서 변화에 종속되신다"(Rahner, *Theological Investigations*, IV, p. 113, cf. pp. 112-115). "왜냐하면 하나님은 ― 우리는 더듬으면서 말한다 ― 우리가 우리의 역사를 상상할 수 없는 방식으로 우리를 위해서 뿐만 아니라 하나님을 위해서도 역시 의미가 있음에 틀림없는 … 절대적인 새로움이시기 때문이다"(E. Schillebeeckx, in *Tijdschrift voor theologie*, 1966, pp. 132f.). "하나님과 우리의 진정한 관계는 그것이 전적으로 다른 신적인 방식에서이긴 하지만, 하나님 안에도 역시 변화와 발생과 생성이 있음에 틀림없다는 인식을 의미한다"(P. Schoonenberg, in *idem*, p. 302).

하나님의 존재와 계시, 그의 스스로 변하심과 불변성의 통일성이 동시에 그에게 속해 있는 것으로 간주되어야 한다는 사실을 가정하면, 우리는 여기에서 제기되는 난해한 최종적인 질문들로부터 종내는 뒤로 물러설 수도 있다. 하나님에 대한 어떠한 변화도 부인하였던 고전 신학의 보다 쉬운 길은 더 이상 우리에게 열려 있지 않다. 정확하게 그의 계시 안에서, 하나님은 그 자신이시다. 그의 전적인 존재는 그것에 관련되어 있다. 하나님은 전적으로 우리와의 만남 속에서 스스로를 규정하시고 연루되신다. 그렇지 않다면 이것은 진정한 만남이 아닐 것이다. 우리와 더불어 역사에 참여하시는 하나님 배후에는 어떤 다른 하나님도 없다. 이 역사가 그를 요지부동으로 내버려둘 것이라고 말하는 것은 불경스러운 말이 될 것이다. 그러나 우리와 더불어, 그가 이 역사에 의해서 통제될 수 있다고 말하는 것도 역시 불경스러운 말이 될 것이다. 이 과정 속에서 그는 우리와는 다른 분이시며, "그 역사하심이 완전한 반석"이시다. 그러나 그는 먼 곳에서 굳어있는 영원 속에 있는 그것이 아니라, 변화와 놀라움을 주시면서 시간을 통하여 흘러가는 과정 속에 있는 우리의 계약 동반자로서 그러하시다.

여기에서 우리의 접근 방법은 하나님의 전능성이 그의 무변호성과 연결되는 방식을 우리가 보았던 21장에서와 동일한 것이어야 한다. 따라서 우리는 "그의 주권적인 사랑 안에서 하나님은 스스로를 변할 수 있게 하셨다"라고 말해야 한다. 그는 우리와 더불어 하나의 과정 속에, 즉 겟세마네의 번민과 갈보리에서의 하나님의 버리심을 포함하는 하나의 과정 속에 연루되기로 결정하셨다. 그는 자신이 희생물이 되도록 허용하셨다. 유념하라. 그는 이 일이 자신에게 이루어지도록 허용하셨다. 그는 그 속으로 들어가셨으며 동시에 그 위에 서셨다. 그 속에서의 절반과 그 위에서의 절반이 아니라, 여기에서도 전체로서 였고 저기에서도 전체로서 였다. 이것은 자기 모순적인 것이 아니다. 왜냐하면 사람이 상황을 통제하면 할수록, 그는 점점 더 많이 허용할 수 있다. 그의 영원한 목적의 불변성을 위하여 하나님은 그가 스스로 시작하셨던 과정에 참여하시고 그 과정을 경험하실 수 있다. 그리고 그는 이런 결론을 피하실 수 없다(어쨌든 간에 왜 우리는 이것을 해야 하는가?). 그에게서 멀어진 형상-담지자들과 하나님의 이러한 싸움은 그에게도 역시 중요한 것이다. 그는 또한 중생한 아들들과 딸들과 함께 부요하게 된다. 잃어버린 아들이 돌아온 후에는, 역시 아버지도 (다른 아버지가 아니라) 달라지셨다. 이것이 바로 나중에 37장("'삼-일' Tri-(u)nity로서의 계약")에서 우리가 신론을 다시 취급해야 하는 이유이다.

심지어 신학이 여러 세기동안 아리스토텔레스적인 신(神) 개념의 카리브디스(Charybdis: 시칠리아섬 앞바다의 배를 삼킬 정도의 큰 소용돌이-역주)에 굴복해 왔던 것처럼, 우리는 헤겔적인 신 개념(세계 속에서 스스로를 실현하는 절대 정신)의 스킬라(Scylla: 카리브디스와 마주보고 있는 이탈리아 해안의 위험한 바위들-역주) 속으로 떨어지지 않기 위해서 여기에서 매우 정확성을 기하여야 할 필요가 있다. 특별히 불확실성이 없지는 않으나 대단히 지적인 용맹성을 가지고 바르트는 이 두 바위들 사이의 좁은 해협을 찾았다. 그는 역사 안에서의 변화들을 하나님 자신 안에 있는 변화들로 보기를 원치 않았다. 그러나 하나님 바깥에 있는 변화들로도 보기를 원치 않았다. 그는 하나님의 존재 안에 이러한 변화의 초월적인 가능성을 두기를 원하였다. CD II, 1에서 그는 하나님의 활력을 이와 관련하여 언급하고 있다. 그는 CD IV, 1, pp, 192-204에서는 하나님이 성부와 성자, 위엄과 섬김, 명령과 복종의 양극성이심을 가정함으로써 거보를 한 발 더 내디뎠다. 이 영원한 비밀은 하나님이 스스로를 변하시지 않고서도 시간 속에서 스스로를 낮추시는 일을 가능하게 만들었다. 환언하면, 변화들이 하나님 안에서 영원성을 부여받았다.

그러나 그가 CD II,2에서 하나님의 선택과 하나님의 명령을 적절한 신론 속에 통합하였을 때, 그는 이미 일찌감치 한 걸음을 더 내디뎠었다. 이 경우에 계시는 더 이상 하나님의 존재에 대한 성찰과 표현이 아니라, 그 자체가 그것의 일부였다. "원래 인간에 대한 하나님의 선택은 사람에 대해서 뿐만 아니라 그 자신에 대해서도 예정이기 때문에 이것은 신론의 일부분"(p. 3)이며, "하나님이 스스로 결정하심으로 해서, 이 결정은 그가 스스로 안에서 홀로 존재하시는 모든 것이라는 것 못지 않게 그에게 속해 있는 관계"이다(p. 7). 그러나 바르트는 이렇게 시작된 지면들 속에서 그가 말한 것으로부터 결론을 도출하지 않았다.

따라서 *The Existence of God as Confessed by Faith*에서 골비처(Gollwitzer)는 불트만 학파에 대한 반응 속에서, 스스로 안에서 홀로 계시는

하나님과 우리를 위한 하나님, 하나님의 존재와 하나님의 뜻을 날카롭게 구분하였을 때, 바르트에게 호소할 수 있었다(pp. 186ff.). 바르트 안에 있는 다른 흐름의 관점으로부터, 윙엘(E. Jüngel)은 그의 *The Doctrine of the Trinity*(E.T. 1976)에서 이러한 분리를 옳게 주장하였지만, 이 계시 안에서 하나님의 존재의 반복을 보는 것 이상으로 멀리까지는 도달할 수가 없었다. "스스로 관계하시는 하나님의 존재는 생성 속에 있는 존재이며 그 본성으로 인하여 반복될 수 있다"(pp. 89ff.를 보라). 그의 *Gott als Geheimnis der Welt*(1977)에서, 그는 그것을 넘어서 분명한 일보를 내디뎠다. 여기에서 계시는 하나님에 있어서 본질적으로 언급된다. "하나님의 존재는 그의 오심 속에서 존재한다"(par. 25). 이것은 동시에 헤겔의 방향으로의 일보이다. 골비처와 윙엘은 바르트가 우리로 하여금 바르트를 넘어가도록 강요하는 두 가지 방향을 보여준다. 신학자들이 신론에서 "불변성"과 "변화 가능성"의 개념들과 어떻게 씨름하고 있는지에 대해서는 H. Küng이 *Menschwerdung Gottes*(1970), pp. 611-670에서 훌륭하게 개관을 제공해 주었다.

창조

23. 창조주로서의 하나님

　이스라엘에 대한 그리고 그리스도 안에서의 계시에서 우리가 만나는 하나님은 세계의 창조주이시다. 어떤 사람들에게는 이 고백이 자명하게 들리지만, 다른 사람들에게는 불경스러운 것으로 들린다. 많은 사람들에게 이것은 자명하게 들리는데, 그 이유는 하나님의 세계와 그 자체로서 절대자의 표현인 신들은 우리의 실재를 초월하며 그 실재의 근거이기 때문이다. "하나님"과 "세계의 근거"라는 표현은 따라서 동일하다. 이 동일성은 사람이 신성을 그것이 만든 세계와 마찬가지로 모호하고 변덕스러운 것으로 생각할 수 있는 한 아무런 문제도 일으키지 않는다. 만약 하나님에 대한 경험과 세계에 대한 경험이 서로간에 상충된다면 이것은 전혀 다르게 된다. 그것은 이스라엘에서 일어나서 기독교 신앙 속에서 계속된다. 그의 행동과 약속들과 더불어 거룩한 사랑이신 하나님은 세계가 어떠하였다는 것과는 일치하지 않는다. 대부분 세계는 그의 사랑을 반영하는 것이 아니라 그것과 충돌한다. 그러므로 계시는 우리가 알고 있는 실존으로부터 구조와 구원에 대한 약속을 지니고 있다. 물론 이것은 거룩한 사랑의 계시의 하나님에 대해서 그가 또한 세계의 창조주이기도 하다는 사실을 결코 분명히 말할 수 없게 만든다.

　그러나 이것은 언급되고 있으며 또 언급되어야 한다. 비록 우리가 계시 안에서 만나는 하나님은 세계와 상충되지만, 그는 이것이 그 자신의 세계임이 분명한 그러한 방식으로, 즉 정확하게 이것이 그 자신의 창조이기 때문에 이것과 충돌하시는 그러한 방식으로 존재하신다. 그가 추구하시는 구조는 이 실존으로부터의 구원, 즉 세계를 지워 없애는 것이 아니라, 이 세계와 이 실존의 구원이다. 구원은 그것의 부정이나 거절이 아니라, 이 세계를 정화하여 그것을 더 높은 수준으로 끌어올리는 것을 의미한다.

창조주와 구속주의 이러한 일치가 신앙에 있어서 커다란 긴장과 지성에 있어서 큰 문제를 불러일으킨다는 것은 분명하다. 이러한 동일시를 그만두는 것은 훨씬 더 큰 긴장과 문제를 일으키거나 혹은 좀더 정확하게 표현하면, 우리가 구속적인 만남의 본질 그 자체를 부정하고 그렇게 해서 기독교 신앙을 버리는 것을 의미할 수도 있다. 그러나 창조주에 대한 믿음은 확실히 조금도 자명하지 않다. 이 용어가 그 자체로서 의미하는 것처럼, 이것은 믿음의 문제이다. "나는 하늘과 땅의 창조주이신 아버지 하나님을 믿는다." 기독교 신앙의 전체 내용에서와 마찬가지로, 여기에서 이것은 보여지고 경험될 수 있는 것과 반대되는 신앙고백이다. 우리는 이 죄와 고난과 죽음의 세계가 예수 그리스도의 아버지에 의해서 창조되었다고 주장한다. 그러한 주장과 더불어 기독교 신앙은 비록 지금은 정정되고 조정된 이것을 새로운 구속신앙의 맥락으로 통합하는 일이 계시에 의해서 자명하지 않은 것이 되었지만, 종교에서 발견되는 그대로의 창조의 자명성에 대한 믿음을 다시 받아들인다.

기독교 교회의 창조에 대한 믿음의 역사를 위해서는 Brunner, *Dg* II, pp. 36-39; *RGG* VI, *s.v. Schöpfung IV a*, 그리고 *MS* II, ch. VII 2를 보라.

신약 시대 직후에 예수 그리스도의 아버지가 세계를 창조하실 수 있었다는 사실을 부인하는 관념들이 기독교 교회 내에 널리 퍼져 있었다는 사실은 우연한 일이 아니다. 우리는 영지주의와 마르키온을 생각하는데, 이들은 둘 다 창조는 열등하고 불완전한 신(神)인 데미우르고스의 작품이었다고 가르쳤다. 그러한 관념들은 특별히 이레나이우스(Irenaeus: *AH passim*)에 의해서 반대되었는데, 그는 창조주와 구속주의 단일성을 복음의 기초로서 확언하였다. 그러나 이원론적인 개념들은 오늘날에 이르기까지 마니교도들과 알비파, 카타리파 내에서 남아 있었다. 복음에서 배운 사랑의 하나님을 창조에서 배운 맹목적인 힘의 하나님과 조화시킬 수 없는 많은 사람들이 항상 있어 왔으며, 아직도 그들을 발견하게 된다. 루터는 이렇게 옳게 말할 수 있었다. "무로부터 만물을 창조하였다는 조항은 성육신의 조항보다 믿기가 더 힘들다"(*Weimarer Ausgabe*, 39/II, p. 340.21f.).

그러나 이원론은 기독교 사상에서 결코 이단적인 탈선 그 이상은 아니었다. 주된 흐름은 언제나 구속주 하나님과 세계의 창조주에 대한 자명한 동일시를 고수하였던 흐름이었으며, 이런 하나님은 계시를 떠나서도 알려질 수 있는 것으로 간주되었다. 애용되는 증거본문은 로마서 1:19f.였다. 그러므로 기독교 사상이 창조의 자명성에 대한 믿음에서부터 출발하여, 그것으로부터 시작해서 구속에 대한 믿음으로 나아간 것은 당연한 것이었으며, 그것도 제2세기 이후로, 신학이 그리스-로마 문화의 종교-철학적인 관념들 속에서 접촉점을 찾으려고 노력하였기 때문에 더 더욱 그러하였다. 이미 아리스티데스(Aristides: ca. 140)는 창조에서 하나님을 논증할 수 있는 가능성을 가지고 그의 「변명」(*Apology*)을 시작하였다. "그러므로 나는 그가 만물을 한데 모아서 유지하시는 하나님이시라고 말한다"(ch. 1). 그렇게 해서 이것이 존속되었다.

토마스에게 있어서 창조주와 세계의 제1원인으로서의 하나님에 대한 지식은 인간의 이성으로 접근할 수 있는 통찰들이다(예를 들어 *ST* I, q. 44, art. 1). 그의 흔적 속에서 개신교 스콜라주의는 창조론을 순수 조항(*articuli puri*)과는 달리 신앙에 의해 알려질 수 있을 뿐만 아니라 인간의 자연적인 통찰에 의해서도 알려질 수 있는 혼합 조항(*articuli mixti*)에 속하는 것으로 간주하였다(S, R, 그리고 H, 색인을 보라). 벨기에 신앙고백은 "우주의 창조와 보존과 통치"를 창조주에 대한 관계가 알려질 수 있는 "가장 우아한 책"(제2항)이라고 여겼다. 그리고 제1차 바티칸 공의회는 로마서 1:20에 호소하면서, "만물의 처음과 나중이신 하나님은 인간의 이성의 자연적인 빛을 통하여 창조된 만물들로부터 확실하게 알려지실 수 있다"(비록 "인류의 현재의 상태"에서는 이것이 종종 오류를 수반하고 있기는 하지만: D 3004f.)라고 선언하였다. 이 점에 있어서 교회와 계몽주의는 일치하였다. 또한 후자에게 있어서도 온전히 선하고 지혜로우신 하나님이 세계를 창조하셨다는 믿음은 자명한 것이었다(비록 리스본[Lisbon]을 파괴시킨 1755년의 지진이 이러한 믿음에 심한 충격을 주었지만).

제1차 세계대전의 예상치 못한 재난 이후에야 비로소 창조에 대한 믿음이 그것의 분명함을 상실하기 시작하였다. 그 결과로서 바르트는 하나님도 인간도 혼자가 아니라는 사실과 하나님이 이 세상을 통치하시며 이것은 바로 그의 것이라는 사실을 입증해주는 그리스도 안에서의 계시로부터 엄격하고 배타적으로 이것을 끌어내었다(*CD* III, 1, par. 40). 창조에 대한 믿음과 구속에 대한 믿음 사이의 훨씬 더 큰 긴장은 O. Noordmans, *Herschepping*(1934)에서 발견된다. 다음 표제들을 주목해 보라. "아들보다 더 은폐되신 아버지," "그 자체로서의 창조주에 대한 믿음은 순진한 확신이 아니라 두려움을 가져온다," "창조하는 것은 형성하는 것이 아니라 분리하는 것이다," "십자가는 창조의 중심에 서 있다"(제1판, pp. 63-65). 이러한 그룹에서 이 기간 동안에 사람들은 하이델베르크 요리문답이 창조에 대한 믿음을 얼마나 엄격하게 계시 위에 정초시키고 있는지를 지적하기를 좋아하였다. "'나는 천지를 지으신 전능하신 하나님 아버지를 믿습니다'라고 당신이 말할 때, 당신은 무엇을 믿습니까"? 답변: "무로부터 천지와 그 속에 있는 모든 것을 창조하신 우리 주 예수 그리스도의 영원하신 아버지는 … 그의 아들 그리스도로 말미암은 나의 하나님과 아버지이시다"(제26 문답).

이러한 분위기에서 성경 연구도 역시 구원의 지식과 창조의 지식 사이의 관계에 관심을 갖게 되었다. 특별히 구약은 수확이 많은 연구 분야로 입증되었으며, 특별히 폰 라트(Von Rad)에 의해서 연구되었다. 일찍이 1936년에 그가 자신의 논문집 "Das theologische Problem des alttestamentlichen Schöpfungsglaubens"를 출판하면서(지금은 *Gesammelte Studien zum AT*, pp. 136-147에 들어 있다), 그 속에서 이스라엘의 창조 신앙을 구속과 관련되어 남아있는 구속 신앙으로부터의 이차적인 외삽으로 묘사하였을 때, 이미 이것 자체는 주변적인 기능밖에는 갖고 있지 않았다. 이러한 접근 방법은 바르트의 *CD* III,1 (1945)의 출판을 통하여 큰 관심을 불러일으켰다(바르트는 폰 라트의 논문을 읽지 않았던 것처럼 보인다).

그의 구약 신학 1권(*OT Theology, I* [E.T. 1962])에서 폰 라트는 이 주제를 같은 방향으로 지속시켰는데("창조에 관한 증거의 신학에서의 위치," pp. 136-139), 여기에서 그는 "창조는 이스라엘의 원인론의 일부분이다"(p. 138)라는 유명한 말을 남겼다. 그러나 그는 이러한 환경으로부터 이스라엘이 창조에 대한 믿음을 일찍이 물려받았지만, 이것을 이스라엘 자체의 구속 신앙으로 통합하는 데에는 대단한 어려움을 겪었다는 사실을 이미 두 번이나 지적하였다. 그는 또한 최근의 소위 지혜 문학에서 창조가 독립적인 주제로서 작용하였다는 사실을 주목하였다(욥 38-40장; 잠 8:22-31, 그리고 기타 등등).

1964년에 그의 논문 "Aspekte alttestamentlichen Weltverständnisses" (*Evangelische Theologie*, Feb. 1964, pp. 57-73)가 나타났을 때, 그 속에서 그는 이렇게 말하였다. "만약 내가 이것을 바르게 보았다면, 우리는 오늘날 구약 성경의 문제들을 역사의 신학의 관점으로부터만 일방적으로 보는 위험에 처해 있다"(p. 57); 그럼에도 불구하고 그는 이 교리의 비신화화와 창조의 신적인 신비에 대한 그것의 강조를 고려하면서, 지혜 문학의 창조론을 이스라엘의 구속 신앙의 완전한 부분으로서 제시하려고 시도하였다.

그 동안에 널리 알려지게 된 이 견해에 대한 예리한 정정이 부데(A.S. van der Woude)에 의해 "Genesis en Exodus. Beschouwingen over de plaats van de schepping in de oudtestamentische theologie"(*Kerk en theologie*, Jan. 1969, pp. 1-17)라는 논문에서 이루어졌는데, 그 속에서 그는 이스라엘 안에서 창조 신앙은 역사 안에서의 야훼의 구원 행동에 대한 믿음과 나란히 그 자신의 "송영적이고-감동적인(chokmatic) 기능"을 갖고 있으며, 이러한 상대적인 독립성은 그 당시의 세계와 같이 이스라엘이 창조에 대한 독립적인 지식을 갖고 있었다는 사실에 근거하고 있다고 주장하였다(벨기에 신앙고백의 제2항의 정신에서, 역시 Van der Woude가 언급하였다). 그 직후에, 그의 전공 논문인 *Wisdom in Israel*(E.T. 1972)에서 폰 라트 자신이 구속사 신앙과 관련하여 감동적인 창조 신앙에 상당한 정도의 독립성을 부여하였다.

베스터만(C. Westermann)은 그의 창세기 주석(E.T. 1966ff., pp. 89-97, 240-244)에서 창세기 1장에 대하여 같은 사실을 증명하였는데, 여기에서 그는 원시 역사의 두가지 국면에 대해서는 다르게 이야기하였는데, 한 가지는 원시 역사의 일반적인 전승들을 향한 것이었고, 다른 한 가지는 첫번째 국면에 비신화화적인 영향을 미치는 두번째 경향을 지니고 있는 이스라엘의 역사에 대한 것이었다(특별히 pp. 91f.).

우리 자신의 결론을 위해서 우리는 앞 단락의 보다 큰 형태를 지닌 부분의 마지막 문장을 참조로 한다. 종교적이고 역사적인 관점에서 볼 때, 창조에 대한 믿음이 구속에 대한 믿음으로부터의 외삽이라고 주장하는 것은 개연성이 그렇게 높지 않으며 동시에 교의학적으로도 매우 부자연스럽다. 그러나 세계의 기원에 관한 어떤 다른 곳에서 온 관념들이 단순히 받아들여졌다는 것도 역시 사실이 아니다. 이것들은 구속의 경험에 따라서 변형되었으며, 그 경험과 일치하여 창조 신앙은 한 편으로는 그것의 자명성을 상실하였고 다른 한 편으로는 (새로운 근거 위에서 그리고 새로운 형태로) 확실하게 되었다.

그러므로 하나님은 (또한) 창조주이시다. 우리는 "이 사실을 아는 것이 하나님에 대한 우리의 지식에 있어서 어떤 의미가 있는가?"라고 묻는다. 그리고 다음의 답변이 이루어져야 한다. 그의 거룩한 사랑 안에서 하나님은 그 자신의 바깥에 있는 실재, 즉 전적으로 다른 질서를 가지고 창조된 실재와 더불어 살아가기로 결정하셨다. 그는 그 자신의 외부에 있는 어떤 것과 관계를 맺으시는 것과 또한 그렇게 해서 또 다른 실재가 그 자신의 존재의 영광과 사랑을 공유하는 것을 기뻐하셨다. 창조의 행동은 겸손의 행동이다. 따라서 창조의 행동은 하나님의 참된 존재에서 비롯되는 계시의 만남들 속에서 우리가 발견하였던 것과 동일한 특징을 지니고 있다. 창조한다는 것은 하나님께서 낮아지셨다는 사실, 즉 그가 스스로를 제한하셨으며, 그가 그 자체로서 불완전하고 심지어 반역까지 하게 될 타자에게 살고 호흡하는 공간을 제공하신다는 사실을 의미한다.

우리는 하나님께서 이것을 결정하셨으며, 그가 이것을 원하셨다고 말했다. 하나님과 창조 사이에는 의지의 결정이 놓여 있다. 하나님의 의지는 독단적인 어떤 것이 아니다. 이것은 거룩한 사랑이신 그의 존재의 표현이다. 그러나 하나님의 뜻으로서 이것은 동시에 감축할 수 없는 것이다. "주께서 만물을 지으신지라. 만물이 주의 뜻대로 있었고 또 지으심을 받았나이다 하더라"(계 4:11) — 이것은 믿음으로 노래한 찬양의 송가이지만, 동시에 지성(mind)에 있어서는 어려운 문제이다. 여기에서 우리는 벽 앞에 서 있다. 존재는 더 이상 추적해서 올라갈 수 없다. 우리의 관점에서 볼 때 이것은 필연성이 아니라 우연성에 의존하고 있다. 우리는 왜 아무것도 없지 않고 어떤 것이 존재하는지를 명백히 할 수 없다.

그러나 지성에 있어서의 이러한 걸림돌은 우리가 감축할 수 없는 어떤 것뿐만 아니라, 이제 줄일 수 없는 단절, 존재에 있어서의 불연속성, 무한에서 유한으로의 도약에 직면할 때 훨씬 더 커지게 된다. 창조된 세계는 불완전한 세계이며 시간 속에서 일어나는 실재이다. 이것은 완전하고 영원하신 하나님께로부터 나온다. 우리가 도대체 어떻게 그에 대하여 일시적이고 불완전한 것을 규명할 수 있겠는가? 참으로, 우리는 하나님이 세계 "위에" 계시며, 세계 "이전에" 영원히 존재하셨다고 말할 수 있지만, 그 때에 우리는 위-와-아래, 이전-과-이후도 역시 하나님에 의해서 창조되었다는 사실을 잊고 있다. 우리는 공간과 시간의 범주들 속에서만 생각할 수 있는데, 그것은 하나님이 우리의 존재의 근거라고 하는 것이 무엇을 의미하는지를 우리가 이해할 수 없음을 의미한다. 우리는 이 신비를 간파할 수 없으며, 단순히 그것을 우리의 출발점으로 만들 수 있을 뿐이다. "창조의 존재는 지성에 의해서는 전혀 파악될 수 없다 … 어떤 사람도 창조를 이런 방식으로는 생각할 수 없었다"(Fichte).

이러한 이유로 해서, 사상가들은, 또한 종교 사상가들도 역시, 여러 세기를 통하여 감히 상상할 수 없는 창조의 관념으로부터 벗어나려고 애를 썼으며, 창조주와 창조 사이의 관계를 불연속적이고 이원론적으로 생각하는 대신에, 그것을 연속적이고 일원론적으로, 즉 본질과 외양, 기초와 발전, 강과 그 원천의 관계로서, 그리고 또한 진화와 유출과 상관성 혹은 분극화의 측면에서 보려고 노력하였다. 그 결과로서 창조는 하나님과 더불어 영원하고 공존하는 것으로서 간주되었다. 성경이 시작되는 "태초에"를 염두에 두고서, 교회는 대체로 이러한 관념들을 맹렬하게 반대하였다. 그러나 거기에 더하여 언제라도 실현되지 않는 어떤 것이 존재한다. 만약 창조주와 창조가 하나의 과정 속에서 함께 연결되어 있는 것으로 되어야 한다면, 인격적인 관계 속에서 서로가 대면할 가능성이 배제된다. 왜냐하면 인격적인 관계는 불연속성에 근거하고 있기 때문이다. 그의 세계와의 연속적이고 공존하는 통일성을 형성하시는 하나님이 있다면 그는 인격으로서 그의 의지를 가지고 세계와 다른 것의 반대편에 서 있을 수 없다. 그리고 그렇게 되면 인간은 하나님의 동반자가 아니라 단순히 그의 소산에 불과하다.

기독교 신앙이 기원되는 계시의 만남 속에서 출발하는 사람은 창조와 인격과 의지와 도약과 이중성의 측면 이외의 다른 방식으로서는 세계와 그것의 기원에 대하여 생각할 수 없다. 그렇게 하지 않으면, 그는 자신이 앉아있는 바로 그 가지를 톱으로 자르게 되는 것이다. 창조의 관념은 실제로 우리의 사고의 한계이지만 단지 우리가 이러한 한계를 지적인 수수께끼로서 기꺼이 받아들이기만 하면, 우리는 새로운 출발을 할 수 있으며, 또한 세계의 세속성과 인간의 인격성에 대하여 그리고 만남과 계약의 하나님이신 하나님에 대하여 공정하게 평가할 수 있다. 그렇게 되면 우리는 우리의 현실에서, 그리고 하나님과 우리의 교제에서 우리가 찾을 수 있는 모든 다른 단절과 불연속성을 더 이상 피하려고 노력하지 않게 될 것이다.

여기에서 또한 분명하게 되는 것은 기독교 사상이 언제나 창조주이신 하나님에 대한 신앙고백과 연결시켰고 또한 강력하게 강조하였던 두 가지 진술들, 즉 하나님께서 말씀으로 세계를 창조하셨으며, 그가 그것을 무에서 창조하셨다는 진술이 어떤 의미를 갖고 있는가 하는 것이다. **말씀을 통한 하나님의 세계 창조**는 다수의 성경 구절에 근거하고 있는데, 이 구절들은 그 배후에, 말씀을 영원한 아들과 동일시함으로써 창조와 재창조 사이를 연결하려는 의도를 갖고 있다. 여기에서 우리는 또한 특별히 구약 성경에서 하나님이 계시의 만남을 가져오고 유지하시는 바로 그 수단이 말씀이라는 사실을 깨달을 수 있다. 창조된 전체 실재가 이러한 하나님의 말씀하심을 통하여 존재하게 되었다는 사실을 되풀이해서 강조하여 언급함으로써, 우리는 세계가 만남과 교통을 위하여 의도되었음을 고백하게 된다.

또한 세계가 무로부터 창조되었다고 말함으로써, 우리는 이 만남 속에서 하나님과 인간이 두 가지 다른 방향에서 나와서 서로를 동등한 대화의 파트너로 만나는 것이 아니라, 만남 속에서 우리의 동반자 관계가(그리고 이렇게 해서 만남 그 자체가) 하나님의 주도권에 기초하고 의존하고 있으며 그 밖의 다른 것에 의존하고 있지 않다는 사실을 고백하게 된다. 그렇지 않고, 만약 우리의 존재가 하나님 이외의 다른 요소들에 의존하게 된다면, 우리가 두려워해야 할지도 모르는 다른 신들과 힘들이 존재하게 될 것이다. 그러므로 우리는 예를 들어서 마치 하나님이 우리의 삶을 계속해서 위협하는 캄캄하고 혼돈된 힘으로부터와 같이 "무"(the Nothing)로부터 우리를 지으실 수 있었던 것처럼, "무로부터"라는 표현을 심오하게 설명하지 못할 수도 있다. 무로부터는 단순히 '아무것도 아닌 것으로부터'를 의미한다. 세계는 하나의 기초, 즉 거룩한 사랑이신 하나님의 뜻을 갖고 있다.

그러한 이유로 해서, 성경과 교회의 찬송 양자에서 우리의 창조에 대한 고백은 그렇게 해서 종종 찬양의 송가의 형태를 띠게 된다. 만약 우리를 황홀하게 하면서 또한 놀라게도 하는 창조된 실재가 모든 사실에도 불구하고 예수 그리스도의 아버지의 주도권 안에서 그것의 존재의 유일한 근거를 갖고 있다면, 이것은 좋은 것임에 틀림없다. 창조는 창조주가 선하시기 때문에 선하다.

신적인 자기 제한으로서, 그리고 **겸손**(kenosis: 빌 2:7)의 이러한 유비와 서론으로서의 창조 개념은 특별히 19세기에 독일 관념론의 영향을 받아서 부분적으로 발전되었다. 화란에서는 이런 관념이 특별히 아버지 샹트피 드 라 소쎄이에(Chantepie de la Saussaye, Sr.)와 군닝(Gunning)의 윤리 신학에서 발견된다. 창조에 관한 글에서 브룬너(Brunner)는 이렇게 말했다. "이제 우리는 이러한 목적을 위하여(즉, 스스로를 영화롭게 하고 스스로를 나누시기 위하여), 즉 하나님께 도전할 정도로 피조물로서의 자유를 남용하였던 피조물 안에서 그것을 성취하기 위하여 하나님께서 자기 자신에게 얼마나 큰 자기 제한을 강요하였는지를 보기 시작한다. 그리스도의 십자가에서 그것의 역설적인 절정에 이르렀던 겸손은 세계의 창조와 더불어 시작되었다"(*Dg* II, p. 20). 그러므로 "두 관념, 즉 창조와 자기 제한은 상관적이다"(II, p. 172).

여러 세기를 내려오면서 창조의 영원성의 교리는 종교적으로 영감을 부여받은 철학 속에서 발견될 수 있다(아리스토텔레스, 스토아 철학, 오리겐, 둔스 스코투스, 브루노, 스피노자, 헤겔, 등등). 토마스 아퀴나스의 시대에 이 교리는 아리스토텔레스와 아베로이스(Averroës)가 얼마나 영향을 미쳤는가 하는 사실에 대한 정도의 기준이었다. 이 교리와 신앙의 전부를 연결하는 것이 무엇인가 하는 것은 슐라이어마허와 같은 체계적인 사상가에게서 분명히 현저하게 되었다. 그는 인간이 하나님과의 대화의 관계 속에 서 있는 것이 아니라 일방적이고 절대적인 의존의 관계 속에 서 있는 것으로 보았다. 의존의 연속성의 이러한 개념과 더불어 한 편으로는 범신론에 대한 슐라이어마허의 약한 변호(*CF* par. 8, 後記)와 다른 한 편으로는 창조를 영원한 것으로서 생각하려는 그의 경향성이 잘 어울리는데, 그 이유는 "의지에서 행동으로의 변화를 생각하는 것이 어렵기 때문이며, 반면에 다른 한 편으로는 하나님이 그에게 절대적으로 의존하고 있는 어떤 것이 없이는 존재하지 않으신다는 관념이 종교적인 자의식을 얼마나 약화시키거나 혹은 혼동시킬 수 있는지를 아는 것이 불가능하기 때문이다."(*CF* par. 41,2).

창조와 시간의 관계는 언제나 신학자들에게 상당한 혼란을 야기시켰다. 그러나 어거스틴은 이미 이 문제에 대하여 유일한 정답을 제시하였다. "세상을 창조하시기 전에는 하나님이 무슨 일을 하셨는가?": "따라서 당신이 시간 그 자체를 만드셨기 때문에, 당신은 시간이 없을 때에는 아무 일도 하지 않으셨다"(*Confessiones* XI. 14, cf. 11-13); "진정으로 세계는 시간 안에서가 아니라 시간과 더불어 지음받았다"(*De civitate Dei* XI,6; cf. XII,16). 칸트는 이러한 사상의 방향에 대하여 시간과 공간은 인식의 선험적인 조건들이기 때문에, 감각 지각의 한계를 초월하여 이율배반에 이르는 것에는 적용될 수 없다는 그의 논증으로써 철학적인 보완물을 제공하였다. 바르트는 이것이 영원과 시간 사이의 대조에 이를 수 있다는 사실을 두려워하였던 점에서 어거스틴의 사상을 비판하였다. "만약 이것이 시간 안에서(*in tempore*)를 의미하지 않는다면 시간과 함께(*cum tempore*)라는 말의 의미는 무엇인가? … 그의 영원성은 그 자체가 시간에 대한 그의 준비성으로서, 즉 전(前)시간적이고, 공(共)시간적이고, 후(後)시간적인 것으로서, 따라서 시간, 즉 우월하고 절대적인 시간의 근원으로서 창조의 행동 속에 계시되어 있다"(CD III,1, p. 70). 바르트는 우리의 세계의 관점에서 보았을 때 지적인 수수께끼와 단절을 이루고 있는 것을 신앙이 궁극적으로 연속성 안에 근거하고 있는 것으로 간주한다는 사실을 여기에서 정확하게 논증하고 있다. 다른 견해들에 대해서는 또한 Brunner, *Dg* II, pp. 14-17을 보라.

말씀을 통한 창조의 교리를 위하여 일반적으로 언급되는 구절들은 이런 것들이다. 창 1:3, 6, 9, 14, 20, 24, 26; 시 33:6; 148:5; 사 48:13; 요 1:1ff.; 히 1:3; 11:3. 그런데 삼위일체의 제2위격으로서의 말씀의 개념에 의해서, 성육신과 구속 사이에 연결이 이루어진다. 성경적이고 신학적인 관점에서 보면, 이러한 직접적인 연결은 이루어질 수가 없다. 구속사에서의 말씀의 기능으로부터 출발하는 것이 더 좋다.

여러 세기 동안에 로마서 4:17; 고린도후서 4:6; 히브리서 11:3에 호소하면서 하나님이 세계를 무로부터 창조하셨다는 사실이 자명한 것으로 가정되었다. 오늘날 이러한 분명한 사실이 부분적으로는 성경적인 고찰로부터, 부분적으로는 철학적인 고찰에서부터 (다시금) 논쟁되고 있다. 성경적인 문제는 구약에 나오는 대부분의 창조 전승들이 무로부터의 창조를 알지 못하고 또한 이것이 분명히 마카베오후서 7:28에서만 언급되고 있다는 사실이다.

우리는 다음 장에서 이 문제로 돌아갈 것이다. 철학적인 문제는 "무"라는 단어의 모호성에 있는데, 이 단어는 철학사에서 종종 (플라톤과 플라톤주의의 메 온과 아리스토텔레스의 휠레를 생각해보라) 부정의 무(*nihil negativum*)가 아니라 존재론적인 무(*nihil ontologicum*)였다. 하이데거 이후로 이것은 우리의 일반적이고-철학적인 담화에 있어서 그런 종류의 존재론적인 의미를 다시 획득하였다.

어거스틴에게 있어서 우리가 그것으로부터 창조된 "무"는 우리가 본질의 결핍(*privatio essentiae*)과, 그렇게 해서 선의 결핍(*privatio boni*), 그리고 그렇게 해서 죄를 짓는 가능성에 종속되는 이성이다(*De civitate Dei* XII,2-5; *Enchiridion* 11-15). 우리는 또한 바르트가 창조된 현실에 대해서 기록한 말을 상기하게 된다. "이것은 무가 아니라 어떤 것이다; 그러나 이것은 무의 가장 자리에 있고 그것에 인접해 있으면서 그것에 의해 위협을 받으며 또한 스스로 위험을 극복할 수 있는 아무런 힘도 갖고 있지 않은 어떤 것이다"(*CD* III,1, p. 376). *CD* III,3에서 이러한 사상들은 "존재하지 않는 것은 창조주 하나님이 선택하거나 원하시지 않으셨던 것, 창조주로서 그가 간과하신 것, 창세기 1:2의 말씀처럼 그가 그것에 실존이나 존재를 주지 않으셨던 혼돈으로서 자기의 뒤에 설정하신 것"(*CD* III,3, p. 73)으로서 "무"(Nothing)를 보는 그의 가르침으로 정교하게 발전되었다. 이 무-로서-선언된-것은 하나님이 그것을 거절함으로써 존재한다. "무는 하나님이 원하지 않으시는 것이다. 이것은 그것이 하나님이 원치 않으시는 것이라는 사실에 의해서만 존속한다. 그러나 이것은 이러한 사실에 의해서 존속된다. 왜냐하면 하나님이 원하시는 것뿐만 아니라, 그가 원치 않으시는 것도 효력이 있으며 또한 실제적으로 상응해야 하기 때문이다"(*CD* III,3, p. 352). 바르트에게서 뿐만 아니라 어거스틴에게서도 이러한 사색들은 하나님의 선하신 창조 안에서 악의 가능성을 설정하는데 사용되는 것으로 이해된다. 이러한 맥락에서 우리는 나중에 이 문제로 돌아갈 것이다. 바르트는 이렇게 해서 이원론의 위협을 금지하기 위하여 할 수 있는 모든 일을 하였다.

그러나 그 결과는 그의 "무"가 부정의 무(*nihil negativum*)와 존재론적인 무(*nihil ontologicum*) 사이에 있는 정체 모를 일종의 사물이 되었다는 것이다. *CD* III,1, pp. 370-388; III,3, par. 50, 그리고 IV,3, p. 178을 보라. 그러나 그는 III,2, pp.152-157에서 무로부터의 창조(*creatio ex nihilo*)를 명백하게 논의하면서 전혀 다른 방식으로 추론하고 있다. 이것은 기독론적으로 정초된 부정의 무(*nihil negativum*)이다. 무로부터의 창조(*creatio ex nihilo*)는 하나님이 우리의 존재의 유일한 근거가 되신다는 것, 즉 "하나님이 세계의 존재에 대하여 완전하고 유일한 책임을 지고 계시다는 것과, 더욱이 이것은 '무', 창조되지 않은 휠레, 메 온의 존재를 제시함으로써 이것이 유한하다는 사실을 배제하지 않는다는 것 그 이상도 그 이하도 의미하지 않는데, 이런 것들은 ― 불행하게도 ― 또한 그 과정 속에서 익명의 역할을 수행하였고 또한 세계의 불완전성에 대한 이유가 되었다"(Brunner, *Dg* II, p. 10).

"무"의 교리는 바르트가 자기 이전의 어떤 신학자보다도 더 강하게 창조가 은혜였다는 견해를 발전시키는 것을 방해하지 못했다. CD III,1, par. 42: "창조주 하나님의 예(긍정: pp. 330-414)"를 보라. 이 사상은 대단한 중요성을 갖고 있다. 창조는 너무나 자주 중립적인 어떤 것으로 논의되었다. 그러나 이것은 그 창조 안에서 그 후에 우리를 만나시고 우리를 구원하시는 동일하신 하나님의 사역이다. 창조는 같은 목적에서 유래하며 같은 방식으로 일어난다. 진실로 이것은 창조와 구원 사이의 관계에 대한 문제를 미해결로 남겨놓는다. 그 문제는 다음 장에서 다루어지게 될 것이다.

24. 창조된 것으로서의 세계

처음에 우리는 그가 세상의 창조주로서 세상과 관련되어 있다는 사실이 하나님에 대한 우리의 지식에 있어서 무엇을 의미하는지를 생각하였다. 이제 우리는 이것이 세상에 대한 우리의 지식에 있어서 무엇을 의미하는지를 물을 것이다. 여러 세기 동안 이것은 거의 문제가 되지 않았는데, 그 이유는 답변을 쉽게 얻을 수 있는 것처럼 보였기 때문이다. 왜냐하면 성경의 권위는 성경이 세상의 창조에 대해서, 그리고 물론 특별히 창세기 1, 2장에서 말하는 것은 무엇이든지 간에 세상의 기원과 존재에 대해 신적으로 주어진 정보, 즉 자연과학이나 철학적인 확신의 결과들과 본질적으로 유사한 정보로 간주되었다는 사실을 의미하는 것으로 받아들여졌기 때문이다. 따라서 창조의 표제 아래에서 많은 교의학이 별들과 동물들과 천사들과 인간, 육체와 영혼, 영혼의 기원, 그리고 이와 유사한 주제들에 대한 온갖 종류의 정보를 제공하였다.

이 전통은 이제 끝이 나고 말았다. 이것은 종교개혁과 성경의 역사 비평적인 연구, 그리고 현대 과학에 의해서 연속적으로 손상되었으며, 칸트의 철학적인 이원론이 이 과정에 상당히 기여하였다. 현세기에 이 전통은 완전히 붕괴되었다.

여러 세기 동안 본장의 주제는 오히려 6일 동안의 세상 창조 기사에 대한 해석의 형태로서 다루어졌다(창 1장). 이러한 해석은 따라서 헥사헤메론(hexahemeron)으로 불리어졌다. 이 장르의 역사에 대해서는 Bavinck, *GD* II, par. 35, no. 271을 보라. 신학자들이 주석에 제한되지 않고 성경의 자료들을 그 당시의 우주에 대한 견해로 구체화하였다는 사실은 주목할 만한 가치가 있다. "이 모든 작품들은 아리스토텔레스적이고-프톨레마이오스적인 세계관의 관점에서 쓰여졌다"(바빙크). 고전적인 사례는 토마스의 창조론(*ST* I, q. 44-119)인데, 창조의 행위, 천사들, 마귀들, 지구의 창조, 6일 동안의 작업, 영혼, 영혼과 육체의 통일성, 여자, 하나님의 형상, 깨끗한 상태, 보존, 천사들의 상호작용과 기능, 운명, 인간의 행위, 영혼의 기원, 육체의 기원과 같은 주제들을 연속적으로 다루고 있다. 현대적인 책의 형태로 인쇄되었으며, 전체가 약 500면을 채우고 있다. 비록 인간론과 깨끗한 상태, 보존을 제거한다 하더라도(토마스는 다른 곳에서도 그것을 역시 논의하고 있다), 우주론에 관한 커다란 교과서가 남게 된다.

종교개혁은 이 자료의 상당한 축소를 의미하였다. 이것은 이 운동이 진리를 인격적이고 실존적으로 관련되게 만드는 방식으로 그것을 의식적으로 해석하였다는 사실에 기인한 것이었다. 이것은 루터의 소요리문답에서 현저하게 드러나는데, 그것은 "나는 하나님이 나와 존재하는 모든 것을 창조하셨다는 사실을 믿습니다"라는 말로써 사도신경에 대한 주석을 시작하여, "내가 그에게 감사하고 찬양하고 섬기고 복종할 의무가 있는 모든 것에 대해서"라는 말로 끝을 맺고 있다. 좀더 체계적이고 객관적이었던 칼빈도 역시 적절한 창조론에 대해서 오직 한 장만(*Inst* I, xiv)을 할애하고 있다(즉 인간론을 다른 별개의 장으로 할애하였다). 이 제목은 그가 세상의 구조에 대한 정보를 제공하려는 것이 아니라 하나님에 대한 지식을 촉진하는 것을 목표로 삼고 있음을 이미 시사하고 있다. "우주와 만물의 창조 안에서도, 성경은 명백한 표지로써 참되신 하나님을 거짓된 신들과 구분하고 있다." 그러므로 "… 세상의 창조를 열거하는 것은 나의 목적이 아니다": 그것을 읽고 이해하기 위해서 독자는 모세 자신과 다른 사람들에게로 나아가도록 권유받는다(xiv, 20). 창조에 대한 믿음은 한 편으로는 "우주의 창조에 있어서의 하나님의 권세들"(xiv, 21)에 관계하며, 다른 한 편으로 이것의 중요성은 우리가 "그를 신뢰하고 그에게 기도하고 찬양하고 사랑하기 위하여 스스로 분발하기"(xiv, 22) 위해서이다. 벨기에 신앙고백은 제12조에서 창조된 세계(천사들에 대해 언급하고 있는 것은 제외하고)에 대하여 "창조주를 섬길 수 있도록 각각의 피조물들에게 존재와 형태와 모양과 몇가지 직무들(우리는 '기능들'이라고 부르는)을 주시는 것"이라고 단순히 말하고 있다. 좀더 루터의 정신에서 표현되고 있는 하이델베르크 요리문답에 대해서는 p. 257을 보라.

몇 가지 점에서 가톨릭의 스콜라주의로 돌아갔던 개신교 스콜라주의에서는 창조의 주제(locus de creatione)가 다시 온갖 종류의 우주적인 정보와 더불어 부풀려지는 경향이 있었다. 그러나 이것은 창세기 1장에 대한 책임있는 주석으로 간주되었던 것을 벗어나 있는 그런 경향에는 굴복하지 않았다. 종교개혁적인 축소는 단순히 부분적으로만 끝이 났다. 아리스토텔레스적이고 프톨레마이오스적인 세계 개념으로의 귀환은 불가능하였다. 이것은 또한 코페르니쿠스와 후대의 케플러(Kepler)와 갈릴레오 시대 이후로 이러한 견해가 (이들의 이론에 대한 교회의 공식적인 거부에도 불구하고) 난처한 것이 되었다는 사실 때문이었다. 여기에 대해서는 R II, pp. 170f.를 보라. 이 주제의 논의를 위하여 S par. 20; R par. 20,2; H IX를 보라.

그러나 자연과학 이상으로, 현대의 성경 연구도 창조론의 일정한 축소에 기여하였다. 역사 비평적인 연구는 구약의 역사적인 설화들 속에서 몇 가지 원천들과 층들을 발견하였다. 창조 기사는 모세로부터 나올 수 없었다. 마침내 학자들은 이것의 원천(P)이 후대의 것들 가운데 하나이며 포로기나 그 이후에 배치될 수 있는 것이라고 확신하게 되었다. 창세기 1장과 상당히 다른 창조 개념들이 이제 다른 층들과 다른 책들에서 발견되어지고 있다. 모든 것은 이제 일차적으로 인간의 신앙의 증언들로서 간주되었다. 다음 구절들은 구약에서 창조에 대하여 가장 중요한 진술들로서 간주될 수 있다. 창 1:1-2:4a (P); 2:4b-7 (J); 욥 26:12f.; 38:8-11; 시 74:13f.; 89:10f.; 104:5-9; 잠 8:29; 사 27:1; 51:9-11. 이 진술들의 대부분은 세상이 야훼와 그가 극복하신 원시 바다 괴물과의 투쟁으로부터 기원되었음을 표현하고 있다.

이러한 표현은 또한 바벨론의 창조 기사인 에누마 엘리쉬(Enuma elish)에서도 발견되는데, 여기에서는 마르둑 신(神)이 악한 바람 엔릴(Enlil)의 도움으로 바다의 권력자인 티아맛(Tiamat)을 죽이고 그의 몸을 찢어서 하늘과 땅을 만든다. 우가릿 신화는 얌(바다, 원시 바다)과, "도망가는 뱀인 L-t-n"과의 전쟁을 벌이는 바알에 대해서 말한다. 우리는 원시 홍수(테홈)와 그것을 극복한 루아흐(창 1:2), 그리고 야훼와 도망가는 뱀 리워야단의 싸움(사 27:1; cf. 51:9)을 상기하지 않을 수 없다. 메소포타미아의 우주기원론은 이러한 이스라엘의 창조 설명들 배후에 있다. 그러나 어디에서도 직접적인 자료의 차용은 존재하지 않는다. 야훼의 유일성이 이것을 불가능하게 만들었다. 야훼 옆에서 맞서 있는 똑같이 강력한 혼돈의 물의 힘과 같은 어떤 태고적인 상대편의 존재는 중요하게 생각될 수 없었다. 이것을 암시하는 본문들의 대부분은 후대의 것이며 또한 옛 요정의 이야기들을 시적으로 사용하고 있다는 인상을 준다. 그러나 이스라엘이 여전히 이러한 이원론적인 형태로서 생각하고 그것과 씨름해야만 했던 초기 시대가 있었음이 틀림없다. 어느 정도의 이원론이 받아들여질 수 있었던 것은, 창조가 주변 국가들의 창조 신화들과 유사하였을 뿐만 아니라, 그들 자신의 역사에서 경험했던 야훼의 투쟁과 구원의 경험과 유사한 것으로 보였기 때문이었다.

창조의 역사는 이렇게 해서 또한 구원의 역사로부터의 외삽(外揷)으로 간주되었다. 이것은 이사야 51:9f.에서 가장 분명하다.(옛 자료를 가지고 있는 후기의 본문); cf. 또한 전체 맥락에서는 시편 74:12ff.이다. 창세기 2:4b-7는 독립된 자리를 차지하고 있다. 여기에서는 더 이상 사탄적인 상대편이 존재하지 않는다. 야훼는 그에게 반대하는 다루기 힘든 (그러나 분명히 그가 창조한) 문제, 즉 여전히 건조하고 식물이 자라지 않는 땅을 발견한다. 독창적으로 그는 비가 내리지 않는 동안, 홍수와 수증기와 안개로써 물을 대주면서 그것에 도달한다(히브리어, 에다). 이제 부드러워진 아다마로부터 야훼는 아담을 만드시고, 후무스로부터 호모를 만드신다. 이것은 비옥한 토지가 메마른 사막에 의해 둘러싸여 있는 농부들의 창조 설화이다. 이 이야기는 물의 부족을 적들로 간주하지만, 창세기 1장과 대부분의 다른 견해들은 이와 대조적으로 사탄적인 홍수에서부터 출발한다. 후자는 바벨에서의 경험과 일치한다. 창세기 2장의 야훼명을 쓰는 작가(야휘스트)는 팔레스타인적인 배경에 반대하여 말한다. 창조는 세계에 대한 자신의 경험의 색채들을 사용하여 채색된다. 그러나 이 경험은 이스라엘에게 있어서 동시에 구원의 경험이다. 창세기 2장에 나오는 건조한 사막에서 물이 잘 나오는 에덴 동산으로의 변화는 외삽이며 또한 (다른 관점에서 보면) 건조한 사막에서 젖과 꿀이 흐르는 땅으로의 이스라엘의 변화에 대한 비유이다.

창세기 1:1-2:4a에서 우리는 아직 다른 분위기 속에 있다. 이것은 신화의 언어가 아니라 과학적인 성찰의 언어이다 — "왜냐하면 여기에 당신의 영(靈)으로부터 나온 영이 있다"(Gunkel). 여기에서 우리는 또한 이원론이 극복되는 것을 주목하게 된다: 야훼는 홀로 그의 말씀을 통해서 창조하셨으며, 그렇게 해서 여기에 무로부터의 창조(creatio ex nihilo)가 존재한다. 그러나 2절은 어울리지 않는 것처럼 보인다. 이것은 원시 홍수인 테홈 위로 므라헤페트하시는 (떠돌아 다니시는, 펄럭이며 날아다니시는) "혼돈하고 공허한 것"(토후 와보후)과 루아흐 엘로힘(Buber: *Braus Gottes*: "무서운 폭풍우"?)에 대해서 말한다. 이 절은 "아득히 먼 시간으로부터 온 기아(棄兒)"(W.H. Schmidt)이고, "표석"(Kuitert)이며, 따라서 "해석의 수수께끼"(*crux interpretum*: Barth)이다. 이것에 대한 설명들은 다수이다. 내가 판단하기로 우리는 여기에서 이스라엘의 마음을 깊이 들여다 보게 되는데, 이것은 야훼의 계획들을 방해하는 검은 권세들에 대한 두려움으로부터 자유롭게 될 수는 없지만, 그럼에도 불구하고, 이스라엘 자신의 두려움을 극복하면서, 그 자신의 선으로부터 세상을 선하게 창조하신 야훼의 면전에서는 어떤 다른 신들도 존재할 수 없음을 고백한다.

신약에서도 역시 이원론의 이러한 최종적인 잔여물은 사라졌다. 동시에 창조는 여기에서 새로운 빛 속에 놓여진다. 이것은 말씀의(요 1장), 아들의(히 1장), 즉 그의 십자가를 통하여 우리와 화해하시고 죽음에서 부활하셨으며 그의 교회의 머리이신 동일하신 그리스도의 사역(골 1:15-20)이다. 바울이 인용하였던 아주 초기의 신앙고백에 의하면, 우리는 "그를 통하여 만물이 존재하고 우리가 존재하는 한 주님 예수 그리스도"(고전 8:6)를 모시고 있다. 창조신앙은 여기에서 전적으로 구속신앙의 기능이 되었다. 우리는 나중에 그것으로 되돌아갈 것이다. 그러나 여기에서도 역시 신앙은 이용할 수 있는 비기독교적인 개념들의 용법으로 표현되고 있다. 요한복음 1장은 로고스 개념을 사용하고 골로새서 1:16은 창조를 "보좌들이나 주관들이나 정사들이나 권세들이나 간에" 그 당시의 옛 세력들에 의해서 구성된 것으로 묘사하고 있다.

성경의 비평적인 연구는 우리가 창조론에서 창세기 1장을 배타주의적이고 권위주의적으로 사용할 수 없게 만든다. 이것은 창조에 대한 믿음의 변화들과 성장을 위하여, 그리고 한 편으로는 주변세계(Umwelt)와, 다른 한 편으로는 구원에 대한 경험과의 관계들을 위하여 우리의 눈을 열어주었다. 그 결과로써 우리는 성경적인 창조 관념들을 이차적인 수준에 속해 있는 것으로 간주하게 되었다. 이것들은 신앙의 내적인 영역에 속해 있지 않다. 계시의 하나님이 세상을 창조하셨다는 믿음이 그 영역에 속해 있다. 그러나 용어와 통찰들 속에 표현되어 있는 방법과 내용은 다른 곳에서 유래되었으며 시대에 따라서 변한다. 이것은 조직신학자가 그의 창조론의 구성을 위하여 창조에 관한 성경의 어떠한 진술을 직접적으로 사용하는 것을 불가능하게 만든다.

대체로 자연과학은 창세기 1장에서 표현된 창조에 대한 믿음을 강조하였던 실제적인 힘으로서 간주되고 있다. 이것은 (우리들에게는) (역사적으로) 사실인 것보다 더욱 그런 것처럼 보인다. 물론 코페르니쿠스(Copernicus)와 우주에 대한 점차적인 기계론적인 견해는 창세기 1장에서 훨씬 더 먼 곳으로 나아갔다. 이 1장을 순수하고 문자적인 방식으로 읽는 것은 점점 더 어렵게 되었다. 그러나 그것이 위기에 이르지는 않았다. 창조 신앙에 대한 직접적인 공격은 찰스 다윈의 진화론이 나타나기 전까지는 이루어지지 않았다. 그러나 처음에는 이 이론이 너무나 기계론적이고 결정론적으로 생각되었기 때문에 아주 소수의 기독교인들만이 창조에 대한 현행의 개념들을 수정해야 한다고 느꼈다. 오히려 사람은 두 가지 세계관들 즉 창조나 혹은 진화 사이에서 선택해야 하는 것으로 느껴졌다. 다양한 이유들로 해서, 두 차례의 세계대전 사이에서 진화론을 주장하는 것이 어려운 것처럼 보였다. 그러나 제2차 세계대전 이후에 이것은 새로운 비전과 주장들의 활력을 가지고 촉진되었고, 그렇게 해서 이제는 이것이 너무나 광범위하게 받아들여짐으로 해서, 성경의 "정보"에 호소하여 그것을 부인하려고 하는 소수의 경건한 신학자들만이 남게 되었다. 자연과학이 축소의 과정을 시작하였다고 말하는 것은 잘못이다. 오히려 우리는 이것이 그것을 완성하였다고 말할 수 있을 것이다.

이 모든 것에 의하면 예전의 여러 세기들과 관련하여, 19세기와 20세기의 지도적인 인물들이 창조론에 대하여 상당히 적게 이야기한 것이 우리를 놀라게 하지는 않는다. 그러나 조직신학자들에 관한 한, 이것은 단순히 위에서 언급된 이유들 때문만은 아니었다. 이것은 적어도 르네상스 이후로 유럽 문화의 일부가 되었던 철학적인 이원론에 상당히 많이 기인하고 있는 것처럼 보인다. 데카르트는 사고(思考, *cogitatio*)와 외연(*extensio*)을 엄격하게 분리하였다. 이것은 순수 이성과 실천 이성을 분리시킨 칸트에게서 연속되었다. 금세기에 많은 이들은 한 편으로는 인간의 존재와 다른 한 편으로는 자연이나 객관화될 수 있는 것의 세계 사이를 분리하는 데서 출발하였다. 많은 후기 칸트학파 신학자들에게 있어서 신앙이 홀로 인간에게 완전하고 진정한 실존을 제공할 수 있는 실천 이성으로 제한되었다면, (객관화될 수 있는) 세계와 그것의 기원에 대한 신앙의 진술들은 거의 혹은 아무런 중요성도 갖고 있지 않는 것으로 간주되는 것이 분명하다.

그러므로 슐라이어마허는 흡족한 마음으로 기록하였다. "위에서 인용된 신약 성경의 구절들로 인하여 우리는 창조에 대한 여하간의 명확한 개념도 거절하게 된다"(*CF* par. 40,1). 그는 섭리론은 적극적으로 개발하기를 원하였지만, 창조론은 부정적으로 개발되어야 한다는 견해를 갖고 있었는데, 그것은 "기원의 문제가 다른 곳에서 답변되는 방법으로부터, 절대 의존의 감정의 순수한 표현과 상충되는 우리의 영역 속으로 몰래 숨어 들어오지 못하도록, 모든 낯선 요소를 배제하기 위해서"(*CF* par. 39)였다. 리츨(Ritschl)에게 있어서 창조의 관념이 중요하였던 것은 단순히 이것이 "인간의 목적과 하나님과 인간의 종교적이고 윤리적인 교제의 회복"(*Unterricht in der christlichen Religion*, par. 12)에 이르는 것이었기 때문이다.

20세기에 와서 불트만(Bultmann)은 동일한 축소의 전통에 서 있는데, 그에 의하면 루터의 "하나님이 나를 창조하셨다는 사실" 이상으로 나아가는 창조 개념은 거의 의미가 없는 것이었다(J. M. de Jong, *Kerygma*, 1958, III A와 B). 바르트의 신학에서도 역시, 축소의 경향이 분명히 드러나는데, 현저한 것이 성경은 우주론을 위한 책이 아니라는 그가 좋아하였던 말 속에서 나타난다. 그러나 바르트 자신은 CD III,1에서 여전히 논의되어야 하는 새로운 전통을 시작하였다. 누르드만스(Noordmans)도 역시 축소하는 경향이 아주 많았다. 그의 책 *Herschepping*에서 그는 "창조하다"를 "분리하는 것"으로 정의하였으며, 하나님이 언젠가 세상을 창조하셨다는 진술 속에서 하나님께로부터 떠난 우리의 현재의 소외의 깊이를 측정할 수 있는 심판을 특별히 발견하였다.

만약 신앙이 세상의 기원과 구조에 대하여 독립적으로 진술할 수 없다는 것이 사실이라면, 그렇다면 이것은 우리의 현실에 대하여 어떤 의미있는 것을 말할 수 있는가? 이 실재 자체에 대한 어떤 의견을 더하지 않고, 하나님께서 이 실재를 창조하셨다는 고백으로 이것이 만족해야 하는가? 그러나 이런 식으로 설명하는 것은 잘못된 대안을 제시하는 것이 될 수도 있다. 실제로 모든 종류의 (가짜-)정보를 삭제하는 상당한 축소가 일어났다. 남은 것은 예수 그리스도의 아버지가 그것의 창조주로서 세상과 맺으시는 관계에 대한 고백이었다. 그러나 정확하게 세상에 대한 기본적인 중요성을 지닌 이 관계는 기본적인 정보가 그것에 대해 주어졌음을 의미한다. 대비되는 것은 정보나 무정보가 아니라, 신앙의 중심에서 나온 정보인가 그렇지 않으면 다른 원천에서 나온 정보인가 하는 것이다.

다음의 논점들 아래에서 우리는 이것이 기독교적인 구원의 지식 속에 함의되어 있는 한에 있어서, 세상에 대하여 우리가 갖고 있는 지식을 약술하기를 원한다.

1. 이 세상의 창조됨은 이것과 그 안에 있는 모든 것이 구조적으로 선하고 중요한 것임을 의미한다. 아무것도 악하거나 겉모습만이거나 열등하지 않다.

"하나님이 그 지으신 모든 것을 보시니 보시기에 심히 좋았더라"(창 1:31). "하나님의 지으신 모든 것이 선하매 감사함으로 받으면 버릴 것이 없나니"(딤전 4:4). 실재에 대한 이러한 관찰의 결정적인 의미를 설명하는 것이 여기에서는 불필요하다. 이스라엘-기독교 전통 밖에서는 이 관찰은 오직 예외를 통해서만 발견된다. 많은 종교들과 세계관들은 세계가 혼돈에서 기원하였다고 생각하는데, 그런 경우에 실재의 최종적인 비밀은 선하고 우호적인 것이 아니라, 위협적인 것이다. 다른 좀더 이원적으로 정향된 세계관들에 의하면, 실재의 일부는 선하지만 다른 부분, 즉 물질과 육체는 악하고 위험하다. 인도에서는 실재가 감추어져 있는 어떤 것(마야)으로서 경험된다. 이런 각각의 개념들이 다른 삶의 유형과 다른 문화에 이르게 되는 것은 분명하다. 소위 서구 문명의 지배적인 위치는 상당한 점에서 성경의 창조 신앙과 연결된다. 이것을 위한 기초는 교회가 마르키온과 영지주의를 거절할 때 놓여졌다.

2. 창조됨은 모든 것이 선하다는 사실뿐만 아니라, 또한 그러한 이유로 해서 어떤 것도 절대적이지 않다는 사실을 의미한다. 모든 것은 순전히 하나님의 창조물이며, 그 이상의 것이 아니다. 세계는 그 자체 안에서 아무런 추축(pivot)을 갖고 있지 않으며, 영원한 물질이나 자연의 과정이나 세계-영혼이나 절대 정신 안에서도 마찬가지이다. 세계는 신적이지 않으며, 이것이 성스러운 것으로 다루어지는 곳에서는 창조 신앙의 전망으로부터 이것이 비신성화되어야 필요가 있다.

기독교 신앙의 집중성과 세계의 세속화에 대하여 최근 10년간 많은 글이 쓰어졌다. F. Gogarten, *Despair and Hope for Our Time*(E.T. 1970); H. Berkhof, *Christ the Meaning of History*(E.T. 1966), 그리고 A.T. van Leeuwen, *Christianity in World History*(1964)를 보라. 이스라엘의 바알숭배에 대한 투쟁은 자연의 세력들의 종교적인 세속화에 대한 것이었다. 우상 숭배와 황제에게 제물을 바치는 행위을 거절함으로써, 갓 태어난 기독교 교회는 그 대적들이 "무신론"으로 비난하였던 투쟁에 관여하게 되었다. 여러 세기 동안의 다소간 잠자는 듯한 상태 이후에, 기독교 교회의 이러한 토대들은 다시 표면에 나타났으며, 이번에는 튜튼족과 그들의 피와 그들의 토양을 영화롭게 하려는 히틀러 정권에 맞서게 되었다. "비록 하늘에나 땅에나 신이라 칭하는 자가 있어 많은 신과 많은 주가 있으나 그러나 우리에게는 한 하나님이 계시니"(고전 8:5f.). 또한 이 믿음의 문화적인 결과들도 역시 분명하였다. 자연 숭배와 대조하여, 이것은 자연 과학과 자연의 신비를 위한 공간을 만들었으며, 국가와 사회 질서의 세속화와 대조하여, 민주주의와 변화와 필요하다면 혁명을 위한 공간을 만들었다. 함축적으로 이것은 또한 세계를 신적인 우주적 삶의 나타남으로써 생각하는 동양적인 일원론을 배제한다.

3. 세계의 창조됨은 세계의 근본적인 통일성을 의미한다. 국가와 인종과 문화의 다양성보다 더 기본적인 것은 그들의 통일성이다. 또한 물질과 정신, 육체와 영혼, 자연과 존재보다 더 기본적인 것은 그들의 단일성이다.

이러한 통찰의 문화적인 결과들은 세계의 통일성을 향한 강한 소원이 강력한 블록들의 형성에 의하여, 그리고 종족들 사이와, 그리고 부국과 빈국 사이에서의 대조에 의하여 교차되는 시대에 확실히 파급효과가 더 크고 분명하다. 그러나 이 신앙은 또한 앞에서 언급하였던 것처럼 데카르트와 칸트 이후로 서구 사상에서 흐르던 이원론을 반대하는 입장을 취하는 것을 의미한다. 현대 신학에서 창조 신앙의 축소가 여기에서 유래하는 한, 이것은 단호히 거절되어야 한다. 어떤 의미에서 이것은 드 종(J.M. de Jong)의 필생의 작업이었다. 그의 케리그마(*Kerygma*)와 유고작인 *Voorrang aan de toekomst*(1969)를 보라.

4. 창조됨은 부분들과 다수성과 다양성을 포함한다. 그리고 그 다양성은 실재적이다. 만약 세계가 그 자체 안에 그것의 근거를 갖고 있었다면, 단순히 표면 현상들인 다양성들이 그 근거에로 축소될 수 있었을 것이다. 그러나 창조는 모든 현상들이 축소될 수 없다는 것을 의미하는데, 그 이유는 세계는 그 자체 밖에 있는 창조주 안에 그것의 근거를 갖고 있기 때문이다. 만물이 통일성을 이루고 있지만, 그 안에서 만물은 또한 그 자체의 위치와 특성을 갖고 있다. 정신은 "실제로" 물질이 아니고, 식물은 동물이 아니며 동물은 식물이 아니다. 다양성은 정확히 통일성만큼 실제적이며, 통일성은 정확히 다른 부분들의 혼합물로서 존재한다.

창세기 1장에 의하면, 하나님은 모든 식물과 동물들을 그 종류대로 창조하셨다(11, 12, 21, 24, 25절). 창조 신앙은 통일성과 다양성 사이에서 긴장을 조성한다. 때로는 이 요소가, 때로는 저 요소가 인간의 생각과 실천에 있어서의 탈선에 반대하여 강조를 필요로 한다. 오늘날에는 그 각각이 번갈아 요청된다. 널리 퍼진 진화의 관념에 대한 광범위한 오해가 종종 "단순히 … 뿐"(nothing but)으로 불리어지는 세계관에 이르게 된다. 즉 인간은 실제로 "단순히" 고등 동물일 뿐이고, 생각은 단순히 뇌세포의 운동일 뿐이며, 동물의 삶은 좀더 이동성을 지닌 식물의 삶일 뿐이며, 생물은 단순히 좀더 복잡한 형태의 무생물일 뿐이며, 이 지구는 단순히 회전하는 작은 먼지 얼룩일 뿐이다. 이러한 종류의 축소와 더불어 인간은 그 차이점들의 본성과 특별한 존재 형태가 스스로 한계를 돌파하는 것이 어떻게 가능한가 하는 질문으로 경솔하게 비약한다.

철학자 도예베르트와 볼렌호벤(Dooyeweerd and Vollenhoven: 자유 대학)의 많은 논쟁을 불러일으키는 "우주법적 관념의 철학"(*Philosophy of the Cosmonomic Idea*)의 공로는 이것이 창조 신앙의 관점에서, 다양한 수준의 존재의 다양성을 아주 강하게 강조하며, 그런 상이한 수준에 대하여 효력이 있는 법칙들을 식별하지 못하는 데서 유래하는 혼동을 지적하고 있다는 사실이다. 현대 과학은 특별히 좀더 복잡한 형태로부터 좀더 단순한 형태를 추적하기 위하여 유동적이고 항상 부정확하게 변하는 것들에 초점을 모으는 경향이 있다. 이것은 우리에게 실재의 깨어지지 않는 통일성을 상기시켜 주지만, 유동적인 경계들이 또한 다른 형태의 존재에로 나아가는 변화들임을 잊게 할 수는 없다.

5. 자신의 변화 가능성 속에서 신실하신 거룩한 사랑의 하나님으로 말미암은 창조됨은 세계가 신뢰할 만한 것임을 의미한다. 이것은 귀신이 나오는 집이나 기괴한 요정 이야기가 아니다. 우리는 이것에 의존할 수 있다. 우리는 그 속에서 적응할 수 있고, 안전을 느끼며 그것과 우리의 미래를 위하여 계획을 세울 수 있다. 이것의 거주 가능성은 그것의 인식 가능성에 달려 있으며, 이러한 인식 가능성은 법칙에 의해 통치되는 우주의 인식 가능성이다.

구약에서 하나님의 계약의 신실성은 그가 자연의 흐름을 인도하시는 견고한 손과 반복적으로 관련되어 있다. 창세기 8:22; 시편 104:5, 9, 19, 20a, 35; 147:4, 6, 15, 16, 19; 148:6과 14; 예레미야 31:35-37을 보라. 구속사의 서론으로서 창세기 1장이 창조의 순서와 이것이 좋았다는 사실을 강조하는 것은 우연한 일이 아니다. 존재의 불변성과 예측 가능성에 대한 이러한 믿음은 물론 인과율과 자연 법칙의 현대적인 확신과 동일하지는 않다. 그러나 양자는 서로간에 훨씬 덜 상충된다. 이러한 자연적인 인과율의 관념은 자연 현상들이 변덕스러운 신들의 표현으로 간주되었던 원시 자연 종교들 속에서는 일어날 수 없었다. 오직 창조에 대한 이스라엘의 믿음과 실재의 합리성에 대한 희랍적인 믿음의 수렴만이 자연법의 현대적인 관념을 산출할 수 있었다. 이것의 첫번째 요소들 가운데 몇 가지 속에서 이 관념은 명백한 종교적인 배경을 가지고 있다. 케플러(Kepler)와 갈릴레오(Galileo)는 자연의 법칙들을 하나님의 창조적인 생각들이 수학적인 공식으로 전환된 것들이라고 생각하였다. 이 배경은 점점 더 모호하게 되었다. 결국 결정론적으로 이해된 자연법 개념은 창조 신앙의 적이 되었다. 이러한 이유로 해서 기독교인들은 정적인 개념의 대치로 비롯된 핵물리학에서의 자연법칙의 결정론적인 개념의 대치를 환영하였다(Bohr, Heisenberg). 개개의 원자의 행동은 예측할 수 없는 것으로 입증되었다. 그러나 숫자가 증가하게 되면, 이것들의 행동의 개연성과 예측 가능성은 더 크게 된다. 따라서 자연의 과정의 의존 가능성은 자연 법칙의 개념 속에서의 이러한 변화(혹은 변경)에 의해서 영향을 받지 않는다.

6. 그의 신실성 속에서 변하실 수 있고 또한 항상 새로운 길을 따라 그의 목표를 향해 일하시는 거룩한 사랑의 하나님으로 말미암은 창조됨은 우리의 믿을 수 있는 세계가 동시에 놀라움과 변화들을 받아들인다는 사실을 의미한다. 이것은 귀신이 나오는 집이 아니며, 은신처도 역시 아니다. 이 하나님으로 말미암은 창조는 자연적인 인과관계 뿐만 아니라, 기적을 위한 공간도 의미한다.

계시와 만남과 구원에 있어서의 하나님의 모든 사역은 미래를 향한 우리의 현실의 갈라진 틈이다. 엔트로피의 법칙에 의하면 모든 것이 정적인 평형을 향해 가는 경향을 갖고 있지만, 우리는 계시 안에서 엔트로피와 엇갈리며 그것에 저항하는 새로운 "법칙"을 만난다. 여기에서는 자연을 쉬지 못하게 하면서 계속해서 그것이 새로운 추진력을 가지고 앞으로 목표를 향해서 나아가도록 몰아치는 힘이 작용한다. 이 힘은 자연의 인과관계를 방해하지 않으며 더 새롭고 더 포괄적인 관계들로 통합시킨다.

그러므로 성경은 하나님께서 세상에서 행하시는 "표적과 기사들"에 대해서 언급하기를 좋아한다(히브리어로 오토트 우모프팀, 희랍어로는 세메이아 카이 테라타; 다른 용어들로는 히브리어 니플라토트, 펠라오트, 희랍어 뒤나메이스). 이것들의 본질은 예를 들어, 오비드(Ovid)의 「변신」(*Metamorphoses*)에서와 같이 기적적이며 부자연스런 것이 아니다. 기적을 가리키는 희랍어 단어인 싸우마시아는 예수의 적대자들에 대한 심판으로서 단 한 번 나타난다(마 21:15). 실제로, 복음과, 기적에 대한 욕구는 서로 다툰다(마 4:5-11; 막 8:11-13; 눅 11:16, 29; 23:8; 고전 1:22). 기적들은 온갖 종류의 사람들에 의해서 수행된다(출 7:11f.; 마 24:24; 살후 2:9). 중심적인 성경의 기적들의 본질은 이것들이 가시적인 세계 안에서 스스로를 드러내는 하나님의 나라의 표적들이라는 사실이다. 이것들은 예수의 출현과 특별히 그의 부활 속에서 초점과 규범을 갖고 있다. 그는 스스로 하나님이 우리의 존재의 닫혀진 영역 속에서 체념하지 않고, 자신의 미래를 향하여 그것을 돌파하시고 그것을 여시는 현저한 표적이다. 그러나 혹은 오히려 정확하게 그런 이유로 해서 성경의 기적들은 단순히 신앙에 의해서만 승인될 수 있다. 그러나 이것은 그것들을 주관적으로 만들지 않는데, 그 이유는 신앙이 승인하는 것은 신앙에 앞서 있는 현실이기 때문이다. 이 긴장은 세메이온 개념을 신중하게 사용하고 있는 요한복음에서 특별히 두드러진다. 문제는 기적적인 전설들의 후광이 하나님의 경이로운 행위들을 둘러싸고 형성될 수 있을 만큼 실재가 상당한 정도로 "열려있는" 것으로서 경험되었던 시대에 기록되었다는 사실로 인하여 복잡해진다. 오히려 이 후광이 그 당시의 다른 문학과 비교했을 때 너무 작다는 사실은 놀라운 일이다. 성경의 어떤 기적 사화들의 진정성에 관한 문제는 문학비평의 도구를 통한 주의 깊은 검토를 필요로 한다. 기적의 성경적인 개념을 위하여서 구약에 대해서는

W. Eichrodt, *Theology of the OT*, II, pp. 51ff.; 그리고 신약에 대해서는 *TDNT* VII, *s.v.* 세메이온 그리고 A. Richardson, *The Miracle-Stories of the Gospels* (1941); 더 나아가서 Barth, *CD* IV.2, pp.209-264를 보라. Brunner, *Dg* II, pp.160-170는 좀더 정교한 교의학적인 설명을 제공하고 있다. 다른 문맥에서 우리는 어떤 기적들, 특별히 부활의 문제로 다시 되돌아갈 것이다.

교회사에서 어거스틴의 정의는 상당한 영향을 미쳤다: "그러므로 경이로운 일은 자연을 거슬러서 일어나는 것이 아니라 우리가 자연으로 알고 있는 것을 거슬러서 일어난다"(*De civitate Dei* XII.8). 토마스도 대체로 같은 노선을 따르고 있다: "따라서 우리에게 알려져 있는 어떤 원인을 초월하여 하나님이 행하시는 일들은 기적들이라고 불린다"(*ST* I, q. 105, art 7). 기계론적이고 결정론적인 세계관의 발생은 열려 있고 파악될 수 없는 우주에 대한 이러한 믿음을 매우 어렵게 만들었다. 현대주의는 기적의 관념을 거절하였다. 정통 초자연주의는 같은 세계관을 가정하였으나 기적들을 비유기적이고 우연한 신적인 간섭이라고, 즉 환언하면 어거스틴과는 반대로 실제로 자연을 거스르는 것(*contra naturam*)이라고 주장하였다.

현세기에 와서 기적에 대한 다툼은 다소 가라앉았다. 물리학은 "물리적인 실재"의 중복될 수 있고 예측가능한 측면들에 집중한다. 따라서 구원의 실재는 물론이거니와 역사적인 실재도 이것의 한계 밖에 놓여 있다. 진화론과 더불어 작용하는 생물학과 생화학, 유전학과 같은 과학은 비유기적인 자연 속에서 무질서로 나아가려는 성향과는 대조적으로, 유기적인 자연이 어떻게 훨씬 더 복잡한 형태로 진화하며 점점 더 "자유의 수준"(분자들, 세포들, 유기체들)으로 올라가는지를 알려준다. 자연의 인과적인 모형 속에서, 선택의 자유가 증가하는 정도가 활용할 수 있게 된다. 우리는 이 세계를 은신처가 아니라 놀라우며 생성하는 실재로서 경험한다. 그 속에서 가능한 것은 오직 그 속에서 일어나는 것으로부터만 알려질 수 있다. 결정론과 자유의 관계에 대한 변화하는 견해들 가운데에서, 신자는 창조 신앙의 견지로부터 양쪽을 다 고수할 것이다. 우리의 구원의 하나님은 우리를 놀라움으로 가득 차 있을 뿐만 아니라 의존할 수 있는 실재 속에 두셨다. 이 주제에 관한 더 많은 정보를 위하여서는 G.D.Dingemans, *Wetmatigheid en wonder* (1974)를 보라.

7. 계시의 하나님으로 말미암은 창조됨은 또한 존재의 목적을 결정한다. 우선 첫째로, 이것은 우리들에게 세계가 의도적으로 지음받았음을 알려준다. 이것은 우연한 진화 사건들의 맹목적인 과정의 우연한 결과가 아니다. 그런 믿음은 혼돈을 우주의 최종적인 비밀로 간주하는 자연 종교들의 수동적인 체념으로 돌아가는 것이다. 세계가 하나님에 의해서 의도되었다고 믿는 사람은 우선, 실재가 그 자체 안에 목적을 가지고 있다고 말할 것이다. 하나님은 이것을 창조하기 위하여, 즉 이것이 존재하고 발전하도록 하기 위하여 이것을 창조하셨다. 다음으로 우리는 이 창조주께서 인간과 더불어 역사를 시작하셨으며, 실제로 그가 우리를 향한 더 나은 목적을 갖고 계시기 때문에 인간 속에서 우리 인간들을 만나기를 원하셨다는 사실을 상기해야 한다.

이 목적의 실현은 인간이 더 이상 자신만을 추구하지 않으며, 하나님과의 교제와 그에 대한 복종 속에서 그의 목적을 추구하는 곳에서는 어디에서나 일어나기 시작한다. 그러나 그런 목적에 의하여 스스로 인도받는 사람은 그의 목적이 정확히 인간과 그의 구원이신 하나님에 의해 스스로를 인도받게 한다는 사실을 경험한다. 이런 모든 연속적인 관점들을 한 분 명명자에게 위탁할 때, 우리는 세계의 목적은 하나님과의 교제를 통한 인간 존재의 완전한 실현으로서의 하나님의 나라라고 말할 수 있다.

이렇게 해서 창조의 목적을 결정하기 위해서 우리는 인간을 최종적인 목표로 선택한다. 우리는 이것을 "인간중심적"이라고 부를 수 있다. 그러나 앞장에서 우리는 계시 안에서 놀랄 만큼 인간중심적으로 되신 하나님을 우리가 만난다는 사실을 보았다. 성경은 전체적으로 인간중심적인 책인데, 그 이유는 어디에서나 오직 그렇게 함으로써만 인간이 자신의 구원을 얻을 것이라는 동기를 가지고 인간이 방향을 돌리도록 권유하기 때문이다. 그리고 이 중심에 인간 예수가 하나님의 인간사랑(philanthropia)의 위대한 증표로서 서 계신다.

그러나 두 가지 이탈이 여기에서 일어날 수 있으며 또한 회피되어야 한다. 우리는 확실히 비인간적인 지상적인 현실이 인간의 삶의 토대와 풍토로서 의도되었다고 말할 수도 있다. 그러나 그 때에 이러한 "인간을 위한"이란 말은 그 완전한 깊이와 넓이로 이해되어야 한다. 그렇지 않으면 우리는 자연의 모든 것의 구조가 얼마나 인간의 선에 기여하는 그런 것이었는가를 보여주려고 노력하였던 초기 계몽주의의 물리학적이고 신학적인 문헌의 부르주아적인 우주론으로 끝나게 된다. 인간과 자연의 관계는 많은 국면을 갖고 있다. 자연은 우리의 어머니요 우리의 동료이고, 우리의 하인이며, 또한 우리를 먹일 뿐만 아니라 위협하는 것이다. *God in Nature and History*, Faith and Order Paper, no. 50, 1968, pp. 16-19를 보라. 그 진정한 깊이에서 인간과 관련되어 있는 자연의 이러한 특성은 헤아릴 수 없는 것이다. 그것이 바로 욥기 38-41장이 말하려고 의도한 것이다. 이것의 불가해함은 우리에게 하나님의 불가해성을 지시해 준다. 그러나 우리를 그것에 귀착시키는 것은 바로 자연이며, 이러한 귀착을 통하여 자연은 우리를 섬기고 있다. 더욱이 우리는 모든 곳에서, 특별히 사람들이 존재하지 않는 천체 세계의 무한한 공간 속에서 인간 이외의 창조가 우리가 접근할 수 없는 하나님과 관계를 갖고 있다는 사실을 깨달아야 한다. 그것은 분명히 우리를 겸손하게 만든다. 하나님은 우리와는 별개로, "즐기시려고" 리워야단을 만드셨다(시 104:26).

자연의 일면을 거스르는 것보다도 그것에 굴복하기가 하나님의 일면에 대해 그렇게 하는 것보다 더 위험하고 더 쉬운 것이다. 이것은 단순히 첫 발을 내딛는 것에 불과하며 우리는 하나님을 우리의 종으로서, 즉 행복을 얻으려는 우리의 욕구의 도움과 보증으로서 생각하고 취급한다. 하나님을 조종하려는 이러한 충동은 종교인의 마음 깊은 곳에 자리잡고 있으며, 여러 시대를 통하여 기독교인을 포괄하는 경험적인 종교성의 특징을 이루고 있다. 이것에 대한 가장 강력한 변호는 개혁파 개신교에서 발견되는데, 이것은 만사를, 창조도 포함해서 "하나님의 보다 큰 영광을 위한" 사건으로 간주한다. 칼빈은 다음과 같은 이유로 해서 우리 인생의 목적은 하나님을 아는 것(1)이라고 말함으로써 그의 제네바 요리문답을 시작하고 있다. "왜냐하면 그가 우리 안에서 영광을 받으시기 위하여 우리를 창조하셔서 세상에 두셨기 때문이며"(2), 또한 "인간이 그를 영화롭게 하는 방법을 알 때에" 그는 하나님에 대한 바른 지식을 갖기 때문이다(6). 이러한 강한 신중심적인 어조는 그의 모든 글에서 발견된다.

벨기에 신앙고백에 의하면, 하나님은 "그것들이 창조주를 섬길 수 있도록 하기 위해서" 만물을 창조하셨으며, "인간이 그의 하나님을 섬길 수 있도록 하기 위하여 인류에게 도움이 되도록" 만물을 유지하고 계신다(제12조). 그러나 여기에서 개혁파 개신교는 하나님의 영광, 즉 그의 독사(doxa)가 그의 은혜가 주어지는 사람들의 지상에서의 행복 속에 있다는 사실(눅 2:14)과, 이와 아울러 하나님을 섬김에는 큰 보상이 있다는 사실을 잊고 있는 것처럼 보이기 때문에 비인간적인 무정함을 나타내고 있다(시 19:11). 정확하게 우리가 그리스도의 것일 때에 만물은 우리들의 것이다(고전 3:21-23).

락탄티우스(Lactantius)는 창조의 목적의 논리를 아름답게 요약하였다. "세계는 우리가 이러한 이유로 해서, 즉 우리가 태어나도록 하기 위하여 창조되었다. 따라서 우리는 세계의 조성자와 우리의 하나님을 알기 위하여 태어났다. 우리는 그를 예배하기 위하여 그를 안다. 우리는 하나님께 드리는 예배가 매우 큰 수고에 의거하고 있기 때문에, 우리의 수고에 대한 보상으로서 불멸함을 얻기 위하여 그를 예배한다. 그러므로 우리가 천사들과 같이 되었을 때, 우리는 지고하신 아버지이신 주님을 영원히 섬기고 하나님을 위한 영원한 나라가 될 수 있도록 불멸성을 보상받게 된다"(*Divinae institutiones* VII.6.1). 이레나이우스는 이것을 훨씬 더 분명하게 표현한다. "하나님의 영광을 위하여 사람이 존재하며, 사람의 생명은 하나님을 바라보는데 있다"(*AH* IV.20,7).

8. 이 마지막 논점들은 피조된 실재를 구원과 관련하여 면밀하게 진술하게 해준다. 이제 우리는 만약 이 세상이 이스라엘의 하나님, 곧 예수 그리스도의 아버지의 작품이라면, 이것은 이 하나님의 거룩한 사랑의 흔적을 지니고 있어야 하며, 또한 그와 사랑의 만남을 갖도록 예정되어 있어야 한다고 말해야 할 것이다. 성경적인 창조 전승들에 대한 역사 비평적인 연구는 이러한 전승들이 얼마나 많이 창조를 일련의 하나님의 구속 행동들 가운데 첫번째 것으로 간주하며 또한, 전승들이 창조를 그것과 유비되는 것으로 묘사하는지를 우리에게 알게 해준다. 이것은 신약의 신자들인 우리들에게 있어서 우리가 그리스도를 향한 눈으로 우리의 창조 신앙을 고백한다는 것을 의미한다. 우리는 그리스도의 모습으로부터 우리가 창조의 최종

적인 목적을 배울 수 있다는 사실을 믿는다.

창조의 고백을 구원의 고백의 결과로서 이해하도록 우리를 가르쳐 주는 성경에 대한 동일한 과학적인 연구는 또한 — 정확하게는 이것의 "축소"를 통하여 — 창조가 말씀(요 1장)과 그리스도(고전 8:6; 골 1장)와 아들(히 1장)의 사역으로서 보여진다는 신약의 4가지 진술에 대하여 좀더 깊은 통찰을 제공해 주었다. 전통적인 교의학은 이 구절들 속에서 나중에 사람이 되신 삼위일체의 제2위격이 이미 창조의 사역에서 하신 역할에 대한 정보를 들었다. 삼위일체의 외향적인 사역들은 하나라는 규정으로 인하여 그것은 이것과 관련하여 많은 것을 할 수 없었다. 그렇게 해서 창조는 정확히 그만큼 아버지와 성령의 사역과 같은 것이었다. 그러나 이러한 진술들은 삼위일체 문제와 아무런 관계가 없다. 그렇지만 이것들은 창조와 역사적 예수 그리스도의 사역을 밀접하게 연결시켜 준다. 뚜렷한 변화 없이 네 가지 구절들은 세상을 창조하시고 구속하신 한 분 그리스도에 대해서 말한다. 여기에서 구원의 관점에서 보면, 이스라엘의 홍해 통과의 입장에서 구약이 창조에 대해서 언급할 때와 같은 동일한 외삽법적인 언급 방식이 사용된다(예를 들어 사 51:9-11).

무스너(F. Mussner)는 골로새서 1장에서 창조와 구원의 이러한 관련성에 대하여 정확히 기록하였다. "두 측면들의 이러한 연결 속에서 표현되고 있는 목적은 구원이란 창조가 그것의 원래의 목표로 되돌아가게 하는 것을 의미하며, 또한 이것은 이것이 그 존재 안에서 창조되고 유지되는 동일하신 한 분을 통하여 이루어진다는 신앙의 확신이다." 그리고 "종말론적인 구원은 이것이 '그를 위해' 이루어졌다고 할 정도로 창조를 향하여 다시 투영된다"(*MS* II, pp. 460-461). 더 깊은 연구를 위해서 H. Berkhof, "그리스도와 우주"(*Nederlands theologisch tijdschrift*, Aug. 1968, pp. 422-436)의 다음 결론을 보라. "이 진술들은 세계가 예수 그리스도로 인하여 창조되었다고 말하려는 것처럼 보인다. 만약 그의 강림과 고양과 관련되지 않았다면, 하나님은 세상을 창조하시지 않으셨을 것이다"(p. 433). 바르트는 이 구절들의 교의학적인 중요성을 알아보고 거기에서 근본적인 결론들을 *CD* II,2 par. 33과 *CD* III,1에서 이끌어낸 최초의 인물이었다.

이것은 실제로 신앙의 연구에 있어서 파급 효과가 큰 결론들을 이끌어낸 문제였다. 교회사에서 교의학은 대부분의 시간을 창세기 1, 2장을 읽는데 논거를 두면서, 이러한 장들을 우리가 접근할 수 없는 과거에 대한 신적인 정보를 포함하고 있는 것으로 간주하였다. 이렇게 해서 이것들은 창조가 닫혀진 사건, 즉 정적이고 완전한 결과를 산출하였던 사건: "올바른 상태"로 완성된 세계였다는 관념을 쉽게 뒷받침할 수 있었다. 이러한 접근 방식은 일반적으로 받아들여졌던 아리스토텔레스-프톨레마이오스적인 세계관과 아주 잘 일치하였다. 잠시 후에 인류와 자연은 아담의 타락을 통하여 이러한 낙원의 상태를 상실하였다. 그러나 나중에 둘째 아담이 이러한 상태를 회복하게 되었다. 따라서 구원은 창조의 질서에 이바지한다. 그러므로 그 질서 자체는 구원이나 은혜, 그리스도 등의 말로써 묘사될 수 없다. 불링거(Bullinger)의 계약 신학의 영향을 받았던, 개혁파 스콜라주의는 낙원에서의 상태를 행위 계약이라고 말하기 시작하였다(특별히 코케이우스[Cocccius] 이후로). H XIII를 보라. 원래의 완전한 상태는 그리스도안에 있는 은혜의 상태의 대조물로 간주되었다: 행위 계약에서 인간은 계명에 대한 그의 복종에 의해서 영원한 생명을 얻을 수 있었다. 하나님이 은혜 계약 속에서 영생에 이르는 전혀 다른 길을 열어놓으셔야만 했던 것은 오로지 타락 때문이었다.

역사 비평학은 이러한 유형의 사고에 종지부를 찍었다. 우리는 더 오래된 창조 전승들이 두 가지 창조 기사 배후에 놓여 있다는 것과, 하나님과 이스라엘의 연합의 "양식"에 적합한 방식으로 창조를 언급하고 있는 이 두 가지가 하나님과 이스라엘의 관계를 언급하는 두 책의 서론으로 의도되었다는 사실을 이제 알고 있다. 구원에 대한 창조의 이러한 비대조적이면서도 서론적인 관계는 신약에 있는 것들을 포함하여 창조에 대한 모든 성경의 착상들 속에서 발견된다.

그렇지만 이러한 개념은 신학사에서 전혀 알려지지 않았다. 이미 이레나이우스(Irenaeus)가 그것을 제안하였다(그러나 이외에도 그는 회복의 관념을 언급하였다). 그에게 있어서 아담은 완전한 사람이 아니라 바른 선택을 함으로써 하나님과 보다 더 높은 교제의 단계에 도달할 수 있는 초심자였다(AH III,32; IV,61-64). 하나님은 직접적으로 인간에게 완전함(토 텔레이온)을 주실 수도 있었겠지만, 새로 탄생한 인간(아르티 게고노스)은 도저히 그것을 받을 수가 없었겠거나, 아니면 비록 그가 그것을 받았었다 하더라도, 그가 그것을 포함할 수 없었겠거나, 혹은 그것을 포함하였다 하더라도, 그것을 유지하였을 수 없었을 것이다. 하나님의 아들이 비록 완전하였지만, 나머지 인류와 같이 어린 유아의 상태를 통과하시면서 자신의 유익을 위해서가 아니라 인간 존재의 유아기 상태의 유익을 위하여, 즉 인간이 그를 받아들일 수 있도록 하기 위해서 이것을 함께 나누신 것은 바로 이러한 이유 때문이었다(IV. 38). 이러한 노선은 안디옥 학파와 희랍 정교회, 영국 성공회의 신학과 (소수의 방계 흐름으로서의) 다른 전통들 속에서 보존되어 있다. 로마 가톨릭 신학 속에 있는 이것의 흔적들에 대해서는 H. U. von Balthasar, *Karl Barth*(1951), pp. 336-344와 H. Küng, *Justification*(E.T. 1964), chs. 22와 23을 보라. 그 외에 H. Berkhof, "Schepping en voleinding," in Woord en wereld(1961), pp. 223-235와 J. Verburg, A*dam*(1973), ch. III. 그러나 서구 신학에서 이러한 고양의(elevation) 노선은 대체로 회복의 노선에 의해서 대체되었다.

바르트는 "계약의 외적인 토대로서의 창조 — 창조의 내적인 토대로서의 계약"(*CD* III,1)이라는 그의 이중적인 명제를 가지고 변화를 선도하였다. 특별히 로마 가톨릭 신학은 이것을 테야르 드 샤르뎅(Teilhard de Chardin)의 진화론과 관련시키면서 이 실을 더 멀리 끌어 당겼다. 풍부한 문헌으로부터 우리는 다음을 언급할 수 있다. K. Rahner, "Christology within an Evolutionary View of the World," in *Theological Investigations*, V(E.T. 1966), pp. 157-192; A. Hulsbosch, *De schepping Gods* (1963); H.A.M. Fiolet, *Vreemde verleiding* (1968). 구원과 창조의 깊은 관계에 대한 개신교 측에서의 분명한 표본은 A. Szekeres, *Christuswaarheid en wordende schepping* (1971)이다.

그러나 창조와 구원의 이러한 관계를 강력하게 부인하고 그 뉘앙스에 있어서 전통적인 흐름을 주장하기를 원하는 목소리들이 있다. 특별히 루터파 신학이 그러한 경향을 가지고 있는데, 그 이유는 이 신학이 율법과 복음의 대조와 유비되면서 그것에 기초하여 창조와 구원 사이의 대조적인 관계를 목표로 삼고 있기 때문이다. 그래서 창조는 율법의, 즉 죄인이 성취할 수 없는 하나님에 의해서 의도된 완전한 질서의 음성이다. 창조에서 타락한 인간은 그리스도 안에서의 의를 통하여서만 하나님께 새롭게 다가갈 수 있다. 이러한 입장의 좋은 사례는 R. Prenter, *Creation and Redemption*, esp. pars. 15-19이다. 한편으로 프렌터는 창조와 구원을 연결시키는 데 있어서 상당히 멀리까지 나아감으로써 심지어는 "창조와 구원은 합하여 전체를 이룬다. 창조는 구원의 시작이며 구원은 창조의 절정이다"라고 쓸 수도 있었다. 그러나 계속 읽어 내려가면 이 관계는 창조에서 발견된 유일한 복음이 여기에서 섭리(par. 17)라는 사실에 있고, 창조에서는 율법, 즉 진노가 중심(par. 16)이며, 그리스도를 통한 창조는 단순히 율법과 복음이 한 분 하나님으로부터 함께 유래한 것이라는 사실이 분명해진다.

화란 개혁파 신학에서는 정반대의 견해가 반 룰러(A.A van Ruler)에 의해서 변호되었는데, 그에게 있어서 그리스도는 "중심적인 관심사"가 아니라 실제로 "중심적"인데, 그 이유는 그리스도는 하나님께서 창조를 제자리로 회복시키시는 "비상 조치"였기 때문이다. 특별히 지금은 *Theologisch werk*, I (1969), pp. 156-174에 실려있는 그의 1961년 논문 "De verhouding van het kosmologische en het eschatologische element in de christologie"를 보라. (전혀 다른 목적으로 나중에 인간이 되신) 로고스 아사르코스(*logos asarkos*)에 대하여 그는 창조에서 단지 중재 기능만을 보고 있다. 그의 결론은 이러하다. "예수 그리스도 안에서의 구속 사역은 창조가 다시 하나님의 면전에 존재할 수 있도록 하기 위해서 단순히 일어났다. 따라서 이것은 하나님의 한 가지 계획과 한 가지 사역 속에 있는 단순한 계기, 즉 비상 조치이다. 처음과 나중은 중간에 있는 것보다 더 실재적이다. 따라서 이것들은 내용과 구조에 관하여서도 서로 다르다." 그러므로 반 룰러는 "구원과 창조 사이에서 목적의 상반된 관계"(p. 165)를 지지한다. 요한복음 1장과 골로새서 1장, 히브리서 1장에서 복음서 기자들과 사도들은 "그들의 어조에 있어서 쉽게 다소간 서정적으로 되었다." "교의학자란 조금은 침착한 사람이다. 때때로 그는 이 서정시적인 표현 속에 사실들이 너무 많이 섞여 있다는 느낌을 갖고 있다. 특별히 그가 골로새서 1장을 읽을 때에"(p. 159).

의식적으로 우리는 창조가 구원의 서론과 시침(示針)이라는 견해에서 출발한다. 우리의 판단에 의하면 이것을 부인하는 사람들은 성서 신학의 연구 결과들을 충분히 진지하게 고려하지 않고 있다. 우리는 그들의 반감을 이해할 수 있다. 그들은 이 개념이 반역으로서의 죄와, 상실된 상태로부터의 해방으로서의 구원을 더 이상 온전하게 공정하게 평가할 수 없는 진화론적인 견해에 이르게 될 것이라는 사실을 두려워한다. 이 두려움이 정당화될 수 있는지의 여부가 이 책의 후반부에 명백하게 될 것이다. 이 주제에 대하여 또한 앞에서 언급된 논문인「자연과 역사 안에서의 하나님」(*God in Nature and History*) 과 같은 책 속에 있는 그것에 반대되는 연구인 "창조, 새 창조, 교회의 통일성"(Creation, New Creation and the Unity of the Church)(pp. 133-140)을 보라.

9. 만약 새로운 인류의 첫 열매로서의 그의 삶과 삶의 포기, 그의 부활과 승천에 있어서 그리스도가 창조가 작정되었던 존재의 원형이시라면, 이 목적이 어느 정도나 창조의 구조들 속에 기록되었으며 또한 그것들로부터 습득될 수 있는지에 대한 질문이 제기되어야 한다. 어쨌든 간에, 이것은 창조에 대하여 두 가지 기본적인 진술이 이루어졌음을 의미한다. 한 편으로는 우리가 위에서 다루었고 앞에서의 논의에서 미리 전제되었던 그것의 선함에 대한 고백이며, 다른 한 편으로는 이것의 일시적이고 미완성된 상태이다. 신앙의 눈으로 볼 때, 선함과 일시성의 연합과 긴장 속에 있는 창조 그 자체는 그것의 기독론적이고 종말론적인 목적에 대한 증거이다. 그러나 정확히 이 두번째 요소는 아주 최근에 이르기까지 신앙의 연구에 있어서 거의 전적으로 무시되었다. 그 진술의 토대에 놓여 있는 모든 것, 특별히 하나님의 선하신 창조 속에 있는 고통과 죽음의 존재와 더욱이 자연 속에 있는 격변들과 생존경쟁에 대하여 교의학은 여러 세기 동안 "죄의 결과들"이라는 제목하에 이런 모든 것들을 다루었다. 선한 창조가, 그러한 불협화음들이 조화될 수 없는 정태적인, 희랍의 완전에 대한 이상과 일치한다는 사실이 당연한 일로서 가정되었다. 무엇이나 조화될 수 없는 것은 죄의 큰 혼란의 탓으로 돌려져야 했다. 그런 견지에서는 이 모든 것이 인

간이 묵인해야 하는 형벌이라고 생각하는 것이 당연했다.

심지어 신학적인 반대 의견은 별문제로 하더라도, 우리는 오늘날 특별히 화석의 기록을 통하여서, 사실들에 대한 이러한 설명이 지지될 수 없다는 사실을 알고 있는데, 그 이유는 인간이 무대에 등장하기 수백만년 전에 이미 싸움과 고통과 죽음과 자연의 대재난들이 이미 하나의 사실이었다는 것을 이것이 우리에게 말해주기 때문이다. 우리는 또한 이러한 부정적인 현상들이 순전히 부정적이지만은 않다는 사실을 알고 있는데, 그 이유는 이것들이 불가분리적으로 삶의 연속의 긍정적인 선함과 함께 결속되어 있기 때문이다. 먹이 사슬을 통하여 서로를 잡아먹는 동물들은, 이것이 단절될 경우에 지구가 사막이나 정글, 혹은 도살장으로 변하게 되어버릴 수도 있는 생물학적인 평형을 유지한다. 또한 우리는 생물학적으로 고려되었을 때 인간이 매우 복잡한 동물이며, 따라서 그에게 있어서 고통과 재난, 고난과 죽음도 역시 창조된 실존의 완전한 측면이라는 사실을 알고 있다. 이것은 첫 눈에 보아서 죄와 분명하게 연결되어 있는 것으로 나타나는 현상에 대해서도 여전히 효력이 있다. 우리는 동물계로부터 물려받은 공격적인 성향을 생각하게 되는데, 이 성향을 통제하는 법을 배우지만, 그러나 삶의 발전을 위한 자극으로서의 그것이 없이는 우리는 결코 완전하게 지낼 수 없다.

인간으로서 우리는 창조의 이러한 부정적인 측면과 이중적인 관계를 맺고 있다. 한 편으로 우리는 이것을 존재의 완전한 부분으로 받아들이며, 다른 한 편으로 우리는 이것을 그것과 반대되는 비정상성과 반역으로서 경험한다. 이것은 우리의 의학적이고 위생적이고 사회적인 보호 활동 속에서, 그리고 자연 재난과 홍작, 전염병 등을 물리치려는 우리의 끊임없는 시도들 속에서 나타난다.

인간은 있는 그대로의 존재를 묵인하지 않는 존재이다. 이런 점에서 그는 인간이 아닌 창조와는 (우리가 이해할 수 있다고 생각하는 한에 있어서) 근본적으로 다르다. 그는 원칙적으로 불만을 갖고 있는 유일한 피조물이다. 그는 그의 존재에 대하여 반항하는데, 이것은 그가 그것을 경험하지 않고서도 동경하는 다른 종류의 실재의 존재를 의미한다. 그는 번갈아 향수와 반란, 갈망, 이상, 환상, 유토피아라고 불릴 수 있는 것과 더불어 지음 받았다. 그는 정확히 그 자신일 수가 없다. 그는 그 자신보다 앞서서 달린다. 그는 정확히 (아직) 그가 아닌 존재 "이다"라고 말할 수도 있을 것이다. 그의 진정한 실존은 그보다 위에 그리고 앞에, 약속이나 혹은 신기루로서 놓여 있지 않은가? 신앙은 약속으로서라고 말한다. 창조는 승화되고 중심에 놓여서, 영화롭게 되신 그리스도의 형상을 따라 새로운 형태의 인간을 섬기는 세상이 되도록 작정되었다. 신자는 이 비밀을 알며 따라서 현재의 세계를 묵인하기를 좋아하는 일단의 사람들 속에서가 아니라, 적극적으로 또 다른 세계를 동경하는 사람들 속에서 발견될 것이다.

  그것과 더불어 우리는 세상이 비극적인 요소를 포함하고 있다는 사실을 인정한다. 이것은 불완전하고 미완성이며 결함이 있다. 진실로 많은 행복이 있지만, 심지어는 그것의 불완전성에 대한 지식도 없지 않다. 아무도 그 일에 대하여 책임을 질 수 없는 많은 슬픔이 있다. 아무도 제거할 수 없는 많은 고통이 존재한다. 우리는 이 모든 것이 하나님의 선하신 창조의 일부분이지만, 또한 이것이 그리스도 안에서 재창조된 새로운 세계에서는 제거될 것이라는 사실도 안다. 그러므로 만약 필요하다면, 우리는 이것을 묵인할 수 있으며, 가능한 곳에서는 어디에서나 그것에 맞서 싸울 수 있다. 우리가 할 수 없는 것은 이것을 설명하는 것이다. 왜 하나님께서는 (궁극적으로) 그가 원치 않으심에도 불구하고 (일시적으로) 어떤 것을 원하셨는가? 우리가 줄 수 있는 유일한 답변은 무응답이다. 분명히 이미 만들어져 있고 완전한 세계를 존재하게 하는 것은 하나님의 목적이 결코 아니었다. 그는 분명히 그의 창조가 저항과 투쟁, 고통과 죽음의 역사를 경험하기를 원하신다. 만약에 이것이 바로 우리가 거룩한 사랑이라고 알게 되었던 그의 뜻이라면, 생성의 과정 속에 있는 이 세상의 해산과 성장의 모든 고통이 영광스러운 결과와 비교될 수 없다는 사실이 언젠가 수정같이 분명하게 될 것이라는 사실을 믿을 수 있을 것이다.

성경에 나오는 다양한 저자들은 다양한 관점과 그들 자신의 경험으로부터 창조의 성가시고 부정적인 측면들을 깊이 숙고하였다. 전통적인 교의학은 이러한 양상들로부터 어떤 선택을 너무나 제한하였으며, 더욱이 이것의 요소들을 종종 그것들의 맥락에서 끌어내었다. 이것은 특별히 창세기 3:17-19에 나오는 낙원에서의 저주와 로마서 5:12-21(cf. 6:23)에 나오는 죄와 죽음에 대한 바울의 성찰에서 영향을 미쳤다. 양자의 경우 모두에 있어서 죄와 물리적인 악 사이의 인과관계가 제안된다. 우리의 판단에 의하면 이것은 두 저자 모두 다 그들이 익숙했던 세계관과 그들이 썼던 언어를 사용하여 인간과 그의 환경 사이의 불가분리적인 유대를 표현하려고 애썼던 방법이었다. 하나님으로부터 멀어진 사람에게 있어서 고통과 죽음은 궁극적으로 그가 홀로 무방비 상태로 직면해야 하는 총체적인 적들이 되었다. 우리가 이런 관념들을 일정한 이론으로 경직화시키지 않도록 주의해야 한다는 사실은 창세기 2:7과 심지어는 훨씬 더 강조적으로 2:19f.에서 동일한 야훼스트가 열등한 창조에 대한 인간의 호감과 의존을 어떻게 확인하고 있는가를 고려할 때, 그리고 우리가 로마서 8:18-22과 고린도전서 15:44-49에서 동일한 바울이 죄와 관계없는 물리적인 악에 대해서 어떻게 말하고 있는가를 볼 때 분명하게 된다. 이것에 대해서는 나중에 더 자세히 논하겠다.

세계가 선하게(토브), 심지어는 매우 선하게(토브 메오드, 창 1장) 창조되었다는 진술은 완전성의 증거로서 잘못 받아들여졌다. 그러나 토브는 "완전하다"는 것이 아니라, 하나님과 인간 사이의 교제라고 하는 "그것의 목적에 적합하다"는 것이다. 교의학에서, 죄와 고통을 연결시키는 것을 한결같이 강하게 저항하는(이것이 유일한 저항은 아니다 — 눅 13:1-5; 요 9:3을 보라) 욥기는 정경적인 교회 성가대에서 의당 받아야 할 강조를 결코 받지 못하였다. 이사야 11:6-8(메시야 왕국에서의 동물계의 평화)에 대한 호소에서는, 시적인 언어가 인정되지 않았으며, 더욱이 이것이 원래의 낙원의 상태로의 회복을 나타내는 것이라고 잘못 결론 내려졌다. 예수의 치유 기적들은 종종 죄의 결과들을 제거하는 것으로 간주되었지만, 그것들의 실제적인 의미는 고통이 그곳에서 추방되는 도래하는 왕국의 표적들을 세우는 것이었다(마 11:5, 사 35장에서의 인용; cf. 마 12:28). 요한계시록 21, 22장은 창세기 2장에 나오는 상황의 회복이 전혀 아닌 완성된 세계를 묘사한다. "모든 눈물을 그 눈에서 씻기시매 다시 사망이 없고 애통하는 것이나 곡하는 것이나 아픈 것이 다시 있지 아니하리니 처음 것들이 다 지나갔음이러라"(21:4, 사 65:17-19에 대한 암시). 1절에 의하면 타 프로타는 일반적으로 "처음 하늘과 처음 땅"과 "바다"이다.

바울은 세계의 이러한 일시적인 상태에 대하여 훨씬 더 직접적으로 언급한다. 고린도전서 15:44b-49에서 그는 로마서 5장과는 전혀 다르게 아담과 그리스도를 대비시킨다: "첫 아담"은 "영혼", "자연적인"(프쉬키코스), "먼지의"(키코스)와 같이 땅의 먼지로 지음받았으나, "둘째 인간"은 영혼이 아니라, 생명을 주는 영이며, 먼지로부터가 아니라 하늘로부터 온 자이다. 하나님의 질서 속에서 낮은 것이 먼저 오고, "그 다음에 영적인 것"이 온다. 이것들은 씨와 식물처럼 관련되어 있다(44절). 로마서 8:18-25는 불멸할 것을 갈망하면서 신음하는(스테나제이) "전체 창조"에 대해서 언급한다. 세계는 "해산의 고통"에 비견될 수 있는 "간절한 열망"의 상태에 있다. 이 상태는 죄로 타락한 결과인가? 이것은 많은 주석가들이 그것을 보는 방법이다. 그럼에도 불구하고, 나의 견해로는 이 표현과 맥락은 다른 방향을 가리킨다. 20절을 보라. 세계가 허무한 것(마타이오테스)에 굴복하는 것은 정확히 자기의 뜻이 아니며, 그것에 반대되는 것(우크 헤쿠사)이다. 그 이유는? 이것이 하나님의 작정에 따라서(디아 + 대격) 일어났기 때문이다. 그러나 그것은 하나님의 마지막 말씀이 아니다. 그는 또한 그것에 희망(에프 엘피디)을 주셨다. 그러므로 이것의 신음소리는 의미가 있다. 이 모든 신약의 진술들과 관련하여 우리는 이것들이 죽음에 대한 근본적인 인간의 문제가 처음으로 그를 통해 해결책을 얻게 되었던 예수의 부활을 배경으로 해서 씌어졌음을 깨달아야 한다.

교회사에서, 자신이 아닌 것에 대한 인간의 무력한 갈망은 파스칼에 의하여 그의 「팡세」(*Pensées*)에서 깊이 간파되었다(예를 들어, "인간은 무한히 자신을 능가한다는 사실을 알라," ed. Brunschvicg, fr. 434; 그러나 이 표현은 전적으로 회복의 관점에 서 있다). 이 전통은 비네(Vinet)와 윤리 신학자들에 의해서 지속되었다. 그러나 진화론의 발흥은 이러한 회복의 구조들을 위기로 몰아넣었으며, 존재의 양면가적인 특성을 재고하도록 강요하였다. 바빙크(Bavinck)는 타락을 예견하신 하나님께서 창조를 명하심에 있어서 이미 이것을 고려하셨다고 가정함으로써 자신이 문제를 풀 수 있다고 생각하였다(*GD* III, par. 43, no. 340, end). 여전히 더욱 이상한 것은 브룬너가 더욱 주저하기는 했지만, 같은 일을 하였다는 사실이다(*Dg* II, pp. 131f.).

흥미롭게도, 분명히 자연과학의 결과들과 아무런 신학적인 관련성이 없었으면서도 창조의 일시적인 성격에 관한 교리를 강력하게 전개하였던 사람은 정확히 바르트였다. *CD* III,1, 372-376에서 그는 "존재의 그늘진 측면"에 관한 교리를 설명하고 있다. 이 교리는 "무"(無)에 관한 교리와 분명하게 구분되지 않았기 때문에, 바르트는 이것을 *CD* III,3, pp. 295-299에서 다시 상세하게 설명하였다. 창조는 실제로 "또한 그 부정적인 측면에 있어서 무에 근접해" 있다 — 이것은 말하자면 "무"를 향하여 돌아서는 존재의 취약한 측면이다. "이 그늘진 측면 위에서 창조는 무와 접촉한다"(p. 350) — 그러나 창조는 또한 이 그늘진 측면과 가난과 어두움과 두려움과 박탈과 죽음 가운데에서 창조주를 찬양한다. 밝은 측면을 지닌 창조가 스스로를 창조주에게 가치있는 것으로 보여주는 것처럼, 이것은 어두운 측면을 가지고 스스로를 그것의 창조주에게 의존하고 있는 것으로 보여준다. 이 두 측면 모두에 있어서 이것은 구속주와 완성자, 즉 십자가에 달리시고 부활하신 그리스도를 지시한다.

"하나님은 자기 자신의 아들 안에서 그를 들어올려 자신과 교제하도록 하기 위하여 인간을 창조하셨다. 이것은 인간 존재의 긍정적인 의미이다. 그러나 이러한 고양은 인간의 비참함과 자신의 아들이 지니고 나누시게 될 모든 존재를 전제로 한다. 이것은 창조의 부정적인 의미이다. 모든 것이 예수 그리스도와 그의 죽음과 부활을 위하여 창조되었기 때문에, 처음부터 모든 것은 이러한 이중적이고 모순되는 결정을 짊어져야 한다"(p. 376).

창조의 일시적인 성격에 대한 강한 강조가 로마 가톨릭의 문헌에서, 예를 들어, Hulsbosch, *De schepping Gods*, esp. X, 사목 헌장 *Gaudium et spes*, esp. 10과 22, 그리고 *The New Catechism*(E.T. 1969), 다른 것들 중에서는 pp. 259ff.에서 발견된다. 그의 논문 "God en de chaos," in *Theologisch werk*, V(1959), ch. III에서 반 룰러(A.A. van Ruler)는 전혀 다른 접근방법을 제시한다. 그는 그늘진 측면(죄책을 포함하여)을 전적으로 긍정적이고 명확한 하나님의 뜻으로 간주하는 것처럼 보인다. 나아가서 "Het bittere raadsel van der goede schepping"이라는 표제 하에서 *Wending*(July/Aug. 1962)에 실려 있는 이 주제에 대한 여러 가지 기고문들을 보라. 이 주제에 대하여 또한 *God in Nature and History*, esp. VII를 보라.

비극과 죄책의 관계에 대해서는 H.J. Heering, *Tragiek*(1961), esp. XI-XV를 보라.

왜 하나님은 이와 같이 그것을 원하셨는가? 혹자는 많은 것이 통일성을 이루도록 자라야 할 필요가 있는 필수적이고 고통스러운 과정을 지적할 수 있을 것이다(Teilhard de Chardin). 반 룰러와 더불어 혹자는 혼돈이 없는 우주는 참을 수가 없으며 혼돈은 하나님의 활동이라고 언급할 수도 있다. 혹자는 하나님이 "우리들에게 우리 스스로 자유를 성취할 수 있는 기회를 주시는 것"은 "정확히 이러한 시련"을 통해서라고 말할 수도 있다(Hulsbosch, p. 156). 그러나 이러한 답변들은 단순히 개인적이고 사변적인 중요성만을 지니고 있다. 전혀 다른 것이 D. Sölle, *Leiden*(1973)인데, 그는 고통을 특별히 (사회적인) 죄책에 의해 야기된 것으로 보고 있다. 우리는 고통이 단순히 전적으로 하나님의 불가해성으로 규명되는 욥기의 결론에서 더 나아갈 수 없다(38-42:6). H. Wiersinga, V*erzoening met het lijden*?(1975)를 보라. 위에 있는 좀더 큰 형태의 마지막 문장은 로마서 8:18에 대한 언급이다. 내가 판단하기에 우리는 바울이 그곳에서 말한 것만을 단순히 말할 수 있다. 이것을 달리 설명하면(브룬너와 더불어): 다른 종교들과 세계관들이 신정론을 전개하는 곳에서, 기독교 신앙은 종말론을 두고 있다.

10. 창조론과 관련하여, 성경의 역사-비평학적인 연구와 그것에 근거를 둔 해석학은 양적으로는 많은 정보를 잃어버렸지만, 질적으로는 훨씬 더 많은 것을 돌려 받았다(8에서). 이 연구에서 유래된 한 가지 중요한 통찰이 이미 언급되었지만 더 자세한 고찰을 필요로 한다. 구속사에서 하나님에 대한 초기의 경험들에 대한 외삽의 열매로서, 구약과 신약에서의 창조의 개념들은 언제나 자연스럽게 자연에 대한 당시의 통찰들과, 세계의 기원과 존재에 대한 당시의 개념들로 표현되었다. 먼 옛적에는 사람들이 야

훼와 리워야단의 싸움에 대해서, 나중에는 세계의 사막의 창조와 물뿌림(watering)에 대해서, 더 나중에는 점차로 더 고등한 형태의 존재들의 창조의 말씀에 의한 무로부터의 창조에 대하여, 그리고 희랍 시대에는 로고스를 통한 창조와 "권세들"이나 "세상의 구성요소들"의 창조에 대하여 언급하였다. 이 모든 표현들을 조화시키려는 것은 무의미한 일이며 또한 불가능하다. 실제로, 이것들의 다수성은 우주에 대한 당대의 견해 안에서 창조에 대한 믿음을 항상 새롭게 표현하려고 하는 다음 세대들에게 도전을 준다.

우리 시대에 이것은 우주에 대한 진화론적인 견해에 의하여 창조 신앙을 표현하는 과제를 의미한다. 기독교적인 사고가 아직 창세기 1장의 (일방적으로 이해된) 창조 기사에 밀착해 있었고 전통적인 결정론적 다윈주의가 창조의 관념을 배제하는 것처럼 보였기 때문에, 이전 세기에는 이것이 불가능한 것처럼 보였다. 이 두 가지의 서로 간에 절박한 전제들은 이제 사라져 버렸다. 우주적인 엔트로피의 법칙과는 반대로, 우리 행성 위에서 진화의 과정은 다시금 반복해서 기존의 실재의 형태들을 그들 자신의 첫 단계들 위로 들어올려, 최대의 통계학적인 비개연성의 결과들, 즉 결정된 과정을 상대하지 않고 오히려 상당하게 창조적 진화(évolution créatrice)라고 불리어져야 하는 경이롭고 변덕스러운 과정에 이르게 되었다.

기독교의 창조 신앙을 이러한 세계관과 관련시키는 일은 이것을 옛 바벨론적이거나 혹은 아리스토텔레스-프톨레마이오스적인 세계관과 연결시키는 것처럼 확실히 어렵지 않다. 실제로, 우리는 이것을 정적인 프톨레마이오스적인 세계관과 연결시키는 것보다 진화 관념에 연결하는 것이 더 쉽다고까지 말해야 한다. 결국, 진화론은 우리가 자연이라고 부르는 위대한 역사의 과정, 즉 현상인(人)에 이르는 과정을 만들며, 그처럼 인간 속에서 계속하여, 새롭게 열린 미래를 향하여 새로운 길로 인도한다. 성경 안에서 창조와 역사는 비슷하게 연결되어 있다. 창세기 1장에서 창조는 6일간의 역사적인 과정으로 설명되며 — 우리는 진화론적인 과정의 형태를 띠고 있다고 말할 수 있을 것이다 — 그렇게 해서 종말론적인 미래를 향하여 나아가는 구속사를 예표한다. 이것은 창조 신앙과 진화론 사이의 차이를 말소하는 것을 의미하지 않는다. 창조 신앙은 하나님이 세상을 존재하게 하신 방법에 대해서는 그 자체로서 아무런 정보도 포함하고 있지 않다. 그리고 역으로 진화론은 아마도 수십억년 전에 대량의 혼돈된 가스 구름과 더불어 시작된 이 소란스러운 과정의 의미와 목적에 대한 질문에 아무런 답변도 갖고 있지 않다. 진화론적인 견해를 받아들이는 신자는 이것을 창조 사건의 외부에 있는 현상계에 대한 묘사로 생각한다 — 그 이유는 우선은 우주의 기원에 대해서 언급할 수 있는 다른 모델들이 필요한 것으로 밝혀질 수도 있기 때문이다. 창조 신앙의 어휘는 그것을 강조하고 구체화하고 설명할 수 있는 모든 종류의 과학적인 어휘들과 그 자체로서 연결될 수 있지만, 이 신앙이 언급하는 것은 이런 모든 표현 양식들과는 관계가 없다.

창세기 1장에서의 신앙과 자연과학의 관계에 관하여서는 Von Rad, *OT Theology*, I, p. 148을 보라. 여기에서 그는 다음 문장으로 끝을 맺고 있다. "그 시대의 과학적인 관념들 속에서 신학은 그것과 완전히 어울리며, 어떤 주제들, 이 경우에는 창조론을 적절하게 전개하기 위하여 이것이 활용할 수 있는 도구를 발견하였다." 창조와 진화에 관하여, Brunner, *Dg* II, pp. 39-42를 보라.

일부러 우리는 진화를 이론, 교리, 비전이라고 언급하였다. Nederlands Gesprekscentrum의 38번 출판물인 *Evolutic*(1970)에 편리한 요약이 발견되는데, 이 책은 이 이론이 근거하고 있는 사실들을 분명히 지적하고 있다. 단순한 가설(기독교인들이 진화론을 배격하기 위하여 사용했던 용어)이라고 말하는 것을 더 이상 근거가 없는 것으로 만들기에 충분한 사실들이 존재하지만, 그러나 이것을 입증된 사실로서(현재 통속 과학에서 제시되는 것처럼) 간주할 만큼 충분한 것은 아니다. 이 소책자는 비전이 연구와 그것의 결과들보다 앞서 있었음을 강조한다. "사실들 이전에 진화의 신화가 있었고, 진화론 이전에 진화의 관념이 있었다"(p. 4). 정확히 초기의 거절만큼이나 근거가 없는 것은 프톨레마이오스적인 세계관의 기독교화를 상기시키는 방식으로 이것을 정경화하려고 드는 많은 기독교인들 편에서의 현재의 경향이다.

한편 창조와 구속의 일관성(8을 보라)이 진화론과 더불어 수렴하는 흐름들을 발견하는데까지 이르러야 한다는 것은 분명하다. 혹자는 아마도 바르트와 폰 라트와 같은 사람들은 진화론적인 사고의 영향을 받아 그들의 해석학적인 발견을 이룩한 것이 아니냐고 버릇없는 질문을 던질 수도 있었을 것이다. 그러나 그것은 사실이 아니다. 그들은 진화론이 악평을 받았던 시대에(양차 대전 사이에) 성경을 역사 비평학적으로 연구함으로써 이러한 길로 들어오게 되었다. 그러나 창조와 진화를 종합하려는 연구는 성공회 신학에서 상당히 일찍 일어났다. Lewis B. Smedes, *The Incarnation: Trends in Modern Anglican Thought*(1953), 그리고 A.M. Ramsay, *From Gospel to Temple*(1960)을 보라. 유럽 대륙에서는 이런 유형의 사고가 테이야르 드 샤르뎅(Teilhard de Chardin)의 유고 작품에 의해서 주어진 큰 영감을 통하여 들어오게 되었다(d. 1955). 이 예수회 생물학자는 신학자들 사이에서 많은 직접적인 추종자들을 갖고 있지는 않았다. 그것은 불가능했는데, 그 이유는 그의 생물학적이고 인간론적인 범주들로부터의 무비판적인 외삽이 죄와 화해의 큰 실재들을 아마 공정하게 평가할 수 없었을 것이기 때문일 것이다. 그러나 로마 가톨릭 신학에서 그의 비전은 신학의 전부를 다른 기조로 설명하는 효과를 갖고 있었다. 8, 9에서 언급된 문헌을 보라.

바르트의 노선을 따라서, 개신교 신학은 신앙과 과학의 분야 구분을 선호하였을 수도 있으며, 혹은 브룬너를 따라서, 창조론에 국한되는 신중한 연결을 선호하였을 수도 있다. 더욱이, 두 권으로 된 *Geloof en natuurwetenschap*(Dippel, De Jong, 그리고 다른 이들, 1965년과 1967년)은 이 주제에 대하여 잘 보존되어 있다. 또한 *Kerk de theologie*, July 1965에 나오는 홀스보쉬(Hulsbosch)의 책(위에서 언급되었음)에 대한 디펠(Dippel)의 비판을 보라. 신학 안에서의 진화론적인 사고와 그 역관계에 대한 상당히 큰 동화작용이 「자연과 역사 안에서의 하나님」(*God in Nature and History*)에 실린 위에서 인용된 베르코프(H. Berkhof)의 논문, "Schepping en voleinding"에서; S.M.Daecke, *Teilhard de Chardin und die evangelische Theologie*(1967)에서; 생물학자-신학자인 G. Alter in *Grammatik der Schöpfung*에 의해서;

그리고 *Le Christ cosmique de Teilhard de Chardin*(1969) 심포지엄에서 테이야르 드 샤르뎅과 새로운 해석학 사이에서의 수렴을 보여주었던 A. Szekeres in "La pensée religieuse de Teilhard de Chardin et la signification théologique de son Christ cosmique"에 의해서 변호되고 있다.

신학은 현재의 과학적이고 관념론적인 견해들로부터가 아니라 복음으로부터 그 통찰력을 이끌어낸다. 그러나 우리는 진리가 모순되지 않는다고 믿는다. 실재의 다른 영역들에서 진리로서 경험된 것은 복음이 우리에게 말해주는 것에 새로운 빛을 비추어줄 수 있으며, 이렇게 해서 복음의 전진적인 표현에 기여할 수 있다. 여하튼, 우리는 부정적인 반대에 익숙하며 계시와 낡은 세계관을 연결하는 일이, 많은 사람들의 복음을 듣는 일을 얼마나 어렵게 만들었는가를 알고 있다. 복음을 전달하는 이러한 과제에 있어서, 신학은 장애물이 아니라 해석의 도구로서 봉사해야 한다. 이것은 새로운 해석학과 진화의 통찰을 수렴함으로 인하여 창조론에서 힘든 일이 아니다. 이 수렴이 신학의 다른 영역들을 위하여 생산적으로 될 수 있는 정도가 보여질 수 있다. 이런 일은 하나님과 우리의 교제가 항상 첫 마디 말을 갖고서 우리를 그러한 수렴의 길로 인도하게 될 때에만 사실이 될 수 있다.

11. 교의학에 관한 대부분의 편람들은 창조에 대한 논의에서 천사들에 대한 부분을 포함하고 있다. 그 이유는 성경이, 물질에 의해 방해받지 않고 그것을 자유롭게, 제한 없이 이용하는, 세계의 죄없는 거주자들인 그러한 "섬기는 영들"에 대해서 반복하여 언급하고 있기 때문이다. 동시에 그들은 보다 고등한 질서에 대한 그들의 감각에도 불구하고 그것으로써 지상의 인간의 구원과 보호와 인도의 대의를 섬기는 피조물들이다. 신앙의 연구에 있어서 이러한 존재들에 대하여 무엇을 말할 수 있을 것인가? 신앙은 우리의 지상적인 현실의 맥락 내에 있는 하나님과 인간의 만남들에 근거하고 있다. 사람들은 특별한 경우에 하나님께서 이러한 만남을 위하여 지구 밖에 있는 존재들의 중재를 사용하시는 것으로 발견할 수도 있다. 이러한 중재에 대하여 경험을 통해 말할 수 없는 사람은 그런 경험들을 알고 있

다고 주장하는 사람들의 진실성을 판단하는 것을 상당히 삼가야 한다. 그러나 우리는 그가 천사들에 관한 교리, 즉 천사론을 전개하리라고 기대할 수는 없다. 그가 하나님에 대한 자신의 경험에서 유래된 일종의 방법 속에서 깨닫게 되지 않는다면, 초기 신자들의 삶 속에서 천사들을 통해 이루어졌던 이러한 중재의 의미는 그 자신의 신앙을 정화하고 강화하기 위한 것이었을 것이다. 그러나 우리 시대의 대부분의 조직신학자들은 이러한 증언을 할 준비가 되어 있지 않다. 이것으로부터 그들이 잘못 생각하고 있다는 사실은 결코 추론되지 않는다. 왜냐하면 성경이 아무리 자주 천사들의 우연한 출현에 대해서 언급할 수 있다고 하더라도, 그것에 대한 성찰은 거의 존재하지 않으며 천사론의 어떠한 기본적인 윤곽도 발견할 수 없기 때문이다.

그럼에도 불구하고, 천사들의 이야기는 이스라엘-기독교 신앙과 확실히 밀접하게 연결되어 있는 세 가지 가정 위에 근거하고 있다. 천사들의 출현은 다음과 같은 믿음을 표현하고 있다. (a) 의식적으로 그에게 종속되어 있는 존재들을 포함하고 있는 하나님의 세계는 우리 행성 위에서 보여질 수 있는 것보다 훨씬 더 풍부하며, (b) 이러한 일시적이고 소외된 세계 밖에는 지금 이미 그의 영광으로 완전하고 온전하게 채워져 있는 다른 실재들이 존재하고 있고, (c) 이 세계들은 우리의 어두워진 행성을 경멸하면서 업신여기지 않고 우리 세계가 그것의 목표에 도달하는 것을 돕기 위하여 인간을 향한 하나님의 사랑의 봉사 속에서 사용되도록 하려는 진정한 의지를 소유하고 있다. 비록 우리는 여기에서 아무것도 입증될 수가 없다는 사실을 알고 있지만, "영원히 부요하신 하나님"에 대한 믿음이 이 세 가지 통찰의 방향을 우리에게 지시해 주는지에 대해서 고려해 볼 만한 가치가 있다. 인간은 우주에서 유일한 합리적인 피조물이며, 하나님은 아직까지 어디에서도 그의 궁극적인 목표에 도달하지 못하였다는 사실을 확신하는 사람은 이러한 사건들이 그 아래에서 일어나는 하늘의 밝고 넓은 창공과 상충되는 지상에서의 구원 사건을 엄밀하고 중요한 것으로 여길 수도 있을 것이다. 그 이론들과 공상과학 소설 속에서 이 지구에 관심을 갖고 있는 다른 행성들에 살고 있는 지각이 있는 존재들의 실재를 (증거도 없이) 가정하는 우리와 같은 세대는 천사들에 대한 믿음이 이상한 것이라고 거의 발견할 수 없다. 그러나 신학은 그러한 고상하고 멀리 떨어져 있으며, 여전히 도움을 주는 가까운 존재들을 단순히 암시할 수만 있을 뿐이다.

성경에서는 어떤 천사론도 구성될 수 없다. *TDNT* I, *s.v.* 앙겔로스를 보라. "사자들"이나 "하나님의 아들들"이란 단어는 매우 다양한 상황 속에서 사용된다. 성경에 주어진 것들은 한 가지 공통된 요소로서는 거의 받아들여질 수는 없다: 모세 오경의 여호와의 사자, 욥기에 나오는 천상의 왕의 법정, 다니엘서에 나오는 열방의 왕들, 성탄절 밤의 천군 천사들, 골로새서 1장의 "권세들", 요한계시록에 나오는 심판의 천사들. 신약에서 현저한 일단의 신자들, 즉 사두개인들은 천사를 믿지 않았다(행 23:8). 이것은 천사들에 대한 신앙이 이스라엘에서 어느 정도나 고유한 것이었는지에 대한 문제나, 혹은 이것이 외국의 요소였는지에 대한 문제를 의심스럽게 만든다.

그러나 너무나도 쉽게 부적절한 근거들에 의거하여 이 주제에 대하여 이스라엘이 외부로부터 강하게 영향을 받았다는 사실이 가정된다. 원시적인 다신론 종교들 속에서의 정령들과 악마들에 대한 믿음은 이스라엘의 천사에 대한 믿음과는 전혀 다르게 작용하였으며, 따라서 차이점이 유사성보다 훨씬 더 크다. 천사의 숫자는 한 분 하나님이 그의 지상의 피조물과 은혜로 연결되어 있는 것으로 생각하는 신앙에 속해 있다. 천사는 피조물이며 섬기는 피조물이다. 천사들에 대한 믿음은 다른 때보다 이전 한 때에 더욱 강했다. 그리스도 이전의 마지막 두 세기 동안에 이것은 매우 강해졌는데, 그것은 아마도 희랍 철학의 영향으로 인하여 하나님이 점점 더 멀리 있다는 신앙에 이르게 되었기 때문이었을 것이다. 신약은 이 신앙으로 비롯된 구속 사건들에 대한 후대의 채색의 어떤 흔적들을 포함하고 있다. 우리는 누가의 원시복음이나 요한복음 5:4에서의 삽입뿐만 아니라, 마가가 열려진 무덤 옆에 앉아있는 청년을 단순히 보고 있는 동안에, 다른 복음서 기자들이 천사들을 언급하고 있다는 사실에 대해서도 생각하게 된다.

교회사에서 어거스틴을 포함하여 교부들에 이르기까지는 일반적으로 천사들에 대해서 조건부로 언급하였다. 아레오바고의 위(僞)디오니시우스의 커다란 영향력이 이것을 재빨리 변화시켰다. 그의「천상의 위계구조에 대하여」(*De caelesti hierarchia*)(ca. 500)에서, 그는 천사들을 하나님과 사람들 사이에 있는 중재자들로서 내림순으로(3가지씩 3"부류"로) 분류하였다. 그 이후로 '선한 천사의 주제' (*locus de angelis bonis*)가 스콜라 신학과 반동 종교개혁 신학에서 매우 정교하게 다듬어지게 되었다. 토마스의 *ST* I, q. 50-64와 106-113을 보라. 종교개혁은 이 주제를 근본적으로 완화시켰다. 그러나 개신교 스콜라주의는 성경 본문을 짜맞추어서 이것을 다시 확대하였다. 슐라이어마허는 그것에 종지부를 찍었다. 그는 천사들을 부록에서 취급하였다(*CF* pars. 42와 43). 이 주제를 논의함에 있어서의 그의 조심성과 침착성은 우리에게 많은 것을 말해준다. 이 특별한 접근방법에 대한 그의 결론은 다음과 같다. "그러므로 이 진리와 관련하여 어떤 결론에 우리가 반드시 도달하지 않고서도 이것은 계속해서 기독교적인 언어 속에서 존재할 수 있다"(par. 42).

대부분의 현대 신학자들은 이 주제에 대하여 간결하고 제한적이며, 주저한다. 한 가지 예외가 Barth, *CD* III,3, par. 51(pp. 369-418)인데, 그 이유는 그가 이런 진술들에 있어서도 역시 성경이 권위가 있다고 생각하기 때문이다. 그러나 그에 의하면 우리는 오직 사담(史譚)의 형태 속에서만 이런 존재들에 대해서 말할 수 있다. 그는 천사론에 기독론적인 토대를 제공하고 그것을 그러한 관점에서 고쳐 쓰려고 노력하였다. 그 결과로 그는 구속 사건들 속에서의 천사들의 섬기는 기능을 전적으로 강조하였다. 천사들은 존재론적인 윤곽이 거의 없어지고, 엄격하게 기능적으로 되었다. 바르트의 글의 이 부분은 어떤 다른 부분보다 영향을 덜 미쳤다. 이것을 마귀론(Brunner, *Dg* II, p. 146)이나 예수의 믿음의 권위(다른 이들 가운데에서 Althaus, *CW* II, p. 69가 그렇게 했다)에서 끌어내는 일도 역시 설득력이 없었다.

우리의 경험적인 세대는 이 영역에서 의견을 제시함에 있어 전도력이 없다. 반 데르 레우(Van der Leeuw)와 같은 사람이 이 천상의 종들의 존재를 그렇게 열렬하게 변호할 수 있다는 사실은 지금 우리에게는 이상하게 보인다. 우리 현대인들이 고등한 영들과 지구의 관계를 어떻게 그려볼 수 있느냐 하는 것은 조직신학에서 읽어서 알 수 있는 그런 종류의 주제는 아니다. 그것에 대해서는 C.S. Lewis의 *Out of the Silent Planet*(1938)과 같은 책들을 참고해야 할 것이다. 천사론의 역사(歷史)에 대해서는 Barth, *CD* III,3, pp. 369-418을 보라.

천사들과 관련하여 하늘에 대해서 언급하는 것도 역시 관례적이다. 성경에서 이 단어는 세 가지 독특하면서도 합치되는 의미를 가지고 있다. (1) 볼 수 있는 별이 반짝이는 창공, (2) 하나님이 찬양을 받으시고 섬김을 받으시고, 인간이 목도할 수 없는 더 높게 창조된 실재, (3) 하나님이 스스로 존재하시는 공간, 영역. 우리의 주제와 관련하여, 우리의 관심은 두번째 의미와 관련되는데, 그 이유는 이것이 천사들의 중요성과 일치되는 것처럼 보이기 때문이다. 한 지점에 이르기까지 이것은 실제로 그러하다. 그러나 하늘의 개념은 더 많은 것을 포함하고 있다. 하늘(heaven)이라는 단어는 신앙의 비유적인 표현에, 즉 비록 그것이 정확하다고는 하지만, 우리가 하나님을 만날 때, 갑자기 나타나는 실재하면서도 그림자와 같은 거리들을 지시해 주는 언어에 속해 있다. 땅은 홀로 존재하지 않는다. 이것은 하나님의 뜻이 계속해서 완전하게 이루어지는 더 높게 창조된 실재의 상대편으로서 존재한다. 이 실재는 땅의 상대편일 뿐만 아니라, 은총으로 그것을 둘러싸고 있는 동반자이며 이것이 작정된 목적이다. 열등하고 더 이상 쓸모없는 것으로서 지상 생활은 벗어버려야 하는 것이 아니다. 이것은 천국처럼 영화롭게 될 것이다. 목표는 "당신의 뜻이 하늘에서 이루어진 것과 같이 땅에서도 이루어지게 되는 것"이다. 그 목적에 이바지하는 모든 것은 "천상적인 것"이라고 불리어질 수 있다.

그리스도는 하늘로부터 오셨고, 우리는 하늘의 소명과 하늘의 은사들과 하늘의 축복을 받으며, 하늘의 유업과 하늘의 도성과 하늘 나라를 기대한다. 신앙은 내세를 보는 것이며, 그것의 지평은 그것의 현상태 속에 있는 우리 세계보다도 더 넓다. 그러므로 우리는 천사들을 그 천상의 세계에 있는 것으로 생각하지만, 그 세계 자체는 더욱 포괄적이다. 이것은 또한 지상적인 창조의 견본이며 상징이다. 구원은 하늘이 땅을 관통하여 활동하는 것을 의미한다. 그 믿음은 세계 비행(飛行)의 정반대이다. 하늘에 대하여 말할 때에, 우리는 우리의 세계가 아직도 저급한 단계의 발전 속에 머물러 있으며, 지상에서의 하나님의 사역이 하나님으로 온전하게 충만해 있는 존재 방식과의 조화와 교제 속에서 지구를 더 높은 수준의 존재로 들어올리게 될 것을 우리가 기대하고 있다고 말한다. 그리고 그것에 대해서, 우리는 이미 오랫동안 이것이 은혜롭게 마음을 사로잡으면서 우리를 둘러싸고 있다고 추측한다.

TDNT V, s.v. 우라노스를 보라. 더 나아가서 하늘의 구속적이고 역사적인 기능을 상당히 강조하고 있는 종말론인 K. Schilder, *Wat is de hemel?* (1935)를 보라. 바르트의 개념은 *CD* III,3, par. 51, esp. 418-450에서 발견된다. 이러한 정신으로 니프트릭(G. C. van Niftrik)은 그의 *De hemel*(1968)을 저술하였다. "Over de ruimtelijkheid van God"이라는 부제는 여기에서 하늘의 세번째 의미가 그 출발점이고 주된 관심사이며, 이 하늘은 또한 인간의 미래의 기대라는 사실을 지시하고 있다.

25. 인간 (I): 사랑과 자유

신앙에 대한 연구의 전체적인 관심사는 인간이다. 마찬가지로 더욱 바르게 우리는 이 관심사가 하나님이라고 말할 수 있다. 왜냐하면 이것의 관심사는 그들의 만남과의 관계이며 양자가 관련된 공동의 역사이기 때문이다. 그러므로 우리는 우리가 독립된 신론을 제안하고, 하나 혹은 그 이상의 독립된 장들을 인간에게 할애할 때 우리가 무엇을 하고 있는지를 알고 있어야 한다. 앞장에서 우리는 신론의 내용들을 그가 우리와 관계되신 역사(history)의 가정으로서, 엄격하게 만남으로부터 이끌어내려고 노력하였다. 이제 우리가 인간에 대해서 언급하기 시작했기 때문에, 여기에서는 창조론의 구조를 내에서 아주 제한된 관점으로부터 인간을 조사한다는 사실을 전제할 필요가 있다.

창조-25. 인간(Ⅰ):사랑과 자유   *303*

　여기에서 관심사는 하나님과 관련되어 있는 역사 속에 있는 인간이 아직 아니며, 이 역사의 전제가 되는 현상인(人)이다. 따라서 우리는 실제 인간이 아니라 추상적인 공식, 즉 "그 자체로서의 인간"에 관심이 있다. 신앙의 연구에 있어서 이 주제가 어떤 용도를 가지고 있는지를 물을 수 있을 것이다. 만일 적절한 한계를 염두에 두고 있기만 한다면, 추상화와 공식화는 좀더 자세한 설명과 깊이에 도움을 줄 수 있을 것인데, 그것이 우리가 추구하는 것이다. 그의 앎과 오류, 그의 성취와 실패의 모든 최전선 위에서 인간이 호기심을 가지거나 당황스럽게 자신이 실제로 누구인지를 자문하는 오늘날과 같은 세계 속에서, 기독교 신앙은 이것이 이 중대한 질문에 대하여 계시로부터 어떠한 답변을 받게 되는지를 알고 있어야 한다.

　이것을 이런 식으로 설명함으로 우리는 처음부터 결정적인 제한을 설정한다. 신앙의 연구는 포괄적인 인간론을 제시하려고 하지 않는다. 이것은 총체적인 인간의 모습을 고안하지 않는다. 신학은 이러한 단순한 심리학이나 사회학이나 인간-생물학만을 할 수 있다. 이것은 단순히 질문할 뿐이다. 하나님과 함께하는 인간의 역사로부터 인간 자신에 대하여 무엇이 습득될 수 있는가? 동시에 이것은 실제로 존재하는 인간의 존재에 관한 한 이 역사가 너무나 중심적이고 너무나 노출되어 있어서, 여기에서 기본적인 발견들이 이루어질 수 있다고 생각하는데, 이것이 없으면 우리는 실제로 우리 자신을 알 수 없게 될 것이다.

　교회사에서는 여러 세기 동안에 창조론의 구조틀 속에서 인간에 대한 방대한 신학화 작업이 있어 왔다. 이것은 성경이 인간에 관한 주제가 그 가운데 들어있는 온갖 종류의 주제들에 대한 초자연적인 정보의 원천으로서 간주되었기 때문에 가능하였다. 그것은 인간의 존재(대체로 그 출발점은 창세기 1:26이다)와 그의 구성(육체, 영, 혼), 그리고 그의 기원(영혼은 출산의 산물인가? 아니면 직접적인 창조물인가? ― 영혼유전설 대 창조설)에 대한 성경의 진술들을 결합하려는 열망 속에서 표현되었다. 그 결과들은 이것들이 근거하고 있는 성경에서 선택된 구절들에 따라서 상당히 다양한데, 더욱이 이 선택은 ―

대개는 그것을 알지도 못한 채 — 인간에 대한 전통적이거나 혹은 그 당대의 개념과 함께 결정되고, 제한되고, 채워진 것이었다. 조직 신학 사상들이 창세기 1:26에 어떻게 의미를 쏟아 부었는지를 연구함으로써, 유럽의 문화사의 일부분을 기록할 수 있을 것이다.

토마스는 매우 정교한 인간론을 가지고 있다. *ST* I, q. 75-102에서 그는 영혼과 육체, 그것들의 관계, 영혼의 기능들, 의지와 욕망의 기능들(완전한 인식론과 더불어), 출산, 낙원에서의 상황 등등을 논하였다. 그는 하나님의 형상을 지적인 본성(*intellectualis natura*)으로 정의하였는데, 이것은 일차적으로 "하나님을 알고 사랑하기 위한 자연적인 성향"(aptitudinem naturalem ad intelligendum et amandum Deum: q. 93, art, 4.)을 함의하였다. 또한 이 주제와 관련하여, 종교개혁은 근본적인 축소를 초래하였다. 루터에게 있어서 인간의 존재는 상실되었다가 의롭게 된 죄인으로서 하나님에 대한 인간의 관계(*coram Deo*)에 전적으로 집중되었다.

칼빈은 피조된 존재로서의 인간에 관해 한 장을 다루었다(*Inst* I, xv). 그의 인간론은 토마스의 그것보다도 훨씬 더 제한적이며, 동시에 토마스의 아리스토텔레스주의와 대조적으로 성격에 있어서 분명히 플라톤적이다. 불멸하는 영혼은 인간에게 있어서 보다 고귀한 부분(*nobilior pars*)이며, 지성과 의지로 이루어져 있다. 이것은 육체로부터 분리되는데, 그 이유는 후자가 단지 사멸될 수 있는 흙으로 된 집에 불과하기 때문이다. 기독론적인 근거를 갖고 있고, 또한 칼빈이 하나님과의 바른 관계 속에 존재하는 것으로 보았던 칼빈의 하나님의 형상론은 이러한 덧없는 심리학과는 단순히 빈약한 관계만을 갖고 있다. 개신교 스콜라주의에서는, 창조물 속에 있었고, 또한 인간을 완전한 상태로 불렀던 인간에 대한 연구가 아리스토텔레스적인 개념들과 더불어 다시 한 번 더 확대되었다(특별히 R II, par. 20 4 B를 보라).

나중에는 데카르트의 이원론이 영향을 미쳤다. 그리고 19세기의 교의학적인 인간론들에서는 (독일의) 관념론적인 사고의 영향력이 도처에서 현저하게 되었으며, 특별히 칸트와 헤겔, 그리고 후대의 지배적인 기능 심리학의 영향력이 그러하였다. 그렇게 해서 여러 세기에 걸쳐 기독교 인간론은 성경적이며 현대적인 사상 형태들의 결합이 되었는데, 그 설계가들에 의하면 첫번째 요인이 지배적이었으나, 후대의 세대가 본 바에 의하면 두번째 요인이 지배적이었다.

다수의 이유로 해서 우리는 이 전통을 지속할 수 없다. 첫째로, 20세기에 와서 우리는 이 모든 고안들의 공통 요소가 얼마나 제한적이었는지를 발견하였기 때문이다. 예외를 고려하지 않은 채, 그들은 모두가 다 인간의 정적이고-관념론적이고-개인주의적인 개념에 근거하고 있었다. 인간은 독립적인 영적 존재로서 간주되었다. 인간의 그러한 표상을 우리는 주로 희랍인들에게서 물려받았는데, 이러한 유산은 성경적인 관념들을 왜곡하거나 바꾸어 놓았다. 하이데거(Heidegger)의 역사성(*Geschichlichkeit*)과 인간의 변화가능성에 대한 강조 이후로, 그는 더 이상 정적인 존재로서 생각되지 않는다. 그리고 마르크스와 다윈과 프로이트는 관념론적이고 개인주의적인 접근 방법에 종지부를 찍었다. 인간성은 이제 동료-인간성으로 정의되며, 무엇보다도 동물의 존재와 관련되어 있으면서도 그것과 다른 것으로 간주된다. 이러한 이유들로 해서 "희랍적인" 형태를 지니고 있는 전통적인 기독교의 인간 개념은 우리에게 낯선 것이 되었다. 현상학과 실존주의, 신마르크스주의의 전혀 다른 개념들 속에서, 우리는 인간에 대한 성경의 선포를 재발견할 수 있도록 도와줄 수 있는 모든 종류의 요소들을 발견하게 된다.

그러나 이제 우리는 이것이 과거에 무의식적으로 사용되었던 방식과 형식적으로 유사한, 성경적이고 현대적인 인간론을 오늘날 의식적으로 결합하는 것에 반대하는 것이 무엇인지를 질문할 수 있을 것이다. 우리 시대를 위하여 복음을 표현하는 과정 속에는 확실히 이것을 위한 공간이 존재한다. 그러나 신앙의 연구는 그것을 위한 자리가 아니다. 이전 세기 동안에 이루어졌던 무의식적인 결합을 알게 된 이후로, 인간론에서 진정하고 필수불가결한 복음적인 측면들이 무엇인지를 엄격하게 확인하는 것은 오히려 교의학의 과제이다. 정확하게 이러한 제한으로 인하여 교의학은 인간에 대한 기존의 표상들의 혼란 속에서 유익한 비판적이고 영감을 불러일으키는 기능을 행사할 수 있게 되었다. 과거에 신학과 철학이 함께 인간론을 독점하였다고 하는 사실로 인하여 교의학은 훨씬 더 이러한 축소적인 역할을 강요받게 되었다.

특별히 최근 수십년 동안에 인간을 연구하는 전영역의 학문들이 등장하였다. 심리학, 사회학, 인간-생물학, 육아학, 성인교육학, 문화인류학, 그리고 여타의 학문들과, 이와 관련된 몇 가지 새로운 분야들이다. 각 학문은 방법을 결정하고 결과들을 제한하는 인간에 대한 각자 나름의 독특한 접근 방법을 갖고 있다. 신학적 인간학은 이러한 역사적으로 성장한 방법론적인 형세가 존재하지 않는 것처럼 행동할 수 없다. 우리는 우리의 지식의 원천과 우리의 관점과 우리의 방법이 무엇인지에 대하여 당연히 질문을 받는다. 경계를 넘어가는 일은 충분한 근거가 그것을 위하여 제시될 수 있을 때에만 허용된다. 또한 이런 이유로 해서, 교의학에서 우리는 다른 곳에서 유래된 관념들을 가지고 초기의 결합으로 되돌아갈 수 없다.

오늘날에는 여전히 또다른 요인이 존재한다. 우리는 인간에 대한 포괄적인 표상들을 구성하려는 용기를 이전의 어느 때보다도 적게 갖고 있다. 두번째 기술 혁명은 우리를 미지의 미래를 향하여 천천히 끌고 간다. 우리의 조부모들과 우리들 사이에 있는 시대 동안에, 이전의 많은 세기 동안에 전체적으로 일어났던 것보다 더 많은 변화들이 인간과 그의 환경 속에서 일어났다. 해마다 우리는 우리가 스스로 이룩한 새로운 발견들에 대해서 놀라워 한다. 우리는 우리가 정말로 누구인지를 더 이상, 그리고 아직 알지 못하고 있다는 느낌을 갖고 있다. 우리는 아직도 우리의 완전한 정체성을 향하여 나아가는 도중에 있다. 기독교인들로서, 이것은 우리를 놀라게 하지 않는다. 왜냐하면 우리는 우리의 진정한 정체성이 그리스도와 함께 하나님 안에 감추어져 있고(골 3:3), 우리가 어떻게 될 것인지에 대해서(요일 3:2)나, 혹은 그가 우리를 지으셨을 때 하나님께서 궁극적으로 우리를 어떻게 보셨고 작정하셨는지는 아직 계시되지 않았기 때문이다.

마지막으로, 우리는 성경을 읽는 역사-비평학적인 방법과 그것에 근거한 해석학을 다시금 지적하게 된다. 성경은 천문학이나 생물학을 위한 책이 아닌 것처럼 인간론을 위한 책도 아니다. 성경에서, 사람들은 다양한 상황에서 다른 개념들을 사용하여 하나님과의 만남의 빛 속에서 그들이 인간에 대해 생각하는 것을 표현하고 있다. 창세기 2장의 야휘스트는 좀더 "아리스토텔레스적이며", 창세기 1장의 제사장 사본은 좀더 "플라톤적인" 접근방법을 갖고 있다. 전도서의 인간상은 시편 8편의 그것과 전혀 다르며, 신명기의 그것은 바울의 그것과 전혀 다르다. 그러나 훨씬 더 놀라운 것은 성경에서 그-자신-안에-있는 인간은 단지 드물게만 독립된 주체라고 하는 사실이다. 그렇게 해서 모든 측면에서 우리는 우리의 신학적 인간론에서 엄격한 절제를 보이도록 강요된다. 우리는 그것을 상실이라고 생각하지 않는다. 만약에 인간에 대한 논의에 있어서 우리가 계시의 만남 속에서 받았던 그러한 전망들만을 단순히 그리고 전적으로 인증한다면, 우리가 오히려 어떤 기여를 할 수 있다고 확신한다.

그 때에 우리가 말해야 하는 첫번째 사실은 인간은 분명히 하나님을 만나고, 그의 말씀에 응답하도록 지음받은 존재라는 사실이다. 인간은 응답하는 피조물이다. 사람들은 이 "응답하는"이라는 단어를 "책임적인"이라는 말로 재빨리 대체하려는 경향을 갖고 있다. 그러나 그것은 제한을 가하는 행위가 될 것이다. 그것은 명령과 의무의 구조 속에 이러한 관계를 일방적으로 밀어 넣는 것이 될 수도 있다. 그 때에 제안과 양도의 요소들은 처음부터 배제된다. 역으로, "응답하는" 이라는 말은 너무 많은 것을 의미한다. 왜냐하면 인간이 이러한 단어-제안을 받아들일 것으로 언급되지 않기 때문이다. 이것이 의미하는 것은 그가 그렇게 하도록 지음받았다는 것이다. 그러므로, 나는 인간을 "응답할 수 있는" 존재로 묘사하기를 원한다. 그렇지만 우리가 인간과 동물 사이의 경계선이 어디 쯤에 놓여 있는지에 대해서는 말할 수 있는 것으로 보이지 않는다. 신학의 관점에서 볼 때, 인간은 그가 하나님의 임재를 알게 되고 기도하는 법을 배우게 되었을 때에야 비로소 전적으로 인간이 되었다고 언급되어야 한다.

인간을 "응답할 수 있는 존재"로 묘사함으로써, 우리는 그를 처음부터 그의 성숙과 자율 속에서 한계를 정한다. 첫번째 단어는 그에게서 나오지 않는다. 그는 외부와 위로부터의 주도권에 의해서 인간이 된다. 그의 창조성은 재창조성에 근거하고 있다. 그리고 이러한 서술에 있어서 인간의 본질이 관계, 즉 하나님과의 관계 속에 있다는 사실을 우리가 발견한 것도 역시 마찬가지로 중요하다. 기독교 신앙의 견지에서 볼 때, 인간을 나중에 우연히 다른 존재들과 관계를 맺게 된 자기-제한적인 존재로서 생각하는 것은 전혀 불가능하다. 인간은 하나님과 더불어 살도록 지음받은 그런 피조물이다. 그 말로써 우리는 인간이 단순히 이러한 관계라는 것을 의미하지 않으며, 심지어 그가 단순히 관계에 불과하다는 사실을 의미하지도 않는다. 그는 단순히 관계 속에서만 그 자신이 되는 존재이다. 그러나 물론 그는 관계를 맺기 위하여 존재해야 한다. 그러므로 우리는 그의 존재와 그의 관계들 사이를 구분해야 한다.

그러나 처음부터 우리는 이 존재에 대하여 그가 관계들을 위하여 지음받았으며, 신학에서는 그가 하나님과의 관계를 위하여 지음받았다고 말해야 한다. 그 이상으로 신학은 나아갈 수 없다. 이것은 인간의 본질에 대한 교리를 전개하기 위한 그 자체의 수단을 갖고 있지 않다. 이것은 육체와 영혼, 의식과 무의식, 유전과 양육, 영혼과 정신, 지성과 의지, 개인과 공동체 등등의 관계에 대한 아무런 정보도 갖고 있지 않다. 이것은 철학이나 그것을 다루는 특별한 학문들에게 이러한 문제들에 대한 이론화 작업을 위탁하여야 할 것이다. 그러나 인간의 하나님에-대한-책임성을 바라보는 이것의 고유한 통찰은 비판적인 판단을 위한 기준을 신학에 제공해 준다. 처음부터 이것은 이러한 통찰을 위한 아무런 여지를 남겨두지 않는 인간의 개념들을 거절해야 할 것이다. 덧붙여 말하자면, 신앙의 인간관은 교회사로부터 분명한 것처럼, 수정되든 정정되든 혹은 그렇지 않든 간에, 모든 종류의 인간관과 연결될 수 있다. 그러나 신앙의 연구에 있어서 우리는 의도적으로 그러한 연결을 만들지는 않는다. 우리는 모든 기독교적인 인간 개념이 그것에 의해서 구성될 필요가 있는 상수들만을 배타적으로 찾는데, 그 이유는 이것들은 계시의 만남 그 자체의 고유한 자료들이기 때문이다.

창세기 1장에서 세계는 하나님의 말씀하심을 통하여 창조되었다. 그것은 또한 인간이 창조된 방법이다. 그러나 그만이 혼자 "그의 종류대로"가 아니라 "우리의 형상으로" 지음받았다. 이것은 포괄적인 표현이다. 왜냐하면 지금까지 하나님께서 말씀하시는 하나님으로서만 묘사되었던 구절에서, "그의 형상으로"라는 말은 특별히 하나님처럼 말할 수 있는 존재, 즉 창조의 말씀을 인식하고 그것에 응답할 수 있는 유일한 피조물을 틀림없이 의미하기 때문이다.

창조-25. 인간(Ⅰ):사랑과 자유   309

교의학에서 인간과 동물의 관계에 대해서는 그렇게 많이 생각되지 않았다. 오랜 동안 플라톤적이고-관념론적인 인간관이 그러한 관심을 가로막았다. 창세기의 창조설화에서는 이것은 전혀 다르다. 수중 동물들과 새들이 다섯째 날에 창조된 후에, 육상의 동물들과 인간이 창조의 마지막 날에 함께 지음을 받았다(창 1:24f.). 두번째 보고에 의하면, 인간은 이것이 친교를 위한 그의 필요를 만족시켜주지 않는다는 사실을 알게 될 때까지는 동물들의 무리 속에 있었다(창 2:18-20). 다른 곳에서 구약은 인간과 동물의 공동 운명을 강하게 강조하고 있으며, 깊은 차이점들을 충분히 인식하고 있다. 이러한 이유로 해서 이미 기독교 교회는 이전 세기 이후로는 생물학과 동물학에서 동물과 인간을 진화론적으로 연결시키는 것을 그렇게 강력하게 거절하지 않았어야 했었다. 현대 행동 생물학과 인간-생물학에서의 동물과 인간의 차이에 대한 연구는 또한 기독교인에게 있어서도 매혹적인 관심사이다. 인간의 유일성은 벌거벗은 피부와 언어, 직립 자세, 빈약한 본능, 무력함, 부조화와 불완전성 속에서 불을 만들고, 도구를 만드는 그의 능력에 있는가? 신학자는 인간과 동물 사이의 이러한 (상대적인) 차이점들을 인간의 응답 가능성을 가능하게 만드는데 사용되는 추가적인 요인들로서 고려하기를 원할 것이다.

이 관심을 중심적인 것으로 설명함으로써, 신학은 또한 심리학과 정신의학, 사회학, 그리고 교육학에도 지대하게 영향을 미쳤던 오늘날의 현상학과 조화를 이룬다. *CD* Ⅲ, 2에서의 바르트의 신선한 인간학적인 접근 방법 이외에, 신학을 정적이고 개인주의적인 인간 개념과의 메마른 동반자 관계로부터 해방시켜, 희랍적인 사고에서의 "존재"의 우위와는 대조적으로 성경에서 가장 중요한 관계의 중요성에 대하여 우리의 눈을 뜨게 해 주었던 것은 특별히 현상학의 영향이었다.

한편으로, 인간을 "응답할 수 있는" 존재로 지칭함으로써, 우리는 단순히 형식적인 묘사만을 제공하였다. 그는 하나님의 말씀에 응답하도록 지음받았다. 그러나 그 말씀의 내용은 하나님이 그의 인간 피조물들에게로 은혜로 돌아오시는 거룩한 사랑이다. 인간은 정확히 그 자체로-응답하는 존재로서가 아니라, 이 말씀, 즉 하나님의 사랑에 응답하는 존재로 지음받았다.

사랑은 오직 상호적인 사랑과 더불어서만 응답될 수 있다. 인간은 사랑을 위하여 지음받았다. 그는 외부로부터의 이런 양육하는 사랑이 없이는 살 수가 없으며, 그 사랑에 응답하지 않고서도 살 수 없다. 그의 사랑 속에서 하나님은 이 전체 세계를 창조하셨다. 그러나 그는 인간을 그 사랑을 이해할 수 있고, 그것을 즐기며 그것에 응답할 수 있는 존재로 창조하셨다. 그리고 이것은 정확히 많은 것 중에 있는 정확히 한 가지 특징으로서가 아니다. 받고 주는 사랑의 이러한 관계 속에서, 인간은 그의 가장 중심적인 소명을 마음에 두며 그의 참된 본질을 실현한다. 사랑 안에서 인간은 자기 자신이 된다. 그 속에서 인간은 활동하며 그 속에서 그의 능력들이 그것들의 목적에 응답한다. 오직 하나님의 사랑의 확실성에 의해서 양육되고 이렇게 해서 모든 종류의 상호적인 사랑에 고무된 생명만이 (그것이 이제 가능한 정도까지) 그것의 목적과 목표에 도달한 생명이다. 우리는 하나님이 인간에게 원하시는 것으로부터 뿐만 아니라 하나님이 인간에게 다가오시는 태도와 목적으로부터도 그것을 안다.

이러한 맥락에서 우리는 사랑의 개념의 내용이 아니라, 인간이 된다는 것의 핵심적인 의미를 지적함으로써 그것의 중심적인 위치에 관심을 갖고 있다. 이 중심적인 위치는 성경에서 분명하다. 이것은 그 본질이 거룩한 사랑이신 하나님과 인간의 계약 관계로부터 추론된다. 이와 관련된 매우 명백한 진술들이 신명기 6:5; 호세아 1, 2장과, 큰 계명인 마가복음 12:19-31; 요한복음 21장, 그리고 "사랑의 송가"인 고린도전서 13장; 로마서 13:10; 갈라디아서 5:6; 에베소서 5:2, 그리고 요한일서 4:7-21에서 발견된다.

기독교의 영향을 받아 지고하거나 혹은 적어도 매우 높은 가치를 삶 속에서 갖고 있는 사랑은 우리 유럽-미국 문화에서는 너무나 당연한 것이 되었기 때문에 우리는 이것을 그렇게 높게 평가하는 것이 전혀 자연스럽지 않다는 사실을 잊어버리는 경향이 있다. 이것이 거의 혹은 전혀 아무런 역할을 하지 못하는 수많은 인간관과 문화들이 존재한다. 동방의 종교들에서 인간은 오히려 영적인 자아-실현을 위하여(힌두교)서나 혹은 열반(涅槃) 속에서 자기를 잃어버리기 위하여(불교) 더욱 지음을 받았다. 다른 곳에서는 인간은 공동체, 즉 종족, 국민, 혹은 국가를 위한 건축용 블록에 불과하다. 권력에의 의지에 대한 니체의 가르침과 그의 적그리스도 짜라투스트라의 개념 속에서, 우리는 기독교적인 의미에서의 사랑이 아무런 역할을 하지 못하는 인간관을 보게 된다. 그리고 삶의 실제에 있어서 사랑은 아름다운 단어이기는 하지만, 결정적인 시기가 오면, 인간은 자기 자신의 권리를 내세우고 스스로를 즐기는 방향으로 나아가게 된다는 사실이 상당히 많은 사람들에게 유효하다("방향으로 나아간다"는 표현이 의미와 목적의 너무나 많은 것에 대하여 아직도 익숙하지 않다는 것을 가정할 때에). 그러나 이것이 마지막 말이 될 수 없다는 사실을 지적해주는 충분히 많은 다른 사실들이 존재한다. 사랑을 결여하고 있는 인간의 삶이 아주 심하게 일그러지게 된다는 사실을 우리가 알게 되는 것은 특별히 정신병리학과 정신의학을 통해서다. 기독교 신앙은 인간이 된다는 것이 기본적으로 의미하는 것의 징후들로서의 이러한 경험들을 우리가 이해할 수 있게 해준다.

만약 인간이 하나님의 사랑에 응답하고 그것을 반영하도록 지음받았다면, 이것은 우리가 잘 알고 있는 나머지 창조물에 대해서는 그런 것이 언급될 수 없는 방식과 표준에 있어서 자유가 인간에게 본질적인 것이라는 사실을 의미한다. 그 이유는 이것이 자발적으로 주어지고 표현되기 때문에, 응답은 원칙적으로 메아리와는 다른 어떤 것이기 때문이다. 그리고 사랑은 자발성의 최고의 형태이다. 강요된 사랑은 내적으로 모순된다. 사랑은 우리의 자유 의지가 스스로를 실현하는 지고한 형태이다. 그러므로 기독교 신앙은, 인간을 최종적으로 자기와 관계없는 낯선 힘들의 단순한 산물이나 장난감에 불과한 것으로 만드는 모든 개념을 배제한다. 동시에 우리는 "최종적으로"라는 단어를 가지고 인간이 순수하고 절대적인 자유가 아니라는 사실을 암시하기를 원한다. 그는 하나님이 아니다. 그는 동시에 자기를 결정짓고 제한하며, 또한 자신에 의해서 지배되고 형성되는 세계 속에 자리잡고 뿌리를 내리고 있다. 인간에게서 운명과 자유의 관계는 가장 어려운 철학적인 문제들 가운데 하나이다. 이 문제는 육체와 영혼 혹은 정신만큼이나 어려운 관계와 직접적으로 관련되어 있다. 신앙의 연구는 어디에서도 이것에 대한 이론을 제의하지 않는다. 신앙은 이러한 이중성이 인간 안에 존재한다는 사실과, 또한 자유는 우리가 진정으로 결정하고 응답하며 참되게 사랑하고 책임을 질 수 있을 만큼 대단히 실제적이고 위대하다는 사실을 확신한다. 신앙은 방법에 대한 아무런 정보도 갖고 있지 않다. 그러나 이것은 절대적인 자유를 그에게 귀속시키거나 혹은 그의 자유를 위한 아무런 여지도 남겨두지 않을 만큼 그를 제한하는 어떠한 인간관도 거절하지 않으면 안된다. 인간은 천사가 아니며, 동물도 아니다.

자유는 동물과 대조적으로 인간이 미완성의 존재임을 의미한다. 인간은 가능성으로 지음받았으며, 그의 정체성은 그의 안이 아니라 그의 앞에 놓여 있다. 그러므로 인간은 역사의 영역 속에서 살아간다. 하나님이 그에게 부여한 자유와 그가 그를 부르신 사랑에 의해서, 하나님은 그와 함께 여행을 시작하시고 그를 위험한 모험에 끌어 넣으신다. 신론에서 우리는 그것을 통하여 하나님이 또한 스스로를 모험 속에 관련시키신다는 사실을 이미 주목한 바 있다. 그 이유는 우주의 어딘가에 자유로운 존재를 창조하심으로써, 하나님은 아들과 동반자와 대역 배우를 위한 공간을 만드시기 위하여 자신의 자유를 제한하셨기 때문이다.

위에서 언급된 이유들로 인하여, 철학에서의 의지의 자유의 오래된 문제를 다시금 끄집어 내는 것은 필요하지도 않고 바람직스럽지도 않다(결정론 대 비결정론). 그렇게 중요하지 않게 된 이유는 이 영역에서 철학이 오늘날 무엇보다도 먼저 인간과 동물, 자유와 운명의 경계선 위에서 움직이는 그러한 학문들, 즉 생화학, 유전학, 행동 생물학, 인간-생물학, 그리고 다른 학문들에게 발언권을 넘겨주었기 때문이다. 인간이 이중적인 기본 경험으로부터 살아가는 것은 확실하다. 그는 자신이 물리적인 세계와 자기 자신의 신체성에 의해서 결정된다는 사실을 알고 있다. 동시에 그는 그럼에도 불구하고, 그가 한계 속에서 이런 방식이나 혹은 저런 방식으로 행동할 것을 결정할 수 있다는 사실을 알고 있다. 두 가지 기본적인 인식들을 공정하게 평가하려고 하지 않고 둘 중의 하나만을 설명하는 설명은 설명이라고 불릴 만한 가치가 없다. 오늘날 생화학은 유기체 내에서의 분자 연결이 점점 더 복잡하게 됨에 따라 증가되는 자유 속에서 그 해결책을 구한다. 삶의 형태가 더욱더 높아질수록, 인과율의 체계 내에서의 자유는 점점 더 커진다. 특별히 현세기의 신학자들 가운데에서 틸리히가 이 문제를 숙고하였다. 그는 "자유와 운명"이 인간됨의 존재론적인 양극단에 속해 있는 것으로 생각한다. "운명은 … 자연과 역사와 나 자신에 의해서 주어지고 형성된 나 자신이다. 나의 운명은 나의 자유의 기초이며, 나의 자유는 나의 운명을 형성하는데 참여한다." "'운명'이라는 단어는 … 자유의 반대가 아니라 오히려 그것의 조건과 한계를 지시해 준다"(ST I, p. 185).

그 실례가 되는 것이 창세기에 나오는 두 가지 창조 기사의 강조점의 차이이다. J에서는 일체성이 먼저 나타난다. 인간은 땅의 먼지로부터 지음을 받고 동물들의 벗으로서 그의 인생을 시작한다. 그러나 선악을 알게 하는 나무가 그에게서 그의 선택의 자유에 대한 지식을 일깨워준다. P에서는 인간이 육상의 동물들과 같은 날에, 그러나 전혀 다른 존재로서 창조되었다. 그는 나머지 창조물을 지배할 수 있도록 하나님의 형상으로 지음받았다. 하나님의 형상은 따라서 자유를 의미한다.

교회사에서 자유의 개념은 힘든 시기를 지나왔었다. 한 가지 예외는 동방의 전통이다. 이레나이우스 이후로 이것은 자유 의지에 대해 공공연하게 언급하였다. 이것은 어거스틴이 인간의 상실됨과 예정론을 강조할 때까지는 서방에서 사실로 나타나지 않았다. 창조의 본래적인 소여(所與)로서의 자유 의지는 로마 가톨릭의 신학이 구속 사역에 있어서 실현된 의지에 협력적인 요소를 귀속시키도록 만들었다. 역으로, 종교개혁 신학은 후자를 두려워하여, 자유를 피조된 구조로 축소하려는 경향이 있었으며, 또 그러하다. 두 가지 측면 전부가 다, 죄가 (오용된) 자유의 결과로서만 단순히 존재할 수 있다는 사실과, 자유의 힘과 위험은 자유가 심지어 스스로를 자유롭게 파괴할 만큼 매우 크다는 사실을 잊어버리는 위험에 처해 있다. 인간의 완전한 모습으로서의 자유를 강하게 강조하는 일은, 그것이 개시하는 역사 안에서 이 자유에 대하여 어떤 일이 일어날 것인지에 대한 어떠한 편견도 갖게 하지 않는다. 그것을 제외하고 인간은 그가 자신의 책임을 잊거나 부정할 때에도 역시 모든 일에 있어서 책임적으로 남아 있다.

마지막으로, 우리는 사랑의 하부 구조로서의 자유가 항상 수단이며 결코 목적이 아니라는 사실을 유의해야 한다. 현대 서구 정신에 있어서 자유는 종종 그 자체의 목적인 것처럼 보인다. 기독교 신앙은 그것에 동의할 수 없다. 이것은 자유의 남용을 자유의 결여만큼이나 아주 나쁜 것으로 간주해야 한다. 바울과 더불어(갈 5장) 이것은 그리스도가 우리를 율법으로부터 사랑을 위하여 해방시키셨다고 주장한다. "하나님을 섬기는 자유"(어거스틴).

302면에서, 우리는 그것으로부터 모든 기독교적인 인간관이 구성된 상수들에다 우리 자신을 제한해야 한다고 말했다. 우리는 이것들이 무엇인지를 지적하려고 노력하였다. 그러나 기독교 신앙이 계시의 만남 속에서 발견하는 이러한 요소들이 이러한 만남의 한계들 속에서만 효력을 가질 수 있었을 것이라는 인상이 남아 있는 동안에는 우리는 이것을 해결할 수 없다. 왜냐하면 인간은 분할할 수 없는 통일체이기 때문이다. 그리고 하나님과의 만남 속에서 그는 자신의 존재의 어떤 측면에 대해서가 아니라, 그의 전체성 속에서 응답하고 그의 존재의 중심에서 행동하는 인간으로서 행동한다. 그러므로 우리가 하나님과의 만남을 위하여 필수적인 것으로 발견하였던 것은 인간됨의 전체성을 위해서도 역시 기본적인 것이다.

만약 하나님과 관련하여 인간이 관계-속에-있는-존재로서 지음받은 것으로 나타난다면, 이것은 그의 진정한 본성이다. 만약 인간이 분명히 사랑을 주고 받기 위하여 지음받았다면, 이것은 또한 다른 인간 관계들에 대해서도 유효하다. 만약 분명히 인간이 그러한 목적을 위하여 특별히 높은 단계의 자유를 부여받았다면, 인간이 우주의 어디에서든지 행동하는 특별한 방법 속에서 이러한 자유를 되발견하는 것이 틀림없이 가능할 것이다. 이러한 의미에서 신앙은 인간관의 구성을 위하여, 많은 것들 중에서 한 가지 이상의 기여를 한다는 자부심을 가지고 나타나지 않을 수 없다. 만약 인간이 하나님과-더불어-있도록 부름을 받은 것이 인간의 참된 본성이라면, 그는 또한 그 본성을 그의-동료 인간과-더불어-있는-존재로서 이해해야 한다. 왜냐하면 다른 사람도 역시 하나님과 사랑 안에서 관계를 맺도록 부름을 받은 존재이며, 그가 나에게 해야 하는 것처럼 정확히 나도 그에게 하나님의 사랑을 전달해야 하기 때문이다. 나처럼 하나님의 형상으로 지음받았으므로, 나는 유비적으로 그와 관계를 맺도록 부름받았다.

그리고 그가 일차적으로 사랑의 관계를 맺을 수 없는 인간을 둘러싼 우주에서는 그의 본성의 다른 요소, 즉 자유의 요소가 특별히 두드러져야 한다. 자유는 그가 (특별히, 그러나 점차적으로 더 많이) 우주와 공유하고 있고, 스스로 떠맡고 있는 공동의 운명을 넘어서 스스로를 들어올리는 것을 의미한다. 그가 하나님의 사랑에 응답하도록 부름받은 동일한 자유를 갖고 그는 세계를 지배하고 관리하고 다스리며, 기술과 문화를 통하여 그것을 경작하고 변혁시켜야 한다. 그렇게 해서 기독교적인 신앙의 비전은 우리의 전체적인 인간관을 결정짓는 다수의 요소들을 포함하는데, 그 이유는 이것들이 단 하나의 측면이 아니라 본질 그 자체를 다루기 때문이다. 그러나 이렇게 말할 때, 마음이 육체와 혹은 중심이 원주와 일치하지 않는 것처럼, 본질은 전체성과 일치되지 않는다는 사실을 잊어서는 안된다. 생물학과 인간 행동 과학은 인간에 대한 우리의 통찰을 많은 새로운 관점들을 가지고 풍성하게 해줄 수 있다. 그리고 그렇게 많은 놀라운 발견들과 발명들의 주체와 대상인 인간의 점진적인 진화는 여전히 더 큰 놀라움으로 인도할 수 있다. 그러나 우리는 우리를 풍성하게 하고 놀라게 만들 수 있는 것이 무엇이든지 간에, 그것이 결국은 우리가 하나님과의 만남 속에서 인간의 본성의 핵심으로 발견하였던 것, 즉 그의 응답 가능성과 그의 사랑, 그의 자유를 언제나 강조하고 설명해 줄 것이라고 믿는다.

이렇게 해서 기독교 인간론에서 우리가 축소해야 한다고 생각했던 것이 가치를 하락시키는 것은 아니라는 사실이 판명되었다. 이것은 우리가 전망의 중심을 오히려 더 많이 향하도록 강요한다.

인간에게 있는 세 가지 관계들 — 하나님의 자녀, 동료 인간의 이웃, 그리고 세계의 주 — 의 상호작용이 어떻게 해석될 수 있을 것인지에 대해서는 의견을 달리할 수도 있다. 여하튼 간에, 이것들은 같은 비중을 지니고 있다. 이 세 가지 가운데 어느 것도 목적인 다른 것들 가운데 하나에 대한 단순한 방편이 아니다. 언급될 수 있는 것은, 주와 이웃과 자녀의 세 가지 관계가 그 순서대로, 초기의 관계들이 시작되는 좀더 포괄적인 전망들을 꾸준히 열어놓는다는 사실이다. 위에서 좀더 크게 인쇄된 글에서는 이 모든 관계들이 동일한 "양식"을 나타낸다는 사실이 강조되었다. 만약 신학이 이것을 훨씬 더 일찍 발견하였더라면, 이것은 신학이 이제 세속 학문들에 의해서 종종 상기해야 될 필요가 있는 그러한 관념들, 즉 자유와 합리성과 동료-인간성과 세계의 기술적인 지배와 자연의 조작의 의미와 한계들과 같은 관념들의 발전에 훨씬 더 크게 기여할 수도 있었을 것이다.

이 세 가지 관계들에 대한 더 깊은 고찰과 관련된 성경 자료들을 위해서는 H. Berkhof, *De mens onderweg* (1960), pp. 7-59를 보라.

이 시점에서 우리는 어디에서든 반드시 질문되어야 하는 질문을 제시하기를 원한다. 우리는 계시의 만남으로부터 지상적인 인간이 우주에서 유일한 피조물이라고 결론을 내릴 수 있는가? 우주 시대인 지금에서야 비로소 이것은 매우 의미있는 질문이 되었다. 기독교 교회는 삼위일체의 제2위격의 성육신은 여기에서나 혹은 다른 어느 곳에서도 반복될 수 없는 유일한 사건이라는 견지에서 이 질문에 접근하곤 하였다. 우리는 그러한 범주들 속에서는 거의 더 이상 생각할 수가 없다. 우리가 질문할 수 있는 문제는 이것이다: 하나님은 다른 곳에서도 자유롭고 사랑을 위해 지음받은 유사한 존재들을 창조하시고, 지구 행성 위의 인류의 역사와 유사하거나 혹은 전혀 다른 역사 속에서 그들과 교제하실 수 있으셨는가? 이와 같은 질문을 표명할 때, 답변은 "예" 이외에는 거의 어떤 것이 될 수 없다. 우리가 신론을 연구할 때 관찰하였던 것처럼, 우리의 우주를 창조하신 하나님에게 있어서 겸손이 본질적인 것이라면 이것은 확실히 진리이다.

마지막으로, 이 장에서 사용된 방법론에 대한 언급이다. 이것은 아직도 상당히 많이 사용되고 있는 전통적이고-성경주의적인 것이 아니다(위에서 언급된 나의 소책자에서도 역시 어느 정도는 그러하다). 그런데 인간론은 특별히 창세기 1:26에 나오는 하나님의 형상에 대한 주석의 토대 위에서 구성되었다. 그러나 P의 이러한 정의는 오직 한 증인의 성찰이다. 비록 이것 이외에는 성경에 어떤 다른 정의들이 존재하지 않는다 하더라도, 이것은 따라서 이것이 교의학적인 토대로서 선언될 수 있음을 의미하지는 않는다. (그 문제에 대해서는 이것의 수많은 해석의 가능성이 각각의 교의학자로 하여금 그것을 각자 자신의 견해로써 해석하게 만든다). 바르트(*CD* III, 2)는 기독론적인 방법을 도입하였다. 하나님이 인간이 되셨다는 사실과 방법으로부터 그는 인간이 어떻게 작정되었는지를 발견하려고 노력하였다. 이 방법은 놀라운 새로운 전망들을 열어 놓았다. 그러나 이것은 또한 기독론의 과적(overloading)을 의미하였으며 따라서 다소간 부자연스러운 것으로 남게 되었다. 여기에서 그리고 이어지는 장들을 통하여 우리는 구약과 신약의 구속사 속에 있는 신적인 만남의 전체성을 염두에 둠으로써, 그리고 그것의 인간론적인 전제들을 검토함으로써 두 방법들 중에서 가장 좋은 것을 결합하기 위해 노력할 것이다.

26. 인간 (II): 죄책과 운명

앞에서 주목한 것처럼, 인간은 모험적인 존재로 창조되었다. 사랑에 근거를 둔 피조물은 자유, 즉 사랑을 거절하거나 혹은 그것이 작정되어 있지 않은 사람이나 사물에게 이것을 줄 수 있는 가능성을 소유하고 있어야 한다. 기독교 신앙에 의하면, 피조물인 인간에게 있어서 이러한 가능성은 "정상적인" 실재가 되었으며, 또한 우리가 알고 있듯이 하나님의 구원의 계시가 그의 창조물 속에 있는 이러한 비정상적인 것에 대한 하나님의 계속적인 반작용, 즉 죄를 내어 쫓고 죄의 세력과 마주쳐서 그의 목적을 수행하기 위한 계속적인 투쟁이 될 만큼 이 실재는 인간의 운명을 크게 지배하며 또한 매우 절대적이다.

신앙의 연구에 있어서, 피조물로서의 인간과 죄인으로서의 인간은 대체로 두 개의 분리된 장들로 다루어진다. 이것은 여러 세기 동안 창세기 2장과 3장이 서로 분리되어 있었던 방식과 결합되어 있다. 창세기 2장은 낙원에서의 인간의 완전성과 지복의 좀더 길거나 좀더 짧은 기간에 대한 정보를 포함하고 있는 것으로 읽혀졌는데, 창세기 3장에 나오는 죄로의 타락이 이러한 아름다운 상황을 무례하게 방해하였으며, 인간과 그의 환경에 근본적인 변화를 초래하게 되었다. 그러나 인간과 세계의 기원에 대한 야휘스트의 설화의 취지나, 인간의 원시 역사에 대한 우리의 지식의 그 어느 것도 인류 역사에서 이러한 두 가지의 연속적인 국면들을 가정할 만한 근거들을 우리에게 제공해 주지 않는다.

구체적으로 우리는 오직 죄인인 인간만을 안다. 그러므로 25장에서 우리가 말한 것은 인류의 과거의 상태를 언급하는 것이 아니라, 창조주 하나님이 인간에게 제공해 주신 구조를 묘사하고 있다. 그러므로 우리는 인간이 사랑을 "위하여 지음받았다"고 반복해서 말했다. 이것은 그가 그것과 일치하거나 그것에 익숙하다는 것을 의미하지 않는다. 그러나 이 구조는 영원하며 파괴될 수 없다. 이 구조가 없다면 죄도 없을 것이며, 결국 식물들과 동물들의 경우에서와 같이, 거스려 죄를 지을 것도 없을 것이다. 그러나 그의 자유로 인하여 인간은 직무상으로 이 구조를 만족시키도록 요청받는다. 그가 하나님으로부터 받은 선물들을 그는 특정한 방향에서, 즉 잠재적으로 현실화를 요청하는 인간에게(humanum) 사용해야 할 것이다. 그리고 우리는 다름 아닌 그의 존재의 목적을 거스려 불가사의하게 나아가는 인간만을 안다.

그러므로 창조에 관한 그 하나의 장(章) 속에서 우리는 두 가지 항목으로 곧장 따라오고 있는 피조물과 죄인으로서의 인간을 고려할 것이다. 그것을 통하여 우리는 죄는 우리의 가장 먼 곳에 계신 부모님들의 한탄하시는 잘못된 발걸음이 아니라, 인간이라고 불려지는 모험적인 존재의 피조물적인 구조 속에 깊이 뿌리박고 있다고 말할 수 있다. 현상적으로 이것은 종종 그것과 구분될 수 없는 창조의 "일시적인 상태"라고 24장(9)에서 우리가 논의하였던 것과 아주 밀접하게 연결되어 있다는 것이 우리의 판단이다.

그러나 우리는 창조와 죄가 두 가지 분명히 분리된 장들 속에서 논의되어야 한다고 생각한다. 왜냐하면 죄는 창조된 실재에 속하지 않으며 그것으로부터 나오지 않기 때문이다. 이와는 반대로, 이것은 부자연스럽다. 이것은 우리의 의지에 반하여 우리의 어깨에 지워진 비극적인 운명이 아니다. 그렇다면 죄는 더 이상 죄가 아닐 것이며, 자유의 표현도 아닐 것이다. 그렇다면 우리는 그것에 책임을 지지도 않을 것이고, 죄를 범하지도 않을 것이며, 단순히 유감스러워하기만 할 것이다. 창조와 죄는 일치되지 않는다. 이 둘 사이에는 (남용된) 자유의 도약이 놓여 있다. 죄는 사건이 아니다 — 따라서 이것은 인간과 같은 장에서 다루어질 것이다. 죄는 창조적으로 주어진 것이 아니다 — 따라서 이것은 인간을 논한 다음에 따로 논하게 될 것이다.

오랫동안, 신앙의 연구는 완전의 상태와 타락의 상태 사이를 구분하였다. 그러나 첫번째 제목하에 멀리 떨어진 과거를 묘사하지 않고 우리가 여기에서 인간의 피조물적인 구조라고 지적하였던 것을 묘사하는데 스스로를 제한하였던 몇몇 신학자들이 있었다. 이것은 특별히, 이레나이우스를 따라서 낙원의 상태를 완전성의 상태가 아니라, 인간의 자유가 아직 실현되지 않은 최초의 시작이라고 생각하였던 사람들에게 특별히 적용된다. 이레나이우스에 의하면, 아담은 어리고(*infans*) 약했다(*infirmis*). 오로지 그의 자유 의지의 구사를 통해서만 그는 완전한 인간이 될 수 있었고, 그렇게 해서 신적인 영광을 공유할 수 있게 되었다(*AH* IV. 61-64). 우리는 낙원에 대한 이와 비슷한 생각을 잠재적으로 어거스틴의 유명한 구분 속에서 듣게 된다. 그에 의하면 낙원에서 인간은 *posse non peccare*(죄를 짓지 않을 수 있음)였고, 원죄로 인하여 지금은 *non posse non peccare*(죄를 짓지 않을 수 없음)상태에 있으며, 그가 영원한 구원을 얻게 되면, 그는 *non posse peccare*(죄를 지을 수 없음)가 될 것이다 (cf. *De corruptione et gratia* XIII. 33). 서구 교회는 두 가지의 탈선, 즉 죄를 창조물 속에 고유한 것으로 보았던 마니교와 그것을 인간의 자유 의지의 우연한 행동으로 생각했던 펠라기우스주의를 막으려고 항상 노력하였다.

이미 그의 인상적인 창조와 타락의 기사에서 야휘스트가 이러한 이중적인 관심사에 의해서 움직였다고 말할 수도 있을 것이다. 창세기 2장과 3장 사이에 단절이 없다는 사실이 간과되어서는 안된다. 이 두 장은 함께 최초의 인류 설화의 서론이 되며, 그것은 이어서 하나님에 의한 아브라함과 이스라엘의 선택을 위한 서론과 배경을 구성한다. 창세기 2장에서 인간은 아직은 거의 어떤 일도 하지 않는다. 하나님께서 아직도 그가 필요한 환경을 준비하시고 있다. 창세기 3장에서야 비로소 인간은 어떤 일을 하기 시작하는데, 그것은 즉시로 그가 죄를 짓게 되는 사실과 관련된다. 이러한 죄를 짓게 됨은 창세기 4장과 또다시 창세기 6장과 11장에서 반복된다. 저자는 두 가지를 말하고 싶어한다. 즉 죄는 인류만큼이나 오래된 것이지만, 그것은 창조의 고유한 부분은 아니라는 것이다. 혹은 인간은 자신의 자유의지로 죄를 짓지만, 그의 자유를 다른 방향으로 사용할 준비가 된 사람은 없다는 것이다. J에게 있어서 아담은 발생학적인 의미에서 인간일 뿐만 아니라 최초의 인간이기도 하다.

성경에서, 특별히 구약에서 "죄"의 개념에 대하여 많은 사실이 기록되었다. 성서 신학에 관한 다양한 저작들과 이 책들이 인용하고 있는 문헌을 보라. 나아가서 물론, *TDNT* I에서 나오는 하마르타노라는 항목을 보면, 거기에도 역시 창세기 3장에 관한 내용을 몇 쪽에 걸쳐 다루고 있다(pp. 281-286).

말이 난 김에, 우리는 전(前)역사와, 또한 그것에 대한 일반적인 자연과학의 결과들을 참조하였다. 나중에 우리는 죄와 진화의 관계로 나아가게 될 것이다. 여기에서 우리는 발견된, 연대기 순으로 나타난 인간과 유인원의 화석들이 아무데서도 더 높은 단계의 초기 단계를 지시하지 않으며, 이와는 반대로, 동물로부터의 유전을 암시하고 있다는 사실만을 단순히 목격하게 된다. 내가 생각하기에 야훼스트는 이런 결과에 놀라지 않았을 것이다!

이제 우리는 죄의 본성에 대해서 좀더 깊이 논의해야 한다. 우리는 죄가 자유의 남용임을 주목하였다. 우리는 그렇게 지음받았기 때문에 그에게서 우리의 안전을 구하고 그에게 복종함으로써 하나님의 거룩한 사랑 속에서 우리의 인생의 닻을 내릴 곳을 찾을 필요가 있다. 죄는 우리가 그곳에서 닻을 내릴 자리를 찾는 것을 거절하는 것이다. 이것은 정의로서 사용되기에는 너무나 부정적으로 들린다. 그러나 죄는 단순히 부정적인 용어로서 묘사될 수 있을 뿐이다. 이것은 "어떤 것"이 아니라, 우리의 존재가 창조된 핵심과 방향을 실제-적((act-ual)으로 부인하는 것이다.

인간이 이러한 부정을 선택했을 때, 무수한 다른 가능성들이 열려졌다. 인간은 수천 가지의 다른 핵심들에다 자신의 존재를 집중시키고 수천 가지의 다른 방향으로 나아갈 수 있다. 그러므로 이것은 다른 것들보다 더욱 더 한 가지 혹은 소수의 핵심들과 방향들을 특별히 죄적인 것으로 분류하려고 하는 것이 아닐 것이다. 그러나 이러한 광범위한 영역의 가능성들이 이 두 가지 양극단 사이에서 움직이고 있는 것으로 언급될 수 있다. 왜냐하면 우리는 하나님-나-세계의 삼각 관계 속에 존재하기 때문이다. 하나님께 닻을 내리기를 거절할 때, 인간은 그것을 세계 안에서 찾으려고 노력하거나 혹은 자신의 자율적인 나를 위하여 닻을 내리지 않기를 선택할 수도 있다. 첫번째 경우에 인간은 그가 자신을 내어주는 자기를 둘러싸고 있는 세계 속에서 그의 성취를 추구한다. 두번째 경우에 그는 그 자신의 판단기준이며 그의 목표는 자기 긍정과 자기 실현이다. 고전적인 죄론에서는, 첫번째 태도는 욕망의 태도(*concupiscentia*)이며, 두번째 태도는 교만의 태도(*superbia*)이다.

그러나 일견해 보면 이러한 양극단은 실제로 반대되는 것이 아니라, 오히려 무수한 변화들 속에서 스스로를 실현하는 한 가지 근본적인 선택의 두 가지 측면이라는 사실이 분명하게 된다. 왜냐하면 우리가 세계라고 부르는 것의 무수한 양상들 가운데 한 가지에 노예가 됨으로써, 인간의 목표가 자기 긍정으로 남아있기 때문이다. 그리고 그가 스스로를 의식적으로 자신의 세계의 중심으로 만드는 곳에서 그 중심이 될 때, 그는 그의 자기 실현을 가능하게 해주는 그 주변이 없이는 지낼 수가 없다. 하나님과의 관계는 보통 죄적인 소외 안에서 계속해서 권리를 주장하기 때문에, 이런 표상은 훨씬 더 복잡하게 된다. 하나님과의 관계는 사라지지 않지만, 인생의 크게 우선되는 일들 옆에서 고립된 요소가 되거나 이러한 우선적인 일들을 성취하기 위하여 사용된다. 이러한 모든 고찰들이 죄를 심리학적으로나 혹은 인간론적으로 제한하는 것을 불가능하게 만든다. 죄는 위탁과 태만 속에서, 비천한 정욕의 만족과 엄격한 법의 준수 속에서, 타산적인 자기중심주의와 사람들과 권력들에 대한 열광적인 헌신 속에서 표현된다.

여기에서 우리는 왜 죄가 정의될 수 없는지에 대한 여전히 또 다른 결정적인 이유와 마주치게 된다. 죄의 널리 파급되는 분위기를 파악하고 묘사할 수 있기 위하여, 우리는 죄의 영역 밖에 서 있는 일이 필요하며, 다시 말하여 우리 자신 밖으로 나가야만 할 것이다. 이것을 우리는 할 수 없다. 따라서 결론은 우리가 우리의 존재의 이러한 전-파급적인 사실에 대하여 아무런 말도 할 수 없다는 사실이 되어야 할 것이다. 만약 우리가 어떤 것을 말할 수 있다고 생각한다면, 우리는 우리가 어떻게 죄에 대한 인식에 도달하게 되는지의 문제를 고찰할 때에 그것을 설명할 수 있어야 한다.

교회사에서 *superbia*(교만)와 *concupiscentia*(정욕)로서의 죄의 두 가지 개념은 하나씩 교대로 혹은 합쳐져서 큰 역할을 해왔다. 특별히 어거스틴은 그의 전생애를 죄의 본성을 숙고하면서 보냈다. 그에게 있어서 *humilitas*(겸손)는 구원받은 삶의 기본적인 덕이었으며, 따라서 *superbia*는 근본적인 죄였다. 그는 시락서 10:13을 인용하기를 좋아하였다. "교만은 모든 죄의 시작이다." 그러나 아담의 교만에 대한 형벌 때문에 그의 후손들의 삶은 탐욕(*cupiditas*)과 욕망(*libido*)으로 가득차게 되었다. 어거스틴은 특별히 *De civitate Dei* (신국론) XIV에서 이러한 죄론을 전개하였다. 첫째로 그는 *multae variaeque libidines*(많고도 다양한 욕망들)를 그 가운데 있는 *libido dominandi*(지배하려는 욕구: 이렇게 해서 *superbia*에 아주 가깝게 된, XIV.15, 끝에서)와 구분하였다. 그러나 곧 이어서(XIV.16, 처음에), 정욕(*lust*)이라는 단어의 일반적인 의미에 호소하면서, 리비도(*libido*)를 "생식 기관들을 정욕적으로 자극하는 것"으로 축소시켰다. 성적인 욕망은 특별한 죄이다. 이것은 항상 수치심을 동반한다. 낙원에서는 성적인 기관들이 어떤 자극들에 의해서 자발적으로 자극을 받지 않았고, 우리가 여전히 우리의 손과 발을 가지고 그렇게 하는 것처럼 의지의 행동에 의하여 기능을 나타내도록 지음을 받았던 것이 분명히 사실이었다(XIV. 21-24).

이와같이 (원)죄를 성관계로 축소한 일은 오늘날에 이르기까지 막대한 결과들을 초래하였다. 그러나 이러한 가르침은 교회의 인정을 받지 못하였다. 이와 반대로, 1341년에 교황은 "quod concupiscentia carnis est peccatum at malum"(육체의 정욕이 죄이며 더욱이 악)이라는 오류를 정죄하였다(D 1012). 그리고 트렌트(D 1515)는 *concupiscentia*에 성욕의 영역보다 훨씬 더 큰 영역을 포함하였으며, 육체의 성향을 죄가 아니라 그것을 야기시키는 것("죄의 부싯돌인데 … 그 이유는 이것이 죄로부터 나오며 죄를 짓게 하기 때문이다"), 그리고 동시에 그리스도의 능력 안에서 맞서 싸우게 하는 자극이라고 불렀다. 종교개혁자들은 죄 속에 정욕의 요소를 포함하면서도 죄를 성적인 것으로 규정하는 일을 피하기 위하여 이러한 고통스런 방식과 더불어 논쟁하였으며, 로마서 7:7에 호소하면서 이것을 죄의식을 약화시키는 것이라고 여겼다. 양편이 다 정욕으로서의 죄에 대한 명백하고 일반적인 정의를 결여하였다.

토마스는 이미 정욕(그는 이것을 "어떤 일시적인 선을 지나치게 갈망하는 것"이라고 불렀다)을 자아에 대한 사랑으로 축소하였다. "자아에 대한 지나친 사랑은 모든 죄의 원인이다"(*ST* I,II, q.77, art.4). 이것은 그를 또다시 어거스틴의 *superbia*의 노선에 가까이 가게 만들었다. 이 노선을 지속하였던 것은 주로 개신교 신학자들이었다. 라틴적이고 로마 가톨릭적이며 쾌활한 남부 유럽에서는 죄가 특별히 욕망으로 간주되었고 간주되지만, 독일적이고 개신교적이며 "파우스트적인" 북서부 유럽과 북미에서는 이것이 특별히 교만으로 간주되었다. 이 두번째 개념의 한가지 예가 J. Müller의 전문 논문인 *Die christliche Lehre von der Sünde*(1839; 특별히 1844, Bd. I, pp. 369f.의 "Neue Ausarbeitung"에서 보라). 또 다른 사례는 브룬너(Brunner)이다(*Dg II*, chs. 3과 5). 여전히 더욱 분명히 사례는 Reinhold Niebuhr, *The Nature and Destiny of Man*(1941)인데, 특별히 1권의 7장인 "죄인으로서의 인간"을 보라. 인간은 그의 유한성의 한계들을 넘어가서 하나님과 같이 되기 위해 노력하도록 그의 자유에 의해서 기만을 당한다. "성경적이고 기독교적인 사상은 적절한 정도의 일관성을 가지고 교만은 성욕보다도 더 근본적이며 어떤 면에서 후자는 전자로부터 파생되었다고 주장하였다"(p. 198).

개신교 신학, 특히 자유주의 신학 속에는 여전히 또 다른 흐름이 존재하는 바, 그 속에서 죄는 오히려 욕망과 세속성으로 이해되는데, 그 이유는 인간의 진화론적인 상승의 낮은 단계를 더 높은 단계에 종속시키기를 거절하기 때문이다. 슐라이어마허는 이것을 육욕으로, 즉 정신에 대하여 전쟁을 감행하는 육체로 이해하였다. 화란에서, 죄가 "단순히 자연적인 삶"이며, "아직 윤리적이지는 않은 삶", 즉 도덕적인 자유를 일깨움으로서만 오로지 죄가 되는 인간 내부에 있는 동물적인 부분이라는 견해를 전개하였던 사람은 특별히 현대주의의 아버지인 숄텐(J.H.Scholten)이었다(예를 들어 *De leer der Hervormde Kerk*, 4th ed., 1861, II, pp. 533ff.).

테이야르 드 샤르뎅 이후로 신학에서 현대의 진화론적인 사상이 이 견해에 새로운 타당성을 부여하였으며, 또 다른 맥락에서 우리는 이것으로 되돌아갈 것이다. 그 결과로 로마 가톨릭과 개신교의 죄론 사이에서의 옛 강조의 차이들이 덜 중요한 것으로 되었다. 또한 K. Rahner, in "The Theological Concept of Concupiscence"(*Theological Investigations*, I, E.T. 1961, pp. 347-382)에 나오는 정욕의 개념에 대한 과감한 재해석을 보라. 그는 좀더 "개신교적인" 견해를 찬성하고 있다. 이와 관련하여 매우 중요한 것이 바로 바르트가 죄론을 전개하는 방법인데, 그는 세 가지 관점에서 이것을 연속적으로, 교만과 태만과 기만으로 간주하였다(*CD* IV,1-3). 특별히 태만의 새로운 측면이 최근 몇 년 동안에 결실이 있는 것으로 입증되었다. 죄는 잘못된 것을 행하는 것뿐만 아니라, 선한 일을 하지 않고 결과들에 대한 책임을 받아들이기를 거절하는 것이기도 하다(이것의 좋은 예가 Harvey Cox이다). 교만과 정욕으로서의 죄 개념 사이의 해묵은 긴장은 이렇게 해서 끝나가고 있다. 이것은 주로 본질의 측면에서 생각하고 관계의 측면에서는 거의 생각하지 않았던 시대에 속한다. 죄는 어딘가에서 국한되어야 한다. 그러나 단절된 관계는 단순히 인간의 어떤 측면에서 국한될 수 없다. 자아에 대한 사랑과 자아 실현을 위한 동기뿐만 아니라 세계가 제안해야 하는 것을 위한 욕구가 그 자체로서 얼마간은 객관화될 수 없다는 이러한 이유로 해서, 국한은 실제로 이미 매우 어려운 것으로 입증되었다. 따라서 이것들은 죄를 서술할 수가 없다. 그러므로 신학은 되풀이하여 죄에 대한 부정적인 정의에 의존해야 하며 그렇게 해서 좀더 포괄적인 죄의 정의에 의존해야 한다.

그리고 또한 가장 통찰력이 있었던 사람은 어거스틴이었다. 그에게 있어서 죄는 참된 존재로부터의 분리, 즉 존재의 상실이고, 선의 결여(*privatio boni*)였다. 죄는 *nihil positivum*(실제적인 무)이다. 나중에 개신교 스콜라주의에서는 이러한 현저한 정의가 이루어졌는데, 그것은 (그럼에도 불구하고 그러한 이유로 해서) 무서운 힘을 발현시키는 부정성(*privatio actuosa*)이었다. 바르트는 무(無: Nichtige)에 대한 그의 교리 속에서 이런 관념들을 요약하였는데, 죄는 하나님이 거절하시는 것이며 이러한 거절로 인하여 실제적인 위협으로서 존재한다(*CD* III,3, par. 50). 우리는 이러한 부정들을 넘어갈 수 있는가? 만약 말할 것이 더 있다고 한다면, 이것은 죄를 불신앙(*infidelitas*)이나 혹은 의심(*incredulitas*)으로 정의하고, 그렇게 해서 이것을 오직 믿음(*sola fide*)에 상반되는 것으로 여겼던 종교개혁자들이 말하였던 것이 되어야 한다. 루터의 "기독교인의 자유" 제11항과 제 24항, 그리고 대요리문답에 나오는 제1계명에 대한 그의 해석의 첫부분을 보라. 칼빈에 대해서는 *Inst* II,i,4. Cf. 로마서 14:23를 보라. 죄는 하나님의 거룩한 사랑에 의심을 품고 있다(창 3:1-5!). 이것을 이런 식으로 설명해서는, 죄의 수수께끼 같은 부정성이 설명되지 않고 단순히 표명될 뿐이다. 그런데 이러한 의심에 의해 만들어진 진공은 교만과 욕망의 결합에 의해서 채워진다.

교회사의 관점에서 회고해 볼 때, 성경은 교만과 욕망 사이의 이러한 논쟁에서 어디에 서 있는가? 창세기 3장의 화자(話者)는 의도적으로 두 가지 강조점들을 나란히 제기하고 있다. 한 편으로 인간은 하나님과 같이 되기를 원하고(5절), 다른 한 편으로는 탐스럽고 보암직한 나무에 굴복한다(6절). 요한일서 2:16에서 죄는 "육신의 정욕과 안목의 정욕과 이생의 자랑"이라는 세 가지의 부류로 특징지어진다. 바울은 죄를 "육"(사르크스)으로 규정하지만, 이 단어는 "부도덕, 불순, 방탕"뿐만 아니라, "질투, 분노, 이기심"도 함의하고 있다(갈 5:20). 대략적으로 구약에서 죄는 특별히 신격화된 삶의 유혹(바알 숭배)으로, 신약에서는 특별히 자신을 정당화하려는 인간의 시도로서 나타난다. 그러므로 죄론을 더 깊이있게 전개하기 위하여, 우리는 또한 다음 장(이스라엘)을 지시하지 않으면 안된다. 이스라엘에 대한 하나님의 특별 계시에 의하여, 이 백성들은 특별히 죄의 진정한 본성과 깊이를 전형적으로 입증하였다.

이렇게 해서 죄의 본성을 생각할 때 우리는 죄의 지식에 관하여 질문하게 된다. 만약 이것이 국한될 수는 없지만 우리의 전존재에 침투한다면 우리는 도대체 죄를 어떻게 바르게 조명할 수 있을 것인가? 이 질문은 추상적으로 보일 수도 있다. 왜냐하면 죄의 인식은 보편적으로 경험되는 사실이기 때문이다. 인간의 죄로 인한 실패를 가리키는 어떤 어휘가 없다면 문화나 언어도 존재하지 않는다. 모든 것이 죄에 대한 지식을 복음으로 들어가는 입구와 접촉점으로 간주하는 것을 지지하는 것처럼 보이는데, 이 때에 복음은 용서와 은혜를 언급함으로써 이러한 보편적인 문제에 대한 답변을 제공하게 될 것이다.

그러나 이것은 그렇게 단순하지가 않다. 실로, 사람들은 어디에서나 죄책을 인식하고 있지만, 그들이 어떤 죄를 누구 앞에서 지었느냐에 대한 관념은 매우 다양하며, 또한 이와 관련하여 인간의 실패의 성격과 내용도 마찬가지로 다양하게 변한다. 인간은 신들의 신탁뿐만 아니라, 자기 자신의 양심의 소리를 듣는 데도 주의를 기울이지 않을 수 있다. 제물을 바치는 것뿐만 아니라 이웃사람들과 교제하는데 있어서도 잘못을 저지를 수가 있다. 그리고 이 양극단 사이에는 방대한 영역의 가능성들이 놓여 있다. 죄의 본질은 인간이 거스려 죄를 짓는 가치 체계에 따라서 변한다. 이러한 이유로 해서 인간은 모든 사람들에게 공통된 죄인식에 호소할 수 없다. 공통된 것은 계명과 행위 사이에 있는, 즉 이상과 실제 사이에 있는 거리, 즉 인간이 확실하게 가교를 만들지 않거나 혹은 항상 만들 수 없는 간격에 대한 단순히 형식적인 인식뿐이다. 이러한 의식은 인간은 여전히 불완전하고, 자신을 넘어서며, 스스로를 기대한다는 앞에서 언급된 근본적인 인간학적인 사실과 밀접하게 관련된다. 이 사실은 그 자체로서 매우 중요하다. 그러나 이것은 무엇이 죄이고 죄가 아닌가에 대하여, 그리고 하나님이 보시기에 무엇이 더 죄적이고 덜 죄적인 것인가에 대하여 그 자체로는 아무런 정보도 제공하지 않는다.

기독교 신앙에 대해서도, 역시 적어도 만약에 우리가 "가치"의 개념을 충분히 포괄적으로 생각한다면, 특별히 죄로 간주되어야 하는 것이 죄가 저질러지는 가치로부터 파생될 수 있다는 사실은 유효하다. 왜냐하면 문제가 되는 것은 이스라엘을 선택하시고 심판하시고 도로 찾으시는 거룩하고 은혜로우신 하나님, 우리 죄를 위하여 죽으시고 우리의 의롭다 하심을 위하여 부활하신 예수 그리스도, 그의 심판과 중생을 통하여 사람들을 변화시키시는 성령과의 만남이기 때문이다. 이 하나님의 행위는 인간으로서의 우리의 존재를 전제하는데, 이 행동 속에서 우리는 탕자와 그의 거룩한 사랑의 명령을 거스린 반역자, 그리고 그의 나라의 적으로서 나타나게 된다. 이것은 무섭고도 전혀 기대치 못한 발견이다.

우리는 이 하나님과의 만남 속에서 이스라엘의 대표적인 근본적 자리가 없이는, 그리고 이 역사가 절정에 달한 예수의 십자가가 없이는 이것을 알 수 없을 것이다. 십자가가 우리에게 그 무엇에 대하여 말하든지 간에, 이것은 우리가 하나님께 맞설 수 없으며, 만약 그가 우리에게 너무 가까이 다가오시면 그는 사라져야 한다는 사실을 분명히 입증해 준다. 그 속에서 주도권을 취하였던 사람들은 그들이 정확히 하나님의 이름으로 예수를 정죄하지 않으면 안된다고 생각했었다. 이런 일을 한 것은 범죄자들이 아니라, 높은 도덕적이고 종교적인 신념들을 가진 사람들이었다. 예수 안에서 활동하시는 하나님을 보는 사람들에게 있어서, 이것은 정확히 하나님께로부터 우리가 근본적이고 전체적으로 소외되어 있다는 증거이다. 십자가 이후로 인간에 대하여 낙관론적으로 생각하고 그 자신의 선한 잠재력과 능력들로부터 구원이 올 것이라고 기대하는 일은 더 이상 불가능하다.

따라서 우리가 그 속에서 살고 있는 죄의 분위기에 대하여 어떤 지식을 가지고 있는 것은 하나님과의 만남을 통하여 우리가 외부로부터 어떤 기준을 받았기 때문이다. 죄에 대한 지식은 신앙의 지식이다. 하나님께서 죄라고 부르시는 것은 심지어 가장 무자비한 자기 성찰을 통해서라 하더라도, 우리가 우리 자신의 "마음"에서 발견할 수 있는 것보다 무한히 더 깊이 내려가고, 무한히 더욱 포괄적이다. 왜냐하면 이 경우에 우리는 아직도 우리 자신을 우리 자신과 비교하는 일 즉 우리의 행위들과 우리의 양심, 우리의 행동과 우리가 되고 싶은 것에 대한 이상, 우리의 "열등한 나"와 우리 안에 있는 도덕법을 비교하는 일에 몰두하고 있기 때문이다. 하나님과의 교제 속에서, 우리는 또한 그리고 피상적으로 "우리 안에 있는 고등한 것"을 가지고 하나님에 대한 우리의 독립을 주장한다.

그러나 죄의 인식이 외부로부터 온다는 사실은 그것이 우리 인생에 외적인 것으로 남아있음을 의미하지는 않는다. 하나님과의 만남 속에서 우리는 또한 우리를 향한 그의 근본적인 심판 속에서 그에게 동의하는 것을 배운다. 이러한 고발이 여전히 전적으로 내적인 것이 될 수 있다는 것은 아니다. 우리는 그것을 견딜 수 없을 수도 있다. 이것은 우리를 완전한 절망으로 몰고 갈 수도 있다. 그렇지 않으면 우리는 그 아래에서 멸망하지 않은 채로, 우리 자신을 우리에 대한 하나님의 평가와 동일시할 수 있을 만큼 거룩하여야 할 것이다. 더욱이, 만약 이 지식이 하나님의 은혜에 대한 우리의 지식의 반대를 수반하지 않고 또한 그것이 아니라고 한다면, 우리가 우리의 삶에 대한 하나님의 심판에 대하여 지금 이미 알고 추측할 수 있는 모든 것은 단순히 우리를 무력하게 만들어 버릴 수도 있다. 하나님은 우리를 꿰뚫어 보시면서도 우리를 사랑하신다. 감사하게도 그는 우리에게 진리를 말씀하신다. 그의 은혜의 햇빛 속에 서 있을 때, 우리는 우리의 죄책의 헤아릴 수 없는 어두운 심연을 들여다보는 일을 감내할 수 있다.

죄에 대한 이러한 지식에 비추어 보면, 세상에서 존재할 수 있는 죄에 대한 어떤 다른 지식이라 하더라도, 그것으로 인하여 무가치한 것이 되지는 않는다. 이 모든 지식은 이제 계속적인 실패와 오류에 대한 고질적인 인간의 인식의 표명이다. 그 인식은 기독교적인 죄 인식에 의하여 확언되고 심화된다. 그러나 동시에 이것은 하나님의 심판의 기준에 의하여 판단되었을 때, 우리들에 대한 하나님의 유죄 평결의 궁극적인 진지성을 회피하려는 무의식적인 시도로서 한정되고 드러나게 된다. 이것은 죄가 예배의 행위를 통하여 교정될 수 있는 단순히 제의적인 부정인 곳과, 그리고 죄가 인류 위에 무겁게, 없어지지 않은 채로 드리워져 있는 운명으로 깊이 경험되는 곳 모두에 있어서 사실이다. 이것은 물론 심리학적으로 말하였을 때, 죄책에 대한 진정하고 깊은 인식의 표명이 기독교적인 하나님의 경험 외부에서도 역시 발견된다는 사실을 부인하려는 것이 아니다. 우리는 이것을 도대체 심리학적인 것으로 제한할 수 없다. 왜냐하면 — 우리가 반복하거니와 — 그리스도 안에서의 하나님에 대한 지식은 배타적이 아니라, 규범적이기 때문이다. 그러나 이러한 규범적인 성격이 비신자와 우리들의 대화속에서, 죄인식에 대한 공통된 토대를 발견하는 일을 어리석은 일로 만든다. 그 이유는 우리가 여기에서 이 말로써 이해하는 것이 하나님과의 만남에서 유래된 매우 특별한 지식이기 때문이다.

종교현상학은 죄에 대한 대단히 다양한 개념들과, 그것들이 표현하고 있는 가치체계들에 대한 통찰력을 제공해 준다. 편람들과 다른 문헌을 보라(예를 들면, *RGG* IV, s.v. *Sünde und Schuld* I에서 언급된 것). 특별히 중요한 것은 *La symbolique du mal*(1963, 2nd vol. of *Finitude et culpabilit*)에 나오는 리쾨르(P. Ricoeur)의 죄에 대한 현상학적인 취급이다. 그는 죄를 오염(souillure)과 위반(péché)과 죄책(culpabilité)으로 구분한다. 현상학적이고 신학적인 관점들을 결합한 것으로 중요한 것이 H.J. Heering, *Over het boze*(1974)이다.

우리가 죄에 대하여 어떻게 어떤 지식을 가질 수 있느냐 하는 문제는 특별히 종교개혁의 안과 그 이후와 관련을 맺게 되었다. 루터에게 있어서 이것은 강한 인격적인 경험이었다. 절대적인 하나님(*Deus absolutus* 혹은 *nudus*), 장엄하신 하나님(*Deus maiestatis*), 요구하시는 하나님은 그의 율법 아래에서 우리를 억누르시는 성난 하나님이다. 그러므로 하나님에 대한 이중적인 지식(*duplex cognitio Dei*)이 존재하는데, 그 가운데 첫번째는 이성과 율법을 통하여(*per rationem et per legem*) 획득되기 때문에 또한 일반적인 지식(*cognitio generalis*)으로도 불릴 수 있다(T. Harnack, *Luthers Theologie*, 1862, I, par. 6). 이렇게 해서 죄에 대한 지식은 (복음에서 유래하는) 은혜의 지식과는 다른 원천(즉, 율법)으로부터 유래한다.

현대 루터교는 이러한 사상을 다듬어서, 대체로 죄에 대한 지식을 창조 안에 있는 하나님의 보편적으로 접근할 수 있는 계시의 결과로 간주하는데, 이것은 사실은 — 인간이 창조 명령에 따라서 살지 못했기 때문에 — 진노의 계시이다. 따라서 루터교는 가급적 인간의 삶과 문화 속에 있는 좌절과 비관주의의 증거들에 주목하며, 그렇게 해서 그 다음에 용서와 은혜의 복음을 가지고 이러한 필요들에 응답할 수 있게 된다. "심판에 대한 동의와 구속에 대한 갈망을 통하여 인간은 참된 인간이 된다. 그리고 그가 먼저 참된 인간일 경우에만, 그는 나중에 기독교인이 될 수 있다"(R. Prenter, *Creation and Redemption*, p. 281). Cf. Althaus, *CW* I, par. 4; 뿐만 아니라, 개혁파 전통 속에 있는 Brunner, *Dg* II, pp. 119-121. 우리의 판단에 의하면 이러한 분리는 한 편으로는 자기 자신의 존재에 대한 인간의 경험을 지나치게 강조하는 반면에 (마치 인간이 죄와 진노와 심판으로써 하나님이 의미하시는 것을 스스로 알 수 있는 것처럼), 다른 한 편으로는 복음이 그것의 심판의 차원을 잃어버리고 순수한 은혜로 변하게 된다는 것이다. 루터교 안에서의 입장들에 대한 개관과 토론은 율법과 복음(*Gesetz und Evangelium*) 심포지엄에서 발견된다(E. Kinder 와 K. Händler, ed., 1968). 이와 비교하여 Barth, *CD* IV, 3, pp. 370f.에서 제기된 비판적인 질문들을 보라.

개혁파 개신교에서는 소위 "속(續)종교개혁"이 그 정도까지는 아니었지만 같은 방향을 뒤따랐는데, 그 이유는 이것이 율법에서 온 죄에 대한 지식을 일반 계시와 연결시키지 않고, 은총에 선행하시는 성령에 의한 특별한 조명 속에서 이 지식의 원천을 발견하였기 때문이다. 그렇게 해서 이것은 루터파의 입장의 공통된 인간적이고 문화적인 맥락을 버리고, 하나님의 행동의 이중성을 주장하였다. 이러한 전통에 대하여서는 J. de Boer, *De verzegeling met de Heilige Geest volgens de opvatting van de Nadere Reformatie*(1968)를 보라.

칼빈은 다른 노정을 따랐다. 그는 죄에 대한 지식과 은혜에 대한 지식을 상반되는 것으로, 즉 한 가지의 (심판하고 해방시켜 주는) 복음에 대한 이중적인 반작용으로 간주하였다 — 이 복음을 통하여 믿음(*fides*)과 은혜에 대한 믿음의 지식은 논리적으로 회개(*poenitentia*)보다 앞서 있다. "… 우리는 인간이 스스로 하나님께 속해 있다는 사실을 모르고서는 스스로 진지하게 회개할 수 없다는 사실을 보여줄 작정이다. 그러나 어느 누구라도 그가 먼저 하나님의 은혜를 인정하지 않는다면, 자신이 하나님께 속해 있다는 사실을 진실로 확신하지 못한다"(*Inst* III,iii,2; III, iii의 전체를 보라. 이 장은 "믿음으로 말미암는 우리의 중생: 회개"라는 제목을 지니고 있다). 이 문제에 대하여, 칼빈의 노선을 따르고 있는 해법에 대한 훌륭한 개관이 G.C.Berkouwer, *Sin*(E.T. 1971), chs. 6과 7에서 제시되고 있다.

칼빈의 사상을 따라서, 바르트는 그 자신의 근본적인 입장을 가지고 있다. 율법은 복음의 형태에 불과하다는 관념에서 출발하면서, 그는 인간이 그리스도와의 대면을 통하여서만 배타적으로 자신의 죄를 알게 된다는 사실을 지적하기 위하여 기독론을 논한 다음에 죄론을 상세하게 설명하였다. 그리스도가 당하신 굴욕을 생각할 때, 우리의 존재는 교만 속에 있는 것으로 드러나며 (*CD* IV,1), 그리스도의 승귀(exaltation)에서는, 태만 속에 있는 것으로(IV,2), 그리고 그리스도의 진리 표명에 비추어서는, 거짓 가운데 있는 것으로 드러난다(IV,3).

죄에 대한 지식을 위한 별개의 원천, 즉 율법을 발견하기 위하여 일반적으로 인용되는 성경 구절들은 로마서 3:20과 갈라디아서 3:19-25이다. 그러나 두 번째 인용절은 그리스도에 이르는 전조로서의 율법의 구속적이고-역사적인 기능을 언급하고 있다. 로마서 3:20은 "율법을 통하여 죄에 대한 지식이 온다" (디아 노무 에피그노시스 하마르티아스)라고 기록하고 있다. 바울은 여기에서, 우리가 율법을 통하여 죄를 "알게" 된다고, 즉 이것이 우리의 저항을 불러일으키며 또한 우리가 율법을 범하게 된다고 말하고 있다. Cf. 로마서 7장에서는 이 진술이 또한 구속적이고-역사적인 배경을 가지고 있다. 율법과의 대면을 통하여 이스라엘은 하나님의 의도대로 거룩하게 되는 대신에 죄에 빠지고 말았다. 또한 Berkouwer, *Sin*, ch. 6을 보라.

거룩한 사랑이신 하나님과의 만남 속에서, 죄에 대한 지식과 은혜에 대한 지식은 항상 원칙적으로 결합되지만, 종교적인 경험에 있어서 이것들은 분리된 채 서로를 따를 수도 있다. 율법과 복음은 한 가지 계시의 두 가지 측면으로서 단순히 구별될 수 있으며 (또한 구분되어야) 하지만, 각자 그 자신의 내용을 지니고 있는 두 가지 계시로서 병치되거나 혹은 서로를 따라갈 수는 없다. 그래서 율법은 은혜-없이 되고 복음은 감미롭게 감상적이 되며, 그렇게 해서 양자는 그들이 더불어서 전달해야 하는 하나님에 대한 지식을 흐릿하게 만든다.

죄의 본성과 지식이라는 두 가지 주제에 대한 고찰에 있어서, 가장 중요한 논점들이 강조되었다는 사실을 언급하는 것이 온당하다. 그러나 신앙의 연구는 결코 이것을 그것으로 내버려두지 않았다. 이것은 또한 죄의 기원에 대한 문제를 제기하였다. 다수의 이유로 해서, 스스로 생각해 보면 이러한 가장 깊은 질문을 피할 수가 없는데, 답변을 제시하는 것으로 보이는 어떤 성경 구절들이 존재하며, 특별히 그 이유에 대한 다음과 같은 끊임없는 질문이 나타난다. 왜 하나님은 죄를 허용하셨는가? 왜 그렇게 많은 증오와 질투가 있으며, 그런 모든 갈등과 전쟁이 있는가?

그러나 기원에 대한 이러한 질문은 불가피한 만큼 위험한 것이다. 만약 누군가가 하나의 답변을 알고 있다고 가정해 본다면, 이것은 설명으로서 이용되고, 죄를 분명하게 하며, 그렇게 해서 인간의 죄책을 변명하는 것 이외에 어떤 기능을 가질 수 있겠는가? 설명은 주제를 다소간 조직적이고 합리적인 맥락 속에서 설명한다. 그 자체로서는 어디에서도 어울리지 않을 죄를 가지고 우리가 여전히 그렇게 할 수 있는가? 죄에 대하여 우리가 아는 한 가지는 이것이 조정되고 용서받으며 그렇게 해서 제거되고 있다는 사실이다. 무엇보다도 사람이 죄가 어디에서 오며 어떻게 일어나는가를 알기를 원할 때, 그는 복음의 이러한 핵심의 중요성과 기쁨을 손상하는 것이 아닌가?

그러나 이것은 불가피한 것은 아니다. 공포에 질려서 죄의 현실을 인식하고 어떻게 그 일이 일어날 수 있는가를 묻는 사람은 또한 그것을 통하여 이러한 무서운 사실에 대한 모호한 인식에 만족하기를 거절하고 대신에 그것에 대한 훨씬 더 깊고 분명한 견해를 갖기를 원한다고 말할 수도 있을 것이다. 죄가 무엇인가를 더 많이 발견하면 할수록, 우리는 인간과 세계가 그렇게 어리석을 수 있고 하나님의 사랑의 제안을 거절할 수 있다는 사실에 대하여 점점 더 놀라게 된다. 그리고 나서 우리는 또한 하나님이 이것을 허용하셨고 아직도 그것을 참고 계시다는 사실에 놀란다. 왜 그런가? 어쩌면 대답이 없을 수도 있다. 그러나 그럼에도 불구하고 죄를 축소하고 스스로를 정당화하려는 숨은 동기없이 이 질문을 고려하는 것은 분명히 가능하다.

이 점에 있어서 우리는 베르카우어(Berkouwer)의 「죄」(Sin) 연구의 견해와 견해를 달리한다. 그는 인간이 동시에 죄를 고백하고 그것을 설명할 수 없다고 주장한다. 나는 이것이 강요된 대안이라고 생각한다. 그러나 사실상, 그가 설명들(이원론적인 개념과 일원론적인 개념)이라고 부르는 것을 통하여, 베르카우어는 우리가 판단하기에 실제로 거절되어야 하는 어떤 것을 생각하고 거절한다(Sin, chs. 1-6). 그러나 이어지는 사실로부터 분명히 해명될 것으로 기대되는 또 다른 대안이 존재한다.

만약 하나님께서 그것을 창조계로부터 몰아내시기 전에는 쉬지 않으시는 죄의 대적(大敵)이시라면, 죄의 기원을 하나님과 원수된 우주의 세력 속에서, 즉 그가 어디에서나 나타내시는 거룩한 사랑의 능력을 방해하는 것을 목표로 삼고 있는 사악한 적대자에게서 찾는 것은 당연한 것으로 보인다. 이러한 이원론적인 해결책은 종교사에서 널리 퍼져있으며 여러 세기를 거쳐서 또한 기독교 교회 내에 있던 많은 사람들을 매혹시켰는데, 그 이유는 이것이 하나님이 그것에 대하여 책임을 지도록 만들지 않고도 죄의 놀라운 권세를 설명할 수 있게 해주는 것처럼 보였기 때문이다. 그러나 교회의 공식적인 전통 속에서 이런 이원론은 결코 기회를 갖지 못했다(또한 23장을 보라). 기독교 신앙은 이러한 해결책을 위하여 지불되어야 하는 대가, 즉 서로의 능력에 도전하는 두 신(神)을 갖는 대가, 다시 말하면 피조된 우주 안에 고유한 갈등의 대가를 지불할 수도 없었으며 그렇게 하지도 않았을 것이다. 그랬다면 우리가 알고 있는 하나님은 이 전체 세계를 그의 수중에 붙들고 계실 수도 없었을 것이다. 그렇다면 우주적인 결투의 마지막에 그가 패배자가 되지 않고 승리자가 될 수 있을 것이라고 무엇이 보증할 수 있겠는가?

특별히 초대 기독교는 이러한 이원론에 강한 매력을 느꼈다 — 그 증거가 바로 영지주의와 마르키온주의와 후대의 마니교와 같은 운동들이었다. 마찬가지로 어거스틴은 수년간 이 마지막에 언급된 운동에 매혹되었었다. 이것과 단절한 이후에, 남은 생애 동안에 그는 죄의 기원이라는 성가신 문제에 대한 보다 나은 대답을 탐구하였다. 현대인은 그 당시에 그랬던 것보다는 덜 형이상학적이고-이원론적으로 생각한다. 그러나 오늘날의 많은 기독교인들은 보다 더 실제적인 이원론, 즉 거룩한 사랑의 하나님과 세상을 지배하고 있는 것처럼 보이는 권세들 사이의 이원론으로 나아가고 있다. 이원론에 대해서는 Berkouwer, *Sin*, part II를 보라.

그러므로 용기있고 지적으로 깊이 연구하는 사상가들은 죄의 기원이 어쩌면 이런저런 방식으로 하나님 자신에게 있을지도 모른다는 대안을 고찰하는 일을 회피하지 않는다. 하나님이라는 단어의 진정한 내용들을 인식함으로써 사람들은 말하자면 이러한 일원론적인 방향으로 내몰린다. 만물이 그에게서 나와서 그를 통하여 그에게로 돌아간다. 가장 큰 "사실들" 가운데 하나인 죄가 그러한 고백의 외부에서 일어날 수 있었는가? 만약 그가 이런저런 방식으로 이것을 원하지 않으셨다면, 이것이 존재할 최소한의 가능성이라도 있을 수 있었겠는가? 그러나 당연하게 우리 역시 이런 관념을 피하게 된다. 어떤 방식으로든 그가 이것을 원하셨다면 하나님께서 어떻게 죄와 싸우시고 그것을 책망하실 수 있었겠는가? 우리가 이 마지막 관념에 양보를 하면 할수록, 죄와 은혜의 중심적인 복음의 변증법은 점점 더 웃음거리가 되지 않을 수 없게 된다.

개혁파 개신교는 엄격한 신(神)중심주의에 의하여 인도됨으로 해서, 위험을 무릅쓰고 이러한 일원론적인 방향으로 가장 멀리까지 나아갔다. 그리고 이것은 죄가 또한 하나님에 의해서 정해졌다는 사실을 암시하는 것처럼 보이는 다수의 성경 진술들에 의해서 뒷받침되고 있는 것으로 생각하였는데, 이 구절들은 다음과 같다. 바로의 마음이 강퍅해짐(출 4:21; 8:15; 롬 9:17), 사울(삼상 16:14), 유다(마 18:7). 이러한 개념을 지지하는 것으로 인용되었던 다른 본문들에 대해서는 H XII, pp. 274ff.와 Bavinck, *GD* II, par. 39, no. 306ff.를 보라.

이것은 칼빈이 강하고 때때로 의심스러운 진술을 하도록 만들었다. "왜냐하면 주께서 그것을 방편적이 되도록 심판하셨으므로 해서 최초의 인간이 타락하였기 때문인데, 왜 그가 그렇게 심판하셨는지는 우리에게 감추어져 있다 … 따라서 인간은 하나님의 섭리가 정하시는 대로 타락하지만, 그는 자신의 잘못에 의해서 타락한다"(*Inst* III,xxiii,8). 특별히 섭리론에서 그는 이 주제와 씨름하였는데, 전형적인 것은 이 주제에 관한 장의 제목이다. "하나님은 불경건한 자들의 행위를 사용하시고, 그의 심판을 수행하시기 위하여 그들의 마음을 굽히심으로써, 모든 흠으로부터 순결하게 남아계신다"(*Inst* I,xviii). 이 말은 모순처럼 들린다. 어쨌든, 칼빈은 일관되게 일원론적으로 되기를 원할 수 없었거나 혹은 원하지 않았으며, 그 이후의 개혁파 개신교는 하나님께서 "죄의 조성자"가 되실 수도 있다는 사실을 암시하는 관념을 언제나 혐오하고 거부하였다. 프라네커(Franeker)의 교수인 마코비우스(Maccovius)가 하나님께서 인간이 죄를 짓도록 정하셨다고 주장하였을 때, 그는 전체적인 비난을 받았으며, 도르트 회의는 1619년 5월 4일의 회기에 그에게 좀더 절제하도록 훈계하였다. 우리는 섭리를 논의할 때에 이 개혁파의 입장을 계속해서 다루게 될 것이다.

다른 사람들은 더욱 미묘하게, 피조된 실재의 사실과 본성 속에서 죄의 기원이나 혹은 오히려 그 가능성을 찾았다. 어쨌든, 하나님이 창조하시고 그것을 통하여 그 자신의 외부에 또 다른 실재로 두신 것은 그 자신이 갖고 계신 것과 같은 완전성은 결코 가질 수 없다. 그 자체로서의 창조는 불완전하게 되어 있다. 이 불완전성이 그 자체로서 죄적인 것은 아니지만, 이것은 창조가 죄의 공격을 받기 쉽게 하며, 그것의 영향을 받게 만든다. 이러한 논증은 매력적이지만 그만큼 위험한 것이다. 이것과, 죄를 비극적인 측면으로서의 창조의 고유한 부분으로서 보는 것 사이에는 오직 하나의 작은 단계만이 존재한다; 이것은 그가 창조에서 이 약점을 치료할 수 없다는 사실에 대한 화려한 변명을 인간에게 제공할 수도 있을 것이다. 이것이 없다면 약점은 정확하고 완전하게 인간과 그의 책임과 연결될 수 있을 것이다. 그래서 우리는 우리가 시작한 곳으로, 즉 인간의 자유로 돌아간다.

위대한 사상가들 가운데 몇 사람은 여기에서 지적된 방향에서 답변을 찾았다. 우선 어거스틴이 언급되어야 한다. 우리는 23장에서 무로부터의 창조에 관한 그의 교리에서 언급된 것을 참고한다. 인간은 하나님 안에 그 기원을 가진 존재를 소유하고 있는데, 하나님은 최고의 본질(*summa essentia*)이시며 최고의 선(*summum bonum*)이시다. 그러나 하나님은 그를 무로부터, 즉 없는 것, 플라톤의 메 온(존재하지 않는 것)으로부터 창조하셨다. 이것은 그를 변할 수 있고 불완전하게 만든다. 이것은 인간이 최고의 존재에게 매달릴 수 있게 할 뿐만 아니라, 그 존재로부터 벗어나 존재의 상실에 처해지게 만드는 의지의 자유 속에서 표현된다. 특별히 *De civitate Dei* XII과 XIV를 보라.

이와는 다른 사상의 흐름이 토마스에게서 발견된다. 한 편으로는 하나님을 죄의 기원으로 만드는 것을 피하고, 다른 한 편으로는 죄에 대하여 하나님께 반역하는 그 자체의 독립적인 존재를 부여하기 위하여, 그는 "하나님은 우연에 의한 죄의 원인이시다"라는 선언 속에서 해결책을 찾았다. 죄는 제1원인의 옆에서 제2의 원인이 작용하는 선한 창조의 의도되지 않은 부산물이다. 이것들은 스스로 어떤 것을 창조할 수 있는 것이 아니지만, 이것들의 실패는 선한 창조에 잘못된 영향을 미칠 수 있다. "잘못된 행동 속에서 존재하는 것이 무엇이든지 간에 원인이신 하나님께 환원될 수 있으나, 이와는 반대로 그 안에서 결함이 있는 것이 무엇이든지 간에 하나님에 의해서가 아니라, 결함있는 제2의 원인에 의해서 유발된다"(*ST* I, q.49, art.2; q. 49 전체를 보라).

이 문제를 설명하는 바르트의 방법은 우리가 무(無)에 관한 그의 교리를 언급하였을 때, 두 번 논의되었다. 특별히 23장의 끝부분을 보라. 창조는 무와 인접해 있는데, 이 무로부터 하나님께서 무라고 선언하셨고 (또한 그 자체로서 실재를 지니고 있는) 죄가 그 영향을 미친다. 창조는 그 자체로서 죄적인 것은 아니지만, 그 자체로서 위협을 받고 있다.

게다가 틸리히는 또 다른 방향으로 나아간다(*ST* II, pp. 19-96: "존재와 그리스도에 대한 탐구," 특별히 pp. 29-44: "본질에서 존재에 이르는 변화와 '타락'의 상징"). 우리의 본질은 자유에로의 도약에 의해서 반드시 실현되어야 하고, 동시에 죄를 향한 도약인, 신적으로 주어진 잠재성이다. 그렇다면 죄는 하나님께로 거슬러 추적될 수 있는 존재론적인 필연인가? 따라서 이것은 죄책인 대신에 비극일 수 있는가? 44 면에서, 틸리히는 그의 답변을 다음과 같이 요약하고 있다. "신학은 본질에서 존재에 이르는 도약이 원래의 사실이며, 이것은 구조적인 필연이 아니라 도약의 성격을 갖고 있다고 주장해야 한다. 이것의 비극적인 일반성에도 불구하고, 존재는 본질에서 파생될 수 없다." 그러나 틸리히에 의하면, 도약의 사실 그 자체는 구조적인 필연성을 갖고 있다는 사실을 덧붙일 필요가 있다. 틸리히가 존재론적이고-비극적인 요소(소외) 아래에 죄 속에 있는 죄책의 요소를 숨기는 것을 회피하고 있는지의 여부를 판단하기 위해서는 또한 44-59면을 읽어야 한다.

라인홀드 니버(Reinhold Niebuhr)는 틸리히가 "창조와 타락을 일치"시키고 있다고 비난하였다. 그 자신은 유한한 자유에 대한 그의 교리를 통하여 이것을 피하려고 노력하였다. 동시에 자유를 소유하고 유한한 피조물이 되는 것, 이것은 그의 피조성 안에 놓여 있는 인간이 부여받은 과제이다. 죄는 그가 이러한 긴장을 지탱하지 못하는 것이며 피조물적인 한계들을 벗어나서 그의 자유를 사용하려는 욕망이다. 이와는 반대로 자유의 가장 고귀한 사용은 인간이 이것의 한계들을 깨닫는 것이다. Niebuhr, *The Nature and Destiny of Man*, 특별히 I, chs. 7과 8을 보라.

사람들은 조만간에 이러한 모든 사상의 형태가 인간의 자유의 신비를 에워싸기 시작한다는 사실을 인식할 수 있게 된다. 여기에서 한 가지 예외는 바르트인데, 그는 더 멀리 하나님에게까지 나아가려고 노력하였다. 그러나 우리가 보는 대로, "하나님이 원하시는 것뿐만 아니라, 그가 원하지 않으시는 것도 역시 영향을 미치며 또한 실제로 조화되어야 한다"(*CD* III,3, p. 352)는 자신의 명제와 더불어, 그는 공허한 사색의 허공에 도달하였다. 전체 문제에 대하여서는, 또한 Ott, *AG* art. 19와, 낙관적인 해결책에 대한 폭넓은 개관인 John Hick, *Evil and the God of Love*(1966)을 보라.

이렇게 해서 우리는 홀로 인간에게서만, 즉 그에게 주어진 자유의 신비로운 남용 속에서만 죄의 기원을 찾아야 하는가? 모든 지시들은 이 답변 이외에는 발견될 수 있는 것이 없는 것처럼 보인다. 그러나 이런 결론을 도출하기 전에, 우리는 인간이 홀로 하나님에 대한 그의 반역에 대하여 책임을 지게 할 때 우리가 다음에 말하는 것을 잘 이해함으로써 시작할 필요가 있다. 그는 하나님과 교제를 갖도록 의도되었다. 그런데 어떻게 그가 정반대의 무시무시하고 치명적인 관념에 도달하였는가? 전적으로 그 자신으로부터인가? 그렇게 해서 죄는 순전히 "자발적인 점화"(Brunner)의 결과인가? 이것은 인간의 죄에 사탄적인 성격을 부여하는 일이 될 수도 있다. 그러나 죄에 대한 성경의 표상에서 현저한 것은 이것이 실제로 비교할 수 없을 정도로 큰 죄성과 불행으로 묘사되고 있으면서도, 정확히 이러한 사탄적인 특성은 없다는 사실이다. 성경에서 인간은 빚진 자이지만, 동시에 희생자이다. 그는 하나님의 진노를 불러일으키지만, 동시에 그의 동정심도 불러일으킨다. 그가 죄를 짓는 것은 그 자신의 잘못이다. 그러나 성경에서 "하나님", "우리의 먼지됨", "노예 상태", "권세들" 혹은 "마귀"로서 다양하게 불리어지는 극복된 어떤 것이 또한 그 속에 존재하고 있다.

여기에서 우리는 무엇보다도 먼저 하나님이 인간으로 하여금 죄를 짓게 하거나 그를 계속하여 죄로 나아가게 하시는 것으로 제시되는 성경의 "난해한" 본문들로 돌아가야 한다. 바로와 사울과 유다를 강퍅하게 하시는 것에 대하여 언급된 것 이외에도, 우리는 여호수아 11:20; 시편 105:25; 이사야 6:20; 에스겔 14:9에 나오는 것과 같은 강력한 진술들을 생각할 수 있는데, 이 진술들은 하나님께서 인간으로 하여금 죄를 짓게 만드신다는 것을 분명히 시사하고 있다. 그러나 구약의 다른 곳에서는 죄는 인간이 육체이고 진토가 된 결과인 것으로 생각되고, 또한 하나님의 자비를 불러일으키는 진정을 가져오는 환경으로 간주된다(시 78:39; 103:14). 신약에서는, 특별히 사도 바울이 인간의 죄책과 나란히, 저항하기 어려운 힘에 대해 언급하고 있다. 때때로 죄는 우리를 그것의 포로로 만드는 가외(加外)인간적이고 초인간적인 힘으로 묘사된다(롬 6:12-23; 7장 전체). 그렇다면, 또한 율법은 그 자체로서 유혹하는 힘으로 묘사될 수 있다(롬 7:5-11). 다른 곳에서는 이것은 권능들, 즉 엑수시아이와 스토이케이아인데, 인간의 행동을 너무나 많이 통제함으로 인하여(엡 2:1f.), 죄에 대한 싸움이 말하자면 인간과 사회를 조종하는 이러한 신비적인 권세들과 영계의 영역에서 벌어지는 것임이 분명하게 된다(엡 6:12).

창조-26. 인간(Ⅱ):죄책과 운명 *339*

또한 이러한 관점에서 볼 때, 인간이 자발적으로 불순종하게 되는 것이 아니라, 뱀에 의해서 유혹을 받는 창세기 3장의 타락 기사는 특별히 주목할 만한 가치가 있다. 화자(話者)는 후대 교회의 교리가 갖게 되었던 것처럼, 사탄의 변장이 아니라, 문자적으로 동물(3:1a), 즉 기원에 있어서(*qua*) 인간이 그것과 밀접하게 관련되어 있으며(2:7,9a), 그럼에도 불구하고 인간이 그의 운명과 관련하여(*qua*) 그것에 대하여 낯선 자가 되는(2:20b) 이 세계의 대표자를 의미하였다. 이 낯설면서도 익숙한 세계로부터, 그를 그의 소명에서 벗어나게 하며, 또한 그를 그것에 대해 굴복하게 만드는 어떤 영향력이 인간에게 나타났다(3:6).

그러나 인간이 이러한 "희생물"이라는 사실을 지적하기 위하여 성경이 사용하는 가장 중요한 그림은 사탄이나 마귀의 그림이다. 구약에서는 하나님 자신이 인간이 죄를 짓도록 유혹하실 수 있다는 최초의 관념으로부터 이 그림이 변증법적으로 어떻게 분리되었는지를 여전히 볼 수가 있다. 이런 관념은 하나님의 구원의 목적에 대한 믿음과 조화시키기가 어려웠다. 열왕기상 22:19-23에서 우리는 이러한 기능이 천상의 법정에 속해 있는 "영"에 의하여 어떻게 인계되는지를 보게 된다. 욥기 12장에서 그는 사탄, 즉 고발하는 자로 불리는데, 거기에서 그는 이미 명확한 이름과 기능을 가지고 있다. 그는 욥이 하나님을 배반하도록 유혹하려고 하지만 수포로 돌아간다. 스가랴 3:1-3에서 사탄은 하나님이 대제사장의 죄책을 납득하도록 하기 위해 노력하지만 또다시 수포로 돌아간다. 역대상 21:1에서 우리는 "사단이 일어나 이스라엘을 대적하고 다윗을 격동하여 이스라엘을 계수하게 하니라"라는 글을 읽을 수 있다. 사탄에게 관사가 빠져있는 것은 놀라운 일인데, 그 때에 그는 일반적으로 알려진 존재가 되었다. 좀더 중요한 것은 이러한 정보를 가지고 저자는 다음에 인용되는 사무엘하 24:1의 저자의 주장을 수정하려고 생각하였다는 사실이다. "여호와께서 다시 이스라엘을 향하여 진노하사 저희를 치시려고 다윗을 감동시키사 가서 이스라엘과 유다의 인구를 조사하라 하신지라." 여기에서 우리는 사탄의 모습이 하나님을 죄의 기원으로 만드는 것을 피하기 위하여 사용되었다는 사실을 분명히 보게 된다. 그러나 이러한 의미로서는 사탄은 구약에서 단지 이 세 구절에서만 나타난다. 중간기 시대에 사탄의 모습은 훨씬 더 중요하게 된다. 이제 그는 비록 욥기에서의 인상이 전혀 없지는 않지만, 점차적으로 하나님의 대적으로 간주된다. 이 시대에는 또한 타락한 천사로서의 사탄의 관념이 등장한다(이것을 통하여 죄는 하나님께나 반신(反神)에게로 추적되지 않는다). 그러나 개념 사이의 일치는 존재하지 않았다.

70인역에서 사탄은 디아볼로스(적대자)로 번역된다. 신약에서 사타나스와 디아볼로스라는 용어는 교대로 사용되고 있다. 신약은 욥기에서의 모습을 다시 취하는데, 고발자로서의 역할 속에서 사탄은 천상의 법정에 속하여, 신자들을 밀처럼 체질하려고 하지만, 새로운 것은 예수의 오심과 사역을 통하여 사탄이 이러한 사법적인 지위와, 또한 이와 아울러 세상에 대한 권세를 잃어버렸다는 사실이다(마 4:8-11; 눅 22:31; 요 12:31; 계 12:7-12). "사탄이 하늘로서 번개같이 떨어지는 것을 내가 보았노라"(눅 10:18)라는 예수의 선언은 중심적인 의미를 가지고 있다. 예수는 그의 필생의 사역을 일차적으로 사람들의 머리 위에서 그들을 위하여 이 악한 권세와 싸우는 것으로 여겼음이 분명하다(막 3:27). 그는 그들이 스스로 대항할 수 없는 이 냉혹한 힘을 깨뜨리시려고 오셨다(히 2:14; 요일 3:8). 이 싸움은 이제 원칙적으로는 결정이 났다. 이것은 사탄에게서 하나님과의 모든 합법적인 관계를 박탈하고 그의 권세를 제한하였다. 이러한 적대자가 하나님의 창조에서 어떻게 있을 수가 있었는지에 대해서는 여태껏 거의 질문되지 않았다. 오직 베드로후서 2:3과 유다서 6에서만 이러한 적대 행위가 천사 세계에서의 타락으로 거슬러 추적된다(어떤 사람들은 이것을 요한복음 8:44에서도 찾으려고 잘못 애를 썼지만, 정확한 읽기는 우크 헤스테켄이 아니라 우크 에스테켄이다). 바울은 대부분 개인이나 교회의 문제들과 관련하여 반복해서 사탄을 언급하였지만, 그가 일반적인 죄의 세력을 논할 때에는 이것을 사탄의 개념과 더불어서가 아니라 위에서 언급된 다른 개념들: 즉 율법, 세력으로서의 죄와 엑수시아이, 스토이케이아와 더불어 강조하였다. 성경에 나오는 사탄의 개념에 대해서는 특별히 *TDNT* II, *s.v.* 디아볼로스와 VII, *s.v.* 사타나스를 보라.

교회사에서 인간을 향한 억압적인 위협을 표현하였던, "악마"라는 개념은 위에서 언급된 모든 다른 호칭을 몰아내었다. 이것은 그것의 은유적이고 직접적인 힘을 고려해 보면, 놀라운 것이 아니다. 기독교 미술은 특별히 이것을 촉진시켰다. 오랜 세월동안 사탄의 관념은 기독교 정신에 깊은 영향을 미쳤다.

이것은 그 관념이 신앙의 연구에 있어서 단지 주변적이거나 고립된 기능만을 가지고 있었다는 사실을 더욱더 현저하게 만들었다. 중대한 예외가 루터이지만, 그의 사고에 있어서 죄의 권세들과 죽음과 율법은 악의 잔인한 힘을 표현하기 위하여 악마 이외에 적어도 큰 역할을 수행하였다. 베르카우어의 죄론에서 사탄은 아무런 기능도 갖고 있지 않은데, 그 이유는 베르카우어는 이것이 단순히 죄책을 부정하는 것으로 될 수 있을 것을 두려워했기 때문이다(*Sin*, ch. 4, e.g. p. 112를 보라: "인간 자신의 죄짓는 방식(*modus*) 안에서 실현되는 것을 제외하고는 어떤 잔인한 힘도 존재하지 않는다").

사탄을 표상으로 언급하고 이것을 죄의 잔인한 힘을 표현하는 다수의 다른 성경의 표상들과 나란히 설정함으로써, 우리는 특유의 해석학적이고 신학적인 결정을 내리게 된다. 우리는 사탄이 기독교 신앙의 본질적인 내용에 속해 있지 않으며, 우리가 16장에서 언급하였던 네 가지 범주들 가운데 세번째의 부분, 즉 문화나 시대에 소용이 되는 개념들에 따라서 변하면서, 기본적인 내용을 강조하거나 그것을 표현하거나 묘사해주는 그러한 이미지들을 포함하는 범주라고 생각한다. 이러한 태도를 취하도록 우리에게 동기를 유발하는 것들은 앞에서 논의한 것 속에 함축되어 있다. 그러나 이 견해는 이러한 (그리고 다른) 이미지(들)이 뜻하는 바가 무엇인지를 우리가 특별히, 교의학에서 이 주제에 관하여 통상 이루어지는 것보다 더욱 특별하게 질문하지 않을 수 없게 만든다.

이렇게 해서 "자유"라는 용어에 대해서는, 죄의 신비에 대한 최종적인 언질이 주어지지 않았다. 그렇다면 우리는 이 자유의 한계들을 더 이상 볼 수 없게 될 것이다. 우리가 하나님을 반역할 것을 선택하는 자유와 우리 자신의 본성은 자발적이거나 자동적이지 않으며 절대적이거나 무한하지도 않다. 인간은 악마가 아니다. 죄책의 차원 이외에도, 그의 죄 속에는 또한 우리가 오늘날 비극이라고 부르는 요소가 존재한다: 죄를 범한 사람도 역시 눈멀고 어리석고 기만을 당한 사람이다. 죄를 가외인격적이고 초인격적인 범주들 속에서 묘사하는 성경의 개념들과 표상들이 말하려고 하는 것이 이것이다. 죄책은 인간의 인격적이고 의식적인 의지보다 훨씬 더 깊은 데까지 내려가는 뿌리들을 갖고 있다. 특별히 사탄의 표상은 이것을 표현하기 위해 의도되었는데, 이것을 거절하거나 비신화화하는 사람은 그 배후에 놓여 있는 통찰, 즉 하나님과의 만남 속에서 그 기원을 갖고 있는 통찰을 또 다른 방식으로 표현해야 할 것이다. 이것은 인간을 향하지만, 그의 책임을 면제해 주지는 않는 "더 높은 힘"에 관한 통찰이다. 이런 표명과 더불어, 우리는 우리의 삶과 정신에 있어서 거의 견뎌낼 수 없는 긴장을 나타내게 된다. 우리는 이것이 우리의 죄에 대한 비겁한 변명이 될 수 있을 만큼 크게 비극을 강조할 수 있는데, 그들의 본성이나 유전, 혹은 환경적인 요인들의 불가항력적인 힘 속에서 위안을 찾는 많은 사람들이 존재한다.

역으로 어떤 상황에서도 도저히 이루어질 수 없는 것은 우리가 무자비하게 요구하고 "죄책없는 죄책"에 대한 안목을 갖지 않을 만큼 죄책(이런 경우는 대체로 우리 자신의 죄책이 아니라 다른 사람들의 죄책이다!)을 강하게 강조하는 것도 역시 가능하다. 죄책과 비극, 자유와 운명 사이의 긴장은 참기가 어렵다. 우리는 이것을 줄곧 깨뜨린 다음에 운명론이나 낙관론에 빠진다. 사실상, 인간에게 너무나 많은 것을 요청하고 그를 절망시키는 것은 특별히 첫번째에서 두번째로 쉽게 변할 수 있다. 기독교 신앙은 언제나 정확히 말하여, 인간의 책임성과 그의 무력함을 동시에 단호하게 주장해 왔다. 그러나 이것이 언제나 옳은 방식으로 이루어져 왔는지에 대해서는 의문의 여지가 있다. 여기에서 우리는 우리가 이제 계속해서 연구해야 하는 개념, 즉 유전죄의 개념에 이르게 되었다.

사탄론이 죄를 설명하기 위하여 의도되었다고 생각하는 것은 고집센 오해이다. 그 이유는 이것이 아무것도 설명하지 않으며, 오로지 이 문제를 부분적으로 초인간적인 영역으로 옮겨놓기 때문이다. 우리는 성경에서 이러한 전위(轉位)가 몇 가지 흐름을 따라서 일어났음을 보게 된다. 모든 흐름들이 인간의 책임을 (부분적으로) 밝혀주며, 그렇게 해서 남아 있는 것은 인간 자신의 죄책으로 전적으로 받아들여질 수 있고 또 그렇게 되는 것이 분명하다. 뱀은 인간을 유혹하였고 그렇게 해서 가장 무거운 형벌을 받는다(창 3:14f.). 그러나 여호와께서 뱀을 그런 식으로 처리하였을 때, 인간은 자신의 책임과 형벌을 받았다(16-19절). 사탄이 인격으로 묘사되었다는 사실은 인간의 기만과 더불어 그의 책임성을 강조한다: 죄는 인간에 대한 공격을 통해 비롯된 것이 아니라, 인간이 그 자신에게 "입력된 것"을 가지고 시작하였던 "대화"에서 비롯되었다.

매우 주목할 만한 것은 그리스도에 대하여 부지중에 행하는 죄에 대해서 언급하는 세가지 신약의 구절들이다(눅 23:34; 행 3:17; 딤전 1:13). 문맥에서 볼 때, 분명한 것은 이 무지는 인간의 죄책의 한계를 정하면서도, 그 한계 속에서 이것을 뚜렷하게 규정하고 있다는 사실이다. 그들이 하는 일을 알지 못하는 사람들도 역시 용서가 필요하다. 또한 지혜 문서와 다른 구절들에서 죄가 "어리석은 행동"으로 강조되어 묘사되고 있음을 주목하라: 인간은 죄짓는 일을 위하여서가 아니라, 스스로의 이득을 얻기 위하여 죄를 짓지만 그 대신에 그가 자신을 상하게 하고 있다는 사실을 보지 못한다(역시 창세기 3장을 보라). 이러한 어리석음이나 눈멀음의 요소가 약화되고 인간이 그 자신의 더 나은 판단을 거슬러 죄를 지을 때, 그는 악마적이 된다. "성령을 거스르는 죄"(막 3:28f.과 병행구절들)에 대한 진술은 이런 아슬아슬한 가능성을 가리킨다. 그러므로 요한복음 8:44에서는 마귀에 대해서(이것을 그들의 "아버지"인 그에게서 배워야 하는 죄인들과는 달리) "저가 거짓을 말할 때, 자기의 본성(엑 톤 이디온)을 따라서 말한다"고 언급되어 있다.

인간과 사탄의 죄 사이에 있는 이러한 차이의 중요성을 주목하고 이해하였던 소수의 작가들이 존재한다. 바빙크는 (베른하르트?) 바이스(Bernhard? Weiss)에게서 "인간의 밖에 있는 한 마리의 악마든지 혹은 인간의 형태를 띤 무수한 악마들이든지"를 인용하면서, 여기에서 "악마에 대한 믿음은 죄의 놀라운 심각성과 인간의 구원 가능성을 동시에 주장한다"(*GD* III, par. 43, no. 342)라고 서문에 기록하고 있다. 같은 이유로 해서 체스터턴(G. K. Chesterton)은 "행복한 마귀론"을 언급하였다. 특별히 브룬너는 (비록 오만으로서의 죄의 일방적인 개념과 연결되어 있지만) 죄론에서 이러한 통찰을 고려하였다: 인간은 스스로 죄를 고안할 만큼 충분히 독창적이지 않다. "자발적인 점화의 결과로서의 죄"는 사탄의 행동이다. "따라서 인간의 죄는 유혹하는 힘을 전제로 하며, 만약 그렇지 않다면 죄는 사탄적으로 될 것이다"(*Dg* II, p. 108; 또한 chs. 3과 10, 그리고 ch. 5, pp. 138ff.을 보라). 화란에서는 윤리 신학이 이러한 사상의 흐름에 도달하였다. 이것들은 특별히 코르프(F.W.A. Korff)가 그의 책 「강림」(*Advent*)(1928), pp. 23-28에서 전개하였는데, 이 책은 또한 죄론에 대한 많은 다른 통찰들도 포함하고 있다. 죄책과 비극의 관계에 대한 문제와 관련해서는 또한 Heering, *Tragiek*, esp. XI-XIII를 보라.

일반적으로 교의학 편람들은 이 곳이 아니라 얼마간 뒤에서, 죄의 기원에서가 아니라 죄의 결과들의 한 부분으로 유전죄 교리를 다룬다. 우리는 이런 방식과 달리 논하는데, 그 이유는 유전죄의 교리가 전통적인 형태로서는 유지될 수 없으며 이것이 표현하려고 하는 진리가 다른 방식으로, 즉 우리가 이제 관여하게 될 문맥 속에서 다루어져야 한다고 생각하기 때문이다. 이 교리는 바울의 인용절, 즉 로마서 5:12-21을 체계화하려고 하였다. 은혜의 결정적인 중요성에 대해 언급하면서, 바울은 아담의 죄의 크게 파급되는 결과들과 훨씬 더 크게 영향을 미치는 그리스도의 구원의 행동 사이에 대비되는 유비가 존재한다는 사실을 보여준다. 아담의 죄를 통하여 죽음이 전인류에게 다가왔는데, 그것은 아담 안에서 모든 사람이 그의 죄와 정죄에 함께 참여하고 있기 때문이다. 이러한 참여의 성격은 더 이상은 묘사되지 않는다.

유전죄의 교리들은 이러한 참여에 대한 그들의 인식에 따라서 달라진다. 이렇게 해서 이 이론들은 바울에게 있어서는 단순히 주변적이거나 중요하지 않은 어떤 사실을 중심적인 것으로 만든다. 더욱이, 이것들은 이 구절의 기능을 잘못 판단하고 있다. 보다 넓은 문맥과 직접적인 배경(11과 21절)은 둘 다 이 구절에 대한 바울의 목적이 죄의 권세에 대한 은혜의 우월성을 설명하려는 것이었음을 입증하고 있다. 이 구절 자체에서 죄의 권세에 대하여 언급된 것이 비유적일 뿐만 아니라 문자적으로 종속절들 속에서 진술되고 있다(12, 15, 17, 18, 19, 21절). 체계화하기 위하여 죄에 대한 이러한 언급들을 그들의 문맥과 의도로부터 분리시키는 것은 이것들의 의미를 왜곡하는 것이다. 또한 그 이상의 고려할 문제 — 지금까지 언급된 것과는 별개로, 우리에게 있어서는 결정적인 문제인 — 가 존재하는데, 이것은 그의 시대의 주석적인 통찰들과 방법들에 의하여 표현된 바울의 이러한 성찰을 그 자체로서 권위있는 것으로 간주할 수 없다는 사실이다. 이것의 권위는 성찰 그 자체가 아니라, 여기에서 이론적인 성찰의 주제로 나타나는 바울의 예수와의 만남의 요소들 속에 포함되어 있다. 여기에서 바울의 목표는 은혜와 죄의 현실을 관련시키는 것이다. 양자가 다 사람보다 더 강하지만, 또한 은혜는 죄보다 더 강하다. 따라서 죄론과 관련하여, 우리는 이 전체 논의 속에서 우리를 사로잡고 있는 동일한 주제를 여기에서 보게 된다. 죄의 인격화와 속박과 권세들과 사탄 이외에, 우리는 여기에서 바울이 죄의 압도적인 힘, 즉 우리가 이것의 "비참한" 양상이라고 불렀던 것을 표현하는 또다른 방법을 발견한다.

다른 방법들을 무시하고 우리가 우리 자신의 시대를 위하여 우리 자신의 사고 방식을 가지고 체계화의 문제를 다루어야 한다는 사실을 잊고서 이 특별한 접근 방법을 분리하여 확대하게 되면 필연적으로 유전죄의 자기 모순적인 관념에 이르게 된다. 그러나 죄의 본성은 정확하게 이것이 인간 자신의 자유의 오용이며 그 자체로서 양도될 수 없는 것이라는 사실이다. 만약 우리가 "죄"를 강조한다면, 우리는 유전적인 것을 약화시키고 그 반대로 해야 한다. 두 가지가 다 실체들이지만, 이것들은 "원래의 것"(유전적인 것)이 죄로 지정되는 그러한 방식에서 하나의 단어로 포착될 수는 없다. 그런데 우리는 유전죄에 대한 교회의 가르침의 결과로 나타났고 또한 복음의 중심을 모호하게 해온 숙명론과 절망의 범람을 아직 언급하지 않았다. 이러한 고찰들을 통하여 우리는 여기에서 당연히 제기되는 문제들에 대한 다른 해결책을 찾지 않을 수 없다.

특별히 로마 가톨릭에서 뿐만 아니라 개신교에서도 역시 이 주제에 관한 문헌이 압도적으로 다수이다. 이것은 원죄와 죄책을 결합하는 것의 어려움에 기인하고 있다. 오늘날에 이르기까지 이 시도는 성공하지 못했다. 유익한 방향 설정이 Berkouwer, *Sin*, chs. 12-16; P. Schoonenberg, in *MS* II, ch. X.4; U. Baumann, *Erbsünde?*; K. H. Weger, *Theologie der Erbsünde*(1970)에 의해서 제시되었다.

최초의 사람들의 죄에 관한 기사에서, 야휘스트는 죄의 보편성을 시공간 속에서 표현하기를 원했다. 이 이야기는 아담의 죄를 통하여 인류가 유전적인 운명을 짊어지게 되었다는 사실을 의미하지 않으며, 가인과 노아의 시대와 바벨탑 건축 사건(창세기 3장과의 평행은 창세기 4:3-16에서 현저하며 7절에서는 어쩌면 의도적인 것일 것이다)에 있어서 말하자면 타락이 어떻게 일어나게 되었는지에 대해서도 실제로 전혀 고려하고 있는 것 같지 않다. 구약은 다른 곳에서는 죄를 설명하기 위하여 결코 창세기 3장을 언급하지 않는다. (만약 욥기 31:33과 호세아 6:7에서 아담에 언급이 있다면 — 그럴 가능성은 아주 없는데 — 이것은 다만 죄의 첫번째 보기일 뿐이다.) 단순히 정경을 마감한 이후에, 창세기 3장이 이것의 서론적인 장들에 속하게 되었을 때, 이것은 다시금 중간기 시대에 신학적으로 중요하게 되었다. M. Boertien, "De joodse achtergrond van de parallel Adam/Christus in het Nieuwe Testament," in *Gereformeerd Theologisch Tijdschrift*, 1968, pp. 201-220을 보라. 이것이 바로 로마서 5장에 나오는 바울의 인용절이 읽혀져야 하는 배경이다.

여기에서 우리는 로마서 5:12-21의 주석적인 문제들에 관심을 갖고 있지 않다. 우리는 교의학적인 논의에서 큰 역할을 해온 두 가지 사항들만을 지적할 것이다. 첫째는 12절에 나오는 엡호이 판테스 헤마르톤이라는 단어에 관한 사항인데, 이것은 불가타(Vulgate: 라틴)역에서 in quo omnes peccaverunt로 번역되었고, 그 안에서(즉, 아담 안에서) 모든 사람이 죄를 범하였다는 의미로 받아들여졌다. 이렇게 해서 이 본문은 전통적인 유전죄 교리에 대한 중요한 증거로 사용될 수 있었다. 16세기 이후로 이 번역은 정확하지 않은 것으로 이해되었는데, 엡호이는 "~의 이유로, ~때문에"를 의미한다. 그렇다면 이것은 정확히 전통적인 교리와 정반대의 사실, 즉 모든 사람이 자기 자신의 죄로 인하여 죽는다는 사실을 말하는 것처럼 보인다. 그러나 그것은 이 문맥에서(14절을 보라) 이것을 이상한 요소로 만든다. 우리가 12절에서 마지막 단어들 다음에 "아담 안에서"를 집어넣어야 하는가? 12절의 마지막 단어의 의미는 단순히 "아담 안에서 모든 사람이 죄를 범하였기 때문에"가 될 수 있을 뿐이다.

이것은 우리를 두번째 문제로 인도한다: 아담의 후손들은 어떻게 그의 죄에 함께 참여하는가? 우리는 생물학적인 전가나 사법적인 전가를 생각할 수 있다. 의심할 바 없이, 두번째가 첫번째보다도 훨씬 더 바울에게 본유적인 것이다. 그리고 오직 이 경우에만 바울에 의하면, 아담은 우리가 칭의의 법정적인 선언을 통하여 연결되는 그리스도와 대비적으로 유비된다. 그래서 바울은 전가 관계와 공통의 인격 개념을 아담을 향하여 거꾸로 외삽을 통하여 추론하고 있다. 리더보스(H. N. Ridderbos)도 역시 그의 주석 *Aan de Romeinen*(1959), par. 12에서 이 광범위하게 주장된 견해를 변호하고 있다. 그러나 Berkouwer, *Sin*(특별히 pp. 497-502,524)은 이것을 반대하였다(다른 많은 사람들과 더불어). 루터와 화란 성경 협회의 번역을 따르고 있는 그의 견해는 사법적으로 이것이 19절에 있는 카테스타쎄산에 너무 비중을 두고 있다는 것인데, 그는 "결정적인 점에서 아담-그리스도의 평행 속에서 '전이'가 모호하게 남아 있다"(p. 502)고 결론을 내리고 있다. Cf. Verburg, *Adam*, pp. 36-67과 pp. 245f. n. 241에서도 역시 마찬가지로 사법적인 개념을 거부하고, 바울에게 있어서 가장 중요한 것은 정확히 개인적인 죄라고 12절의 끝부분으로부터 결론을 내리고 있다. 우리가 판단하기에 우리가 말할 수 있는 대체적인 것은 그 당시의 아담 신학을 활용하면서 바울이 죄의 압도적인 권세를 표현하려고 하였다는 것이다.

계몽주의 이후로, 인간의 자유와 책임성에 대한 인식이 증가하였던 까닭에, 유전죄의 모순이 점차로 견딜 수 없는 것이 되었던 것을 이해할 수 있다. J. M. Hasselaar, *Erfzonde en vrijheid*(1953), 특별히 XIII에 있어서, 현재의 유전죄 교리는 그러므로 "신학적으로 받아들일 수 없는 것"이었다. 그는 단순히 개인적인 죄만을 인정한다. 같은 사실이 바르트의 *CD* IV,1(pp. 499f.)에 나오는 *Ursünde*(원죄)에 관한 짧은 구절에도 적용된다. 또한 Berkouwer, *Sin*, ch. 9에서도, 유전죄는 단순히 개인적인 죄의 공통되고 전체적이며 "압도적인" 특성들을 지칭하는 용어에 불과하다. 로마 가톨릭 신학에서는 특별히 쇼넨베르크(Schoonenberg)가 유전죄 교리에 대한 그의 재해석을 통하여 두드러지게 되었다(특별히 *MS* II, ch. 5를 보라). 그는 유전죄를 "세계의 죄", 즉 우리를 향한 죄적이고 집단적인 상황의 압력으로 해석하였다. 그렇게 해서 그는 우리가 비극적인 차원이라고 불러온 것에 매우 가까이 접근하였는데, 이것은 실제로는 처음 인간의 죄와는 전혀 다른 어떤 것이다. 이 주제와 동일한 정신을 갖는 것이 *New Catechism*, pp. 259-270이다. 문제의 구절은 바티칸의 교정을 받을 때 거절되었는데, 그 이유는 출생으로 인하여 우리의 개인적인 죄가 아닌 어떤 죄책을 우리가 지니고 있다는 사실을 이것이 인정하지 않기 때문이다. 개신교 사상가들 가운데에서, 베버(O. Weber)가, *Gl I*, pp. 667-677, 쇼넨베르크의 견해와 매우 근접해 있다. 역시 Ott, *AG art*. 18을 보라. 죄와 유전적인 전이의 불일치에 대한 광범위한 동의가 존재하기 때문에, 후자의 진리를 새롭게 평가할 만한 때가 무르익었다. 우리가 판단하기에 사람들은 아직도 이것을 공동체성과 상황성으로서의 인격적인 죄의 양상으로 만듦으로써 이것을 공정하게 평가하지 못하고 있다. 이것은 인격적인 죄와는 관계가 별로 없지만, 정확히 이것으로 인하여 그 자체의 독특한 의미를 갖고 있다.

자유의 신비스러운 남용으로서 죄는 대단히 인격적이지만, 동시에 후(後)인격적(infrapersonal)이고 전(前)인격적인(suprapersonal) 권능들의 세계 속에 삽입되었는데, 이 권능들은 한 편으로는 인간을 죄의 방향으로 몰고가고(강요하는 것이 아니라), 다른 한 편으로는 죄악된 행동을 개별적인 범죄를 훨씬 초월하는 결과들과 연결시킨다. 우리는 성경에서 이러한 비극적인 요소가 여러 가지로 지시되고 있음을 주목하였다. 이제 우리의 질문은 우리가 어떤 개념들을 가지고 이것을 지칭할 수 있으며 또 그렇게 하는가? 하는 것이다. 한 가지 답변으로서, 이것이 후인격적인(infrapersonal) 것과 관련되는 곳에서, 우리는 오늘날 진화론적인 세계관의 통찰들에 의해서 아주 많은 도움을 받고 있다. 신앙의 연구는 이러한 통찰들을 정경화할 수는 없지만, 이것들을 기독교 신앙 안에 있는 어떤 요소들을 좀더 지적으로 표현하는데 도움을 주는 것으로 받아들일 수 있다.

우리는 진화가 분자 결합의 증대되는 운동으로 구성된다고 알고 있다.

현상인(phenomenon man)에게 있어서 이 운동은 자유의 형태를 띠고 있다. 이 자유는 인류 이전의 세계로부터 물려받은 요소들의 커다란 전체 속에서 일어난다. 그의 동물적인 유전에 따르면, 인간은 사회적으로 영장류에 속한다. 동물의 왕국으로부터 그는 개인적이거나 사회적인 영토에 대한 애착과, 방어와 공격의 기법과, 자신을 유지하기 위한 개인적이거나 집단적인 충동을 물려받는다. 동물에게는 이 모든 것이 자연적이며 도덕적으로 중립적이다. 그러나 인간에게는 이러한 유산이 새로운 소유, 즉 자유와 연결된다. 이 때문에 하나님은 인간이 그의 유산을 어떻게 사용하는가에 대하여 책임을 지게 만드신다. 그는 자기의 유산을 버릴 수도 없고 버려서도 안된다. 그는 이것을 정복하고 엮어서 그의 자유의 부름을 위하여, 즉 그가 하나님과 그의 동료들에게 빚지고 있는 사랑에 대하여, 이것이 열매를 맺을 수 있게 하라고 부름을 받고 있다. 그는 인간으로서의 그의 존재를 위하여 이 유산을 필요로 한다. 동시에 이것은 인간을 그의 책임으로부터 끌어내는 무거운 짐이다. 물려받은 것은 죄가 아니다.

그러나 만약 인간의 자유가 이것을 통제하지 못하고, 그 대신에 이것에 의해서 자신이 타락하고 통제를 받도록 허용하게 되면, 그 결과는 죄이다. 죄는 불필요하고 신적으로 금지된 것이며, 그런 점에서 우리의 자연적인 배경이 끌어당기는 힘에 굴복하는 것이다. 죄는 자유와 더불어 오는 가능성이다. 동물들은 죄를 짓지 않는다. 죄의 무시무시한 가능성은 진화 단계의 절정에 있는 인간에게서만 나타난다. 죄는 존재의 더 높은 형태로부터의 타락이 아니라, 하나님과의 사랑의 교제의 더 높은 존재 형태로 올라가기를 거절하는 것이다. 죄는 정확히 우리가 물려받은 본성의 끌어당김에 굴복하는 것이기 때문에 본성에 반대된다. 인간은 확신과 포기와 복종 속에서 위에서 부르는 부름이 무조건적으로 그를 그의 전존재로서 하나님과 인간의 공동의 역사의 모험에 참여하도록 초청할 때, 스스로를 개방하지 않으면 그것에 희생되고 만다. 우리는 아래에서 양육되어 위로부터 부름을 받는다. 우리는 위협당하고 사랑받는다. 우리는 두번째보다 첫번째의 것에 의해서 우리가 더 이끌리도록 허용할 때 죄를 짓게 된다. 그러나 이것은 우리 인간들이 언제 어디에서나 행하는 것이다. 그러므로 하나님은 우리를 유혹으로부터 끌어내시기 위하여 규칙적으로 신선한 사랑의 힘을 동원하셔야 한다.

우리는 죄의 기원을 찾아보았다. 창조는 우리를 인간의 자유에 위탁하였으며, 그것은 다시 우리를 둘러싸고 압도하는 사악한 요소들에다 내어맡겼다. 죄는 이전처럼 아직도 여전히 신비에 싸여 있으며, 하나님의 목적을 거스르는 무감각적이고 치명적으로 위험한 반역이다. 그러나 이것은 순전히 인간 스스로의 내부에서 일어나는 독창적이고 사탄적인 관념은 아니다. 이것의 뿌리는 우리의 실재의 구조 깊은 곳에 있다. 특별한 의미에서 우리가 위에서 (즉 우리 자신을 변명하기 위한 가능성으로서) 거절하였던 이 관념을 우리는 이제 결국, 즉 우리의 죄(guilt)의 본성에 대한 설명으로 사용해야 한다. 그리고 심지어 하나님이 죄의 조성자라는 그 자체로서 불경스러운 관념이 이제 진리를 담고 있는 것으로 나타난다. 그는 생성의 과정 속에 있는 세계로부터 우리가 위협받고 도전받는 피조물로서 나타나도록 하셨다.

그는 우리를 다르게 만드실 수 없으셨을까? 그러나 그랬다면 우리는 이 세상에서의 인간들이 아니었을 것이다. 그는 우리가 이러한 일시적인 종류의 인생을 갖게 되기를 원하셨다. 그 점에서 우리가 잘못된 방향으로 돌아섰다는 사실은 여전히 우리보다도 그에게 있어서 더욱 큰 슬픔이었다. 그러나 그가 아직도 우리와 더불어 존재하신다는 사실은 그의 사랑이 언젠가 우리의 모든 실패를 극복하실 것이라는 사실에 대한 우리의 담보이다. 이전이 아니라 그 때에는 죄의 신비에 대한 우리의 숙고가 끝나게 될 것이다.

죄를 동물계에서 나타나게 하는 창세기 3장의 신화론적인 언어는, 현대적인 사고의 언어와 현저하게 근접해 있다! 그러나 죄론을 진화론적인 세계관과 연결시키는 것은 신학에서는 꺼림칙한 일로 남아 있다. 이것은 이러한 결합이 아직은 아니지만, 여전히 저급하고, "감각적인" 진화의 수준에 머물러 있는 죄관으로 대체로 귀결되었기 때문이다. 이러한 이견(異見)은 실제로 슐라이어마허, 숄텐(J.H.Scholten), 여러 영국 국교도의 사상들과, 또한 테이야르 드 샤르뎅에 대해서 제기될 수 있다. 그러나 요즈음에는 정확히, 진화와 동물적인 배경, 자연의 공격, 자유와 같은 개념들이 죄를 약화시킬 필요가 없으며 그 대신에 그것의 본성과 중대성을 강조하고 구체화시킬 수 있다는 통찰이 점차로 증가하고 있다. 특별히 가장 최근의 로마 가톨릭 신학은 이러한 주제에 많은 관심을 보여주었다. 내가 보기에 훌스보쉬(Hulsbosch), *De schepping Gods*(chs.II와 III)에서는 죄를 약화시키는 위험성이 아직 극복되지 않았는데, 이것은 Fiolet, *Vreemde verleiding*, ch. 8에서는 사실이 아니다. 개신교도들은 죄론과 현대의 세계관을 연결시키는 것을 매우 주저하고 있다. 분명한 예외는 P. J. Roscam Abbing, *Actuele uitdagingen aan de christenheid*(1967), esp. pp. 146-152이다. 또한 신앙과 직제 연구, 50번: *God in Nature and History*(1967), VII: "Nature, Man, Sin and Tragedy"를 보라.

신학적인 일치가 이 분야에서 증가하고 있는 것으로 나타난다. 어거스틴과 토마스, 틸리히, 바르트가 죄의 가능성을 피조된 실재의 본성과 관련시키는 방법에 대해 우리가 위에서 언급하였던 사실로부터 이것은 추가적인 지지를 얻을 수 있다. 바르트의 무(無)에 관한 교리의 사변적인 양상에도 불구하고, 그가 죄와 "초월적인 힘"을 결합하는 방법은 현대의 진화론적인 사고와 효과적이고도 정확하게 연결될 수 있다. H. Berkhof, "Schepping en voleinding," in the symposium *Woord en wereld*(1961), esp. pp. 234f.를 보라.

앞에서 우리는 죄책의 아(亞)인격적인(sub-personal) 배경으로 (물려받은) 운명을 지적하였다. 그러나 여전히 또 다른 운명의 양상이 존재한다. 인간의 죄책은 운명에서 비롯될 뿐만 아니라, 또한 조만간에 운명의 (전(前)인격적인) 성격을 취하게 되는 요인들을 산출하기도 한다. 유전죄의 전통적인 교리는 운명의 양상들과 죄의 개념 속에 이것들을 포함하려는 (쓸데없는) 시도의 (잘못된) 결합으로 간주될 수 있다.

죄는 운명의 성격을 지닌 결과들을 포함한다. 결국, 우리는 혼자서 모든 죄를 범하는 것은 아니다. 우리는 세계 속에서 성장하며 또한 우리를 위하여 의도된 것, 이를테면 사랑과는 다른 성질을 갖고 있는 사회적인 구조에 참여한다. 우리 사회는 (개인적이거나 집단적인) 이기심의 동기에 기초해 있는데, 이 이기심은 상황에 의존하면서, 탐욕과 야망과, 집단의 이익들, 경쟁, 민족주의 등의 형태 속에서 행동의 관계와 방식들을 결정지으며, 또한 다른 사람들의 이익과 다소간 대립하지 않고서는 도무지 자신의 이익을 거의 보호할 수 없다는 통찰에 의해서만 제어되고 조절된다. 이러한 세계에서 우리는 태어나고 자란다. 습관의 사례(事例)와 형성은 우리를 같은 방향으로 몰고 간다. 죄는 누적의 과정이거나 혹은 전염병이다. 우리는 이러한 당김으로부터 도망칠 수 없으며 그것을 원하지도 않는다. 자발적으로 우리가 따라가서 참여한다. 죄책과 운명은 나란히 간다. 예수가 이 세상 속으로 오셨던 방법, 일관되게 사랑하시는 하나님과 인간의 방법, 잃어버림으로써 자신의 생명을 지키는 방법으로 인하여, 우리는 인생을 얼마나 다르게 살아야 하는가 하는 사실뿐만 아니라 초인적인 능력이 요구된다는 사실과, 특별히 값진 것이 이 세상에서 그것을 위한 대가를 지불할 준비가 되어 있어야 한다는 사실을 알고 있다.

이것이 상호간에 영향을 미친다는 사실에 기초하고 있기 때문에, 우리가 **후인격적(infrapersonal) 측면**이라고 부르는, 죄의 결과의 이러한 측면과 나란히, 우리는 사람들의 정신보다는 오히려 우리의 확립된 사회 제도들 속에, 그리고 또한 현재의 행동 규범들과 금기들, 전통들 혹은 유행의 지시들의 익명적인 힘들 속에 내재해 있는 추진력에 기초해 있는 **전(前)인격적(suprapersonal) 측면**을 구분해야 한다. 물론 양 측면은 함께 결합되어 있다. 첫째로 인격적인 죄는 후인격적인 형태를 띠면서 확대되고, 그래서 계속되며 전(前)인격적인 크기로 집중되고 제도화된다. 개인의 호의가 개인들에게 어떤 행동의 패턴을 냉혹하게 명령하는 그러한 모든 힘들: 국가, 사업, 집단의 이익, 사회의 필요, 관습, 유행, 여론, (서양 혹은 동양의) 이데올로기 등등에 대항하여 개인의 선의(善義)가 거의 혹은 아무것도 성취하지 못하는 것처럼 보이는 것은, 후인격적인 힘들에 의해 눈멀지 않기 위하여 가까스로 산개하여 씨름하고 사랑의 도전을 시작하는 사람들의 경험이다. 이것에 반하여 어떤 것을 하려는 사람은 대개는 옆으로 내던져지거나 혹은 바퀴 밑에서 짓이겨지게 된다. 아주 소수의 사람들만이 이러한 위험을 감내하려는 힘과 용기를 갖고 있다. 대부분의 다수는 심지어 이것을 시작하지도 않는데, 그 이유는 이것들이 발휘하는 비인간적인 영향력들에 대하여 그들이 눈 멀게 된 이러한 힘들과 자신들을 너무나 지나치게 동일시하였기 때문이다. 또한 이러한 관점에서 우리는 예수가 (종교와 국가, 율법과 전통의) "권세들"을 무력화시키시고 "그것들을 폐하시고, 십자가로 승리하셨던"(골 2:15) 방법을 알고 있어야 한다.

위에서 우리는 신앙에 대한 현대의 연구가 어떻게 "죄의 결과들"에 대한 주제에 접근하고 그것을 전개해야 하는지를 단순히 서둘러 지적하였다. 죄의 전염과 유포에 관한 첫번째 측면, 즉 후인격적인 측면은 슐라이어마허(*CF* pars. 70-72) 이후로 좀더 새로운 신학에서 유전죄에 대한 재해석으로 광범위하게 다루어져 왔다. 특히 위에서 언급되었던 바, *MS*에 나오는 쇼넨베르크(Schoonenberg)의 연구를 보라. 특별히 죄론에서 그는 "상황"과 "어떤 상황 속에 있다는 것"에 의미를 부여하고 있다. 이와 대조적으로, 두번째 측면, 즉 전(前)인격적인 측면은 교의학에서 지금까지 거의 주목을 받지 못했다. 아마도 옛 시대에는 이런 측면을 위한 기회가 적게 주었을 수도 있지만, 구조와 제도, 권력과 이데올로기가 매우 결정적이고 종종 비참한 역할을 수행하는 오늘날과 같은 현대 사회에서는 이것이 전적으로 바뀌었다.

이러한 측면이 연구되어야 할 때가 왔다. 이것을 위하여 신학자는 놀랍게도 직접적인 접촉점을, 바울이 이러한 전인격적인 측면을 "정사와 권세" 그리고 "세상의 기본 원리들"(스토이케이아 투 코스무)에 대한 그의 가르침 속에서 표명하였던 방식 안에서 발견할 수 있다. 그는 이것들을 창조의 구조에 속해 있는 것으로 간주하였지만, 그리스도를 떠나게 되면 이것들은 우리를 하나님과 우리 자신으로부터 이간시키기 위하여 하나님과 우리 사이에 나타나게 된다. 로마서 8:38f.; 고린도전서 2:8; 15:24-26; 갈라디아서 4:1-11; 에베소서 1:20f.; 2:1f.; 3:10; 6:12; 골로새서 1:16; 2:8-3:4를 보라. 이러한 사상의 흐름의 현실화를 위해서는 H. Berkhof, *Christ and the Powers*(E. T. 1962)와 K. Barth,

354

CD IV,4, par. 78, 2의 유고작을 보라.

전통적으로, 전혀 다른 내용이 주로 창세기 3:17-19를 따라서 "죄의 결과들", 즉 비참함과 고통, 죽음, 그리고 본성의 부패이라는 표제 하에서 논의되었다. 이것은 또한 죄에 대한 형벌로서 불리어졌다. 이 주제에 대하여 Bavinck, *GD* III, par. 43을 보라. 우리는 이러한 요소들을 우리의 창조의 일시적인 성격을 지시하는 것으로서 인식하며, 9장 25절에서 이것에 대한 논의를 언급하였다. 이것은 죄가 또한 이러한 요소들에 대한 우리의 관계를 변경하였다는 사실에 대한 맹목적인 부인이 아니다. 이것은 특별히 죽음에 대해서 사실로 나타난다: 하나님과의 계약 관계 밖에서 이것은 그에게서 소외된 되부를 수 없는 삶의 종말이며, 하나님이 이 존재를 불멸하게 하실 수 없다는 징표이다. 예수의 부활에 대한 믿음만이 우리의 삶의 일시적인 성격과, 우리의 죽음에 새로운 빛을 비추어준다. 죽음이 기독교 신앙 안에서 고찰될 수 있는 다양한 측면들에 대해서는 P.J. van Leeuwen, *Het christelijk onsterfelijkheidsgeloof*(1955), esp. III B-D를 보라.

이처럼 우리의 죄는 어디에서든 우리의 운명에 둘러싸여 있다. 그러나 이것은 이 운명과 일치하지 않는다. 기독교 교회는 언제나 이 후자의 진술을 너무 강하게 강조함으로 해서, 이 운명의 차원을 충분히 인식하기가 매우 힘들었다: 이것은 "원죄"와 "죄에 대한 형벌"의 항목들 밑에 운명의 요소들을 포함함으로써 그것을 죄책의 차원으로 가져가려고 끊임없이 노력하였다. 이것은 종종 삶의 비극적인 측면들을 평가하고 다룰 때에 기독교에 부당한 어려움을 가중시켰다. 그러나 이것은 최고의 진지함을 가지고 인간의 성숙과 책임을 받아들이는 것의 다른 한편이었다.

기독교 신앙에서 인간은 희생자가 아니라 행위자로서 불리어진다. 그는 동정이 아니라 비난을 받는다. 오늘날에 이르기까지 이것은 사회적이고 문화적인 삶의 모든 부분과 측면에 막대한 결과를 가져왔다. 인간의 인간화를 위해서는 그를 하나님과 그의 이웃에 대하여 전적으로 책임을 져야하는 존재로 제시하는 그 이상의 일은 없다. 만약 우리가 이 "난해한" 언어를 포기한다면, 우리는 기독교 신앙 그 자체를 포기하게 된다. 그러나 이 언어는 또한 근본적인 실패, 즉 우리를 향하신 하나님의 계획을 따르기를 우리가 끊임없이 거절하고 있음을 보여준다. 그리고 책임을 지는 것과 고발되는 것의 이러한 결합은, 우리를 이러한 막다른 길로부터 구하기 위하여 하나님께서 우리를 위하여 그리고 우리를 반대하여 이것을 취하시기 때문일 때만 견딜 수 있다. 기독교의 죄론은 특별히 난해하고 근본적이다. 사람들은 이것의 인식론적인 근원이, 하나님께서 관대하게 또한 새로운 방식으로 우리에게 오시는 메시지이기 때문에 오로지 이것을 견딜 수 있다. 그러나 거꾸로, 이 메시지는 우리가 용서와 갱신을 얼마나 근본적으로 필요로 하고 있는가를 기꺼이 인정할 때에만 이해될 수 있다.

로마서 5:12-21에 나오는 바울의 변론을 주목하라: 아담 안에서의 인간의 근본적인 정죄는 그리스도 안에서의 칭의와 유비적으로 묘사되고 있는 데, 이것은 죄의 결과를 보상해 줄 뿐 아니라, 그것을 능가하는 것으로도 언급되고 있다. 사고에 있어서의 분명한 차이가, 죄책의 요소와 나란히 비극의 요소에 기회가 주어지는 정도와 관련하여 현대 화란 신학에 존재한다. 베르카우어의 「죄론」(Sin)은 이것에 대해 가장 부정적이다. (C.A.Mennicke와 Tillich를 따라서) 다른 방향으로 가장 멀리까지 나아간 이는 P. Smits, "Zondebesef en zondebegrip"(*Nederlands Theologisch Tijdschrift*, Aug. 1958)이다. 중간 입장을 취하는 이는 Heering, *Tragiek*이다.

27. 세계의 보존

이 용어를 가지고 우리는 그가 창조적으로 존재하게 하신 세계를 버리지 않으시고, 그가 품고 계시는 목적에 이르는 도상에 존재하고 머무르게 하시는 방식으로 이것을 돌보시는 하나님의 활동을 지시하기를 원한다. 신앙의 연구는 이 사역을 지칭하기 위하여 다른 용어들을 사용한다: 보존, 통치, 섭리와 기타 등등. 나중에 이 가운데 어느 것도 우리가 여기에서 관계하고 있는 것을 실제로 명료하게 표현하지 못한다는 사실을 알게 될 것이다. 많이 사용된 "섭리"라는 용어는 확실히 그것을 나타내지 못하며, 이것은 하나님의 사랑과 단순히 존재하지 않는 세계 과정 사이의 조화로운 관계를 암시한다. "보존"이라는 용어는 매우 모호하지만, 이것이 이점이 될 수도 있을 것이다. 불리한 점은 세계가 단순히 수동적인 대상에 불과한 것처럼 이것이 일방적인 관계를 암시한다는 사실인데, 이것은 하나님과 세계에 대한 인간 자신의 역할을 정당하게 평가하지 않는다. 아마도 우리는 이러한 암시를 제거할 수 있을 것이며, 이것과 더불어 마음 속으로 이 모호한 단어를 우리의 출발점으로 삼기를 오히려 선호할 것이다.

보존이 실제로 창조 이후에 창조와 나란히 있는 분리된 주제인지의 문제에 대하여 많은 글이 쓰여졌다. 23장과 특별히 24장에는 창조에 대해서 만큼이나 보존과 관련해서 적용되었던 많은 사실이 이미 언급되었다. 외관상으로는 구분선을 긋기가 어렵다. 오랫동안 보존은 또한 "계속적인 창조" (*creatio continua*)로도 표시되었다. 결국, 모든 새로운 식물이나 동물, 혹은 인간은 새로운 것의 출현이다. 특별히 진화론은 처음에는 식물들과 동물들의 계속적인 새로운 종들의 출현에서, 나중에는 — 수백만년의 진화의 관점에서 보면 단지 짧은 기간 전에 — 인간의 출현에서 그리고 좀더 특별하게는 그가 전적으로 새로운 시대를 가져오기 위하여 활동하는 방법을 통하여 창조가 계속된다는 관념을 촉진하였다: 진화의 산물이 이제 그것의 지도자가 되고 있다. 이러한 모든 이유들로 인하여 창조와 보존을 일치시키는 것이 현명한 것으로 보인다.

그러나 이 주장들 가운데 어떤 것들은 전혀 다르게 평가될 수 있다. 정확히 창조의 면류관으로서의 인간의 출현은 거대한 단절을 의미하였다. 이것은 창조주로서의 하나님의 위치를 철저하게 변화시켰다. 하나님은 그에게 그 자신의 존재의 비밀: 자유와 사랑의 이중성을 양도하셨다. 그렇게 해서 인간은 그의 종일 뿐만 아니라 하나님의 동반자가 되었다. 인간은 공동 창조자요 공동 보존자요 공동 통치자가 되었다. 이것은 하나님께서 창조에 대한 책임을 전적으로 인간에게 맡기시기 위하여 그의 창조에서 물러나시게 된다는 사실을 의미할 수도 있을 것이다. 그 일은 일어나지 않았다. 그러나 인간의 창조 이후에 이 상황은 완전히 달라졌다. 날카로운 단절을 말하고 있는, 다르기는 하지만 직접적으로 관련된 이유가 존재한다: 인간은 사이에 끼어들었을 뿐 아니라 인간과 더불어 죄가 나타났다. 이 종은 권력을 잡으려고 하였다. 동반자가 반역자가 되었다. 이것은 하나님을 그 자신의 창조에서 추방하는 것을 의미하는 것이었을 수도 있다. 그 일은 일어나지 않았다. 그러나 인간과 죄의 이중적인 요소는 하나님께서 말하자면 새로운 것들을 창조하시면서 계속해서 행복하게 지내시는 것을 불가능하게 만들었다. 그와 세계의 관계는 이제 전혀 새로운 것이 되었다. 이로 인하여 우리는 "창조"가 아닌 두번째 용어를 찾아야 한다. 내가 알기에 이것은 또한 신앙의 연구가 일반적으로 해왔던 것이다.

용어상으로나 실질적으로 이것이 이러한 문제를 갖고 씨름한 것은 바로 개신교 스콜라주의의 영예와 관련된다. 이것은 다양한 각도에서 문제를 밝히 설명하기 위하여 세 가지 연속되는 용어들: 보존, 협력, 통치(*conservatio, concursus, gubernatio*)를 사용하였다. 콘쿠르수스(협력)는 하나님과 인간의 활동이 상호작용하는 방식을 지칭하였다. 바르트는 *CD* III,3에서 이 주제를 광범위하게 다룰 때에 이러한 구분을 받아들였다. 그러나 하나님과 죄 사이의 긴장은 이 단어들 속에서 나타나지 않았다. 그것에 대해서는 허용, 방해, 인도, 결정(*permissio, impeditio, directio, determinatio*)와 같은 다른 단어들이 구베르나티오(통치)의 주제 아래에서 도입되었다. S par. 21, III; R par. 20,5; H XII를 보라. 다음에 전개되는 내용은 왜 심지어 이런 개념들까지도 문제를 바르게 평가할 수 없었는지에 대한 이유를 밝혀줄 것이다.

보존의 교리, 즉 그가 창조하신 세계에 대한 하나님의 영원한 관계에 관한 교리는 신앙의 연구에 있어서 가장 인기있는 부분이다. 규칙적으로 우리는 "무언가가 존재한다", "하나님께서 모든 일에 관여하고 계신다", "만사가 틀림없이 존재하는 방법을 갖고 있다", "우리는 모두 다 하나님의 수중에 있다", "아무것도 우연하게는 일어나지 않는다"라고 사람들이 굳게 확신하고 있다고 말하는 것을 들을 수 있다. 많은 사람들에게 있어서 이 확신은 그들의 믿음의 전부인 것처럼 보인다. 대부분의 교회의 찬송가책들도 역시 보존을 찬양하는 많은 찬송가를 포함하고 있다.

그러나 다수의 또한 점차 그 수가 증가하고 있는 사람들에게 있어서 신앙의 연구의 이러한 가장 인기있는 부분은 정확히 가장 불가능한 측면이다. 그들에게는 하나님이 이 보잘것 없는 행성의 자질구레한 일들에 관여하실 것이라고 생각하는 것이 불합리한데, 예를 들어서 하나님이 아우슈비츠와 어떤 관계를 가지셨을 수 있다는 관념을 그들은 불경스러운 것으로 여긴다. 우리는 여기에서 창조의 관념에 의해서 일깨워진 모순되는 감정들과 직접적인 평행선을 갖게 된다(23장). 한 사람에게는 자명한 것이 다른 사람에게는 상상도 할 수 없는 것이다. 기독교 신앙은 양 입장을 둘 다 거부해야 한다. 동시에 이것들의 모순되는 병합은 기독교 신앙으로 하여금 하나님이 이 세상을 보존하신다는 그것의 신앙고백의 기초와 성격을 주의깊게 조사하도록 강요한다.

기초에서 시작할 때, 하나님이 우리의 작고 불합리하며 죄악된 세계에 관여하신다고 우리가 어떻게 감히 믿겠는가? 그 답변은 틀림없이 이러할 것이다. 정확히 이러한 이유, 즉 하나님께서 이 세상에서의 그의 계시적인 만남들 속에서 우리에게로 오시며 그렇게 해서 이 세상에 대한 그리고 이 세상과의 싸움에 우리를 관련시키시기 때문인데, 그것은 이 세상에서 일어나는 것이 하나님의 영원한 관심사라는 사실을 이것이 우리에게 보여주기 때문이다. 이런저런 방식으로 그는 지구 행성 위에 있는 그의 창조 안에서 일어나는 일에 관여하신다.

"이런저런 방식으로"라는 말로 인하여 우리는 또한 보존의 성격에 관한 질문에 부닥치게 된다. 우리는 그 성격에 대하여 어떠한 직접적인 지식도 갖고 있지 않다. 우리는 그가 이스라엘과, 그리스도와 더불어, 그리고 그의 영 안에서 지나시는 길을 통하여 하나님을 안다. 그 길은 우리가 계시에 대해 말할 수 있게 해준다. 제2장에서 우리는 그 계시가 어떻게 관련되는지를 보았다. 진정한 계시는 아직도 와야 할 것이다. 그러나 만약 우리가 그 길 위에서 얻은 경험들과 우리가 그 길의 외부에서 선택한 하나님의 사역과 목적에 대한 지식을 비교해 보면, 계시에 대하여 감히 말할 수 있을 것이다. 이 길의 외부에서 우리는 법 구조나 우리 세계의 웅장함, 경이로움, 힘, 풍부, 활력, 다양성 등에 확실히 깊은 인상을 얻을 수 있으며, 그렇게 해서 바울과 더불어 그 안에서 작용하는 "영원한 능력과 신성"을 볼 수 있다.

동시에 이 작업의 산물은 많은 점에서 너무나 모호하거나 무의미하거나 잔인하여서, 우리는 이것을 그의 계시의 길 위에서 우리가 하나님에 대해 배운 것과 조화시킬 수가 없다. 만약 우리가 하나님을 거룩한 사랑이 아니라, 이 변덕스러운 세상의 반영인 변덕스러운 하나님으로 알게 되었다면 만사가 훨씬 더 쉬웠을 수도 있을 것이다. 많은 종교들에서처럼, 신이나 신들이 신성의 수준으로 고양된 세계로 간주된다면, 보존을 자명한 문제와 중심적인 신념으로 다루는 것은 충분히 쉬운 일이다. 그러나 이것은 기독교 신앙에서는 가능하지 않다. 이 하나님으로 말미암은 세계의 보존에 대한 신앙고백은 보지는 못하지만 믿는 사람들의 신앙고백이다. 이 세계와 이것을 통한 하나님의 길은 (아직) 조화될 수 없다.

이것은 단순히 통찰력의 결여의 문제인가? 그 이유는 우리, 시시하고 근시안적인 사람들은 모든 것이 정확하게 하나님의 목적에 응답한다는 사실을 혹시라도 인식할 수 없기 때문인가? 이것은 아무래도 유일한 이유가 될 수 없다. 왜냐하면 계시의 길 위에서 우리는 이 세계와 그 안에 있는 모든 것이 하나님의 뜻과 목적에 일치하지 않는다는 사실을 적어도 알게 되었기 때문이다. 따라서 이것은 통찰의 문제일 뿐만 아니라, 무엇보다도 먼저 보존 그 자체의 성격의 문제이다.

초대 기독교가 출현하였던 희랍 세계에서, 보존과 섭리에 대한 믿음은 스토아 철학의 커다란 영향을 받아 널리 퍼져나갔다. 이 철학은 신의 **프로노이아** (라틴어 *providentia*)에 대해 언급하였는데, 이것은 매우 범신론적이며 운명론적으로 생각되었다. (이 교훈과 이것과 기독교의 견해와의 차이점에 대해서는

Brunner, *Dg* II, p. 5를 보라.) 원래의 기독교에 미친 이 개념의 영향은 이미 사도행전 17:28에서 현저하게 나타나는데, 여기에서 바울은 지적인 청중들에게 설교할 때에, "심지어 너희 시인들 가운데 몇몇이 말했듯이"(투 가르 카이 게노스 에스멘)라고 하면서 스토아 시인의 말들에 호소하고 있다. 이 인용은 약간만 변화된 채로 제우스에게 바치는 칼리마쿠스(Callimachus)의 유명한 찬가와 (후대의) 아라투스(Aratus)에 의한 천상의 사건들에 대한 교훈적인 시(詩) 안에서 발견된다. 사도행전 17장에서는 단순히 손쉬운 변증의 서론으로 사용되는 것이 희랍 변증신학자인 테오필루스(Theophilus, ca. 180; *Ad Autolycum* I,6에서)에게서는 도식적이고 반(半)스토아적이며 반(半)기독교적인 프로노이아교훈이 되었다.

이후로 보존과 섭리의 교리는 여러 세기에 걸쳐서 혼합 조항(*articulus mixtus*), 즉 사람들이 자신의 관찰의 근거 위에서 성경이 없이도 도달할 수 있는 확신이 되었다. 현세기에 와서야 비로소 이러한 종합이 한 편으로는, 보존에 대한 성경의 믿음의 성격과 기능에 대한 보다 분명한 통찰을 통하여, 다른 한 편으로는 세상에서 일어나는 모든 일의 불합리성에 대한 보다 광범위하고 보다 민감한 반작용을 통하여 깨뜨려지게 되었다.

성경은 보존이나 섭리에 있어서 최근의 기독교 신앙과 교리와 동일한 관심을 거의 갖고 있지 않다. 물론, 혹자는 섭리(*proventia*)라는 단어와 아브라함이 이삭을 제물로 바칠 때 말한 것, 즉 창세기 22:8의 라틴어 번역(Deus providebit)을 관련시켰다. 그러나 이 진술은 고작해야 소위 특별 섭리(*providentia specialissima*) 즉 신자들에 대한 하나님의 특별하신 배려에 대한 것을 말하고 있을 뿐이다. 이 주제는 나중에 다른 맥락에서 다루어질 것이다. 구약에서 우리는 특별히 세상의 지혜와 아름다움을 시적으로 묘사하고 있는 지혜 문서에 나오는 소위 자연 시편들과 다양한 구절들에 대해 생각하고 있다. 그러나 지혜 — 우리의 존재를 지탱하고 있는 신적인 비밀 — 가 피조된 세계에서는 발견될 수 없다는 불평을 담고 있는 욥기의 주목할 만한 28장도 역시 이 문서에 속한다. 다니엘서는 보존을 어떤 사람들을 통제하고 있고 또한 서로 싸우면서 살고 있는 천사들의 모습으로 묘사하고 있으며(10:13, 20; 12:1), 만약 "하나님의 아들들"이라는 70인역의 읽기가 정확하다면 이와 유사한 표상이 아마도 신명기 32:8의 배후에 놓여 있을 것이다.

우리의 주제를 가장 중요하게 반영하고 있는 것은 하나님이 노아와 맺으신 계약에 관한 이야기이다(창 8:20-9:17). 이것의 저자들은 이스라엘의 계약 신앙을 외삽하여 이것을 전체 세계와 연결시킨다. 즉 세계의 계속적인 존재는 하나님의 계약적인 행동에 의존하고 있는 기적이다. 그것의 죄에도 불구하고, 그는 세계가 존속되도록 결정하셨는데, 그 이유는 이스라엘과의 나중의 계약들에 의해서 이것을 완전히 구원하기를 원하셨기 때문이다(창 12:3). 신약에서도 역시 보존은 주변적인 주제이다: 하나님은 모든 나라들이 자신들의 길을 가도록 허용하셨고, 그를 찾게 하기 위하여 그들에게 필요로 하는 전부를 주시는 하나님의 오래참음으로 말미암아 이 나라들이 살아 간다(행 14:6f.; 17:25-27; 롬 3:25). 이와 관련하여 종종 마태복음 6:25-34가 참조된다. 그러나 여기에서 자연의 비옥함과 풍부함은 우리가 일상 생활에 대한 관심을 하나님의 나라를 구하는 일에 종속시켜야 한다는 것을 강조하기 위하여 비유적으로 사용되고 있다.

내 판단으로는 우리의 주제에 관한 유일한 다소 의도적인 성찰은 권세들과 **스토이케이아 투 코스무**에 대해서 바울이 말한 것 속에 놓여 있다(역시 앞장을 보라). 이와 관련하여 우리는 특별히 갈라디아서 4:1-11과 골로새서 1:16을 생각해야 한다. 하나님은 그의 이름 안에서 이것을 지배하는 특별한 구조들에 의하여 세계를 지탱하신다. 이 구조들은 보존하고 결속하는 기능을 갖고 있다. 이것들은 목적이 아니라 수단이다. 이것들이 우리를 그리스도에게로 인도하여 그의 사랑의 표현이 되게 하는 것이 분명하다. 이렇게 하지 못할 때, 이것들은 우상이 되어서 하나님과 우리 사이를 분리시킬 수 있다. 노아와의 계약에서처럼, 우리는 또한 여기에서 (수단으로서의) 보존이 (목적으로서의) 구원과 얼마나 밀접하게 연결되어 있는가를 주목한다. 보존은 창조와 관련되지만, 마찬가지로 그리스도 안에서의 구원 및 종말과도 관련된다. 이것은 구속(어떤 의미에서 이것은 그것을 위한 토대를 놓아주는데)의 빛에서만 이해될 수 있는 기적이다.

계시의 길 위에서 우리는 인간을 그의 동반자로 받아들이고, 그의 반역으로 인하여 슬퍼하며, 그와 싸우시며, 그를 패배하게 하시지만, 또한 결코 한정적이 아니라 반복적으로 인간의 저항보다 더 강하시며, 그의 목적에 적합한 방향으로 이러한 저항과 이것의 결과들을 굽히실 수 있으며, 심지어는 그의 성령으로 말미암아 사람들이 자발적으로 그에게 복종하도록 그들을 새롭게 하실 수 있는 분으로서 하나님을 알게 된다. 만약 이것이 그의 계시를 통하여 우리가 하나님을 알게 되는 방법이라면, 우리는 하나님이 세상에 대한 그의 모든 보존의 관심 속에서도 틀림없이 비슷하게 행동하신다는 것을 알고 있다. 그런데 우리는 교의학의 일반적인 관심사였고 또한 지금도 그러한, 자연 안에서의 보존을 생각하지 않는다. 우리는 창조를 논하였을 때 물리적인 세계의 본성과 그것의 일시적인 성격을 논하였다. 보존의 실제적인 문제는 자연이 아니라 역사에 관한 것이다. 하나님은 반역하는 동반자에도 불구하고 그와 더불어 세계를 보존하신다. 구원의 역사에서 잠시 전에 우리가 주목하였던 요소들 — 하나님의 뜻과 인간의 뜻 사이의 씨름, 우리의 불순종으로 인한 하나님의 고통뿐만 아니라 그의 저항, 숙명적인 인간의 목적들의 훼방과 왜곡 — 이러한 모든 것들 역시 역사 속에서의 하나님의 적극적인 현존의 진정한 측면들임에 분명하다.

    보존은 사건의 정적인 상태로서 종종 잘못 제시된다. 실제로 이것은 긴장과 극적인 사건으로 채워져 있다. 우리가 계시의 빛 속에서 어떻게 우리 자신을 하나님의 구원의 목적의 적대자들로서 보게 되었는가를 고려해 볼 때, 우리는 만약 하나님의 거룩한 사랑의 강한 손이 그 속에서 작용하지 않는다면, 화산의 등마루 근처와 그 위에서 영원히 떠도는 이 세상이 어떻게 될 것인지 상상할 수 있다. 이 세계는 하나님의 청지기인 인간에게 위탁되었다. 피조된 인간 존재들로서 우리는 이러한 위탁명령을 수행한다. 그러나 우리의 죄로 인하여, 우리는 동시에 우리가 하는 일을 개인, 집단, 인종, 국가로서의 우리의 이기주의를 통하여, 다른 사람들과 우리를 찾는 사람들에 대한 관심의 부족을 통하여, 지구의 천연 자원들에 대한 우리의 횡령과 약탈을 통하여 반대한다. 여하튼 간에 감수성이 예민한 영혼들이 미래에 대하여 정당하게 그렇게 많은 관심을 기울이지 않았던 시대는 거의 한 시대도 없었다.

그러나 가장 큰 위기의 안과 그 이후에, 삶은 회복되고 갱신되어 계속되었다. 또한 이것은 사람들을 통하여 일어났다. 때때로 이 사람들은 숭고한 의향들을 가지고 있었지만, 종종 냉정한 타산이나 한정된 자기-이익으로부터 행동하였다. 그 동기가 무엇이었든지 간에, 신앙은 그들의 수고의 목적과 결과 속에서 하나님의 성령의 역사하심을 인식한다. 이러한 인간의 작업으로 인하여, 세계는 화산 속으로 돌진하지 않고 그것의 등마루 위에 남아 있거나 혹은 그것으로부터 약간 끌어내어지기도 한다. 신앙은 이 속에서 보존의 기적을 본다. 하나님의 영은 우리가 우리의 죄를 가지고 그의 활동을 땅에 떨어뜨리거나 그의 구원의 뜻을 헛되게 하도록 하지 않고 우리에게 위탁된 세계를 보존하고 발전하게 하신다. 그는 그가 시작하신 일에 계속해서 신실하신 분인데, 그 이유는 이것을 구원하시고 온전케 하시기를 원하시기 때문이다. 날마다 생명이 지속된다는 것은 신자에게 있어서 하나님께서 아직도 그 속에서 무언가를 보고 계시며 그것에 대한 목적을 갖고 계신다는 징표이다. 우리는 이것을 "보존"이라고 불렀다. 우리는 자기의 정원을 돌보는 연금 수혜자의 경우와 같이, 이제 이 단어가 너무나 즐겁고 조용한 모습을 환기시키고 있음을 본다. 그러나 우리는 또한 이 단어를 다르게 들을 수도 있다. 즉 이 인간의 세계가 붕괴하고 파멸하여 무너질 우려가 있다는 것이다. 그러나 하나님은 이것의 무너짐을 멈추신다. 그는 이것의 밑에 손을 넣어서 붙드신다. 이것이 그가 이것을 유지하시는(보존하시는) 방법이다.

따라서 일반적으로 사용된 전통적인 용어들 중에서, 우리는 (로마서 8:28의 정신으로, 하나님과 신자들의 관계를 위하여 우리가 보존하기를 원하는) 프로비덴티아(*providentia*) 뿐만 아니라, 구베르나티오(*gubernatio*)도 피한다. 하나님과 그의 세계의 관계는 왕과 그의 나라의 관계와 비교될 수 있는 것이 아니라, 왕과 폭동을 일으키는 지방의 관계와 비교될 수 있다. 신앙은 하나님의 왕되심을 인식하고 그것의 종말론적인 나타남을 기대한다. 소위 왕의 시편인 93,

96-97, 요한계시록 11:7f.을 보라.

성경은 하나님이 세계 안에서 활동하시는 극적이면서 동시에 감추어진 방식에 대한 사례들로 가득 차 있다: 요셉(창 5:20), 바로(출 9:16), 앗수르(사 10:5-19), 고레스(사 45:1-7), 유다(마태의 빛에서, 18:7), 십자가 처형의 선동자들(행 4:24-28). 이러한 것들과 다른 사례들로부터 개신교 스콜라주의는 정확히 앞에서 언급되었던 개념들인 *permissio impeditio directio determinatio*를 추론해 내었다.

그러나 전통적인 교의학은 이러한 성경의 극적인 면을 불행하게도 올바로 평가하지 못했다. 서구 사상은 너무나 주-객관의 도식의 관례 속에 빠져 있어서 하나님과 인간을 두 (협력하면서도 반대되는) 주체로서 함께 결합시킬 수가 없었다. 이러한 개념적인 도식 속에서, *concursus*와 같은 종류가 항상 경쟁에 이르게 되었다. 이렇게 해서 사람들은 하나님이 일어나는 모든 일의 주체이고 인간은 그 속에서 도구적인 역할을 수행한다고 가정해 왔다. 토마스(*ST* I, q. 22: *De providentia Dei*)는 일차적인 원인(*prima causa*)이신 하나님과 더불어 있는 이차적인 원인(*causae secundae*)의 하나인 *gubernatio*의 실행(*executio*)에서 인간을 위한 자리를 발견하였다. 그는 (2항) "어떤 것이 신적인 통치의 규칙에 저항할 수 있는지"를 물었다. 그 대답은 "아니오"였다. 실제로 인간의 반역이 있지만, "죄인들조차도 좋은 취지들을 갖고 있다." 또한 사람들은 "어떤 이차적인 원인에서 나오는 규칙에는 저항할 수 있지만, 전(全) 우주의 원인으로부터 나오는 규칙에는 저항할 수 없다." 최종적으로 분석해 보면, 모든 성향(*inclinatio*)은 제일 동자(動者)의 표현(*impressio a primo movente*)이며, 화살은 스스로 방향을 정한 것처럼 보이지만, 사실은 전적으로 궁수(弓手)에 의해서 그 방향이 결정된다.

루터는 하나님의 가면(*larvae Dei*) 전체 실재가 동시에 하나님의 가면이면서 그의 도구라는 개념 속에서 자연과 역사 속에서의 하나님의 활동에 관한 교리를 구성하였다. 그의 인격과 기능 양자 모두에 있어서 인간은 하나님이 그를 통하여 말씀하시는 가면이다. 루터의 사상의 이러한 측면에 대한 인상적인 묘사는 W.J. Kooiman, *Gods maskerspel in de theologie van Luther*에 나오는 심포지엄 "Maskerspel"(1955), pp. 49-83에서 찾을 수 있다.

특별히 칼빈은 세상에서의 하나님의 활동의 문제와 씨름하였는데, 그 이유는 이것이 우리의 기대와는 너무나 적게 일치하며, 하나님이 하시는 일들은 단순히 "미완성이거나 불완전하다"(*Inst* I,v,10)는 견해를 그가 어딘가에서 우연히 암시하였다는 사실과 이것이 실제로 너무나 적게 일치한다는 사실을 그가 발견하였기 때문이다. 제1권의 마지막 세 개의 장들(xvi-xviii)은 섭리의 문제에 관한 것이다. 만약 하나님의 규칙에 종속되지 않는 어떤 것이 있을 수 있다면, 우리는 어느 줄에도 있을 수 없다. 물론 죄적인 사람들은 그의 의지에 반하여 행동한다. 그러나 그는 이것 또한 그의 목적을 위하여 사용하신다. 칼빈은 하나님이 악을 "허용하신다는" 듯한 이 관념을 거절한다. 왜냐하면 "우리가 우리 마음 속에서 생각하는" 모든 것이 "하나님의 비밀한 영감에 의해서 그 자신의 목적으로 인도되기"(xviii,2) 때문이다. 그렇다면 하나님은 그가 스스로 금지하시는 악을 일으키시는가? 답변: "그리고 실제로, 만약 그리스도가 하나님의 뜻에 따라 십자가에 못박히시지 않았다면, 우리는 어디로부터 구원을 얻을 것인가?" 그러나 이것은 우리가 이해할 수 없는 사실이다(xviii,3). 이것은 인간에게 변명할 구실을 주지 않는가? 그렇다. 왜냐하면 하나님과 사람이 같은 것을 원할 수도 있지만 같은 동기에서 활동하지는 않기 때문이다(xviii,4). 태양 광선은 송장이 악취를 풍기게 하지만 스스로 악취를 풍기지는 않는다(xvii,5). 따라서 xviii의 제목은 "하나님은 그의 심판을 행하시기 위하여 사악한 자의 행위를 사용하시고 그들의 마음을 굽히시지만, 그는 모든 오점으로부터 순전하시다."

잠언 21:1과 다른 구절들에 호소하면서, 칼빈은 또한 인간의 죄적인 성향을 하나님의 활동의 탓으로 생각하지만, 그 때에도 하나님의 불가해성 속에서 피난처를 찾으면서 하나님이 죄의 조성자가 될 수 있다는 결론을 도출하기를 거절한다. 거의 전적인 일관성을 지니고 있는 이러한 사상의 흐름은 많은 반대를 받았다. 인간의 책임이 그 당연한 몫을 받지 못한다는 사실이 염려되었다. 그러나 하나님과 인간을 각각의 일차적이고 이차적인 원인으로 생각하는 일반적인 견해에 근거해서는, 더 나은 해석을 발견하는 것이 어려웠다.

로마 가톨릭과 루터파와 항변파 신학자들의 정반대되는 개념은 자유로운 피조물이 하려는 것에 대한 그의 예지에 의해서 하나님이 인도되신다고 하는 좀더 수동적인 *prae-scientia*(예지)에 의한 적극적인 *prae-destinatio*(예정)이 제한에 항상 이르게 되었다. 그러나 이 개념은 하나님은 그가 원하시는 것을 정확히 모든 곳에서 언제나 행하시는 전능자이시라는, 모든 사람들이 인정하는 다른 개념들과 조화시키기가 어려웠다. 경쟁-구조는 단순히 두 가지 가능성만을 제공하였다: 즉 하나님은 전능한 폭군이거나 아니면 무력한 방관자이다. 어느 쪽도 스스로 이러한 결론들을 채택할 준비가 되어 있지 않았지만, 그들은 서로를 그것으로 비난하였다.

또한 현상학과 인격주의, 실존주의의 영향력을 받은 현세기에 와서야 비로소 일반적으로 주장된 하나님의 전능의 개념과 그 속에 함의된 경쟁-도식은 하나님의 전능과 인간의 자유 의지의 관계에 대한 오랜 세월 동안의 문제를 해결할 수 없다는 사실이 분명하게 되었다. 성경은 하나님과 인간의 관계를 "계약"이라고 부른다. 이 용어는 주체-객체 도식을 시사하지 않으며, 오히려 "상호-주체성"의 개념을 더 많이 암시해 준다. 그러나 이 용어도 적절한 것은 아닌데, 그 이유는 우리가 같은 수준에 있는 두 주체(subject)를 다루지 않고, 주권적인 사랑 속에서 다른 주체들을 위하여 자리를 내어주고 그들에 의해 자기의 행동이 결정되고 제한되게 하면서도 그것들에 의하여 그 자신의 주체적인 주권성을 조금도 상실하지 않으시는 한 주체(Subject)를 논하고 있기 때문이다.

하나님과 인간 사이의 이러한 상호-주체적인 관계를 초래하는 능력을, 우리는 구속사 속에서 하나님의 영으로서 발견하고 지칭한다(롬 8:16). 우리는 하나님의 보존의 활동 속에서 동일한 영을 인식한다. 고레스도 비록 그가 하나님을 알지는 못했지만, 역시 하나님이 기름부은자, 즉 그의 성령으로 말미암아 기름부름을 받은 자로 불리었다(사 45:1-5). 구약이 영과 보존을 여러 차례 관련시키고 있음은 주목할 만한 것이다(시 104:30; 욥 34:14f.; 사 28:26; 42:5, 기타 다른 구절들). 신앙의 연구는 이것을 거의 주목하지 않았다. 우호적인 예외들은 Calvin, *Inst* I, xvi; II,ii, 그리고 기타 장들과, A. Kuyper, *The Work of the Holy Spirit*(E.T. 1900), I, ch. II이다.

우리는 이제 이 전통적인 무시에 대하여 보상해야 하는데, 그 이유는 많은 사람들이 성령의 활동을 일차적으로 세계의 보존과 발전의 활동으로 생각하기를 원하기 때문이다. 그러나 우리는 아무 곳에서도 성령의 이러한 활동을 그가 봉사하는 첫번째 활동이라고 생각되는 중생과 신생의 활동과 분리시킬 수 없다. 우리는 성령을, 그것도 대단히 조심스럽게 성경의 표준들과 일치하는 인간의 생명의 참된 해방에 이바지하는 그러한 활동들과 발전들에만 연결시킬 수 있을 것이다. 히틀러를 성령의 도구로 알았던 독일 기독교인들이 저지른 무서운 실수는 영원한 경고이다. 동시에 기독교는 모든 종류의 해방 운동들을 반대함으로써 성령을 종종 거스렸다는 사실이 언급될 필요가 있다. 이 주제에 관한 더 자세한 내용에 대해서는 53장과 H. Berkhof, *The Doctrine of the Holy Spirit*(E.T. 1976), pp. 94-96, 100-104를 보라.

하나님의 이러한 활동이 자유롭고 불순종하는 피조물의 활동과 어떻게 관련되는가 하는 문제는 인간적인 견지에서는 풀 수가 없다. 우리는 (극단적인 개신교의 방식으로는) 하나님의 "유일한 활동"만을 말할 수는 없으며, 그렇게 되면 우리는 인간과 그의 책임을 제거하는 위험에 처하게 된다. 그러나 우리는 (토마스적인 로마 가톨릭의 방식에서) "전체적인 활동"을 의미하기 위하여 이 개념을 완화시킬 수도 없는데, 그렇게 되면 마찬가지로 인간이 도구로 환원되는 위험에 처하게 된다. 따라서 우리는 고전적인 신학이 했던 것처럼, 세상에 대한 하나님의 관심을 한 편으로는 우연과, 다른 한 편으로는 운명과 대조시킬 수 없다. 창조의 행동범위는 너무나도 커서 비록 최종적인 주장은 갖고 있지 않을지라도, 우연과 운명 역시 궁극적으로 하나님의 수중에 완전히 있는 전체 안에 있는 요소들인 양, 확실히 그 안에서 실체를 갖고 있다. 이것은 인간의 자유와 관련해서도 역시 사실이다. 우리는 이것을 하나님의 주권적이고 자유로운 능력의 보다 큰 원으로 둘러싸여 있는 원으로 묘사할 수 있었다.

그러나 이러한 수학적인 묘사는 우리가 여기에서 갖고 있는 논리를 오해하고 있다. 이것이 우리가 그것을 보아야 하는 방법이다: 즉 하나님은 스스로를 위하여 동반자를 창조하셨고 이 동반자의 자유에 의하여 자신이 제한되고 반대되도록 허용하셨다. 그러나 구속사의 모든 사실은 궁극적으로 그가 세상에 대한 자신의 지배를 잃지 않으실 것이며 그가 — 정복되거나 종속되지 않고 — 인간인 적대자를 하나님의 아들들의 참된 자유로 인도하실 때까지 쉬시지 않을 것이라는 사실을 보증한다. 세계와의 교제에 있어서 그는 너무나도 위대하셔서 그가 버려지실 때에도 그 속에 여전히 존재하시며, 반대를 받을 때에도 활동적으로 계실 수 있다.

"할 수 있다"라는 단어를 가지고 우리는 너무나 적은 것을 말한다. 왜냐하면 우리는 십자가를 견디는 그것의 중심에서 그의 우리와 함께 하시는 역사로부터 이러한 확신을 끌어내기 때문이다. 십자가는 우리의 하나님에 대한 우리의 반대와 적대감의 절정이며 따라서 하나님의 버림받으심의 밑바닥이다. 여기에서 자유롭고 죄적인 인간은 최종적이고 유일한 할 말을 갖고 있는 것처럼 보인다. 그러나 이 하나님의 버림받으심은 그와 인간 사이의 새롭고 조화된 교제에 이르는 길이 되는 하나님의 불가해한 현존에 의해 둘러싸여 있다. 이 일이 일어났기 때문에, 우리는 심지어 가장 큰 두려움조차도 하나님을 떠나서는 일어나지 않는다는 사실을 안다. 그는 이것들을 원치 않으시지만, 이것들은 그의 목적을 방해할 수 없으며 궁극적으로는 반드시 그것에 이바지하게 된다.

역동적이고 변증법적인 붙드심에 관한 위에서 고안된 묘사가 성경의 모든 곳에서 가정되고 있다는 사실은 거의 말할 필요가 없다. 제2원인들을 사용하는 제1원인에 의한 정태적인 보존의 묘사는 조화롭게 조직된 우주로서의 만유에 대한 희랍적인 개념으로부터 주로 유래하였다. 이것을 뒷받침하기 위하여 참새와 우리의 머리털에 대한 예수님의 말씀이 이따금씩 참고가 되었지만 (마 10:29ff.), 이 주제는 일반적인 보존의 주제가 아니라 그의 자녀들에 대한 하나님의 특별한 배려가 있다는 것인데, 이 두 주제들을 결합함으로써 많은 혼란이 야기되었다. 덧붙여 말하자면, 이것은 참새 한 마리도 "너희 아버지의 뜻이 없이는" 떨어지지 않는다는 사실을 말하는 것이 아니라, 보다 더 큰 보호와 깊이로: 즉 "너희 아버지 없이는"이라는 사실을 말하고 있다는 사실이 주목되어야 한다. 이러한 단순한 말씀들 속에서 우리는 보존에 대한 믿음의 전부를 요약할 수 있었다.

이와 관련하여 우리는 씨뿌리는 사람과 포도원과 악한 소작인들, 왕국의 잔치들, 탕자, 소작인들의 비유와 같은 몇몇 비유들을 언급할 수도 있는데, 이 모든 것들은 하나님이 이 세상과 관련되어 있는 이상하고 종종 외관상 무력하며, 항상 극적인 방식을 묘사하고 있다. 최초의 기독교 공동체는 무엇보다도 먼저 십자가를 죄인들의 활동으로 경험하였다(행 2:23, 36; 3:14; 4:10을 보라). 그러나 부활의 빛 속에서 최초의 기독교인들은 죄인들의 저하되지 않는 주체성의 안과 이면에서 하나님 자신이 활동적인 주체로서 십자가 처형 속에 존재하셨다는 사실을 알게 되었다: 그는 예수를 아끼지 아니하시고, 우리 모두를 위하여 내어주셨으며, 그렇게 해서 정확히 십자가는 하나님의 지혜와 능력이 되었다(롬 8:32; 고전 1:18; 고후 5:21; 또한 행 2:23; 4:28).

그러므로 우리는 보존에 있어서 하나님의 옆에서 그에게 종속되어 있는 모든 종류의 힘들의 얽힘을 인식할 수 있다. 그는 이러한 전체적인 혼란의 과정의 궁극적인 주체이시다. 고전적인 신학은 이것을 옳게 주장하였다. 그러나 이러한 궁극적인 사실로 인하여 이것이 이차적인 사실들을 위하여서는 자리를 내어줄 수 없음이 입증되었다. 이것의 철학적인 전제들은 이차적인 원인들의 독립성을 적절한 비중으로 평가할 수 없었다. 19세기에 와서야 비로소, 특별히 화란의 윤리 신학에서, 다른 개념들에 대한 탐구가 시작되었다. J.H. Gunning, *Blikken in de openbaring*, II(1867)을 보라. 그 첫번째 장은 "섭리인가, 아니면 자유의 창조주인 하나님인가"라는 특징적인 제목을 갖고 있다.

현대 교의학은 이차적인 원인들의 순수한 도구성과는 일반적으로 단절하였다. 현대 사상가들 중에서, 바르트(*CD* III,3)는 전통적으로 인정된 세 부분을 활용함으로써, 그리고 단순히 그 이후에야 비로소 그가 "무"에 관한 교리를 제시하였다는 사실에 의해서, 그리고 죄의 무력성에 대한 그의 강조에 의해서, 하나님의 "전체적인" 활동에 관한 전통적인 교리에 가장 근접해 있다. 이 주제에 관한 훌륭한 토론이 Brunner, *Dg* II, ch. 6; Weber, *Gl* I, pp. 554-580, 그리고 Trillhaas, *Dg* pp. 152-162에서 발견된다. 많은 다른 사람들과 함께 그들은 우리가 우리의 선조들보다도 문제를 다르게 그리고 아마도 더 좋게 제시할 수 있지만, 이것은 우리가 그것을 해결할 수 있다는 사실을 의미하는 것은 아니라는 것을 알고 있다. 브룬너는 "불가해한 신비"(p. 175)에 대해서 말하고, 베버는 "섭리에 대한 믿음은 사건들에 대한 해석에서 비롯되지 않았으며 이러한 해석에 이르지도 않는다"(p. 563)라고 말한다. 이 주제에 대하여 또한 G.C. Berkouwer, *The Providence of God*(E.T. 1952)와 *MS* II, ch. VII, par. 26을 보라. *Reaping the Whirlwind*(1976)에서, 길키(L. Gilkey)는 고전적이고 현대적인 통찰을 조합함으로써 신앙의 중심으로서의 섭리론에 대한 그 자신의 독특한 접근 방법을 제안하고 있다. 이제 또한 우리가 자연과 그것의 결정성을 하나님께 대하여 상대적으로 독립적인 것으로 간주해야 하는지에 대한 문제가 일어나고 있다. 예를 들면, G.D.J. Dingemans, *Wetmatigheid en wonder*, esp. ch. XIV.

마지막으로, 우리는 보존이라는 제목이 하나님께서 그 속에서 그것들을 통하여 이러한 활동을 성취하시는 창조의 법령들이나 보존의 법령들에 관한 논의를 종종 포함하였다는 사실을 지적한다. 그래서 일차적으로 가족과 국가, 노동, 사회와 같은 제도들이 언급되었다. 우리는 이러한 법령들에 대한 논의를 생략하였다. 보존의 역동적인 개념은 보존이 일어나는 삶과 사회적인 구조들에 대한 이러저러한 형태들의 역동적인 개념을 필요로 한다. 이러한 형태들의 숫자는 전통적인 교리가 제안하였던 것보다 훨씬 더 크다. 그리고 국가와 가족 등등의 형태들은 너무나 많이 변화에 종속되어 있어서 조직신학의 틀 속에서는 이것들에 대하여 가치있는 것이 거의 언급될 수 없다. 어떤 것들을 선택하여 이것들을 하나님의 배려의 대상으로 삼음으로써, 우리는 이것들이 하나님의 보존의 활동 속에서 갖고 있지 않은 확립된 성격을 약간만 부여함으로써 많은 다른 사람들을 속일 수도 있을 것이다. 더욱이, 이것은 과거, 즉 하나님께서 그의 세계와 그 안에서의 그의 활동에 부여하신 방향과 정확히 반대되는 것을 지향하는 삶의 태도를 신자의 편에서 단순히 증진시킬 수도 있을 것이다.

이스라엘

28. 기독교 신앙에 있어서 이스라엘

우리가 여기에서 이스라엘이라고 부르는 것은 기독교 교회에서는 일반적으로 구약 성경이라고 불린다. 이것은 성경의 첫번째이며 훨씬 더 큰 부분이다. 따라서 기독교 교회 어디에서나 이것이 중요한 역할을 하고 있다는 것은 자명하다. 이 장에서 우리는 계속해서 구약 성경에 대해 언급할 것이다. 그러나 일반적인 관례에서 벗어나서, 우리는 이 이름을 이스라엘이라는 이름에 종속시킬 것이다. 왜냐하면 여기에서 우리는 책 그 자체에 관심을 갖는 것이 아니라, 이 책이 증거하는 이스라엘 백성들의 신앙과 역사에 관심을 갖고 있기 때문이다. 이 책을 계시의 근원으로 인정함으로써, 기독교 교회는 하나님께서 역사를 통하여 독특한 과정을 추구하시며, 예수 그리스도의 출현이 단절된 현현이 아니라, 오랜 세월 이전에 시작된 길, 즉 한 특별한 백성을 선택하고 인도하고 심판하고 구원하는 관심의 형태를 띠었던 길 위에서의 결정적인 국면이었다고 하는 자신의 신앙을 고백한다.

기독교 교회는 불규칙적으로, 충분하든 불충분하든 간에, 이것을 알고 있었다. 때때로 교회는 신약 성경을 구약 성경과 규칙적으로 관련시켰지만, 다른 때에는(불행하게도, 좀더 자주) 신약 성경을 구약과 분리하여 읽었다. 어떤 점에서 교회는 구약 성경에 열정적으로 관심을 가지고 있으면서, 이스라엘이 교회의 교훈에서 가지거나 혹은 시편이 교회의 예전에서 가지는 중요한 위치에 대하여 생각하였다. 다른 점에서 교회는 이스라엘을 거의 전적으로 망각하여 그것을 전혀 필요로 하지 않는 것처럼 보인다. 후자는 특별히 신조적인 진술들과 조직 신학 편람들에서 사실로 나타난다. 한 예가 사도신경의 구조이다: 신앙고백은 창조주에서 그리스도에게로 곧장 도약한다. 이것은 비역사적이고 수직적인 삼위일체론의 사고 양태에서 특별히 나타난다: 창조주이신 아버지로부터 시작하여, 이것은 구속주이신 아들에게로 연결된다. 신앙의 연구에서 이것은 결코 일관되게 유지될 수가 없는데, 그 이유는 창조와 구속 사이에서 죄의 사실을 가정해야 하기 때문이다. 그런데 이 때에 일반적으로는 죄론에서 기독론으로 곧장 나아가게 된다. 이스라엘에서의 하나님의 역사(歷史)에 대한 여지나 관심은 거의 존재하지 않는다. 신적인 활동이 정지된 오랜 기간 이후에, 예수가 하늘에서 내려오신 것이라는 인상이 주어진다. 그러나 영원으로부터의 수직적인 돌입뿐만 아니라, 시간을 통하여 우리를 향하시는 하나님의 수평적인 과정도 역시 존재한다. 두번째 관점에서 볼 때, 구약 성경에 묘사하는 것처럼 하나님과 이스라엘의 장구한 교제는 커다란 신학적인 중요성을 띠고 있다.

물론, 이 중요성은 신앙의 연구에서 거의 혹은 결코 부인되지 않았다. 그러나 종종 이것은, 예수 그리스도가 우연하게도 이스라엘 백성에게서 태어났으며, 그렇게 해서 희랍 문명의 앞선 발전에 대한 지식이 플라톤을 이해하는데 필수적인 것처럼, 오직 이스라엘 역사와 거룩한 책들을 배경으로 해서만 이해될 수 있다는 의미에서 순수한 역사적인 배경으로서 간주되었다. 그러나 예수의 경우에 역사적인 배경은 훨씬 더 깊은 연관성을 보여준다: 구약 성경에서 그는 자신이 특별한 의미에서 "아버지"라고 부르기 시작하였던 하나님과, 그가 마지막까지 복종하며 걸어가기를 원했던 그의 백성인 이스라엘에 대한 그 분의 길을 발견하였다. 따라서 이런 방식이든 혹은 저런 방식이든 간에, 그리스도의 권위와 더불어 또한 구약 성경의 권위를 받아들이지 않고서는 그리스도인이 될 수 없다.

우리는 "이런 방식이든 혹은 저런 방식이든 간에"라고 하였는데, 그 이유는 이스라엘의 선행하는 길과 그리스도의 관계를 공통분모 위에 두는 것이 불가능하다는 사실이 분명하기 때문이다. 우리는 적어도 두 가지 기본적인 사실들을 공정히 평가해야 한다: 즉 (1) 자신이 이스라엘의 하나님에 의해서 보내졌다는 사실을 예수가 알았으며, 그가 구약 성경에 복종하기를 원하였다는 사실과; (2) 이스라엘 백성의 지도자들이 예수의 주장과 행동을 구약 성경과 모순되는 것으로 생각하였기 때문에, 예수가 그들에 의해서 거절되었다는 사실이다. 이런 이중성은 구약 성경을 바울이 한 편으로는 그리스도와 그의 은혜를 예언하는 책으로, 다른 한 편으로는 죽이는 율법과 "사망의 직책"을 예언하는 책으로 언급하였던 사실에서 반복된다. 이 두 가지 접근 방법이 과연 어떻게 결합될 수 있는지 이후의 단락들에서 분명히 해명되어야 할 것이다. 그러나 양자가 다 그리스도와 구약 성경 사이에 본질적인 연결이 존재한다는 사실과, 그리스도가 이 길의 연속인지 아니면 근본적인 전환인지에 상관없이 우리가 이스라엘에 대한 하나님의 길을 이해하지 못하다면 그리스도를 이해할 수 없다는 사실을 인정한다. 전체 신약 성경의 가정은 이스라엘의 길과 예수 그리스도의 길이 더불어서 한 하나님의 한 길이라는 것이다. 게다가, 만일 그리스도를 완성이나 혹은 이스라엘의 길의 마지막으로 부른다면, 이것은 그의 중요성이 저 앞서있는 길의 경험과 결과들에 의존하고 있다는 전제에 근거하고 있다. 기독교 교회가 신앙과 성찰에 있어서 규칙적으로 이 길을 경험하지 않으면, 교회는 예수의 사역과 운명의 의미를 이해할 수 없다; 그 때에는, 우리가 내내 보아온 것처럼, 교회는 예수를 다른 곳에서 가져온 범주들 속에서 해석하고, 따라서 그를 오해하게 된다.

제1세기에, 복음이 헬레니즘과 영지주의와 혼합주의적인 관념들이 퍼져 있던 세상에 들어왔을 때, 많은 사람들은 곧 구약과의 관련을 참된 당대의 해석에 대한 장애물로 느끼기 시작하였다. 마르키온(150년)은 이 매듭을 끊어버리고, 구약에 오직 응보의 법에 따라서만 행동할 수 있는 저급한 창조주 하나님을 귀속시켰다. 그 자신이 이 언약들을 분리시킬 수 없다는 증거인데, 신약에서 그는 오직 바울 서신과 삭제된 누가복음만을 사용할 수 있었으며; 그 나머지는 창조주 하나님의 지지자들이 왜곡한 내용에서 나왔다. 강력한 마르키온파 교회는 4세기까지 계속해서 존재하였다. 그러나 가톨릭 교회는 마르키온을 단호하게 거절하였다. 우리 시대에 마르키온에 대한 책을 두 번이나 저술하였던 하르낙은 교회를 다시 결정 앞에 두려고 노력하였다. 다음과 같은 그의 말은 잘 알려져 있다: "2세기에 구약 성경을 거절하는 일은 교회가 바르게 저항하였던 오류였다; 이것을 16세기에 주장하는 것은 종교개혁이 회피할 수 없었던 운명이었다: 그러나 19세기에 이것을 여전히 개신교의 정경적인 문서들 가운데 하나로 보존하는 것은 종교적이고 교회적인 마비의 결과이다" (*Marcion, das Evangelium vom fremden Gott*, 1921, pp. 248f.). 그의 견해의 배경은 율법과 복음 사이를 나누는 극단적인 루터교의 분리였다(pp. 248-255를 보라). 교회는 마르키온을 따르지 않았던 것처럼 하르낙을 따르지 않았다. 그가 이런 말을 기록한 몇 년 후에, 국가 사회주의(나치즘)가 나타났고 그것이 나타날 무렵에 독일 기독교인들 중 많은 사람들이 구약을 유대인의 책으로 처리하기 원하여, 복음서로부터 "북유럽인의(Nordic) 그리스도"를 구성하려고 하였다. 현재, 또한 현대의 해석들에 대한 제동 장치로서 작용하고 있는 구약은 고백교회의 투쟁이 보여주었던 것처럼, 신약 성경의 유일성을 위한 (그리고 그것과 아울러 그것 자체의 현대적이고 비판적인 타당성을 위하여) 보호 수단으로 입증되었다.

오늘날 인도에서의 기독교 신학의 어떤 경향은 주목할 만한 가치가 있다. 이것은 그리스도를 힌두교의 장구한 종교적인 탐구의 완성자로서 보기를 원한다. 이것으로부터 어떤 사람들은 이스라엘의 준비는 오히려 아주 우연적인 것이며, 다른 종교적인 전통들의 준비들과 원칙적으로 상호교환될 수 있어서, 인도의 베다가 그리스도에 대한 서론으로서 구약의 역할을 다소간 떠맡을 수 있다는 결론을 끌어내었다. R. H. S. Boyd, *An Introduction to Indian Christian Theology*(1969)를 보라. 신약(가급적으로는 요한복음)의 그리스도가 그의 구체적인 구속적 기능을 상실하고 일반적이고 우주적인 원리가 되는 위험은 가상(假象)적인 것이 아니다. 이것은 인도의 신학자들이 원하는 것이 아니며, 우리가 판단하건대 그것은 구약의 대체불가능성이 인정되는 한에서만 예방될 수 있다.

다양한 교의학 편람들 속에서 이스라엘에 대한 하나님의 길에 어떤 자리가 주어지는지를 살펴보는 것은 흥미로운 일이다. 맨 처음에 마르키온과 영지주의와의 투쟁 속에서 구약에 커다란 중요성을 부여하였던 이레나이우스가 서 있다. 특별히 *AH* IV, 전반부를 보라. 구약의 *oikonomia*(경륜)가 그것의 완성과 관련하여 성장해 나아가는 신약에 대한 연속성과 유기적인 연관성에 모든 강조가 주어진다. "그러나 한 동일한 세대주가 두 계약을 산출하였는데, 하나님의 말씀이신 우리 주 예수 그리스도께서는 아브라함과 모세 두 사람과 더불어 말씀하셨으며, 또한 우리를 자유에 이르도록 새롭게 회복시키시고 자신으로부터 나오는 은혜를 증가시키셨다"(IV.9.1.).

두 계약들(Testaments)의 통일성에 대한 이러한 강조가 다시 확언되고 강화되는 데에는 여러 세기가 걸렸다. 이것은 「기독교 강요」*Inst* II, vi-xi에서 칼빈에 의해 이루어졌다; 특별히 연결되어 있는 10장과 11장을 보라: 10장. "구약과 신약의 유사성"; 11장. "두 계약들(Testaments) 사이의 차이점." 그 철저성으로 인하여, 이 문제에 대한 칼빈의 논의는 항구적인 중요성을 갖고 있다. 중심적인 것은 "모든 족장들과 이루어진 계약은 본질과 실재에 있어서 우리 자신들의 그것과도 너무나 유사하여서 두 가지는 실제로 하나이며 동일하다. 그러나 이것들은 시행 방법에 있어서는 다르다"(II.x.2)는 착상이다.

불링거(Bullinger)와 더불어 시작되고 코케이우스(Coceius, 1660년)에게서 절정에 달했던 소위 계약(federal) 신학은 계약들(Testaments)의 연관성에 대한 자체 이론을 발전시켰으며, 일련의 계약들의 토대 위에서 구속사적인 신학을 구성하였다. H XVI와 G. Schrenk, *Gottesreich und Bund*(1923)를 보라. 루터파 전통은 개혁파보다 구약에 훨씬 적게 관심을 갖고 있었는데, 그 이유는 율법과 복음의 대조에 따라서, 계약들(Testaments)의 연속성보다는 대립을 더 크게 강조하였기 때문이다.

이레나이우스와 개혁파 전통을 제외하고는, 모든 세기를 통틀어서 이스라엘의 길에 대한 체계적인 관심을 보여주는 어떤 사례들도 거의 존재하지 않는다. 토마스 아퀴나스, 슐라이어마허(*CF* 132장), 틸리히, 알트하우스는 이것을 논의하지 않았다. 트릴하스(Trillhaas)는 이것에 대하여 매우 부정적이다(*Dg* 6장). 멀리 20세기에 들어와서 오직 개혁 신학만이(그렇지만 많은 예외를 가지고서) 좀더 긍정적인 그림을 보여주는 것처럼 보인다. 그러나 이것이 얼마나 하찮은 의미를 가지고 있는지를 바빙크(Bavinck, *GD* III, 44장)가 분명히 보여준다. 베버(Weber, I, III, 2, 3장)는 좀더 철저한 논의를 제시하지만, 성경론의 몹시 좁은 한계들 안에서만 다루고 있다. 브룬너(Brunner)는 이레나이우스와 칼빈의 전통으로 되돌아가면서, 율법과 예언의 현상을 좀더 깊이 분석하면서 계약들(Testaments)의 구원의 경륜을 구성하였다(*Dg* II, 7,8장).

매우 독창적이고 아직도 충분히 연구되지 못한 것은 바르트가 그의 「교회교의학」에서 이스라엘의 길을 다룬 세 가지 방식이다. 첫째는 I, 2, 14장 2절의 "기대의 시간"(p. 71: "구약의 계시는 실제로 계시의 기대 혹은 기대된 계시이다"); 다음은 II, 2, 34장의 "기독교 공동체의 선택"("이스라엘은 기독교 공동체의 부정적인 측면이고, 심판의 거울이며, 지나가는 형태이다"); 마지막으로 IV, 3, 69장, 2절에서 "생명의 빛", pp. 53-72(p. 65: "이스라엘 역사의 예언 속에서 그것과 더불어 모든 역사적인 자율과 단일성 속에서 예수 그리스도 자신의 예언이 정확한 예표의 형태로 나타났다 … 이것은 참된 형태이며 적절한 원형이다." 이 세 가지 접근 방법은 모순되는 것으로 나타나지만, 그렇지 않다. 이것들은 모두가 구약에 대한 동일한 기독론적인 접근 방식에 근거해 있다. 대체적으로 말하면, 이것들은 구약에 대하여 준비와 대립과 일치로서 구별될 수 있다. 이 세 가지 방향은 신약 성경과 교회사 어디에서나 발견된다. 바르트가 이것들을 서로 좀더 밀접하게 관련시키지 않았다는 것이 유감스러운 일이다.

오늘날 이스라엘의 길에 대한 이러한 관심이 배타적으로나 혹은 대체적으로 개혁 신학에 제한되어 있다고는 더 이상 말할 수 없다. 루터파 신학에 대해서는 R. Prenter, *Creation and Redemption*, pp. 61-114를 지적할 수 있는데, 그는 구약을 우리가 율법과 예언자들 속에서 대면하는 명령하고 심판하는 신적인 창조의 의지의 담지자로서 대립적으로 보고 있다. 로마 가톨릭의 새로운 신학도 역시 특별히 이 점에 흥미를 가지고 있다. *Het geloof van ons doopsel*, II(1956), 1, 2와 다른 곳에서(예를 들어, I에 나오는 신론에서), 쇼넨베르크(P. Schoonenberg)는 구약의 신앙 배경에 많은 관심을 기울이고 있다; 구약에서 그는 그리스도를 향한 영적인 성장, 즉 "심화, 확대, 상승"(p. 83)의 과정을 인식하였다. *MS*는 이 주제를 되풀이하여 고려하였다. II, 12장, 3을 보라: "구약에서의 구속사와 구원의 서정". 여기에서는 그리스도를 향한 적극적이고 정직한 발전의 표상이 주어지고 있으며, III, 1, 3장은 "중보자의 신학에 대하여 구약은 특별히 실패하였고 어딘지도 모르는 데서 끝나는 역사"(p. 223)라고 하는 정반대의 결론에 정확히 도달하였다. 그러나 언급된 다른 두 가지 이상으로 로마 가톨릭 신학은 적극적인 방식에서든 소극적인 방식에서든 간에, 구약을 특별히 저급하고 예비적인 국면으로 다루고 싶어하였다. 개혁 신학은 신약의 정확한 이해를 위하여 우리가 구약의 경험과 개념들에 전적으로 의존하고 있다는 사실을 강조하는데 특별히 관심을 가지고 있다. 이러한 차이점의 좋은 보기는 「새 요리문답」(*New Catechism*)(E.T.1969), pp. 34-63과 화란 개혁교회(Dutch Reformed Church)의 대회(Synod)의 출판물인 *Klare wijn*(1967), 특히 III 사이에서의 대조이다. 구약과 신약의 관계에 대한 다수의 현대적인 개념들의 개관이 오트(Ott, *AG* 3항)에게서 발견된다.

29. 구약 성경에서의 이스라엘의 길

방법

우리의 관심은 이제 되풀이하여 사용되는 용어인 "이스라엘의 길"에 내용을 부여하는 것이다. 이것은 어렵지 않은 것으로 보이는데, 그 이유는 신약 성경이 구약에 의존하고 있고 수많은 진술들 속에서 구약을 설명하고 있기 때문이다. 신약 성경에서, 특별히 바울에게서, 우리는 이스라엘에 대한 하나님의 길의 기독교적인 비전을 얻게 된다. 우리가 받은 표상은 한 편으로는 율법을 통하여 구원을 얻으려는 무익한 시도의 표상이며, 다른 한 편으로는 율법이 그들에게 줄 수 없는 구원을 죄인들에게 베푸시는 예수 그리스도의 강림에 대한 점증하는 기대가 존재하는 길의 표상이다. 이것이 바로 신약 성경이 구약에 대해 말하는 방식이며, 설교와 예전과 요리문답의 모든 곳에서 구약 성경이 적용되었고 또 적용되는 방식이다. 이 책이 이런 종류의 적용을 반대하는 것처럼 보였기 때문에, 혹자는 그 안에서 기본적인 기독론적인 진리들을 여전히 발견할 수 있는 풍유와 모형론의 고전적인 방법들을 그것에 적용할 수 있었을 것이다.

신앙의 연구에서 우리는 신약에서 구약으로 가는 이런 직접적인 길을 단순히 떠맡을 수는 없다. 그리스도의 출현과 부활의 결과로서, 신약 성경의 저자들은 새로운 눈으로 성경을 읽기 시작하였다. 어디에서나 그들은 그 속에서 그리스도와의 관계를 발견하였으며, 그렇게 해서 그들 자신의 시간과 세대의 주석적인 방법들을 가지고 이것을 명료하게 표현하였다. 그들의 방법과 그들이 이것을 가지고 얻은 구약 성경에 대한 통찰에는 상당한 변화가 있었다. 기독교 교회는 함께 취합된 모든 것은 말할 것도 없거니와, 이것들 가운데 하나를 분명히 설명할 수 없었다. 교회는 이 해석들을, 당대의 주석 방법들을 사용하여, 그리스도와 이스라엘의 길 사이의 연관성을 신앙 안에서 추구하도록 촉구하는 다음 세대들을 향한 초대로서 간주하였다. 이것은 종교개혁 이후에, 그리고 특별히 계몽 운동 이후에 사는 우리들에게 있어서, 우리가 구약 성경 그 자체와 더불어 시작하고, 그렇게 해서 구약 성경의 저자들 스스로가 그들이 말하는 내용을 가지고 무엇을 의미하는지를 최초로 질문하는 것을 의미한다. 따라서 우리는 그리스도에 대한 증언으로서 구약 성경을 읽는 데서 시작하지 않는다. 이와 아울러 우리는 그리스도에 대한 우리의 신앙을 제쳐놓지도 않는다. 우리는, 그리스도가 이전에 이스라엘에서 가셨던 길의 연속으로서 하나님의 가깝고도 결정적인 수단이었다고 믿는다. 따라서 그의 출현의 의미를 알기 위해서는 우리가 그 길을 먼저 아는 것이 필수적이다. 역으로, 우리는 이스라엘의 길의 의미를 그리스도의 출현으로부터 추론해야 한다. 두 가지 방향이 요청되며 서로를 보충한다. 그리스도는 우리의 구약 성경 읽기의 "결과"이고 "원리"이다. 그는 이러한 연속에 있어서 둘 다이시다. 첫째로 우리는 그를 알기 위하여 구약 성경을 아는 것이 필요하고, 다음으로 그 역도 마찬가지이다. 이 단락에서 우리는 처음 것을 다루고, 다음으로 두번째 것을 다룬다.

내가 보았을 때, 구약이 신약에서 인용되는 상이한 방법들은 다음 8가지의 표제 아래에 포함된다. (1) 하나님과 함께 하는 우리의 삶을 위한 권위로서; (2) 예비적인 계시로서; (3) 복음과 대비되는 율법의 계시로서; (4) 구원의 시대의 예언으로서; (5) 메시야 예수의 예언으로서; (6) 성령의 세대의 예언으로서; (7) 구원에 대한 저항의 예언적인 서술로서; (8) 종말의 예언으로서. (5)번 표제는 월등히 가장 큰 표제이다. 주석적으로 이것은 가장 어려운 난점을 야기시키는데, 그것은 특별히 저자들이 어떤 구약 본문들을 직접적으로 그리스도에 대한 예언으로 사용하기 때문이다. 우리가 마태복음 1:22f.; 2:5f., 15, 17f., 23; 8:17; 고린도전서 10:4f.; 갈라디아서 4:21-31, 그리고 다른 구절들 속에서 발견하는 구약의 인용절들의 기독론적인 해석들은 매우 영적이거나 혹은 심오한 것으로 보일 수 있으며, 간접적으로 우리는 이것들을 참된 것으로 간주할 수도 있지만, 이 인용절들의 의미에 대한 설명으로서 그것들은 우리들에게 더 이상 의미가 없다. 우리가 랍비의 문서들이나 필론(Philo)이나, 혹은 쿰란 문서들 속에서 발견하는 것처럼 저자들이 당시에 통용되던 해석 방법들을 따랐기 때문에, 이것은 신약 시대에는 사실로 적용되지 않았다. 이 본문과 관련하여, 그 때에는 심오한 통찰이라고 여겨졌던 것을, 이제 우리는 허용할 수 없는 장난스러운 자유로 간주한다. 그러나 "메시야 예언들"에 관한 책으로서의 이러한 구약 해독(解讀)은 제 때를 만났다.

그리스도에 대한 직접적인 예언으로서의 이러한 구약 읽기에 비하여, 신약에 의한 구약의 수많은 기독론적인 해석은 모형론으로서 규정될 수 있다: 초기의 사건들과 사람들은 그리스도와 그의 생애의 "예표"로서 간주되었다. 이런 방식으로 기독론적인 전망이 아담과 멜기세덱과 모세와 광야의 뱀과 만나, 장막 예배, 다윗, 요나, 등등에서 얻어졌다. 이 방법이 그 자체로서 구약을 위반할 필요는 없었는데, 그 이유는 저자의 이해로부터(*e mente auctoris*) 해석하였을 때, 이것은 그것을 원 저자가 몰랐던 새로운 정황 속에 단순히 두는 것이었기 때문이다. 여기에 대해서는 L. Goppelt, *Typos: Die typologische Deutung des AT im NT* (1939)를 보라.

풍유는 다른 문제이다. 이것은 모형론과 정확하게 구별될 수 없지만, 일반적으로 말하면 구약의 인물들과 사건들의 역사성에 거의 혹은 전혀 아무런 가치를 부여하지 않는다; 이것은 그것들을 "더 높은" "영적인" "진리들"을 담고 있는 것으로 간주한다. 모형론과는 별개의 것으로서, 본문의 문자적인 의미가 위배되고 구약이 그것과는 전혀 다른 메시지의 대변자가 되는 위험이 여기에서는 훨씬 더 크다. 구약의 풍유적인 해석은 알렉산드리아의 필론(Philo, 주후 30년)에 의해 도입되었다: 그는 구약과, 플라톤 및 스토아철학의 유사성을 보여주기 위하여 풍유적인 방법을 사용하였으며, 그렇게 해서 당대의 헬라파 지식인들을 유대교 신앙으로 끌어들이려고 노력하였다. 신약은 단지 풍유의 흔적들만을 포함하고 있다(고전 5:6-8; 9:9; 10:4; 특별히 몇 가지 관점에서 "필론적인" 분위기를 호흡하고 있는 히브리서에서: 3:6; 7:1ff.; 10:20; 12:22). 그러나 바로 그 이후에, 필론의 영향을 받아서, 이 방법이 바나바의 서신(140년)에서부터 시작하여 교회에서 유력하게 되었는데, 이 서신은 또한 이 제의들에 대한 그들의 문자적인(감각적인) 이해에 대하여 유대인들에게 강한 인상을 남기기 위하여 구약의 제의법들에 대한 풍유적인 해석을 사용하였다.

기독교 신앙의 풍유와 헬라화가 나란히 동반하여 진행된 것은 우연한 것이 아니다. 풍유는 알렉산드리아에서 제3세기 경에 클레멘트와 오리겐에게서 그 절정에 도달하였다. 오리겐은 문자적인 의미 위에 심리적이거나 도덕적인 의미를 두었고, 그 위에 영적이거나 신비적인 의미를 두었으며, 이 "성경의 세 가지 의미"와 더불어 그는 중세 시대를 통하여 그리고 그것을 넘어서 완고한 구약을 교회론과 조화시키는 진정한(the) 수단이었던 풍유적인 방법의 챔피언이 되었다. (어거스틴은 자신의 「고백록」 14장에서 어떻게 해서 구약에 대한 암브로시우스의 풍유적인 해석이 그가 이 책을 받아들일 수 있게 해주었는가를 말하고 있다.) 그들의 견해는 본문의 문자적인 의미의 가치에 대해서는 달랐다. 안디옥 학파(4, 5세기 경, 풍유에 강력하게 반대함)와 제롬(Jerome, 400년)은 그것을 변호하였으며 그렇게 해서 그것의 고결성을 보존하는 것을 도왔다. 이레나이우스와 안디옥 사람들 이후에 이것은 모형론에 대한 강력한 강조와 결합되었다. 중세 시대, 확실히 그 후반기는 종종 생각되는 것처럼 거의 일방적으로 풍유적이지는 않았다. 문자적인 해석은 리라의 니콜라스(Nicolas of Lyra)에 의해 강력하게 옹호되었는데, 그는 "풍유적인 의미로부터가 아니라 오직 문자적인 의미로부터만 의심스러운 것을 증명하고 해명하기 위한 논증이 이룩될 수 있다"는 사실을 그의 논증들 가운데 하나로 이용하였다.

종교개혁과 인문주의는 풍유를 철저히 뒷전으로 밀어내었다. 저자의 이해에서 나온(*e mente auctoris*) 주석은 신약을 따라서 중심적인 자리를 얻게 되었으며, 모형론적인 설명과 결합되었다. 인문주의에 의하여 훈련받은 칼빈은 본문들의 문자적인 읽기에서 발견되는 것처럼 본문들의 한 가지 의미에 철저하게 집중하였다. 그의 후계자들 가운데에서 우리는 성경의 다양한 의미를 찾으려는 경향, 즉 그들의 반동 종교개혁의 적수들에게 훨씬 더 강력하였던 접근 방법을 다시금 발견하게 된다.

계몽 운동과 더불어 종교개혁과 인문주의가 길을 닦아 놓았던 완전히 새로운 시기가 도래하였다: 풍유와 더불어 이제 모형론도 학문적으로 훌륭한 주석 안에 있는 하나의 요소로서의 그 지위를 역시 상실하게 되었다; 이제부터는 구약 저자들의 의도가 그것의 해석을 위한 기초이며, 더 이상 신약이나 교리가 아니다. 이 말은 그 이후에는 더 이상 구약에 대한 풍유적이고 모형론적인 접근 방법들이 없었다는 사실을 말하는 것이 아니라, 진지하게 고려되기 위해서는 이것들이 역사적이고 문자적인 주석의 법정에서 스스로를 유지할 수 있어야 한다는 것을 말하는 것이다. 모형론의 경우에는 이것이 여전히 이루어질 수 있지만(Von Rad, H. W. Wolff, 그리고 여타의 사람들에게 있어서), 풍유에 대해서는 그렇지 않다. 이 전체 주제에 대해서는 디스텔의 「기독교 교회에서의 구약의 역사」(L. Diestel, *Geschichte des AT in der christlichen Kirche*, [1861])와 그것의 연속편인 크라우스의 「구약의 역사비평학적인 연구사」(H. -J. Kraus, *Geschichte der historisch-kritischen Forschung des AT* [1956])를 보라.

여기에서 우리는 '역사와 이 책 사이의 관계'라고 하는 새로운 문제를 만나게 된다. 지금까지 우리는 "구약 성경"과 "이스라엘의 길"이라는 표현을 다소간 상호교환적으로 사용하였다. 그러나 만약 우리가 "길"을 순수하게 역사적으로 고려한다면, 이 두 가지 개념은 일치하지 않는다. 이스라엘의 종교사는 구약 성경에서 이루어진 것보다 훨씬 더 넓다. 이것은 그 뿌리가 바벨론-이집트-가나안의 토양 깊은 곳에서 발견되고 그 가지가 헬레니즘에 이르기까지 뻗어있는 나무에 비유될 수 있다. 또한 이 종교에는 유목민들의 종교와 다신론, 마술, 고지(高地)의 제의들, 황소 숭배, 제의학 (ritualism), 민족주의, 바알숭배, 심지어 바벨론의 자연신인 탐무즈의 신전에서의 예배(겔 8:14)도 속해 있다. 구약 성경은 종교사적으로 근본적인 야훼 신앙으로 불릴 수 있는 것, 즉 모세가 소개하고, 선지자들이 다수의 인구의 의지에 반(反)하여 선포하였으며, 바벨론 유수(幽囚)와 그 이후에 바알 숭배적이고 반(半) 야훼 신앙적인, 다른 전승들보다 우세하게 된, 한 분의 상상할 수 없는 하나님에 대한 선택의 견지에서 이 역사를 설명한 것이다. 이제 무엇이 "이스라엘의 길": 즉 이스라엘의 다양하지만 표준이 없는 역사로서 간주될 수 있으며 혹은 무엇이 통합적인 정경에 의해서 유효한 것으로 받아들여졌는가? 이것을 다른 식으로 제기하자면: 이스라엘의 길이 역사적으로나 혹은 신학적으로, 서술적으로나 규범적으로 결정될 수 있는가?

우리가 여기에서 절대적인 대조에 직면해 있다고 생각할 수는 없다. 만약 하나님이 역사 속에서 우리에게로 오신다면, 우리는 그가 모으신 것을 분리할 수 없다. 따라서 우리의 관심은 정경의 배후에 놓여 있는 역사이어야 한다. 그러나 이 역사는 그 자체로서 산만하고 모순되며, 규범이 없다. 다른 곳에서 유래된 모든 것을 제외하고, 야훼 신앙은 그 속에서 모든 반대에 맞서는 새롭고 독창적인 구성 요소였다. 바벨론 유수(幽囚)와 그 이후에, 이스라엘이 낮아졌다가 정신을 차릴 수 있었을 때, 이것의 승리는 정경의 형성 가운데에서 형태를 얻게 되었다. 따라서 정경 자체는 이스라엘의 길에서 결정적인 요소이다. 그러므로 우리는 "이스라엘의 길"이라는 표현을, 모세-선지자적인 야훼 신앙의 시작과 우상들, 즉 자연주의와 민족주의의 전통적인 힘들과의 투쟁으로 이해하며, 또한 이것의 자연적인 종교적 충동들에 반하여, 이스라엘이 정경 속에서 단번에 그것의 종교적인 신념들과 삶을 위한 규범을 인정하고 확립하였다는 사실 속에 놓여 있는 그 신앙의 승리로 이해한다.

19세기에 이스라엘의 길을 "이스라엘의 종교사"로 다루었던 사람들과 이것을 "구약의 성경 신학"으로 다루었던 사람들 사이에 어떤 대비가 발전되었다. 또한 학문적인 서술의 기준에 의하여, 이 대비가 유지될 수 없다는 통찰이 완만하게 확고한 지반을 얻게 되었다. 정확히 정경은 야훼 신앙에 반대했던 모든 힘들에 대해서 우리에게 알려주는데, 이것은 야훼 신앙이 아닌 것으로 간주되어야 하는 많은 것(특별히 지혜 전승과 법전들의 많은 것)을 포함하였다. 싫든 좋든 간에, 종교사적인 접근 방법은 이것의 전통적인 종교적 유산에 대한 (with) 투쟁과 그것에 대한(over) 승리와 그것과의(of) 통합에 있어서 이스라엘의 독창적인 것에 집중해야 한다. 초기에 사용되었던 전승으로부터 "윤리적인 유일신론"으로 나아가는 진화의 모델은 사실들의 극적인 상태와 일치하지 않는다. 결과들과 관련하여 이것이 이스라엘의 종교적인 발전에서 출발하느냐 혹은 구약의 책들의 내용과 의미에서 출발하느냐는 별로 중요하지 않다는 것이 점차로 분명해지고 있다. 이러한 논란과 현재까지의 이것의 발전에 대해서는 크라우스의 「성경 신학」(H. -J. Kraus, *Die biblische Theologie. Ihre Geshcichte und Problematik* (1970))을 보라.

그것과 더불어 우리는 세번째의 가장 난해한 방법론적인 문제와 마주치게 된다: 이스라엘의 길을 그것의 내용의 측면에서 서술하는 것이 가능한가? 그것의 전망과 진술들에 있어서 구약 성경은 삶 자체만큼이나 광범위하고 다양하다. 더욱이, 만약 잠시 동안 우리가 분명히 중심이 아닌 중심의 주변 어딘가에 위치해 있는 그런 관점들 — 창조 전승들, 율법들, 제의적인 교훈들, 지혜 전승 — 을 무시한다면, 중심적인 것으로 고려되는 그런 관점들이 공통 분모로 간주될 수 있는가? 중심성은 규칙적으로 재현되는 특징들로부터 추론될 수 있는가? 이스라엘의 길은 일정한 지계표(地界標)들이 있는 인식할 수 있는 구조와 분명한 방향을 가지고 있는가?

그 답을 찾기 위해서 신앙의 연구는 해석학과 구약성서 신학의 분야로 돌아가야 한다. 물론 우리가 현대의 연구 상태를 고려하고 특별히 다른 이론들이 공동으로 가지고 있는 것을 지향한다면, 우리는 여기에서도 역시 모든 학문에서와 같이, 스스로 독자적으로 선택해야 하는 매우 다양한 답변들을 발견하게 된다. 여기에서 우리는 구약 성경 정경의 구조에 의해 도움을 받는다. 유대인들은 "율법과 선지자들"(신약 성경도 역시 이렇게 말한다)이라고 말하며 공식적으로 세 가지 구분: 즉 율법-선지서-성문서를 인정한다. 구약 성경의 기독교 역본들도 마찬가지로 이러한 세 가지 구분을 가지고 있으며, 이러한 차이와 더불어, 성문서들은 그 안에 더 작은 그룹을 포함하고 있고 율법과 선지서들 사이에서 존재하는 반면에, 율법은 여호수아서에서 에스더(유대교의 목록표에 의하면, 이 책의 더 큰 부분은 '전기 예언서'로 두번째 그룹에 포함되어 있다)를 포함하는 정도까지 확대되고 있다. 이 차이점들보다 더 중요한 것이 유사성들이다: 첫째로 율법, 즉 구원과 율법 수여와 계약의 수립에 있어서 하나님께서 이스라엘에게 은혜로서 오시는 이야기인 토라가 온다. 그 다음에 선지서(네비임), 즉 역사 속에서 이 계약에 대하여 일어났던 일에 대한 이야기, 심판과 은혜, 배교와 고발, 인간의 불성실과 성실, 하나님 편에서의 새로운 약속들에 관한 이야기가 이어진다. 마지막으로, 시편이 핵심인 성문서(케투빔)에서, 우리는 죄책과 감사에 대한 신앙 고백과, 의심과 환희, 그리고 묵상과 애도 속에서 스스로를 계약의 하나님과 관련시키는 인간의 목소리를 듣는다.

계약과 역사 — 이것들은 이스라엘의 길의 없어서는 안 될 두 가지 구성 요소들이다. 계약은 야훼와의 만남, 즉 그의 구원과 약속과 위협과 계명을 경험하는 것을 의미한다. 전체 백성과 개인이 이것들에 대하여 응답해야 한다. 우리는 성문서에서 적극적인 응답을 발견한다. 선지서에서는 백성들의 실패와 야훼의 심판이 지배한다. 그러나 그는 여전히 신실하시며, 미래에 대한 새로운 전망을 열어 놓으신다. 따라서 "나는 네 하나님이 되고, 너는 내 백성이 되리라"라는 종종 나타나는 진술은 정확히 이스라엘의 길의 핵심과 공통 분모로서 많은 이들에 의해서 고려된다. 그러므로 이스라엘의 길은 계약사(契約史)로 요약될 수 있는데, 그 이유는 이것이 실현되는 역사를 실패와 기대로 만드는 계약에 관계하며, 또한 역사를 만드는 인간의 능력들을 능가하는, 일정한 부속물에 의해서 살아가는 역사에 이것이 관계하기 때문이다.

"계약사"라는 용어를 선택함으로써, 우리는 구약 해석학의 최근의 결과들의 광범위한 스펙트럼을 요약할 수 있다. 이와 관련된 두 명의 주요한 지지자는 계약 개념의 토대 위에서 「구약 신학」(Theology of the OT)을 구성하였던 아이히로트(W. Eichrodt)와, 역사의 개념을 그의 「구약 신학」(OT Theology)의 토대로 사용하였던 폰 라트(G. von Rad)이다. 이와 관련된 주요한 작업이 또한 스멘트(R. Smend)에 의해서 그의 두 연구 논문인 Die Bundesformel(1963)과 Die Mitte des AT(1970)에서 이루어졌다. 여기에서 이루어진 해석학적인 선택의 평가를 위해서는 H. Berkhof, "OT-ische hermeneutik," in Postille 1971-1972, pp. 7-21을 보라.

다음의 표제들 밑에서 우리는 이 계약사의 몇 가지 주요한 흐름들을 끌어낼 것이다. 여기에서 고안될 표상의 보충과 심화를 위하여 우리는 이스라엘의 신앙에 대하여 3장에서 현상학적으로 언급되었던 것과, "계시"라는 표제 밑에 있는 7-17장의 다수의 범주들에 대한 설명을 참조한다.

계약과 율법

이스라엘의 전 역사를 통하여 이스라엘이 계약적으로 하나님과 관련되어 있다는 인식이 나타난다. 비록 계약들은 고대 동방에서는 매우 일반적인 것이었으나, 신들에 대한 관계는 계약으로서 간주되지 않았다. 그 이유는 신들과 인간들 사이의 관계가 자연과 백성, 국가, 사회의 힘들에 의해 너무나 많이 결정되었기 때문이다. 그러나 야훼와 이스라엘의 관계는 자연적으로 주어진 것이 아니었다; 이것은 그의 의지의 자유로운 행동에 의존하고 있었다. 그러므로 인간들의 세계에서 이것의 가장 가까운 유비는 계약 관계였다. 야훼는 그의 종들에게 자신의 도움과 보호를 약속하며 호혜적으로 그들의 충성과 복종에 의지하는 주권자에 가장 잘 비유되었다. 물론 "계약"이라는 용어 속에서 표현될 수 있는 것보다 그와 이스라엘 사이의 만남에는 더 많은 것이 들어 있다. 따라서 이 관계는 이스라엘을 청지기와 종과 자식과 아내, 등등으로 보여주는 다른 표상들 속에서도 역시 명료하게 표현된다. 그러나 계약의 표상은 몇 가지 본질적인 관념들을 나타낼 수 있었기 때문에 지배적인 위치를 점유하고 유지하였다.

"나는 네 하나님이 되리라": 이것은 우선 첫째로, 하나님께서 주도권을 가지고 계신다는 사실을 의미한다. 그의 은혜 속에서 그는 일단의 유목민들에게로 오셔서 그들을 이스라엘로 만드셨다. 계약은 그의 자유로운 호의에 의존한다. 구약 성경 안에 있는 몇몇 전승들은 이것에 대하여 "선택"이라는 용어를 정확히 사용하였다. 계약은 선택에 의존한다. 이것의 기원과 관련하여 어떤 전승들에서는 계약이라는 히브리어 단어가 "신적인 의향"과 같은 것을 의미할 정도로 이것은 너무나 지나치게 일방적인 것이었다.

하나님은 구원과 보호를 위한 주도권을 갖고 계신다. 계약은 무엇보다도 이스라엘이 그것에 기초하여 약속을 신뢰하도록 초대받는 구원을 — 뒤나 혹은 앞으로 — 지시해 주는 약속이다. 이 구원의 반대는 종종 이스라엘을 위협하거나 방해하는 다른 나라들이 패배할 것이라는 사실이다.

신적인 보증으로서 계약은 언제나(또한) 미래를 지향하고 있다. 야훼는 그가 지금까지 보여주었듯이 미래에도 동일한 은혜와 위대한 능력을 보여주실 것을 보증하신다. 역사는 투쟁의 장이고 여전히 그러하지만, 하나님은 되풀이하여, 그리고 언젠가는 결정적으로 자기 백성의 유익을 위한 최종적인 말씀을 가지실 것이다.

비록 이스라엘에게 집중되었지만, 그럼에도 불구하고 계약은 보편적인 목적을 가지고 있다. 계약의 하나님은 동시에 전 세계의 하나님이시다. 그는 또한 자연 속에서 자연을 통하여 활동하신다. 그 외에, 다른 나라들의 역사도 그를 떠나서는 일어나지 않는다 — 하지만, 예외로서, 이것은 오직 이스라엘의 경우에만 투명하다. 적대 세력들에 대한 야훼의 승리가 최종적으로 완성될 때, 이스라엘에 대한 그의 특별한 관심도 역시 그의 구속적인 사역 속에서 마침내 모든 사람들을 포함하는 목적에 이바지하였던 것으로 간주될 것이다. 그러나 이 위대한 전망은 오직 때때로 어떤 절정들에서만 보여질 수 있었다.

하나님의 계약적인 활동의 특징이 한 가지 더 언급되어야 한다: 계약은 역사의 몇 가지 단계들을 통과해야 한다. 이것은 첫째로 반유목민들의 삶 속에서, 다음에는 원시 농경 사회의 삶 속에서, 그 다음에는 국가와 다윗 왕가와의 협력 속에서 표현된다. 이것은 사회적이고 국제적인 관계들의 맥락 속에서 존재하게 된다; 이것은 개별화의 과정을 통과하여, 역동적인 개념으로 된다. 또한 이것은 점점 더 비판적인 개념, 즉 국가와 단일한 개인의 행동이 심판받게 되는 높은 표준으로 된다.

지금까지 우리는 하나님께서 이 계약 속에서 어떻게 행동하시는지를 지적하였다. 그러나 계약은 이것에 응답하는 인간이 없이는 작용할 수 없다; "너는 내 백성이 되리라." 계약은 기원에 있어서는 일방적이지만 목적에 있어서는 양면적이다. 이것이 바로 대부분의 구약 성경 전승들 속에서, 특별히 신명기에서 강조되는 것이다. 하나님은 그의 계약의 상대에게 신뢰와 복종을 요구하신다. 역사의 과정에서 이 계명은 새로운 선언들 속에서 규칙적으로 자세히 설명된다. 이 가운데 많은 것들이 토라 속에서 시내산에서의 계약의 수립과 연결되며, 이것은 연이어 출애굽의 위대한 구원의 행동의 결과로서 간주된다. 율법의 중심적이고 기본적인 형태는 "열 가지 말씀", 즉 십계명인데, 그 첫번째 절반은 하나님과의 관계를 다루고 있고 이스라엘 밖에서는 필적할 만한 것이 없는 몇 가지 계명들을 포함하고 있으며, 두번째 절반은 근동 지방에서 좀 더 흔하게 표명되었던 것처럼, 동료 인간들과의 관계에 대한 계명들을 포함하고 있다. 온갖 종류의 율법들이 나중에 십계명에 첨가되었다.

율법은 계약의 도구이다. 정확하게 이것의 부정적인 공식들을 통하여 ("너는 ... 하지 말라"), 계명은 계약의 약속의 안전 속에서 그 구원자와 함께 있을 것을 이스라엘에게 권고하였다. 그 의도에 있어서 율법은 따라서 전혀 위협적이 아니고, 오히려 훈계하며 일차적으로 권고적이다. 따라서 율법은 애굽의 종살이에서 벗어난 구원을 상기시켜주는 말로써 시작된다.

이것은 계약의 율법이 엄격한 율법이 아니라는 것을 의미하지 않는다. 이것은 절대적인 신뢰와 복종을 요청한다. 이것은 제1계명에서 이미 분명

하다: 다른 나라들이 동시에 다양한 신들을 소유함으로써 생명의 위협에 맞서 스스로를 보호하는 반면에, 이스라엘은 질투하시는 하나님으로서 어떤 경쟁자도 허용하지 않으시는 한 분의 구원자에게 모든 것을 걸어야 한다. 다른 나라들은 언제든지 그들의 신들을 마음대로 처분할 수 있도록 이 신들을 우상의 형태로써 포착하고 증식시키는 반면에, 이스라엘은 제2계명에 따라서, 야훼의 성상을 만드는 것이 금지되어 있다: 이스라엘은 그를 조종하려고 노력해서는 안되며 그의 말씀과 행동을 기다려야 한다. 따라서 제3계명에서 이스라엘은 고대의 종교들의 방식을 따라서, 마술적인 제의문이나 주문으로서 하나님의 이름을 사용하는 것이 금지되어 있다. 그는 자신이 원하시는 때에, 원하시는 장소에서, 원하시는 방법으로 자기 백성들을 도우러 오실 것이다. 확신을 가지고 그들은 그를 섬겼다. 이스라엘은 자신의 모든 안전을 포기하고, 그의 말씀을 들으며 그의 음성을 따라야 한다.

이런 태도는 인간적인 의향과는 완전히 반대된다. 그러나 만약 사람이 이 계약 속에서 그의 생명과 행복을 발견하려고 하면, 이것은 절대적으로 필요한 것이다. 따라서 이것의 권고적인 특성에도 불구하고, 혹은 더 정확하게 말한다면 바로 그것으로 인하여, 율법은 이것의 지배로부터 물러서는 모든 사람들에 대한 위협을 동반한다. 그들에게 있어서 계약의 동반자는 적으로 바뀌게 된다. 정확히 그의 성실로 인하여 그는 부득이하게 질투하시는 하나님이 되신다.

처음부터 계약적인 복종은 특별히 세 가지 영역: 즉 제의와 윤리와 율법에 관계한다. 왜냐하면, 이미 십계명의 구성에서 분명히 나타난 것처럼, 이것은 여기에서: 하나님과, 그리고 자신을 위하여 인간들에 대한 두 가지 관계에 관련되어 있기 때문이다. 계약의 역사의 과정에서 삶의 이 세 가지 영역들은 훨씬 발전되고 세련되게 되었다. 제의는 야훼와 그의 백성들 사이의 계약적인 친교를 분명하게 표현하고, 확언하며 갱신하는 것을 목표로 하였다. 여기에서 주도권은 하나님께로부터 왔다. 점차로 희생에 의해서 죄를 제거하는 것에 강조점이 주어지기 시작하였다. 제의에서 화해와 은혜와 감사가 형태를 띠게 되었다. 도덕법은 무엇보다도 나라의 다른 구성원들을 대하는 행동에 관련되었지만, 억압받는 집단들: 즉 과부와 고아와 노예와 도울 힘이 없는 자들과 나그네들에 대한 강조가 점차 증가되었다. 더욱이 야훼가 애굽으로부터 핍박받는 백성들을 구원하셨던 것처럼, 그의 계약의 동반자들도 역시 약자(弱者)들을 변호하고 돌보아야 한다. 모든 이들에 대한 동일한 정의, 땅의 동일한 분배, 가난에 대한 투쟁을 목표로 삼고 있는 이스라엘의 율법은 이것과 일치된다.

계약의 약속들과 계약의 계명들과 나란히, 계약의 징표들은 계약이 무엇에 대한 것인지를 구체적인 형태로 자세히 설명해 준다. 이것들은 특별히 땅과 안식일과 할례이다. 약속되고 주어지고, 위협받고, 빼앗겼다가 다시 찾은 삶의 공간으로서의 가나안은 이스라엘 역사의 모든 시대에 있어서 근본적인 중요성을 지니고 있었던 계약의 위대한 "성례전"이었다. 이것은 이스라엘 바깥에서는 필적할 만한 것이 없는 제도인, 안식일에 대해서도 역시 사실인데, 그것의 6 + 1의 리듬은 자연의 리듬, 예를 들어 달의 리듬과는 다르다. 여기에서 이스라엘은 자신의 시간의 일부를 하나님께 바치며, 이것을 안식과 재충전의 축복된 선물로서 되돌려 받는다. 이스라엘이 많은 나라들과 공유하고 있었던 할례는 덜 독특한 것이다; 가나안에서 이것은 계약 속에 포함된 징표로서 작용하게 되었고, 이스라엘 사람들을 "무할례자들"과 구분하는 것이었으며, 바벨론 유수(幽囚)와 백성의 분산(디아스포라) 이후에 훨씬 더 중요하게 되었다.

계약적인 삶에 있어서 왕은 중심적인 위치를 갖게 되었다. 다윗 왕가는 예루살렘의 제의를 담당하고 있었다. 왕은 하나님과 백성들 사이에서 계약의 중보자가 되었다. 이렇게 해서 그는 스스로 계약법을 지킬 의무를 갖고 있었던 최초의 사람이었다. 계약의 구조틀 속에는 전제군주제를 위한 여지가 없었다. 우리가 열왕기에서 보는 것처럼, 신명기적인 역사 서술은 이스라엘과 유다의 왕들이 계약에 대한 그들의 성실한 행동들이나 혹은 계약에 대한 그들의 불성실한 행동들과 관련하여서만 홀로 혹은 주로 기억되고 있음을 확인하고 있다.

위에서 언급한 요소들과 더불어 우리는 이스라엘이 야훼와 더불어 계약 안에서 사는 것이 무엇을 의미하였는지를 간략하게 지적하였다. 이 삶은 외적인 구조들로부터 개인의 내적인 삶에 이르기까지 모든 것을 포함하였다. 이 구조들을 고려하여, 이스라엘의 계약적인 삶은 종종 신정(神政)으로 불린다: 율법과 제의, 사회적인 관계들, 정치, 도덕, 관습 — 이 모든 것은 야훼가 이스라엘의 하나님이시며 이스라엘은 그의 백성들이라는 위대한 진리를 표현하는 것을 목표로 하고 있다. 그러나 이 관계는 전 포괄적이며, 각 개인의 삶의 가장 깊은 마음 속까지 영향을 미친다: "사람아 주께서 선한 것이 무엇임을 네게 보이셨나니 여호와께서 네게 구하시는 것이 오직 공의를 행하며 인자를 사랑하며 겸손히 네 하나님과 함께 행하는 것이 아니냐?"(미가 6:8).

"계약"이라는 용어와 이것이 상징하는 것은 이스라엘의 초기 역사에 뿌리받고 있으며 중단되기도 하였지만 여러 세기를 통하여 여전히 이스라엘의 신앙에 특징적인 것으로 남아 있다(이에 반하여 J. Barr in *Weerwoord*, 1974, pp. 13-19). 의미는 강조점이 야훼의 일방적인 주도권("약속", "의향")에 오든지 혹은 양면적인 목적("계명", "의무")에 오든지에 따라서 교호(交互)적이다. 중요성의 개관과 문헌에 대해서는 W. Zimmerli, *OT Theology in Outline* (E. T. 1977), par. 6을 보라.

구약신학 사상들 중에서 아이히로트(Eichrodt)의 사상은 전적으로 계약의 개념 위에서 구성되어 있다; 1부 2장은 계약 관념의 의미와 역사에 대한 개관을 제공한다. 하나님과 인간의 교제가 중심인 프리젠의 「구약신학 개요」 (Vriezen, *An Outline of OT Theology* [E. T. 1958])도 아주 유사하다; 단순히 이것을 말하자면, 그 속에서 탁월한 것은 계약에 있어서 제의와 그것의 장소에 대한 그의 균형잡힌 고찰이다(IX, III). 또한 Smend, *Die Bundesformel*, 그리고 W. Zimmerli, *The Law and the Prophets* (E. T. 1965)를 보라; 노트(Noth)와 폰 라트(Von Rad)와는 대조적으로, 후자는 이것이 율법과 예언자들을 연결시켜주는 다리가 되는 율법의 위협적인 측면을 강조한다.

행함과 섬김

앞 부분에서 우리는 그곳에서 뿐은 아니지만, 토라의 설화들과 율법들에서 처음으로 발견되는 이스라엘의 길의 계약적인 구조를 간단히 묘사하였다. 이제 우리는 특별히 "성문서"(케투빔)에서 특별히 나타나는 관점: 즉 이 계약적인 만남에 대한 신앙하는 이스라엘 사람들의 인격적인 응답으로 돌아간다. 물론 이것에는 더 많은 것이 존재하였는데, 그 이유는 이것이 전체의, 그 자체로서의 백성들의 응답(이 문제에 대해서는 우리가 세번째 부분인, 선지서에서 더 많은 것을 듣게 될 것이다)에도 역시 관계하지만, 이 응답이 많은 사람들이나 혹은 대표적인 개인들에 의하여 주어진 것으로서 예나 아니오를 통해서 오기 때문이다. 성문서는 이스라엘의 하나님께 대한 그들의 '예'가 후대의 세대들에 의해 규범적인 것으로 간주되었던 대표적인 시인들과 사상가들의 목소리들을 우리들을 위하여 보존하고 있다. 이 외에도, 이런 인격적인 신앙의 많은 언표들이 율법과 선지서의 일부에서 발견된다. 그러나 이 가운데 가장 중요한 것은 시편과 지혜 문학(욥기, 잠언, 전도서)에서 발견된다.

야훼와 신자의 관계는 특별히 시편에서, 아주 다양한 동사들로 표현된다: 사랑하고, 알고, 요청하고, 죄를 고백하고, 찬양하고(많은 할렐루야를 생각해 보라), 구하고, 감사하고, 투쟁하고, 책망하고, 즐거워하고, 행하고, 신뢰하고, 듣고, 섬기고, 영광을 돌리고 등등. 표제어로서 우리는 이 가운데에서 두 가지: 즉 행하고 섬기며를 선택하였는데, 그 이유는 이 동사들이 함께 계약과 율법이 인간을 인도하려고 애쓰는 태도를 표현하고 있기 때문이다. 구원의 행동과 율법을 지니고 있는 계약은 한편으로, 인간에게 살아가는 법을 분명하게 말해주는 확고하고도 안전한 질서이며, 그 분명한 길은 야훼의 법들이다. 그러나 동시에 그는 인간이 이해할 수 없고, 완전한 신뢰 속에서 자신의 생명을 그에게 내어맡겨야 하는 하나님이시다. 이렇게 해서 안전은 결코 당연하게 생각될 수 있는 것으로 되지 않으며; 언제나 인간은 그의 구원의 현존의 새로운 지시들을 찾고, 다시 말해서 야훼를 섬겨야 한다. 인간이 그 안에서 행할 수 있는 계약의 안전은 섬김을 배제하지 않으며 정확히 섬김을 의미있게 만드는 것이다. 신앙의 삶의 실천에 있어서 행함과 기다림의 이러한 이중성은 하나님의 은폐성으로 말미암아 야기되는 절망으로부터 그가 베푸신 구원으로 인한 환희에 이르기까지, 그리고 죄책의 깊은 인식으로부터 자신의 율법 준수에 대한 자랑에 이르기까지, 그리고 그의 보호 안에서 안연히 쉬는 것으로부터 적들의 조롱과 억압으로 인한 부르짖음에 이르기까지의 광범위한 상황과 태도들을 포함한다.

이스라엘의 신앙 속에 있는 이런 이중성을 포착해주는, 종종 사용되는 용어는 "주를 경외함"이다. 이 용어는 거리감과 복종을 암시하면서도, 다른 느낌들, 즉 신뢰와 포기의 느낌들을 마찬가지로 포함한다. 이것은 겸손과 깊은 애정을 모두 포함하는 관계를 암시한다.

현재 형태의 시편들이 성전의 제의를 위한 노래들로서 적절한 것으로 발견되었기 때문이든지, 혹은 이 시편들이 특별히 그것을 위하여 작성되었기 때문이든지, 아니면 이 시편들이 첨가를 통하여 적절한 것으로 되었기 때문이든지 간에, 우리는 많은 시편들 속에서 이 시편들이 성전의 제의를 위한 노래들로 (역시) 사용되었다는 사실을 알거나 추측하게 된다. 이 사실은 이스라엘의 계약 구조의 담지자들이 시편을 개인적인 경건의 표현 이상의 것들로 보면서도 이것들을 신앙의 규범적인 표현들로 간주하였다는 사실을 우리에게 말해 준다: 시편의 위대하고 심오한 말씀들은 이스라엘 앞에서 이스라엘이 어떻게 믿어야 하는지를 담고 있었다.

지혜 문학은 일반적으로 시편과 전혀 다른 언어로 말한다. 이것은 우리들에게 특별한 난점을 제공한다. 우리가 잠언에서 발견하는 것의 상당한 부분은, 예를 들어, 위대한 많은 시편들 속에서 발견될 수 있는 것처럼, 그것에 의해 직접 영감되었다는 사실은 말할 것도 없이, 야훼와의 계약적인 친교의 독특한 특징을 거의 지니고 있지 않은 것으로 보이는 일반적인 고대 동방의 지혜이다. 비(非)이스라엘적인 통찰들을 사용하여, 일상적인 삶의 많은 국면들 전부를 야훼와 관련시키면서, 이 삶을 거절하는 것은 파멸에 이르지만, 그의 길로 행하는 것은 번영과 평화에 이르게 된다는 사실을 보여주려는 시도가 여기에서 이루어지고 있다. 그러나 잠언의 저자들에게 분명한 것이 욥기와 전도서의 저자들에게는 전혀 그렇지 않다. 후자에게 있어서 하나님은 멀리 계시며 세상에 대한 그의 다스림은 신비이다. 욥기에서는 더욱 나아가서 이것이 전체 창조의 변덕스러운 모호함을 강조할 때, 고난의 문제와 관련하여 특히 그러하다; 하나님은 현존하시지만, 그의 행동을 설명해 주지 않으시는 숨어계시는 분으로서 현존하신다. 이렇게 해서 우리는 여기에서 그의 완전한 은폐성의 경험과 대조되는 매일의 사건들의 흐름 속에서의 하나님의 현존에 대한 인식이라는 양극단을 갖게 된다.

 이 두 경우에 이 경건심과 이스라엘의 신앙의 중심적인 사실들, 즉 출애굽과 시내 산, 역사에서의 구원, 왕권, 제의, 그리고 미래에 대한 기대 사이에 혹시라도, 어떤 관계가 존재하는지는 분명하지 않다. 그런데 우리는 신비스러운 아가(雅歌)서에 대해서는 아직 아무것도 말하지 않았다. 우리가 "성문서"의 신앙을 명쾌하게 밝힐 수 있을 것으로 보이지는 않으며, 이것들의 상호적인 일치에 대해서나, 계약과 율법의 중심에 대한 그것들의 관계와 관련해서도 그러하다. 하지만, 이 사실로 인하여 우리가 너무 지나치게 낙담해서는 안되는데, 그 이유는 이것이 — 수집되었고, 그것의 형태와 내용에 대하여 어떤 일치도 없었으며 그것의 권위가 (시편은 예외지만) 교회뿐만 아니라 회당에 대해서도 언제나 그것의 영향하에서 여전히 율법과 선지서들과 일치되는 것으로 존재하였던 — 정경의 최종적인 구분이라는 사실을 우리가 알고 있기 때문이다. 이스라엘의 진정한 계약사(史)는 율법서에서 선지서들로 흘러 내려간다. 그러나 이 역사에 참여하는 모든 각 사람은 언제나 성문서 속에서, 때로는 이곳 때로는 저곳에서 자기 자신의 질문들과 경험들을 인식하게 될 것이다.

 이 주제를 다루고 있는 다양한 구약 신학 사상들 속에서 이루어진 상이한 강조점들을 주목하는 것은 흥미있는 일이다. 이러한 근본적이고 일반적인 특징 이외에 많은 다른 강조점들을 발견하였지만, 아이히로트의 「구약 성서 신학」(Eichrodt, *Theology of the OT*)은 "영원한 심연의 강력한 의미"를 배경으로 하여 모든 것을 배치하고 있다(Vol. II, ch. XXI). 이와 대조하여 프리젠(Vriezen)은 구약의 경건을 "많은 점에서 충일(充溢)로 특징지어지는" 것으로 보면서, 규칙적으로 정반대의 강조점들이 여기에 따라오는 것을 거북스럽게 생각하면서도, "삶의 즐거움의 요소", 즉 "땅 위의 재물에 대한 감사"를 강조한다(*An Outline of OT Theology*, IX, iv). 폰 라트(Von Rad)는 "이스라엘의 응답"(*OT Theology*, Vol. I, 끝부분)이라는 제목으로 경건을 논의하고 그렇게 해서 이것이 계약사와 맺고 있는 관계를 특별히 탐구한다. 나중에 「이스라엘에서의 지혜」(*Wisdom in Israel* [E. T. 1972])에서 그가 분명히 진술하였던 것처럼, 지혜 문학에서는 더 이상 그렇게 할 수가 없었다.

여기에서 우리는 경건의 성장사를 본격적으로 다루지는 않는다. 이 역사의 개요를 제시하기 위하여, 우리는 바벨론 유수(幽囚) 이후에 경건의 율법주의적인 엄격성에 대하여 말할 수 있는지를 묻는 질문에 답변해야 할 것이다. 확실히 총괄적인 진술로서 이런 흔하게 들려졌던 확언은 유지될 수가 없다. 토라와 그것의 준수에 대한 위대한 찬양시인 시편 119편은 그런 식으로 해석되기에는 너무나 넓고 너무나 깊으며, 특별히 너무나 친밀감과 겸손으로 가득 차 있다. 그러나 후대의 글, 특별히 중간기에 나온 글들 속에서, 점차적으로 초월적인 하나님 개념으로 나아가는 경향을 인식하고 그것을 점차적인 토라의 본질화와 관련시킬 수 있다. 바벨론 유수(幽囚) 이전에는 싸움이 자연주의에 대한 것이었다. 바벨론 유수(幽囚) 이후에는 신앙이 도덕주의에 의하여 더욱 위협을 받았다. 그러나 구약에서 이 두번째 위협에 대한 분명한 전선은 아직 존재하지 않았다. 계약에 대한 성실성의 진정한 확언들과, 공로로 말미암은 의(義) 사이의 경계선을 지적하기는 어렵다. 바울에게 와서야 비로소, 예를 들어, 바알 숭배에 대항하였던 엘리야와 호세아의 상황과 비교될 수 있는, 도덕주의에 대한 분명한 전선과 강력한 저항이 나타나게 되었다.

예언과 거절

이스라엘에서 예언은 길고도 다양한 역사를 지니고 있으며, 우리가 알고 있는 어떤 다른 종교에도 이에 필적할 만한 것이 없는 최상의 형태를 지닌 매우 다양한 현상이었다. 이것의 기원은 출애굽과 왕권의 등장 사이에 있는 원시적이고 혼동된 시기에 놓여 있다. 그 시기에 우리는 스스로를 "선견자들"(seers)이라고 부르면서, 야훼의 영을 얻기 위하여 자극적인 음악을 통하여 황홀경에 몰입하였던 개인들과 무리들에 대하여 듣게 된다. 우리는 또한 점쟁이들과 기적 연구가들, 회개 설교가들과 분별있는 상담가들에 대해서도 듣게 된다. 보통 이런 기능들의 몇 가지가 한 사람에게 결합되어 있었다. 동시에 개성과 종교적이고 문화적인 정황에 있어서 커다란 차이가 존재하였다. 나중에 선지자라고 불리었던 이들 선견자들 가운데 몇몇 위대한 자들은 사무엘과 나단과 엘리사였다. 8세기의 아모스와 호세아의 시대부터 우리는 많은 선지자들의 기록된 전승들을 갖게 된다. 4세기까지 내려왔던 "문서 예언자들"의 이 시기에는 범세계적인 사회-정치적 지평을 배경으로 하여 나타난 주의깊은 경청과 예언에 길을 내어주기 위하여 황홀경이 퇴각하였다.

유대교 정경은 지금도 세번째 그룹(기독교 교회는 이것을 토라와 함께 역사서의 일부분으로 고려한다), 즉 "전기 예언서"(네비임 리초님)라고 불리는 여호수아, 사사기, 사무엘서, 열왕기서의 역사서들을 포함하고 있다; 이 책들은 토라에 이어서 나타나며 이스라엘이 계약에서 행한 것에 관한 이야기를 언급한다. 선지서와 같이, 이 책들의 취지는 계약의 관점으로부터 이스라엘의 행동을 비판적으로 평가하고 이스라엘을 하나님께로부터 멀어지게 만드는 세력들을 지체없이 정확하게 지적하는 것이다. 예언은 주로 다섯 가지 세력들: 즉 자연, 국가, 제의, 번영, 국제 관계들을 지적하였다. 이것들은 또한 초기의 것을 결코 대체하지 않으면서 언제나 그것과 결합되는 새로운 위협을 가지고, 대체로 이러한 역사적인 순서에 따라서 나타났다.

첫째로 야훼보다 바알을 숭배함으로써 혹은 야훼를 자연(예를 들어, 황소)의 힘으로 묘사함으로써 풍요를 가져오는 하늘과 비옥한 땅에게 기원하려는 유혹이 있었다. 그 다음에 예루살렘과 그 후에 마찬가지로 사마리아에 군주제도가 나타나게 되었는데, 이것은 야훼가 그것으로 말미암아 이스라엘의 국가적이고 정치적인 힘의 상징과 보증이 되셨던 성전 예배를 담당하였다. 규정된 희생제와 제의 행동들을 통하여, 제의는 회심과 복종이 없이도 야훼를 자신의 편에 있도록 강요할 수 있었던 보증이 되었다. 증대되는 번영은 많은 부유한 자들이 하나님의 율법을 무시하고 보다 가난한 이웃 사람들을 착취하고 억압하게 만들었던 독립의 느낌을 가져왔다. 특별히 6, 7세기의 이스라엘과, 그 다음으로 유다는 더 큰 나라들의 권력 정치에 사로잡히게 되었으며, 사람들은 야훼를 신뢰함으로써가 아니라, 국제 관계를 잘 다룸으로써 자신들의 존재를 보존하도록 유혹을 받았다.

선지자들은 자연주의와 민족주의와 제의주의와 개인적이고 국가적인 이기주의의 죄들을 가차없이 폭로하였다. 초기에는 선지자들이 종종 미래 예언가들로서 생각되었지만, 요즈음의 유행은 그들을 이스라엘을 훈계하고 회개를 촉구하려고 하였던 설교자들로 간주하는 것이다. 그러나 이런 서술도 역시 일방적인 것이다. 단지 몇 가지 사례에서만 선지자들이 백성들에게 선택하라고 훈계하였다. 우리는 예를 들어서, 엘리야나 아모스와 예레미야, 그리고 특별히 역사 설화의 외관을 띠고서 예언적인 훈계를 발하며, 예레미야와 같은 선지자들에게도 상당한 영향력을 가졌던 신명기를 생각한다. 그러나 대부분에 있어서는 문서 예언자들의 선포는 선택의 기회가 지나갔으며 불순종에 대한 하나님의 심판이 임박하였다는 것이다. 공개적이고 구체적으로 그들은, 그 율법으로 말미암아 살기를 거절하였던 자들에게, 우리가 알고 있듯이, 계약법의 일부였던 저주를 선언한다. 그들은 큰 혐오를 가지고 이 일을 행하였다.

우리는 사람들이 결국 듣게 되는 희망의 깜빡거리는 불꽃들을 규칙적으로 주목한다. 그러나 바로 그 때에 이 깜빡거리는 불꽃들은 사실들에 의해서 꺼져버린다. 그들이 그를 버렸기 때문에, 이 선지자들에게 있어서 계약의 하나님은 몇 가지 예외를 제외하고는 자기 백성들의 적이 되셨다. 이렇게 해서 하나님은 이제 전적으로 새롭고 노하시는 모습들로서: 즉 나방과 나그네와 걸림돌과 덫과 포효하는 사자로서 묘사되게 되었다. 계약에서는 정반대의 사실이 약속되었다: 하나님은 이스라엘의 계약의 상대편이 되시고 따라서 그를 공격하는 자들의 적이 되실 것이다. 그러나 이스라엘은 계약과 율법의 은혜로운 일치를 원치 않았다. 이스라엘은 하나님과 함께 평온히 걸으며 그를 섬기기를 거절하였다. 이스라엘은 하나님을 무시하거나 이용하였다. 그에게 기꺼이 위로와 보호를 구하면서도, 이스라엘은 그에게 복종하고 순종하기를 거절하였다. 따라서 하나님께서 이스라엘을 거절하신 것은 기정의 사실이었다.

이것이 바로 아모스와 호세아, 미가와 이사야서에서 나타나는 것이다. 바벨론 유수 직전에 이러한 거부의 선포가 예레미야서(아마도 그의 책의 변화는 36:7과 36:31 사이에서 일어났을 것이다)와, 보다 젊은 당대의 에스겔서의 첫번째 포로들의 무리 가운데에서 절정에 이르렀다. 특별히 후자는 유다의 죄책과 거절을 무시무시하고 불유쾌한 표현들 속에서 묘사하였다 (16, 20, 23). 예언은 하나님께서 이 백성과 더불어 시작하셨던 구원의 계약의 실험이 전체적으로 실패했다는 선언이었다.

이스라엘의 길과 관련된 예언과 그것의 기능에 대해서는 Eichrodt, *Theology of the OT*, I, par. VIII; 더욱이 H. Berkhof, "Het openbaringsgebeuren," in *Geloven in God* (1970), pp. 133-149 와 여기에서 인용된 문헌들 속에 나오는 탁월한 해설을 보라. 계약과 율법의 실패에 대한 예언적인 선포는 E. Jenni, *Die a.t.-liche Prophetie*(1962), 그리고 Zimmerli, *The Law and the Prophets*에 잘 설명되어 있다. 폰 라트도 역시 이 사실을 대단히 강조하였다: "이스라엘은 선지자들이 선포하던 시기에 율법을 심판자와 파괴자로서의 기능 속에서 단순히 대면하였다"(*OT Theology*, I, p. 196). *OT Theology*, II, pp. 136f., 182, 213, 225-230, 267-272, 특별히 D: "율법(The Law)"을 보라. (이것은 "최초로" 침멀리(Zimmerli)에 의해 공격을 받았는데, 왜냐하면 그가 이 기능을 이미 율법 자체의 선포 속에서 발견하였기 때문이다.)

따라서 우리는 예언자의 심판 선언이 본질에 있어서 조건적인 것이었다는 관념을 거부한다; 이에 반하여, 다른 것들 중에서, *Sehertum, Anfang und Ende* (1955), pp. 49-74에 나오는 부버(M. Buber)의 개념이 종종 무심결에 신학과 종교적인 가르침에서 반복되고 있다. 조건문은 문서 예언자들의 초기 시대(암 5:14f.; 사 1:27)와 예레미야의 초기 단계(26:1-19, 그러나 부버가 호소하고 있는 18:1-17은 아니다)에서 작용하였다. 실패의 선언은 에스겔서에서 가장 철저하다. 하나님께서 자신의 성읍과 심지어 성전을 버리시는 9장과 10장의 환상은 비할 데 없는 힘과 공포를 던져 준다. 더욱이 에스겔서에서 우리는 이스라엘이 하나님께서 주신 계약의 법령들에 따라서 살 수 없었기 때문에 이 법령들이 이미 그 자신들 속에서 하나의 심판이 되었다는 관념과 마주치게 된다(20:25). 에스겔서에서 절정에 달하였던 것은 이전의 문서 예언자들 누구에게서나 발견될 수 있다.

한층 더 거슬러 올라가보면, 계약의 실패에 대한 확신은 초기의 설화들 속에도 마찬가지로 포함되어 있다. 우리는 광야 시대와 사사 시대의 이스라엘의 계속적인 불순종을 생각하게 된다. 세겜에서 계약을 갱신할 때, 여호수아는 백성들에게 "너희가 여호와를 섬길 수 없느니라"(24:19-22)라고 말하였다. 가장 현저한 것은 계약의 제정에 관한 이야기에 즉시로 뒤따라오고, 이스라엘에 대한 무시무시한 심판으로 끝나는 금송아지 이야기이다; 맨 처음부터 이스라엘은 복종하기를 거절하였다(출 32장). 우리가 여기에서 초기의 사건에 대한 참다운 회상을 대하고 있는지 아니면 선지자의 고발하는 메시지에 대한 신명기적인 역사 서술을 대하고 있는지를 말하기는 어렵다. 우리의 목적에 있어 이것은 중요하지 않다; 여하튼, 구약의 역사서와 예언서들은 이스라엘의 길을, 계약의 수립으로부터 인간인 계약 파트너의 실패에 이르는 취소할 수 없는 길로서 묘사하였다.

하나님: 성실성과 미래

우리가 위에서 선지자의 선포에 대하여 이스라엘의 거절의 선언이라고 서술하였던 것은 단지 반쪽만의 진리이다. 이 선지자들 중 아무도 이것이 위대한 계약의 상대편의 최종적인 말씀일 것이라고 믿지는 않았다. 아마도 아모스는 이 규칙에 대한 하나의 예외일 것이다. 또한 그의 수집물은 사람들이 더 낫게 된다는 것이 아니라, 하나님 자신이 은혜를 베풀어 백성들의 운명에 변화를 가져오실 것이라는 기대로써 끝나고 있다(9:11-15). 그러나 이 결론적인 구절들은 다른 저자에게서 온 것 같이 보인다. 이 결론적인 인용절은 포로기 이전과 포로기의 모든 다른 선지자들이 그들의 철저한 심판 선언에도 불구하고, 동시에 심판 이후의 하나님의 새롭고 은혜로운 돌아오심에 대하여 언급하였다는 사실과 조화된다.

"그 날에", "이후에", "마지막 날에(즉 오랜 시간 이후에)", "야훼의 날"에, 백성들을 거절하시고 벌하셔야만 했던 동일하신 하나님이 그들의 운명을 바꾸시는 일이 일어나게 될 것이다. 그것의 근거는 회개나 좀더 하나님을 두려워하는 삶이 아니라, 백성들의 계약의 파괴에도 불구하고, 한 때 그들과 계약을 맺으시고 그의 약속들을 성취하기로 결정하셨던, 오로지 그리고 전적으로 야훼의 성실성이다. 대재난 속에서 그것을 통하여, 언젠가 그가 "아니오"(백성들로부터 그를 향한, 그리고 아울러 그로부터 백성들을 향한)를 완전히 극복할 수 있도록, 야훼의 "예"가 여전히 남아 있다. 위대한 계약의 상대편의 **일방적인** 성실성이 그의 상대편의 불성실을 극복한다. 이렇게 기대된 계약의 새로운 시작의 동기와 본성은 그 어디에서도 에스겔보다는 더 강력하게 표현되지 않았는데, 그는 하나님께서 "이스라엘 족속아 내가 이렇게 행함은 너희를 위함이 아니요 너희가 들어간 그 열국에서 더럽힌 나의 거룩한 이름을 위함이라"(겔 36:22)라고 말씀하시는 것을 들었다. 여기에서 하나님의 사랑이 아니라 그의 거룩성이 언급되고 있다는 사실이 주목할 만하다: 즉 그의 신성의 유일성과 높으심은 하나님께서 그의 은혜로운 목적들이 궁극적으로 인간에게 의존하게 하시는 것을 불가능하게 한다. 이것은 놀랍게도 호세아서에서 표현되고 있는데, 그곳에서 하나님께서는 "내가 나의 맹렬한 진노를 발하지 아니하며 … 이는 내가 사람이 아니요 하나님임이라. 나는 네 가운데 거하는 거룩한 자니 진노함으로 네게 임하지 아니하리라"(11:9)라고 말씀하셨다.

하나님의 이 성실성이 승리하게 될 미래는 과연 어떤 것일까? 이 질문에 대한 답변은 상당히 다양하며 선지자가 기대했던 미래를 바라보는 상황에 부분적으로 의존하고 있다. 교대로 짝을 이루어서 다음의 사실이 미래에 대한 기대의 요소들로 나타난다: 백성들의 죄의 근본적인 사면, 내적인 갱신, 바벨론 유수(幽囚)로부터의 귀환, 예루살렘의 회복, 유다와 북왕국의 결합, 대성전의 건축, 땅과 백성들의 큰 번영, 다윗 왕가의 회복, 그리고 다윗 가문에서 난 의롭고 자비로운 왕의 통치, 궁극적으로 세계의 모든 열방들이 참여하게 될 복된 질서의 중심으로서의 모든 것.

이것으로 인하여 선지자들은 용어의 관례적인 의미에서 "종말론"을 생각하지 않았다. 그들은 하나님께서 이스라엘에서 시작하셨던 일의 연속과 완성으로서 이 모든 일이 역사 안에서 일어나는 것으로 여겼다. 그들이 임박하다고 생각하였거나 이미 일어나고 있다고 보았던 심판이 하나님께서 정하신 결말에 도달할 때, 그들은 이것이 실현될 것이라고 기대하였다. 어떤 사람들이 보는 것처럼, 이것은 여전히 먼 곳에 있을 수도 있지만, 다른 이들에 의하면 이것은 이미 일어나고 있었으며, 그들 대부분에게 있어서 즉시로 기대되어야 하는 것이었다. 그러나 때에 대한 다양한 추측들과 기대들보다 더 중요한 것은, 오로지 하나님께서 일방적으로 그의 약속들을 지키시는 신실성으로 인하여, 구원의 시대가 다가오고 있다는 모두가 공유하고 있던 견고한 확신이었다.

위에서 우리는 교회의 전통 속에서 대체로 구약의 기본적인 주제로 생각되었으며 소위 "메시야 기대"라고 잘못 지칭되었던 것을 간략하게 요약하였다. 이 용어를 사용하지 않는 것이 더 좋은데, 그 이유는 결코 어느 곳에서도 새 시대에 대한 선지자의 기대가 한 인간(확실히 왕은 아니다)에게 집중되지 않았으며, 메시야라는 공적인 명칭이 결코 혹은 거의 한 번도 그에게 적용되지 않은 것이 사실이었기 때문이다. 한 메시야적인 인물에 대한 집중은 주로 구약과 신약 사이의 기간에 생겨났다.

이스라엘의 미래 기대가 갈망하는 사고로서, 현재를 견딜 수 있게 해주는 미래에 대한 설계로서 순전히 곤궁과 절망으로부터, 태동하였다는 인상이 한 번 이상 나타나고 있다. 그러나 미래에 대한 이러한 방향 설정의 뿌리들은 이스라엘 역사의 근거에 놓여 있는 "아브라함의 모험" 속에서 이미 발견된다: 이것은 다윗 왕조의 탁월한 경험들에 의해서 확대되었으며; 죄책과 심판의 경험을 통하여 심화되고 정화(淨化)되었다. 이러한 정화는 심지어 예언자의 거절의 선포가 다가올 구원에 대한 현재의 기대에 대한 거부를 의미해야 할 정도로 크게 영향을 미쳤다. "화 있을진저 여호와의 날을 사모하는 자여! 너희가 어찌하여 여호와의 날을 사모하느뇨? 그 날은 어둠이요 빛이 아니라"(암 5:18). 이러한 거부는 구원의 새로운 시대에 대한 기대가 — 오로지 야훼의 신실성에 근거하여 — 다시 제기될 수 있기 전에 필요한 것이었다.

이것은 선지자들이 선포한 계약의 갱신과 구원 기대가 과연 어느 정도 만큼이나 출애굽과, 시내 산과, 이스라엘의 대적들에 대한 야훼의 초기의 승리들 속에서 성취된 축복과 구원의 연속으로 보여질 수 있는지에 관한 좀더 전체적인 질문에 이르게 된다. 폰 라트(Von Rad)는 이사야 43:18ff에 호소하면서 그의 「구약 신학」의 제2권의 제목으로 사용되고 있는 전승의 완전한 단절과 새로운 창조 행위를 언급하였다. 그러나 이미 이 본문의 결과를 고려하여(55, 19f.), 그는 첫번째 출애굽과의 단절뿐만 아니라 그것과의 유비를 언급하지 않으면 안되었다(II, 246). 그러므로 폰 라트의 명제는 상당하게 논박되었다. 이 모든 것은 첫번째 계약을 어떻게 고려하느냐에 달려 있다: 강하게 조건적이고 쌍무적인 것으로서(그 다음에 완전한 단절이 나타난다) 혹은 우선 하나님의 은혜와 신실성의 표현으로서(이 경우에 이것의 목적은 오직 위기 속에서만 완전하게 드러난다).

이와 관련하여 히브리어 브릿이 "계약"보다는 "은혜로운 성향"으로 더 잘 번역된다는 사실을 아는 것이 중요하다. 이것은 특별히 P(제사장 문헌)에서 분명하다. 70인역은 이것을 신테케(계약)로 번역하지 않고 디아테케(약속)를 사용하였다. 만약 우리가 이것을 히타이트 국가 조약의 구조와 관련시킬 수 있다면, 그것은 처음부터 이러한 일방적인 요소를 가지고 있었던 것으로 보일 수도 있을 것이다. 그러나 이러한 특징은 오직 바벨론 유수(幽囚)로 귀결된 위기에서만 완전하게 나타났다. 한편으로, 위기 이후에는 계약이 기원에 있어서는 일방적이고 목적에 있어서는 쌍무적이었다는 사실이 여전히 남아 있다. 이 쌍무적인 특성은 우리의 다음 주제가 될 것이다.

특별히 어려운 것은 다가올 축복된 미래에 대한 말씀들이 어느 정도만큼이나 아모스로부터 에스겔에 이르는 위대한 심판 예언자들에게서 실제로 나온 것이냐에 관한 문제이다. 아모스에게서 이것들은 후대의 첨가일 개연성이 있다. 문체와 다른 요소들을 고려해 보았을 때, 어떤 의미에서는 또한 다른 선지자들에게서도 이것이 사실일 수 있다는 주장이 나타날 수 있다; 이 때의 가정은 문제의 예언들이 성취되었던 것으로 간주된 시대 이후의 독자들이 성취된 것의 토대 위에서 이 진술들을 첨가하고 구체화했다는 것이다. 하지만 이것은 이러한 첨가와 구체화에 이바지한 희망의 메시지들이 있었다는 사실을 의미한다. 이것들은 뛰어난 통찰력이나 정치적인 선견지명은 말할 것도 없거니와, 불합리나 갈망적인 생각과는 아무런 관계가 없다; 이것들은 야훼의 영원한 신실성과 관련된 선지자들의 깊은 확신에 전적으로 의존하고 있다. 이런 확신에 대한 의미있고 믿을 만한 언설들은 다른 것들 중에서 다음과 같다. 호세아 2:15-22; 이사야 1:24ff.; 9:1-6; 11:1-9; 예레미야 31:31-34; 에스겔 36, 37장. 더 많은 자료와 상세한 내용에 대해서는 Eichrodt, *Theology of the OT*, 1, par. XI; Vriezen, *An Outline of OT Theology*, XI B; Von Rad, *OT Theology*, II, part one, G, esp. 2를 보라.

인간: 희망과 절망

앞의 두 항목에서 우리는 특별히 바벨론 유수(幽囚)기와 유수기 이전의 선지자들을 다루었다. 그들의 선포에서 지배적인 특징은 심판이었다: 그러나 그들은 거절을 넘어서 백성들을 향한 하나님의 새롭고 은혜로운 돌아오심이 있을 것이라는 사실을 알고 있었는데, 그 이유는 그가 자신의 계약에 여전히 성실하시기 때문이었다. 부분적으로는 이 사람들 자신에 의하여, 부분적으로는 그들의 추종자들에 의하여, 바벨론 유수(幽囚)에서의 귀환은 구원의 약속들의 성취와 하나님의 성실성에 대한 확언으로서 간주되었다. 제2이사야는 이 위대한 전환기에 글을 썼다. 그의 예언 속에는 놀라움과 기쁨이 중심에 서 있으며, 포로 생활에서 그들의 땅으로의 귀환은 새로운 시대의 시작이었다.

그러나 사람들이 한 때 약속받았고 이제 돌려받은 땅으로 돌아왔을 때, 그리고 삶이 다시 계속되었을 때, 새로운 시대가 아직 도래하지 않았다는 사실이 계속해서 더욱 분명하게 되었다. 그 원인은 하나님 편에서의 불성실에 놓여 있을 수 없다. 하지만, 만약 두 당사자가 동일한 헌신과 성실성을 가지고 그것에 이르도록 살아간다면 계약은 오직 그 때에 실현될 것이다. 따라서 바벨론 유수(幽囚) 이후에 그의 계약에 대한 복종으로 말미암아 하나님의 성실성에 형태를 부여할 수 있는 인간이 어디쯤에 서 있는지에 대한 질문이 긴급하게 되었다.

이것은 초기의 예언자들이 이러한 질문을 알지 못했다는 사실을 의미하지 않는다. 그들에게서 이미 우리는 후대의 사람들이 돌이켜 참조할 수 있는 답변들을 발견한다. 그 답변의 한 가지는 백성들 중의 남은 자가 심판에서 살아 남아 복종하게 될 것이라는 착상이다; 그 착상은 이사야와 스바냐에게서부터 묵시적인 작가들과 바울의 시대에까지 나타난다. 그러나 예레미야와 에스겔과 같은 다른 사람들은 모든 나라에 대한 희망을 계속해서 품고 있었으며 하나님 자신에 의해서 초래되는 철저한 내적인 갱신으로부터 이것이 나타날 것을 기대하였다. 그러나 이미 바벨론 유수(幽囚) 직후에 학개와 스가랴는 이것이 일어나지 않았다는 사실을 깨달아야만 했다.

그래서 그들은 성읍과 성전의 재건 속에서 하나님의 새롭고 영속적인 임재의 객관적인 표징들에 의지하였다; 역대기가 예배와 찬양의 노래와 더불어 성전을 강조하는 것처럼, 제3 이사야(사 56-66)도 역시 성읍을 크게 강조하였다. 그 외에 제사법전(레위기)과 에스겔서의 마지막 이상(40-48)이 예배를 강조하지만, 여기에서 강조점은 특별히 사람들이 계속해서 범하였던 많은 죄들에 대해 이루어진 화해에 대한 것이었다. 그러나 초기 예언자들에 의해 지적된 제의(祭儀)의 위험들로 인하여, 이것 역시 최종적인 답변이 될 수 없었다. 따라서 다른 사람들은 땅 위에서 제도가 아니라 사람에게 작용하는 계약을 위한 닻을 찾았다.

이사야와 미가, 예레미야, 에스겔은 부분적으로 그들의 희망을 다윗의 가문에서 나오는 신실한 왕에게 두었는데; 그 기대는 스가랴에 의해서 지속되었지만, 바벨론 유수(幽囚) 이후의 정치적인 좌소는 더 이상 그것을 위한 아무런 뒷받침을 해주지 못하였다. 제2 이사야는 구원이 전혀 다른 방향에서 나오는 것을 보았는데, 이 사실은 고난받는 종이 되시고 그렇게 해서 대리적이고 화해적인 방식으로 이스라엘과 그 백성들을 위한 구원을 성취하신 주의 종에 대한 그의 신비스러운 노래들에 의해서 증거된다. 그렇다면 선지자는 어떤 사람이나 집단을 암시한 것이었을까? 이것은 독자들에게 이내 수수께끼가 되었으며 우리들에게도 여전히 수수께끼이다.

우리는 여기에서 6세기 혹은 그 이전의 증거들을 언급하였다. 5세기의 증거들은 이스라엘을 신정(神政) 사회로 만들려는 활기찬 시도들이 있었지만, 이 목표를 성취할 수 있는 가능성이 단념된 사실에 대하여 언급하고 있다. 이 점에 있어서 전형적인 것이 느헤미야서이다. 우리는 이 책에서 백성들을 계약법과 대면시키고 있는 에스라와, 처음에 이것이 어떻게 국민들이 죄책에 대한 인식을 갖게 하였는지를 읽게 되지만, 마지막 장에서(13장)는 그의 주변 모든 곳에서 느헤미야가 율법에 대한 범죄를 발견하고 고독하게 하나님께 도움을 간청하는 것을 읽게 된다. 제3 이사야도 역시 바벨론 유수(幽囚) 이후의 이스라엘의 이런 어두침침한 그림들로 가득차 있다(사 57-59, 66장). 동일한 특징들이 말라기에서 울려퍼지는데, 말라기는 다가오는 새로운 심판을 보면서, 그것을 고려하여 다시 한 번 회개를 요청한다.

그렇다면 하나님의 신실성은 결국 무조건적이지 않은 것인가? 그러나 제3 이사야와 말라기는 구원받게 될 남은 자가 항상 있을 것이라고 믿고 있다. 특별히 제3 이사야는 희망과 절망 사이를 활발하게 교차하면서 하나님의 신실성이 어떻게 인간의 불성실성을 압도할 수 있는지에 관한 문제와 씨름하였다; 그는 하나님이 하늘을 가르시고 내려오셔서 스스로 중재하신다는 사실 이외의 어떤 다른 해결책을 알지 못했다(59:15ff.; 63:7–64:12). 그러나 우리는 그에게서나 후대의 선지자들에게서 이러한 기대의 성취와 같이 보이는 어떤 것도 읽지 못한다.

결국 긴장은 한층 더 크게 되었는데, 그 이유는 강대국들의 지배하에 있었을 때인, 바벨론 유수(幽囚) 이후에, 이스라엘이 자신의 신앙의 우주적인 목적을 훨씬 더 많이 의식하게 되었기 때문이다. 제2 이사야 이후로, 모든 나라들이 이스라엘의 하나님과 관련을 맺게 되었다. 따라서 문제의 계약은 단순히 이스라엘에만 관계되는 어떤 것이 아니라, 이스라엘 안에서 모든 사람들에 관계하는 것이었다. 정확히 계약은 세계적인 관심사이기 때문에, 세계 어느 곳에도 도달할 수 없는 것으로 보일 만큼 대단히 중대한 것이었다.

후대의 세기에 우리는 위에서 언급된 문제들을 반영하고 있으며, 초기의 몇몇 답변들이 결합되어 있는 새로운 구조틀 속에서 해답을 구하고 있는 문헌을 갖고 있다. 우리는 일반적으로 세번째 저자의 것으로 간주되고 따라서 제3 스가랴서라고 불리는 스가랴서의 마지막 장들(12—14)을 생각한다. 이 저자에 의하면(그는 자신을 선지자로 부르기를 거절하는데), 야훼의 큰 날이 가까웠다. 그 날에는 유다와 예루살렘에 대해서 뿐만 아니라 이스라엘을 반대하는 국가들에 대해서도 무서운 심판이 있게 될 것이다. 그들 가운데 오직 남은 자들만이 심판에서 구원을 얻을 것이다. 예루살렘은 하나님을 대리하는 이들 가운데 한 사람을 찌를 것이지만, 그 살인에 이어 사람들에게 회개의 물결이 일어나게 될 것이다. 그 때에 하나님께서 화해와 갱신을 위하여 사람들에게 그의 영을 부어주실 것이다. 그 때에 열방들 가운데에서 살아남은 자들이 이스라엘의 하나님께 감사하고 그의 성전에 올라가, 그의 보호하심 안에서 안전을 발견하게 될 것이다.

이 장들은 바야흐로 우리를 주전(主前) 2세기에 나타나기 시작하였던 유형의 문학, 즉 묵시문학으로 인도한다. 구약 성경에서 이것은 가장 오래된 표본의 형태인 다니엘서에서만 나타난다. 이 유형은 주후 1세기 말엽까지 번성하였으며, 너무나 많은 이상한 변형들이 종종 나타나서 어떤 것이 그 유형에 속하고 속하지 않는지를 말하기가 어렵다. 그러나 이것은 다수의 현저한 특징들을 지니고 있는데, 그 가운데 어떤 것들은 우리의 문맥에 중요성을 지니고 있다: 이 악한 세계의 임박한 파멸과 도래하는 하나님 나라의 새로운 시대에 의하여 그것이 대치될 것에 대한 기대; 다가올 변화가 이스라엘뿐만 아니라 모든 나라와 왕국들에 대한 문제라고 할 정도의 보편구원론; 그 큰 전체 가운데 오직 소수만이 실제로 그 왕국으로 예정되었다고 보는 특별구원론.

다니엘서 7장의 환상이 특히 큰 영향을 미쳤다: 세계의 강대국들은 열방의 바다에서 나타나지만 세계의 심판 속에서 사라지는 짐승들이다; 그 때에 하나님께서 억압받는 신실한 이스라엘의 상징인 인자(人子)에게 통치권을 수여하신다. 쿰란 문서들 속에서는, 율법을 엄격하게 실천한 일로 인하여 예레미야 31장의 내적인 계약의 상속자들이 된 그 공동체의 구성원들에게 이 이스라엘이 제한된다. 그 무렵의 세기들은 인간을 향한 하나님의 계약의 신실성에 대한 그들의 신뢰와, 그들이 보기에 인간의 삶이 이스라엘에 있어서 과연 어떠하였으며 그것이 그들에게 어떻게 절망감을 안겨주었는가 하는 사실을 결합하려고 했었던 경건한 사상가들의 다양한 답변들을 실제로 갖고 있었다. 이스라엘의 길이 계속되는 것을 보았을 때, 하늘과 땅이 일치되는 지평선이 멀어져가는 것을 보았지만, 그들은 이 일치를 계속해서 믿고 있었다.

이스라엘의 길의 이러한 과정은 폰 라트(Von Rad)로 하여금 구약이 하나의 중심을 가지고 있다는 사실을 부인하게 만들었는데, "그 이유는 우리가 살펴 보았듯이, 이스라엘은 하나님과의 관계에 있어 거의 실제로 정지되어 있지 않았기 때문이다. 이스라엘은 끊임없는 새로운 성취의 계기들에 대한 그의 끊임없는 새로운 약속들에 의하여 언제나 앞으로 내몰리고 있었다"(*OT Theology*, II, p. 363). 스멘트(R. Smend)는 이러한 중심에 대한 부정을 반대하였다; *Die Mitte des AT*(1970)를 보라. 만약 계약에 대한 우리의 사고에 있어서 우리가 하나님의 신실성으로 우리의 출발점을 삼는다면, 스멘트는 옳다; 만약 우리가 이 신실성이 "지반에 도달할 수" 없다는 사실을 주목한다면, 폰 라트가 옳다.

남은 자 사상에 관해서는 이사야 1:9; 7:3; 스바냐 3:12; *TDNT* IV, 레임마(*leimma*)를 보라. 그것을 통하여 우리는 이 개념이 희망과 절망을 둘 다 포함하고 있다는 사실과 "남은 자"는 특별히, 심판 이후에 다시 미래가 있게 될 것이라는 사실을 의미한다는 사실을 기억해야 한다.

제2 이사야서에서 모든 책들은 주님의 종, 에벧 야훼에 대하여 기록되었다. 이 이름은 일단의 신실한 백성들을 나타내는가, 그렇지 않으면 단일한 개인을 지칭하는가? 만약 개인을 나타낸다면, 그는 선지자인가, 선생인가, 제사장인가, 아니면 왕인가? 혹은 다수의 이러한 측면들이 결합되어야 하는가? 다소간에 일반적으로 인정되는 답변은 아직 주어지지 않았다. 우리가 말할 수 있는 전부는 이 표상을 통하여 제2 이사야가 어떤 사람이나 혹은 어떤 백성들 속에서 계약이 "지반에 도달하는" 것을 보았으며, 그렇게 해서 하나님의 신실하신 약속이 구체적이고 적극적으로 형태를 취하는 것을 보았다는 것이다.

계약의 문제에 대한 신실한 성찰의 특별한 형태로서 묵시문학은 종종 부당하게 성경의 교훈들 속에 있는 의붓 아버지의 양태로 취급되었다. 심지어 폰 라트는 이것에 대하여 긍정적인 언급을 거의 하려고 하지 않았으며(*OT Theology*, II, pp. 301-308), 독일어 제4판(pp. 315-330) 이후에는 보다 미묘한 뉘앙스를 가지고 취급하였다. 대조를 위하여 D.S.Russell, *The Method and Message of Jewish Apocalyptic*(1964)과 J. Schereiner, *Alttestamentlich-jüdische Apokalyptik*(1969)을 보라. 여기에서 우리는 정경의 문제를 논의할 때 우리가 언급하였던 것을 반복하게 되는데, 그것은 구약과 신약 사이에서의 이것의 교량적인 기능으로 인하여 소위 중간 시기에 대한 신학적인 평가가 시급히 요청되기 때문이다(16. 1을 보라).

실험적인 정원으로서의 이스라엘

구약 성경에서 제시되었던 것처럼, 이스라엘의 길은 절정이나 마지막이 없다. 이것은 막다른 골목에 이르지 않는다. 이것은 야훼와 이스라엘 사이의 관계의 극적인 사건이 아주 분명하게 드러나는 초기 시대의 정경적인 문서들과 대비되는 다수의 모호한 궤적으로 끝난다. 이러한 차이의 원인은 부분적으로 정경의 작가들에게 있다: 이것은 단순히 혹자가 좀더 최근의 혹은 아직 지속되고 있는 기간보다는 좀더 멀리 떨어진 과거 속에서 넓은 노정을 한층 쉽게 발견한다는 사실에 불과하다. 그러나 구약 성경 속에 있는 이러한 사건들의 과정의 가장 심오한 원인은 ― 이것이 토라 안에 놓여 있고, 아주 복잡한 여러 가지 문제들을 지니고 있고 여전히 해결되지 않았던 선지서들에 의해 드러나게 되었던 것처럼 — 계약의 주제 자체 안에 놓여 있다. 바벨론 유수시나 그 이후에 그 이전 세기들보다 죄된 백성들에 대한 하나님의 계약의 신실성의 경이에 대한 훨씬 더 심오한 지식이 있었지만, 이러한 신실성이 역시 인간인 상대편을 신실하게 만들 수 있는 길은 설득력있게 밝혀지지 않았다. 두려움과 기대가 뒤섞인 가운데, 실제적인 해결책이 없거나 혹은 실재에 도달하지 못한 온갖 종류의 해결책들이 선포되었다.

이러한 일시적인 최종 결과는 구약 성경에서의 이스라엘의 전체적인 길에 대한 부정적인 평가에 이르게 될 수도 있었다. 그러나 이 전체적인 길의 기본적인 전제가 되는 것, 즉 이 길을 가는 이스라엘이 전 인류를 대신하여 행동하였다는 사실을 우리가 상기하는 바로 그 순간에 이것이 그렇게 될 수 없다는 사실이 분명하게 된다. 그 역사 속에서 작가들과 선지자들, 이스라엘에 대한 계약은 한 편으로는 창조와, 다른 한 편으로는 모든 나라들에 대하여 다가오는 영광스러운 새 시대의 환상 사이에 서 있다. 이것은 세계 상황으로부터 야기되며 전세계를 위한 축복이 된다는 것을 의미한다. 그러나 이것은 또한 그의 구속적인 길 위에서 하나님을 따르기를 거절한 이스라엘이 모든 사람들의 죄책과 모든 사람들에 대한 정죄를 대신 담당하고 대신하여 이러한 막다른 골목으로 인도된다는 것을 의미한다.

이러한 소명과 역할에 대하여 우리는 여기에서 "실험적인 정원"이라는 용어를 사용한다. 우선은 이것이 현대의 독자들에게 이스라엘의 길의 궁극적인 목적을 상당히 정확하게 전달하기 때문이다; 실험적인 정원의 토양 속에서, 그것과 더불어 이루어질 수 있는 것이 실험되고, 그렇게 해서 이 실험들이 적용될 수 있는 다른 밭들은 그것으로부터 이익을 얻을 수 있게 되는 것이다. 이 용어를 사용하는 또 다른 이유는 구약 성경에서 이스라엘이 다른 나라들과는 달리, 보다 더 많은 소출이 기대되었지만, 열매 없음으로 인하여 하나님의 더 큰 진노를 불러일으켰던, 특별히 경작되고 돌봄을 받은 포도원으로서 한 차례 이상 그려졌다는 사실이다.

아마도 단순히 때때로 이스라엘은 이 대리직을 그것도 단순히 작은 소수 안에서만 인식하였을 것이다. 이것은 한 편으로는 위대한 역사가들이 이스라엘의 역사를 창조와 인류의 초기 역사를 배경으로 묘사하고 있다는 사실에, 다른 한 편으로는 선지자들과 시편의 기자들이 이스라엘의 다가올 구원을 전세계를 위한 결정적인 중요성을 가진 것으로 보고 있다는 사실에 표현되어 있다. 앞과 뒤로의 이러한 넓은 전망으로부터, 또한 현시대는 전세계의 선(善)을 위하여 봉사하도록 선택되었음을 지시하는 표징들을 규칙적으로 보여준다.

여기에서 우리는 선택이라는 단어를 만나게 된다. 비록 이 용어는 오직 신명기 이후에만 의식적으로 사용되었지만, 개념 자체는 이스라엘의 전체적인 길의 전제 조건을 이루고 있다. 이 백성은 하나님을 알고, 그로 말미암아 구원받고, 예배와 찬양의 노래들 속에서 그리고 순종적으로 그의 길을 따라 걸음으로써 그에게 사랑으로 응답하기 위하여 선택되었다. 따라서 선택은 명령일 뿐 아니라 은혜이며, 명령은 삶의 전 영역에서 이 주권적이신 하나님의 사랑으로부터 살아가는 소명을 포함한다. 열방의 가운데에서, 이것은 이스라엘에게 특별한 유익과 특별한 의무를 제공하였다. 이스라엘이 그것으로 말미암아 얼마나 지나친 부담을 안고 있는지가 점차적으로 분명하게 되었다. 선택은 이스라엘에게 있어서 이스라엘이 하나님의 율법과 대리적으로 충돌하여 그의 심판 아래 놓이게 되었다는 사실을 의미하였다. "내가 땅의 모든 족속 중에 너희만 알았나니 그러므로 내가 너희 모든 죄악을 너희에게 보응하리라"(암 3:2). 이 길의 증인들인 우리는 이스라엘이 다른 나라들보다 더 낫거나 더 나쁘지 않지만, 이스라엘의 죄책과 운명이 전 인류의 길을 밝혀준다는 사실을 알고 있다. 구약 성경의 영구적인 적절성은 실험적인 정원인 이스라엘이, 우리 인간들이 하나님과 우리 이웃에 대한 우리의 신실성에 있어서 얼마나 열매없으며, 또한 참으로 상상할 수 없을 만큼 신실하신 하나님께서 그를 떠난 인생을 추구하는 인류를 계속해서 떠나지 않으시는 것을 단번에 보여주었다는 사실이다.

때때로 혹자는 이스라엘의 길의 보편적인 목적이 제2 이사야 이후로 단순히 후대의 선지자들에게서만 제기되는 통찰력이라고 그릇되게 언급되는 것을 여전히 들을 수 있다. 야휘스트가 이스라엘 역사의 배경으로서 제시하는 인류의 포괄적인 전역사(창 2-11)를 주목하라. 그 다음에 창세기 12장에서 장면은 갑자기 근본적으로 변한다: 세계 대신에 한 유랑하는 아람사람의 장막이 나타난다. 그러나 주제는 동일한데, 그 이유는 목표가 아브라함 안에서 "땅의 모든 족속이 복을 얻게 되는 것"(3절)이기 때문이다. 거의 동일한 주제가 제사법전(창 1장의 전역사를 언급하는 부분, 10장에 나오는 나라들의 목록)과 어쩌면 역대기에서도 언급되는데, 이 책은 아담이라는 이름과 더불어 시작된다. 그리고 이스라엘의 선택을 위한 동기 부여로서, 엘로히스트에게서, 우리는 인상적인 표현들을 읽게 된다. "세계가 다 내게 속하였나니"(출 19:5); 아마도 둘 다:선택은 세계로부터 나와 세계를 위하는 것이라는 사실을 의미하는 것 같다. 나라들의 미래를 바라보는 이 눈은 이사야서(2:1-5; 11:1-10)와 그리고 나중에 스가랴서 12-14장에서 강조된 형태로 재현된다. 이와 관련하여 가장 감동적인 증언들은 시편 87편과 이사야 19장의 마지막 부분(이사야 자신에게서 나온 것이든 아니든 간에)이다.

시편 87편에서 나라들은 이스라엘과의 계약 속에서 융합되며, 이사야서 19:24에서 이스라엘은 애굽과 앗수르를 뒤쫓는 초라한 "세번째" 역할에 배정되어 있는데, 이 두 나라 역시 하나님에 의하여 직접 사랑을 받고 있다. 나아가서 많은 시편들 속에서 나라들이 어떻게 이스라엘의 운명 속에 직접적으로 관련되어 있는지를 보라(예를 들어, 96, 97, 98, 117장). 이와 유사한 몇몇 구절들 속에서 미래와 현재 사이의 선(線)은 모호하게 된다. 나라들이 이스라엘의 길에 얼마나 관여되어 있는지는 멜기세덱, 룻, 밧세바와 같은 인물들의 역할과 니느웨에서의 요나의 이야기로부터 분명하게 된다. 이와 관련하여 우리는 제2 이사야의 야훼의 종에 대한 두번째 예언(49:1-7)을 역시 언급해야 하는데, 여기에서 그는 단순히 이스라엘에 대한 것 이상으로 멀리까지 파급되는 소명을 부여받고 있다. "내가 너를 열방의 빛으로 주리니, 나의 구원이 땅끝까지 미치리라." 이 모든 진술들은 실험적인 정원으로서의 이스라엘의 기능의 적극적인 측면을 지적하고 있다. 이 진술들은 이스라엘의 실패가 모든 인류의 실패를 드러내었다는 사실을 매우 분명하게 밝혀주지만, 오직 신약에서만 우리가 이것을 분명하게 의식적으로 알게 된다.

이스라엘의 길에 대한 이러한 신학적인 묘사의 마지막에 이르렀기 때문에, 우리의 결과를 다른 착상들의 결과와 비교하는 것이 유익할 것이다. 우리는 구약에서 강력하면서도 결코 끝나지 않는 변증법을 지니고 있는 계약의 구조, 즉 계약의 작은 동반자의 불성실에 대한 계약의 위대한 동반자의 신실성을 발견하였다. 이 사실을 다른 당대의 저자들이 이스라엘의 길에 대하여 쓴 것(이름과 전승들에 대해서는 28장의 마지막을 보라)과 비교해 볼 때, 한 편으로는 고려되어야 하는 요소들과 관련하여 커다란 일치가 존재하지만, 다른 한 편으로는 몇 가지 요소들에 주어진 강조와 관련하여 광범위한 다양성이 존재한다. 광범위한 흐름 속에서 우리는 상황을 다음과 같이 묘사할 수 있다: 로마 가톨릭 신학은 진화론적인 범주들에 의해 강화된 계약사의 실증성을 강조하는 경향이 있는데, 역사의 과정 속에서 하나님의 사랑이 점차적으로 가시적으로 되어, 그리스도의 출현에서 지고한 계시에 도달하였다는 것이다.

루터파 신학은 신약을 은혜의 기간으로 설정하는 반면에 구약을 율법과 심판의 기간으로 설정하는 경향이 있는데, 여기에서 주된 강조는 예언의 심판 기능에 주어진다. 개혁 신학은 계약 관계의 긍정적인 측면을 우선 제기하고 그 안에 지체되는 순간으로서 부정적인 측면을 포함하는 경향이 있다. 이 범주 안에는 로마 가톨릭 신학을 지배하고 있는 발전의 관념에 우호적인 프리젠과, 루터파의 율법과 복음의 대립명제를 통합하려고 노력하는 브룬너와 같은 신학자들이 발견된다. 또한 누르드만스(Noordmans) 역시, 부정적인 측면을 전적으로 강조하고 있다. 지금은 *Zoeklichten*(1949), pp. 94-107에 나오는 그의 논문 "Het OT en de Kerk"를 보라. 그는 계약의 관념을 중심으로 본다: "그런데, 이 관계는 구약에서는 하나님의 법들에 접하게 된 모든 사람이 죄인이 되는 그런 것이다"(p. 98).

루터파의 배경과 하이데거의 실존주의의 도움을 받아서, 불트만은 자신의 독특한 방법으로, 구약을 "실패의 역사(*Scheitern*)"로 서술하였다. 지금은 *Glauben und Verstehen*, II, pp. 162-186에 있는 그의 1948년 논문 "Weissagung und Erfüllung"을 보라. 특징적인 것은 그의 다음 진술이다: "그의 길의 실패와 같은 것이든, 이 세계 내에서의 그 자신의 역사에서 하나님을 직접 파악하고 이 세계 내에서의 그의 역사를 하나님의 행동과 직접적으로 동일시하는 것이 불가능하다는 사실을 깨닫는 것을 제외한다면, 인간에게는 어떤 것도 약속이 될 수 없다"(p. 184). 그의 관찰은 거의 일반적으로 거절되는데, 그 이유는 그에게 있어서 진정한 존재란 비역사적이고, 이 세계의 일부가 아니라, 순전히 개인적인 사건이라는 관념에 — 구약과 전적으로 모순되는 관념 — 이 *Scheitern*이 근거하고 있기 때문이다.

정반대편의 극단은 반 룰러인데, 그는 그리스도와 성령이 나중에 우리를 되돌아가도록 인도하는 선한 피조물의 삶을 구약 성경이 선포하고 있다고 보았다. 부정적인 면을 거절하지 않으면서도, "이스라엘과 구약 성경은 적어도 같은 정도로 긍정적인 면을 반영하고 있다. 이것들은 살아계신 하나님께서 인간과 세계에 대하여 계획하고 계시는 것, 즉 그의 나라와 그의 형상과 율법과 신정(神政)을 반영한다"(*The Christian Church and the Old Testament*, E.T. 1971, p. 29). 그러나 구약에 대한 이러한 접근은, 선지자의 비판을 통하여(비록 초기에는 아니었지만) 죄책과 화해가 후대의 신약에서와 같이, 구약의 중심 주제가 되었다는 사실을 공정하게 평가할 수가 없다. 반 룰러의 개념은 우리에게 다소간 유대교의 어떤 것을 상기시켜주는데, 그 속에는 탈무드로부터 현대의 자유주의적인 유대교에 이르기까지, 회당에서의 테나흐(*Tenach*) 읽기에서와 같이 선지서가 토라의 그림자 속에 남아 있다. 유대교는 구약을 변경할 수 없는 방식으로 읽지 않는다. 이것은 계약과 율법을 인간이 언제든지 회개와 회심에 이를 수 있어야 하고 또 그렇게 할 수 있는 중심으로 본다; 대조적으로, 심판에 대한 선지자의 설교와 역사에 대한 신명기적인 관점은 이차적이고 부수적인 것이며, 우주적인 파멸에 대한 폭로가 아니다. 유대교와 기독교 신앙 사이의 근본적인 차이는 무엇보다도 구약에 대한 이러한 상이한 읽기에 놓여 있다(또한 4장을 보라). 그러나 우리는 구약 연구들, 특별히 부버와, 예를 들어 폰 라트 학파의 사람들의 연구를 비교해 볼때, 구약에서 기본적인 해석학적인 흐름과 관련되어 있는 보다 큰 일치에 대한 희망을 가지게 된다는 사실을 첨언할 수 있을 것이다.

기독교 교회와 신학에 있어서 구약에 대한 다양한 이해는 계약 개념의 주제와 문제에 대한 통찰에서 설명될 수 있으며, 동시에 그 통찰을 통하여 극복되어야 할 것이다. 계약은 하나님께로부터 나온 은혜로운 처분이지만, 주체로서 서로 관련되고 그들의 태도와 행동이 언제나 상호간에 결정에 영향을 주는 두 당사자를 포함하고 있다. 은혜와 심판, 신실함과 불성실은 언제나 계약 관계의 상대방에 대한 상호적인 반응들이다. 따라서 구약에서 이스라엘의 길은 결코 하나의 범주 안에 포함될 수 없으며 변증법적으로 묘사되어야 할 것이다. 여전히 읽을 만한 가치가 있는 훌륭한 시도가 코르프(F.W.A.Korff)에 의해 이루어졌다: 그는 칼빈의 적응의 개념을 활용하면서, 구약에서의 하나님을 끊임없이 인간에게 다가가시며 인간이 그에게서 더욱 더 멀어져갈 때 그의 사랑을 점점 더 드러내시는 분으로 보았다: 그의 *Christologie*, II(1941), pp. 7-51, 특별히 24-33을 보라. 그 때 이후로 코르프가 그의 해석에 의하여 할 수 있었던 것보다 우리가 더 멀리까지 나아갈 수 있었던 사실을, 우리는 상이한 신앙고백들과 교회들이 구약을 읽기 위하여 사용하였던 제한된 구조들을 깨뜨리고 있는 성경적-신학적 구약 연구의 부흥의 덕분으로 돌린다.

이 단락을 끝맺기 위해서는, 한 가지 면, 즉 우리가 앞서 말한 문맥에서 거의 언급할 수 없었던 하나의 면이 더 지적되어야 할 필요가 있다. 우리는 현상학적이고 역사적인 방법을 사용하였다. 즉 우리는 하나님과 이스라엘의 관계의 구조들과 역사 내에서의 그것들의 발전을 찾았다. 단지 그렇게 함으로써 우리는 구약의 신학적인 핵심을 찾아내었다. 그러나 삶 자체와 마찬가지로 구약은 한 가지 방법으로는 충분히 설명될 수 없다. 이것은 예를 들어 사회-경제적이고 정치-사회학적인 전망으로부터도 역시 설명될 수 있으며 또 설명되어야 한다. 유목민들로부터 소작농들에게로, 다음으로 부유한 시민들에게로, 혹은 부족 연합으로부터 군주체제로, 나중에는 제국의 성(省)으로의 발전을 보기 시작한 사람은 여기에 제시된 대요를 크게 풍부하게 하고 확대할 수 있는 온갖 종류의 발전들을 구약에서 발견한다. 그러나 우리가 생각하기에 이것들은 기본적인 신학적인 방향들을 변경시킬 수 없을 것이다. 같은 사실이 구약에 대한 문화-역사적인 접근 방법에 대해서도 그렇게 쉽게 언급될 수는 없다. 잘못된 영감론에 의한 그것의 무시는 많은 혼란과 오해를 불러일으켰다. 결국 저 수천년의 기간 동안에 이스라엘 역시 부분적으로는 주변 국가들의 높은 문화적인 수준의 영향을 받아서, 부분적으로는 처음에는 온갖 종류의 차용된 관습들과 관념들을 사용하였지만 나중에는 그것들을 변경하거나 거부하였던 야훼신앙의 독특성과 힘의 결과로 사회적으로나 문화적으로나 윤리적으로 크게 발전하였다. 우리는 돌과 나무들 속에서 혹은 우림과 둠밈을 사용하는 제비 뽑기를 통하여 자신을 계시하시며, 산들 위에서 나타나시거나 혹은 천둥 속에서 그 목소리를 들리게 하시는 하나님에 대해 읽는다. 처음에 이 하나님 예배는 유랑민들의 예배를 닮은 것이었으나, 나중에는 주변의 개화된 나라들의 사원들에서 발견된 예배를 닮은 것이었다. 처음에 이스라엘은 이웃 나라들과 벌여야 했던 전쟁들을 단순히 야훼의 전쟁들로 생각하였다. 동방의 윤리에 따라서, 이스라엘은 "추방"에 의하여, 즉 거주민들을 학살함으로써, 점령한 도시들을 야훼께 바침으로 감사를 표하였다.

오랫동안 이스라엘의 사고(思考)는 전체적으로나 대체적으로 집단적이었고, 오직 전체로서의 국민이 중요하였으며, 개인은 단순히 그 전체의 한 부분으로서만 중요하였다. 따라서 죄는 전체 (무죄한) 집단 속에서나 혹은 후손들 안에서 3, 4 세대까지 처벌될 수 있었다. 이 집단주의의 다른 결과는 죽음 이후에 오는 개인을 위한 영광스러운 미래에 대하여 구약이 거의 어느 곳에서도 언급하지 않고 있다는 사실이었다. 결혼에 대한 관점에 있어서도 역시, 이스라엘은 다른 나라들의 수준에서 시작하였다; 아브라함의 일부다처제와 솔로몬의 규방의 여자들은 그들의 환경의 공통된 문화적인 패턴에 속하였다. 더 많은 보기들이 덧붙여질 수 있을 것이다.

이스라엘은 주변 환경과 시대의 문화적인 전승들 속에서 야훼에 대한 성실성에 형태를 부여하였다. 그 자체로서 이것은 이상한 것이 아니며, 우리도 이와 동일하게 행동한다. 구약의 규범(같은 사실이 신약에도 적용된다)은 그것의 표현 형태들이 아니라 이 형태들이 표현하려고 의도하였거나 혹은 좀더 정확하게 말하자면, 이 표현들이 지시하였던 대상, 즉 행동하시는 하나님 안에 놓여 있다. 우리가 언급하였던 형태들의 권리 양도와, 야훼와 그의 백성의 교제가 시작되었을 때 덧붙여질 수 있었던'더 많은 사실은 이 하나님의 목적들이 이 형태들 속에서 불충분하게 이루어졌다는 사실을 밝혀준다; 산과 천둥의 하나님은 시간이 지나감에 따라서, 한 지역에 국한될 수 없는 것으로 나타났다; 그는 심지어 그의 성전에 매여 계시지도 않는다. 신탁(神託)은 예언적인 말씀에 자리를 내어주어야 했다. 이스라엘의 국가적이고 군대적인 열망과 야훼의 뜻을 동일시하기를 원하였던 사람들은 나중에 거짓 선지자들로 불리었다. 에스겔 18장에서 야훼의 명령에 의하여, 3, 4 세대에 미치는 징벌이 개인적인 책임으로 바뀌었다. 아브라함의 일부다처제를 보도하는 야휘스트는 오직 일부일처제 결혼만을 하나님의 뜻으로 알았다(창 2:21-24). 후대의 신앙의 표현들 속에서 우리는, 만일에 야훼가 죽음보다 더 강하시다고 하면, 죽음조차도 개인에 대한 계약 관계를 종결시키지 못한다는 인식이 나타나는 것을 보게 된다.

이러한 변화와 발전이 야훼신앙이나 내재적인 문화적 요인들이나 혹은 외부의 영향들에 어느 정도 기인하는지에 대해서는 일치된 견해가 없다; 우리는 많은 사례들 속에서 그러한 일치에 도달할 만한 충분한 정보를 소유하고 있지 않다. 이러한 실례들과 함께, 우리는 전기(前期)의 발전에 대해서 우리가 부정하였던 그러한 규범을 후대의 발전이 소유하고 있다고 말하려고 하지 않는다. 결정적인 나타남이라는 의미에서 우리에게 규범적인 것은 이스라엘이 하나님과 함께 가야 했던 길과 이스라엘이 하나님과 자신에 대해서 그 길 위에서 배웠던 것이었다. 우리는 그 길과 경험들을 우리 자신의 영적인 소유로 삼고 그것들을 오늘의 세계 속에서 표현해야 한다.

이것을 깨달을 때, 사람들은 이스라엘의 길의 한시적인 특성으로부터 이런 혹은 저런 방향으로 잘못된 결론을 도출하는 것을 멈추게 될 것이다. 구약이 잔인하고 부도덕한 하나님을 선포하며 따라서 그것이 거절되어야 한다고 결론을 내려서는 안될 것이다. 이것은 예를 들어 주(主)의 전쟁들이나 제비 뽑기를 정경화하려고 하지도 않을 것이다(그렇다면 일부다처제는 그렇지 않겠는가?). 우리 자신의 문화적인 고도로부터, 저 현저한 시간이 정해진 요소들을 멸시하거나 그것들을 잘 설명하여 빠져나가지도 않을 것이다. 이런 모든 태도들은 성경을 영원한 진리들의 영감된 전달로 간주하고, 그것을 역사적으로 하나님이 이스라엘과 더불어 가셨던 길에 대한 기록으로서 읽지 않는 데서 유래하는데, 그것을 통해서 하나님께서는 우리에게 자기와의 사귐에 이르는 길을 보여주시고 우리를 위하여 그 길을 준비해 놓으셨다.

30. 신약 성경에서의 이스라엘의 길

방법

이미 28장에서 우리는 구약 성경이 신앙의 연구에 있어서 무시되어져 왔으며 아직도 종종 무시되고 있다는 사실을 지적하였다. 그리스도가 중심과 출발점으로 되었고, 사람들은 그곳으로부터 구약 성경을 돌이켜 보게 되어, 이것은 더 이상 스스로 말할 수 없게 되었으며, 그것에 이르는 해석학적인 접근 역시 성경의 학문적인 연구를 위한 요구에 부합되지 않는다. 따라서 29장에서 우리는 그리스도 안으로 가져오지 않고서, 구약 성경이 스스로 말하도록 하였다. 독자들은 30장에서 우리가 이제 구약 성경을 신약의 관점에서 설명할 것으로 기대할 수도 있을 것이다. 그러나 29장에서 취하였던 방향을 따르면서, 우리는 이와 반대로 행하기를 원한다: 즉 구약으로부터 신약을 설명하기를 원한다.

방법론적으로 이것은 가능하며 허용될 수 있다. 만약 신·구약 사이에 연속성과 단절이 둘 다 존재한다면(28장), 이것들의 관계를 바라보는 방향에 관계없이 양자가 다 보여질 수 있어야 한다. 그러나 이것은 우리가 신약으로부터 구약을 보기 이전에 구약 성경으로부터 신약을 보기 위하여 많은 것이 언급되어야 한다는 사실을 의미하는데, 그 이유는 이것이 구원 계시의 실제적인 순서였으며, 이스라엘과 인류와 함께 하시는 하나님의 길의 실제적이고 역전될 수 없는 방향이었기 때문이다. 예수는 어머니 이스라엘에게서 태어난 자녀였다(계 12장). 그는 또한 자신을 무엇보다도 이 백성의 아들로서, 즉 이 백성의 길을 공유하고 참여하는 자로서 이해하였다. 따라서 그는 자신의 안내자로서 구약 성경의 말씀들을 사용하여 자신의 길을 발견하려고 하였다. 만약 구약 성경으로부터 이곳에 이르지 않는다면, 기독론(다음 장의 주제)은 경도(傾倒)된 전망을 갖게 된다. 우리가 구약 성경으로부터 그리스도에게 이르게 되고나서야 비로소 우리는 구약 성경의 연구를 위한 그의 중요성을 결정할 수 있는 위치에(게다가 이 장에서) 있게 되었다.

　구약과 신약은 서로가 서로를 설명하는 그러한 방식으로 함께 매여 있다. 이것들은 말하자면 서로를 위한 해석학적인 지평이다. 이러한 상호성은 신앙의 연구에서 좀처럼 진지하게 고려되지 않았다. 희랍 정교회와 로마 가톨릭, 영국 국교회 전통들 속에서 이것이 극히 미미하며, 루터파 교회에서는 더욱 그러한데, 그 이유는 구약과 신약을(일방적으로) 서로 간에 대위법적인 양식으로 율법과 복음으로 관련시키기 때문이다. 개혁파 전통은 이러한 상호성을 진지하게 고려하기 위하여 가장 많은 것을 해내었지만, 그래도 충분한 것은 아니었다. 좀더 개혁파적인 바르트와 마찬가지로 좀더 루터파 지향적인 불트만의 접근 방법에서도 구약은 기독론적으로 읽혀지고 평가되었지만, 거의 모든 페이지마다 신약이 그것의 구약적인 전제를 함축적으로나 명시적으로 지시하고 있다는 사실에도 불구하고, 반대되는 흐름은 거의 기회를 얻지 못하였다. 교회사에서의 이러한 규칙에 대한 한 가지 예외는 모세 오경을 성경의 중심으로 간주하였던 16세기의 재세례파와 반(反)삼위일체론 집단들(특별히 "안식교도들")이었는데, 그들 가운데 어떤 무리들은 심지어 유대교로 개종하였다; 그러나 그들은 일반적으로 교의학에 영향을 끼치지 못한 경계선상의 현상에 불과하였다. 현세기에 와서 신학적으로 중요한 한 예외는 반 룰러인데, 그가 1940년에 주장하였던 바, "구약은 기독교 교회를 위해서도 역시 참된 성경이며, 신약은 말하자면 뒷면에 있는 그것의 용어 해설에 불과하다"(*Religie un politiek*, 1945, p. 123)는 진술이 자주 인용된다. 이 "― 에 불과한"은 논쟁의 여지가 있다. 「기독교 교회와 구약 성경」(*The Christian Church and the Old Testament*)에서 반 룰러는 구약과 관련하여 신약에 훨씬 더 많은 독립적인 가치를 부여하였다(cf. p. 247).

　이런 일방적인 교통의 유감스러운 결과들이 구체적으로 나타나게 되었다. 막대한 긴장들과 극적인 사건을 지닌 이스라엘의 길에서 분리되어 있으므로 해서, 신약은 온갖 종류의 다른 해석학적인 구조들로 강요되거나 곡해될 수 있었으며, 이 길은 그것을 영지주의적으로, 신비주의적으로, 정신주의적으로, 개인주의적으로, 타계적으로, 실존주의적으로 등등 잘못 해석되기 쉽게 만들었다. 그리고 나서 사람들은 이것이 구약에 있는 이스라엘의 길 안에 함의되어 있다는 사실을 보지 못한 채 신약의 사고방식(Vorverständnis)을 논의하기 시작하였다. 구약의 어두운 배경에서 떨어져 나옴으로써, 신약은 창백한 소책자, "값싼 은혜", 당연한 일로 되어 버렸다.

이와 관련하여 우리는 특별히 미스코테(K.H. Miskotte)의 When the Gods are Silent(E.T. 1967)에서, 특별히 "Witness and Interpretation"라는 부분을 언급해야 한다. 짤막한 초기의 소책자에서의 반 룰러와 마찬가지로, 그는 신약뿐만 아니라 구약이 그 자체의 독특하고 특이한 언어로 말하도록 하기를 원하였다(특히 III, "The Surplus"를 보라). 이것이 반 룰러로 하여금 구약과 신약 사이의 대비를 강조하게 만들었다면, 미스코테는 바르트의 정신으로, 구약과 신약을 각기 기대의 시대와 회상의 시대로서, 배타적인 계시에 대한, 즉 "반복할 수 없고 변경할 수 없는 방식으로 시간의 한 시점에 예수 그리스도 안에서 그 자신을 인간의 삶과 연합하시는 하나님 자신에 대한"(p. 111) 동일한 이중적인 증언으로서 관련시키기를 원하였다. 그러나 그리스도 계시의 결정성은 우리의 생각으로는, 이것이 단순히 미래를 지시하는 기대의 말씀으로서가 아니라, 실제 계시인 실제 역사에 의해 선행된다는 사실을 부인하지 않고 오히려 전제한다. (이것의 일방적인 그리스도 중심적인 계시 계시 개념에도 불구하고, 그 책 자체는 이것이 사실이라는 인상적인 증언을 제공한다.)

세례 요한

신약 성경에서 이스라엘과 함께 하시는 하나님의 길은 세례 요한의 사역과 더불어 시작된다. 그는 메시야 예수의 선구자이다. 그것은 역사적인 순서의 문제 이상의 것이다. 요한은 더 강한 자가 오실 것이라고 지시하였다: 예수는 요한과 더불어 시작하였으며 그를 지시하셨다. 분명히 예수는 요한의 설교를 떠나서는 이해될 수 없다. 그 이유는 요한이 구약 성경에서의 이스라엘의 길 전체를 요약하여 그것을 절정으로 가져오기 때문이다. 우리가 율법과 선지서들에서 발견하였던 모든 요소들이 그에게서 발견된다: 삶 전체를 포함하는 하나님의 율법, 이스라엘의 근본적인 실패에 대한 인식, 회개와 회심으로의 부름, 메시야 표상에 의해 보증되는 하나님의 나라의 가까이 옴과 심판, 성령의 부으심에 대한 믿음, 이런 일들과 관련된 용서와 씻으심의 제안(提案).

또한 계약의 커다란 긴장이 존재한다: 인간의 불성실에도 불구하고 하나님의 성실하심이 어떻게 관철될 수 있는가? 요한의 선지자적인 선포는 종말론적인 날카로움을 가지고 있었다: 많은 사람이 다가오는 메시야의 심판에서 소멸될 것이다; 오실 이는 특별히 심판주로서 오실 것이다. 그러나 그의 시대의 묵시적인 종파들과는 달리, 요한은 모든 백성에 대한 마지막 기회로서 은혜의 선포를 제의하였으며, 외적인 표징들이 다가올 진노에서 구해줄 수 있다는 사실을 믿지 않았다.

조만간에 요한은 오시기로 되어 있었던 더 강한 자를 예수 안에서 인식하게 되었다. 그러나 옥중에서 그가 죽음을 기다리며 번민하고 있고, 예수가 세계 심판을 들여오지 못하였을 때, 그는 더 이상 그것에 대하여 무엇을 생각해야 할지를 알지 못하였다. 왜냐하면 이것은 정확히 요한의 선포에 있어서 묵시적인 요소들, 즉 세계의 임박한 종말과 그것에 대한 취소할 수 없는 심판이었는데, 예수가 그것에 부응하지 못하였기 때문이다. 예수 자신은 이러한 모순을 알고 있었다: 요한과 달리 그는 회개의 설교자가 아니었지만, 이러한 회개의 설교가 하나님으로부터 오는 것이며 그 자신의 사역의 필수적인 배경이라는 사실을 인식하고 있었다. 왜냐하면 예수는 이 길이 요한의 회개 설교에서 요약되어 있었던 것처럼 자신을 이스라엘의 길의 실현으로서 보았기 때문이다. 단순히 이러한 요약을 배경으로 함으로써만, 도래할 새 시대에 대한 그의 선포는 해방의 사건으로 경험될 수 있었을 것이다.

예수에 대한 요한의 독특하고 명확한 지시(특별히 요 1:29-34와 행 13:24ff.)가 사도 요한의 제자들의 종파에 대한 논쟁(cf. 행 19:1-7)으로 기록되었을 수 있다는 점에서 신약이 요한의 인물과 사역에 대한 다소간의 경도(傾倒)된 표상을 제공할 수도 있을 것이다. 그러나 그러한 견지에서, 요한의 실망의 역사성(마 11:2-6)은 거의 의심할 여지가 없는데, 그 이유는 이 이야기가 사도 요한의 종파를 단순히 이롭게 하는 것일 수 있었기 때문이다. 마가복음에서, 요한은 특별히 종말론적인 선지자이다; 누가복음에서는 구약의 시대를 종결하는 자였다; 요한복음에서는 예수의 선구자와 사자(使者)였다. 오늘날의 연구들은 바벨론 유수 이전과 이후의 대선지자들과 요한의 관계를 희생하는 대신에, 오히려 요한의 묵시문학과의 연계를 일방적으로 강조한다. 역사적으로는 일반적으로 인정되는 것처럼, 요한과 쿰란 종파 사이의 연계성은 존재하지만 이 연계성이 그의 설교의 독특한 성격을 설명하는데 도움을 주지는 않는 것으로 보인다. *RGG* III, *s.v. Johannes der Täufer* (Vielhauer)와 H.H. Scobie, *John the Baptist* (1964)를 보라.

예수는 요한에게 세례를 받음으로써 그의 공적인 사역을 시작하였으며, 그렇게 함으로써 한 편으로는 그와 요한의 설교의 일치를, 다른 한 편으로는 죄된 백성과의 연대를 선포하셨다. 결국 두번째 연대가 첫번째 연대를 수정하였지만, 그것을 제거하지는 않았다. 전형적인 것은 "여자가 낳은 자 중에 세례 요한보다 큰 이가 일어남이 없도다"(마 11:11)와 "율법과 선지자는 요한의 때까지요"(눅 16:16)와 같은 진술들이다; 또한 춤추지 않고 애곡하지 않는 아이들의 비유를 보라(마 11:16-19). 그러나 이 세 가지 사례들 속에서 추론되는 것은 아울러 차이점도 나타낸다: 요한의 회개 설교는 이제 은혜의 선물들과 더불어 도래하는 기쁨의 조류로 이어진다. 그러나 이 두 가지 선포는 함께 매여 있다. 아주 현저한 방식으로 이것은 마가복음 11:27-33에 나오는 예수의 권위에 대한 논쟁으로부터 명백하게 밝혀진다: 그 권위는 오직 요한과 그의 회개와 회심의 세례를 하나님께로부터 오는 것으로 인정하는 자들에 의해서만 식별될 수 있을 뿐이며; 오로지 요한과 더불어 죄책에 대한 총체적인 고백의 절정에 이르기까지 이스라엘의 길을 걷는 자들만이 예수 안에서 신적인 은총의 기적으로서 이루어진 변화를 이해할 수 있을 뿐이며, 그 역도 마찬가지다.

메시야 예수

하나님의 성실성의 최종적인 표징에도 불구하고, 요한은 하나님과 이스라엘 사이의 계약 사건이 대 심판에서 종결되는 것을 보았다. 그러나 그곳에서 예수는 이것을 독특하고 결정적인 역할을 수행하라는, 즉 하나님을 대신하여 중재하고 신의 성실성과 인간의 불성실 사이의 갈등을 해결하라는 부르심으로 보았다. 그의 사역의 배경으로서 우리는 "인간: 희망과 절망"이라는 제목으로 29장에서 논의하였던 것을 명심해야 한다. 예수는 자신을 이스라엘의 대리인으로, 계약이 그에게서 확고하게 이루어지게 되는 순종적인 사람으로, 선지자들에 의하여 기대되었던 신실한 남은 자로 보았다. 그는 이 목적을 위하여 자신이 하나님에 의해 선택되었으며, 그 이상으로 하나님에 의해 특별히 보내졌다는 것을 알고 있었다. 그 안에서 이스라엘의 길이 이제 성취되어지며, 그렇게 해서 하나님의 최종적이고 축복된 규칙이 세상을 헤치며 나아가게 된다.

예수의 이러한 사명은 신적인 배경과 인간적인 전경(前景)을 가지고 있으며, 이것들은 서로 반대되는 것이다. 신적인 배경은 그가 보내심을 받았다는 사실, 즉 그 안에서 백성들에 대한 신실성을 나타내시는 하나님과 예수의 특별한 유대에 놓여 있다. 이것은 예수가 스스로 제시하셨거나 그의 주변 사람들 혹은 후대의 기독교 공동체가 그에게 붙여준 호칭들에 의해 지적된다: 아들 혹은 하나님의 아들(구약 성경에서는 이스라엘이 아들로 불리었지만, 예수는 아바(Abba)라는 새롭고 아주 친밀한 이름으로 하나님을 불렀다); 사람의 아들(특별한 사람, 다니엘서 7장에 나오는 이스라엘의 남은 자를 상징하는 인물); 주의 종(제2 이사야에 나오는 고난의 종의 모습이 성취되는 인물); 메시야(이스라엘의 기름부음을 받은 왕, 종말의 때에 오실 선한 목자). 이 모든 이름들은 대속적으로, 그리고 죄된 이스라엘을 대신하여 계약을 실현하게 될 사람이나 무리에 대한 선지자의 기대를 상기시켜 준다.

그의 신실하심 속에서 하나님께서 이 사람을 주셨다. 하나님은 그를 그의 불성실한 백성에게 주셨다. 그러므로 신적인 배경과 더불어 인간적인 배경이 나타난다: 예수는 하나님을 대신하여 백성에게로, 즉 이스라엘 집의 잃어버린 양들에게로 오셨다. 도래할 왕국의 기쁜 소식을 가지고 그는 정확히 그 안에서 스스로 함께 나누기를 전적으로 단념한 자들: 즉 종교적이고 도덕적인 규범들을 깨뜨린 자들, 즉 이 규범들이 너무 지나친 요구가 되는 자들, 율법을 알지 못하는 민중, 가난한 자, 거지들, 병든 자, 귀신 들린 자 — 자신의 온갖 노력에 의해 영생을 얻을 수 있다고 생각하는 이스라엘의 확립된 질서의 범주 바깥에 있는 모든 자들에게로 오셨다.

신적인 배경과 인간적인 전경은 함께 결합되어 있다. 여기에 하나님을 대신하여, 제3 이사야가 말했던 구원의 사자(使者)가 나타났다: "주 여호와의 신이 내게 임하셨으니 이는 여호와께서 내게 기름을 부으사 가난한 자에게 아름다운 소식을 전하게 하려 하심이라. 나를 보내사 마음 상한 자를 고치며 포로된 자에게 자유를, 갇힌 자에게 놓임을 전파하며 여호와의 은혜의 해와 …"(사 61:1f. 누가복음 4:18f.에서 성취된 것으로 인용되고 있다). 그러므로 예수 안에서 하나님의 나라가 "가까이 왔으며," 실로 이미 "너희 가운데 임하였다." 이것은 예수 안에서 돌입해 들어오는 것인데, 그 이유는 그가 "율법과 선지자들"을 "성취하러" 오셨으며, 즉 언제나 신실하신 계약의 동반자의 편으로부터 사랑과 화해의 지고한 행위, 즉 백성들을 위하여 계약을 대신하여 확증하시고 그 나라를 가까이 오게 하시는, 인간적인 동반자의 보내심 속에 거하는 행위를 통하여 이스라엘과 함께 하시는 하나님의 길을 완전케 하러 오셨기 때문이다.

필연적으로 수반되는 것과 마찬가지로 상기의 사실은 기독론에 관한 다음 장을 예기하게 한다. 여기에서 우리는 단순히 그곳에서 분명하게 시작되고 더 깊이 고찰할 수 있는 문제들을 예기해야 한다. 이러한 예기(豫期)는 필수적인데, 그 이유는 이것이 구약으로부터 신약으로 흘러갈 때, 단순히 이스라엘의 길의 관점으로부터만, 그리스도의 인격과 사역이 그 안에서 공정하게 평가될 수 있는 적절한 구조들을 우리가 발견할 수 있기 때문이다. 우리는 이스라엘을 떠나서 그리스도에게 접근하는 사고 방식을 근본적으로, 또한 방법론적으로 깨뜨려야 하는데, 그 이유는 그 결과가 거의 언제나 우리에게는 친숙하지만 그에게는 적합하지 않는 (윤리적이고, 관념론적이고, 실존주의적이고, 미래적이고, 혁명적인, 등등의) 구조들 속에 그가 들어가게 되는 것이었기 때문이다.

거절

이스라엘은 똑같은 웅변적인 거절을 통하여 하나님의 계약의 성실성의 이러한 지고한 확언에 응답하였다. 책임적인 지도자들 속에서 이스라엘은 구원의 시대를 가져오는 자를 거절하고 그에게 사형을 선고하였다. 또한 이제 이전보다 더 비판적인 것은 성실성과 불성실이 서로 마주보고 서게 되었다. 왜 이스라엘은 "평화에 이바지하는 일들"을 이해하지 못하였는가? 그것은 이스라엘이 다른 나라들보다 더 악하거나 더 눈이 멀었기 때문이 아니었으며, 이와는 반대로 이스라엘이 모든 인류를 대신하여 행동하였기 때문이다. 혹은 그렇지 않다면, 이것은 어쩌면, 예수가 구약 성경의 관점에서 실제로 인식될 수 없었기 때문에 주변의 다른 길이 용납되어야 했던 것인가? 우리는 29장에서 도출된 방향들과 세례 요한에게서의 그러한 방향들의 확대와 요약에 호소하면서 그것을 거절한다.

확실히 그리스도는 다음 장에서 명백히 밝혀지는 것처럼, 구약 성경의 관점에서 그에 대해 보여질 수 있는 것보다 더 크시다. 구약 성경에서도 역시 성취는 기대와 결코 일치하지 않았다. 그러나 예수의 사역은 그 기대의, 즉 특별히 바벨론 유수 이후의 예언의 선상에 있었다. 예수는 그의 시대의 이스라엘이 도덕적이고 민족적인 자기 긍정으로 가득차 있었고, 따라서 그러한 각도에서 율법과 선지자들을 읽는 경향을 갖고 있었기 때문에 인정이나 인지를 받지 못했다. 예를 들면, 이스라엘은 이제 예수에게 하였던 것처럼, 아모스와 예레미야도 마찬가지로 거절했었을 것이다. 따라서 예수와 그의 공동체가 전체 구약 성경의 불성실의 역사의 빛 속에서 거절을 해석하였다는 사실은 놀라운 것이 아니다. 동시에 이 거절은 예수가 선지자들보다 큰 분인 한에서, 모든 선행되는 거절들보다 더 큰 것이었다. 아버지의 이름으로, 예수는 스스로 처신할 수 있었던 모든 사람을 간과하는 반면에, 소외되고 버림받은 자들에게로 돌아서셨다. 이렇게 해서 그는 모든 자기-긍정의 토대를 헐어버리셨다. 하나님께서 이 일을 하실 것이라는 생각은 종교 지도자들에게는 견딜 수 없는 일이었다. 그러나 이 분은 선지자들의 하나님이었다. 이스라엘은 자기의 구원이 자신을 희생하여 이르러야 한다는 사실이 견딜 수 없는 것임을 발견하였다. 그 성향에 있어서 이스라엘은 우리 모두를 대표하였다.

예수의 거절과 십자가 처형은 구약 이스라엘의 선상에 놓여 있다. 그것이 바로 사악한 소작인들의 비유(막 12:1-8)와, 예루살렘에 대한 예수의 애도(마 23:29-39; cf. 눅 11:47-51), 그리고 스데반의 변호의 설교에 이것이 들어 있는 방식이며, 실제로 이것은 그 전체성에 있어서 구약의 이스라엘의 길에 대한 책망의 요약으로서 선지자들의 정신으로 읽혀져야 한다(행 7:2-53; 특히 51-53). 그러므로 예루살렘의 멸망은 주전 586년의 멸망과 유사한 것으로, 따라서 하나님께서 보내신 자를 복종하지 않은 데 대한 형벌로서 보아야 한다(눅 21:22-24).

신약은 또한 화해의 희생과 우리의 구원의 근거로서 십자가에 대하여, 전혀 다르게 말한다. 그 두번째의 중심적인 면은 다음 장에서 다루어지게 될 것이다. 그러나 만약 십자가가 무엇보다도 하나님께로부터의 인간의 소외에 대한 궁극적인 표현으로서, 즉 이것이 특별히 사도행전 첫 부분에 나오는 설교에서 이루어졌던 것처럼 이해되지 않는다면, 이것은 그 적절한 문맥에서 식별되지 않는다(2:23; 3:13-15; 4:10f. 25-27; 10:39; 13:27f.).

돌파

예수의 죽음 이후에 그의 직접적인 추종자들의 작은 모임에서 먼저 일어나고 나중에 점차로 확장되는 무리들 속에서 일어나게 된 특별한 사건들은 예수의 추종자들로 하여금 이러한 모든 일들이 성경에 따라 일어나고 있으며 예수의 십자가 처형은 기대되었던 새 시대의 좌절이 아니라, 그 대신 그것에 이르는 길이었다는 발견에 이르게 하였다. 예수의 부활은 하나님의 성실성이 그의 백성의 불성실을 극복하였으며, "죽은 자들로부터의 첫 열매로서" 그의 대리인인 예수 안에서, 호세아서 6:1-3과 에스겔서 37장에서 약속되었던 장래의 부활이 이 백성에게 나타나게 되었음을 의미하였다. 많은 사람들이 "마지막 날"의 이러한 도래를 통하여 회개와 회심에 이르게 되었다. 그러므로 구원의 시대와 관련되는 여전히 또 다른 약속이 성취되게 되었다: 성령이 부어졌고 회개와 중생의 특별한 역사(役事)가 시작되었는데, 그 안에서 심령에 기록된 새 언약과 종말 때의 성령의 사역에 대한 약속들이 성취되게 되었다(렘 31:31-33; 욜 2:28-32; 슥 12:10; 기타 다른 구절들). 곧 성령의 이러한 활동은 팔레스타인의 지경을 넘어서 퍼져 나갔고 새로운 언어와 형태로 그리스-로마 세계의 많은 사람들 사이에서 계속되었다. 이와 더불어 세번째 선지자의 기대가 성취되기 시작하였다: 선교 활동을 통하여 세계의 열방들이 이스라엘의 구원 속에 포함되고 있었다. 우리가 앞에서 주목하였듯이, 이 모든 일들은 예수의 고난에 대한 새로운 이해를 포함하였다. 이것은 실패의 표징이 아니었으며 이사야 53장의 주의 종의 대속적이고 화해를 가져오는 고난이었다; 인간의 죄책의 표현일 뿐만 아니라 특별히 그것의 소멸의 표현이었으며, 메시야 시대를 위한 조건과 그것의 한 요소로서 기대되었던 부채에 대한 근본적이고도 결정적인 취소였다.

그것이 바로 성경의 빛 속에서 새로운 사건들을 읽게 된 이스라엘에 속한 자들이 새 시대가 이제 완전히 시작하게 되었다고 보게 된 방법이었다. 그들은 마지막 날들의 가운데 있었다. 아직도 기다려야 할 유일한 일은 이 모든 일의 완성과 절정: 즉 이스라엘과 그 중심에 계신 메시야와 함께 전체 지구를 포용하기로 된 완전한 평화의 왕국이었다. 그러나 이러한 기대 속에서 모든 강조점은 그럼에도 불구하고 이 미래의 이른 실현을 보증하는 것처럼 나타났던 현재의 기쁨에 놓여 있었다.

지연

그러나 불과 잠시 후에 전체로서의 이스라엘이 참여하지 않았다는 사실이 분명하게 되었다. 디아스포라들 뿐만 아니라 팔레스타인에 있던 대부분의 사람들은 메시야의 갱신 운동의 담지자로서의 과제를 떠맡기를 거절하였다. 예수에 대한 거절은 부활의 소식에 대한 거절 속에서 영속되었다. 사도행전에서 누가는, 새로운 시대의 질서를 따르면서, 바울이 어디에서든 유대 회당에서 시작하였지만 얼마간의 기간 후에는 그곳에서 그의 설교를 그만둘 수밖에 없었고, 그렇게 해서 그리스-로마의 시장에서 예기치 못했던 수고의 결실을 얻는 밭을 어떻게 발견하게 되었는지를 말하고 있다.

구원의 시대가 도래하였고, 그 표징들이 존재하지만, 이것이 관철되지는 않았다. 열방들이 그 속으로 흘러 들어왔지만 이스라엘은 바깥에 머물렀다. 이스라엘은 옛 흐름, 즉 이스라엘이 지상적인 예수를 향하여 드러냈었고, 그 이전에는 모세와 선지자들을 향하여 나타냈던 태도 속에서 인내하고 있었다. 우리는 당시 30-50년 사이에 그것에 대한 결정적으로 역사적이고 심리학적이며 종교적인 이유들이 무엇이었는지에 대하여 충분히 확신할 수 없다. 주된 요인들은 다음과 같은 것이었을 것으로 나타난다. 즉 십자가 처형을 당하였던 사람이 하나님에 의해 저주받은 자로 간주되었다는 사실, 초기 기독교 사회에서의 율법과 성전의 상대화, 이방인들이 완전한 지체들로서 받아들여졌던 "쉬운" 입회 조건들, 뿐만 아니라 메시야 예수의 운동이 민족주의적인 열망에 적합하지 않았다는 사실이다. 그러나 유대 기독교 공동체는 그 이면에 구약 성경에서 기록되었던 불성실한 동반자가 존속되고 있음을 보고 있었다.

새로운 시대가 도래하였다. 그러나 이것은 불완전한 것으로 드러났다. 장애물이 방해가 되었다. 길이 변경되고 있었다. 이 모든 일은 사전의 경고 없이 왔으며 예측하지 못한 것이었다. 사람들이 밀려 들어오는 한편으로, 하나님의 이스라엘과의 계약 송사는 여전히 지금도 미결상태로 남아 있었다. 그리고 다시, 많은 세월이 흐른 후에, 평화의 왕국의 지평이 뒤로 후퇴하였다. 성취는 예수의 부활과 성령 안에서 도래하였다. 그러나 유대인과 이방인으로 이루어진 이스라엘의 길과 그리스도의 몸의 길이 분리되어 있는 한, 그 절정은 올 수 없다.

이렇게 해서 종말의 때를 가져오시는 분으로서 예수는 잠정적이고, "예비적으로", 즉 그의 순종적인 인성과 그의 희생과 부활에 의하여 미래를 향한 길을 터놓으신 위대한 선구자로 남아 있다. 더 작지도, 더 많지도 않다.

이 지연이 기독교 공동체 안에서 위기를 유발하였다는 징후는 없다. 분명히 일어났던 일들은 아직 일어나지 않은 일들보다 더 깊은 인상을 주었다. 그러나 마침내 위기 대신에 마찬가지로 확실히 중대한 일이 일어나기 시작하였다. 공동체는 "유대인들을" 단념하기 시작하였다. 공동체는 스스로를 모든 하나님의 길의 종착점으로 보게 되었다. 상황의 불완전성에 대한 고통은 점점 덜 느껴지게 되었다.

이스라엘의 관계와 관련하여 무엇이 있어야 했으며 새 시대의 질서가 원칙적으로 무엇이었는지는 에베소서 2:13-22(cf. 로마서 11:16-21, 그러나 분리의 상황을 이미 반영하고 있는 구절임)에서 분명히 나타난다: 그리스도를 통하여 이방인들이 (성령으로 새로워진) 이스라엘 백성에 편입된다. 여기에 제3이사야와 제2 스가랴의 종말론적인 환상에 대한 암시가 존재한다(특별히 사 57:19와 슥 9:10). 이 구절은 또한 시편 87편을 우리들에게 상당히 많이 상기시켜준다.

여기에서 우리는 신학적인 문헌에서 불리어지는 것처럼, 신학적으로 '임박한 기대'(Naherwartung)의 문제라고 지칭되는 것을 언급하게 되었다. 대개 이 문제는 단순히 혹은 특별히 지상적인 예수와 관련하여 논의되며, 그 때에 이 질문은 예수가 하나님 나라의 임박한 도래를 기대하였는가? 하는 것이다. 그렇다면 그 때에 적어도 바벨론 유수(예를 들어, 제3 이사야서와 스가랴서의 후반부, 다니엘서를 보라)로부터 귀환한 때로부터 이러한 기대가 이스라엘의 종교 생활의 일부였다는 사실이 간과된 것인가? 이러한 기대 속에서 그들은 정규적으로 실망하였다. 예수와 가장 초기의 기독교 공동체는 그 기대와 그것에 대한 실망을 둘 다 공유하였다: 그들은 이렇게 해서 전적으로 이스라엘의 길 위에 있었다. 사도행전 3:19-21과 25f.에서 우리는 어떻게 '임박한 기대'가 이스라엘의 회심에 의존하고 있었는지에 대한 초대 공동체의 인식에 대한 통찰을 얻게 되었다. 또한 그러한 전망은 '임박한 기대'에 대한 논의 속에서 거의 전적으로 무시되었다.

이미 초기에, 이스라엘의 불순종으로 말미암아 야기된 지연은 기독교적인 유대인들(마태복음, 요한복음에 나오는 "유대인들"의 역할, 데살로니가전서 2:14-16) 가운데에서 최초로, 기독교 공동체 안에서 반유대교적인 정서로 나아가게 되었다. 이것을 반(反) 유대주의(anti-Semitism)라고 불러서는 안된다; 이것은 또한 유대 기독교인들 사이에서도 발견되었으며 기대와 실망으로부터 태동하였다. 바울은 이러한 신비로운 지연을 그의 의식적인 신학적 성찰의 주제로 삼았으며, 그리스도에게 전적으로 헌신하였을 뿐 아니라 그의 타락한 유대인들에 대한 구원의 관심으로 가득 찬 사람의 모든 열정을 가지고 그것을 깊이 생각하였던 사람이었다. 그에게 있어서 대다수의 자기 백성의 태도는 눈이 멀었으며(고후 3:14f.), 자기 의(義)를 버리고 은혜로 살기를 거부하는(롬 10장) 태도였다. 그러나 그는 또한 이러한 신비가 새 시대의 발전에 있어서 긍정적인 기능을 하였다고 생각하였다: 이스라엘의 일시적인 강퍅해짐이 이방인들의 회심을 위하여 자리를 내어 주었다(롬 11:11-24).

회고: 구약 성경

신앙의 연구는 예수 안에서 나타난 메시야의 새 시대의 빛 속에서 구약 성경이 전혀 다르게 보기 시작하였으며, 이것이 그 자체로서 고려된 것과 전혀 다른 언어로 — 비록 이러한 "다름"이 구약 성경에 대한 하나님의 진정한 의도를 정확히 드러내준다는 사실을 덧붙인다 하더라도 — 말한다는 인상을 일반적으로 제공한다. 신약 성경의 저자들이 구약 성경 안에서 그리스도를 발견하게 되는 명백하거나 혹은 외견적인 직접성을 고려하면, "그 자체로서의" 구약 성경과 "신약 성경의 빛 속에 있는" 구약 성경 사이에 구분이 이루어질 수 있다는 인상은 자연스러운 것이다.

그러나 그 인상은 우리의 생각으로 볼 때 옳지 않다. 이와 대조하여 우리는 정확히 구원의 새로운 시대의 빛 속에서 구약 성경의 기본적인 흐름이 확인된다는 사실을 주장할 수 있을 것이다. 실제로 우리는 세 가지 기본 요소들을 발견하였다: 하나님의 성실, 인간의 불성실, 그리고 언젠가는 전자가 후자에 대하여 승리하실 것이라는 기대. 그 빛 속에서 우리는 신약 성경을 읽기 시작하였다. 이제 정반대의 길로 가서, 우리가 29장에서 발견하였던 것은 완전히 새로운 부가물과 함께 수정되거나 확대되는 것이 아니라, 확립되고 심화된다. 우리는 이것이 또한 기독교인으로서 우리가 처음부터 신약의 관점에서 구약 성경에 접근하였기 때문이라는 사실을 알고 있다. 그런 한도에서 여기에 순환 논리가 존재한다. 그러나 우리는 주의깊고 철저한 읽기가 실제로 이러한 기본적인 흐름을 확립해 준다고 생각한다.

부활하신 그리스도의 공동체는 구약 성경을 하나님의 영속적인 성실성, 즉 가장 큰 불성실에 대하여서도 계속해서 지속될 수 있는 성실성을 지닌 책으로 읽었다. 예수 안에서 사람이 되셨던 그 성실성에 대해서는, 구약 성경에 나오는 많은 사람들과 상황들이 이미 그 담지자들이었다. 이것들은 이제 오실 그리스도의 전조와 지침과 모형으로서 읽혀졌다. 동시에 그리스도는 이 모형들 이상이었다: 그는 멜기세덱과 모세와 다윗, 요나의, 그리고 장막과 뱀과 광야에서의 만나의 의미를 "성취하셨다." 왜냐하면 이것들은 그리스도 안에서 최종적으로 말씀하신 하나님의 은혜의 성실성에 대한 모든 증거들이었기 때문이다. (또한 29장의 "방법"을 보라.)

동시에 십자가에 달리신 그리스도의 회중은 구약 성경을 그의 백성의 항상 계속되는 불성실의 이야기로 읽었다(본 장의 "거절"을 보라). 후자는 첫째로 십자가를 통하여, 다음으로는 이스라엘 내의 대부분의 사람들이 예수를 메시야로, 즉 새로운 시대의 담지자로 받아들이기를 거절한 일을 통하여 너무나 많이 강조되었으며, 그렇게 해서 이스라엘은 교회에 대하여 더욱더 구약 성경의 불순종을 뚜렷이 나타내게 되었다. 이전보다는 못하게 이것은 이제 일련의 부수적이고 다소간 우연한 일탈로 간주될 수 있었다. 분명히 이 불성실은 인간 본성 자체에 깊이 뿌리박고 있었다. 그리고 분명히 구약 성경에서 하나님의 구원 계시는 이러한 무력함을 극복할 수 없었다. 그것으로 인하여 화해와 용서를 가져오기 위한 그리스도의 희생의 전적으로 새로운 시작이 필요하였다. 이러한 사실에서부터, 이러한 근본적으로 새로운 신적 행동 없이는 인간이 구원의 계약 관계에 응답할 수 없고 그것과 조화롭게 살 수 없다는 사실을 보여줌으로써 구약 성경에서의 이 스라엘의 길이 그것을 준비하는데 이바지하였다는 사실이 추론되었다. 그 것이 바로 구약 성경에 대한 유사성과 나란히, 대비가 또한 율법과 복음 사이의 대비로서 신약 성경에서 강하게 강조될 수 있었던 방법이었다. 특별히 바울은 이러한 대비를 공들여 다듬었다.

이 시점에서 하나님과 이스라엘의 초기의 연합의 확언은 말할 것도 없이, 더 이상 깊이를 갖고 있지 않지만 철저한 단절은 아니라 하더라도 우리는 변화를 지니고 있다고 할 수 있을 것이다. 그것이 바로 많은 그리스도인들이 바울을 이해하였던 방법이며, 그 결과로서 그들은 구약 성경을 기독교인들에게 부적절한 책으로, 막다른 길에 이른 것으로 간주하였으며, 동일한 이유로 인하여 유대인들은 바울을 구약 성경의 왜곡자로서 거부하였다. 그러나 바울은 심판에 대한 철저한 예언자적인 설교를 구약 성경의 두 가지 초점 중의 하나로서 반복하고 강조하고, 포괄적인 인간학적 구조틀 속에, 즉 십자가의 빛 속에 위치시켰을 뿐이었다.

그의 증거는 대체로 다음과 같이 요약될 수 있다: 하나님은 이것의 필요성이 역사적으로 증명되기 전에는 근본적이고 결정적으로 그의 은혜를 수여하실 수 없었다. 이스라엘이 하나님 앞에서 인간의 상황을 나타냈을 때 이스라엘에서 이루어졌다. 하나님은 그의 구원을 토라의 형태로 제시하였는데, 이것은 삶에 봉사하도록 의도되었으며, 실제로 하나님에 대한 인간의 깊이 뿌리박힌 반역을 환기시켜 주었다. 그러나 이렇게 해서 이것은 사람들을 그리스도에게로 이끄는 "후견인"으로서 하나님의 구원의 목적에 이바지해야만 했다. 율법과 복음이 서로 "심판의 사역"과 "화해의 사역"으로 마주 대하고 서 있게 되었다는 사실은 하나님 안에 존재하는 모순 때문이 아니라, 역사를 통하여 우리와 함께 하시는 그의 길에서 그 분이 우리들에게 점점 덜 기대하시게 하고 점차 더 깊이 내려가시게 한 우리의 반역이었다. 그것이 바로 바울이 구약 성경의 길을 설명하고 요약한 방법이었으며, 그의 방법은 예를 들어, 예레미야서 3장, 에스겔서 16장과 20장, 다니엘서 9장, 느헤미야서 9장, 혹은 세례 요한의 그것과 본질적으로 동일한 것이었다.

이 개요는 스스로 이스라엘의 길에 참여하지 않은 사람들에 의하여 이 것이 이념적으로 다루어질 때에만 위험하게 된다. 그 때에 구약 성경은 인간의 무능함에 관한 교리의 한 실례가 되며, 이 길에서 벗어난 신약 성경은 값싼 은혜의 고지(告知)가 된다. 구약과 신약 성경의 길은 하나이며 분할할 수 없다. 근본적인 은혜는 오직 하나님과의 계약적인 연합의 길, 즉 우리의 근본적인 죄책이 끊임없이 노출되는 길에서만 이해된다.

구약과 신약의 관계를 규정하기 위하여, 어거스틴의 "신약은 구약 안에 감추어져 있고, 구약은 신약 안에서 계시된다"(*Quaestiones in Exodum* II,73)라는 말이 자주 인용된다. 그러나 이 표현은 우리에게 도움을 주기에는 너무나 지나치게 일반적이다. 구약의 모든 것이 신약에서 훨씬 더 분명한 형태로 발견된다는 함축된 암시는 더욱 나쁘다. 그래서 이것은 기독교 교회에서 구약을 무시하는 태도를 촉진하였다.

구약의 그리스도중심적인 해석에서 발견되는 특정한 문제들에 대해서는 29장의 "방법"을 보라. 이런 해석을 위하여, 신약은 그 당시 유대교의 해석학적인 방법을 사용하였다. 우리의 기준에 의하면, 오직 마태의 "인용 형식"(1:22f.; 2:5f. 15, 17f., 23; 8:17)의 경우에만, 일차적으로 강요되었던 해석에 대해 언급될 수 있다. 더욱이 모든 다른 구절들에 있어서, 그것은 새로운 구속적 사실들의 결과로서 보다 넓은 해석학적인 맥락 속에서 인식하고 유추하고 새로이 설명하고 배치하는 문제였다. 폰 라트(*Theology of the OT*, II, part three, A와 B)는 이미 이러한 모형론적인 재해석들이 구약에서 후기의 전승들에 의하여 초기의 전승들에 적용되었으며, 이것들이 구속사와 전승사 자체에 완전하게 속해 있다는 사실을 보여주었다. 우리는 한 걸음 더 나아가 신약은 형식상 새로운 것이 없을 뿐 아니라, 구약에 대한 그것의 이해에 있어서도 역시, 이스라엘의 길에 대한 선지자의 이해의 흐름 속에 실질적으로 머물러 있다는 사실을 위에서 논의한 바 있다.

많은 이들, 특히 유대인 신학자들은 이것이 더 이상 바울에게는 적용되지 않는다는 견해를 가지고 있다. H.-J.Schoeps, *Paul: The Theology of the*

Apostle in the Light of Jewish Religious History(E.T. 1961), 특히 V: "Paul's Teaching about the Law"를 보라. 그는 "바울의 근본적인 오해"(V par. 6)에 대해서, 심지어 구약의 많은 병행절들을 인정하면서도 "잘못된 교리"(p. 187)에 대하여 말하였다. 그 이유는 그가 계약법을 우선 그것에 근거하고 있는 계약의 후속 역사 및 근본적인 선지자적 비판과 분리된 것으로 보았기 때문이다. 그는 "바울이 변화의 힘에 대한 유대교[구약!이 아니다]의 신앙을 알지 못했다"는 사실을 주목하였다. 그의 비판은 바울과는 다른 해석학적인 구조들을 사용한데서 비롯되었다(이와 관련하여 나중에 더 논의할 것이다). 거의 정반대되는 견해에 대해서는 M. Barth, *Jesus, Paulus und die Juden*(1967)을 보라.

토라와 구약에 대한 바울의 견해에 대한 위에서의 우리의 간략한 요약은 특별히 로마서 7장; 9:30-10:21; 고린도후서 3:17-18; 갈라디아서 3:15-4:10에 근거하고 있다. 우리의 판단에 의하면, 그곳에서 주된 흐름은 분명하다. 우리는 여기에서 주석적으로 세세한 많은 문제들 속으로 들어갈 수 없다. 그러나 로마서 7장의 특별한 문제에 대해서 몇 마디 하는 것이 필요할 것이다. 그곳에서 혹자가 읽을 수 있는 것은 그곳에서 말하는 "나"에 대한 혹자 견해에 의존하고 있다. 우리의 견해로는 이 '나'는 개인적-자서전적이거나 수사학적-일반적이 아니라 구속사의 집단적인 '나'이다. 그리스도 안에서의 구원의 전망으로부터, 바울은 이스라엘이 토라 아래에서 걸었던 길을 회고하며 이렇게 적고 있다. "율법으로 말미암지 않고는 내가 죄를 알지 못하였으니 … 이는 법이 없으면 죄가 죽은 것임이니라. 전에 법을 깨닫지 못할 때에는 내가 살았더니 계명이 이르매 죄는 살아나고 나는 죽었도다. 생명에 이르게 할 그 계명이 내게 대하여 도리어 사망에 이르게 하는 것이 되었도다 … 그런즉 선한 것이 내게 사망이 되었느뇨? 결코 그럴 수 없느니라! … 우리가 율법은 신령한 줄 알거니와 나는 육신에 속하여 죄 아래 팔렸도다"(7:7ff.).

이것은 야훼의 계약의 사랑을 거절한 이스라엘에 대한 선지자들의 고발 표현과 일치한다. 바울은 내키지 않았지만, 단지 그리스도 안에서의 구원의 출발점과 성령께서 우리 마음에 부으신 새로운 계약으로부터, 선지자들이 일반적으로 한 것 이상으로 인간의 무력함을 강조하였다. 더욱이 그의 단어 선택은 때때로 창세기 3장을 상기시켜 주는데, 이 3장으로 인하여, 그는 선지자들 이상으로, 모든 인간의 대표자로서 하나님과 관계를 맺고 있는 이스라엘을 보았다(cf. 롬 5:12-21). 그러나 양자의 경우에 그는 계속해서 구약에서 이미 발견된 방향을 따랐다. 이 주제에 대한 더 깊은 논의를 위해서는 Zimmerli, *The Law and the Prophets*를 보라.

특별히 루터파는 구약과 신약이 대조적으로 율법과 복음으로 관련되어 있다고 제시하는 것처럼 보이는 바울적인 구절들로부터 대단히 많은 활력을 얻는다. 이것은 이러한 대조를 하나님 자신(진노와 은혜, 왼손과 오른손)에게로 확대하려는 의심스러운 경향과, 그것이 하나님께로부터 비롯된 것이 아니라 인간의 죄로 말미암아 그에게 강요된 것임을 인식하지 못하는 데로 나아가게 된다. 그렇게 해서 바울이 이 대조를 아브라함과 그리스도가 함께 결속되어 있다는 사실(로마서 4장; 갈라디아서 3장)에서 특별히 명백히 드러난 기존의 연속성의 토대 위에 두고 있다는 사실이 쉽게 간과되었다. 오직 이 구조를 속에서만 토라와 그것에 근거를 둔 계약사가 그리스도에게 이르는 길로서 그들의 (죽음을 가져오고 따라서 구원하는) 기능을 얻게 된다(cf. 갈라디아서 3:15-25). 그러므로 이 대조는 구약에 대한 학문적인 연구가 계약과 율법의 구원의 목적을 분명히 보여주었다는 사실과 모순되지 않는다. 또한 바울에게 있어서 율법은 "거룩하고 의로우며 선하지만"(롬 7:12), 이것이 "육체로 말미암아 약하게" 되었기 때문에, 즉 그것의 구원의 효력이 인간의 마음의 저항, 즉 오직 예수의 복종과 그의 성령으로 말미암은 중생에 의해서만 극복될 수 있는 저항으로 인하여 좌절되고 있기 때문에 자유롭게 할 수가 없다(롬 8:3f.).

오늘날 루터파 신학자들은 일반적으로 약속들 사이의 (변증법적인) 통일성을 좀더 강조한다. E. Kinder와 K. Händler, ed., *Gesetz und Evangelium*(1968)을 보라. 더구나, 우리는 바울이 이념을 고안하지 않고 역사적인 길을 회고하고 요약하였다는 사실을 끊임없이 인식할 필요가 있다. 모든 신앙의 신학 체계 속에 여전히 지배하고 있는 약속들을 정적(靜的)으로 병치시키게 되면, 계시가 일차적으로 기록된 문서가 아니라 역사, 즉 우리가 성령을 통하여 참여하기를 배워야 하는 역사라는 사실을 인식하지 못하게 한다.

회고: 이스라엘과 교회

만약 도래한 구원의 시대가 선지자의 비전과 일치하여 그것의 완성을 향하여 발전했었다면, 그 길은 핵심으로서의 이스라엘과 더불어 새로운 세계 공동체를 향하여 열려지고 열방들 가운데에서 이스라엘의 하나님께로 회개하고 돌이키게 될 모든 사람들에 의해 확대되었을 것이다. 이스라엘의 대다수의 사람들이 그 길에서 물러섰기 때문에, 그 의도와는 달리, 예수의 출현은 하나님의 백성의 두 가지 형태와 두 가지 길로 나아가게 되었다. 첫번째 형태인 이스라엘은 옛 계약의 변증법을 계속하였으며, 마치 예수 그리스도가 이 점에 있어서 아무런 변화도 가져오지 않은 것처럼, 그것의 해결책을 기다렸다. 희망의 표징으로서 이스라엘에서 나오는 "남은 자"가 결코 부족하지 않았던, 두번째 형태인 교회는 새 계약, 즉 성취된 구원 사역으로부터 살며, 세계 열방들 어디에서나 성령의 일하심을 경험한다.

한 쪽의 도상에 있는 사람들은 다른 도상에 있는 자들을 이해할 수 없으며, 그 역도 마찬가지이다. 동일하신 하나님에 대한 믿음으로부터 인간이 이러한 두 가지 다른 방향으로 움직일 수 있었던 사실이 처음에는 교회에 대한 이스라엘의, 그 다음에는 오랜 세월 동안, 세계의 모든 곳에서, 심지어는 디아스포라 유대인들에 대한 (지배적인) 교회의 큰 쓰라림과 적개심을 더욱 크게 야기하였다.

이것은 이 두가지 형태가 서로에게서 벗어날 수 없다는 사실을 이미 입증하고 있다. 이스라엘이 메시야를 인정하지 않는 한, 교회는 자기의 믿음이 부정되거나 부정될 수 있으며, 교회가 아직 완성된 새 시대에 사는 것이 아니라 위대한 미래의 이편에서 살고 있다는 사실을 상기하게 된다. 분명히 성취와 완성, 구원의 계시와 구원은 일치하지 않는다. 만약 교회가 그럼에도 불구하고 마치 그 나라가 이미 도래한 것처럼 행동하기를 원한다면, 그 때에는 이러한 환상을 철저히 교란시키는 끝없는 고통을 지닌 유대인들이 존재하게 된다. 그러나 교회는 이스라엘의 신앙의 개념을 받아들일 수 없다. 교회는 미래뿐만 아니라, 이미 일어났고 그것의 미래가 펼쳐지게 될 구원을 믿으며; 우리가 도상에서 지금 불안해 하는 시간의 종말뿐 아니라, 우리가 안식할 수 있는 중심을 믿는다.

이 갈림길의 가장 깊은 뿌리들을 조사할 때, 우리는 이것이 구약 성경을 읽는 다른 방법으로 돌아가는 것임을 발견하였다. 구약 성경의 계약의 변증법은 인간이 자신의 성실성을 가지고 하나님의 성실에 답변함으로써만 멈출 수 있다는 사실을 두 진영이 다 알고 있다. 그러나 어떤 사람이? 신약 성경은 하나님이 보내신 새 사람, 이스라엘과 인류의 진정한 대표자라고 말씀하고 있다. 유대교는 그들의 심중에 있는 선한 충동을 돌아보고 그것을 따르며, 하나님의 뜻에 복종하고 그렇게 해서 하나님의 공동 사역자로서 그의 나라의 도착을 알리는 일을 돕는 사람들이라고 말한다. 유대인들은 기독교인들이 유전죄와 인간의 무능력에 대한 위험한 교리를 가지고 있다는 사실을 염려한다. 기독교인들은 유대인들이 위험한 공로-의(義) 교리를 견지하고 있다는 사실을 염려한다. 비록 전통적인 유전죄 교리를 거절하지만(26장을 보라), 우리는 계약의 동반자로서의 인간에 대한 유대인의 기대가 전체 구약 성경의 선지자의 취지와 상충되는 것으로 생각한다(29장을 보라).

아무리 자주 그리고 지독하게 노력했다 하더라도, 교회는 이스라엘을 떨쳐버릴 수 없다. 정확히 그 지독함 속에서 교회는 평화의 나라가 아직 도래하지 않았다는 유대교의 진리를 확인하였다. 만약 교회가 그리스도 안에서의 그의 성실에 대한 하나님의 결정적인 계시에 대한 이스라엘의 불순종으로 인하여 이스라엘을 지워버린다면, 바로 그 사실로 말미암아 교회 역시 자신을 지워버리게 된다: "하나님이 원 가지들도 아끼지 아니하셨은즉 너도 아끼지 아니하시리라"(롬 11:21). (교회 안에서도 역시) 주님의 성실성에도 불구하고 새로운 시대가 아직 불완전하고 이 불완전함이 계속되기 때문에, 성실과 불성실의 변증법이 계속된다. 하나님이 그의 성전을 버리시는 에스겔의 환상(겔 9장)도 역시 교회를 위협한다(벧전 4:17). 하나님의 성실이 언젠가는 이스라엘의 불성실을 극복하실 것이라는 사실을 기대할 수 없다면, 교회는 자신을 위하여 동일한 것을 기대할 수 있는 아무런 근거도 갖고 있지 않게 된다.

교회는 이스라엘을 위하여(for) (그 백성과 메시야가 서로를 발견하게 될 것이라는 사실)과, 따라서 또한 이스라엘 안에서(in) (이 백성의 길 안에서 하나님의 계약의 표징들이 언제나 새롭게 있으며 가시적으로 될 것이라는 사실을) 계속해서 믿는다. 이스라엘이 교회 안에서 해소되고 그것의 정체성을 잃어버리게 될 것이라는 사실을 기대하지 않으며, 우리는 교회 안에서 이것이 그것의 중심적인 역할을 성취하게 될 것을 기대한다. 이것은 우리가 지금 구원의 시대에, 하나님의 성실성과 약속들의 특별한 태도, 즉 갈라진 땅과 갈라진 심판과 은혜의 길과, 그렇게 해서 미래를 위한 갈라진 약속들을 지니고 있는 갈라진 사람들의 형태로서 살고 있다는 사실을 담고 있다(롬 9:1-5; 11:28f.). 이러한 갈라짐은 이스라엘에게는 거만한 고립주의로의 유혹이, 교회에 대해서는 교회의 보편성의 한계를 이것이 교회에 보여주기 때문에 불쾌한 것이 될 수 있다. 그러나 양자에게 있어서 이것은 구원의 현 시대가 단순히 일시적인 것이라는 사실을 상기시켜 주는 것으로서, 우리가 메시야 예수의 토대 위에서 서로를 인정하고 결속할 때, 미래를 기대할 수 있게 해 주는데, 이스라엘에서 나온 그리스도인들은 오랜 세월을 통하여 그 미래의 표징과 보증이었다(로마서 11:1f.).

교회는 이 미래를 강요할 수 없다. 교회는 이스라엘을 개종시키려 하거나 어떤 다른 방식으로 그것을 없애려 함으로써 그것을 헛되이 시도하였다. 그러나 교회가 이 불가사의하게 가로막힌 구원의 시대에 단순히 구경꾼의 역할만을 수행하는 것은 하나님의 의도가 아니다. 바울은 제3의 가능성을 지적하였다: 이스라엘의 불순종이 세계에 구원을 가져왔던 것처럼, 교회는 자기의 순종을 통하여 이스라엘의 질투를 불러일으킴으로써(롬 11:11,14) 이스라엘에 구원을 가져와야 한다. 즉 교회는 자신의 성실한 순종과 열매들을 통하여, 그리스도와 성령 안에서 근본적으로 해방을 가져오고 갱신을 가져오는 능력들이, 완성의 예기(豫期)로서 하나님께로부터 세상으로 부어졌다는 사실을 이스라엘에게 확신시켜야 한다. 이러한 확신을 주는 일이 대규모로 일어나지 않는 한, 이것은 교회가 여전히 실패하였으며 자신에게 부어지신 성령을 거스렸음을 암시하는 것이다. 만일 그런 사실에도 불구하고 우리가 절망하지 않는다면, 이것은 단순히 우리가 그리스도의 성실성과 그의 성령의 능력을 알고 있기 때문일 것이다.

유대교와 기독교 신앙의 차이점에 대해서는 역시 4장과 그곳에서 언급된 문헌을 참고하라. 그 차이점이 현대의 유대교의 측면에서는 어떻게 보여지는지를 설명하기 위하여, 여기에 몇가지 인용절들이 소개된다. 로젠츠바이크(F. Rosenzweig)는 기독교로 개종한 로젠슈톡(E. Rosenstock)에게 이렇게 쓰고 있다. " … 우리는 당신에게 당신의 '아직-아니'의 충실한 암시자이며 기념비입니다; 왜냐하면 승리한 교회(ecclesia triumphans) 안에서 삶을 영위하고 있는 당신이 빵과 포도주 속에서 하나님을 즐거워하였다고 생각할 때, '주인이시여, 참으로 종말을 기억하시오'(헤로도투스의 이야기에서 인유(引喩); briefe, 1935, p. 690)라고 당신의 모든 것을 향하여 외치는 침묵의 종(從)을 필요로 하기 때문입니다."

부버(M. Buber)는 1933년에 슈미트(K. L. Schmidt)와 나눈 유명한 토론에서 이렇게 말했다. "우리는 … 세계사가 아직 그 진정한 토대로 내려오지 않았고, 세계가 아직 구원받지 못했다는 사실을 알고 있습니다. 우리는 세계의 구원받지 못한 상태를 느낍니다 … 우리에게는 세계의 구원이 창조의 완성과 … 실현된 하나님의 나라와 확고하게 하나입니다. 우리는 세계의 최종적이고 완전한 구원이 그것의 일부분 속에서, 가령 지금 이미 구원받은 영혼 속에서 기대될 수 있을 것이라는 착상을 품을 수 없습니다 … 우리는 역사의 단절에 주목하지 않습니다. 우리는 역사에서 중간을 알지 못하며, 단지 목표, 즉 도상에서 중단하지 않는 하나님의 길의 목표만을 알고 있습니다"(H.-J.Schoeps, *Israel und Christenheit*, 1961, pp. 174f.).

그리고 그의 강연 "유대교의 영혼의 다섯 가지 논점"에서 아주 분명하게 말하였다. "유대교와 기독교 사이의 최종적이고 유일한 차이는 여기, 즉 자신을 '육신'에게 계시하시고 상호관계 속에서 인간을 만나시는 하나님이 성육신하지 않으셨으며, 완성을 향해 가는 인류의 역사가 계속적인 위기의 상태 가운데 있다는 사실에 놓여 있다"(*Kampf um Israël*, 1933, p. 65). 벤-코린(S. Ben-Chorin)은 같은 사실을 다음과 같이 표명하였다. "유대인은 세계가 구원받지 않았다는 사실을 깊이 알고 있으며, 이런 구원받지 않은 상태 내에서는 구원의 영토를 분간하거나 인정하지 않는다. 구원받지 않은 세계 속에 있는 구원받은 영혼의 개념은 그에게 낯설고, 전적으로 이질적이며, 그 자신의 존재의 궁극적인 토대로부터 상상할 수 없는 것이다. 여기에 이스라엘이 예수를 거절한 사실의 핵심이 있다"(*Die Antwort des Jona*, 1956, p. 99).

이 진술들은 비록 오해, 예를 들어 마지막 인용문에 나오는 구원받은 영혼에 대한 '경건한' 오해가 없지 않은 것은 아니지만, 문제의 핵심을 다루고 있다. 바로 이 사상가들이 분명히 하나님이 의도하신 세계 교회의 길을 깊이 숙고하였다는 사실을 그것이 변경하지는 않는다. 이 사실에 대한 가장 심오한 사상들은 F. Rosenzweig, *Der Stern der Erlösung*, 특히 III, iii(1921)에서 발견된다. 그렇다면 두 길의 수렴의 가능성이 존재하는가? 쇠프스(Schoeps)에게서 이러한 주목할 만한 언급이 나타난다. "이스라엘의 메시야 기대는 오고 있는 것, 즉 오신 분의 재림에 대한 교회의 종말론적인 기대를 향해 있다. 양자는 결정적인 사건이 여전히 와야 한다는 공통된 기대 속에서 — 이스라엘과 교회 안에서 인류와 함께 행하시는 하나님의 길(ways)의 목표로서 — 연합된다. 예수 그리스도의 교회는 교회의 주님과 구세주의 표상을 보존하지 않았다. 만약 예수가 내일 재림하신다면, 어떤 기독교인도 그를 얼굴로는 알아보지 못할 것이다. 시간의 종말에 오시고, 교회뿐만 아니라 회당의 기대(期待)이신 분은 아마도 동일한 얼굴을 갖고 계실 것이다"(*Paulus*, p. 274).

여기에서 우리는 또한 유대인의 편에서, 특별히 이스라엘 국가 안에서 예수에 대한 점증하는 관심을 생각할 수 있다. 기독교인들 사이에서 최근에 예수의 "일시적인 성격"에 대한 강한 인식이, 특별히 위르겐 몰트만(J. Moltmann)의 「희망의 신학」(*Theology of Hope*)(E.T. 1967)과 이 책이 미친 엄청난 영향력을 통하여 일어나고 있다. 특별히 이미 도래한 구원의 새로운 시대에서 살고 있는 바울 다음으로, 성취뿐만 아니라 정확히 새로운 시대의 끝나지 않은 상태를 그만큼 더 강조하고, 예수를 아직 구원에 이르는 도상에 있는 한 백성의 선구자로서 보고 있는 히브리서의 메시지에 우리는 더욱 귀를 기울이기 시작하였다(12:1-3). 이렇게 해서 주목할 만한 수렴이 존재한다. 그러나 예수의 인격과 사역 속에서 하나님께서 화해와 직접적인 표징으로서 최종적인 말씀을 하였는가에 대한 질문이 이 둘을 갈라 놓는다.

유대교 측에서는 이 분리가 순차적으로, 구약을 읽는 다른 방식으로 돌아가게 하며, 그 결과로서 예수는 완전히 다른 전망 속에 존재하게 되고 바울은 유대교의 전통 바깥에 서 있는 것으로 간주된다. 회당은 선지자들로부터의 (덜 의식적인) 한 가지 독법에 의해 수반되는 토라로부터 세 가지 독법을 갖고 있다. 이 둘 사이에는 역전될 수 없는 관계가 존재한다. 아무리 배교가 크다 하더라도, 인간은 율법을 지킬 수 있다. 이것이 바로 탈무드가 구약에서의 이스라엘의 길의 역사를 읽는 관점이다. 창조의 선함이 크게 강조된다. 창세기 3장은 역전시킬 수 있는 사건을 묘사한다. 족장들의 약점이 변명되고; 후대의 이스라엘이 그것으로부터 혜택을 보고 있는 바, 그들의 장점이 중요시된다. 백성들은 실제로 광야에서, 예를 들어 금송아지로 죄를 지었지만, 모세는 그들이 전혀 알지 못했던 애굽에서 살게 한 것이 자신이기 때문에 백성들의 잘못이 자신의 잘못이었다고 즉시로 하나님께 간청할 수 있었다(출 32:11의 주석).

더 많은 보기들이 추가될 수 있을 것이다. R. Mayer, *Der Babylonische Talmud*(1963)의 *Zoals er gezegd is over* … 시리즈에서 발견되는 랍비식의 해설을 보라; 또한 K. H. Miskotte, *Het wezen der Joodsche religie*(1932), VIII; L. Baeck, *The Essence of Judaism*(E.T. 1961), II; H.-J. Schoeps, *Jüdische Geisteswelt*(n.d.), 여러 곳에서, 특별히 II와 III을 보라. 유대교에서는 계속되는 전승이 구약의 고정된 정경보다 더 큰 중요성을 갖고 있다는 사실을 역시 명심해야 할 것이다. 따라서 구약의 해석학에 대하여 시급하게 요구되는 논의는 성경과 전승의 관계의 문제로 말미암아 복잡하게 얽히게 된다. 해석학적인 차이에 대해서는 또한 H. W. Wolff, "Zur Hermeneutik des AT," in *Probleme a.t.-licher Hermeneutik*(1960), 특히 pp. 150-153을 보라.

신약에서, 바울은 하나님의 백성 안에서 나타나는 분리의 문제와 더불어 씨름하였던 거의 유일한 사람이었다(다른 저자들은 아직은 혹은 더 이상 그것에 대해서 생각하지 않았다는 인상을 받게 된다). 실제로 구약과 그리스도의 통일성의 관점에서 그것에 대하여 언급될 수 있는 필수적인 모든 것은 로마서 9—11장에서 발견된다. 오랜 세월동안 단지 개인들과 분파적인 집단들만이 바울의 메시지의 이 부분에 진지하게 관심을 갖고 있었다. 공적인 교회와 신학은 이것을 격리된 강화(講話)로서 보았으며, 예정 교리에 중요한 것처럼 보였던 로마서 9장의 이 부분에 주로 (잘못된 방식으로) 관심을 갖고 있었다. 로마서 9—11장의 해석학과 주석에 대해서는 H. Berkhof, *Christ the Meaning of History*(E.T. 1966), pp. 141-146을 보라.

오직 1933년 후에야 비로소 교회내의 보다 큰 집단들은, 이스라엘이 약속과 훈계와 영적인 싸움과 징계와 도전으로서 우리에게 말해야 했던 외관상 근절할 수 없는 현상이 무엇인지를 자문하기 시작하였다. 이것에 대한 성찰은 반 유대주의와 친 유대주의, 반(反)- 혹은 친(親)-시온주의적인 정서에 의하여 흐려졌거나 종종 흐려진다. 하나님께서 이 차단된 구원의 시대에 이스라엘과 더불어 여전히 계속되는 명료한 길을 가신다는 승인된 사실은, 시간과 공간을 유지하시는 하나님께서 역사와 세계의 백성들과 더불어서도 역시 매우 구체적인 관계, 즉 초기의 경건주의적이고 자유주의적이거나 오늘날의 실존주의적이고 혁명적이고-윤리적인 신학에서는 그 자리를 찾을 수 없는 관계를 유지하고 계신다는 믿음을 함의하고 있는 것이 분명하다.

지난 몇 년 동안 기독교 신앙 안에서의 이스라엘의 위치에 대한 논란은 (이스라엘이 그 자체의 구원의 미래를 가지고 있다는 관념이 보다 많이 인정을 받고 있기 때문에) 하나님과 이스라엘의 관계 속에서 그 자체의 땅의 약속이 계속해서 적절한 것인가에 관한 문제에 집중되고 있다. 이 문제와 그것의 신학적인 전제들과 결과들에 대해서는 유대인과 기독교인들의 논문집인 *Jüdisches Volk-gelobtes Land*(1970)을 보라.

성자(聖子)이신 예수

31. 역사적 예수의 탐구

앞 장에서 우리는 이스라엘의 메시야이신 예수의 길에 이르는 한 가지 접근 방법을 소개하였다. 우리는 이것을 뒤로부터의 접근방법이라고 부를 수도 있을 것이다: 우리는 그를 구속사의 흐름 속에서 보는데, 그가 어떻게 구약 성경의 문제로부터 비롯되었느냐 하는 것이 그것에 답변을 제공하거나 혹은 답변이다. 그러나 이 접근 방법에서 그는 우리의 시야에 충분히 들어오지 못했다. 그는 정확히 그 길의 작은 부분보다 크신 분이기 때문에, 즉 하나님에 의해 이룩된 새로운 시작과 전환이시기 때문에 이스라엘의 길의 성취이시다. 따라서, 뒤로부터의 방법에 대하여 위로부터의 방법이 첨가되어야 한다. 환언하면, 말씀, 즉 그 안에서 "육신", 즉 역사적인 인생이 되신 하나님의 창조적이고 구원하시는 말씀으로부터 시작되는 접근 방법이 첨가되어야 한다. 그러나 말씀이 그 안에서 역사적으로, 즉 인간사(人間史) 내에서 비롯된 생명이 되셨기 때문에, 세번째의 접근 방법, 즉 우리가 모든 역사적인 탐구의 방법을 그의 출현에 적용하고, 그가 자료들의 주의깊은 연구의 빛 속에서 그리고 그 자신의 시대의 구조들 속에서 과연 어떤 분인지를 확인하게 되는 아래로부터의 접근 방법이 여전히 가능하고 필수적이다.

우리는 이 세번째 접근 방법을 보완적인 것으로 간주한다. 이 세 가지 모든 방법은 그리스도이신 예수 안에서 영원히 시간과 결합되는 방법과 관련된다. 우리는 여전히 네번째 접근 방법, 즉 앞으로부터의, 즉 오랜 세월을 통하여 그가 사람들의 마음 속에서 그리고 세계의 백성들 속에서 무슨 일을 하셨는가의 관점에서 비롯되는 접근 방법을 생각할 수 있을 것이다. 우리는 역시 이런 접근 방법이 없이도 지낼 수가 없다. 신앙의 연구에서 이것은 보통 다른 제목 즉 성령의 사역, 교회, 칭의 등으로 다루어진다. 우리 역시 이것을 다루게 되겠지만, 기독론과 후속되는 장들 사이에 분명한 변화를 가져오기를 원한다.

기독론에 관한 이 독립된 장에서 우리는 위로부터와 아래로부터의 접근 방법에 특별히 관여하게 될 것이다. 그렇게 함으로써 오랜 세월 동안 고전적인 교의학이 단순히 그 첫번째의 사실, 즉 인간 예수가 말씀, 즉 삼위일체의 "제2위격"으로서 생각된 "말씀"이 육신이 되신 산물로서 배타적으로 보여졌다는 사실만을 알고 있었다는 것을 주목할 수 있을 것이다. 어떤 반작용으로서 계몽주의 이래로 밑으로부터의 접근 방법이 강하게 강조되기 시작하였다. 교회의 사상은 이것을 종종 격렬하게 반대하였다. 그것은 당연히 그럴만도 한데, 그 이유는 이러한 가정된 "순수 역사적이고 학문적인" 접근방법은 예수가 하나님의 아들이 아니라, 단순히 특이한 재능과 영감을 부여받은 사람이었다는 사실을 증명하려는 소원에 의해 종종 유발되었기 때문이다.

그러나 이것은 그 자체로서 교회의 반대를 정당화시켜주지는 않는다. 만약 그리스도 안에서 말씀이 육신이 되셨다면, 이것은 역사적이고 비판적인 연구의 검증을 통과할 수 있을 것이다. 정확히 신앙의 견지에서 볼 때, 역사적인 연구는 자유롭게 이루어질 수 있어야 한다. 이러한 연구 안에 내재해 있는 방법론적인 한계를 고려할 때, 이것은 예수 그리스도의 신적인 비밀을 벗겨낼 수 없다. 그러나 만약 이 비밀이 그곳에 존재한다면, 연구는 조만간 이런저런 방식으로 그것에 미치게 될 것이다. 그렇게 해서 이것은 다른, 좀더 깊이 관철되는 접근 방법에 이르는 길을 준비할 수 있을 것이다.

이것을 이 길 위에 둠으로써, 우리는 아래로부터의 접근 방법이 먼저 나타나는 결과를 선택하게 된다. 오늘의 세계에서(계몽주의 이후로) 이것은 거의 다른 것이 될 수가 없었다. 우리는 역사적인 인물로서, 무엇보다도 우리 자신의 역사적인 인식을 가지고 예수에게 접근한다. 그러나 우리는 단순히 우리 자신의 문화적인 시대의 관점에서 이 결과를 필요로 하지는 않는다. 예수 자신의 시대의 사람들도 역시 그를 그들 자신의 세계와 경험에서 가져온 개념들로 해석함으로써 시작하였다. 그 해석의 결과로 그들 중 어떤 이들은 그를 정당하게 평가하기 위하여 다른 방식으로 해석해야 한다는 사실을 발견하였다.

이와 관련하여 친숙한 구절인 마가복음 8:27-30("사람들이 나를 누구라고 하더냐? … 그렇다면 너희는 나를 누구라고 하느냐?")을 보라. 여기에 마태는 "이를 네게 알게 한 이는 혈과 육이 아니라"(16:17)는 사실, 즉 예수의 인격의 본질은 알려진 범주들을 사용하여서는 파악되지 않는다는 사실을 덧붙였다.

신약에는 다수의 접근 방법이 존재한다. "뒤로부터의" 방법은 특별히 누가복음과 사도행전을 통하여 나타나고(cf. 또한 로마서 1:2-4): "밑으로부터의" 방법은 마가복음에서, 그러나 누가복음에서도 역시 주의깊은 역사적 연구에 대한 그의 호소에서(눅 1:1-4) 나타나며; "위로부터의" 기독론을 우리는 바울과 특별히 요한에게서(복음서의 서문과 여러 곳에서) 발견한다.

교회사에서는 이 마지막에 언급된 접근 방법(현저하지만, 약간의 예외가 있는)이 일방적으로 이어졌다. 이것은 예수를 특별한 역사적 상황에서 살았던 사람으로 최소화하고 말았다. "역사적 예수"에 대한 역사-비평적인 탐구는 그것에 대한 필수적이고 유익한 교정책이었다. 불행하게도, 맨 처음부터 이것은 이러한 탐구의 진보를 크게 방해하였던 모호성의 부담을 떠안고 있었다. 한편으로 목표는 순수하게 역사적이고 편견이 없는 것이어야 했고, 다른 한 편으로 이 비평적인 학자들의 다수는 의식적으로나 무의식적으로 결과를, 즉 예수가 단순히 사람들 중에 있는 사람일 것으로 판명될 것으로 미리 확신하고 있었다. 이 두번째 요소는 종종 첫번째 요소를 모호하게 만들었다: 자료들은 역사적인 신뢰성과 관련하여 의심과 의혹을 가지고 읽혀졌는데, 그러한 태도는 평행되는 상황에서 역사가들에 의해서는 적용되지 않는 것이었다. 이와는 반대로 물론 분명한 비평적인 사실들에 대하여 눈을 닫아버리는 다른 학자들도 존재한다.

이 연구는 다른 역사적인 연구들에서는 발견되지 않는 예민함을 특징으로 갖고 있으며, 그리스도에 대한 신약 성경의 선포가 사람들로 하여금 얼마나 많이 오늘날에도 역시 어떤 입장을 취하도록 강요하고 있는지를 보여준다. 이것은 결코 전적으로 회피될 수 없으며, 혹자가 그것을 알고 있다 하더라도, 탐구를 더욱 고무시킬 수도 있다. 그러나 대부분의 경우에 이 요소는 무시되었으며, 그 결과 역사적으로 "확정된 결과"로서 제시되었던 것의 상당수는 단순히 혹자 자신의 선택이나 성향의 산물에 불과하였거나 혹은 혹자 자신의 문화적인 상황과 관념들의 반영에 불과하였다. 아마 역사상의 어떤 인물도 학문적인 것을 가장하여 "사실들을 언급하도록" 그렇게 크게 강요받지는 않았을 것이다. 이것은 슈바이쳐(A. Schweitzer)가 그의 「역사적 예수의 탐구」(*The Quest of the Historical Jesus*[E.T. 1910])에서 이룩한 한 세기 이상의 연구와 관련하여 훌륭하게 증명되었다. 또한 E. Hirsch, *Geschichte der neueren evangelischen Theologie*(1949)와 J.A.B. Jongeneel, *Het redelijke geloof in Jezus Christus*(1971)를 보라. Cf. 이 전체 장의 방법론적인 서론을 위해서는: H. Berkhof, "Christologie en Christus-prediking in verband met de huidige beleving der werkelijkheid," in *Nederlands Theologisch Tijdschrift*, June 1967, pp. 370-386을 보라.

예수에 대한 탐구에 있어서 자의식과 편견(bias)은 사라지지 않았지만, 이것들은 사용되는 방법들의 보다 큰 일치와 그 방법들의 치밀함으로 인하여 거의 강력하지 않다. 동일한 기준에서 신앙의 연구는 이 역사적인 탐구를 그 자체의 작업 속에 통합해야 할 보다 큰 의무를 갖고 있다. 따라서 신앙은 봉사되어지고(cf. 눅 1:3), 신앙의 연구는 사실로서 사용되기보다 추상적인 개념들에 반하여 더 잘 보호된다. 이러한 통합의 복잡하고 인상적인 보기가 E. Schillebeeckx, *Jesus het verhaal van een levende*(1974)에 의하여 제시된다.

예수에 대한 역사적인 탐구는 한 편으로는 이러한 탐구를 위하여 일반적으로 용인된 규칙들과 더불어 작용하지만, 다른 한 편으로는 그 주제의 특이성에 의해 결정된다. 따라서 이 연구는 우리가 여기에서 그것의 성격과 가능한 해법을 간략하게 지시하게 될 네 가지 특정한 문제들과 마주치게 된다. 이것들은 (1) 자료들의 성격; (2) 자료들 배후의 전승; (3) 역사적 예수와 케리그마의 그리스도; (4) 부활이다.

1. 자료들의 성격. 예수에 대한 신뢰할 만한 정보를 위하여 우리는 통과해야 할 세 공관복음서만을 단순히 갖고 있는데, 그 이유는 요한은 일관성이 있는 역사적인 정보를 제공하는 데 훨씬 덜 관심을 갖고 있는 것이 분명하기 때문이다. 그러나 이것들 가운데 어떤 것도 소위 "객관적인 정보"를 제공하는 것을 의도하고 있지는 않다. 저자들은 편향되어 있으며, 그것을 알리고 있다. 복음서는 복음서 저자의 문헌이다. 그들의 공통된 관심사는 요한의 종말에 관한 진술이다: "오직 이것을 기록함은 너희로 예수께서 하나님의 아들 그리스도이심을 믿게 하려 함이요 또 너희로 믿고 그 이름을 힘입어 생명을 얻게 하려 함이니라"(20:31). 따라서 사복음서는 특정한 의도를 가진 문헌의 장르에 속한다. 이것으로부터 종종 추론되었고 또 추론되는 바는, 복음서들은 역사적인 자료들로서 신뢰할 수 없으며, 우리는 실제의 예수에 대하여 여전히 어두움 속에 있다는 사실이었다.

그러나 이것은 유효한 결론이 아니다. 그들의 역사적인 설화와 더불어, 복음서 기자들은 실제로 그리스도의 선포를 향상시키려고 노력하였다. 그러나 그들에게 있어서 선포는 두 가지 사실을 한 가지로 의미하였다: 다른 사람들에게 결정적이고 해방을 가져오는 사건에 관한 이야기를, 더욱이 받는 자들이 스스로 이것이 결정적이고 해방적인 것임을 발견할 수 있는 그런 방식으로 전달하는 것이었다. 우리가 케리그마의 "두번째 기둥"이라고 부를 수도 있을, 이 두번째 사실을 위하여, 요한을 포함한 복음서 기자들은 예수에 대한 이야기를 말할 때 상당한 자유와 다양성을 가지고 서술하였다.

그러나 "첫번째 기둥"을 위하여, 그들은 실제로 일어났던 사실을 매우 조심스럽게 전달하였다. 인간의 구원을 위하여 실제로 예수를 통하여 예수와 더불어 일어났던 사실이 놓여졌다. 구원은 이 사건들의 역사성에 의존한다. 이 구원을 위하여 이것들의 역사성이 다양한 방식으로 선포될 수 있고 또 선포되어야 했다. 듣는 자들에게 이 사건들의 관련성을 분명히 하려는 소원은 왜곡이나 혹은 역사적인 진리를 손상시키는 것이 될 수도 있었다. 그러나 예수에 대한 역사적인 전승을 가능한 한 정확하게 전달하려는 복음서 기자들의 소원은, 예수가 떠나신지 약 30—60년이 지나서 그들이 그것을 소유하게 되었을 때, 이 위험에 대한 강력한 균형을 형성하였다. 복음서들을 서로 비교함으로 우리는 우리의 역사 연구를 위협하는 왜곡과 손상의 위험들을 꽤 정확하게 추적하고 극복할 수 있다. 그러나 그 때에 우리는 복음서 기자들이 사용한 전승 자료가 몇십년 후에 얼마나 정확하였는지에 대한 문제에 여전히 봉착하게 된다. 이것은 우리를 두번째 문제에 이르게 한다.

실제로 복음서들 이외에 다른 자료는 존재하지 않는다. 서신들 속에 나타나는 부수적인 언급들은 새로운 정보를 제공하지 않는다. 이 주제에 관심이 없는 희랍의 작가들(플리니, 타키투스, 수에토니우스)이 기록한 짤막한 기록들은 전부가 간접적인 것이다. 플라비우스 요세푸스(Flavius Josephus)의 정보는 적어도 부분적으로 위조된 것이다(*Antiquities* XVIII.3.3). 탈무드에서 언급들은 역사적인 가치가 결여된 증오심으로 가득찬 표현들이다. 소위 외경의 예수의 말씀들은 불확실하거나 위조된 것이며, 기독교 외경 문헌에 나오는 예수의 이야기들은 역사적으로 언급할 만한 가치가 없다. 복음서들이 객관적인 전기 이외의 어떤 것을 목표로 삼고 있다는 통찰은 고전적이면서 여전히 적절한 논문인 M. Kähler, *The So-called Historical Jesus and the Historic, Biblical Christ*(1st ed. 1892; E.T. 1964)의 출현과 더불어 단순히 일반적으로 알려졌으며 또한 방법론적인 출발점이 되었다. 후대의 양식 비평을 예기(豫期)하면서, 캘러는 복음서들은 "교회의 토대를 세웠던 설교"(p. 128)를 기록한 문서로 (Urkunde) 의도되었고, 그 이면에서 "결과적으로 '편견이 없는' 비평가는 다양한 전승들의 단편들로 덮여 있는 광대한 들판을 대하게 된다"(p. 49)고 주장하였다. 이러한 통찰과 더불어 캘러는 19세기의 예수의 생애에 관한 문헌의 자유주의적인 작가들을 공격하는 것을 목표로 삼았다. 정통 루터교도로서 그는 부활의 배경에서 글을 썼던 복음서 기자들이 단편들의 수집을 통하여 예수의 생애를 정확하게 해석하였다고 확신하였다. 4반세기 후에, 불트만과 그의 학파는 캘러의 비판과 방법을 이어받았으나, 이제는 정반대의 회의적인 목적으로 그렇게 했다: 즉 공관복음 전승은 첫번째 기독교 공동체의 필요의 산물이자 고안물이었다는 것이다. 이와 관련하여는 다음 단락을 보라.

제2차 세계대전 이후에 소위 편집사(Redaktionsgeschichte)의 분야가 등장하였는데, 이것은 특별히 60년대에 독일에서 번성하였다. 본문의 자세하고 세밀한 연구의 토대 위에서 공관복음 사이의 차이점들을 저자들의 상이한 환경과 목적과 태도에서 파생한 것으로 설명하려는 시도가 이루어졌다: 마가는 일종의 임박한 기대의 분위기(Naherwartung) 속에서 예루살렘의 멸망 이전에 저술하였고; 누가는 복음이 희랍 세계를 통하여 성공적인 과정을 걸어가고 있던 구속사의 새로운 단계에서, 예루살렘 멸망 이후에 저술하였으며; 마태는 교회가 회당과 랍비들의 반대에 맞서서 자신을 변호해야 했던 유대-기독교의 환경 속에서 좀더 후기에 기록하였다. 따라서 복음서들은 각자 전승으로부터 상이한 요소들을 인용하였는데, 그것은 성경의 훈련받은 독자뿐만 아니라 훈련받지 않은 독자도 피하지 않는 것이다.

화법과 해석에서의 이러한 차이에 대한 훌륭한 사례들은: 세례 요한의 묘사, 묵시적인 담화(마가는 예루살렘 멸망 이전, 다른 저자들은 이후), 폭풍을 잠잠케 하심(마태가 마가에게 가한 변형들), 혼인잔치의 비유(누가보다 마가에게서 나타나는 전혀 다른 강조점들), 부활 설화들이다. 이 분야에서는 복음서 저자들을 (그들의 의도와는 반대로) 자율적이고 창조적인 작가들로서 제시하는 위험처럼, 부질없는 논란의 위험이 실제로 크다. 편집적인 교정 이외에 냉정한 취급이 복음서 저자들이 공통적으로 갖고 있었던 것이나, 혹은 그들이 사용했던 상이한 전승들(Sondergut)을 좀더 훌륭하게 부각시키는 일이 될 것이다. 편집사의 개관을 위해서는 *RGG* II, *s.v. Formen und Gattungen im NT* (편집사를 주장하는 G. Bornkamm의 기고문)와 J. Rhode, *Die redaktionsgeschichtliche Methode*(1966)를 보라.

이와 관련된 별개의 질문은: 예수 이야기의 성서적인 고정에 이르게 한 것이 무엇이며, 정확히 왜 제1세기 후반인가 하는 것이다. 무언가를 기록할 필요성은 목격자들의 세대가 죽어서 사라지고 있을 때 일어난다는 사실은 상당히 일반적으로 효력있는 법칙이다. 이 경우에는 기독교 세력의 급속한 확산과 선교적인 설교의 필요성이 추가적인 자극을 제공하였다. 어쩌면 이것을 그의 지상 생애와 좀더 의식적으로 연결시킴으로써, 승천하신 주님의 선포를 가현적이고 영지주의적인 소실로부터 보호하는 것이 또한 필요하였을 것이다.

2. 이렇게 해서 우리는 복음서의 형성 이전에 있었던 전승의 과정에 이르게 된다. 제1차 세계대전 이후에, 양식 비평 방법에 의하여, 학자들은 이전보다 이 과정을 더 깊이 간파할 수 있었다. 우리는 이제 다소간 응집력이 있는 수난 설화 이외에, 작은 단위의 말씀 자료들과 논쟁들, 기적 사화들, 등등이 존재하였으며, 이런 것들이 설교와 교육, 선교와 변증 등등을 위하여 사용되는 서론과 논증과 예증을 위한 공동체의 필요에 부합되었다고 추정한다. 그러나 (공관복음 속에 모여 있는) 이 작은 단위들이 어느 정도까지 예수 자신의 사역에 대한 신뢰할 만한 그림을 제공해주는지에 관한 문제와 관련해서는, 학자들이 주로 두 그룹으로 나누어진다.

좀더 보수적인 그룹과 좀더 회의적인 그룹이 존재한다. 이런 차이는 전승 과정의 상이한 모델로 거슬러 올라간다. 불트만 학파는 이것을 일차적으로 초대 기독교 공동체가 그것의 담지자였으며 또한 스스로를 유지하고 확산시킬 필요에 의하여 통제되었던 집단적이고 무의식적이며 창조적인 과정으로 간주한다. 이런 방식으로 모든 종류의 모순과 복잡한 내용과 전설적인 부가물과 같은 것들이 쉽게 설명될 수 있다. 그러나 이 모델은 네 가지 사실을 고려하지 못하거나, 단순히 불충분하게만 고려하고 있다: 전승의 역사성을 지닌 공동체에 대한 위에서 언급한 절대적인 중요성, 전승의 형성을 교정할 수 있었던 목격자들이 여러 해 동안 여전히 존재하고 있었다는 사실, 같은 기간 동안에 유대인 사본 필경자들이 지대한 관심을 가지고 그들의 구전 전승들을 보존하려고 노력하였다는 사실, 그리고 특별히 전승을 온전하게 전수하려는 사도들의 관심에 대해서 우리가 바울에게서 얻는 표상.

이러한 이유들로 인하여 불트만 학파의 편에 있지 않은 대부분의 학자들은 다른 모델을 지향한다; 그들은 전승을 개별자에 의해서 수행되고 사도들에 의해서 인도된 의식적인 재생산의 과정으로 더 중요하게 고려한다. 이 개념은 신약 성경이 이 과정에 대하여 이곳 저곳에서 제공하고 있는 정보와 더 크게 일치한다. 그러나 첫번째 모델의 가장 강력한 논점이 여기에서는 가장 약한 논점이다: 이 방향을 따라가면, 매우 중요한 진술들과 이야기들, 예를 들어 주의 만찬의 제정이나 부활 후의 나타나심에 관한 기사들의 특정한 변화들에 대한 만족스런 설명을 발견하기가 어렵다. 현실은 두 모델이 제안하는 것보다 더 복잡한 것임에 분명하다.

그러나 내 견해로는 두 모델 중에서 두번째 모델이 가장 유력한 위치에 있다. 더욱이, 첫번째 모델의 진리는 (좀더 복잡한) 두번째 모델로 통합될 수 있지만, 그 반대로는 생각하기가 어렵다: 의식적으로 인도된 과정은 무의식적인 사회학적인 요인들에 의해 수반되지만, 이 요인들이 필연적으로 과정 그 자체를 변경하거나 멈출 정도는 아니다; 그러나 그 과정의 성격을 변화시키지 않은 채 무의식적인 과정에 관여하고 있는 권위를 지닌 개별적인 담지자들을 생각하는 것은 불가능하다. 사실상 예수가 떠나가신 직후에, 마치 회상(回想)이 결여되어 있는 것처럼, 말씀과 이야기들을 산출하기 시작했던 공동체의 표상은 인간적이고 역사적으로 있을 수 있는 것과는 모순된다.

이것과 더불어 전승 과정이 어떤 깊이의 상실, 즉 윤색뿐만 아니라 상당한 모호함에 이르렀던 것으로 언급되며, 일반적으로 가변적인 영향력을 발휘하였던 것으로는 언급되지 않는다. 이런 일이 일어났던 것으로 볼 수도 있다. (이에 대한 가장 중요한 이유는 여기에서는 다루어질 수 없으며, 다음 지점에서 다루어지게 될 것이다.) 그러나 이것이 결코 연구의 출발점을 결정할 수는 없다. 증거 책임은 전승의 일부의 역사성을 인정하는 사람이 아니라, 그것을 부인하는 사람들에게 있다. 이것은 그 사건으로부터 단지 수십년 떨어져 있는 전승의 역사적인 연구를 위한 일반적인 규칙이다.

제1차 세계 대전 이전에는 일반적으로 네 가지 자료가 세 공관복음 배후에 놓여 있는 것으로 간주되었다: 원(原)마가와, 로기아(말씀)-자료, 그리고 마태나 누가의 고유 자료. 신약의 양식-비평 연구는 이 자료들이 모두 이전에 구전으로 전수되었던 작은 단위의 수집물들이라는 사실을 발견하였다. 이 접근 방법의 주요 저서는 R. Bultmann, *The History of the Synoptic Tradition*(1921; E.T. 1963)이 되었는데, 이 책은 "주어진 공동체의, 심지어는 원시 기독교 공동체까지도 포함하는 공동체의, 삶이 실현되었던 문헌이 상당히 명확한 상황에서 나왔으며 상당히 명확한 문체와 상당히 특정한 형태와 범주들로 성장하는 삶을 필요로 한다는 판단 위에 양식 비평의 적절한 이해가 의존하고 있다"(p. 4)는 가정에 근거해 있다. 이 출발점은 최초의 신약 저자인 바울이 파라도시스(*paradosis*)가 보존되고 전수된 방식에 대해서 우리에게 말하고 있는 것을 고려하지 않고 있다. 고린도전서 11:23-25; 15:1-8; 갈라디아서 1:18-2:10; cf. 로마서 6:17; 고린도전서 11:1f.; 빌립보서 4:9; 데살로니가전서 2:13; 4:1f.; 데살로니가후서 2:15; 3:6을 보라. 또한 누가복음 1:1-4와 요한일서 1:1-4를 보라. 이러한 전승의 패턴은 또한 파피아스(Papias)로부터 이레나이우스(Irenaeus)에 이르기까지 이어졌고 정경의 형성에까지 이르렀던 기간에도 역시 관찰될 수 있다. 따라서 불트만 학파 외부에서의 연구는 주로 두번째 모델을 지향하는 것이었다. 불트만의 위에서 언급된 책의 (일방적인) 방법론적 상대는 B. Gerhardsson, *Memory and Manuscript*(1961)이었다.

3. 한편, 예수에 대한 연구는 세번째의 독특하고 흥미를 불러일으키는 성격을 지닌 문제와 여전히 마주치게 되었다. 이것은 신약 성경이 그리스도에 대한 이중적인 표상을 제공하고 있다는 사실에서 발견된다. 이상한 사실은 다른 책들은 복음서에서 언급되는 것처럼 예수의 생애의 자초지종에 대하여 거의 아무런 지식도 보여주지 않거나 관심을 보여주지 않는다는 사실이다. 서신들과 요한계시록에서 예수의 생애는 그의 죽음과 승귀에 대한 서론으로서 상당히 단축된 전망으로서만 나타난다. 저자들은 아주 처음부터 하나님께서 그의 권위를 위탁하신 지금 승귀하신 주님으로, 즉 이제 하나님의 면전에서 그의 백성들을 위하여 중보하시며 성령 안에서 그들과

함께 계시며, 그의 적극적인 현존이 교회의 설립과 교회의 땅끝으로의 퍼져나감 속에서 분명히 나타나시는 분으로 예수를 보았다. 창조의 목적으로서, 이 주님께서는 이미 그것의 창설 이전에 하나님과 함께 계시다가, 우리를 구원하시기 위하여 하늘에서 내려오셨고, 그의 사역을 완성하신 이후에 하나님께로 돌아가셨으며, 곧 다시 오실 것이며, 그 다음에 승리자로서 명백하고도 완전하게 가시적으로 계시되실 것이다.

그리스도의 이 전혀 다른 표상에 대한 직접적인 설명은 인간 예수가 준 인상이 외관상 너무나 압도적이어서 마침내 그가 신화론적인 존재로 고양되었던 것처럼 보일 수도 있을 것이다. 그러나 그리스도의 "신격화된" 표상에서 나오는 것은 정확히 가장 초기의 저작들이다. 더욱이, 이것들은 같은 정신을 호흡하고 있는 공동체에서 나온 한층 초기의 신앙고백적인 진술들을 가리킨다. 한편으로, 복음서에 나오는 역사적 예수의 표상은 전체적으로, 몇십년 후가 되어서야 비로소 글로 기록되었다. 이것은, 우리가 두번째 문제에서 주목하였던 것처럼, 아주 초기로 거슬러 올라가는 전승의 과정에 의존하고 있지만, 아무리 잠깐이라 하더라도, 이것이 승귀하신 그리스도의 이미지 없이 기능하고 있었던 때를 지적할 수는 없다. 이에 반하여, 지상적인 예수의 표상은 단순히 높아지신 그리스도에 대한 선포와 나란히 혹은 그 선포 속에 있는 모습에 불과하다.

언제나 두번째 표상에서 출발하여, 신화론적이거나, 영지주의적이거나 혹은 철학적-종교적인 체계의 중심으로서 "제의의 영웅" 주위에 모여들었던 초기 공동체(물론, 유대인 공동체에서는 이것을 기대할 수 없었기 때문에, 헬라적인 공동체)를 그들의 주목의 중심으로 받아들였던 학자들이 얼마간 있었다는 사실은 놀라운 일이 아니다; 이 때에 지상적인 예수는 이 제의의 불명료한 역사적인 원인에 불과하다. 그러나 이 개념은 일반적으로 진자(振子)가 곧 되돌아온다고 하는 복음의 역사적이고 팔레스타인적인 차원을 너무나 가볍게 평가하고 있다. 그러나 신약 성경이 스스로 하고 있는 설명, 즉 두 가지 단계를 나누고 그것들을 하나의 역사적이고 초월적인 발전으로 결합하는 예수의 부활을 거절한다면, 진자 운동은 멈추지 않을 것이다. 그러므로 부활의 신뢰성에 대한 문제는 우리의 네번째이자 최종적인 문제가 될 것이다.

두 가지 표상은 — 그것에 대한 설명과는 별개로 — 그들의 신실성과 접하여, 전승기록자들이 보여주었던 자유에 비추어진 빛으로 인하여 중요하다. 중요한 부분에 대해서 이 자유는 그들이 염두에 두고 있었던 수신자들과 연관되어 있었다. 그러나 이것은 특별히 나사렛 예수가 여전히 살아계시며 승귀하신 그리스도로서 계속해서 일하신다는 믿음과 관계가 있었다. 공동체가 선포 속에서 자신의 믿음으로부터 이제 얻게 된 예수에 대한 경험적인 지식은 그의 지상 생애에 대한 회상을 채색하고 풍부하게 하였다. 필요하거나 혹은 바람직한 곳에서, 전승은 그리스도의 영이 공동체에 알려준 사실들을 지상 예수의 입에 넣을 수 있었다. 그러나 두 이미지와 단계들을 합류하는 것은 그것들을 완벽하게 유지하는 것으로 적용되지는 않는다. 대부분 역사적인 연구는 이러한 뒤를 향한 투사를 규명할 수 있다. 신앙에 대해서는 이것이 별로 유익이 없지만, 역사가에게 있어서는 구분선이 가능한 한 분명하고 정확해야 하는 것이 필수적이다.

이미지들의 이러한 혼합은 누가에게서 최소한으로 요한에게서 최대한으로 일어난다. 후자는 이것이 부활을 통하여 드러났을 때, 그것의 감추어진 영광 (*doxa*)을 포함하여, 지상 생애를 의식적으로 설명해 주었다. 요한의 표상은 최소한 역사적이고 최대한 실재적이다.

바울에게 있어서 이 두 이미지의 관계는 명확하게 말하기가 쉽지 않다. 불트만은 (고린도후서 5:16에 호소하면서) 바울이 첫번째 표상에는 아무런 관심도 없었다고 잘못 가정하였다. 개관과 보다 균형잡힌 고찰을 위하여 B. Lategan, *Die aardse Jesus in die prediking van Paulus*(1967)을 보라.

"두번째" 이미지에 근거를 두고 있는 최초의 고백들은 다음 구절들에서 관철된다: 로마서 1:3f.; 10:9; 고린도전서 8:6; 12:3; 15:3ff.; 빌립보서 2:6-11; 디모데전서 3:16.

공관복음의 역사적 설화에 대한 두번째 표상의 영향은 다양하게 평가된다:

불트만과 콘첼만 같은 과격주의자들(maximalists)과 쿨만과 예레미야스와 같은 최소강령주의자들(minimalists)이 있다. 일반적으로 이러한 영향이, 지금은 예를 들어, 수난 고지(告知)들과 산 위에서의 변모(變貌) 기사에서 인식될 수 있는 것으로 가정된다. 그것의 전체적인 영향은 우리가 가진 방편으로서는 결정될 수 없다. 불트만 학파에서는 기사에 대한 이러한 영향이 *Gemeindetheologie*(공동체 신학)으로 — 그런데 이것은 자율적이고 지적인 활동을 암시하기 때문에 부적절한 용어이다 — 불린다. 이 문제는 G. Bornkamm, *Jesus of Nazareth*(E. T. 1960), ch. I에서 탁월하게 표명되어 있다.

우리는 승귀하신 그리스도의 선포와 역사적인 예수에 대한 기사가 초대 교회의 설교적 교훈과 선교 활동 안에서 어떻게 결합되었는지 알지 못한다. 재미있는 가설이 T. Boman, *Die Jesus-überlieferung im Lichte der neueren Volkskunde*(1967)에서 제시되었는데, 그는 사도들이 선포에 책임을 갖고 있었고, 그들이 역사적인 설화를 누가복음 1:2와 사도행전 13:5에서 함의된 것으로 추정되는 소위 휘페레타이 투 로구(말씀의 종들)에게 맡겼다고 제안하였다.

탐구의 역사는 (대부분의 시간 동안) 첫번째 표상으로부터 두번째 표상을 설명하려고 노력하였거나, 혹은 그렇지 않으면 첫번째 이미지를 주변적인 것으로 혹은 심지어 두번째를 역사화하는 투사(投射)로 간주하는 진자 운동을 보여준다. 우리는 19세기 전반에 파울루스(H.E.G. Paulus)와 슈트라우스(D.F.Strauss) 사이에 나타난 대조 속에서 이 두 가지 견해를 이미 발견하게 된다. A. Schweitzer, *The Quest of the Historical Jesus*, chs. 5, 7-9를 보라. 슈트라우스와 같이, 화란에서는, G. A. van den Bergh van Eysinga(ca. 1930)가 헤겔의 영향을 받아, 근본적으로 두번째 표상으로부터 첫번째 표상을 끌어 내었다. 그와 그의 학파에 대해서는 G. Hartdorff, *Historie of historisering?* (1950)을 보라. 이 진자 운동에서 역사적인 연구와 체계적인 반성은 계속해서 서로 영향을 미치고 있다. 이것은 R. Slenczka, *Geschichtlichkeit und Personsein Jesu Christi*(1967)에서 분명히 나타난다. 현세기에 와서, 부분적으로 하이데거에게서 철학적으로 영감을 얻었던 불트만은, 다시금 두번째 이미지를 출발점으로 삼았으며, 그 이후에 신(新)불트만 학파에서는 그 중심이 다시 케리그마의 그리스도로부터 역사적 예수로 옮겨졌다.

언급된 세 가지 문제의 영역들과, 여기에 주어진 답변들 사이에 연계성이 있는 것은 분명하다. 대체로 말하자면 두 가지 그룹이 있다: 불트만과 그의 추종자들은 복음서를 케리그마의 그리스도에 대한 신앙의 증언으로, 즉 기독교 공동체에 의한 반성의 과정의 산물로 해석한다; 많은 다른 사람들은 공동체의 신앙의 역사적인 차원에 대한 훨씬 더 강한 인식을 최초의 공동체의 탓으로 돌린다. 본 책의 저자가 두번째 그룹과 입장을 함께하는 것은 분명하며, 그것을 통하여 역사적인 고찰과 종교적인 신념은 보조를 맞추게 된다 — 이것은 이 분야의 대부분의 연구자들에게 적용되는 것이다.

이 두 가지 다소간 상반되는, 한 가지는 좀더 최소강령주의적이고 회의적이며, 다른 한 가지는 좀더 과격주의적이고 보수적인(다수의 중간적인 다양성이 있는) 학문적인 전통이 있지만, 놀라운 사실은 역사적인 예수의 말과 행동과 관련하여(양식 비평 이후로 일관성이 있는 전기의 가능성에 대해서는 아무도 더 이상 생각하지 않는다) 결과로서 나타나는 차이점들이 반대되는 출발점에 근거하여 사람들이 기대할 수 있는 것보다 훨씬 더 작다는 것이다. 넓은 흐름 속에서는, 다음과 같은 통찰들이 공통된 결과로서 고려될 수 있다.

예수는 랍비, 기적 운동가, 선지자, 현자였는데, 그가 이 모든 것 이상이었고 어떤 활용할 수 있는 범주에도 적용되지 않았기 때문에 이 모든 것들이 결합되었다. 그는 스스로 요한에게 세례를 받았다. 요한처럼 그는 하나님 나라의 임박한 도래를 선포하였고 사람들을 그곳으로 초대하였다. 그러나 요한과는 달리, 그는 그곳으로 들어올 권리를 단념했던 사람들에게 그들이 하나님에 의해서 용납되었다는 좋은 소식을 선포하도록 자신이 하나님에 의해 부름받았음을 알고 있었다. 그러므로 그의 선포와 치유 기적들 속에서 그는 특별히 병든 자들, 죄인들, 귀신들린 자들, 아이들, 가난한 자들, 이방인들, 일반적인 종교적 기준들에 따라서는 그 나라를 상속받을 수 없었던 사람들에게로 직접 다가갔다. 그는 은혜와 사랑에 의해 결정되고, 공로와 보상 혹은 그 자체로서의 어떤 계명들을 준수하는 것에 근거하지 않는 하나님과 함께 하는 삶으로 그들을 초청하였다.

따라서 그의 계명은 동시에 방탕하고(안식일 법에 대한 그의 태도를 보라) 급진적인 것(대적들에 대한 그의 사랑을 보라)이었다. 그 안에서 믿음으로 하나님의 용서를 받아들인 사람은 누구든지 어린 아이처럼 아버지로서 하나님과 다시 교제할 수 있고, 그 새로운 관계 속에서 국가와 법과 소유와 직업과 가족의 권력으로부터 커다란 내적인 자유를 찾을 수가 있었다. 이것을 통하여 예수는 그의 은혜 주심 안에서 하나님의 나라가 스스로 이미 잠정적인 형태로 현존하고 있음을 확신하였다. 이러한 확신은 그가 매우 친밀하게, "아버지"라고 불렀던 하나님과의 가장 친숙한 관계에 근거한 것이었으며, 이것은 전대미문의 "권세"로써 하시는 말씀, 즉 이전의 권위에 호소함 없이 하나님의 뜻을 선포하는 것 속에서 나타났다. 기존 질서의 근본적인 상대화와 연결된 이러한 전대미문의 요구와 이 질서에서 소외된 그룹들에 대한 그의 편애(偏愛)는 유대 종교 지도자들 및 로마 당국과의 커다란 긴장에 이르지 않을 수가 없었다. 예수가 결정적인 행동을 위하여 예루살렘에 올라가게 되었을 때, 그들은 함께 결탁하여 예수가 불경스런 주장들과 정치적으로 위험한 행동들을 했다는 이유로 그를 처형하였다.

두 가지 핵심적인 문제들에 대하여 커다란 견해차가 존재한다. 첫번째 문제는 예수의 자의식에 관한 것이다. 그는 자신과 하나님의 독특한 관계를 표현하기 위하여 자신에게 (하나님의) 아들, 메시야, 주의 종, 인자와 같은 특별한 명칭을 부여하였는가? 그렇지 않으면 공동체가 나중에 이러한 명칭들을 그의 입과 그의 당대인들의 입 속에 넣어 두었는가? 난해한 역사적인 문제들이 여기에서 마주치게 된다. 그러나 이것들은 보이는 것보다는 덜 중요한데, 그 이유는 이 질문에 부정으로 답하는 사람들 역시 예수 안에 "함축적인 기독론"이 틀림없이 있었다는 사실을 의심하지 않기 때문이다: 예수는 자신과 하나님의 관계의 유일성을 전통적인 개념들로서는 단순히 표현할 수가 없었다.

두번째 논란이 되는 문제는 예수가 자기 자신의 고난과 죽음을 예견하고 그것을 그의 기대와 선포 속에서 구체화하였는가에 관한 문제이다. 그렇지 않으면 공동체가 단순히 나중에, 그의 부활의 빛 속에서 그의 죽음에 구속의 의미를 부여하였는가? 우리의 판단으로는, 첫번째 견해를 희생하고 두번째 견해를 주장하는 사람들은 앞의 논점보다 훨씬 적은 지지를 받고 있다. 여기에서 결정적인 것은 이것이 우선 공동체였는가 아니면 예수가 이미 그의 운명을 구약 성경의 빛 속에서 이해하고 있었는가 하는 문제이다. 첫번째 경우에는 최후의 만찬의 역사성을 최소화해야 하거나 부정해야 한다 — 이것에 대하여 많은 것이 언급될 수 있다. 그 경우에 예수와 그의 최초의 공동체 사이의 연속성은 매우 가느다란 실 위에 매달리게 된다. 가장 그럴듯한 견해는 공동체가 이미 예수의 선포 속에서 발견하였던 신념들에 계속하여 해석학적으로 의존하였다는 것이다.

다른 착상들 사이의 유사성에 대해서는 예를 들어, R. Bultmann, *Jesus*(1926); W. Manson, *Jesus the Messiah*(1943); Bornkamm, *Jesus of Nazareth*; E. Schweizer, *Jesus Christ*(1968); 그리고 H. Conzelmann, in *RGG* III, *s.v. Jesus Christus*를 비교하라. 화란 문헌에 대해서는 A.F.J.Klijn, *Wat weten wij van Jezus van Nazareth?*(1962)와 M. de Jonge, *Jesus: Inspiring and Disturbing Presence*(E.T. 1974)를 보라.「공관복음 전승사」(*The History of the Synoptic Tradition*)가 나온지 5년 후에, 불트만은 예수에 대한 작은 책자를 출판하였는데, 그가 그 책에서 그의 이전의 책의 독자들이 추측할 수 있었던 것보다 그가 역사적 예수에 대하여 훨씬 더 많은 지식을 보여주었다는 사실은 현저하게 놀랄 만한 일이었다.

예수의 죽음에 대하여 동일한 집단들이 서로 간에 차이를 보여준다. 예레미야스와 세븐스터(G. Sevenster), 다른 사람들은 불트만 학파에 반대한다. 찬반 양론의 논쟁들에 대해서는 위에 나오는 콘첼만의 논문과 *RGG* I, *s.v. Christologie I*에 나오는 세븐스터의 글을 참고하라. 여기에 어려운 문제들이 있다. 성경의 모든 독자들은 "메시야" 칭호와, 그가 "인자"라는 명칭을 오직 3인칭으로만 현저하게 사용했다는 사실을 잘 알고 있다. 만약 이 마지막 언급이 역사적이라면, 예수는 자신을 가리켰는가 아니면 도래할 천상의 인물에게 호소하였는가(cf. 막 8:38)? 이 진술과 예수가 이 칭호에서 자신의 겸손을 표현하고 있는 진술들(예를 들어 마 8:20) 사이에는 어떤 관계가 있는가?

예수의 죽음에 대하여, 거의 동일한 집단들이 서로 간에 차이를 보여준다. 특별히 주(主)의 만찬(고전 11:23-25)과 마가복음 10:45b에 관한 전승의 진정성이 논의중에 있다. 현재 형태의 수난 고지들과 (헬라어) *dei*(데이)가 위조되었다는 사실이 일반적으로 인정되고 있다. 누가복음 11:49-51; 12:49-51와 13:32f.와 같은 진술들의 진정성의 핵심도 마찬가지이다. 보수적인 분위기에서 이루어진 관련된 본문들에 대한 철저한 논의는 J. Jeremias, *N.T.-liche Theologie*, I(1970), pp. 264-284에서 이루어지고 있다.

두 주제에 대하여, 역사적인 문제들 이외에, 해석학적이고 교의학적이며 철학적인 논의들이 토의되기 시작하였다(우리가 판단하기에 이 논의는 명칭들이 아니라 예수의 죽음에 대해 결정적인 것이다). 하이데거를 따라서, 불트만 학파는 존재하는 것이 자신을 객관화하는 것과 공존할 수 있거나 혹은 지금 여기에서의 결단이 신적인 구원의 계획에 대한 의식적인 복종과 또한 자신을 신적인 구원 계획의 일부로 만드는 것과 결합될 수 있다는 사실을 거의 상상할 수 없다. 그러나 이것이 바로 공관복음이 분명히 제시하는 사실이다.

그렇다면 이것은 공동체의 반성(反省)인가? 예수가 스스로 그의 사역과 그의 운명을 구약의 빛 속에서 해석하였는지 아니면 처음으로 그것을 한 것이 공동체였는지에 대한 해석학적인 문제가 이것과 연결되어 있다. 신앙의 연구에 있어서 성령에 의하여 인도된 공동체가 정확히 이 일을 했다고 가정할 때, 이 문제는 결정적인 것으로 보이지 않는다. 그러나 이 경우에 우리는 구약에 완전히 몰입해 있었지만, 구약의 도움을 받아 이스라엘의 길 위에서 자신의 소명을 결정하지는 않았을 예수를 가정해야 한다. 그것에 대해서는 30장을 보라. 예수의 배경과 전제 조건으로서 구약을 거절한 태도를 우리는 불트만 학파의 아킬레스건으로 간주한다. 이 배경은 실존주의적인 전제로 대체되었으며, 그 결과 예수 자신의 존재의 개념은 가능한 한 많이 현실과 결단으로 축소되어 버렸다.

4. 세번째 문제는 즉시로 네번째 문제, 즉 부활로 이어진다. 모든 앞에서

지적된 문제들이 여기에 다시 나타난다. 그러나 이 가장 난해한 문제에 대해서도 역시 상당한 정도의 일치가 존재한다. 만약 부활 설화가 일정한 정도의 진리를 포함하지 않았다면 "두번째 이미지"와 신앙을 고백하려는 용기와 그것과 함께하는 고통을 감수하려는 의지는 생각될 수 없었을 것이라는 사실이 일반적으로 가정된다. 이 진리는 어떤 혹은 소수의 개인들(베드로, 막달라 마리아, 나중에는 또한 바울), 그리고 어쩌면 훨씬 더 많은 사람들(고린도전서 15:5-7의 목록을 보라)이 예수가 죽은 이후에 예수의 출현을 목격한 자들이었다는 사실에 있음이 분명하다. 이 일은 그의 추종자들에게 예수가 살아 계시며 그의 폭력적인 죽음이 실패가 아니라, 하나님 나라의 돌입에 있어 새로운 단계였던 그의 승귀에 이르는 과정이었다는 확신을 주었다.

빈무덤에 관한 기사는 전혀 다른 문제이다. 그것의 역사성에 대해서는 거의 합의가 이루어지지 않았다. 이것을 부인하는 사람들은 바울이 고린도전서 15장에서 빈무덤을 전혀 언급하지 않았으며 그 (이후의) 기사는 출현에 대한 회고의 설명으로서 쉽게 이해될 수 있다는 사실을 지적한다. 더욱이, 4복음서 기자들의 빈무덤 발견에 대한 기사들은 서로 간에 도저히 조화를 이룰 수 없다. 반론은 다음과 같다: 고린도전서 15:4에서(… 장사지 낸바 되셨다가 … 부활하시고) 바울은 비록 출현의 목격자들에게 있어서 이 사실이 단순히 이차적으로만 일어났지만, 빈무덤을 가정하고 있으며; 예수의 빈무덤에 대한 글(legend)에서 여인들(유대교에서는 증인들로 행동할 수 없는)은 결코 중심 인물들이 될 수 없었을 것이며, 예루살렘에서 이것은 사실들과 더불어 쉽게 반박되었을 것이다(하지만 마 28:11-15를 보라).

우리의 생각으로는 기사들 속에 나오는 다양성과 모순되는 요소들에 대한 설명을 제공하지 못한다는 사실을 제외하고는, 반론들이 더욱 강력하다. 그러나 이것은 또한 설명적인 글(legend)의 전제에 대해서도 역시 사실이다. 현재의 상황에서 우리는 순수한 역사적인 방편을 가지고 더 진전할 수 없다. 철학적이면서 혹은 종교적인 고찰들이 이제 이 방향인지 아니면 저 방향인지의 문제를 결정하게 된다.

기독교 신앙은 예수의 부활과 더불어 서거나 넘어지는 것으로 종종 언급된다. 구약 성경의 구속 사건들과 유사한 분명한 해방의 사건이 없이, 예수의 길이 실수나 혹은 실패로서만 보여질 수 있다는 의미에서 이것은 사실이다. 그러나 이 삶과 죽음이 미래에 대한 우리의 결정적인 희망이라는 사실은 하나님께서 역시 다른 방법들 속에서도 우리에게 분명하게 해 주실 수 있는 것이다. 신앙에 본질적인 것은 하나님께서 예수의 길 배후에 존재하시며, 따라서 이 사람이 우리를 위하여 구원에 이르는 길이 되신다는 사실을 역사 속에서 증명하신다는 것이다. "방법"(how)에 대한 문제와 관련하여, 역사적인 탐구는 하나의 목소리를 가질 수 있고 또 가져야 한다. 그러나 정확히 이 문제와 관련하여 탐구는 비과학적이지 않을 필요가 있으면서도, 연구의 한계를 넘어서 항상 무엇을 수행하는 인격적인 선택을 할 것을 사람들에게 강요하게 된다.

"케리그마의 그리스도"에서 출발한 불트만과, "역사적 예수"에서 시작한 그의 몇몇 추종자들 사이의 논쟁은 1960년대의 독일에서 신약 그 자체에 의해 제공된 첫번째 이미지로부터 두번째 이미지로의 변화로서 부활에 대한 새롭고 강력한 연구로 나아갔다. 이 주제에 대한 문헌이 흘러넘치게 되었다. 좋은 입문서가 B. Klappert, ed., *Diskussion um Kreuz und Auferstehung*(1967)에 의해 제공되었는데, 여기에 F. Viering, ed., *Die Bedeutung der Auferstehungsbotschaft für den Glauben an Jesus Christus*(1966), 그리고 A. Geense, *Auferstehung und Offenbarung*(1971), 특별히 ch. II이 첨가될 수 있다. 앵글로색슨 계열에서 이 문제에 대한 (보수적인 기조의) 흥미있는 입문서가 캔터베리의 대주교인 A. M. Ramsay, *The Resurrection of Christ*(1961년 이후의 개정판들)로부터 나왔다. 여기에서도 역시, 최소강령주의자들과 과격주의자들을 구분할 수 있다. 그러나 심지어 불트만도 제자들이 본 환상들 속에서 부활 신앙(십자가의 중요성을 인정하는 것만큼 동일하게 인정하는)이 역사적인 계기를 갖고 있었으나(*Theology of the NT*, E.T. 1970, par. 7.3), 그 계기가 실질적으로 중요하지 않다고 생각하였다. 신(新)불트만학파인 G.

Ebeling은 *The Nature of Faith*(E.T. 1961), ch. V에서 부활 신앙의 역사적인 근본으로 훨씬 더 깊이 들어갔지만, 그도 역시 이러한 출현 외부에 있었던 사람들을 포함하여, 다른 사람들에게서 나중에 일어났던 신앙에 대해서만 단순히 관심을 갖고 있었다.

이 출현이 이러한 고정된 출발점이 되는 이유는 바울이 고린도전서 15:3-5에 나오는 그의 목록에서 최초의 케리그마의 요소들을 열거하고 있음이 분명하기 때문이다(더욱이 그는 출현을 스스로 경험하였다). 이 출현은 동시에 선포를 위한 명령이었다. 그러나 또한 빈무덤에 대한 기사들 속에서 출현과 명령이 중심적인 역할을 수행하고 있다는 사실이 기억되어야 한다. 출현과 빈무덤에 대한 보고들 사이에서의 대비는 말할 것도 없거니와, 뚜렷한 구분은 있을 수 없다.

두번째의 난제는 마가복음 14:28에 나오는 신비스러운 (진정한?) 말씀에 의해 심화된 갈릴리와 예루살렘에서의 출현들 사이의 관계이다. 많은 학자들은 원래의 출현을 갈릴리에 두고 나중에 예루살렘에서의 빈무덤과 더불어 하나의 짜맞추기가 이루어졌다고 가정하려는 경향이 있다. 그러나 갈릴리에서의 출현에 대한 후기의 기사들은 두 가지 다(마 28:16-20; 요 21) 적어도 마가복음 14:28에 의해 고무된 글들(legends)일 가능성이 높다. 최초의 보고(고전 15:3-5)는 장소를 언급하지 않는다.

역사적인 연구는 부활과 관련하여 습관적으로 질문하는 문제들에 대한 결정적인 답변들을 제시할 수 없다. 이 사실은 정확히 Geense, *Auferstehung und Offenbarung*, 특별히 II와 III에 의해 논의된다. 빈무덤과 관련하여 커솝 레이크(*Kirsopp Lake*)가 부활에 대한 그의 비평적이고 회의적인 책에서 언급한 사실이 이 전체 주제에 적용될 수 있다: "역사적인 증거는 너무나 분명해서 두 가지 교리적인 입장들 가운데 어느 하나와 상당히 일치되게 해석될 수 있지만 … 이것은 어느 것도 지지하지 않는다. 빈무덤의 기사는 역사적이거나 비평적인 근거들이 아니라, 교리적인 근거들 위에서 논박되어야 한다"(*The Historical Evidence for the Resurrection of Jesus Christ*, 1907, p. 253).

마지막 언급은 우리가 처음에 제기하였던 문제로, 즉 신앙을 위한 역사적 연구의 중요성으로 우리를 돌려놓는다. 이 연구는 종종 신앙의 토대를 훼손하는 것으로 간주되고 염려되었다. 그러나 진정한 연구는 진리를 단순히 증진시킬 뿐이다. 신앙은 이 진리 이상이지만, 이것은 그것을 전제하고 함의한다. 역사적인 연구가 신앙을 위한 토대를 설정할 수 없는데, 그 이유는 그것의 제한된 방편과 경험적인 방침으로는 하나님이 예수 안에 적극적으로 현존하신다는 사실을 확인할 수 없기 때문이다. 그러나 이것은 신앙의 전제들을 수정하고 다듬고 해명할 수 있다. 역사적 예수의 탐구는 증언들의 배후에서 그것들이 나타나는 역사적인 상황을 발견하고 그것을 재구성하는 것을 목표로 삼고 있다. 이것의 이상적인 지평은 원래의 상황의 "재현"이다. 물론 이것은 결코 거기에까지 미치지 못한다. 유한한 인간의 작업으로서 이것은 언제든지 수정될 여지가 있는 일시적인 개연성을 넘어서까지 도달하지는 못하는데, 그 이유는 부분적으로 이것의 견해와 이것이 더불어 작업해야 하는 방편이 제한되어 있기 때문이며, 부분적으로는 모든 연구자들이 영감과 불안 두 가지를 가져오는 요소로서 자신의 주관을 지니고 있기 때문이다.

그러나 이러한 제한이 그것의 가치를 결코 없애지는 못한다. 진정한 결과들이 성취되었다. 질문들이 날카롭고 끈질길수록, 탐구는 더욱더 당대인들과 목격자들의 실제 상황에 더 가까이 근접하게 된다. 그렇게 되면 이상하고도 놀라운 일이 일어나게 된다: 예수의 비밀은 해명되지 않겠지만, 이것의 신비가 훨씬 더 분명하게 보여질 수 있게 된다. 이 연구는 예수와 관련하여 가장 인격적인 선택을 해야 할 필요성으로부터 우리를 풀어 놓아주지 않으며, 그 대신 불가항력적으로 우리에게 선택을 강요한다는 사실이 분명하게 되었다. 그 때에 우리는 군중들과 제자들, 서기관들과, 가난한 자들이 서 있었던 곳에 다시 서게 된다. 우리는 다음과 같은 두 가지 질문을 듣게 된다: 사람들이 내가 누구라고 하더냐? 너는 나를 누구라고 하느냐?

신앙의 연구는 그 자체의 방식으로 베드로의 답변에 동의하려고 애쓴다. 그 때에 역사적인 연구의 결과로서 얻어진 모든 정보는 새로운 일관성과 전망을 얻게 된다. 그리고 이전에 단순히 질문만이 있었던 곳에서 또한 답변을 발견하기 시작한다. 구약 성경, 세례 요한, 살아계신 주님으로서의 그의 고난과 죽음, 그의 부활, 그의 새로운 존재 방식 — 모든 것이 그의 백성과 함께 하시는 하나님의 하나의 계속적이고 계약적인 길 안에서 함께 결합되며, 그 위에서 예수 그리스도는 그의 미래와 우리를 향한 하나님의 위대하고 최종적인 걸음으로 밝혀진다. 이 믿음 속에 서 있는 우리는 이제 그의 인격과 삶, 그의 죽음과 영광을 검토하게 될 것이다.

32. 인격

우리는 신앙의 연구가 그 자체의 방식으로 베드로의 답변과 일치된다고 말했다. 이 일치는 역사적인 탐구의 결과들 속에 포함되어 있지 않은 도약이고, 결단이다. 그러나 이것은 그것과 훨씬 덜 충돌한다. 이것은 적어도 어둠 속에서의 도약이다. 이것은 예수의 인격과 삶이 일깨워주는 전체 이미지에 의존하고 그것에 의해 정당화되며, 그렇게 해서 최종적으로 분석할 때 이 표상과 더불어 사람들이 신약 성경 저자들의 신앙의 증언이나 혹은 이것이 역사적인 탐구에 의하여 선별되고 교정되는 방식을 생각하는지 여부는 거의 혹은 전혀 중요하지 않다. 관심은 전체적인 표상이다. 그러나 어느 누구도 이 표상의 모든 부분들에 의하여 똑같이 흥미를 갖게 되는 것은 아니다.

한 편은 예수가 갖고서 말씀하고 행동하셨던 특별한 권위로 인하여, 다른 한 편은 사람들에 대한 그의 근본적인 사랑에 의해서, 세번째는 그의 강화(講和)와 비유들에 의해서, 혹은 그의 내적인 자유나 혹은 심지어 그의 죽을 각오에 의해서, 혹은 그가 죽은 자 가운데에서 부활하신 유일하신 분이라는 확신에 의해서 믿고 복종하지 않을 수 없게 된다. 이런 모든 경우에, 한 가지 측면에 사로잡히게 될 때, 그것은 다른 측면들에 대한 인식으로 나아가게 된다. 그 자체로서 이러한 심리학적인 과정은 신앙의 연구의 영역 밖에 놓여 있다.

그러나 우리는 여기에서 그것을 지적할 필요가 있는데, 그 이유는 교의학이 부분들의 조합뿐만 아니라 표상 전체를 보호해야 하기 때문이다. 신앙의 연구에 있어서 우리는 서로를 전제하고 그것들의 결합 속에서 예수의 존재와 그를 바라보는 신앙에 대하여 결정적인 세 가지 중심적인 요소들, 즉 권위있는 그의 사역, 그의 부활, 그리고 그의 길이 이스라엘과 함께 하시는 하나님의 길의 연속과 완성을 구성하는 방법이 존재한다는 사실을 언급해야 할 것이다. 이 세 가지 가운데 하나가 결여된 곳에서는, 왜 우리가 우리의 삶을 근본적으로 다시 설정해주는 영향력을 이 사람이 갖도록 해야 하는지 분명하지 않다.

시간의 과정 속에서 교회와 신학은 그리스도 안에서 신앙의 근거에 대한 질문에 다양하게 답해 왔다. 오랜 세월 동안, 답변에 의하여 많은 것이 언급되지는 않았다. 그 근거는 성경과 교회의 권위에 놓여 있는 것으로 가정되었다. 그러나 그리스도는 그의 권위를 성경에서 이끌어내지 않으셨다; 성경은 그것의 권위를 그리스도가 그 중심이신 만남의 역사에서 이끌어내었다. 계몽주의 이후로 그 근거는 오히려 지상 예수의 인격과 삶에서, 예를 들어, "그 안에 있는 하나님의 참된 존재였던 그의 신의식의 일정한 잠재력"(Scheiermacher, *CF* par. 94)에서 혹은 그 안에 있는 권위와 사랑의 단일성인 "예수의 내적인 삶"에서 찾아졌다: "그의 인격적인 삶의 사실을 통하여 예수는 어떤 의심보다도 강력한 하나님의 확실성을 우리 안에 확립하신다"(W. Hermann, *Der Verkehr des Christen mit Gott*, 1866, 특히 ch. II). 혹은 "실존적인 소외를 극복하시는 그 안에 있는 능력이나 혹은 소극적으로 표현하면 소외의 힘들에 맞서는 능력을 가리키는"(Tillich, *ST* II, pp. 125-135) 용어인 새 존재(New Being)로서의 예수 안에서 찾아졌다.

제2차 세계대전 이후에 변증법적 신학에 의해 배경으로 밀려났던, 예수의 지상 생애에 의해 이루어진 이 접근 방법은 많은 영향력을 획득하였다. 본회퍼의 "타자를 위한 인간", 에벨링의 "예수의 신앙", 고가르텐의 세계를 위한 그의 자유와 책임, 폴 반 뷰렌(Paul M. van Buren)의 그의 전파력이 강한 자유, 도로테 죌레(Dorothee Sölle)의 이중 대리 역할을 수행하는 그의 능력 등등을 생각해 보라. 그러나 이 착상들에서는 이러한 인상적인 능력들 속에서 우리 모두가 원칙적으로 소유하고 있는(그렇게 해서 그의 권위가 역사적인 사례의 유일한 권위가 될 수도 있는) 잠재력들을 예수가 단순히 인정하시는 것인지 아니면 그가 유일하신 것인지 막연하게 남아 있다. 후자의 경우에 만일 하나님이 인정하시는 합법성이 없다면, 그의 주장은 허공에 달려 있게 될 것이다. 신약에 의하면, 이것은 그의 부활에 놓여 있다. 이러한 이유로 해서 다른 사람들은 그 안에서 배타적으로 신앙의 근거를 발견한다. 그것의 가장 철저한 사례가 판넨베르크(W. Pannenberg)의 「기독론」 *Jesus-God and Man*(E.T. 1968)이다. 여기에서 위험은 예수의 삶이 일방적으로 예기(豫期)로서 보여진다는 사실에 도사리고 있다: 특히 6장과, 보다 더 강하게 나타나는 J. Moltmann, *Theology of Hope*(E.T. 1967), 특별히 III, 1과 2장을 보라.

그러나 예수의 부활은 그의 삶과 직접적으로 밀접하게 연결되어 있으며, 그것의 합법화가 이것이다(빌 2:9). 두 사람은 정확히 부활이 오로지 어떤 인식론적인 지평의 전망에서만 의미있게 된다고 보는데, 판넨베르크는 이 지평을 특별히 묵시문학에서 발견하려고 하며, 몰트만은 보다 정당성을 가지고, 구약의 약속의 역사에서 찾으려고 하였다. 따라서 우리는 비록 현대 신학에서 덜 발달되기는 했지만, 신약에서 중심이 되는 세번째의 합법화 요소 즉 이스라엘의 길의 성취자로서의 예수께로 나아가게 된다. 그렇게 해서 우리는 예수가 구약의 약속과 기대들을 성취하신다는 사실뿐만 아니라, 그의 인격과 길 위에서 그가 전체 구약의 문제시되는 계약에 대한 하나님의 해방의 답변으로 드러난다고 말해야 한다. 이 세 가지가 결합된 신앙의 근거들의 연합이 로마서 1:2-4에서 발견되는데, 이 표현은 아마도 초대 (팔레스타인) 공동체의 고백 공식에 근거한 것이었을 것이다.

신앙의 근거를 탐문한 후에, 우리는 이제 다음과 같은 주요한 질문에 이르게 되었다: 신앙은 이 예수 안에서 무엇을 보는가? 물론 이 질문은 이전의 문제로부터 분리될 수 없다. 그러나 이 질문과 더불어 관심사는 특별히 예수의 길의 요소들로서, 우리에게 신앙을 강요하는 그의 행동과 그의 운명이다. 이제 우리의 관심사는 신앙이 인격으로 돌진해 나아간다는 사실이다. 우리는 그를 단순히 그의 길 안에서 그의 길로부터 안다. 그러나 이 길은 우리를 위한 그의 유일한 의미를, 길이 되시는 그의 인격으로부터 이끌어 낸다. "너희는 나를 누구라고 하느냐?"

마가복음에 의하면, 베드로는 그리스도, 메시야, 구약 성경의 기대들을 지닌 분이라고 답변하였다. 설명을 통하여 마태는 "살아계신 하나님의 아들"이라고 덧붙인다. 분명히 이것은 그 시대의 기독교 공동체를 위한 중심적인 표현이었다. 신약 성경에서 예수의 인격의 비밀은 많은 이름들과 더불어 지적된다(인자, 다윗의 아들, 주, 하나님의 말씀, 하나님의 종, 선지자, 대제사장, 왕, 구세주, 몇 번은 간략하고 대담하게 하나님). 그러나 부활 직후의 시대로부터 오늘에 이르기까지 기독교 공동체가 "하나님의 아들"이라는 칭호가 가장 적절하다고 생각하고 있음은 명백하다.

예수의 유일성을 표현하기 위하여 사용되었던 이 명칭이 헬라인들의 귀(스토아학파 철학자들)나 유대인들의 귀에 배타적인 어감을 갖고 있지 않았고, 또한 한 차례 이상 신약 성경의 증인들이 이것을 보다 넓은 의미에서 사용하였다는 사실은 주목할 만하며 또한 의미가 있다. 아들됨은 구속적이고-역사적인 개념이다. 예수의 인격에 관한 질문을 다룰 때에 이 사실은 처음부터 염두에 두어야 하는 사실이다. 하나님의 아들로서의 예수는 이스라엘의 도상(途上)에서와 인류의 역사에 있어서 순전히 수직적인 사건(in-cident, 돌입)이 아니었다. 구약 성경에서는, 하나님의 보좌를 둘러싸고 있는 천상의 존재들이 그의 아들들로 불리었다. 특별히 이스라엘은 하나님의 아들 혹은 그의 아들들로 불리었다. 그리고 이스라엘에서, 큰 영향력을 미쳤던 소수의 진술들 속에서, 왕은 하나님의 아들로 불리었다. 이 가운데 어떤 것에서도 육체적인 기원을 지닌 관계에 대한 언급이 없다. 이스라엘 및 그 왕에 대해서는, 아들됨이 상호적인 사랑의 계약 관계와 (사람에 대한) 복종의 문제였다. 같은 의미에서, 신약 성경에서 신자들은 하나님의 자녀들과 아들들로 불리었다: "무릇 하나님의 영으로 인도함을 받는 그들은 곧 하나님의 아들이라"(롬 8:14).

예수의 아들됨 역시 이러한 계약의 전통 속에 있다. 그는 현저하게 순종적이었고 따라서 사랑받는 계약의 동반자였다. 그와 하나님의 관계는 그의 수세 설화에서 명백히 나타나는 것처럼, 이스라엘의 왕과 다른 유형의 중보자들에게 있어서의 대표적인 목적의 요구들을 충족하였다(막 1:11). 이러한 대리직을 통하여, 그는 "많은 형제 중의 맏아들"(롬 8:29), 즉 하나님의 자녀들의 오랜 행렬 속에서 길을 인도하고 공격에 정면으로 맞서는 자가 되었다(히 12:1-3). 하나님의 아들로서 예수를 계약의 과정 속에 이처럼 끼워넣게 됨으로써, 이 명칭은 어떤 곳에서 구약의 모든 신자들의 아들됨에 대한 호소에 대해서도 변호력을 갖게 되었는데(요 10:33-38; cf. 시 82:6), 그 이유는 아들됨이 "아버지의 일을 하는 것"과 같기 때문이다.

예수의 주요한 명칭이 그 안에서 사용되고 있는 이 문맥은, 신앙의 연구에서 간과되어 왔었다. 만약 우리가 지금 그 실수를 의식적으로 피한다면, 우리는 반작용으로, 이 문맥 속에서 예수의 아들됨이 전적으로 유일하다는 그에 못지 않게 중요한 사실을 간과하지 않게 될 것이다. 이 하나님의 아들은 그의 앞과 뒤에 있는 모든 다른 계약의 동반자들과 더불어 하나로서 있고 존재하지만, 정확히 그가 동시에 처음부터 그리고 특별히 그들과 맞은 편에 서 있기 때문에 그것이 바로 그의 자리이다. 오직 이렇게 함으로써 그는 계약의 선행하는 역사에 대한 해방의 연속이고 답변이다. 왜냐하면 그 역사 속에서 아들됨이 막다른 골목에 이르렀기 때문이다. 아들들은 잃어버린 아들들이다.

"만일 그 때에 내가 아버지라면, 내 영광이 어디에 있는가?"라고 하나님께서 말라기에서 외치셨다(1:6). 새로운 시작이 필요하였고, 선지자들은 이 일이 밑으로부터 기대될 수 없다는 사실을 알고 있었다. 하나님께서 스스로 참된 사람, 즉 신실한 계약의 동반자를 공급하셔야 했다. 위로부터의 이 새로운 시작은 "예수"라고 불리었다. 그는 마침내 아들됨을 성취하셨다. 그는 특별한(*par excellence*) 아들이시다. 그는 인간의 종교적이고 도덕적인 정결의 열매와 절정으로서가 아니라, 하나님의 유일하고 새로운 창조 행위에 의하여 아들이시다. 그러므로 아버지와 아들 사이에는 계약 관계뿐만 아니라, 기원의 관계, 즉 기원의 유일한 관계에 근거한 새로운 계약 관계가 존재한다. 따라서 예수는 참(*the*) 아들이며, "독생하신" 아들이다. "아들"에 대하여, 구약 성경은 이러한 관계를 결코 생각하지 못했다는 사실이 바르게 지적되었다.

그러나 선지자들은 한 사람이나 사람들의 형태로 하나님께로서 오는 새로운 시작을 확실히 기대하였다. 이제 이 새로운 시작이 하나님이 유일하게 그의 아버지가 되시며 따라서 현저한 의미에서 아들이신 분 안에서 우리에게 다가왔으며, 그와 하나님 사이에 하나님이 창조하신 관계 속에서, 계약이 갱신되고 영원히 확립되었다: 임마누엘, 하나님이 우리와 함께 계신다.

이 유일한 아들됨은 다수의 요소들을 포함하고 있다. 이것이 이스라엘과의 계약의 맥락 속에서 일어났기 때문에, 그것의 핵심은 아버지의 성실하심으로부터 살고 전적인 복종으로써 그것에 응답하는 것이며, 그렇게 함으로써 예수는 하나님의 사랑의 성실을 권위있게 대표하셨다. 그리고 이 성실이 백성들을 향한 것이기 때문에, 예수 역시 끊임없이 자신을 부인하면서 전적으로 이웃을 향하셨고, 그렇게 해서 죄책과 파멸 속에서 잃어버려진 사람들을 향한 하나님의 은혜의 통로가 될 수 있었다. 이와 관련된 것이 자유인데, 예수는 그것을 가지고 인간의 삶을 가능한 한 자유와 사랑의 삶으로 만드시려고 하셨지만, 너무나 종종 그것에 반대되었던 기존의 권력들과 전통들에 관련되셨다. 사회적인 조건들에 대한 이 자유와 연결된 것은 자연의 세력들, 특별히 인간의 존재를 위협하는 질병과 마귀들림의 파괴적인 세력들에 대한 자유와 그것들의 통제였다.

이 사람은 탁월하게 아들이었다. 이 사람에 대해서는 전혀 유일한 삶의 방식이 관련된다. 인격과 길은 분리될 수 없다. 계산이 빠르고 이기적인 세계에서 이것은 낯선자가 되는, 즉 투쟁과 고난을 가져오는 길이 되지만, 그의 편에서는 또한 끊임없이 성장하는 자기 부인과 자진하여 최종적으로 희생하는 길이 된다. 드디어 그는 내버려졌지만, 그 때에도 그는 자기를 내던져버린 사람들을 사랑의 모든 능력으로 붙드셨다. 동시에 그는 하나님께 매어달렸고 하나님을 위하여 그들을 붙드셨다. 그렇게 해서 하나님의 궁극적인 목적을 위하여 자기 생명을 기꺼이 잃어버리는 자만이 죽음을 맞을 때에 생명과 더불어 그것을 유지할 수 있다는 사실이 결국 참된 것임이 분명하게 되었다. 그 때에 우리보다 훨씬 앞에서 아들은 인간 존재의 새로운 길로 들어가시며, 그 안에서 하나님이 의도하신 계약과 아들됨이 최종적으로 완전한 발전에 도달하게 될 것이다.

그러나 만약 이 아들됨이 단순한 개별적인 중요성 이상의 것을 갖고 있지 않다면, 삶의 이 유일한 인격과 길은 우리와 아무런 상관이 없거나, 기껏해야 단순히 우리를 낙담시키게 될 것이다. 실제로 그것은 사실이다. 이미 몇 번에 걸쳐 우리는 대표(representation)라는 단어를 사용하였다. 이스라엘에서 왕은 하나님에 의해 이 백성을 대표하도록 부름받는다. 백성의 행복과 불행은 그의 태도에 달려있다. 이스라엘은 스스로 열방들 가운데 대표적인 역할을 하였다. 한 백성이나 한 개인이 스스로 그런 역할을 취할 수는 없다. 하나님에 의해 그런 역할로 부름을 받아야 한다. 정식으로 부름 받은 자들은 그들의 구속적인 역할에서 실패하였다. 이제 실패하지 않는 이가 오는데, 그 이유는 그의 소명이 새로운 창조 행위에 의존하고 있기 때문이다. 참되신 아들인 그는 근본적이고 계약적인 순종으로써 최종적인 구원을 관철하신다. 그렇게 해서 우리의 대리인으로서, 그는 우리 모두를 위하여 완전한 구원의 미래에 이르는 길을 헤쳐 열어 놓으신다.

이것은 아들과 아들들의 관계에 관한 문제로 우리를 돌아가게 한다. 이것의 기원과 관련하여, 그렇게 해서 그것의 대표적인 능력과 관련하여, 예수의 아들됨은 유일하다. 그러나 그것의 내용과 관련하여 이것은 모든 인류가 이스라엘의 계약의 길을 통하여 부름받는 바로 그것이다. 여기에서 우리는 우리가, 이스라엘이, 이스라엘의 대표자들이 무엇을 하였으며, 어떤 존재인지를 보는데, 그 안에서는 모든 것이 명백하게 실패하였다. 예수의 아들됨은 따라서 우리에게 중요한데, 그 이유는 그가 정확히 그의 유일성에 의하여 우리와 관계를 맺기를 원하시는 것이 바로 그것이기 때문이다. 배타성은 여기에서 내포성을 위한 조건이다. 우리는 그의 앞서 가심에 의하여 그리고 그것에 영원히 의존함으로써 그와 같이 되어야 한다. 예수가

"첫열매"로 불리시고, 우리가 타고난 아들들이 아니라 "입양된 아들들"로서, "아들의 형상을 닮게 하기 위하여", "그리스도와 같은 상속자들"로 예정되었다고 할 때, 이 이중성이 신약 성경에서 현저하고 주의깊게 표현된다.

말이 난 김에 우리는 인격과 사역의 관계를 간단히 언급하였다. 둘 중에서 어느 것이 신앙의 주된 관심사인가? 오랜 세월 동안, 교의학은 인격 즉 그리스도, 신·인(神·人), 삼위일체의 제2위격을 먼저 다루었다. 스콜라주의자들과의 논쟁에서 멜란히톤은 「신학총론」(*Loci communes*, 1521)의 서론 장에서의 유명한 표현 속에서 그것에 강하게 반발하였다. "그리스도를 인정하는 것은 때때로 가르쳐지는 것처럼, 그의 본성이나 성육신의 양태를 바라보는 것이 아니라 그의 은혜를 인정하는 것이다." 나중에 그는 이것에 대한 두번째 생각을 갖고 있었다. 그러나 칸트의 순수 이성과 실천 이성의 분리의 영향으로 사역과 인격 사이의 이러한 분리가 리츨 학파에서 재현되었는데, 그들에게 있어서 예수의 유일하신 인격에 대한 고백은 우리를 향한 그의 구원의 영향력의 유일성을 표현하기 위하여 의도된 대단한 중요성을 지닌 가치 판단이거나 평가에 불과하였다. 이러한 흐름을 따라 불트만은 이 문제를 강력하고 간결하게 표현하였다: "그가 하나님의 아들이시기 때문에 나를 도와주십니까? 그렇지 않으면, 그가 나를 도우시기 때문에 하나님의 아들이십니까?"(*Glauben und Verstehen*, II, 1958, p. 252).

이 문제가 이런 식으로 표현되었을 때에는, 도저히 선택할 수가 없는데, 신학적으로는 인격과 사역이 신앙에 대한 그것들의 중요성을 서로에게서 이끌어내기 때문에 그렇고, 철학적으로는 기능이란 본질이 없이는 폐지되며 본질은 오직 기능 속에서만 우리에게 알려지게 되기 때문이다. 우리의 문화적인 상황 속에서 우리는 오래 전의 일방적이고 존재론적인 사고 방식으로 돌아갈 수 없지만, 순수하게 기능주의적인 사고 방식은 아무것도 성립되지 않는다. 이에 관한 좋은 글이 Weber, *Gl* II, pp. 17-20에 있다. 이 논쟁에 대한 개관을 위해서는 G. C. Berkouwer, *The Person of Christ*(E. T. 1954), ch. 7; cf. *Kerk en theologie*, July 1959, pp. 159-165에 나오는 G. Foley와 H. Berkhof의 논의를 보라.

구약에 나오는 "하나님의 아들" 명칭에 대해서는 P.A.H. de Boer, *De zoon van God in het OT* (1958)과, 특별히 *TDNT* VIII, s.v. 휘오스(Foher)를 보라. 신약에 대해서는 또한 *TDNT* VIII, s.v. 휘오스(Schweizer)를 보라. 이 논문들은 또한 여기에서 중요한 많은 본문들을 기재하고 있다. 이 명칭이 초대 공동체에서 얼마나 중심적인 것이었는지를 입증하는 신약에 나오는 다수의 중요한 구절들은 다음과 같다: 마 4:3, 6; 11:27; 16:16; 막 1:11; 9:7; 눅 1:35(cf. 이것과 함께 3:38!); 요 20:31; 요일 2:23과 요한 문서의 여러 곳에서; 롬 1:3; 8:3f.; 갈 4:4; 히 1:2.

아들, 종, 기름부음받은 자와 같은 상이한 명칭들이 구약에서(시편 89:29ff. 에서는 이 명칭들이 아무런 구분없이 사용되고 있다), 계약의 성실한 동반자와 도구를 가리키는 호칭으로서 모두 함께 밀접하게 결합되어 있다는 것은 참으로 인상적인 것이다. 따라서 신약에서 이 명칭들이 학자들이 의도하는 것처럼 상이한 문맥으로 그처럼 정확하게 분류될 수 있는지 의심스럽다. 더욱이 예수 자신이 스스로를 "하나님의 아들"이나 혹은 "아들"로 불렀는지도 의심스럽다(이것은 그중에서도 특히, 마태복음 11:27의 진정성에 달려있다). 그러나 특별히 친밀하게 그는 하나님을 아바(*Abba*)로 불렀으며, 자신의 권위로써 이 명칭을 그의 추종자들에게 넘겨주셨고, 그렇게 함으로써 스스로를 그들과 같은 수준에 두지 않으셨다(cf. 요 20:17).

신앙의 연구에 있어서 예수의 아들됨이 시작된 때에 대하여 정통과 이단 사이에 상당한 논쟁이 있었다. 예수는 승귀하실 때에 아들이 되셨는가(cf. 행 2:36), 그렇지 않으면 부활을 통하여(롬 1:3f.), 혹은 수세(受洗)시에(막 1:11), 혹은 그의 잉태와 탄생과 더불어(눅 1:35), 혹은 창조(의 나머지) 이전에(골 1:16) 아들이 되셨는가?; 아니면 그는 이미 영원 전부터 아들이었는가(요 1:1-17; 롬 8:3; 빌 2:6; 히 1:2f.)? 신약에 나오는 명칭들의 시간에 따른 이러한 다양성은 모든 저자들이 두 가지 사실을 동시에 유지하기를 원했다는 사실에 기인하고 있다: 이 아들됨은 영원 전에 그 기원을 갖고 있다; 그리고 이것은 투쟁과 순종의 역사 속에서 실현되었다.

구약 성경의 구속적이고-역사적인 범주로서의 이러한 표상의 관념은 일반적으로 H. Wheeler Robinson, "The Hebrew Conception of Corporate Personality," in *Zeitschrift für die a.t.-liche Wissenschaft*, Beiheft 66, 1936을 통하여 일반적으로 알려지게 되었다; 이와 관련하여 더 자세한 것은 J. de Fraine, S.J., *Adam et son lignage*(1959)를 보라. 바울에게 있어서의 표상의 관념의 의미에 대해서는 H. N. Ridderbos, *Paul* (E. T. 1975)를 보라. 신앙의 연구는 이런 기본적인 사색없이는 존재할 수 없지만, 우리의 개인주의적인 문화에서는 이것의 번역에 있어서 매우 정확해야 될 필요가 있다.

신약에 나오는 "하나님의 아들들"로서의 신자들에 대해서는 *TDNT* VIII, pp. 389-392를 보라. 중요한 본문들은 마태복음 5:45; 로마서 8:14-17; 요한계시록 21:7이다. 아들들에 대한 아들로서의 그리스도의 관계에 대해서는 로마서 8:29; 히브리서 2:10ff. 그리고 특별히 갈라디아서 4:1-7을 보라. 바울은 휘오이와 테크나를 교대로 사용한다. 시종일관 그리스도를 휘오스로 부르는 요한은 그리스도의 특별성을 나타나기 위하여 신자들에 대해서는 배타적으로 테크나를 사용한다. 이 주제에 대해서는 또한 상이한 술어를 사용하고 있는 다른 구절들을 보라: 고린도전서 15:44-49; 고린도후서 3:18; 골로새서 1:18, 그리고 그리스도와 "더불어"(십자가에 못박히고, 고난당하고, 죽고, 매장되고, 부활하고, 영화롭게 됨)에 대해 언급하는 구절들이다.

신약에서의 이러한 분명한 흐름(그리고 구약에서의 이것의 배경)에도 불구하고, 이것이 그리스도의 배타성을 손상시킬 수 있음을 염려해서인지, 이러한 전망을 받아들이는 문제에 대해서 교회의 역사에서 상당한 저항이 있었다. 기껏해야 그리스도와 우리들 사이의 기능의 유비를 마지 못해 말할 수 있었다(루터: 신자는 이웃에 대하여 다른 그리스도이다; 그리고 하이델베르크 요리문답, 주의 날 12, 31, 32문답에 나오는 삼중직의 비교를 보라). 이것은 슐라이어마허와 독일 관념론의 영향을 받아서 변하였는데, 그 이유는 그 때에 그리스도가 인간학적인 원형이 되고 그의 배타성이 사라지기 때문이다. 화란에서는 숄텐(J.H.Scholten)이 이 시대 정신에서 *Oratio de vitando in Jesu Christi historia interpretanda docetismo*(1840)라는 연설을 하면서 프라네커(Franeker)에서 그의 교수직을 받아들였을 때, 현대주의가 도입되었다.

당연히, 그러나 불행하게도, 이것은 정통주의과 자유주의 사이에서 이 문제에 관하여 (역시) 대립을 야기하였다. 아들됨의 구속적이고-역사적인 연결을 보았던 바르트조차도 삼위일체 개념에 대한 관심을 통하여 이것을 즉시로 버렸다는 사실은 주목할 만하다(*CD* IV,1, pp. 206-210). 이와는 대조적으로 "세상에 대한 책임"으로서의 아들됨에 중심적인 위치를 부여한 고가르텐의 기독론이 있지만, 이것으로 말미암아 최초의 위대한 신자가 아닌 다른 방식으로는 예수를 거의 볼 수가 없다(*Christ the Crisis*, E.T. 1970, 특별히 17,18장). Pannenberg, *Jesus—God and Man*, pp. 345-347과 378-390은 이 주제에 관한 중요한 논의를 제공하는데, 그 속에서 그는 우리의 아들됨과 그리스도의 아들됨 사이의 변증법적인 긴장 상태를 유지하려고 노력하였다.

예수는 하나님의 새로운 창조 행위에 의한 아들이다. 이것은 무엇을 의미하는가? 우리는 여기에서 매우 어려운 문제들에 직면한다. 그러나 우리는 이것들을 피할 수가 없는데, 그 이유는 이것들이 우리의 신앙의 토대와 본성과 전망을 위하여 결정적이기 때문이다. 따라서 예수는 모세나 선지자들과 같이 하나님에 의해 부름받고, 그의 순종으로 인하여 아들로 입양된, 사람들 중에 있는 사람보다 크신 분이시다. 이 경우에도 여전히 계약은 영원한 기초를 여전히 받아들이지 않았을 것이다. 이 기초는 예수가 하나님의 새로운 창조 행위에 의존하기 때문에만 획득된다. 이 새로움은 그가 유사 이전의 시대로부터, 상상할 수 있는, 완전한 계약 관계를 회복시키지 않는다는 것을 의미한다. 역사는 돌이킬 수 없으며, 그 대신에 가장 결정적으로 앞으로 도약한다. "마지막 아담"은 첫번째 아담보다 무한히 크시다. 여기에서 계약 관계로서 이루어지는 것은 전연 새로운 시작이고, 전적으로 유일한 것이며, 동시에 지금도 여전히 실현되지 않은 미래를 가리키는 지시자이며 약속이다.

그렇다면 아들 예수는 정말로 사람이 아니라, 하나님이신가? 만약 그가 사람이 아니었다면, 인류 속에서의 그의 길은 우리와 아무런 상관이 없는 고립된 광경이 되었을 것이다. 그러나 신약 성경에서는, 그에 대해 인간이 아니거나 초인간적일 수 있는 어떤 사실도 선포되지 않는다. 그러나 또한 아주 적게 이것은 단순히 경험적으로-인간적이다. 모든 것이 계약 속에서 하나님에 의해 의도되고 약속되었던 것으로서 인간 존재에 관련된다. 예수는 인간이고, 완성된 계약의 인간이며, 참된(the) 새인간이며, 종말론적인 인간이다.

그러나 문제는 이제 이 파급효과가 큰 표현들이 무엇을 의미하는가 하는 것이다. 더욱이, 신약에서 하나님의 아들로서의 예수가 사람들을 대면하여 하나님의 편에서 제시된 강조점에 대하여 이 표현들이 얼마나 어울리는가 하는 것이다. 그렇다면 그 안에 두 주체가 존재하는가? 아니다. 그는 이중적인 존재가 아니다; "하나님과 사람 사이에 중보도 한 분이시니 곧 사람이신 그리스도 예수라"(딤전 2:5). 그러나 하나님께로부터 소외된 우리들에게 그가 중보자가 되실 수 있는 것은 새 계약의 사람으로서, 그가 여태까지 알려지지 않은 하나님과의 하나됨 속에서 살고 있으며, 그것으로써 그를 통하여 하나님의 목적이 세상에서 이루어질 수 있다는 사실에 근거하고 있다. 따라서 예수 안에는 두 주체가 있는 것이 아니며, 그의 인간적인 "내"가, 자유의지로부터, 하나님의 "나"에 의하여 전적으로 철저하게 침투된다; 그리고 이러한 침투에 의하여 그는 아버지의 완전한 도구가 된다. 이 완성된 계약 관계는 우리의 경험과 상상을 훨씬 넘어서, 하나님과 사람의 새로운 연합을 의미한다.

그러나 이 연합은 정적인 것이 아니다; 이것은 역사를 관통한다. 예수는 나사렛의 목수의 아들로서 그의 계약의 길을 시작하셨고, 마지막으로, 많은 내적인 분투와 투쟁 이후에, 아버지의 삶과 세상에서의 그의 사역에 전적으로 참여하심으로써 마치셨다. 하나님만의 유일한 영역인, "영광"(히. 카보드; 헬. 독사)이 예수 안에서 한 사람에게 전해진다. 하나님은 예수의 인간적인 인격을 밀어내지 않으시며, 그의 성령과 더불어, 즉 그 자신과 더불어 여기에 완전하게 침투하신다. 그렇게 해서 복종하시고, 따라서 부활하시고 영화롭게 되신 예수 안에서 우리의 인성은 우리가 상상하고 심지어 계약적으로 가능하다고 생각하는 것을 훨씬 초월하게 된다. 그러나 이 초월 속에서 하나님과 계약적인 관계 속에 있는 인성은 소멸되지 않고, 그것의 최고의 완성에 이르게 된다.

현세기에 와서 신학은 그 출발점을 예수의 참된 인성에서 취하는 "아래로부터의" 기독론과 그의 신성에서 출발하는 "위로부터의" 기독론 사이에서 앞, 뒤로 흔들렸다. 첫번째 경우에는 예수 안에 있는 초인간(超人間)이 불충분하게 알려졌고, 두번째 경우에는 그가 우리와 공통으로 가진 인성이 그러하였다. 이 두 가지 유형의 기독론은 교회에 의해 불충분한 것으로, 환언하면 잘못된 것으로서 거절되었다. 첫번째 종류의 일탈은 종종 양자론으로 분류되었고, 두번째 종류의 일탈은 단성론으로 분류되었다. 이러한 논쟁 속에서 칼케돈의 신조(A.D. 451)가 교회의 기독론을 위하여 결정적인 것이 되었다; 이것은 예수를 "참되신 하나님과 참되신 사람이며 … 따라서 하나이며 동일하신 그리스도, 독생하신 아들과 주님이 두 본성 속에서, 혼동이나 변동이 없이, 구분이나 분할이 없이 알려지셨고 … 그렇게 해서 두 본성이 한 위격이신 한 존재 안에서 함께 결합하여 계신다"고 묘사하였다. 이렇게 해서 한 위격으로서 그리스도의 통일성이 유지되지만, 그 위격의 통일성 안에서 존재의 이중성("두 본성")이 발견되었다. 오늘날까지 대다수의 기독교 교회들은 이 선언을 그리스도에 대한 자신들의 신앙을 표현하는 것으로서 받아들인다.

그러나 여기에 덧붙여야 할 사실은, 오늘날에 이르기까지 신학적인 성찰이 이 신조 속에서 문제를 느끼고, 따라서 이것을 넘어 보려고 노력해 왔다는 사실이다. 함께 결합되어 한 위격을 구성하는 두 본성을 언급할 때 일방적인 해결책을 거절하였지만, 칼케돈 신조는 이 위격이 신적인 본성이나 인간 본성의 측면에서 존재하는 것으로 간주될 수 있는지에 관한 문제와, 어떤 속성이 한 위격에 속하고, 또 신적이거나 인간적인 본성에 속하는지를 해결되지 않은 채로 남겨두고 있기 때문이다. 그것이 바로 칼케돈 이후에 논쟁이 줄어들지 않고 계속되었던 이유이다. 다음 세기에는 교회의 공적인 학자들이 이 미해결된 문제를 이런 논조로, 즉 삼위일체의 제2위격이 비인격적인 인간 본성을 취하셨다고 일반적으로 답하였다. 이것은 예수의 인성을 소극적으로 만들게 되었고, 부정적으로 이것은 인간적인 "나"를 소유하지 않거나, 혹은 긍정적으로, 그것의 "내"가 신적인 "내"가 되었다(안휘포스타시스 혹은 엔휘포스타시스 교리).

칼케돈의 의도와 반대되는 이 답변과 더불어, 그리스도의 참되고 완전하신 인성은 오랫동안 오해를 받아왔다. 그 외에 인격의 통일성이 그것으로 인하여 흐려지게 된 "두 본성"의 이중성은 복음서의 예수에 이르는 길을 방해하였다. 따라서 계몽주의 이후로, 칼케돈과 고전적인 기독론은 점차적으로 "밑으로부터의" 기독론과 관련하여 방어적인 태도를 취하게 되었다.

그러나 만일 우리가 희랍 교부들의 생각과 그 이후 오랜 세월 동안 사고(思考)를 지배하였던 "본성"의 정적인 관념들의 구조들로부터 그것을 제거한다면 칼케돈 신조는 훨씬 더 알기 쉽게 되었을 것이다. 신약은 또한 예수의 인격적인 존재 구조의 이중성을 언급할 때, 다른 언어를 사용하여 말한다. 이것은 두 구조가 각각의 상부에서 정적으로 발견되는 것이 아니라, 역사적으로 서로를 따른다고 언급한다. 사도행전 2:22-36; 로마서 1:3f.; 빌립보서 2:8-11; 디모데전서 3:16; 히브리서 5:7-9를 보라. 신약은 죽음에 이르기까지 그의 전적인 복종으로 말미암아, 예수가 하나님의 삶과 통치에 참여할 수 있었던 역사를 우리에게 보여준다. 이 역사에서 예수는 우리가 "인간"이라는 말로써 이해하는 것의 한계를 초월하신다. 그러나 그는 "인간"을 버리지 않으시며; 점진적인 순종과 영광의 도상에서 점점 더 새롭고 우리에게 알려지지 않은 신적으로 작정된 인성의 차원을 보여주셨다. 이것을 표현하기 원하는 사람은 알면서도 위험을 무릅쓰고 "신-인"과 "두 본성"과 같은 이원적인 느낌을 주는 표현들에 다가가게 된다.

이 마지막 관찰 결과에 비추어 볼 때, 우리는 왜 위로부터의 기독론과 아래로부터의 기독론(이 양자는 신약에 그 뿌리가 있다) 사이의 논쟁이 결코 끝나지 않았는지 알게 된다. 동시에 이것은 양자론과 단성론 속에 있는 좋은 요소들을 우리가 알 수 있게 해준다. 전자는 예수의 길을 처음에서 바라보고, 후자는 마지막에서 바라본다. 양자는 아들이 심연을 가로질러 영광에 이르러야 하는 유일하면서도 대단히 놀라운 길에 대한 기억을 희생하면서, 모든 단계에 효력이 있는 그림을 구성하기를 원한다.

신약에서 우리는 기독론적인 진술과 고안들의 광범위한 스펙트럼을 발견한다. 고전적인 기독론은 이에 대한 안목이 없다. 현대 성서 신학은 이러한 다양성에 대한 좋은 그림을 제공한다: 유익한 최근의 요약은 *MS* III, 1, PP. 227-

383에 나오는 슈나켄부르크(R. Schnackenburg)의 요약이다. 신약에서 그리스도에게 부여되는 모든 칭호는 구약에 뿌리를 가지고 있다. 때때로 하나님은 예수 안에서 행동하시는 주체인 것처럼 보이며, 그 다음에는 인간 예수가 하나님의 반대편에 서 있는 것처럼 보인다. 본질적인 사고의 측면에서 모순되는 이러한 종류의 진술들이 동일한 저자에게서 규칙적으로 발견된다. Cf. 예를 들어, 로마서 1:3f.과 빌립보서 2:6f.; 히브리서 1:1-4와 5:1-10; 요한복음 10:30과 14:28. 특별히 마지막 두 구절은 고전적인 조직신학자들에게 큰 어려움을 불러일으켰다.

그러나, 역으로 우리의 관점에서 볼 때, 예수의 선재에 대한 진술들이 어려움을 가져오지 않는지 질문할 수 있을 것이다. 이것은 요한복음 1:1-14에서는 사실이 아니다; 이 구절은 창세기 1장에 나오는 "말씀"에 대한 것이며, 예수의 강림 속에서 다시 창조적으로 나오시고 있다. 이것은 골로새서 1:15-20에서도 사실이 아닌데, 그 이유는 여기에서는 "만물보다 먼저 나신 자"로서 만물 가운데 탁월하게 되신 분이 정확히 인간 예수이고, 그를 위하여 세계가 지금 있는 대로 지음받았기 때문이다. 더욱이 히브리서 1:1-4도 역시 단순히 순종하는 아들과 중보자(대제사장)로서 묘사되는 이의 선재에 대한 것이다. 이 본문들은 예수의 지상생애와 영화롭게 된 삶을 떠나서 그것과 다른 분리된 선재적 삶에 대해서는 어떤 것도 알지 못한다. 만일 이러한 상징적인 언어가 문맥과 취지에서 제거된다면, 오직 빌립보서 2:5f.만이 이것을 가르치는 것처럼 보인다. 그러나 유대적이고 헬라적인 표상의 사고는 배후의 신적인 주도권과 이 현상들의 초역사적인(meta-historical) 유효성을 지적하기 위하여 선재의 범주를 적용하였다.

신약의 선재에 관한 진술들은 또한 그리스도의 창조 안에서 신적인 주도권과 신적인 겸양을 찬양하는 것을 목표로 삼고 있다. 빌립보서 2:5-11의 "신화적인" 언어를 위해서는 G. Eichholz, *Die Theologie des Paulus im Umriss*(1972), pp. 132-154와, J.A.T. Robinson, *The Human Face of God*(1973), ch. 5를 보라; 그리고 사색적인 지혜 문헌에 나오는 선재에 대한 바울의 다른 진술들(롬 10:6f.과 고후 8:9)의 뿌리에 대해서는 E. Schweizer, *Neotestamentica* (1963), pp. 105-109를 보라. 교리적인 측면에 대해서는 Ott,

AG art. 26을 보라.

아들을 파송하시는 신적 주도권을 표현하는 것을 목표로 삼는 선재에 대한 진술들과는 별도로, 신약은 예수를 우리의 경험적인 인간 존재의 위나 바깥에 두는 많은 다른 진술들을 가지고 있다; 그러나 마찬가지로 이 주장도 적용될 수 있다: 오로지 예수에게만 속하는 것이 동시에 우리들에 대한 성령론적이고-종말론적인 약속이다. 아들됨과 관련하여 우리는 이미 이것을 지적하였다. 이것은 또한 부활(롬 6:4,11; 고전 15:21f.; 고후 3:6; 4:10; 골 2:12; 벧전 1:3 등등)과, 승천(엡 2:6)과, 하나님 우편에 앉으심(계 3:21)과, 그리스도의 제사장직과 아들되심(롬 5:17; 벧전 2:9; 딤후 2:12; 계 5:10 등등)과, 진실로, 심지어 그의 재림(골 3:4; 살후 2:10)에도 적용할 수 있다. 예수는 우리가 용서하는 것을 배울 수 있도록 하기 위하여, 하나님을 대신하여 죄를 용서하신다(눅 6:35; 골 3:13 등등). 예수는 우리가 같은 일을 행하는 법을 배울 수 있도록 하기 위하여, 하나님을 대신하여 기적을 행하신다(막 9:18f.; 16:17과 20; 행 14:3; 히 2:4). 예수는 우리가 그의 에이콘(롬 8:29; 고전 15:49; 고후 3:18)에 참여할 수 있게 하기 위하여, 하나님의 에이콘(고후 4:4; 골 1:15)으로 존재하신다. 예수는 우리가 저와 같은 에이콘(고후 3:18)으로 메타몰푸스타이하여 그와 심모르포스(롬 8:29; 빌 3:21)하게 될 수 있도록 하기 위하여, 하나님의 **모르페**(빌 2:6)로 존재하신다. 예수는 하나님의 독사(영광)에, 즉 가장 유일하게 하나님께만 속해 있는 영역에 참여하시며, 그렇게 해서 우리도 역시 그것에 참여할 수 있다(예를 들어, 요 1:14; 17:1, 10, 22).

이러한 일반적인 신약의 시각을 고려할 때, 베드로후서 1:4의 "이 [약속들]을 통하여 너희가 신의 성품에 참여하는 자가 되게 하려 하셨나니"라는 대담한 말씀을 전형적으로 희랍적이거나 혹은 주변적인 것으로서, 그러나 신약의 취지에 낯설지 않은 것으로 고려하는 것이 실제로 타당할 것이다. 더욱이 참된 계약의 동반자로서 예수 안에서의 하나님의 새로운 행동에 의하여, 하나님과 사람의 연합의 절정이 일어나게 되면, 마찬가지로 그러한 근거 위에서 그것에 의존하여, 우리의 인간성은 우리가 지금은 상상할 수 없는 우리의 신적인 계약의 동반자의 삶과 연합되도록 예정된다.

그러나 이것은 예수의 하나님 되심의 배타적인 성격을 손상시키지 않는가?

우리는 예수 안에서 우리와 관련하여 전적으로 유일한 것이 일반적으로 "하나님"이라는 단어에 표현되어 있지 않고, 주, 구세주, 첫열매와 같은 유사한 명칭들에 표현되어 있다는 사실을 우선 유의해야 한다. 그렇다면, 우리는 여전히 하나님이 사람이 되신 일을 언급할 수 있는가? 그러나 이것은 신약에서 파생되지 않은 표현이다. 여기에서 이 용어는 하나님이 그의 아들과, 육신이 되신 말씀(하나님의 창조적인 말씀하심)을 보내신다는 용어이며, 그곳에서 수 차례, 그 안에서의 하나님과 사람의 내밀한 연합으로 인하여, 예수가 "하나님"(어떤 경우에 요 20:28; 딛 2:13; 요일 5:20)으로 불리어지지만, 그것도 우리와 관련된 예수의 유일성과 도우심을 강력한 방식으로 포착하기 위해서(우리 편에서 보면 이것과 베드로후서 1:4에 나오는 강조된 신앙 형식이 일치된다) 그렇게 불리어지는 것이다; 더욱이, 이 구절들 속에서 문제가 되는 것은 "세계와 역사 속에서 … 스스로 신적인 직무의 담지자이며 하나님의 참된(the) 대표자"로서의 그리스도이다(*TDNT* III, *s.v. theos*, p. 106). 우리가 여기에서 갖고 있는 것은 오로지 이런 방식에서만 예수가 스스로를 하나님과 구별하거나 혹은 저자들에 의해 하나님과 구별되는 수많은 진술들에 일치되는 계약적인 기능이다. 또한 요한복음 10:28-38(35절: "만일 그가 하나님의 말씀을 받은 사람들을 신(神)들이라 불렀다면)에 나오는 명칭의 매우 주목할 만한 계약적인 기초를 보라; cf. P. Schoonenberg in *Tijdschrift voor theologie*, 1969, pp. 378-385.

교회사에서, 성경적인 만남의 사고가 본질적인 사고로 바뀌었을 때, 예수의 두 본성은 서로 대조를 이루게 되었다. 신적인 위격의 단일성에서 출발한 사람들은 참된 인성을 약화시켜야만 했다. 후자로부터 출발한 사람들은 예수를 이중적인 인격으로 만들어야 했다. 이 문제는 오늘날에 이르기까지 계속되었다. 칼케돈에서 멈추라는, *Christologie*, I(1940)에서의 코르프(F. W. Korff)의 탄원은 이해할 만하다; 그러나 이러한 멈춤이 불가능하다는 사실이 미스코테(K. H. Miskotte)에 의해 "Halt bij Chalcedon?"(*Woord en wereld*, Feb. 1941에서)에서, 그리고 누르트만스(O. Noordmans)에 의해 "Eenheid of innerlijkheid"(*Stemmen des tijds*, Aug./Sep. 1941에서)에서 논의되었다. 야기되었던 일은 칼케돈의 구조들 속에서, 베레 호모(*vere homo*)를 그 한계에 이르기까지 점차적으로 발전시켜온 경향이었다: 예를 들어, H. Vogel, *Christologie*, I(1949)과, 화란에서는 Berkouwer, *The Person of Christ*, 그리고 특별히 칼케돈에 관한 그의 논문: "Het laatste woord?"(*Nederlands archief voor kerkgeschiedenis*, N.S. vol. XLVIII, afl. 2, 1968, pp. 135-149에 실린 글)을 보라.

그러나 베레 호모는 칼케돈의 틀을 결국 반드시 깨도록 되어 있지 않은가? 더욱이 바르트는 베레 호모에 속한 것으로 언제나 간주되었던 것, 주로 그리스도의 순종과 굴욕을 베레 데우스(*vere Deus*), 즉 영원히 하나님 자신, 다시 말하여 삼위일체적 존재 안에 있는 영원한 아들의 일부분인 복종에 속한 것으로 돌림으로써 이것을 용케 피하였다. 그러나 이것은 단순히 기독론적인 이중성을 하나님 자신에게로 옮겨놓는 것일 뿐이다. 이것은 예수가 단순히 하나님의 한 측면을 나타낸다는 것을 의미할 수도 있다. 바르트 역시, 하나님의 수난에 대해서는 용기있게 언급하면서도, 하나님의 죽음에 대해서는 감히 언급하지 않았다. *CD* IV, I, 특별히 pp. 192-205를 보라. 이 문제와 관련하여 판넨베르크는 그의 「기독론」(*Jesus—God and Man*)에서 바르트에 아주 가깝다: 예수의 하나님을 향한 전적인 복종은 인간의 수준에서, 그가 아들로서 아버지와 가졌던 가장 친밀한 삼위일체적인 친교의 표현이다. 그러나 그렇다면 그 경우에 이 복종은 인간적인 것이 아니었거나 혹은 우리 인간들 역시 이러한 삼위일체적인 친교에 들어가야만 했을 것이다. 비더케어(D. Wiederkehr)는 *MS* III, pp. 477-648에서 바르트와 판넨베르크의 방향으로 나아갔다.

우리가 판단하기에 신약이 묘사하고 있듯이, 위격의 통일은 이러한 "위로부터의" 기독론에서는 얻어질 수가 없다. 물론 양자론적이거나 혹은 진화론적인 "아래로부터의" 기독론에서도 마찬가지이다. 그러나 이것은 두 본성의 구조를 계약의 구조로 대치함으로써 이루어질 수 있다. 이와 관련하여 *Hij is een God van mensen*(1969)에 나오는 쇼넨베르크(P. Schoonenberg)의 기독론 착상은 매우 주목할 만하다. "위로부터의" 착상이 지배하고 있는 엔휘포스타시스론이 여기에서 역전되고 오직 예수 안에서 말씀이 역사적인 인격이 되었다는 교리로 변한다. 위에서 전개되었던 우리의 사고(思考) 방향은 특별히 pp. 66-102에 나오는 쇼넨베르크의 설명과 함께 상당하게 수렴된다. 이러한 방향에서 이루어진 또 다른 주목할 만한 시도는 E. Flesseman van Leer, *Geloven vandaag*(1972), ch. XI에서 제공된다: 두 본성 교리와 예수의 선재를 거절하면서, 그녀는 그를 "선택된 사람", 즉 참된 계약의 동반자로 여긴다. 이 두 사람과 유사한 것이 K. Rahner & W. Thüsing, *Christologie-systematisch und exegetisch*(1972), 특별히 234-303에 나오는 신약 학자인 튀징(W. Thüsing)의 입장이다.

유리한 시각의 관점에서 우리는 역사상의 두 기독론이 특별히 중요하다는 사실을 여기에서 제공하였다. 우선은 칼빈의 기독론이다. 그의 기독론은 구약에 관한 그의 논의와 연결되어 있다. 그러므로 강조점은 위격이 아니라 그리스도의 기능에, 즉 사람에 대해서는 하나님을 대표하고 하나님에 대해서는 사람을 대표하는 중보자로서, 그리고 이와 더불어 그가 구약에서 끌어낸 삼중직에 주어진다(*Inst* II, xii-xiv). 전형적인 것은 서론 장의 제목이다: "그리스도는 중보자의 직무를 완성하시기 위하여 사람이 되셔야만 했다." 그러나 칼빈은 이것을 칼케돈의 구조틀 속에서 다루어야 했기 때문에, 때때로 특별히 그의 주석들 속에서 두 본성의 분리와 거의 네스토리우스적인 그리스도 안에서의 이중성에 매우 근접하게 되었다. Cf. E. Emmen, *De christologie van Calvijn*(1935).

여기에서 언급되어야 하는 두번째 기독론은 슐라이어마허의 기독론이다. 그는 칼케돈의 구조틀을 근본적으로 버렸다. 그는 사람의 측면에서 출발한다: 예수는 원형이며, 하나님이 영원 전에 의도하셨던 것처럼 참된 인간 존재이다. 그의 신적인 의식의 항구성으로 인하여, 사람들은 그 안에 있는 하나님의 존재를 언급할 수 있다. 특별히 *CF* par 94를 보라. 그러나 여기에서는 그리스도의 범신론적인 이식(利殖)의 우려가 있는데(그러나 단순히 우려일 뿐이다), 그 이유는 슐라이어마허가 구약의 구조틀을 사용하지 않고 독일 관념론의 범주들을 사용했기 때문이다.

만약 아들 예수가 하나님의 새로운 창조의 시작, 즉 그의 형상을 따른 참 사람이라면, 그는 하나님이 그의 인간 창조에서 가졌던 최종적인 목적에 응답한 것이다; 그렇다면 우리는 그의 역사적인 출현을 시작으로부터

나 마지막으로부터, 창조로부터나 종말(완성)로부터 분리할 수 없다. 따라서 창조에 대하여 이것은 "아담"의 창조와 더불어 하나님이 심중에 "모든 창조물보다 먼저 난 자"(고전 15:45; 골 1:15)인 "마지막 아담"을 염두에 두고 있었다는 것을 의미한다. 완성에 대해서는 그를 둘러싼 인간 세계가 그의 형상을 닮도록 갱신되어질 때, "이 마지막 아담"이 예수 안에서 시작된 새로운 인간성의 결과가 될 것임을 의미한다. 그렇게 해서 그는 인류 역사의 처음과 마지막에 존재하신다. 오직 이 우주적인 구조들 속에서만 그의 출현의 범위가 완전히 나타난다.

그리스도의 이러한 우주적인 중요성이 표현되는 신약의 구절들은 이러하다: 요 1:1-5; 고전 8:6; 15:44-49; 엡 1:10과 27f.; 골 1:15-20; 히 1:1-4; 계 3:14. 특별히 고린도전서 8:6은 매우 주목할 만한데, 그 이유는 이것이 최초의 구절이며 바울이 여기에서 자신이 그의 독자들의 편에 서 있는 것처럼 보이는 통찰을 언급하고 있기 때문이다. 처음부터 예수의 인격과 길은 그가 전체 창조(타 판타)에 그런 식으로 관련될 수 있다는 굉장한 인상을 심어 주어야 했던 것처럼 보인다.

여기에서 우리는 선재의 개념에 대한 또 다른 시각을 가지고 있어야 한다. 위에서 언급된 구절들 속에서, 이것은 아버지에 대한 아들의 삼위일체적인 거주가 아니라, 창조의 활동 속에서 하나님에 대한 역사적 예수의 협력을 가리킨다. (만일 그렇지 않으면 골로새서 1:15는 "모든 창조물보다 먼저 나신 자"라고 할 수 없었을 것이다.) 이 신화적인 형태 속에(그 당시의 랍비적이고 헬라적인 유대교에서 유행하고 있던) 서구적인 사고를 가진 우리가 "관념적인 선재"라고 부를 수 있는 것이 표현되었다: 그의 창조 계획 속에서 하나님의 최초의 지배적인 사고는 아들 예수였다. 그의 선택론인 *CD* II, 2, 특별히 par. 33,1에서, 바르트는 이러한 통찰에 대한 신학적으로 도발적인 노작(勞作)을 제시하였다. 또한 이 책의 8부 24장에 나오는 창조론에 대한 논의를 보라. Cf. H. Berkhof, "Christ and Cosmos," in *Nederlands theologisch tijdschrift*, Aug. 1968, pp. 422-436. 완성의 측면은 특별히 이 책의 56장에서 다루어지고 있다.

본 장을 마무리하기 위해서는 동정녀 탄생에 대하여 무언가가 언급되어야 한다. 많은 종교적-역사적이고, 성경적-신학적이며, 체계적인 연구들이 이 주제에 바쳐졌다. 특별히 종교사가들은 누가복음 1장의 이야기를 초기의 전승들로 거슬러 추적하는데 많은 노력을 기울였다. 첫번째 착상은 지상의 여인들에게서 신적인 아이들을 낳은 신들에 대한 애굽과 희랍의 이야기들이었다. 그러나 어린아이가 약속과 신앙의 방식으로 태어난(에피스키아제인) 누가복음의 분위기는 그런 이야기와는 아주 거리가 멀다. 그렇다면 그 이야기는 구약에 나타나는 기적적인 출생(이삭, 사무엘, 삼손)의 질서에 관한 것인가? 이것은 세례 요한에 대한 전술한 이야기의 경우에 사실이다. 그러나 동정녀 마리아는 아이를 낳지 못하는 사라나 한나와 비교될 수 없다: 여기에 전혀 다른 질서의 기적이 있다. 이 이야기는 어쩌면 알마를 파르테노스로 번역하는 이사야 7:14에 대한 70인역의 번역의 각색인가? 그러나 누가복음 1장에 나오는 구약 인용 가운데에서, 정확히 이사야 7:14는 언급되지 않는다. (이것은 마태에게서 나타나지만, 그의 구약 인용의 용례는 돌이켜 보면 신학적인 반성에 의존하고 있다.) 초기 전승들에 있어서 누가복음을 위한 설득력있는 자료는 아직 발견되지 않았다. 종교적-역사적인 논거들에 대한 개관을 위해서는, TDNT V, *s.v. parthenos* (Delling)를 보라.

그렇다면 이 이야기는 역사적인가? 그러나 누가와 마태와는 별개로, 비록 이러한 암시가 몇몇 경우에는 어울리는 것일 수 있었다 하더라도, 신약 저자들 중에 아무도 이 기사를 알고 있다는 암시를 주지 않고 있다(요 1:13; 갈 4:4). 그렇다면, 마리아가 나중에 이것을 단지 소수의 사람에게만 말해 주었는가? 그러나 부활 이후에 이러한 침묵은 제자들의 진영에서는 거의 상상할 수가 없다(cf. 행 1:13f.). 그러므로 우리의 견해로는 이것은 탁월하신 아들인 예수가 경험적인 인간 세계에서 나오시지 않고, 인간이 산출할 수 없고 오직 받을 수만 있는 새로운 창조라는 고백을 구체적으로 표현하기 위하여 후대에 이루어진 전승의 장식일 개연성이 매우 큰 것으로 보인다.

종종 부활이나 빈무덤과 더불어 이루어졌던 비교(그 중에서도 특히 바르트에 의한)는 효력이 없는데, 그 이유는 부활이 아주 초기의 케리그마와 모든 전승들 속에서 중심에 있었던 반면에, 여기에서 우리는 두 가지 명백하게 후기의 전승들로 국한되는 단순한 하나의 전승만을 갖고 있기 때문이다. 그러므로 많은 후기의 케리그마의 요약들 속에서, 그중에서도 특히 사도신경 속에서, 동정녀 탄생이 중심적인 자리를 차지하게 되고, 그럼으로써 오늘에 이르기까지 그것을 받아들이는 것을 정통 교리의 시금석으로 삼게 되었던 것은 유감스러운 일이다. 이것은 자유주의에 의해서 뿐만 아니라, 브룬너(*Dg* II, pp. 350-356)와 콘스탐(Kohnstamm), 반 데르 레우(Van der Leeuw)와 다른 사람들에 의해서도 거절되었다. 찬성과 반대 주장들의 개관을 위해서는 G. C. Berkouwer, *The Work of Christ*(E.T. 1965), ch. 10과 (정반대의 결론을 내리고 있는) H. Thielicke, *The Evangelical Faith*, II(E.T. 1977), pp. 407-413을 보라. 우리의 판단으로는 잘못된 반대의 논거들이 종종 사용되었다. 신앙의 연구에 있어서 결정적일 수 있고 또 결정적이어야 하는 것은 단순히 신약에서 이것이 케리그마나 그것의 파라도시스에 속하지 않는다는 사실이다. 분명히 유일하신 아들로서의 예수에 대한 신앙은 그것에 의존하지 않으며, 그 역이 사실인 것처럼 보인다.

33. 생애와 인성

다음 장들에서 주제는 성자가 일생을 통하여 걸어가시는 길 위에서 아들됨이 전개되고 실현되는 방법이다. 그래서 우리는 물론 사람들 중의 사람으로서 그의 역사적인 생애에서 시작한다. 그러나 우리가 "물론"이라고 부르는 것이 도대체 그렇지 않은 것처럼 보인다. 오랜 세월을 통하여 복음서 기자들이 지상적인 예수에 대해서 그려놓은 그림에 의해 특히 무수한 사람들이 매혹되고 사로잡혔지만, 신앙의 연구가 오랜 세월 동안 예수의 생애에 거의 아무런 관심도 보여주지 않았다는 이상한 사실에 우리는 직면하게 된다. "그리스도의 이중의 그림"과 관련되는 것에 대해 우리는 31장에서 언급하였다.

일반적으로 교의학은 복음서들의 이야기 구조가 아니라, 서신서들의 선포 구조에 바탕을 두고 있다. 만일 우리가 여기에서 선택을 하도록 강요를 받는다면, 그것이 정확할 것이다. 그러나 십자가에 달리시고 부활하신 그리스도의 선포는 그의 지상 생애에 대한 지식을 전제로 삼고 또 그것을 포함하였다. 이 생애가 없으면 십자가와 승천은 허공에 매달리게 되어버린다. 그러므로 전통적인 교의학에서 이것들은 종종 쓸모없는 추상적 개념이 되어버렸다.

이것은 신앙의 연구에 있어서 우리가 예수의 전생애를 조사한다는 것을 의미하지 않는다. 우리의 관심은 성경의 역사나, 역사-비평적인 연구의 결과들이나, 신약성서 신학이 아니라, 예수의 말씀과 행동 속에 나타나는 보다 항구적인 특징들의 토대 위에 있는 아들됨의 구체화이다. 실제로 우리는 30장(이스라엘의 메시야 예수)과 31장(역사적인 연구의 결과들), 32장(하나님의 아들 예수)의 세 가지 관점에서 이루어진 상이한 출발점에서 이미 세 차례 이것을 다룬 바 있다. 그러므로 약간의 반복과 생략이 여기에서 불가피할 것이다.

신학사에 있어서 예수의 생애는 언제나 한 편으로는 두 본성 교리와, 다른 한 편으로는 화해론이라고 하는 어두운 그림자 속에 놓여 있었다. 그럼에도 불구하고, 토마스는 예수의 생애의 어떤 사건들뿐만 아니라 말씀과 기적들을 상당히 광범위하게 고려할 수 있음을 발견하였다(세례, 강화, 유혹, 변신: *ST* III, q. 35-45). 개신교 스콜라주의에서는 그것에 관하여 거의 남아 있지 않다. 이것은 두 본성(하나님과 사람)과, 두 상태(비하와 승귀의 상태)와 세 가지 직분(루터파: *officia*, 개혁파: *munera*, 즉 선지자와 제사장과 왕)을 구분한다. 예수의 생애는 세 가지 전부를 가지고 논의될 수 있지만, 인간 본성에 대해서는 논의가 주로 성육신에 대한 것이었으며, 비하의 상태에 대해서는 논의가 화해의 사역에 대한 것이었다. 선지자 직분에 대해서는 오직 예수의 선포만이 논의에 부쳐졌고, 제사장 직분에 대해서는 하나님의 율법에 대한 대리적인 복종의 의미에서 그의 적극적인 복종에 대한 것이 언급되었다(S pars. 34-38; H XVIII과 XIX; Bavinck, *GD* III, par. 46).

따라서 오늘날도 신앙에 대한 모든 종류의 정통적인 가르침에서는 예수가 단순히 고난받고 죽으시기 위하여 이 땅에 오셨다는 인상이 주어진다. 사도신경이 예수의 생애에 대해 어떤 조항도 갖고 있지 않고, "나시고"에서 "고난을 받으사"로 직접 옮겨갔다는 사실 역시 이것에 대하여 책임이 있다.

그러나 그리스도의 삼중직분론은 좀더 기능적이고 역사적이고 구약 및 계약의 문제와 관련되어 있는 기독론의 발전을 위한 좋은 출발을 제공하였고 또 하고 있다. 예수의 사역은 여기에서 구약에서의 세 가지 대표적인 직분들의 성취로서 나타난다. 이렇게 해서 그는 스스로 참된 인간 계약 동반자로서 여기에 다가가게 된다. 이미 유세비우스(*Historia ecclesiastica* I, 3, 6-13)는 이스라엘에서 세 가지 종류의 직분자들이 기름부음을 받았으며 누가복음 4:18에 의거하여, 예수가 이 세 가지를 전부 성취하게 되었다는 사실을 지적하였다. 그러나 칼빈에게 이르러서야 비로소 이 관념은 신학을 위하여 열매를 맺게 되었다: 이것을 그는 *Inst* II, xv에서 해냈는데; 그 때까지는 루터와 더불어, 단지 두 가지 직분만을 구별하고, 선지자직은 빠뜨렸다. J.F. Jansen, *Calvin's Doctrine of the Work of Christ*(1956)를 보라. 여기에서 저자는 두 가지 직분으로 복귀하는 것을 지지하고 있다. 게르하르트(J. Gerhard) 이후로 삼중직분은 루터파 교의학에도 관철되었고, 20세기에 와서는 로마 가톨릭의 교리 선언과 신학에도 관철되었다. 이 도식은 인위적인 것으로서, 그리고 하나인 것을 구분하는 것으로 종종 비판을 받는다. 그러나 언급된 이유들로 인하여, 이것은 유용한 구분이 될 수 있다. 결국, 관심은 계시와 화해와 주권이라는 세 가지 계약의 측면들이다(마찬가지로 Brunner, *Dg* II, pp. 273f, 305-315; cf. 바르트의 구분, *CD* IV,1-3). 이러한 도식이 그것이 붙들고 있는 약속에 따라 행동하지 않았다는 것은 우리가 생각하기에, 부분적으로는 위격적으로(anhypostatically) 강조된 두 본성 교리에 의해 효력을 얻게 된 금지에 기인한 것이다. 이 도식과 관련된 역사적으로 철저하고 비판적인 연구에 대해서는 Pannenberg, *Jesus—God and Man*, par. 6 I(그는 오시안더에게서 이것의 시작을 보고 있다)을 보라. 로마 가톨릭 진영에서의 성경적이고-신학적인 변호에 대해서는 *MS* III,1, ch. 7를 보라. 나아가서 Berkouwer, *The Work of Christ*, ch. 4를 보라.

우리는 삼중직의 도식을 사용하지 않는데, 그 이유는 이것이 쉽게 인위적인 구분에 이를 수 있고, 그것의 이익(구약 배경, 대표)이 일관된 역사적인 정리에 의해 더 잘 실현될 수 있기 때문이다.

칼빈(Jansen, *Calvin's Doctrine of the Work of Christ*)과 그의 계승자들에게 있어서 선지자직은 불충분하게 발전된 채로 남아 있었다. 한편으로 이것은 교회의 말씀과 성례전을 통하여 현양되신 그리스도의 모든 선포를 포함하였다. 다른 직분들은 거의, 혹은 전혀 예수의 생애와 관련하여 보여지지 않았다. 바르트의 *CD* IV, 3, 00, 1-18에 나오는 비판을 보라.

계몽주의 이후의 자유주의 신학은 여기에서 새로운 출발을 할 수가 있었을 것이다. 이것은 충분히 일어나지 않았다. 여기에서도 역시 예수의 생애는 추상적인 것으로 남아 있었다. Schleiermacher, *CF* pars. 93-98과 (다소 더 나은) Tillich, *ST* II, pp. 118-138을 보라. 또한 G.J.Heering, *Geloof en openbaring*(1935), II,III은 정통교리와의 논쟁을 통하여 그의 기회를 놓쳤다.

현세기에 와서 결실있는 시작이 F.W.A.Korff, *Christologie*, II(1941), pp. 123-147; Brunner, *Dg* pp. 275-281; Pannenberg, *Jesus—God and Man*, par. 6 II와 III; *MS* III,2, ch.8, 3에서 발견된다. Cf. 또한 *New Catechism*(E.T.1969), part III. 매우 주목할 만한 것은 Barth, *CD* IV, 2, par.64, 3(pp. 154-264)에 나오는 인간 예수에 대한 광범위한 논의이다. 비하를 그리스도의 신성과 관련시키면서 바르트는 인간을 예수 안에 전적으로 두고, 그렇게 해서 일방적으로 승귀의 측면 아래 두고 있다. cf. 표제 "왕 같은 인간"; 그러나 이 구조 안에 풍부한 자료가 여기에서 함께 결합되고 있다.

예수의 지상 생애에서 아들됨의 첫번째이자 중심적인 요소는 성부에 대한 그의 사랑이다. 이것은 가장 먼 궁지에 이르기까지, 그의 전생애를 가득 채웠다. 그들 사이에는 모든 유혹(광야의 시험)과 모든 위협(겟세마네)이 난파당하는 상호간의 친교의 관계가 있었다. 이 능력이 나오게 된 원천은 그의 끊임없고 열정적인 기도의 삶에서 찾아져야 할 것이다. 예수는 대담하게 하나님을 아바(Abba)라고 불렀으며, 한 편으로는 이 관계가 전적으로 유일하며, 매우 특별한 소명과 선택과 사명과 심지어 창조에 의존하지만, 다른 한 편으로는 그가 사람들로 하여금 가능한 한 많이 이러한 친교의 비밀에 참여하게 만드는 것이 성부의 뜻이었다는 사실을 알고 있었다.

"아버지 외에는 아들을 아는 자가 없고 아들과 또 아들의 소원대로 계시를 받는 자 외에는 아버지를 아는 자가 없느니라"(마 11:27).

이 근본적인 사랑의 결과와 그 이면은 성부에 대한 그에 못지 않은 근본적인 복종이다. 예수는 하나님에 대하여 의지가 없는 것이 아니었다. 그는 열정적인 뜻이 있었으며, 그의 추진력은 자신의 의지를 하나님의 뜻에, 오직 하나님이 의욕하시는 것을 이루는 데에만 복종시키는 것이었다. "나의 양식은 나를 보내신 이의 뜻을 행하며 그의 일을 온전히 이루는 이것이니라"(요 4:34).

이 요소는 예수가 하나님 앞에서 사람들을 대표하신다는 사실을 포함하는데, 그 이유는 성부와의 완전한 유대 속에 있는 그의 행위가 하나님의 목적과 행위의 유비와 도구이기 때문이다. "모든 사람이 두려워하며 하나님께 영광을 돌려 가로되 큰 선지자가 우리 가운데 일어나셨다 하고 또 하나님께서 자기 백성을 돌아보셨다 하더라"(눅 7:16).

사람들에게 하나님을 이렇게 나타내는 것은 우선 율법과 선지자들의 정신에 따라 계약의 질서를 수립하는 일을 포함한다. 이것은 인간이 더 이상 하나님과 나란히, 그렇게 해서 하나님께 반항하여 자신을 내세우려는 것이 아니라 — 스스로 율법을 준수하여 얻는 성취가 아니라 — 하나님의 사랑에 의해 전적으로 다스림을 받고 이것을 그의 행위 안에서 반영하고 지속하는 질서이다. 이것은 산상수훈과, 하나님의 원래의 은혜의 계약의 목적이 전례없이 과격하게 매일매일의 삶 속에서 바르게 놓여지는 다른 많은 계명들의 취지이다. "오직 너희는 원수를 사랑하고 선대하며 아무 것도 바라지 말고 빌리라 그리하면 너희 상이 클 것이요 또 지극히 높으신 이의 아들이 되리니 그는 은혜를 모르는 자와 악한 자에게도 인자로우시니라"(눅 6:35).

예수는 무엇보다도 스스로 이 질서의 구현(具現), 즉 하나님의 목적에 완전하게 응답하고 이것을 그 자신의 말과 행동으로 옮겼던 사람이었다. 하나님은 그에게서 소외된 무력한 세계로 스스로를 낮추어 오시는데, 이 세계는 특별히 죄인들과 불쌍한 자들의 두 집단으로 대표된다. 죄인들에 대해서 예수는 근본적인 용서의 메시지를 가지고 오셨다. "인자의 온 것은 잃어버린 자를 찾아 구원하려 함이니라"(눅 19:10). 그리고 불쌍한 자들을 그는 측은히 여기셨다. "무리를 보시고 민망히 여기시니 이는 저희가 목자 없는 양과 같이 고생하며 유리함이라"(마 9:36). 이 연민은 특별히 예수가 행하셨던 많은 치유 사건에서 보여지고 있다. 용서와 치유는 둘다 인간을 하나님의 은혜로운 오심에 근거하여, 하나님의 자유롭고 행복한 자녀됨의 참된 인간성으로 향상시키는 것을 목표로 한다. 이것이 바로 누가복음에서 예수가 그의 완전한 오심과 사역을 이사야 61:1, 2의 말씀으로 요약할 수 있었던 이유이다: "주의 성령이 내게 임하셨으니 이는 가난한 자에게 복음을 전하게 하시려고 내게 기름을 부으시고 나를 보내사 포로된 자에게 자유를 눈먼 자에게 다시보게 함을 전파하며 눌린 자를 자유케 하고, 주의 은혜의 해를 전파하게 하려 하심이라 하였더라"(눅 4:18, 19).

이 사역과 직접적으로 연결되어 있는 것이 그가 사람들을 그곳으로 부르시는 자유, 즉 우선 그가 스스로 영위하시는 분위기인 자유이다. 이것은 사람들과 환경으로부터 포착될 필요가 있는 것이 아니라, 처음부터, 그가 성부와의 사귐으로 인하여 그것들과 관련하여 소유하시는 것이다: 즉 성전과 제의, 회당과 계명, 제사장과 서기관, 안식일과 정부, 어머니와 형제들, 음식과 의복, 재산과 돈, 인기와 국가의 권력과 관련하여.

비록 이것은 "조용한 보수주의"(gelassener Konservatismus)의 형태로 표현되었지만, 그의 생애에 있어서 이 모든 것들은 너무나 이차적이고 일시적이고 상대적인 것이어서 그의 주위에 있던 사람들은 이러한 태도를 기존 질서에 극단적으로 위협이 되는 것으로 생각하였다. 이것은 강력한 무관심의 산물이었으며, 성부와 그의 은혜로운 주되심의 절대 우선성으로부터 차례로 나타난 것이었다. "너희는 먼저 그의 나라와 그의 의를 구하라 그리하면 이 모든 것을 너희에게 더하시리라"(마 6:33).

예수에게서 이 자유는 심지어 창조의 인간 이외의 부분, 즉 우리가 일반적으로 "자연"으로 부르는 부분에까지 확대되었지만, 이것은 예수에게 있어 그가 사탄의 활동을 그 배후에서 보았던 혼돈되고 사탄적인 요소들을 포함하였다. 이 위협적인 세계의 창조주의 아들로서 그는 그 안에서 주와 주인으로 사셨고, 현실의 어두운 통로 속에서도 도래할 평화의 나라의 징표로서, 성부의 사랑이 승리하도록 그의 자유를 사용하셨다. "그는 들짐승과 함께 계셨다"(막 1:13).

교의학에서 예수의 인성의 이 모든 측면들은 종종 그의 무죄성으로 요약된다. 이것은 부적절하고, 너무 부정적이고, 너무 정적이고, 너무 제한적인 용어이다. 만일 이것이 그가 태어날 때부터 소유하셨던 성품을 가리키기 위하여 의도되었다면, 예수는 먼 곳에 있게 되고 더 이상 진정한 인간이 아닌 것처럼 보인다. 그러나 이것은 복음서 기자들이 예수의 시험과 번민과 투쟁에 대해 말하였던 것의 관점에서 의도되었던 것이 아닐 것이다. 그러나 그들은 예수 편에서의 실패와 죄책에 대해서, 즉 성부를 놓치거나 사람들을 포기하는 것에 대해서는 아무것도 말하지 않는다. 그랬다면 예수는 모든 다른 사람들 가운데 한 사람에 불과했을 것이다; 그랬다면 하나님과 사람의 계약은 인류 안에서 결정적으로 확립되지 않았을 것이고, 여전히 계속해서 문제로 남았을 것이다. 그러나 부활을 통하여 그는 '능력으로 하나님의 아들로 인정되셨'고 그의 삶은 '성결의 영'으로 말미암아 다스림을 받는 것으로 나타나게 되었다(롬 1:4).

이런 의미에서 기독교 신앙은 예수의 무죄성에 대한 믿음과 더불어 서거나 넘어진다. 그러나 우리 모두와 같이, 그는 바로 그 자신이 되셔야 했다. 온 세계가 그를 그의 소명으로부터 끌어내리려고 하였다. 그가 여기에 굴복하실 수 있었을까? 부활의 빛에서, 돌이켜 보면, 이 질문은 부정으로 답변될 수 있을 것이다. 그러나 예수는 이것을 미리 알지 못하였며 적대하는 세력들의 완전한 충격을 감지하셨다. 그는 이것에 의하여 격려를 얻었을 때, 의지할 수 있는 자신의 무죄성을 알지 못하였다. "우리에게 있는 대제사장은 우리 연약함을 체휼하지 아니하는 자가 아니요 모든 일에 우리와 한결같이 시험을 받은 자로되 죄는 없으시니라"(히 4:15).

부정적인 "무죄성" 대신에, 우리는 예수의 삶의 핵심을 표현하기 위하여 "인성"(humanity)이라는 단어를 표제에서 사용하였다. 이것이 진부하고 오용된 단어들이라는 반대가 제기될 수도 있을 것이다. 이것을 이 유일한 삶에 적용함으로써 우리는 인간을 위한 하나님의 목적의 깊이와 넓이를 강조하고 싶은데, 그것에 대해서 우리는 26장에서 비슷한 기분으로 언급하였다. 여기에는 하나님과 이웃, 그리고 자연에 대한 그의 삼중적 관계 속에서 인간됨이 무엇인지에 관한 완전한 구조가 나타난다. 여기에 또한 사랑과 자유로서 인간됨이 무엇인지에 대한 최고의 특성이 나타난다. 여기에서 인간 존재는 그것의 완전한 성숙에 도달하였고 따라서 완전히 하나님의 동반자와 도구가 되었다. 이러한 종류의 인간성은 우리와 관계가 없다. 우리는 단지 그것이 무엇과 같은 것인지에 대한 암시만을 가지고 어떤 단편들만을 단순히 인식할 수 있다. 이것은 우리가 따르지 않는 본보기로서, 따라서 인간성의 문제에 관한 우리의 실패에 대한 끊임없는 비난으로서 우리 인간 세계 안에 외롭게 서 있다. 그러나 이것은 이 새로운 형태의 인간됨에 연루되도록 우리를 초청하는 초청으로서, 따라서 우리가 우리 스스로 선택한 길에서 찾는 것보다 무한히 더 나은 어떤 것을 하나님이 우리를 위하여 생각하고 계신다는 약속으로서 중요하게 서 있다. 그러나 이 인간성이 우리를 위한 해방과 신생을 가져오는 구원을 의미한다는 것과, 그것의 방법은 이 지상 생애가 고립된 사건으로서가 아니라, 그것의 과정이 다음 장에서 우리의 관심사가 될 역사의 시작으로서 간주될 때에 단순히 분명하게 될 수 있다.

30장과 31장에서 우리가 예수의 삶을 바라보았던 종말론적인 전망이 여기에서는 더 이상 나타나지 않는다는 사실을 독자들은 인식할 수 있었을 것이다. 전망과 구조들로서 이것은 바르게 먼저 제기되었지만, 예수의 실제 사역에서는 이 구조들이 배경으로 물러났다. 하나님의 나라는 미래의 완성된 계약관계를 위한 용어이지만, 예수에게서는 이 하나님의 나라가 이제 "가까이 왔다"(엔기켄, 막 1:15), "너희에게 임하였다"(에프타센, 마 12:28), 실제로 "너희 가운데 있다"(엔토스 휘몬, 눅 17:2)는 사실에 모든 강조점이 주어지고 있다. 조직신학자들 가운데, 특히 판넨베르크는 또한 그의 인간학의 관점으로부터 가능한 한 많이 예수의 지상 생애를 종말화하고 있다. 예수를 특별히 하나님의 통치의 근래성(nearness)의 전령으로 봄으로써, 그는 (예수 자신이 가까이 온 하나님 나라이며 미래에 대한 진술들이 이것으로부터 그 힘을 끌어온다는) 사실을 희생하고서 이 생애를 너무나 지나치게 미래적이고 지성적인 영역 안에다 두고 있다. "실현된 종말론"이라는 표현은 따라서 부정확할 수가 있다: 예수에게서는 "실현되는 종말론"으로서의 현재가 실제로 중심에 서 있다. 이런 이유로 해서 판넨베르크는 예수의 지상 생애에 대하여 명쾌하게 언급하기 시작할 때, 그의 기독론 전체 속에 공명되지 않는 모든 종류의 요소들을 도입하지 않을 수 없게 되었다(*Jesus—God and Man*, par. 6 II).

예수의 삶의 영역으로서의 자유는 단지 최근에 와서 좀더 주목을 받고 있다. 예를 들어 P.M. van Buren, *The Secular Meaning of the Gospel*(1963), 특히 V: "그는 유일한 자유의 권위를 가지고 단순히 말씀하고 행동하셨다"를 보라. 부활절에 "예수의 자유가 전염되기 시작하였다." 그 때 이후로 기독교인들이 예수에 대해 말하는 것은 "그들을 해방시켜준 자유인의 이야기"이다. 반 뷰렌에게 있어서 이 자유는 상당하게 자율과 같이 보이며, 이웃에 대한 사랑은 단순히 부수적으로만 언급되고 하나님에 대한 사랑은 전혀 언급되지 않고 있다. 여기에서 현대적인 자유의 파토스가 예수에게로 투사되고 있다. 이것은 특별히 그가 혁명가로서 묘사되는 곳에서 이루어지고 있다. 이것의 부정확성에 대해서는 M. de Jonge, *Jesus: Inspiring and Disturbing Presence*(E.T. 1971), IX(마태복음 6:33에 호소하면서)를 보라. 예수 안에 있는 이 자유와 이 혁명적인 정신에 대한 최상의 가장 깊고 광범위한 논의는 Barth의 *CD* IV.2, pp. 171-179에서 주어지고 있다.

우리의 실존주의적이고 실증주의적인 시대는 예수의 자연에 대한 독특한 관계를 어떻게 다루어야 할지 거의 알지 못한다. 의심할 바 없이 이것은 어떤 전설적인 자료를 포함하고 있지만, 그 배후에는 분명히 역사적인 핵이 들어 있다. 신약 연구의 개관을 위해서는 H. van der Loos, *The Miracles of Jesus*(1965)를 보라; "싸움의 행동"(Kampfhandlungen)으로서의 예수의 치유의 중요성을 위해서는 Barth, *CD* IV.2, pp. 209-247을 보라; 부분적으로는 역사적이고 부분적으로는 조직적인 취급이 *MS* III.2, 8,3,4장에서 제공되고 있다.

우리가 아는 것처럼, 치유와 자연 기적들을 이해하는 열쇠는 구약의 미래 기대와의 연관 속에 놓여 있다(cf. 마 11:5).

예수의 무죄성에 대한 많은 글들이 쓰여졌다. 고전적인 신학은 이것을 정적이고 존재론적으로 죄를 지으실 수 없음(impeccabilitas)으로 이해하였다. 그렇게 되면 유혹과 투쟁을 위한 여지가 존재하지 않는다. 이것은 슐라이어마허에게서도 여전히 완전하게 적용되는데, 그의 견해에 의하면 "그의(예수의) 하나님 의식의 끊임없는 힘"이 모든 내적인 투쟁을 배제하였다(CF pars. 93.4; 98.1). 그렇게 되면 우리의 감정에 대하여 예수는 비인간적인 존재로 된다. 사실상 신약은 예수를 그렇게 묘사하지 않는다. 우리는 본질적인 죄를 지으실 수 없음보다는 기능적인 죄를 짓지 않으심(impeccantia)에 대해서 말하기를 선호한다. 그러나 이것들이 분리될 수 있는가? Korff, *Christologie*, II, par. 9 IV; P. Schoonenberg, *Hij is een God van mensen*, pp. 138-144를 보라. 신약에서 이 주제는 규칙적으로 나타난다: 요 8:46; 롬 8:3; 고후 5:21; 히 4:15; 5:7f.; 7:26; 9:14; 벧전 2:22; 3:18; 요일 3:5를 보라.

신앙의 연구가 여기에서 마주치는 문제는 대체로 성격상 철학적이다; 이것은 존재와 역사성, 혹은 본질과 실존의 관계와 관련된다. 인간 존재는 그것의 결과가 선택자에게는 사전에 불확실하지만, 회고해 보면 일관된 삶의 패턴을 가져오는 일련의 선택들 속에서만 스스로를 실현하고 드러낸다. 흠정역(AV)에서는 히브리서 4:15의 코리스 하마르티아스가 "죄는 없으시고"로 번역되고, 개정표준역(RSV)에서는 "죄를 짓지 않으시고"로 번역된다. 이러한 변화는 존재론적인 사고에서 기능적인 사고에로의 이동과 전부 관련되어 있다! 예수의 무죄성에 반하여, 마가복음 10:18이 때때로 인용되지만: "네가 어찌하여 나를 선하다 일컫느냐 하나님 한 분 외에는 선한 이가 없느니라"(cf. 마 19:17의 병행절), 이것은 예수가 겸손하게 자신이 아니라 하나님을 가리키는 것이 정확히 그의 무죄성의 일부였다는 사실을 보지 못한 잘못이다.

34. 죽음과 화해

예수의 지상 생애는 사형선고와 고난과 죽음에 이르렀다. 이 사건과 이것에 이르게 된 상황들이 복음 설화의 약 절반을 점유하고 있다. 따라서 예수의 생애와 죽음 사이에는 매우 밀접한 관계가 존재한다. 우리는 만일 예수가 단지 죽기 위해서 지상에 오셨던 것처럼 이것을 정통적으로 풍자해서는 안된다. 그는 살기 위해서 오셨지만, 이 세상에서 죽을 수밖에 없었던 그런 방식으로 살기 위해 오셨다. 이런 이유로 해서 우리는 결코 예수의 고난과 죽음을 상황들의 불행한 결합으로 간주해서는 안된다. 이 고난과 죽음 속에서 예수는 그가 선택하신 삶의 결과들을 필연적이고 자발적으로 받아들이셨다. 그리고 오직 그가 이 결과를 받아들이셨을 때에만, 그의 삶은 복음서 기자들과 우리가 그의 말씀과 행동 속에서 감지하는 그 최종적인 진지성을 갖게 되었다. 그는 하나님의 나라를 인간에게로 가까이 가져오셨으며, 이것을 위하여 스스로 대가를 지불하실 준비가 되어 있으셨다. 오직 이 희생 속에서만 그가 가져오신 새로운 인간성이 완성되고 전적으로 드러나게 되었다.

16장으로 된 마가복음에서 수난의 첫번째 선언은 이미 8:31에서 나타난다 (두번째는 9:31; 세번째는 10:33f.에서); 그러나 이 수난은 3:6에서 앞서 그것의 그림자를 투사하고 있다. 이런 이유로 해서 캘러(M. Kähler)는 마가복음을 "정교한 서론을 지닌 수난사(史)"라고 부를 수 있었다. 다른 복음서 기자들도 본질적으로 동일하며, 요한은 가장 동일하다.

삶과 죽음의 관계에 대한 (변호할 수 있는) 극대화가 하이델베르크 요리문답 제 37답에서 주어지고 있다: "지상에서의 그의 전생애 동안에, 그러나 특히 마지막에 그리스도는 몸과 영혼으로서 전인류의 죄악에 대한 하나님의 진노를 체험하셨다." 수난에 대한 (불쾌한) 고립이 제네바 요리문답 제55답에서 주어지고 있다: "왜 당신은 그의 생애의 모든 이야기를 생략하고, 탄생으로부터 죽음으로 곧장 옮겨가십니까? 그 이유는 이것의 본질을 어느 정도 포함하고 있는 것으로서, 여기에서 우리의 구원에 그렇게 관련된 것을 제외하고는 아무것도 다루어지지 않기 때문입니다."

판넨베르크는 그의 「기독론」(Jesus—God and Man)에서 다음과 같이 수난에 대한 논의를 시작할 때에 (마찬가지로 불쾌한) 분리를 만들고 있다: "예수의 활동에 대한 논의 이후에, 우리는 그의 운명으로 돌아간다"; 그리고 이것을 어느 정도 수정한 이후에, 그는 이 부분을 끝맺고 있다: "그럼에도 불구하고, 그의 수난과 죽음은 그에게 일어났던 어떤 것으로 남아 있으며, 하나님의 나라의 근래(近來)에 대한 메시지를 지니고 있는 그의 활동과 동일한 의미에서, 그 자신의 행동으로서 이해되어서는 안된다"(p. 245). 정반대의 견해는 예수가 "교리적인"(묵시적인) 확신 때문에 예루살렘에 가기를 원하셨고, 그렇게 해서 그의 죽음을 통하여 하나님의 나라를 강제로 도래하게 만드는 페이라스모스를 일으키실 수 있었다고 하는 견해로 「역사적 예수의 탐구」(The Quest of the Historical Jesus)에서 전개되고 있는 슈바이처의 관념이다. 그러나 이 이론은 양식 비평방법에 의해서 효력이 없는 것으로 나타난, 본문의 사용에 근거하고 있다.

삶과 고난의 관계에 중요한 것은, 이것들이 하나의 사건에 대해 언급되었는지의 문제와는 관계없이, 누가복음 12:49와 50의 두 진정한 말씀들이다. 예수는 세계의 과정을 바꾸시기 위해 오셨지만(불), 자신이 스스로 희생물이 되실 것을 알고 계셨다(세례); TDNT VI, p. 944를 보라: "예수는 그 자신이 연루되실 불의 심판을 지상에 가져오실 것이다."

유대인들이 예수의 죽음에 일방적으로 책임을 지게 되었던 오랜 세월 후에, 이제 그의 죽음을 빌라도나 혹은 작은 무리들에게 혹은 예수 자신의 행동들과 다소 관련되지 않은 동기들에 전가하려는 경향이 존재한다. H. van der Kwaak, *Het proces van Jezus*(1969), 특히 VI와 VII, 그리고 De Jonge, *Jesus: Inspiring and Disturbing Presence*, IX를 보라. 정확한 역사적 사실들이 무엇이든 간에, 신앙은 이스라엘과 예수에 대한 하나님의 길의 전체적인 맥락 안에서, 이 삶과 죽음을 시간과 장소의 변화들에도 불구하고, 모든 백성들 가운데에서 일어났던 필연적인 사건으로 간주한다.

그의 인격과 사역 속에서 예수는 계약을 성취하러 오셨거나, 혹은 그 자신이 이것을 그의 시대의 언어로 부르셨던 것처럼: 하나님의 나라를 가까이 가져오기 위하여 오셨다. 하나님과 사람의 연합의 축제가 도래하였고, 그는 사람들을 왕의 잔치 자리에 관대하게 초대하셨다. 그러나 초대된 이스라엘은 참여하기를 공적인 대변인의 입을 통하여 거절하였다. 정확히 하나님께서 인류가 새로워질 수 있도록 새 사람을 주셨기 때문에, 세상에서는 하나님의 왕적인 통치를 위한 자리가 존재하지 않는다는 사실이 이전보다 더 분명하게 되었다. 사람들은 이 근래(近來)를 견딜 수가 없다. 예수는 언젠가 하나님의 뜻이 땅에서도 이루어지게 될 것이라는 사실을 결코 의심하지 않았지만, 그의 길이 직접 하나님의 나라의 완성에 이르지 않고, 그것들 사이에 그 자신이 통과해서 가야만 하는 입을 벌린 심연이 존재한다는 사실을 발견해야만 하였다. 성부와의 친교 속에서 한 걸음씩, 그는 이 발견을 이해하면서 그것을 사람들에 대한 그의 소명 안에 통합하였다. 예수는 사람들을 하나님의 나라에 초대하였다. 그러나 외관상으로 보기에는 이 초청이 충분하지 않았다: 하나님은 이것 이상을 원하셨고 사람들은 그것 이상을 필요로 하였다. 따라서 예수는 "잔"을 남김없이 마시는데 동의하셨다. 그 이유는 "한 알의 밀이 땅에 떨어져 죽지 아니하면 한 알 그대로 있고 죽으면 많은 열매를 맺기"(요 12:24) 때문이다.

여기에서 하나님과 성자와 사람들 사이에서 일어나는 것은 우리가 아는 것처럼, 요한복음에서 가장 깊이 파악된다. 방금 언급된 말씀들은 "인자가 영광을 얻을 때가 왔다"는 말씀에 이어지고 있다. 그리고 유다가 그를 배반하기 위해 떠난 이후에, 예수는 "지금 인자가 영광을 얻었고 하나님도 인자를 인하여 영광을 얻으셨도다"(13:31)라고 말씀하셨다. 그 동안에 정확히 정반대의 일이 일어나는 것처럼 보인다. 그러나 하나님의 "영광", 즉 그의 존재의 아주 깊은 곳에서의 그분의 속성은 겸손이며 아무것도 아닌 것을 위해 멈추시는 그의 사랑이다. 그것이 결합될 수 있는 사람 안에 더 적게 있음에 따라서, 그리고 그것을 둘러싼 고독과 어두움이 더 깊어짐에 따라서 이것은 더욱 분명하게 빛난다.

이와 대조하여 성자의 참된 인성은 이 영광의 처분에다 자신을 맡기고, 자기 부인(否認)과 더불어 그가 그 진정한 한계까지 감에 따라서 더욱 분명하게 드러난다. 그렇게 맞서서 성부와 성자는 상호간에 서로를 붙들고 계시며, 영광과 사랑과 계약의 성실성이 모든 인간의 저항에 대해 승리하도록 결정하셨다. 이 저항은 예수와 성부 사이의 친교를 깨뜨릴 수 없으며 따라서 예수와 사람들 사이의 사귐도 깨뜨릴 수 없다. 외적인 패배와 내적인 투쟁이 크면 클수록, 사랑의 계시는 더 크게 되고, 성자는 더욱 "높이 들리신다"(요 3:14). 예수의 죽음과 함께 계약은 영원히 붕괴되는 것처럼 보인다. 그러나 성자는 성부와 사람들을 끝까지 붙들고 계시며 그렇게 해서 계약은 사라지지 않고 완성되었다. 예수의 수난과 죽음의 중요성은 그가 하나님을 위하여 사람들과, 그리고 사람들을 위하여 하나님과 지속적이고도 완성된 하나됨이다.

예수는 그의 수난의 길 역시 하나님의 구속의 길의 필수적인 일부분이었다는 사실을 아셨거나 혹은 모든 상황에도 불구하고 믿으셨다. "이것"을 아는 일 이외에도, 그는 또한 왜(why)와 무엇 때문에(what for)를 알고 계셨는가? 예수가 그의 수난이 무엇을 위한 것이었는가를 정확히 알고 계셨다는 전통적이고 정통적인 견해는 가장 진정한("거슬리는 것이기" 때문에) 사실들의 어떤 것, 즉 겟세마네 동산에서의 기도에 있어서의 그의 번민(막 14:32-42)과 십자가로부터의 그의 고민에 찬 외침 — "엘로이 엘로이 람마 사박다니"(막 15:34) — 과 모순된다. 이 두 구절에서 우리는 예수를 자기 앞에 놓여 있는 길에서 뒤로 움츠리시는 괴로움에 찬 인간으로 본다. 겟세마네에서 그는 고난을 원치 않으셨지만, 하나님의 구원의 뜻이 수행되어야 한다는 그의 소망이 더욱 강하였다; 그렇게 해서 그의 영혼의 번민은 새로운 순종으로 끝을 맺었다. 십자가 위에서 그는 자신의 고통 속에서 시편 22편의 의인의 고난을 인식하셨다. 그러나 유대교의 인용 방식을 고려할 때 우리는 예수가 **전체** 시편을 자신에게 적용하셨다고 생각하지 않으면 안된다: 그 때에 그의 영혼의 고민은 새로운 확신으로 끝을 맺었다(시편 22:3-5, 9f., 22-31).

그러므로 우리는 예수의 하나님의 버리심에 대한 흔히 들었던 주제에 대해 언급하는 것을 피하는 것이 좋겠다. 정확히 영혼의 번민과 순종과 확신에 관한 이러한 말들 속에서 성자(요한과 더불어 말씀하시는)는 영광을 받으셨고 성부는 그 안에서 영광을 받으셨다. 수난의 역사에서 시편 22편을 인용한데 대해서는 C.H. Dodd, *According to the Scriptures*(1952; 1965 ed., pp. 97f.)와 E. Fromm, *You Shall Be as Gods*(1967)을 보라. 프롬은 또한 부록인 "시편 22편과 수난"(Psalm XXII and the Passion)(pp. 231-236)에서 요한복음 19:30의 "다 이루었다"가 시편 22편에 나오는 마지막 말씀들의 의도적인 인용일 것이라고 지적하였다.

그러나 위의 글에서 우리는 예수에게 있어서 절대적으로 맹목적인 순종과 포기가 있었다고 말하고 싶지는 않다. 구약에 의해 인도를 받으면서 그는 자신의 신앙의 길을 찾으려고 노력하였다. 그곳에서 그는 의인의 수난에 대해 언급하는 모든 구절들을 발견하였다. 비록 복음서들 속에서 예수가 이전과 그의 수난 속에서 어떻게 구약을 읽었는지, 그리고 그의 부활 이후에 구약이 어떻게 기독교 공동체를 위한 기능을 갖기 시작하였는지를 구분하기가 종종 어렵지만, 그는 그곳에서 우리가 복음서들 속에서 발견하는 그의 수난의 길에 대한 다른 지시들을 또한 발견하였다.

계약이 예수의 수난과 죽음을 통하여 폐지되지 않고, 확립되었다는 사실을 그들이 믿었을 때 예수와 (그의 부활 이후에) 그의 추종자들은 무엇을 생각하였는가? 그들은 구약 성경에서의 하나님의 길과 약속들을 생각하였다. 오직 이 빛 속에서만 예수의 수난은 보여지고 이해될 수 있었다. 그러나 그들은 어떤 요소들을 생각하였는가? 최초의 신앙고백들 중 하나에서 우리는 "이는 성경대로 그리스도께서 우리 죄를 위하여 죽으시고"(고전 15:3)라고 읽는다. 이것은 예수가 그의 제자들과 함께 하셨고, 그곳에서 "(새)계약", "내 피", "많은 사람들을 위한"과 같은 말들이 함께 들려졌던 최후의 만찬에 대한 전승을 우리에게 상기시켜 준다. 구약 성경에서 모세와 맺은 계약은 피로써 수립되었다(출 24:8). 같은 방식으로 새 계약(렘 31:31)은 생명의 포기 없이는 확립될 수 없었다.

그러나 그 때에 이것은 대표로서 많은 사람의 죄를 짊어지는 하나님의 고난당하는 종의 생명의 희생이어야 했다(사 53:12). 이스라엘의 길에 가입된 사람들과, 하나님과 함께 하는 그 길에서 얻어진 경험들에 대해서, 예수의 수난과 죽음이 이 빛 속에서 읽혀져야 한다는 것은 자명한 것이었다. 계약의 소외는 너무나 무서운 것이어서 대표자는 오직 그의 생명을 대가로 해서만 화해를 가져올 수 있었다.

우리는 앞에서 대표자와 대표라는 단어를 사용하였다. 이 단어들 속에서 우리는 우리의 구원의 최종적이고 견고한 핵심을 만나게 되는데, 이 핵심이 더 심도있게 나누어지거나 해명될 수 있는지 여부가 상당히 큰 문제이다. 구약 성경에 나오는 계시의 위대한 증인들은 하나님으로부터 소외된 이스라엘이 하나님께 대하여서는 사람들을, 사람들에 대하여서는 하나님을 대표함으로써 당사자들을 화해시키고 결합시킬 수 있었던 어떤 사람을 필요로 하였다는 사실을 더욱더 인식하였다. 우리 인간 세계는 이 사람을 산출할 수 없는 것으로 판명되었다. 하나님께서는 성자 예수 안에서, 인간을 구원하시려는 투쟁 속에서 새롭고 환원될 수 없는 행동으로, 이 사람을 창조하셨다. 이 새 사람의 창조는 따라서 그 자체 안에서 은혜와 구원의 행동이다. 그의 전체 모습은 계약의 소외라는 사실에 의해서 동기를 얻게 되었고, 이것은 "우리의 죄 때문에" 존재하기 때문에, 따라서 이것은 하나님의 용서하시고 화해하시는 동작이다. "하나님께서 그리스도 안에 계시사 세상을 자기와 화목하게 하시며 저희의 죄를 저희에게 돌리지 아니하시고"(고후 5:19). 예수의 삶의 모든 부분은 이 징표에 의해 표시되었다. 그리고 이 대표자, 즉 이 중보자로부터 우리를 그에게로 결합하시고 그렇게 해서 성부에게로 결합하시는 힘들이 이제 나와야 한다. "그런즉 누구든지 그리스도 안에 있으면 새로운 피조물이라 이전 것은 지나갔으니 보라 새 것이 되었도다"(고후 5:17).

그러나 대표자가 성부에 대한 그의 순종 속에서, 그리고 반역적이고 적대적인 인간과 연대하여 끝까지 나아가시고, 양자 중의 어느 쪽도 이것을 행할 이유를 그에게 제공하는 것으로 보이지 않을 때에도 양자를 계속해서 붙들고 그들을 함께 결합하실 때까지는 이것이 일어나지 않는다. 이 삶이 대표적이고 화해적인 것이라는 사실은 오직 이 절정과 밑바닥 즉 죽음에서만 나타난다. 이곳으로부터 성령의 능력이 나중에 세계 안으로 나오시게 될 것이다. 그러므로 예수 안에 포함된 구원의 전부는 십자가와 수난, 죽어감, 죽음, 피(즉 삶의 포기)와 같은 낱말들로 요약될 수 있다. 그 안에서 중보자는 그와 하나님의 원수들과의 한계와 자신을 동일시하시고, 모든 죄책을 스스로 짊어지고 가시며, 사람을 대신하고 위하시는 대리자(代理者)로서 이것을 완전히 도말하신다. "하나님이 죄를 알지도 못하신 자로 우리를 대신하여 죄를 삼으신 것은 우리로 하여금 저의 안에서 하나님의 의가 되게 하려 하심이니라"(고후 5:21).

십자가 위에서 옛 사람과 새 사람, 그리고 하나님 사이에 결정적인 만남이 일어난다. 여기에서 인간은 그의 삶을 향한 하나님의 궁극적이고 새롭게 하시는 목적들의 원수로서 취소할 수 없는 방식으로 드러나게 된다. 그러나 우리가 우리의 구원과 신생을 위하여 지불하기를 거절하는 하나님과 우리의 이웃에 대한 우리의 삶의 철저한 포기의 대가가 여기에서 이 새 사람에 의해서 대리적으로 지불된다. 이 행동 속에서 새롭고 참된 인간성의 비밀 즉 이것의 상실을 통한 삶의 보존과 죽음을 통한 열매 맺음이 드러나게 된다. 그렇게 해서 하나님이 여기에서 분명하게 계시되고 죄인을 사랑하시고 죄를 미워하시며, 죄인에게로 가는 길을 열어 놓으시기 위하여 죄를 가져가 버리신 거룩한 사랑으로서 단번에 정의된다.

위에서 언급된 것은 예수의 수난과 죽음의 구속적인 필요성을 말로 표현하는 한 가지 방법이다. 신약에는 몇 가지 다른 방법들이 존재하고 교회사에서는 무수하게 더 많은 방법들이 존재한다. 이것을 말로 표현하기 위하여 언제나 새로운 시도들이 이루어지지만, 그것은 결코 신학적인 일치에 이르지는 못하였다. 죽음과 구원의 결정적인 관계를 우리가 말로 표현하지 못하게 만드는 두터운 안개가 남아 있으며, 할 수 있다고 생각하는 사람은 종종 이 관계를 피상적이고 이성적이며 너무나 인간적인 것으로 만든다. "내 생각들은 이 대양에 잠겨버린다." 동방 교회는 이것을 그냥 내버려두었다. 사실상 존재론적인 사고 방식을 가지고 동방 교회는 그의 사역보다는 그리스도의 인격에 훨씬 더 관심을 가지고 있었다. 기독론과 관련된 대(大)공의회들에서는 동방 교회의 사고가 지배하였고, 이와 대조하여 서방 교회는 주로 그리스도의 사역에 관심을 갖고 있었다. 많은 신학자들이 이 사역을 다소간 이해할 수 있는 이론들로 포착하려고 노력해 왔다. 이러한 사실은 이것이 십자가와 화해에 관한 보다 심오하고 보편적으로 인정되는 교회의 선언들에 결코 이르지 못하였다는 사실을 더욱더 현저하게 만든다. 예수가 하나님과 우리들 사이의 장벽을 제거하시기 위하여 우리의 대리자로서 우리의 죄를 위하여 죽으셨다는 사실(that) — 이것은 언제 어디서나 신앙의 본질에 속하는 것이었다. 이것이 정확히 그렇게 되어야 하는 이유(why)와 십자가와 화해의 관계의 정확한 성격 — 그 이론이 무엇이었든지 간에, 직관적으로 기독교 공동체는 언제나 이것을 충분하지 않은 것으로 발견하였다.

실제로 이미 신약에서 문제는 다른 것이 아니었다. 지배적인 것은 구원의 토대로서 수난과 죽음의 "그것"(that)이다: 예수의 수난은 출애굽과 구원의 이야기로서 일차적으로 공동체를 향해 언급된다. 아마도 최초의 성찰들은 사도행전에서 발견될 것이다(2:23; 3:18; 4:27f.). 그곳에서 십자가는 특히 부활에서 하나님에 의해 제거된 인간의 죄와 죄책의 징표이다; 그러나 예수는 이사야 53장(3:13, 26; 4:27, 30)의 에베드와 관련하여 여기에서 오히려 파이스라고 불리어지며, 따라서 최종적으로 분석할 때 그의 죽음은 하나님의 구원 계획 밖에서 일어나지 않았다(2:23; 4:28). 그러나 어떻게 그리고 왜 그런가? 우리는 요한이 독사와 독사조라는 단어의 도움을 받아서 이 질문에 답하려고 어떻게 노력하였는지를 이미 주목하였다. 그러나 그는 이 점에 있어서 홀로 서 있다. 특별히 바울은 뚜렷하게 서술적인 개념들이 아니라 법정적(롬 8:3; 갈 3:13)이고 제의적(롬 3:25; 고전 5:7)이며 재정적(롬 3:24[?]; 고전 6:20; 갈 3:13; 골 2:14; cf. 막 10:45; 벧전 1:18)이고 군사적인(골 1:13; 2:15; cf. 막 3:27; 히 2:14) 삶의 영역들에서 가져온 이것을 지시하는 다양한 그림들 속에서 십자가의 중요성을 표현하려고 노력하였다.

여기에서 언급된 구절들은 비유적인 언어가 단순히 바울에게서만 발견되지는 않는다는 사실과 이 이미지들이 함께 결합되고 혼합되어 있다는 사실을 입증하고 있다. 히브리서 저자는 제의적인 이미지들을 아주 자세히 언급하고 있다. 구약에서는 제의가 계약사(史)에서 거의 일어나지 않고 특별히 영원히 안정적인 제도로서 나타나지만, 신약에서는 예수의 삶의 희생의 빛 속에서 성전과 그것의 동물 희생의 불충분성을 보여주는 것으로서 계약의 문제에 후험적으로 관련되고 있다(히 7:11-10:18). "어린 양" 혹은 "하나님의 어린 양"으로서의 예수의 칭호는 제의적인 배경을 가질 수도 있지만, 또한 이사야 53:7(암노스: 요 1:29, 36; 행 8:32; 벧전 1:19; 아르니온: 요한 계시록의 여러 곳에서)을 암시할 수도 있다. 이와 관련하여 제의적인 용어인 힐라스케스타이, 힐라스모스, 그리고 힐라스테리온이 언급될 수 있다(롬 3:25; 히 2:17; 요일 2:2,4-10). 이 용어들은 구약의 제의에서 중요한 키페르와 코페르라는 개념들과의 연관성을 확립하는데, 이 용어들에 의하면 죄는 그의 은혜 안에 계신 하나님이 주시고 받으시는 생명의 대리적인 희생에 의해서 "덮이거나" 혹은 "도말되어야" 한다. Cf. 레 17:10과 *TDNT* II, *s.v.* 힐레오스, etc.

비록 구약 그 자체의 선지자의 전망 속에서는 제의가 아무데서도 이런 역할을 갖고 있지 않지만, 신약에서는 정확히 계약과 제의의 이 요소가 일반적으로 그리스도 안에서 성취된 것으로 간주된다는 사실은 분명하다. 그러나 예레미야 31장의 새 계약은 옛 계약 아래에서도 추측되었던 것보다 새롭고 훨씬 더 철저한 대리적인 삶의 포기를 필연적인 것으로 만들었다(막 14:24; 히 8, 9장). 예수의 희생이 오래된 제의의 완성과 폐지를 의미하였다는 사실은 이제 도입되고 있는 계약의 단계가 얼마나 철저하게 새로운 것이었는지를 입증해 주었다.

여기에서 대리(substitution), 죄책의 전이, 그리고 형벌과 같은 개념들에 대하여 약간의 설명이 첨가되어야 할 것이다. 처음 단어는 종종 십자가와 관련하여 사용된다. 이것은 "대표"(representation)와 동일한 것을 의미할 수 있다. 이것은 만일 우리가 대표를 전적으로 십자가와만 관련시키고 십자가를 더 이상 대리적인 삶의 확증으로 보지 않는다면 오해로 귀결된다. 도로테 죌레(Dorothee Sölle)는 「대리」(*Stellvertretung*)(1965)에서 다른 것을 위한 여지를 남겨 놓는 대리는 기독교 신앙에서 나와 나의 행동들을 불필요한 것으로 만드는 대체(代替, Ersatz)가 되어 왔음을 우려(憂慮)하였다. 그녀의 개념을 찬성하지 않더라도, 그녀의 두려움은 충분히 인식할 수 있다. 그러나 신약에서는 이러한 두려움을 위한 근거가 존재하지 않는데, 그 이유는 대리의 다른 측면

이 성령을 통한 우리의 참여이기 때문이다(36장을 보라).

죄책의 전이라는 개념은 "대리"에 대한 좀더 근접한 근사치이다. 그러나 이것이 옳은가? 생명에 대한 우리의 실존주의적이고 자율적인 전망은 이것에 반대한다: "나의 마지막 소유를 내게서 뺏어가지 마라, 나의 죄는 무덤까지 나와 함께 갈 것이다!"(H. Marsman). 그렇다면 아마도 우리의 죄의 결과들만이 전이되어지는가? 그러나 이러한 구분은 신약과는 무관하며 요한복음 1:29; 고린도후서 5:21; 갈라디아서 3:13; 베드로전서 2:24 등등과 같은 구절들로부터 그 효력을 빼앗아가는 것이 되어버릴 것이다. 대리는 전체적이다. 죄책은 관계적인 개념이다. 하나님 앞에서 우리의 빚(죄책)은 막대한 것이며, 대표는 그 안에서 이 관계가 회복된다는 것, 즉 우리 편에서 이 관계를 가로막았던 것이 단순히 그의 완전한 사랑과 순종의 빛 속에서 더 이상 추궁되지 않는다는 것을 의미한다(고후 5:19). 실제로, 그의 죄책을 옮길 수 있는 힘을 갖고 있는 사람은 아무도 없다. 그러나 계약의 대표자이신 예수는 우리의 죄책을 명백하게 떠맡으실 수 있으시다 — 다시금 우리는 다음 문제에 봉착하게 된다: 왜? 왜 대표가 가능한가? 그리고 왜 이것이 생명의 전적인 희생을 필요로 하는가? 그리고 이 희생은 죄책의 인수와 어떻게 관련되는가? 신약은 "그것"을 단언하지만, "왜"와 "어떻게"에 대해서는 대답하지 않는다. 그것이 하나님의 비밀이다. 분명히 "많은 아들을 이끌어 영광(독사)에 들어가게 하시는 일에 저희 구원의 주를 고난으로(파쎄마톤) 말미암아 온전케 하심이 그에게는 합당하다(에프레펜)"(히 2:10). 데이와 에데이라는 어휘들은 역시 이것을 설명하지 않고 그것을 전달하려고 하였다. 이것들이 제시하는 유일한 설명은 : 구약의 길이 심판에서 은혜로, 죽음에서 생명으로 나아갔으며, 하나님의 뜻에 따라서 이스라엘의 대표자가 끝까지 이 길을 걸어가셔야 하고; 오직 그렇게 할 때에만 진정한 대리, 즉 우리의 자리에 대한 진정한 인수가 존재하게 된다는 것이다 (마 26:54; 눅 22:37; 24:25f., 44-47; cf. 막 8:31; 요 20:9).

마지막으로 형벌의 개념이다. 예수는 우리의 죄를 위하여 형벌을 담당하셨는가? 이사야 53:5에서 이 단어는 우연하게 사용되었다. 비록 로마서 8:3과 갈라디아서 3:13이 이것과 가깝기는 하지만, 신약은 이것을 사용하지 않는다. 그 이유는 예수가 하나님으로부터의 소외와 그것의 모든 결과들과 자신을 동일시하셨기 때문이다. 그러나 안셀무스 이후로(아래를 보라) 서방 정통신앙 속에서 발견되는 바와 같은 형벌의 개념의 법정적인 해석과 외삽은 신약과는 관계가 없다. 이것은 그것을 피하는 것이 더 낫다고 하는 그런 부담을 이 단어에 주어 왔다. 일반적으로 말해서, 오늘날에는 예수의 죽음을 우리에게 오히려 낯선 바울적이고 법정적이며 제의적인 개념들을 가지고 일차적으로 배타적으로 해석하기보다는(대개 서방 신학에서 이루어져 왔던 것처럼), 요한적인 사랑과 순종과 영화의 개념을 가지고 해석하는 것이 바람직한 것으로 보인다.

서방 교회의 신학사는 십자가와 구원의 관계에 대한 보다 상세한 설명을 제공하려고 애썼던 이론들로 흠뻑 젖어있다. 이 이론들이 예수의 수난을 그의 삶과 분리시키고, 마찬가지로 그것의 구약 배경과 분리시켰던 곳에서, 이것들은 종종 신약 증언의 신비적인 깊이와 비유적인 넓이를 둘 다 결여하고 있는 합리주의적이거나 일방적인 해석들과 함께 나타나게 되었다. 이것은 다양한 이론들을 논의하도록 우리를 너무 멀리까지 나아가게 할 수도 있으며, 더욱이 이것들은 교의학 편람들과 많은 다른 출판물들 속에서 발견될 수 있다.

우리는 서구의 사고 방식에서 그 가능성들이 십중팔구 소진되어 버린 단지 여섯 가지의 중요한 개념들을 언급한다: *Cur Deus Homo?*(왜 하나님이 사람이 되셨는가?)에 나오는 안셀무스의 이론은 하이델베르크 요리문답(주의 날 5번째와 6번째)에서의 반향을 통하여 매우 영향을 미치게 되었다; 안셀무스에 반대하는 아벨라르(Aberlard)(1130년경)는 안셀무스의 "객관적인" 속죄론에 반대하여 그의 로마서 주석에서 "주관적인" 속죄론을 발전시켰다. 깊이 심사숙고된 세번째 견해는 칼빈에 의해서 제공되었다(*Inst* II,xvi); 이것은 그로 하여금 소키누스주의로 의심을 받게 만들었는데, 그는 이것을 17장(xvii: 그가 최종판에서 덧붙였던)에서 반박하려고 하였다. 소키누스주의는 객관적인 보상(satisfaction)설을 매우 예리하게 공격하면서 나타났다; 이것은 예수의 죽음을, 화해로 보지 않고, 그의 가르침과 부활로 나아가심의 확언으로 고려하였다(서술과 문헌에 대해서는 Bavinck, *GD* III, no. 378을 보라). 리츨(A. Ritschl)은 그의 책인 「기독교 칭의와 화해론」(*The Christian Doctrine of Justification and Reconciliation*, III(E.T. 1902)), 특히 7, 8장에서 새로운 형태의 주관적인 화해론을 제시하였다. 어떤 이들에 의해서 "神의 유월절적인"(Theopaschitic) 개념으로 규정되었던, 하나님께서 화해 사역에서 전적으로 행동하신다는 개념은 바르트에 의해서 *CD* IV,1, par. 59 특히 2: "우리의 자리에서 심판받으신 심판자"(The Judge Judged in our Place)에 의해서 제시되었다. 이 흐름은 몰트만(J. Moltmann)의 「십자가에 달리신 하나님」(*The Crucified God*)(E.T. 1974)에서 계속되는데, 그는 예수의 "하나님의 버리심"을 하나님께서 무력한 사람을 받으시는 삼위일체적인 사건 속에 있는 하나의 계기로 간주하였다; 인간의 죄책과의 관계는 여기에서 바르트보다 훨씬 덜 분명하다.

화해론의 주요한 형태들에 대한 고전적인 개론은 아울렌(G. Aulén)의 「승리자 예수」(*Christus Victor*)(E.T. 1937)이다; 그 이후로 나타난 문헌에 대한 개관은 비어징가(H. Wiersinga)의 *De verzoening inde theologische discussie*(1971), 특히 1장에서 찾아볼 수 있다. 언제나 이 차이점들을 가져오는 질문들은 이 희생이 그의 진노를 진정시키기 위하여 하나님께 바쳐진 것인가? 그렇지 않으면 정확히 철저하게 다른 방식으로, 하나님께서 그의 사랑의 희생을 통하여 인간이 사랑으로 응답하도록 감동하려고 하시는가? 예수는 그의 희생 속에서 사람에 대한 하나님의 대표자인가, 그렇지 않으면 전혀 다른 방식인가? 진노와 은혜, 정의와 사랑은 하나님 안에서 어떻게 관련되는가? 하나님과 인간, 정의와 사랑, 그리고 특별히 주체와 객체에 대한 서구의 구분이 어떻게 이 논의를 지배하는지를 사람들은 주목한다.

이것들이 화해론을 합리적으로 해명할 것이라는 희망은 헛된 것이 되었다. 우리가 계약사 안에 있는 내주관성(inter-subjectivity)과 그것의 기능적인 측면으로서의 대표의 관념으로부터 출발할 때, 이 개념들과 대안들의 많은 것이 의미있게 되는 것을 그만두게 될 것이다. 그렇게 되면 심지어 하나님이 화해의 주체인지 아니면 객체인지 하는 질문조차도 더 이상 그것과 같은 것으로 제시될 수 없다. 예수 안에서 그는 그 자신이 또한 사람들과의 화해와 화평을 받아들이시는 사람을 주신다. 그렇지만 그 때에 대표자와 그의 길의 존재와 특정한 성격은 설명되지 않는다. 신약에 나오는 풍부한 이미지들은 우리가 현대의 상징들로서 이 신비를 되풀이하여 다시 표현하도록 초청한다.

비어징가(H. Wiersinga)는 *De verzoening*, 6장에서 아벨라르의 노선에서 이것을 더 표현하려고 노력하였으며; 그의 상대방인 리더보스(H. Ridderbos)는 *Zijn wij op de verkeerde weg?*(1972)에서 칼빈의 노선을 따라서 이것을 더욱 표현하려고 하였다. 객관적인 것과 주관적인 것의 대조를 극복하려는 훌륭한 시도는 화란 개혁교회 대회에서 나온 목회 서신인 *De tussenmuur weggebroken*(1967)이다.

이 장의 부록으로 죽은 자의 영역으로 내려가심에 대해 여전히 무언가 언급되어야 한다. 4세기 후반에 이것이 몇몇 신앙고백적 진술들 속에서 신앙의 조항이 되었다; 그렇게 해서 이것은 또한 사도신경에 들어오게 되었다. 그 결과 이것은 신약 케리그마의 구조에 의해 정당화되는 것보다 더 신학적인 주목을 받고 있다. 이러한 것으로서 이것은 예수가 끝까지, 즉 죽음에 들어가서까지 우리와 대리적인 연대를 계속하셨다고 말하고 있다. 그는 고난당하셨고, 죽으셨으며, 죽은 사람이 되셨다. 초대 교회는 이것을 이런 식으로 표명하였다: 죽은 자가 함께 모여있는 음부로 내려가시고(히. 스올; 헬. 하데스). 그러나 그가 하나님을 결코 버리지 않고, 이 상태에 들어왔기 때문에, 그는 이것으로부터 원칙적으로 공포를 박탈하여 버렸다. 이미 아주 초기에 이 진리는 죽은 자의 영역에서의 그리스도의 설교와, 그것으로부터의 구약 성도들의 구원의 관념들을 불러일으켰다. 애매한 구절인 베드로전서 3:19f.(cf. 4:6)은 여전히 더 많은, 즉 그리스도의 속죄의 죽음 이후에 오는 회개를 위한 기회를 불신앙 속에서 죽은 사람들을 위하여 제공하는 것처럼 보인다. 이러한 빛에서 읽을 때, 이 조항은 또한 그리스도의 사역의 보편성을 표현하려고 할 수도 있을 것이다. 이 세 가지 요소가 — 연대, 승리, 그리고 보편성 — 전부 다 옳다. 그러나 이것들은 그리스도의 인격, 그의 대표, 십자가, 그리고 부활에 대해 고백된 것 속에 이미 포함되어 있다. 이것을 넘어가는 것은 무엇이든지 종교적인 공상일 뿐이다. 칼빈은 이것이 십자가 위에서 하나님의 예수 버리심을 가리키게 함으로써 이 조항을 비신화화하였다(*Inst* II.xvi,8-12).

이것은 큰 영향을 미쳤지만, 역사적으로나(이것은 사도신경의 순서와 반대된다) 우리의 판단으로 볼 때 또한 조직적으로도(우리가 예수의 소위 하나님의 버리심에 대해서 위에서 쓴 글을 보라) 지지될 수 없는 난해한 재해석이다. 이 주제에 대한 탁월한 역사적이고 조직적인 논의들이 F.W.A. Korff, *Christologie*, II, pp. 318-340와 H. U. von Balthasar, in *MS* III.2, cf. 9.4에 의해서 주어지고 있다. 또한 Althaus, *CW* II, par. 46과 Pannenberg, *Jesus—God and Man*, pp. 269-274를 보라. 해석학적이고 역사적인 접근 방법은 D.A. Du Toit, "*Nedergedaal ter helle* …" *Uit die geskiedenis van 'n interpretasieprobleem*(1971)에 의해서 제시되었다.

35. 부활과 영화

계약의 구세주와 하나님의 나라의 창시자로서의 예수에 대한 믿음은 십자가에서 사라졌다. 그의 추종자들은 절망 속에서 달아났다. 절망이 새롭고도 유별나게 강한 신앙에 길을 내어주게 된 것은 단순히 부활하신 예수의 출현 때문이다. 그러므로 부활은 결정적인 구원의 사건으로 불리어질 수 있다. 이것이 없으면 우리가 34장에서 그의 수난의 길에 대해 내린 해석이 전적으로 허공에 매달리게 될 수도 있다. 왜 우리는 구원의 중요성을 점령지에서의 무수한 로마의 처형들 가운데 하나에 돌려야 하는가? 부활이 없다면, 우리가 남겨 놓는 전부는 고(故) 나사렛 예수, 즉 신념을 위해 죽은 많은 순교자들 가운데 하나이다. 그렇게 되면 그는 단순히 우리에게 선생과 본보기일 수 있을 뿐이다. 실제로는 그것조차도 될 수 없는데, 그 이유는 이 경우에 두 가지 관점에서 그가 실패했기 때문이다: 즉 그는 우리의 스승이 되는 자신의 역할에 있어서 너무 많은 실수를 범하였으며, 자신의 인격을 너무나 많이 눈에 띄게 앞세웠고, 본을 보이기 위하여 이것을 너무나 많이 신적인 권위로 덮었기 때문이다.

그러므로 기독교 신앙은 부활과 함께 서거나 넘어진다. 동시에 우리는 부활에 대한 믿음이 예수의 선행하는 길과 분리될 수 없으며, 이스라엘에 대한 하나님의 길과도 분리될 수 없다는 사실을 언급하지 않으면 안된다 (32장의 앞부분을 보라). 이것은 우리가 나중에 보게 되겠지만, 후속되는 역사에서의 이 부활하신 인간의 활동적인 현존과도 분리될 수 없다. 부활이 이 특정한 사람에게 일어났던 것은 우연한 것이 아니다. 만일 도대체 부활과 같은 어떤 일이 한 사람에게 일어날 수 있다면, 이것은 그에게 일어나게 될 것이다. 그와 우리에게 의미하는 것이 이제 네 가지 요점으로 설명될 것이다.

"만일 그리스도께서 다시 사신 것이 없으면 너희의 믿음도 헛되고 너희가 여전히 죄 가운데 있을 것이요", 즉 그러면 아무것도 우리의 소외의 상황에서 변하지 않은 것이다(고전 15:17). 부활이 없이는 전체 신약은 기록되지 않았을 수도 있다. 그러나 많은 신앙의 연구들에 있어서 부활의 구원적인 중요성은 상당히 빈약한데, 그 이유는 관심이 사실과 그것의 성격에 대한 역사비평적인 질문들에 초점을 맞추고 있기 때문이다. 예를 들어 Trillhaas, *Dg* ch. 19와 Weber, *Gl* II, ch. 2, par. 24를 보라. 역사비평적인 측면에 대해서는 우리가 31장에서 언급하였다. 신앙은 훨씬 더 넓고 깊은 토대 위에 서 있지만, 신약의 증인들이 예수의 길 전체의 빛 가운데서 해석할 수 있었던 예수의 죽음 이후의 부활 현상에 대한 확실한 지식이 없이는 이것이 존재할 수 없다. 다음과 같이 말할 때 브룬너는 과장하고 심지어 부정확하다: "실제로 우리는 다음과 같이 말할 수 있을 것이다: 비록 부활에 대한 설화들이 전혀 존재하지 않는다 하더라도, 우리는 그를 부활하신 주님으로 믿을 수 있을 것이다"(*Dg* II, p. 371; 그러나 또한 이어지는 제약 조건을 보라).
우리는 여기에서 "부활"을 언급하고 있다. 그러나 일반적으로 신약은 "일으키심"을 언급하고 있다(에게이레인, 에게르쎄나이, 에게르시스; 마태와 누가 복음에 나오는 수난 고지들을 보라: 나아가서 특히 행 3:15; 4:10; 5:30; 롬 1:4; 4:24; 6:24; 8:11; 고전 15장 여러 곳; 고후 4:14; 갈 1:1; 엡 1:20; 골 2:12). 이 많은 단어들이 가지고 있는 빈도와 고백적인 어투는 "일으키심"이 일어났던 일에 대한 가장 적절한 표현으로 간주되었음을 보여준다. "부활"은 훨씬 적게 나타난다(안히스타나이, 아나스타시스; 마가복음에 나오는 수난 고지들을 보라 — 마태에 의해서 수정된! — 나아가서 살전 4:14과 요 11:24f.; 요한에게는 아들이 매우 "자율적이다", 2:19; 10:18을 보라). 우리는 현재의 용법을 따른다.

그러나 우리는 예수의 부활이 무엇보다도 하나님 편에서의 창조 행위였다는 사실을 잊지 않고 있다. 그러나 이 행동은 임의의 개인이 아니라, 하나님의 목적과 약속들을 고려하여, 이것을 위해 그의 생명이 요청받았던 이에게 일어났다. 어떻든 간에, 그렇다면 여기에서 우리는 신인협동설을 언급할 수도 있을 것이다; cf. S. Boulgakof, *Du verbe incarné*(1943), pp. 317-320.

다음 네 가지 요점으로 논의될 부활의 다양한 측면들에 대한 탁월한 통찰은 J.M. de Jong, "De opstanding van Christus", in *Geloof en natuurwetenschap*, II(1967), pp. 67-117와 Klappert, *Diskussion um Kreuz und Auferstehung*, 특히 pp. 10-52에서 주어지고 있다.

1. 우리가 지금까지 언급한 것은 부활의 중요성이, 그의 삶과 죽음에 있어서 예수의 길의 신적인 정당성이라는 점에서 무엇보다도 소급적이라는 사실을 의미한다. 하나님으로부터의 이러한 예외적인 징표 없이는 우리는 그의 삶과 그것의 포기의 예외적인 성격에 대하여 아무런 확신도 가질 수 없었을 것이며, 그 삶은 단순히 제한된 시간을 위해서만 일단의 소수의 사람들의 관심을 끌게 되었을 것이다. 하나님이 예수 안에 계셨다는 사실을 우리가 아는 것은 오직 부활을 통해서이다.

그러나 이러한 정당성은 우리의 지식뿐만 아니라, 우선적으로 예수 자신의 존재에도 관계된다. 죽은 자로부터 일으키심에 있어서 하나님은 이 삶을 정당화하시며, 오직 이 생명만을 유효한 것으로서, 즉 그의 계획과 일치된 삶으로 선언하신다. 그리고 이 선언은 영예를 주시는 형태로, 즉 더 높은 상태로 이 생명을 고양하시는 모습으로 일어난다(항목 2를 보라). 이 생명과 오직 이 생명만이 하나님을 대신하여 "승리로 관을 쓰게 되는" 것이다. 오직 땅에 떨어져 죽은 밀알만이 열매를 맺는다.

하나님은 인간 예수 안에 계셨으며, 한 사람, 오직 한 사람만이 그로부터 모든 인류가 필요로 하는 정당성을 받는다. 이 사실은 우리의 인성을 심판 아래 놓는다. 외관상으로 볼 때 우리의 현재의 삶은 단순히 일시적인 것이며 부활을 위해 의도된 것이라는 의미를 갖고 있다. 그러나 외관상으로 보면 우리의 삶은 이 목표에 도달하지 못하는데, 그 이유는 우리가 이것에 이르는 길을 일관되게 따르거나 원하지 않기 때문이다. "자기를 낮추시고 죽기까지 복종하셨으니 곧 십자가에 죽으심이라. 이러므로 하나님이 그를 지극히 높이셨고"(빌 2:8, 9). 개인적으로나 더불어서 우리는 서로 함께 그리고 서로에 맞서서, 필요하다면 가급적 다른 이들에게 속한 많은 것을 크게 희생하더라도, 우리의 생명을 보존하고 그것을 유지하기 위해 투쟁한다. 우리의 생명을 유지하기 위한 우리의 투쟁은 그것의 상실로 나아간다. 그의 투쟁 속에서 예수는 그의 생명의 대가를 기꺼이 지불하셨으며, 이러한 자발적인 행동을 통하여 본질적으로 자신이 아니라 다른 사람들을 대신하여 생각하였다. 그의 부활 이후로 우리는 누구든지 자기 생명을 기꺼이 잃어버리는 사람은 이것을 얻을 것이라는 것을 안다. 그러나 그의 부활을 믿는 사람들 역시 대개는 이것이 보여주었던 삶을 위하여 율법에 스스로를 감히 위탁하려고 하지 않는다. 우리가 오늘의 세계에서 갖고 있는 대부분은 모호한 유비들이다. 예수는 홀로 서 계신다.

예수의 삶과 죽음의 정당성으로서 부활의 중요성은 위에서 인용되었던 빌립보서 2:9에 표현되어 있으며, 이것은 많은 다른 진술들 속에서, 특별히 바울에게 전제되어 있다. 이 정당성은 너무나 큰 하나님의 새로운 행동이어서 때로는 오직 부활만이 예수를 바로 (우리를 위한) 그 분으로 만들었던 것으로 언급될 수도 있다; 이 하나님의 행동을 통하여 그는 주와 메시야가 되셨다(행 2:36; 그러나 또한 2:24를 보라: 하나님이 이 사람과 더불어 다른 어떤 것을 행하실 수도 있었다는 것은 단순히 불가능한 일이었다); 그리고 그는 하나님의 아들로서 **호리스테시스**, 즉 선포되시고, 규정되시고, 불리어지시고, 지명되셨다(롬 1:4; 그러나 죽은 자로부터 그의 일으키심 이전에 그의 삶을 지배하셨던 "성결의 성령을 통하여").

정당성은 연속성을 표현한다. 우리의 견해로는 부활 이후의 출현은 십자가의 상처가 부활하신 그리스도에게서 여전히 보여질 수 있었다는 사실을 그것이 강조하는 한, 이 빛 속에서 역시 보여질 수 있다(눅 24:39; 요 20:20과 27):

정확히 십자가에 달리신 분으로서, 즉 그가 자신을 십자가에 못박히도록 내어 주셨기 때문에, 그는 부활하신 분이시다.

특별히 바르트와 불트만 학파는 그것을 선행하였던 것과 관련하여, 부활의 이러한 지적인 기능을 강조하였다. 불트만은 부활에 대한 믿음이 십자가의 중요성을 표명하는 것으로 본다. 그의 신불트만 학파 제자들은 하나님이 이 삶의 기획(예수의 신앙이나 행동)의 이면에 계신다는 인식으로, 이 믿음을 예수의 삶과 더욱 관련시킨다; 예를 들어 Ebeling, *The Nature of Faith*, ch. V, 특히 pp. 69와 70f.; cf. Van Buren, *The Secular Meaning of the Gospel*, 특히 V, 끝부분을 보라. 이 전통에서는 부활이 너무나 배타적으로 지적인 것으로 간주되어서 이것은 별개의 사실이 아니라 오직 이전의 사실들에 대한 단순히 새로운 설명일 뿐이다: "보기", "전망"(반 뷰렌), "말씀 사건" (Sprachgeschehen, 에벨링).

이것은 바르트에게는 적용되지 않는다. 그에게는 부활이 별개의 사실이다; 그러나 이것은 십자가의 의미를 드러낼 것을 의도하였다. 그러므로 부활에 관한 그의 가장 중요한 부분은 "성부의 평결"(The Verdict of the Father)(*CD* IV,1, par. 59, 3)이라는 제목을 달고 있다. "부활은 그 속에서 성자의 순종에 대한 성부 하나님의 평결이 선포되고 있다는 사실에 의해, 하나님의 새롭고 독특한 행동인 예수의 죽음과 구분되어진다"(p. 354). *CD* IV,2, pp. 140-153도 역시 이러한 전망에 의해 지배되고 있다. 그런데 *CD* IV,3, pr. 69, 4(성령의 약속: The Promise of the Spirit)에서는 부활이 성령 및 재림과 연결되어 있는 것으로 훨씬 더 두드러지게 나타난다. 십자가 위에서의 인간의 죄책의 화해라는 전망에서 부활에 대한 접근은 Geense, *Auferstehung und Offenbarung*, 특히 III장에서 제공되고 있다.

몰트만과 판넨베르크에게 있어서 이 전망은 뒷전으로 물러나고 있다. 몰트만에게 있어서 부활은 너무나 크게 새로운 창조(*nova creatio*)이기 때문에 이것은 선행하는 것과의 관련이나 빌립보서 2:9의 "그러므로"를 위해서는 거의 여지를 남겨두지 않는다; 「희망의 신학」(*Theology of Hope*), ch. III, pars. 2-13을 보라. 이것은 판넨베르크에게는 적용되지 않는데, 그는 부활을 도래할 종말로부터 그것의 완성을 기대하였던 예수의 절대 권위 주장의 정당성으로 보았다(이것이 판넨베르크가 마가복음 8:38을 이해하는 방식이다; *Jesus—God and Man*, par. 3 I을 보라). 우리의 견해로는 이것은 철저한 협소화로서, 부활에서 예수의 완전한 존재와 삶의 과정의 정당성이 입증되었다는 사실을 오해하는 것이다.

2. 우리는 정당성이 왕관을 쓰시는 형태로, 즉 더 높은 상태로의 고양으로 일어났다는 사실을 이미 주목하였다. 이 사실은 그 자체로서 정당성의 관념의 필연적인 결과는 아니다. 이것은 이 지상 생애로의 예수의 기적적인 재림 속에서, 따라서 복음서들 속에서 언급된 나사로나 다른 사람들의 일으키심과 비슷한 일으키심 속에서 역시, 그리고 아마 더 낫게 표현될 수 있었을 것이다. 그러나 여기에서 전혀 다른 어떤 일: 즉 세상으로의 재림이 아니고, 그렇다고 해서 더 높은 세계에서의 영혼의 계속적인 존재도 아니며, 경계선상의 사건으로서 가장 잘 묘사되는 어떤 일이 일어났다. 우리는 출현과 사라짐, 부재와 현존의 짧은 기간에 대해 동시에 듣게 되는데, 그 속에서 예수는 아직 과거와 일종의 연속성 속에서 짧은 시간 동안 되풀이하여 나타나시는 동안에도 더 이상 이전처럼 나타나지는 않으며, 두 세계의 경계선상에서 행동하시는 이로서 나타나신다. 누가에 의하면 이 일은 40일 동안에(행 1:3), 즉 이것들이 성경의 설화들 속에서 좀더 자주 발견되는 변화의 기간에 일어났다(예를 들어, 산 위에 있는 모세, 광야에 있는 엘리야와 예수). 예수는 여전히 가까이 계시지만, 떠나가시는 분으로 계신다. 그는 우리들 앞에서 사라지셨다. 그는 우리에게 알려지지 않은 새로운 존재 형태로 옮겨가셨다. 그가 나타나시는 마지막 사람은 바울인데, 바울은 눈을 멀게 하는 강렬한 빛 가운데서 그가 자기에게 말씀하시는 것을 들었다.

신약 성경의 선포에 있어서 이 출현의 기간은 거의 역할을 하지 못한다. 그런데 이것은 그의 부활과 더불어 예수가 새롭고 더 높은 존재로 들어가셨다는 사실을 표현하는 목적에 이바지하였다. 때때로 이것은 "승귀"(exaltation)로 언급되지만, 이 사건의 성격을 표현해주는 더 좋은 용어는

"영화"(glorification)이다. 순종과 자기-내어주심의 방식으로, 예수의 인성은 하나님의 영역, 즉 "영광"(히. 카보드; 헬. 독사)의 영역으로 취하여졌으며, 이렇게 해서 지금까지 하나님 자신의 유일한 영역이 되었다. 그것에 의해서 그는 인간에서 신(神)으로 변한 것이 아니라, 그의 모든 이전의 길의 절정으로서, 인간으로서 하나님과의 가장 친밀한 연합을 받게 되셨다. 예수가 "하늘"에 계시다거나, 혹은 하늘로 올라가셨다거나 혹은 하늘로 올리우셨다고 언급될 때 이것은 같은 것을 의미한다. 이것은 장소의 명칭이 아니라 존재 형태의 한 가지이다.

그의 "하나님 우편에 앉으심", 따라서 총독의 위치, 즉 합법적인 대표자의 자리에 있음에 대해서도 같은 사실이 의도되었다. 그리고 이것은 여전히 더 큰 사실을 의미하는데: 금후로는 하나님이 사람과 본질적으로 연합되시고 그의 신적인 존재가 영원히 인간과 분리되실 수 없으시다. 그리고 하나님의 오른편은 그의 능력의 행사를 표현하기 때문에, 예수의 영화는 하나님이 이 사람의 정신 안에서 그의 뜻을 따라 다스리실 것임을 보증해 준다. 한 장소에서, 한 보좌 위에 계신 하나님과 예수 — 이 대담한 표현들은 인간의 마음 속에 떠오르지 못했던 현실을 지시한다: 그렇게 오랫동안 실패하였던 하나님과 사람의 계약이 이제 한 사람 안에서 영원히 성공을 거두었다.

부활은 재림이 아니라, "승귀"의 서막, 즉 설화들이나 신앙의 연구 양자 속에서 : 죽은 자들로부터 일으키심 — 40일 — 승천 — 하나님 우편에 앉으심으로 구분되는 어떤 사실들을 요약하기 위하여 신약에서 한 번 이상 사용된 용어이다. 행 2:33; 5:31; 빌 2:9를 보라.

부활하신 그리스도와 관련된 독사와 독사제인의 사용에 대해서는 행 3:13; 롬 6:4; 고후 3:18; 빌 3:21; 딤전 3:16; 벧전 1:11, 21을 보라. 요한복음에서 이 단어들은 이미 예수의 지상 생애와 그의 수난과 관련되어 있지만(1:14; 2:11; 11:4 ,40; 12:23, 28; 13:31), 이것들의 완성과 계시는 아직 미래로서 남아 있다 (7:39; 17:5). 다른 복음서들에서 독사는 지상 예수에게로 돌려지는 예기의 방식으로 한 번 사용된다: 산상에서의 영화(변모)에서(막 9:2). *TDNT* II, *s.v.* 독사를 보라.

40일의 상징적인 의미에 대해서는 *TDNT* VIII, *s.v.* 테싸레스를 보라. 바르트에 의하면 이것은 이 기간 동안에 인간 예수가 공적으로 하나님의 모습으로 우리들 가운데 계셨기 때문에, 진정한 나타나심과 계시, 즉 하나님의 순전한 현존의 기간이다(*CD* I, 2, pp. 101ff.와 특히 III, 2, pp. 448-466; cf. 또한 IV,3, pp. 290-318). 우리가 본 것처럼, 이것은 본문들에 의해서 보증되는 것 이상의 것을 말하고 있다. 노르트만스(Noordmans)와 더불어 "부활절의 흐릿한 윤곽선들"에 대해서 말할 수 있는 더 많은 이유가 존재한다; *Gestalte en Geest*(1956), pp. 173-176을 보라. 그러나 이것은 쉽게 과소평가로 나아가게 될 수 있다. 그러므로 40이라는 숫자와 관련하여, 우리는 성령 안에서 승귀하신 예수와 함께 하는 삶을 향하는 우리뿐만 아니라 그의 승귀를 향하시는 예수에 대해서도 구원사에서의 결정적인 변화를 언급하기를 좋아한다.

부활을 향한 이러한 전향(前向)은 바르트에 의해서는 거의 나타나지 않고 불트만과 그의 추종자들에 의해서는 전혀 나타나지 않는다. 이와 대조적으로, 몰트만과 판넨베르크, 그리고 그들의 제자들에게 있어서, 부활의 이러한 "예기(豫期)적인" 성격은 그것의 본질이다. 그들은 이것을 특별히 사람과 세계의 미래를 예기하는 것으로 이해한다(3항을 보라); 그들이 예수 자신을 위한 예기의 상태의 의미를 어떻게 보고 있는지는 분명하지 않다.

성부에 대한 그의 순종의 길에서, 성자 예수는 이렇게 해서 아주 큰 변화를 경험하셨다. 나사렛에서 목수의 아들로 시작하시고, 하나님 우편에 앉으심으로 끝을 맺으셨다. 이것이 바로 양자론과 단성론과 같은 다양한 기독론들이 일어날 수 있었던 이유들 가운데 하나이다. 전자는 예수의 길을 그것의 시작의 관점에서 고려하였고, 후자는 그것의 끝에서 고려하였다. 전자는 "보통" 사람으로서 예수에게서 시작하였기 때문에 문제들에 얽히게 되었고, 후자는 예수에게 비인간적이고 신적인 "나"를 귀속시키기 때문에 그렇게 되었다. 양자가 다 성자가 영광에 이르기 위하여 심연을 통하여 지나가야 했던 유일하고 놀라운 길을 희생함으로써, 모든 단계에 유효한 그림을 구성하기를 원했다.

여기에서 논의되어야 하는 두 가지 난해한 질문들이 더 있다: (a) 빈 무덤의 중요성은 무엇인가? 이것은 어려운 질문인데, 그 이유는 예수의 영화가 옛 존재의 지속을 배제하기 때문이며, 바울에 의하면 이 문제와 관련하여 이것은 우리에게도 역시 효력을 갖고 있다(고전 15:35ff.). 무덤에 누인 예수의 시신은 그의 영화롭게 된 존재의 육체적 존재로 결코 이용될 수가 없었다. 따라서 우리는 빈 무덤에 대해서 이것이 구속적으로나 지적으로 필요한 것이라고 말할 수 없다. 그러나 더 이상 우리는 그의 영화롭게 된 인간 존재를 단순히 영이나 혼으로만 구성되고 있고 따라서 단순히 반(半)인간적이라고 생각할 수 없다. 게다가 새로운 인성은 무덤 속에 눕혀진 이 구체적인 지상적 존재의 영화이다. 예수에게 있어서도 이것은 역시 효력이 있다: "이 죽을 것이 죽지 않을 것을 입어야 한다." 하나님이 그가 창조하신 전체 안에서 이 세계를 구원하실 것이라는 약속이 그 안에 놓여 있다. 이 모든 것이 빈 무덤의 메시지이다. 예수의 변화에 대해서 우리는 단순히 이러한 부정적인 징표 즉 비어있음을 보게 되지만, 이러한 것으로서 이것은 우리에게 이 변모가 얼마나 포괄적이고 철저한 것인지를 알려준다. 이것은 단순히 하나의 "징표"이다; 그러나 그에 못지 않은 것이기도 한데, 그 이유는 이 출현만으로서는 부활의 관념과, 그렇게 해서 지구에 대한 미래 희망의 관념이 우리에게 거의 나타날 수 없었을 것이기 때문이다. Barth, *CD* I,2, pp. 178-183; IV,1, p. 341; Althaus, *CW* II, P. 272; Brunner, *Dg* II, pp. 371f.; De Jong, in *Geloof en natuurwetenschap*, pp. 106-108을 보라.

(b) 그의 인간 본성에 따르면 예수는 지금 어디에 계신가? 이 편에서 살고 있는 우리는 영화가 무엇인지 알지 못한다. 부활하신 그리스도 안에서 우리는 단순히 이것의 희미한 빛과 시작만을 본다. 따라서 우리는 어떤 종류의 공간성이 영화(榮華)에서의 존재 방식과 일치하는지를 알지 못한다. 예수가 하나님의 편재에 참여하게 되셨다는 고전적인 루터파 교리는 받아들일 수 없다: 그의 영화를 통하여 예수는 사람, 우리들 가운데 하나로 남아 계신다; 그는 하나님의 계약의 동반자이고 상대방이시지만, 하나님에 의해 흡수되지 않으신다. 더 이상의 것은 우리가 모른다. 이 더 이상의 것은 우리에게 관련되지도 않을 것이다. 오직 바울만이 영화롭게 되신 그리스도의 소마에 대해서 언급하고 있지만, 그 때에도 지상에 있는 그의 교회를 지칭하고 있다는 것은 주목할 만하고

중요한 일이다. 여기에서 그의 영화롭게 되신 존재의 구체화가 일어나며, 이것은 우리와 관련된다. 어쩌면 다른 것은 존재하지 않는가? 물론 존재한다: 그 이유는 첫 열매와 머리이신 그리스도는 그의 교회 안에서 신체적인 형태를 취하시는 그 이상이기 때문이다. 그러나 그 이상의 것을 우리는 단순히 성령으로서 알며, 이것으로 충분하다. Brunner, *Dg* II, pp. 376-378을 보라.

3. 예수는 대표자이시다. 그는 모든 것이 되시며, 우리를 대신하시고 우리의 유익을 위하신다. 그의 영화는 우리의 미래의 영화의 근거이다. 장자와 외아들로서 그는 동시에 첫 열매이시다. 하나님으로부터 멀어지고 그렇게 해서 그를 위해 계획된 미래에서 멀어진 사람들은 여기에서 은혜의 선물로서 미래를 받게 된다.

이 큰 차이점과 더불어: 첫 열매는 우리보다 앞서서 미래로 들어가셨지만, 우리는 미래와의 경계선 이쪽 편에서 여전히 약속에 의지해 살고 있다. 그리스도의 부활과 더불어 하나님과 사람, 하늘과 땅의 연합이 우주적인 실재가 될 수 있었을 것이라는 모든 상상은 사실들에 의해 거칠게 논파되는 환각이다. 그러나 게다가 우리는 새로운 사실과 그것에 근거하고 있는 새로운 약속으로부터 살아간다. 이 빛 속에서 우리의 죄와 고난과 죽음의 현실은, 이것이 스스로에게 의존하고 있고 비극적이고 최종적인 것이라고 우리 스스로 생각하였던 것이 아닌 것으로서, 즉 일시적인 것으로서, 즉 첫 열매의 부활을 통하여 사라질 것으로 표시된 것으로서 판명된다.

어떤 종류의 세상이 조만간 이것을 대신할 것이라고 우리가 말할 수 있겠는가? 우리는 예수의 인성과 부활에서 유래될 수 있는 것 이상으로 그것에 대해서 더 말할 수는 없다: "장래에 어떻게 될 것은 아직 나타나지 아니하였으나 그가 나타내심이 되면 우리가 그와 같이 될 줄을 우리는 안다"(요일 3:2); "우리가 흙에 속한 자의 형상을 입은 것같이 또한 하늘에 속한 자의 형상을 입으리라"(고전 15:49); "… 그가 우리의 낮은 몸을 자기 영광의 몸의 형체와 같이 변케 하시리라"(빌 3:21). 이 최소한의 지식이 최대한의 현실을 지시하며, 따라서 그것의 진지성에도 불구하고, 장래의 잔치와 황금 도성에 대한 풍부한 이미지들을 위한 공간을 만들어 내고 있다.

왜 이 미래가 예수의 영화의 직접적인 결과로서 즉각적으로 일어나지 않았는가? 성령의 능력이 보다 강력하고 계속해서 넓어지는 영역에서 나타나기 시작했을 때 이 기대가 줄어들기는 했지만, 그것이 바로 초대 공동체가 일어나기를 기대했던 것이다. 그리고 지금까지 거의 2000년이라는 기간이 예수의 부활과 이것이 지시하는 미래 사이에 놓여 있다. 실제로, 진보를 전혀 언급하지 않고 역사의 전체를 생각하면, 이것은 미세하리 만큼 작은 기간이지만, 부활이 역사를 종결짓지 않고 이와 반대로 역사 안으로 들어와서 그 안에서 새로운 단계에 자신의 흔적을 남겨왔다는 사실을 그것이 변경하지는 않는다. 왜 그런가? 그것은 우리가 모르는 어떤 것이다. 가능한 답변은 그렇지 않다면 세계는 놀라움에 사로잡히게 되었을 수도 있다는 것이며, 그것은 보존과 구원에 있어서의 하나님의 전체 방법을 따르는 것으로부터 벗어나는 것이다. 그리스도 사건에 이르는 오랜 세월의 길이 있어왔던 것처럼, 아마도 이 사건이 역사를 관통할 수 있고, 세계가 그것의 영화의 문턱이 되는 새로운 "시간의 충만"을 향해 성장하는 오랜 세월이 있었음이 분명하다.

한편으로 우리는 아직 거기까지 멀리 가지 않았다. 우리는 "시간들 사이에서" 산다. 우리의 대표자는 더 이상, 그리고 아직은 여기에 있지 않다. 지금 그에게 현재인 것은 아직 우리에게는 미래이다. 그리고 그에게 과거인 것은 아직도 우리에게는 현재이다. 우리는 여전히 십자가 밑에서 살지만, 부활의 기대를 가지고 산다. 이것은 또한 우리가 이미 화해로부터 살아가고 있지만, 구원은 여전히 우리 앞에 놓여 있다는 것을 의미한다. "곧 우리가 원수되었을 때에 그 아들의 죽으심으로 말미암아 하나님으로 더불어 화목되었은즉 화목된 자로서는 더욱 그의 살으심을 인하여 구원을 얻을 것이니라"(롬 5:10).

이 일시적인 상황은 두 가지 의미에서 우리의 삶에 "탈중심적인" 방향을 제공해준다. 우선은 수직적으로: 우리의 위치와 영감의 중심은 이 세계가 아니라 그 위에, 즉 목표에 도달하였고 하나님에 대해서 우리를 대표하시는 그분 안에 놓여 있다. 다른 한편으로는 수평적으로: 우리가 기대하는 삶은 아직 여기에 있지 않으며; 우리는 여전히 낯선 땅에서 하나님이 만물을 새롭게 하시는 때를 기다리면서 살고 있다. 그리스도인의 삶의 이러한 이중적인 탈중심성은 또한 현재를 향한 신자의 태도에도 반영되어 있다: 미래가 예수의 하나님 우편에 앉으심을 통하여 보증되기 때문에 안전과 안도감을 가지고, 그리고 이 모든 세월 이후에 지금도 여전히 새로운 사실과 어긋나는 것에 대한 불안감과 반항을 가지고. 예수의 죽은 자들로부터의 일어나심이 우리의 영들을 일으키시며, 죽은 자들로부터의 그의 일으키심이 우리 안에 반항의 정신을 일깨우신다.

예수의 부활과 우리의 부활 사이의 관계가 신약에서 다양한 용어와 사상의 흐름들 속에 내포되어 있다. 예를 들어 요한복음 14:2f.과, 요한복음 17장의 차분한 음조, 그리고 고린도전서 15장의 논증(특히 12-16절의 주목할 만한 논리), 베드로전서 1:3의 아름다운 표현, 그리고 간결하고 강력한 다음 구절: "그들은 예수를 들어 죽은 자 가운데서 부활하는 도를 전하였다"(행 4:2; cf. 롬 5:10; 8:10, 29; 14:9; 고전 6:14; 고후 4:14; 골 1:18; 살전 4:14; 계 1:5). 또한 고린도전서 15:20에 나오는 아파르체의 용법을 보라. 이러한 관련성은 동시에 불완전성을 의미한다: 화해는 아직 구원이 아니며(롬 6:1-14; 8:23-25); 따라서 "부활이 이미 지나갔다"고 말하는 사람들은 "진리에서 벗어났다"(딤후 2:18). 이것이 수반하는 삶에 대한 특별한 태도에 대해서는 히브리서 11:8-10, 13-16; 12:1-3, 18-29; 또한 골로새서 3:1-3을 보면 되는데, 여기에서는 이중적인 탈중심성을 간결하게 표현하고 있다(3:5에도 불구하고 3장 전체에 의하면, 이것은 세계 비행(飛行)이 아니다).

슈바이처(A. Schweitzer)를 따라서 그것이 공동체에 깊고 영속적인 충격을 안겨줄 수 있었던 것처럼, 재림의 지연의 문제에 대하여 너무나 많은 것이 다루어졌다. 예수 자신에게 있어서 이미 이 문제는 그 자신의 사역 안에서의 하나님의 나라의 현존을 통하여 중심 무대에서 아마 제거되었을 것이다: 그리고 성령의 임재의 압력과 이것이 수반하였던 도전을 통하여 공동체 안에서 같은 일이 다시 일어나지 않으면 안되었을 것이다(살전, 특별히 4와 5장을 보라). 이것은 이전의 역사의 의미에 대한 문제를 야기하였다. 인상적인 구절에서(*CD* IV,3, pp. 316-334) 바르트는 예수가 우리와 더불어 획득하시기를 원하시며, 이런 이유로 해서 그의 구원의 씨앗으로부터 나오는 추수에 있어서 인간이 단순한 방관자가 아니라 적극적인 참여자가 되도록 시간과 기회를 주신다는 답변을 제시하였다(pp. 331f.). 이 답변은 본질적으로 기독론적이다. 판넨베르크는 *Jesus—God and Man*에서 인간론적인 답변을 제시하고 있다: 예수의 부활의 연장(延長)으로서의 미래 기대는 "사람이 그의 존재의 개방성 속에서 탐문하는 … 궁극적인 사람의 운명"과 조화된다(p. 243).

베르코프(H. Berkhof)는 「그리스도: 역사의 의미」(*Christ the Meaning of History*)(E.T. 1966)에서 특히 pp. 78f.와 100에서 기독론적이고 성령론적인 답변을 제시하였다: 부활 이후의 역사는 그리스도의 십자가와 부활의 유비가 온 땅 위에서 실현되고 있는 기간이다. 만일 이스라엘에 대한 그리고 그리스도 안에서의 하나님의 길이 전인류의 구원을 가져오도록 계획되었다면, 역사의 지속의 의미가 무엇인지를 질문하는 것은 실제로 불필요한데, 그 이유는 그리스도의 사역의 의미가 이 지속을 필요로 하며 그 안에서 효력있게 되기 때문이다.

독일에서는 부활에 대한 새로운 강조가 때때로 테올로기아 크루키스(*theologia crucis*, 십자가의 신학)와 테올로기아 레수렉티오니스(*theologia resurrectionis*, 부활의 신학)의 대조로 나아갔다. 이것에 대해서는 우선 아직도 읽을 가치가 있지만 낭만적이고 철학적인 경향을 가지고 있는 책인 W. Künneth, *Theologie der Auferstehung*(1933), pp. 133-139를 보라; 나아가서 Trillhaas, *Dg* pp. 317-320과 Moltmann, *Theology of Hope*, III, par. 9와 *The Crucified God*, ch. 5를 보라. 우리가 아직 그 끝까지 가보지는 않았지만, 지금 이미 성령을 통하여 그것의 목표의 해방시키는 힘을 느낄 수 있는 한 길 위에서의 도정(道程)에 이것이 관련된다는 사실을 깨닫지 못하면, 견딜 수 없는 역설을 이것으로부터 걸러낼 수 있을 것이다. 십자가와 부활이 더 이상 서로 관련되지 않고 서로를 규정하기 위해 사용되지 않는다면, 이것들은 그리스도와의 친교 속에서 존재하는 것이 아닌 다른 어떤 것이 되어버린다. 하나님의 우편에 앉아 계신 분은 또한 "마치 죽임을 당한 자처럼" 보좌 가운데 서 계신 어린 양으로 묘사될 수 있다(계 5:6). 십자가와 부활의 이러한 결합의 실제적이고 구체적인 중요성이 무엇인지는 고린도후서 4:7-11과 6:3-10에서 볼 수 있다.

"현실주의적인" 서구에서, 중심적인 구원 사건으로서의 부활은 확실히 동방 교회와 비교할 때 언제나 십자가의 그림자 속에 아주 많이 서 있었다. 이것은 특별히 사순절의 7주간을 지키면서도 부활절 사건의 축하를 위해서는 대체로 단지 두 주간만을 예비해두는 모든 개신교회들에 대해서 특별히 사실로 나타난다. 건전한 반작용이 몰트만과 판넨베르크에 의해서 시작되었는데, 그들은 둘 다 부활을 "예기(豫期)", 즉 하나님이 인류를 위해 정해 놓으신 새로운 세계의 "출현"으로서 이해하였다(부활을 특별히 창조와 자연과 역사와 관련시키고 있는 퀴네트 이상으로). 양자는 예수의 부활과 우리의 미래 사이의 관계가 유대교의 묵시 사상에 의해 나타났다는 견해를 갖고 있다. 몰트만은 여기에서 판넨베르크보다 훨씬 더 신중하다. 그들의 입장에 대한 비판을 위해서는 Geense, *Auferstehung und Offenbarung*, V를 보라. 우리가 볼 때 이 관계는 오히려 대표자로서의 예수에 대한 믿음 속에서 더 많이 추구되어야 한다. Pannenberg, *Jesus—God and Man*, par. 3과 특히 Moltmann, *Theology of Hope*, III, pars. 5-14를 보라.

4. 만일 예수가 스스로 이 목표에 도달하셨고, 그 점에서 우리의 대표자시라면, 그의 대표의 열매가 단순히 미래일 뿐일 것으로 생각하기는 어렵다. 그렇다면 그의 하나님 우편에 앉으심, 즉 하나님과 이 사람의 계약의 유대는, 현재를 위해서는 아무 효과가 없게 될 것이다. 사실은 이와 정반대이다. 함께 신약 성경의 태반을 이루고 있는 사도행전과 서신서들, 그리고 요한계시록은 현저하게 지금 교회와 세계 속에서 높아지신 예수의 사역에 대한 것들이다. 이 사역은 대체로 사람들의 마음과 삶 속에서의 성령의 새롭게 하시는 활동이며, 이 사역에 의해서 그들은 계약에 관련되고 미래를 위하여 준비하게 된다. 이것이 36장과 이어지는 부분들 대부분의 주제가 될 것이다. 그러나 높아지신 그리스도의 사역은 우리 안에서의 그의 영의

활동과 일치되지 않는다. 이것에 더하여, 그는 스스로 임재하시며, 우리와 세계를 위하여 그곳에 계신다. 하나님과 역사에 대한 그의 영향력은 우리를 향한 그의 영의 직접적인 영향력 그 이상의 것이다.

초대 공동체는 승귀하신 예수를 "주님"으로 부름으로써 이 사실에 대한 믿음을 표현하였다. 하나님의 계약의 동반자로서 그는 경영하시고 다스리시는 기능을 갖고 계신다. 정확히 그의 지상 생애에서 기꺼이 종, 즉 용어의 완전한 의미에서 노예가 되려고 했던 그는 그러므로 이제 주님으로서 활동하신다. 그렇게 해서 그의 활동은 하나님과, 세상과 그의 추종자들과 서로에 대한 그들의 유대를 향해 지향된다.

높아지신 주로서 그의 활동은 하나님을 향해 지향된다. 그는 우리들, 즉 방황하고 실패하며, 고난당하고 죄된 사람들을 하나님 앞에서 대표하신다. 그는 하나님과 우리의 계약 유대가 파괴되지 않고 있음에 대한 보증이시다. 이 구원의 대표의 사실을 우리는 신약 성경과 더불어 그가 성부에 대한 우리의 대변자시라고, 즉 그의 삶의 희생을 통하여 그가 우리를 위하여 하나님의 존재 안으로 들어가신다거나 혹은 그가 우리를 위하여 행동하신다고 말함으로써 단순히 유비와 상징들 속에서 어림잡을 수 있을 뿐이다. 이 모든 용어들은 그의 활동적이고 구원적인 대표에 대한 믿음을 표현한다.

높아지신 주로서 그의 활동은 또한 세계를 향해 지향된다. 이것은 그가 하나님과 나란히 독립된 통치력이나 직분을 가지시는 것과 같지는 않다. 그의 하나님 우편에 앉으심은 세상에서의 그의 활동을 위하여 하나님께서 이 계약에 매이신다는 것, 즉 그가 예수의 영 안에서 다스리시며, 그가 모든 것을 이 계약의 계시와 승리로 이끄신다는 것을 의미한다. 우리를 위하여 자기의 생명을 주셨던 인간 예수는 세계사의 과정에 대한 최종적인 말씀을 갖고 계신다.

높아지신 주로서 그의 활동은 또한 그의 **공동체**를 향해 지향된다. 우리는 지금 그의 영으로 말미암아 그가 공동체 안에서 활동하신다는 사실이 아니라, 우리의 대표자로서 그가 자신의 부활을 통하여 수립하신 이 운동이 멈추지 않을 것이며 어떤 형태로든 간에 이것을 훼손하거나 파괴하는 모든 세력들에 맞서서 수행될 것이라고 하는 보증이 되신다는 사실을 지칭하고 있다. 더욱이 이 운동에 기꺼이 가담하려는 사람들은 자신들의 신앙 속에서 환멸을 느끼지 않고, 그들이 보호받고 있음을 느끼며 유혹과 패배를 극복하게 될 것이다.

여기에서 높아지신 주님께 돌려지고 있는 것은, 이것이 일어나는 계약 관계로 말미암아 하나님과 성령님께도 역시 돌려져야 한다. 이 활동적인 계약의 협력의 성격은 우리가 삼위일체적인 활동에 대해서 언급할 수 있다는 것을 의미한다. 만일 우리가 그리스도에게서 출발한다면, 이것은 한 사람이 우리를 위하여 이기셨으며 그 사실의 축복이 세상과 관련된 하나님의 계획과 행동의 일부분으로서 영원히 남아 있어야 한다는 것을 의미한다. 하이델베르크 요리문답과 더불어 이것을 말한다면: "그분 안에서 우리는 확실한 보증으로서 하늘에 우리의 육체를 가지고 있다"(제49답).

신약과 그것의 배경 속에서 퀴리오스 칭호에 대한 거의 압도적인 양의 문헌이 존재한다. 종말론적인 기능과 대조되는 부활하신 그리스도의 현재적인 기능에 대한 강조는 헬레니즘적인 회중들의 사역이다(팔레스타인 회중들과 대조적으로). 특히 Bultmann, *Theology of the NT*, par. 12이 따르고 있는 바, W. Bousset, *Kyrios Christos*(1913)는 퀴리오스 칭호 속에서, 예수의 제의적인 신격화를 동양의 헬레니즘의 많은 퀴리오스 칭호와 유사한 것으로 경청하였다. 그러나 아람의 예전적인 표현인 "마라나타"(고전 16:22)에 의하면, 이 칭호는 팔레스타인 공동체 안에서 그 기원을 갖고 있다. 부세트의 "자유주의적인" 설명과 나란히 여기에서 70인역의 신명(神名)이 의식적으로 예수에게 적용되고 있다고 주장하는 "정통 교리"가 존재한다: 예를 들어 W. Förster, in *TDNT* III, s.v. 퀴리오스를 보라.

불트만은 옳게 이것을 "매우 가능성이 없는 것으로" 불렀다. 그 이유는 비록 예수가 복음서 기자들에 의하면 이미 그의 지상 생애에서 "주"로 불리었지만(이것은 회고적으로 불리어질 수도 있었을 것이다; 그러나 "주"는 또한 일반적인 호칭 형식이기도 했다), 퀴리오스를 강조적으로 사용하는 고백적인 진술들인 행 2:36; 5:30f.; 롬 1:4; 10:9; 고전 8:6; 12:3; 그리고 빌 2:9로부터 볼 때, 예수가 처음부터 이 칭호를 소유하지는 않으셨고, 그의 승귀에 근거하여 이것이 그에게 수여되었던 것이 분명하다. 이것과 직접 연결되어 있는 것이 신약에 나오는 시편 110:1의 특별한 역할이다: 예수는 하나님의 우편에 앉아계신 분으로서 주님으로 불리고 있다(막 12:36; 16:19; 행 2:34-36; 고전 15:25; 엡 1:20f.; 히 1:3과 13, 그리고 다른 구절들).

이것은 승귀되신 그를 지칭하는 퀴리오스 칭호와 그의 지상 생애와 수난을 특징지어주는 파이스 칭호 사이에서 대립적인 관계를 보는 것을 자연스럽게 만들어주는 것처럼 보일 수도 있다(또한 빌립보서 2:7-11에 나오는 둘로스 — 퀴리오스의 대조를 보라). 모든 강조점은 하나님과 그의 공동 통치에 주어진다 (또한 O. Cullmann, *The Christology of the NT*[E.T. 1964; III 1]를 보라). 화란에서는 전쟁 도중과 그 이후에, 이 칭호가 궁극적으로 우리가 오직 그리스도에게만 복종해야 한다는 사실을 지시하기 위해 많이 강조되었다. 이것은 본질적으로 이 칭호와 함께 의도되었던 것이 아니었으며, 그것의 결과이다(고전 8:6; 빌 2:11).

하나님을 향한 측면에 대해서는 롬 8:34; 히 7:25; 9:24; 그리고 요일 2:1을 보라. 세계를 향한 측면에 대해서는: 마 28:18(새영어성경[New English Bible]의 번역에 의하면 "하늘과 땅에서의 완전한 권위(파사 엑수시아)가 나에게 위탁되었다"); 계 5:7(어린 양이 인봉된 책을 여시니, 즉 역사가 진행되게 하시니). 신자들을 향한 측면에 대해서는: 마 16:18과 롬 8:35-39(34b의 결과로 읽으라). 벨기에 신앙고백 제27조는 교회의 이러한 보호가 어떻게 그리스도의 왕직의 다른 측면인지를 아름답게 표현하고 있다.

여기에서 우리는 고전적인 교의학이 왕직(*munus regium*)(S par. 37; H VIII)으로 요약하였던 것에 직면하는데, 이것을 통하여 정확히 루터파는 개혁파가 한 것보다 훨씬 더 크게 세상을 향한 측면을 강조하였으며, 이것을 은혜의 왕국(*regnum gratiae*)과 다르게 권능의 왕국(*regnum potentiae*)으로 구별하였다. 개혁파 개념에 대한 간결한 요약은 하이델베르크 요리문답 제49—51문답에 의해서 주어지고 있다.

종교적인 경험 속에서 살아계신 주님은 종종 하나님과 성령에 대해 이차적으로 되었다. 이것은 많은 소위 경건주의 진영들에는 적용되지 않는다. 우리는 특히 진젠도르프와 블룸하르트 부자(父子)를 생각하고 있다. 바르트는 *CD* IV,3의 선지자직(*munus propheticum*)에서 이 주제를 흥미있게 다루고 있다. 온건한 후대의 시도들은 D. Ritschl, *Memory and Hope: An Inquiry concerning the Presence of Christ*(1967)과 Slenczka, *Geschichtlichkeit und Personsein Jesu Christi*에서 찾아볼 수 있다. 그러나 오늘날 신학의 보다 큰 관심은 우리의 요점 1과 3에 관련되며, 따라서 현재와 관련되는 것이 아니라, 과거와 (특히) 미래에 관련된다.

32장의 부록에서 우리는 동정녀 탄생에 대하여, 34장에서는 죽은 자의 영역으로 내려가심에 대해 무언가를 언급하였다; 여기에서는 승천을 다루게 될 것인데, 그 이유는 이것이 사도신경의 조항의 하나이기 때문이다. 함축적으로 이것은 이미, 특히 요점 2에서 다루어졌다. 예수가 하늘로 올리우셨다는 사실은 그가 영화롭게 되셨다는 사실, 즉 그가 완전히 하나님의 현존으로 충만하게 되셨다는 사실을 언급하는 성경적인 방식이다. 우리는 이것을 장소에 대한 칭호가 아니라, 존재 형태에 대한 칭호라고 부른다. 장소에 대해서 신약은 전혀 아무런 정보도 제공하지 않는다. 이와 대조하여 부활의 열매로서의 승귀의 사실과 그리스도의 하늘에 올리우심에 대해서는 많은 것이 언급되고 있다; 행 2:33f.; 3:21; 5:31; 7:56; 엡 1:20f.; 4:8-10; 빌 2:9-11; 딤전 3:16; 벧전 3:21f.; 계 3:21; 5:6; 22:1, 그리고 특히 부활에 대해서는 거의 언급하지 않는 히브리서에서 2:9; 4:14; 6:20; 9:24를 보라. 그러나 우리는 다음과 같은 질문들에 대한 관심을 그 어느 곳에서도 탐지하지 못한다: 하나님의 이 현존은 어디에서인가? 예수는 어떻게 언제 그곳에 도달하셨는가? 그리고 그의 승귀는 지상에서의 그의 출현과 어떻게 관련되는가?

이 규칙의 유일한 예외는 헬레니즘 시대의 역사가인 누가이다. 그는 기간과 출현과 변화들에 관심을 갖고 있다. 다른 복음서 기자들과 같이, 그는 최초의 출현들과 더불어 그의 복음을 끝맺었다(24:51을 상정하면: "하늘로 올리우시니"는 주해이다: 개정표준역[RSV]은 이것을 각주로 처리하고 있다). 그러나 자신의 두번째 책에서 그는 출현의 기간으로부터 이것을 분명하게 묘사하지 않은 채로 다음에 오는 기간, 즉 교회의 기간을 묘사할 수는 없었다. 이것을 사도행전 1장에서 그렇게 하였는데, 여기에서 그는 이 출현을 40일의 기간으로 언급하고, 그렇게 해서 그것을 변화의 기간으로 묘사하였으며, 그것에 대하여 승천으로써 분명한 결론을 내렸다. 그러나 성경 외적인 자료(헤라클레스)와 구약(엘리야)과 비교할 때, 이 보도는 거의 그 이름을 지닐 만한 가치가 없다. 이것은 오직 한 문장으로만 언급되고 있다: "이 말씀을 마치시고 저희 보는데서 올리워 가시니 구름이 저를 가리워 보이지 않게 하더라"(1:9).

세상에 대한 옛 개념이 여기에서 분명히 나타난다; 그러나 이것은 공개적으로 언급되지 않는다. 구름은 독자들로 하여금 그 결과(the sequel)에 대한 누가의 무지를 알려주는데 도움을 줄 뿐만 아니라, 특별히 독자로 하여금 산상에서의 변모를 다루고 있는 누가복음 9:34f.에서 그가 예수를 구름과 관련시켰던 다른 사건을 상기시켜주기도 한다. 이제 이것은 영화(榮華) 그 자체, 즉 높고 신비한 구름들이 그것의 징표인 하나님의 영역으로 들어가는 일에 관련된다. 하나의 기간이 이제 종결된다: 천사들이 이것을 설명한다(1:10f.).

누가는 이 이야기와, 또한 승귀를 역사적으로 가시적이 되게 만들려는 의향을 가지고 홀로 서 있다. 그러므로 십자가와 부활과 대조하여, 승천은 신약 케리그마의 구조틀 안에 있는 별개의 구원적인 사실이 아니다. 이것은 누가가 중요한 문제, 즉 잠깐의 출현과 지속적인 승귀의 관계의 문제와 씨름하지 않았다는 것을 의미하는 것은 아니다. 그의 개념을 따라가지 않는 어떤 신학자들은 다른 개념, 즉 출현이 영화의 영역으로부터 일어났다는 개념으로 경도된다. 예를 들어 MS III,2, ch. 9, 5, 2b를 보라. 그러나 이 경우에는 모든 출현이 바울의 그것(행 9:3; 22:6; 26:13)과 산상에서의 영화와 비슷해야만 할 것이다. 그러나 이러한 사실은 이것들 가운데 어느 것에도 적용되지 않는다; 예수가 보통의 인간으로서, 심지어 미지의, 따라서 인정되지 않은 사람으로서 나타난다고 하는 것이 오히려 사실이다(눅 24:16; 요 20:15; 21:4,12). 누가는 바울에 대한 영화로운 출현을, (고린도전서 15:8에 나오는 바울 자신과는 다른) 40일로부터 시간과 성격에 있어서 독특한 별개의 어떤 것으로 보고 있다. 누가는 어쩌면 부활에서 영화로 나아가는 것을 생각하였는가? 그리고 요한도 어쩌면 그랬을까(20:17을 보라)?

불가코프(Boulgakof, *Du verbe incarné*; pp: 323f.)는 내가 알기에 이런 방향을 따라 더 깊이 생각하였던 유일한 신학자이다: 40일은 이 세계와 도래할 세계의 존재론적인 일치를 증명한다; 이 기간은 "세계의 현재 상태와 인간의 육체적인 존재, 그리고 세계의 영화롭게 된 상태 사이에 다리를 놓아주는" "특별한 길"이다. 매력적이지만 사색적인 관념은 출현에 관한 이야기들이 계획적인 발전은 말할 것도 없이, 아무런 내적인 연관을 보여주지 않고 있다는 사실이다. 단일한 개인으로서 예수는 우리보다 훨씬 앞서서, 새로운 세계로 올리우셨으며, 뒤에 남아 있는 우리는 이 변화를 해명할 수 있게 해주는 범주들을 결여하고 있다. 그러나 비록 우리가 이런 범주들을 가지고 있다 하더라도, "어떻게"와 관련된 질문에 대한 답변은 여전히 신앙고백에 포함되지 않을 것이다. 그러므로 동정녀 탄생 — 죽은 자의 영역으로 내려가심 — 천국으로의 승천을 담고 있는 사도신경이, 케리그마에 속하지 않고 신약에서 오직 주변적인 중요성만을 가지고 있는 이 "어떻게"의 답변들 중에서 정확히 세 가지를 포함하고 있고, 이것들을 믿어져야 하는 구원의 사실들로 제시하고 있다는 사실은 유감스러운 일이다. 이 주제와 신학사에서의 이것의 취급에 대해서는: F.W.A. Korff, *Christologie*, II, ch. VI; Althaus, *CW* II, pp. 274f.; Brunner, *Dg* II, pp. 372-378; Trillhaas, *Dg* pp. 320-323; MS III,2, ch. 9, 5, 2b를 보라.

1950년 11월 1일의 사도 헌장(Apostolic Constitution)에 의하면, 로마 가톨릭 교회는 아직 두번째 승천, 즉 마리아의 "성모 승천"이라고 더 잘 불리고 있는 마리아의 승천을 위한 필요를 느껴왔는데, 그 이유는 이 정의에 의하면 마리아가 "몸과 영혼으로 천국의 영광으로 취함을 받았기 때문"이다(D 3903). 왜 이것이 필요한가? 예수의 영화가 우리의 영화의 보증으로서 불충분하게 작용하였기 때문에, 즉 그가 사람들과 함께 있으며, 사람들을 위한 사람으로서 너무나 작게 고려되었기 때문이다. 이 문제에 대해서는 G.C. Berkouwer, *The Second Vatican Council and the New Catholicism*(E.T. 1965), ch. 8, 특히 pp. 233-246을 보라; cf. Barth, *CD* IV,2, pp. ixf. 최근의 로마 가톨릭 신학에서의 그리스도의 인성에 대한 중대한 강조와 더불어, 이러한 최신의 교의를 위한 필요성은 실제로 사라진 것으로 보인다.

36. 성령과 참여

앞장에 나오는 항목 4에서, 우리는 성령에 대하여 이미 무언가를 말하지 않으면 안되었다. 이제 우리는 이 주제를 기독론의 결론으로서 하나의 별개의 장에서 다룰 것이다. 심지어 이스라엘에 관한, 앞의 장이 기독론으로 이어지고(30장), 따라서 이 장으로 옮겨오게 되었던 것처럼, 이 기독론적인 장은 성령론으로 이어지고, 그렇게 해서 마지막 장을 제외하고는, 이 책의 나머지 부분에서 다루어지게 될 내용으로 이어진다. 동시에 의도적인 중복이 되는 이 구분과 더불어, 우리는 모든 전환에도 불구하고, 역사 안에서의 하나님의 끊임없는 활동을 우리가 다루고 있다는 사실을 표현하고 있다.

그러나 우리는 여기에서 전환점 앞에 서 있다. 그것은 부활이 지시하는 완성을 향한 커다란 전환점이 아니다. 그러나 이것은 하나님의 활동 속에 있는 진공을 선포하는 훨씬 적은 단절이다. 이것은 앞에서 일어났던 것의 결과로서 일어나며 완성을 위해 준비하는 전환점이다: 새로워진 인류의 중심이 될 예정인 첫 열매가 단일한 개인으로 남아있을 수 있는 것은 처음부터 불가능하다. 그의 인격과 사역 속에서 그가 우리를 대표하셨고, 금후로 그의 사역에 의하여 인류의 갱신을 향한 과정이 진행중이라는 사실이 분명하게 되지 않으면 안된다. 그러므로 대표(代表)의 집중은 이제 사람들을 끌어오는, 즉 도처에 있는 사람들 사이에서 중생을 전파하는 원심적인 운동에 의해 이어진다.

이 운동이 예수의 지상 생애 동안에 이미 시작되었다고 말할 수도 있다. 하나님의 나라의 임재를 경축하기 위하여 죄를 회개하는 사람들의 공동체의 그를 둘러싼 회집 이외에, 자신의 말씀과 행위, 비유와 치유와 더불어 그는 그 밖에 무엇을 의도하셨는가? 그러나 그의 사명의 이러한 보완적인 확장은 결코 처음의 것들을 넘어가지 않았다. 의도적으로 예수는 나라들을 향하지 않았고, 심지어 전체로서의 이스라엘을 향하지도 않았다. 이스라엘 안에서 그는 자기를 "따르도록" 많은 사람들을 부르셨지만, 결코 모든 그의 추종자들에게 그것을 요구하지는 않으셨다; 이것은 그가 가셔야 했던 길의 증인이 되기 위하여 작은 무리가 실제로 그와 함께 가야만 했었으며, 따라서 나중에 목격자가 되었던 그들이 그 길을 위하여 다른 사람들을 끌어올 수 있었다는 사실을 의미하였다. 더욱이 이 제한된 의도도 거의 성공하였던 것으로 언급될 수가 없다: 실제적인 고난이 시작되었을 때, 모든 이들이 그를 버렸다. 그가 죽었을 때, 한 사람도 여전히 그와 함께 있었다는 증거는 확실히 존재하지 않았다. 오직 부활 이후에 그리고 부활을 통해서야 비로소 보충적인 반대운동(counter-movenent)이 강력하고 명확하게 시작되었다. 단지 그 때에만 한 사람이 선택하였던 것이 실제로 분명하게 되었다. 그러므로 사명의 활동이 시작되었던 것은 바로 그 때였다.

오늘날에 이르기까지 교회사에서, 여러 가지 이유로 해서 신약에서 아콜루테인(akolouthein)으로 불리며 대개는 "따르다"로 번역되는 것에 대해 어울리지 않은 큰 강조가 있어 왔다. 이것은 미메이스타이(mimeisthai)와 혼동되어서는 안되는데, 이 단어는 신자와 하나님, 그리스도, 그리고 다른 신자들에 대한 관계를 표현한다는 점에서 중요하다(고전 11:1; 엡 5:1; 살전 1:6; 히 6:12; 13:7; 그리고 마 5:44-48과 다른 구절에서도 역시 이것을 의미한다). 아콜루테인은 랍비의 제자들이 랍비를 따랐던 것처럼 예수를 따랐던 작은 일단의 제자들과 관련해서만 배타적으로 사용된다. 그러나 예수가 유일한 길을 가셨기 때문에, 이러한 따름은 새로운 의미를 받게 되었다: 이것은 익히 잘 알고 있어야 하는 엄청난 위험들을 포함하고 있었다. 제자들 중 아무도 이것을 충실하게 따를 수가 없었다. 그렇다 하더라도, 예수의 삶의 목적이 제자들에게 이해되기 시작한 이후에는, 그들이 목격자들이었던 그 특별한 기간에 근거하여 그들의 사도직이 수립되었다.

신앙을 여전히 이 개념 위에 정초시키려는 사람은 그 차이점을 잘 알고 있어야만 한다. 그 당시에는 따름이라는 것이 반복될 수 없는 구속사적인 기능을 가지고 있었다. 우리가 그 차이를 알게 되면, 이 단어를 더 이상 사용하지 않을 것이라는 사실을 이것이 의미하지는 않는다. 결국 신자는 자신의 주님의 길과 유사성을 보여주는 길 위에 있게 된다. Cf. 벧전 2:21(여기에서는 에파콜

루테인이 사용된다). *TDNT* I, *s.v.* 아콜루테오를 보라.

이와 관련하여 부활절 아침의 출현을 예외로 한, 부활하신 예수의 모든 출현이 이제 시작되고 있는 선교 활동을 위한 명령을 포함하고 있는 한편으로(마 28:19f.; 막 16:20; 눅 24:49; 요 20:21-23; 21:15-19; 행 1:8), 교회의 회집이 이 구절들 속에서 단순히 보조적인 의미를 갖고 있다는 — 이것을 주목하라 — 사실은 중요한 것이다. 부활과 미래와 선교와, 프로미씨오(*promissio*), 프로-미씨오(*pro-missio*), 그리고 미씨오(*missio*)의 관계에 대해서는 Moltmann, *Theology of Hope*, III-V를 보라; "하나님 나라의 프로-미씨오는 세상에서의 사랑의 미씨오를 위한 토대를 놓아 준다".

바깥 세계를 향한 이 전환점 배후에 있는 운동력은 모든 곳에서 (성)령으로서 지시된다. 이것은 세번째 이름으로서, 하나님과 예수 혹은 그리스도의 이름들 이후에 그리고 그것들과 나란히 하나님께서 스스로 인간과 관계를 맺으시는 방식을 표현한다. 이 이름은 하나님의 활동적인 임재를 나타낸다. 하나님은 언제 어디서나 그의 창조 안에 적극적으로 임재하신다. 구약 성경은 하나님의 활동을 자연과 문화 속에서, 또한 이스라엘의 왕들과 선지자들 속에서 언급한다. 우리의 모든 삶과 생각과 행동을 우리는 우리가 그 안에서 창조되었고 그분에 의해 지탱되는 이 성령께 의존하고 있다. 그러나 사람은 이 성령의 무(無)의지적인 도구가 아니다. 그는 그의 목적을 거슬러 행할 수 있고, 날마다 그렇게 한다. 그러나 우리의 목적에 도달하기 위해서 우리는 성령으로 충만받고 성령의 인도를 받아, 그의 자발적인 종들과 동역자들이 되는 것이 필요하다.

선지자들은 이것이 실제로 적용되지 않았다는 사실을 주목하였지만, 하나님의 성실성에 근거하여 언젠가는 성령이 이스라엘과 아울러 모든 인류에게 충만하게 될 것이라는 사실을 기대하였다. 이 기대는 예수의 부활 이후에 실현되기 시작하였다. 하나님께서 그분 안에서 행하신 일의 선포를 통하여, 사람들은 하나님께서 새롭고 비견될 수 없는 방식으로 임재하시고 활동하셨다는 사실을 경험하게 되었다. 그 안에서 그들은 이스라엘 가운데서 기대되어 왔던 것의 성취를 깨달았으며, 종말의 때를 위해 약속되었던 성령이 이제 실제로 "부어졌고", 그가 이스라엘의 경계선을 넘어서 세계로 뻗어나가면서 활동하셨다는 사실을 주목하였다.

성령을 위한 단어인 히브리어 **루아흐**와 헬라어 **프뉴마**(첫번째 단어는 여성형, 두번째 단어는 중성형이다!)는 원래는 라틴어 **스피리투스**(*spiritus*)와 같이 공기의 운동을 가리켰다; 이것은 "바람", "폭풍", "미풍"으로, 그러나 보다 흔하게는 "생명", "활력", "삶의 원리", "운동하고 역동하는 생명"으로 번역될 수 있었다. 심지어 이것의 가장 "영적인" 의미 속에서도, 그 배경으로는 얼마간 그 의미를, 즉 바람이나 폭풍의 관념을 채색하고 있다(요 3:8; 20:22; 행 2:2-4를 보라). 하나님에 대해서는 그가 성령을 가지고 계시거나 혹은 성령이신 분으로서, 그리고 성령과 함께 그의 창조에 생명을 주시는 것으로서, 그리고 인간이 살아있고 역동하는 존재가 되도록 이 성령을 인간에게 주시는 분으로서 언급된다. 자연과 사람 안에 계신 성령에 대해서는 욥 27:3; 33:4; 34:14f.; 시 104:30을 보라. 문화 속에 계신 성령에 대해서는 출 31:3과 35:31; 민 11:17; 사 45:1-5; 단 1:17; 5:11을 보라.

구속사 안에 계신 성령의 활동은 오직 제한된 정도로만 구약에서 경험된다; 이것은 계약이, 존재하기는 하지만, 사람들의 마음과 삶 속에서보다는 직분과 구조들 속에서 더 많이 존재하였다는 사실과 관계된다. 성령은 모세와 여호수아, 사사들과 왕들에게, 그리고 매우 특별한 방식으로 선지자들에게 영감을 주셨다. **J.H. Scheepers,** *Die Gees van God en die gees van die mens in die OT*(1960), 특히 pp. 312-315를 보라. 그러나 성령이 모든 사람에게 부어지고 그들의 마음 속에 거하시는 때가 올 것이다. 민 11:24-29; 렘 31:33; 겔 36:27f.; 37:5,14; 욜 2:28을 보라.

성령에 대한 신약의 진술들은 이러한 기대들을 배경으로 해서 읽혀져야 한다. 이것은 또한 종종 오해받는 진술인 "하나님은 영이시니라"에도 적용되는데, 이 문장은 요한복음 4:19-26의 전체 문맥 속에서 읽혀져야 한다: 그렇게 되면 이것이: 이제 메시야가 오셨기 때문에, 하나님께서 활동적으로 임재하시며 우리의 기도와 예배가 그것을 향해 지향될 수 있다는 것을 의미하는 것임을 알게 된다. 이 새롭고 종말론적인 임재의 방식은 너무나 압도적이어서 창조와 문화 속에서의 하나님의 일반적인 임재는 이것과 비교할 때 빛이 바래진다. 신약은 이것에 대해 거의 언급하지 않는다. 이것은 신앙의 연구에서 그것을 경시하도록 만들고 말았다. 부당하게도 구약에서는 이것을 강조한다. 칼빈은 확실히 이것을 위한 안목을 가지고 있었다; S. van der Linde, *De leer van den Heiligen Geest bij Calvijn*(1943), pp. 34-57을 보라. 이것은 또한 A. Kuyper의 *The Work of the Holy Spirit*(E.T. 1900), part 1, pp. 18-55에도 적용된다. Cf. 또한 Barth in CD III,2, pp. 344-366. 이 경향은 최근의 로마 가톨릭 신학에서 훨씬 더 강하다; 쉴레벡스를 위한 기념 논문집인 *Leven uit de geest*(1974)를 보라.

여기에서 성령에 대해 말할 때, 우리는 적어도 함축적으로 23장과 24장에서 제기되었던 주제인 창조 안에서의 그의 일반적인 활동을 가리키는 것이 아니라, 예수의 출현과 부활에 수반되었던 하나님의 그 특별한 임재와 활동을 가리킨다. 이것의 본성과 목적을 이해하고 표명하기 위해서는 부분적으로는 성서신학적이고, 부분적으로는 성격상 교의학적인 예비적인 질문들을 고려하는 것이 필요하다: 이 질문들에 답하고 난 후에야 비로소 우리는 성령의 사역에 대한 보다 면밀한 묘사를 위한 준비를 갖추게 된다.

1. 어떠한 관점에서 우리는 성령의 본질에 접근하는가? 성령은 현재 안에 활동하시는 하나님이시다. 따라서 우리가 현재 안에서의 그의 활동에 근거하여 그의 본질에 접근하는 것은 당연한 일이다. 이것은 대개 세 가지 방식으로 이루어져 왔다. 로마 가톨릭은 오히려 성령을 그가 그것의 영혼이자 생명을 주는 원리인 교회 안에서의 그의 위치의 관점으로부터 정의한다. 정통 개신교의 전통 속에서 그의 본질은 신앙과 회심, 중생과 성화에 영향을 미치실 때, 개인의 삶에 대한 그의 영향력으로부터 특별히 결정된다. 자유주의 개신교는 인간의 영적인 삶의 공통된 내용과 구조에서 출발하여, 성령을 그것과 비슷한 것으로 이해하는 것을 좋아한다. 세 가지 전부를 지지하는 어떤 것이 언급될 수 있다. 세 가지 전부의 결합에 대해서 심지어

더 많은 것이 언급될 수도 있었을 것이다.

그러나 이 경우에는 세 가지 접근 방법 전부에 고유한 난점, 즉 성령의 활동으로부터 성령 자신에게로의 도약의 난점이 훨씬 더 많이 감지된다. 결국, 성령은 그의 모든 활동 이상이시다. 성령은 교회나 회심한 개인이나 인간의 영과 일치되지 않고 그것에 매이지 않으신다. 그는 주님이시다. 그리고 그는 자신이 원하시는 곳마다 부신다. 우리는 우리의 인간적 현상들과 제도들 속에서 그에게서 나오는 것과 단순히 인간적이거나 혹은 전혀 너무나 인간적인 것을 구분할 수 있기 전에 다른 관점에서 그를 먼저 알아야 한다.

이런 이유로 해서 우리는 그의 활동으로부터가 아니라, 우리에게 관련되는 것과 같이 그리스도 안에서 발견되시는 그의 기원으로부터 그의 본질에 접근하려고 한다. 비록 그가 피조된 생명 안에서의 성령의 일반적인 활동의 근거와 규범이 아니라, 우리가 그리스도와의 만남 속에서 경험하는 그것의 특별한 강조의 근거와 규범이시기는 하지만, 예수, 즉 새 인간이신 하나님의 성자로부터, 바람은 우리의 삶 속에서 불기 시작한다. 성령은 무시간적이고 정적인 현상이 아니라, 창조를 붙드시고, 역사 안에서 일어나셔서 역사를 형성하시며, 최종적으로는 하나님의 활동 전체 속에서 새로운 시대를 가져오시는 능력이시다. 이 접근 방법이 신약 성경에서의 주된 흐름이다. 오직 이 흐름을 따라서만 현재 안에서의 그의 활동이 적절한 빛 속에서 보여진다.

성령이 교회의 그림자 속에 존재하는 로마 가톨릭의 접근 방법에 전형적인 것이 교황 회칙인 *Mystici corporis*(1943)이다. 그러나 이미 레오 8세의 회칙인 *Divinum illud munus*(1897)가 개인 안에서의 성령의 활동에 대한 주목을 불러일으켰다; 이 측면이 최근 수십년간 점점 더 중요하게 되고 있다. 정통적인 개신교의 접근 방법은 다음과 같은 사도신경의 주석 속에 있는 루터의 소요리문답 속에서 표명되고 있다: "성령께서는 복음을 통하여 나를 부르시고 그의 은사로써 나를 조명하시며 참된 신앙 속에서 나를 거룩하게 하시고 보존하셨다." 칼빈도 역시 *Inst* III에서 이런 흐름을 따라서 성령의 사역을 전개하였다. 그러나 루터는 : "그가 지상의 모든 기독교국을 부르시는 것과 같이 …" 등으로 계속하고, 칼빈은 *Inst* IV를 교회에 할애하고 있다. 후에 정통적인 개신교는 좀더 개인주의적으로 되었다. 자유주의 개신교는 교회 안에서의 성령의 특별한 활동을 그의 일반적인 활동들과 연계시키기 위하여 "성령이 우리 영으로 더불어 증거하시나니"(롬 8:16)에 호소하고 싶어한다. 이 접근 방법의 예는 A.B. Come, *Human Spirit and Holy Spirit*(1959)와 G.W.H. Lampe, *God as Spirit*(1977)이다.

신약에서 성령의 특별한 활동은 전적으로 그리스도의 완성된 사역의 전망으로부터 인식된다. 요 7:39; 12:24; 17장; 20:22; 행 2:33; 롬 8:3f.; 고전 15:45; 엡 4:7ff. 등을 보라. 역사가인 누가는 유대교의 오순절 절기(펜테코스테), 즉 추수 시작 후 50일째 되는 날을 축하하였던 추수감사절(신 16:9)에 성령의 부으심이 일어나게 함으로써 이 구속사적인 관계를 역사적으로 표현하였다: 누가의 시대에 이 축제는 또한 출애굽한 이후 시나이 반도에서의 50일로도 간주되었는데(유월절), 그리스도인들에 대해 누가는 이 날을 부활 이후의 50일과 출현의 40일 기간 이후의 10일을 의미하였다. 요한복음(20:22)에서 이 사건은 이미 부활절에 일어나고 있다.

좀더 최근의 성서신학 연구의 결과로서, 이 기독론적인 접근 방법 역시 신앙의 연구를 위한 길을 발견하였다. *CD* I,1과 2에서 바르트는 아직도 고전적인 정통주의 개신교의 관점에서 성령론에 접근하고 있지만, IV,2, par. 64, 4에서는 부활하신 그리스도의 관점에서 새롭게 시작하였으며, IV,3, par. 69, 4에서는 심지어 성령의 사역을 그리스도의 새로운 재림(파루시아)으로 묘사하였다. 베르코프(H.Berkhof, *The Doctrine of the Holy Spirit*[E.T. 1976], ch. I)는 성령을 부활하신 그리스도의 활동으로 간주한다; 베버(Weber, *Gl* II, pp. 272-291)는 삼중직의 지속으로서 보았다.

마지막으로 이러한 견해가 있다: 우리의 판단으로 보면 단지 성령의 이러한 기독론적인 결정만이, 레싱이 다음과 같이 대답하였던 이래로 계속해서 우리에게 남아있었던 질문에 대한 답변이 될 수 있다: "역사의 우연한 진리들은 결코 이성의 필수적인 진리들의 증거가 될 수 없다"(*Über den Beweis des*

Geistes und der Kraft, 1777에서). (계몽주의와 더불어) 성령을 비역사적인 실체로서나 혹은 (독일의 관념론 이후로) 일반 역사 안에서 표현되는 것으로 간주하는 사람들마다 예수의 역사적 사실의 "절대성"을 헛되이 입증하려고 하였다. 지적으로 일반적인 사건들과 역사적으로 되풀이될 수 없는 것 사이에 놓여 있는 "난처한 큰 개울"(레싱)을 뛰어넘는 것은 불가능하다. 우리는 가능성을 입증하려고 노력하는데서 벗어나, 그 대신에 현실에서 출발해야 하며; 이 경우에 역사 속에서 따라서 사실 속에서 우리에게로 오시는 성령으로부터 이 간격을 메워야 한다.

2. 성령은 어떻게 그리스도와 관련되는가? 단순한 연속의 관계만이 존재하지는 않는다. 신약에서 이들 사이의 관계는 두 가지 방식으로 제시되어 있다. 한 편으로는 성령이 창조적으로 앞서 나가신다; 그는 예수보다 더 위대하며 그를 통제한다. 예수는 성령의 일이다. 다른 한 편으로 성령은 (부활하신) 예수의 일이며, 예수를 해석하고 그에 의해 지배된다. 예수는 성령의 열매이고 성령은 예수의 열매이다. 신앙의 연구에 있어서 이 두번째 측면은 언제나 정당한 주목을 받아왔지만, 첫번째 것은 그렇지 못했다. 그 이유는 그리스도와 성령이 일차적으로 구속사적인 관점에서 보여지지 않고, 하나님의 영원한 삼위일체적 존재 안에 있는 제2위격과 3위격으로서 그들의 위치의 역사적인 구현으로서 특별히 간주되었다는 사실에 있었다. 영원속에 있는 그러한 위치들이 시간 속에서 음악적인 자리들을 연주하게 하는 것은 적절하지 않다. 만약 우리의 성찰에 있어서 우리가 영원에서부터 출발하여 시간으로 나아가지 않고, 시간으로부터 영원으로 나아간다면 이 문제는 사라지게 된다. 그러나 그러한 것으로서, 우리는 이것이 신앙의 연구에 대해 가진 결과들에 대해 아직 여기에서는 관계하고 있지 않다. 우리가 여기에서 하는 전부는 지금까지 신앙의 연구가 공정히 평가하지 않았거나 단순히 빈약하게만 평가하였던 두 가지 관계에 대해서 신약 성경이 분명히 말하고 있다는 사실을 주목하는 것이다.

신약에서 성령은 예수를 잉태시키고(마 1:18; 눅 1:35), 그의 수세시에 그 위에 내려오며(막 1:10), 그를 광야로 몰아내고(막 1:12), 바로 그런 이유로 해서 그가 그리스도라 불릴 수 있게 하기 위하여 기름부음을 받게 하며(눅 4:1; 행 10:38), 그를 격려하고 인도하며(눅 10:21; 12:10; 요 3:34), 그가 자신을 제물로 바치게 하시는 능력이며(히 9:14), 그의 부활의 근거이시다(롬 1:4; 딤전 3:16). 비록 여기에서 언급된 구절들은 이것이 요한과 바울에게는 빠져있다는 사실을 보여주고 있기는 하지만, 이 강조는 특히 공관복음에서 이루어진다. 그러나 이 양자에 있어서 두번째 강조가 지배적이다; 요한에 대해서는 7:39; 14-16; 20:22를 보라; 바울에 대해서는 로마서 8:9; 고린도전서 15:45; 고린도후서 3:17; 갈라디아서 4:6; 빌립보서 1:19를 보라. 이것은 공관복음서들에서는 전혀 결여되어 있지 않다(눅 24:49). 두 가지 강조들의 결합이 요한복음 1:33에서 발견된다.

신학사에 있어서 첫번째 강조는, 우리가 앞에서 언급하였듯이, 옆으로 밀려나 있었다. 그러나 우리는 초기 시대, 즉 속사도 시대에 주목할 만한 예외를 주시해야 한다. 「헤르마스의 목자」(Pastor Hermae, ca. 140)에서, 첫번째 흐름을 따르는 기독론의 시초(始初)가 발견된다. Similitudines V.6과 IX.1과 12를 보라. 여기에서 성령은 예수가 그를 통하여 창조되는 하나님의 참된 아들이다; 그리고 나중에 성령에 대한 그의 복종으로 인하여, 예수는 "성령의 협력자"가 되었다. 아마도 동일한 사고의 흔적들이 이그나티우스(Ignatius)의 Ad Magnesios 15장과 제2 클레멘트서 9와 14장에서 발견될 수 있을 것이다. 여하튼, 이러한 영(pneuma) 기독론은 요한 1서에 근거하고 있는 로고스(logos) 기독론에 의해 곧 대치(代置)되었다. 그러나 저스틴(Justin)이 「트리포와의 대화」(Dialogus cum Tryphone) 61장에서 "성령을 통하여 또한 주의 영광으로도 불릴 수 있는" 로고스의 그 능력에 대해 언급하고, 타티안(Tatian)이 Adversus Graecos oratio 7장(ca. 165)에서 천상의 로고스에 대하여 "아버지로부터 영이 되셨고 그의 이성적인 능력으로부터 말씀이 되신 것으로" 언급하였을 때, 이 진술들은 그 때에 예수를 영의 성육신으로 간주하려는 여지가 아직도 얼마나 많이 있었는지를 보여준다. 이러한 접근은 비록 후에는 로고스 기독론의 빛 속에서, 그러한 인상을 주지 않을 수 없었지만, 양자론적인 기독론의 기원으로서 부당하게 간주되었다.

첫번째 강조에 대한 새로운 관심이 다음 책에서 발견된다. A.A. van Ruler, *De vervulling van de wet*(1947), IV, par. 3에서, "성령은 메시야를 포함한다 … 그는 그리스도를 상정하시는 영이시다"(p. 170)를 보라; Berkhof, *The Doctrine of the Holy Spirit*, pp. 17-21; G.J.Hoenderdaal, *Geloven in de heilige Geest*(1969), 7, 특히 pp. 114-117와 130-133, 그리고 MS III, 2, ch. 12를 보라.

3. 성령과 승귀하신 그리스도는 서로 어떻게 관련되는가? 이 질문은 앞의 질문의 강조이다. 만약 성령이 그리스도를 창조하시고 영감을 주심으로 해서 그리스도가 승귀된 자가 되고 또 그런 분으로서 이제 성령을 보내신다면, 그의 행동들과 성령의 행동들을 여전히 구분할 수 있겠는가? 부활 이후로 그리스도와 성령은 우리들에게 있어 일치되시는 것이 아닌가? 여기에서 우리는 우리 자신을 이 질문에 대한 성경적이고-신학적인 답변으로 제한하게 된다. 그 답변은 일의적(一義的)이지 않다. 종종 신약 성경은 성령을 그리스도와 분명히 구분되는 능력으로, 우리를 그리스도에게로 인도하시고 우리 안에서 그리스도의 오심을 위하여 기도하시는 "또 다른 보혜사", "그리스도의 영"으로 언급한다. 그러나 성령의 사역은 또한 종종 승귀되신 그리스도 자신의 사역으로 제시된다: "내가 너희와 항상 함께 있으리라", "이제 주는 영이시니라." 부활로 인하여 그는 "생명을 주는 영"이 되시며 따라서 우리를 고아와 같이 버려두지 않으시고 다시 우리에게로 오신다. 대체로 이 두번째 측면은 신앙의 연구에서 간과되었는데, 그 이유는 이것이 제2와 제3의 "위격"이 분명히 구분되었던 고전적인 삼위일체론의 양식에 부합되지 않았기 때문이다.

그러나 우리는 하나님의 존재와 행동들에 대해서 말하는 것을 배워야 할 것이며, 그렇게 해서 그리스도와 성령의 관계에 대한 이 이중적인 언급이 회피되는 것이 아니라, 우리도 역시 이것을 사용하고 그것을 넘겨줄 수 있는 그러한 방식으로 분명하게 되어야 할 필요가 있다.

첫번째 방향에서의 인용절들은 다음과 같다: 눅 24:49; 요 14:16; 15:26; 16:7, 13, 26; 20:21-23; 롬 8:9, 11; 고후 3:17b; 고후 13:13; 갈 4:6; 빌 1:19; 계 22:17. 두번째 방향에서의 인용절들은 이러하다: 마 28:20; 요 14:18; 고전 6:17; 15:48; 고후 3:17a; 또한 일곱 교회에 보내는 편지들(계 1—3)이 있는데, 이 편지들 역시 승귀되신 그리스도에 의해 구술되었고, 성령이 교회들에게 하시는 말씀을 듣도록 요약하는 훈계로 대부분이 끝나고 있다. 이러한 관점에서 엔 크리스토이와 엔 프뉴마티라는 바울의 표현이 그 취지에 있어 유사하다는 사실 역시 중요하다(예를 들어, 롬 8:9-11을 보라). 서로서로 직접적으로 이어지면서, 로마서 8장에서는 성령이 우리를 중보하시고(26f.절), 그리스도가 우리를 중보하시는(34절) 것으로 언급된다. 요한복음 14:16, 26; 15:26, 그리고 16:7에서 성령은 파라클레토스(대변자, 돕는 자, 상담자)로 불리어지며, 요한일서 2:1에서 이것은 승귀되신 그리스도의 이름이다. 이 두 일련의 본문들은 이 두 가지 방향이 두 가지 전승, 즉 요한 전승과 바울 전승의 탓으로 돌려질 수 없다는 사실을 또한 보여준다; 이 두 가지는 서로 얽혀 있다.

근년(近年)에 와서 두번째 강조점에 특별한 관심이 특별히 헤르만(I. Hermann)의 연구인 「주와 성령」(*Kyrios und Pneuma*[1961])을 통하여 나타났는데, 그는 바울에게 있어서 주와 성령이 일치한다고 결론을 내렸다(p. 140). 이것은 J.P.Versteeg, *Christus en de Geest*(1971)에 의해서 부인되었다. 상세한 논의가 램프(Lampe)의 「영이신 하나님」(*God ad Spirit*, ch. III)에서 이루어졌는데, 그 자신은 정신주의적인(spiritualistic) 개념을 주창하였다.

화란에서는 세 신학자가 이 관계를 각각 그들 자신의 독특한 표현 방식으로 제안하였다: 반 룰러(A.A.van Ruler)는 "Structuurverschillen tussen het christologische en het pneumatologische gezichtspunt"(*Theologisch werk*, I, 1969, pp. 175-190)에서 그리스도와 성령을 대위법적인 방식으로 서로 대조되도록, 입양(*adoptio*)에 대비되는 권리인수(*assumptio*)로, 즉 상호관계에 대비되는 대치(代置), 등으로 표현하였다(우리가 보기에 이것은 오직 예수의 참된 인성을 부정할 때에만 주장될 수 있다); cf. 그의 "Hoofdlijnen van de pneumatologie", in *Theologisch werk*, VI(1973), pp. 9-40; 베르코프(Berkhof)는 「성령」(*Holy Spirit*, I)에서 그리스도와 성령을 동일시 하고 있다(그러나

이어지는 장에서는 이것을 주장하지 않는다): 호엔데르달(G.J.Hoenderdaal)은 *Geloven in de heiligen Geest*, II, 6, pp. 114-133에서 "상호간에 서로를 포함하는 성령론과 기독론의 상호작용"(p. 133)을 주장하였다(그러나 그리스도와 분리된 성령의 "고유한 작용"에 대해서는 분명치 않다). 또한 이 문제가 영국 국교 신학에서 얼마나 일찍이 논의되었는지를 램지(A.M.Ramsay)의 「고어에서 템플까지」(*From Gore to Temple* [1960], App. C, 특히 pp. 180f.)에서 비교해 보라.

여기까지 나아온 후에, 우리는 이제 성령과 그리스도의 복합적인 관계들을 이해하고 명료하게 표현하려고 노력해야 한다. 성령은 우리 가운데에서 활동하고 계시는 하나님 자신에 대한 이름이다. 우리의 불순종과 무력함으로 인하여 성령과 세계 사이에는 단순히 느슨한 관계만 존재한다. 이것은 영이신 하나님이 새 사람을 창조하시고 그에게 자신의 성령을 불어넣으심으로써 그의 창조를 지배하시기 위한 새로운 주도권을 취(取)하실 때까지 지속된다. 이 사람 안에서 계약이 확립되고 그의 안에서 성령은 땅 위에 거처를 정하신다. 금후로는 성령과 그리스도가 일치되신다. 온전히 충성된 계약의 협력자로서, 예수는 성령의 형상이시며, 성령을 지상으로 부르시고 성령을 위한 공간을 창조하신다. 금후로 성령의 활동은 하나님과 예수 사이에서의 절대적인 계약의 동일성의 완성(完成)의 형태와, 그가 이 단일성 속에서 우리를 위하여 획득하신 새로운 생명의 형태 속에서 존재한다. 이것은 여기에서 하나님과 인간의 가장 친밀한 연합에 관계하기 때문에, 여기에서 일어나는 것은 두 가지 각도에서 접근될 수 있다: (1) 성령은 예수를 창조하시고 그리고 예수는 성령을 파송하시며, (2) 성령은 승귀되신 그리스도의 활동이시며 그리고 예수의 아들됨에 의하여 가능하게 된 지상에서의 하나님의 분리된 활동이다. 그리스도와 성령은 새 계약의 두 기둥(혹은 극단)이다.

이것과 더불어 우리는 마지막으로 이 단락의 중심 질문에 이르게 되었다: 그리스도께로부터 나오실 때 성령은 인간에게 무엇을 행하시는가? 제목에서 우리는 순전히 형식적으로 이것을 "참여"라고 불렀다; 이 용어에 구체적인 내용을 부여하는 것이 다음 세 장들에서의 우리의 관심사가 될 것이다. 거기까지 나아가기 전에, 우리는 여기에서 이러한 참여의 사역의 기본적인 형태에 대한 윤곽을 그려보아야 할 것이다. 우리는 성자와 우리들, 즉 잃어버린 아들들 사이의 관계로부터 이것을 끌어내어야 한다. 그는 동시에 첫열매이신 한 사람이시다. 근원이신 그에게로부터, 하나님과의 계약 바깥에 있는 우리의 삶은 위기에 봉착하여야 하고, 우리의 소외는 극복되어야 하며, 우리는 자발적인 포기와 참여로 나아가야 한다. 그렇게 되면 우리는 성자의 형상에 이르게 될 수 있을 것이다.

그것을 성취하기 위해 성령은 사람 안에서 두 가지 일을 행하신다. 필요한 첫번째 일은 우리가 스스로를 무조건적으로 초청되고 용납된 자로서 인식하는 것이다. 우리는 우리의 불신과 자랑과 탐욕과 자기 집착을 포기하고, 우리의 진정한 목적지의 방향으로 움직여 나아가야 한다. 우리는 우리를 우리 자신으로부터 해방시키고 우리의 사면(赦免)을 듣도록 우리를 자유롭게 해주는 철저한 자기 정죄를 통해서만 이것을 행할 수 있다. 우리의 자기 만족에 맞서 대항할 때에, 우리는 우리 자신의 외부에서, 즉 그의 순종으로 하나님 앞에서 우리를 대신하여 서셨던 한 분 안에서 우리의 구원을 찾기를 배워야 한다.

그러나 우리를 대신하셨던 이 한 분은 동시에 새로워진 인류의 첫 열매이시다. 성령은 있는 그대로의 우리를 전적으로 받아들이신다. 그러나 그 때에 그는 있는 그대로의 우리를 내버려두지 않으신다. 우리는 새 사람을 닮기 시작해야 하며, 그의 형상으로 바꾸어져야 할 필요가 있다. 우리가 살고 있는 이 일시적이고 죄된 세상에서 이 과정은 오로지 최대한의 어려움을 동반하고서 진행될 수 있으며 많은 방해로 인하여 약간의 진보를 이룰 수 있을 뿐이다. 그럼에도 불구하고, 이것이 그리스도와 더불어 시작되고, 그 속에서 우리가 우리 인생의 궁극적인 목적을 발견하는 것이 하나님의 의도이다. 우리가 이미 지금 이 과정 속에서 경험하고 있는 새로움은 새 사람의 영 안에서 전적으로 재창조될 세계의 표징이며 약속이다.

성령이 그리스도의 사역의 토대 위에서 행하시는 사역은 이처럼 "두 가지가 하나인"(biune) 사역 즉 용서와 갱신, 혹은 고전적인 용어로 말하면 칭의와 성화이다. 두번째는 목표이다. 그러나 이것은 첫번째 없이는 성취될 수 없다. 오직 근본적인 용서만이 미래를 향하여 우리를 해방시킨다. 자신이 하나님에 의해서 용납되었다는 사실을 아는 사람만이 하나님의 새롭게 하시는 사역에 개방적일 수 있을 만큼 충분히 걱정이 없다. 더 이상 스스로를 의롭다고 여길 필요가 없는 사람만이 하나님과 사람을 위하여 자기 생명을 버리실 수 있었던 새 사람을 향할 수 있을 만큼 자유롭게 되었다.

이 "두 가지가 하나인" 사역은 신약의 다수의 인용절들 속에서 언급되고 있다. 첫번째 측면은 그것에 의하여 분명히 가장 중요하다. 이것은 특별히 누가복음에서 예수의 모든 말씀과 행동에 대해 참된 것이다: 왕의 연회(宴會), 탕자, 바리새인과 세리의 비유 등등; 예수가 삭개오와 같은 죄인들과 나누신 식사(눅 19:1-10). 그런데, 삭개오는 그의 예기치 못한 용납(容納)됨을 통하여 자신의 탐욕을 극복할 능력을 발견하였다(8절). 성취와 공로가 최상의 우선권을 누리고 있었던 세상에서, 예수는 하나님 나라의 안목으로 사람들로 하여금 그들의 자기 의(義)를 버리고 오직 받을 수만 있는 어린이와 거지들과 같이 될 것을 설득하려고 애를 쓰셨다. 유대교와의 충돌 속에서 바울은 이것을 반율법적인 칭의교리로 다듬었다. 이것이 그로 하여금 성화를 과소평가하도록 이끌지는 않았으며(성화는 그의 서신 후반부에 특별히 두드러진다), 이것은 단순히 예수에게도 마찬가지였다(예를 들어, 산상수훈; 이 두번째 강조는 특별히 마태복음에서 발견된다). 두 가지는 함께 연결되어서 성령이 우리를 위하여 품고 계시는 목표로 인도한다: 함께된 형상(심모르피아), 그리스도와 함께된 형상(심모르푸스타이)(롬 8:29; 갈 4:19; 빌 3:21; cf. 고전 15:49; 고후 3:18; 요일 3:2).

참여에 있어서 이 두 가지 요소들 사이의 긴장은 이미 초대 교회에서 감지되었다(롬 6:1f.; 약 2:14-26); 그리고 이 긴장은 심지어 더욱 강하게 되거나 혹은 그렇게 남게 되었다. 이것은 특별히 서구 교회에서 사실인데, 서구 교회는 모험적인 문화들 속에 그 뿌리들을 가지고 있으며, 도덕적으로 이해된 성화를 심각하게 강조하려는 경향을 갖고 있다: 이것은 행위없는 칭의를 영원한 걸림돌(스칸달론)로 경험하며, 오직 일련의 위기들을 통해서만 이것이 가치를 지닌 자리를 얻을 수 있었다(어거스틴, 루터, 콜브뤼게, 초기의 바르트). 동방 교회는 이러한 긴장을 갖고 있지 않았다. 이것은 특별히 참여의 목표를 강조하며, 아타나시우스 이래로 그것을 오히려 "신격화"(테오포이에시스, 테오시스)로 묘사하고 있다. 이 단어는 많은 짜증과 오해를 불러일으켰다. 이것은 성령이 그리스도 안에서 구현된 하나님과의 친밀한 연합 속에 우리를 참여하게 하신다고 말하는 것을 의미한다(cf. 벧후 1:4). 계약적인 사고의 전망으로부터 우리는 이 목적을 정확한 것으로 간주하지만, 우리의 견해로는 이것이 심모르피아에서 더 훌륭하고 더 겸손하게 표현되어 있다. 아타나시우스의 신격화의 개념에 대해서는 A. van Haarlem, *Incarnatie en verlossing bij Athanasius*(1961), pp. 137-143을 보라.

만약 위에서 개요를 살펴본 참여가 몇 가지 국면을 지닌 하나의 사건으로 묘사될 수 있다면, 그것으로 인하여 성령의 사역은 완전히 새로운 방식으로 역사에, 개인의 내적이고 외적인 역사와 전체로서의 인류의 역사 양쪽 모두에 참여하고 개입하는 하나의 사건으로 규정될 수 있을 것이다. 참여는 그리스도이신 배타적인 중심으로부터 성령이 시간과 공간 안에서 끊임없이 새로운 집단을 이끌어내신다는 것을 의미한다. 일찍이 우리는 그 사역을 선교라고 언급하였다. 여기에서 사용된 이 개념은 성령이 교회와, 개인의 내적인 삶과, 사랑의 사역들, 해방: 그리고 보다 좁은 의미에서 교회나 일단의 그리스도인들의 조직된 활동으로서 선교라고 불리는 것을 포함하는 그의 계속되는 통합 활동 속에서 행하시고 이루시는 모든 것을 포함한다. 이 모든 것은 그것이 동시에 그것의 열매이자 씨앗이 되는 위대한 참여 운동의 하나의 차원이기 때문에, 그것의 위치와 중요성을 지니고 있다. 이 운동과 분리될 때, 제도적인 교회든지 개인의 종교적인 삶은 쉽게 그 자체 안에서 목표가 되고 만다. 성령은 우리를 감동하시고, 우리를 변하게 하시며, 그의 계속되는 사역, 즉 이 현재의 세상에서 완성되지 않으며,

그렇게 해서 그가 여기에서 성취하시는 모든 것이 그 자체를 넘어 있는 것을 지시하며, 언제나 새롭게 그 자체의 경계선들을 능가하게 되는 사역 속에서 섬기도록 우리를 참여케 하시는 역사적인 능력이시다.

이 시점에서 성령의 본성을 교회와 개인 안에서의 그의 사역으로부터 결정하려는 앞에서 언급된 경향의 부당한 결과들이 분명해진다. 심지어 이것의 불가능성과는 별개로, 나쁜 결과들 중의 하나는 교회와 개인이 쉽게 성령의 사역의 종착점으로 간주될 수 있었다는 사실이다. 로마 가톨릭의 교회적이고 개신교의 개인주의적인 성령의 개념, 양자 모두가 그 개념들이 그 안에서 상대적인 가치를 지니고 있는 문맥: 즉 구속사 속에서 기독론적으로 결정된 능력으로서, 그리고 따라서 역사적인 능력으로서의 성령의 문맥을 오해하였다.

지상의 예수는 아직 선교를 생각하지 않았다. 그의 관심은 이스라엘과의 계약의 실현이었으며, 그것에 의하여 이 백성은 저절로 열방들의 빛이 될 수 있었을 것이다. 그러나 출현의 기사들이 선교의 문맥 속에 존재한다는 사실을 우리는 이미 주목하였다(그리고 하물며 예를 들면 교회의 문맥 속에서도 존재하고 있다). 요한(20:21)과 누가(24:47f.; 행 1:18; 그리고 특별히 2장) 양자에게 있어서, 성령의 부으심과 선교 운동은 일치한다. 초대 교회에서, 세상을 통한 복음의 승리의 행진은 예수의 부활에 못지 않는 중요성을 지닌 구속적인 사실이었음이 틀림없다. 교회에서 나중에 오늘날에 이르기까지 구속적인 사실들이 예수의 승천과 더불어 끝이 나고, 그 이후에는 성령이 단순히 이것들을 "적용하시는" 것으로 간주되었을 때, 우리는 성령의 활동을 첫 열매로부터 다가올 완성 사이의 다리를 연결하시는 하나님의 역사적인 현상으로 보는 신약의 이상(理想)으로부터 훨씬 멀어지게 되었다.

정확히 누가는 그의 역사적인 도식화에 의하여(부활, 사십일 후의 승천, 또 다른 10일 후의 성령의 부으심, 그 후의 고대 세계를 통한 그의 경과(經過)에 관한 이야기) 이 사실을 우리의 마음에 각인시키려고 하였다. 신약에서 성령은 우선 제도적이거나 내적인 능력이 아니라 역사적인 힘이시다. 내가 아는 한에 있어서는, 교의학 편람들 속에서 오직 바르트만이 비록 그의 세 가지 전망들 가운데 마지막 전망이기는 하였지만, 이 포괄적인 이상을 철저히 공정하게 다루었다(*CD* IV,3). 나아가서 Harry R. Boer, *Pentecost and the Missionary Witness of the Church*(1955); H. Berkhof, *Christ the Meaning of History*, ch. V; 같은 저자, *The Doctrine of the Holy Spirit*, ch. II를 보라. 노르트만스(Noordmans)의 성령론은 이와 관련하여 특별히 주목할 만한 가치가 있다. 그의 마지막 책인 *Gestalte en Geest*, 특히 III과 IV 1에서 그는 성령을 역사적인 형태들을 통하여 스스로 미래를 향해 나아가시는 창조적인 해석자로 생각하고 있다.

위에서 우리는 성령의 참여의 사역의 한계들에 대하여 한 번 이상 생각하였다. 예수의 사역을 통하여 그는 우리 세계를 향하여 지금까지 들어보지 못한 여행을 획득하시면서, 그가 우리들 사이에서 위대한 일을 시작하실 수 있게 하셨다. 그러나 그는 이것을 완성하실 수 없으셨다. 그는 예수와 마찬가지로 우리의 역사의 마지막 지평이 아니었다. 이와는 반대로, 그리스도와 같이 그는 새로운 지평들을 여셨다. 아들과 같이, 성령은 순서대로 그리고 그의 방식으로 "첫 열매"이셨다. 많은 전선(戰線)에서 그는 하나님으로부터의 소외와 인간이 포로로 잡혀 있는 자기 만족과의 싸움에 참여하신다. 그러나 분명한 승리는 아직 불가능하다. 이것은 단순히 출발일 뿐이며, 단순한 "작은 시작"에 불과하다(하이델베르크 요리문답). 비록 개인과 교회와 문화에 대한 그의 사역은 강력하지만, 이것은 인류의 저항으로 말미암아 또한 단편적이며 계속해서 방해를 받는다. 이 사역들은 무방비 상태로 경멸과 심지어 거부에 이르도록 넘겨진다. 스스로 참여 사건에 동참하는 사람들은 그의 활동을 경험하지만, 정확히 그들은 성령이 얼마나 일시적인지를 고통스럽게 경험한다. 그가 하는 일은 무엇이든지 간에 보증이지만 동시에 완성의 연기(延期)이다. 우리가 도상에 머무르는 것은 바로 성령의 인도하에서 이다; 그리고 그 도상에서 우리는 신앙과 우리의 희망을 유지할 만큼 충분히 받으며, 우리가 도착한 일종의 "영적인 열광주의"에 현혹되지 않을 만큼 아주 적게 받는다.

바울은 성령에 대해서와 마찬가지로 그리스도에 대해서도 아파르체(고전 15:20)라는 단어를 사용한다. 성령은 바울에 의하여 아라본(고후 1:22; 5:5; 엡 1:14)이라는 단어로써 분명히 표현된 약속 그 이상도 그 이하도 아니다; 이것은 셈족의 상업 언어에서 유래하였으며, "계약금", "보증금", "담보"를 의미한다. 여기에서 우리는 언젠가 전세계를 뒤덮을 갱신(更新)의 작은 예보를 얻게 된다. 그의 사역의 단편적이고 전투적인 성격에 대해서는 또한 로마서 7, 8장과 갈라디아서 5장을 보라.

반 룰러(Van Ruler)는 성령의 사역의 "미완성적인 성격"(torso-character)에 너무나 감동되어서, 그가 그리스도를 고려하였던 것처럼 성령을 죄로 말미암은 "비상 대책"으로 고려하였다: 하나님의 나라가 도래할 때, 담보물은 돌려받게 되고 하나님과 인간 사이의 직접적인 관계가 뒤이어 이루어지게 된다; *De vervulling van de wet*, ch. IV, par. 2를 보라. 우리가 아는 대로, 그의 학식있는 주해 강연은 설득력이 없다. 성령은 정확히 계약적인 친교 안에서 가능한 최대의 직접성이다. 종말은 그의 폐지(廢止)가 아니라 반대로 그의 완전한 펼쳐짐이다(cf. 고전 15:42-49). 반 룰러와 완전히 반대되는 견해를 위해서는 S. Boulgakof, *Le paraclet*(1946), pp. 265-272를 보라.

37. "삼위-일체"(TRI-(U)NITY)로서의 계약

일반적인 교의학의 관례와는 반대로 우리는 하나님의 존재와 속성들을 고려하였을 때, "삼위일체"(triune or trinity)라는 개념을 사용하지 않았다. 우리가 아는 대로, 하나님을 신앙의 연구에서 다음에 제기되는 모든 것의 근원으로 논의할 때, 그에게 삼위일체성과 같은 속성을 부여할 만한 이유가 없다. 세계의 창조자로서, 계약의 설립자로서, 그리고 자신을 우리에게 계시하시는 분으로서, 우리는 그를 한 분 하나님으로, 즉 한 위격(person)으로 안다. 이러한 단일성 속에서, 그는 동시에 무한히 부요하시다. 그의 단일성이 우리가 단일성이라 부르는 것을 무한히 능가하신다고 말하는 것이 옳다. 그러나 이 지식으로부터 삼위일체 하나님 교리로 나아가는 길은 없다. 전통적인 신학에서 하나님의 존재와 속성 다음에 이어지는 삼위일체론에 관한 논의는 따라서 대개는 관계가 없는 부록과 같은 것이었다.

이것은 보다 더 크거나 작은 형태로 우리가 고전적인 신론을 "한 본질 안에 있는 세 위격"으로 규칙적으로 언급해야 하였지만 이것은 이 교리가 얼마나 성경에 낯설고 신자의 마음에 받아들이기 어려운 문제들을 우리에게 지워주었는가를 보여주기 위하여 대개는 비판적으로 이루어졌었다는 사실이다. 다만 앞의 36장에서는, 우리가 그리스도에 대해 언급하고 성령의 사역이 논의되어진 후에, 이 개념이 스스로 우리에게 자발적으로 긍정적인 의미에서 다가왔다. 그래서 전체 기독교 신앙이 아버지께로부터 아들에게로 나아오시며 그 다음에 차례로 아들로부터 인간들에게로 나아오시는 성령 안에서 일어날 때, 그것이 하나님과 사람의 이러한 함께하심에 근거하여 어떻게 결정되는지가 우리에게 분명하게 되었다.

이 사건 속에서 우리는 행동하시는, 즉 창조하시고 행동하시며 고난당하시고 투쟁하시는 하나님의 존재를 보았다. 세상을 향하여 행동하시는 하나님의 이름은 성령이다. 성령으로서의 그의 최상의 행동은 새 사람, 즉 참되신 아들의 창조인 바, 그 아들은 사랑과 복종에 의해서 우리를 위하여 소외로부터 완성에 이르는 길을 준비하시며, 이렇게 해서 우리를 그와 연합하게 하시고 우리로 그 형상을 따르게 하기를 원하시는 성령을 위한 길을 열어 놓으신다.

그래서 아버지-아들-성령 혹은 동일한 효력을 지닌 아버지-성령-아들의 세 이름의 결합은 역사적이고 실존적인 측면 둘 다에 대하여 계약 사건을 요약해 주는 묘사로서 입증된다. 아버지는 신적인 협력자이시고, 성자는 인간적인 대표자이시며, 성령은 그들 사이의 유대(띠)이시며 따라서 성자와, 그가 아버지께로 이끄시는 아들들 사이의 유대(띠)이시다. 그렇다면 우리가 여기에서 "세 위격 안에 있는 한 본질"을 갖고 있다고 말할 수 있겠는가? 아니다. 여기에서는 하나님께로부터 일어나는 하나의 사건이 존재하며, 따라서 성령에 의해 수행되는 하나의 사건, 즉 두 위격이신 하나님과 예수 사이에서 일차적으로 일어나지만, 그 안에서 언제나 새로운 위격들이 포함되는 사건이 존재한다. 그렇다면 우리는 성령을 위격으로 부를 수 있는가? 아니다. 만약 그렇게 하면 우리는 그를 하나님의 위격과 나란히 따로 두게 된다. 그렇다. 만약 우리가 이 이름이 그 외적인 행동들 속에서 하나님의 위격성을 표현한다는 사실을 이해한다면. 성령은 정확히 위격-이신-하나님이며, 관계-안에 계신-하나님이시다.

이와 같이 고려하였을 때, 교회사의 과정 속에서 자명한 고백이었던 삼위일체론이 난해한 문제로, 불가해한 신비로, 지적인 수수께끼로, 그리고 오랜 세월의 갈등과 분열의 원인으로 변하였다는 것은 실로 매우 이상하다. 그 이유는 이것이 계약의 구조의 서술로서가 아니라 한 분의 계약의 협력자이신 하나님의 "구조"의 서술로서 고려되었다는 사실이었다. 그래서 한 위격이 복수로 제시되었다. 그리고 이렇게 해서 문제가 일어났다: 하나님이 어떻게 한 분이시면서 세 분일 수 있는가? 그가 어떻게 한 위격이시며 동시에 세 위격으로 이루어질 수 있는가? 그리고 만약 예수가 영원 전부터 "아버지와 본질에 있어서 하나"라면 어떻게 하나님을 자신보다 더 크신 분으로 간주할 수 있는가?

그래서 하나님은 그의 계약의 협력자인 인간이 참여하지 못하는 신비가 되었다. 후자는 단순히 이 신비를 경배할 수만 있다; 그의 신앙에 대해서 이것은 아무런 의미도 없다. 왜냐하면 그는 삼위일체께가 아니라 하나님께 기도하기 때문이다. 그는 그리스도에게 기도하는 것이 아니라, "예수 그리스도 우리 주님을 통하여" 하나님께 기도한다. 그는 성령께 기도하는 것이 아니라, 성령을 위하여 하나님께 기도한다. 그래서 신자에게 있어서 세 이름의 각각은 그와 하나님의 계약적인 교제 속에서 특별한 기능을 갖고 있다. 더불어 그들은 영원 안에 있는 하나의 존재가 아니라 시간 안에 있는 하나의 역사를 구성한다.

삼위일체라는 용어로써 우리는 인간에게로 향해 있는 계속해서 열려있는 사건을 지시한다. 그것은 성령이 우리로 하여금 아들의 형상을 본받게 하시기 때문에 우리가 삼위일체의 사건에 참여하도록 초청받았기 때문이다. 그들의 관계의 독특성이 사라지지 않으면서도, 우리는 아버지와 아들의 관계에 참여하게 된다. 특별히 대제사장의 기도(요 17장)는 이 관계들의 일관성과 비일관성을 언급하고 있다. "아무도 아버지를 떠나서는 아들을 알지 못하고, 아들을 떠나서는 아버지를 알지 못하며, 아들이 그를 계시하기로 선택하는 사람만이 안다"(마 11:27). 이러한 이유로 해서 심지어 고전적인 신학조차도 구원의 목적을 삼위일체 내의 협력(consortium trinitatis)으로 묘사할 수 있었다. 우리가 삼위일체라는 용어를("다(多)위-일체"가 아니라) 계속해서 사용하는 이유는 심지어 이것과 가장 친밀한 인간 관계조차도 하나님과 그의 성령과 관련하여 본질에 있어서의 거리를, 그리고 "독생자"와 관련하여 기원에 있어서의 거리를 여전히 전제하고 있다는 사실로 인한 것이다.

그러나 앞서 말한 것과 더불어 우리는 삼위일체가 하나님의 부분이 아닌 하나의 사건이라는 사실을 조금도 암시하지 않기를 바란다. 그런 일은 있을 수 없는데, 그 이유는 그의 존재와 그의 계시는 너무나 밀접하게 연결되어 있기 때문이다(18장을 보라). 전체 삼위일체 사건은 축복의 하나님이고자 하시는 하나님의 영원한 결단, 즉 그의 진정한 본성에 속하는 결단에 근거하고 있다. 이와 관련하여 우리는 하나님의 신실성과 변화 가능성에 대하여 22장에서 언급하였던 사실을 특별히 참고해야 한다: 그의 주권적인 사랑 속에서 하나님은 스스로를 변화되실 수 있게 하셨다. 우리와 함께 그는 과정에 포함되시는데, 이것이 아버지로서 그를 아들과 딸들로 풍부하게 하시기 때문에 그에게 이것이 무언가를 또한 행하게 된다. 삼위일체의 사건은 하나님의 진정한 본성(본질)에서 일어나서 그것에 이른다. 이런 의미에서 삼위일체는 하나님에게 당연한(본질적인) 것이다. 이것은 그의 영원한 목적에 따라서 하나님께서 그 자신의 생명을 인간과 공유하시기 위하여 어떻게 이것을 시간 안에서 연장하시고 수행하시는가를 묘사한다. 따라서 삼위일체는 추상적인 자신-안에 계신-하나님이 아니라 우리와-함께 계시는-하나님에 대한 서술이다.

삼위일체론에서의 관례적인 구분은 내재적이거나 존재론적인 삼위일체와 경륜적이거나 계시적인 삼위일체론 사이의 구분이다. 비록 이 구분이 우리가 거절하는 삼위일체 개념에 근거하고 있지만, 우리는 관점들을 명백하게 설명하기에 유용하다면 어디서든 간에 이것을 사용한다. 이것은 이미 신약에서 나타난 사실이다. 몇몇 인용절에서 하나님과 그리스도와 성령은 삼위일체를 지시하는 명백한 성찰 없이 동시에 언급되고 있는데, 그 이유는 그들의 협력이 우리의 구원을 가져오시기 때문이다: 롬 5:5ff.; 8:3f., 8-11, 16f.; 고전 6:11; 12:4-6; 고후 1:21f.; 13:13; 갈 4:6; 엡 4:4-6; 살후 2:13; 벧전 1:2. 이곳저곳에서, 마태복음 28:19에서, 그리고 요한일서 5:7에서의 후대의 내삽법, 즉 소위 콤마 요한네움(comma Johanneum)에서 훨씬 더 분명하게 된 약간의 성찰(고전 12:4-6; 고후 13:13; 엡 4:4-6)이 이곳저곳에 발견된다.

이 마지막의 두 인용절 이외에, 다른 모든 인용절들은 분명히 계시적으로 삼위일체적인(혹은 계시적으로 셋이 하나임을 보여주는) 진술들이다. 그러나 이 계시는 영원한 작정 속에 근거하고 있다. 따라서 아들은 선재하시는 분으로 표현될 수 있다(요 1:1ff.; 3:13; 8:58; 그리고 다른 구절들; 롬 8:3; 고전 8:6; 갈 4:4; 빌 2:5f.; 골 1:15ff.; 히 1:1ff.). 이 선재에 대해서는 32장을 보라. 같은 방식으로 성령도 선재하시는 분으로 표현될 수 있다(요한복음 14:16; 15:26, 그리고 16:7의 고별 담화와, 고린도전서 2:10ff.의 바울에게서). Cf. 이러한 선재에 관해서는 K. Rahner-W. Thüsing, *Christologie—systematisch und exegetisch*(1972), pp. 249-273에 나오는 신약 학자인 튀징(W. Thüsing)의 사고의 흐름을 참고하라.

그는 신약에서 삼위일체 대신에 "이위일체"를 언급하려는 경향을 가지고 있으면서, 성령을 하나님의 능력의 가장 특별한 표시로 간주하여, 이렇게 진술하였다: "바울 신학에서 일관되게 설명하고 있는 사실은 예수의 선재가 실제로는 성령의 선재(스스로를 전달하시려는 하나님의 능력으로서)라는 결론에 이르게 하는데, 그 이유는 성령의 소유가 예수의 유일성을 구성하는 것이기 때문이다. (계시적인) 요한의 로고스 기독론이 이와 필적할 수 있다"(p. 250). 이것의 훌륭한 실례(實例)는 요단강에서의 예수의 수세 기사(막 1:9-11)인데, 이것은 삼위일체적인 사건으로 묘사되어 있다: 성령은 (말씀, 즉 음성과 더불어) 위에 계신 아버지를 아래에 있는 순종하는 아들과 연결하신다. 우리가 아는 대로, 신약은 그리스도와 성령 안에서 하나님과 우리의 구원의 교제에 대해 증거하며, 이러한 통찰을 존재론적인 삼위일체론으로 변형하지 않으면서 (많은 나중의 예외, 주해가 있지만, 요일 5:7) 교제의 양 유형을 영원으로 규명해 거슬러 올라간다.

삼위일체론 논쟁이 많은 교의학 편람들과 논문들, 백과사전들 속에서 장황하게 묘사되고 있다. 여기에서 우리는 독자가 그것을 숙지하고 있다고 가정한다. 이 논쟁은 독립적인 주제가 아니라, 기독론 논쟁의 연속이자 결과였다는 사실을 잊어서는 안된다. 그리스도가 점점 더 하나님과 동일시 되었을 때(32장을 보라), 하나님 안에서의 이중성을 언급하는 것이 필요하게 되었다. (성령에 대한 유사한 고찰은 4세기 중엽까지는 일어나지 않았다). 그러나 이것은 한 편으로는 희랍 세계에 강하게 호소력이 있었던 성경적인 유일신론(하나님의 모나르키아: *monarchia*)과, 그리고 다른 한 편으로는 복음서들 속에서 그리스도가 스스로를 하나님께 복종시키셨다는 분명한 사실과 갈등을 초래하였다. 결국 "해결책"은 역사 내에서의 계시적인 삼위일체와 영원 안에서의 본질의 삼위일체 사이의 거리를 가능한 한 크게 만드는 데서 발견되었다. 지상에서 그리스도는 성령으로부터 나와 아버지께 복종하실 수 있지만, 영원에서 아들은 "아버지와 한 본질을 갖고" 계시고(호모우시오스 토이 파트리, A.D. 325년의 니케아 공의회 이후로; D 125), 성령으로부터 나오지 않으며 성령이 아버지로부터(동방교회) 혹은 아버지와 아들로부터(서방교회) 나오신다.

이 해결책은 물론 다음과 같은 새로운 문제를 초래하였다: 하나님을 한 분이면서 세 분으로 어떻게 인식할 수 있는가? "한 본질 안에 있는 세 위격"이라는 표현은 단순히 문제를 덮어버린 것에 불과하였는데, 그 이유는 희랍어 트레이스 휘포스타세이스 엔 미아이 우시아이와 라틴어 트레스 페르소나이 인 우나 수브스탄티아(*tres personae in una substantia*)가 같지 않기 때문이다. 또한 M. Wiles, *The Making of the Christian Doctrine*(1967), pp. 124-140을 보라. 계시적인 삼위일체를 구성하는 세 위격의 독특성은 하나님의 통일성을 위하여, 본질의 삼위일체에서 가능한 많이 삭제되었다. 이러한 시도는 세 가지 가르침들 속에서 절정에 달하였다: (1) *De fide orthodoxa* I,8ff.에 나오는 다메

섹의 요한(ca. 745)이 표명하였던 페리코레시스 혹은 상호침투 (*circum*(*in*)*cessio*)의 가르침: 영원에서는 세 위격들의 계속적인 상호적인 침투가 존재한다; (2) 규칙: *opera ad extra sunt indivisa*, 이것의 토대는 어거스틴이 「삼위일체론」(*De trinitate*) I.4에서 놓았다: 계시에 있어서 특별히 한 위격에 돌려지는 속성(창조는 성부께, 화해는 성자께, 귀속(歸屬: appropriation)은 성령께)은 그럼에도 불구하고 세 위격 전체의 행위이다; (3) 아프로프리아티오네스(*appropriationes*)의 교리, 즉 앞에서 말한 규칙의 반대측면: 한 특정한 위격에 어떤 행위를 돌리는 것은 우리의 마음에 대한 아프로프리아티오(*appropriatio*)로 의도되었다(어거스틴과 레오 I세 이후로: Barth, *CD* I,i, pp. 428f.를 보라). 이들 가르침의 결과는 본질의 삼위일체가 실제로 계시의 삼위일체와 더 이상 아무런 관계도 갖고 있지 않다는 것이었다. 그 간격이 얼마나 크게 되었는가 하는가는 또한 **심볼룸 쿠쿰퀘**(*Symbolum quicumque*, 6 혹은 7세기; D 75)라고도 불리는 소위 아타나시우스 신조의 처음 절반만 보게 되면 가장 잘 이해된다. 삼위일체 교리의 이러한 메마른 개요가 교회의 신앙고백으로 승화되었고 그렇게 해서 많은 교회들, 역시 개신교에서도 유효한 것으로 남게 되었다. 이것은 가장 유감스러운 것인데, 그 이유는 이 진술이 계시의 삼위일체를 전적으로 무시하고 죄인들의 구원을(이것은 *Quicumque vult salvus esse* ⋯ 로 시작된다) 구원사와 연결하지 않으며 이것을 추상적인 영원에 매달아 놓고 있기 때문이다.

이런 교리 발달의 결과는 삼위일체 신앙고백이 교회의 신앙 속에 작용하지 않았다는 사실로 되었다. 칼 라너(K. Rahner)는 "삼위일체에 대한 그들의 정통적인 신앙고백에도 불구하고 기독교인들은 그들의 실제적인 종교 생활에서는 거의 순수한 '유일신론자들'이다. 따라서 만약 삼위일체 교리가 거짓된 것으로 내버려져야 한다면, 이것의 삭제에도 불구하고, 종교 문헌의 대부분은 변치 않고 남을 수 있을 것이라는 사실을 감히 단언할 수 있을 것이다"라고 정확하게 지적하였다(*MS* II, pp. 319ff.—pp. 318-347 전체를 보라). 그리고 콘스탐(P. Kohnstamm)은 *De heilige*(1931), p. 26에서 이렇게 적고 있다: "삼-신론의 의혹은 나에게 불필요하게 어려운, 교회에 이르는 길을 닦아 주었을 뿐만 아니라 — 의심할 바 없이 나는 이 어려움을 우리 시대의 수많은 다른 이들과 공유하고 있는데 — 심지어 그럼에도 불구하고 교회의 일원으로서 나는 오랜 세월 동안 그것의 중심적인 교리로 간주되는 것 중 어떤 것도 이해하지 못하였다."

그러나 또한 다른 목소리들도 있어 왔다. 예를 들어, 이레나이우스(Irenaeus)에게 있어서 계시의 삼위일체는 중심이며, 우리는 다음과 같은 현저한 표현들을 만나게 된다(이사야 61:1과 관련하여): "기름부으시는 아버지, 기름부음을 받으시는 아들, 그리고 성령이신 기름부으심 모두를 지시하는 것"(*AH* III,18,3); 구원받은 자들은 "이 본성의 단계들을 통하여 나아간다; 또한 그들은 성령을 통하여 아들에게로, 그리고 아들을 통하여 아버지께로 올라간다"(V. 36,2); 혹은 더욱더 "신중심적이다": "성령은 진실로 하나님의 아들 안에서 인간을 준비시키시고, 아들은 그를 아버지께로 인도하시는 한편으로, 아버지 역시 그가 하나님을 본다는 사실로부터 모든 사람에게 다가오는 영생의 썩지 않음을 [그에게] 수여하신다"(IV,20,5).

특별히 안키라의 마르켈루스(Marcellus of Ancyra, 4세기 중엽)는 창조와 성육신과 성령의 부으심 안에 있는 하나님의 세 가지 활동들에 관한 그의 대담하지만 신속하게 정죄된 교리에 의하여, 계시적 삼위일체와 존재론적 삼위일체의 분리를 피하려고 하였는데, 그 안에서 하나님은 스스로를 확장하시지만(플라티네스타이), 그 종말에 있어서는 차례로 부정되고 있다. (따라서 마르켈루스에게 있어서도 역시 영원과 시간은 분리된 세계로 남아 있었다). 그리고 위대한 논문인「삼위일체론」(*De trinitate*)으로 삼위일체론의 보다 발전된 추상화에 매우 큰 영향을 미쳤던 어거스틴은 그럼에도 불구하고, 세 위격을 관계들, 즉 사랑이신 아버지, 사랑받으시는 아들, 그리고 사랑 자체이신 성령으로 묘사함으로써 하나님이 사랑이라는 신앙고백을 위하여 이 교리를 유익하게 만들려고 노력하였다(*De trin*. VIII과 IX).

종교개혁에서는 훨씬 더 강력한 반대 방향으로의 운동이 나타났다. 이것은 놀라운 일이 아니었는데, 왜냐하면 이것이 목회적이고 인격적인 방향에서 교회 교리의 철저한 재구성을 목표로 삼았기 때문이었다. 삼위일체론에 있어서 이것은 경륜적인 삼위일체를 강조하였던 반(反)사색적인 방향으로의 전환을 의미하였다.「신학총론」(*Loci communes*)의 초판에서, 멜란히톤

(Melanchthon)은 전통적인 삼위일체론에서의 궤변적인 구분들에 강력하게 반대를 표명하였다. 그러나 나중에 그는 전통적인 견해와 스콜라주의로 돌아갔다.

일반적으로 루터와 칼빈은 이 점에서 전통을 공격하지 않았다; 그러나 그들의 마음은 그 속에 있지 않았다. 구원 사역에서 아버지와 아들의 관계를 고려한 후에, 칼빈은 이렇게 계속하고 있다: "이 실제적인 지식은 의심할 여지 없이 어떤 게으른 사변보다도 더 확실하고 견고하다"(*Inst* I.xiii,13). 그리고 로잔의 성직자였던 카롤리(Caroli)가 1537년에 초대 교회의 세 가지 신조들에 서명하기를 요청하였을 때, 칼빈은 거절하였다: 그에 의하면 이것은 율법주의적이고 전통주의적인 요청이었으며, 지나치게 반복적인 언어(*battologia*)로 인하여 그는 니케아 신조를 비판하였다. 그러나 이것이 종교개혁자들로 하여금 철저한 비판과 개정에 이르게 하지는 않았는데, 그 이유는 그들이 다루어야 할 다른, 더 중요한 문제들이 있다고 생각하였기 때문이었다. J. Koopmans, *Het oudkerkelijk dogma in de reformatie, bepaaldelijk bij Calvijn*(1938)을 보라. 그 결과는 16세기 중엽 이후로, 개신교 스콜라주의에서 하나이면서-셋이라는 것과 셋이면서-하나라는 것에 대한 이전의 궤변적인 구분들이 교의학에서 그들의 초기의 자리를 되찾을 수 있었다는 사실이었다.

이것에 대한 주목할 만한 반대편 극단은 1600년에 폴란드와 제벤부르겐(Zevenburgen)에서 번성하였던 반(反)삼위일체론 혹은 유니테리언주의였다. 삼신론으로 나아가는 삼위일체 교리의 인격 개념에 대한 이것의 비판은 적절한 것이었지만, 너무 합리주의적으로 고무되고 제한되었으며, 따라서 이 교리의 갱신에 기여하기에 너무나 부정적이었다.

19세기에 와서야 비로소 계시적 삼위일체를 우선시 하려는 전환이 언급될 수 있었지만, 그 때에도 주저하면서 부분적으로 그렇게 할 수 있었다. 단순히 소수만이 슐라이어마허의 대담한 혁신을 동일한 강도로 뒤따랐다. 그는 "결론. 신적인 삼위일체"(pars. 17-172)라는 특징적인 제목을 지닌 짧은 장으로 그의 「기독교 신앙론」(*CF*)를 끝맺고 있다. 제170장의 주제는 이렇다: "우리의 주해의 이 두 번째 부분에 본질적인 모든 것은 또한 삼위일체론에서도 본질적인 것 속에 들어있다; 그러나 교회적으로 구성되었던 이 교리 자체는 기독교의 자의식에 대한 직접적인 언설이 아니며, 단순히 몇몇 이러한 언설들의 결합에 불과하다."

다른 말로 하면, 슐라이어마허는 계시적 삼위일체를 인정하였으나, 존재론적 삼위일체론은 우리의 종교 지식의 분야의 경계를 넘어가는 합리적인 외삽으로 생각하였다; 우리는 "지고하신 존재 내에서의 영원한 구분"에 대해서는 아무것도 알지 못한다. 이 장에 이어서 마지막 장이 경이롭게 나타난다: "우리는 이 교리를 최종적으로 확립된 것으로 생각할 이유를 별로 갖고 있지 않는데, 그 이유는 개신교회가 설립되었을 때 이 교리가 전혀 새롭게 다루어지지 않았기 때문이며; 그렇게 해서 그것의 진정한 시작으로 되돌아가는 변형이 여전히 그것을 기다리고 있음이 분명하기 때문이다." 슐라이어마허는 내재적인 삼위일체에 대한 그의 거절을 예비적인 단계, 즉 그리스도와 성령에 관한 신약의 진술들의 관점에서 나온 좀더 나은 기회에 대한 기다림으로 간주하였다.

나중에, 슐라이어마허의 긍정적이고 부정적인 측면들이 번갈아 이어졌다. 현대 신학은 헤겔 이후에 삼위일체를 철학적이고-관념론적인 용어로 해석하였던 것을 제외하고는 언제나 두번째 측면에 의존하였다. 고백 신학은 전통적인 삼위일체론을 주장하였다. 다른 학파들은 슐라이어마허가 주저하면서 보여주었던 방향으로 탐구하기 시작하였다. 유럽 대륙에 대해 우리는 이런 과정에서 중재 신학(*Vermittlungstheologie*), 즉 윤리적인 신학자들인 리츨학파를 생각하게 된다. 성경의 증언과 독일 관념론적인 사고의 결합은 하나님의 인격성, 자의식, 사랑의 관념 등과 같은 관점으로부터 존재론적인 삼위일체론을 발전시키려는 모든 종류의 시도로 나아가게 되었다.

이 시기의 영국교회의 삼위일체 사고와 일반적인 앵글로색슨 신학은 경험론적인 경향으로 말미암아 계시적 삼위일체에 대한 확고한 애정과, 삼신론적 표현들로 기울어지는 경향을 보여주었다. L. Hodgson, *The Doctrine of the Trinity*(1943)과, A.M.Ramsay, *From Gore to Temple*, Appendixes C와 D를 보라. 심지어 더욱 중요한 것은 유니테리언파로부터 삼위일체론자로 개종하였고 하나님의 통일성을 종속의 요소와 결합할 만큼 충분히 대담하였던 모리스 (F.D. Maurice)였다. 그의 견해에 의하면 자기 포기(희생)와 복종이 하나님 자신의 영원한 본질에 속한다: "그가 지상에서 어떤 분이셨는가는 그가 어떤 분인가에 대한 설명임이 분명하다 … 만약 아버지에 대한 아들 안에서의 종속의 관념이 … 한 때 잊혀졌거나 혹은 게으르고 하찮은 학파의 교의로서 고려된다면, 복음의 도덕과 그것의 신성도 더불어 사라져 버린다"(*Theological Essays*, 1853, 1957 ed., p. 78).

20세기에 와서는, 변증법적 신학의 영향을 받아, 존재론적 삼위일체에 관한 고전적인 사고에 대한 관심의 부활이 있었다. 그러나 정확히 (슐라이어마허의 출발점 이전에) 계시적 삼위일체로 되돌아갈 수는 없었으며 또 그러지도 않았다. 특징적인 것이 브룬너의 입장이다: 그는 존재론적 삼위일체에 대한 지식을 계시가 인격(Person) 대 인격(person)의 만남이라는 사실에서 이끌어내었다; 이것이 하나님 자신과의 진정한 만남이기 위해서는, 우리가 그리스도와 성령 안에서 인격 안에 계신 하나님 자신을 만나고, 따라서 "계시되신 분과 계시자의 동일성"이 존재하는 것이 필수적이었다 — 브룬너에게 있어서 이것은 고전적인 교리를 배제하는 것이 아니라 포함하는 것이었다(*Dg* I, ch. 16). 브룬너에 근접하였던 라너(K. Rahner)는 앞에서 언급된 그의 연구인, *MS* ch. V에서, 존재론적 삼위일체가 자신을 (진리와 사랑으로서) 전달하시고, 그 전달의 수용을 스스로 가능케 하시는 하나님의 절대적인 결단에 근거하고 있는 것으로 보았다.

바르트와 그의 학파는 계시적 삼위일체와 존재론적 삼위일체의 통일성을 회복하려는 훨씬 더 강력하고 대담한 시도 속에서 길을 인도하였다. 비록 그가 이미 그곳에서 "하나님이 자신을 주님으로 계시하신다"(p. 352)라는 사실에서 삼위일체론의 근거들을 찾기는 하였지만, 이것이 *CD* I,1, pars 8-12에서 삼위일체에 그가 기울였던 의도적인 대처에서는 아직 그렇게 많이 적용되지 않았다. 이 접근방법은 특별히 *CD* IV,1, par. 59, 1에서 이어졌는데, 그곳에서 바르트는 아들이신 그리스도의 자기 비하를 "하나님 자신 안에 높고 낮음, 앞(*prius*)과 뒤(*posterius*), 종속된 자뿐 아니라 우월한 자가 존재한다"는 사실을 표현하는 것으로 고려하였다; 이 위와 아래의 중재와 일치를 구성하시는 성령에 대해서는 특히 pp. 192-197을 보라; *CD* IV,2, pp. 330-348을 보라.

베르카워(G. C. Berkouwer)는 그의 책「칼 바르트의 신학에 나타난 은총의 승리」(*The Triumph of Grace in the Theology of Karl Barth*, (E.T. 1956), ch. XI)에서 이것을 신앙이 신정유월절주의(*Theopaschitism*)의 방향에서 알려진

것을 넘어가는 것으로 간주하였다. 다른 한편으로, 융엘(E. Jüngel)은 그의 책 「삼위일체론」(The Doctrine of the Trinity(E.T. 1976))에서 바르트의 이러한 흐름을 훨씬 더 강하게 지속하기를 원하였다. 이것은 특히 판넨베르크에 의해 「신·인이신 예수」(Jesus—God and Man, 특히 par. 9)에서, 그리고 몰트만에 의해 「십자가에 달리신 하나님」(The Crucified God, 특히 ch. 6, 5)에서 이루어졌다. 특별히 몰트만은 존재론적 삼위일체를 너무나 지나치게 계시적 삼위일체의 관점에서 도달하여, 삼위일체론이 중심으로서의 십자가와 더불어 하나님 안에 있는 역사(history)의 서술이 되어 버렸다. 이 책의 사고와 밀접한 흐름들을 위해서는 특별히 22장 끝부분을 보라. 현대의 삼위일체론 전체에 대해서는 또한 Ott, AG art. 11을 보라.

아리스토텔레스의 정신을 따라 하나님이 부동(不動)의 제1동자(動者)로 남아있게 하기 위하여, 오랫동안 정적인 존재론적 삼위일체가 계시적 삼위일체로부터 멀리 떨어져 있었던 것처럼, 그렇게 해서 이제는 헤겔의 정신을 따라 비하와 승귀의 과정이 하나님 자신 안에서 일어나는 그런 방식으로 존재론적 삼위일체를 계시적 삼위일체와 일치시키려는 경향이 존재한다. 우리가 아는 대로 이것은 기독교 신앙의 계약적인 구조에 일치되는 해결책이라기보다는 삼위일체론의 전통에 의해서 우리에게 전수된 문제들에서 비롯된 좀더 사변적인 방식이다. 왜냐하면 현대적인 개념에서도 역시 삼위일체가 단지 하나님 내부의 관계, 즉 사람들 없는 어떤(a) 하나님의 서술로서 남아있기 때문인데, 그것은 이들 신학 사상에서 그리스도가 인간적인 계약 협력자가 아니라, 신적인 존재의 비본성적인(anhypostatic) 제2 위격으로 작용하기 때문이다. 그러나 이것의 신약의 형태에서, 삼위일체의 구조는 정확히 인간과의 교제이며, 하나님은 그것을 위하여 자신으로부터 나타나신다. 우리는 그 개념으로 돌아갈 필요가 있다. 이것이 아무리 인상적이라 하더라도, 인위적이고 또한 그것의 추상성으로 인하여 신앙을 위험하게 하는 전통에 의해서 우리가 그것으로부터 물러나서는 안될 것이다.

새로운 공동체

38. 공동체로서의 계약

계약을 언급할 때, 우리는 공동체를 언급하게 된다. 이 공동체 안에서 우리는 하나님과 다른 사람들 모두에게 연결된 개인들로 존재한다. 따라서 이스라엘의 길에서 우리는 처음부터 계약의 공동체를 발견하게 된다. 이스라엘에서 이것이 국가 공동체와 여전히 일치하였다고 말하는 것은 잘못이다. 정확히 이것과 하나님의 계약이 이스라엘을 한 국가로 만들었다. 이것은 그 일치의 중심이, 동일하신 하나님에 대한 헌신에 있었던 유목 민족들의 응집이었으며, 그들은 그의 해방의 행동들에 근거하여 그들의 신뢰를 하나님께 두었다. 29장에서 우리는 이 계약의 공동체를 침몰시켰던 영원한 위기에 대해 광범위하게 언급하였다. "이스라엘"은 남은 자로 움츠러들었다; 이것은 규범적이고 그 이후에는 거의 종말론적인 개념이 되었다.

예수의 오심이 이 위기 안에 큰 전환을 야기하였고 그렇게 해서 하나님의 백성은 둘로 분열되었다. 그 결과 이스라엘의 더 큰 부분은, 우리가 교회가 부르는, 즉 그리스도의 길을 따르는 모든 열방에서 나온 신자들과 더불어 이스라엘의 아주 작은 부분으로 구성되어 있는 공동체에 맞서 있게 되었다. 하나님의 백성 안에서의 이러한 구분에 대하여 우리는 30장의 끝부분에서 언급하였다.

여기, 교회론의 첫부분에서 우리는 교회를 적절한 관점에서 볼 수 있기 위하여 이것을 상기할 필요가 있다. 교회는 하나님의 유일한 형태가 아니다. 하나님의 신실성은 또한 이스라엘을 돌아보신다. 이것의 박해와 계속적인 존재, 바벨론 유수와 귀환, 파멸과 해방의 특별한 길은 여전히 전혀 다른 방식으로 우리를 하나님의 신실성과 접촉하게 한다. 이 이스라엘과의 재연합이 없다면 어떤 교회도 통일성과 거룩성과 보편성의 위대한 표지들을 자신에게 전용(專用)할 수 없다. 하나님의 백성 안에서의 분열은 우리가 여전히 도상에 있다는 것을 증명한다. 이것은 우리가 이 백성의 어떤 부분에 참여하기를 원할 수 있다고 하는 것이 별로 혹은 전혀 중요하지 않다는 것을 의미하지 않는다. 만약 예수가 하나님의 아들이라면, 이 계약은 새로운 빛 속에서 존재하게 되고 우리는 이것의 부분적인 성취를 언급할 수 있으며, 그것은 전체 계약 공동체에 상이한 성격을 부여하게 된다. 이 성취로 말미암아, 우리는 그리스도의 길과 성령의 사역으로부터 태어나고 있는 새로운 공동체에 대해서 즐겁게 언급할 수 있을 것이다. 이 성취가 단순히 부분적이기 때문에(교회의 삶의 다양한 측면들이 그것을 보여줄 것이다), 우리의 즐거움은 우리의 죄인식과 기대에 의하여 조절되어야 하며, 모든 "승리주의"(triumphalism)는 근저에서 절단되고 만다.

계약의 백성으로서의 이스라엘의 유일성이 암이라는 단어에서 표현되는 반면에, 고이라는 단어는 비이스라엘적이고, 이교적인 국가들을 지칭하는 것으로서 제시되어 왔다. 그러나 창세기 12:2; 출애굽기 19:6; 33:13을 고려할 때, 이러한 구분은 유지될 수 없다. 같은 사실이 두 단어에 대한 신약의 번역어(라오스, 에트노스)에도 효력을 유지한다; 요한복음 11:50과 베드로전서 2:9를 보라.

신약에서 교회는 참되고 순종하는 이스라엘로 간주되는데, 그 이유는 이것이 그리스도를 위하여 선택하기 때문이다. 이렇게 함으로써 저자들은 이스라엘과 열방들에서 나온 신자들로 구성되는 공동체를 염두에 두고 있었다. 이 분리의 연수(年數) 동안 이스라엘의 다른 부분을 하나님의 백성으로 계속해서 고려하는 것은 생각할 수 없으며 또한 신약으로부터 입증될 수 없다. 그러나 주저없이 복음서 기자들은 구약의 단어를 이스라엘에 계속해서 적용하고 있다. 로마서 11:11-32에서 바울은 하나님의 이중적인 백성의 개념에 매우 근접하였다. 교회론은 교회와 이스라엘의 반대되는 관계를 결코 고려하지 않았다. 하나의 시작이 Barth, 특히 *CD* IV,3, pp.876-878과 H. Küng, *The Church* E.T. 1968, pp. 132-150에 의해 이루어졌다. 또한 골비처(H. Gollwitzer)와 스털링(E. Sterling)이 편집한, *Das gespaltene Gottesvolk*(1966)를 보라. 신학은 또한 이스라엘이 이스라엘 되게 하는 일에 아무런 여지도 남겨 놓지 않은 나라들에서는(히틀러의 독일, 러시아), 교회가 교회되는 기회를 갖지 못한다는 사실을 훨씬 더 많이 알아야 한다.

성령을 언급할 때, 우리는 36장에서 보았던 것처럼, 참여를 의미한다. 그러나 이 참여는 한 가지 이상의 방식으로 생각될 수 있다. 이것은 성령과 개인들의 직접적이고 즉각적인 교제에서 이루어지는 것으로 생각될 수 있다. 이것은 신앙이 대단히 개인적인 문제: 새 생명의 토대로서 하나님과 인간의 평화를 가져오는 만남이기 때문에 그만큼 더 생각될 수 있다. 그러나 우리가 이것으로써 서로에게서 완전히 고립된, 분리된 개인들을 의미한다면 개인들이란 존재하지 않는다. 그러나 존재하는 것은 사람들, 즉 그들의 인간됨을 다른 사람들과의 만남 속에서 깨닫는 사람들이다. 인간됨은 언제나 동료-인간됨이다.

이미 그런 이유로 해서 사람들은 그들이 서로 간에 지지하고 상호적으로 풍성하게 해주는 공동체 속에서만 계약의 사건에 대한 그들의 참여를 충분히 경험할 수 있다. 개인과 공동체의 관계에 대해서는 온갖 종류의 관점에서 상당한 글들이 쓰여졌다. 결론은 언제나 그들이 서로를 전제로 하고 필요로 한다는 것이다. 이러한 상호관계와 관련하여, 강조점들은 상이한 문화와 시기와 제도와 국면과 정치 체계 안에서 매우 다양하게 변할 수 있겠지만, 대체로 조만간에 반작용에 이르게 된다. 만약 인간 세상 어느 곳에서나 발견할 수 있는 이러한 극성(極性)과 긴장이 성령의 참여의 역사 속에서 일어나지 않는다면 이것은 이상할 것이다. 이것은 논증적으로 사실이 아니다 ─ 오늘날에 이르기까지 교회사가 증거한다.

이것은 우리가 개인 신자를 먼저 다루고 그 다음에 교회를 다루거나, 혹은 둘째를 먼저 다룰 수 있다는 사실을 의미한다. 우리는 후자를 선택하겠다. 우리가 지금까지 언급하였던 것을 고려해보면, 이 절차에 대한 설득력 있고 주요한 증거는 존재하지 않는다. 그러나 다수의 다른 비중있고 강력한 고찰들이 존재한다. 신론에서 우리는 하나님께서 스스로 모든 것이 되기를 원치 않으시고 그의 피조물들과 교제를 구하시고 그들로 말미암아 풍성하게 되기를 원하신다는 사실을 주목한 바 있다(18-22장). 예수는 그의 추종자들을 자기와 교제하도록 초대하셨고 이와 더불어 서로서로를 향한 교제에로 초대하셨다. 큰 계명은 동시에 하나님과, 우리를 위한 하나님의 대리자로서의 이웃을 향하게 한다.

우리의 신앙의 실천은 일반적으로 공동의 중심: 주일 성수, 토론 집단, 상호간의 목회적 돌봄, 집사의 도움, 신앙의 교훈에서 일어난다. 또한 인격적인 신앙은 대체로 양육, 대화, 문헌, 선포 혹은 선교에서 다른 사람들과의 접촉으로부터 태어나며, 처음부터 신앙 공동체를 지향하게 된다. 나중에 우리는 이 공동체의 차원이 모든 하나님의 사역에 있어서 얼마나 결정적인지를 입증해주는 여전히 더 많은 논증들을 발견하게 될 것이다.

여기에서 우리는 개인에 앞서서 교회를 문제 삼으려는 한 가지 더 진정한 실천적 동기를 지적하기를 원하는데, 그것은 개신교회들의 공동체 인식이 신약 성경에서의 공동체 인식에 비하여 덜 발전하게 되었다는 사실로 인한 것이다. 그 이유는 개인을 앞세우는 것은, 나중에 논의되는 교회를 전적으로 혹은 대체적으로 개인들의 집합과 개인적인 신앙의 산물로 만들 우려가 있기 때문이다; 반면에 그 반대가 되어, 개인의 신앙이 공동체의 산물이라는 사실이 되면, 발언 기회를 얻기가 매우 힘들게 될 것이다.

상이한 형태의 삶과 사회로 이끌 수 있는, 개인과 공동체의 상호의존과 그 안에 내재하는 긴장들은 너무나 대단히 우리 인간성의 한 부분이 되어서, 이것은 이 영역 안에서 교회의 문제들에 대한 순수한 신학적인 해결책을 찾는데 도움을 주지 못할 것이다. 종족적인 종교들은 집단적이고, 힌두교와 불교는 개인주의적이며, 고대 종교들은 종종 기본적으로 국가적이며, 그런 등등이다.

현상학적으로는 아마도 아브라함적인 종교들이 개인에 대한 강한 강조와 강력한 공동체 의식을 결합한 것이라고 말할 수 있을 것이다. 구약에서와 기독교 신앙에 영향을 받은 유럽 역사 양자에서, 우리는 증가하는 개인주의화를 목격하게 되지만, 그러나 이것은 공동체를 유지하고 새롭게 하려는 여전히 새로운 시도들로 나아가게 된다. 이것은 다른 것이 될 수 없는데, 그 이유는 기독교 신앙에 함축되어 있는 것이 이것을 친교의 추구로 여기는 인격성(하나님과 인간 양자의)의 개념이기 때문이다.

초기의 신조들에서 성령에 대한 고백은 교회에 대한 고백에 의해서 곧장 이어졌으며 개인에 대한 고백이 그 앞에 있었다. 로마 가톨릭 교회에서 성령은 어거스틴으로부터 종종 인용된 표현에 따르면, 그리스도의 몸, 즉 교회의 영혼(*Sermo* 267,4)이었다; 그래서 교회는 개인이 성령에 참여하는 수단이었다. 따라서 여러 세기 동안 개인의 신앙은 전적으로 센티레 쿰 에클레시아(교회에 대한 신앙:*sentire cum ecclesia*)로 생각되었다. 하나님의 백성으로서의 교회에 대한 새로운 강조로 말미암아 이제 변화가 일어나고 있다. 16세기 이후에 야기되었던 강력한 개인주의적인 분위기가 정반대 유형의 교회 — 자유교회들 — 의 형성에 기여하였는데, 그 교회들에서는 공동체가 오로지 개인의 신앙의 열매와 후원자로서 간주되었다. 이 교회 유형으로는 재침례파와 침례파, 퀘이커교, 항변파, 회중교파, 그리고 나중에 나온 자유주의 교회들이 또한 고려되어야 한다. 그곳에서 성령은 원칙적으로 개인에게 직접 임재하며, 교회는 성령의 이러한 개인적인 사역의 인간적인 산물이다. 종교개혁의 교회들은 중세와 현대의 시기 사이에 있는 경계선에서 탄생하였다.

오늘날에 이르기까지 이 교회들의 신학은 그것의 흔적들을 지니고 있다. 루터에게는 명백하게 개인주의적인 방향에서 지시하는 사상의 흐름들을 발견할 수 있다. 칼빈은 의식적으로 성령과 개인의 관계를 먼저 제시하였다(*Inst* III). 「기독교 강요」 IV권의 제목은: "하나님이 우리를 그리스도의 공동체로 초청하시고 우리를 그 안에서 유지하시는 외적인 수단 내지는 도구"이다. 이것은 교회가 개인에 대하여 이차적이라는 것을 입증하는 것으로 보인다. 그러나 이미 제1장은 그 제목이 보여주는 것처럼, 다른 정신을 호흡하고 있다: "모든 경건한 자의 어머니로서 우리가 통일성을 유지해야 하는 참된 교회." 칼빈은 교회의 이러한 어머니됨에 대해 강력한 어조로 말하였다(i,4); 그러나 동시에 교회는 우리의 무지와 태만과 변덕스러운 성향으로 인하여 필요한 외적인 도움으로서 언급된다(i,1).

이렇게 앞뒤로 왔다갔다 하는 것은 교회에 대한 개혁파의 개념이 로마 가톨릭 유형의 딸이자 자유 교회 유형의 어머니라는 사실과 관계가 있다. 대부분의 조직신학들은 바르트(CD IV,1,2,3)와 베버(O. Weber)를 포함하여, 개별적인 인간으로부터 공동체로 나아가는데 있어 칼빈을 따르고 있다. 그러나 교회가 먼저 오는 적지 않은 예외가 존재한다: John Owen, *Pneumatologia*(1674); A. Kuyper, *The Work of the Holy Spirit*(E.T. 1900); Brunner, *Dg* III. 루터파 신학도 같은 면모를 보여준다: 알트하우스에게는 교회가 먼저 오고, 프렌터(Prenter)에게는 개인이, 반면에 트릴하스(Trillhaas)는 가시적인 교회를 끝부분에서 다룰 정도이다(*Dg* chs. 30-33). 미국의 메노파인 카우프만(G.D.Kaufman)이 그의 「조직신학」(*Systematic Theology*, 1968), 31장과 32장에서 교회를 개인과 그의 신앙으로부터 비롯되게 한 것은 주목할 만하다. "개별적인 인간은 영적인 친교에 의하여 나타난다"(p.7)는 신념으로부터, 미국의 장로교인인 하루투니안(J. Haroutunian)은 *God with Us: A Theology of Transpersonal Life*(1965)에서 비록 약간 과장하기는 했지만, 기독교 신앙에서 공동체의 우위성을 강하게 주장하였다.

개인의 삶의 갱신을 다루기 전에 성령이 존재하게 하시는 새로운 공동체를 먼저 취급한다고 해서, 우리가 후자를 전자의 부산물로 생각하려는 것은 전혀 아니다. 이것은 그것의 부산물이 아니라 열매이다. 만일 칼빈에 의해서는 여전히 사용되고 있지만 더 이상 우리에게는 사용되지 않는 용어를 가지고, 우리가 교회를 우리의 "어머니"라고 부른다면, 우리는 교회가 산출하는 것 즉 인격적인 신앙에 교회의 중요성이 놓여 있다는 사실을 강조하는 것이다. 계약의 만남은 오직 개별적인 인간에게만 현실이 된다. 어떤 의미에서 개인은 세계에 대한 하나님의 모든 길의 끝으로 불릴 수 있을 것이다. 정확히 그가 진정한 관심이기 때문에, 그를 그리스도에게로 인도하는 공동체 다음에, 그가 마지막으로 논의되어야 할 것이다. 이 공동체를 먼저 언급한 다음에, 우리는 개인에 대해서 정당한 고려를 할 수 있다. 돌아가는 다른 길은 훨씬 더 힘들다. 만약 우리가 다소간에 공동체에서 분리된 개인의 갱신을 묘사함으로써 시작한다면, 이 공동체의 초인격적이고 제도적인 측면들에 그들의 유기적인 지위를 부여하는 것이 어렵게 된다. 또한 이것은 우리에게 있어서 이런 순서를 선택하게 되는 중요한 논거이다. 우리의 의견으로는 이것이 그 반대보다 더 훌륭하게 그의 참여 사역 안에 계시는 성령의 길을 반영하고 있다.

그리스도와 개인 사이에서의 공동체의 중재는 우리에게 교회의 **중재** 기능에 분명하게 초점을 맞추게 하는데, 이것은 그것의 이중적인 성격의 한 부분이다. 중재는 시작과 끝을 연결하기 위하여 교회가 어딘가에서 와서 어딘가로 간다는 것을 의미한다. 교회는 그리스도와 사람 사이의 간격을 이어주어야 한다. 따라서 교회의 첫번째 직무는 인간을 그리스도와 대면하게 하는 것이다; 교회는 인간이 환대받고 그리스도에게로 인도되며, 그가 자양분을 공급받고 형성되고 새로워지는 장소요, 공간이며, 가정이어야 한다. 그러나 이것의 결과는 이 집에서 새로워진 사람들, 즉 성령이 그들에게 부여하시고 또한 공동체의 설립(이것은 개인이 공동체에 얼마나 많이 의존하고 있는가를, 또한 오직 이것을 통하여서만 그가 자신이 된다는 사실에 대한 또 다른 표시이다)에 그들이 사용하기를 원하시는 은혜의 선물들(카리스마타)을 통하여 성숙하게 된 사람들의 공동체로 자라기 시작한다는 것이다.

따라서 교회는 두 가지 면을 가지고 있다: 교회는 제도이고 공동체이며, 기름진 땅이고 식물이며, 어머니이고 가족이다. 이 두 면은 인위적인 균형 속에서 관련되지 않으며, 첫번째 면이 두번째 면의 토대이고 뿌리이며, 두번째 면은 첫번째 면의 목적이고 열매이다 — 반면에 두번째 면은 개인의 계속적인 갱신(更新)을 통하여 성취된다. 우리가 교회와 맺는 관계는 이중적이다: 우리는 교회 안에 있고, 우리는 교회에 속하여 있다 — 그리고 동시에 우리는 스스로 교회를 구성한다. 두번째 사실은 첫번째 사실에 의존하며; 첫번째는 두번째 없이는 그 목적에 이르지 못한다.

교회의 본질을 해명하려는 인기있는 시도는 에클레시아라는 어원을 통한 시도이다. 이 단어는 에크와 칼레오에서 유래하였는데 전령을 통하여 가정으로부터 시장(市場)으로 "소집되었던" 희랍의 도시국가들의 자유 시민들의 모임을 의미한다. 일반적인 용례에서 이 단어는 "소집된 백성", "공적인 모임"을 의미하였다. 70인역에서 이 단어는 카할(또한 이것은 얼마간 비슷한 소리를 내기 때문이다?), 즉 구약에서의 "여호와의 회중"의 번역으로서 거의 모든 곳에서 사용되었다. 카할의 또 다른 번역은 쉬나고게인데, 이 단어는 흩어진 유대인들 사이에서 유대교의 예배의 집에 대한 명칭이 되었다. 이미 매우 이른 시기에 희랍 교회들은 첫번째 번역을 그들의 집회에 적용하였으며, 이와 더불어 지역적이고 보편적인 양면에서 일반적인 그들의 공동체에도 적용하였다. 그들에게 있어서 이 단어는 특별히 그들이 구약의 방침에 따라 하나님에 의해 그의 계약의 행동을 둘러싸고 모이는 공동체였다는 사실을 암시하였다. *TDNT* III, *s.v.*칼레오, 그리고 *MS* IV 1, pp. 38f., 153ff.를 보라. 브룬너의 개념, *Dg* III, p. 32, 즉 신약의 에클레시아에서 클레시스의 관념이 세상을 섬기라는 부름의 의미에서 중심적이라는 개념은 모든 토대를 전적으로 결여하고 있다.

이것은 에클레시아에 대한 두 가지 일반적인 번역: 즉 "교회"와 "회중"에 대한 짧은 여담의 자리이다. 특별히 우리가 언급한 첫번째 측면, 즉 장소나 제도에 대해서 생각하는 사람은 "교회"라는 단어를 선호할 것이다. 로마 가톨릭에서 이것은 거의 배타적인 명칭이다. 루터는 *Gemein(d)e*라는 단어를 선호하면서 출발하였다. 개혁파 교회에서는 첫번째 측면을 강조하기를 원하느냐 아니면 두번째 측면을 강조하기를 원하느냐에 따라서, 두 가지 용어가 교대로 사용된다. 자유 교회들은 "회중"을 현저하게 선호하며, 종종 "형제애", "유대" 혹은 "연합"과 같은 다른 명칭들도 마찬가지로 선택한다.

1900년경의 신학은 분명히 "회중"을 선호하였다. 제1차 세계대전 이후의 개인주의에 대한 반작용은 특별히 변증법적 신학에서 "교회"라는 명칭에 대한 새로운 가치 평가에 이르게 되었다. 나중에 바르트는 "회중"이라는 용어로 돌아오게 되었다. 이것은 오늘날 실제로 그렇듯이, 교회가 일차적으로 개인적이거나 혹은 사회적인 범주들의 측면에서 접근될 때, 제도적인 측면을 별로 높이 평가하지 않는 곳에서는 어디에서든 간에 좀더 일반적인 용어이다. 우리는 두 단어를 상호 교대로 사용하게 되겠지만, 일반적으로 아주 많은 것을 언급하거나 혹은 초인격적이고 제도적인 차원을 다룰 때에는 가급적 "교회"라는 단어를 사용하게 될 것이다.

오늘날 교회에 대한 수많은 책들이 쏟아져 나오지만, 교회에 대한 포괄적인 논의들은 아주 드물다. 영국교회의 관점에서 기록된 몇 가지 중요한 논문들은 A. M. Ramsay, *The Gospel and the Catholic Church*(1936), 그리고 L. S. Thornton, *The Common Life in the Body of Christ*(1943)이다. 루터파에서는 E. Kinder, *Der evangelische Glaube und die Kirche*(1958)가 있다. 개혁파에서는 T. F. Torrance, *Royal Priesthood*(1955)와 G. C. Berkouwer, *The Church*(E.T. 1976)가 있으며; 세계 교회의 협력의 결과로서 나온 신앙과 직제 보고서인 *One Lord, One Baptism*(1960)이 있는데, 그 첫번째 부분의 제목은 "성삼위일체와 교회의 일치"(pp. 7-44)이다. 로마 가톨릭 신학자인 큉(Küng)은 「교회」(*The Church*)와 *MS* IV 1(1972)를 저술하였다. 큉의 책은 다른 사람들 이상으로, 그것의 성경적이고 비판적이고 포괄적이며 교회일치적인 성격으로 인하여 지속적인 교회론적 숙고를 위한 지향점이 될 가치가 있다. 개신교에서 이에 필적할 만하며, 또한 세상과의 관계에 대해 강력하게 강조하는 책으로는 몰트만의 책인 「성령의 능력 안에 있는 교회」(*Kirche in der Kraft des Geistes*, 1975)가 있다.

이 모든 출판물들은 현저한 연역적이고-교의학적인 접근의 산물이거나(종종 네 가지의: 즉 하나의, 거룩한, 보편적인, 그리고 사도적인 표지들 가운데 하나를 사용하여, "교회의 본질"에서 유래하는) 혹은 교회를 바라보는 보다 성경적이고-신학적이며 구속적이고-역사적인 방법의 산물이다. 한편으로 교회의 문제에 대한 현저하게 사회학적인 접근이 유행하고 있다. 이것은 그 성격으로 인하여 곧장 포괄적인 착상에 이르지는 못할 것이다. 그러나 결국 이것은 자기 권리를 지닌 하나의 차원으로서의 체계적인 교회론으로 구체화되어야 할 것이다. 왜냐하면 지금까지의 교회론의 약점은 상당히 강력한 "가현적"이고 따라서 때로는 "득의양양한" 성격이었기 때문이다. 과장된 진술들이 교회에 대해 쏟아졌지만, 이것들을 종종 전혀 다른 경험의 실재와 연결시키려는 수고는 없었다. 오늘날 교의학적이고 사회학적인 접근은 여전히 서로에 대하여 매우 불편한 관계에 있다. 본 장에서 우리는 우리가 할 수 있는 한, 사회학과 그것의 비판을 고려하기를 원하지만, 우리가 할 수 있는 일은 제한적인데, 그 이유는 또한 교회의 사회학이 아직도 유아기에 있으며 필수적인 학문적 사고가 단순히 시작되었기 때문이다. P. de Haas, *The Church as an Institution*(1972)을 보라.

그러나 교회의 이러한 이중적인 성격을 확인하는 것으로는 충분하지 않다. 대체로 말해서, 여러 세기 동안 제도적인 측면이 지배해 왔다. 오직 종교개혁을 통해서만, 그리고 더욱이 자유 교회들에서 더 많이 공동체의 측면이 전개되었다. 그러나 그 이후에는 단지 세번째 측면이 교회의 삶과 반성(反省) 속에서 발전하기 시작하였는데, 처음에는 유럽의 식민지 확장을 통한 것이었고, 그 후에는 나중에 유럽에서의 세속화, 즉 세상에 대한 적응을 통한 것이었다. 교회는 결국 그리스도와 그의 백성들 사이를 중재하는 운동이다. 교회의 최종적인 목적은 결코 개별적인 신자일 수 없다.

하나님은 자신을 위하여 전 인류를 원하신다. 세상을 향한 성령의 운동 속에서, 일시적인 종착점으로서 교회는 동시에 새로운 출발점이다. 그리스도는 교회의 추수를 고려하는, 첫 열매이시다. 그리고 이 추수는 차례로 모든 인류와의 관계 속에 있는 첫 열매이다. 따라서 교회는 그리스도와 세상 사이에 존재하며, 말하자면 양자에 똑같이 관련되어 있다. 따라서 우리는 교회의 이중적이 아니라 삼중적인 성격을 언급해야 한다. 오직 제도와 공동체와 사도직의 계속적인 연합 안에서만 성령의 운동으로서의 교회는 그 완전한 범위와 통제 안에서 가시적으로 된다.

이것은 새로운 공동체에 대한 장(章)의 더 자세한 구분을 제시해 준다: 첫째로 제도로서의 교회(39장), 다음으로 몸으로서의 그리스도의 회중(40장), 마지막으로 첫 열매로서의 하나님의 백성(41장).

단지 제2차 세계대전 이후에야 비로소 이 세번째 측면이 필요한 주목을 받게 되었다. 이 주제에 대한 도도(滔滔)한 연구들이 쏟아져 나왔다. 크레머(H.

Kraemer)의 감화(感化) 아래에서 화란이 이 분야의 지도자가 되었다. 특히 호켄다이크(J.C.Hoekendijk)가 이 측면을 통찰력있게 연구하였고 그렇게 해서 에큐메니컬 진영과 신학에 큰 영향을 미쳤다. 세계교회협의회의 두 가지 보고서인, 「타자를 위한 교회」(*The Church for Others*)와 「세계를 위한 교회」(*The Church for the World*)(1967)는 이러한 관심사에 대한 잘 알려진 표현이 되었다.

이러한 빛에서 볼 때, 교회에 대한 탁월한 논문들이 이 측면에 대하여 별로 혹은 전혀 알지 못하고 있음은 주목할 만하다; 또한 큉의 기념비적인 작품에서도 역시 이것은 후기(後記)에 제한되고 있다. 신앙의 연구의 많은 부분은 아직도 분명히 내성적이고-교회적인 상황의 관점에서 이루어지고 있다. 여기에서 중대한 예외는 바르트인데, 그는 CD IV,1에서 교회를 하나님이 제정하신 것으로 논의하며, IV,2에서는 백성들의 공동체로, 그리고 IV,3에서는 소명과 선교, 명령, 봉사의 관점에서 논의하고 있다. 지금까지 바르트의 교회론은 또한 그것의 구조와 구분으로 인하여서도 역시 필적할 만한 것이 없었는데, 우리는 이것이 너무나 설득력이 있기 때문에 여기 우리 자신의 구분에 있어서 이것을 따르게 될 것이다.

39. 제도로서의 교회

여러 세기 동안에 신앙의 연구는 교회가 하나님에 의해 수립되었고, 그리스도가 인도하시며 성령이 생명을 불어넣으신 구원의 제도라고 하는 정신 안에서, 이 주제를 크게 중요하게 다루어 왔다. "교회"가 많은 상이한 공동체들과 관계되며 "제도"가 많은 다른 단체들과 관계된다는 사실은 편리하게 간과되었다. 교회에 대한 성찰이 교회적인 제도가 발견되는 매일의 현실에서 멀리 제거되는 데는 오랜 시간이 걸리지 않았다. 따라서 이런 경험적인 현실에서 시작하는 것이 좋을 것이다. 그렇다면 시작은 이와 같은 것을 바라보아야 한다: 기독교 교회들이란 제도의 형식에 속해 있는 단체의 형태들이다. 모든 제도들과 같이, 그들의 존재의 권리는 그들이 일으키고 유지하는 인간 사이의 활동들에 근거하고 있다. 교회의 유일성은 그런 활동들의 성격 안에 놓여 있다. 이 성격은 그들의 목표뿐만 아니라 그들의 기원의 관점에서 묘사될 수 있다. 기원의 관점에서 보았을 때, 그러한 활동들은 한때 역사에서, 즉 이스라엘에서, 그리고 그리스도 안에서 일어났던 일을 시간과 공간을 통하여 확대하는 것을 목표로 하고 있다. 목표의 관점에서 보았을 때, 이 활동들은 그들이 하나님과 및 그리스도와 관계를 맺게 하고, 또한 그렇게 해서 서로에 대하여 새로운 관계를 맺게 함으로써, 백성들을 그 역사에 의해 삶과 세상에 대하여, 새롭게 하는 것을 목표로 삼는다. 이 제도의 관심은 따라서 계약의 사건에 참여하는 것이며, 그것은 36장에서 우리가 성령의 사역으로서 알게 되었다.

　이러한 참여를 가능하게 해주는, 말하자면 "중재하는" 활동들은 무엇인가? 이러한 일반적인 질문이 또한 일반적인 답변을 일깨워주는 것은 분명하다. 만약에 어떤 활동들이 그들의 신앙의 기원이나 형성을 위하여 중재하였거나 혹은 중재하고 있는지를 다른 신자들에게 물을 수 있다면, 그는 어떤 책의 독서와 어떤 찬송의 노래, 어떤 집단에의 참여, 그리고 어떤 사람들과의 접촉과 같은 광범위하게 다양한 답변들을 기대할 수 있을 것이다. 성령은 원하시는 대로 부시며, 참여는 삶 그 자체만큼이나 다양하다. 신앙으로 나아가는 수단들 중의 많은 것들이 규정되지 않았으며, 또 그렇게 할 수 있는 여지도 없다. 그러나 좀더 면밀히 조사해보면 규칙적이든 불규칙적이든 간에 대개 우연적인 수단들이 이런저런 방식으로 좀더 일정하고 제도적인 특성을 가진 다른 수단들과 연결되고 그것에 의해서 보충되고 있음을 알 수 있다(예를 들면: 노래들은 교회의 찬송가 속에서 발견되고, 책들은 선도적인 성직자들이나 교회의 다른 회원들에 의해서 쓰여진다).

　신앙의 연구에서 우리는 교회 공동체들에 필수적인 영속적이고 제도화된 전달의 수단들을 찾는다. 개신교 교의학은 일반적으로 세 가지를 구별한다: 설교와 세례와 성만찬이다. 우리의 견해로서는 이것들은 계획적이고 필수불가결한 전달의 매체로서의 신앙 교육과 종교적인 토론, 봉사의 일이나 기독교적인 자선의 사역에 의해 확대된다. 이 요소들은 예배식에 회중이 규칙적으로 모임으로써 부분적으로 삽입되고 부분적으로 지탱되는데, 이 예배식에서 다른 요소들은 의도적이든 무의도적이든 간에, 중재적인 특성도 역시 갖고 있다(죄의 고백, 용서의 선포와 노래와 기도). 이런 모든 활동이 이루어지게 하려면, 특별한 직무를 담당하는 사람들이 필요하다. 그들은 기능과 책임감을 가지고서 전체 공동체와 더불어, 우리가 교회의 직제라고 부르는 분명히 규정된 일련의 합의 안에서 움직여야 한다.

이렇게 해서 우리는 전달 기관으로서 교회에 필수적인 아홉 가지 요소들에 이르게 되었는데, 그 가운데 일곱 가지는 그 자체로서 전달의 수단들인 반면에, 마지막 두 가지는 전달 수단의 작용을 용이하게 하기 위하여 의도되었으며, 그런 이유로 해서 그것들과 밀접하고 필수적으로 연결되어 있다. 따라서 우리는 전체 9가지의 제정된 요소들에 이르게 되었다: 교육, 세례, 설교, 토론, 성만찬, 집사직, 예배식, 직무, 그리고 교회의 직제. 때로는 다른 명칭으로 나타나기도 하겠지만, 우리는 이제 이것들을 이런 순서로 다루게 될 것이다.

우리가 여기에서 다루는 문제는 수세기 동안 관례상 여러 가지 전달 수단이 포함된 용어인 성례라는 단어와 개념 속에 중요한 초점을 가지고 있다. 이 단어의 교회사적인 역사는 복잡하고, 자주 묘사되었으며, 우리의 목적에 별로 중요하지 않다. J. Plooy, *De mysterie-leer van Odo Casel*(1964), pp. 161-169와 *MS* IV 2, pp. 70-93이 이를 위한 훌륭한 개관이 될 수 있을 것이다. 사크라멘툼(Sacramentum)은 신약 성경의 단어인 미스테리온의 번역어로 간주되었으며, 교회의 신앙과 제의 행위 속에 있는 많은 요소들을 위하여 사용되었다. 이미 터툴리안이 세례를 가리키는 자신의 선호 용어로서 이 단어를 사용하였으며, 결국은 우리가 지금 성례라고 부르는 것을 위해서만 사용되게 되었다. 그러나 오랜 시간 동안, 실제로 오늘에 이르기까지 이것들의 숫자는 불확실하고 논쟁의 여지가 있는 것으로 남아 있다. 중세 초기에 어떤 이는 다섯, 일곱, 아홉, 열둘, 혹은 열세가지의 성례를 열거하였다. 13세기 이후로 이것들의 숫자는 거룩한 7성례로 언급된다. 동방 교회는 이것을 따랐다(리용 공의회, 1274; D 860). 자세한 내용을 위해서는 D 1310, 1601, 1864, 2536을 보라.

그후로 로마 가톨릭 교회는 다음과 같은 성례를 갖고 있다: 세례, 견진성사, 성만찬, 고해성사, 종부성사, 서품성사, 혼배성사. 이것들은 모두 다 자신들이 전달하는 실체, 즉 성화의 은혜를 예시하는 물질이나 준(準)물질 속에 토대를 갖고 있다는 공통점을 갖고 있다. 상당히 많은 수에도 불구하고 — 여기에 사크라멘탈리아라고 불려지는 다른 의식(儀式)들이 첨가될 수도 있다 — 분명히 여기에는 은혜의 매개의 협소화가 존재한다. 이것은 "물질적인" 것으로 간주된다. 설교와 같은 비물질적인 전달의 형태는 이것의 일부가 아니어서 과소평가되었다. 초기 시대의 신비 종교들의 분위기 속에서 탄생하고 아리스토텔레스의 범주들로서 구성된 이 비전은 오늘날까지 로마 가톨릭 교회에서 지배적으로 남아 있다. 그러나 이제는 성례전을 성육신의 열매로서나 혹은 "원(原)성례"로서의 교회의 기능으로서 더욱 고려하며 이것들을 만남의 구조 속에서 더욱더 해석하고, 따라서 덜 실체론적이고 보다 더 인격주의적으로 해석하려는 경향이 존재한다. E. Schillebeeckx, *Christ: The Sacrament of the Encounter with God*(E.T.1963)과 K. Rahner, *Church and Sacrament*(E.T. 1974)를 보라.

종교개혁은 구원에 대한 인격주의적인 개념으로 인하여 성례전의 전통적인 교리를 가볍게 다룰 수 있었다. 이것은 중세 후기의 경험(탁발 성직자단의 설교) 위에다 자신을 정초시켰는데, 그 시기에는 선포가 전달의 중심적인 수단으로 발견되었다. 그 결과로 이것은 설교를 일련의 여덟번째 성례로서 첨가할 수도 있었다. 그러나 그런 일은 이루어지지 않았다. 대신에 다른 두 가지 결정이 이루어졌다. 7성례는 그리스도가 분명하게 제정하신 두 가지 성례, 즉 세례(마 28:19)와 성만찬(고전 11:23-26)으로 축소되었다. 그리고 설교는 별개의 은혜의 수단으로서 성례전과 나란히 그 위에 놓아졌다. 이와 더불어 성례전의 개념의 협소화가 폐지된 것이 아니라 정확하게 확립되었다. 이러한 반대는 (성례전의 개념을 전적으로 거절한) 츠빙글리에게는 적용되지 않았고 (그것을 단지 빈약하게 사용하였던) 루터파 전통에도 거의 적용되지 않았지만 칼빈과 개혁파 전통에는 상당한 효력을 갖고 있었다.

칼빈은 가능한 한 많이 교회의 교부들에게로 특히 어거스틴에게로 되돌아갔다. 그는 역시 이 문제에 대해서도 그렇게 하였으며 이와 더불어 어거스틴의 어떤 플라톤적인 관념들을 받아들였다. 물질적인 성례전은 영적인 말씀보다 덜 중요하다. 특히 *Inst* IV,xiv,3를 보라: 말씀으로 주어진 약속은 이러한 외적인 부속물을 필요로 하지 않는다; 이것은 우리의 무지와 둔함과 약함으로 인하여 첨가된 것이다; 왜냐하면 우리는 언제나 땅 위에서 기어다니고 육체에 집착하는 피조물들이기 때문이다. 같은 정신으로 벨기에 신앙고백 33조는 성례전에 대해서 하나님께서 그것들을 주신 것은 "우리의 약함과 결함" 때문이며, 그것들을 통하여 "하나님께서 그의 말씀으로 우리들에게 선포하신 것과 또한 그가 우리의 마음 속에 내적으로 행하시는 것을 우리의 지각에 더 잘 나타내"실 수 있게 된다고 하였다. 이렇게 해서 세 가지 전달 수단이 있는데, 그 가운데 두 가지는 "성례전"이라고 불리며 종속적인 위치를 지니고 있다.

자유로운 교회들에서는 새로운 전달의 형태가 발견되었는데, 예를 들면 퀘이커파의 침묵과 감리교의 찬송, 다른 집단들에서의 영적인 대화들이다. 그러나 지금까지 아무도 이것들을 성례전이라고 부르려고는 생각하지 않는다. 처음에는 중심이었으나, 나중에 종교개혁에 의해서 이차적으로 된 전통적인 성례전은 이제 퀘이커파와 구세군과 마찬가지로 주변적인 것으로 되거나 완전히 쇠퇴하게 되었다.

우리는 성례전의 개념과 단절하는 것이 옳다. 오래 전에 그것의 포괄적인 의미를 잃어버렸기 때문에, 이것은 신약에서 발견되지 않는 방식으로 세례와 성만찬을 결합하고 분리한다(만일 교의학적으로 고린도전서 10:2 이하와 요한일서 5:6-8에 대한 외삽법적으로 추정된 해석에 그것을 정초시키려 하지 않는다면). 따라서 우리는 "말씀과 성례전"의 고전적이고 고전적으로 균형을 잃은 종교개혁의 삼화음(triad)과 단절해야 할 것이다. 그들의 성경주의적인 토대(그리스도 자신에 의해 제정된)는 현대의 성경 연구로 말미암아 더 이상 설득력있는 논거가 되지 못한다. 성령의 인도하에 교회사에서 진행되는 거대한 전달 과정에서, 매개 역량에 이바지하는 새로운 도구들이 규칙적으로 나타난다. 이것은 중재 형태의 수가 무한하다는 것을 의미하지 않는다. 전달되어야 하는 것이 너무나 특수하므로, 인간의 역사와 문화에서 어떤 변화가 나타나든지 간에, 단순히 제한된 수의 수단들만이 전달을 위해 사용하기에 적합할 것이다. 그러나 원칙적으로는, 우리가 요약하였던 시리즈의 수단들이 공개되어야 할 것이다.

혹자는 왜 우리가 성경을 이 시리즈에 포함하지 않았는지를 질문할 수 있을 것이다. 그것은 유일한 전달수단이 아닌가? 로마 가톨릭 신학에서 교회가 원성례전으로 작용하는 것처럼, 개신교 신학에서 이 명칭은 같은 권리로 성경에 주어질 수 있을 것이다. 그러나 정확하게 성경으로서 그것은 전체 시리즈 안에 있는 한 가지로서는 거의 간주될 수 없다. 제정된 시리즈 안에서, 성경은 어느 곳에서나 매체가 그 내용을 끌어오는 책이다. 성경 읽기가 제정된 활동으로서 시작될 때, 우리는 매체로서의 설교나 대화의 언저리에 있다. 순전히 개인적인 성경 읽기가 사람들을 믿도록 인도하는 곳에서는, 성경은 우리가 앞에서 언급하였던 비제정된 수단의 하나로서 교회 밖에서 작용하며 그것은 제도로서의 교회의 논의에 속하지 않는다. 우리는 16장에서 성경을 논한 바 있다; 또한 11장에 나오는 말씀과 성령의 관계에 대한 고찰을 참고하라.

1. 교육

우리는 이것을 먼저 제시하는데, 그 이유는 은혜의 수단이 성령지향적이고 성령인도적인 참여의 과정을 수반하고 형성하며, 우리가 이 수단을 고려하는 순서에 있어서 이것이 가능한 한 우리가 그 과정의 순서를 반영하기 원하기 때문이다. 그리스도의 선포로부터 그 자체로서의 신앙의 출현은 이 과정 외부에서 일어난다; 이것은 그것의 전제이다. 우리는 사람의 중생을 다룰 때에 이것에 대한 것을 말할 것이다. 제도적인 수단을 가진 교회는 각성하였거나 적어도 추정된 도상의 신앙을 가진 새로운 개종자를 발견하며, 교회의 과제는 이 신앙이 자라도록 돕는 것이다. 신앙 안에서 교육하는 일은 교회가 새로운 개종자를 받고 그를 인도하는 첫번째 수단(논리적으로, 그러나 결코 언제나 심리학적이지는 않은)이다. 이 일이 제도로서의 교회에 의해 이루어지고 그 목표가 그 사람의 완전한 교회의 회원됨이기 때문에, 그 교육을 통하여 새로운 개종자와 교회 사이에 초래된 관계는 대체로 중대하게 강조된다.

  그러나 교회는 여기에서 목표가 아니라 수단이며, 모든 은혜의 수단에 효력이 있는 어떤 것이다. 목표는 그리스도의 분깃에 참여하고, 계약에 통합되며, 단순히 그 이유로 말미암아 그 사실로부터 교회에 입교하는 것이다. 교회는 예수의 죽고 다시 사시는 방식으로 제자의 삶을 수반하는데 도움을 준다. 교회는 그의 형상, 즉 그의 죽음과 부활의 형상에 이르게 된다는 의미에서 그를 교육한다. 이 교육은 오직 말씀 안에서 이루어질 수 있다. 그러나 이 말씀은 성령의 길을 지시하며 성령이 새로운 기독교인을 이 길로 인도하시는 수단이 될 수 있다. 이것은 교회의 교육이 단순히 정보나 혹은 물론 이것이 정보에 근거하고 있기는 하지만 신앙의 지적인 이해를 전달하는 것과는 다른 것이어야 한다는 것을 의미한다. 그러나 이것은 또한 선포와도 전혀 다른 것이다. 그러나 원칙적으로, 이것은 그 안에서 비롯되는 것처럼 그것과 더불어 시작한다. 그러나 선포된 은혜로부터 나오기 때문에, 교육은 이 구원을 삶의 전체와 관련시킨다.

  이것은 믿음과 소망과 사랑이 무엇이며, 그리스도와 함께 죽고 사는 것이 무엇이며, 우리가 우리의 죄책을 어떻게 해야 하며, 우리의 죽음과 소명, 동료 인간들과 우리를 둘러싼 세계에 대한 우리의 태도가 어떠해야 하는지 따위를 분명히 설명해 준다. 따라서 이것은 결정적인 선택을 향하여 사람을 인도한다. 실제로 "교육"이라는 용어는 교회의 이 과제에 대해서 순수한 지성주의적인 냄새를 너무 많이 풍긴다. 이것이 오랜 세월 동안 관례적인 용어였기 때문에 우리는 이 용어를 유지하지만, 입교(initiation)라는 특별한 용어를 선호한다. 이 용어 역시 제도적인 활동으로서 이 활동이 한계를 갖고 있음을 의미한다. 입교한 사람이 선택하고 이것을 그의 신앙고백에 의해 확증하자마자, 이 특별한 의미에서의 교육은 끝나게 된다. 그러나 신자로서 그는 자신의 생애 내내 학생으로 남아있지만, 그후로 성숙하게 되고 그가 받은 것을 다른 사람들에게 전할 수 있게 된다. 따라서 교회의 관계의 교육적인 측면은 논지 4에서 취급되는 주제인 영적인 문제들에 대한 대화 속에서 그 결과를 찾아야 한다.

처음부터 교육은 교회의 은혜의 사역의 기본적인 요소였다. 그러나 이것은 그것이 지닌 중요성에 대하여 이론적인 인정을 결코 받지 못했다. 그것의 언어적이고 비물질적인 성격으로 인하여, 이것은 일반적으로 성례로 이해되었던 외부에 떨어져 있었다. 그러나 신약 성경에는 이러한 과소평가를 위한 근거가 나타나지 않는다. 교회가 세례의 성례전적인 성격으로 인하여 호감을 갖고 있는 동일한 본문(마 28:19)은 무엇보다도 먼저 제자(마쎄튜사테)를 삼으라는 명령과 세례를 준 후에 지켜야 할 가르침(디다스콘테스 아우투스 테레인)을 포함하고 있다. 또한 신약에 나오는 만싸네인, 디다스케인, 디다스칼로스와 같은 단어들의 중요성을 주목하라. 복음서가 증거하는 것처럼 예수의 사역은 제자들에 대한 랍비의 사역과 같이, 교사의 사역과 매우 비슷한 것이었다.

가르침의 중요성은 이미 신약에서 발전하기 시작하였던 것처럼 전문 술어로부터 자명하게 나타난다: 원래 매우 일반적인 용어인 카테케인은 "알려주다"와 같은 의미인데, 교육적인 상황을 위해 사용되고 있다(아마도 눅 1:4와 확실하게는 행 18:25; 고전 14:19; 갈 6:6을 보라). 이미 클레멘트후서 17:1에서 이것은 확정된 용어가 되었다. 초기의 비정경적인 문서들 가운데 하나인 디다케는 요리문답적인 교육의 중심적인 위치에 대해서 증거하고 있다(특히 1-6). 교회사에서의 요리문답의 위치를 위해서는 *RGG* III, s.v. Katechetik을 보라. 유아세례의 관례는, 관례적으로 이것이 주로 교회의 미성년 회원들에게 주어졌던 상황으로 인도하는 교육의 성격에 큰 영향을 미쳤다. 그 결과로 정보의 요소가 가장 두드러지게 되었다. 증가하는 세속주의와 더불어 이것은 다시 변하고 있으며, 그것은 학교에서의 종교 교육이 압도적으로 정보적인 성격을 갖고 있다는 사실로 말미암아 부추겨진 변화이다. 이것은 교육에 대한 엄격하게 교회적인 이해를 향한 길을 다시 열어준다. 그러나 이러한 발전은 차례로 특별히 교회에로의 입교로서, 그리고 그것에 의해서 한 편으로는 그리스도와의 관계로 다른 한 편으로는 삶의 전체성과 복잡성으로 들어가는 입교로서의 요리문답 이해로 인도하였으며 세계는 충분히 강조되지 않았다.

2. 세례(씻음; washing)

여기에서 우리는 일반적으로 "세례"(baptism)라고 불리는 것을 다루게 된다. 이 명칭은 여기에서 적절하게 머물러 있지만, 더 이상의 것을 언급하지는 않는다. 이것은 단순히 교회의 의식을 나타내며, 사람들은 이 단어를 "담근다" 혹은 "가라앉힌다"와 같은 단어와 연결시키지 않는다. ("침례파" 진영에서는 물론 이런 관계가 유아 세례를 실행하는 교회들에서보다는 더 쉽게 이루어진다.) 그러나 원래의 신약 성경의 용법에서 밥티스모스라는 단어는 단순히 "담금"이나 "씻김"을 의미하였다. 이 단어가 상징하였던 교회의 의식 역시도 "씻김"(로우트론)으로 불리었다. 우리는 이 용어로 되돌아가는데, 그 이유는 이것이 "담금"과 "씻김"을 둘다 나타내며 이 교회 의식의 본질과 의미를 상기시켜주기 때문이다. 이 행동의 관심은 언제나 공동체의 구성원으로서 받아들여지는, 즉 그의 교회뿐만 아니라 그리스도와의 교제에로 받아들여지는 관심사가 되었다. 거의 처음부터 이 입회 의식은 물의 사용을 수반하였다.

언제 어디에서나 물은 사람에게 두 가지, 즉 위협과 소생을 의미하였다. 사람은 물에 빠져 익사할 수 있으며, 물이 사람의 갈증을 없애주고 정화(淨化)를 위해 사용될 수 있다. 세계 어디에서나 종교 의식은 물이 이러한 부정적이거나 긍정적인 기능 혹은 두가지 기능을 다 갖고 있는 곳에서 발견된다. 예수 시대의 유대교 역시 정화를 위한 씻음이 존재했었다. 그러나 요단강에서 세례를 주었던 요한에게 있어서, 물은 보다 근본적이고 포괄적인 의미를 받아들이게 되었다: 사람은 하나님 앞에서의 그의 파멸을 나타내기 위하여 물 속에 내려가며 하나님의 용서의 표시로서 물에서 나오게 된다. 그렇게 해서 회개와 용서와 회심을 통하여 사람은 도래할 위대한 미래를 위하여 준비하게 된다. 예수 역시 스스로 물 속에 잠기셨으며 그 시간은 전자의 잠김에서 후자의 잠김으로 옮겨갔을 때 그의 전생애에 결정적인 것이 되었다. 누가에게서 우리는 그의 확실히 믿을 만한 진술을 발견한다: "나는 받을 세례가 있으니 그 이루기까지 나의 답답함이 어떠하겠느냐"(눅 12:50; cf. 막 10:38f.).

십자가에서의 그의 죽음의 세례와 부활에서의 죽은 자들로부터 일어나심을 통하여 이것이 드디어 완전히 성취되었을 때, 이것은 그의 제자들이 이제 물의 상징체계를 버릴 수 있었다는 것을 의미하지 않았다; 이와는 반대로 단순히 그 때에 물의 이중적인 의미가 실제로 그들에게 말하기 시작하였다. 이런 이유로 해서 요한의 세례 의식은 다가올 미래를 위해서 뿐만 아니라, 특별히 일어났었던 위대한 구원 사건을 회고하는 것으로서 계속되었으며, 이 사건을 통하여 신자들은 이 씻음을 통하여 연결된다.

교육을 통하여 새사람 예수의 죽음과 부활 속에서 비롯된 계약의 길로 들어가게 된 자는 이제 이 물 속에서 죽음과 부활의 이중적인 사건의 통합을 받아들인다. 이 통합은 신자 자신의 결정이 되었다. 그는 스스로에게 세례를 베풀었다. 그러나 주목하라: 그는 자신에게 그것을 행하였다. 그는 자신에게 무언가를, 즉 하나님으로부터 나와서 그 안으로 그가 받아들여지는 새로운 시작을 행하였다. 그는 여전히 국외자로서, 즉 수동적이며 또한 그에게 어떤 일이 이루어지게 되는 자로서 나온다. 오직 이 씻음의 사건을 통해서 그리고 그 이후에만 신자로서의 그의 적극적인 삶이 시작된다. 따라서 창조와 탄생의 표상이 반복해서 이 씻음을 위해 사용되었던 것이 부질없는 일은 아니다. 이것은 기독교인의 신앙의 길의 완전성이 아니라 단순히 시작을 표현하며, 그 시작은 전적으로 하나님으로부터 나오며 우리를 위하여 우리 바깥에서 준비된 구원에 놓여 있다. 그러나 이것은 우리가 결코 완전히 뒤에 내버려둘 수 없는 시작이다. 언제나 줄곧 우리는 신자들로서의 우리의 전 삶의 근거와 중심과 원천으로서 그것에 의존해야 한다. 시작에서의 물 사건은 우리가 하나님의 구속적이고 창조적인 행동으로부터, 즉 전가와 칭의로부터 산다는 것을 우리에게 알려준다. 이것이 의미하는 바는 다음 장에서 보다 깊이 묘사될 것이다.

우리를 위협하고 씻어주는 물을 통하여 우리는 인간 존재의 위대한 방향전환 속에서 구체적이고 강력하게 받아들여지는데, 그것은 참되신 사람이 자발적으로 자신을 어둠의 권세에 내어버리심으로, 가장 큰 위험을 통과하여 지나가는 우리 인간 존재를 구원하셨을 때 일어났다. 이 물 사건으로부터 일어날 때, 우리는 우리 자신이 죽음과 부활 속에서 아들의 형상을 본받게 되는 새로운 길 위에 놓여지게 되었음을 알게 된다. 우리는 또한 이것이 사사로운 길과는 반대되는 것임을 알게 되는데, 그 이유는 "다 한 성령으로 세례를 받아 한 몸이 되었기 때문"(고전 12:13)이다. 그리스도에게로 통합될 때, 우리는 중생을 위한 싸움에 참여하도록 동시에 하나님의 백성으로 편입된다. 그러나 그 길보다 앞서 있는 것은 물로 씻음으로써 오는 통합이다. 이것은 그 길을 여는 것이며, 계약의 구조 속에서 하나님과 회심한 신자 사이의 최초의 만남이다. 사람은 거기에서 신자와 아직 신자 아님 사이의 경계선 위에 서 있다. 그는 여전히 전적으로 익사와 구조의 대상이다. 그는 여기에서 그의 존재의 영점(零點)을 통하여 지나간다.

이것은 신앙이 세례의 구성요소이거나 혹은 결코 그렇지 않다는 것을 의미하는가? 답변은 이 중생의 씻음에서는 삶이 인간의 신앙이 아니라 그리스도의 대속에 의존하게 된다는 것이어야 한다. 그러나 오직 각성한 신앙만이 이것을 이해하며 따라서 이 씻음을 염원할 수 있다. 그러므로 의식적으로 믿는 자만이 이 씻음을 통해서 나아갈 수 있다는 것이 사실인가? 그러나 정확히 이 씻음이 신앙을 위한 토대를 놓아주고 신앙을 초월하는 구원에 대해서 언급한다. 계약에서의 협력은 이 신앙보다 더 넓다. 이것은 또한 어린이들과, 정신장애자들, 귀신들린 자들, 빈민가에서 낙담한 자들을 포함한다. 신약 성경에서 사람들은 가족에게 속해 있음으로 해서 세례를 받았으며, 또한 우리는 심지어 이미 죽은 자들의 유익을 위하여 세례받은 자들에게 대해서도 읽는다.

따라서 그리스도의 대속을 믿는 신앙은 또한 아직 믿지 않거나 혹은 더 이상 믿지 않는 사람들을 위하여 계약관계 속에서 대속적으로 행동할 수도 있다. 계약으로 들어가는 입구는 개인주의적으로 협소해질 수 없다. 하나님과 사람 사이의 만남은 우리의 지적인 이해를 넘어선다. 여하튼 간에, 신약 성경에 의하면 신자들의 자녀도 역시 이 계약에 포함된다. 그러나 이 문은 씻음과 신앙의 관계가 단절될 만큼 집산주의적으로 넓어질 수는 없다. 문제가 되는 것은 하나님과 사람 사이의 진정한 상호 만남이다. 규칙은 사람이 의식적으로 씻음을 원하고 그것을 따르는 것이다. 그러나 그 밖에 모든 종류의 다른 가능성들이 존재한다. 교회는 믿음의 공동체가 세례받은 유아를 도우며, 또한 신앙이 그것의 조건이 아니라, 그것의 열매인 구원으로 유아가 자신의 능력에 따라서 들어갈 수 있도록 해주는 책임을 떠맡는다는 것이 분명하다면, 이것을 위한 여지를 남겨둔다.

은혜의 수단으로서의 교육에 대해 기록된 것이 적은 그 만큼, 사람이 교회로 편입되는 씻음으로서의 세례에 대해서는 너무나 많은 것이 기록되었다. 이 것은 이해할 만하다. 아주 처음부터 이것은 성례전으로 간주되었지만, 그것의 물리적인 성격으로 인해서 난해한 질문들을 불러일으켰으며, 이 질문들은 유아 세례 의식에 의해서 훨씬 더 수가 많아지게 되었다.

명칭에 관해서는, 밥테인(담근다, 가라앉힌다)의 강조형인 밥티제인은 특별히 쓰러진다, 죽는다와 같은 부정적인 의미를 갖고 있다. 문자적인 의미에서 밥테인은 신약에서 누가복음 16:24와 요한복음 13:26; 요한계시록 19:13에서 나타난다. 부정적인 의미에서 **밥티제인**은 신약에서 단지 두 번만 예수의 진술에서 사용되었다(막 10:39; 눅 12:50); 나머지 경우에 이 단어는 희랍 세계에서는 자주 발견되지 않는 중립적인 의미: 목욕하거나 씻는다는, 특별히 제의적인 씻음의 의미에서 담그거나 가라앉힌다는 의미를 갖고 있다. 이것은 또한 그 당시의 유대교가 이 단어를 사용하였던 방식이다. 따라서 신약에서 밥티제스타이(중립)는 "스스로를 씻는다" 혹은 "씻기운다"(수동)를 의미한다. 따라서 밥티스마와 밥티스모스라는 명사는 "물에 담금"이라는 원래의 의미가 항상 전제되는 가운데, "청결케 함" 혹은 "씻음"(cf. 막 7:4; 히 6:2; 9:10)으로 번역되어야 한다. 따라서 아폴로우에인과 로우트론은 평행되는 단어로 사용된다(행 22:16; 고전 6:11; 엡 5:26; 딛 3:5; 히 10:22). *TDNT* I, s.v. 밥토와 IV, s.v. 로우오를 보라. 신약에서 밥테제인은 이미 입교의 씻음을 위한 전문적인 용어이다. 집례의 양식이 물뿌림으로 축소되었을 때, 로우에인과 로우트론의 용법은 소멸되었다.

지금까지 이 의식의 기원에 대해서는 어떤 일치도 없었다. 쿰란 수도원에서의 규칙적인 제의적인 씻음은 다른 성격을 지닌 것이었다. 다른 한편으로 단 한 번 집례되었던 개종자의 세례는 우리의 세례와 유사하지만, 그것 역시 자기-씻음이었으며, 그것에 관한 최초의 증언은 그리스도 이후 약 80년경부터 시작되었다. 따라서 개종자의 세례는 기독교 세례와 경쟁의 형태로서 나타날 수 있었다. 후자의 실제적으로 설명할 수 있는 배경은 세례 요한에 의한 요단강에서의 침례 의식이다; 그것은 오직 한때에만 행해졌고 회개와 용서를 상징하였으며, 하나님의 오심을 기다리고 있었던 회중을 함께 소집하였는데, 그 때가 되면 요엘 2:29의 말씀대로 성령세례가 물 세례를 대치하게 될 것이었다.

예수는 요한에 의한 자기 자신의 세례가 전혀 다른 세례를 가리키는 것으로 보았는데(눅 12:50), 그 이유는 그가 스스로 세례를 집례하지 않았기 때문이었다(요 4:2; 3:22과는 반대로). 복음서들은 예수가 그의 부활 이후에 세례를 제정하셨다는 인상을 주고 있다. 그러나 마태복음 28:19와 마가복음 16:16의 양 본문은 너무나 명백하게 후대의 반성의 산물이어서, 은혜의 수단으로써의 세례가 그리스도의 명령에 근거될 수가 없다. 오늘날의 경향은 이것을 요단강에서의 예수의 세례나 혹은 그의 구원 사역의 성격에 근거시키려고 한다 (막 10:38; 눅 12:50).

그러나 예수의 부활에서의 새로운 시대의 도래와 성령의 부으심이 신자들에게 물세례를 위한 어떤 여지도 주지 않는 종말론적인 불세례에 대한 강력한 지식을 주었을 가능성을 마찬가지로 당연하게 생각할 수 있을 것이다. 그러나 분명히 사건의 과정은 달랐다. 침례의 행동과 다시 일어남 속에서 성령의 경험을 표현하려는 필요가 느껴졌다. 요한의 회개와 용서의 의식은 초대 교회에 대하여 이제 새로운 빛과 의미를 띠고 있었다. 성령은 물을 배제하지 않고 포함하기 때문에, 세례의 씻음의 제정은 그리스도에게 속한 것으로 여겨질 수 있었는데, 그 이유는 주님이 이제 영이시기 때문이다.

그렇다 하더라도, 물로 씻음에 대한 관심은 신약에서는 오히려 주변적인 것이다. 종종 그 관심은 그것이 실제로 그런 것보다 훨씬 더 큰 것으로 제시되었는데, 어디에서나, 예를 들어 요한복음 3:5; 19:34f.; 디도서 3:5; 요한일서 5:6-8에서, 그리고 "인(印)쳐진", "빛을 비추다", "기름부음" "중생"과 같은 표현들 속에서 세례에 대한 언급들이 발견됨으로써 제시되었다. 때때로 이것은 가능하고, 좀더 흔하게는 가망이 없으며, 거의 언제나 본문은 한 가지 이상의 해석의 여지가 있다. 세례에 대해서 명백하게 언급하는 구절의 수가 비교적 작다는 사실이 남아 있다. 이 구절들에는 심지어 고린도전서 1:14-17도 속해 있다! 바로 이 바울은 세례의 신학과 같은 것을 우리에게 남겨준 유일한 사람이다. 에베소서 5:26은 부수적인 언급이고 갈라디아서 3:27과 골로새서 2:12은 단순히 일반적인 언급이며, 바울의 세례 신학의 전부는 로마서 6:3-14에서 발견되어야 한다. 여기에서 우리는 물로 씻음이 요한에게서와 같이 종말의 예기(豫期)로서가 아니라, 주로 그리스도의 성취된 구원 사역과 관련하여 제시되었을 때 그것이 의미하는 바를 배우게 된다. 침례와 물에서 나옴은 이제 일차적으로 회개와 용서에 연결되지 않고 죄와 죽음이 이제 원칙적으로 우리 뒤에 있고 은혜를 통하여 우리가 죄와 맞서 싸우도록 해방되었다는 표시로서, 예수의 죽음과 매장, 그의 부활에 참여하는 것으로 간주된다. 바울은 뒤로는 씻음을 그리스도의 길과 매우 밀접하게 연결하며, 앞으로는 그의 섬김 속에 있는 새로운 삶의 길과 연결하고 있다. 우리는 여기에서 아마도 신비 종교들의 언어를 사용하고 있는 초대 기독교의 파라도시스의 예를 발견한다(3절: 시네타페멘; 5절: 심피토이, 호모이오마티). 세례의 신학을 위한 또 다른 출발점은 베드로전서 3:18-22, 특히 21이다; 그러나 번역과 해석은 너무 많은 난점으로 둘러싸여 있어서 이것을 우리의 신학에서 사용하는 것은 실제로 불가능하다. 보다 큰 형태로 우리는 로마서 6장에서 언급된 것을 설명하였다.

교회사는 세례에 대한 상당히 많은 논의와 논쟁을 목격하였다. 이것은 부분적으로는 유아 세례에 기인한 것이었다(아래를 보라). 그러나 이 관례는 (또한) 소위 성례전과 관련하여 전형적인 서구의 문제를 더욱 악화시켰다. 서구의 사고는 주-객 도식을 사용하기 좋아한다. 물세례와 관련하여 문제는 이와 같은 것으로 보이게 되었다: 그 자체로서의 이 행동은 세례받은 사람의 신앙과는 별개로 은혜를 운반하고 전달하는 것인가? 혹은 이것은 수령자의 신앙으로부터 그 효력을 끌어내며, 일차적으로 그가 성령 세례를 받았다는 표시인가? 실제로 그 답변은 4세기 이후부터 유아 세례의 의식의 보급에서 포함되었던 것처럼 이미 오래 전에 주어졌다.

로마 가톨릭 교리에 의하면, 세례는 일 자체의 **효력으로부터**(ex opere operato) 작용하며 원죄를 씻어준다: 성령의 은사의 보다 개인적인 요소는 후대에 사제가 집례하는 견진성사의 성례로 옮겨졌다. 유럽에서 강조점이 객관적인 것의 우월성으로부터 인간 주체에게로 점점 더 옮겨졌을 때, 입교 의식의 이러한 비인격적이고 인과적인 인식에 대한 반대가 증가하게 되었다. 처음에는 카타리파와 발도파가, 나중에는 재침례파와 침례파가 유아 세례를 거절하였다. 앵글로색슨 계열에서는 침례파가 세계적인 형태의 교회로 성장하게 되었는데, 그들은 그리스도를 구세주로 받아들이는 개인의 결정을 강하게 강조하였다. 새로운 정황에서, 오순절 운동은 이러한 세례의 개념을 이어받고 있다. 20세기에 와서 이 개념은 또한 전통적인 교회 안에서도 진보를 나타내었는데, 그것은 다른 무엇보다도 이제 *CD* IV,4에서 상세하게 설명되어 있는 바르트의 유아세례 반대에 기인한 것이었다.

종교개혁 교회들은 유아세례 의식을 계속하였으나, 로마 가톨릭 교회에서 발견되는 것보다는 그것에 대하여 또 다른 덜 객관적인 토대: 어린 아이의 추정된 신앙에서(루터파 fides infantium), 신자들과 그들의 씨(자손)와의 계약 속에서(칼빈), 추정되는 중생에서(후대 개혁파의 일부) 발견하려고 하였다. 이 개념들은 설득력이 없다. 이것은 로마 가톨릭 교회의 보다 일관된 객관적 사고와 침례파 운동의 보다 일관된 개인주의적인 사고 사이의 중간점에 있는 연약한 입장이다.

그러나 이 약점은 전혀 손실이 아니다. 신약 성경은 객관주의와 주관주의 사이에서의 우리의 분열을 알지 못한다. 입교의 씻음은 그 자체로서 내주관적이지만, 그 주도권이 전적으로 하나님께 놓여 있는 만남의 사건에 속한다. 이것이 세례에 반영되어 있다. 만남의 사건 안에 있는 행동으로서 이것은 하나님이 첫번째이시고 신앙은 우리의 신앙을 초월하는 구원 사역에 정초될 수 있음을 정확히 표현한다. 우리는 로마서 6장을 다시 참조하는데, 그것은 사람이 언제나 자신을 신앙 안에서 관련시킬 수 있는 사건을 언어가 지시한다는 점에서 신앙의 언어를 언급한다(3, 6, 11절). 의식적으로 세례를 받는 사람은 세례가 그의 신앙에 의존하지 않고, 주변의 다른 길에 의존하고 있다는 사실이 명백하다는 것을 알게 될 것이다. 그러나 이 통찰의 타당성에 대한 시험은 의식적인 신앙이 언제나 필수적인 것인지 혹은 작은 어린 아이들과 예를 들어 저능아들의 세례가 어떤 교회적인 배경들 속에서 상정될 수 있는 것인지의 여부에 대한 질문에 달려 있다. 단순히 만약에 교회가 이 선택권을 의식적으로 개방해 놓는다면 교회는 성인들에 대하여 세례와 신앙의 바른 관계를 유지하는 것이다.

중생의 씻음은 교회와 교회가 아닌 것 사이의 경계를 특징짓는다. 구원의 범위는 의식적이고 개인적으로 믿는 사람들의 범위보다 더 넓다. 중풍병자는 그의 동료들의 믿음으로 인하여 치유되었으며(막 2:5), 백부장의 하인은 그의 주인의 믿음으로(마 8:5-13), 하나님의 나라는 어린이들에게 약속되었고(막 10:13-16), 어린이들은 그들의 아버지나 어머니의 믿음으로 말미암아 거룩하게 되며(고전 7:14), (또한 바로 그런 이유로 해서) 교회의 삶에 참여하는 것으로 간주되며(엡 6:1ff.; 골 3:20f.; 요일 2:12), 기독교인들은 심지어 믿지 않고 죽은 그들의 가족의 구성원들을 위하여 세례를 받았는데, 바울은 이 세례를 막지 않았다(고전 15:29). 사람들은 그들의 변화의 결과를 체험하게 해주는 이 입교 의식을 온 가족이 함께 받아들였다(행 10:46; 15:9; 16:15, 33; 18:8; 고전 1:16).

이 고찰들은 그것을 의무적으로 만들지 않으면서도, 유아 세례의 정당성을 확립시킨다. 비록 우리가 어린이들이 "세례를 받아야 한다"고 말할 수는 없지만, 우리는 만일 그들이 하나님의 구원에 포함되는 공동체(가족, 마을, 단체) 안에서 자란다면 그들 역시 통합의 의식에 참여할 수 있다고 말할 수 있다. 그러나 모든 경우에 이것은 일반적인 교의학적 원칙이 아니라, 목회적인 결정에 달려 있다. 원칙적으로 통합 의식은 신앙 고백 이전이나 혹은 구원에 대한 더 큰 지식을 향하여 회중 속에서 나아가는 노정의 단계로서, 어떤 연령에서도 가능하다. 그러나 가능하지 않은 것은, 의미있고 적극적인 신앙의 어떠한 정황과는 별개로 아기들에게 세례를 주는 오랜 동안의 옛 관례이다. 세속주의로 말미암아 이 관례는 이제 급속히 사라지고 있다. 신자들의 세례는 정상적인 세례이어야 한다. 그러나 이것은 세례가 양적으로 지배적이어야 한다는 것을 의미하지 않는다. 다른 통합의 가능성들은 성인 세례가 주관적인 고백이나 신앙의 할증금으로 오해되는 것을 막아줄 것이다. 이것은 이어서 신앙의 정황과는 별개로 다른 가능성들이 "관습이나 미신으로부터" 사용되는 것을 막아줄 것이다.

마지막으로, 형태에 대한 것이다. 시간이 흘러 가면서 침례는 물을 붓는 것으로, 그 후에는 물을 뿌리는 것으로, 때로는 단순히 물을 적시는 것으로 축소되었다. 우리는 이것이 "타당성"과 관계를 가질 수 있을 것이라는 관념을 거절한다: 만남의 사건에서, "타당성"(그것이 무엇이든지 간에)은 전혀 다른 요인들에 의존하고 있다. 그러나 우리는 이러한 물뿌림의 형태를 개탄한다. 왜냐하면 이것은 요한의 세례와 로마서 6장의 언어의 물의 이중적인 기능과의 관계를 흐리게 하기 때문이다. 아기들에 대한 제한없는 세례와 마찬가지로 이것은 이 은혜의 수단의 매개적인 성격을 크게 손상시켰다. 우리는 이 수단을 통한 성령의 역사하심에 대하여 여전히 무엇을 경험하는가? 성령은 중재하는 다른 수단에 의해서 그것을 대치하실 수도 있다. 그러나 이 징표들은 씻음의 언어의 재생(강과 수영장에서 대규모로 베풀어지는 재세례를 통한 부흥 운동)을 지시하는 것처럼 보인다. 이것은 우리의 긍정적인 평가를 받을 만한데, 그 이유는 인류가 물 속에서 언제나 지각하게 된 두 가지 소리가 — 즉 죽음과 정화 — 세계의 가장 깊은 비밀을 지시하는 것으로서, 이것이 십자가에서 부활에 이르는 방향 전환 속에서 드러나게 되었을 때, 까닭없이 인정된 것은 아니기 때문이다.

세례에 관한 문헌이 과다하기 때문에, 우리는 더 깊은 연구를 위한 지침으로서 다음 항목에 우리 자신을 제한할 것이다. (1)고전적인 개혁파의 입장에 대해서는 G.C.Berkouwer, *The Sacraments*(E.T. 1969), chs. 5-8; G. de Ru, *De kinderdoop en het Nieuwe Testament*(1964). (2)고전적인 침례파의 입장에 대해서는 G.R.Beasley-Murray, *Baptism in the NT*(1962)와 James Gray가 편집한 더 작은 책인 *Studies on Baptism*(1959). (3)세례에 대한 "신침례파"의 개념에 대해서는 M. Barth, *Die Taufe—ein Sakrament?*(1951)와 K. Barth, *CD* IV,4(유고작으로 나온 책, 1967). 증가하는 에큐메니컬적인 의견 일치에 대해서는: 신앙과 직제 연구 보고서 *One Lord, One Baptism*(1960), 특히 두번째 장인 "The Meaning of Baptism," pp. 45-76; 그리고 (좀더 공식적인 입장으로서) 아크라(Accra) 보고서인 *One Baptism, One Eucharist, and a Mutually Recognized Ministry*(1974).

3. 설교

입교와 통합 다음으로 참여 과정을 중재하고 자양분을 주는 세번째 제정된 매개물은 규칙적으로 되풀이되는 설교에서 신자에게 주어지는 안내이다. 우리는 "선포"가 아니라 "설교"에 대해서 말하는데, 그 이유는 선포의 개념은 훨씬 더 폭이 넓고, 우리의 관심은 한 가지로 고정되고 제정된 활동 즉 회중의 공식적인 모임에서의 매주마다의 혹은 때로는 좀더 빈번하게 이루어지는 성경의 주해와 적용이기 때문이다. 많은 개신교회에서 이것은 많은 사람들에게 있어 복음이 그들에게 전달되며 참여의 과정이 일어나는 중심 형태이다. 따라서 이것은 높은 기대치로 둘러싸여 있지만, 그것은 사람이 다른 수단보다 여기에서 더 큰 역할을 수행하기 때문에, 이것이 큰 실망감을 불러일으킬 수 있으며 또 규칙적으로 그렇게 될 수도 있다. 따라서 많은 성찰과 글쓰는 일이 설교에 바쳐지는 것은 놀라운 일이 아니다.

우리는 여기에서 단순히 그것의 매개적인 성격에 관계하고 있다. 이 성격은 이것이 그 사이에서 움직이는 두 극과 밀접하게 관련된다. 한 쪽으로는 이것은 성경의 주해이다: 이것은 그 자체의 문맥과 상황 속에서 계약의 역사의 행동과 말씀을 설명한다. 다른 쪽으로 이것은 전통적인 용어를 사용하면, 적용, 즉 우리의 정황과 상황으로 옮겨놓는 것이다. 그러나 만남의 두 극의 관점에서 고려하면, 주해와 적용은 같은 것이다. 주해는 함축적으로 우리를 향한 해석으로서, 하나님의 구원이 우리 자신의 삶에 영향을 미치게 한다. 그 결과로서 우리의 삶은 모든 국면에서 이 구원에 관계된다. 설교에서 성령은 선지자와 사도들의 세계와 우리 세계 사이의 간격을 연결시키려고 하신다. 따라서 설교는 교육과 아울러 입교의 요소들을 포함한다. 그러나 그 두 가지와는 달리 이것은 역사와, 즉 모든 염려와 죄, 도전과 유혹을 지닌 우리의 매일의 삶의 진보와 관련된다. 우리의 전존재는 십자가와 부활의 길에 끊임없이 관련되고 포함되어야 한다. 그렇게 해서 설교는 현재를 위한 적절한 양식을 사용하여, 이 구원을 현재와 연계시킴으로써 구원을 중재한다.

설교라는 단어는 프라이디카레(praedicare)에서 유래하였는데, 이 말은 케리세인이라는 단어의 라틴어 역본의 해석어였다. 그것의 본질에 있어서 복음은 케리그마, 즉 메시지이고 우리를 향한 권면(고후 5:20)이다. 따라서 이것은 반복해서 선포되어야 하며, 그 행동 속에서 바로 그것이 되고 또 그렇게 되기를 원한다. 그러나 케리그마는 회중의 정황에서는 설교보다 훨씬 더 폭이 넓다. 왜냐하면 이것이 무엇보다도 먼저 선교적인 설교를 포함하기 때문이다(막 16:15; 롬 10:17). 먼 옛날부터 다른 용어인 호밀리아(homilia)가 회중적인 설교를 위해 사용되었다. 이 용어의 기본적인 가정은 일방적인 선포가 아니라, 같은 생각을 가진 사람들의 공동체이다. 호밀레인은 "교제하다", "함께 이야기하다"를 의미한다. 전문 용어로서 호밀리(homily)라는 단어는 희랍 철학에서 유래하였고 철학자가 자기 제자들에게 주었던 개인적인 교육을 의미하며, 그것을 통하여 그는 그들에게 질문과 반대 의견을 열성으로 퍼부었다. 교회는 매우 이른 시기에 이 단어를 받아들였다(cf. 행 20:11; 이그나티우스, *Ad Polycarpum* 5). 회중적인 설교는 개인적인 어조와 청취자들이 가능한 한 많이 관여되는 방식으로 성경으로부터 교훈의 형태로 주어졌다.

교회사에서 이 공동체적인 요소는 아주 일찍이 사라졌다. 그러나 어거스틴의 시대까지는 설교 이후에 박수로 성원하는 것이 여전히 가능하였다. 오랜 세기를 거쳐서 설교는 상이한 문화들과 수사학적인 표현들을 상당히 정확하게 반영하였다. 최초의 현존하는 설교인 소위 제2 클레멘트서와, 크리소스톰, 클레르보의 베르나르, 탁발 수도회, 루터, 부세트(Bousset), 스미테겔트(Smijtegelt), 반 데르 팔름, 콜브뤼게, 반 오스테르제(Van Oosterzee), 혹은 니뮐러의 설교들 사이에는 참으로 얼마나 큰 차이가 존재하는가!

만약 이 매개물이 매개적인 성격을 유지할 수 있다면 그것이 바로 이것이 존재해야 하는 방식이다. 설교가 형태에 있어서 혼자 말한다는 사실은, 오늘날 종종 생각되는 것처럼, 그 자체로서 결점은 아니다. 이 형태는 구원이 우리 자신의 생각의 산물이 아니라 이것이 우리에게 선포되어야 한다는 사실을 반영한다. 만약 청취자들이 설교자와 그의 사상들이 더 이상 매개적이 아니라 그 대신에 방해하고 있다는 감정을 갖게 될 때에만 이것은 반대를 받게 된다. 만일 설교가 더 이상 교회 구성원들에 의하여 토론을 가져오지 않는다면 역시 무언가가 잘못된 것인데, 그들은 스스로 그 토론을 통하여 그리스도의 교회의 성숙한 멤버들로서 계속해서 적용을 하게 되는 것이다(4번을 보라). 참으로 매개적인 진정한 설교(homily)가 되기 위해서, 설교(sermon)는 청취자들의 문제와 필요에서 출발하여, 이 문제들에 하나님의 은혜가 영향을 미치게 하며, 최종적으로는 선포된 은혜의 관점으로부터 청취자들에게 질문을, 즉 그들이 스스로 개인적이고 상호적으로 답을 찾아야 하는 질문을 초래해야 한다.

이와 완전히 반대되는 것은 루터파의 개념이다. 루터 자신이 언젠가 강하게 언급하였다. "설교자는 (만일 그가 진정한 설교자라면) 말씀을 설교할 때, 주기도문을 기도해서도 안되고, 용서를 구하여도 안된다 … 왜냐하면 이것은 내 말이 아니라 하나님의 말씀이고, 하나님이 나를 용서해서도 안되고 용서하실 수 없고, 오직 그가 긍정하고 칭찬하고, 영예를 주고, 또한 '네가 옳게 가르쳤다' 라고만 말씀하실 수 있기 때문이다"(Wider Hans Worst, 1541). 루터파 교회에서는 중심적인 성례로서 설교가 공재설의 측면에서 이해된다: 하나님의 말씀이 사람의 말의 형태 안에, 함께, 아래에 현존한다. 브룬너(P. Brunner)는 설교를 "그리스도-회상(Christus-Anamnese)"(*Leiturgia*, I, 1954, C III C에서)으로, 빙그렌(G. Wingren)은 그것을 "마귀에 대한 강타(强打)"(*Die Predigt*, 1955년 독일어판에서)라고 묘사하였다. 설교가 로마 가톨릭 교회에서 신앙에 대한 주관적인 언표로서 간주되는 그만큼, 이것은 루터파 개념에서는 객관적인 구속의 사건이다.

개혁파의 견해는 세번째의 가능성을 나타낸다. Bavinck, *GD* IV, par. 56: "The Word as a Means of Grace"를 보라. 바르트에게 있어서 선포된 하나님의 말씀은 이 말씀의 세 가지 형태(선포된, 기록된, 성육신한) 가운데 첫번째이다; *CD* I, 1, pp. 98-111을 보라. 그러나 그 자체로서 이것은 다른 두 가지 형태의 비판적인 전개에 종속되며, 그렇게 해서 이것은 인간의 책임이나 실패를 배제하지 않고 포함한다. 사람의 말이 오직 성령을 통하여 하나님의 말씀과 "간접적으로 동일한 것"이 되는 이 변증법은 *CD* I, 2, pp. 743-758("인간의 선포 속에 나타난 하나님의 말씀과 인간의 말")에 감동적으로 표현되어 있다. 설교의 이 성례전적인 개념이 또 다르게 인상적으로 표현된 것이 미스코테(K.H.Miskotte)의 *Het waagstuk der prediking*(1941)에서 제시되며, *Om het levende Woord*(1948), pp. 219-370에서 개정된 형태로 나타난다. 루터파의 개념으로 좀더 기울어진 견해는 레우(G. van der Leeuw)의 *Sacramentstheologie*(1949), pp. 182-190과 319-326에서 발견된다.

4. 토론

비록 형태에 있어서는 독백적이지만, 설교는 반응하는 회중의 정황을 전제하며(자신의 이름을 "호밀리"(homily)로서 증거하며) 따라서 만일 복음이 모든 관련된 면에서 회중의 삶 속에서 살과 뼈가 되려고 한다면 토론을 불러일으켜야 한다. 토론은 설교를 대체할 수 없지만, 그 역도 마찬가지로 불가능하다. 토론은 설교의 확장이며, 그것의 진리를 그들의 세상에서의 일상적인 삶 속에서 확증해야 하는 사람들에 의해 지속되고 다듬어지는 적용이다. "설교의 확장"이라는 말로써 우리는 모든 설교에 그 설교의 토론이 뒤따라와야 한다는 것을 의미하지 않는다. 우리가 말하는 것은 이 두 가지 제도적인 활동이 서로를 보완해 주어야 한다는 것이다. 만일 이것이 토론에서 계속되지 않는다면, 설교는 증발의 위험에 처하게 되며, 설교의 배경이 없으면 토론은 애매한 것으로 되어버릴 경향이 있다.

그러나 신앙의 연구에서 토론은 결코 교회의 은혜의 수단으로 인정되지 않았다. 그 이유는 교회의 관습에서는 거의 어디에서도 이것이 그 길에 작용하거나 작용하는 것처럼 보이지 않기 때문이다. 그럼에도 불구하고, 많은 사람들이 그들의 신앙과 그 신앙의 성장을 공식적으로 인정된 교회의 은혜의 수단보다는 대화와 종교적인 토론 그룹들의 덕택으로 훨씬 더 많이 돌리고 있는 것이 일반적인 경험의 사실이다. 사실은 성령이 이 수단을 사용하시며, 그가 오늘날 더욱더 그렇게 하신다는 사실이다. 교회와 그들의 신앙이 특별히 토론에 의해서 자양분을 얻게 된 신자들의 행복에 대해서, 지금은 교회가 그것의 "성례전적인" 성격을 인정하고 그것에게 합당한 제도적인 자리를 부여해야 할 때이다.

그런데, 우선은 사적이고 목회적인 대화가 언급되어야 한다. 이미 오랫동안 이것은 많은 교회 안에서 다소간 제도적인 자리를 갖고 있었다. 우리는 오늘날, 우리 조상들보다도 더 회중의 확립과 지속이 신앙으로 나아가는 이 형태에 얼마나 많이 의존하고 있는지를 깨닫고 있다. 동시에 이 형태는 그 자체로서 토론 상대의 질문과 필요에 너무나도 의존적이어서 대화는 결코 언제나 "성례전적인" 성격을 가질 수는 없다. 종종 이것은 지시적이거나 비지시적이거나 혹은 단순히 심리학적으로 용기를 주는 것이 될 것이다. 그 자체로서 이러한 종류의 대화는 단순히 교회의 정황 외부에서 잘 일어날 수도 있다. 교회에서 대화는 그것의 정당성을 이것이 하나님의 은혜의 전달의 정황 속에서 일어나고 그 자체의 "봉사하는" 성격을 소유하고 있다는 사실에서 가져온다(pp. 369ff.를 보라). 따라서 대화 상대의 필요에 대한 하나님의 은혜의 적용이 일차적이 되는 목회적 대화의 의도적이고 제도적인 형태는 필수적이다.

토론의 또 다른 형태는 회중 내에 있는 형태이다. 이 형태는 회중이 성령의 창조물이며 성령이 그 안에 거하신다는 사실에 근거하고 있다. 이 내주하심의 핵심 계시는 성령이 모두의 유익을 위하여 신자들에게 주시는 은혜의 선물 혹은 은사들(카리스마타)이다. 우리는 다음 장에서 이것에 대해 더 많이 언급하게 될 것이다. 여기에서 우리는 예기(豫期)의 형태로 약간만 언급할 터인데, 그 이유는 사람이 하나님의 은혜와 기독교인의 삶을 위한 그것의 의미를 터득했다는 통찰을 가지고, 다른 사람을 섬기는 토론의 매개적인 성격을 위한 토대를 구성하는 것이 바로 특별히 교회의 이 카리스마적인 구조이기 때문이다.

이 마지막 관찰과 더불어 우리는 마찬가지로 내용에 대한 것을 언급하였다. 설교에서와 마찬가지로, 이것은 이중적이며, 차이점은 오직 강조의 차이이다: 한 편으로는 우리가 성경에서 읽는 구원에 대한 더 깊은 이해를 얻기 위한 상호적인 도움이며; 다른 한 편으로는 이 구원의 관점에서 우리가 삶 속에서 직면하는 걱정과 유혹과 도전을 향해서 우리가 취해야 하는 태도에 대한 더 분명한 관념을 얻는데 있어서의 상호적인 도움이다. 형태는 변할 수 있다; 이것은 성경 토론 그룹이나 종교 클럽, 일반적인 스터디 그룹, 혹은 사람이 염두에 두고 있는 목적에 의존하고 있는 어떤 단체가 될 수 있다.

그러나 설교에서와 마찬가지로 언제나 메시지와 상황의 두 극이 있어야 한다. 이 집단들은 기독교 교회 내에서 있어 왔고 널리 퍼져있다. 이것들은 성격에 있어서 결코 항상 교회적이지는 않다. 실제로 교회적인 성격은 그들의 매개적인 효과에 강한 역효과를 가져올 수도 있다. 그러나 우리의 견해로는 이러한 필요는 일어나지 않는다. 제도화는 비헌신적인 태도와 배타성에 대해 토론을 보호하는 것을 의미할 수 있고 또 그래야 한다. 적절한 구조화를 통해서 모든 구성원은 토론에 참가하도록 초대되고 동시에 주의 깊게 듣고 조심스럽게 말할 의무를 갖는다. 이런 방식으로 토론은 공동체의 후원이 없이 신앙을 계속 유지하는 것이 이전보다 더 어려운 것으로 보이는 시대에 확실히 서로에 대한 격려와 후원, 풍성케 함과 정정을 위한 강력한 수단이 될 수 있다.

토론 이외에, 좀더 사적인 형태의 대화가 교회의 전달 수단으로서 자신의 자리를 유지해야 한다. 이것은 더욱 더 그러한데, 그 이유는 이런 대화가 종종 이를테면 정보적인 성격이나 혹은 개인적인 상담의 성격으로 상이한 성격을 갖고 있기 때문이다. 만일 교회적인 것이 비헌신적이고 개인주의적이 되는 것으로부터 개인을 보호하고, 사적인 형태가 교회적인 것을 위하여 준비하거나 그것을 보충하거나 예기(豫期)한다면, 좋은 상호작용은 이런 형태와 좀더 교회적인 유형 사이에서 발전된다. 그 경계선은 언제나 유동적이다. 주된 것은 전체로서의 회중은 그것이 하나님의 은혜를 매개하기 위해 사용하는 그 자신의 토론과 접촉의 형태를 가져야 한다는 사실이다.

은혜의 수단으로서 대화는 언제나 사람들이 일반적으로 아는 것보다 훨씬 더 큰 역할을 수행하였다. 이미 예수는 설교와 가르침 이외에도 그것의 많은 용례를 깨달으셨다. 우리가 고린도전서 14장에 나오는 회중의 소집에 대한 바울의 묘사와 사도행전 17:11에 따르면, 일종의 성경 토론 그룹으로 조직되었던 베뢰아 교회로부터 우리가 수집할 수 있는 것처럼, 초대 교회에서 설교와 토론 사이의 경계선은 종종 유동적이었다. 아마도 이와 관련하여 우리는 현재와 가까운 미래에 대한 하나님의 뜻, 즉 비판적인 토론과 "영들을 시험하는 일"의 필요성을 환기시켰던 현상을 알려준 초대 기독교 교회의 "선지자들"에 대해서도 생각해야 한다. 그러나 위계적이고 권위적인 교회를 향한 급속한 발전은 이러한 보다 자유로운 형태의 전달을 배경으로 내밀어버렸다.

그 참된 본성으로 말미암아 종교개혁은 이러한 형태를 위한 새로운 기회를 제공하였다. 루터는 슈말칼덴 신조(1537) III, IV: "복음에 관하여"에서 은혜의 수단을 열거하면서 다섯 가지 즉 설교, 세례, 제단의 성만찬, 열쇠의 권세, "그리고 형태들의 상호적인 토론과 위로"(마태복음 18:20에 의거하여)를 말하였다. 그러나 상당한 후가 되어서야 이 원대한 견해가 생산적으로 되었다. 헨키스(J. Henkys)의 책 *Seelsorge und Bruderschaft*(사제직과 형제애, 1970)는 이 표현의 의미와 효과에 대한 토론이다. 부처(Bucer)는 은사적인 회중에 의한 구원의 전달을 크게 강조함으로써 새로운 출발을 가져왔다; 그는 이것을 통해 스트라스부르에서 "기독교적인 친교", 즉 상호적인 사랑과 영적인 돌봄과 훈련을 위한 핵심적인 회중을 (직책의 감독하에) 확립하였다.

칼빈은 부처의 이 요소를 무시하였으나, 장로들에 의한 가족들의 규칙적인 목회적 방문을 포함하였던 교회적인 훈련을 포함하였다. 토론의 이러한 공식적이고 감독적인 형태는 우리가 여기에서 갖고 있는 것과는 다른 것이다. 그러나 후대의 세기에 와서 이것은 그러한 방향으로, 특히 화란에서 더욱 발전하였다.

일반적으로 말해서, 종교개혁은 토론과 관련하여 단순히 시작을 한 것에 불과했다. 런던에서 모인 화란에서 망명한 회중 가운데에서의 설교("예언"으로 불렸던)에 대한 토론(약 1552년)은 하나의 그러한 시작으로 간주될 수 있다. 그러나 베젤(Wesel) 협약(1568)은 이 형태를 거절하였는데, 그 이유는 이것이 싸움을 일으키며, 그것을 성경의 공적인 해석자들로서 봉사하는 선지자들의 단체(!)로 대체하였기 때문이다. 교회의 성숙에 대한 강조로 말미암아 자유교회에서는 토론이 16, 17세기에 어느 정도 두드러지게 되었지만, 제도적인 연계는 많지 않았다; 이와 관련하여 사람들은 또한 영감된 증언들에 의해 중단되던, 침묵 예배를 드렸던 퀘이커파를 언급할 수도 있다.

토론의 절정은 1670년에 시작되었다. 드 라바디(De Labadie)는 "예언 운동"의 목적을 위하여 작은 무리들 안에 참된 신자들을 함께 소집하였을 때에 이것을 도입하였다. 화란에서는 "후속 종교개혁"이 소위 "비밀 예배"나 "집회"를 영적인 갱신을 조성하기 위한 장소로서 매우 대중적으로 만들었는데, 이것은 참가자들과 공적인 교회 사이에 한 차례 이상 긴장을 초래하였던 것이다. 1670년에 프랑크푸르트에서는 슈페너(Spener)가 경건회 모임(collegia pietatis)을 조직하였는데, 이것은 그가 다른 "모임들 … 즉 바울이 고린도전서 14장에서 묘사하였던 것처럼, 단지 한 사람이 모든 가르침을 행하는 것이 아니라, 또한 특별한 능력과 통찰력의 은사를 지닌 다른 사람들도 그것을 행하였던 … 모임들" — 그러나 언제나 성직자의 인도하에 — 을 변호하였던 많이 읽힌 그의 「경건한 열망」(Pia desideria)(1675)을 통하여 널리 유포되었다(pp. 98-100).

그렇게 해서 영적인 토론은 경건주의의 표현과 지지의 주요한 형태가 되었다. 헤른후트파의 영향을 받아, 감리교에서는 토론이 "속회" 안에서 제도적인 형태를 받아들였다. 그후로 토론은 유럽과 북미의 교회들의 종교 교육과 훈련의 절대적인 요소로서 남게 되었으며, 그 구성원들을 더 큰 영적인 성숙으로 인도하였다. 19세기에는 토론이 기독교 남자와 여자들의 모임과 학생 집단 등의 형태를 취하게 되었다. 오늘날에도 YMCA, YWCA, SCM과 청년 단체들이 교회 기관의 은혜의 공적인 수단보다 더 큰 종교적 의미를 갖게 되었던 많은 기독교인들이 존재한다. 오늘날에는 이외에도 온갖 종류의 기독교 형제단과 운동들, 옥스퍼드 그룹 운동의 "참여", 전후의 많은 다양한 기독교 훈련 등이 존재한다; 일본에서는 "비교회적인 운동"인 무교회 운동이 있으며, 이것은 전적으로 성경 서클들로 이루어져 있다(그것에 대해서는 Brunner, Dg III, p. 113을 보라).

그러나 이러한 점점 더 현저한 전달의 형태의 제정은 지금까지는 단순히 산발적인 것이었다. 이것은 어느 정도는 단체와 연구 집단들이 교회 봉사, 요리문답 교육, 심방 계획 이외에 교회 생활의 다소간에 절대적인 부분이 되었던 곳에서 이루어진다. 이것은 예배가 토론으로 이어진 곳이나 혹은 심지어 예배의식의 한 부분인 곳에서 더욱더 강하게 이루어진다. 그러나 이 활동들의 사실과 관심은 둘 다 참여가 참여자의 편에서는 거의 책임감이 없다는 사실에 의해서 지금까지 제한되었다.

5. 식사(성찬)

개신교가 아닌 대부분의 교회에서, 영적인 자양분의 주요한 수단은 신약 성경에서 "주의 상" 혹은 "만찬"으로 불리어지고 나중에는 "감사"(유카리스티아, eucharistia)로 불리었던 행동이다. 로마 가톨릭 교회는 또한 "미사(mass)"(예전을 끝맺는 말씀 이후에; 이테 미사 에스트, ite missa est)라는 용어를 사용하고, 개신교 교회는 "주의 만찬"(죽으시기 전에 예수의 마지막 식사와 관련하여)이라는 명칭을 사용한다. 은혜의 수단으로서 이것의 큰 의미는 특별히 예수 자신이 제자들과 식사를 하시면서 그의 최종적인 목적을 설명하시고, 그들에게 자기가 떠난 이후에도 같은 일을 계속해서 하라고 명령하셨다는 사실로부터 유래한다.

언제 어디에서나 식사(성찬)는 그 자체의 언어를 나타내었다. 특히 축제적이고 행복한 행사들은 가급적 식사로써 축하된다. 식사에서 사람은 그 자신으로 되고 긴장을 풀 수 있다; 거기에서 그는 집단의 일원으로 받아들여지고 같은 입장에 속한 다른 사람들과의 사귐을 즐긴다. 공동의 사건으로서 식사는 동시에 종종 이러한 친교가 처음에 단절된 이후에, 그 친교를 확인하는 것이며; 그 경우에 식사는 또한 화해를 인치는 것이다.

예수에 의해 제정된 식사는 이 일반적인 인간의 언어를 말하는 이외에, 특히 구약 성경의 언어를 언급하였다. 이스라엘에서의 하나님의 길은 한 식사에서 다른 식사로: 유월절 식사, 즉 해마다 축하했던 애굽으로부터의 구원으로부터 여호와께서 죽음을 폐하시고, 모든 눈물을 씻기시며, 풍성한 음식과 오래묵은 포도주로 차린 잔치를 시온산 위에서 베푸실 때의 위대한 미래의 식사로 나아가는 것이었다고 말할 수 있을 것이다(사 25장).

예수와 더불어 이 미래는 모든 희망을 잃어버린 사람들에게 정확히 하나님의 놀라운 은혜의 선물로서 시작되었다. 이것의 가장 적절하고 놀라운 표현은 예수가 세리와 죄인들과 함께 앉으셨던 식사였다. 이것은 실제로 식사 이상의 것이었으며, 구약 성경의 선지자들이 규정하였던 것과 같은 비유적인 행동들이었는데, 그 안에서 하나님과 사람의 관계가 묘사되고 실현되어 있다. 예수가 식사의 규칙적인 요소들인 빵과 포도주에, 그의 다가오는 자발적인 죽음에서 그의 몸과 피가 분리되는 일의 새로운 의미를 더하셨을 때, 특별히 그의 죽음 이전에 가진 마지막 식사는 이러한 비유적인 행동이었다. 이 죽음에서 그는 식사를 통하여 매개되고 식사에서 영원히 축하되어야 했던 구원의 의미를 보았다. 이 식사가 분리된 사건이나 결론으로 제시되지 않고 부활 이후의 예수의 출현과 그와의 만남에 대한 거의 모든 설화들 속에서 식사가 탁월한 자리를 차지하고 있다는 사실은 충분히 주목되지 않았다.

이제부터는 그리스도의 교회의 길 역시 식사에서 식사로 나아간다. 그리스도의 명령에 따라, 이 식사를 축하할 때, 교회는 종말에서의 완전한 행복과 교제의 식사를 기대하며, 동시에 이 미래가 그를 통하여 교회에게 열려지게 되었던 예수의 자기 희생과 부활의 길을 회고한다. 그러나 교회는 "시간들 사이의" 공허한 현재에 이것을 하지는 않는데, 그 이유는 교회가 식사에서 식사로 나아갈 때에 교회의 이제 높아지신 주님이 성령 안에서 이 축전의 주인으로 현존하신다는 사실을 알기 때문이다.

여기에서 일어나고 있는 것을 아는 사람들에게, 이 식사(성찬)는 모든 수단들 가운데에서 하나님의 구원의 가장 포괄적인 표현이다. 왜냐하면 여기에서 구원의 완전한 길이 응집된 형태로 우리 앞에 놓여 있기 때문이다. 우리가 여기에서 갖고 있는 것은 과거(희생), 미래(하나님의 나라), 그리고 현재(성령 안에서의 그리스도의 현존)가 만나고, 성령을 통한 그리스도 안에서의 하나님과의 교제가 그리스도의 몸의 지체들 서로 간의 교제와 일치되는 계약의 규칙적으로 반복되는 갱신이다. 이 축전에서 우리는 동시에 앞과 뒤를, 그리고 이와 유사하게 위(높아지신 주를 향해)와, 우리 주위(사람들을 향해)를, 그리고 우리 앞에 있는 것(더불어 축전을 구성하는 징표들과 제의가 있는 상[床])을 바라본다.

여기에서는 십자가와 부활, 회개와 용서, 자기 부정과 다시 살아남의 계약의 길이 계속해서 우리 앞에 펼쳐진다. 이것은 이 식탁에서 두 가지 분

위기: 즉 죄책과 망설임, 해방과 미래에 대한 전망의 분위기를 만들어낸다. 그러나 식사의 언어에 의해서 두번째가 첫번째보다 우위에 있다. 교회의 주가 그것을 위해 지불하신 대가를 알고 있지만, 그럼에도 불구하고 교회는 그의 권위 위에서 감히 축전을 축하하고 식탁에서 미래와 자유와 평등과 하나님의 도래하는 나라의 형제애의 "연극"을 상연한다.

신화적이고 마술적인 삶의 경험으로 그 뿌리를 거슬러 올라가는 옛 교회에서는, 거룩한 식사의 축전이 중심적인 위치를 차지한다. 종교개혁에서 시작되는 젊은 교회에서는, 설교가 식사(성찬)와 나란히 똑같은 발판 위에 서게 되었으며 곧 그것을 압도하게 되었다. 이것은 개인의 지성과 의지에 특별히 호소하는 우리의 새로운 유럽 문화의 성격과 관계있다. 그러나 정확히 설교가 너무 지나치게 조달하는 이러한 일방성은 식사의 특별한 언어를 계속해서 듣고 축하할 것을 우리에게 훈계한다. 여기에서 우리는 설교와 식사의 관계를 언급하고 있다. 만일 우리가 하나를 다른 하나 위나 아래에 둔다면 우리는 이것을 잘못 해석하는 것이다. 양자가 다 구원을 충분히 나타내지만, 다른 관점에서 그리고 우리 인간성의 다른 측면에 호소하면서 그렇게 한다.

설교는 우리의 일상 생활에 대한 그것의 직접적인 관련성 속에서 특별히 이 은혜에 대해 언급한다. 식사(성찬)는 우리가 물질적으로 받고 공동으로 관여하는 것이다; 이것은 우리의 물질적인 존재와, 영과 말씀의 표상 이상의 표상의 언어를 언급한다. 따라서 정확하게 이것은 하나님과 우리의 계약의 교제 안에서 형언하기 어려운 것에 대한 인식을 살아있게 해준다. 설교를 희생하고 성찬을 중심적으로 만드는 교회들이 그것을 마술적으로 보지 않는다면, 그것을 객관화함으로써 복음을 오해하는 위험을 무릅쓰는 것이지만, 성찬을 희생하고 설교가 중심이 되는 교회들은 복음을 개인주의적이고 지적으로 오해할 위험 속에 있다. 따라서 설교와 성찬은 서로를 보충해주고 설명하고 수정할 필요가 있다. 하나님의 은혜의 매개 속에서 이것들은 타원의 두 초점으로서 서로를 전제하고 있다.

여태까지의 모든 것이 축전의 실행을 위한 다수의 관념들을 제안한다.

이 실행에 있어서 미래에 대한 기대뿐만 아니라 식사(성찬)의 성격과 서로 간의 친교는 지금 대부분의 교회(젊은 교회와 옛 교회)에서 이루어지는 것보다 훨씬 더 분명하게 나타나야 한다. 거의 모든 곳에서 예수의 희생적인 죽음의 묘사가 모든 다른 요소들을 몰아내고, 사건은 개인의 영혼과 주님의 만남으로 움츠려들고, 설교와의 상호관계는 결여되고 식탁의 성격은 대수롭지 않은 상징으로 되거나 버려진다. 다행히도, 모든 곳에서 젊은 세대가 축전과 식사와 공동의 측면에 대한 새로운 강조를 요청하기 시작하였다.

식사가 하나님의 은혜를 나타내는 것으로 완전한 폭과 강도로 이해되는 곳에서, 이것은 그것의 안정되고 전통적인 형태와 그것의 상징적인 성격에도 불구하고, 정치와 사회 내에서 예리하게 가려내는 기능을 행사할 수 있다는 사실이 밝혀졌다. 이미 바울은 만일 누가 부자와 가난한 자들 사이의 간격을 계속 주장하고 그렇게 해서 그가 (주와 교회의) "몸을 분별하지" 않는 사실을 보여준다면 거룩한 식사의 축전에서 자신에 대한 심판을 먹고 마시게 될 가능성이 있음을 경계하였다(고전 11:20-34).

나치 정권 치하에서의 고백교회의 투쟁으로부터 우리는 주의 만찬에 대한 유대인 기독교 신자의 공개적인 입장(入場)이 사람들의 불일치 가운데에서 어떻게 첫번째 시험이 되었는지를 기억한다. 오늘날 식사는 남아프리카의 인종분리정책(apartheid)의 문제 속에서 유사한 폭로의 기능에 도움을 준다. 에큐메니컬 관계들 속에서 이것은 또한 그 자체로서 작용한다; 상호친교의 정도는 엄숙한 선언들 이상의 것이며, 교회 사이의 거리나 친밀성의 진정한 척도이다.

신학적인 지식이 있는 독자는 수백 년 동안 주의 식탁에 대한 이해를 어렵게 하고 교회의 갈등과 심지어 분열로 이끌었던 커다란 문제들에 대해서 위에서 거의 혹은 전혀 아무런 주의(注意)도 주어지지 않았음을 주목하게 될 것이다. 이 문제들에 대한 개관을 위해서 우리는 교리사 편람을 참조한다. 우리는 여기에서 우리 자신을 우리가 생각하기에 관련성이 있는 문제들로 제한하는 한편으로, 왜 이것이 어떤 다른 것들에 대해서는 언급될 수 없는지를 나타내기 위해 노력할 것이다.

결정적인 출발점과 표준은 마지막 만찬의 축전에 대한 신약 성경의 기록에 대한 해석이다. 이 해석은 커다란 난점들로 에워싸여 있는데, 그 가운데 가장 중요한 것은 전해져 내려온 네가지 기록들에 나타난 차이에 관한 것이다: 마 26:26-29; 막 14:22-25; 눅 22:14-20; 고전 11:23-25. 여기에 혹자는 연구되어야 할 구절들로 요한복음 6:51-56; 사도행전 2:42; 고린도전서 10:16-17을 덧붙일 수도 있을 것이다. 예수가 잡히시기 직전에 자신의 임박한 죽음과 연결시켰던 특별히 엄숙한 식사를 제자들과 함께 가지셨다는 사실은 거의 의심될 수 없으며; 참여자들이 이 사건에서 그들의 공동체에 대한 영원한 명령을 인식하였다는 사실도 의심될 수 없다. 그러나 우리는 예수가 무엇을 말씀하셨는지는 결코 정확히 알 수 없을 것이다. 심지어 이 클라이맥스와 관련하여 초대 교회가 그것의 전승에 너무나 부주의하였다는 사실은 주목할 만한 가치가 있다. 마태는 마가를 따르고 있다. 그러나 바울은 상당히 다른 전승을 제시하고 있다. 누가는 차례로 양자 모두와도 다르다. 그는 원래의 전승을 제시하는가 혹은 단순히 그것의 이차적으로 수정된 전승을 제시하는가? 소위 서방 본문에서는 발견되지 않는 19, 20절("너희를 위하여 준 ..."으로부터 "너희를 위하여 흘린"까지)의 말씀은 원래의 본문에 속하는가 아니면 그렇지 않은가? (대부분의 주석가들은 이것들이 속한다고 생각한다.)

그러나 혼란스러운 변화들로 인해서 신약 성경의 증언이 공통적으로 갖고 있는 중요한 사실들을 우리가 간과해서는 안된다: 예수는 빵과 포도주를 나누어 주시고, 이 요소들을 살아있는 인간의 두 가지 요소인 자신의 몸과 피와 연관시키셨는데, 이것의 분리는 죽음을 초래하는 것이었다. 피, 즉 생명의 포기는 바로 그 행동에 의해 구성되는 새 계약과 연결되는데, 이것은 아마도 출애굽기 24:8과 그 후에 이어진 시내산에서의 계약의 식사를 암시할 것이다.

기록들이 공통으로 갖고 있는 것의 이러한 배경에 반하여, 그 차이는 분명하게 되었다; 공관복음에서 주의 만찬은 하나님 나라에서의 미래의 식사의 빛 가운데 있고, 바울에게서는 예수의 죽음이 중심이며, 누가에서는 양쪽의 경향이 결합되어 있다. 바울과 누가는 둘 다 두번째 강조점을 강조하는데, 그 이유는 그들이 축전이 "나를 기념하여" 베풀어져야 하는 것으로 예수가 말씀하도록 하기 때문이다; 나중에 이 표현은 여기에서 상징적인 기념의 식사에 관한 것으로 종종 오해되었지만, 그 의도는 회상(anamnesis)을 통하여 기억되는 것이 새롭게 나타나고, 재연되는 것이었다.

제정의 말씀이 빵과 몸, 포도주와 피 사이에서 일으키는 일치의 성격은 또한 많은 토론의 원천이 되기도 하였다. 토론의 여지가 있는 단어인 "이다"(is)는 아람어 원문에서는 나타나지 않는다. 오직 바울만이 고린도전서 10:16에서 빵과 포도주를 통하여 그리스도의 몸과 피와 나누는 우리의 교제(코이노니아)에 대해서 언급할 때 신분확인의 성격에 대한 암시를 주고 있다. 예수의 말씀의 구약과 유대교적인 배경은 존재적인 일치나 상징적인 신분확인에 대한 우리의 후대의 서구의 양자택일을 배제한다.

예수의 말씀의 힘은 예를 들어 한편으로는 호세아의 결혼과 이사야의 자녀들의 이름과 예레미야의 멍에와 에스겔의 머리카락과, 다른 한편으로는 그것들에 의해서 표명되었던 사실과 사건들 사이에 존재하였던 것과 같이, 징표와 표명된 내용 사이에서 진정한 연계성을 초래하고 있다(예를 들어, 겔 5:5: "이것은 예루살렘이다"를 보라). 따라서 이다(is)와 회상(anamnesis)이라는 낱말은 유추적으로, 즉 우리의 서구적인 사고 방식이 그것에 대해 실제로 어떤 범주도 갖고 있지 않은 효과적인 표현을 서술하는 것으로서 설명되어야 한다; 이것은 식사의 의미에 관한 서방 교회의 모든 혼란, 즉 우리가 보아온 것처럼, 오로지 성령의 활동에 대한 더 깊은 성찰을 통해서만 제거될 수 있는 모든 혼란의 주요한 이유이다.

또다른 문제는 날짜와 그것과 관련된 마지막 만찬의 성격이다. 공관복음에 따르면, 유월절 식사는 유월절 저녁에 베풀어졌다(막 14:12-16, 다른 구절들); 그러나 요한에 의하면 최후의 극적인 사건들은 유월절 축제 전날인 니산월 14일(13:1f.; 19:14, 31)에 일어났다. 요한의 날짜가 가장 그럴 듯하다. 이 경우에 마지막 식사는 유월절(페사흐) 식사는 아니었다. 그러나 찬반의 주장이 거의 같은 비중을 지니고 있는 것으로 보인다. 이 주제에 대한 권위있는 의견은 두 가지 견해를 다 포함하는 해결책으로 가려는 경향을 보여준다: 그 전날에 예수는 다가오는 축제의 징표로서 이미 베풀어져 있었으나 그것에 새로운 의미를 부여하려는 의도에서 식사를 나누셨다.

또다른 어려운 문제는 일반적인 식사와 성만찬 축전의 관계이다. 왜냐하면 주의 상의 배경이 (규칙적이거나 혹은 특별한) 식사였다는 분명한 느낌이 주어지고 있기 때문이다. 초대 교회에서 우리는 예전적인 문맥에서 소위 아가파이라고 하는 애찬(愛餐)에 대해 반복해서 듣는데, 이것은 회중에 의해서 규칙적으로 베풀어졌고 또한 가난한 회원들에게 식사를 무료로 제공하려고 의도된 것이었다. Cf. 유 12; Ignatius, *Ad Smyrnaeos* 8:3(여기에서는 이것이 유카리스티아로 불리고 있다), 그리고 특별히 Hippolytus, *Traditio apostolica* 47-52. 분명한 가정은 성례전과 사회적인 식사는 원래는 하나였으나 바울이 이미 주목하였듯이(고전 11:20ff.) 남용의 결과로 중단되고 말았다. 디다케 9장과 10장에서 이것들은 여전히 하나이지만, 분열은 불가피하였으며 사회적인 식사는 교회가 성장함에 따라 사라지기 시작하였다. 이 분리는 점점 덜 실제적인 식사가 되었던 성례전적인 식사에 해로운 것이었다. 씻음에서와 같이, 상징 언어가 상실되게 되었다. 이것은 특별히 전통적인 로마 가톨릭 "미사"에서 사실로 나타났다. 그러나 심지어 개혁파 개신교의 식탁의 회복도 단순히 어중간한 표준으로 되었다. 최근에 나타난, 수직적인 것과 수평적인 것, 즉 레이투르기아와 디아코니아의 본래적인 일치를 회복시키려는 희망은 실제로 칭찬할 만하다.

우리는 신약 성경에서 이미 발견되고 있는 두가지 식탁 전승으로 한 번 더 돌아가야 한다. 공관복음 전승은 한 편으로는 축전을 예수의 처음 식사와, 다른 한 편으로는 종말론적인 잔치의 축전과 분명하게 연결하고 있다. 바울에게 있어서는 십자가의 죽음의 표현이 이러한 관계를 대체하고 있다. 일반적으로 교회는 바울의 노선을 일방적으로 따라왔다. 이것은 놀라운 일이 아닌데, 그 이유는 사람이 희생으로 드려지는 동물을 먹음으로써 초자연적인 힘을 얻었던 희생제 식사와 헬레니즘의 세계가 친숙하였기 때문이다.

바울이 반명제로서(고전 10:14-22)) 의도하였던 것은 그리스도의 희생에 대한 회상으로서 의도되었던 식사가 그 자체로서 하나님의 은혜를 확실하게 하는 희생적인 제의로 간주되었던 경쟁적인 병행절로 인도하였다. 오늘날에 이르기까지 여러 세기 동안, 로마 가톨릭의 예전과 용어와 신학은 공적인 교회의 선언을 통해서 이러한 낯선 전승의 부담을 안고 있었다. 그러나 이 전승을 제거하였던 개신교회들 역시 식사와 종말을 희생하고 십자가의 희생만을 일방적으로 계속 주시하고 있다. 우리는 두 가지 전승을 결합하고 이것들이 서로를 보충하도록 다시 배워야 한다.

또한 또다른 관점에서 양 전승이 다 우리에게 중요하다. 계약, 계약의 식사, 비유적인 행동과 같은 개념들은 분명히 팔레스타인 전승에 속하지만, 바울의 헬레니즘적인 분위기 속에서 식사의 이해는 훨씬 더 본질적인 것이 되었다 (cf. 고전 11:30). 이것 때문에 슈바이처(E. Schweizer)는 이렇게 말했다: "만일 성만찬의 떡과 포도즙에 대한 질문이 질문되어질 수 있었다면 — 이것은 실제적인 질문은 아니다 — 팔레스타인 전승은 개혁파에게, 헬레니즘적인 전승은 루터파에게 답변을 주었을 것이다"(*RGG* I, col. 18). 나중에 서로 반대가 된 전승들이 여전히 다행스럽게도 신약 성경에 함께 있게 되었으며, 이것은 또한 식사의 본질이 이러한 차이점들 가운데 이것이나 다른 것에서 찾아질 수 없다는 사실을 입증하고 있다.

신약에 나오는 마지막 만찬에 관한 문헌이 무시되어서는 안된다. 중요한 출판의 목록에 대해서나, 이 분야의 문제들에 대한 탁월한 개론으로는 *RGG* I에 나오는 E. Scheweizer, 항목 Abendmahl I을 보라.

이 마지막 언급에서 우리는 교회와 교회의 교리의 역사를 반복해서 지적하였다. 이 역사에서 식사는 많은 세기 동안 오직 어거스틴의 가르침만이 거기에 제동을 걸만한 영향력을 미쳤던, 본질주의적인 의미로 일방적으로 인식되었다. 아리스토텔레스적이고 스콜라주의적인 사상 안에서 이것은 1215년에 공적인 교리로 높여진 화체설, 즉 최근 1965년에 교황의 회람인 「믿음의 신비」 (*Mysterium fidei*) 안에서 재확인되었던 교리로 귀결되었다. 이 교리는 만남과 분리되고, 그 자체로서 공적인 효력을 가지고 있는(ex opere operato) 식사의 교제와는 별개로, 성물 안에 그리스도의 임재를 고정한다. 이러한 유형의 사고에서는 희생으로서의 식사의 개념이 이 객관주의에 대한 보완물로 고려되어야 하는데, 그 이유는 여기에서는 산자와 죽은 자를 위한 화해의 수단으로써 주의 희생을 새롭게 실현하는 주체가 정확히 사람이기 때문이다(D 1738-1743).

종교개혁은 공로의 희생이라는 관념을 근본적으로 깨뜨렸다. 그러나 이것이 식사와 관련하여 말씀과 믿음의 이위(二位)일체 안에서 하나님의 은혜의 개인적인 관련성을 분명히 설명하였을 때, 심각한 차이가 표면화되었다. 이 차이는 부분적으로는 종교개혁자들의 개별적인 종교적 견해와 경험에, 부분적으로는 만남을 표명하기 위한 지적인 범주들의 부족에 기인한 것이었다. 이것은 존재론적인 사고 방식이 주체-객체의 구별에서 시작된 사고방식에 양보하기 시작하였던 바로 그 때에 일어났다. 이 가운데 어느 것도 식사-사건을 표현하기에 적합하지 않았다. 또한 이 점에서 루터는 스콜라주의자들의 속성의 교류(communicatio idiomatum) 이론에 의해 뒷받침된 자신의 공재설과 불의한 자의 먹기(manducatio impiorum)에 대한 견해에 있어서 중세와 가장 가까이 있었다. 그러나 이 모든 것 배후에는 은혜를 더럽히지 않고, 우리의 주관적인 기분이나 영혼의 투쟁에 종속되지 않으려는 그의 열정이 있었다.

이와 대조해서, 츠빙글리는 식사에서 그리스도의 은혜를 기념하고 공개적으로 자신의 신앙을 표명하는 믿는 주체의 견지에서 식사에 접근하였다. 그리스도는 신앙의 연합 안에서만 현존하신다: 빵과 포도즙은 단순히 상징이며, 그렇지 않으면 이것은 우상일 것이다.

칼빈은 식사를 성령 안에서의 그리스도와의 교제로 이해함으로써 세번째 해결책을 찾았다. 그는 만남의 기관으로서의 식사의 개념에 가장 근접하였다. 그러나 적절한 범주의 결여로 인하여, 그의 교리에 대한 구체적인 주석은, 본성의 구분(distinctio naturarum), 유한은 무한을 파악할 수 없다(finitum non capax infiniti), 신체적이고 영적인 먹음의 병행, 신앙의 입을 통한 그리스도의 천상적인 몸과의 교제를 나눈다는 해석과 같이, 그가 표현하려고 하였던 것을 장려하기보다는 그것을 방해하였던 사상의 흐름들로 인해 심각하게 괴롭힘을 받았다. 불행하게도, 주의 만찬에 대한 우리의 고전적인 형태는, 특별히 "네 마음을 주를 향해 높이 들어라"(Sursum Corda)에서 또한 이러한 신학주의로 괴롭힘을 받고 있다. 주의 만찬이 선포에서 주어진 것 이상으로 신비적인 것을 더하여 준다는 칼빈의 생각은 또한 낯설고 의문스러운 것이다.

오로지 현세기에 와서야 비로소 우리는 주의 만찬의 신학에 대한 일치와 타종파간의 성찬식으로 나아갈 수 있는 사상의 흐름과 친숙하게 되었다. 화란에서는 1956년의 개혁파-루터파의 일치가 신학적으로 뫼니히(C.W. Mönnich)와 반 닙트릭(G.C. van Niftrik)의 「성만찬에 대한 개혁파-루터파의 대화」(*Hervormd-Luthers gesprek over het avondmaal*, 1958)의 출판에 이르게 되었다. 독일에서는 많은 주석가들이 다시 토론에 참여하면서 루터파와 개혁파의 개념의 차이점에 대해서 훨씬 더 많은 씨름이 있었다. 이것은 소위 "아놀트샤인의 명제"(*Arnoldshainer Thesen*)(1957)에 이르게 되었다. 우리는 그 안에 있는 명제 4에서 핵심적인 차이에 대해 읽을 수 있다: "십자가에 달리시고 부활하신 주님, 그분은 모두를 위하여 죽음에 내어준 그의 몸 안에서, 그리고 모두를 위하여 흘리신 그의 피 속에서, 우리가 받아먹을 수 있도록 빵과 포도즙에 대한 그의 약속의 말씀을 통하여 자신을 내어주시며, 이렇게 해서 그는 그의 성령을 통하여 우리를 그의 통치의 승리로 이끌어 올리시며, 그렇게 해서 그의 약속에 대한 믿음으로써 우리는 죄 용서와 생명과 구원을 얻을 수 있게 되는 것이다."

니마이어(G. Niemeier, 1959)가 편집한 「거룩한 성만찬론에 대하여」(*Zur Lehre vom Heiligen Abendmahl*)라는 보고서 p. 16을 보라. 여전히 어떤 엄격한 루터파 신학자들에 의해서는 거절되었지만, 칼빈과 유사하면서도 "칼빈주의적인" 신학주의는 없는, 이러한 흐름을 따라서 점차적인 의견의 일치가 나타나고 있다. 이제 로이엔베르거 일치(*Leuenberger Concordance*, 1973) 안에서의 유럽의 일치를 주목해 보라. 그러나 이것은 칼빈에게로 돌아감으로써가 아니라, 성경의 주석의 토대 위에서 이루어지고 있다. 이것은 가장 오래된 것이 가장 현대적인 것으로 판명된 첫번째 것은 아니다.

최고의 교회 권위자들에 의한 심한 거절에도 불구하고, 심지어 로마 가톨릭 교회 안에서도 점차적으로 신학적인 일치에 대한 어떤 형태의 용납이 있게 될 때가 멀지 않을 수도 있다. 선구자는 성만찬을 "선지자적인 행동"과 "식사이고 동시에 감사이며 희생"으로서 규정하고, 실재론과 상징론을 거절하면서, 그리스도의 현존을 다음과 같이 묘사하고 있는 「새 요리문답」(*New Catechism*, pp. 163-168, 332-347)이다: "빵은 그것의 일반적이고 인간적인 의미나 정의를 본질적으로 철회하고, 성부께서 우리에게 주신 빵, 즉 예수 자신이 되셨다"(p. 343). 우리가 아는 대로, 이것은 p. 346에서 은밀하게 승인되는 성물의 유보와는 상충된다. 점차 늘어나는 일치에 대해서는 또한 신앙과 직제 보고서인「한 세례, 한 성만찬, 그리고 서로를 인정하는 목회」(*One Baptism, One Eucharist, and a Mutually Recognized Ministry*)(Accra, 1974)를 보라.

이전 세대 이상으로, 오늘날 우리는 이러한 방식으로 만남을 표명하는 것이 불가능하다는 사실을 알게 되었다. 우리는 또한 이것에 대해서 더 많이 알고 말할 필요를 훨씬 덜 느끼고 있다. 왜냐하면 "그것"이 "어떻게"보다 무한히 더 중요하기 때문이다. 그러나 우리는 이 식사가 그 자체의 언어를 더 이상 말할 수 없는 좁은 한계: 즉 십자가에 대한 일방적인 강조, 성물(친교로서의 식사를 희생하고)에 대한 일방적인 강조, 그리고 이 수단의 바로 그 본성과 너무나 분명하게 모순되는 개인주의를 돌파해야 할 큰 필요성을 갖고 있다

우리의 견해로는 실천이 신학보다 더 중요하게 진행된다. 칼빈은 (부처를 따르면서) 식탁을 다시 소개하고 적어도 한 달에 한 번 말씀과 상(床)의 예배를 축하하였을 때 앞으로 큰 걸음을 내디뎠다. 그러나 스트라스부르의 작은 프랑스 회중 안에서 이 두 가지의 갱신을 결합하는 것이 가능하였지만, 이것은 제네바의 큰 예배에서는 이루어질 수 없었다. 제네바의 시의회는 성찬이 일 년에 네 번 베풀어질 수 있다고 결정하였으며; 그 "규칙"은 아직도 전세계의 많은 개혁파 교회에 의해서 지켜지고 있다. 이것은 나중에 제시된 상(床)으로 가는 두려움과 잘 관련되었다. 실제적인 갱신과 결합된 참을성 있는 교육이 이 식사의 의도에 대한 비전을 다시 우리에게 제시하여야 할 것이다.

이런 이유로 해서, "저녁 식사"(화란어: avondmaal 독일어: Abendmahl)라는 명칭이, 저녁에 좀처럼 축하되지 않는 화란과 독일 교회에서는, 그것의 명칭으로서 사라져야 할 필요가 있다. 신약 성경을 따를 때, "식사"나 "상(床)", "거룩한 식사"나 혹은 "주의 상(床)"이라고 하는 것이 더 바람직하다.

문헌에 관해서는 *RGG I*, s.v. Abendmahl과 이미 언급하였던 책들 이외에, 우리는 루터파의 표상에 대해서는 Althaus, *CW* II, pars. 57-60과 Prenter, *Creation and Redemption*(E.T. 1967), par. 38을; 개혁파의 관점의 표상에 대해서는 Van der Leeuw, *Sacramentstheologie*, pp. 287-301과 Berkouwer, *The Sacraments*, chs. 9-14를 참고로 한다. 그러나 이 모든 문헌은 여전히 아주 많이 전통에 사로잡혀 있다.

6. 집사직

지금까지 논의된 수단들은 부분적으로는 문자적이고 부분적으로는 상징적인 분야들이었다. 이것들은 그 자체로서 "단순히" 말씀이 아니라 말씀과-행동(히브리어 다바르는 "행동"뿐만 아니라 "말씀"을 의미한다)인 하나님의 구원의 말씀을 중재한다. 하나님의 은혜는 고지(告知)로서 뿐만 아니라 새롭게 하는 능력으로서 우리에게 전달된다. 이런 이유로 해서 설교는 단순한 말씀 이상의 것이며 식탁에서의 영적인 교제는 소위 상징 이상의 것이다. 동시에 이 새롭게 하는 능력은 우리의 말과 상징들 속에서 표현될 수 있는 것보다 더 큰 차원을 갖고 있다. 구원은 하나님과의 관계 속에서 사람의 마음에 관계할 뿐만 아니라 그 중심으로부터 인간성 전체뿐만 아니라 그의 삶 전체에도 관계된다. 구원은 전체적이다; 이것은 인간의 이중적인: 즉 하나님과 자신으로부터의 소외에 대한 답변이다; 즉 이것은 인간의 죄책과 그의 곤궁에 대한 답변이다. 그리스도 안에서 하나님의 왕권이 다가오고, 우리가 성령으로 말미암아 그 안에 참여하게 되었기 때문에, 이것은 또한 세상에서의 인간 존재의 곤궁과 죄책의 구체적인 형태들에 대해서 일어나는 것 속에서 분명하게 되어야 한다. 만일 그렇지 않다면 하나님의 구원의 포괄적인 목적은 아직도 실제로 분명하게 되지 않았다. 구원을 중재하는 이러한 형태를 우리는 "집사직"이라고 부른다.

이스라엘 역사와 예수 안에서의 하나님의 활동은 언제나 이러한 포괄적인 수평적 차원을 포함하였다. 이것은 애굽의 속박으로부터의 해방에서, 이스라엘이 종종 그 자신의 과실을 통하여 발견하였던 모든 종류의 비상적인 상황들로부터의 구원에서 나타났는데, 그것의 절정은 바빌론 유수(幽囚)로부터의 구원이었다. 이스라엘 안에서 이 차원은 고아와 과부, 가난한 자와 나그네들에 대한 관심 속에서 나타났다. 예수의 활동은 단순히 설교 활동만이 아니었으며, 그는 또한 세리와 죄인들과 함께 식사하고 병든 자와 귀신들린 자들을 치료해 주셨다. 그렇게 해서 그는 죄책과 곤궁으로부터의 구원을 구체적인 행동으로 옮기시고 일상적인 삶과 관련시키셨으며,

그것을 통하여 하나님 나라가 실제로 가까이 왔다는 사실을 보여주셨다. 성령이 교회 안에서 이 집사직의 요소를 계속하시는 것은 단순히 분명하다. 초대 교회에 대해서 우리는 그것이 아무도 곤궁으로 고통을 당하지 않도록 돌보았다는 사실을 읽을 수 있다. 우리는 궁핍한 자들을 돌볼 책임을 지고 있었던 집사들에 대해 읽을 수 있다. 오랜 세기를 거쳐서 교회와 개별적인 신자들은 가난한 자와 박해받는 자, 병들고 장애가 있는 자, 방랑자와 집없는 자, 죄수와 낙오된 자들에게 관심을 가져왔다.

이 영역에서는 많은 일들이 개인적으로나 조직적으로, 그리스도의 사랑으로 고무되고, 그들이 자신들 주변 어디에서나 보았던 필요들을 개선하도록 도움을 주었던 교회의 신자들에 의해 이루어져 왔다. 나중에 우리는 기독교의 자비를 실천하기 위하여 이 소명으로 되돌아가게 될 것이다. 여기에서 우리는 제정된 은혜의 수단으로서 집사직에 관계하고 있다. 이 영역에서 회중의 과제는 사랑과 자비를 보여주는 선도적인 제도를 격려해주는 모델을 필요로 한다. 이 보기에 의해서 회중은 집사 직무가 교회에 주어진 구원의 선택적인 적용이나 결과가 아니라, 이 직무가 그것의 포괄적인 물질적이고 사회적이고 정치적이고 보편적인 측면에서 구원 그 자체에 관한 것이라는 사실을 계속해서 상기해야 한다.

이것의 매개적이고 모범적인 성격으로 말미암아, 제정된 집사직은 교회의 신자들의 덜 한정된 집사직이 얽매여 있지 않은 어떤 규칙들에 종속된다. (이미 이것으로부터 두 가지 형태가 필요하다는 사실이 나타나게 된다.) 하나님의 집사직은 곤궁과 죄책 속에서 전적으로 무력한 사람을 섬기려고 한다. 그의 구원은 조력자가 없는 곳에서 도움이 주어질 때 간접적으로 설명된다. 많은 필요들이 주어진 사회 안에서 다양한 사회적이고 정치적인 행위자들 자신에 의해서 돌보아진다. 이 동일한 필요들을 돌보려고 하는 집사직은 중복이나 경쟁에 종속되어 있으며 하나님의 구원을 그것이 그래야 하는 것으로 예시하지 않는다.

그러나 아무리 효율적으로 조직되었다 하더라도, 모든 각 사회 안에는 모든 사람이 눈을 닫아버리는 무력한 궁핍한 자와 죄책을 진 버림받은 자가 존재한다. 이들은 특별히 하나님의 자비의 대상들이며 그들에 대한 봉사에 있어서 집사직은 그 진정하고 감동적인 형태를 받게 된다. 이것은 상당한 독창성과 이동성, 용기와 인내를 필요로 한다. 그리스도의 사랑은 이것이 솟아나오고 양육되는 원천임에 틀림없다. 이 사랑은 한계를 알지 못한다. 이것은 개인과 공동체, 악한 자와 선한 자, 사람들과 구조들을 향해 나아가서, 자비를 행하고 정의를 증진시킨다. 구원을 전달하는 행동으로서 집사직은 자비의 일반적인 활동의 선봉으로 불린다. 그렇게 해서 이것은 사회 안에 있는 잘못된 것에 대한 조용하거나 혹은 결코 조용하지 않은 기소조치로서, 그리고 "공적인 직무"에 대한 도전으로서 세상 안에 존재한다. 정확히 제도적인 집사직은 비판적인 사회적인 감시자가 되어야 한다. 이것은 용어상으로 거의 모순되는 것처럼 들린다. 따라서 집사직이 그것의 특별한 매개적 성격을 종종 애매하게 만들었다는 사실은 놀라운 것이 아니다. 이 직분이 기존의 세력과 협력하여 개별적인 징후들을 치료하느라 투쟁하면서 사회-정치적인 뿌리를 손대지 않고 내버려둘 때 이런 일이 일어났다. 심지어 이러한 모든 쉽게 용인되는 제한과 더불어 이것이 무수한 사람들에게 희망의 도피처와 표지가 되었다는 사실 역시 덧붙여져야 한다. 이 직분의 참 존재와 이것이 교회의 교인들에게 요청하는 재정적인 지원은 하나님의 구원에 참여하는 일과 가난과 불의를 묵인하는 일이 서로 배타적이라는 것을 항상 상기시켜준다.

따라서 집사직은 하나님의 구원으로 나아가는 매개체들 사이에 있는 부록이 결코 아니다. 점차로 우리의 눈이 다시 그것에 대해 열리고 있기 때문에, 정반대의 위험, 즉 다른 형태들을 희생하고서, 그것을 구원의 실제적이고 완전한 표현으로 간주하는 위험이 위협하고 있다. 이 집사직의 형태를 회피하는 차원들이 존재한다. 갱신을 위한 인간의 노력의 일부분으로서의 집사직에서는, 그리스도께서 그의 삶 속에서 그것을 위해 일하셨던 갱신과 하나님 나라에서의 다가올 완전한 갱신이 둘 다 단순히 간접적으로, 말하자면 묵상 속에서 표현될 수 있다. 그러므로 집사직은 설교와 식사와 다른 수단으로부터 오는 설명과 영감이 없이는 존재할 수 없다.

그러나 그 역도 역시 사실이다: 집사직은 사람들이 아무일도 하지 않게 할 위험으로부터 이 수단을 보호해야 한다. 증거없는 집사직이 소리없이 내버려지는 것처럼, 집사직의 뒷받침이 없는 증거는 공허하게 되고 만다. 그러나 집사직의 요청에 실제로 관련되어 있는 사람은 설교나 식사, 토론에 일차적으로 순응하는 사람보다는 이 조언을 덜 필요로 한다. 왜냐하면 사람의 곤궁과 죄책은 한이 없기 때문이다. 사람이 그리스도의 이름으로 그것에 더 많이 관계하면 할수록, 그는 자신이 실제로 얼마나 적게 성취하는지를 발견하게 된다. 그럼에도 불구하고 인내하기 위해, 우리는 하나님 자신이 이 희망 없는 세계와 관계해 오셨고 언젠가는 스스로 그것을 근본적으로 새롭게 하실 것이라는 믿음에서 나오는 일상적인 위로와 영감을 필요로 한다.

예수의 사역은 말씀과 행동, 설교와 식사와 치유가 결합된 것이었다. 이런 모든 국면들이 합하여 하나님의 나라의 가까이 옴을 나타내었다. 이것들, 특히 선포와 치유가 어떻게 관련되는가에 대한 견해차가 존재한다. 마가복음 1:38과 같은 구절은 예수에게는 설교가 가장 중요한 것이었다는 인상을 전달하며; 이와 대조하여 마태복음 12:28은 귀신을 쫓아내는 일이 주된 징표였다는 인상을 준다. 마태복음 11:5에서 설교와 치유는 나란히 하나님의 나라의 징표로서 언급된다. 마가복음 2:1-12은 예수에게 있어서 용서가 치유보다 더 중요하다는 사실을 입증하기 위하여 한번 이상 인용되지만; 이 에피소드는 죄와 질병의 밀접한 연관에 대한 유대인들의 신념의 배경에 반해서 읽혀져야 한다. 특별히 집사직무에 대해, 마태복음 25:31-46과 특히 35f.이 종종 언급된다; 그러나 이 구절이 "파문된 자들"에 의해서 박해받는 그리스도의 교회에 보여진 동정심에 관련된 것임을 간과해서는 안된다. 최종적으로 분석해 볼 때, 집사직의 진정한 뿌리는 하나님(특별히 구약에서)과 예수께서 인간의 곤궁과 죄책이 구원의 행동과 더불어 구체적으로 나타나도록 하셨던 방법 속에 놓여 있다.

집사직의 기원은 불분명한 것으로 감추어져 있다. 신약에서 디아코노스(diakonos)라는 용어는 많은 도움을 주지 않는다(*TDNT* II, s.v.diakone 를 보라). 디아코네인(diakonein)은 "식탁 시중을 들다"와 "후원하다", 혹은 일반적으로 "섬긴다"를 의미한다. 우리는 신약에서 디아코노스가 에피스코포스(episkopos)와 프레스뷰테로스(presbyteros) 옆에서 그와 관련하여 주님의 식탁에서 섬기는 것과 회중 가운데 있는 궁핍한 자들을 돕는 것과 같은 좀 더 낮은 종으로서의 직무와 다른 섬김의 직무를 떠맡고 있었다고 생각한다; 이러한 결합은 고린도전서 11:20-22과 아마도 또한 사도행전 2:44-46에서 암시되는 것으로 보인다. 사도행전 6:1-6에 나오는 소위 "일곱 집사"의 지명도 역시 이러한 결합을 암시하지만, 여러 세기 동안 이 구절은 집사의 직분과 집사직의 제정에 대한 기록으로서 잘못 읽혀져 왔다. 디아코노스라는 명칭은 거기에 나타나지 않으며 게다가 단순히 그들의 설교의 활동만이 언급된다. 아마도 그들은 회중에서 희랍어를 사용하는 교인들을 위한 보조 사도들이었을 것이다. 의심할 바 없이 처음부터 궁핍한 자들을 돌보는 것은 교회의 주된 관심사였을 것이다(cf. 또한 행 4:32-37과 바울이 예루살렘의 가난한 회중을 위한 헌금에 대해서 말한 것, 고전 16:1ff.; 고후 9).

그러나 집사직은 이 직무 이상의 것을 포함하였다: 이것은 또한 예전적이고 재정적인 문제에도 관여하였다. 로마 가톨릭 교회에서 집사직은 전적으로 예전적인 것이 되었으며, 많은 교회들에서는 이것이 제거되었고, 개혁파 교회에서 이것은 전적으로 자비의 사역이 되었다. 그러나 집사직을 갖지 않거나 그것을 다른 목적으로 사용하는 교회들조차도 넓은 의미의 집사의 사역, 즉 지역 회중이나 교회 조직, 수도원 종단, 기독교 정치, 개별적인 기독교인의 단체, 혹은 (특히 최근의) 에큐메니컬 기관들에 의해서 수행되고 지지되는 노고를 여간해서는 결여하지 않고 있다. 이런 활동의 역사에 대해서는 H. Krimm, ed., *Das diakonische Amt der Kirche*(1953)를 보라.

오직 개혁파 교회 전승에서만 집사직이 다소간 교회의 분명하게 제정된 기능이 되었다. 어느 정도 이것은 개혁파의 "성서주의"라고 불리었던 것에 기인한 것이었다; 이것은 자비의 집사직이 성경에 의해 규정된 직책들 가운데 하나라고 사도행전 6장으로부터 (잘못) 결론이 내려진 것이다. 이것은 우리가 외면상 불행하게 보이는 행복이라고 간주할 수 있는 것이다! 특별히 부처와 칼빈과 아 라스코(à Lasco)는 이 직책에 신학적이고 조직적인 형태를 부여하였다. 칼빈에 대해서는 「기독교 강요」(Inst IV,iii,9)와 *Les ordonnances ecclésiastiques*(교회의 법령들, 1954)를 보라; 그는 가난한 자들을 위한 선물을 책임지고 있었던 사람들과, 스스로 가난한 자와 병든 자, 노인, 과부와 고아들을 도와주었던 사람들을 구분하고 있다. 개혁파 교회 정치에서는, 비록 (이 것을 주목하라!) 집사의 직분이 그리스도의 가장 중심적인, 그의 제사장직을 나타내는 것으로 간주되었지만, 최근에 이르기까지, 집사의 자리가 목사와 장로의 자리보다 얼마간 낮고 덜 분명한 것으로 규정되었다.

종교개혁 이후 여러 세기의 정적(靜的)인 사회에서는, 필요를 충족시키고 사회의 아픈 지점을 더욱 능숙하게 드러내는 재주뿐만 아니라 그 필요에 대한 더 큰 민감성을 발전시키기 위한 일이 거의 이루어지지 않았다; 이 일의 시작은 19세기에 다수의 기독교 자선 단체의 형성과 더불어 이루어졌다. 이 단체들 가운데에서 많은 단체가 금지되고 많은 새로운 도전들이 — 부분적으로는 불법적이었던 — 야기되었던 독일 점령기간 동안의 경험들이 제도적인 집사직에 강력한 충동을 제공하였다. 이 일의 결과는 화란 개혁교회의 교회법령(Church Order of the Dutch Reformed Church, 1951), IV-7조에서 볼 수 있는데, 이 조항은 집사들의 전통적인 의무를 언급하는 이외에, 그들이 "사람들의 사회적인 필요의 한가운데 있으면서, 정부와 사회가 사회 정의를 위해 일하라는 자신들의 소명을 알고 그것을 충족시키도록 도전을 줄 수 있도록 하기 위하여, 그 필요에 대한 조언을 통하여 교회를 섬기는 과제를 가지고 있다"고 진술하고 있다.

이 일 후에야 비로소 제3세계의 훨씬 더 큰 필요들이 시야에 들어오게 되었다. 그 후부터 집사직의 주도권은 세계교회협의회(W.C.C.)의 기관들로 상당히 많이 옮겨지게 되었다. 공적인 집사직은 대개 이 기관들을 후원하고 이런 활동과 지역 회중들을 맺어주고 있다. 현재 많은 사람들이 자연 재해와 군사적인 충돌, 인종 차별, 그리고 독재체제의 희생자들을 위하여 이런 식으로 이루어지는 일을 세계에 대한 하나님의 의도의 가장 웅변적인 표현으로서, 그리고 다른 구원의 수단 가운데 어떤 한 가지보다 더욱 "매개적인 것"으로 고려한다.

종교개혁 이후의 집사직에 대한 이론적인 성찰은 집사직에 대한 관심이 다시 크게 증가하였던 제2차 세계대전의 와중과 그 직후까지는 거의 변동이 없었다. 그러나 그 때에 위험은 집사직의 개념이 너무 광범위하고 포괄적이 되어서 그것이 제도적인 집사직의 독특한 차원을 위한 여지를 거의 남겨놓지 않았다는 사실이었다. 이 두 측면을 공정하게 평가하려고 하는 두 가지 중요한 저작은 이러하다: P.J.Roscam Abbing, *Diakonia*(1950), 이 책의 25장은 특히 집사직을 다루고 있으며, P. Philippi, *Das Christozentrische Diakonie*(1963), 특히 11장의 c.3과 12장이다.

또다른 질문은 집사직이 교회나 세계를 그것의 일차적인 관심사로 삼아야 하는지 혹은 어느 정도나 그래야 하는지에 관한 것이다. 현재는 처음 것으로부터 두번째 것으로의 강력한 변화가 존재한다. "그러므로 우리는 기회 있는 대로 모든 이에게 착한 일을 하되 더욱 믿음의 가정들에게 할지니라"(갈 6:10). 하나님이 세상을 사랑하시기 때문에, 변하는 상황에 의해 요청될 때, 이 본문의 강조점이 달라질 수 있다. 그러나 어떤 경우에도 교회와 세계는 집사직무와 관련하여 경쟁자들로 간주될 수 없다. 자신의 지체들을 돌봄에 있어서 교회는 "그리스도 예수 안에서 너의 것이며" 따라서 자비의 행동에 대한 교회 자신의 한계를 넘어서 나아가도록 열심을 내게 만드는 정신의 소유에 대하여 적극적으로 증거해야 한다. A.M van Peski, *The Outreach of Diakonia*(1968)를 보라.

규칙적으로 우리는 집사직이 필요뿐만 아니라 죄책에도 관련된다고 주장해 왔다. 대개 집사직은 오직 필요에만 관련되는 것으로 생각된다. 용서의 메시지로서 설교는 인간의 죄책에 관련되는 반면에 자비의 사역으로서 집사직은 인간의 필요에 관련되는 것으로 때때로 언급된다. 이와 관련하여 설교에 있어서 교회는 또한 필요들에 대하여 위로하면서 그리고 불의에 대해서는 선지자적으로 말씀한다는 사실이 주목되어야 한다. 동시에 집사직의 가장 중요한 직무는 이것이 타락한 사람들과 옥중에 있는 사람들에 대한 사역에 있어서 하나님의 용서를 실제로 보여준다는 사실이다(예를 들어 구세군). 설교의 말씀이 인간의 마음과 성향에 전달되고 집사직의 행동이 구체적이고 물질적인 상황에 전달되는 차이는 상당히 크다. 복음의 두 가지 상호 되돌릴 수 없는 영역인 필요와 죄책에 대해서는 O. Noordmans, *Zondaar en bedelaar*(1946), pp.

9-26.

회중의 집사직의 사역에 대한 전체적인 논의에 대해서는 또한 Barth, *CD* IV,3, pp. 890-895를 보라.

7. 예배회(meeting)

우리가 지금까지 다루었던 전달의 수단의 대부분은 물론 회중의 매주일의 모임의 일부분이다. 그러므로 이 활동은 아주 많이 이 활동들의 일부분으로서 간주되어야 하며 이런 이유로 해서 우리는 이것을 여기에서 다루는 것이다. 그러나 우리는 이 예배회를 제도적인 수단의 단순히 편리한 조직적인 결합으로서 생각하지 않도록 주의해야 한다. 그것에 대해서 이것은 그 자체로서 너무나 많이 직접적으로 하나님의 구원의 전달에 관계된다. 처음에는 전달의 수단이 있고 그 다음에 이것들이 공적이고 질서있는 회합으로 함께 모아지는 그런 것은 아니다. 모임 그 자체는 논리적이고 역사적으로 그 안에서 활동하는 매개로서 마찬가지로 원래적이다. 그러므로 이것은 이것들과 다른 활동들의 합(合)이상이다. 이것은 그 자체로서 매개의 분야이며, 그것의 구성 요소들을 능가하는 유기적인 전체이다. 스스로 매개적인 성격을 지니고 있기 때문에, 이것은 여기에서 논의되어야 한다.

우리는 여기에서 예배회(meeting)라는 단어를 선택하였다. 이상한 말이지만, 이 단어는 비록 신약성경이 이 문제를 다루는 소수의 경우에 이 단어나 혹은 비슷한 단어를 사용하였지만, 일반적으로는 사용되지 않는다; 마 18:20(쉬네그메노이); 고전 14:23(쉬넬쎈); 고전 14:26(쉬네르체스쎄); 히 10:25(에피쉬나고게), 그리고 약 2:2(쉬나고게)를 보라. 많은 신학 문헌에서 공식 용어는 예전(liturgy)인데, 이 말은 문자적으로 "예배 드림"(공동체의 유익을 위하여)을 의미하며, 70인역에서는 이스라엘의 장막과 성전 예배를 지칭하기 위해 사용되었다. 신약은 이 단어를 그것을 위해서, 나아가서 다양한 형태의 기독교 예배(헌금, 중보 기도, 선교)와 한 번은 정부의 활동(롬 13:6)을 위하여 사용하지만, 우리가 예전이라고 부르는 것을 위해서는 결코 사용하지 않는다: *TDNT*

IV, s.v. leiturgeo(레이투르게오)를 보라.

분명히 교회 예배는 성전 예배의 연속으로서가 아니라, 오히려 회당 예배로서(그러나 이것은 이미 클레멘트 2서에서 달라졌다) 간주되었다. 교회 예배를 위한 일반적인 교회의 공식적인 명칭은 officium과 office, culte, service, worship, Gottesdienst, godsdienstoefening이다. 이 모든 단어들의 문제는 인간이 수행하는 활동을 배타적으로 나타내며, 더욱이 이것이 하나님을 향한 일종의 성취라는 사실을 암시하기 쉽다는 사실이다. 예배회라는 단어는 좀더 실제적이며 겉치레가 덜하다. "예배회"라는 용어는 또한 하나님과 사람이 서로 만난다는 사실을 의미한다. 이미 히브리서 10:25은 이 함께 모임의 매개적인 성격을 지시하며, 그것이 믿음을 굳게 붙들며 사랑과 선행 속에서 인내하는데 필수적인 것이라고 간주하고 있다(23f.).

제한된 성례전의 개념을 가지고 있는 서구 신학은 예배회의 성례전적인 특성을 결코 인정하지 않았다. 이것은 교회들이 어디에서나 교회 출석에 부여하였던 중요성과는 상당히 이상하게 대조된다. 실제로, 많은 기독교인들에게 있어서 교회 출석은 그 자체가 저절로 혹은 그것의 어떤 요소들(특히, 설교)에도 불구하고 신앙을 강화시켜줄 수 있는 성례전적인 사건이다. 이러한 덕을 세워주는 성격은 오직 동방 교회에서만 완전하게 인정된다. 그곳에서는 예배식이 성육신의 재현과 실현으로서 완전하게 경험된다(예를 들어, S. Boulgakof, *L'orthodoxie*, 1932, IX.) 동방정교회 기독교인들은 예배를 "지상의 천국"이라고 말하고, 키에프의 블라디미르 1세(Vladimir I) 대공의 사절들이 콘스탄티노플에 있는 아야 소피아(Aya Sophia)에서 예배에 참석한 후에 그것에 대하여 "우리는 우리가 하늘에 있는지 혹은 땅 위에 있는지를 알지 못했다"라고 보고하였다는 사실과 더불어 어떻게 러시아의 회심이 시작되었는지를 말하기를 좋아한다.

화란에서, 반 데르 레우(G. van der Leeuw)는 교회 예배의 성례전적인 성격을 옹호하였다: 그에 의하면 이것은 "하나님과의 만남의 기본적인 형태, 즉 말씀의 성육신"(*Liturgiek*, 1940, p. 15; cf. pars. 4-9)으로 지향될 수 있다. 그는 노르트만스(O. Noordmans)에 의해서 도전을 받았는데, 이 사람은 동방 정교회의 성육신의 지속의 개념 속에서 은혜로우신 하나님과 죄된 세계의 자유로운 만남을 질식시킬 우려가 있는 독자적인 제의(祭儀) 공간의 창조를 보았다 (*Liturgie*, 1939, 특히 pp. 128-157).

실제로, 서방의 기독교인으로서 우리는 동방의 예전 개념을 받아들일 수 없다; 우리는 그것을 현실로부터의 도피나 혹은 황홀경으로서 경험할 수 있을 것이다. 이것은 희랍의 신비들 속에 그 배경을 갖고 있으며 우리의 것이 아닌 집단적인 삶의 경험 속에서 일어난다. 그러나 정확히 이 예전의 영적인 예치금으로 말미암아 동방 교회가 이슬람과 로마 가톨릭, 그리고 공산주의의 압력을 견디어낼 수 있었다는 사실을 생각하도록 이것은 우리를 멈추게 한다. 예배회의 모든 서구적인 형태(로마 가톨릭 미사를 포함하여)는 좀더 실제적이고 실용적이며, 동시에 목회적인 것과 인격적인 것을 더 크게 강조함으로써 더 생생하다. 그럼에도 불구하고, 미사는 여러 세기 동안 신자가 거의 구경꾼일 수밖에 없는 객관적인 사건으로서 축하되고 참여할 수 있었다. 여기에서 역시 종교개혁은 인격적인 관계에 대한 더 큰 강조를 의미하였다. 토르가우에 있는 성(城) 교회의 헌당식에서의 그의 자주 인용되는 설교(1544)에서, 루터는 주일 예배의 본질을 다음의 말로써 표현하였다: "우리는 함께 모이고 … 하나님의 말씀을 대하고 들으며, 우리의 일반적이고 특별한 필요들과 다른 사람들의 필요들을 하나님께로 가지고 오며, 그렇게 해서 강력하고 효과적인 기도를 하나님께로 올려 드리며, 또한 하나님의 선하심에 대하여 감사로서 찬미하고 찬양한다. 그리고 이것에 대해서 우리는 그것이 하나님에 대한 바른 예배와 경배, 즉 그를 기쁘시게 하며 그가 스스로 임재하시는 예배임을 안다."

마지막 말씀에도 불구하고(그리고 마태복음 18:20에 대한 규칙적인 호소에도 불구하고), 종교개혁은 교회 예배의 매개적인 성격을 이론적으로 결코 인정하지 않았다. 왜 이 일이 이루어지지 않았는지를 알기는 어렵다; 여전히 지금도 존재하는 사고(思考)의 주-객체 양식과 루터 이후로 인간 주체에 대한 증가하는 강조는 그것에 도움이 되지 않았다. 그러나 이것은 왜 우리의 전통에서 예배가 따뜻함과 열의를 결여하고 있으며 그처럼 적게 축하되고 있는지에 대한 이유들 가운데 한 가지이다. 제2차 세계대전 이후의, 사려깊은 양식의 반응들로서 종종 특징지어지는 많은 예전 운동들은 이러한 상황에 아무런 실제적인 변화도 가져오지 않았다. 그리고 오늘날 유행하고 있는 모든 종류의

"체험적인 교회 예배들"은 본질적인 갱신을 가져올 수 있는 성례전적인 것에 대한 민감성을 너무나 많이 결여하고 있다. 성례전적인 것을 표현하기 위한 결실있는 시작은 De hervormde kerkdienst에서 발견된다. Proeve van omschrijving(Synode Nederlandse Hervormde Kerk, 1950)에서, 특히 제 II 논제는 다음과 같이 시작하고 있다: "회중의 모임의 기초는 기독교인의 삶 전체의 토대, 즉 하나님이 자기 백성과 세우신 계약 속에서 발견되며, 그 속에서 하나님은 자신을 우리에게 계시하시기를 기뻐하신다." 그러나 이것은 단순히 시작일 뿐인데, 그 이유는 다음 논제들(III, VIII)에서 하나님의 현존이 전통적으로 단지 설교와 성례전 속에서만 발견되기 때문이다. 그러나 논제 VIII에 나오는 설명을 보라.

회중의 모임의 매개적인 성격은 이것이 하나님과 백성의 만남을 표명하고 실현한다는 사실에 놓여 있다. 이것은 계약 사건의 반영과 표현이다. 주님과 그의 백성은 말씀과 응답의 구조화된 전체 안에서 더불어 존재한다. 이 전체의 목적은 무엇보다도 그 자체이다. 우리가 사랑과 우정에 대해 알고 있는 모든 것은 한편으로는 표현되어야 하고 다른 한편으로는 양육을 필요로 한다. 그리스도 안에서의 하나님과의 교제 역시 양자를 필요로 한다: 그리고 이것은 교회 예배에서 양자를 함께 받아들인다. 따라서 이런 방식이든 저런 방식이든, 명백하든 함축적이든 혹은 상징적인 형태이든 간에, 모든 기본적인 요소들은 이 사건 안에 그들의 자리를 가지고 있다. 이것을 위해 정해진 날은 "주의 날", 즉 부활의 날이고 성공한 계약 상대편의 날인 일요일이다. 이 모임에서 그리스도는 우리를 초청하고 모으시며, 말씀과 식사와 우리의 서로에 대한 친교 속에 임재하기를 원하시는 분으로서 중심에 서 계신다.

그러나 기독론적인 사건으로서 예배회는 또한 종말론적이다. 축하와 친교로서 이것은 가장 깊은 의미에서 "주의 날"로서의 그 날을 예기(豫期)하며 따라서 우리에게 영원한 안식을 미리 맛보게 해준다. 그러나 미래로 인하여 우리가 현재를 잊어버리지 않게 하는 방식으로; 왜냐하면 죄와 죄책,

특히 우리를 다시 살 수 있게 해주는 무죄 방면 역시 중심적인 주제들이 기 때문이다. 이 모임에서 우리는 하나님께 마음을 집중하고, 우리 마음을 높이 들며, 경배 속에서 우리 자신을 잊어버리는 훈련을 하게 된다. 그러나 이것은 우리를 서로 간에 소외시키지 않는다; 이와는 반대로 이것은 우리를 공동체로서 함께 결합시킨다. 이것은 우리를 외부 세계로부터 소외시키지도 않는데, 그 이유는 예배회의 목표가 매일의 삶 속에서 우리를 예배에로 구비(具備)하게 하기 때문이다.

더욱이 계약의 본질에 대한 우리의 경험으로서, 이것은 또한 세상으로 뻗어나가서 그 속에서 끌어오는 웅변적인 징표로서 의도된다. 줄곧, 이 측면들 중의 어느 것이라도 적어도 개인을 몰아내지는 않는다; 이와는 반대로 그는 예배회를 원하며, 그렇게 해서 종종 무엇보다도 자신의 신앙과 마음과 생명을 위한 새로운 힘을 발견하게 된다. 따라서 우리는 모든 요소들과 측면들이 여기에서 집중되는 것을 본다: 즉 화해와 기대, 현재와 과거와 미래, 수직적인 것과 수평적인 것, 개인과 집단, 교회와 세계. 이것이 바로 이론적으로 예배회가 많은 다른 각도에서 도달될 수 있고 실제적으로 전혀 다르게 경험될 수 있는 이유이다. 차이점들이 하나의 중심: 즉 하나님과 그의 백성의 만남으로부터 방사되고 그곳으로 나아가는 것으로 간주된다면, 여기에 반대되는 것은 아무 것도 없다.

일반적으로 말해서, 우리는 동방의 예전이 강력하게 종말론적으로 지향되어 있으며, 로마 가톨릭의 미사는 기독론적으로 십자가의 희생에 초점을 맞추고 있고, 고전적인 개신교 예전은 성령론적으로 죄와 용서에 대한 인식을 일깨워 주기를 원하며, 영국 국교회는 특별히 예배를 목표로 한다고 말할 수 있다. 화란에서는 이 마지막 요소가 상당히 간과되었다; 이에 대한 반응으로, 이것은 예전 운동에서, 특히 그것의 초기 단계에서 상당히 강조를 받아 왔다; J.H.Gerretsen, *Liturgie*(1911)를 보라. 좀더 최근에 와서 준비의 요소와 사도직이 크게 강조되게 되었다: 세계교회협의회의 보고서인 *The Church for Others*(타자를 위한 교회, 1967), pp. 25f.를 보라: "예배에서 우리의 삶 전체는 사람들에 대한 하나님의 선교 활동과 관련되어 있고 그 안에 놓여 있다." 예배회의 많은 측면들에 대한 매력적인 논의는 A.A. van Ruler, *Waarom zou ik naar de kerk gaan?*(1970)에서 발견될 수 있다.

배경으로서의 예배회의 본질과 측면들을 사용하여, 우리는 이제 이것이 구성될 수 있고 또 구성되어야 하는 요소들에 대해서 말할 수 있다. 우리가 지금까지 언급한 것에 비추어서, 우리는 이 요소들이 표현될 수 있는 많은 요소들과 심지어 더 많은 형태에 대해 생각할 수 있다. 전통과 관습, 문화 수준, 특별한 필요들은 지리적인 지역과 역사에 따라서 상당히 다르며, 가능하고 타당한 예전들 속에서 큰 다양성을 만들어 낸다. 그러나 이것은 예전의 기본적이고 고정된 구조를 없애지는 못한다. 예배회의 만남의 성격은 변화성(하나님은 규칙적으로 다른 백성을 만나신다)과 확실한 안정성을 둘 다 포함한다: 핵심은 언제나 우리가 성령을 통하여 그리스도 안에서 알게 되는 동일한 하나님과의 만남이다. 예전은 만남을 구성하고 따라서 그 자체로서 만남으로서 구성되어야 한다. 이런 이유로 해서 예전은 어디에서나 한 쪽으로는 하나님께서 은혜의 선포와 계명, 성경 읽기, 설교, 식사와 축도와 같은 요소들 속에서 우리에게 오시고; 다른 측면에서는 우리가 우리의 죄 고백과 연도(連禱), 찬양과 신앙고백, 기도와 간구, 교회와 세상에서 활동하기 위한 은사들, 그리고 겸손과 경배의 찬양, 찬미와 간구의 찬양으로써 하나님 앞으로 나아가는 교창(交唱)의 사건이다. 심지어 처음에 보면 전혀 달라보이는 다양한 교회와 지역에서의 이 예전의 의식도 좀더 면밀하게 살펴보면 말씀과 응답의 이 거룩한 의식의 동일한 요소들을 어느 정도 포함하고 있다. 어디에서나 우리는 말씀과 기도와 성찬상의 삼중적인 예배를 발견한다. 차이점들은 일차적으로 설교와 식사의 관계가 표현되는 방식과 관련된다.

소제목 5(식사)에서 우리는 예배회에서 사람들이 타원의 두 초점으로서 함께 속하여 있다고 주장하였다. 대부분의 교회들은 이것을 명백하게 부인하지 않지만, 이것은 좀처럼 실천되지 않는다. 더욱이, 중요한 차이점은 만남이 오히려 말씀의 영적인 매개에 호소하고 있는지, 아니면 행위나 혹은 육체적인 시각이나 후각, 혹은 촉각을 지향하는 다른 형태로서 표현되는지의 여부로부터 나타난다. 한 편에 대해서 하나님과의 만남을 위한 가장 적절한 표현인 것을, 다른 편은 커다란 방해물로서 경험할 수도 있는데, 그 이유는 그가 이것을 이 만남을 빈약하게 하거나 물질화하는 것으로 느끼기 때문이다. 또다른 차이는 전체 회중이 예배에 적극적으로 관계하고 있거나 혹은 대부분의 기능들이 한 지도자에게 집중되어 있는 정도에 관련된다. 후자는 독백적이고 차가운 인상을 줄 수 있는 반면에, 전자는 예배를 질서가 없고 불경스럽게 만들 수 있다. 그러나 신앙의 연구는 첫번째와 마찬가지로 이 세번째 차이점을 상대화하는데 만족해서는 안된다. 회중의 모임을 위한 규칙은 지도자가 회중과 관계를 맺는 모든 행동 속에서 하나님을 나타내며 회중은 응답의 진부한 신조들 속에서 뿐만 아니라 자발적인 기도 속에서도 하나님께 생생하게 응답해야 한다는 것이다.

회중의 예전은 쉽게 아주 거룩한 것이 되며, 변화를 받아들이는 것을 아주 어렵게 만든다. 그 결과로, 많은 예배자들에게 있어서 예전의 형태의 많은 것들은 오래 전부터 그것의 매개적인 특성을 상실해 버렸다. 계약의 친교의 매개체와 표현으로서 예전의 본질은 그것의 변화가능성을 포함한다. 더욱이, 지금은 거룩한 전통이라고 불리는 것이 한 때는 하나의 실험으로서 시작되었다. 그리고 이것으로부터 소외된 사람들의 유익을 위하여 그리고 미래 세대를 위하여 이것은 계속적으로 새로운 실험을 수반하고 그것에 의해 풍요롭게 되고 수정되어야 할 필요가 있다.

예배회에 대한 최초의 기술은 고린도전서 10, 11, 12와 14장의 부분들에서 발견된다. 여기에서 묘사된 "공동 예배"는 분명히 거기에서 수반되었던 무질서로 인하여 단명하고 말았다(14:33, 40). 이 의식들과 싸우면서 바울이 예배회의 선교적인 기능을 지시하였던 것은 주목할 만하다(14:23-25). 불행하게도, 무질서의 욕조물과 함께 공동 친교라는 아이까지 버려졌다. 오직 소수의 자유 교회들(퀘이커파, 구세군, 오순절 교파, 등등)만이 이 요소를 회복하였다.

딕스(D.G.Dix)의 *The Shape of the Liturgy*(예전의 형태, 1945)라는 책은 이

제는 고전이 되었는데, 예전의 형태의 다양성과 무성함 가운데 있는 이러한 연속성과, 또한 "종합축"과 "성만찬"의 중심에 있는 예배회의 영원한 기초 구조를 지적하고 있다. 이 영역에서 부처(M. Bucer)는 전통적인 요소들을 다시 고치고, 그것들이 비참함과 구원과 감사에 대한 종교개혁적인 이해를 더 분명하게 표현하게 함으로써 종교개혁 교회들을 위한 기공작업을 수행하였다. G.J. van de Poll, *Martin Bucer's Liturgical Ideas*(1954)를 보라. 그 직후에, 개혁파의 예전은 주로 교리 설교를 전달하고 듣기 위한 기회로서 이용되는 모임으로 다시 축소되었다. 다른 요소들이 다시 중요하게 된 것은 제2차 세계대전과 그 이후였다; 그 때에 부처와 초기의 칼빈으로의 복귀가 있었다.

만일 예전이 계약적인 친교의 표현이라면, 이것은 우리가 현재는 거의 인정하지 않거나 전혀 인정하지 않는 다른 요소들을 포함할 필요가 있고 어쩌면 여전히 포함해야 할 것이다. 베르코프(H. Berkhof)는 "De gereformeerde catholiciteit en de liturgie", in *Ecclesia*(1959), pp. 214-225에서 특히 장엄함과 유형성과 상호성과 친숙성을 언급하였다; 그리고 *The Church for Others*(1967)는 예배의 새로운 형태를 요청하는데, 그것은 집단적이고 유연하며, 관계적이고 지적이며, 시의적절하고 반드시 교회 건물에 제한되지 않으며, 에큐메니컬적이어야 한다(pp. 41-43).

8. 직분

앞에서 나온 7가지 제목들과 더불어 우리는 교회의 구원을 전달하는 제도적인 요소들에 대해서 우리가 말하기를 원했던 것의 마지막에 이르게 되었다. 우리는 목록에 두 가지 제목들, 즉 직분과 교회의 직제를 덧붙이게 될 것인데, 그 이유는 이 두 가지가 다른 일곱 가지 요소들을 작동하게 하는데 도움을 주기 때문이다. 이것은 무엇보다도 직분에 대해서 사실로 적용된다. 지금까지 우리는 요소와 수단, 경로, 혹은 활동에 대해서 언급하였다. 그러나 우리는 단순히 이것들이 사람들에 의해서, 혹은 대체로 우리 상황에서 사실인 것처럼 한 사람에 의해서 운영될 때에만 이것들이 작용할 수 있다는 사실을 잊어서는 안된다. 비록 이것이 그 사람 자신을 성례전적으로 만들지는 않지만, 이것은 그에게 제도적인 기능을 제공한다; 그의 위임에 의해서 그는 구원을 매개하는 과정에 봉사한다. 이렇게 해서 그는 교회에서 개별적인 역할을 갖는다. 회중의 다른 지체들로부터 떨어져서, 그는 이제 그들과 마주하여 서 있다.

회중의 관점에서 보았을 때, 그는 그들이 그리스도의 영의 계시를 찾는 장소에 서 있다. 그는 자신의 주도권으로부터 나오지 않은 말씀을 전하고 행동을 수행한다. 그의 분리된 위치는 구원이 우리 자신의 힘으로부터나, 기독교 공동체로부터 나오지 않음을 분명히 표명한다. 이것은 동시에 위로부터와 역사로부터 나온다. 그것의 역사적인 성격으로 인하여, 우리는 그것을 생각할 수 없으며, 이것이 우리를 심판 아래에 두고 우리를 상하게 한다는 사실로 말미암아, 우리는 그것을 기꺼이 생각하지 않았을 것이다. 그러므로 이것은 우리에게 선포되고 매개되어야 할 필요가 있다. 이것을 위한 수단이 필요할 뿐만 아니라, 사람들도 역시 필요하다. 그러나 아무도 이 역할을 떠맡을 수는 없다. 그는 회중의 신임과 위임을 가지고 있어야 한다. 그는 스스로 다른 사람들처럼 동일하게 죄적이고 한계가 있는, 회중의 지체이다; 그러나 회중이 그에게 부여한 위임으로 인하여, 그는 회중의 반대편에 서서 하나님을 대신하여, 회중이 스스로에게 줄 수 없고 아마도 주기를 원치도 않는 메시지를 회중에게 선포하도록 된다. 따라서 그는 회중의 메아리가 아니라 회중을 인도하고 격려하며 고쳐주는 메아리이다. 이것은 그를 고립된 위치에 두지 않는데, 그 이유는 그가 행하는 모든 것이 은혜의 매개 속에서 회중을 섬기는 일이기 때문이다. 그리고 그가 자신의 책무를 태만히 하거나 무능력하고 따라서 더 이상 자신의 직무에 관심이 없다는 견해를 회중이 갖게 되면, 회중은 그를 그의 분리된 위치로부터 물러나게 할 수 있다.

직분의 과제는 일곱 가지의 구원을 매개하는 요소들에 내재해 있는 의무들을 수행하는 과제이다. 이렇게 해서 사람들은 교육과 설교를 위하여, 세례를 집례하고, 예배회와 성찬상을 집전하고, 궁핍한 자들에 대한 교회의 관심을 서술하고, 개인적이고 공동체적인 다양한 형태로 종교적인 토론을 감독하고 수행하기 위하여 임명된다. 더욱이 이러한 소명에 의해서, 직분을 맡은 사람들은 그들이 소유한 구원 속에서 그들을 보호하고, 그들에게 믿음과 소망과 사랑의 삶으로 구비(具備)하게 하기 위하여 회중을 통솔하는 사람들이다.

따라서 직분을 맡은 사람은 스스로 "매개적으로" 되지는 않는다. 그렇다면 그는? 그 이유는 회중의 많은 지체들의 개인적인 신앙의 능력은 그들의 지도자가 누구인가에, 그리고 하나님의 구원을 매개하고 전달하는 그들의 은사와 능력들에 매우 깊이 의존하고 있기 때문이다. 직분과 직분을 맡은 사람은 매개적이고 따라서 성례전적인 성격을 지니고 있는 것으로 주장될 수 있다; 그러나 파생적인 의미에서만 그러한데, 그것은 성령이 그의 수단들을 통하여 수행하시는 과정에 그들이 참여하고 또한 참여를 유발시키는 한에서, 그리고 또 그것 때문이다. 그러나 이 자격에 있어서 그들은 진정으로 중요하다. 그리스도를 대신하여 회중의 반대편에 서 있는 이 사람들 없이는, 구원을 매개하는 과정은 그것의 독특성과 윤곽을 상실하게 되고, 마침내는 마음 속에서와 회중의 지체들의 상호적인 친교로부터 나오는 그 밖의 모든 것으로부터 식별할 수 없게 될 것이다.

직분에 대한 논의와 관련하여, 우리는 이것이 단순히 전문적인 신학자들과 전문화된 전임 교회 직원들만을 지칭하는 것이 아니라는 사실을 명심해야 한다. 초대 교회와 대부분의 개신교회들은 다른 그림을 보여준다; 바울은 천막제조인이었으며, 장로들과 집사들은 여분의 시간에만 자신들의 직분을 수행하였다. 또한 로마 가톨릭에서와 같이 그것의 지울 수 없는 성격은 말할 것도 없이 직분이 생명을 위한 것이라는 관념은 직분의 본질에 속하지 않는다. 직분은 더 짧은 기간이든 긴 기간이든, 전임이든 혹은 시간제이든 간에, 사람이 회중에 의해서 회중으로부터 부름을 받은 모든 다른 역할들과 구별되는 특별한 기능이다. 사람은 배타적이지는 않다 하더라도, 정상적으로 직분의 수행에도 역시 효과적으로 사용될 수 있는 은사(카리스마)를 소유하고 있기 때문에 부름을 받는다.

일반적인 용어로 말하자면, 직분에 대한 세가지 견해가 다양한 교회들 속에

서 식별될 수 있다: (1) 가톨릭이나 고교회 유형은 성직 안수를 성령의 특별한 약속에 의해서 담지(擔持)자가 영원히 회중의 맞은 편 뿐만 아니라 위에 놓여지는 성례전이라고 생각한다; (2) 고전적인 개혁파 유형은 성직자를 회중의 맞은 편 뿐만 아니라 그 안에 위치시키고, 모든 신자들의 일반적인 직분에 의해서 그의 권위를 제한한다; (3) 자유 교회나 저(低)교회 유형은 직분을 맡은 사람들에게서 단순히 모든 신자들의 직분의 기능적인 전문화만을 보며, 원칙적으로 관리인이나 집행인의 직분과 다르지 않은 것으로 본다.

이 세 가지 유형은 연속적으로 발전하였다. 이것은 봉건적인 것으로부터 귀족적인 것을 거쳐 민주적인 사회 구조로 나아가는 사회의 발전을 반영하며, 그것의 결과로 직분의 권위에 꾸준한 축소가 일어나게 되었다. 그 자체로서 직분의 현상이 시대의 문화적인 분위기에 의해 채색된다는 사실에 반대되는 것은 존재하지 않는다; 이와는 달리, 어느 정도 이것의 매개적인 기능이 그것을 필요로 한다. 그러나 이것은 그것의 구조 안에 있는 불변의 상수에 관한 질문을 그만큼 더 긴급하게 만든다.

이것이 신약에서 추론될 수 있는가? 세 가지 유형 전부가 그것에 호소(할 수 있다)는 사실은 주목할 만하다. 첫번째 유형은 사도들의 권위에 호소하는데(마 10:40; 18:18), 이것은 사도적인 계승에 의해서 후대의 감독들에게 넘겨졌던 것으로 간주된다. 두번째는 에피스코포스와 프레스뷰테로스의 주요한 동등성(행 20:28; 딤전 3:1f.; 5:17; 딛 1:5-7)과 에베소서 4:7-16에 나오는 직분의 개념에 호소한다. 세번째는 성숙한 회중의 넓은 자리와 바울 서신에 나오는 직분 맡은 자들의 상대적인 보잘것 없음, 고린도전서 12와 14장에 나오는 은사적인 교회의 그림에 호소한다. 실제로, 신약 성경은 그 직분의 일정한 그림을 결코 제시하지 않는다(이것은 심지어 그것을 위한 별개의 낱말을 가지고 있지 않다). 이 난해한 주제에 대한 다양한 해석에 대해서는 A.J.Bronkhorst, *Schrift en kerkorde*(1947), I과 II 4; E. Schweizer, *Gemeinde und GEmeindeordnung im NT*(1959); 그리고 Küng, *The Church*, E II 2를 보라.

신앙의 연구에 있어서, 이러한 다양성은 신약이 한 가지로 계시된 교회 직제를 가르쳐야 (한다)고 생각될 때에만 문제가 된다. 만일 이 다양성이 역사적인 상황의 차이(이방 기독교인과 맞서 있는 유대 기독교인, 두번째 세대와 맞서 있는 첫번째 세대, 등등)로 거슬러 올라가게 되고, 그래서 우리가 이것을 우리의 상황에서 우리의 방식으로 직분을 형성하라는 초청으로 받아들이게 된다면, 문제는 전혀 다르게 보인다. 그 직분은 본문들에 대한 분류에서가 아니라, 무엇보다도 먼저 신약의 교회의 특성으로부터, 특별히 우리가 위에서 하려고 했던 것처럼, 교회의 제도적인 차원의 지도에서부터 파생되어 나올 수 있다.

로마 가톨릭 교회는 결코 단순히 신약에 호소하지 않았고, 안디옥의 이그나티우스와 그 이후에 그 직분이 발전하였던 방향: 즉 모든 교회의 지체들이 순종해야 하는 장로들의 도움을 받은 교회의 대표로서의 단일한 감독의 표상에 맨처음 호소하였다. 모든 가톨릭 정신을 지닌 교회들에서 직분의 개념에 본질적인 것은 사도적 계승 교리이다. 이 교리는 일련의 손들을 올려 놓음으로써 공적인 권위가 신약에 나오는 사도들의 특별한 권위로 되돌아간다고 주장한다. 그러나 2세기까지는 나타나지 않았던 이 가르침은 많은 이단들의 혼란 속에서 무엇이 순수한 전통인지를 보여주는 것을 그것의 목적으로 갖고 있다. 신약에서 사도는 그리스도 자신이 친히 부르셨던 유일회적인 목격자이다. 따라서 "사도적 계승"은 내적인 모순이다. 사도들의 유일한 증거는 이제 신약 정경의 형태로 시간을 통하여 우리와 동반한다. 사도들의 다른 기능들은 부분적으로는 전체 교회에, 부분적으로는 교사와 선지자와 장로와 전도자와 같은 다른 여러 직분들에 양도되었다. 직분을 맡은 사람들은 스스로를 (종교개혁 이후로 교리적 계승 — successio doctrinae으로 불리는) 사도들의 원래의 증언에 정초시킨다; 그러나 이것은 권위의 제도적인 이전(移轉) 이외의 어떤 것이다. 특별히 성직 안수의 계승을 실천하는 영국 국교회에서는 이 문제에 대한 많은 성찰과 토론이 진행되고 있다. 개관을 위해서는 G. Gassmann, *Das historische Bischofsamt und die Einheit der Kirche in der neueren anglikanischen Theologie*(1964)를 보라.

이 개념에 의하면 실제로 오직 하나의 직분, 즉 감독의 직분만이 존재한다; 사제들은 파생된 직분을 가지고 있다. 루터 역시 원칙적으로는 오직 한 가지 직분, 즉 지역 설교자의 직분을 가지고 있다. 이러한 성서주의적인 견해로 말미암아 칼빈주의 종교개혁은 신약의 직분들을 회복시키기를 원했지만, 이것들이 오직 초기의 기간을 위해서만 의도되었다는 가정하에서 상당수를 빠뜨렸다. 수많은 다른 영역들에서와 마찬가지로, 여기에서도 역시 부처가 건축가였다. 그에 의하면 장로의 직분은 기본적인 직분이고, 설교자의 직분은 그것의 전문화된 형태이며 집사직은 돕는 직분이었다; 이와 관련하여 그는 직분들의 일차적인 동등성을 강하게 강조하였다. W. van't Spijker, *De ambten bij Martin Bucer*(1970), 특히 pp. 360-365를 보라. 칼빈은 신학 박사의 직분을 네 번째로 인정하였다; 그의 직분의 신학에 대해서는 「기독교강요」(*Inst* IV,iii, 특히 4-9)를 보라.

신학 전승들의 다수성은 이러한 성서주의적인 접근이 모든 만족스러운 답변을 제시하는 것을 불가능하게 만들었으며, 따라서 개혁파 전승은 불확실성과 의문들로 괴롭힘을 당해 왔다. (이 전승의 개관은 Bavinck, *GD* IV, no. 506에서 주어지고 있다.). 근본적인 문제는 번갈아서 동등한 것으로 혹은 서로에 대해서 종속적인 것으로 간주되는 목사와 장로의 관계에 관한 것이다. 따라서 스코틀랜드와 화란과 스위스와 헝가리의 개혁파 교회들의 직분들의 구조에는 상당한 차이가 존재한다. 그러나 안수받지 않은 성직자들을 임명하는 관례뿐만 아니라 그것의 다수성과 권한의 평등성에 의해서 이 직분의 개념은 그것이 존재하는 내내, 그것의 효율성과 유연성을 입증하였으며 정치적인 민주주의를 위한 모델로서 사용될 수 있었다.

개혁파 교회에서의 이 세 가지 정규적인 직분들을 고려할 때, 우리는 개혁파의 직분 개념 속에 있는 한 가지 요소, 즉 그리스도의 삼중직에서 유래한 요소를 별개로 다루어야 한다. 바빙크(Bavinck), *GD* IV, no. 506(54장의 마지막 문장)는 이렇게 말하였다: "직분의 가르침을 통하여, 그는 우리를 가르치시고, 장로의 직분을 통하여 우리를 인도하시며, 집사직을 통하여 무리들을 돌보신다; 그리고 세 직분 모두를 통하여 스스로를 우리의 큰 선지자로, 우리의 영원한 왕으로, 그리고 우리의 자비로운 대제사장으로 입증하신다." 브롱크호르스트(Bronkhorst), *Schrift en kerkorde*, pp. 116-118은 이와 비슷한 해석을 따르면서, 그것을 "엄격하지는 않지만 성서적인 자유와 더불어" 적용되는 "도움이 되는 해석"이라고 부름으로써 그것을 규정하였다.

우리의 견해로는 이것이 해석이기 때문에, 신앙의 연구에서 효력을 가질 수는 없다. 우리가 이것은 그 자체로서 해석이라고 했을 때 기독론에서 삼중직에 대해 언급한 것을 비교해 보라(33장). 해석의 이러한 이중화는 또한 추상적 개념 역시 두 배로 만든다. 장로는 이 경우에 그리스도의 지고한 (왕적인) 직분을, 집사직은 중심적인 (제사장적인) 직분을, 목사는 가장 낮은 (선지자적인) 직분을 나타낼 것이다. 우리는 고교회와 저교회 개념들의 중재의 방법(via media)과 같이, 개혁파의 직분 개념이 회중에 대한 변증법적인 관계 속에서 직분의 본질적인 성격에 가장 근접해 있으며 상황이 요청할 때 새로운 형태를 위한 가장 큰 여지를 남겨놓고 있다고 생각한다. 그러나 후자는 전통적인 개혁파의 직분 형태의 규범화(canonization)를 고려하지 않는다. 이러한 규범화는 직분이 가져야 하는 매개적인 기능을 방해한다.

최근에 개혁파 전승 안에, 특히 화란의 개혁파 교회 안에 직분에 대한 새로운 논의가 있었다. 대회(大會)의 연구보고서인 *Wat is er aan de hand met het ambt?*(1970)는 새로운 방향을 지시하면서, 부록으로 논쟁점들을 보여주고 있다(pp. 69-91). 우리는 이 보고서의 정의를 지지하면서 인용하였다(p. 18): "직분들"이라는 말로써, 우리는 그리스도의 구원을 나타내고 표명하며 그렇게 해서 교회를 그의 은혜와 목적에 의해서 엄정하게 보호하는 다른 기능들과는 다른 일반적으로 인정되는 기독교 공동체내의 기능들로 이해한다." 비록 직분과 관련하여 많은 더 큰 문제들이 있지만(위에서 언급한 연구보고서를 보라), 우리는 이것들이 신앙의 연구의 적절한 부분이 아니기 때문에 그것들을 다루지는 않을 것이다.

9. 교회 정치(교회 직제)

직분보다는 훨씬 더 보조적인 형태로, 교회 정치는 하나님의 은혜를 매개하는 과정에 봉사하도록 의도되었다. 기본적으로 교회 직제는 가능한 한에서, 교회의 매개적인 과제와 거기에 관련된 직분자들의 활동을 용이하게 하도록 고안된 일련의 규칙과 규정들이다. 교의학 교과서는 여기에서 직면하게 되는 많은 문제들에 대한 상세한 논의를 다루기 위한 자리는 아니다; 이런 유형의 논의는 교회법에 속한다. 우리는 교회론에 직접적으로 관련되는 교회법의 기본 문제들만을 여기에서 관계한다. 이것은 모순된 말이 아닌가? 결국, 교회 안에서는 성령이 원하시는 대로 부시며, 수단을 사용하기는 하시지만, 그의 활동(교회 안에서든 밖에서든 간에)은 사람에 의해서 인도될 수가 없다. 그러나 법과 질서, 규칙, 규정과 같은 문제들은 언제나 강제성, 더 높거나 낮음, 외면성, 인간적인 권위, 권리와 재가(裁可)와 관련된다.

그러나 "법"이라는 용어가 함축적으로 그것과 성령 사이에 긴장이 조성될 만큼 너무나 협소하게 정의되어야 하는지는 의문시된다. 개신교회들은 "교회 직제"라는 용어를 선호한다. 성령은 질서와 관계를 맺으실 수 없을 만큼 "영적인" 것은 아니다. 이와는 반대로, "하나님은 어지러움의 하나님이 아니라 화평의 하나님이시다"(고전 14:33); 그러므로 "만사가 친절하고 질서있게 이루어져야 한다"(40절). 성령은 하나님으로부터 소외된 사람들에게 하나님의 구원을 전달하기를 원하신다. 이와 같은 민감한 문제에 있어서는 바른 일을 하는 것이 중요하며, 복음과 우리가 도달하려고 하는 사람들에 대한 사랑이 우리를 매우 신중하게 만들어야 한다. 우리가 고안하는 어떤 규칙이라도 성령의 활동을 위한 공간을 남겨두어야 한다. 만일 우리가 절대적인 지배권을 가질 것을 주장한다면, 우리는 그의 길을 방해하게 된다. 그러나 만일 우리가 무질서를 허용한다면, 우리는 우리가 그에게 부여하는 동일한 공간을 모든 다른 영들에게 허용하는 것이다. 모든 교회 정치는 하나님의 은혜를 매개하고 계약을 실현하는 한 가지 목표에 봉사해야 한다. 그리스도를 사람들에게 다시 반복해서 해석하고 전달하는 이는 바로 성령이시다. 이 사실은 교회 정치 안에서의 우리의 활동의 기초와 경계선 모두를 보여준다; 이것은 상황의 유연성뿐만 아니라 기독론적인 안정성이 보존되는 것을 보증할 의무를 우리에게 지워준다.

위에서 함축된 것은 우리가 신약에 나오는 교회 직제를 찾는 것을 거절한다는 것이다. 자신들의 특별한 교파의 직제가 성경에서 발견될 수 있지만 그것은 과거의 것이라는 사실을 신학자들이 보여줄 수 있는 때가 되었다. 우리는 오늘날 신약에 나오는 전승들의 변화와 그 때와 지금, 즉 교회사 전체를 통하여, 교회의 정치가 국가의 일반적인 법과 기존의 사회 관계들에 의해 어떻게 함께 고취되고 채색되었는가에 대해서 훨씬 더 많이 알고 있다. 교회에서의 관심은 하나님의 은혜의 매개이기 때문에, 이것은 그 자체로서 분명하고 좋은 발전이다. 이러한 통찰이 성경에 대한 호소의 성격을 변화시켰지만, 이것은 그것을 제거하지는 않았다. 이 호소는 이제 중재되어야 하는 재료와 전달 과정의 성격에 대한 것이다: 이것은 간접적인 특성을 띠맡았다.

규칙들은 설교와 교육, 씻음과 식사, 예전과 집사직, 목회적 과제의 사역이 가능한 한 효과적으로 이루어질 것이라는 사실을 보증하기 위하여 요청된다. 이렇게 해서 이 규칙들은 회중의 권리와 마찬가지로 직분자들의 요청된 훈련과 책임들을 묘사한다. 이것은 우리의 성경 읽기를 통하여 우리가 옳은 것과 나쁜 것, 더 좋은 것과 덜 바람직한 것에 대한 감수성을 개발하는 것을 필수적인 것으로 만들어준다.

오랜 동안 (어떤 의미에서 현재까지) 교회법의 정당성과 성격에 대한 논의는 좀(R. Sohm), *Kirchenrecht*, I(1892)에 의해서 지배되었는데, 그의 출발점과 결론은 "교회법은 교회의 본질과 양립될 수 없다. 참된 교회, 즉 그리스도의 교회는 교회법에 대해서 알지 못한다(p. 459)"는 명제이다. 그에 대한 친근감을 보여주는 후대의 신학자는 브룬너(Brunner)이다. 그는 형제애로서의 "에클레시아"를 사법적인 의미의 집단적인 몸으로서의 "교회"와 대조시킨다: 차이는 좀보다는 더욱 그러하지만, 그는 회중의 사회적인 구조를 공정하게 평가하기를 원한다(*Dg* III, 특히 I, II-IV). 그의 유고작인 *Kirchenrecht*, II(1923)에서 분명히 나타나듯이, 좀은 결국 불가시적인 교회(ecclesia invisibilis)로 끝을 맺었지만, 브룬너는 교회가 실제로 직제와 심지어 기능과 어떤 위계구조를 필요로 한다는 사실을 인정하지 않을 수 없었다(예를 들어, p. 66). 좀의 비판적인 논의에 대해서는 Trillhaas, *Dg* pp. 535-538을 보라: 좀과 브룬너에 대해서는 Barth, *CD* IV,2, pp. 679-686을 보라.

좀의 이해는 "독일 기독교인들"이 총통원리(Führerprinzip)와 아리안조항(Arierparagraph)을 가지고 나타났을 때 독일에서 깨어져 버렸다. 고백 교회는 바르멘(1934)에서, 그리고 그것의 결과로 달렘(Dahlem, 1934)에서 교회의

"비상사태법"을 제정함으로써 교회의 본성은 교회의 직제를 위한 특정한 "성경적인" 규칙들을 포함한다고 진술하였다. 신학자이고 법학자인 에릭 볼프(Erik Wolf)와 그를 따랐던 칼 바르트는 이 통찰을 다듬었다. 특히 CD IV,2, par. 67, 4("교회의 질서")를 보라. 이것은 더 깊은 논의를 위한 출발점이 될 수 있을 것이다. 우리가 교회 직제를 매개의 과정으로부터 끌어내려고 하는 것처럼, 바르트는 이것을 기독교 신앙의 특정한 사건으로부터 끌어내었다; 따라서 그는 또한 예전법에 대해서 언급하였다(pp. 695-710). 구체화에 대해서는 pp. 723f.에 나오는 그의 6가지 논제를 보라.

1933년 이후에 규범적이고 안정적인 요소가 중심적으로 되었지만, 보다 최근에 와서 급속하게 변하는 세계 내에서 모든 교회 정치의 유연하고 상황적인 측면들이 다시 강하게 강조되었다. 노르트만스(Noordmans)와 바르트는 둘 다 이것을 위한 여지를 만들어 놓았다. 바르트는 교회의 주님이 살아계신 예수 그리스도라는 사실에서 이것을 이끌어 내었다(pp. 710-719). 그러나 그는 상황으로부터의 어떠한 입력도 거절하였다. 1933년 이후에 이것이 아무리 이해할 만한 것이라 하더라도, 결과는 "살아있는 법으로서의 교회법"에 대한 그의 지면들이 추상적이 되었다는 사실이다. "밑으로부터의 동력은 교회법에 전혀 아무런 영향도 미칠 수 없다"(p. 710). 이것은 교회사 전체와는 모순된다: 교회 정치의 로마 가톨릭 형태는 봉건 체제 없이는 생각될 수 없고, 루터파는 농민 가부장제 없이는 생각될 수 없으며, 칼빈주의 체제는 제네바의 귀족적인 시민체제 없이는 생각될 수 없으며, 자유 교회 유형은 서부 유럽과 미국에서의 민주주의의 발흥이 없이는 생각될 수 없다. 오랜 세월에 걸쳐서 사회학은 교회를 포함하여 모든 기관들이 종속되어 있는 법의 기능에 대하여 어떤 사실들을 발견하였다. De Haas, *The Church as an Institution*을 보라. 이것에 대해 눈을 닫아버린다 해도 소용이 없다. 만일 이것이 교회 직제들의 변화가능성과, 규범적인 것과 상황적인 것의 관계를 갱신된 형태로 표현하라는 계속적인 명령을 우리가 좀 더 의식하게 한다면, 이러한 인식은 유익할 것이다. 교회 직제들은 — 확실히 우리 시대의 — 마음대로 뺐다 꽂을 수 있는 노트의 장들처럼 되어야 한다!

신앙의 연구에서 언급되지 않으면 안되는 교회 직제의 영역에서의 두 가지 문제들이 존재한다. 첫번째는 교리적인 징계의 문제이다. 만일 교회 정치가 매개 과정을 보호할 수 있다면, 이것은 명백하게 선포와 교육을 위한 규칙을 제정해야 할 것이다. 우선 첫째로, 직분자들은 이런저런 형태로 그들이 자신들의 모든 전달 활동을 위하여 받아들이는 내용과 규범을 진술해야 할 것이다. 만일 그들이 더 이상 그것에 동의하지 않는다는 사실을 알게 되면, 그들은 자신들의 직분에서 물러나야 할 것이다. 그러나 만일 그들이 스스로 그런 방식으로 느끼지 않지만, 교회가 전체로서 달리 생각한다면 어떤 일이 이루어져야 하는가? 이 경우에 교회는 영들의 혼란을 피하고 교회가 참된 복음으로 생각하는 것을 분명히 하도록 직분자의 가르침들에 대해 선포할 수 있다.

직분자에 대한 이러한 선언과 부수되는 훈계가 충분하겠는가? 환언하면, 소위 윤리적이거나, 치료적이거나 혹은 법정적인 형태의 교리적인 징계를 실행하는 것이 충분할 것인가? 그렇지 않으면 그는 또한 교회의 판결에 의하여, 즉 소위 법정적이거나 재판받아야 할 징계에 의해서 그의 자리에서 물러나야 하는가? 자신의 높은 소명을 깊이 인식하고 있고, 또한 복음은 세상에 대해서는 어리석은 것이고 불쾌한 것이기 때문에 언제나 왜곡되기 쉽다는 사실을 알고 있는 교회는 선험적으로 최종적인 수단으로서의 이러한 퇴출을 배제하지 않을 것이다. 이것이 전부이거나 무(無)가 되는 상황들이 존재한다. 그러나 이것이 단순히 한 직분자의 빗나간 관념들에 관련되는 곳에서는, 그것은 좀처럼 사실일 수 없다. 그 자신의 교파에 의해서는 거절되지만 다른 교회들에서는 용납되는 견해를 직분자가 옹호하는 재판에서 일어날 수 있는 퇴출이 자동적으로 고려되어서는 안된다. 사실상, 역사의 교훈은 "이단들"은 종종 복음이 미래 세대에 어떻게 가장 잘 전해질 수 있는가에 대한 통찰 속에서 그들 자신의 교회에서는 상실되었던 진리를 변호하였거나 혹은 그들 자신의 교회보다 앞서 나갔던 사람들이었다. 이러한 이유로 해서 사법적인 징계는 배제되어서도 안되고, 그것이 규칙이 되어서도 안된다. 진리는 단순히 힘을 사용한다고 해서는 좀처럼 섬겨지지 않는다; 오히려 이것은 논증들과 더불어 나타남으로써, 그리고 빛을 보려는 영적인 투쟁과, 친밀한 토론에 의해서 증진된다.

진리의 정적(靜的)인 개념이 널리 유포되고, 기독교 국가(몸)(corpus Christianum)에 의해서 유지되었던 시대에, 법적이고 교리적인 징계는 일반적으로 용인되던 절차였다. 로마 가톨릭의 종교 재판의 경우에는, 가능한 곳 어디에서나, 이 일은 이단을 정부의 수중에 넘겨주는 일을 수반하였다; 환언하면, 처벌은 종종 투옥이나 죽음이었다. 종교개혁에서 이것은 예외로 남아 있었다(개혁파: 세르베투스[Servetus], 루터파: 크렐[Crell]). 그러나 사회적이고 정치적인 차별은 오랫동안 계속되었다. 특별히 화란에서는 많은 교리적인 징계가 있었는데, 첫번째는 알미니우스 논쟁과 관련해서 있었지만, 특별히 실제적으로 교리적인 자유로 귀결되었던 1816년의 화란국가교회의 재조직과 관련해서 있었다. 그 때 이후로 교리적인 징계의 권리와 필요성은 고전적인 개혁파 가르침을 견지하는 모든 집단의 절대적인 일부가 되었다. 이것들은 1834년의 탈퇴 운동과 1886년의 돌레안티(Doleantie, 분리)에 이르게 되었던 공통 인자였다. 국가교회에서 이탈하지 않았던 이들 중에서, "고백주의자들"은 법적인 징계를 찬성하였고, "윤리주의자들"은 치료적인 징계를 옹호하였다. 노르트만스(O. Noordmans)는 그들의 입장을 결집하기 위하여 많은 일을 하였다. F. Haarsma, *Geest en kerk*(1967), pp. 231-250와 H. Bartels, *Tien jaren strijd om een een belijdende kerk*(1946)를 보라. 이것은 「화란개혁교회의 교회법」(*Church Order of the Dutch Reformed Church*, 1951)으로 귀결되었는데, 그 가운데 X-6조항은 "교회는 교회의 신앙고백을 부정하는 것은 무엇이든지 반대한다"라고 하였지만, "교회의 징계의 집행"이라는 제목하에서 법령 XI은 6-13조항에서 권력의 너무 지나친 서두름과 오용을 예방하는 주의깊은 절차를 발표하였다. 또한 중요한 것은 어떤 특정한 신앙고백이 (그것들을 법전의 상태로 환원시키는) 정통의 규범들로 사용되지 않았지만, 교회는 각각의 경우에, 어떤 사람이 여전히 "교회의 신앙고백의 길"(X-4 조항)에 있는지 아니면 그가 "교회의 토대를 공격하고"(법령 XI-14-1과 XI-15-1) 있는지를 새롭게 결정할 의무를 갖고 있다는 사실이다. 그러나 화란개혁교회가 지금까지 미리 정해진 절차를 사용하지 않고, 거의 언제나 교회 방문자들과의 토론을 통하여 그리고 대회의 선언들을 통하여, 사법적인 결론 없이 교리적인 징계를 수행하였다는 사실은 주목할 만하고 중요한 것이다.

처음부터 개혁파 교회들은 그들과 화란개혁교회의 큰 차이는 교리적인 논쟁의 사건에서 그들이 사법적인 징계를 집행하는 것이라는 사실을 강조하였다. 이것은 몇 가지 사례에서 어떤 목회자들을 면직시키는데로 나아갔다. 가장 유명한 것은 1926년의 아쎈 대회(Synod of Assen)에서 이루어진 헤엘케르켄 (J.G. Geelkerken)의 면직(免職)이다. 그 이후에 이 행동과 그것의 동기는 점점 더 개탄의 소리를 듣게 되었으며, 마침내는 대회의 결정에 대해서도 그러하였다. 1926년 이후로 이 교회들은 그 자체로서의 교리적인 징계의 사례를 갖지 않았다. 교리에 대해서 화란개혁교회는 개혁파 교회들과 매우 가까웠으나, 실천에 있어서는 후자가 전자에 더 가깝게 되었다. 또한 Berkouwer, *The Church*, ch. 14, 특히 pp. 377-390을 보라.

적어도 신앙의 연구에서 취급되어야 하는 교회 정치의 두번째 문제는 지교회와 전체 교회의 관계이다. 이것은 그것의 모든 구성 요소와 모든 수준에서 능력이 닿는 한, 하나의 보이지 않은 복음을 전달하도록 부름받은 단일한 실체라고 하는 사실이 교회의 본질에 속한 것이기 때문에 이것은 중요한 주제이다. 지역 회중은 예를 들어서, 국가 교회의 일부분보다는 훨씬 더 크다. 대회는 그것의 대의원의 총합보다 훨씬 더 크다. 그러나 어떤 교회에서도 이 통찰은 완전히 상실되지 않으며, 자신의 교회의 질서내에서 그것을 적절하게 말로 표현하였던 어떤 교회도 존재하지 않는다. 아마도 이것은 적절하게 말로 표현될 수 없을 것이다. 신학은 교회가 하나이며 불가시적이라는 사실을 끊임없이 지시하는데 만족해야 할 것이다. 우리는 교회를 이해하기 위해 모든 지교회들을 단순히 합칠 수는 없다. 이것은 더하기의 문제가 아니라 1곱하기 1은 1이라는 곱하기의 문제이다. 모든 교회 형태가 유기적인 전체를 구성한다. 비록 이 통찰을 교회 직제 내에서 표현하는 것이 불가능하다 하더라도, 그것에 근접하는 것은 가능하며, 충돌이 일어날 경우에는 이것이 교정의 원리로서 사용될 수 있다.

신약에서 에클레시아는 우리가 지역 회중이라고 부르는 것에 대한 통상적인 명칭이다; 만일 언급이 하나의 회중 이상에 대한 것이라면 복수가 사용된다. 그러나 사도행전 9:31에서는 단수가 연합된 모든 팔레스타인 회중들을 대표하고 있다(그러나 코이네 헬라어 본문에 나오는 에클레시아이라는 변형을 유의하라). 에클레시아이의 통일성은 예루살렘에 있는 모교회에 대한 그들의 관계를 통하여 나타났다. 따라서 모든 회중을 함께 나타내기 위하여 에베소서에서 사용된 단수를 발견하는 일은 놀라운 일이 아니다. (비슷한 용법이 로마서와 고린도전서에서 지역 회중을 지시하는 용어인 소마에 대해서 그곳에서 이루어지고 있다.). 결국은 이 용법이 두드러지게 되었다. 그리고 지역 에클레시아는 파로이키아(parish, 교구)라고 불리게 되었다; 이 구분은 순교자 폴리캅(Martyrium Polycarpi, ca. 160)이 소개하였을 만큼 이른 시기에 발견될 수 있다. 장로가 섬겼던 교구는 훨씬 더 큰 감독 교회의 일부가 되었으며, 그것은 그 자체로서 서구에서 로마의 감독에게 완전히 예속되었던, 계층적으로 조직된 전체의 일부가 되었다. 비록 오랜 싸움을 하였지만, 이 일은 지교회의 영적인 독립의 죽음에 이르게 되었다(F. Heiler, *Altkirchliche Autonomie und päpstlicher Zentralismus*, 1941); 이것은 후대의 세기 동안에 끊임없는 분출이 없이는 일어나지 않았으며, 최근에 와서 화란과 다른 곳에서 매우 강하게 일어났다. 실천이 아니라 적어도 이론에 있어서 동방 교회는 지역의 성만찬 공동체가 완전한 교회라는 인식을 보존하였다(N. Afanassieff, "Das Hirtenamt der Kirche: in der Liebe der Germeinde vorstehen," in *Das Primat des Petrus in der orthodoxen Kirche*, 1961, pp. 7-65를 보라). 그러나 최종적으로 이것에 대해 진지하게 되었던 것은 루터파가 아니라 아니라 개혁파의 종교개혁 뿐이었다. 엠덴(Emden) 대회 헌장의 친숙한 개회사를 생각해보라(1571년 10월): "어떤 교회도 다른 교회에 대한 우월성이나 지배권을 가질 수 없고, 어떤 목회자도 다른 목회자들에 대해, 어떤 장로도 다른 장로들에 대해, 어떤 집사도 다른 집사들에 대해 그럴 수 없으며, 오히려 각각이 모든 혐의와 혐의의 계기에 대해 방어해야 할 것이다." 이미 엠덴 이전에(ca. 1550), 영국의 개신교도들 가운데에서, 이 통찰은 나중에 "독립교회파" 혹은 "회중교회파"로 불리게 되었던 것, 즉 지역 회중의 권위보다 더 높은 권위를 허락하지 않았던 교회의 개념을 불러일으켰다. 로마의 계층주의와 대조하여, 여기에서는 개인주의와 무한한 자유, 때로는 심지어 무정치가 교회의 본성이 무엇인지를 결정하는데 위협을 주었다. 더 자세한 것은 Weber, *Gl* II, pp. 587-590을 보라.

다른 곳과는 달리, 화란에서는 개혁파 개신교가 "지역 회중의 자율"에 대한 강한 선호를 보여주었다: 그것에 대해서는 뵈티우스(Voetius)의 영향력있는 *Politica ecclesiastica*(교회 정치, 1663ff.)을 보라. 돌레안티(Doleantie, 1886)에서는 그것을 전거(典據)로 해서, 카이퍼(A. Kuyper)와 루트거스(F.L. Rutgers)가 이 교리를 "대회의 멍에"에 대한 혁명의 수단으로 만들었다. 이 교리의 강력한 반대자는 화란개혁교회의 교회법 학자인 클라인(H.G.Kleyn)이었다. 돌레안티(분리)에서 탄생한 교회들은 "개혁파 교회들"이라는 명칭이 붙게 되었다. 그러나 이것은 독립교회파와는 같지 않은데, 그 이유는 공동의 신앙고백과 공동의 도르트 교회법에서 구현된 "교파적 구조"의 조절 기능을 크게 강조하였기 때문이다. 개혁파 교회들이 헤엘케르켄(Geelkerken)과 그의 장로법원(1926)과 싸움에 직면하게 되었을 때, 대회는 고전적인 돌레안티 이론이 이제 수정을 필요로 한다는 결론을 내린 지교회에 대해 행동을 취하였다. (명칭과 논쟁들의 개관을 위해서는 M. Bouwman, *Tweeërlei kerkrecht*, 1944와 A.J. Bronkhorst, *Schrift en kerkorde*, pp. 262-265를 보라.). 스킬더(K. Schilder)가 이끌었던 큰 무리는 도르트 교회법의 31항에 호소하면서 이것을 계속해서 거절하였다. 그것은 "해방된 교회들"과 그들이 "대회파"나 혹은 "대회신봉파"라고 불렀던 진영 사이의 분열의 원인들 가운데 하나가 되었다 (1944). 그러나 또한 이 교회 안에서도 교회 생활의 구심력이 교리보다 더 강한 것으로 입증되었으며, 그 결과로 많은 이들이 결국은 "가입하지 않은 채"로 있게 되었는데, 그 이유는 그들의 대회의 결정을 받아들일 수 없었기 때문이다. 다른 한 편으로, 화란개혁교회와 지금은 또한 "대회파" 개혁교회들에서도 역시 실천에 있어서는 훨씬 더 큰 "지교회의 자율"이 존재한다.

역사는 보편 교회를 위하여 지교회를 억압하거나 그 반대의 모든 이론과 실천이 많은 영적인 해를 끼쳤음을 가르쳐 준다. 더욱이 첫째로, 양심이 영적인 독재 아래에서 고통을 겪게 된다. 교회는 그리스도의 주권이 그의 말씀과 성령을 통하여 양심의 강요와 열심없는 자유와, 폭정과 무정치 양자를 다 배제한다는 사실을 교회 자신의 존재와 공동의 삶 속에서 표명하도록 엄숙하게 요청받는다.

만일 지금까지 우리가 가장 기본적인 문제, 즉 성령과 수단의 관계에 대한 문제를 특별히 고려하지 않았다는 것이 사실이 아니라면, 우리는 이제 제도로서의 교회에 대한 논의를 끝낼 수 있을 것이다. 우리는 성령이 이 수단들을 사용하신다는 사실을 다소간 가정하였다. 그러나 우리는 이것을 무엇에다 근거시킬 수 있는가? 이것은 더 자세한 탐구를 요청한다. 첫째로 우리는 성령과 수단들 사이의 관계의 내용(that)을 조사해야 한다. 그 다음에 즉시 이어서 어떻게(how)의 문제가 제기될 필요가 있다. 이렇게 해서 문제는 두 가지 방면으로 나타난다.

첫째로, 성령이 이 수단들을 통해서 활동하시는 것을 우리는 어떻게 아는가? 여러 세기 동안에 모든 합법적인 수단들은 지상의 예수나 혹은 영광을 받으신 그리스도에 의해 제정된 것으로 가정되었다(그가 부활 이후에 나타나시는 동안에 주셨던 교훈들 속에서). 로마 가톨릭의 7성례에 대해서는 이것은 결코 설득력이 없다. 그러나 현재의 성경 해석학에서는 물로 씻음에 대해서도 이것은 더 이상 효력이 없다. 동시에 이 허구는 전통적인 것을 제외하고 다른 수단들을 인정하는 것을 금지하였다. 이러한 강요된 입장으로부터 우리는 영광을 받으신 그리스도가 역사 내에서의 그의 성령의 활동과 분리될 수 없다는 통찰에 의해서만 해방될 수 있다(36장을 보라). 성령은 모든 것을 그리스도께로부터 가져오시고 그렇게 해서 완전한 진리에 이르는 길을 지시하신다(요 16:12-15). 그는 항상 새로운 만남을 가져오시고 그것에 대해서 항상 새로운 수단들을 사용하실 수 있으시다. 이와 관련하여 우리는 수많은 우연하고 개별적인 수단들(대화, 책, 텔레비전 방송 등등)과, 의도적이고 지금 기독교 공동체 안에서 작용하는 수단들을 주의깊게 구별해야 한다.

어떤 상황에서는 교회와 신학이 후자를 제도적인 수단으로서 인정하고 받아들일 수 있다. 이러한 용인은 이것들이 복음을 진정으로 중재하고 있거나 혹은 중재할 의도가 있는지의 여부에 따라 결정된다. 그 인정은 비록 그것이 도움과 지침이 될 수는 있겠지만, 이것들이 성경의 어디에서 언급되고 있는지의 여부에 달려 있지는 않다. 성령은 그리스도에 대하여 어떤 새로운 진리를 첨가하지 않지만, 사람들이 그리스도 안에 참여하게 하시는 새롭고 범세계적인 역사적 과정을 일으키신다. 그리스도의 이 계속적인 활동은 수단들 속에서 표현되어야 한다.

교회와 신앙의 연구는 말하자면 신호이며 온 세상에서 말씀의 과정을 따라가는 신적인 지팡이들이다. 이것은 위험을 수반한다. 죄를 짓는 것은 인간이지만 그것은 마찬가지로 교회에도 적용된다. 수단들, 역시 시간에 따라 장소에 따라 변할 수 있다. 결과는 혼돈일 수 있다. 그러나 두 가지 측면 모두에서 동일한 성령이 활동하시는 것을 보게 된다면 이것은 오래 지속되지 않을 것이다. 그리고 혼돈의 위험에 반하여, 오랫동안, 이미 너무나 오랫동안, 틀에 박히는 위험이 있어 왔다. 위의 7가지 수단들과 더불어 우리는 오래 전에 그것들의 제도적인 성령의 능력이 입증되었던 실체들을 묘사하였다고 생각한다.

그러나 이것은 각 사람의 경우에 성령이 이 수단들의 각각을 통하여 역사하신다는 것을 의미하지 않는다. 하나님의 구원의 전달의 문제에 대한 우리의 진정한 접근은 한 사람에게는 구원에 이르는 문과 같은 것이 다른 사람에게는 석벽(石壁)과 같이 작용할 수도 있다는 사실을 인정할 수 있는 자유를 우리에게 제공해 준다. 사람의 성격과 경험과 상황이 역시 여기에서도 역할을 하는 것이다. 예를 들어, 한 사람에게는 설교가 가장 중요한 경험일 수 있지만, 다른 사람에게는 전혀 무의미할 수도 있다; 대신에 그 사람에게는 토론이나 식사의 축전이 영적인 자양분의 원천일 수 있는 것이다. 성령이 활동하시는 방법의 다양성에 대한 존중이 이 문제들에 대한 상호 이해와 관용을 증진시켜야 한다.

일곱 교회에 보내는 편지들을 따를 때, 부활하신 주님이 속사도 시대의 다른 상황들에 대하여 어떻게 그의 은혜를 표현하고 적용하시며, 이것이 어떻게 해서 언제나 그것은 "성령이 교회들에게 하시는 말씀"이라는 확언으로 끝나고 있는지를 주목하라.

물로 씻음의 기원에 대한 문제에 대해서는 pp. 577f.의 작은 활자로 된 것을 보라.

종교개혁에 대한 반작용으로서, 트렌트 공의회는 은혜의 수단에 대한 교리의 주제에 대해 문을 닫아버리고 이렇게 선언하였다: "만일 누구라도 새로운 법의 성례전이 우리 주님 예수 그리스도에 의해 전부 제정되지 않았다거나 혹은 7성례보다 더 많거나 더 적게 있다고 말한다면, … 저주를 받을 것이다(anathema sit)"(D 1601). 오늘날의 로마 가톨릭 신학자들은 더 이상 이것을 견지할 수 없거나, 혹은 "원(原)성례전으로서의 교회"(라너, Rahner)의 우회로를 통해서만 이것을 견지할 수 있다.

종교개혁은 우리가 나아갔던 방향으로 멀리까지 나아갔다: 성례전의 수를 두 가지로 축소하고, 중심적인 수단으로서의 설교를 강조하며, 뿐만 아니라 직분을 자유롭게 다룸으로써. 그러나 이것의 성서주의는 곧 이 발전을 제한하고 말았다.

교회사의 흐름 속에서 수단이 사라져 없어지는 것이 가능한가? 이론적으로 이것이 부정될 수는 없다. 그러나 특별히 이것을 기대할 수 있는 두 가지, 즉 씻음과 식사는(이것들은 자연주의적인 문화에 그 뿌리를 갖고 있기 때문에) 다시 갱신된 형태로 은혜의 매개체로서 아주 의미있는 것이 될 수 있다. 이따금씩 들을 수 있는 바, 설교가 낡은 전달 수단이라는 확언은 모든 토대를 결여한 것이다. 역으로, 숫자를 증가시키는 것에 대해서도 역시 주의해야 한다. 성령론적이고 사회학적인 관점들은 일치하지 않는다. 예를 들어, 외부에서 사람에게 다가오는 구원을 매개하는 대신에, 집단을 어느 정도의 자기 인식(그것과 내용이 상관이 없는)에 이르게 하는 것이 목표인 교육이나 상담의 어떤 형태들은 결코 제도적인 수단으로 인정될 수 없다. 마찬가지로 교회는 성례주의적인 경화(硬化)와 세속주의적인 증발(蒸發)에 맞서서 자신을 보호해야 한다.

이 모든 것이 교회와 제도가 밀접하게 관련된다는 사실을 분명히 해준다. 그러나 이 제도는 변할 수 없는 소여(所與)가 아니다. 이것은 매개의 제도화된 과정이며 따라서 제도가 아니라 계속되는 제도화를 언급하는 것이 더 바람직하다. 사실상, 제도들의 사회학 연구는 이것이 어느 곳에서든지 제도들에 적용될 수 있는, 즉 필요한 변화를 주는(mutatis mutandis) 통찰임을 보여주었다. "인간은 제도 없이는 살 수가 없다. 이것은 인간이 기존의 제도들을 받아들여야 한다는 것을 의미하지 않는다. 그는 이것들을 변화시킬 수 있다. 제도가 없이는 인간은 마른 땅의 물고기와 같다. 그의 자유는 이 물에서 저 물로 헤엄쳐갈 수 있는 가능성으로 이루어진다"(De Haas, *The Church as an Institution*, p. 27).

우리의 두 가지 방면의 질문의 두번째 부분은 성령이 이 수단들을 통해서 어떻게 활동하시는가 하는 것이다. 이 수단들이 성령을 포함하고 따라서 사용자들이 사실 그대로(ipso facto) 전달되는 은혜에 참여한다는 것은 가장 단순한 가정일 수 있다. 그러나 이것은 경험에 의해서 모순된다. 정확히 성령의 적극적인 현존을 크게 강조하는 사람은 또한 성령께 다가가는 인간의 능력과, 따라서 성령의 활동이 인간의 협력에 의해서 보충되어야 할 필요성도 아울러 크게 강조해야 한다 — 실제로 그렇게 하는 것만이 그 활동이 효과적이 되게 한다. 그러나 이것은 성령을 전적으로 인간에게 의존하게 만들고, 또한 그 사실은 그의 본성과 작용과는 상충되는 것이 아닌가? 이와 같이 생각하는 사람은 성령이 그의 주권적인 자유 속에서 이 수단들을 오직 (고전적인 형식을 사용하면) "그가 원하시는 곳과 시간에서" 사용하신다고 가정하고 싶어한다. 그러나 이 경우에 성령이 적극적으로 그것들 안에 현존하신다는 확신을 통하여 이 수단들을 받아들이기 위하여 우리는 어떤 이유를 남겨 놓았는가? 성령이 어떻게 활동하시는가에 대한 더 분명한 그림을 얻으려고 하는 순간에, 우리는 하나님을 폭력을 사용하거나, 무력하거나 혹은 독단적인 분으로서 생각할 위험에 빠지게 된다. 이것은 마력을 소유하거나 혹은 순전히 상징적인 것으로 수단들을 생각할 위험에 우리를 처하게 한다.

우리는 여기에서 이전에 우리가 규칙적으로 생각하였던 같은 현실과 문제를 가지게 된다: 우리는 만남을 두 주체들 사이의 만남으로 묘사하는데, 거기에서 하나님은 주도권을 갖고 계시고 더 강하신 분이지만, 인간의 주체성을 전적으로 존중하신다. 어떠한 내주관적인 만남의 결과는 예측될 수 없다. 만일 그의 은혜 안에서 하나님께서 자기로부터 소외된 사람에게 오신다면, 놀라움과 예측불가능성의 요소가 단순히 강화될 수 있다. 이 요소들을 제거하고 싶어하는 신학은 만남을 죽이게 된다. 체계화는 곧 제거이다. 이것들을 제거하기를 거절하는 대가는 체계적인 투명성의 상실이다. 이것은 이 만남에 절대적으로 필요한 것이다. 국외자는 이것에 대해 언급할 수 없다. 내부자는 이것을 하나님의 관점에서 숙고할 수 없다. 그는 하나님이 주도권을 갖고 계시고 더 강하시며, 그 안에서 자신을 내어주셨던 사건에 대해서만 언급할 수 있다! 스스로를 내어주는 이는 결정적인 영향력은 말한 것도 없이, 심지어 자신을 협력하는(오히려 방해하는) 당사자로 생각할 수 없지만, 이 사건에 완전하고 적극적으로 관계한다. 그는 왜 다른 경우에는 만남이 그처럼 다른 것으로 되느냐는 질문에 답할 수 없는데, 그 이유는 이것이 그의 만남이 아니기 때문이다. 그는 이 세 가지를 하나의 체계적인 전망 안에 결합할 수 없으면서도, 하나님의 더 큰 능력과 인간의 책임, 그리고 은혜의 수단의 약속과 신뢰성을 유지할 것이다.

성령과 어떤 수단의 관계에 대한 질문은 앞에서 여러 차례 나타났다; 설교에 대해서는 11장과 이 장의 논제 3을, 세례에 대해서는 논제 2를, 그리고 주의 상(床)에 대해서는 논제 5를 보라. opus operatum, manducatio impiorum, finitum non capax infiniti와 같은 개념들이 언급되는데, 이 모든 것은 우리가 여기에서 다루며, 과거에 오직 한 가지 은혜의 수단과 관련해서 종종 잘못 논의되었던 문제와 관련된다. 그러나 우리에게 이 개념들은 대부분 쓸모없는 것이 되었는데, 그 이유는 이 개념들이 만남 그 자체와 관련해서가 아니라 하나님이나 혹은 사람과의 관계에서 계획되었기 때문이다.

성경, 즉 계약의 만남에 대한 주요하고 규범적인 증언에서는 명백하게 모순된 사상의 흐름들이 단순하게 표현되고 나란히 놓여 있다. 구약은 놋뱀, 언약궤, 성전과 같은 구원의 수단을 언급하는데, 이것의 축복된 영향력은 거의 마술적인 것으로 나타나지만 그후에는 다시 인간의 불신앙과 불순종으로 말미암아 갑자기 쓸모없는 것이 되었다(cf. 민 21:9과 왕하 18:4; 삼상 4:6-11과 삼상 6,7; 왕상 8장과 렘 7:14; 또한 고전 10:1-5를 보라). 로마 가톨릭 교회는 두 가지 전망을 다 유지하려고 하였다. 주된 강조는 언제나 ─ 그리고 여전히 ─ 수단의 객관적인 구원의 효력에 주어졌다. "수단들은 그것들이 나타내는 것을 포함한다. 성례전은 은혜의 도구적인 원인이다"(Thomas, ST III, q.62, art. 3f.). 그러나 이것은 마술적인 것은 말할 것도 없거니와, 자동적인 효력을 의미하지는 않는다. 수단들은 사람 안에서의 적절한 성향이 없이는 작용하지 않는다; 필요한 최소한의 것은 장애물을 만들지 않는 것이다.

종교개혁의 견해에 맞서기 위해 트렌트 공의회는 이렇게 선언하였다: "만일 새로운 법의 성례전이 그것들이 나타내는 은혜를 포함하지 않고 있다거나 혹은 중도에 장애물을 두지 않은 사람들에게 이 은혜를 전달하지 못한다고 말하는 사람이 있다면, … 그는 저주를 받을 것이다(anathema sit)"(D 1606, 1608). 이러한 공적인 표명에서 우리는 주관주의를 두려워하여, 그 강조점을 수령자의 성향으로부터 수단의 객관주의적인 개념으로 옮겼던 반동 종교개혁의 후대의 강조를 파악할 수 있다. 단지 아주 최근에 와서야 비로소 변화가 나타났다. 이제 수단을 신앙의 만남의 방법으로 재고하려는 요구가 존재한다. 이것에 대해서 우리는 종교개혁 이전 시대의 좀더 단순한 언어, 특별히 토마스의 신앙(fides)과 표징(signum)의 의미로 되돌아가는데, 그는 특히 이렇게 언급하였다: "이제 성례전은 사람이 의롭다함을 받는 신앙이 명백하게 증거되는 일종의 징표이다"(ST III, q. 61, art. 4; cf. q. 60-62). 종교개혁은 주체와 객체의 변증법을 헤치고 나아가서 그것을 약속(promissiones)과 신앙(fides)의 상관관계로 대치하려고 하였는데, D 1608에 의하면 이것은 트렌트 공의회가 보기에는 주관주의였다. 그러나 아우그스부르크 신앙고백은 이렇게 선언하였다: "왜냐하면 수단에 의해서와 같이, 말씀과 성례전에 의해서, 성령이 주어

지기 때문인데: 그 분은 하나님이 원하시는 장소와 시간에 신앙을 일으키신다 …"(V). 그리고 "따라서 성례전에 의해 우리에게 주어지고 선포된 약속을 믿는 믿음을 성례전과 결합하기 위하여 사람들은 성례전을 사용해야 한다"(XIII). 그러나 후대에 루터파는 "하나님의 비전이 있는 장소와 시간에서의" 독단의 위험으로부터 뒤로 물러섰다. 그들은 영적으로 고통받는 죄인에 대하여 언제나 커다란 목회적인 관심을 갖고 있었다. 따라서 그들은 은혜의 선물의 확실성에 대한 모든 강조점을 수단 안에 두었다.

개혁파는 성령의 작용 안에서 말씀을 통해서(per verbum, 11장을 보라)가 아니라 말씀과 더불어(cum verbo)와, "징표와 보증"이 징표와 상징되는 사물 사이의 유사성에 관한 교리를 통하여, 그들의 성례전 교리에 있어서 주관주의에 빠지지 않고 객관주의의 함정을 피하려고 노력하였다. Berkouwer, *The Sacraments*, 특히 ch. 4를 보라.

만족할 만한 공적인 표명은 어디에서도 발견되지 않았다. 현세기에, 화란에서 우리는 개혁파 교회들 안에서 일어난 세례에 대한 싸움에서 다시 한 번 전달의 문제에 직면하게 되었는데, 이것은 "대회파"와 "해방파"로 갈라진 분열의 원인 가운데 하나였다. 논쟁점은 다음과 같이 표명될 수 있다: 세례에 대한 하나님의 약속은 우리가 신앙을 가지고 있다는 조건에서 유효한가, 그렇지 않으면 이 조건의 성취는 세례에서 주어진 약속들의 일부인가? 한 편으로는 성례전의 자동적인 효력에 대한 두려움이 있었고, 다른 한 편으로는 성령의 자의성이나 신앙을 인간이 성취해야 하는 조건으로서 보는 것에 대한 두려움이 있었다. 소위 "대회파" 개혁 교회의 대치 공식(1946)은 반대자들을 만족시킬 수 없었다. Berkouwer, *The Sacraments*, pp. 180-187을 보라.

40. 그리스도의 몸으로서의 교회

38장 후반부에서 우리는 그리스도의 세계를 매개하는 기관으로서의 교회가 어떻게 세 가지 차원을 가지고 있는지를 해명하였다. 첫번째로 제도적인 매개의 차원은 39장에서 상세하게 설명되었다. 아마도 많은 독자들은 이제 우리가 교회론의 본질적인 부분을 갖게 되었다고 느낄 것이다. 이것은 크고 광범위한 오해이다. 양적으로 이 제도적인 요소는 실제로 가장 크다. 더욱이 이것은 외부로부터: 즉 간략히 말해서 건물과 의식과 활동과 직원들로부터 교회에 접근할 때 사람들이 인지하는 첫번째 사실이다: 제도로서의 존재. 이것은 결정적인 중요성을 가지고 있는데, 그 이유는 사람들이 그리스도와 만나고 성령의 새롭게 하시는 활동에 관련되는 방식이기 때문이다. 그리고 이것은 사실상 존재하는 모든 것이다: 이 제도는 갱신된 사람들의 공동체를 일으키는 수단이다. "수단"이라는 단어는 충분한 것이 아니다. 제도는 이 공동체가 끊임없이 새롭게 태어나고 성장해야 하는 자궁이며 옥토이다. 이 공동체는 제도가 의미하는 본질이다. 561면의 공식을 반복하면: "따라서 교회는 두 가지 면을 가지고 있다: 교회는 기관이고 공동체이며, 옥토이고 식물이며, 어머니이고 가족이다. 이 두 가지는 인위적인 균형과 관련되지 않으며, 따라서 첫번째 면은 두번째 면의 토대와 뿌리이며 두번째 면은 첫번째 면의 목적과 열매이다." 바울을 따를 때에, 우리는 이 두번째 측면을 "그리스도의 몸"이라고 부른다. 이것과 관련하여 언급될 수 있는 것을 우리는 세 가지 제목 아래에 포함할 것이다: (A)본성, (B)지체들, (C)몸의 성장.

로마 가톨릭 교회론은 오랜 세월 동안 공동체의 측면을 무시함으로 고통을 겪었다. 이것은 교회를 그것의 제도적인 형태와 거의 동일한 것으로 간주하였다. 따라서 로마 가톨릭 신자는 자신의 교회를 특별히 어머니로서, 그리고 어머니 교회로서, 그 자신은 그리스도가 임명하신 목자들에 의해 목양되는 양무리들 가운데 하나로서 경험하였다. 공동체는 성숙한 주체가 아니라 제도적인 활동의 미성숙한 객체로서 간주되었다. 교회는 가급적 계층적인 사회(societas hierarchica)로서 규정되었다. 제2차 세계대전 이후에, 이 관점은 성경 연구의 영향과 에큐메니컬 운동, 실존주의, 그리고 세속화로 말미암아 점차로 도전을 받게 되었다. 그 결과로 제2차 바티칸 공의회의 칙령인 「교회에 관하여」(*De ecclesia*)에서, 교회는 특별히 하나님의 백성으로 간주되었다(특히 2장을 보라). 그러나 거기에서 얻어진 소득은 "교회와 특별히 감독직의 계층적 구조에 관하여"라는 제목의 3장에서 다시 대부분 상실되었다.

공동체의 측면으로부터 교회론을 구성하려는 강력한 시도는 큉(H. Küng)에 의한 몇 가지 저서들에서, 특히 「교회」(The Church)에서 이루어졌다. 전통과 갱신 사이의 투쟁은 아직도 해결되지 않고 있다. 우리는 기관과 공동체 사이의 관계를 특별히 교회의 무죄성의 관념의 용인이나 거절 혹은 수정의 척도로부터 측정할 수 있다. 제도에서 교회의 본질을 찾는 로마 가톨릭은 그것에 동의한다. 하나님의 백성의 교제가 본질적인 측면으로 간주되는 정도에 따라 이 동의는 줄어든다. 이 문제에 대한 개관을 위해서는 K. Blei, *De onfeilbaarheid der kerk*(1972), ch. III.

종교개혁은 일반적으로 공동체 측면을 강하게 강조하였다: 초기의 루터(그는 kirche-교회라는 단어를 Gemeinde-공동체로 대치하기를 원했다)와 특별히 부처를 주목하라. 그러나 열광주의자들이 이 측면을 인정한 방식은 루터와 츠빙글리로 하여금 제도적인 측면을 다시금 더 크게 강조하게 만들었다(로마 가톨릭 교회와는 대조적으로, 그들은 특히 설교에 대해서 생각하였다). 전형적인 것이 아우그스부르크 신앙고백 VII 장이다: "교회는 복음이 바르게 가르쳐지고 성례전이 올바르게 집례되는 신자들의 회중이다."

공동체 측면의 더 깊은 발전은 또한 가시적인 교회와 불가시적인 교회 사이의 구분에 의해서도 역시 크게 방해를 받았는데(아래를 보라), 이것으로 인하여 가시성은 백성들 안에 내재하는 것이라기보다는 제도적인 측면으로서 간주되었다. 칼빈도 역시 「기독교 강요」 제4권(*Inst* IV)에서 이렇게 하였는데, 이것은 모든 신자의 어머니로서의 교회에 대한 정의와 더불어 시작되고, 더 나아가서는 주로 기관의 요소들과 그것들의 본성에 관련되고 있다. 그는 교회의 지체들의 삶을 지도하는 일에 주목함으로써 공동체 측면을 인정하고 있는데, "그것을 통하여 몸의 지체들이 각각의 자리에서 함께 결합되지만"(IV, xii, 1), 이 지도(권징)는 율법주의적이고 개인주의적이며 부정적인 실천 속에서 허우적거렸다. 다른 개혁자들 이상으로, 부처는 성령론의 관점과 "그리스도의 몸" 개념으로부터 자신의 교회론을 구성하였다. 불행하게도 공동체 관념에 대한 그의 강조는 대륙의 개혁파 전통 속에서 오랫동안 잠자고 있었다.

자유 교회들의 전통 속에서, 특별히 미국에서, 공동체 관념이 꽃을 피우기 시작하였으나 그것에 대한 깊은 신학적인 성찰은 없었는데, 그것은 부분적으로는 그 동일한 풍토에서의 개인주의의 흡인력으로 말미암은 것이었다. 항변파인 헤링(G.J. Heering, *Geloof en openbaring*, 1937)에게 있어, 교회는 전적으로 부재하다. 메노파 교도인 카우프만(G.D.Kaufmann, *Systematic Theology*)에게서, 이것은 "사랑과 자유의 공동체"(29장)와 "하나님의 백성"(31장)으로서의 특별하지만 신중한 입장을 차지하고 있다. 내가 알고 있는 바, 다소간 자유 교회의 정신에서 이루어진 가장 철저한 토론은 Tillich의 *ST* III, pp. 162-172에서 "영적인 공동체"라는 제목하에 이루어졌다.

더 새로운 종교개혁적 신학에서는 공동체의 측면이 일반적으로 충분히 발달되지 않았다. 루터파에 대해서 말하자면, 그들은 아우그스부르크 신앙고백 VII장을 따랐으며, 모든 강조가 한 편으로는 은혜의 수단에, 다른 한 편으로는 개인의 신앙에 주어졌다. 트릴하스(Trillhaas)는 다른 측면들을 축소하였으며, 그런 연유로 해서 교회론을 후기(後記, VIII)에다 넣었다. 프렌터(Prenter, *Creation and Redemption*, 39장)는 그것에 더 많은 공간을 할당하였지만, 그도 역시 종말론적인 유보로 말미암아 매우 제한되어 있다. 알트하우스(Althaus, *CW* II)는 "공동체로서의 교회"(Die Kirche als Gemeinde, 51장)에 분명히 한 단락을 바쳤지만, 이와 대조하여 기관에 대한 10개의 단락을 갖고 있다(그러나 그는 공동체에 대해 한 권의 별개의 책을 바쳤다, *Communio sanctorum*, 1929.).

개혁파의 영역에서는 상황이 거의 더 낫지 못했다. 그러나 바빙크(Bavinck, *GD* IV, par. 53)는 내친 김에 카이퍼(Kuyper)가 선언하였던 "유기체로서의 교회" 개념을 언급하였다("제도로서의 교회"에 반하여). 날카로운 대비로 인하여, 화란 개혁 교회의 어떤 이들은 이 개념을 가혹하게 비판하였다; 그러나 이것은 더 좋은 값어치가 있다. 베버(Weber)의 주된 표제(*Gl* II, X: "공동체")는 많은 것을 약속하였지만, 설명은 조금밖에 제시하지 않는다(pp. 576-579, 590-596). 여기에서도 역시 바르트는 큰 예외였다. *CD* IV,1, par. 62에서 교회의 제도적인 측면(교회의 집회)을 더 많이(그러나 배타적이지 않게) 설명한 이후에, 그는 IV,2, par. 67에서 그것의 발전과 나뉘어 성장하는 일, 보존과 정치에 대해서 논의하였다. 동시에 브룬너는 좀더 과격하고 반제도적인 방향으로 훨씬 더 많이 나아갔다: *Dg* III, pp. 3-133을 보라. 그에 의하면 교회는 화해된 자들의 가시적인 형제애이며(pp. 21-22), 그들에게는 권위주의적이고 법정적인 모든 것이 낯선 것이다. 여하튼, 현세기의 중반 이후로 공동체의 측면은 마침내 강조되어 주목을 받고 있다. 또한 Küng, *The Church*, C: "교회의 기초 구조"와 Berkouwer, *The Church*, 4장을 보라. 이것은 부분적으로 신약에 대한, 특별히 바울에 대한 성서-신학적인 발견물들의 결과이다. 예를 들어, Schweizer, *Gemeinde und Gemeindeordnung im NT*; P.S. Minear, *Images of the Church in the NT*(1960), 그리고 R. Schnackenburg, *The Church in the NT*(E.T. 1974)를 보라.

A. 그리스도의 몸의 본성

그것의 성서적인 중요성으로 말미암아, 바울에게서 파생된 "그리스도의 몸"이라는 구절은 교회사에서 영향력을 갖게 되었다; 그리고 심지어 이것이 규칙적으로 오해되거나 혹은 전혀 다른 사고 형태로 통합된 진영에서도, 이것은 우리가 애당초 교회 안(in)에 있지 않을 뿐만 아니라, 우리가 우리 자신과 집단적으로 교회라는 사실을 상기시켜주는 것으로 사용되었다. 신앙의 연구는 이것이 신약에서 갖고 있는 모든 측면과 특징을 재현하는 것은 말할 것도 없거니와, 이 구절을 기본적인 개념으로 만들어야 할 의무가 없다. 그러나 마찬가지로 우리의 언어와 시간에 있어서, 이 구절은 의미와 표상에 있어서 너무나 시사적이어서 우리는 그것을 대치할 만한 더 나은 구절이나 비슷한 구절을 갖고 있지 않다.

더욱이 이 구절은 이미 신약에서 한 가지 이상의 의미를 가지고 있다는 사실에 의해서 훨씬 더 천거된다: 한 편으로는 머리에 의해 보충되고 다스림을 받아야 할 필요가 있는 인간의 몸의 관념이고; 다른 한 편으로는 모든 지체들이 서로를 보충하는 그 자체로서 통일성인 사회적인 몸, 즉 집단적인 몸의 관념이다. 이러한 관념을 고려해서 우리는 공동체로서의 교회에 필수적인 다음의 요소들에 이르게 되었다.

1. 만일 그리스도가 이 몸의 머리이시면, 이 공동체는 무엇보다도 먼저 공동의 그리스도와의 교제에 의해서 결정된다. 이 "그리스도와의 교제"가 수반하는 것은 이어지는 내용, 특히 다음 장에서 보여질 것이다. 여기에서는 무엇보다도 먼저 그리스도가 우리를 대신하여 그리고 우리 앞서 가셨던 길에 우리가 신앙을 통하여 참여하고 있다는 사실(communicatio)에 이 교제(communio)가 의존하고 있다는 사실이 진술되어야 한다. 이것은 그의 대표적인 삶과 죽음에 넘겨지심과 승리의 연속적인 전용(轉用)이다.

2. 따라서 이 교제는 은혜에 의해서 규정된다. 이것은 모든 죄와 결점에도 불구하고 그들이 그리스도 안에서 하나님에 의해 용납된다는 사실을 아는 사람들로 이루어진다. 이 교제에서 우리는 스스로 의로워지려는 시도와 우리 자신을 내세우려는 충동으로부터 해방되고 새로운 방식으로 우리 자신이 될 수 있다. 그리고 이 새로움은 우리 서로 간의 교제를 특징지어 주어야 한다: 회중은 우리가 그리스도를 위하여 서로를 용납해야 하고 정확히 우리가 그 안에서 스스로를 인식하는 "약자들"이 배려되는 장소이다. 이런 공동체가 어떻게 기능을 하는지는 로마서 14f.과 고린도전서 8장에서 찾아볼 수 있다.

3. 우리는 있는 그대로 버려지지 않고, 받아들여진다. 참여(communicatio)는 또한 집단적인 그리스도에 대한 순종을 포함해야 한다. 우리는 다스리는 머리가 있는 몸이다. 우리는 일생동안 그의 길을 통하여 우리를 위하여 이루어진 결정들에 순응해야 한다. 은혜와 순종은 그리스도에 대한 참여(communicatio)의 안과 바깥으로 불가분리적으로 함께 결합되어 있다.

4. 그리스도에 대한 이러한 참여(communicatio)는 이제, 우리가 간략하게 언급하였던 것처럼, 친교(communio), 즉 서로에 대한 사귐에 이르러야 한다. 이 communio가 없으면, communicatio는 신체가 없고, 개인주의적이며, 또한 단순한 내적인 경험으로 남게 될 것이다. 그러나 그것의 토대인 communicatio가 없으면, 상호간의 교제는 순전히 종교-사회적인 클럽의 교제가 된다. 그리스도는 자신의 교회를 떠나서 살지 않으신다. 그리스도

안에 있는 하나님에 대한 사랑과 이웃에 대한 사랑은 하나이고 분리할 수 없다. 우리의 인간성이 그것을 위하여 의도되었던 하나님에 대한 사랑과 사람에 대한 사랑의 단일성은 그리스도와의 교제와 동료-신자들과의 교제의 단일성에 의해서 교회 안에서 형성되어야 한다.

5. 이 교제는 다른 교제들을 배제하지 않는다; 그것들과 관련하여, 이것은 모범적이고, 비판적이고, 보완적으로 되어야 한다. "몸"이라는 단어와 더불어, 바울은 자신이 새로운 내용을 부여한 지금의 용어를 선택하였다. 우리가 알고 있는 대부분의 친교와 단체들은 피(血)나 관심이나, 목적의 단일성에 근거하고 있다. 그것은 이 공동체들을 매우 제한되게 만든다; 이것들은 그 특별한 성격으로 인하여, 많은 사람들과 삶의 영역들을 배제한다. 기독교적인 교제는 이런 모든 경계들을 넘어감으로써 그것의 특수성을 입증해야 한다. 원칙적으로 이것은 다른 교제들에 의해서 배제된 사람들: 즉 죄인, 고독한 자, 나그네, 하찮은 사람, 정신장애자, 목소리 없는 자들을 포함하여, 그 안에 포함된 모든 사람들(2를 보라)에게 이르러야 한다. 원칙적으로 이것은 삶의 모든 측면들, 또한 다른 친교 단체들에 의해서는 다루어지지 않는 측면들: 즉 구원, 미래, 죄, 삶과 죽음의 의미, 나그네와 이방인과 원수들의 권리를 토론의 주제로 삼아야 한다.

6. 이 모든 것에 함축된 것은 그리스도의 몸의 공동체가 높은 긴장의 상태 안에서 살고 있다는 사실이다. 한편으로 이것은 총괄적이어야 하며, 다른 한편으로는 모든 지체들이 하나의 머리에 대한 순종을 통하여 공동체적으로 행동하도록 고무되어야 한다. 머리가 없는 지체는 목표가 없고 활성이 없는 국가 교회로 되고, 지체가 없는 머리는 편협하고 율법주의적인 분파적 교회가 된다. 긴장을 해소하려는 경향은 너무나 커서 참된 기독교 공동체는 성령으로부터 오는 순전히 거저 주시는 은사로서만 존재할 수 있다. 그 이유는 중심적인 집단과 주변적인 집단, 전위(前衛)와 후위(後衛), 극단파와 화해파가 서로를 지체들로 진지하게 받아들이고 이렇게 해서 서로를 무시하지 않는 사랑 안에 서 있을 때에만 우리는 이 긴장을 견딜 수 있기 때문이다.

최근 수십년간에 신약에서 "그리스도의 몸"의 의미에 대한 많은 연구가 있었다. 이 연구는 두 가지 난점에 직면하게 되었다: (a) 소마 크리스투라는 용어는 구약이나 후대의 유대교나 영지주의로 거슬러 추적될 수 없다. 우리는 오히려 헬레니즘의 희랍에서의 특별히 비종교적인 용법을 생각해야 하는데, 여기에서 이 단어는 (우리와 같은) "인간의 몸"을 나타내고 또한 "집단적인 몸"(단체, 전체, 조직)을 지칭할 수도 있었다; 도시, 국가, 군대, 그리고 심지어 세계 자체도 소마라고 불릴 수 있었다. 고린도전서 12장에서 바울은 그 당시에 충분히 일반적이었던 은유를 사용하였다. 그는 구약의 "하나님의 백성"보다는 소마 크리스투를 선호했음에 틀림없는데, 그 이유는 후자가 그리스도에 대한 유일한 관계를 표현하지 못하였을 뿐 아니라, 헬레니즘 세계에서 기독교회가 (이스라엘이 한 국가로서 그랬던 것처럼) 유기체와 같이 존재하지 않고 우리가 지금 조직이라는 부르는 것, 즉 그래서 종종 소마라고 불렸던 형태와 좀 더 유사하였기 때문이다. (b) 소마-비유는 로마서와 고린도전서에서 에베소서와 골로새서에서와는 다르게 적용되고 있다. 처음에 언급한 서신들에서는 신자들이 그리스도 안에서 완전한 몸으로서 함께 있지만(롬 12:4f.; 고전 10:17; 12:12-27); 후자에서는 그리스도 자신이 이 몸의 머리이시다(엡 1:23; 2:16; 4:4, 12, 16; 5:23, 30; 골 1:18, 22, 24; 2:19; 3:15). 첫번째 집단에서는 서로간의 친교가 압도적이고, 두번째 집단에서는 그리스도와의 친교와 그를 향한 복종이 그러하다. 머리(케팔레)로서의 그리스도에 대한 칭호는 종종 이 구절(엡 1:22; 4:15; 5:23; 골 1:18; 2:19)과 연결되었지만, 또한 이것(고전 11:3; 골 2:18)과 상관없이 사용되기도 하였는데, 이 경우에 이것은 "주인" 혹은 "우두머리(長)"와 같은 것을 의미하였다.

이 비유의 사용은 소마 크리스투가 예수의 십자가에 달리시고 부활하신 몸과, 마찬가지로 성찬의 떡 속에서 우리에게 주어진 그의 몸을 나타낸다는 사실에 의해서 훨씬 더 복잡해진다. 약간의 구절들에서는 바울이 이 의미들을 소마로서의 교회의 비유와 결합하는 것이 가능하거나 혹은 분명하다(롬 7:4; 고전 10:16f.; 11:29; 골 2:9-13). 그리스도와 관련된 소마-비유의 다양한 적용은, 만일 이것들이 더불어 소위 "집단적인 인격" 개념이라는 공통요소를 띠게 된다면 그것의 통일성 속에서 가장 잘 파악될 것이다: 몸의 머리되신 그리스도 안에서 교회가 살아가는 결정들이 일어난다. 문헌 연구와 목록들에 대한 요약은 *TDNT* VII, s.v. soma(by E. Schweizer), in H. Ridderbos, *Paul*(E.T. 1975), IX와 Küng, *The Church*, pp. 224-240에서 찾을 수 있다.

"그리스도의 몸" 개념은 최근 수십 년간 교회론에서 현저하게 되었는데, 그 이유는 특별히 로마 가톨릭의 새로운 신학(nouvelle théologie)과 신앙과 직제 모임의 영향으로 말미암은 것이다. 그 이전에는 개신교만이 이 개념을 오직 불가시적인 교회에 적용하였고, 로마 가톨릭 신학자들은 그것을 피하였는데, 그 이유는 교회의 법적이고 계층적인 측면을 나타내는데 그것이 적합하지 않았기 때문이다. 그러나 로마 가톨릭의 새로운 신학은 그 안에서 비유 이상의 것, 즉 교회의 본질에 대한 지시를 보게 되었다: 교회는 문자적으로 유기적이고 존재론적인 의미에서 그리스도의 가시적인 외면, 즉 그의 계속적인 화육(incarnation)이다. 교황 피우스 12세(Piux XII)는 그의 칙령인 「몸의 신비」(*Mystici corporis*)(1943)에서, 이러한 종류의 사고의 반(反)계층적인 취지를 깨뜨리려고 하였다. 그러나 이 "생물학적인" 개념이 인격주의적인 용법과, 신랑-신부의 비유의 변형과 머리되신 그리스도에 대한 강조와 더불어 조화될 수 없다는 사실이 곧 분명하게 되었다(엡 4:15f.; 5:23ff.; 골 2:19). 제2차 바티칸 공의회 이후에, 로마 가톨릭 신학에서 이 비유는 "하나님의 백성"의 비유로 대체되었다. 로마 가톨릭 신학에서의 그리스도의 신비의 몸-신학(corpus Christi mysticum-theology)의 역사에 대해서는 F. Malmberg, *Eén lichaam en één Geest*(1958)과 H. Berkhof, in *Protestantse verkenningen na "Vaticanum II"*(1967), pp. 91-97을 보라.

유기적이고 존재론적인 개념에 대한 중요한 개신교의 반론은 이것이 여기에 비유적인 표상을 포함하고 있으며, 이 표상 안에는 머리와 몸 사이에 거리가 있다는 것이었다. 더욱이 어떤 이들은 "몸"을 유기체로서가 아니라, 기관, 즉 그리스도가 세상 안에서 그것을 위하여 일하시는 수단으로 생각하였다. 그러나 마침내 이것이 진정한 문제를 다루지 않았다는 사실이 분명하게 되었다. 이것은 사람이 그리스도와 그의 몸 사이의 친밀한 관계가 아니라, 이 관계의 성격을 인식하느냐의 여부이다. 주석적인 연구는 이 관계가 유기적이지도 기능적이지도 않고 집단적인 것임을 밝혀 주었다. 머리되신 그리스도 안에서 우리의 죽음과 부활이 대리적으로 일어났다; 세례와 신앙을 통하여 우리는 그의 몸 안에서 그가 우리를 위하여 행하신 일 안에 통합되며 우리 스스로 그의 몸이 되고 있다. 다른 사상의 흐름들로 인하여 너무 많은 부담을 안고 있지만, 이 비전은 일찍이 1953년에 바르트에 의해서, *CD* IV, 1, pp. 659-668에서 강하게 전개되었는데, 이것으로부터 "예수 그리스도 자신의 지상적이고-역사적인 존재 형태"(p. 661)라는 교회 정의가 유래하였다. 신앙과 직제 보고서인「한 주님, 한 세례」(*One Lord, One Baptism*, 1960)는 단체의 개념이 최고의 에큐메니컬적이고 신학적인 수준에서 작용하기 시작하였다는 증거였다. 더 상세하게는 H. Berkhof, "Tweeërlei theologie", in *Kerk en theologie*(July 1962), pp. 145-158; Berkouwer, *The Church*, pp. 78-91; 그리고 로마 가톨릭 진영에서는 Küng, *The Church*, pp. 234-241을 보라.

이러한 맥락에서 우리는 또한 이전 세기들에 많이 논의되었던 주제, 즉 소위 가시적인 교회와 불가시적인 교회의 관계를 다루게 되었다. 사실은 신자들의 공동체로서 제시되는 것이 참된 신자가 아니라 기껏해야 명목상의 기독교인들이며 최악으로는 위선자인 많은 이들을 포함하고 있다는 것이다. 이 사실의 인정은 교회가 처음으로 특권 집단이 되고 그 다음에 국가 교회가 되며, 모든 사람이 그것에 속하기를 원하게 만들었던 때인 4세기에, 특별히 나타나기 시작하였다. 그 때에 신학은 교회를 알곡과 쭉정이를 포함하고 있는 혼합된 공동체(corpus permixtum)로 보기 시작하였다(마태복음 13:24-30에 호소하면서). 어거스틴은 강력한 권징에 의해서 "흠이나 티가 없는 교회"를 세우려고 하였던 도나투스파와의 논쟁에 의해서 강요를 받아, 이 문제에 깊이 관여한 첫번째 사람이었다. 그의 다음 문장은 친숙하다: "바깥에 있는 것처럼 보이는 많은 사람은 실제로 안에 있고, 안에 있는 것처럼 보이는 많은 사람은 실제로 바깥에 있다"(*De baptism* V. 38). 이것은, 또한 그의 예정 교리를 고려할 때 가시적인 교회와 불가시적인 교회의 구분의 출현을 함축하였다.

로마 가톨릭 교회는 이 문제에 대하여 어려움을 덜하였는데, 그 이유는 교회의 중심을 계층적인 제도 안에서 발견하였기 때문이다; 벨라르민(Bellarmine)의 유명한 진술에 의하면, 교회는 "로마 가톨릭 백성의 모임이나 프랑스(골) 왕국, 혹은 베네치아 공화국"과 같은 방식으로 가시적이고 만져서 알 수 있는 것(visibilis et palpabilis)이다(*Disputationes*, 1588, Tome II,III,II). 그럼에도 불구하고 우리는 "두 종류의 회원됨"에 대해서 언급해야 하며, 가장 최근에는 그리스도의 교회가 가시적인 (로마 가톨릭) 교회와 일치하지 않는 다는 증대되는 인식이 있어왔는데, 이 통찰은 그리스도의 신비의 몸(corpus Christi mysticum)과 교회의 맹세(votum ecclesiae)의 교리 안에 통합되었다. 여러 가지 상황에 대한 개관은 G.C.Berkouwer, *The Second Vatican Council and the New Catholicism*(E.T. 1965), VII에서 찾아볼 수 있다.

루터파도 역시 그것의 제도적인 측면에 따라서, 교회를 가시적인 것으로 고려하였지만(말씀과 성례전에서), 그들은 그 결과, 즉 참된 신앙에 관해서는 교회가 불가시적이라고 덧붙였다. 츠빙글리와 칼빈은 이 주제에 훨씬 더 어려움을 갖고 있었는데, 그 이유는 그들이 어거스틴을 따라서, 한편으로는 선택을 강조하면서 다른 한편으로는 (적어도 칼빈은) 가장 순수하고 가능성있는 가시적인 교회를 추구하였기 때문이다. 따라서 종교개혁에서는 비록 그 관념이 가시적인 교회(의 정화)를 강조하는 것이었지만, 가시적인 교회와 불가시적인 교회 사이의 구분이 다시 살아있는 주제가 되었다. 부처는 가시(可視)성을 가장 크게 강조한 사람이었다. 신령파들과 경건주의자들은 정반대로 강조하였다. 개관에 대해서는 Bavinck, *GD* IV, no. 448과 492, 그리고 Weber, *Gl* II, pp. 601-605를 보라. 그들은 스스로는 불가시적인 교회에 대해서 가능한 한 거의 언급하기를 좋아하지 않았다. 이 경향은 보다 최근의 종교개혁 신학에서 계속되었으며 이제 로마 가톨릭 신학에서 정반대의 경향과 만나게 되었다(위를 보라).

"불가시적인 교회"는 용어상 모순되는 말이다. 그것에 의해서 의미되었던 것은 교회가 없든지(그 자체로서의 예정된 자들의 수[numerus praedestinorum]는 서로 간의 친교를 가져오지 못한다) 아니면 불가시적이지 않다(경건주의 운동에서 같은 생각을 가진 사람들의 무리들)는 말이다. 물론 교회는 그 문제에 대한 어떤 인간적인 제도와 마찬가지로, 가시적인 외면과 불가시적인 내면을 가지고 있다: 믿음과 소망과 사랑은 그 자체로서 불가시적이다. 그러나 모든 교회 멤버들이 다 신자는 아니라는 사실은 그 자체로서는 교회론적인 관심이 아닌 진리이다. 오랜 세기에 걸친 문제는 성격상 신학적이라기보다는 사회학적이다. 콘스탄티누스 황제의 시대가 마지막에 이르고 교회들이 모든 곳에서 자발적으로 되고 있었기 때문에, 이 문제는 그것의 긴급성을 잃어가고 있었다. 국가 교회에서 실현될 수 없었던 모든 소원들을 성취하는 불가시적인 교회를 신학자들이 꿈꾸었다는 사실을 우리는 이제 알고 있다.

이와 관련하여 주목을 끌 만한 가치가 있는 또다른 주제는 사도신경에 나오는 교회를 성도들의 친교(communio sanctorum)로서 묘사하는 것의 의미에 관한 주제이다("나는 믿습니다 … 성도의 친교를"). 단지 약 400년경에 이 조항이 사도신경의 어떤 판에 첨가되었다. 이 구절 자체는 "거룩한 것에 대한 참여"(행동, 신비, 성례전)의 의미로서 이전 세기에 일어났다. 그러나 거의 그만큼 오래된 것이 바로 "거룩한 사람들과의 친교", 즉 우리가 우리를 위하여 중보해줄 것을 요청할 수 있는 천상의 성인(聖人)들과의 친교라는 의미이다. 두 가지 개념이 나란히 존재하였고 양자택일로서 간주되지 않았는데, 그 이유는 두 가지가 다(죄 용서와 몸의 부활, 그리고 영원한 생명과 더불어) 사람이 교회를 통해 받게 되는 구원의 축복을 가리켰기 때문이다. 오직 카롤링거 왕조시대 이후에야 비로소 친교(communio)가 참여에 이어서 서로 간의 친교를 의미하게 되었고, 또한 '성도들의'(상토룸, sanctorum)라는 말을 성도들에 의해서 상호간에 제정된 친교라는 의미를 가진 주격 속격으로 만들었다.

하이델베르크 요리문답의 제55답에서는 옛 의미와 새 의미의 다행스런 결합을 제시하였다. 비록 불가시적인 교회로부터 오는 고발과 이상(理想)으로서 만이기는 하지만. 우리는 사도신경의 무수한 설명들에 의해서 친교로서의 교회에 대한 인식이 가장 제도주의적인 나라와 국가 교회들 안에서도 역시 살아 있었다는 사실을 모든 교회들에서 잘 알려진 새 개념의 탓으로 돌리게 된다. *RGG* II에 나오는 "Gemeinschaft der Heiligen" 항목을 보라; 또한 E. Wolf, *Pere-grinatio*(1954), 특히 pp. 283-288에 나오는 "Sanctorum communio" 항목을 보라(인간에 대한 너무 지나친 강조에 대한 염려로 말미암아, 그가 교회의 지체들의 상호적인 유대의 중요성을 충분히 인정하지는 않고 있지만).

B. 그리스도의 몸의 다양한 지체(membership)

　신약 성경에서 여러 차례, 몸의 비유는 몸이 구성하는 다양한 지체에 대한 강조와 연결되어 있다. 이것은 비유의 유희적(遊戲的)인 다듬기가 아니며, 그 차이가 통일체로서의 그리스도의 몸에 필수적인 것이며, 통일성과 차이점이 서로를 전제하고 있다는 통찰을 지시하는 것이다. 따라서 우리가 여기에서 가진 것은 우리가 서로 간의 친교라고 불렀던 것에 대한 더 발전된 정의이다. 바울이 그의 편지에서 이 친교에 대해 부여한 정확한 묘사는 지금까지 신앙의 연구에서나 기독교 신앙 그 자체 안에서 거의 주목을 받지 못했다. 관심은 개론에 제한되었다: 교회의 지체들은 서로 짐을 져주고 서로를 용서해야 하며, 서로를 돕고 격려하고 자비를 보이며 인내해야 한다. 이것은 물론 적절한 것이다. 그러나 이 관점에서 보면 마치 그들 모두가 같은 믿음과 같은 소망과 같은 사랑을 가지고 있는 것처럼, 모든 지체들은 원칙적으로 서로 비슷하다. 그러나 동시에 그들은 성령으로 말미암아 공동체로 통합된다. 그렇게 해서 그는 그들에게 그들의 인격적인 신앙과 더불어 지체들이 개별적으로 이 공동체의 발전에 기여할 수 있게 해주는 은사들(카리스마타)을 부여해준다.

　믿음으로 말미암아 하나님과 및 동료 인간들과 인격적인 관계를 받아들일 때에, 우리는 그 안에서 공동체와의 관계를 받아들이게 된다. 신약 성경에 의하면 후자는 전자로 환원될 수 없다 — 신학이 일반적으로 가정하는 것처럼. 아무도 스스로의 힘만으로는 구원의 풍성함을 소유할 수 없다. 공동체 역시 풍성함에 이르는 도상에 있을 뿐이다. 각 신자가 개인적으로 그의 작은 기여를 할 때에 이것은 그것을 향해 성장한다. 이 기여는 그의 자연적인 능력과 관련되기는 하지만, 일치하지 않는다; 하나님의 은혜를 통하여 이 능력들은 유용하고 순전하게 되며 더 넓게 적용된다. 우리가 우리의 피조된 존재 안에서 소유하는 능력과 기술의 다양성은 그리스도의 몸의 일부가 되며 인간과 공동체로서의 우리의 삶의 궁극적인 운명을 위하여 유용하게 사용된다.

따라서 카리스마타는 큰 다양성을 보여주며, 공통분모는 그리스도의 몸을 세우는 것이다("세움[upbuilding]"의 개념에 대해서는 C를 보라). 많은 사람들은 모든 종류의 외관상 중요하게 보이지 않지만 크게 필수적인 직무들 속에서 주제넘지 않고 이기적이지 않은 봉사를 한다; 어떤 이들은 행정과 경영, 계획의 은사들을 갖고 있으며; 다른 사람들은 감추어진 필요들을 발견하여 구제하거나 난폭한 불의를 지적하고 맞서 싸우는 능력을 가지고 있다; 여전히 다른 사람들은 훈계와 상담, 혹은 고독하고 갇혀 있는 환자들을 방문하는 은사를 가지고 있다; 어떤 이들은 유지되어야 하는 전통적인 신념들을 잘 변호하며, 다른 사람들은 미래에 관한 적절한 질문들을 다루는데 익숙하다; 어떤 이들은 복음을 외인들에게 잘 이해시키는 은사를 가지고 있으며, 다른 이들은 작은 어린이들을 위해서 그것을 할 수 있지만, 또다른 이들은 10대 청소년들에게 그것을 잘 할 수 있다; 한 쪽은 교회 자신의 현관 계단에 적당한 직무들을 위한 날카로운 눈을 가지고 있으며, 다른 쪽은 세계적인 도전들을 위한 혜안을 가지고 있다; 한 편에 대해서는 특별히 하나님과의 은밀한 교제가 주어졌으며, 다른 편에 대해서는 사회적인 일들에 대한 복종이 주어졌다.

이렇게 함께 일하면서, 각자는 에베소서 3:19이 말씀하는 것처럼, 하나님의 모든 충만으로 교회를 채우기 위하여 각자의 역할을 수행한다. 이와 관련하여, 전체로부터 보았을 때, 어떤 사람도 작은 부분 이상의 것을 수행하지 않는다. 그리고 각자가 은사를 소유하고 있으나 그 자신은 갖고 있지 않은 많은 다른 사람들의 작은 부분들로 말미암아 단순히 그는 이것을 할 수 있다. 더불어서 우리가 머리되신 그리스도에게 의존하고 있는 것처럼, 우리는 더불어서 지체된 서로에게 의존하고 있다.

교회의 카리스마적인 구조를 진지하게 고려하게 되면 성직권주의와 목회자들이 다스리는 교회에 종지부를 찍게 될 것이 분명하다. 그러나 이것이 직분의 끝이 되지는 않을 것이다; 이와는 반대로, 직분이 그것의 은혜를 매개하는 기능에 의해서 교회에 제공할 수 있는 지도력에 대해서 39장의 논제 8에서 언급된 것을 따라서, 정확히 카리스마적인 구조가 여전히 직분의 또다른 기능을 강조한다는 사실이 분명하다: 교회의 활동에서 은 사들을 발견하고 포함하는 과제뿐만 아니라, 필요한 곳에서, 그들이 실제로 이 은사들을 공동의 행복을 위하여 사용하도록 이것들을 소유하는 사람들을 억제하는 것도 역시 이것에 속한다. 이 활성화와 은사들의 활동으로 들어가는 것과 마찬가지로, 은사들을 식별하고 시험하고 통제하는 것이 없으면, 교회의 다양한 구조는 획일적인 엄격함이나 혹은 여러 형태의 혼동 속에서 상실될 수 있다.

소마의 다양한 구조에 대한 강조가 로마서 12:4f.; 에베소서 4:16, 25; 5:30; 골로새서 2:19에서, 그리고 고린도전서 12장의 가장 잘 다듬어진 표상 속에서 발견된다. 로마서 12장과 고린도전서 12-14장에서 바울은 이 다양한 구조와 관련하여 "카리스마"라는 용어를 사용하는데, 이 용어는 또한 베드로전서 4:10에서도 이런 의미로 나타나고 있다: 그 외에 그는 이것을 "(은혜로운) 선물"이라는 좀더 일반적인 의미에서 사용하고 있다. 고린도전서 13장에서 믿음과 소망과 사랑의 "일반적인" 은사들은 카리스마타나 혹은 프류마티카(14:1)와 분명하게 구분된다. 바울은 이것들을 결코 카리스마타라고 부르지 않지만, 이와 관련하여 성령의 "열매"(단수)에 대해 갈라디아서 5:22에서 언급하였다(고린도전서 12:9에 나오는 카리스마로서의 "신앙"은 다른 어떤 것, 아마도 하나님의 기적을 일으키시는 능력에 대한 특별한 신뢰일 것이다. cf. 13:2).

소마의 카리스마적인 구조에 대한 인식은 아주 일찍 사라졌다: 오로지 수동적인 "무리"만이 직분의 계층적인 구조의 적절한 보완물이었다. 이 연관에서 두드러진 것은 Thomas, *ST* III, q. 171-178에 나오는 다수의 은사들(diversae gratiae gratis datae)에 대한 언급: prophetia, raptus, linguae, sermo, sapientiae, sermo scientiae, miracula이다. 그러나 부분적으로 그것이 개인주의적인 덕에 관한 교리의 구조틀 안에서 설정되었다는 사실로 말미암아 이것은 아무런 효력이 없었다. 종교개혁도 변화를 가져오지 못했다. 이와 관련하여 신학적일 뿐만 아니라 실천적인 유일한 예외는 부처였다; van 't Spijker, *De ambten bij Martin Bucer*, pp. 333-341을 보라. 카리스마적인 측면은 자유 교회들에서 어느 정도로, 이단 종파들에서는 더욱 많이, 그러나 일방적으로 인정

되었다: 그러나 통찰력있는 신학은 없었다. 오로지 가장 최근에, 그 다음에는 머뭇거리며, 우리는 신학이 카리스마적인 측면에 주목하고 있는 것을 본다: 흥미롭게도 이것은 로마 가톨릭 신학에서 가장 많이 이루어졌다. Küng, *The Church*, pp. 179-191을 보라. 그러나 그는 이 개념을 너무 모호하게 만들었는데, 그 이유는 사랑도 이것에 속하며, 이것이 거의 "봉사"와 일치하며, 직분의 개념에서 절정에 이르기 때문이다(E II를 보라). Küng의 정신을 따라서, 하젠휘틀(G. Hasenhüttl)은 이 주제에 관한 광범위한 연구서인 *Charisma Ordnungsprinzip der Kirche*(1969)를 저술하였는데, 우리는 더 많은 문헌을 위해 이 책을 참고한다. 또한 K. Rahner, "Observations on the Factor of the Charismatic in the Church," in *Theological Investigations*, XII(E.T. 1974), pp. 81-97를 보라. 이 개념은 또한 불가코프(S. Boulgakof)의 성령론인 *La paraclet*(1946), pp. 272-326에서도 고려되고 있다. 나아가서 G. Eichholz, *Was heisst charismatische Gemeinde?* 1 Kor. 12 (1960)를 보라.

신약에서 은사들이 자연적으로 혹은 초자연적으로 고려되었는지의 여부는 논쟁의 여지가 있다. 여하튼 간에, 모든 은사들이 본성상 황홀하다는 것은 사실이 아니다: 또한 고린도전서 13장에서 이것은 단순히 방언의 사례에서만 그러하였으며(*TDNT* IX, s.v. charisma, p. 404에 반하여), 바울은 그것을 최소한의 중요성으로서 고려하였지만, 불행하게도 오순절 교파에서는 중심적인 은사가 되었다. 이 문제에 대해서는 고린도전서 12장과 로마서 12장 사이에 실제적인 차이가 존재한다. 물론, 고린도전서 12장의 은사들은 일반적으로, 본성상 황홀한 것은 아니지만, 적어도 특별한 은사들이라는 인상을 준다: 8-10절에 나오는 은사 열거를 보라: 로마서 12:6-8은 "예언"과는 별개로 훨씬 더 "일반적인" 은사들을 언급하였다. 오순절 그룹들은 특별히 고린도전서 12장에 호소한다: 교회들은 — 만일 그들이 그것에 주목하고 있다면 — 로마서 12장에 주목한다. 여전히 또다른(직분과 더 관련된) 열거는 에베소서 4:11에서 주어진다. E. Käsemann, *RGG* II, s.v. Geist und Geistesgaben 3과 U. Brockhaus, *Charisma und Amt*(1972)를 보라.

고린도전서 12장에서 몸과 그 지체들의 표상을 상술함에 있어, 바울은 서로를 보완하기 위해 은사들이 어떻게 의도되었는지와 몸의 통일성과 전체성을 위한 그것들의 의미에 대하여 능가될 수 없는 표현을 하였다: 은사들은 자랑하기 위하여 의도되지 않았다; 대신에 이것들은 우리가 이 은사들을 가지고 섬겨야 할 다른 지체들에 대해서 우리에게 지시해준다; 따라서 심지어 가장 작은 은사를 가진 지체라 하더라도 그처럼 많은 지체들에 의해 섬김을 받기 때문에 가장 큰 영광을 받는다고 할 수 있을 것이다(22-26절). 이 가운데 많은 것이 제도화된 기독교 공동체들 안에서는 발견되지 않는다. 아마 이것은 미국에서 발전된 자유교회 형태에서 가장 널리 펴져 있을 것인데, 이 곳에서는 그가 소유한 은사들에 따라서 각 지체가 서로 관련되려고 노력한다. 제2차 세계대전 이후에 이론적으로는 유럽에서도 역시 시작되었지만, 실제에 있어서는 훨씬 더 큰 어려움을 갖고 있었다. 은사들을 부지런히 찾아서 그것들을 전체를 세우는데 포함시키는 것은 교회의 회의의 과제가 되어야 한다.

우리는 각 지체가 은사를 갖고 있다고 말하는 것을 의도적으로 피하였다. 우리의 판단으로는 이것은 고린도전서 12장에서 결론으로 도출될 수 없다. 이와는 반대로, 우리가 22-27절에서 읽는 것처럼, 어떤 지체들은 그들의 수동성으로 인하여, 즉 다른 사람들에게 섬김을 수행할 기회를 제공함으로써 다른 사람들을 섬긴다. 우리의 견해에 의하면, 이것은 신앙의 연구뿐만 아니라 실제에 있어서도 중요한 고찰이다. (외관상) 단순히 받기만 하는 교회의 사람들이 있다는 사실은 정당한 것이다. 심지어 우리의 교회론에서도 우리는 모든 종류의 지체: 즉 입문자와 세례지원자, 지도자와 추종자, 적극적인 지체와 주변적인 지체가 있을 수 있다는 사실을 고려하지 않는다. 그리스도의 몸 안에서 모든 사람은 거짓 허세를 부릴 필요성으로부터 해방되고 있다. 신앙의 연구는 최상의 기독교인들만을 고려한다. 이것은 교회론에 비실재적인 것, 심지어 가현적인 것을 첨가하게 된다. 이 장에서 우리는 심지어 이런 시도에서도 우리가 충분히 성공하지 못하였다고 생각하지만, 그것으로부터 벗어나려고 노력하였다.

이 전망은 직분의 의미에 새로운 빛을 비추어준다. 한편으로 이것은 그 자체로, 은사나 혹은 은사들의 결합에 근거하고 있다(지도력을 공급하고, 교육을 하며, 영들을 분별하고, 등등); 다른 한편으로는, 은사들이 상치되게 작용하지 않도록 예방하고 이것들이 그들의 목적, 즉 한 몸을 "세우는 일"(오이코토메)

에 이바지한다는 것을 확실하게 하는 일이 요청된다(고전 14:5, 12, 26; 엡 4:12, 16). 은사들의 풍성함이 크면 클수록, 은사들의 사용에 있어서 조직과 통합과 권징의 필요성도 점점 더 커진다; 따라서 바울은 **탁시스**(질서)에 대해서 언급하였다. 이와 관련되어 있는 것이 오용(誤用)과 감당못할 일들을 예방하기 위한 필요이다; 그러므로 영들을 분별하는 은사가 필요하다(고전 12:10). 따라서 활성화시키고 예방하며, 여지를 만들고 한계를 설정하는 이중적인 과제가 존재한다. 에베소서 4:8-16에서 이 과제는 특별히 우리가 지금 직분맡은 자들이라고 부르는 이들에게 위탁된다. "성령을 소멸치 말며, 예언을 멸시치 말고, 범사에 헤아려 좋은 것을 취하고"(살전 5:19f.).

이것의 카리스마적인 구조는 개인주의와 집단주의, 무질서와 획일성에 대하여 교회를 보호하고, 교회를 모든 책임적인 사회를 위한 훈련학교와 모델로 만든다. 이 목적에 이바지하기 위해 은사들의 질서와 내용은 시대와 상황에 따라 변할 수 있다. 상수(常數)는 은사들이 어떤 형태를 취하든지 간에, 이것들이 카타 텐 아날로기안 테스 피스테오스, 즉 신앙의 객관적인 내용과 주관적인 통찰에 따라야 하며, 소마의 건덕(建德)과 일치에 이바지해야 한다는 것이다. 은사들을 성령론 전체에 통합하려는 철저한 시도는 C. Heitmann과 H. Mühlen (eds.), *Erfahrung und Theologie des Heiligen Geistes*(1974)에 의해서 이루어졌다.

이 문맥에서는 만인 제사장직의 개념에 대해서 몇마디 하는 것이 적절하다. 이것은 출애굽기 19:5f.와 베드로전서 2:9에 근거하고 있다; cf. 또한 이사야 61:6; 요한계시록 1:6과 5:10을 보라. 이 구절들에서 일차적인 관심은 하나님에 대한 직접적인 접근이며 그에 대한 섬김이다. 그러나 출애굽기 19:5과 이사야 61:6과 9에서 이것은 세계에 대한 관계를 포함하며, 베드로전서 2:9에서는 "이는 너희를 어두운 데서 불러내어 그의 기이한 빛에 들어가게 하신 자의 아름다운 덕을 선전하게 하려 하심이라"라고 공표된다. 종교개혁에서 모든 신자가 매개하는 직분 없이 원칙적으로 하나님께 직접 나아갈 수 있다고 한 관념은 매우 중요한 것이었다. 다른 측면, 즉 세상에 대한 관계는 단순히 현세기에 더 큰 강조를 받고 있다. 이 측면들 중 어느 것도 공동체로서의 교회와는 직접 관련이 없다. 이 후자의 측면은 루터에게 호소하면서 알트하우스가 그 안에서 간파한 것, 즉 지체 상호간에 대한 상호적인 책임감이다(*CW* II, pp. 298, 308f.). 가장 최근에는 교회의 지체들이 성숙하였고 그들 자신의 입력 정보와 결정들을 직분자들과 함께 공유할 권리를 갖고 있다는 사실을 그 안에서 읽는 것이 관례가 되었다. 이것은 이 성경 구절들 속에서 언급된 것이 아니지만, 실제로 교회의 카리스마적인 구조 안에 포함되어 있다. 신자들의 일반적인 제사장직에 대한 상세하고 철저한 논의를 위해서는 Küng, *The Church*, pp. 370-379를 보라.

카리스마적인 구조의 이러한 그림은 그리스도의 몸이 이기주의와 자기본위와 게으름으로 특징지어지는 세계 안에서 얼마나 상처입기 쉽고 위험한지를 우리에게 알려준다. 성령의 능력은 그럼에도 불구하고 이런 기획을 야기시킬 만큼 충분히 강력한가? 교회는 이 능력을 충분히 믿고 있고, 그것에 대해 열려 있는가? 성령의 모든 활동은 싸움의 징표를 지니고 있다; 그러나 어느 곳에서도 이곳보다 더 분명한 곳은 없다. 왜냐하면 여기에 교회의 일치뿐만 아니라, 불일치의 근원이 있기 때문이다. 카리스마적인 구조는 한 몸의 필수적인 전제일 뿐만 아니라 일이 잘못되었을 때 그것의 최대의 위협이기도 하다. 단일성은 하나님의 모든 활동의 표지이다. 교회는 원칙적으로 단수: 신부, 성전, 하나의 무리이다. 그러나 우리는 세상에서 그리스도의 형태가 나누어지는 외관상으로는 가능한 불가능성에 직면한다. 이것은 섬기고 세우도록 의도된 은사들이 서로 상치되는 일을 하거나, 혹은 어떤 경우에는 다른 사람들의 유익보다는 소유자들의 유익을 위하여 더 많이 사용되기 때문이다. 죄는 은혜의 선물들을 그것의 정반대되는 기능으로 바꾸어 놓는다. 여기에서 우리는 성령의 활동이 여전히 얼마나 일시적이며 바울이 "육"이라고 부르는 것에 대한 그의 투쟁이 얼마나 힘겨운 것인지에 대한 가장 분명한 증거를 갖고 있다.

교회는 여러 형태로 있도록 의도되었다. 은사들의 다형태성이 크면 클수록, 하나의 몸은 더욱더 풍성하게 된다. 그러나 만일 각자가 그 자신의 은사들을 다른 사람들의 은사보다 더 중요한 것으로 간주하게 되면 정반대의 일이 일어난다. 그렇게 되면 은사들은 서로에 대해 불화하게 되고, 스스로를 교회라고 부르는 모든 종류의 공동체들이 한가지 혹은 더 많은 은사들: 즉 신앙의 특별한 요소들에 대한 통찰("순수한 교리"), 교회의 "성경적" 형태, 참된 전통, 시대와 "함께" 있음, 참된 직분, 중생의 표지들, 특별한 윤리, 방언 말하기, 성화(聖化)에 대한 강조, 등등의 주변에 모이게 되는 불일치가 일어나게 된다. 더욱이, 모든 각 교파는 그 특정한 입장을 견지함으로써 참된 복음으로 나아간다는 사실을 확신하게 되며, 그 결과로서 많은 경우에 은사들의 분열이 참된 신앙을 위한 싸움을 가장하여 나타난다. 그리고 만일 다른 곳에서 은사적인 구조가 제한되거나 혹은 더 이상 성령의 지도하에 있지 않다면 이것은 실제로 위험하게 될 수도 있다. 어떤 교회들은 가능한 한 많은 은사들에 대해 여지를 허용함으로써 불일치를 중화하려고 노력하며, 그럴 때에 이것들은 체계 없는 교회 안에서 나란히 존재하게 된다. 이러한 무질서를 중화하기 위해, 교회는 은사들을 엄격한 계층적인 감독하에 둠으로써 억제한다. 그러나 이런 모든 형태들은 하나의 은사적으로 조직된 그리스도의 몸을 위한 대용물들이다.

이렇게 육체는 성령을 거스려 싸운다. 그러나 역시 정반대의 일이 일어난다. 재삼재사 신자들과 그들이 속한 공동체들은 이 분열을 부자연스런 것으로 경험하며, 어느 정도의 기간 후에 다시 다른 신념을 가진 이들과의 접촉을 추구한다. 이렇게 해서 이중적인 운동이 있게 된다: 일치에서 분열로 그리고 분열에서 일치로의 운동이다. 신앙의 연구는 분열성을 충분하게 설명할 수 있는 이론을 고안함으로써(그리고 그렇게 해서 이것을 다소간 정당화함으로써) 이 싸움을 초월할 수는 없다. 이것은 우리가 이 싸움에서 서 있는 곳을 우리에게 단순히 알려줄 수 있다. 이것은 무엇보다도 우리가 우리 자신의 통찰들을 주장하지 않고, "사랑 안에서 진리를 말하며, 머리되신 그리스도에게까지 모든 면에서 성장하기 위하여"(엡 4:5) 준비되어야 한다는 것을 의미한다. 만일 우리가 결여하고 있는 은혜의 선물들에 의해 우리가 섬겨지도록 겸손하게 우리 자신을 허용하도록 동시에 준비되어 있지 않으면 이 성장은 불가능하다. 그리고 이어서 만일 우리가 방어하고 싶어하는 진리가 우리의 지식을 초월하고 또한 우리가 모든 성도들과의 교제 속에서 단순히 이해할 수 있는 사랑의 진리이며, 따라서 경멸과 질투, 혹은 경쟁을 위한 여지가 남아있지 않다는 사실을 우리가 인식하지 않는다면 이것은 불가능하다.

이것은 그 자체로서의 일치가 중요한 것이 아님을 의미한다. 그리스도 안에서의 일치는 조건적이며 따라서 비판적인 일치이다. 이것은 그것의 배후에 우리가 그리스도 안에서 결합되지 않은 모든 운동이나 단체 혹은 교회들과의 단절을 만들어낸다. 이렇게 해서 정당하고 요청된 분열이 존재한다. 그러나 성령의 활동의 이 단계에서는 "알곡과 가라지"의 분리가 결코 최종적이지 않다. 규칙적으로는 우리가 처음에 합법적으로 가라지로 간주하였던 것 속에서 성령께서 활동하시며 우리가 생각하기에 항구적이었던 경계선들을 우리가 겸손하게 넘어가도록 그가 초대하신다는 사실이 밝혀졌다. 이 싸움에는 우리가 스스로 동여맬 수 있는 일치를 위한 것이 존재하지 않는다. 성령도 역시 그 일을 하지 않으신다; 성령은 혼돈의 뒤죽박죽 속에서 하나님의 미래의 새로운 공동체를 계속해서 창조하신다.

성경에 나오는 하나님의 활동의 일치의 중요성에 대해서는 예를 들어, *TDNT* II, s.v. heis를 보라. 종종 인용되는 구절인 요한복음 17:21(cf. 22f.)은 또한 성부와 성자와의 친교에 의해서 형성되는 일치에 관한 것이라는 사실이 분명하다. 더 나아가서 빌립보서 2:2에 나오는 헨 프로눈테스에 대한 훈계는 무엇보다도 먼저 우리가 더불어 그리스도를 본받아야 한다는 것을 의미한다(cf. 5절). 분열은 이미 이스라엘에서 시작되었다. 12지파의 일치는 짧은 기간 지속되었지만, 예언적인 정신은 분열을 결코 묵인하지 않았다(왕상 18:31; 렘 31; 겔 37:15-28, 등등). 그러나 신약에서는 이스라엘에서 또다른 분열, 즉 그리스도의 공동체와 다른 공동체들 사이의 분열이 일어났다. 그러나 교회에서도 역시 일치는 팔레스타인과 헬라파 유대 기독교인들 사이에서(행 6:1-6)와 유대인과 이방인 기독교인들 사이(행 15; 갈)의 긴장에 의해서 처음부터 위협을 받았다. 이런 이유로 해서 일치에 대한 진술들은 기도의 문맥 속에서(요

17:31)나 혹은 — 대부분은 — 훈계의 문맥 속에서(고전 1:10-13; 3:1-7; 엡 4:1-6; 빌 2:1-5 등등) 나타난다.

특별히 고린도전서에서 바울은 떠오르는 불일치와 싸운다. 고린도전서 12-14장에서 이 불일치는 분명하며 다른 구절들 속에서는 아마도 은사적인 구조와 연결되어 있는데, 이것은 우월감이나 열등감의 감정을 불러일으키며, 긍지와 질투로 연결된다. 그럼에도 불구하고, 모든 은사들은 사랑의 봉사를 행하도록 의도된다; 따라서 오직 사랑만이 통합의 힘이 될 수 있다(고전 13). 대안은 "분리"(12:25)이다. 고린도전서 12장은 정상적인 교회 생활에 대한 그림을 제공하거나 이상적인 청사진을 제공하지 않고, 갈등의 상황 속에서 새로운 일치를 향한 길을 지시하도록 의도되었다는 사실을 명심해야 한다.

교회사는 이러한 갈등의 상황으로 가득 차 있다. 분열되지 않은 고대 교회에 대해서 말하고 1054년(동방 교회)이나 1517년(로마 가톨릭) 이후의 큰 교회 회의들 이후에만 분열을 언급하는 것은 착각이다. R. Rouse와 S.C.Neill, *A History of the Ecumenical Movement*(1954), pp. 1-24와, 그리고 특별히 초대 교회에 대해서는 S.L.Greenslade, *Schism in the Early Church*(1953)을 보라.

아주 초기에 스스로를 "가톨릭"이라고 불렀던 교회는 다른 교회들을 "분파"나 혹은 "이단"으로 부르기 시작하였다. 이 구분은 더 이상 활용될 수 없다. 1870년 이후로, 로마 가톨릭 교회에 있어서, 이단은 교황과의 단절을 의미한다; 역으로 말해서 교회와 단절하는 사람은 후자를 이단적인 것으로 간주할 것이다. 최근에는 영국 국교회의 "가지 이론"과 아브라함 카이퍼의 다형태론에서와 같이 좀더 관용적인 명칭이 나타났다. 더욱이, 특별히 "불가시적인 교회"의 교리는 교회의 분열을 실제보다 더 좋게 보이게 만드는데 이용되었다.

현세기에 와서 에큐메니컬 운동은 부분적으로는 서구의 개인주의에 의해 고무되었던 교회들의 계속되는 분열에 대한 커다란 반대 운동이 되었다. 세계교회협의회 안에서의 일치를 향한 노력에 대한 개관은 W.F.Golterman's *Eén Heer één Kerk*(1956)에서 찾아볼 수 있다. 소위 "뉴델리의 일치 신조"(1961)는 지금까지 성찰의 결론이었다. 그러나 세계교회협의회는 일치와 분열에 관한 자신의 일치에 대한 비전은 갖고 있지 않다: 각 회원 교회는 자신의 교회적인 전망들에 따라서 이 문제에 대한 자기 자신의 개념을 갖고 있다. 또한 세계교회 협의회의 논문집인 「일치란 무엇을 의미하는가」(What Unity Implies, 1969)를 보라. 초기 단계에서는 모든 강조점이 일치나 혹은 "유기적인 일치"에 주어졌던 반면에, 1961년 이후에는 일치 내에서의 정당하고 필수적인 다양성이 다시 훨씬 더 강조되었다. 그러나 어느 누구도 완전한 획일성이나 다원주의적인 연방주의를 원치 않는다. 그러나 당분간은 일치를 향한 시도들이 연방주의적인 중재적 형태의 흐름을 좀더 따르며, 특별히 "공의회"의 개념을 사용하는 것으로 나타난다.

그것을 정당화하지 않은 채로 분열을 주목하면서, 이 주제에 관한 더 깊은 이론 작업을 위해서는 Barth CD IV,1, pp. 668-685; H. Berkhof, Gods éne kerk en onze vele kerken(1953); 세계교회 협의회의 에반스턴 모임의 1부 보고서(1954); 제2차 바티칸 공의회의 Decretum de oecumenismo(1964); Küng, The Church, pp. 269-296; Berkouwer, The Church, 2와 3장을 보라.

C. 그리스도의 몸을 세움

그렇게 조직된 몸이 정지된 채로 남아 있는 것은 바울의 의도가 아니다. 그는 기계적인 "몸 세우기"의 표상과 마찬가지로 "성장"의 유기적인 표상도 사용하였다. 여기에서 우리는 두번째 표상으로부터 시작하는데, 그 이유는 이것이 인간적인 활동과 책임감의 관념을 직접 상기시켜 주기 때문이다. 더욱이 이것은 그리스도의 이 몸이 아직 완성되지 않았으며, 여전히 정해진 운명에 이르는 도중에 있다는 관념을 전달한다. 우리는 여기에서 바울이 성장과 몸 세우기에 대해서 언급한 것을 재현하는 것이 아니라(양 관념이 A와 B에서 다루어진 모든 종류의 관념들을 포함하고 있다), 교회에 대한 우리의 사고 안에 이 개별적인 차원을 포함할 필요성을 강조하는데 관심이 있다. 교회는 하나님이 그의 계약에 따라서 거하시는 집이다. 그러나 이것은 단연코 우리 가운데에서의 그의 결정적인 거하심이 아니다. 이 현재의 거하심은 여전히 일시적이고 불완전하고 부분적이다. 하나님이 실제로 이 집에 거하신다는 것은 현재의 거주자들이 이것을 지금 경험할 때 하나님의 집의 형태에 만족하는 것을 불가능한 것으로 생각한다는 사실로부터 분명하다. 그들은 이것이 완성되지 않았으며 나아가서 건축이 필요하다는 것을 알고 있다. 역사의 과정에서 새로운 벽돌이 언제나 추가되어야 하고, 새로운 도전이 이루어져야 하며, 새로운 청사진이 그려져야 한다. 건축의 활동은 — 언제나 동일한 토대 위에서 — 계속되어야 하고, 이미 건축되었던 것을 지속하면서도, 지금까지 성취된 것이 궁극적인 목표와는 결코 일치되지 않는다는 사실을 알아야 한다. 이것은 계속적인 활동이며, 따라서 한 가지 안에 있는 전통과 갱신이다.

혹은 다른 표상을 사용하면: 교회는 성장할 수 있으며, 완전한 성장에 도달하기까지는 여전히 길이 멀다. 조용하게 서 있는 것은 언제나 퇴보하는 것이다. 하나의 교회가 된다는 것은 자신보다 앞에 있고 자신을 넘어서 나아가며, 현재에 결코 만족하지 않고 영원히 새로운 도전과 과제를 추구하면서 쉼없이 활동한다는 것을 의미한다.

이 성장이나 몸 세우기는 이중적인 것으로서 외연적이고 내포적이다. 한편으로 이것은 양적이다: 교회는 땅끝까지 성장하고 확장해야 한다. 교회의 주님은 세상의 주님이시다. 지리적이거나 사회적이거나 정치적이거나 간에, 교회의 삶과 활동에 주어진 모든 제한은 이것을 극복하기 위한 도전을 구성하게 된다. 다른 한편으로 이것은 질적이다: 만일 주님에 대한 완전히 비참한 반성이 없다면, 교회는 언제나 단순히 깨어진 것에 불과하다. 각각의 시기와 상황에서 교회는 자신이 받았던 구원과 그로 말미암은 믿음과 소망과 사랑의 삶을 위한 신선한 근원에 이르는 새로운 통찰을 열어놓아야 하며, 그렇게 해서 모든 분야에서 성령이 특별한 순간에 교회 앞에 두신 도전들에 응답할 수 있다.

함의(含意)는 자기 비판이 교회의 본질의 일부라는 것이다. 동시에 근원과 표준이 되시는 그리스도와 함께 사는 것은 내재적인 불만족을 포함한다. 그러나 이것은 헛된 자기 고발과는 정반대이다. 모든 결점을 지니고 있는 교회를 붙드시는 동일하신 성령은 교회가 새로운 발걸음을 앞으로 내딛도록 격려하신다. 우리가 교회로서 가져야 하는 자기 비판은 동시에 우리를 교회로부터 소외시킬 수 없다; 그 이유는 성령이 우리를 위하여 꾸며 놓으신 이 공간은 동시에 우리가 아직도 결여하고 있는 표준에 의해서 교회(와 교회 안에 있는 우리 자신)를 평가하기를 배우는 공간이기 때문이다. 그러므로 이것은 교회가 교회로서 죄를 지을 수 있느냐의 문제가 될 수는 없다. 제도는 죄를 지을 수 없지만, 교회에 의해서 그 안에서 세워지고 있는 공동체는 그 세움의 과정의 궁극적인 목적과 관련하여 내내 죄를 짓는다. 죄가 무엇이며 우리가 우리의 자기 추구와 게으름에 의해서 얼마나 많은 죄를 짓고 있는지를 실제로 이해하기 시작하는 것은 성령 안에 계신 그리스도가 죄인들과 함께 거하시는 정확히 이 공동체 안에서라는 사실을 우리는 여기에 덧붙여야 한다. 정확히 교회는 우리가 우리의 죄책을 볼 수 있게 하며 우리가 스스로를 비판하도록 가르쳐주는 진정한 훈련 학교가 되어야 한다; 동시에 이것은 우리가 그곳에서 듣는 용서의 말씀과 우리가 세우는 일을 계속하도록 우리에게 주어진 준비와 관련하여 죄책과 자기 비판에 대한 인식에 제한을 두는 장소가 되어야 한다.

마지막으로, 직분의 기능을 다시 한 번 더 설명하는 것이 필요하다. 우리는 직분은 은혜의 매개에 봉사하는 기능이며(39장 논제 8), 다음으로 이것이 은사적인 공동체의 지도자로서 봉사한다는 사실을 발견하였다(40장 논제 B). 이제 우리는 이것을, 현상태에 만족하지 않고 자신의 한계들을 발견하고 능가하도록 회중에게 도전하고 훈련해야 하는 작인(作因)으로 본다. 이것은 성도들을 장비(裝備)하게 하는 직무이며, 따라서 성장은 방해되지 않고 건덕(建德)도 중단되지 않는다. 그러므로 직분자들은 전통의 관점으로부터 미래로 나아가는 길을 찾는 사람들이 되어야 하고 회중과의 계속적인 대화를 통하여 이 일을 계속하면서, 그들의 은사로 말미암아 마침내 전체 공동체가 그들을 따르게 되는 바른 방향으로 이미 나아가고 있는 사람들을 찾으려고 노력한다.

신약에서 세우기와 성장의 표상은 약간은 빈번하게, 대부분은 바울에게서 나타난다. 바울의 "몸 세우기"의 관념에 대해서는 Ridderbos, *Paul*, X, pars. 68f.와 그곳에서 인용된 문헌을 보라. 신약에 나오는 "성장"의 관념에 대해서는 W.H. Velema, *De geestelijke groei van de gemeente*(1966)과 그곳에서 언급된 문헌을 보라. 몸 세우기의 표상은 바벨론 유수(幽囚) 이후에 땅과 도시와 성전을 재건축하는 일에 대한 구약의 예언자의 기대와 관련되는데, 이것은 특별히 J.H. Roberts, *Die opbouw van die kerk volgens die Efese-brief*(1963)에 의해서 논증되었다. 그러나 이것이 시작되었지만 아직 완성되지는 않은 구원의 시대의 "이미"와 "아직 아니"의 결과라는 사실은 또한 성장의 표상에 대해서도 사실로 나타난다.

성장과 몸 세우기의 역동적인 측면들은 교회론에서 거의 별로 주목을 받지 못했다. 한 가지 예외는 (다시) 바르트의 *CD* IV, 2, pp. 641-660이다.

위에서 비록 우리가 신약으로 되돌아갔지만, 우리는 다른 방식으로 강조하였다. 신약에서 성장과 몸 세우기의 표상들은 그리스도의 부활의 신속한 이어짐, 성령의 부으심, 그리고 희랍 세계에서의 확장으로 인하여, 분명히 승리를 강조하고 있다. 비록 이것이 감추어지지는 않았지만, 이러한 신속한 유포는 교회의 실패를 어둠 속에 묻었다(고전 3:10-15; 벧전 4:17; 계 1-3과 다른 구절들). 수백년 이후에 살고 있는 우리는 부정적인 측면을 훨씬 더 많이 의식하고 있다. 더욱이 우리는 신약의 표상을 우리가 경험하는 사실들의 역사적인 성격(Geschichtlichkeit)의 율법 및 문제들과 훨씬 더 관련시킨다. 따라서 신약에서 승리한 것으로 간주되었던 것이 무의미한 것으로 되지 않았다; 우리는 이제 이것을 격려로서 듣는다: 그러나 만일 필요가 우리를 무시하고 존재한다면, 성령은 몸 세우기와 성장이 오히려 우리의 도움을 받아 계속될 것임을 보증하신다. 또한 Berkouwer, *The Church*, pp. 99-102와 Weber에 의한 현저한 표현: "교회는 일종의 흥미있는 방식에 있어서 그 자체와 일치하지 않는다"(*Gl* II, p. 645).

외연적이고 내포적인 이중성에 관련하여, 바울에게서는 후자에 대한 관심이 지배적이며, 사도행전에서는 전자에 대한 관심이 지배적이다. 외연적인 성장은 내포적인 성장의 결여에 대한 어떤 핑계도 되지 않으며, 그 역도 마찬가지이다. 장소나 기간에 따라서 강조는 전자나 혹은 후자에 더 주어질 수 있지만, 이것들은 함께 연결되어 있으며 한쪽이 결여되어 있을 때에 다른 쪽의 진정성을 의심할 충분한 이유가 있다.

장비(裝備)의 작인(作因)으로서의 직분에 대한 강조는 제2차 세계대전 이후에야 실제로 시작되었다. 참조되었던 본문은 에베소서 4:12인데, 이 구절은 그 자체로서 교회의 내포적인 성장의 고전적인 주제(locus classicus)의 일부이다(11-16절). 이제 또한 실천은 통찰보다 훨씬 뒤에 있다; 회중은 그 지도자들을 전문가의 조련사들로서나 혹은 심지어 양의 목자들이라기보다는 교회의 교사들로서 간주하는 것을 어렵게 생각한다. 섬김을 위해 교회를 준비하게 하는 이 관점은 우리가 앞에서 발견하였던, 확실히 유일한 관점은 아니다; 그러나 이것이 없이는 직분의 과제는 불완전하게 된다. 많은 직분자들이 (종종 자신의 게으름으로 말미암아 보수적인 회중의 압력하에서) 스스로를 일차적으로 현상태의 지지자들로 간주하고, 아직 없는 것에 대한 개척자들로서 간주하지 않는 것은 가장 유감스러운 일이다. 그들은 전통과 미래 사이의 다리를 건설해야 하거나 혹은 사실이 그런 것처럼, 회중이 이 다리를 세우도록 격려해야 하는 사람들이다: "오직 우리가 어디까지 이르렀든지 그대로 행할 것이라"(빌 3:16).

이곳은 우리가 지금까지 논의한 것에 이어서, "교회의 표지", 즉 notae ecclesiae(노타이 에클레시아이)에 대한 고전적인 개념과 관련하여 약간의 시간을 보내기에 적절한 자리이다. 참된 교회가 발견되어야 하는 곳에서 이것이 문제가 되었을 때 이 주제는 특별히 중요하게 되었으며, 이 문제는 종교개혁의 시대에 중요하게 되었다. 그 이전에는 교회의 표지 혹은 징표(notae or indicia ecclesiae)는 사도신경에 나오는 네 가지 속성: 즉 하나의, 거룩하며, 보편적이며, 사도적인 속성과 확실하게 일치되었다. 그러나 종교개혁은 교회가 그리스도와 생명의 관계를 갖지 않고서도 이 표지들을 외적으로 따를 수 있음을 발견하였다. 그러므로 이것은 교회의 참됨을 검증하기 위한 두 가지 추가적인 표지들: 말씀의 순수한 설교와 성경에 따른 성례전의 바른 집행을 가지고 등장하였다; 이것은 인간의 고안물들에 의해서 방해받지 않는 그리스도와의 유대를 보증할 수 있을 것이다.

아우그스부르크 신앙고백 VII의 고전적인 신조 내용을 주목해 보라: "그러나 교회, 즉 성도들의 회중이 있는데, 그 안에서는 복음이 바르게 가르쳐지고 성례전이 바르게 집례된다. 그리고 교회의 참된 통일성을 위하여서는, 복음적인 교리와 성례전의 집행과 일치를 이루는 것으로 충분하다." 이러한 "충분하다"라는 말은 실제로 권세들이 모여지고 영들이 식별되어야 할 때였던 첫번째 기간에 적용될 수 있었다. 그러나 이 제도적인 표지들은 사례의 성격과 관련하여 더 많은 영적인 표지와 연결되거나 확대되면 안되는가? 따라서 루터는 *Von den Konziliis und Kirchen*(1539)에서 일곱 가지 표지를 언급하였는데, 그 가운데 교회의 규율, 기도, 십자가를 지는 일이 포함되어 있으며, *Wider Hans Worst*에서는 심지어 사도신경과 시편 찬송, 중보기도, 고난을 포함하여 11가지 표지를 언급하였다. 그러나 이 확대는 계속되지 않았다. 루터파는 다른 표지들이 처음 두 가지로부터 유래하였고, 그것들이 모든 표지의 근원이었다고 지적하였다; 따라서 "충분하다"를 넘어서 갈 필요가 없었다. 비록 참된 신자들의 회중을 위한 표지를 고안하지 않는 것이 분명히 어렵다고 여겼지만, 이것은 또한 칼빈의 견해였다(*Inst* IV, i, 8-10).

그러나 벨기에 신앙고백(1561)은 세번째 제도적인 표지로서 "만일 교회의 권징이 죄를 벌함으로써 실행된다면"(29조: 1560년의 스코틀랜드 신앙고백의 훨씬 더 특정한 18조와 유사하다)을 포함함으로써 상당히 더 멀리 나아갔다. 몇 행의 글이, 동일한 신조가 여기에다 자기 부인과 죄에 대한 싸움, 의를 추구함과 같은 회중적인 "기독교인의 표지들"을 덧붙이도록 촉진하였다. 여기에는 또한 순전히 제도적인 것으로부터 벗어나려는 소원이 존재한다. 그러나 종교개혁도 역시 이것을 관철해 나아가지 않았는데, 그 이유는 회원의 증가와 애매함이 불가피하게 여기에서 병행하였기 때문이다. 교회 생활의 점증하는 다형태성뿐만 아니라 점차적인 피상성은 교회와 개별적인 기독교인들 사이를 구분하기 위한 엄격한 표준들을 마지못해 체계적으로 표명하게 하였다. 화란에서는 심지어 교회분리파와 돌레안티파의 시절에도 바빙크(*GD* IV, no. 494)와 카이퍼(*Dictaten dogmatiek*, "Locus de ecclesia," p. 225) 두 사람이 교회의 권징을 세번째 표지로 인정하라는 유혹에 저항하였다.

로마 가톨릭 교회는 사도신경의 전통적인 네 가지 표지에 머물렀다; 그러나 반동 종교개혁 이후에 이것들은 더 이상 규범적인 지향점으로 간주되지 않았고, 전적으로 프로프리에타테스(proprietates)로서, 즉 가시적이고 유형적인 특성들로 간주되었으며, 이것들을 통해서 참된 교회는 모든 사람이 보기에 스스로를 이단들과 구분하였다. 그러나 제1차 바티칸 공의회는 명백한 표지들이 성령의 내적인 작용 및 초자연적인 능력에 의한 효과적인 도움과 별개로 인식될 수 없다는 사실을 인정해야만 했다(D 3008-3014). 현세기에 이 네 가지 표지들은 그것들의 변증적인 힘을 완전히 상실하였다. 그보다 이미 오래 전에 두 가지 종교개혁의 표지들은 그것들의 식별력있고 선별적인 효력을 상실하였는데, 그 이유는 각 교회가 스스로 참된 설교를 하고 있다고 생각하였기 때문이다. 교회의 표지들이 교회의 본성과 관련된 중요한 결정을 내리는데 사용될 수 있었던 시기는 확실히 지난 것처럼 보인다. 더욱이 우리는 교파가 자신의 존재나 신념들을 정당화하기 위해 사용할 수 있는 소위 객관적인 표지들을 더 이상 믿거나 그것의 필요성을 느끼지 않는다.

그럼에도 불구하고, 우리는 교회 조직을 구성하는 모든 본질적인 요소들에 우리가 어떻게 부합할 것인지를 결정하기 위하여 자기 검토에 관여한다는 의미에서, 또한 표지들에 대한 계속적인 성찰을 필요로 한다. 사도신경의 네 가지 표지와 종교개혁의 두 가지 표지 이외에, 우리는 이런 것들을 고려해야 한다: 삶의 갱신, 상호적인 사랑, 은사들의 상호작용, 교회 성장, 그리고 (이와 관련된) 권징; 집사직, 에토스(기풍), 억압받는 자들과 차별의 희생자들에 대한 정의의 관심; 나아가서 회중의 선교적이고 사도적인 방향 설정(41장을 보라), 루터가 언급하였던 순교의 준비 등등이다. 이 모든 표지들은 효과적으로 우리와 함께 있는가? 그 외에 이것이 제도적인 요소들과 관련되는 곳에서(39장을 보라), 우리는 이 표지들이 진정으로 하나님의 구원을 매개하는 그런 방식으로 작용하는지에 대해서 규칙적으로 질문해야 할 것이다.

이 문제에 대한 개관은 Bavinck, *GD* IV, no. 493f.에서 찾을 수 있는데, 그는 오직 설교되고 고백되는 말씀만을 표지로서 인정하였다; 루터로부터 포괄적으로 인용하고 루터파의 목소리로 말하는 Kinder, *Der evangelische Glaube und die Kirche* ; Berkouwer는 *The Church*, 1장과 그의 전체 책에서 비판적인 규범으로서 사도신경의 네 가지 표지를 지향하였다; 그리고 가장 에큐메니컬적인 것으로서 로마 가톨릭의 큉(Küng, *The Church*, pp. 319-359)은 네 가지 표지와 두 가지 표지들을 상보적인 접근으로 여겼지만, 그것들의 존재보다는 그것들의 실현을 중요한 것으로 간주하였다. 아주 적절한, 표지들에 대한 현대의 해석은 J. Moltmann의 *Kirche in der Kraft des Geistes*, VII 장에서 주어졌다.

41. 첫 열매로서의 하나님의 백성

이 주제와 더불어 우리는 38장의 끝부분에서 우리가 교회의 세번째 측면으로 언급하였던 내용: 즉 세상에 대한 적응으로 돌아간다. 우리가 거기에서 언급하였던 교회는 그리스도와 사람들 사이의 매개적인 운동이었다. 교회 기관이 그리스도를 회중에게 전달하는 것처럼, 회중은 이어서 그를 세상에 전달한다. 이 연쇄에서 세상은 마지막에 오지만, 이것은 선행된 연결에 대해 의미와 목적을 제공하는 목표이다. 심지어 이것이 신중하게 진술되지 않았을 때에도, 앞에서 나왔던 모든 것이 이 목적에 이바지한다. 그러나 이제 마지막으로 만일 모든 선행된 것이 오해되지 않으려면 이것은 신중하게 진술되어야 한다.

따라서 교회가 존재한다는 사실은 정적(靜的)인 것이 아니다; 이것은 영원한 운동이며 교량의 사건이다. 그러므로 이것이 앞으로 나아갈 때, 이것은 그 자체로서 계속해서 변하고 있다. 첫째로 이것은 제도이고 활동과 일치의 총합이다. 그 다음으로 이것은 공동체, 즉 인격적인 관계들의 총합이다. 마지막으로 이것은 외부에 대한 영향력의 총합 혹은 성경의 언어로 말하면 소금과 누룩이다. 이와 같이 나아갈 때 가시성은 줄어든다: 공동체는 제도보다는 덜 가시적이다; 그리고 일반적으로 외부에 대한 영향들은 훨씬 덜 분명하게 나타난다. 이 사실을 표명하기 위해서 우리는 여기에서 "제도"와 "그리스도의 몸" 다음으로 "하나님의 백성"이라는 용어를 선택한다; 백성은 현실이지만, 그것에 속한 자들을 연합하는 유대는 사회나 조직의 유대보다는 훨씬 덜 가시적이다. (우리는 "첫열매"라는 두번째 용어를 나중에 고려할 것이다.) 이 제도를 둘러싸고 회중이 모이고 있으며, 이어서 하나님의 백성으로서 세상 사람들 사이에서 흩어진다. 앞에 무엇이 오건

간에, 이 최종적인 발전이 목표이다. 그러나 모든 앞선 것이 없이는 후자는 뿌리와 추진력과 힘을 결여하게 된다.

여러 세기 동안 교회에 대한 정적(靜的)인 개념이 유포되었다. 교회 밖의 세상은 경쟁자나 혹은 적대적인 세력으로 간주되었다. 애호되는 그림은 세상이라는 홍수 위에서 노아의 방주로서 떠 다니는 교회의 그림이었다. 잊혀졌던 것은 사람들이 새로이 땅 위에 거주하고 그것을 경작할 수 있도록 가능한 한 빨리 방주가 상륙해야 한다는 사실이었다.

계몽주의 이후로 "악한 세상"은 교회가 분명히 많은 것을 배울 수 있는 분명한 주제가 되었다. 교회의 관심있는 선구자는 ─ 한 번 이상 부당하게 비판받은 선구적인 경건주의자들은 ─ 증가하는 세속화를 선교적이고 복음적이고 사회적인 활동을 시작하라는 도전으로 보았다. 바르트는 종교개혁 시대로부터 시작하여 세상을 향한 이러한 전환을 여섯 단계로 묘사하고 비판적으로 평가하였다(*CD* IV,3, pp. 18-38). 이 과정에서 신학의 영향력은 대부분의 시간에 단순히 간접적이거나 주변적인 것에 불과하였다. 선교에 관여한 사람들에 의한 신학적인 반성이 있었는데, 그 가운데에서 구스타프 바르넥(Gustav Warneck)의「개신교 선교론」(*Evangelische Missionslehre*, 1982ff.)은 고전적인 보기가 되었다: 그러나 이것은 "공적인" 신학을 뚫고 들어오지 못했다. 더욱이 세상으로의 전환은 주로 공격적이고 대조적인 태도를 취하였으며 기독교적인 영향력을 유지하고 강화하는 것에 비해서 영혼들을 회심시키려는 목표는 조금 부족한 것이었다는 사실을 잊어서는 안될 것이다.

세상에 대한 관계의 관점으로부터 교회론을, 실제로는 신학 전부를 재평가할 필요성은 주로 비신학자인 크레머(H. Kraemer)가 그것을 끊임없이 되풀이 함으로써 (단순히) 천천히 뿌리를 내리기 시작하였다; 특별히 그의 *The Christian Message in a Non-Christian World*(1938), 특히 III과 X장을 보라. 그의 영향력은 세계적인 것이었다; 그러나 신학에서 그의 부름은 화란에서 가장 주목을 받았는데, 그곳에서 화란 개혁 교회는 새로운 교회법(1951)에서 먼저 사도직(VIII항)에 대해서 언급하고 그후에야 비로소 교회의 신앙고백(X항)을 언급하였으며, 제1차 세계대전 이후 첫 10년간 소위 "사도직의 신학"이 크레머를 넘어갔던 급진주의에서 부분적으로 발전하였다. 이 발전은 교회를 엄격하게 그 나라에 이르며, 또한 그것을 통해서 세상에 이르게 되는 수단으로 보려고 했던 반 룰러(A.A. van Ruler)에 의해서 주도되었다: 그가 이것을 보여주기 위해 사용하였던 가장 선호하였던 그림들은 자신을 태움으로써 빛을 발하는 불꽃의 그림과, 단순히 말씀을 세상으로 나르는 수단으로서 사용되는 마차의 그림이었다:

특별히 *Het apostolaat der kerk het ontwerp-kerkorde*(1948), 예를 들어 pp. 68f.와 *Theologie van het apostolaat*(1954)를 보라. 그러나 이 두번째 책에서 이미 그는 하나님의 나라와 세상의 관계 안에서 교회 자신의 위치와 형태를 훨씬 더 강력하게 변호하였다. p. 18의 주(註) 20에서 암시하였던 것처럼, 그는 호켄다이크(J.C. Hoekenijk)의 급진주의에 의해 신중하게 되었는데, 호켄다이크는 교회를 단순히 도구로만 생각하였다; *The Church Inside Out*이라는 특징적인 제목을 가진 그의 논문집(E.T. 1966)을 보면, 논문 가운데 한편이 "사도직의 기능으로서의 교회"(The Church as Function of the Apostolate)라는 표제를 달고 있다. 세계교회 협의회의 연구보고서인 「타자를 위한 교회」(*The Church for Others*)는 그의 정신을 호흡하고 있다. 잠시 후에 우리는 이 논쟁으로 돌아가게 될 것이다.

한편으로 세상을 향한 이 사도적인 방향전환은 아직도 신학 교과서와 교회의 전공 논문들에서 발언 기회를 많이 얻지 못하고 있다. 이것은 심지어 Küng, *The Church*에서도 사실인데, 그는 단지 후기(後記)에서만 이 관계를 언급하였다. 주저하면서도 훌륭한 예외가 교회의 신앙과 직제 문서인 「한 주님, 한 세례」(*One Lord, One Baptism*, 1960)이다; pp. 36-40을 보라. 동시에 사도직의 관점에서 작성된 교회의 관련 논문이 나타났다: A.B. Come, *Agents of Reconciliation*(1960). 그러나 이 모든 것보다 훨씬 높이 솟아 있는 것이 1959년에 출판된 Barth, *CD* IV,3(E.T. 1961)인데, 여기에서 그는 포괄적이고 주의깊게 작업된 사도직의 신학을 가지고 나타났다: 71과 72장을 보라.

위에서 묘사된 발전들에서 또한 새로운 빛이 성경에 비추어졌다. 모든 인류가 하나님의 구원 활동의 장이고 정황이라는 인식이 증가하게 되었다. 이것은 세계사의 배경에 맞서서 아브라함의 소명을 묘사하면서(창 2-11장) 그것을 세계에 대한 봉사로 여겼던 야휘스트(Yahwist)의 역사에서 이미 시작되었다. 신약 성경은 태도와 증거와 봉사에 있어서 신자와 교회의 세상에 대한 관계를 반복해서 강조하였다. 마 5:14-16; 24:14; 28:19; 막 16:15; 눅 24:47; 요 17:21; 행 1:8; 롬 15:16-21; 고전 14:23-25; 엡 3:1-10; 빌 2:15; 골 1:25-28; 약 1:18; 벧전 2:9; 3:15f.를 보라. 만일 우리가 바르트와 슐리어(Schlier), 슈미트(K.L. Schmidt)(in *TDNT* III, p. 681)가 변호하는 것처럼, 아욱세소멘을 타 판타를 목적어로 취하는 타동사로서 생각할 수 있다면 에베소서 4:15도 역시 여기에서 언급되어야 한다:

"그러면 우리는 모든 것이 머리되신 그리스도에게까지 자라게 하는 것이다."

그러나 여기에는 개별적인 진술들 이상의 것이 있다. "사도"(보냄을 받은 자)라는 개념은 전적으로 이러한 세상으로의 방향 전환에 의존하고 있다; 이것은 나중에 사도적 계승의 관점에서 사도들이 교회의 정적이고 계층적인 군주들로서 간주되게 되었다는 사실을 대단히 이상하게 만든다. 오순절(행 2장)은 교회의 탄생이며 또한 선교의 탄생이다. 사도행전 전체는 초대 교회사를 선교의 역사로서 이야기한다. 바울에게 있어서 뮈스테리온은 중요한 사도적 개념이다(롬 11:25; 16:25; 엡 1:9; 3:9; 6:19f.; 골 1:26f.; 4:3f.). 나중에 우리는 아파르케와 플레로마와 같은 다른 흐름의 사상과 개념들을 다루게 될 것이다.

이 진술들과 세상으로의 전환에 대한 다른 진술들과 나란히, 마찬가지로 강력하게 혹은 심지어 더 강력하게 대립적인 관계를 언급하는 다른 진술들이 발견된다. 예를 들어 에베소서 3:1-10과 나란히 에베소서 4:17-24이 나타나고, 예를 들어 골로새서 1:15-29과 나란히 우리는 골로새서 2:20-3:11을 발견하게 된다. 분명히 전환과 대립은 서로를 배제하지 않고 함께 연결되어 있다. 우리가 이것을 어떻게 생각할 것인가 하는 것이 다음의 논의의 주제이다.

교회의 이 세 번째 차원에 대한 신약의 토대를 위해서는 D. van Swigchem, *Hem missionair karakter van de Christelijke gemeente volgens de brieven van Paulus en Petrus*(1955), 그리고 J. Verkuyl, *Contemporary Missiology: An Introduction*(E.T. 1978)을 보라.

세상을 향한 교회의 전환의 사실을 확인한 다음으로, 우리는 이제 어떻게의 문제에 직면하게 되었다. 이 관계성은 상이한 방식들로 생각될 수 있다. 만일 교회가 최종적으로 분석할 때 세상을 위하여 존재한다면, 교회는 명백하게 단순히 복음을 설교하고 봉사를 수행하기 위한 도구로서만 간주될 것이다.

이것은 실제로 오늘날 많은 이들이 교회를 생각하는 방식이다. 이것은 교회 자체에 대해서는 의미를 두지 않고, 의무감을 가지고 교회를 가능한 한 축소시키고 교회가 섬겨야 하는 세상에 대해서는 중심 무대를 제공하기 위하여 교회를 전적으로 또 오로지 종으로만 만드는 것이다. 결국, 하나님의 진정한 관심은 세상이고, 따라서 교회가 아니다. 다른 방식으로 진술하면, 사도직은 교회의 많은 기능들 가운데 하나가 아니고, 교회가 세상 속에서 하나님의 사도직의 기능이다.

제2차 세계대전 이후에 교회가 약간의 충격과 더불어 자신의 위대한 사도직의 무시를 알게 되었을 때, 이런 관념과 또한 유사한 관념들이 그것에 대한 강력한 반작용으로서 나타났다. 우리는 반 룰러의 초기 단계에 대해서, 호켄다이크에 대해서, 그리고 타자를 위한 교회에 대해서 우리가 언급했던 것을 참고한다. 이 마지막 글은 각기 유럽과 미국의 연구 그룹에 의해서 산출된 두 가지 연구를 포함하고 있는데, 그 중에서 전적으로 호켄다이크의 정신으로 기록된 첫번째 연구는 위에서 언급한 사도직의 교회론을 전개하고 있다. 이것은 "세속 사회"(1장)로 시작해서 "세상 속에서의 기독교인의 존재"(6장)로 끝이 난다. 하나님은 세상 속에서 자신의 나라의 징표를 세우시는데 역사하시며, 교회의 과제는 이것들을 식별하고 증거하며 참여하는 것이다. "교회들은 하나님이 세상 속에서 하시는 일을 인정하고 선포하는 것 외에 어떤 일을 할 수 있는가?"(p. 15). 우리는 "교회의 편심(偏心)적인 입장"으로부터 출발해야 한다(p. 17); "그러므로 교회들에게 의제(議題)를 제공하도록 허용되어야 하는 것은 세상이다"(p. 20). 이 의제의 항목들은: 다원주의와 복지 국가, 자유로운 시간의 사용, 혜택받지 못한 집단들, 목소리의 결핍, 인종주의, 비인간화 등등이다(pp. 20-22). "교회들은 오늘날 전체 세상에서 일어나고 있는 것과 관련하여 그들의 주님의 뜻이 무엇인지를 발견하고 선포할 필요가 있다"(p. 21).

위의 인용들은 50년대의 사도직의 세상으로의 전환이 60년대의 집사직의 정위(定位)가 되었음을 지시하고 있다. 결국 이것은 에큐메니컬이 전체 사람이 거주하는 세상을 가리키며 교회는 사회적인 구조를 갱신하기 위하여 억압받고 차별받는 사람들을 대신하여 정치적인 압력 단체로서 행동하는 방식으로부터 자신의 존재의 권리를 가져온다는 관념에 이르게 되었다.

그러나 더 깊은 성찰은 교회에 대한 이러한 순전히 사도직적인 접근이 유지될 수 없음을 보여준다. 이런 종류의 증거하고 목회하는 교회는 성령에 의해서 강하게 인도될 때에만 존재할 수 있다. 교회는 자신이 받는 한도 내에서만 줄 수 있다. 교회는 그 첫번째 지주(支柱) 위에 견고한 발판을 갖고 있지 않으면, 계약을 세우시는 하나님과 그의 세상 사이의 가교(架橋)가 될 수 없다.

교회의 첫번째 관계는 주님에 대한 것이며, 이 관계는 세상으로의 인도됨을 위한 표준일 뿐만 아니라 고무적인 근원과 내용이다. 만일 교회에 대한 반성(反省)이 세상에 대한 교회의 선교에서 출발한다면, 위험은 이 모든 것들이 자명한 공리로서 다소간 당연한 것으로 여겨지며, 그 자체로서 실제로 고려되지 않는다는 사실이다; 만일 반성이 다른 결말에서부터 출발하고, 하나님, 그리스도, 계약에서 시작된다면 우리는 그곳에서 멈출 수 없이 냉정하게 세상으로 보내지게 된다. 더욱이 첫번째 접근에서는 비록 사도직의 중요한 목표가 이 새로운 공동체 안으로의 통합을 불러일으키는 것이라 하더라도, 공동체로서의(단순히 전령이나 집사로서가 아니라) 교회의 독립적인 중요성이 나타나지 않는다. 교회가 세상과 관련하여 경험하는 대립의 실제를 위한 자리를 이 견해에서 발견하는 것 역시 어려운 일이 될 것이다. 이 모든 고찰들은 교회의 사도직적인 방향 전환이 교회 지체들 서로 간의 친교뿐만 아니라 주님과의 친교에 근거하고 있다는 결론으로 나아가게 된다.

특별히 신약으로부터 교회가 순전히 사도직적인 기능성으로서만 생각될 수는 없다는 사실이 분명해지지 않으면 안된다: 이 경우에 적대적인 세계 안에 있는 작은 회중들에게 보내는 편지들은 전적으로 달라 보였을 수도 있다. 이런 이유로 해서, 반 스빅켐(Van Swigchem)은 교회를 하나님 나라의 선포자로서 뿐만 아니라 일시적인 결과, 즉 미리 맛보기로 간주한다(*Het missionair karakter van de Christelijke gemeente*, p. 249). *Woord en wereld. Opgedragen aan Prof. Dr. K. H. Miskotte*(1961)에서 세벤스터(G. Sevenster)는 같은 결론에 도달하였다; 그의 기고(寄稿), "Het karakter der NT-ische gemeente"의 말미에서 그는 이렇게 결론을 내렸다. "교회는 또한 그 자체 안에서 매우 본질적인 것이고, 유일한 것이며 … 특별한 공동체인 바, 그 안에서 말씀과 성례전을 둘러싼 유일하고 독립적인 존재를 가진 것이 다양한 방식으로 표현되어야 한다. 교회가 존재한다는 이 사실은 오로지 그 자체로서 의미를 가지고 있다"(p. 125).

「타자를 위한 교회」의 제18장에서, 이것을 공정하게 평가하기 위한 신속한 시도가 이루어지고 있지만, 사상의 흐름은 곧 주된 논증으로 돌아간다: "(교회)는 새로운 창조의 첫열매이다. 그러나 이것의 중심은 자신의 외부에 있다: 이것은 '편심적으로' 살아야 한다. 이것은 사랑의 책임을 요청하는 세상에서 그러한 상황을 찾아야 하며 그곳에서 샬롬을 선포하고 지시하여야 한다."

교회는 도구가 되기 위하여 교회의 교회됨을 희생하기 때문에 그리고 그런 정도까지는 사도적이지 않다: 오히려 사도적인 방식으로 세상에서 일하는 것이 정확히 교회의 교회됨이다. 교회의 세상 속에 있음이 세상과 다르게 되는 것일 때에만 이것은 단순히 이루어질 수 있다. 정확히 이 특성을 소유하고 있기 때문에 교회는 세상에 대한 증인이다. 교회는 다르게 됨으로써만 세상으로 나아갈 수 있다. 그러나 교회의 다르게 됨조차도 그 자체 안에서 목표가 아니라 세상에 대한 증거와 초청이다. 세상에 대한 대립과 연대는 서로 경쟁하지 않지만, 같은 현실의 두 측면들이다. 교회는 세상과 다른 것일 수 있고 또 그래야 한다. 그러나 교회는 이것이 또한 세상과 관련된 자신의 특성인지, 세상이 교회의 존재를 복음의 요청으로서 여전히 경험할 수 있는지 아니면 이 존재가 아무도 이해하지 못하는 낯선 언어가 되었는지에 대해서 계속해서 자문해야 할 것이다.

교회가 자신의 존재를 통하여 언급할 수 있는 언어는 새로운 공동체의 현실의 언어이며 갱신된 인류의 언어이다. 계약의 사실에 의하여, 이 새로운 현실들은 예배와 봉사 속에서, 죄 고백과 용서 속에서, 화해와 형제애 속에서, 소망과 인내 속에서, 이웃과의 새로운 사귐 속에서, 또한 일과 돈과 전통과 부(富) 등등 속에서도 가시적으로 될 수 있다. 이것은 교회가 이를테면 하나님의 목적의 "첫수확물"로서, 새로운 인류의 실험적인 정원으로서, 세상을 대하는 방식이다.

의심할 바 없이 신약에서 사도직의 활동은 교회의 사실에 의해서 빛을 잃게 되며, 이것이 두드러지게 되는 곳에서 이것은 그 사실로부터 자신의 힘을 미리 예상하고 도출한다. 위에서 언급한 반 스빅켐과 세벤스터의 연구들을 보라. 교회는 무엇보다도 먼저 어두운 세상에서 빛으로 빛남으로써 활동하고 유인한다. 좀더 신중한 활동을 뒷받침하기 위해 애호되는 본문은 베드로전서 2:9이지만, 베드로전서 3:2과 15f.과의 비교는 "놀라운 행동들을 선포하는 것"이 무엇보다도 먼저 교회의 그리스도인의 삶의 행보를 가리킨다는 사실을 암시한다.

이와 관련하여 특별히 중요한 것은 에베소서 1:22f.에 나오는 매우 간결한 진술들이다. 이 구절에 의하면 하나님은 그리스도를 타 판타(아직 회개하지 않은 인류 전체)의 머리로서 교회에 주셨으며, 그렇게 해서 그의 소마로서 교회는 동시에 토 플레로마 투 타 판타 엔 파신 플레루메누이며, 우리가 볼 때에는 인류 전체를 지배하는 이의 영역(領域)으로서 해석될 수 있다. 교회와 세상은 따라서 친밀하게 연결되어 있다. 그들은 동일한 계약의 비밀, 즉 승귀하신 그리스도로부터 산다. 교회는 세상의 운명이 이미 알려지고 경험되고 있는, 즉 언젠가는 만물이 머리되신 그리스도 아래에서 함께 모이게 되는 공동체이다 (1:10; 아나케팔라이오사스타이 타 판타 엔 토이 크리스토이). H. Berkhof, *De katholiciteit der kerk*(1962), ch. II와 I, J, du Plessis, *Christus as hoof van kerk en kosmos*(1962), 특히 pp. 69-78을 보라.

이 주제와 관련된 또다른 진술은 야고보서 1:18에서 발견할 수 있다: "그가 그 조물 중에 우리로 한 첫 열매(아파르켄 티나)가 되게 하시려고 자기의 뜻을 좇아 진리의 말씀으로 우리를 낳으셨느니라." 신약에서 그리스도와 성령에 대해 사용되는 아파르케라는 단어는 여기에서 어느 정도 주저하면서(티나) 교회에 적용되고 있다. 종교사와 구약 모두에서 첫 수확은 아직도 와야 하는 열매 맺음에 대한 보증이다. 교회는 자신의 삶 속에서 전체 세계와 관련된 결정이 일어난다는 사실을 인정해야 한다. 에베소서 1:22f.과 야고보서 1:18에 의하면, 교회의 존재 근거는 교회가 세상의 판단 속에서 산다는 사실이다. 교회는 피조물들에 대한 하나님의 의도의 증거와 모델이 되어야 한다.

그리스도의 몸(*corpus Christianum*) 안에서 더 이상 일어나지 않고 세속화된 문화 속에서 일어나는 현대 신학에서 이 관념들은 다시 매우 현저한 것이 되고 있다. 이것들을 해결한 최초의 사람이고 동시에 가장 철저하게 한 사람은 칼 바르트였다. 이것은 *CD* IV.2, p. 694에 나오는 "이것이 그(즉 그리스도) 안에서 일어났을 때 모든 인류와 인간의 삶의 성화에 대한 일시적인 표현"이라고 하는 교회에 대한 그의 정의 속에 이미 포함되었다. 이것은 IV.3, 72장에서 다음과 같은 제목하에서 교회에 대한 논의에 이르게 되었다: (1)"세계의 사건들 속에 있는 하나님의 백성", 그리고 (2)"세상을 위한 교회": 문제가 되는 이 두 가지 속에 모든 인류의 판단 속에서 그것을 위하는 의식적인 존재로서의 교회의 유일한 존재가 있다. 바르트 학파에서 이것은 교회의 견본적인 존재, 즉 유용한 축도(縮圖)로서, 또한 쉽게 도덕주의적인 인상을 주거나 혹은 심지어 거만한 태도를 나타낼 수 있는 존재로서 종종 표현된다. 이런 이유로 해서 다른 사람들은 '~를 위한 존재'(Pro-existenz)라고 말하기를 선호한다.

교회와 세상의 관계에 대한 이 접근 방법을 우리가 선택하게 된 이유 가운데 하나는 위에서 묘사되었던 기능적인 접근 방법이 이것과 통합될 수 있지만, 그 반대는 성립될 수 없다는 확신 때문이다. H. Berkhof, "Tweeërlei ekklesiologie", in *Kerk en theologie*(July 1962), pp. 145-158; Berkouwer, *The Church*, ch. 15; 그리고 Blei, *De onfeilbaarheid van de kerk*, pp. 389-395를 보라.

마지막으로 실천에 대해 몇 마디 언급할 것이다. 여러 세기를 거쳐서 교회는 자신을 둘러싼 세상이 보는 가운데 특별히 자신의 공동체적인 삶의 독특한 성격에 힘입어 지체들을 끌어들이는 능력을 가지게 되었다. 일반적으로, 조직된 활동은 사람들을 이끌 능력을 스스로 발산하는 공동체로부터 나와서 공동체로 나아갈 때에만 사람들을 이끌게 될 것이다.

교회가 첫수확이라는 사실은 마치 이것이 구경꾼의 세계 한가운데에서 조용하게 번성하는 존재인 것처럼, 오해되어서는 안된다. 이것은 이 존재의 본성과 충돌할 수 있다. 왜냐하면 이 새로운 공동체 안에 거하시는 성령을 통하여 지체들이 자신들로부터 해방되어서 주님과 다른 사람과 이웃과 세상으로 인도되기 때문이다. 정확히 이 공동체는 사람들을 돌보고 인도하면서 말씀과 행동을 통하여 세상과 접촉할 수밖에 없다. 교회의 새로운 존재는 기꺼이 봉사하려는 태도와 도움을 줄 수 있는 능력과 의향을 포함한다. 교회의 주님의 세계적인 계획에 활용되는 일은 교회의 진정한 본질에 속한다. 이것은 온갖 종류의 방식으로 표현될 수 있으며 제도로서의 교회로부터, 기독교 단체나 행동 집단들로부터, 단일한 개인들의 활동들 속에서 나타날 수 있다. 그러나 이 모든 행동들은 합쳐서 다음 네가지 제목으로 요약될 수 있다.

1. 중보 기도. 이 행동에 있어서 교회는 스스로 행하지 않는 세상을 위하여 대표적으로 행동한다. 교회는 세상을 사랑하시고 그것을 지탱하시며 그것을 구원하기를 원하시는 하나님께 중재 역할을 수행한다. 교회는 세상에서의 성령의 침투를 위하여, 사람들의 마음의 회심을 위하여, 사회 구조의 변화를 위하여, 분쟁의 화해를 위하여, 지혜를 위하여, 사람들의 관심사를 위하여, 다양한 수준의 정치적이고 사회적인 삶에서 권위를 가진 이들을 위하여, 그리고 그들의 필요 속에서 확신을 가지고 하나님을 바라보는 모든 억압받고 쫓겨나고 집없는 사람들을 위하여 기도한다. 교회는 그들을 위하여 기도하고, 그럼으로써 교회가 자신의 책임을 하나님께 전가하지 않는다는 사실을 잘 알고 있으며 — 교회의 행동은 교회의 중보가 진정으로

의도하는 바를 보여주게 될 것이다 — 하나님의 사랑과 능력이 우리의 그것을 훨씬 능가하며 우리가 무엇보다도 먼저 그의 대의를 변호한다는 사실을 굳게 확신하고 있다.

2. 증거. 교회가 세상과 접촉할 때 말씀은 논리적인 우선권을 소유한다. 가장 심오하고 가장 본질적인 것을, 우리는 단순히 하나님을 대신하여, 말씀 안에서 말할 수 있다. 그러나 이것은 상당히 많은 방식으로: 즉 설교와 복음전도와 선교와 개인의 회심과 교육과 훈련, 목회적인 돌봄, 출판, 학문적인 연구로 이루어질 수 있다. 이 문제에 대해 우리는 잘못된 시기에 말함으로써 뿐 아니라 침묵을 지킴으로써, 우리의 견해를 다른 이들에게 강요함으로써 뿐 아니라 불필요하게 변증적이 됨으로써 쉽게 실패할 수 있다.

그러나 한 사람에 의한 한 편에서의 실패가 다른 방향에서 실패할 것이라는 변명으로써 다른 사람들에 의해 사용될 수는 없다. 하나님의 사랑에 대한 증언은 만일 이 동일한 사랑이 그 증언의 순간과 본성에 아무런 영향을 미치지 못한다면 쓸모가 없게 된다. 증언은 제도적으로, 특별히 선교에서, 그렇지만 마찬가지로 개인주의적으로 온갖 종류의 중재의 형태들 속에서 주어져야 한다. 관념적으로는 이 모든 형태들이 서로를 보완하고 심지어 환기시켜줄 것이다. 그러나 그 형태가 어떻든지 간에, 모든 형태는 성령이 사람들의 입을 열어서 그들이 오늘의 세계 안에서 그것을 위해 복음을 선포하도록 그들을 구비(具備)하게 하신다는 오순절의 사실을 확인시켜 줄 것이다.

3. 자비의 목회. 이것은 39장 논제 6(집사직)에서 다루어졌다. 그곳에서 우리는 교회가 도울 자가 없는 곳에서 도움을 준다는 사실을 주목하였다. 따라서 이 태도는 교회와 세상 사이의 경계선을 포함하여 모든 경계선을 무시한다. 교회는 스스로 자비와 정의의 하나님에 관한 증거의 형태이다. 언어적인 증거와 자비의 목회는 서로 간에 경쟁이 이루어질 수 없다. 말씀은 행동 속에서 표현되고 그 역도 마찬가지이다.

그러나 이 상호작용 속에서 각각은 그 자신의 성격을 계속 유지한다. 말씀의 목표는 그리스도를 위하여 직접 승리하는 것인 반면에, 행동은 이 목표에 이르는 수단이 아니다. 구체적인 행동 속에서 구체적인 도움이 주어지는데, 그것이 아무리 고귀한 것이라 하더라도, 이것은 최소한의 이면의 동기도 없이 그리스도의 사랑에 의해서 강권된다. 도움에 관한 엄격한 사실의 문제는 그 자체로서 그리스도에 대한 최상의 증거이다.

4. 예언. 이것은 자비의 목회와 마찬가지로 증거의 한 양상으로 간주될 수 있다. 그러나 그 이유는 정확히 이것이 둘 다에 접해 있으며 이것이 별개의 주목을 요청하는 양자에 대해 자신의 차원을 첨가하기 때문이다. 이것은 그들을 회심시키거나 돕는다는 관념을 가진 사람들이 아니라, 세상을 향한 하나님의 뜻과 분명히 모순되는 조건들을 영속화시키는 제도와 상황이 구체화된 것으로 사람들에게 전달된다.

교회의 예언에서 교회는 당국자들을 하나님의 뜻과 대결시키고 정의와 평화와 자유의 대의를 조장하기 위하여 그들이 자신들의 힘을 사용하도록 요청한다. 그 이유는 이것은 하나님께 속해 있는 사람들 뿐 아니라, 그들의 사회적인 구조들이며, 이것들이 하나님이 원하시는 인간성을 장려할 뿐만 아니라 방해할 수도 있기 때문이다. 이것에 대해서는 52-53장을 보라.

세상과 접촉하는 이 네 가지 영역들을 주목하는 것은 모든 신자가 이 네가지 영역 전부에서 활동해야 한다는 것을 의미하지 않는다. 특별히 여기에서 교회의 카리스마적인 구조(40장)가 들어오게 된다. 한 사람은 중보기도에서 필요들을 말로 나타내는데 익숙하다; 다른 사람은 전하기에 ─ 선포된 말씀이건 기록된 말씀이건 간에 ─ 적절한 말씀을 찾아내는 은사를 가지고 있다; 세번째 사람은 감추어진 필요들에 특별히 민감하고 조직을 만드는 상상력과 에너지를 갖고 있으며 요청된 도움을 가지고 나타난다; 그리고 네번째 사람은 자신이 정치적이고 사회적이며 경제적인 힘의 중심에서 들려질 수 있게 하는 예언과 전문가의 통찰의 은사를 가지고 있다. 그러나 모두가 서로를 필요로 하며 서로의 도움을 감사함으로 받아들여야 한다. 또한 세상에 대한 이러한 태도에 있어서 직분자들은 사람들이 이런 방향 혹은 저런 방향으로 세상에 대한 경계선들을 넘어가도록 격려할 때에 경계의 눈빛을 멈추어서는 안된다.

    비록 신약에서 교회의 사도직적인 성격(특별히 서신서들에서)이 두드러진 다 하더라도, 이것은 특별히 사도행전이 그처럼 많이 말하는 사도적인 활동을 희생하고서 그런 것은 아니다. 대부분의 서신서들은 가장 위대한 사도에 의해서 기록되었으며 매쪽마다 그의 부단한 선교 활동을 증거하고 있다(예를 들어, 롬 15:15-24). 그리고 앞에서 언급한 본문에서 볼 때, 그가 세운 교회들 역시 바울의 활동과 그들 자신의 영역의 활동 양자에 대해서 그들의 책임을 알고 있었음이 분명하다.

    우리는 특별히 바르트가 교회의 사도직적인 성격을 "모든 인류와, 그리스도 안에서 일어났던 인간적인 삶의 성화의 일시적인 표현"으로 강조하였다는 사실을 주목하였다. 그러나 *CD* IV,3에서, 그는 자신의 사도직의 신학을 전개하면서, 이 정의를 다음과 같이 수정하였다: 그(즉 그리스도)는 "그의 선지자적인 말씀의 사역과 아울러 모든 인류와 실제로 자신 안에서 일어났던 모든 피조물들의 소명의 일시적인 표현을 그것에게"(p. 681) 위탁하셨다. 교회의 본성을 더 많이 다루고 있는 73장의 두 가지 앞에서 다루었던 부제(副題)는 부제 3: "교회의 위탁명령"과 4: "교회의 봉사"로 이어진다. 이 봉사의 형태와 관련하여 그는 하나님에 대한 찬양, 선포, 교육, 복음전도, 선교, 신학, 기도, 목회적 돌봄, 인격적인 본보기, 집사직과 예언을 논의하고, 공동체와 다시 한 번 교회의 본성으로 결론을 내리고 있다.

    우리는 40장을 교회의 표지에 관한 부분으로써 끝을 맺었다. 그곳에서 우리는 또한 이 장을 간단하게 언급해야 했다. 왜냐하면 세상과의 접촉이 교회의 명백한 표지 가운데 하나라는 사실이 분명하기 때문이다. 여전히 기독교 국가(몸)(*corpus Christianum*)의 측면에서 생각하였던 종교개혁자들이 이것을 포함하지 않았다는 사실은 변명의 여지가 있다. 그러나 오늘날 신학적으로든 혹은 실천적으로든 간에, 아직도 이것을 중심적인 표지로 인정하지 않는 사람이 있다면 변명의 여지가 없다.

    전후의 화란에서는 세상에 대한 새로운 접근과 관련하여, 교회 기관이나 기독교 단체들이 이 접근의 담지자가 될 수 있는지의 여부가 큰 문제가 되었다.

후자의 접근 방법에 증거를 협소화하고 구분을 가할 위험이 내재해 있거나, 혹은 어떤 일이 일어나든 간에, 혹자가 대표하는 대의명분이 다른 기독교인들에 의해 단순히 단체의 회원들의 취미에 불과한 것으로 간주된다는 사실을 경험이 가르쳐 주었다. 따라서 모든 종류의 기독교 활동을 교회의 정규적인 활동의 한 부분으로 만들려는 강한 경향이 나타나게 되었다. 한편, 우리는 이것을 교회 밑에 포함하는 것이 그 자체로서 만병통치약이 아니라는 사실을 깨닫게 되었다. 사실상, 새로운 문제는 언제나 나타났으며, 처음에는 개인들이나 작은 집단들에 의해서 더 잘 다루어졌다. 제도와 집단과 개인은 서로를 필요로 한다. 하나님의 백성들의 세상에 대한 접촉에 가장 적합한 특정한 형태는 상황과 백성들에 달려 있으며 각각의 별개의 사례에 따라 결정되어야 할 것이다.

그러나 교회와 세상의 관계에 있어서 단순히 교회만이 부요하고 나누어 주는 반면에, 세상은 단순히 수동적이고 가능한 것인양, 이 모든 것이 전적으로 잘못된 인상을 줄 수도 있다. 실제로 사실은 그렇게 단순하지 않다. 이것은 반대와 경계선들로 말미암아 얽혀 있다. 우리는 이 가운데 세 가지를 주목하는데, 그 각각은 다른 것들과는 전혀 다르다: (1) 세상의 적의(敵意), (2) 세상의 지혜, 그리고 (3) 교회의 불순종이다.

1. 세상의 적의. 이것은 만일 교회가 세상과 관련한 자신의 위탁명령을 신실하게 수행할 때에, 조만간에 이런저런 형태로 직면하게 되는 벽(壁)이다. 그 이유는 은혜의 제안과 회개로의 부름에 있어서 너무 많은 것이 사람에게 요청되기 때문이다. 여기에서 그는 자신의 구원을 제안받고 있다는 사실을 보지 못하기 때문에, 점차적으로 경계를 나타내고 자신이 좀더 심각하게 위협받고 있다고 느끼게 되면 더 강력하게 저항하게 된다.

최초의 그리스도인들에게 있어서 이것은 그들이 자신들의 신앙의 시금석으로서 간주하였고, 따라서 견딜 수 있었던 정상적인 상황이었다. 그러나 우리가 이 경계선과 반대를 덜 이해하면 할수록, 우리는 그것에 의해 더욱 더 낙담해서 그것을 극복하려고 노력하며, 그렇게 해서 우리가 우리의 접촉에서 나타내어야 하는 대의명분에 대해 불성실하게 되는 위험을 무릅쓰게 된다. 그러나 예수가 이 세상에서 고통을 당하셨던 것과 같이, 고통은 그들의 접촉에 있어서 그의 추종자들의 경험에 없어서는 안되는 것이다. 이것은 접촉의 경계선이지만, 동시에 그것의 새로운 형태이다.

위탁명령의 부수물인 고통은 이미 구약에서, 모세에 대한 묘사와 선지자들의 애가들 속에서 종종 발견된다. 폰 라트(Von Rad)는 그의 「구약 신학」(*OT Theology*)에서 되풀이하여 이 요소를 언급한다. 신약에서 바울은 그의 사도직의 다른 측면인 고통에 대해서 반복해서 언급한다(고전 4:9-13; 고후 4:7-12; 6:4-10; 11:23-27). 또한 얼마나 실제적으로, 때로는 거의 쾌활하게, 신약이 세상에 있는 교회의 고통을 언급하는지 주목해 보라(마 5:10-12; 10:34; 요 15:18-20; 16:33; 행 5:41; 롬 5:3; 8:17; 골 1:24; 살전 3:25; 약 1:2; 벧전 1:6f.; 2:20ff.; 4:12f.; 5:9). 어떻게 이미 신약에서 마르튀스와 마르튀리아가 순교(고통)의 추가적인 의미를 갖게 되었는지에 대해서도 주목할 만한 가치가 있다. 또한 48장을 보라.

비록 이것이 고통은 그리스도를 증거하는 일의 필연적인 결과라는 것을 의미하지는 않지만, 이것은 당연히 우리의 말과 행동의 진정성을 판단하기 위한 중요한 기준이 될 수 있을 것이다. 아무런 대가도 지불하지 않는 말씀과 인기를 얻기 위해 의도된 행동들은 하나님의 백성의 사도직적인 첫열매의 성격과는 아무런 관련이 없다.

2. 세상의 지혜. 여기에서 우리는 전혀 다르고 거의 반대되는 문제들에 직면하게 된다. 성령은 교회의 접촉을 통하여 세상을 교훈하고 해방하시지만, 또한 세상과의 접촉을 통하여 교회를 교육하시고 해방하신다. 두 가지 방식의 운동과 상호작용이 존재한다. 온 세상이 하나님께 속해 있으며, 어떤 장소나 시간도 그의 감추어진 존재를 결여하고 있지 않다. 세상의 구원이 교회에 계시되었다. 그러나 이것이 그 진리와 지혜 속에서 스며들고 표현되는 순간을 구원이 기다리는 것처럼, 그것들이 세상의 구원과 관련되도

록 인도되는 시간을 기다리며 다른 곳에서 빛으로 나아오는 상당히 많은 다른 진리와 지혜가 존재한다. 하나님이 그리스도 안에서 우리에게 말씀하셔야 하는 것이 세상에서 발견되는 지혜와 병합될 때, 이것은 계속해서 새로운 형태를 받아들이고 있다.

일반적으로 교회는 그 자체로서 이 지혜를 적절한 때에 처음으로 발견한 것은 아니다. 이것은 교회의 불순종에 기인한 것일 수도 있지만, 또한 근시성이나 혹은 심지어는 실제적으로 하나님이 그의 세계를 이것이 이것의 계속적인 존재를 위해 필요로 하는 지혜를 가지고 축복하신다는 사실에 기인한 것일 수도 있다. 이것은 교회를 겸손하게 만든다. 교회에 대해서 구원이 위탁되었지만, 교회는 지혜를 독점하고 있지 않다. 교회가 가지고 있는 것은 교회가 이것을 만나는 곳마다, 이 지혜를 그리스도와 만나게 하고 이렇게 해서 이것에 대해 적절한 자리와 목적을 보여주라는 부름이다. 이것은 세상과의 접촉에 있어서 교회가 말할 뿐만 아니라 듣기도 해야 한다는 것을 의미한다. 교회가 말할 때, 교회는 먼저 들었기 때문에 그렇게 한다. 세상과의 대화에 있어서, 교회는 최종적인 말을 할 수도 있지만, 말할 수 있는 유일한 존재는 아니다.

우리는 잠언 8:22-31이 묘사하는 것처럼, 여기에서 창조에서의 지혜의 위치를 생각하고 있다. 바울은 고린도전서 1:21에서 이것을 계속하는데, 이 구절에서 그는 또한 하나님의 지혜로 둘러싸여 있는 이 세상이 자신의 미련함 속에서 어떻게 그것을 계속해서 인식하지 못하는지를 분명히 해명하였다: 오직 "전도(설교)의 미련한 것"만이 이 지혜를 열어 준다. 이것은 지혜가 세상의 보존에 있어서 큰 역할을 수행한다는 사실을 변경하지 않는다. 성경에서 계시의 발전은 또한 애굽과 바벨론과 바사(페르시아)와 희랍의 지혜에 의해서 결정되었다. 전(全)세기에 걸친 신학적인 발전은 플라톤과 아리스토텔레스 없이 생각될 수 없으며, 후대에 와서는 데카르트와 칸트와 헤겔 없이 생각될 수 없다. 자연 과학과 인문 과학은 우리가 성경을 더 잘 이해하는데 도움을 주었다. 그리고 듣기에 이상한 말이지만, 이것은 근시안적인 기독교 왕국의 마녀 사냥에 저항하였고, 관용을 주장하였고 불의와 착취와 차별과 맞서 싸웠으며, 자유와 평등과 형제애를 위하여 마침내 기독교인들과 비기독교인들이 똑같이 감사를 표하는 자유 민주 국가의 출현에 이르게 되었던 장구한 싸움을 싸웠던 세속주의의 정신이었다. 이런 방식으로 전통적인 기독교 왕국의 저항을 극복하였던 것이 정확히 복음적인 가치들이라는 사실에 의해서 문제가 복잡하게 되었다. 이것은 우리가 공동체의 갱신에 관한 장에서 다루게 될 주제이다. 사실이 어떻든 간에, 이것은 세상이 교회와의 대화에서 자신의 정보를 가지고 있다는 사실을 변화시키지 않는다.

여러 세기 동안에, 신학은 교회와 세상의 관계를 독백극으로 생각하였다. 오랜 시간 동안 교회의 지배적인 위치가 존재하는 한, 이것은 당연한 것이었다. 그러나 그 시간은 가버렸다. 하지만 우리가 여기에서 주목하였던 상호작용에 대한 신학적인 탐구와 평가는 아직도 단순히 시작 단계에 머물러 있다. 이것은 마치 틸리히에게 있어서의 "숨어있는 교회"(*ST*, 특히 III, pp. 152-155)와 라너(K. Rahner)에게 있어서의 "익명의 기독교"(그의 *Theological Investigations*의 이곳 저곳에서, 특히 Vol. 4와 그 이후에)가 이 지혜를 위한 자리를 신학에서 찾으려고 하는 것처럼 보일 수도 있다; 보다 면밀한 조사는 그들이 종교적인(그리고 그것에 부수되는 윤리적인) 차원에 특별히 관심을 갖고 있음을 보여준다. 우리가 생각하고 있는 것은 더 넓고, 더 세속적이며, 오히려 구약에 나오는 지혜 문서와 관련되어 있다.

CD IV,3에서 바르트는 하나님의 말씀과 나란히 있는 진정한 말씀들과 창조의 빛에 대한 자신의 일련의 유명한 사상 속에서 이 문제를 지적하였다(pp. 109-115). 바르트의 개념의 기초와 비판에 대해서는, H. Berkhof와 H.-J.Kraus, *Karl Barths Lichterlehre*(Theologische Studien, no. 123, 1978)를 보라. 더 멀리 나아가지만 또한 좀더 피상적인 논문은 「타자를 위한 교회」(*The Church for Others*)인데, 여기에서 이것은 구약에서의 바벨론과 고레스(Cyrus)의 역할과 관련하여 이 문제를 (우연히) 다루고 있다.

3. **교회의 불순종**. 비록 앞에서 언급된 두 가지 경계선이 더 순수하거나 덜 순수한 형태로 일어날 수 있지만, 이것들은 교회의 죄적인 지체됨의 혼

합물 없이는 좀처럼 발견되지 않는다. 그러므로 교회는 스스로 계속해서 적대감을 일깨우게 되는데, 그 이유는 교회가 스스로 세상에 주었던 관념들에 대한 교회 자신의 배반으로 말미암아 세상이 종종 깊이 실망하였기 때문이다. 그리고 교회가 세상으로부터 아주 많이 배울 수 있다는 사실은 너무나 종종 교회가 자신을 둘러싼 모든 필요와 죄책과 관련하여 자신의 제사장적이고 선지자적인 직무를 거절하는 것에 기인하고 있다.

세상에 대한 바른 접촉은 자신의 무기력과 자기만족에서 벗어나 두려움을 극복하고 그 위로 올라가지 않으려는 교회 자체 안에서 일어나는 가장 강력한 반대에 직면하게 된다. 두 가지 방식으로 교회는 교회주의를 통하여 그리고 세속성을 통하여 자신의 소명에서 벗어나서 걷게 된다. 교회는 교회주의를 통하여 악한 세상 속에 있는 성채로서 혹은 덜 공격적으로 자신의 의식과 언어와 관계들에 만족하고 있는 내성적이고 자부심이 강한 집단으로서 고립적으로 될 때 이렇게 한다. 교회는 세속성을 통하여 가능한한 많이 세상에 동화되고 일치됨으로써 이렇게 한다. 어느 경우든지 교회는 본질적으로 동일한 일을 행한다: 교회는 충돌과 공격을 피한다. 두번째 형태는 공개적인 배반의 형태이다; 정상적으로 이것은 너무나 분명해서 조만간에 신실한 자들이 이것에 대해 저항할 것이다. 첫번째 형태는 훨씬 더 많이 감추어진다; 이것은 매우 경건하고 존경할 만한 것으로 보일 수도 있는데, 그 이유는 교회가 우리가 주목했던 것처럼 사도직의 진정한 근원인 자신의 본성에 전념하고 있기 때문이다. 그러나 여기에서는 유혹도 역시 가장 강하며 최상의 것의 타락이 최악의 것이 된다. 만일 교회가 하나님의 실험적인 정원이 되라는 자신의 소명을 잊어버린다면, 교회는 자신에 대한 성령의 의도의 풍자화(諷刺畵)가 되고 만다. 이러한 신성화는 교회가 세속주의의 정반대편의 위협을 피할 수 있도록 해준다는 인상을 불러일으킬 수도 있다. 정확히 이런 방식에서 교회는 그것의 희생물이 되는데, 그 이유는 사회학적인 용어로 말할 때, 신성화는 제도적인 자기 보존의 가장 분명한 형태 이외에 다른 것이 아니기 때문이다. 두 가지 경우에 교회는 스스로 세상의 한부분이 된다. 그 때에는 "육"이 성령보다 더 강하다.

비록 구약이 하나님의 백성의 첫 수확적인 성격을 소명으로 나타내고 있지만, 그러나 그 빛 속에서 선지서들 뿐 아니라 율법서는 불순종에 대해서 거의 배타적으로 언급하고 있다. 신약에서도 역시 사도행전과 서신서들은 교회의 순종에 대해서 언급하고 있다. 그러나 그 때에도 역시, 그림은 모호하고 거의 흐릿하게 남아 있다(행 5:11; 고전; 고후; 갈, 등등). 특별히 요한계시록 2, 3장에 나오는 일곱 교회에 보내는 편지를 보라. 신성화와 세속화의 두 가지 위험에 대해서는 Barth, CD IV,2, pp. 665ff.를 보라.

상당한 정도로 공식적인 교회사는 성령의 패배의 이야기이다. 그러나 성령은 위험을 무릅쓰고 이 전쟁터로 들어가는 것을 멈추지 않으신다. 계속해서 그는 사람들과 집단들, 대부분의 소수들이 행동하도록 자극하시며, 그렇게 해서 증거와 봉사에 있어서 교회가 세상에 빚지고 있는 것을 그들이 할 수 있게 하신다. 이들은 세상에서 고통당하는 것이 의미하는 바를 충분히 경험하게 되지만, 대개 그들은 — 그들의 조상들에 의해 돌로 치는 형벌을 받았던 선지자들을 기리는 기념비들을 다음 세대가 세울 때까지는 — 교회 제도들과 다수들로부터 훨씬 더 큰 고통을 당하게 된다.

하나님께서 교회에 대해서 품고 계시는 것은 아직 실현되지 않았다. 우리는 단순히 작은 시작에 머물고 있다. 그러나 싸움은 계속되고 참여자들은 여기에서 문제가 되는 것이 존재하는 모든 것의 의미이며, 나아가서 이 싸움의 지속은 성령이 언젠가는 우리의 고집에 대해서 성취하시게 될 승리의 표시라는 사실을 알고 있다. 그러므로 교회는 우리가 앞으로 나아가도록 계속해서 강요받았고, 또한 우리가 일의 현재 상태와 지금까지 성취되었던 것 이상으로 원하게 되었던 자리이다. 정확히 이 소명을 둘러싼 모든 불순종과 실패로 말미암아, 이 전쟁터가 있음으로 해서 교회는 주님이 염두에 두셨던 실험적인 정원이며 첫수확이다. 그 이유는 이 싸움을 계속하도록 하기 위해 이 새로운 공동체가 존재하도록 부름받았기 때문이다.

인간의 갱신

42. 하나님의 목적인 인간

앞의 모든 내용을 관철하면서 그곳에서 논의되었던 행동과 사건과 발전과 구조와 제도들을 연결해주는 황금실은 사람들을 그의 자녀로 입양하시고 그들을 자기의 계약의 상대방으로 삼으시려는 하나님의 의도이다. 이 의도는 하나님의 관심이 순수한 개인으로서의 사람들인 것처럼 개인주의적으로 (종종 그런 것처럼) 오해될 수 있다. 하나님께 있어서는 순수한 개인들이란 존재하지 않는다; 그러나 추상적인 "인류"도 존재하지 않는다. 그 이유는 하나님은 사람들이 공간과 시간, 사회와 역사, 구조들과 전통과 문화와 자연의 광대한 조직 속에서 다른 사람들과 상호작용하는 것으로 보시기 때문이다. 우리는 사람들, 즉 우리가 처해 있는 모든 구조들로 말미암아 그 구조 안에서 하나님과 사람들과 사귀도록 의도된 백성이다. 이것은 전에 우리가 교회와 더불어 다루어야 했던 인간의 갱신에 대해서 말할 수 있었던 너무나 기본적인 사실이다. 그러나 이제, 드디어, 하나님이 사람을 기뻐하신다는 사실을 전적으로 공정하게 평가하기 위한 길이 분명해졌다. 이 모든 구조에 있어서 그의 관심은 인류, 즉 각각 존재하는 유일하고 인간적인 백성이다. 이 점에 있어서, 우리가 대체로 "구조들"이라고 불렀던 것은 이차적이거나 혹은 좀더 정확하게는 중요성에 있어서 도구적이다. 이것들의 중요성은 신앙의 연구에서 종종 무시된다. 다음 장에서 우리는 이 중요성을 특별히 다루게 될 것이다. 그러나 여기에서 우리는 이것들의 중요성이 정확히 그것들의 도구성에 놓여 있다는 사실을 주목해야 한다. 자연에 대해서는 우리는 좀더 유보적이 될 필요가 있다. 우리는 이것이 사람을 위해서만 존재한다고 말할 권리가 없다. 오히려 이것은 부분적으로 우리의 종이며 부분적으로는 우리의 친구이다. 사람과 다른 하나님의 피조물로서 이것은 우리에게는 대부분 측량할 수 없는 것이며 그 자체로서 창조주의 불가해성에 대한 지시자이다; 그리고 이것은 우리가 겸손해야 하는 이유이다(cf. 욥 38-41). 사람이 하나님의 목적이라고 부를 때에, 우리는 그것을 통하여 하나님이 그의 창조에 대하여 그리고 그것을 위하여 염두에 두고 계신 다른, 전혀 상이한 목적을 가질 수도 있는 가능성을 배제하지 않는다. 그러나 역사 내에서의 그의 행동의 과정, 즉 우리가 믿음으로 참여하고 신앙의 연구에서 탐구하는 과정은 그의 목표가 백성들과의 영원한 계약을 맺으시는 것인, 백성의 하나님으로서 그를 우리에게 보여준다. 이 계약의 길에 대한 우리의 지식에 기초하여, 우리는 명백하게 이 유일한 사건에서 사람이 하나님의 목적이라고 말할 수 있다.

구약에서 인격으로서의 사람이 진정한 주제와 목적이라는 사실은 아직은 완전히 해명되지 않는다. 그곳에서 갱신은 특별히 복종하라는 명령으로서 그리고 종말론적인 약속으로서 간주된다. 더욱이 구약의 관심은 개인보다는 전체로서의 백성에게 훨씬 더 많이 나타난다. 그리고 예외는 별개로 하고, 현재와 관련하여, 불순종과 죄책과 실패의 인식이 압도적이다. 신약에 이르러서야 비로소, 사람 안에 거하시는 성령의 내주로 말미암아, 관점이 변화되었다. 바울은 비록 아무도 자신의 깊이와 넓이에 도달하지는 못하였지만, 자기 이후의 모든 세대를 고무시켰던 그런 방식으로 성령이 이루신 갱신을 분명하게 표현하였다.

교회사에서(모든 종류의 종파와 운동들에서가 아니라, 적어도 주류 교회들에서) 우리는 이 중심 주제에 대한 유보의 태도를 분명히 주목하게 된다. 전형적인 것이 사도행전인데, 이것은 단순히 "죄를 사하여 주시는 것을 내가 믿사오니"라는 말씀 속에서만 이 주제를 언급하였다. 관심은 주로 구원의 객관적인 사실에 있었다. 왜 그런가? 갱신에 대해서 거의 볼 수 없었기 때문에 무력감을 느낀 때문인가? 사람들이 헛된 자기 반성에 관여하지 못하도록 하기 위한 목회적인 지혜에서 비롯된 것인가? 그러나 우리는 여기에서 일반화해서는 안된다. 하나님과 사람의 관계에 대한 관심이 일차적이었던 때가 있었다. 우리는 단순히 어거스틴과 클레르보의 베르나르(Bernard of Clairvaux), 탁발수도사들의 설교, 중세 신비주의를 생각할 필요가 있다. 그러나 이 모든 것은 종교개혁에 의해서 가리워졌다. 가장 깊은 의도에 있어서, 이것은 교회 안에 있는 악에 대한 저항이 아니고, 교리의 갱신이 아니었고, 심지어 복음의 "재발견"도 아니었으며, 하나님에 대한 사람의 인격적인 관계의 근본적인 개혁이었다. 이것은 "이신칭의"라는 슬로건에서 절정에 달했는데, 그것은 참된 "선행"에 반대하는 것이 아니라 하나님에 대한 사람의 비인격적이고 상업화된 관계를 반대하는 것이 목표였다.

정확히 이 장의 주제는 종교개혁에 의해서 그리고 그 이후에 깊게 탐구되고 정교하게 발전되었다. 이것은 한편으로는 루터의 「그리스도인의 자유」(1520)에 의해서, 다른 한편으로는 소위 도르트 신경(1619)에 의해 특징지워졌던 기간에 특별히 효력이 있었다. 교의학에서, 특별히 개신교 스콜라주의에서 이런 성찰은 소명, 칭의, 성화, 회심, 중생, 조명, 갱신과 같은 일련의 개념들에 이르게 되었다: 더욱이 루터파 진영에서 이것은 신비적 연합의 교리를 일으켰으며, 개혁파 가운데에서는 성도의 견인의 교리를 불러 일으켰다(S, H, 그리고 Bavinck, *GD* IV, 49-52장을 보라). 그러나 개혁파 가운데에서는 하이델베르크 요리문답(1563)의 비참-구원-감사의 좀더 단순하고 좀더 실존적인 구분이 훨씬 큰 영향을 미쳤다.

19세기에는, 이 개념들의 전체 창고가, 버려지지 않았다고 할 때, 그것을 가능한 한 많이 심리학적이고 인간학적인 관념들 속에서 다루려고 하거나 심지어 이것을 그 안에 정초시킴으로써 적어도 철저하게 재해석되었다. 이것이 신앙에 있는 객관적인 요소들에 대한 혐오와 그 대신에 소위 "도덕적이거나" "윤리적이거나" 혹은 "심리학적인" 것에 대한 강조를 수반하였던 곳에서, 종교적인 주체로서의 인간에 대한 집중을 위하여 종교개혁적인 만남의 사고로부터의 분리가 있었다. 바르트의 「로마서」(1922)는 만남의 신적인 측면으로의 근본적인 이동을 통하여 예리한 반작용의 시작을 보여주었다. 이 반동적인 이동의 여파는 아직도 신학에서는 너무나 강력해서 많은 현대의 조직신학 서적은 인간의 갱신의 주체에 대해서는 아주 작게만 언급하고 있는데, 그 이유는 이것이 구원의 객관적인 사실에 대한 광범위한 논의에 의해서 옆으로 밀려났기 때문이다. 이것은 특별히 Trillhaas, *Dg*와 Prenter, *Creation and Redemption*(E.T. 1955)에서 사실로 나타난다. 예외는 Brunner, *Dg* III: O.A. Dilschneider, *Gegenwart Christi*, II(1948), pp. 9-181; 그리고 특별히 Barth, *CD* IV,1-3, pars. 61, 63, 66, 68, 71, 73이다.

"하나님의 목적인 인간"이라는 표현은 신학의 전통 속에서 유별나고, 심지어 도발적인 연륜을 가지고 있다. 이것은 우리가 기독교 신앙을 오해하고 있고 그것을 인간중심적으로 곡해하고 있다는 인상을 준다. 우리가 반대로, 즉 하나님이 인간의 목적이라고 말해서는 안되는가? 그러나 이것은 첫번째 진술의 반대가 아니라, 단순히 그것의 역(逆)이다. 왜냐하면 계약은 한 쪽 당사자가 다른 당사자에게 적응하는 것을 의미하기 때문이다. 피조물인 인간에게 있어서 하나님과의 계약은 이 계약 속에서 근본적으로 자신을 우리에게 적응시키시는 분을 향한 근본적인 적응에 다름아닌 것을 의미할 수 있다. 그러나 이것은 하나님으로부터 소외된 인간에게 있어서 근본적인 재적응과 180도 방향전환을 의미한다. 하나님은 존재하는 그대로의 사람과 계약 관계를 원하신다; 그러나 이 관계를 위하여 그는 존재하는 그대로의 자신을 도저히 내버릴 수가 없다. 하나님의 인간을 향한 은혜로운 방향 전환은 인간편에서 하나님께로 돌아감으로써 서로 관련된다. 이 전환에서 사람은 그의 구원을 의도하시는 분에게 머리를 숙인다. 따라서 이 180도 방향전환은 인간의 자신으로부터의 소외가 아니라 오히려 그의 집으로 돌아감이며 자신의 운명에 도달하는 것이다.

이 주제에 대하여 루터와 칼빈 사이의 차이점, 심지어 대조점이 존재하는 것으로 종종 가정된다. 루터에게 있어서 중심적인 문제는, 내가 어떻게 은혜로

우신 하나님을 찾을 수 있는가?라는 것이 될 것이다. 그래서 구원에 대한 그의 접근방법은 구원론적이거나 혹은 심지어 인간론적인 것일 수 있다. 이와 대조하여 칼빈에게 있어서 중심적인 문제는 오직 하나님께 영광(soli Deo gloria)일 것이다. 그의 접근 방법은 아마도 신학적이고 엄격하게 신중심적인 것일 것이다. 그러나 이 대조점은 신학적인 해석이며 두 종교개혁자들의 근본적인 만남의 사고를 보지 못한 결과이다. 루터에 대해서는 J.T. Bakker, *Coram Deo*(1956), 여러 곳을 보라. 칼빈에 대해서는 그의 「제네바 요리문답」(1542)을 보라. 그곳에서 그는 인간의 주된 목적이: 하나님을 알고(1), 그를 영화롭게 하는 것이며(7), 이 영광돌림을 "우리의 온전한 신뢰를 하나님께 두는 것"(7)과 "우리 각자가 하나님이 그를 사랑하시고, 그에게 기꺼이 아버지가 되시고, 구원의 창조자가 되신다는 것을 마음 속으로 결정해야 하는 것"(11)이라고 묘사하였다. 그 이유는 사람들을 신뢰하시는 그의 은혜 속에서, 하나님의 영광(doxa)이 땅의 평화 가운데에서 나타나고 실현되기 때문이다(눅 2:14). 이레나이우스(Irenaeus)가 이것을 간결하게 표명하였다: "그 이유는 하나님의 영광은 살아있는 인간이고; 인간의 삶은 하나님을 바라보는데 있기 때문이다"(*AH* 20,7).

그러나 우리는 하나님이 인간에 대해서 염두에 두고 계신 목적을 깊이 숙고하지 않고서는 이것을 진술할 수 없다. 만일 계약에 있어서 인간이 하나님의 목적이라면, 함축된 의미는 하나님께서 인간을 위하여 목적을 염두에 두고 계시다는 사실이다. 이것은 갱신이나 180도 방향전환이나 회심과 같은 말들로 아직 진술되지 않는다. 이와는 반대로, 이 말들은 그들이 이르게 되는 목적으로부터 자신들의 내용을 받는다. 따라서 질문은: 무엇이 갱신의 목적인가?라는 것이다. 이 질문은 성경의 폭넓게 다양한 용어들과 다른 교회와 기간과 영적인 운동들 속에서 답변되어 왔고 여전히 답변된다. 우리는 우리가 가장 본질적이고 구체적인 답변이라고 생각하는 것: 즉 그리스도와 같이 되는 것(conformity with Christ)을 선택한다. 결국 그 안에서, 하나님의 참된 계약의 상대편이 우리 가운데 나타나셨다. 우리가(바울이 오히려 표현한 것처럼) "그의 형상을 본받게 되는" 것이 하나님의 목적임에 틀림없다. 우리는 그가 아버지의 존재 안에서, 또한 그의 교회와 인류를 받아들이시는 분과의 사랑의 친교 속에서 살고 계시는 영광스러운 삶 속에서 우리 앞에 있는 인류의 가능성과 미래를 보게 된다.

이 목표는 지금은 먼 곳에 있는 것처럼 보인다. 그러므로 목표에 이르는 길은 그만큼 중요하다. 현재로서는 "그리스도와 같이 되는 것"이라는 표현은 목적뿐만 아니라 마찬가지로 길을 분명하게 설명해준다. 참된 계약의 상대편으로서, 예수는 우리 앞에 있는 이 목표를 향하여 나아가셨으며, 그렇게 해서 우리를 위한 길을 열어놓으실 수 있었다. 목표에 이르는 우리의 길은 이제 그의 길에 참여하는데 놓여 있다. 참여는 우리가 그를 따른다는 것을 의미하며 따라서 먼 길을 아울러 암시한다. 우리는 그리스도 자신이 아니다. 우리가 그를 따를 수 있기 전에 우리는 그가 우리를 위해 하신 일에 의존하고 있다. 그의 길과는 달리, 우리의 길은 무엇보다도 먼저 회개와 용서의 길이다. 그러나 그것을 통해서 우리는 죽음과 부활의 그의 길에 통합되고 있다. 이러한 소수의 시사들은 지금으로서는 충분한 것 같다; 세세한 내용들은 다음 장에서 작업될 것이다.

목표와 길로서 이처럼 "그리스도와 같이 되는 것"은 이 길이 구약에서 묘사되었던 것처럼, 동시에 이스라엘의 길에 대한 우리의 참여를 포함한다. 왜냐하면 이 길과 예수의 길은 깨어지지 않는 전체이기 때문이다(29와 30장을 보라). 이스라엘의 길은 우리가 어디에 있는지를 우리에게 보여주며, 예수의 길이 그것에 대한 답변이 되었던 질문이 무엇인지를 우리가 묻게 만든다. 답변을 이해하기를 원하는 사람은 또한 이 질문을 자신의 것으로 만들어야 한다. 우리는 "첫째"가 아니라 "또한"이라고 말하는데, 그 이유는 믿음의 양도를 통하여 역사적인 계약 사건으로 들어가는 실제적인 통합이 연대기적인 율법에 따라 일어나지 않기 때문이다. 그러나 우리가 계약의 길 위에서 얻게 되는 경험은 인격적인 신앙: 즉 하나님의 부르심을 대면하는 것, 복종하기를 거절하는 태도, 분노와 용서, 죽음과 부활을 통하여 그것에 참여함으로써 주어진다. 이것들을 우리는 회개와 믿음과 기꺼이 복종하려는 태도를 통하여 우리 자신의 것으로 만든다. 이것이 사람에게 의미하는 것은 여러 가지 용어로, 즉 회심, 조명, 중생, 갱신으로써 묘사될 수 있다. 문제가 되는 것은 한 인격으로서의 사람에 대한 계약 사건의 결과이다. 그리고 이 결과는 동시에 이 사건의 목표: 즉 하나님의 자녀와 협력자(partner)로서의 인간이다.

인간의 갱신에 있어서 하나님의 목적과 관련된 질문이 신앙의 연구에서 얼마나 드물게 분명히 논의되었는가 하는 것은 주목할 만하다. 이것의 의도는 갱신 그 자체에 초점이 맞추어졌다; 이것의 결과는 오히려 "열매"라고 불리어졌고, 따라서 목표-문제는 무시되었다. 이와 관련된 중요한 예외는 감리교이며, 특별히 그것의 창시자인 존 웨슬리였다. 그는 목표를 그리스도인의 완전으로 규정하였으며, 그것을 다음과 같은 성경 구절에 정초시켰다: 엡 4:13; 빌 3:12-15; 골 3:14; 살전 5:16; 히 6:4; 12:14; 요일 3:8ff.; 4:18; 5:18. 그는 완전을 죄를 몰아내고, 전적으로 그리스도의 사랑으로부터 사는 것으로 생각하였다. 이 본문들로부터 그는 이 완전이 이미 이생에서 얻어질 수 있다고 결론을 내렸다. 그는 자신의 *A Plain Account of Christian Perfection*(1967)에서 이 주제에 관한 자신의 확신을 요약하였다; cf. A. Sulzberger의 감리교의 *Christliche Glaubenslehre*(Bremen, 21886), 특히 87장. 또한 H.K. La Rondelle, *Perfection and Perfectionism*(1971)을 보라. 신학적으로 웨슬리의 이런 입장은 일반적으로 이루어지는 것보다 좀더 진지하게 고려할 만한 가치가 있다. 적어도 그의 목표-문제를 인정하고 대안을 찾기 위해 노력할 수는 있을 것이다.

그러나 우리에게 있어서는, 만일에 단순히 이것이 현재의 용법에서 갖고 있는 함축된 의미들 때문이고 그것이 신약의 함의들과 아주 많이 다르다면, "완전" 개념은 유지될 수 없다; P.J. Du Plessis, [텔레이오스]. *The Idea of Perfection in the NT*(1959)를 보라. 우리들에게 이 용어는 개인이 그의 완전한 가능성을 성취하거나 혹은 자신을 완성하는 힘든 작업을 암시한다.

바울에게서 우리는 여기에서 문제가 되는 것을 정확히 언급하는 일단의 단어들을 발견한다. 이 단어들은 모르페, 모르푸스타이, 메타모르푸스타이, 쉼모르피제스타이, 쉼모르피아, 쉼모르포스와 같은 단어들이다. 하나님의 형상이셨던 그리스도가 종의 형체를 취하셨고(빌 2:5-11), 그렇게 해서 그는 이제 신자들 안에서 형성되실 수 있으며(갈 4:19), 따라서 신자들은 지금 그의 죽음 안에서 그와 같이 되고 나중에는 그의 부활 안에서 그와 같이 될 수 있는 것이다(빌 3:10f., 21). 그것은 그들이 그의 아들의 형상과 같이 되고(쉼모르포스), 그를 본받게 되는 것이 그들을 향한 하나님의 목적이기 때문이다(롬 8:29). 그 이유는 중요한 것은 지금 첫아담과 닮은 모습을 지니고 있는 우리가 마지막 아담과 닮은 모습을 지니게 될 것이기 때문이다(고전 15:49). 특별히 이와 관련된 중심적인 구절인 고린도후서 3:12-18을 보면, 이 구절은 마지막 두 절에서 절정으로 끝나고 있다; 비록 세세한 내용들은 분명하지 않지만, 우리의 본성 역시 영적인 그리스도의 자유와 영광을 소유하게 되도록 우리가 재창조의 과정에 포함될 것이라는 사실은 분명하다.

이 용어들을 통하여 바울이 목표와 목표에 이르는 길을 연결하고 있다는 사실을 우리는 이미 주목하였다: 높아지신 그리스도와 같이 되는 것은 오직 고난당하시는 그리스도의 길을 따름으로서, 즉 믿음으로 거기에 참여함으로써 일어날 수 있다. 빌 2:1-7; 3:10; 그리고 나아가서 롬 6:1-14; 15:1ff.; 고후 4:7-11; 6:4-10; 엡 5:2를 보라.

신약은 갱신을 묘사하기 위하여 "양자됨", "성화", "완전", "중생", "영광", 그리고 심지어는 한 차례 "신의 성품에 참여하는 것"(벧후 1:4)과 같은 많은 다른 단어들을 사용하였다. 상이한 고백들과 전통들은 각자 그들 자신이 선호하는 것이 있다. 동방 정교회는 아마도 신격화를, 로마 가톨릭 교회는 성화와 고양(高揚)을, 루터파는 칭의를, 경건주의는 중생을, 감리교는 완전을 언급할 것이다. "칼빈의 이상적인 기독교인은 하나님의 종이고, 루터의 경우는 하나님의 자녀이며, 웨슬리의 경우에는 그리스도의 완전한 위업 속에 있는 완전한 사람이다"(P. Schafff). 다음에 이어지는 글에서 우리는 그리스도와 같아진다는 개념이 어느 정도나 다른 개념들을 포함하고 그것들을 공정하게 평가하는지를 보여주기 위해 노력할 것이다. 여하튼, 우리는 이레나이우스의 지원을 확신하고 있는데, 그는 자신의 위대한 작품을 다음과 같은 말로써 끝맺고 있다. 하나님의 지혜를 통하여, "… 그의 아들에게서 확립되고 통합된 그의 작품은 완전에 이르게 된다: 그의 자손으로서, 처음 태어난 말씀은 피조물에게로, 즉 형성되어진 것으로 내려가야 하며, 이것은 그로 말미암아 포함되어야 한다; 그리고 다른 한편으로, 피조물은 말씀을 포함하고, 그에게로 내려가며, 천사들을 뛰어 넘어서, 하나님의 형상과 모양대로 지음받아야 한다"(*AH* V. 36).

43. 심판과 회개

이스라엘은 하나님을 계약의 은혜로운 창시자요 신실한 상대방으로 알게 되었다. 그러나 우리가 주목했던 것처럼(29장), 이 계약은 하나님과 그의 불성실한 백성들 사이의 끝없는 갈등 상황 속에서 막다른 골목에 이르고 말았다. 이런 상황 속에서 하나님의 사랑은 오직 그것의 분명한 상대편을 통해서만 표현될 수 있었다. 그의 죄로 말미암아 인간은 하나님이 자기의 적으로 행동하도록 강요하였다. 하나님은 이제 인간을 심판하고 정죄하신다. 이것은 두 가지 측면에서 분명하게 되었다: 한편으로는 이스라엘이 스스로 선택한 길의 막다른 골목에서 궁지에 처하게 되었다는 점에서, 다른 한편으로는 선지자들이 이 막다른 골목을 하나님의 심판으로 해석하였다는 점에서 그렇다.

전체로서의 백성은 자신들의 행동과 경험에 대한 이러한 선지자의 설명을 받아들이지 않았다. 따라서 하나님으로부터의 소외가 계속되었다. 만일 백성들이 하나님 앞에서 회개하고 자신들의 죄책을 인정하였더라면 이것이 제거될 수 있었을 것이다. 그리고 다시금 친교를 위한 여지가 있었을 것이다. 그 이유는 하나님은 복종하는 사람들뿐만 아니라 "울면서" "마음에 통회하는" 사람들 가까이 있기를 원하시기 때문이다(cf. 사 57:14-21). 그러나 제도적으로 희생제(죄와 죄책에 대한 제물들)에서 묘사되었던 이 회개는 실제로 극소수의 개인들(소위 회개의 시편들을 보라)과, 조상들의 변덕을 회고하는 사람들에 의해서만 실제로 표명되었다. 신약에 나오는 이스라엘의 길에서는 심판의 상황이 예수가 십자가에서 수난을 당하실 때 절정에 달하였고, 또한 하나님과 그의 백성들 사이의 단절을 이전보다 더 넓고 더 깊게 만들었다.

성령이 이스라엘과 예수의 길에 사람이 참여하게 하실 때, 이 사람은 불순종하는 이스라엘 안에서 자신을 인식하고 또한 이스라엘에 대한 하나님의 심판이 자신에 대한 하나님의 심판이기도 하다는 사실을 인정하기를 배우게 된다. 그러므로 이 참여는 언제나 그 안에 회개의 요소를 가지고 있다. 회개는 돌이킬 수 없는 근본적인 실패에 대한 충격적인 인식이며 하나님이 그의 심판에 있어서 정당하시다는 사실을 인정하는 것이다. 따라서 회개는 죄에 대한 우리의 자각을 의미한다. 그 자체 안에 있는 하나의 주제로서의 죄는 여기에서 논의되지 않는다; 이것에 대해서는 26장을 보라. 여기에서 우리의 관심은 성령에 의해서 시작된 갱신 과정의 근본적인 요소로서 죄에 대한 인간의 각성이다.

우리는 이것을 회개라고 부른다. 그러나 너무나 많은 심리학적인 조건들과 사회적인 관계들에 적용되는 이 일반적인 용어는 따라서 회개가 실제로 무엇인지를 표현하는데 실패할 수도 있다. 이것은 하나님과 우리의 관계 혹은 계약적인 지식에 관련된다. 이것은 인간이 죄를 지었으면서도 그 사랑을 계속해서 소망하는 하나님의 사랑에 대해서 인간이 알고 있는 지식이다. 회개는 후회보다 훨씬 더 크고 그것과는 전혀 다른 것이다. 후회는 결과들과 그런 한도에서 그런 결과들을 유발한 행동들을 한탄한다. 회개는 사랑의 관계를 방해하는 행동 자체를 탄식한다. 회개는 무조건적으로 우리가 책임(잘못)을 스스로 떠맡고, 변명하지 않고서 그것에 대해 전적인 책임을 지는 것을 의미한다. 따라서 회개는 의기소침이나 자기증오나 자기학대와는 전혀 다르다. 회개에서 우리는 우리 자신에게 바쁘지 않고 하나님에 대해 바쁘다: "주께 대하여, 오직 주께 대하여만 내가 범죄하였나이다" (시 51:6).

만일 우리가 우리 자신에게 바쁘다면 우리는 우리 자신과의 대화에 열중하고 있으며, 심지어 우리가 스스로를 정죄하는 "더 나은 나"라고 하더라도, 대체로 우리 발 밑에는 어떤 토대가 있다. 이 토대는 여기에서 우리 밑으로부터 끌어내어진다. 우리는 우리의 회개가 어떤 것도 보상할 수 없으며, 이것이 관련되어 있는 죄책보다 훨씬 부족하다는 사실을 알고 있다. 그러나, 이 회개는 절망이 아니다. 회개를 일깨우고 야기하는 이 동일한 계약은 또한 사람을 회개 속에서 붙들어주고 그를 회복하도록 돌이켜주는 계약이다. 회개와 절망의 차이는 예수를 부인한 이후의 유다와 베드로의 차이에서 볼 수 있다. 이 차이는 감정이나 기분의 문제가 아니라, 절망하는 사람은 그가 깨뜨린 사랑의 하나님에 대한 비전을 결여하고 있다는 사실에 놓여 있다. 회개는 하나님에 대한 지식을 없애지 않으며, 이것을 전제로 한다. 그러나 그 역도 역시 사실이다; 왜냐하면 베푸시는 하나님은 동시에 질문하시는 하나님이시며, 우리를 향한 그의 사랑으로써 그를 향한 우리의 사랑의 응답을 이끌어내려고 하시며, 그것을 통하여 이 구원의 명령과 관련된 우리의 완전한 실패를 우리가 알게 하신다.

은혜의 지식과 죄의 지식은 함께 간다; 이것들은 서로를 전제로 하고 또 강화해준다. 회개 없는 기독교 신앙의 모든 특징들은 정상이 아니거나 침묵에 빠진다. 그러면 복음은 놀라운 해방의 메시지로부터 다소간 자명한 값싼 은혜의 이데올로기로 변하게 된다. 만일 회개가 사라지게 되면, 하나님의 자유로운 은혜에 대한 놀라움과 환희도 역시 사라진다. 이런 이유로 해서 회개는 단순히 갱신의 길의 출발점에서의 일시적인 기분이 아니라, 기독교 생활 전체에 지속되는 저류(低流)이며, 주일마다 교회에서, 예전적인 죄책에 대한 고백 속에서 표현되는 음조(音調)이다.

이 통찰과 회개가 은혜를 위한 조건이라는 관념 사이에는 단지 한가지 단계만이 존재하는 것처럼 보인다. 그러나 회개의 이러한 지나친 부담은 회개에 대한 경시와 마찬가지로 복음에 대해 똑같이 피해를 끼치게 된다: 만일 우리의 회개로 말미암아 우리가 이것을 얻게 되거나 혹은 자동적으로 이것을 야기하게 된다면 은혜는 더 이상 은혜일 수 없다. 진정한 회개는 인간 편에서의 능력과 공로에 대한 관념을 전적으로 부인한다. 하나님이 회개하는 죄인에게 오시는 이유는 인간이 더 이상 그의 길에 장애물을 둘 수 없고, 그의 불순종이나 핑계나 공로가 없을 때, 그가 단순히 온전하게 자신일 수 있다는 사실이 존재한다는 것을 인간은 마음 깊은 곳에서 안다. 오직 이런 의미에서만 계약은 회개없이는 계속될 수 없다는 것이 사실이다.

구약(그리고 마찬가지로 신약)은 "회개"를 가리키는 별개의 단어를 가지고 있지 않다. 이것은 이 개념을 지니고 있고, 또한 때로는 심지어 우위를 점하는 많은 용어들을 포함하고 있다. 그러나 이 경우에 이 단어들은 또한 예를 들어서 구체적인 죄나 제의 행위 혹은 새로운 순종으로 돌아감을 가리키기도 한다. 히브리어인 슈브와 추바와 희랍어인 메타노에인과 메타노이아는 회개에 가장 근접해 있다. 그러나 이 단어들은 회개에 대한 것이 아니라 적극적으로 죄된 삶을 청산하는 것, 환언하면 회심에 대한 것이다. 이것은 회개에 대한 분리주의적인 경험과 성찰에 대해서 우리를 경계하게 한다. 성경은 심지어 회심이 없는 회개에 대한 용어 조차 갖고 있지 않다. *TDNT* IV, *s.v.* (메타)-노에오와 W.L. Holladay, *The Root šûb in the OT*(1959), pp. 156f.에 나오는 결론을 보라. 구약에서 선지자들은 종종 돌아설 것과 회개를 요청하였다. 그러나 죄책에 대한 실제적인 고백들은 훨씬 덜 빈번하고 주로 바벨론 유수(幽囚) 기간에 나타났다. 우리는 무엇보다도 먼저 소위 회개 시편들: 6, 32, 38, 51, 102, 130을 생각하고; 나아가서 에스라 9장, 느헤미야 9장, 그리고 다니엘서 9장을 생각한다. 성서 신학책들과 J.J. van As, *Skuldbelijdenis en genadeverkondiging in die OT*(1961)을 보라.

신약에서 특별히 바울은 율법서에 나오는 계약의 계시가 우리의 근본적인 실패를 폭로하고 심지어 그것을 일깨워준다는 사실을 분명하게 표현하였다. 그리스도와의 연합 속에서, 바울은 새로운 방식으로, 그의 존재 전체로써, 이스라엘의 길에 참여하기 시작하였다. 감동적으로 그는 로마서에서 죄에 대한 지식과 회개를 말로 표현하였는데, 그것에 대한 이러한 참여는 우선은 보다 일반적인 용어들을 사용하여 2장과 3:1-20에서, 그 다음에는 매우 개인적인 자기 고발에 의해서 7장에서 그를 일깨워주었다. 이러한 자기 고발에서 그는 자기 백성들의 구약의 길을 회고하고 있다. 이러한 회고는 기독교인들이 이러한 자기 고발과 더 이상 관계가 없다는 것을 결코 의미하지 않는다; 정확히 우리가 그리스도 안에 있을 때, 이스라엘의 경험은 우리 자신의 경험이 된다. 고린도후서 7:8-11에서 바울은 회개에 대해 말할 때 전혀 다른 단어들을 사용하고 있다; 여기에서 그는 뤼페라는 용어를 사용하며, 참된 회개인 뤼페 카타 테온을 뤼페 투 코스무와 구분하였다. 문맥에 의하면, 전자의 특징적인 표지는 이것이 절망이나 굳어짐(이것은 10절에 나오는 타나토스가 해석될 수 있는 방법이다)이 아니라, 회심(9절: 메타노이아)과 새로운 순종(11절)으로 나아간다는 사실이다. 실제로, 이 구절과 또한 다른 구절에서 바울은 탕자의 비유의 비길 데 없는 표상에서 회개에 대해 언급된 것을 단지 좀더 추상적이고 지적인 언어로 표현하였을 뿐이다(눅 15:17-19; cf. 18:13f.). 이 모든 구절에서 회개는 전적으로 계약 안에서 그리고 은혜의 지식으로부터 일어나고 있다.

교회사에서 회개는 신앙이 좀더 개인적인 성격을 띠었을 때, 보다 두드러진 요소가 되었다. 연이어서 이것은 **통회**(*contritio*, 로마 가톨릭), **참회**(*poenitentia*, 종교개혁자들), **회복**(*resipiscentia*, 개신교 스콜라주의)이라는 명칭으로 나타났다. 중세기에, 회개의 문제는 특별히 회개의 성례전과 관련하여, 마음의 통회 — 입의 고백 — 행위의 속죄(*contritio cordis — confessio oris — satisfactio operum*)의 세 가지로 나타났다. 문제는 진정한 통회(痛悔, contrition)가 절대적으로 필요한 것인지 아니면 성례전의 효력으로 말미암아, 회오(悔悟, attrition: 형벌에 대한 두려움에서 일어난 슬퍼하는 감정)만으로 충분한지와 관련하여 일어났다. 트렌트 공의회는 예비적인 중요성을 회오(悔悟)에다 부여하였다(D 1676-1678). 엄격한 사람들과 보다 유연한 사람들, 통회와 회오 사이의 논쟁은 알렉산더 VII세 교황이 이 문제를 미결로 선언하고 실제로 그것을 금하였던 1667년까지 계속되었다(D 1070). 오늘날 로마 가톨릭 신학은 이 논쟁을 대부분 무의미한 것으로 간주한다(K. Rahner, *s.v.* "repentance", in *Sacramentum mundi*).

종교개혁은 회개에 대한 논쟁으로부터 태어났다. 널리 퍼져있던 윤리주의와 연결된 면죄부를 파는 의식은 회오를 촉진하였고 또한 피상적인 견해를 선동하였다. 루터는 그의 95개 조항에서 면죄부 장사꾼인 요한 테첼(Johann Tetzel)을 공격하였는데, 그것은 이런 말로 시작되고 있다. "'회개'라는 말로써, 우리의 주님이요 스승이 되시는 예수 그리스도는 신자들의 전생애가 회개가 되어야 한다는 사실을 의미하셨다." 참회의 개념에 대한 고전적인 루터파의 주석은 *Apology*(변증, 1531), XII 항에서 발견된다. 중세의 사고를 따르면서, 기안자인 멜란히톤(Melanchton)은 율법이 회개를 불러일으킨다고 생각하였지만, 그후에는 양자를 복음과 믿음과 용서와 밀접하게 연결하였다. 그렇지 않으면, 회개는 절망에 이를 수도 있다. 제각기 하나님 자신 안에 있는 율법의 낯선 활동(opus alienum) 및 복음의 고유한 활동(opus proprium)과 일치되는 회개와 믿음의 이중성으로부터 비롯되는 이러한 출발은 루터파의 특징으로 남게 되었다. 다른 한편으로 칼빈은 순서를 바꾸어 놓았다(Inst III,iii,1-10). 오직 복음을 아는 사람만이 회개할 수 있다. 그러므로 제3장의 제목은 "믿음: 회개로 말미암은 우리의 중생"이다. 그는 심지어 매우 강력하게 이렇게 말했다: "그러나 회개가 믿음으로부터 흘러나오는 것이 아니라, 믿음에 선행하거나, 혹은 나무의 열매와 같이 그것에 의해서 산출된다고 생각하는 어떤 이들이 있다"(iii,1). 칼빈이 목표로서의 바른 생활과 더불어, 회개를 전적으로 (전적으로 성경의 언급 방식을 따르면서) 회심(iii,5)에 종속시킨 것 역시 이에 못지 않게 중요하다.

변증(Apology)은 두 가지를 분리시키고 있다. 후대의 발전에서 루터파의 개념이 우세하게 되었다. 개인주의와 내적인 삶에 대한 강조, 자기 반성으로 특징지워지는 17세기의 분위기에서 회개는 점점 더 분리해서 고려되게 되었다. 도르트 신경 I,12에서 "죄에 대한 경건한 슬픔"은 자신의 선택의 증거이자, 신자들이 "영적인 기쁨과 거룩한 즐거움과 함께 스스로 깨닫는" 슬픔으로서 "그리스도에 대한 참된 신앙"과 나란히 언급되고 있다. 여기에서 고린도후서 13:5에 호소하는 것은 부당한 것이다. 이런 모든 것은 후속된 종교개혁과 감리교 운동, 프랑케(A.H. Francke)의 "영적인 투쟁"(Busskampf)을 따랐던 경건주의에서 강력한 뒷받침을 얻게 되었다. 루터파의 사고에서와 같이, 이 분리의 부수물은 회개를 불러일으키는 것이 율법이라는 관념이었다(마치 복음이 "그 이후에" 믿음을 불러일으키는 것처럼; 연대순서적인 요소가 이제 덧붙여졌다).

회개가 율법에서 나오는지 아니면 복음에서 나오는지에 대한 질문의 답변은 주시고 명령하시는 하나님이 한 분이고 동일하신 분이라는 사실이 분명하다는 것이다. 바울은 회개에 이르는 것이 하나님의 호의(롬 2:4)이고 복음은 율법을 폐기하지 않고, 오히려 그것을 지탱해 준다는 사실을 재빨리 이어서 말할 수 있었다(3:31). 기껏해야 우리는 여기에서 구별을 할 수 있을 뿐이다: 믿음은 무엇보다도 먼저 하나님의 베푸심을 향하지만, 회개는 하나님이 그의 베푸심에 근거하여 명령하시는 것과 그가 명령하시는 것을 우리가 행하지 못하는 것 사이에 존재하는 간격으로부터 주로 비롯된다. 율법의 정죄하는 기능에 빛을 내는 일(현재의 경향)은 그 기능을 분리하는 것(루터파와 경건주의의 경향)만큼이나 비난받을 만한 일이다. 이 주제에 대해서는 또한 26장, pp. 194-196과 G.C.Berkouwer, *Sin*(E.T. 1971), 6,7장을 보라. 이 문제는 하이델베르크 요리문답에서 아주 잘 제시되어 있으며, 이것은 첫번째 주의 날에서, 우리의 "유일한 위로", 즉 복음에서 시작하고, 그 다음에는 이것의 세 가지 요소 중의 하나인 회개를 지시하기 위해 나아간다: 더욱이 이 회개의 근거는 요리문답에 의하면, 특별히 율법과의 만남이지만, 그 때에 이것은 큰 계명의 요약으로서의 율법이다. 죄는 따라서 사랑의 결핍이다.

지금까지 언급된 모든 것으로부터 야기되는 마지막 말은 회개의 심리학은 그 자체 안에 있는 하나의 주제라는 사실이다. 우리의 관심은 구조적이고 신학적인 연계성이다. 언제, 어떻게, 얼마나 강력하게, 왜 특정한 사람이 회개하게 되는가 하는 것은 많은 요인들에 달려 있다. 한 사람에게 심리학적인 사실이 되는 것이 다른 사람들에게는 심리학적인 율법으로 부과되지 않을 수도 있다.

44. 칭의와 믿음

심판은 하나님의 마지막 말씀이 아니다. 그러므로 회개가 인간의 최종적인 말이 되어서는 안된다. 구조적으로 말하자면, 두 가지는 다 첫번째 말, 즉 놀랄만치 다른 말들인 "칭의"와 "믿음"에 의해서 이어지는 말들이다. 하나님의 창조적인 행위로서의 첫 번째 말과 인간의 수용하는 행동으로서의 두 번째 말이 혼합될 때, 갱신에 대해서 무엇이 언급될 수 있든지 간에, 그것으로부터 행동이 비롯되는 큰 변화가 우리 삶에서 일어난다.

A. 칭의

이 말은 법의 언어에서 유래되었다. 이것이 표현하려고 하는 중대한 변화는 또한 다른 분야의 언어에서 유래한 말들 속에서도 표현될 수 있다. 동일한 사건에 대해서 신약 성경은 또한 "화해", "죄용서", 그리고 "자녀로서 입양됨"과 같은 용어들을 사용하고 있다. 바울은 랍비적이고 유대적인 질문: 즉 인간은 하나님 앞에서 어떻게 의롭다함을 받는가?라는 질문의 관점에서 복음을 전개하였기 때문에 사법적인 표상을 널리 사용하였다. 만일 이런 특정한 형태 안에서 이 질문이 관련된 많은 것을 잃어버렸다면, 그 당시에 유용했던 개념들이 다른 개념들로 대치되어서는 안되는지 물어볼 만한 가치가 있을 수 있다. 결국은 예수도 이 용어를 사용하지 않으셨다. 사도신경은 "죄 용서"를 언급하고 있다. 이것을 제기하는 그 방식이 우리에게 좀더 의미있는 것을 언급하지 않는가? 그러나 동시에, 이것은 또한 덜 특정적이고 더 부정적이며 덜 포괄적이다. 43장에서 우리는 "심판"에 대해서 이야기했다: 이것의 필연적인 반대는 "무죄방면"이나 혹은 "칭의"이다. 이렇게 해서 우리는 이미 법적인 표현을 사용하고 있었다.

이런 종류의 은유는 여기에서 문제가 되는 것: 즉 계약 관계의 권리와 의무, 범죄함과 자비를 얻음, 판결을 선포하고 새로운 관계를 조성하는 것을 나타내기에 아주 적절하다. "칭의"라는 용어에서는, 사법적인 사고의 양식이 처음에 이어지고 나중에는 완전히 변경된다. 따라서 바울 이후에는 이 용어가 규칙적으로 사용되었고, 특별히 종교개혁이 이것을 주요 단어로 만들었다. 이것은 스스로를 위하여 신학에서 확고한 자리를 확립하였다. 같은 사실이 설교와 일반적인 교회 생활에는 적용되지 않는다. 그리고 신학은 결국 계약 관계의 절대 필요한 부분인 사랑과 내적인 삶, 내어줌을 위하여 충분한 여지를 남겨두지 않는 이 사법적인 용어에 대해서만 배타적으로 작용하지는 않는다. 그러므로 더 나아가서 우리는 또한 다른 단어들도 사용할 것이다. 그러나 이 가운데 어떤 낱말도 "칭의"라는 용어만큼 포괄적이지는 않다.

심판에 대한 의식으로서의 회개가 이스라엘에 대한 하나님의 길의 다른 측면이고 인격적인 강조인 것처럼, 칭의와 무죄방면에 대한 의식으로서의 신앙은 예수 그리스도의 인격과 사역 안에서 이스라엘의 길에 야기된 변화의 다른 측면이고 인격적인 강조이다. 칭의는 우리가 기독교의 이 부분에서(33-35장) 인간성-화해-영광의 삼화음으로 묘사하였던 것의 인간적이고-인격적인 이면(裏面)이다. 이 길을 감으로써, 예수는 참된 계약의 상대방으로서 우리를 대신하여 행동하셨다. 그에게 있어서 대리 행위는 우리를 위한 칭의였다.

대리 활동으로 인하여, 이 계약에서 우리는 우리가 지금은 아닌 존재: 즉 의인, 하나님의 자녀, 그의 계약의 동반자들로서 부름을 받는다. 그 안에서 새로운 존재 양식이 우리에게 전가된다. 지상적인 재판관은 이미 자신 안에서 의로운 사람을 단순히 의롭다고 선언할 수 있지만, 우리는 우리 자신 안에서 우리가 아닌 것으로서 선언된다. 우리는 새로운 이름을 받게 되는데, 그 이유는 성령이 "전가"의 방식으로 그의 영화로워진 인성을 우리의 계정에 달아 주심으로써 예수의 참된 아들됨과 우리를 결합하시기 때문이다. 이 표준은 전적으로 유효하지만, 정죄의 심판은 폐기된다. 성자 안에서, 하나님은 잃어버린 아들들에게 손을 내미시며 무조건 그들을 자신의 아들로 입양하신다. 이 사건이 일어나는 첫번째 시간은 인간이 믿음으로써 이 손을 받아들일 때이다. 그러나 이것은 또한 끊임없이 되풀이되는 사건이다. 이것은 우리가 우리 뒤에 여전히 남겨둘 수 있는 단계가 아니다. 우리의 실패와 회개를 통하여 우리는 언제나 이 출발점, 즉 하나님의 심판 안에 있는 이 전환점으로 되던져지며, 그곳에서 새롭게 출발하게 된다.

우리의 개인적인 삶과 관련하여, 우리의 갱신의 근원은 칭의에 놓여 있다. 우리의 회개에서 우리는 우리 자신으로부터 도피하지 않고 우리 자신을 우리의 죄된 과거와 동일시할 수 있는 용기를 받아들인다. 우리의 칭의에서 우리는 우리 자신 안에 있는 것과 우리의 행동에 대해 작별을 고할 수 있다. 우리는 더 이상 다른 사람들을 희생하고 우리 자신을 입증하거나 정당화할 필요가 없다. 하나님은 우리의 "행위"와는 별개로 우리를 의롭다

하시고 받아들이신다. 그렇게 해서 우리는 하나님 앞에서, 다른 사람들에 대하여, 그리고 미래를 향하여 해방된다. 칭의는 우리에게 전대미문의 강력함을 제공하며, 동시에 우리가 죄와 싸우고 견디며 봉사할 수 있는 힘을 끌어내는 원천이 된다(롬 8:31-39을 보라).

칭의는 우리가 의식적으로 경험하는 사건인가? 넓은 의미에서, 우리에게 관련되고 일어나는 모든 것은 우리의 의식적인 경험에 속한다. 그러나 그 기원은 우리의 밖에, 그리스도 안에 놓여 있다. 성경과 교회의 해석을 통하여 이 사건은 "메시지"와 "말씀"으로서 우리에게 다가온다. 이것은 우리 자신으로부터 야기되지 않는다. 이것은 무죄방면과 전가의 관념에 의해서 배제된다. 따라서 우리의 신앙 안에서(밑에 있는 B를 보라), 우리는 우리의 경험의 세계 밖으로 나간다. 우리는 우리가 경험하는 것과 반대되는 것을 받는다. 전적으로 반대되는 경험에 직면하여, 우리는 이것을 반복해서 다시 들을 필요가 있다. 그러나 우리가 듣도록 허용되는 곳에서, 이것은 해방과 기쁨과 석방과 안전의 느낌으로서 우리의 경험에 들어온다.

외부로부터의 사면의 말씀을 통한 죄인의 칭의의 현실은 구약에서 이미 반복해서 나타난다. 우리는 출애굽기 32:9-14와, 사막을 통한 여행에 관한 다른 이야기들과 대 속죄일의 의식(레 16장), 속죄 제물과 키페르(덮음으로써 화해함)와 시편 32; 51; 103; 130과 선지서에서는 이사야 6:5-7; 53:11; 예레미야 31:31-34; 에스겔 37:1-14; 호세아 1:6, 8f.; 2:22; 스가랴 3:1-5를 지적할 수 있다. "의롭게하다"라는 동사도 몇 번에 걸쳐 나타나지만(히필형: 히츠딕: 70인역: 디카이운), 그 때에는 '무죄를 선언하다, 어떤 사람의 무죄를 입증하다, 정의가 이기게 하다' 라는 의미로 나타난다; 불의한 자들의 칭의에 대한 바울의 용법은 아직은 요원한 것이었다.

신약에서 이 문제는 예수의 말씀과 비유에서, 특히 누가복음 14:15-24; 15장 전체; 18:9-14; 23:39-42과, 마태복음에서는 두 채무자(18:23-35)와 포도원의 일꾼(20:1-16)의 비유에서 분명하게 나타난다. 죄 용서의 중심성은 주의 만찬의 제정에 대한 말씀과 다른 진술들(예를 들어, 막 2:1-12; 요 8:1-11) 속에서도 역시 분명하다. 우리는 마찬가지로 여기에서 세리 및 죄인들에 대한 예수의 사귐에 대해 생각할 수 있다. 사실상, 화해와 용서가 중심적이거나 출발점이 아닌 단 하나의 신약 책도 존재하지 않는다.

그러나 바울에게서, 특별히 로마서와 갈라디아서가 아닌 어디에서도 우리는 이 사건에 대한 좀더 신학적인 규명과 용어상의 정교함을 갖고 있지 않다. 이것에 대해서 우리는 신약 성서신학과 바울에 대한 연구, 그곳에서 언급된 문헌을 참고한다. 그러나 우리는 로마서 1:17; 3:5,21-26;10:3; 고린도전서 1:30; 5:21; 빌립보서 3:9에 나오는 디카이오쉬네 쎄우의 논쟁의 여지가 있는 개념을 주시하기 위해 멈추어야 한다. 이것은 주격 속격(하나님의 속성이며 하나님이 그것을 통해 행하시는 의)인가 아니면 목적이나 원인이나 저자나 관계를 나타내는 속격(하나님이 사람에게 주시고 하나님 앞에서 사람을 의롭게 만드시는 의)인가? 환언하면, 이것은 하나님의 특성인가 아니면 사람의 특성인가? 종교개혁자들은 "사람의 특성"(루터: "하나님 앞에서 유효한 의")이라고 답변하였다; 이 관념은 사람이 어떻게 의롭다함을 받을 수 있는가라는 질문의 정황과 그 질문에 대한 바울과 랍비들의 논쟁에 호소할 수 있다.

현세기에 와서, 저명한 주석가들(A. Schlatter, C.H. Dodd, E. Käsemann과 그의 학파)은 바울이 죄인을 회복시키시는 하나님의 의를 세우시는 활동에 대해서 말하고 있다고 생각하려는 경향이 있다; 이 관념은 하나님의 의에 대한 구약의 관념의 후원을 특별히 제2이사야(45:21; 46:13; 50:8f.; 51:4-8; 53:11)에서 갖고 있다. 실제로, 바울을 이해하기 위해 우리는 "신중심적인" 측면에서 시작하여, 그 다음에는 바울 안에 있는 새로운 요소로서의 그곳에서부터 그가 이 하나님의 의를 어떻게 (죄된) 인간에게 확대하는가를 발견해야 한다. 하나님의 의는 인간이 그의 의를 옷입게 되는 새로운 계약 관계에서 개가를 올리게 된다. 바르트와 함께, 우리는 바울이 말하고 싶어하는 것을 다음과 같이 묘사할 수 있다: "예수 그리스도의 죽음에서 확립되고 사람의 잘못에 맞서서 그의 부활에서 선포된 하나님의 정당성은 그 자체로서 인간의 새롭고 일치하는 정당성의 토대이다"(CD IV,1, p. 514).

칭의에서 우리가 낯선 의로 옷입는다는 사실과 직접 관련되어 있는 것은 바울에게 있어서 우리의 의가 이처럼 "전가", 가치 판단이거나 혹은 리츨이 칸트의 용어로 제시한 것처럼: 후험적인 분석적 판단(그곳에 존재하는 것을 나타내는)이 아니라, 선험적이고 종합적인 판단(그곳에 존재하지 않는 것을 더 하는)이라고 하는 함의(含意)이다. 이것에 대해서는 특히 로마서 4장을 보라. 그곳에서 사용된 로기제스타이라는 용어는 고린도후서 5:19(그곳에 나오는 메로기조메노스를 주목하라)에 의하면 그리스도가 우리의 죄를 자신에게 전가하셨던 화해 사역의 이면(裏面)인 사면의 판단을 지시한다(5:21; cf. 갈 3:13). 이 전가는 결코 공허하고 외적인 말이 아니다: 이것은 우리가 간략하게 살펴보는 것처럼, 실제로 사람을 새롭게 하시는 판단이다.

그러나 일찍이 바울의 시대에 전가의 역설은 오해되었다; 이것은 계속해서 죄를 짓기 위한 면허증으로 간주되었다(롬 6:1; 약 2:14-26; 벧후 3:16). 도덕적으로 결백한 사람은 하나님 앞에서 그의 의가 전적으로 하나님의 의에 의존해야 한다는 사실을 불쾌하게 생각한다. 이것이 바로 교회사에서 바울의 이 사상들이 배후에 많은 흔적을 남기지 않고 일찍 소멸된 이유이다. 그러나 재삼재사 반복해서 또한 이것들이 서부 유럽 사람의 도덕적인 정신에 대한 폭발적인 저항으로서 재보증되었던 짧은 기간들이 있었다.

최초의 강력한 저항은 펠라기우스에 대한 어거스틴의 투쟁으로부터 왔으며, 이것은 초기 교회에서 광범위하게 지지되고 있던 반(半)잠재적인 신인협동설에 대한 투쟁이 되었다. 그러나 어거스틴의 입장이 실제로 바울의 칭의론으로까지 거슬러 올라갔는지의 문제에 대해서는 견해차가 존재한다(A.F.N. Lekkerkerker, *Studiën over de rechtvaardinging bij Augustinus*, 1947는 이것을 부인하다; G. de Ru, *De rechtvaardiging bij Augustinus*, 1966는 이것을 긍정한다; 또한 *RGG* V, s.v. *Rechtfertigung*, cols. 829f.에 나오는 W. Joest의 세심한 중간적 입장을 보라). 이것은 어거스틴의 회심 체험과 사고 양식과 펠라기우스와의 대결로 인하여 그가 칭의를 특별히 사나티오(sanatio)로서, 즉 치유와 씻김의 내적인 과정으로 보게 되었다는 사실이다. 이러한 연관에서 서방 교회에서는 바울의 디카이운과 디카이오시스라는 용어가 라틴어 유스티피카티오(iustificatio)와 유스티피카레(iustificare): 문자적으로 의롭게 만들기(만드는 것)로 번역되었다는 사실이 주목되어야 한다. 어거스틴도 이렇게 적고 있다: "의롭다함을 받는다"는 구절은 "의롭게 된다"는 것 ― 불의한 자를 의롭다 하심으로써, 대신에 그가 경건한 자가 되게 하시는 분에 의해서 — 이외에 무엇을 의미하겠는가?(*De spiritu et littera* 26, 45). 비록 어거스틴은 전가를 부인하지 않지만, 그(바울과는 달리)에게 있어서 모든 강조는 이것에 의존하는, 따라서 우리가 "성화"라고 부르는데 익숙한 것에 의존하는 내적인 갱신이다. 이것은 로마 가톨릭 신학에서 일반적인 의미가 되었다.

신학적으로 훨씬 더 근본적이고 교회적으로는 훨씬 더 중대한, 교훈주의에 대한 두번째 강력한 저항(이번에는 이것의 중세후기의 형태에서)은 루터로부터 나왔다. 그는 어거스틴에게로 돌아갔지만, 그 후에는 바울의 법정적이고 전가적인 칭의의 교리의 진정한 의미를 향하여 애써서 나아갔다. 이 주제에 대해서는 굉장한 양의 문헌이 존재한다. 그러나 이 모든 것은 다음과 같이 요약될 수 있다: 1512-1518년에 주된 강조점은 사나티오(*sanatio*)에서 임퓨타티오(*imputatio*)로, 우리 안에 계신 그리스도에게서 우리를 위한 그리스도로 옮겨졌다. 그러나 루터는 결코 사나티오를 부인하지 않았으며, 이 효과적인 은혜의 선물이 전가된 은혜에 의존하고 있다고 주장하였다. 그렇게 해서 교회가 마음대로 쓸 수 있고, 신실한 자들이 성례전적으로 양육될 수 있는 "은혜의 권세들"이 하나님과 사람의 인격적인 관계, 즉 한편으로는 사면의 말씀 속에서, 다른 한편으로는 해방시키는 믿음 안에서 효력이 나타나는 관계에 양보하게 되는 새로운 영적이고 지적인 분위기가 일어나게 되었다.

그러나 더 이후의 교회적이고 신학적인 칭의론 형성은 루터가 아니라 특별히「변증」(*Apology*)(1531)의 기안자 곧 멜란히톤으로 말미암은 것이었다. 그는 심지어 사람에게 구원에 대한 최소한의 근거를 돌리는 것조차도 너무나 염려하여, 양심의 가책이 다시 돌아오지 못하도록 칭의 개념으로부터 모든 사나티오 요소들을 제거해 버렸다. *Apology* IV의 여러 곳을 보라. 그러나 이렇게 해서 루터의 위대한 발견은 지배적인 관점이었던 것으로부터, 한편으로는 전적으로 율법지향적인 회개(43장을 보라)와, 다른 한편으로는 "믿음으로 의롭다 함을 받고 중생한 이후에 우리가 성령을 받지 않고서는 일어날 수 없는"(*Apol.* IV항) 사랑의 행위의 완성 사이에 갇혀 있는 작은 교의(dogma)로 변경되고 말았다. 반작용이 일어나게 되어 있었다: 루터파 신학자인 오시안더(Osiander, 약 1550년)는 통용되던 칭의론을 "얼음보다 차가운 것"이라고 부르면서, 초기 루터의 사나티오 요소들로 되돌아갔지만, 임퓨타티오를 통한 자유가 신자 안에서의 그리스도의 본질주의적으로 인식된 내주로 말미암아 다시 뒤로 밀려나는 그런 방식으로 이루어지고 말았다. 「일치신조」(*Formula of Concord*, 1577)(II, 부분적으로 III)에서 그의 교리는 날카롭게 거절되었으며 멜란히톤의 노선이 마찬가지로 예리하게 긍정되었지만, 후자가 전자를 일깨워야 한다는 인식은 없었다. 이 발전의 대가는 이제 이어지게 될 루터파 스콜라주의에서 칭의론이 루터가 이 교리를 보게 되었던 것처럼, 성경 전체의 해방을 가져오는 이해를 위한 해석학적인 열쇠의 역할을 더 이상 할 수 없다는 사실이었다. 이것에 이어서 협력, 자유의지, 선행, 그리고 신비적 연합의 문제 영역들이 16, 17세기에 독립적인 실체가 되기 시작했다. 그리고 17세기 중엽에, 인간의 어떠한 의와도 상관없는 그리스도의 공로의 전가를 통한 칭의론이 신앙의 두번째 기본적인 조항에 속하는 것으로 간주되었으며, 이것은 부인될 수 없지만, 알려질 필요도 없었다(R I, p. 143)! 이 발전에 대해서는 H. E. Weber, *Reformation, Orthodoxie und Rationalismus*, I(1937), II(1951)에 나오는 "칭의론이 정통교리의 운명(Schicksal)이 되었다"(I, p. 64)라는 제목을 보라.

칼빈에게 있어서는, 칭의가 루터파에서 그랬던 것처럼 교회가 서거나 넘어지는 그런 종류의 조항은 결코 아니었다. 그들은 새로운 삶을 칭의의 결과와 부산물로서 고려하였지만, 칼빈은 이중적인 은혜를 언급하였다(46장을 보라). 그는 또한 전가에 의한 칭의를 엄격하게 가르쳤지만(특히 *Inst* III, xi-xviii를 보라), 이것을 한편으로는 회개로부터, 다른 한편으로는 성화로부터 예리하게 묘사하는 대신에, 이 계기들을 단일한 것으로 보려고 노력하였다. 따라서 루터와는 달리, 그는 좀더 어거스틴을 따르며, 과정을 암시하는 용어로서 구원의 전용에 대해 언급하려는 경향이 있었다. 개혁파 개신교는 이 교리의 발견에 대한 루터파의 기쁨과 그것의 후대의 압축에 대해서는 알지 못했다. 루터파 정통주의는 칼빈의 개념에 대해서 아무런 느낌이 없었다; 이것은 율법주의와 행위-의(義), 그 안에 있는 영광의 신학(*theologia gloriae*)을 간파하였다.

트렌트 공의회에서 로마 가톨릭 교회는, 한편으로는 "불의한 인간이 의롭게 되고 적(敵)의 위치에서 친구로 되는"(1528; cf. 1561-canon 11) 어거스틴의 사나티오 개념의 관점에서 나오고, 다른 한편으로는 자유 의지(*liberum arbitrium*)를 가진 인간의 *preparare, disponere, assistere, cooperari*에 대한 신인협동설적인 강조의 관점에서 나온 개신교의 칭의론(D 1520-1583)을 예리하게 거절하였다(1525f., 1554-1559); 이 강조는 일반적으로 구원의 확실성을 불가능성으로 만들 정도로 너무나 강한 것이었다(1553f., 1540f., 1563-1566).

종교개혁자들의 전가 교리가 난해한 또다른 이유는 그들이 설교 안에 있는 사건으로서 가르쳤던 것을 로마 가톨릭은 세례와 고백과 성체 성사의 성례 안에 있는 사건으로 보았다는 사실이다. 이 구성은 균형이 잡혀 있다; 다른 한편으로 규범들은 일방적이고 논쟁적이다. 그러므로 한스 큉(H. Küng)은 그의 인기있는 *Justification*(「칭의」, E.T. 1964)에서 트렌트 공의회와 바르트의 칭의론 사이에는 실제적인 차이가 없다고 대담하게 주장하였다; 트렌트 공의회와 관련하여 그는 한쪽으로 치우친 논쟁적인 특징에 대해서, 그리고 개신교의 입장의 오해를 언급하였다. 큉의 책에서 시작된 교리사적인 논의는 그가 자신의 주장을 입증하지 않았으며, 확실히 트렌트 공의회의 신인협동설적인 노선과 관련해서 그렇게 하지 않았음을 보여주었다. 따라서 오늘날까지 로마 가톨릭 교회는 자신의 공식적인 선언에 있어서는 본질주의적이고-성례주의적이며-신인협동설적인 궤도 속에 남아 있다. 이 간격은 연결될 수가 없다. 그러나 최근에 성경적이고 인격주의적인 접근 방법이 가톨릭 신학자들 사이에서 급속히 지반을, 즉 바울과 루터에게서와 같이 전가된 의의 차원이 기능하기 시작할 수 있는 지반을 얻어가고 있다. 큉의 책은 이 가장 최근의 발전의 중요한 징후이다. 또한 *MS* IV.2, chs. 10-12를 보라.

우리는 바울의 칭의론의 폭발적인 단언에 대해서 언급하였다. 이와 같은 일이 1738년에 존 웨슬리가 루터의 로마서 서문을 읽은 이후에 회심하였을 때 — 감리교의 복음전도의 확장을 위한 충동을 제공해 주었던 회심 — 다시 일어났다. 19세기에도 역시, 이러한 폭발이 크고 작은 규모로, 때로는 루터의 재발견으로, 때로는 바울의 재발견으로 일어났다. 이와 관련하여 우리는 특별히 독일을, 처음에는 독일의 부흥과 더불어, 나중에는 독일의 고백적인 신루터교와 함께 생각하게 된다. 또한 우리는 리츨(A. Ritschl)을 생각하는데, 그는 자신의 칸트의 영향을 받은 의식 신학으로 말미암아 실제로는 바울과 루터를 분명하게 표명할 수 없었음에도 불구하고, 칭의의 전가적인 성격에 대해 우리의 눈을 열어주는 것을 도와주었다. 그의 교리적 착상(着想)인 *The Doctrine of Justification and Reconciliation*(E.T. 1902)은 ― 두 가지 개념의 순서를 주목하라 ― 칭의론을 둘러싼 극히 적은 수의 조직 신학들 가운데 하나인, M. Kähler, *Die Wissenschaft der christlichen Lehre*(1883)의 대안적(代案的)인 착상을 유발하였다.

그러나 두드러지게, 전가된 의의 선포로의 가장 근본적인 회귀는 루터파가 아니라 개혁파 개신교, 즉 콜브루게(H.F. Kohlbrugge)와 그의 학파에서 였다. 콜브루게(1803-1875)는 로마서 7:14에 대한 설교를 준비하면서 "두번째 회심"을 경험하였는데, 이것은 그가 전적으로 그리스도의 전가된 의에 의지하게 만들었다. 엘버펠트(Elberfeld)에서 활동하는 영향력있는 설교자로서 그는 죄인의 칭의를 너무나 많이 강조하여 신앙의 다른 측면들은 무시되거나 (특히 성화는) 흡수되어버리고 말았다. *Hoogst belangrijke briefwisseling tussen dr. H.F.K. en Mr. I. da Costa over de leer der heiligmaking*(1880), 즉 역시 로마서 7:14에 대한 설교를 포함하고 있는 설교집을 보라. 그의 학파는 칭의에 관한 두 가지 중요한 연구서를 펴냈다: E. Böhl, *Von der Rechtfertigung durch den Glauben*(1890)과 A. Zahn, *Über den biblischen und kirchlichen Begriff der Anrechnung*(1899). 뵐은 또한 *Dogmatik*(교의학, 1887)을 저술하였는데, 이것은 그리스도의 낮아지심과 화해 사역과 그 안에서의 우리의 칭의를 강하게 강조하였음에도 불구하고, 그것의 기획과 실행에 있어서는 주로 전통적이었다.

20세기에 와서, 제1차 세계대전 이후에 새로운 주석이 나타났다: 초기 루터의 사나티오의 빛에서 후기 루터의 임퓨타티오를 해석하려고 애를 썼던 칼 홀(K. Holl)의 소위 루터-르네상스가 아니라, 바르트의 「로마서 주석」 제2판(1922)을 통해서. 바르트의 이 폭탄 속에서 전쟁으로 말미암아 혼동되고 당황해하던 세대에게 해방의 메시지가 되었던 것은 정확히 전가(轉嫁), 즉 하나님의 말씀에 의해서 죄인들에게 승인된 "새로운 선언"이었다. 나중에 바르트는 자신이 초기에 할 수 있었던 것보다 복음의 더욱 많은 측면들에 대한 신학 주석을 저술하였지만, 그는 *CD* IV,1, par. 61에 나오는 자신의 철저하고 정교한 논의에 의해서 증거되는 것처럼, 복음 안에 있는 중심적인 계기로서 칭의의 전가적인 성격에 대해서 항상 진실하게 남아 있었다.

루터가 자신의 생애 말엽에 칭의론을 언급하면서 "우리가 죽고 나면 곧 이 교리가 흐려지게 될 것입니다"라고 말했다는 이야기가 전해진다. 이것은 그 때 뿐만 아니라, 현세기에도 역시 각각 이어지는 폭발 이후에, 실제로 일어나고 있다. 구원이 순전히 하나님의 자유로운 선물이라는 믿음으로부터 죄인으로서 살아간다는 것은 결국은 너무나 큰 노력을 요구하는 것으로 입증되는 것이다. 우리가 이 책을 저술하고 있는 순간에, 칭의는 더 이상 신학에서(그리고 상당한 정도로 설교에서도) 이러한 중심적인 관심을 일으키지 않으며 다른 강조들, 특히 성화에 대한 강조에 의해 다시금 주변으로 밀려나고 있다. 이것은 우리를 칭의의 중심성의 문제로 인도한다. 루터파는 이것을 교회가 서거나 넘어지는 조항이라고 부른다. 그러나 이것 자체의 교리적인 발전은 이 기분을 너무 서둘러서 반복해서는 안된다는 사실을 입증해준다. 참으로 여기에 결정적인 전환점이 놓여 있다. 그러나 이것은 하나님의 참된 아들이신 예수의 대리적인 활동의 위대한 전환점에 의해서 그리고 그것 안에만 놓여 있는 전환점이다. 이 전환점을 구성하는 것으로서 양자가 합쳐서 아울러 신앙의 중심으로 불릴 수도 있지만, 그 때에도 사실상 창조와 완성(consummation)의 가장 먼 주변의 범위에 이르기까지 하나님의 활동의 전 영역이 가시적으로 되는 전망의 중심으로서이다. 칭의론은 결코 다른 측면들을 옆으로 밀어내지 않으면서, 그것들의 진정한 통일성을 가시적으로 만들어준다. 여기에 대해서는 Barth, *CD* IV,1, par. 61,1을 보라.

위에 나오는 큰 형태의 단락 끝에서 우리는 칭의와 경험의 관계를 언급하였다. 칭의는 정죄 및 회개와 관련된다(43장). 우리의 경험을 훨씬 초월하지만, 이것들은 마찬가지로 우리의 경험의 일부분이 된다. 이런 방식으로 이것들은 우리가 칭의 안에서 우리의 구원을 찾도록 항상 강요한다. 멜란히톤이 옳았다 오직 충격을 받은 양심만이 칭의의 메시지를 붙들 수 있다. 그러면 그 자체로서 우리가 우리 자신에 대해 느끼는 것과 모순되는 이 메시지는 우리 안에 해방과 기쁨의 새로운 경험을 가져온다. 그러나 충격을 받는 양심과 상관이 없이, 이 메시지는 그대로 남아 있기를 원하는 사람에게는 단순한 변명에 불과하다. 칭의를 중심에 둠으로써, 루터파는 고통받고 절망하는 죄인에게로 나아간다; 개혁파 개신교는 성화에 대한 강조와 죄에 대한 투쟁과 더불어, 둔하고 경솔한 사람들을 위한 직접적인 메시지를 아울러 가지고 있다. 이것이 어떻게 우리의 경험에 관계되는지와 관련된 다른 접근 방법에 대해서는 H. R. Mackintosh, *The Christian Experience of Forgiveness*(1927)를 보라; 그러나 10장의 마지막 부분은 용서가 경험을 야기하면서도 그 자체로는 경험이 아니라는 사실을 분명하게 보여준다.

B. 믿음

칭의받은 사람에게 있어서, 이 칭의의 상관물은 믿음이다. 우리는 3장과 4장에서 믿음의 의미와 내용을 광범위하게 논의하였다. 그러므로 우리는 이 장들을 참조한다. 그러나 단순한 참고만으로는 충분하지 않은데, 그 이유는 그곳에서의 "믿음"이 여기에서의 믿음과 전혀 같지 않기 때문이다. 여기에서 우리는 "믿음"이라는 것을, 우리가 기대하고 있고, 또 그리스도 안에 있는 근본적인 변화의 메시지가 우리에게 직접 다가오는 칭의의 말씀과 일치하는 답변으로서 이해한다. 오직 이 답변 속에서만 큰 변화가 인간의 삶에서 작용하게 된다. 그러므로 "믿음"은 계약 관계의 구성에 있어서 인간의 역할을 위한 중심적인 용어이다.

기독교 교회에서 이 용어를 사용할 때, 이 중심적인 용어는 자연스럽게 하나님과 인간의 만남 전체를 위한 포괄적인 용어가 되었다. 이 포괄적인 의미에서 이것은 이 책의 제목에서와 마찬가지로 3장과 4장에서 사용되었다. 여기에서 우리는 칭의와 관련하여 이것의 중심적이고 특정한 용법에 관계하고 있다. 이것은 단순히 그것의 보다 포괄적인 용법의 한 측면이 아니다; 이것은 이 용어의 본질적인 의미이며, 이것으로부터 기독교 신앙고백 전체가 가시적으로 되며 또 그것에 의해서 일반적인 용법이 정당하게 된다.

사면에 대한 응답으로서의 믿음은 우리가 소위 우리 밖으로 나아가서 우리 자신과 우리의 모든 경험으로부터 돌아서서 밖과 위로부터 우리에게 되어진 약속을 주시하는 행동이다. "나는 믿습니다"는 형식적으로는 내 편에서의 활동이지만, 질료적으로는 새로운 실재에 대한 항복을 나타내는 것이다: 나는 그리스도 안에서 칭의를 믿는다. 그 때에 "나"는 주체이고 "칭의"는 대상이지만, 질료적으로 "나"는 무엇보다도 먼저 이 의롭게 하시는 사건의 대상이다.

믿음의 행동의 내용을 더 깊이 관철할 때, 우리는 이 행동을 항복하다, 주의하다, 용납하다, 인정하다, 신뢰하다와 같은 다양한 용어로 지칭할 수 있다. 특별히 마지막 두 단어는 많이 사용되어 왔다. 이것들은 또한 다른 단어들과도 대비되었는데, 특히 만일 "믿는다"가 선호된다면, "인정하다"는 너무 형식적이고 너무 지적인 것으로 간주되었다. 그러나 믿는 것은 언제나 그것의 전제로서 믿는 대상과 그 신뢰가 주어지는 것과 관련된 문제나 약속을 알고 인정한다는 사실을 포함한다.

만일 우리가 믿음에 대해서 좀더 구체적으로 말하기를 원한다면, 우리는 이것이 겸손과 담대함이 하나로 있는 행동이라고 말할 수 있다. 전가된 의를 인정하는 사람은 한편으로는 하나님과 바른 관계를 맺을 수 있는 자신의 능력에 대해 절망하고, 다른 한편으로는 스스로 느끼고 있는 모든 것과는 반대로 그에게 전해진 사면을 통하여 담대하게 살아가게 된다.

이런 모든 이유들로 해서, 믿음은 우리의 존재의 전체에 관련되는 행동과 태도이다. 특별히 19세기 이루어진, 믿음을 "영혼의 기능들" 중의 하나로 제한하려고 했던 지루한 태도들은 단순히 믿음을 협소화하고 모호하게 만들었다. 이것은 단순히 나의 지성이나 의지나 감정을 가지고 믿는 "나"가 아니라, 전체성 안에서, 즉 이것이 결정적으로 나의 지성과 의지와 감정에 결정으로 연결되는 방식 안에 있는 "나"이다.

그러므로 믿음은 또한 하나님의 면전에 있는 인간으로서 내가 나의 인간성에 의하여 의도하는 태도를 획득하는 그런 행동이다. 믿음의 행동 속에서 항복한 사람은 그의 궁극적인 목적지와 그의 진정한 개성을 발견하게 된다. 그 행동 속에서 사람은 하나님이 의도하시는 방식으로 자신에게 나아온다.

믿음은 따라서 큰 확신의 행동이다. 믿는 사람은 그의 의심과 불신의 한 가운데로부터 믿는다; 그러나 믿음의 행동에서 그는 새로운 것, 즉 실제로 최고의 확신에 도달하게 된다. "나는 믿습니다"의 기독교적 용법은 따라서 이 점에서 일상적인 용법과는 정반대가 된다. 후자의 경우에 "나는 믿습니다"는 "나는 확실히 알지 못합니다"와 같은 것을 의미하지만, 기독교적인 의미에서 믿음은 특별한 종류의 지식, 즉 우리를 향한 하나님의 은혜로운 방향 전환의 인격적인 전용(轉用)으로서 명확한 지식을 나타낸다.

이렇게 해서 믿음은 확신을 포함한다. 그러나 이것의 중심적이고 전체적인 성격으로 인하여, 이것은 또한 일련의 다른 측면들을 포함한다. 하나님과의 계약 관계로 나아가는 것은 세상 권세에 대한 굴종으로부터 자유로, 자기 과시로부터 자기 부인과 사랑으로, 자율로부터 순종으로, 삶의 지휘자의 위치로부터 하나님 안에 감추인 존재로, 지금 있는 것으로 사는 삶으로부터 아직 없는 것에 대한 소망 등등으로 나아가는 것을 포함한다. 이 측면들은 나중에 다루어지게 될 것이다. 여기에서 우리는 정확한 개념적인 정의에 관심을 갖게 된다; 이 중심적인 측면에 포함된 모든 것에 대한 상세한 내용이 이어질 것이다.

"신약에서 신앙이 무엇인지에 대한 진정한 이해를 끌어내는 것이 신학의 가장 중요한 과제이다"(브룬너). 성경에 나오는 "믿음"이라는 용어의 의미에 대해서는 3장과 4장에 나오는 문헌, 특별히 *TDNT* VI, *s.v.* 피스튜오와, 나아가서 Brunner, *Dg* III, ch. XII를 보라. 최근에 우리는 공관복음서들과 요한, 바울, 야고보, 히브리서 사이의 차이점들에 대해 보다 민감하게 되었다. 대체로 말하자면, 공관복음에서 믿음은 특별히 지상 예수 및 그의 기적을 행하시는 능력과 관련되고, 요한에게서는 성부로부터 보냄을 받는 예수의 인격과 관련되며, 바울에게서는 그의 화해 사역과, 히브리서에서는 그 안에서 보증되는 미래와 관련되는 반면에, 야고보서에서는 이 토대가 어떤 것을 참된 것으로 인정한다는 의미에서 논쟁적으로 협소화된 믿음의 개념이다. 바울에게서 믿음은 가장 심오하고 가장 포괄적인 개념이다.

신약의 후기 전승에서는 이미 여전히 또다른 "믿음"의 의미가, 즉 믿음의 내용으로서(딤전 3:9; 4:6; 유 3, 20), 우리에게 매우 일반적으로 된 의미가 나타난다. 혼란을 피하기 위해서 이제 일반적으로 이루어지는 구분은 *fides qua creditur*(믿음의 행동)와 *fides quae creditur*(믿음의 내용) 사이의 구분이다. 이것은 필수적이지만 위험한 구분이다; 이것은 한 사건의 두 측면으로서 계약의 사귐 속에서 함께 연결되어 있는 것을 "주관적인 것"과 "객관적인 것"으로 갈라놓을 우려가 있다.

교회사에서, 바울적인 믿음의 개념은 곧 망각되고, 이것은 믿음이 성경적이고 교회적인 전통을 참된 것으로 받아들이는 것을 의미하는 개념, 즉 사랑과 행위에 의해서 확대되고 완성되어야 하는 지성의 행동으로서 대체되었다. 여러 세기 동안 야고보는 바울을 옆으로 밀쳐 내었다. 중세 시대는 믿음을 아리스토텔레스의 철학과 연결시킴으로써 지성주의적인 믿음관을 훨씬 더 강조하게 되었다. Thomas, *ST* II.2, q. 2: "내적인 신앙의 행동에 관하여"를 보라. 여기에서 믿음은 지성의 행동, 즉 *cum assensione cogitare*(art. 2와 q. 4, art.2), 이것과 함께 나타나는 자발적인 복종으로 말미암아 칭찬받을 만한 것으로 불리어지는 행동으로 묘사되고 있다(2, 9). 의지의 행동, 즉 카리타스(caritas)가 없으면, 그것을 *fides caritas formata*(갈 5:6)로 만들어주는 사랑에 의해서 완성되고 형성되는 *fides informis*(약 2:17)만이 존재한다(4, 3f.). 여러 세기를 통하여 이것은 공식적인 로마가톨릭의 신앙 개념으로 남아 있다: 제1차 바티칸 공의회의 정의를 보라: "가톨릭 교회는, '인간의 구원의 시작'이며 초자연적인 덕인 이 믿음이 하나님의 은혜로 말미암아 고무되고 도움을 받는다고 고백하며, 우리는 그가 우리에게 계시하신 것이 참된 것이라고 믿는다"(D 3008).

회개의 성격에 대한 싸움을 통하여 세상에 자신을 드러내게 되었던 종교개혁은, 루터가 성경을 연구하면서 로마서 1:17의 의미를 이해하기 시작하였을 때에, 바울적인 의미에서 믿음의 성격을 발견하였던 평온함 속에서 태어났다. 그래서 그에게 있어서 믿음은 전인의 행동이며 기본적으로 신뢰와 항복의 행동이 되었다. 아우그스부르크 신앙고백(153), 제 20조항은 믿음이 역사의 중립적인 지식이 아니라, "위로를 가져오고 불안한 마음에 기운을 돋우어주는 신뢰"라고 고백하는데, 그 이유는 이것이 이것, 즉 "기지, 즉 죄용서의 조항; 즉 그리스도로 말미암아 우리가 은혜와 의와 죄 용서를 갖게 된다는 사실"로 나아가게 되기 때문이다. 이외에, 우리는 칼빈의 신중한 정의를 언급하게 된다: "이제 우리는 만일 우리가 이것을 그리스도 안에서 값없이 주신 약속의 진리 위에 세워지고, 성령을 통하여 우리의 지성에 계시되고 우리 마음에 인쳐진, 우리를 향하신 하나님의 자비에 대한 견고하고 확실한 지식이라고 부른다면 믿음에 대한 바른 정의를 소유하게 될 것이다"(Inst III,ii,7). 우리가 여기에서 보는 것처럼, 칼빈은 신뢰(fiducia)가 아니라 지식(cognitio)을 먼저 앞세우고 있다; 그러나 계시를 통하여 우리 지성에 다가오고 성령의 인치심을 통하여 우리의 마음에 다가오는 행동으로서 그렇게 하였다. 이렇게 해서 동의와 신뢰는 승인(re-cognitio)의 한 가지 행동 속에서 함께 나타난다. 여기에 루터파의 진술들로부터 나오는 강조의 차이가 존재하지만, 단순히 그것일 뿐이며, 만일 우리가 Apology(1531), IV에 나오는 기술(記述)을 그 옆에 놓게 되면 확실히 그렇지 않다: "믿음은 … 그리스도를 위하여 죄용서와 칭의를 아낌없이 제공하시는 하나님의 약속에 동의하는 것이다".

그러나 주목할 만한 변화가 하이델베르크 요리문답(1563)의 유명한 정의에서 나타났는데, 답변 21에서 이것은 믿음을 "하나님이 그의 말씀 안에서 우리에게 계시하신 모든 것을 내가 진리로서 받아들이는 확실한 지식(certa notitia)일 뿐만 아니라, 다른 사람들 뿐만 아니라 나에게도 역시 죄용서가 … 아낌없이 주어졌다고 하는, 성령이 복음으로 말미암아 나의 마음 속에서 일으키시는 견고한 신뢰(certa fiducia)"라고 묘사하였다. 여기에서는 두 가지 측면이 분리되고, 심지어 두 가지 종류의 믿음에 대한 담화가 존재한다: 한편으로는 성경의 전체 내용을 참된 것으로 받아들이는 것과, 다른 한편으로는 성령이 불러일으키시는 신뢰이다. 이것과 더불어 개신교 스콜라주의와 후속적인 종교개혁, 17, 18세기의 경건주의를 지배하였던 "객관적인 것"과 "주관적인 것"으로 나누어지는 치명적인 분열로 나아가는 길이 열리게 되었다. 이제부터는 "일반적이고", "지적이며", "역사적인" 믿음을 가질 수 있게 되었지만, 더 많은 것, 즉 이 믿음과 더불어 아직 소유하지 못하고 있는 구원의 확실성이 필요하다는 사실을 알게 되었다.

따라서 다음 질문이 야기되었다: 내가 **참된** 믿음을 소유하고 있다는 것을 내가 어떻게 아는가? 도르트 신경(1619)에 의하면, "그리스도에 대한 참된 믿음"은 선택된 자가 "영적인 기쁨과 거룩한 즐거움과 함께 스스로 안에서 발견하는" "무오한 선택의 열매들"(I,12) 가운데 하나이다. 많은 이들에게 있어서, 이 부단한 영적인 내적 성찰은 그들의 구원에 관한 커다란 불확실성에 이르게 되었다. 그러나 믿음은 그 자체로부터 전적으로 떨어져 있는 것을 지시하며, 그 자체로서 우리가 기껏해야 단지 나중에 가서야 비로소 우리의 행동이나 감정 속에서 어떤 결과들과 열매들을 간파할 수 있는 그런 행동이다 (*syllogismus practicus* or *mysticus*). 여기에서는 유행하던 도덕주의와 대조되는 믿음을 통한 구원의 확신의 발견으로서 출발하였던 종교개혁이 정반대편으로: 즉 내적 성찰로 기인한 불확실성으로 변하였다. 두 종류의 믿음의 구분과 믿음의 확신을 도달되어야 할 절정으로 다루는 태도는 개신교를 구조적으로 다시 로마 가톨릭적인 신앙 개념의 바로 근처에 갖다 놓았다. 이 발전에 대해서는 C. Graafland, *De zekerheid van het geloof*(1961)와, J. de Boer, *De verzegeling met de Heilige Geest volgens de opvatting van de Nadere Reformatie*(1968)를 보라.

19세기와 20세기의 신학은 신앙의 개념과 관련하여 전혀 다른 문제에 종사하였다. 그러나 신앙관의 주관화와 객관화가 계속되는 한에서, 이것은 같은 선상에서 수행되었다. 이제 이 문제의 특별한 형태가 칸트에 의해 진술되었는데, 그는 순수 이성의 영역으로부터 믿음을 제거하였으며, 그것과 함께 많은 신학자들이 보는 바에 의하면, 신앙으로부터 지식의 요소를 영원히 추방하였다. 문제는 이제: 만일 신앙이 지성 안에 있지 않다면, 이것이 어떤 능력 안에서 발견되는가?하는 것이 되었다. 슐라이어마허는 믿음을 위하여 "의식 안에서 그것 자체의 영역"을 즉 "절대 의존 감정" 속에서 발견하려고 노력하였다. 헤겔의 추종자들과 화란에서 특별히 숄텐(J.H. Scholten)은 다시 한 번 믿음을 인간 이성 안에 위치시키려고 노력하였다.

화란의 윤리 신학과, 다른 방식으로 리츨(A. Ritschl)은 칸트를 따라서, 실천 이성 안에, 즉 인간이 되어야 하는 존재(*Sollen*)와 현존재(*Sein*)의 간격 사이에 믿음을 위치시켰는데, 이것을 인간은 자신의 양심 속에서 알게 되고, 용서와 믿음을 통하여 이것이 연결된다. 비록 하이데거가 제공한 개념들을 통해서 작용하기는 하지만, 오늘날의 실존주의 신학도 역시 이 전통 안에 서 있다. 이 학파에서 특별히 에벨링(Ebeling)은 신앙의 본질을 연구하였다: 우리의 정죄하는 양심 안에서 우리는 그리스도로부터 나오는 말씀-사건과 마주치게 되며, 이것은 우리 안에 신뢰하는 믿음의 태도를 불러일으키게 되는데, 이것을 통하여 우리는 우리의 진정한 인간 존재에 도달하게 된다. 특별히 에벨링의 작은 교의학 저서인 *The Nature of Faith*(「신앙의 본질」, E.T. 1961)를 보면, "믿음"이라는 단어가 각 장의 제목으로 나타난다.

이 전체 발전에 있어서, 인간의 행동으로서의 믿음은 그것이 살고 또한 지향하는 것과의 관계를 희생하고서 강하게 강조된다. 그러나 후자의 측면은 지배적인 인간중심적인 접근 방법에 대해 좀더 저항하는 신학 사상들 속에서 유지되었다. 19세기와 관련하여 우리는 신앙을 "하나님을 그의 말씀의 사람(a Man)으로 받아들이는 것"으로 정의하였던 콜브루게와 그의 학파를 생각하게 된다. 20세기와 관련하여 우리는 대부분의 저명한 신학자들을 생각하지만, 특별히 Barth, *CD* IV,1, par. 61,4와 par. 64를 생각하게 되는데, 그는 신앙을 승인(*Anerkennung*)으로 정의하면서 자신을 칼빈과 연결하였다.

로마 가톨릭 신학은 야고보적이고 스콜라주의적인(Jocobite-Scholastic) 신앙 개념과 함께 남아 있다. 그러므로 트렌트 공의회는 다음과 같이 선언함으로써 종교개혁의 신앙 개념을 정죄하였다: "만일 누가 의롭게 하는 믿음이 죄를 용서하는 신적인 자비에 대한 신뢰 이외의 어떤 다른 것이 아니라고 하거나, 혹은 우리가 의롭다함을 받는 것이 오직 이 신뢰만으로 이루어진다고 말한다면, 그에게 저주가 있을지어다"(D 1562). 그러나 이 "그 밖의 어떤 다른 것이 아닌 것"은 정확히 종교개혁자들이 말하지 않았던 것이다. 여기에서 본질주의적이고 관계적인 사고 방식이 충돌하였다. 종교개혁자들은 그들의 종교적인 통찰을 뒷받침하기 위한 철학적인 개념들을 아직 소유하지 않았다. 성경 연구와 특별히 현상학적인 철학에 대한 그것의 전용의 결과로, 현대 로마 가톨릭 신학은 전통적인 개념들의 창고를 뒤로 두고 지나가 버렸다. 따라서 제2차 바티칸 공의회는 "믿음의 순종을 … 인간이 그의 전 자아를 자유롭게 하나님께 위탁하고, '스스로를 계시하시는 하나님께 지성과 의지의 완전한 경의를' 드리며 그가 주신 계시를 자유롭게 동의하는 것"(*Constitution on Divine*

Revelation 5)이라고 언급하였다. 여기에서 지성과 의지를 가진 전인이 믿음의 행동에 관여된다. 그리고 「새로운 요리문답」(*New Catechism*, E.T. 1969)은 믿음에 대해서 이렇게 말하고 있다: "믿음은 우리보다 크신 이에게 우리가 우리 자신을 전적으로 드리고 그의 메시지를 받아들일 수 있게 해주는 성령의 선물이다"(p. 289). 또한 Paul Surlis(ed.), *Faith: Its Nature and Meaning*(1972)을 보면, 이것은 한편으로는 신앙을 인격적인 응답으로서 강하게 강조하고 다른 한편으로는 인간 존재의 전체성 속에 신앙-행동이 닻을 내리고 있음을 강조하고 있다: 전자는 우리에게 종교개혁을, 후자는 우리에게 19세기를 상기시켜 준다. 우리는 개신교와 로마 가톨릭을 구분하는 선인 *sola fide sine operibus legis*(율법의 행위 없는 오직 믿음)에 대해서 여전히 말할 수 있는가? 그렇게 보이지는 않지만, 아직은 답변할 때가 아니다. 이 모든 것에 대해서는 또한 H. Berkhof, "The Reformation Concept of Faith"(로마 가톨릭과 비교하여), in *Nederlands theologisch tijdschrift*(Jan. 1972)를 보라.

C. 이신칭의(Justification by Faith)

하나님의 칭의는 인간이 믿음으로써 받아들이는 새로운 친교를 수립한다. 그러나 칭의와 믿음 사이의 이 관계를 좀더 밀접하게 묘사하려고 할 때에, 우리는 큰 어려움에 부딪히게 된다. 그 이유는 믿음이 앞서 있는 사면의 말씀으로 인도되는 것이 사실이 아니기 때문인가? 따라서 우리는 이미 이 믿음 이전에 그것없이 사면받았다고 말해야 하는가? 이 경우에 믿음과 회개, 항복과 순종은 우리의 칭의에 더하지도 빼지도 않게 되고, 이 칭의는 우리의 믿음과 심지어 우리의 지식과 별개의 사실이 될 것이다. 그러나 이것은 우리가 규정하려고 노력하는 하나님과 죄인 사이의 큰 만남에 대한 객관주의적인 오해가 될 것이다. 특별히 바울은 우리가 믿음"에 의해서", "통하여" 의롭다함을 받는다고 끊임없이 말한다. 믿음은 분명히 이 만남에서 필요 불가결한 요소이다. 믿음이 없으면 칭의가 없다. 그렇다면 어쩌면 우리는 실제로 사면을 가져오는 것이 우리의 믿음의 행동이라는 이런 의미에서 의롭게 하는 것이 믿음 그 자체라고 말해야 하는가? 그러나 이 경우에 칭의는 우리의 믿음에 대한 보상이 될 것이고 우리의 구원은 다시 우리의 영적인 성취나 감정에 의존하게 될 것이다. 그러나 이것은 칭의의 선언이 말하려고 의도하는 것의 주관주의적인 역전이 되어버릴 것이다. 이것 역시 신앙을 무력화시키는 일이 되는데, 그 이유는 이것이 더 이상 앞에서 제공된 칭의로 인도되지 않을 것이기 때문이다.

사람의 사고가 객관-주관의 이중성을 따르고 계약의 만남의 간(間)주관성(inter-subjectivity)을 잘못 판단할 때 문제는 더욱 어렵게 된다. 이 만남에서 우리의 출발점을 떠맡을 때, 우리는 종교개혁 이후 세대의 우리 선조들이 계약 속에서 인간의 결정적인 역할을 고려하는 것보다 더 쉽게 그렇게 하게 될 것이다; 그렇지 않으면 이것은 진정한 계약이 아닐 것이다. 그러나 이것은 하나님과의 계약이다: 그는 은혜로부터 이 결정적인 역할을 우리에게 수여하신다. 이 문제에 대해서 이 역할은 우리 자신이 주도하는 역할이 아니라, 만남의 축복과 대화의 자유를 창조하시는 하나님의 말씀이 일으키시는 응답이며, 설령 우리로부터의 응답이 없을지라도 이것은 다시금 반복해서 일어난다. 그러나 사면의 메시지는 오직 성령이 우리가 믿음의 응답으로 반응하도록 고무하실 때에만 우리를 향한 목적에 도달하게 된다.

이것은 왜 우리가 두 가지 명백하게 모순된 방식으로 믿음에 대해 말해야 하는지를 분명히 밝혀준다: 믿음은 한편으로는 순전히 도구적이며, 단순히 받는 것에 불과하지만, 다른 한편으로는 이것이 받는 사면에 의해서, 또한 영감의 원천이요 창조성의 중심이기도 하다. 정확히 이것이 하나님을 향한 통로이기 때문에, 이것은 우리의 삶과 그의 세계의 "깊이와 넓이"를 향한 원천이다. 이것은 또한 우리의 선조들이 이것을 숙고했을때, 많은 어려움을 그들에게 야기시켰다. 우리에게는 심리학에서 끌어낸 유비를 가지고 이것을 설명하는 것이 더 쉬울 수도 있다: 그의 삶의 관계들 속에서 자신을 입증하고 정당화해야 한다고 느끼는 한, 사람은 대화와 자유롭게 주어진 사랑의 가능성을 방해하게 되고, 따라서 열매를 맺지 못하게 된다; 오로지 자신을 잊을 때에만 그의 "자아"는 창조적으로 활동하게 된다.

유대의 도덕주의에 반대하여, 바울은 함께 속해 있는 칭의와 (행위가 아니라) 믿음에 대해 자유롭게 말한다. 그는 또한 나중에 문제가 될 수도 있는 것에 대해 분명하게 말한다. 특히 로마서 3:21-4:25과 갈라디아서 3장을 보면, 우리는 피스테이, 디아 테스 피스테오스나 혹은 (가장 흔하게) 엑 피스테오스에 의해 의롭다함을 받는다고 듣는다. 특별히 중요한 것이 창세기 15:6(롬 4:3ff.; 갈 3:6)에 대한 그의 호소이다: "아브라함이 하나님을 믿으니, 이것이 그에게 의로 여긴 바 되었더라." 유대교에서는 아브라함의 이 신앙이 하나님이 그를 공로로 여기신 행위가 되었는데, 그 이유는 이것이 또한 그것을 율법서의 예기적인 성취로 만들었던 그의 행위를 포함하였기 때문이다. 이미 예수 시락 4:20-23과 마카베오 1서 2:52을 보라. 바울은 이 개념을 비판하였다(롬 4:4ff.). 그가 이 구절을 이해하였을 때에는, 우리의 행위가 아니라 오직 하나님의 은혜만이 그와 우리의 관계에 대해 결정적인 것이라는 사실을 이것이 입증하였다; 믿음은 이 사실에 대한 단순한 우리의 승인이다. (아마도 이것은 또한 창세기 15:6의 의미이기도 할 것이다.) 또한 *TDNT* IV, *s.v.* 로기조마이를 보라.

로마 가톨릭의 공격에 대해서, 종교개혁은 칭의와 믿음의 관계에 대한 더 분명한 정의가 필요하였다. 만일 예를 들어, 한편으로 마티아스 플라키우스(Matthias Flacius)가 믿음을 순전히 거지의 빈손으로 부르고, 다른 한편으로 루터가 믿음을 우리의 우상들을 버리고 따라서 제1계명을 성취하고 이와 더불어 모든 계명을 성취하는 것으로 여겼다면, 이러한 명백하거나 실제적인 모순은 해명이 필요했다. 올바른 강조를 발견하는데 있어서 필적될 수 없는 것이 바로 하이델베르크 요리문답, 주의 날 23의 신조들이다; 특별히 제61문답을 보라: "왜 당신은 오직 믿음으로만 의롭다고 말합니까?" "나의 믿음의 훌륭함으로 인하여 내가 하나님께 다가갈 수 있는 것이 아니라, 오직 그리스도의 속죄와 의로움과 거룩함만이 하나님 앞에서 나의 의이고, 나는 오직 믿음이 아닌 다른 방식으로는 같은 것을 받아서 그것을 내 것으로 삼을 수 없기 때문입니다."

그러나 데카르트의 시대가 더 가까이 다가오고 주-객관의 분열이 지반을 얻게 되었을 때, 이 신조들은 점점 덜 만족을 주게 되었다. 항변파는 믿음을 실제로 은혜에 근거를 두었지만, 인간이 저항하거나 버리거나 무시할 수 있는 은혜 위에 근거를 둔 사람의 행동으로서 강조하였다(1610년의 항변파의 5개 조항, 4와 5항을 보라). 항변파에 대한 거절에도 불구하고, 개혁파 개신교는 또한 협력의 문제와 관련해서가 아니라 내적인 삶의 경험과 관련하여 더욱 믿는 주체에 관심을 갖고 있었다: 이러한 삶의 징표없이는 어떤 사람도 자신을 선택된 자나 혹은 칭의에 적절한 자로 부를 수 없다(소위 *syllogismus mysticus*). 한 가지 보기가 W. á Brakel, *Redelijke Godsdienst*, I (1700), ch. XXXIV, pars. 27f.인데 이것은 칭의를 사람 안에 있는 믿음의 선행 과정에 대한 하나님의 승인의 판단으로 묘사하고 있다. 이 경향에 반하여, 코므리(A. Comrie)는 믿음이 칭의를 바라보는 것이지 그 반대가 아니라고 주장하려고 하였다; 이것을 위하여 그는 또다른 형태로 사면과 믿음 안에서 하나님과 사람의 만남의 현실과 경이가 응결되도록 "영원으로부터 나오는 칭의"의 단계들과 "믿음의 능력"을 해석하였다. 코므리에게서 특별히 그의 *Brief over de rechtvaardigmaking des zondaars*(1761)를 보라. 카이퍼(A. Kuyper)는 그의 노선에 계속 머물렀다; *E Voto Dordraceno*, II(1893), pp. 333-346을 보라.

그의 상관관계의 사고의 바탕 위에서, 베르카우어(Berkouwer)는 정확하게 이렇게 말하였다: "논쟁을 단번에 묻어버리는 것이 가능하리라고 보기는 어렵다"(*Faith and Justification*, E.T. 1954, p. 158; 6장 전부를 보라). 이외에 비슷한 정신으로 쓰여진 뵐더링크(Woelderink)의 책인 *De rechtvaardiging uit het geloof*(1941)를 보라. 두사람 다 17세기의 문제로부터 벗어나서 종교개혁이 가졌던 상호작용으로 돌아가기를 원하고 있다. Woelderink, pp. 204f., 215f., 221과 Berkouwer, 여러 곳, 특별히 pp. 188f.에 나오는 이탤릭체 문장을 보라: "놀라운 사실은 이것, 즉 신적인 은혜의 배타성이 인식되고 기려지는 것이 오직 믿음 안에서이기 때문에 구원의 길이 믿음의 길이라는 것이다." 그 이전에, 바빙크는 이 주제에 관하여 스콜라주의적인 전승없이 이미 스스로 고투하였다; *GD* IV, 특히 no. 475를 보라.

20세기의 사고 방식 안에서는, 이런 스콜라주의적인 문제들은 거의 더 이상 나타나지 않았다. 우리는 종교개혁의 정확성을 넘어갈 필요를 느끼지 않는다 (우리는 현대의 용어로 같은 내용을 말할 필요는 느끼고 있다). 특히 Barth, *CD* IV,1, par. 61,4: "이신칭의"(Justification by Faith Alone)를 보라. 이 모든 사실로부터 우리의 최종적인 결론은 다음과 같이 간결하게 표명될 수 있다: 오직 은혜(sola gratia)와 오직 믿음(sola fide)은 서로를 배제하지 않고 포함한다; 이것들은 상보적이다.

45. 인도와 안전

칭의와 믿음 양자의 하나됨에 있어서 관계는 하나님과 사람 사이에 확립된다. 그 안에서 실제적인 것, 즉 행동적인 것이 일어난다. "칭의"와 "용서"라는 용어는 이 현실을 묘사하기에는 부적절하다. 그 이유는 사면과 용서는 주로 인간이 해방되고 있는 것, 즉 그의 죄책과 과거의 운명으로부터 그것을 소극적으로 진술하기 때문이다. 그러나 이 해방은 적극적인 사건의 이면(裏面), 즉 우리가 하나님과 새로운 관계를 맺는 것으로서, 우리는 그를 이제 "아버지"라 부를 수 있고, 우리가 그의 자녀, 즉 아들과 딸로서 존재하고 행동한다는 사실을 알게 된다. 예수의 설교에 중심적인 것은 그의 추종자들이 그 자신이 사용했던 아버지에 대한 동일한 친숙한 명칭(아바)으로 하나님을 부를 수 있게 되었다는 사실이다. 바울은 이것을 "아들로 입양되는 것"이라고 불렀다. 또한 개인에 대해서도 하나님은 이제 유대를 확립하시는데, 이 유대는 실제로 그의 궁극적인 목표이다. 인간은 계약의 동료, 구세주, 구원하시는 상대편을 받아들인다. 최종적으로 분석할 때 그는 이제 더 이상 자기 홀로 외롭게 존재하지 않는다. 그를 돌보고 인도하시는 이가 있다. 그는 궁극적으로 자신이 안전하고 든든하다는 것을 알 수 있다. 그에게 무슨 일이 일어나든지 간에, 그는 이것이 이 인도의 한 부분이라는 것을 알 수 있다. 그리고 이 모든 일들 속에서 그는 자신이 그의 것이 된 궁극적인 안전에 의해 지탱되고 있다는 것을 알 수 있다.

신앙의 연구에서 이것은 일반적으로 하나님의 "섭리"라고 불려졌으며, 그 다음에는 우리가 27장에서 다루었던 세계에 대한 하나님의 일반적인 인도의 특별한 예로서 고려되었다. 우리는 이 두 가지 주제를 나누어 놓았다; 비록 이것들이 서로 인접해 있고 밀접하게 연결되어 있지만, 그럼에도 불구하고 이것들은 상이한 기원과 성격을 가진 신앙의 진술들이다. 세계에 대한 하나님의 일반적인 인도에 대한 믿음은 역사 안에서의 그의 구원 활동에 대한 믿음과 이것과 연결되어 있는 창조에 대한 믿음으로부터 (직접적으로) 일어난다. 그러나 하나님과의(with) 인격적인 연합과 하나님에 의한(by) 인도에 대한 믿음은 신자가 칭의를 통하여 맺는 계약 관계의 다른 측면이다. 그 자체의 기원과 특성을 갖고 있는 이 믿음은 그 자체의 신학적인 반성을 요구한다. 이것이 많은 이들의 삶 속에서 갖는 중요한 역할로 말미암아 점점 더 그렇게 되면 될수록, 많은 다른 이들에게 있어서 이것은 매우 다른 믿음이 된다. 그리고 연이어서 이것은 사람이 특별히 이 주제와 관련하여 발견하는 많은 풍자 및 오해와 연결된다.

하나님의 인격적인 인도에 대한 믿음이 중심적인 역할을 수행하는 기간과 영역 안에서, 이 믿음은 종종 두 가지 오해에 종속된다: 무엇보다도 먼저 하나님이 크든 작든 간에, 개인 신자들의 모든 소원을 만족시키기 위해 거기 계실 것이라는 관념이 있고, 둘째로, 대체로 그의 인도가 사건들의 경과 속에서 나타날 수 있을 것이라는 관념이 존재한다. 그렇게 해서 이 믿음의 개인주의적이고 종종 속좁은 풍자가 야기되었으며, 거기에 대해서 반작용이 나타나야만 했다. 따라서 특별히 오늘날 우리의 시대에 많은 사람들은 더 이상 하나님을 그들에게 개인적으로 일어나는 일과 관련시키지 않거나, 혹은 기껏해야 대담하게 하나님에 대한 그들의 믿음이 그들의 삶에서 일어나는 사건들에 대한 다른 전망을 그들에게 제공해 준다고 말하게 되었다: 그들은 이것들을 이제 특별히 새로운 순종에 대한 부름이라고 여긴다. 전자는 객관주의적인 오해이고 후자는 주관주의적인 오해라고 할 수 있을 것이다.

그러나 우리가 여기에서 가진 것은 실제적인 계약, 즉 두 방향의 현실성을 지닌 계약이다. 이것의 현실성은 무엇보다도 먼저 사람이 회개에서 사면을 받게 되고 그렇게 해서 그의 삶에 대한 하나님의 권위를 인정한다는 것이다. 이 활동에서 하나님은 이제 그의 생각과 계획을 하나님의 생각과 계획에 복종시키기를 배우는 사람의 목표가 된다. 동시에 그는 그의 목표가 되시는 하나님과 더불어, 그 자신이 하나님의 목표가 되고 하나님의 생각과 계획의 일부분이 된다는 사실을 알게 된다. "당신의 이름이 거룩히 여김을 받으시오며"라고 기도하는 사람은 빵을 위해서 그리고 시험을 이기게 해달라고 계속해서 기도할 수 있다. 담대하게 순종하는 사람은 안전을 소유하게 되었음을 기대할 수 있다. 하나님은 자기 편을 드는 사람들의 편을 들어주신다. 그리고 우리가 그를 변호하는 것보다 그가 우리를 훨씬 더 많이 변호하신다는 것이 이 계약의 절대적인 특징이다.

이것은 또한 다른 모든 것과 마찬가지로 아직 보는 문제가 아니라 믿음의 문제이다. 우리에 대한 하나님의 돌보심은 일시적이고 죄적인 세계, 즉 우리가 운수(chance)라고 부르는 변덕스러운 사건들과 운명이라고 부르는 결정론으로 가득 찬 세계 한가운데에서 우리에게로 온다. 하나님은 아직 이 모든 것들을 폐기하지 않으셨다. 그는 아직 전능하시지 않다(그의 전능에 대해서는 21장을 보라). 그러나 이 세계를 통하여 그는 자신의 초월적인 능력을 증명하시는 흔적을 뚜렷이 나타내신다. 우리는 그가 우리의 삶의 모든 것이 그의 목적에 이바지하게 만드시며, 이것이 우리의 구원을 포함하고 있다고 믿을 수 있다. 운명과 행동은 그 방향이 새로워지고, 게다가 새로운 목적은 모든 종류의 사실이 될 것이다: 축복, 위로, 훈련, 양육, 명령, 도전, 징벌. "우리가 알거니와 하나님을 사랑하는 자 곧 그 뜻대로 부르심을 입은 자들에게는 하나님이 모든 것 안에서 합력하여 선을 이루느니라"(롬 8:28).

"선을 이룬다"는 말은 우리뿐만 아니라 세계 전체에 대해서 성령의 목적을 수행하는 것을 말한다. 대체로 우리는 이러한 연관성을 보는 안목이 없다. 우리에게는 모든 삶의 환경과 언덕과 계곡과 저지에서 우리가 하나님의 손 안에서 안전하다는 사실을 아는 것으로 충분하다. 그러나 우리가 여기에서 말하는 이 "앎"은 너무나 많이 우리가 경험하는 것의 일부분이 되기 때문에 이 믿음은 우리의 삶의 사건들에 대한 확증을 떠나서는 존재하지 않는다. 이 사건들 속에서 우리가 우리를 향한 하나님의 목적의 어떤 것을 발견하는 것처럼 보이는 일이 일어날 수도 있다. 그 때에는 감사하면서 이것을 언급하지 않을 수 없게 될 것이다. 그러나 나중에는 우리가 결국 잘못했다는 사실이 입증될 수도 있다. 그러면 해석이 사라지고 믿음이 남게 된다. 그리고 이러한 해석없이 믿음은 그것이 언제나 지탱되고 있고 구원받고 있다는 사실을 안다.

이 특별한 인도와 안전이 단순히 신자들만의 특권인지 혹은 이것이 모든 사람들에게 관련되는지를 질문할 수 있을 것이다. 이 질문은 하나님과의 계약 관계가 그 자체의 약속과 규칙을 갖고 있다고 함으로써 단순히 답변될 수 있다. 이것들이 이 관계가 경험되지 않는 상황과는 어떤 관련이 있는지를 우리는 알지 못한다. 모든 사람에 대한 하나님의 돌보심에 대해서 언급될 수 있는 것을 우리는 27장에서 언급하였다.

하나님과의 연합에 의해서 야기된 안전에 대한 인식은 인간의 갱신에 있어서 결정적인 요소이다. 국외자는 이 믿음이 사람을 수동적으로 만든다고 종종 생각한다. 사실은 처음에 자신을 하나님의 처분에 맡기는 사람만이 자신이 그 분 안에서 안전하다는 사실을 알 수 있다는 것이다. 그러나 그 때에 이 지식은 우리가 우리 자신의 걱정거리와 슬픔으로부터, 그리고 사람들과 우리를 둘러싼 상황에 대한 우리의 쓰라림으로부터 멀리 떨어질 수 있다는 사실을 의미한다. 안전은 증가된 인내의 능력과, 우리 자신의 필요보다 다른 사람들의 필요를 더 많이 생각할 수 있는 자유와, 하나님의 이름으로 담대히 일을 행할 수 있는 용기의 원천이다.

성경에서 이 주제는 종종 배경에만 존재하지만, 이것이 너무나 많이 전경에 나타나 있어서 그것의 참된 의미가 분명히 드러나는 구절들도 또한 존재한다. 우선 첫째로, 옮겨갈 때에 그가 인도와 안전을 기대하였고 그를 실망시키지 않으셨던 낯선 하나님을 담대하게 신뢰하였던 아브라함에 대한 이야기들이 존재한다. "믿는 자들의 조상"의 신앙은 섭리에 대한 그의 믿음과 함께 시작되었다. H. Berkhof in *Geloven in God*(1970), pp. 101-118을 보라. 구약에서 특히 시편은 이런 믿음으로 가득 차 있다: 시편 1, 4, 23, 33, 37, 73, 91, 103, 107,

112, 113, 116, 118, 121, 138, 139, 145, 146을 보라. 다른 곳에서는 이 신앙이 종종 전체 백성들에 대한 하나님의 행동, 특히 그의 심판 행위에 대한 관심에 의해 가리워져 있다. 그러나 또한 하박국 3:16-19과 같은 구절을 주목하라. 이 연관에서 중요한 것은 또한 창세기 50:20에 자세히 설명되어 있는 요셉의 이야기이다. 신약에 대해서는 우리는 우선 염려하지 말라는 예수의 메시지, 즉 하나님의 나라에 대한 그의 종말론적인 메시지 옆에서 이상하게도 어울리지 않는 것처럼 보이는 이 메시지를 생각하게 된다; 마 6:25-34; 10:29-31을 보라. 하나님의 인도와 안전을 증거하는 다른 구절들은 고전 1:3-11; 4:8-10; 6:4-10; 빌 4:6f.; 히 12:4-11; 13:5f.와 벧전 5:6f.이다. 그러나 절정은 바울이 칭의론에 관한 그의 긴 논의를 끝내고 있는 로마서 8:12-39이다. 이 구절과, 마찬가지로 다른 구절은 하나님의 인도에 대한 믿음과 그것의 후대의 풍자 사이에 얼마나 많은 차이가 존재하는지에 대한 증거이다. 바울에게서 이것은 보는 것과는 상관이 없다; 그 이유는 단숨에 그가 우리는 보는 것이 아니라 기대하는 것으로 말미암아 살며(24f.절) 우리가 어떻게 기도해야 할지를 알지 못한다(26절)고 말하기 때문이다. 인도는 삶을 지배하는 세력들(38절)이나 고난(18, 35f.절)을 끝장내는 것이 아니다. 그러나 그리스도의 사랑의 끈은 깨어지지 않으며(34, 39절), 따라서 우리는 하나님이 모든 것이 합력하여 선을 이루게 하신다는 것을 알며(28절), 또한 이것이 모든 역경을 이길 수 있다는 사실을 안다(37절). 그리고 이 부분은 자기 부정과 복종에 대한 부름과 함께 시작된다(12f.에 14절이 이어진다).

다른 단락의 문맥도 동일하다: 디아 투토로 시작되는 마태복음 6:25은 두 주인을 섬길 수 없다는 훈계(24절)로 되돌아간다; 마태복음 10:29-31은 히브리서와 베드로전서에서와 같이 박해에 대해 연이어 있는 위로의 메시지이다; 그리고 특히 고린도후서 1장에서, "위로"는 박해에 대한 하나님의 응답이다. 더욱이 우리는 바울이 위로와 도전을 위해 같은 단어, 즉 파라클레시스, 파라칼레오를 사용하고 있음을 염두에 두어야 한다. 종종 일어나는 것처럼, 우리가 이 문맥에서 안전에 대한 믿음을 들어올리게 되면, 우리는 이것을 거짓말로 바꾸는 것이다. "아마도 기독교 왕국의 위대한 사상들 중 어느 것도 섭리의 관념처럼 그렇게 철저하게 합리적으로 설명되고 세속화되었던 것은 없을 것이다"

(바닝, Banning).

이것은 교회사에서 많은 실례를 들어 예증될 수 있지만, 이상하게도 공식적인 신학으로부터는 그렇게 될 수 없다. 이 주제에 대해서는 예를 들어, 교회의 찬송가의 풍부함(루터와 파울 게르하르트, 찰스 웨슬리, 그리고 그들의 훨씬 적은 추종자들 안에서)과 및 특히 유럽의 경건주의와 앵글로색슨족의 복음적이고 부흥주의적인 오순절 운동들에서의 섭리에 대한 이 믿음의 기능과 심지어 계몽주의와 같은 자연 종교의 부산물들과 비교했을 때, 거의 이상하게 보이는 유보가 지켜졌다. 이 유보의 주된 이유는 스토아 학파의 유산과 같이, 성경에서 오직 주변적으로만 작용하는 "일반" 섭리에 대한 믿음이 교부들에 의해서 정교하게 발전되고 중세의 스콜라주의에 의해서 계속되고 강화되었다는 사실 때문이다(27장을 보라). 특별하고 또한 실제적으로 그것의 주변적인 예로서의 안전에 대한 믿음은 더 넓은 주제 밑에 단순히 포함되었다. 그 결과 강조점과 구조들이 성경에 있는 것들과 전혀 다르게 되었다.

또한 이 주제에 대해서 종교개혁은 전통과의 단절을 시작하는 것처럼 보였다. 루터는 그의 소요리문답(1529)에서 성부 하나님에 대한 조항을 "나는 하나님이 나와 존재하는 모든 것들을 창조하신 것을 믿습니다"라고 시작하였다; 그러나 이 인격적인 출발은 곧 일반적인 섭리에 대한 믿음으로 전환되었다. 간결하면서도 강력하게 아우그스부르크 신앙고백(1530)은 이렇게 말하였다: "이제 성부께서 그리스도를 통하여 그에게 자비를 베푸신다는 사실을 아는 사람, 이 사람은 하나님을 참으로 알고 있다; 그는 하나님이 자기를 돌보시는 것을 안다; 그는 하나님을 사랑하고 하나님께 요청한다; 한 마디로 말하면, 그는 이방인들처럼 하나님없이 존재하지 않는다."

칼빈은 일반 섭리를 처음에 두었지만(*Inst* I, xvi-xviii), 그 안에서 신자의 삶에서의 하나님의 인도와 우리의 행동을 위한 그것의 열매에 대한 철저하고 놀라운 부분을 제시하였다(xvii, 6-11); 그리고 신생을 논의하면서 그는 "하나님에 대한 우리 자신의 부인에 대하여"(III, vii, 8-10)라는 제목하에 이 마지막 주제로 따로 돌아갔다. 가장 강력한 목소리는 하이델베르크 요리문답의 음성이다. 이미 제1문답은 이 주제를 넓은 문맥 속에 두었다; 다음으로 제26답에서는 일반 섭리에 대한 믿음이 개인적으로 적용되고, 제28답에서는 이 믿음의 의미가 다음과 같이 표명되고 있다: "우리는 역경 속에서 인내하고 번영 속에서 감사하며, 미래에 대해서는 우리의 신실하신 하나님 아버지를 충분히 신뢰할 수 있어서 아무 피조물이라도 우리를 그의 사랑에서 끊을 수 없는데, 그 이유는 모든 피조물들이 그의 수중에 있어서 그의 뜻이 없이는 움직일 수 없기 때문이다."

그러나 개신교 스콜라주의는 이 전체 주제를 일반 섭리론의 그림자 속으로 밀어넣고 말았다. 루터파는 세계를 섭리의 일반적인 대상으로, 경건하고 신실한 자들을 특별한 대상으로 고려하였다(매우 짧게 다루어짐); R par. 205, 특히 pp. 219f.를 보라. 개혁파의 이와 유사한 것에 대한 H의 언급에서, 이 특별한 대상은 도대체 언급되지 않는다(XII). 몇 가지 다른 교의학에서와 같이, Bavinck, GD II, par. 39와 Berkouwer, *The Providence of God*(E.T. 1952)에서는 그 메마른 표현이 남아 있다. 그러나 이것은 또한 밝은 측면도 갖고 있다: 1600년 이후로 스스로를 점점 더 중요하게 생각하였던 개인 신자들은 하나님의 위대하신 구원 행동 속에 자신이 온전히 포함되어 있음을 발견하였다. 그러나 정확히 신앙의 연구에서의 침묵은 이것과 별개로 17세기 말 이후로 교회에서 일어났던 과잉 현상에 기여하였던 것으로 보인다.

그러나 예외도 존재하였다. 안전에 대한 믿음은 리츨(A. Ritschl)에게서 더 강한 역할을 하였지만("하나님의 부성적인 돌보심에 대한 믿음은 단축된 형태의 기독교 세계관이다"), 거기에서 이것은 칸트적으로 협소화되었고 "자연에 대한 통치권"의 종교적인 인식의 표현이 되었다: *Unterricht in der christlichen Religion*(1875), par. 60, cf. par. 62를 보라. 일반 섭리를 분리시키는 좋은 표현이, 적절하지 않은 제목: "Sinngebung der Schicksale"("운명의 의미 부여"; 그는 이것을 p. 446에서 수정하고 있다)에도 불구하고 Althaus, CW II, par. 64에서 주어지고 있다. 바르트는 단지 지나가면서 이 주제를, 주로 일반 섭리론의 한 부분으로서 "성부 하나님의 세계 통치하에 있는 그리스도인"(CD III,3, par. 49,4)이라는 제목으로 주목하였는데, 그러나 이 굉장한 부분은 주로 기도를 다루고 있다: 계속해서 CD IV,3, pp. 644-646과 670-673을 보라.

우리 현대 시대도 이 주제에 대한 더 나은 이해에 공헌할 만한 많은 것을 산출하지 못했다. 삶에 대한 지배적인 경험주의적이고 실증주의적인 견해의 제한적인 영향이 이것과 상당한 관계가 있다는 것은 확실하다. 이것이 바로 많은 이들이 주관주의적으로, 안전에 대한 믿음을 객관적인 효력이 없는, 운명에 대한 종교적인 해석에 불과한 것으로 간주하는 이유이다.

46. 칭의와 성화

참되신 성자 안에서 그를 통하여 하나님의 자녀로 지명되는 칭의는, 이 것이 실제적이고 따라서 적극적인 신앙이 되는 곳에서, 삶의 모든 측면에 대하여 영향력을 가지고 있다. 45장에서 우리는 먼저 우리의 삶의 운명의 차원과 하나님께서 그것을 당신의 수중에 받아들이셨다는 사실을 우리가 어떻게 아는지에 대해서 언급하였다. 이제 우리는 행동의 차원과 이것이 우리의 양자됨에 의해서 어떻게 새롭게 되어지는지를 언급해야 한다. 이전의 주제와는 달리, 이것은 교회와 신학이 여러 세기에 걸쳐서, 특별히 종교개혁 이후로 상당한 관심을 갖고 있었던 주제이다. 우리가 네 장에 걸쳐서 이것을 다루어야 할 필요가 있을 정도로 여기에는 많은 측면들이 존재한다. 이 장에서 우리는 이것을 위해 유서깊은 전통적인 용어인 "성화"를 사용한다.

그러나 현대인의 귀에는 이것은 최상의 용어가 아니다. 한 가지는 이 용어의 첫번째 요소인 *sanctus* 혹은 saint(거룩한)가 "죄없는" 혹은 "완전한"이라는 관념을 시사하기 때문이다; 이 문맥에서 이것은 확실히 그것을 의미하지 않는다. 둘째로, 특별히 이 말의 라틴어 어원으로 인하여 이 용어가 개인과 관계되는 일과 그가 자신의 완전을 위하여 행하는 일을 암시하기 때문이다. 마찬가지로 일반적으로 유력한 동의어인 "선행"과 더불어, 이 용어는 자아중심적인 활동에 관한 것이라는 인상을 준다. 그러나 정반대가 사실이다. 성화에 있어서 사람은 그의 자아중심성으로부터 해방되고 중심에서 벗어나는 삶, 즉 하나님과 이웃과 세상을 지향하는 삶으로 갱신된다.

다음 이어지는 장들에서 우리는 이런 이유로 해서 가능한 한 "성화"라는 용어를 피하게 될 것이다. 그러나 여기에서는 그렇게 할 수가 없다; 우선은 독자들이 유서깊은 용어에 친숙해야 하기 때문이고, 둘째는 현재까지는 이 특별한 주제가 이 표제하에 논의되어 왔기 때문이다.

우리의 활동적인 삶의 갱신을 위하여 모든 사람이 다 "성화"(*sanctificatio*)라는 용어를 사용하는 것은 아니다. 로마 가톨릭 전통에서는 관례적인 용어가 *iustum facere*(의롭게 하다)의 문자적인 의미에서 칭의(*iustificatio*)이다. 이 용어는 종교개혁과의 논의에서 많은 혼란을 불러일으켰는데, 종교개혁은 어거스틴적인 의미로부터 바울에게서 나타나는 전가의 의미로 돌아갔기 때문이다. 사람의 살아있는 삶의 갱신을 지칭하기 위하여 루터파는 "*renovatio*"라는 용어를 선호하였으며; 그 자체로서 이것은 다행한 공적인 표현이었지만, 우리는 이 용어를 갱신의 측면의 전체성을 위하여 예비하기를 더 좋아한다. 개혁파는 "*sanctificatio*"를 선호하였다; 이 용어에 대해서 무엇이 언급될 수 있든지 간에(위를 보라), 이 용어는 성서적인 용법에 근거해 있다.

구약에서 크데쉬 어근(동사: 카다쉬, 니팔: 니크다쉬, 명사: 코데쉬, 형용사: 카도쉬)은 일반적이고 세속적인 세계와 구분되는 성스럽고 신적인 세계를 지칭한다. 하나님은 거룩하시고 우리에 의해서 거룩히 여김을 받으셔야 한다; 거룩한 제의의 대상과, 날과 행동이 존재하며, 이와 관련하여 사람들은 거룩하거나 혹은 거룩하게 된다; 마지막으로, 말씀도 역시 윤리적인 취지를 가지고 있다: 백성들과 개인은 그들 자신의 삶에 의해서 그들이 야훼께 속해 있음을 보여주어야 한다(백성들 — 출 19:6; 신 7:6; 28:9; 사 62:12; 단 7:27; 개인 — 레 19; 시 16:3; 34:10). 신약은 비슷한 방식으로 하기오스, 하기아제인, 하기아스모스, 아기오테스, 하기오쉬네를 사용하지만, 강조점의 가장 중요한 변화가 나타난다: 이 개념들은 이제는 그리스도에게도 적용되고, 하나님에 대해서는 덜 사용되고 사람에 대해서는 더 많이 사용되고 있으며, 사람에 대해서는 특별히 그의 윤리적인 활동에 적용되고 있다. 인간의 제의적이고 "객관적인" 성화를 위한 언어가 이제 또한 우리가 칭의라고 불렀던 것을 지칭하기 위해 사용되고 있는데(고전 1:30; 6:11; 7:14; 히 10:10, 14), 콜브루게와 그의 추종자들은 성화를 칭의와 거의 일치시키려는 소원에서 이 용법에 호소하고 있다. 그러나 이것과 더불어 윤리적인 의미가 점차 중요성을 띠고 있다(롬 6:19, 22; 고후 7:1; 살후 3:13; 4:3-7; 딤전 2:15; 히 12:14; 벧전 1:15). 교의학적인 용법은 여기에 근거하고 있다. 물론, 신약은 인간의 윤리적인 갱신을 언급하기 위해 다른 많은 단어들도 역시 사용한다. *TDNT* I, *s.v.* 하기오스를 보라; 그리고 이 부분에서 특히 바울이 주된 흐름을 끌어내고 있기 때문에, 또한 K. Stalder, *Das Werk des Geistes in der Heiligung bei Paulus*(1962)와 H. Ridderbos, *Paul*(E.T. 1975), VI와 VII을 보라. 이 단어의 용례에 대한 간략하지만 중요한 개관이 Barth, *CD* IV.2, pp. 513-518에서 발견된다.

로마 가톨릭 신학은 지금까지 성화를 대부분 믿는 주체의 자기 완성으로 다루었다: "선행", "보상", "공로"와 같은 개념들이 교회 전통에서 함께 맞물려서 이 신학을 이 방향으로 몰아갔다. 최근에 주로 전통적인 개념의 재해석을 통하여 이런 이해를 깨뜨리려는 시도가 이루어지고 있다. *MS* IV.2, 10-12장을 보라.

종교개혁은 중세 후기 전통의 공로의 외적인 추구와는 전혀 다른 성화의 개념에서 시작하였다. 성화는 자기중심적이 아니라 하나님의 영광과 이웃의 유익을 이타적으로 지향하는 인간의 자발적인 감사의 응답이다. Luther, *On Good Works*(1520)와 *On Christian Liberty*(1520)를 보라. 그러나 하나님과 이웃을 선행의 동기로서 언급하는 이외에, 하이델베르크 요리문답은 "우리 각자는 스스로 열매로써 자신의 믿음을 확신할 수 있다"고 하였다. 여기에서 두 번째 동기가 되는 것이 *Synopsis purioris theologiae*(1625), Disp. XXXIV.16 에서는 처음에 나온다: "선행의 목적은 세 가지이다. 첫번째는 하나님에 대한 우리의 감사의 증거로서 우리와 관련되며, 그것에 의해서 우리는 동시에 우리의 선택과 부르심을 굳게 한다." 이것은 소위 실천적 삼단논법(*syllogismus practicus*), 즉 행동으로부터 도출된 결론이다. 칼빈에게서 처음에 단순히 제한적이고 우연적인 역할을 갖고 있었던 이 동기(*Inst* III, xiv,14, 18-20)는 이제 더욱 넓게 발전하였고, 성화를 요청하고 또한 성화된 자로서의 인간 자신에 대한 관심, 즉 성화의 이타적인 성격과는 모순되는 방향으로 나아가게 되었다. 그래서 하나님과의 친교의 기쁨을 위한 토대가 다시 인간에게서 찾아졌지만,

결코 발견되지는 않았다. 특히 콜브루게는 성화의 이런 개념에 반대하였다; 정확하게 그는 우리 바깥에서, 즉 그리스도 안에서 일어나는 칭의로 사람을 인도하였다. 실제로 그는 그리스도의 성취된 사역에 대한 믿음으로의 부름 이외에 다른 메시지를 갖고 있지 않았다. 그는 바울이 또한 구체적인 윤리적 결단을 요청하였다는 사실을 알고 있었지만, 그 다음에 이 측면에 대해 바울이 부정과거 명령법을 사용하기를 좋아하였다고 지적하면서, 이렇게 번역하였다: "그리고 (새 사람)을 입었으니", "(네 안에 있는 땅에 속한 것을) 죽였으니", 등등, 즉 이미 그리스도 안에서 모든 것이 일어난 것으로 생각하라. (잘못된 것은, 이 부정과거 명령법이 이 의미를 갖고 있지 않으며, 행동의 시작과 현실, 우연한 성격을 강조하고 있기 때문이다.)

그러나 성화에 대한 사고의 주된 흐름은 반대 방향으로 나아갔다. "성화"라는 용어의 이 용법은 이 개념에 대한 위에서 두드러졌던 개인주의이고 자기 중심적인 축소를 촉진하였다. 좀더 근년에는, 도처의 교회에서 그리스도인들의 보다 젊은 세대가 이제 특별히 좀더 윤리적인 정황에서 적극적인 순종에 대한 도전을 새롭게 강조하였다. 그들은 신학이 "성화"라고 부르는 것에 자신들이 관여하고 있다는 사실을 알지 못하면서 그렇게 하였다. 이 용어 안에서 그들은 이웃과 인류의 행복을 위하여 이타적으로 일하라는 요청을 듣지 못했다. 그러나 이것은 이 단어가 성경과 전통에서 나타내는 것의 절대적인 측면이다.

결정적인 의미에서 첫째로, 따라서 종종 논의되는 질문은: 이 인간을 갱신하는 활동, 즉 하나님을 섬기는 그의 노력이 칭의에서 사람에게 수여된 마음의 휴식과 어떻게 관련되는가 하는 것이다. 사면(赦免)에 수반된 이 마음의 휴식은 하나님과 사람 사이에서 일어나는 참되고 결정적인 일이 아닌가? 그렇다면 왜 사람이 다시 노력함으로써 이것을 따라가야 하는가? 그것에 의해서 그는 자신의 칭의에 아무것도 더할 수 없다; 대신에 그는 자신의 활동에 의해서 위험을 무릅쓰고 이것을 실제로 부인하게 된다! 그렇지 않으면 우리는 비록 이것이 기독교인으로서의 우리의 삶의 토대라 하더라도, 칭의가 그것의 목표가 아니라고 반대로 말해야 하는가? 그렇다면 본질적인 것은 신자의 행동 속에서 실현되는 계속적인 갱신인가? 따라서 하나님에 대한 우리의 바른 관계는 우리의 사면에 의해서 촉진되고, 우리 자신이 행하는 것에 부분적으로 의존하는가? 이 질문에 답할 때, 성경과 교회, 설교와 신학은 말하자면 줄타기를 하고 있다. 만일 한편으로 혹은 다른 한편으로 우리가 칭의와 성화의 관계를 오해한다면, 우리는 갱신의 과정을 방해하거나 중단시키는 일을 행할 수도 있게 된다.

양자를 공평하게 다루기를 원하면서도, 사람들은 오늘에 이르기까지 신학이 다루는 두 가지 사고의 모델 사이에서 선택을 하게 된다. 마태복음 7:18에서 언급된 것, "좋은 나무가 나쁜 열매를 맺을 수 없다"를 염두에 두고서, 성화는 유기적이고 따라서 칭의의 당연한 결과라고 주장할 수도 있을 것이다. 이 경우에 신자는 용서의 위로 안에서, 자신으로 하여금 감사의 열매를 내게 하는 확신 속에서 유일하고 전적으로 안식할 수 있을 것이다. 이러한 일련의 사고 속에서 진리는 갱신의 활동이 하나의 불가시적인 것이며 칭의는 그것의 영원한 중심이라는 것이다. 그러나 결국 이 모델은 만족스러운 것이 아니다. 인간은 결국은 나무가 아니다. 갱신의 길에서의 매 걸음마다 그 자신의 뜻이 돕는 것이 되든지 방해하는 것이 되든지 간에 관련된다. 하나님의 관점으로부터 유기적인 전체를 구성하는 것은 우리의 책임의 관점에서 보는 것과는 전혀 다르다. 인간은 자신의 행위를 하나의 과정에 단순히 맡겨버릴 수 없다. 그렇게 되면 그는 너무나 수동적이고 너무나 무관심하게 된다. 이것은 자기 기만으로 나아갈 수 있다. 이런 방식으로는 또한 하나님의 영광과 이웃의 유익을 위하여 거의 진력할 수가 없게 된다.

만일 칭의가 조용한 안식처가 될 수 없다면, 이것을 어떻게 도약대(跳躍臺)로 간주할 수 있겠는가? 그렇다면 우리는 두번째 사고의 모델에 도달하게 된다. 그 때에 칭의는 우리가 성화에서 실패할 때마다 돌아갈 수 있는 출발점이지만 목표 그 자체는 아니다. 만일 이 일이 결실을 맺으려면, 하나님이 우리 없이 외부로부터 우리 안에서 시작하시는 일이 우리의 삶 속으로 들어와서 우리 안에서 구체적인 형태를 취하여야 한다. 여기에서는 사람의 의지와 책임이 진지하게 고려된다; 여기에서는 삶이 성장의 과정이 아니라, 훈련 학교이다. 그러나 결국 이 모델도 역시 만족스럽지 않다. 이것은 우리의 마음의 영원한 안식처로서의 칭의의 근본적 중요성을 손상시킨다. 본성상 우리는 도덕주의자들이다. 우리가 이것을 알기 전에 역할이 뒤바뀌었고, 만일에 물론 "하나님의 은혜의 도움이"(환언하면 칭의의 도움이) 있다면, 우리는 우리 자신을 갱신해야 한다.

우리는 두 가지 모델을 결합하여 사용하고 이것들이 서로의 교정책으로 사용되게 해야 할 것이다. 하나님이 그를 위해 행하신 것으로 말미암아 마음의 휴식을 얻은 사람은 이 휴식을 통해서 자신에게 열중하는 것을 잊어버리고 자신을 잊으며, 그가 스스로 영위할 수 있는 사랑의 도구로서 다른 사람들을 위하여 열매를 맺도록 자극을 받게 될 것이다. 노력을 고무시키는 것은 정확히 휴식이다. 그러나 이 노력들은 그가 얼마나 많이 실패하며 그의 사랑이 얼마나 크게 하나님의 사랑을 결여하고 있는지를 반복해서 보여줄 것이다. 만일 그가 오직 은혜로 말미암은 사면에 의지하지 않는다면, 이것은 절망이나 혹은 계속되는 냉혹한 결단에 이르게 되고 말 것이다. 이것은 그의 노력을 제거하지 않을 것이다; 대신에 이것은 그를 정화시켜 줄 것인데, 그 이유는 이 노력들 속에서 그가 더 이상 자신을 긍정하고 인정하고 정당화할 필요가 없다는 사실을 알기 때문이다. 더 이상 자신의 행위로 스스로를 섬길 필요가 없는 자만이 실제로 "선행", 즉 타자(Other)와 다른 사람들에게 무언가를 의미하는 행위를 행할 수 있는데, 그 이유는 이제 그가 자신으로부터 해방되었기 때문이다.

기독교 신앙은 언제나 한편으로는 반(反)율법주의나 방종주의와 다른 한편으로는 율법론(nomism)이나 율법주의나 혹은 도덕주의 사이의 날카로운 가장자리 위에서 동요하고 있다. 이신칭의가 과격하게 선포되는 곳이면 어디서든지, 이미 바울이 직면하였던 질문이 야기된다: "은혜를 더하게 하려고 우리가 여전히 죄 가운데 머물러 있어야 하겠습니까?"(롬 6:1). 야고보는 자신의 서신에서 그들의 믿음으로 말미암아 행위로부터 면제되었다고 생각하는 사람들을 반대하지 않으면 안되었다(약 2:17-26). 루터 역시도 이러한 풍자와 더불어 싸우지 않으면 안되었다. 그러나 그와 멜란히톤이 아그리콜라에서 자신들의 지지자들에게 요청하였던 반율법주의는 특별히 회개를 불러일으키는 율법의 기능에 관한 것이었다. 마찬가지로 나중에 선행을 구원에 해로운 것으로 부르게 될 루터파의 폰 암스도르프(Von Amsdorf)는 이것들에 대한 불건전한 관심과 의존에 단순히 맞서는 것을 의도하였다. 방종주의는 말할 것도 없이, 얼마나 많은 진정한 반율법주의가 신학의 역사 안에서 있어 왔는지는 의심스러운 일이다. 그러나 사람들은 서로에 대해서 이것을 책망하기를 좋아하였으며, 이것에 대한 경고가 끊임없이 울려퍼졌다; 후자가 정확히 그러한 것은, 기독교인의 삶의 실천에 있어서 이것이 언제 어디에서나 큰 위험이었기 때문이다. 그러나 율법론(nomism)도 마찬가지로 큰 위험이었으며 신학적으로는 훨씬 더 큰 위험이었다. 이신칭의의 긴장 속에서 오랫동안 살아가는 것은 쉬운 것이 아니다. 신약 시대 직후에 바울의 칭의에 관한 가르침은 실제로 잊혀진 것처럼 보였으며, 죄 용서는 단순히 선행하는 삶에 이르는 문으로서만 평가되었다.

위에서 묘사된 두 가지 사상 모델은 일찍이 약 1530년경에 종교개혁에서 뚜렷한 실체가 되었다. 첫번째 모델은 루터파의 모델이다. 특히 멜란히톤의 *Apology*에서, 특별히 "칭의에 관하여"와 "율법의 기쁨과 성취에 관하여"에서는, 바울의 "율법의 행위 없이는"에서 끌어올 수 있는 모든 것이 칭의에서 제거되었다; 따라서 사랑의 율법의 성취는 여전히 그것과 엄격하게 구분되면서도 칭의의 필수적인 결과로서 간주되었다: "우선 이 믿음으로써 우리는 그리스도로 말미암아 의로운 자로 평가되며, 사랑이 결과로서 수반된다 하더라도, 우리는 (믿음)을 구하고 율법을 만들게 된다". 두번째 사상 모델은 특별히 자유 교회 유형(침례파, 나중에는 앵글로색슨 자유 교회들)이지만, 또한 오늘날까지도 그들의 신앙의 형제들을 율법주의적인 경향을 가진 것으로 비난하는 루터파의 시각에서는 적어도 개혁파 유형이기도 하다. 그러나 두 사상 모델이 두 가지 다른 유형의 사람들을 포함한다는 사실을 염두에 두지 않으면 안된다: 루터파는 스스로를 의롭게 하려고 노력하지만 그렇게 함으로써 절망과 내적인 혼란에 이르게 된 사람을 지향한다; 두번째 모델은 값싼 은혜로부터 이익을 얻고 싶어하며, 그렇게 해서 신앙의 투쟁으로부터 자신이 면제되었다고 생각하는 영적으로 무관심하고 무기력한 사람에 관심을 갖는다. 또한 이런 이유로 해서 신앙고백적으로나 신학적으로, 두 가지 모델 중 한 가지에 우리 자신을 고정시키는 것은 어리석은 일이다.

성경은 후자를 반대하고 전자를 지지하기 위해 사용될 수 없다. 어디에서나 칭의와 성화는 함께 속한 것으로 제시된다; 그러나 자명한 문제로서는 아닌데, 그 이유는 전자로부터 후자로 나아가는 변화에 있어서는 훈계와 권고가 언제나 필요하기 때문이다. 무자비한 종의 비유(마 18:23-35)와 혼인 예복이 없는 사람의 비유(마 22:1-14)에 의하면, 자명한 것이 또한 일어나지 않을 수 있다. 직설법과 명령법을 매우 밀접하게 연결하고 있는 바울도 역시 이것을 아주 잘 알고 있었는데, 이것은 예를 들면 로마서 6:15-23; 고린도전서 3:12-15; 갈라디아서 5장에서 분명하다.

우리의 판단으로서는 이 문제에 관한 가장 주의깊은 신학적인 검증은 칼빈과 바르트 안에 있다. 칼빈은 이중적인 은혜(*duplex gratia*)라는 용어를 선호한다. 「기독교강요 제3권」(*Inst* III)에서 그는 하나님의 약속에 대한 믿음에서 시작하여(ii), 다음으로 회개를 논의하고, vi-x에서는 삶의 성화를 거론한다; 그런 다음 xi-xiv에서 칭의에 대한 긴 주석과 더불어 ii로 되돌아가며, 그 이후에는 xv-xx가 다시 선행과 감사의 삶을 다루고 있다. 칭의와 성화 사이의 이 갈짓자 걸음은, 칼빈이 휴식과 노력의 관계를 이와 같이 믿음 안에 설정하지 않으면 안되는 이유를 알게 될 때까지는, 혼란스러운 인상을 준다. 그가 두번째 은혜를 먼저 제시하고, "기독교 종교가 얹혀서 돌아가는 주된 축", 즉 칭의로 돌아가고 있는지에 대한 칼빈 자신의 설명을 xi,1에서 주목하라.

대단히 일치된 방식으로 바르트는 *CD* IV,2, par. 66: "칭의와 성화"(pp. 509-511)에서 칼빈의 주석의 논리를 보여주었다. 그는 스스로 이런 시야를 다음과 같이 요약하였다: "이것은 두 가지 답변 모두가 ― 교차되지만 서로를 취소시키지 않는 ― 양자 안에 있는 독특한 진리를 고려하여 동일한 진지함으로써 주어져야 한다는 것을 의미할 것이다. 한 분 신적인 의지와 행동의 *simul*(동시성) 속에서 칭의는 토대로서 먼저이고 전제로서 두번째이며, 성화는 목적으로서 먼저이고 결과로서 두번째이다; 따라서 양자가 다 탁월하고 양자가 다

종속적이다"(p. 508).

47. 자유와 사랑

이 장과 다음 장은 "성화"의 성격과 내용에 대한 서술과 관련되어 있다: 우리의 신적인 양자됨이 우리를 고무시키는 이 느긋한 노력은 무엇으로 이루어지는가? 칭의의 사건을 모든 다른 증인들보다 더 깊게 검증하였던 동일한 바울은 또한 이해할 수 있고 대치할 수 없는 개념들 속에서 삶의 실천을 위하여 그것의 결과를 명료하게 표현하였던 사람이기도 하다.

A. 자유

그리스도인의 삶에서 이러한 기본적인 역할을 수행하는 자유는 두 가지 관점에서 다른 자유의 개념들과는 다르다. 한편으로 이것은 이것을 거스르는 것으로 보이는 것의 반대 — 바울이 "종됨"(slavery)이라고 부를 만큼 하나님께 대하여 전적으로 복종하는 결속이다; 다른 한편으로 이것은 자신의 동료 인간과의 유대로 귀결되는 자유이다. 이 두 가지 유대 사이에는 진정한 자유를 위한 여지가 거의 조금도 남아 있지 않은 것으로 보인다. 따라서 바울의 전혀 다른 논법에도 불구하고, 교의학에서 이것이 종종 매우 빈약하게 다루어져 왔다는 사실은 놀라운 것이 아니다. 그럼에도 불구하고, 자유가 없다면, 우리는 이것을 둘러싸고 있는 두 가지 유대를 정확하게 이해할 수 없다.

하나님과의 계약의 상대방으로 입양됨은 하늘과 관련된 안전을, 그리고 따라서 땅과 관련된 불가침성을 의미한다. 만일 하나님이 우리의 죄책과 우리를 위협하는 운명보다 더 강하시다면, 높이나 깊이나 현재나 미래가 우리를 그의 사랑에서 끊을 수 없다면, 삶은 새로운 면모를 얻게 되고 우리의 행동을 통제하였던 권세들은 궁극적인 통제력을 상실하게 된다. 그렇게 되면 우리는 더 이상 우리의 행복을 이 측면에서 기대하지 않고 두려움으로 인하여 이것들에게 복종하지도 않게 된다. 그 이유는 하나님과의 유대가 우리들에게 있어서 가장 중요하고 결정적인 사실이 되었기 때문이다. 우리가 가진 많은 다른 유대들은 우호적이거나 중립적일 수도 있다; 이 관계들이 이룰 수 없는 것은 우리의 삶을 만들거나 파괴하는 일이다. 이것들과 우리들 사이에서 간격이, 즉 자유의 간격이 조성된다. 하나님과의 유대는 우리의 삶의 중심을 이동시켜 이것이 이제 위에 있게 만들었다; 이것은 우리의 삶을 결정하곤 하였던 이 세력들이 이제 원칙적으로 힘을 잃어버렸다는 사실을 의미한다. 그래서 이것들의 용인된 힘이나 폭력이나 이것들이 제안하는 안전이나 이것들이 위협하는 원수갚음의 어떤 것도 더 이상 결정적이지 않다. 많은 이들의 삶 속에서 이것은 오랫동안 순전히 내적인 종교적 자유의 어떤 것으로 남아 있을 수도 있다. 그러나 우리가 일반적으로 용인된 관습과 믿음에 반대해야 할 때, 이 내적인 자유가 확언되는 순간이 올 수도 있는데, 그 이유는 우리가 새로운 방향을 찾거나 혹은 현재의 사태가 철저한 변화를 필요로 한다는 사실을 알기 시작하기 때문이다. 우리의 자유의 이러한 확언은 성부의 사랑 안에 존재하시면서 너무나 거룩하시어서 전통이나 여론이나 용인된 행동의 표준이 그를 붙잡아 둘 수 없었던 그리스도를 우리가 따르는 일의 시작이다. "주는 영이시니 주의 영이 계신 곳에는 자유함이 있느니라. 우리가 다 … 저와 같은 형상으로 화하여 …"(고후 3:17, 18).

이 자유는 단순히 그것을 위하여 투쟁하는 이상이 아니다. 이것은 하나님 안에서 소유하는 안전과 더불어 존재하는 현실이다. 이것은 자유에 대한 유비적인 감정들이 역시 다른 근원에서, 예를 들어 양심의 요청이나, 혹은 개인의 권리에 대한 인식이나 혹은 우리의 유대의 부패성에 대한 깊은 통찰에서부터 올 수도 있다는 사실을 부인하려는 것은 아니다. 실제로, 갱신에 관한 이 장에서 우리는 한편으로는 창조의 보존과 다른 한편으로는 그리스도의 영의 침투로 말미암아, 하나님이 의도하신 대로 어디에서나 인간성의 요소들과 근본들이 발견될 수 있다는 사실을 끊임없이 염두에 두어야 한다. 이 자유의 기원, 즉 그리스도와의 유대는 전혀 다르다. 또한 이것이 보여질 수 있는 것이라 가정한다면, 이것이 변하는 여부와 정도에 따라서, 이것의 성격이 각각의 특수한 실례로서 보여져야 할 것이다.

이것의 성격과 관련하여, 이 자유는 그 자체로서 프로그램의 성격을 가진 것이 아니며, 이것은 신자가 언제나 이런 혹은 저런 이상을 추구하거나 혹은 어떤 특수한 상황과 구조들을 반대할 것이라는 사실을 의미하지 않는다. 그러나 이것이 개인의 삶과 정치와 사회를 위하여 영향력을 가지지 않을 수 있다는 것은 불가능하다. 이 영향력들은 우연한 갈등이나 창조적인 계획이나 혹은 끈기있는 인내, 혹은 대의명분을 위한 순교의 형태를 취할 수도 있을 것이다. 이것은 이 자유가 또한 더 광범위하고 더 항구적인 사회적 혹은 문화비판적 형태를 취하게 되는 때와 상황에 의존하게 될 것이다. 그러나 이것은 결코 특별한 형태와 일치되지는 않을 것인데, 그 이유는 이것이 투쟁이나 고난이나 창조적인 활동 속에서 확언될 필요가 있는 새로운 전선과 지역이 항상 존재할 것이기 때문이다.

구약에서 이런 자유의 관념은 거의 나타나지 않는다: 애굽의 속박으로부터의 이스라엘의 해방은 실제로 구약의 배경이지만, 이것은 사실상 이스라엘이 야훼께 대한 복종을 통하여 따라서 살 수 없었던 것이었다: 그 결과는 자유의 주제가 나타날 수 있는 구절들에서, 정죄와 회개하라는 요청이 발견된다는 사실이다. 바울과는 별개로, 신약에서 이 개념은 단순히 주변적이다: 약 1:25; 2:12; 벧전 2:16; 벧후 2:19; 그러나 요한복음 8:36과 같은 무게가 있는 진술이 자유의 결정적인 위치를 입증한다.

희랍의 자유의 이상과 대립하든지 그렇지 않든지 간에, 오직 바울에게서만 이 용어가 중심적인 자리를 차지하고 있다. 더욱이, 이 개념에 대한 바울의 용법은 이 용어 그 자체의 용법을 능가한다: 갈라디아서에 나오는 율법의 유효성에 대한 그의 투쟁과, 고전 4:11-13; 15:30-32; 고후 4:8-12; 6:8-10과 같은 구절들에서 그가 말하는 것과, 자신의 자유에 대하여 빌립보서 4:10f.를 보라. 더욱 사려깊은 진술들은 롬 8:37-39; 고전 3:21-23이며, 그의 일련의 사상의 여러 가지 요소들은 고전 7-10, 나아가서 갈 4:1-11; 5:1-16; 골 2:8-3:11이다. 또한 "자유"의 개념에 대한 바울의 용법이 우리들의 용법보다 더 광범위하다는 사실을 염두에 두라. 이것은 우선 죄로부터, 율법과 그것의 저주로부터, 그리고 죽음으로부터의 자유이다(롬 6:18,22; 7:1-6; 8:1f.). 바울 연구서들은 "외적"이고 "수평적"인 차원을 희생하고, 이 "수직적"이고 "내적"인 자유를 일방적으로 강조하였다. *TDNT* II, *s.v.* 엘류테로스(Schlier)를 보라. 이것은 실제로 이 두 번째 측면을 무시하고 있다; 또한 R. Bultmann, *Theology of the NT*(E.T. 1951)를 보면, 그는 죄로부터(par. 38), 율법으로부터(par. 39), 그리고 죽음으로부터(par. 40)의 자유를 광범위하게 논하고 있지만, 세계와 그 권세들로부터의 자유에 대해서는 마지막에 한 페이지만을 할애하고 있다. 이 측면을 무시하는 사람은 또한 첫번째 측면도 과소평가한다.

그렇게 해서 이 신앙의 혁명적인 힘도 아울러 과소평가된다. 바울이 빌레몬서에서 노예 폐지를 주창하지 않고 있다는 사실이 (긍정이든 부정이든 간에) 종종 지적되고 있다. 간과되는 사실은 바울이 자신의 노예와 관련하여 빌레몬을 있을 수 없는 위치에 두고 있다는 사실이다; 주인과 노예의 관계는 외부로부터 폐지되지 않고 내부로부터 훼손된다. 바울이 이러한 통찰의 사회적이고 구조적인 결과들을 두려워하지 않았다는 사실은 이방 기독교 회중들 안에서의 유대 율법의 유효성에 그가 반대했다는 사실로부터 명백해진다.

바울은 이 점에 있어서 혼자가 아니다. 복음서들, 특별히 율법과 안식일, 성전, 서기관들, "죄인들", 기존 질서에 대한 예수의 태도를 언급하는 공관복음 설화들이 같은 방향을 지시하고 있다. 바르트는 "왕적인 인간"(*CD* IV.2, pp. 171-179)이라는 제목으로 예수의 사역의 이러한 "혁명적인 성격"에 대한 공관복음의 특징들의 훌륭한 개요를 제시하였다. 자유에 대한 바울의 이해는 또한 예수 안에서 나타났던 자유의 실천의 결과와 노작(勞作)으로서 보아야 한다. 전체 신약을 통한 자유의 차원에 대한 일방적이지만 그럼에도 불구하고 인상적인 그림이 E. Käsemann, *Jesus Means Freedom*(E.T. 1969)에서 발견된다.

케제만의 논문에서 우리는 또한 이 놀라운 자유가 이미 신약 시대에 노출되어 있었던 커다란 위협에 대해서 알게 된다. 이것은 교회사에서 더욱 악화되었다. 얼마가지 않아서 자유는, 기독교 사상에서 거의 더 이상 고려되지 않게 되었다. 방종주의를 두려워하였던 교회는 의심많은 로마 정부의 눈 앞에서 자신을 충성스럽게 보이게 하려고 전력을 다하였다. 봉건적이고 권위적인 사회 구조를 지닌 중세 시대와 계층적이고 권위적인 교회는 아무런 변화를 가져오지 못했다. 그러나 자유는, 초대 교회의 수많은 순교자들과 중세 시대의 많은 비국교도 무리들 안에서라고 말한다면, 살아 있었다.

종교개혁은 지배 세력들에 맞서서 기독교의 자유를 다시 일깨운 사건으로 간주될 수 있다. 이것이 루터가 그의 중요한 논문 「기독교인의 자유」(1520)에서 생각하였던 방식이며, 이 논문에서 그는 두 가지 기본 주제 가운데 첫번째를 "기독교인은 모든 것의 가장 자유로운 주인이며 아무것에도 예속되지 않는다"라고 가정하였다. 그러나 1525년에 농민들이 폭동을 일으켜 이 슬로건에 호소하였을 때, 루터는 농민들에게 예리하게 지적하기를 자신은 이 자유를 순수한 내적인 의미로 의미하였으며 이것은 세속적인 영역에서 필요한 질서와 복종에 대해서는 적용되지 않는다고 하였다. 루터파에서는 자유가 거의 전적으로 죄와 율법으로부터의 자유로(따라서 칭의를 위한 용어로) 생각되었지만, 칼빈과 더불어(*Inst* III.xix:"기독교인의 자유에 관하여") 개혁파 개신교는 이것을 어느 정도 성화에 관련되는 것으로, 인간의 전통으로부터의 자유, 양심의 자유, 세상적인 물건을 사용하는 자유로서 계속하여 언급하였다. 그러나 이것 역시 국교도 윤리에 대한 난외주에 불과한 것이었다. 일반적으로 말하자면, 토마스 뮌처, 재세례파, 쿠른헤르트(Coornhert), 신령파(Spiritualists)들로부터 시작하여 자유가 중요하게 되었던 것은 바로 자유 교회 안에서였다. 그러나 공적인 교회 안에서 자유가 저지되었던 반면에, 여기에서는(개인주의와 자율주의의 영향을 받아) 이것이 개인의 양심의 자유로 증발하는 경향이 있었다.

20세기 후반에 와서 자유에 대한 새로운 인식이 일어나게 되었다. 이것은 우리 시대의 범세계적인 해방 운동으로부터 강력한 지지를 끌어내었다. 「복음의 세속적인 의미」(*The Secular Meaning of the Gospel*, 1963)에서의 폴 반 뷰렌(Paul van Buren)의 신학은 거의 전적으로 자유의 개념 위에서 수립되었다. 이런 사실은 알베스(R. Alves), 콕스(H. Cox), 메츠(J.-B. Metz), 죌레(D. Sölle), 기타 많은 이들에게 대부분 동일하게 적용된다. 그러나 거의 언제나 안전과 복종에 대한 기독교적인 동의와 관계는 극히 적은 것이었다. 자유가 우리의 자연적인 인간성을 펼쳐낼 수 있는 가능성으로 구성된다는 사실에 모든 사람이 동의하는 것으로 단순히 가정된다. 자유 개념의 기본적인 역할에 대한 더 좋은 이해는 고가르텐(F. Gogarten)의 연구에서 발견된다: 특히 「위기의 그리스도」(*Christ the Crisis*, E.T. 1970), 「하나님에 대한 질문」(*Die Frage nach Gott*, 1968)을 보라.

그러나 신학적으로 더욱 중요한 것은 로마 가톨릭 신학 안에서의 자유의 개념에 대한 새로운 관심, 즉 권위적인 계층구조와 더불어 많은 사람들이 연루되었던 갈등을 통하여 강화된 관심이었다. 이것은 오래 전의 루터와 마찬가지로 그들 다수로 하여금 새로운 안목으로 바울의 관련 구절들을 읽게 만들었다. 예를 들어, J. Blank, *Das Evangelium als Garantie der Freiheit*(1970)와 특히 H. Küng, *The Church*(E.T. 1976), ch. II,1: "새로운 자유"(pp. 150-161)을 보라. 일반적으로 이 문제에 대한 훌륭한 개관을 제공하고 있다.

B. 사랑

자유가 그리스도 안에 계신 하나님과의 유대의 역(逆)이자 결과인 것처럼, 또한 자유와 사랑 역시 서로의 역(逆)으로서 간주될 수 있다. 신생의 과정에서, 이것들은 불가분리적으로 함께 속해 있다. 이 문제에 대해서는 인간 일반에 대한 우리의 견해도 역시 동일하게 사실로서 적용된다. 우리가 25장의 말미에서 언급한 것을 유의하라. 이것은 확실히 합당한데, 그 이유는 신생에 있어서 하나님께서 그의 성령으로써, 그가 창조시에 생각하셨던 인간성의 종류를 우리 안에 이루시려고 하기 때문이다. 그는 자유로운 사람들을 원하신다; 그러나 자유는 사랑을 위하여 존재하며, 사랑은 자유를 통하여 가능하게 된다. 자유의 목적은 사랑을 일깨우는 것이다. 그리고 만일 이것이 일깨워진 사랑이 아니라면, 그 자유는 분명히 하나님이 그것으로써 의미하신 것이 아닌 다른 어떤 것이다. 그는 이것을 하나님과의 친교 속에서 세상을 향하여 독립적인 지위를 취할 수 있는 능력으로서 이해하며, 그것으로 인하여 우리는 세상에 대하여 우리가 그와의 친교를 통하여 받아들이는 사랑의 새롭게 하는 능력을 전할 수 있게 되는 것이다.

우리는 자유와 사랑 사이의 이러한 관계에 대해 난관에 부닥치는 경향이 있는데, 그 이유는 의식적이든 무의식적이든 간에 우리가 사랑의 다른

개념: 즉 하나님과 다른 사람들과 세상에 의해서 우리에게 제시된 요청들로 말미암아 둘러싸이거나 구속됨이 없이 자기를 실현할 수 있는 가능성으로서의 자유를 가지고 작용하기 때문이다. 이러한 관점에서 보면, 자유와 사랑은 전적으로 다른 것들이다; 만일 이것들이 배제하지 않는다면, 이것들은 적어도 서로를 제한한다. 이것이 바로 교회와 신학에서 복음적인 자유가 더 진지하게 고려되지 않는 또다른 이유이다.

그러나 만일 우리가 이스라엘과 그리스도 안에서 하나님의 길에 참여한다면, 특히 예수의 사역에서 우리는 하나님의 사랑을 가지고 다른 사람들에게 전적으로 자유롭게 사역할 수 있기 위해 권세들과 사람들의 요청으로부터 스스로 해방된 사람과 마주치게 된다. "안식일은 사람을 위하여 있는 것이요 사람이 안식일을 위하여 있는 것이 아니니"(막 2:27)와 같은 진술은 우리가 본받게 되는 그 분 안에서의 자유와 사랑의 단일성에 대하여 전형적인 것이다. 우리가 자유에 대해 언급하였던 것은 또한 그 역(逆)인 사랑에 대해서도 유효하다: 예수는 그것의 위대한 본이 되시며, 바울은 이 사랑과 자유 사이의 관계를 분명히 가장 잘 표현하였던 사람이다.

바울 안에서의 자유와 사랑의 단일성에 대해서는 우리는 물론 갈라디아서 5장을 우선 생각하게 된다. 이외에도 롬 6:15-23; 고전 6:12; 10:23f.와 특히 이것이 더 이상 사랑을 위한 통로가 아니라 장애물이 되지 않는 그런 방식으로 자유를 사용하는 것에 대해 바울이 경계하였던 구절들: 즉 롬 14:13-23; 고전 8:1-13; 10:25-33을 보라. 여기에서 공관복음의 보기는 예수와 성전세의 이야기이다(마 17:24-27).

여기에서 문제가 되는 사랑은 이웃에 대한 사랑이다. 이것은 하나님에 대한 사랑이 아니다. 이 사랑은 논리적으로 우리의 자유보다 선행한다. 이것은 또한 이웃에 대한 사랑과는 다른 성격을 가지고 있는데, 그 이유는 이것이 우리를 먼저 사랑하신 분에 대한 우리의 자발적인 반응이기 때문이다. 이것은 신앙과 동시에 일어나거나 혹은 — 만일 여기에서 구분하기를 원한다면 — 신앙의 구성적인 부분이다. 이웃에 대한 사랑은 그 자체로서는 확실히 우리에게 그의 사랑을 먼저 주셨던 분에 대한 반응이 아니다. 이 사랑의 원인은 이웃이 우리에게 행한 것이 아니다; 이것의 원인은 우리의 반응이며, 하나님이 우리에게 행하시는 것에 대한 우리의 이차적인 반응이다. 만일 하나님이 사람들을, 그리고 나와 더불어 그에게 불순종하는 온 세상을 사랑하신다면, 나는 동시에 나 자신을 그를 섬기는데 위탁하지 않고서는 그를 사랑할 수가 없다. 이웃에 대한 사랑은 따라서 하나님에 대한 사랑의 결과이다.

그러나 "사랑"이라는 단어는 두 가지 예에서 동일한 것을 의미하지 않는다. 하나님을 사랑한다는 것은 우선 나의 감사와 자발적인 사랑의 반응을 의미한다. 이웃을 사랑한다는 것은 내가 그의 편에 서서 내가 할 수 있는 방식으로 그를 돕는다는 것을 의미한다. 우리는 하나님과 그리스도를 닮는 자로서 이것을 행한다. 기독교 신앙에서 이웃에 대한 사랑은 따라서 확실히 하나님에 대한 사랑과 비교하였을 때, 그것에 대한 간접적인 무언가를 가지고 있다. 이것은 이 사랑을 차갑고 냉담한 것으로, 진정한 헌신을 위한 약한 토대로 만드는 것으로 보일 수도 있다. 그러나 그 반대가 사실이다. 만일 우리가 단순히 그가 "사랑스럽다"고 생각하기 때문에 또 그런 한에서만 이웃에게 봉사하게 된다면, 우리는 이내 우리의 자발적인 봉사의 한계에 도달하게 될 것이다. 그렇게 되면 우리는 확실히 하나님처럼 우리의 대적들을 사랑할 수가 없다.

만일 우리의 궁극적인 동기가 이웃이 아니라 하나님으로부터 온다고 할 때에만 우리는 이것을 할 수 있다. 20장에서 우리는 하나님의 사랑을 아가페(스스로를 내어주는 것) 뿐만 아니라, 에로스(스스로를 만족시키는 것)로서도 볼 수 있음을 논증하였다. 이것은 확실히 그에 대한 우리의 사랑에도 적용된다. 그러나 이웃에 대한 우리의 사랑은 에로스가 단순히 청하지 않은 할증금으로서만 들어올 수 있는 하나님을 대신한 의지의 행동을 포함한다.

우리의 자유는 따라서 "네 이웃을 네 몸처럼 사랑하라"라는 계명 속에서 실현되는 것이다. 마태복음 22:37-40에서 이것은 첫번째 계명인 하나님에 대한 사랑이 "이와 같이"라고 언급되는 "두번째 계명"으로 불린다. 이 말은 이것이 그것과 분리될 수 없으며 동일한 중요성을 지니고 있음을 의미한다. 앞에서의 문맥은 이것이 같은 성격과 동기를 갖고 있다는 것을 의미하지 않음을 보여준다. 따라서 어떤 동일시도 존재하지 않는다. 두 가지를 동일하게 만들 때, 우리는 둘 다를 과소평가하고 만다.

성경에서는 이 두 가지가 함께 나타나는 것이 명백한데, 예를 들면 레위기 19장, 선한 사마리아인의 비유(눅 10:25-37), 거지 나사로(눅 16:19-31), 두 빚진 자(마 18:21-35), 그리고 요한1서 2:9와 4:20과 같은 진술들에서 하나님께서 "나는 여호와니라"라는 말씀과 더불어 이웃을 결코 해하지 말 것을 이스라엘에게 엄숙하게 경계하시고 있다. 그러나 그 차이는 여기에서 나타난다: 더욱이 예를 들어 마태복음 5:43-48을 보면, 여기에서는 물론 이웃에 대한 사랑이 하나님에 대한 우리의 사랑과 유비되는 것으로 간주하지 않지만, 이것을 우리를 향한 하나님의 사랑, 즉 우리가 그것을 받을 만한 자격이 있는지를 묻지 않는 사랑의 유비로서 고려하고 있다. 이와 관련하여 주목할 만한 것은 골로새서 3:23f.인데, 여기에서는 자발적으로 다른 사람들을 돕는 일이 우리가 "사람들이 아니라 주님을 섬기는" 직분을 행한다는 사실과 우리가 "주 그리스도를 섬기고 있다"는 사실에 정초되어 있다. 인간 외적인 동기가 여기에서 인간 됨의 토대이다. 그럼에도 불구하고, 어떤 이들은 하나님과 그리스도에 대한 사랑과 (가난한) 이웃에 대한 사랑의 동일시가 신약에서, 즉 마태복음 25:31-46에서 나타난다는 견해를 갖고 있는데, 여기에서는 인자가 최후 심판에서 이렇게 말씀하고 있다: "내가 주렸을 때에 너희가 내게 먹을 것을 주었으며", 등등. 그런데 그 이유는 "너희가 이 나의 형제들 중 가장 작은 자 하나에게 행한 것이 바로 나에게 행한 일"이기 때문이다. 이것은 자세한 관련성을 입증하고 있지만, 그러나 이것은 동일시는 아니다: 더욱이 이 구절은 그 자체로서의 이웃 사랑에 대한 것이 아니라, 그리스도의 박해받는 무리를 향한 "열국(列國)"(32절)들의 태도에 대한 것이다.

그러나 성경이 하나님에 대한 사랑에 대해 상대적으로 드물게 언급하고 있다는 사실은 주목할 만하다; 이것은 요한일서 4장에서 가장 크게 강조되고 있지만, 그러나 이 구절은 형제애와 이것의 깨뜨릴 수 없는 관련성을 지적하는 것과 주로 관련된 구절이다. 이와 대조하여, 신약에서는 "그(the)" 사랑이 종종 단순히 이웃에 대한 사랑만을 언급한다: 마 19:18f.; 요 13:34; 롬 13:8ff.; 갈 5:14; cf. 약 2:8.

현대 신학에서, 하나님의 사랑과 사람들의 사랑의 관계는 많이 논의된 주제이다. 이미 일찍이 바르트는 이것에 대한 그의 장문의 주석을 제시한 바 있는데(*CD* I,2, pp. 362-454), 여기에서 그는 "하나님에 대한 찬양"으로서의 이웃 사랑을 "하나님 사랑"과 구분하고 있다. 이것은 분명히 전자의 간접성을 나타낸다; 그러나 그는 "하나님을 사랑하라는 계명은 오고 존재하는 시간과 세계 안에서, 이웃을 사랑하라는 계명은 지금 있고 지나가는 시간과 세계 안에서 우리를 우리의 존재에 관련시킨다"(p. 410)라고 단언함으로써 이것의 독립적인 중요성을 위험하게 만들었다. 이와 대조되는 일방성이 브룬너에게서 발견되는데, 그는 실제로 하나님에 대한 어떤 개별적인 사랑도 갖고 있지 않다: "우리는 하나님께 아무것도 가지고 가지 못하며, 단순히 받을 뿐이다." 그래서 우리는 마치 샘에서 물을 끌어오는 시내와 아주 유사하게, 우리가 행하는 것에 의해서 이것을 이웃에게 전달한다(*The Divine Imperative*, E.T. 1932, p. 310). 이미 리츨이 이렇게 말한 바 있다: "하나님에 대한 사랑은 형제들에 대한 사랑의 공간 밖에서 행동할 수 있는 그런 공간을 내부에 갖고 있지 않다" (*Unterricht in der christlichen Religion*, par. 6). 그러나 오직 제2차 세계대전 이후에야 비로소 이러한 사상의 흐름이 세력을 얻게 되었다. J.A.T.Robinson, *Honest to God*(1963), chs. 4-6을 보라. 브라운(H.Braun)은 예를 들어서 이와 같은 진술을 할 때 훨씬 더 강한 느낌을 준다: "그래서 하나님 안에 거하는 일은 또한 다른 사람들에게 미치려는 실제적인 행동 속에 머무르기 위해 요청된다: 아가판 안에 거하는 사람은 하나님 안에 거하는 것이다(요일 4:16). 나는 인간을 언급함으로써 단순히 하나님을 언급할 수 있다 … 그러나 이를테면 사람으로서의 사람, 즉 다른 사람들의 동료 피조물로서의 사람(Mitmenschlichkeit)은 하나님을 포함한다 …"("Die Problematik einer Theologie des NT," in *Gesammelte Studien zum NT*, 1962, p. 341).

성경의 관련성이 여기에서 외면되고, 따라서 이웃에 대한 사랑이 받아들여지는 자비의 징표를 대신하여 법이 된다. 안전과 자유에서 고립되었을 때, 이것은 자명한 인간론적인 사실이 될 우려가 있다. 칼 라너(Karl Rahner)는 *Theological Investigations*, VI(E.T. 1969), pp. 231-249에 실린 그의 연구 논문 "이웃 사랑과 하나님 사랑의 단일성에 대한 성찰들"에서 의도적으로 이렇게 하고 있는데, 여기에서 이웃 사랑은 자연적인 *preambulum fidei*(신앙의 서론)으로서 제시되는데, 그 이유는 하나님에 대한 관계는 "그의 (당신에 대한 그의 선험적인관계의) 세계내적인 초월의 경험에 의해서 그리고 그의 (구체적인 당신과의 구체적인 만남의) 범주화된 경험에 의해서 이미(논리적인 우위성 안에서) 인간적인 당신(Thou)을 경험하였고 또한 오직 이런 방식으로만 절대적인 신비(즉 하나님)에 대한 그의 관련성의 (적어도) 초월적인 경험을 실천할 수 있는 사람 안에서 그리고 그를 통해서만 가능하기" 때문이다(p. 245). 여기에서 이웃에 대한 관계와 이웃에 대한 사랑은 호환적으로 사용된다. 그러나 첫번째가 자명한 것처럼, 두번째는 그렇게 썩 자명하지가 않다.

자유가 그 안에서 실현되는 이웃에 대한 사랑의 성격과 징후를 광범위하게 다루는 것은 여기에서는 필요하지 않다. 이것은 기독교 윤리의 영역에 속한다. 우리의 관심은 신생의 주제이다. 이 신생은 하나님 안에서의 어떤 사람의 안전이 그를 끊임없이 자신을 입증해야 하는 것으로부터 자유롭게 만들며, 따라서 이웃의 유익을 위하여 하나님께로부터 받은 사랑을 — 말과 행동으로, 증거와 봉사로서, 효용성과 도움 속에서 — 사용하도록 그의 시간과 정력을 해방시켜 준다는 사실에서 가시적으로 된다. 그렇게 해서 신생을 통하여 인간은 자신으로부터 해방되고 두 방향에서 탈중심적으로 된다.

반복해서 사용된 용어인 "이웃"을 잠시 고려하는 것이 필요하다. 이것은 "모든 사람"을 가리키는 것이 아니며, 예를 들어서 친척이나 혹은 가까이 사는 사람처럼 어떤 면에서 나와 가까운 사람을 가리키는 것도 아니다. 이것은 오히려 내 길을 가로막으며, 악의로써 나를 괴롭히거나 혹은 나에게 도움을 요청함으로써 호소하는 사람이다. 따라서 이웃은 한편으로는 나를 훼방하고, 다른 한편으로는 하나님과 나의 관계가 그와 나의 관계와 유비된다는 사실을 나에게 상기시켜주는 사람이다. 그와의 만남은 그의 필요들을 나의 관심사로 만듦으로써 하나님 사랑의 표본으로서 행동하라는 나에 대한 요청이다. 특별한 만남이 어떤 것이고 주어진 상황에서 어떻게 대처하느냐 하는 것은 미리 예견될 수가 없다. 이런저런 방식으로 이웃과 나는 일반적인 상황 안에서 함께 있게 될 것이다. 이 상황은 한 가족에 속하거나 혹은 직분을 나눔으로써 좁혀질 수 있으며 또한 (특히 오늘날은) 세계만큼이나 넓어질 수도 있다. 이웃은 단일한 개인일 수도 있고 또한 사람들의 전체적인 집단, 혹은 한 인종이나 한 국가가 될 수도 있다. 우리는 가까이 있는 사람을 위하여 멀리 떨어져 있는 이웃을 간과하거나, 혹은 그 반대로 행동할 위험 속에 있으며; 개인의 이름으로 그 개인이 희생물이 되었던 집단적이고 구조적인 세력들에 대해 알지 못한 채 남아 있거나 혹은 그 역으로 이 구조의 문제들에 몰두함으로 말미암아 인간을 간과할 위험 속에 있다. 선한 사마리아인의 비유는 우리가 이웃을 만나는 상황을 얼마나 쉽게 지나쳐 왔으며, 우리의 무관심이나 무감각한 냉담으로 말미암아 그를 인식하지 못하였는지를 보여준다.

　우리가 이웃을 알아보는 곳에서는, 우리는 우리 자신이 반역자이든 아니면 희생자이든 간에 우리 자신이 얼마나 많이 신적인 구원과 도움을 필요로 하고 있는지와 또한 우리가 다른 사람들에 대해 유보하는 자비를 베풀어 달라고 하나님께 간청할 수 없다는 사실을 인식하게 된다. 따라서 우리 자신에 대해 생각할 때에, 우리는 우리 자신을 잊어버리고 다른 사람의 유익에 대해서, 그리고 우리가 얼마나 구체적으로 그를 도울 수 있는지를 생각하기 시작한다. 우리는 우리 자신과 같이 그를 사랑하기 시작한다. 결국, 우리는 우리 자신을 위하여 선택하고 구체적으로 우리 자신을 추구할 수 있다. 이웃에 대한 사랑은 이것을 제거하지 않는다; 다른 사람은 단순히 이것에 적절한 범위를 제공하는 것 뿐이다. 이 계속적인 제한과 가지치기에 있어서, 우리의 "자아"는 억압되지 않고 새로워지며, 하나님과 사람과의 교제 속에서 완전하게 그 자신으로 된다.

성경, 구약에서 이웃은 레에, 즉 동료, 인간이 교제하는 사람이라고 불린다. 일반적으로 이웃은 여기에서 자기 백성들의 일원으로서 언급된다. 대체로 이것은 사실이지만(국가는 이스라엘 사람들의 지평이었다), 중요한 예외들(출 23:4f.; 레 19:33f.; 신 10:19; 잠 25:21)은 이것이 국가적이고 제한적인 의미에서는 전혀 의도되지 않았다는 사실을 입증한다. 그리고 시편 87편과 이사야 19장과 요나서는 여전히 훨씬 더 멀리 있는 지평들을 가리키고 있다. 70인역은 레에를 부사적인 의미를 가진 대격 명사인 플레시온으로 번역하였다: 호 플레시온은 "가까운 곳에서 온 사람"이다. 예수 시대에 서기관들은 이웃의 개념의 범위(limits)를 숙고하였다(*TDNT* VI, *s.v.* 플레시온을 보라). 여기에 가해진 제한과 대조하여, 예수는 "모든 사람"을 이웃으로 만들지는 않으셨으며; 오히려 하나님의 무한한 사랑으로 말미암아 이웃은 정확히 우리를 방해하고 괴롭히는 사람이다.

우리가 가난한 동료 인간으로 만나는 이웃은 특히 선한 사마리아인의 비유에서 예시되며(눅 10:25-37), 죄된 동료 인간으로서 우리는 그를 특히 두 빚진 자의 비유에서 발견하게 된다(마 18:21-35). 이 두번째 비유는 여전히 또다른 독특한 특징을 가지고 있다: 첫번째 빚진 자가 두번째 빚진 자의 빚을 탕감해 주지 않았을 때, 그 자신의 이전에 이루어진 빚 탕감이 취소되었다. 이웃과의 새로운 관계는 하나님과의 관계의 열매이다; 그러나 만일 이 새로운 관계가 구체화되지 않는다면, 이것은 하나님과의 관계와 관련된다. 같은 함의가 누가복음 6:36-38과 "우리가 우리에게 빚진 자를 사하여 준 것같이 우리의 빚을 사하여 주옵소서"(마 6:12)라는 청원에서 발견된다. 이것은 은혜를 받기 위한 조건으로서의 선행과는 아무 관련도 없다. 가시적인 사람 사이의 관계들 속에 있는 결과들의 현존 혹은 부재는 어떤 일이 실제로 하나님과 사람 사이에서 일어났는지에 대한 지시이다. 이것이 바로 계속적인 상호작용이 신적인 사랑과 인간의 사랑 사이에서 야기되는 방식이다. 마태복음 5:48은 같은 사실을 지시하는데, 43-47로부터 이것은 천부께서 "완전하시다", 즉 서로 용납하시며 일관되시며, 오직 은혜로써만 역사하신다라는 결론을 도출해 낸다; 따라서 우리도 또한 이와 같이 되어야 하며, 이것을 두 가지 방식으로 갖기를 원하지 않으면서, 이웃을 마땅하게 대하는 한편으로 우리 자신을 위하여 하나님의 은혜를 간청하여야 한다.

"이웃" 개념은 신학에서 거의 다루어지지 않았다. *RGG*에 이것이 빠져 있는 것은 전형적이다. 고전적인 예외는 키에르케고르의 *Deeds of Love*(「사랑의 행위」, 1847), 특히 I장이다. 바르트는 이것을 그의 *CD*에서 두 번 논의하였지만, 둘 다 다른 방식으로 논의했고, 우리의 생각으로는 어떤 시도에서도 아주 성공적이지는 않았다. I, 2, par. 18, 3에서 바르트는 율법주의적이고 비기독교적인 접근방법을 너무나 염려하여, 우리에게 무력하신 그리스도를 상기시켜 주는 우리의 은인으로서 이웃을 묘사하였다; IV,2에서 이웃은 실제로든 혹은 잠재적으로든 간에 교회의 지체가 된 사람이다(pp. 802-824). 우리가 판단하기에, 신약에서 이웃은 그리스도 안에 계신 하나님이 자신을 우리와 세상에 내어주시는 사랑의 초점이다.

"네 몸과 같이"에 대한 우리의 견해와 더불어, 우리는 어거스틴 이후로 널리 유지되었던, 사람이 이것으로부터 일종의 "세번째 계명"으로서 자기 사랑을 이끌어낼 수 있다는 견해와 또한 이러한 추가가 자기 사랑에 대한 정죄를 의미할 것이라는 견해 모두에 대해 답변을 요청하였다.

48. 죽음과 부활

되풀이하여 우리는 역사를 통한 하나님의 길에 대한 그의 참여의 관점으로부터 인간의 신생을 조명해 왔다. 신생은 이 참여에 정초되어 있으며 그것에 매여 있다. 42장에서 우리는 이 참여의 목표가 그리스도를 "본받는 일"이라는 사실을 보았다. 47장은 이 본받음이 예수의 지상 생애와 어떻게 관련되는지를 보여주었다. 우리는 우리 스스로 "작은 그리스도"가 되지 않는다: 이 참으로 새로운 인간과 비교하여, 우리는 너무나 깊이 우리의 이전의 존재에 뿌리박고 있다. 심지어 "모방"이라는 용어조차도 이것이 복음서에서 갖고 있는 의미로서는 우리에게 적용될 수 없으며, 따라서 이것은 언제나 크게 주의하면서 사용되어야 한다(p. 320). 비록 그렇다 하더라도, 신생은 언제나 일종의 우리와 그 사이에서의 유비 안에서 표현될 것이다. 우리는 예수의 지상 생애에 대한 이러한 유비가 어떻게 "자유"와 "사랑"의 개념들 속에 집중되어 있는지를 살펴보았다.

그러나 만일 그의 삶에 대한 이러한 본받음이 있다면, 그의 고난과 죽음에 대한 어떤 본받음도 역시 불가피하다. 그 이유는 이 본받음의 다른 측면은 세상이 구원을 위하여 자신의 희망을 두는 세력들에 대한 "본받지 않음"이기 때문이다. 따라서 조만간에 그리스도를 본받음은 억압과 고난에 이르는 적대감을 유발할 것이다. 그 이유는 세상이 자신의 길이 이런 방식으로 방해받는 것을 가볍게 묵과하지 않기 때문이다.

신생은 고난을 포함하지만, 이것은 독특한 종류의 고난이다. 이것은 세상에서의 일반적인 고난과 동일시될 수는 없다. 우리의 인간 존재를 특징짓는 일시성과 소외는 전 인류가 부지불식간에 공유하는 홍수와 같은 불행을 풀어 놓는다. 비교해 보면, 신자들이 먼 거리에서 참여하고 있는 예수의 고난과 죽음은 자발적이고 의도적인 것이었다. 자신의 죄에 대한 슬픔도 역시 그 밖의 어떤 것이다. 마찬가지로 영혼의 번민과 혼란은 하나님의 은폐성에 의해서 야기되었다. 그리고 같은 사실이 우리가 우리 자신에 대해 죽는 것이라고 부르는 것, 즉 우리의 새로운 본성이 옛 것과 싸울 때 반복해서 우리의 삶의 절대적인 차원이 되는 자기 부인에 적용된다: 우리는 49장에서 이것에 대해 언급하게 될 것이다. 예수의 죽음과 그와 함께 하는 우리의 죽음은 새로운 방식으로 우리의 참여에 의해 야기되는 우리와 세상 사이의 갈등 속에 토대를 가진 세계에 대해 죽는 것이다.

그러나 이 필수적이고 예리한 구분은 절대적인 분할을 의미할 수는 없다. 그의 전적으로 유일한 고난과 죽음 속에서, 예수는 또한 세계의 일반적인 불행을 공유하셨고 또한 하나님의 은폐성의 번민을 경험하였다. 그리고 모든 신자들은 세상에 대한 자신의 싸움 속에서 우선 이 싸움이 어느 정도나 자신의 신실함 때문이 아니라, 오히려 주님께 대한 자신의 불성실성 때문인지를 자문하게 될 것이다. 그러나 이것은 우리가 여기에서 "죽는 것"이라고 부르는 것이 별개의 목록이라는 사실을 변경하지는 않는다. 이것을 다른 목록들과 일치시키거나 혹은 혼합하는 것은 단순히 혼란에 이르게 된다. 예수의 십자가의 유일성과 아무런 관계가 없는 "십자가"와 "십자가 지는 일"에 대해 많은 것들이 언급된다. 믿음에 대한 성찰과 신앙의 경험 및 목회적 돌봄 양자 모두에 대해서 이것은 단순히 해로운 오해만을 만들어낸다. 이런 이유로 해서, 본 장에서 우리는 주님의 길에 대한 신자의 참여 안에 있는 한 요소인 세상과 관련되어 있는 특별한 부활과 죽음의 (무시된) 주제에 초점을 맞출 것이다. 죽는 것은 여기에서 적어도 신자들의 새로운 삶의, 그리고 때로는 마찬가지로 그의 자연적인 삶의 완전한 발전이 외부로부터의 세력들에 의해 저지되고 있음을 의미한다. 죽음은 삶의 포기를 의미한다. 삶의 어떠한 포기와도 같이 이 포기는 의도되지 않은 것이다; 그러나 이것이 그리스도와 그의 자유와 사랑의 길을 위한 자발적인 선택의 연장인 한에서 이것은 자발적인 것이다. 이 죽음의 가장 두드러진 형태는 물론 순교이다.

그러나 만일 이것이 신앙을 위하여 우리 세계를 지배하는 세력들로부터 물러나는 것이라면, 기독교의 절제의 모든 형태가 여기에 속한다; 이것은 스스로 어떤 즐거움을 부인하는데서, 절대 금주에서, 무기를 지니는 것을 양심적으로 반대하는데서, 정치적인 저항에서, 우리의 수입의 상당한 양을 박애적인 관심사들에 사용하는데서 표현될 수 있다. 어느 정도 이 모든 것은 여전히 자유와 사랑 안에서 우리의 삶의 직접적인 표현이 될 수도 있지만, 거의 언제나 이것은 외부로부터의 압력을 가중시키며, 그렇게 해서 시내를 거슬러 분투하여 노를 젓는 일을 포함한다. 만일 이것이 크든 작든 간에 환경에 대한 갈등으로 귀결된다면, 이것은 더욱 더 사실이 될 것이다; 그리고 특히 만일 이것이 기독교 공동체를 국가가 보기에 의심스럽게 만든다면 역시 그러할 것이다. 그러나 이러한 삶의 포기와 억압은 마찬가지로 좀 더 미묘한 형태를 띠게 될 것인데, 이것은 기독교 신앙이 삶과 세계를 바라보는 단순히 하나의(전혀 믿기 어려운) 가능한 방식으로서 간주되고, 또한 기독교 정신의 수많은 우위성을 위한 여지가 존재하지 않는 강력하게 세속주의적인 우리 서구의 후기 자본주의와 다원주의적인 사회 안에서와 마찬가지이다. 이러한 세계에서 신자는 아주 종종 자신을 이방인으로 느끼지 않을 수 없다. 많은 이들이 가능한 많이 적응함으로써 혹은 그들의 믿음과 태도에 대해 변명함으로써 이 억압을 피하려고 노력한다. 이런 태도는 진리의 이러한 핵심을 포함하며, 따라서 우리는 언제나 복음에 복종하는 기독교 신앙의 어떤 특수성들을 혼돈할 위험 속에 있게 된다. 그러나 이것을 아는 사람은 그리스도의 길이 규칙적으로 억압에 이르게 되고 우리가 이 억압을 받아들이고 심지어 이것이 우리가 아직 그의 길에 있다는 징표이기 때문에 그것에 대해 감사할 준비가 되어 있어야 한다는 사실을 간과할 정반대의 위험에 직면하게 된다.

이 마지막 진술은 예수의 죽음과 먼 유비 속에 있는 이 죽음의 상대가 그와 더불어 일어나는 우리의 부활이라는 사실을 암시한다. 그러나 우리는 그의 고난에 우리가 참여하는 것과 같은 방식으로 그의 부활에 참여하지는 않는다. 예수는 우리 앞서 부활하셨고, 외로운 열매로서 우리에게는 아직 미래인 새로운 세계로 들어가셨다. 그러므로 우리에게는 부활이 우선 미래의 현실이다. 그러나 이것은 예수가 이 세상에서 부활하셨고 그 안에서 그의 성령과 함께 활동하시는 만큼 확실하게 마찬가지로 현재의 현실이다. 이 죽음에 참여하는 사람들은 이미 지금 도래할 부활의 어떤 것을 경험하되, 그것을 세 가지 방식으로 경험하고 있다. (1) 주님의 길에 있다는 확신, 때로는 기쁨 속에서, 따라서 부활에 이르는 도상에서, (2) 억압과 고난이 삶을 좌절시키는 그 이상의 일을 하며, 사실상 놀라운 일종의 길에서 이것들이 새로운 삶의 성장과 심화에 기여한다는 경험에서, (3) 억압된 신자가 인도와 안내의 계약 관계 속에 존재하면서(45장을 보라), 하나님이 또한 세상의 적의에 한계를 두시며 그를 사랑하는 사람들에게 모든 것이 합력하여 선을 이루게 하신다는 것을 받아들이는 징표들 속에서.

신생의 과정의 이러한 근본적인 측면이 일반적으로 유효한지, 아니면 이것이 소수의 특별한 개인들에게 국한되는 것인지 질문할 수 있을 것이다. 우리가 여기에서 "일반적인" 기독교인들에게는 너무 높은 문제들에 대해서 이야기하는 것이 아닌가? 이 질문에 대한 답변에 있어서, 우리는 여러 가지 관점들을 구분하고 결합해야 한다. 우선, 바로 이 영역에서는 기독교국의 세계와 교회들에 대해 겁을 내고 본받는 일이 종종 고통스럽게도 분명하다는 사실이 불행하게도 언급되어야 한다. 기독교인과 교회의 이름으로 이루어진 많은 것들은 그러나 잘못된 깃발로 덮여져 있는 (종교적이고-) 세속적인 일들이다. 심지어 이스라엘의 선지자들과 후대의 예수가 종교적인 성직제도와 관리들의 편으로부터 가장 강력한 박해를 받았던 것과 같이, 여러 세기에 걸쳐서 교회 제도들은 그리스도를 따르려고 하였던 개인들에 대한 세상의 박해의 초점과 도구로서 기능하였다. 많은 이들에게 있어서 그리스도와 함께 죽고 사는 것이 이해할 수 없는 은어가 된다는 것은 당연한 것이다.

전술한 글을 중상하지 않고서, 우리는 또한 어떤 개인들이 종종 다소간에 대리적으로 억압을 견디었다는 사실을 주목할 필요가 있다. 개인적으로 바울은 이 역할과 소명을 강하게 인식하고 있었으며, 이런 방식으로 그가 다른 사람들의 짐을 가볍게 할 수 있다는 사실을 기뻐하였다: "내가 이제 너희를 위하여 받는 괴로움을 기뻐하고 그리스도의 남은 고난을 그의 몸된 교회를 위하여 내 육체에 채우노라"(골 1:24). 이 대리의 원리는 교회의 전역사를 통하여 오늘에 이르기까지 작용해 왔다. 그래서 억압받지 않는 사람들에게 요청되는 "유일한" 것은 그들이 중보기도와 증언과 봉사를 통하여 억압받는 자에 대한 그들의 결속을 보여주는 것이다.

마지막으로, 인지되거나 인지되지 않은 억압의 온갖 형태들은 삶 그 자체만큼이나 광범위하다. 아마도 우리는 이러한 인식의 기교 속에서 서로를 훨씬 더 도울 필요가 있을 것이다. 그 때에 분노와 열등감은 용납과 인내와 감사에 양보할 수 있게 될 것이다.

"이 특별한 십자가가 상대적으로 그렇게 적은 수의 기독교인들과 만난다는 사실이 ― 하나님뿐만 아니라 사람들에 의해서도 거절된 예수가 죽으신 부끄러움을 우리가 생각할 때 ― 놀랍지 않은가? 혹은 그렇게 많은 사람들이 이 형태 안에서의 그들의 한계로 말미암아 필연적으로 위협받고 공격받게 되는 이 독특한 기독교의 길을 가기를 거절함으로써 이것을 회피하는데 성공하는 것이 사실인가?(Barth, *CD* IV, 2, p. 611).

첫눈에 보면 우리가 여기에서 종교개혁으로부터 익숙해진 죽음-소생 (*mortificatio-vivificatio*)의 주제를 다루고 있는 것처럼 보일 수도 있다. 그러나 이것은 사실이 아니다. 루터파는 이 구절을 정죄-칭의나 혹은 회개-신앙의 비교로서 사용하였다. 칼빈(*Inst* III,iii,8f.)과 개혁파에서는 육과 성령 사이의 갈등을 나타내는 것으로서 특별히 성화론에서 사용되었다; 이러한 관점은 다음 장에서 다루어질 것이다. 그러나 그 결과로서 종교개혁자들과 그들의 추종자들은 "부활"과 "죽음"이 신약에서 특별히 작용하는 문맥에 대해서는 거의 아무것도 하지 않았다.

이 주제는 이미 구약에서 숙고된 주제이다; 한편으로는 시편에서 자주 언급된 의인의 고난에서, 그리고 다른 한편으로는 모세, 예레미야, 에스겔, 고난받는 종과 같은 위대한 종들의 고난 속에서. 특히 폰 라트(G. von Rad), *Old Testament Theology*, I(E.T. 1962)과 II(E.T. 1965)은 구약에서 고난의 이러한 관점을 지적하였다.

그러나 오직 신약에서는 예수의 죽음과 부활 이후에야 비로소 이 주제가 쓸립시스, 뤼페, 오네이디스모스, 파이데이아, 파쎄마타, 페이라스모스, 포테리온, 스타우로스와 같은 용어들을 둘러싸고 철저하게 발전되고 탐구되었다. 또한 이 점에서도 바울은 다른 증인들을 훨씬 앞서 있다. 롬 5:3; 8:17; 갈 6:14; 빌 3:10에서 그가 내친 걸음으로 드러내거나 혹은 롬 8:35-39; 고후 1:8-11; 4:8-11; 6:4-10; 11:23-12:10에서와 같이 — 따라서 특별히 고린도후서에서 의도적으로 발전시키는 통찰력있는 사상들을 보라. 언젠가 바울은 그가 자신의 몸에 언제나 "예수를 죽인 것"(고후 4:10; 네크로시스 투 예수)을 짊어진다고 강한 어조로 진술하였으며, 한 번은 스티그마타 투 예수(갈 6:17), 즉 그가 나타내시는 것이 진리라고 하는 것을 계속해서 상기시켜주는 것으로서, 그가 받으시는 학대로부터 초래된 상처들에 대해서 말하였다.

실제로 신약에서는 이 주제가 결여된 어떤 수준의 전통도 존재하지 않는다. 서신서에 대해서는 약 1:2; 벧전 1:6f.; 2:21-23; 4:12-14; 히 12:2f.,5-11을 보라;

공관복음에 대해서는 마 5:10-12; 20-23과 십자가 고난에 대한 진술들(마 8:34-38과 병행절들; 마 10:38; 눅 14:27을 보라; 참조문은 주로 사람들에 의해 그리스도가 거절당하시는 일에 참여하는 것에 대한 것이다); 요한복음에 대해서는 12:24-26과 16:33을 보라; 사도행전에 대해서는 4:23-30; 5:41; 7:54-60과 여러 곳을 보라.

이 십자가의 신학(*theologia crucis*) 안에서 부활의 기능을 주목하는 것이 중요하다. 때때로 이것은 그리스도의 승리에 대한 참조의 형태로(요 16:33), 때로는 우리가 이미 성령을 통하여 경험하는 승리를 상기시켜주는 것으로서(롬 8:37), 때로는 고난이 하나님의 아들됨의 증거라는 증거로서(히 12:8; 벧전 4:14), 좀더 자주는 최후의 승리로서 오게 될 부활을 지시하는 것으로서(마 5:10-12; 롬 8:17; 빌 3:10; 히 12:2f.; 벧전 4:13), 그리고 종종 고난 속에 감추어져 있는 인내와 인격의 축복을 가리켜주는 것으로서(롬 5:3f.; 히 12:11; 약 1:2; 벧전 1:7) 작용한다. 부활에 대한 바울의 관점은 특별히 고린도후서 5장에서 더욱 광범위한데, 여기에서 그는 한편으로는 그 자신의 반복된 구원 속에서, 다른 한편으로는 그리스도의 길에 대한 그의 순응이 교회를 세우고 복음을 진보시키기 위하여 갖게 되는 유익 속에서 부활의 능력의 증거를 보았다.

교회사에서 이 신약의 구절들은 단순히 박해 기간에만 종종 의미가 있었다. 그 외에 순교자들과 성인들에 대한 문헌이 언급될 수 있다. *Martyrdom of Polycarp*(「폴리캅의 순교」, 156년부터)에서, 순교자들은 "우리도 역시 참여자와 동료 제자들이 되는 바" "주님의 제자와 추종자들"이라 불리고 있다(17). 이 문헌에서, 그리스도를 본받는 것에 대한 강조는 위대한 일정성으로 귀결되었으며 종종 개별성을 옆으로 밀쳐내었다; 예를 들어 C. W. Mönnich, *Redians der heiligen*(1962)를 보라.

신학에서 이 주제는 발전되지 않은 채로 남아 있다: 대체로 신학은 기존의 교회들과 고정된 사람들의 관심사가 되어 있다! 그러나 로마 가톨릭의 수덕주의와 순교사는 적어도 이 주제에 대한 기억을 살아있는 것으로 간직하였다. 개신교 신학에 대해서는 칼빈의「기독교 강요」(*Inst*) III.viii: "십자가를 지는 일"과 바르트(Barth), *CD* IV,2, par. 66,6: "십자가의 위엄"을 보라; 그러나 양자 모두에게 있어서 이것과 일반적인 고난 사이의 행간이 분명하지 않으며 칼빈에게서는 후자가 심지어 독특한 기독교의 고난을 대체하고 있다. 우리가 판단하기에, 이 주제를 가장 잘 다루고 있는 것은 바르트(Barth) *CD* IV,3, par. 71,5에서 다루고 있는 "압박 가운데 있는 기독교인"이라는 제목하에서 이다. 많은 다른 이들 이상으로, 키에르케고르는 특별히 마르텐센 주교와의 갈등 속에서 지적으로 뿐 아니라 자신의 인격에 있어서 이 독특한 고난에 대한 증인이었다. 특히 *The Moment*(「순간」, 1855)의 아홉 가지 주제들을 보라. 이 고난이 기성 교회에 의해 유발되었다는 사실은 잠시 멈추어 서서 생각하게 만드는 그런 일이다.

49. 투쟁과 진보와 인내

본 장의 앞에 있는 장들에서 우리는 신생의 과정의 순간들을 말로 포착하려고 노력하였다. 우리는 이것들을 세 가지 중심으로 모을 수 있다: 정죄-칭의-성화 혹은 회개-신앙-자유-사랑, 혹은 절망-휴식-노력. 그러나 우리는 아직 토론을 끝낼 준비가 되지 않았다. 왜냐하면 우리가 전체 주제를 다시 한 번 훑어볼 때, 우리가 피할 수 없는 다음과 같은 질문들이 제기되는 사태가 벌어지기 때문이다: 이것은 실제로 "과정"이며, 만일 그렇다면 어떤 의미에서 그러한가? 그 안에 발전이 있으며, 따라서 사람이 완전하게 될 수 있는 것인가? 그렇다면 우리는 우리 안에 남아있는 죄를 어떻게 생각해야 하는가? 그렇다면 혹시 정체되어 있는 것이 가능한 것인가? 퇴보나 혹은 타락도 역시 가능하지 않는 것인가? 그렇다면 성령이 이 과정을 지배하신다는 것은 무엇을 의미하는가? 이것은 결국 참된 발전이 있다는 것을 의미하는가? 그렇다면 가시적인 무엇이 있는가? 우리는 우리의 신생을 어떻게 확신할 수 있는가?

종교개혁 이후 수세기 동안 이 질문들은 우리가 그렇게 하고 싶어하는 것 이상으로 널리 숙고되었다. 따라서 우리는 개신교의 신앙 연구의 전통 속에서 일반적으로 다루어지는 것보다 이 질문들을 훨씬 간단하게 언급할 것이다. 그러나 우리는 이 질문들을 단순히 무시하지는 않을 것인데, 그 이유는 우리가 우리 스스로를 무시한다는 사실을 이것이 단순히 의미할 것이기 때문이다. 우리의 신생은 우리가 우리의 자아중심성을 잃어버리는 것을 의미하지만, 이것은 또한 우리가 우리와 하나님과의 관계의 빛 속에서 우리 자신을 다시 용기있게 살펴보게 되는 것을 의미한다.

위에서 제시된 신생에 대한 세 가지 구분은 하이델베르크 요리문답의 고전적인 구분과 일치한다: 비참-구원-감사; 제2문답을 보라. cf. 문답 115를 참고하라. 우리는 이 순서가 연대순이나 심리학적인 것으로 의도되지 않았고, 하이델베르크 요리문답(제1문답에서 분명한 것처럼)에서와 같이 단순히 논리적으로만 의도되었음을 되풀이하게 된다. 이 요리문답은 전적으로 신생의 견지에서 작성되었다. 이와 함께 이것은 철학(데카르트)에서, 그리고 신학에서와 마찬가지로 경건의 문제(모든 교회에서 나타나는 신비주의)에 있어서도 증가하는 자기 반성의 기간으로서의 변화를 나타낸다. 교회적으로나 신학적으로 말하자면, 이 기간은 실제로 끝나지 않았으며, 비록 17세기 후반의 경건주의와 더불어 시작하였지만 다른 형태를 띠게 되었다; 20세기 후반의 실존주의에 이르기까지, 자기 반성은 서구 정신의 특징으로 남아 있다.

최근 수십 년간, 관심은 사회와 정치와 인류의 발전과 미래로 옮겨졌다. 이 관심이 얼마나 깊은가를 살펴볼 수 있을 것이다. 이것은 1550-1750년에 나온 모든 종류의 논쟁적인 질문들과 출판물들에서 나타났던 것처럼, 신학적으로 믿는 주체의 내적인 삶이 다시 손상되는 것으로 보이지는 않는다.

개혁파 신학에서, 개인의 신생의 과정에 대한 이러한 강한 관심은 도르트 대회와 신경(1618-1619)에 의해서 크게 고무되었다. 특별히 스코틀랜드와 화란의 신학자들에 의해서 보존되었던 전통이 일어났다. 불행하게도 우리는 이 전통에 대한 포괄적이고 신학적이고 역사적인 개관을 아직 갖고 있지 못하다. 좋은 개관이 Bavinck, *GD* IV, pars. 49-52에서 발견될 수 있다.

A. 투쟁

우리는 가장 현저한 문제, 즉 어떤 시대에도 덜 중요한 것으로 회피될 수 없는 문제에서부터 시작한다: 신자들의 삶 속에서 하나의 힘으로 남아 있는 죄와 관련하여 신생을 우리가 어떻게 묘사해야 하는가? 그 이유는 신생이 거대한 저항에도 불구하고 일어나며 이 저항이 신생의 과정에 결정적인 영향을 발휘한다는 사실을 우리가 인정해야 하기 때문이다. 그래서 실제로 그만큼 이 "과정"은 투쟁의 성격을 띠게 되는 것이다. 48장에서도 역시 우리는 신생이 갈등의 상황으로 나아가는 것을 주목하였다. 그곳에서 이것은 신자가 조만간 크고 작은 정도로 관련되는 세상과의 갈등에 관계하였다. 여기에서 이것은 처음부터 곧장 신자가 관련되는 자신의 자아와의 갈등에 관계한다. 결국, 신생은 자신의 자아로부터 풀려나게 되는 것을 의미하며, 이렇게 해서 — 이 자아는 사라지지 않으므로 — 이 자아로부터의 소외와 그 결과로 우리의 삶 속에 일어나는 일종의 내적인 분열을 의미한다. 이 분열을 위한 유일한 치료책은, 우리가 우리의 계약의 상대편인 하나님의 능력 안에서 이 자아의 요청에 맞서서 싸우며, 그렇게 해서 우리 자신과 더불어 전쟁을 시작하는 것이다. 따라서 이 투쟁의 성격은 자기 부인의 성격이 아니다. 그러므로 이 투쟁은 또한 죽는 것으로서, 즉 고전적인 의미에서 mortificatio(문자적으로: 죽임을 당하는 것)로서 묘사될 수 있다. 그러나 이 용어는 단순히 진리의 절반만을 묘사하고 있다. 그 이유는 이 자기 부정은 휴식과 안전, 자유와 사랑의 방식으로 우리의 "자아"를 변혁하시고 새롭게 하시며, 또한 이것을 정확하게 자기 부정에서 실행하시는 성령의 능력 안에서 일어나기 때문이다. 따라서 전자의 시각에서는 죽는 것처럼 보이는 것이 후자의 시각에서 보면 삶의 소생과 성장이거나 혹은 고전적인 용어가 제시하는 것처럼, 소생(vivificatio)이다. 성령을 통한 자기 부정은 자기 파멸과는 정반대이다 — 이것은 우리의 이기주의와 세상에 대한 중독 속에서 우리 자신에게 강요된 경계선을 넘어가는 것이다. 따라서 자기 부정은 실제로 자기 확대이며, 우리는 하나님이 처음에 우리에게 되기를 원하셨던 것처럼 다시 우리 자신이 된다.

이생에서 이것은 결코 끝나지 않는 투쟁이다. 마지막 순간까지 이것은 결정되지 않은 채로 남아 있다. 왜냐하면 우리는 세상의 일부분이고 하나님의 능력이 아직 극복하지 못하신 역사에 참여하기 때문이다. 신생은 결정되지 않은 결말과의 투쟁을 초월하여 도달하는 것이 아니다. 따라서 이 투쟁은 우리의 존재의 구제불능성의 분명한 징표이다. 그러나 동시에 이 투쟁은 하나님께서 자신으로부터의 우리의 소외를 묵인하지 않으신다는 사실을 의미한다. 이러한 갈등을 유발하시는 성령의 내주하심은 우리가 언제나 의지할 수 있는 새로운 인간인 그리스도의 길에 비추어볼 때, 다가오는 위대한 신생의 보증과 이 신생이 나타나게 되는 증거이다. 우리의 삶에서 이 싸움을 결코 끝내지 않으시면서 성령은 이것이 시작되게 하신다. 이 생에 대해서는 종교개혁에서 나온 유명한 구절이 진실로 적용된다: "의인이면서 동시에 죄인이다"(simul iustus et peccator); 더 이상 적용되지 않는 것이 그럼에도 불구하고 여전히 거기에 있다; 그리고 이미 적용되는 것은 아직 완전하게 오지 않았다.

그 결과는 특수한 유형의 사람의 형성이다. 신생은 조화로운 인간을 창조하지 않으며, 만일 이것이 이전에 존재하였다면 자연적인 조화를 방해한다. 인간은 두 세계의 시민이 되며, 따라서 분열된 사람이 된다. 이 분열은 평형을 의미하지 않으며 확실히 정신분열증을 의미하지도 않는다. 이것은 갈등 상황을 지시하는데, 그 속에서 인간은 교대로 어느 한쪽 편에 서게 되지만, 언제나 새로운 편으로 기울어지는 저울과 같이 존재한다. 그 이유는 다른 편에서의 평화가 영원히 방해되고 있고, 이 편에서 모든 이해에 뛰어난 평화가 항상 주어지기 때문이다.

믿음의 이 측면에 대해서도 역시 바울은 다른 어느 누구 이상으로 우리의 사고를 인도해준다. 믿음 안에서 인내하고 옛 사람을 죽이라는 등등의 그의 모든 훈계들은 함축적으로 투쟁을 전제로 한다. 그는 이것에 대해서 특별히 롬 6:12-15; 8:12-14; 갈 5:17-26; 엡 4:22-24; 골 3:9에서 분명하게 언급하였다. 비록 여기에서 이 주제가 48장의 주제와 혼합되기는 하지만, 생각할 수 있는 바로는 역시 엡 6:10-17도 포함할 수 있을 것이다. 바울은 이중적인 상징을 상당하게 사용하고 있다: "옛 사람"과 "새 사람", "아직 아담 안에 있는 우리와 이미 그리스도 안에 있는 우리"; 그리고 "육"과 "성령"(사르크스와 프뉴마). 바울에게서 이 용어들은 그 때 통용되고 있던 의미와는 직접 대조되는 방식으로, 성령의 새롭게 하시는 능력에 의해서 우리 안에서 이루어지고 있는 것과 대비되는 우리의 죄적이고 하나님으로부터 소외된 존재를 의미한다. 때때로 바울은 매우 득의양양한 언어를 사용하는데, 그 다음에는 다시 힘든 투쟁이 명백하게 이어진다: 그는 "승리의 토대 위에서 싸우는 것과 전쟁의 토대 위에서 승리를 얻는 것이라는 이중적인 관점"(H. Ridderbos, *Paul*, p. 267)을 가지고 있다.

일반적으로, 특히 로마서 7장은 이 투쟁에 대한 가장 날카로운 표명으로 인용된다. 그러나 바울은 여기에서 구원사의 측면에서 언급하고 있다(p. 257을 보라). 따라서 리더보스(Ridderbos)는 원칙적으로 로마서 7장은 단순히 우연히 새로워진 삶 속에서 반복되지 않는다고 결론을 내리고 있다(p. 270). 그러나 우리가 거기에서 묘사된 이스라엘의 길에 참여하고 있는 신자들로서 존재하고 있음을 깨달을 때, 우리는 더 이상 이런 구분을 필요로 하지 않는다; G.C. Berkouwer, *The Church*(E.T. 1976), pp. 347-351을 보라.

*mortificatio-vivificatio*라는 한 쌍의 개념에 대해서, 우리는 이미 48장에서 무언가를 언급하였다. 여기에서 우리는 그것으로 되돌아가는데, 그 이유는 칼빈이 새로워진 인간 자신 안에 있는 갈등을 규정하기 위하여 이것을 사용하였기 때문이다; *Inst* III,iii,3을 보면, 여기에서 그는 이 용어들을 칭의 안에서의 회개와 위로에 적용하였던 루터파와 특히 멜란히톤에 대하여 분명하지 않은 논쟁술로서, 이 한 쌍의 개념이 "오히려, 거룩하고 헌신적인 방식으로 살아가려는 소원, 즉 신생으로부터 일어나는 소원이며; 이것은 마치 하나님을 향해 살기 시작하기 위해서, 인간이 자신에 대해 죽는 것과 같은 것으로 언급될 수 있는 것"을 의미하는 것으로 진술하고 있다.

칼빈의 이런 말들에 대한 좀 더 완전한 기술을 위하여 *Inst* III, iii, 8을 보면, 여기에서 다음과 같은 대담한 언어가 사용되고 있다: "만일 우리가 성령의 검에 의해서 거칠게 살해되고 실패하는 일이 일어나지 않는다면, 우리는 하나님 경외에 순응하지 않고 경건의 기초들을 배우지 못하게 된다." 이 용법은 하이델베르크 요리문답 주의 날 33(그러나 이것은 그 용법을 루터파의 의미와 관련시키고 있다)을 통하여 개혁파 전통에서 널리 유포되었다. 이 용법과는 별개로, 칼빈은 III, iii, 9ff.에서 회개의 개념으로, III,vii에서는 자기 부인의 개념으로 투쟁의 측면에 대해서 더욱 장황하게 언급하고 있다. 바르트(CD IV,2, par. 66,4: "회심으로의 각성")는 칼빈의 단어 사용에 동의하는 한편으로, 몸을 죽이는 일(mortification)의 권능과 비교하여 소생케 하는 일(vivification)의 본질과 더 큰 능력을 그가 충분하게 인식하지 못하고 있다고 비판하였다(pp. 574-576).

simul iustus et peccator(의인이면서 동시에 죄인)라는 표현과 이것의 변형들은 루터파에서 나오며 그의 「로마서 강의」(*Lectures on Romans*)(1515-1516)에서, 특히 4:7; 7:25; 12:2에서 처음 발견된다. 루터의 다른 진술들과 연관되어 받아들일 때, 이 표현은 마치 인간이 변화될 수 없고, 언제나 죄적인 존재로 있으며 그에게 하나님이 주신 전가 속에서만 의롭다고 말하기를 원하는 것처럼, 정적주의적이고 반율법주의적인 의미로 읽힐 수 있었다. 따라서 로마 가톨릭 신학은 오랜 동안 이 표현을 맹렬하게 거절하였다; 이것은 죄에 대한 보다 약한 견해와 성례전적인 은혜의 능력에 대한 큰 확신과 인간의 자유 의지의 협동으로 인하여, 신생의 투쟁에 대해서 훨씬 더 낙관주의적으로 언급하는데 익숙하다.

개신교 신학은 이 표현을 얼마간 죄에 대한 정상참작에 이르는 정적(靜的)인 평형이나 변증법적인 정지 상태의 측면에서 종종 고려해 왔다. 바르트(*CD* IV,2, pp. 570-577)는 이것이 전쟁 공식이며 "싸움"(Auseinandersetzung)을 표현하는 것이라고 강하게 지적하였다: *peccator*(죄인)는 *terminus a quo*(출발점)이다. 이것은 또한 가장 새로운 로마 가톨릭 신학이 지금 이 표현을(전통적인 승리주의에 대한 무기로서) 인정하였던 정신이기도 하다: H.J. Kouwenhoven, *Simul iustus et peccator in de nieuwe rooms-katholiek theologie*(1969)와 Berkouwer, *The Church*, pp. 345-347을 보라. 바르게 이해할 때, 이 표현은 동시에 죄책과 은혜의 고백이다: 은혜의 용기 속에서 인간은 담대하게 자신의 죄책을 인정하고 자신과 맞서 싸우게 된다.

B. 진보

그리스도의 형상을 닮기 위하여 노력할 때 인간이 연관되는 갈등은 난국으로 귀결되는 것처럼 보인다. 투쟁은 너무나 격렬해서 진보를 방해하는 것으로 보일 수도 있다. 이것은 이러한 상황에서 개량은 말할 것도 없이 진보를 언급하는 것이 정당화되는지에 관한 실제적인 문제이다. 물론 하나님의 심판에서 신자의 사면이 그 자신의 영적인 삶의 모든 오르내림 속에서 침범할 수 없는 것으로 존재한다는 사실로 스스로를 위안할 수 있을 것이다. 그러나 신앙에 대한 반성은 이것으로 만족할 수 없다; 왜냐하면 용서를 통하여 하나님께서 우리가 그의 목표를 향해 걸어갈 수 있고 또 걸어가야 하는 새로운 길을 우리에게 열어주기를 원하시기 때문이다. 투쟁에 대해서 그렇게 많이 언급하고 있는 동일한 바울은 또한 성장과 전진과 긴장과 앞에 놓여 있는 것을 향한 노력과 더 강하게 성장함에 대해서도 역시 알고 있다. 신약의 어떤 구절들은 심지어 이생에서 그리스도를 본받는 일이 신자가 미칠 수 있는 거리 안에 있다고 말하는 것처럼 보인다.

투쟁과 진보는 분명히 서로를 배제하지 않고 포함한다. 진보는 투쟁 속에서 일어나며, 분명히 투쟁은 침체가 아니라 꾸준한 진보로 나아가게 된다. 우리가 이 갈등 상황 속에서 이 진보를 어떻게 생각해야 하느냐?하는 질문이 제기된다. 우리의 견해로서는 우리는 네 가지 방향에서 살펴볼 수 있다. (1) 오직 갈등의 붕괴 속에서만 신자는 실제로 하나님을 반대하고 있는 자신을 알게 된다; 이 반대가 문제되지 않고 있는 한, 이것은 잠복 상태로 존재할 수 있으며 쉽게 과소평가될 수 있다; 따라서 투쟁은 자기 인식에 있어서의 진보이다. (2) 따라서 투쟁은 또한 사면으로부터 살아가는데 있어서의 진보를 의미한다; 우리가 우리 자신을 더 잘 알면 알수록, 우리는 우리 자신에게서 덜 기대하게 되고, 우리는 우리의 삶의 결정적인 토대로서 하나님의 은혜에 더욱 더 의지하게 된다. (3) 그러나 정확히 이 증가하는 휴식은 신선하고 더 큰 노력을 고무시키며 투쟁을 좀더 강렬하게 만든다. (4) 그리고 이것과 관련하여, 갈등은 우리 삶의 점점 더 많은 영역으로 퍼져나간다; 그 이유는 지금까지 아직 신생의 과정에 관련되지 않았던 행동과 사상의 새로운 영역들을 우리가 언제나 발견하며, 그곳에서 새로운 기회들이, 예를 들어서 교회의 건덕(建德)을 위하여 우리의 은사를 사용하는데서, 우리의 정치적인 통찰과 관련하여, 우리의 원수들에 대한 새로운 유화적인 접근 속에서, 우리가 우리의 수입을 소비하는 방법의 변화들 속에서, 차별적인 관습과 상황에 대한 투쟁 속에서 우리를 기다리고 있기 때문이다.

바울은 그가 이 지상 생애에서 이미 완전을 성취하는 것이 가능하다고 생각할 수 있는지에 대한 질문이 종종 바르게 던져지게 되는 그런 방식으로 기독교인의 삶의 진보에 대해서 언급하였다; 긴 구절인 롬 6:1-8:17 이외에 또한 고후 7:1; 9:8; 10:15; 엡 5:27; 빌 1:10; 살전 5:23; 살후 1:3을 보라. 이와 관련하여 특히 중요한 것이 빌 3:9-16인데, 여기에서는 완전이 근본적으로 전가된 의로부터 사는 데 있으며(9절), 바울이 아직 이 근본적인 한계까지 이르지 않았다는 사실과(12절), 이렇게 해서 그의 삶이 사로잡힌 것과 스스로 사로잡는 것의 기둥 사이에서 움직이게 된다는 사실(12f, 16절)을 알고 있다는 사실이 매우 분명하다. 마찬가지로 다른 저자들에게서도 이 진보는 기독교인의 삶의 정상적인 측면으로서 가정된다(예를 들어, 요 15:6; 벧후 3:18). 특별한 문제가 요한일서에 의해서 제기되는데, 이것은 한편으로는 죄를 우리가 그것으로부터 결코 자유롭지 않은 어떤 것으로 언급하며(1:5-10) 다른 한편으로는 신자의 무죄성에 대해 언급하고 있다(3:4-10); 이 문제에 대해서는 M. de Jong, *De brieven van Johannes*(1968), pp. 155-159를 보면, 그는 "논리적인 모순"을 "'중간 시대'의 삶, 즉 또한 영지주의와의 갈등에 의해서도 결정되는 예수 그리스도의 두 가지 '계시' 사이에 있는 삶(p. 158)을 표현하기 위한 방법"으로 간주하고 있다. 분명히 바울과 요한에 의하면, 그리스도에 의해 전적으로 지배되는 삶의 가능성은 죄에 대한 끊임없는 투쟁을 위하여 칭의와 영감을 제공하는 것이다.

교회사에서 바울과 요한이 글을 쓸 때 가졌던 이 긴장은 오랫동안 유지하기에는 대체로 너무 큰 것이었다. 일반적으로, 기성 교회에서의 신학과 목회 활동은 일반 신자의 낮은 영적 수준에 순응하였다. 설령 그렇다 하더라도, 로마 가톨릭 교회는 소위 "성인(聖人)들"에 대한 강조와 더불어, 그 지체들에게 진보할 수 있는 가능성과 중요성을 새겨주려고 노력하였다(비록 개신교의 감정에 따르면 이것은 가치있는 자기 성화로서 너무나 지나치게 오해되었기는 하지만). 개신교에서는 칼빈이 이루어질 수 있는 투쟁뿐만 아니라 진보를 강조하는 것으로 나타난다. "*Magis ac magis*"(점점 더)는 그가 아주 좋아하는 표현이다. 예를 들어, *Inst* III,vi("기독교인의 삶")의 강력한 종결 부분을 보면, 여기에서 그는 이렇게 진술하고 있다: "… 계속적인 노력으로 이 마지막까지 분투하여 나아왔다: 그래서 우리는 선(善) 그 자체에 도달할 때까지 선(善)으로써 우리 자신을 능가할 수 있을 것이다.(vi,5)" 가능하고 여기에서 명령된 진보의 성격이 간결하고 탁월하게 하이델베르크 요리문답 제115답에서 표명되고 있다(이것은 우리가 언급한 네 가지 진보의 측면 가운데 세 가지를 요약하고 있다). 동시에 제115답은 "이생에서는 심지어 가장 거룩한 자라도 이 순종의 단순히 작은 시작에 불과한 것을 소유하고 있다"라고 진술하고 있다.

리더보스(H. Ridderbos, *Paul*, pp. 271f.)에 의하면, 이것은 분명히 바울의 새로운 삶에 대한 기대에 미치지 못한다. 그러나 리더보스 자신의 결론: 즉 "바울은 *non peccare*(죄를 짓지 않는다)가 아니고, 더욱이 *non posse peccare*(죄를 지을 수 없다)도 아니라 *posse non peccare*(죄를 짓지 않을 수 있다)를 기독교인의 삶에 대한 묘사로서 언급하고 있다"(p. 272)라는 결론은 바울의 분명한 언어를 바르게 평가하고 있지 못한 것처럼 보인다. 오직 여러 종류의 자유 교회들과 종파들만이 침례파와 더불어 시작된 좀더 현대 시대에 와서 실제로 바울의 이 강조를 진지하게 고려하기 시작하였다; 우리는 특별히 존 웨슬리를 생각한다; p. 427와 그곳에서 인용된 문헌을 보라. 국가 교회가 점점 더 자발적인 교회들이 되고 있을 때, 그들은 공로-의와 성공하려는 냉정한 결정에 이르지 않고서, 영적인 삶의 이 성장과 진보를 어떻게 이해하고 어떻게 장려해야 하는지에 대한 문제에 점차로 직면하게 될 것이다.

기독교인의 삶이 실제로 목표의 문제와 그것을 향한 진보라는 사실은 성화와 구원 사이의 관계에 대한 질문을 불러일으키게 되어 있다. 우리는 이것이 전적으로 유일하게 우리가 그것을 통하여 하나님의 자녀로 입양되는 사면이라고 여전히 주장할 수 있는가? 이 입양은 부분적으로 또한 의존적인 것이 아닌가? 아무리 줄잡아 말하더라도, 우리의 휴식이 어떻게 우리가 더욱 노력하도록 잘 격려할 수 있는가? 그렇다면 우리는 적어도 은혜와 협력해야 하지 않는가?

실제로, 이와 같은 것이 언급되어야 한다. 그러나 여기에서는 매우 정확하지 않으면 안된다. 따라서 "협동하다"와 같은 단어는 단순히 요점을 벗어나 있는 것에 불과하다. 우리의 행위는 우리가 믿음 안에서 의존하고 있는 성취된 은혜에 아무것도 더하지 않는다. 우리는 은혜와 협동하지 않으며 신앙이 은혜를 효과적으로 만들어준다: 은혜의 현존은 그것의 결과에서 보여진다. 오직 믿음으로써 "행위"와 "성화"에 대한 엄격한 결단을 상실하는 사람만이 하나님과 이웃에 대한 그의 삶에 결실과 진보를 제공해주는 무언가를 행할 수 있다. 이것은 신자가 진보와 결실에 의해서 발견할 수 있는 것이 아무리 적은 그 무엇이라 하더라도 이것에 대한 그의 은혜의 능력에 대해 하나님께 감사하는 동시에, 그 안에서 자신의 실패를 주로 주목하게 되는 자신의 "자아"에 맞서는 그처럼 많은 투쟁에도 불구하고 종종 일어난다. 신앙은 그 자신의 활동을 수반하지만, 결코 그 결과를 믿지는 않는다. 우리를 향한 하나님의 은혜는 그 자체의 결과들을 훨씬 능가한다. 우리는 이것에 언제나 의존할 수 있다. 부주의하지 않게(이것은 이루어질 수 없거나 이루어져서는 안된다) 신앙 안에서 이것을 행하는 사람은 단순히 이러한 의존이 자신의 삶 속에서 진보로서 실현되기를 원한다.

우리가 공로가 아니라 믿음으로 말미암아 의롭다 함을 받았다고 근본적으로 단언하는 동일한 바울이 또한 하나님의 심판에서 우리가 우리의 행위대로 심판받을 것이라고 말할 수도 있다: 롬 2:9-11; 고전 3:13; 4:5; 고후 5:10; 갈 6:7-9; 골 3:23f.를 보라(이런 동일한 흐름이 마태복음에서 발견된다; 12:36f.; 16:27; 25:31-46을 보라). 그러나 그는 어디에서도 우리가 우리의 행위로 의롭다함을 받는다고 말하지 않는다. 고린도전서 3:10-15은 바울이 이 관계를 어떻게 생각하고 있는지를 보여준다: 만일 믿음이 주로 가치없는 결과들을 산출한다면, 인간은 비록 그 자신이 구원받는다 하더라도, 비록 단순히 화염을 뚫고 피하는 사람과 같다 하더라도, 아무런 "보상"(다른 곳에서는: "칭찬")을 받지 못한다. 아마도 에베소서 2:8-10에 나오는 의도적으로 이상한 표현은 또한 신앙과 행위 사이의 간격을 조성하도록 의도되었을 가능성이 크다: 신자는 자기를 위해 이미 만들어진 의상처럼 선행을 옷입는다. 또한 고전 4:5와 빌 1:11을 보라. Cf. Stalder, *Das Werk des Geistes in der Heiligung bei Paulus*, pp. 455-469.

종교개혁은 이 문제와 격렬하게 씨름하였다: 사실상, 이것은 선행의 필요성에 호소함으로써 *sola fide*(오직 믿음)를 손상시키려고 하였던 로마 가톨릭 논쟁술에 의해 종교개혁에 강요되었다. 이것의 첫번째 답변은 비록 오직 믿음만이 의롭다 하지만, 이 믿음은 결코 홀로 존재하지는 않는다는 사실이었다. 우리는 「변증」(*Apology*) II와 III에 나오는 멜란히톤의 두려움을 이해할 수 있는데, 거기에서 그는 신앙으로부터 모든 엄격한 결단과 공로-의와 양심의 공포들을 제거하기 위하여 신앙과 행위를 엄격하게 분리하였다. 칼빈은 분리를 추구하지 않고, 결합을 추구하였다: 그의 문제 해법은 특별히 *Inst* III,xvii,8-10에서 발견되는데, 여기에서 그는 "사람은 믿음으로 의롭다함을 받으며, 그렇게 해서 그는 스스로 의로울 뿐만 아니라, 그의 행위 역시 그것들의 가치 이상으로 의로운 것으로 평가된다"(9)라고 진술하였다.

그의 정신으로 벨기에 신앙고백(1561)은 제24조에서 이렇게 언급하였다: "한편으로 우리는 하나님께서 선행을 보상하신다는 사실을 부인하지 않지만, 그가 그의 은사들을 영예롭게 하시는 것은 바로 그의 은혜를 통해서이다." 이러한 일련의 사상에는 옳지 않게 보이고, 바울에게서는 발견되지 않는 것이 존재한다. 사도는 사람들 자신에 의해서 이루어지는 진정한 선행을 알고 있다; 비록 삶의 궁극적인 위기에서 결정적이지는 않지만, 이것들은 신앙의 삶의 정상적인 꽃이다. 우리 자신의 공식에 있어서 우리는 종교개혁자들보다는 바울(고전 3:10-15)에 의해서 더욱 많이 인도되었다.

그러나 이것의 다른 측면(側面)은 신앙이 삶에서의 그것의 효과와 무관할 수 없다는 사실이다. 왜냐하면 이 효과를 가지고 신자는 하나님을 찬양하고 이웃에 봉사하기를 원하며, 결국 또한 그 안에서 자신을 위하여 그의 신앙의 진정성에 대한 어떤 확증을 발견하고 싶어하기 때문이다. 여기에서 우리는 신앙과 그것의 진보의 확실성과 확실한 표지들에 대한 질문에 직면하게 된다. p. 700에서 우리는 지나가면서 신앙과 경험의 두 가지 관계를 지적하였다: 신앙은 경험 속에서 실현되기 위하여 경험과 모순된다. 신앙의 열매들은 신자 자신과 외부 세계에 보여질 수 있는 그러한 것이다. 만약 그렇지 않으면 신앙은 효과가 없거나 비실제적으로 될 것이다. 열매들이 외부 세계에 보여질 수 있다는 사실은 당연히 모순이 될 수 없다. 그러나 신자 자신이 이것들을 볼 수 있어야 하는가? 이것은 나름이다. 잘하면, 신앙의 이러한 표현들 중 많은 것들이 자발적이거나 비의도적인 것이다: 이러한 것으로서 이 표현들은 신자 자신에 의해서 주목되지 않는다. 또한 다른 표현들이 있는데, 이 표현들은 내적인 투쟁과 힘든 결단 이후에만 나타난다: 이것들에 대해서는 신자는 종종 그의 고집센 "자아"를 압도한 은혜에 대해서 감사하면서 종종 놀란다. 이러한 경험들에 전적으로 낯선 사람은 그가 실제-적으로 믿고 있는지를 당연히 자문하게 될 것이다. 그러나 이러한 실제적인 신앙을 갖기 위해서 그는 근본적으로 자신에 대해 등을 돌리고 양자됨의 메시지로 돌아서야 한다. 왜냐하면 신앙은 경험으로부터 야기되지 않고 그 위에 세워지지 않기 때문이다. 그러나 우리는 때때로 우리 자신의 경험에 의해서 각자 서로를 그리고 우리 자신을 격려하거나, 혹은 이것의 부족에 대해서 훈계할 수 있거나 또 해야 할 것이다: 그 이상도 그 이하도 아니다. 우리의 물리적이고 사회적인 경험들은 그 자체로서 언제나 모호하다: 이것들은 쉽게 다른 방식으로 설명될 수 있다(따라서 설명될 수 있다). 그리고 진보와 성장(환언하면, 경험의 축적과 일관성)도 심지어 경험적으로 검증될 수 있다. 그러나 투쟁의 와중에서 우리는 하나님이 스스로 진보가 있음을 확실하게 하실 것임을 확신할 수 있다. 그러나 안전과 노력, 자유와 사랑, 투쟁과 승리에 대한 경험이 전혀 없다면, 이것은 신앙 그 자체가 부재하다는 암시가 될 것이다. 따라서 종교적인 삶 속에서는 적어도 신앙의 현존이나 부재에 관하여 탐문하는 일종의 자기 검토를 위한 자리가 있을 수 있다. 더욱이 우리가 실제로 우리가 믿고 있는지에 대해 관련되는 순간에, 우리는 이미 믿는 것이다.

의심할 바 없이 신약에서 신생의 과정은 경험적인 측면들로 가득 차 있다. 나무는 그 열매로써 알려지며(마 7:15-20), 등불은 그 빛을 모두가 볼 수 있도록 등대 위에 세워진다. "그들이 네 선행을 보고 하늘에 계신 네 아버지께 영광을 돌리게 하라"(마 5:14-16). 그러나 이것은 또한 신자 자신에게도 관련되는 것인가? 히 10:32-34와 벧후 1:10 뿐만 아니라 요일 2:3; 3:14와 24과 같은 절들은 실제로 어떤 도덕적인 품성과 행위의 현존이나 혹은 그것의 부재가 관련된 사람에 대한 의미있는 징표가 될 수 있음을 암시한다.

이 문제에 특별한 관심을 갖고 있던 개혁파 개신교는 또한 선택의 표지(標識)에 관한 문제로 인하여, 이 자기 검토를 *syllogismus practicus*(실로기스무스 프락티쿠스, 실천적 삼단논법)로 언급하였다; 이것이 의미하는 바는 이것이다: 인간의 윤리적 행동에 관한 삼단논법, 즉 실천에 기초한 논증이 신앙의 진정성을 입증한다는 것이다. 이것의 고전적인 표현이 하이델베르크 요리문답에서 주어지는데, 제86답은 선행을 위한 동기의 하나로서 이것을 언급하고 있다: "우리 각자가 신앙의 열매로써 자신의 신앙을 스스로 확신할 수 있게 하라" — 벧후 1:10; 마 7:17; 갈 5:6, 22f에 호소하고 있다. 여기에서 한 문장으로 진술된 것을 칼빈은 *Inst* III.xiv, 18-20에서 매우 주의깊게 논하였는데, 여기에서 그는 "즉 이것들이 우리 안에 거하시고 다스리시는 하나님에 대한 증거인 한에서," 행위가 은혜의 현존을 어떤 방식으로 증거하는 것이라고 언급하고 있다. 따라서 이 징표들이 우리로 하여금 언제나 이 징표들을 초월하는 은혜로 나아가도록 만든다면, "우리는 기독교인이 자신을 향한 신적인 자애의 징표에 의해서 이 신앙을 뒷받침하고 강화시키는 것을 금해서는 안된다(18)."

이러한 명확한 제한에도 불구하고, 막스 베버(Max Weber)는 그의 유명한 책인 「개신교 윤리와 자본주의의 정신」(*The Protestant Ethic and the Spirit of Capitalism*, E.T. 1930)에서 자본주의의 발흥이 칼빈주의자들이 사업과 산업에서의 자신들의 성공을 하나님의 선택과 은혜의 징표로서 고려하였다는 사실로 말미암은 것이라는 명제를 공포하였다. 이것에 대해서 그는 뒷받침을 위하여 칼빈에게 호소할 수 없으며, 17세기 후반의 리차드 백스터(Richard Baxter)와 영국 청교도주의까지 거슬러 올라갈 수 있을 뿐이다. 좀더 미묘한 견해에 대해서는 R.H. Tawney, *Religion and the Rise of Capitalism*(1926)를 보라. *syllogismus practicus*는 고전적인 개혁파 신학에서는 단순히 주변적으로만 작용하였다.

이것은 유추적으로, 우리가 *syllogismus mysticus*(신비적 삼단논법)라고 부를 수 있는 것에 의해서 곧 대체되었다. 17세기에 또한 신학에서도 개인 신자의 내적인 종교적 삶이 큰 관심의 문제가 되었다. 신앙의 진정성의 증거를 위해서 사람들은 내적인 감정들과 경험들을 특별히 살펴보기 시작하였다. *syllogismus mysticus*의 고전적인 표현은 도르트 신경(1619)에서 발견되는데, 여기에서는 선택된 자가 "자신들 안에서 영적인 기쁨과 거룩한 즐거움과 더불어 하나님의 말씀 안에서 지적된 선택의 무오류한 열매들, 즉 그리스도에 대한 참된 신앙, 자녀로서의 두려움, 죄에 대한 경건한 슬픔, 의에 주리고 목마름과 같은 것들을 목격함으로써"(I,12) 그들의 구원(선택)의 확신을 얻으며, 그렇게 해서 "그들이 자신들의 주님을 마음으로 믿고 사랑할 수 있게 되는"(III-IV,13) 것으로 언급되고 있다. 이 논증을 뒷받침하기 위해, (쓸모없이) 고린도후서 13:5에 호소하고 있다. 이것은 현재까지의 다른 그룹들 뿐만 아니라 17, 18세기의, 특히 화란의 "후속 종교개혁"에서도 내적인 경험이 그것의 "표지"와 더불어 중심에 두었던 계속적인 자기검토(*Dauerreflexion*)에 이르게 되었다. 구원의 확신이 이런 방식을 따라 얻어지지 않는다는 사실을 입증해주는 사실들이 존재한다; 경험은 아무런 확신도 제공하지 않는데, 그 이유는 만일 우리가 이것을 경험을 초월하는 것에서 찾는다면, 이것은 단순히 있어야만 하는 것일 수 있기 때문이다.

신학적으로 그리고 목회적으로 *syllogismus mysticus*는 막다른 길로서 판명되는데, 그 이유는 이 길에서 사람들이 정확히 추구해야 하는 것(그리고 종교개혁이 말씀 속에서 찾았던 것), 즉 구원의 확신을 잃어버리기 때문이다. J.G.Woelderink, *De gevaren der doperse geestes stroming*(1941)을 보라. 특히 콜브루게는 신자의 내적인 삶에 대한 이러한 경험적인 집중을 강력하게

반대하였다: 그의 *Vragen en antwoorden tot opheldering en bevestiging van de Heid. Cat.* (n.d)에서, 그는 신자가 자신 안에서 발견하는 "비참한 표지들"을 지적하면서, "당신이 당신 자신 안에서 더 이상 진정한 은혜의 한 가지 표지도 발견하지 못하는 것처럼 보이고 또한 당신이 그것으로 인하여 심히 의기소침해 있을 때, 어떤 하찮은 말이 당신의 최종적인 입장인가?"라고 물으면서, 그는 "이 하찮은 단어는 '아직'"이라고 이어서 답하였다.

C. 견인

하나님 안에서의 그의 안전에 의해 고무된 신자가 새로운 복종의 삶을 감행하면 할수록, 그는 투쟁해 나갈 때, 하나님의 신실성과 그리스도의 대속이 그를 관철할 것이라는 확신을 더욱더 필요로 한다. 칭의는 우리가 언제나 의지할 수 있는 흔들릴 수 없는 토대 위에 서 있음을 우리에게 알려 준다. 그러나 우리가 투쟁하면서 비틀거리며 나아가고 심지어 패배를 경험할 때, 우리가 이 토대에서 미끄러지지 않을 것이라고 누가 보증해 주는가? 우리가 더욱 싸우면 싸울수록, 우리는 우리 자신을 하나님께 복종시키고 이 투쟁 속에서 신실하게 머물러 있는 것에 대한 저항이 우리 마음 속에서 얼마나 큰지를 두려워하면서 더욱더 느끼게 된다. 그 때에 확신과 안전에 대한 의문이 새롭게 일어난다; 이번에는 토대에 대한 질문이 아니라 지평에 관한 질문으로서 일어난다. 이 질문은: 나는 실제로 은혜 안에서 받아들여진 죄인인가 하는 것이 아니라, 이 양자됨이 영원하며 나의 삶 속에서 그것의 결과들을 보여줄 것인가 하는 것이다. 누가 이것을 보증할 수 있는가? 이 질문은 또한: 이러한 확신이 없이 누가 절망에 굴복하지 않을 수 있고 계속해서 투쟁할 용기를 유지할 수 있는가 하는 것이다.

이것은 교회사에서 성도의 견인(the perseverance of the saints)으로 알려진 교리에 우리를 직면하게 한다. 이것은 근본적인 통찰을 표명하는 교리이다. 그의 로마서가 전적으로 인간의 신생에 바쳐졌던 바울은 칭의(1-5장)에서 시작하여, 다음으로 투쟁과 진보(6-8장)에 대해 언급하며, 신자들은 인내하고 극복할 것이라는 자신의 신념을 확인함으로써(8:28-39) 그의 서신의 전반부의 일련의 사상을 종결하고 있다. 이것은 다른 것이 될 수 없다. 우리의 흔들리는 신실성은 하나님의 흔들리지 않는 신실성에 의해서 모든 측면에서 지탱된다. 이 신실성은 우리의 믿음에 달려있지 않다; 대신에 우리의 신앙이 하나님의 이 신실성에 의존한다. "다른 아무 피조물이라도 우리를 우리 주 그리스도 예수 안에 있는 하나님의 사랑에서 끊을 수 없으리라"(롬 8:39).

  신자는 자신이 이 믿음 안에서 견디게 되며 아무것도 그를 하나님의 손에서 빼앗아 갈 수 없을 것이라는 사실을 믿을 수 있고 또 담대히 믿는다. 그럼에도 불구하고, 여기에서 다시 우리는 우리가 신앙에 대한 질문들 속에서 매우 자주 주목하였던 것, 즉 이것의 체계적인 반성이 큰 지적인 문제들을 제기한다는 사실에 우연히 마주치게 된다. 우리는 궁극적으로 이것이 그에게 달려있을 것이라는 잘못된 전제 위에서, 신자가 자신의 인내를 의심할 것이라고 상상할 수 없다; 이런 경우에 궁극적으로 구원의 전부가 그에게 의존하게 될 것이며, 이것은 그것이 더 이상 값없이 주어진 구원의 은혜의 문제가 아니라는 것을 의미하게 될 것이다. 그러나 자신이 일생동안 믿음 안에서 인내할 것이라는 사실을 신자가 조용하면서도 냉정한 확신을 가지고 담대하게 확언할 수 있을 것이라고 우리는 상상할 수 없다; 이러한 확언은 무모함과 같으며 사람들이 조성하지 않는 두려움만큼이나 신앙과는 일치되지 않는다. 로마서 8장을 기록한 동일한 바울은, 우리가 승리를 잃고서 종말에 자격을 상실하게 되지 않도록, 계속해서 투쟁하라고 많이 권고하고 있다.

  지적으로 신앙에서 이탈하는 사람은 하나님이 신앙을 보증하시고 그 목적을 위하여 인간을 조종하시거나, 혹은 그의 협력의 결정적인 성격으로 인하여, 인간이 자신의 신앙의 능력과 영원성에 전적으로 의존하고 있는 선택을 강요받고 있다고 생각한다. 그러나 하나님과 인간은 경쟁적인 투쟁에 갇혀있지 않으며 서로를 그렇게 제한하지도 않는다. 그 대신에, 그들은 하나님이 우리의 책임과 협력을 이끌어내시고 동시에 우리의 약함을 도우시는 계약 속에서 서로 만난다. 그의 신실성은 또한 그가 우리의 신실성을 창조하고 구하시며 우리의 신실성 안에서 그리고 그것을 통하여 자신의 신실성을 실현하시고 그렇게 해서 이것이 승리하도록 하신다는 사실에 놓여 있다. 우리가 인내하지 않고, 끊임없이 우리를 부르시고 방해하시고 우리를 고무하심으로써 그가 인내하신다. 그렇게 해서 우리는 인내를 배우고 "너희 속에 착한 일을 시작하신 이가 그리스도 예수의 날까지 이루실 줄을 우리가 확신하노라"(빌 1:6)라는 확신을 받아들이게 된다.

성경에서, 특히 신약에서, 우리는 인간의 항구성의 표현이 아니라 신적인 신실성의 표현으로서 확신과 인내에 대한 이러한 증언을 규칙적으로 발견한다. 성도들의 견인에 대한 논의에서, 이 개념의 옹호자들은 언제나 눅 22:32; 요 6:37, 40; 10:27; 롬 8:29f, 34, 39; 빌 1:6; 요일 2:19와 3:9, 그리고 요한의 "남은 자"(메네인) 개념을 지시하였다. 그러나 반대하는 사람들은 있을 수 있는 타락에 대해서 신자들이 경계를 받거나, 혹은 겔 18:24; 롬 11:20; 고전 9:27; 10:12; 고후 13:5ff.; 갈 5:4; 히 6:4-8; 10:26-31; 벧후 2:18-22과 같이 이러한 가능성을 전제하는 모든 구절들을 지적하였다. 다른 예들은 알렉산더와 후메네오, 데마와 같은 배교한 기독교인들이다(딤전 1:20; 딤후 4:10; cf. 딤전 4:1). 다윗과 베드로의 깊은 타락 역시 이러한 점과 관련하여 나타났다; 그러나 그들의 삶은 또한 견인의 교리의 지지자들에 의한 논증으로서 사용될 수 있다.

사람 안에서의 하나님의 신생의 활동에 대한 열정적인 관심을 가지고 있던 사상가인 어거스틴은 *De dono perseverantiae*(견인의 은사에 대하여, 429)에서 특별히 인내를 다루었다. 그의 출발점은 비록 신자가 전적으로(*totaliter*) 타락할 수 있다 하더라도, 그는 최종적으로는(*finaliter*) 타락할 수 없다는 것이었다. 주제에 도달하는 탁월한 방식으로, 그는 우선 주기도문의 여섯 가지 간구의 전제로서 인내를 다루었다(2-7장).

그러나 이 질문들이 광범위하고 철저한 주목을 받게 되었던 것은 종교개혁에 와서야 이루어졌다. 곧 중요한 차이들이 나타나게 되었다. 루터파는 칭의 안에 함축된 확신에 주된 강조를 두었으며, 이와 대조하여 성화 안에서의 투쟁은 그늘 속에 남게 되었다; 결과적으로, 그들은 견인의 교리에 의해 제공된 확신의 필요성을 훨씬 적게 느꼈다. 이와 대조하여, 부처는 신생의 과정에서 진보를 훨씬 더 많이 강조하면서, 성령이 신자들 안에 이미 그들이 태어날 때에 종교적인 잠재성으로 두었던 "신적인 씨앗"에 인내가 근거하고 있는 것으로 기술하였다(cf. 요일 3:9). 칼빈은 의견을 달리하였다: 그는 이러한 타고난 선성(善性)을 믿지 않았다: 선택자들은 "하나님의 특별하신 보호하심에 의해 죽음의 최종적인 파멸을 향해 거꾸로 돌진해 들어가지 않도록 보호되고 있다는 사실을 제외하고는 다른 사람들과 전혀 다르지 않다"(Inst III,xxiv,10). 그는 균형있고 사려깊으며, 목회적으로 견인을 묘사하였으며(특히 III,ii,15-28과 38f. 그리고 III,xxiv,6f.), 이 묘사에서 거짓된 안전(securitas)에 대해 경계하는 동시에 확신(certitudo)을 위한 토대를 제공하려고 노력하였다. 그럼에도 불구하고, 그는 베자 이후로, 합리주의적인 체계화가 일어나는 것을 막을 수 없었다. 따라서 항변파는 견인을 의심하고 결국은 심지어 부인하기까지 할 수 있었다: 대안으로 그들은 로마 가톨릭의 협력의 변증법에 "신적인 은총의 도움"을 더한 것에 근접하게 되었다. 도르트 회의(1619)는 (주로) 칼빈의 입장으로 되돌아감으로써, 이 모호한 알미니우스적인 입장에 반대하는 강력한 입장에 서 있었다. J. N. Bakhuizen van den Brink, *De Nederlandse belijdenisgeschriften* (1940), 정경에 관한 제5장(pp. 260-271), 항변파의 다섯 번째 논점(p. 283) 그리고 "제5조항에 관한 항변파의 견해", 특히 논점 4와 9를 보라.

목회적인 관심사들이 또한 이 차이점을 가져오는데 역할을 하였다. 루터파와 항변파는 견인의 교리가 사람들을 부주의하고 무관심하게 만들 것을 염려하였다. 칼빈은 두려워하는 자들을 이 교리로 위로 — 루터파에 의하면 이 위로는 칭의론에서 완전히 제공되었다 — 하려고 하였다. 이 주제에 대한 훌륭한 교리사적이고 교의학적인 논의가, 칼빈의 정신 안에서, G.C. Berkouwer의 *Faith and Perseverance*(E.T. 1958)와, J. Moltmann의 *Prädestination und Perseveranz*(1961)에서 제시되고 있다. 양자 모두에게서, 1561년 이후로 루터파의 마르바흐(Marbach)와 개혁파의 잔키우스(Zanchius) 사이에 있었던 논쟁에 대해 읽을 수 있는데, 이 논쟁은 양 입장 사이를 보다 분명하게 구분하게 만들었다. 베르카우어의 기본 관념은 견인이 신앙의 고백이며, 성경의 훈계를 들음과 자신의 오르내림에 대한 묵상을 통해서만 가능한 고백이라는 것이었다. "신앙을 떠나서는 여기에서 아무것도 언급될 수 없으며, 모든 사상이 모순에 뒤얽히게 될 것이다"(p. 106).

이곳은 개혁파 교의학에서 통용되는 구원의 서정(ordo salutis)의 개념에 대해서 말하기 위한 자리이다. 로마서 8:29f.에 근거하여(때로는 사도행전 26:17f. 이 마찬가지로 인용된다), 신생의 과정에서 일련의 순서, 예를 들어 신앙-칭의-소명-조명-중생-신비적인 연합-신생(따라서 41-48장)이나, 혹은 소명-칭의-성화-견인(따라서 Bavinck, GD IV)을 도입하려는 시도들이 있었다. 이것은 쉽게 "범주화"로 나아갔으며, 그렇게 함으로써 구원의 길을 심리학적인 과정으로 바꾸어 버렸다. 심지어 미래의 "단계들"(따라서: 에독사센)을 지칭하기 위하여 이미 바울에 의해서 사용된 부정과거들은 이것이 그가 염두에 두고 있었던 것이 아니라, 그것들이 인간에 대한 하나님의 영원한 은혜의 의도 속에 존재하는 것처럼, 그의 관심사가 신생의 과정의 여러 상황들의 통일이었다는 사실을 입증하고 있다. 그러나 정확히 이 통일은 우리가 이 장에서 하고 있는 것처럼, 신앙의 연구에서 다양한 측면들이 구분되어야 한다는 것을 의미한다. 양상들은 논리적인 구분들이다; 이것들은 심리학적으로 관찰할 수 있는 발전의 과정은 말할 것도 없거니와 연대기적인 순서를 제시하지 않는다. 그러나 신생은 역사를 통하여 하나님의 길에 참여하는 것을 의미하며, 이 길은 적어도 논리적인 전후는 가지고 있다. 홀라츠에 의존하면서, 바르트는 이 주제에 있어서 너무나 부정적이다(CD IV,3, pp. 505-507); 그러나 그의 책 IV,1-3은 그도 역시 일종의 논리적인 순서를 필요로 한다는 사실을 입증한다. 오용을 우리가 경계해야 하겠지만, 이것이 그것의 사용을 폐지하지는 않는다.

한편으로 견인의 개념에 대한 우리의 연구에서 우리는 오랜 세월 동안 많은 신학적인 주목을 받았던 것, 즉 선택과 밀접하게 연결되어 있는 또다른 개념에 접근하게 되었다. 인간의 관점에서 "견인"으로 불리는 것이 하나님의 관점에서는 "선택"이라고 말하는 것이 정확하다. 그러나 이것은 또한 우리가 신생의 과정과 그것의 문제의 경계선을 넘어가게 되는 용어이기도 하다. 왜냐하면 "선택"은 영적인 투쟁의 오르내림 속에 있는 마음의 최종적인 안식처일 뿐만 아니라, 또한 하나님께서 자기 백성과 교회, 세계를 다루시는 모든 것을 특징지어주기 때문에 구원 자체만큼이나 포괄적인 근본어이기도 하다. 어디에서나 우리는 인간을 위하여, 그리고 종종 반대하여 구원의 관계를 확립하기 위한 주도권을 갖고 계시며 우리의 반대와 무관심에도 불구하고 이것을 이루어 나가시는 하나님을 만나게 된다. 그는 우리 자신과는 상관없이, 우리를 뒷받침하신다. 이것이 바로 우리가 이스라엘의 길에서, 예수의 삶 속에서, 성령의 역사 속에서 그리고 교회의 건덕(建德) 속에서, 그리고 그가 사람들을 부르시고, 복주시고, 장비하실 때에 그를 알게 된 방법이다. 모든 우리의 저항에도 불구하고, 그가 만물을 새롭게 하실 때 우리는 그를 완전하게 알게 될 것이다.

하나님과 우리의 친교를 지칭하기 위하여 우리가 선호하는 용어는 "계약"이었다. 그러나 우리는 이것이 두 계약 당사자가 동등한 인간적인 계약과는 다르다는 사실을 또한 규칙적으로 지적하였다. 이 차이는 "선택"이라는 단어 속에 표현되어 있다. 우리는 일자(一者)가 다른 사람을 부르고 도전하고 관련시킬 뿐만 아니라, 그를 선행하고 후원하고 돌보기도 하시는 이 이상한 계약을 위하여 선택되었는데, 그 이유는 이 일자(一者)의 신실성이 궁극적으로 다른 사람의 신실성이나 불성실성에 의존하지 않기 때문이다.

이것은 선택이 그들의 신앙의 중심과 토대이며 신앙에 대한 그들의 성찰이 되는 사람들이 존재한다는 사실을 이해할 수 있는 사실로 만들어준다. 그러나 신앙의 연구에서 우리는 그들을 따르지 않는다. 그 이유는 선택의 고백이 "선택"이라는 단어에 의해서 포괄적으로 규정되지 않는 계약 관계 속에 뿌리박고 있다는 것 때문이다. 왜냐하면 이 단어는 단순히 하나님이 행하시는 것을 진술할 뿐이기 때문이다. 이것은 그가 특정한 사람들과 집단들을 그의 은혜와 소명의 대상으로 삼으시는 그의 일방적인 주도권을 표현한다. 선택에 있어서, 이스라엘이나 교회나 사람은 단순히 대상일 뿐이다. 그러나, 계약에서는 사람은 주관적인 지위를 받게 된다. 계약은 또한 인간을 그의 책임과 죄책과 회심과 복종 속에서 관련시킨다. 이 모든 것이 "선택"이라는 단어에는 포함되어 있지 않다. 그러나 이 모든 것을 알고 계약의 상대방으로서 자신의 실패의 짐을 지고 있는 것은 오직 인간이며, 그는 자신이 후원을 받고 있음을 알고 있는 바, 일방적인 신실하심에 의존할 수 있으며 또 의존해야 할 것이다. 선택은 하나님의 활동에 있어서 첫번째 단어이며, 신자들의 고백 속에서는 마지막 단어이다. 이것은 계약의 무대를 에워싸고 그것을 가능하게 만들어주는 지평을 나타낸다.

교회사에서 충분히 입증되었던 것처럼, 그것이 야기되는 계약의 정황으로부터 이 단어를 끌어내어 올리는 일은 사고를 유발하게 된다. 선택이 분리된 주제가 되고, 개인과 그의 영원한 운명에 일방적으로 적용되며, 더 이상 고백되지 않고 지적으로만 분석될 때, 이것은 절대로 답변할 수 없는 일련의 문제들을 야기하게 되는데, 그 이유는 이 질문들이 (계약)의 질서에서 이탈하게 되기 때문이다: 왜 오래 전에 오직 이스라엘만이 선택되었는가? 왜 그리스도가 우리의 구세주이고 어떤 다른 구세주가 아닌가? 왜 때때로 전세계로 흩어지는 교회이고 다시금 감소하는 소수인가? 왜 많은 사람들은 결코 복음을 듣지 않는가? 왜 어떤 청자(聽者)들은 믿고 많은 다른 사람들은 믿지 않는가? 이런 질문들에 대해 우리는 계약의 교제의 이 쪽 편이 아니라, 하나님과 영원의 편에 서 있다. 이것은 우리의 편이 아니다; 따라서 우리는 바른 질문을 할 수 없고 해답도 얻을 수 없다. 형벌은 치명적인 선택이다: 우리는 자의적이고 변덕스러운 어떤 신(神)을 믿어야 하거나, 아니면 무력하고 따라서 전적으로 인간 자신의 주도권에 의존하고 있는 어떤 신(神)을 믿어야 한다.

인간 계약 상대방의 행함과 실패에 대해서 언급될 수 있는 모든 사실(자유 의지, 저항, 회심, 복종)을 결코 깎아내리지 않으면서도, 선택의 신비는 이것을 전제하고 확립한다. 어떻게? 이것은 우리가 모르는 것이다; 우리는 하나님이 아니며 따라서 그의 신적인 주권이 우리의 인간적인 자유를 손상시키지 않고, 대신에 그것을 일깨우고 가능하게 만들어 주시는 일이 어떻게 가능한지를 알지 못한다. 우리는 어떻게(how) 이것이 이루어질 수 있는지를 측량할 수 없으며 이것이 일어난다는 사실(that)을 경험하고 고백한다.

의도적으로 우리는 우리의 인간적인 책임, 즉 우리의 제한된 힘에 대해서는 너무 큰 것으로서 반복해서 입증되는 책임으로 가득찬 이 단락의 끝 부분에서 "선택"이라는 단어를 논하고 있다. 우리가 절망하지 않게 해주는 것은 하나님이 그의 선택에 있어서 우리와 더불어 인내하시기 때문에, 우리가 인내한다는 확신이다. 그러나 이 위로는 오직 계속해서 투쟁하는 사람들만을 위한 것이라는 사실이 기억되어야 한다.

성경에 나오는 "선택"이라는 개념과 단어들에 대한 광대한 개관을 위해서는 *TDNT* IV,*s.v.* 레고(에클레고마이, 에클로게, 에클렉토스)를 보라. 구약에서 이 개념은 차례로 이스라엘 백성, 족장들, 왕들, 제사장들, 남은자, 여호와의 종에게 적용되고 있다. 여기에서 초점은 하나님을 섬기기 위한, 그리고 그 안에서 백성들과 이웃과 세계를 위한 선택에 놓여 있다. 신약에서 이 개념은 차례로 그리스도와 사도들과 죄인들과 버림받은 자들과 교회와 개인에게 적용되고 있다. 여기에서 주된 초점은 하나님의 아들들과 영원한 구원으로의 선택이다 (이것은 섬김으로의 선택도 포함한다; cf. 엡 1:12; 벧전 2:9). 우리는 이미 바울이 로마서 1-8에서 성도의 견인에서 절정에 달하는 신생의 과정을 어떻게 구성하고 있는가를 언급하였다. 이것과의 절대적인 관련하에 바울은 선택 (8:28-30)을 언급하였는데, 이것은 그 다음으로 9-11장에서 교회와 개인의 경계선을 넘어서 나아가며, 이스라엘과 세계의 열방들에 대해서 적용되고 있다.

기본 용어로서 선택은 다양한 주제들을 논의하는 자리에 나타날 수 있다: 하나님과 그의 심중과 선하신 기뻐하심과 관련하여; 우리가 우리 자신을 구원하지 못하게 하는 죄와 관련하여; 그리스도, 우리가 그분 안에서 선택되는 선택되신 분과 관련하여; 홀로 신앙을 창조할 수 있는 성령과 관련하여; 선택된 교회와 관련하여, 그리고 교회 안에서 담대하게 자신의 개인적인 선택을 믿고 있는 개인과 관련하여. 그러나 언제나 선택은 송영과 감사의 정황 속에 존재한다.

어거스틴에 이르러서야 비로소 선택은 교회사에서 영원한 주제가 되었다. 그의 사상 속에서 이 교리는 원죄 교리 및 스스로 구원할 수 없는 인간의 무능함과 밀접하게 엮어졌다. 또한 위에서 언급한 *De dono perseverantie*(견인의 은사에 관하여)가 전반부의 제목이 *De praedestinatione sanctorum*(428; 성도의 예정에 관하여)인 소책자의 후반부를 형성하고 있다는 것 역시 주목할 만하다. 예정론의 역사는 많은 편람과 논문들에서 묘사되고 있다. 여기에서 우리는 단순히 가장 중요한 몇 가지만을 언급한다. 그의 「노예의지론」(*On the Bondage of the Will*)에서 에라스무스에게 도전하였던 루터는 그의 존재 안에 포함되어 있는 것처럼 하나님의 전체 주권의 관점에서 예정을 담대하게 제시하였다. 그러나 나중에 그는 이 생각들을 되풀이하지 않았다. 루터파에서, 예정론은 부차적인 중요성을 가진 것으로 되었다; 그들은 실제로 견인의 교리 없이 지낼 수 있었던 것과 같은 이유로 이 교리를 실제로 필요로 하지 않았다. 칼빈과 칼빈주의는 반대 방향으로 움직였다. 처음에 이 교리는 그렇게 많이 강조되지 않았다; 「기독교 강요」(*Inst*, 1559) 초판과 제네바 요리문답(1542)에서, 이 교리는 교회론과 관련하여 단순히 우연히 언급되었다(어거스틴의 방식으로 교회를 예정된 자들의 총수[*numerus praedestinorum*]으로 간주하면서). *Inst*(1559)의 최종판에서, 이 교리는 III(xxi-xxiv)에서 묘사되었던 신생의 과정의 결론으로서, 이제 훨씬 더 상세하게, 그리고 논쟁적인 비판과 더불어 받아들여졌다. 아름다운 목회적인 구절들과 나란히(칼빈에게 있어서 예정론은 한편으로는 굴욕이요, 다른 한편으로는 위로였다), 우리는 이런 문장을 만나게 된다: "… 선택은 그 자체로서 하나님이 간과하시고, 정죄하시는 사람들을 … 영원한 형벌에 넘겨주는 것을 떠나서는 존재할 수가 없다 … 이러한 사실로부터 하나님의 비밀한 계획이 경직화의 원인이라는 사실이 추론된다"(xxiii,1). 그렇게 해서 선택은 추상적인 원리가 될 우려가 있으며 하나님은 자의적인 하나님이 되어버릴 우려가 있다; 이것은 이 주제에 대하여 자신이 성경에 충실하다고 확신하였던 칼빈이 다음과 같은 고통스러운 진술을 하게 만들었다: "작정은 실제로 두려운 것이라고 나는 고백합니다"(xxiii,7).

이 지점에서 소위 타락전 예정론(Supralapsarianism)이라고 불리는 것이 나타나게 되었는데, 이 교리에 따르면 하나님께서 그의 창조의 작정 속에서 죄와 상관없이 선택자와 불택자 사이를 구별하셨다는 것이다. 그러나 하이델베르크 요리문답에서 선택은 교회와 관련하여 단순히 지나가면서 언급되었다

(답 54). 그리고 칼빈이 영감을 주었던 갈리아 신앙고백(1559, Gallican Confession) 12조와 이와 유사한 벨기에 신앙고백(1561), 12조에서는 칼빈의 엄격한 논리가 아니라 타락후 예정론의 노선(Infralapsarian line)을 따르고 있는데, 그것에 의하면 하나님은 그의 의로우신 심판에서 사람들을 그들의 죄로 말미암아 그들이 정죄된 지옥에 "버리시며", 다른 사람들은 오직 은혜에 의해서 그것으로부터 구원하신다. 도르트 신경도 비슷한 분위기로 예정에 대해 이야기한다(I,6). 그러나 이 전체적인 접근 방법에는 일치되지 않는 것이 있었다. 따라서 칼빈의 후계자인 베자는 타락전 예정론을 발전시켜서 그것을 하나의 체계로 만들었다(H VII과 VIII, 그리고 특별히 pp. 147f.에 나오는 개요를 보라). 이것은 예정론을 신생의 교리에서 떼어내어서 신론으로, locus de decretis Dei(하나님의 작정의 주제)로 되돌려놓았다. 많은 사람들이 이 일관된 체계를 결정론적인 것으로 간주하여 이것을 거절하였다. 항변파는 하나님이 신앙으로 선택하지 않고 신앙으로 말미암아 선택하신다는 교리를 가지고 여기에 반대하였다(항변, 제1조); 그러나 궁극적인 결정은 다시 사람의 것이었다. 일반적으로 개혁파 개신교는 타락후 예정론의 입장을 선택하였으며 이와 함께 그것의 약점과 결과들을 받아들였다.

우리가 처한 역사적인 거리의 이점을 가지고 이 논쟁들을 평가할 때, 우리는 이 감정은 사람이 하나님이나 주체로서의 사람 사이에서 선택해야 했던 것이며, 이것들은 성서적이고-계약적인 (내주관적인) 언급 방식의 독특성을 이해하기 위한 신학적인 범주들을 결여하였다고 (앞에서 다른 주제와 관련하여 언급하였던 것처럼) 다시 말해야 한다. 이것은 그들이 직면하였던 문제들을 우리가 푸는 것이 더 쉽다고 말하려는 것이 아니라, 단순히 다른 지적인 범주들의 관점에서 이것들을 보는 사람이 이것들이 얼마나 해결할 수 없는 것인지를 더 잘 알 수 있다는 사실을 말하려는 것이다. 우리는 신학적인 개념들을 표명할 때에 우리의 한계들을 더 잘 알고 있다. 고전적인 문제들을 재표명하고 이것들을 성서적인 구조들 속에 두려는 두 가지 훌륭한 시도들은: J.G. Woelderink, *De uitverkiezing*(1951)과 G.C. Berkouwer, *Divine Election*(E.T. 1960)이다. 이 저서들은 선택의 목회적인 취지를 강조하고 이것을 결정론적인 교리로 바꾸는 외삽에 반대한다. 보다 성서적인 흐름을 따라 선택론을 재구성하려는 또다른 시도(기획에 있어서 논쟁적인)는 James Daane, *The Freedom of God: A Study of Election and Pulpit*(1973)이다.

다른 길로 가면서 바르트는 CD II,2에서 고전적인 막다른 길을 돌파하여 나가려고 노력하였다. 선택을 기본적인 용어로 논하면서, 바르트는 베자와 같이 포괄적이고 타락전 예정론적으로 이것을 다루었다; 큰 차이점은 그는 이중 예정론을 알지 못하였다는 점인데, 그 이유는 그리스도 안에서의 선택은 다만 전적으로 은혜이기 때문이다. "선택론은 복음의 총합이다"(서두의 문장, p. 3). 그러나 그 때에도 역시 특별히 사람의 "아니오"의 힘과 관련하여 많은 문제들이 야기된다; 사람의 저항이 여기에서 여전히 진지하게 고려되고 있는 것인가?. 바르트는 우리가 선택을 고전적인 신학 용어로 만들어야 한다는 확신을 우리에게 주지 않는다. 그러나 또한 K. Schwarzwäller, *Das Gotteslob der angefochtenen Gemeinde*(1970)를 보면, 그는 루터의 「노예의지론」으로 되돌아가고 있다. 이 고전적인 문제들에 대한 포괄적이고 사려깊은 논의는 Weber, *Gl* II, pp. 458-562에 의해서 제공되고 있다. 그러나 그와는 달리, 우리는 앞의 장들에서 적절한 곳이면 어디서든지 특별한 주제들에 적합한 용어들을 사용하여, 모든 하나님의 활동의 선택적인 차원에 대한 논의를 포함하고, 선택의 개념의 분명한 표현을 인간의 신생에 대한 우리의 논의의 마지막 부분에 두기를 오히려 선호하였다(칼빈이 *Inst* III에서 그랬던 것과 같이).

50. 완성된 신생

신자의 삶에 어떠한 진보와 개선이 존재한다 하더라도, 신생의 궁극적인 목적 — 그리스도를 닮는 것 — 은 여전히 우리 앞에 멀리 놓여 있다. 너무 멀어서 우리가 성취하기 어려운 것처럼 보일 수 있는 것은, 우리가 죄와 비참과 죽음에 예속되어 있는 세상의 일부라는 사실뿐 아니라 우리 자신의 죄로 말미암은 것이다. 이와 관련하여, 특별히 죽음은 우리에게서 완전한 신생이 우리가 도달할 수 있는 범위 안에 있을 수 있다는 희망을 빼앗아 가버리는 권세이다. 단순히 너무 빨리 오는 죽음이 아니라, 모든 죽음이 그러하다. 정확히 "정상적인" 죽음은 이 생명이 유한한 생명으로 의도되었다는 사실을 우리에게 알려준다. 실제로, 마지막 순간까지 사람은 자신의 내재적인 잠재성을 보다 많이 개발할 수 있으며, 일반적으로 사람의 일생의 각 단계가 각자의 방식으로 인간 본성의, 즉 "사람"이라는 것이 의미하는 바의 무궁무진한 신비를 표현하고 있다는 것이 사실이다. 그러나 이것은 사람의 개인적인 삶의 발전에 대해서 말하는 것이 옳지 않다는 것을 의미한다; 그러나 이루어질 수 있는 일은 인간이 계속해서 발견하고 있지만, 이전의 것들을 대체하는 경향이 있는 그런 종류의 발전을 언급하려는 것이다. 어떤 사람이 고령의 나이로 죽을 때, 우리는 대개 그가 살만큼 살았으며, 혹은 심지어는 — 현대 의학을 고려할 때 — 그가 자신의 수명보다 오래 살았다는 느낌을 갖게 된다. 그러나 이것은 특별히 우리 현대의 "북방" 문화에서 나타나는 경험이다. 우리 시대 이전과 우리들 주변의, 수백만의 사람들, 아마 대부분의 사람들은 너무 일찍 죽었는데, 그 이유는 기근과 질병과 전쟁과 자연 재해가 그들의 잠재적인 수명을 너무 빨리 중단시켰기 때문이다. 그러나 또한 우리 가까이에서, 날마다 수많은 사람들이 죽고 있는데, 그들이 통제하기 힘든 상황, 즉 질병이나 그것이 무엇이든 간에, 이것들로 인하여 그들의 생명이 진정한 결실에 이르지 못하게 되었다.

이것을 계속해서 숙고해 보면, 잠재성의 작은 부분 이상의 것을 도대체 누가 실현하였는지에 대해서 물어볼 수 있을 것이다. 이렇게 해서 죽음은 언제나 우리 안에서 모순되는 감정들을 불러일으키고 있다; 이것은 그가 자신의 역할을 수행하고 있는 역사에 대해서 뿐만 아니라 사람에게 있어서도 필요하고 좋은 것이지만(어떻게 이어지는 다른 세대들이 그들의 기회를 얻게 될 것인가?), 이것은 언제나 줄곧 또한 이 사람과 그의 역사로부터 이 가능성들의 실현을 보류함으로써 가능성들을 가로막고 있다. 이 지상 생애가 제공하는 것보다 훨씬 더 큰 가능성에 대한 없애버릴 수 없는 열망으로부터, 이것으로 말미암아 인류의 희망과 믿음은 오랜 세월을 거쳐오면서 죽음을 넘어 나가게 되었다. 그러나 경험은 이것을 위하여 거의 혹은 아무런 근거를 제공하지 않았다; 우리가 삶과 죽음의 과정에 대해 알고 있는 모든 것은 죽음이 인간으로서의 우리의 경험의 근본적인 마지막이라는 사실을 상당히 많이 암시한다.

이것은 우리가 인간 경험의 전혀 다른 영역의 관점에서 이것을 바라봄으로써 죽음에 대한 새로운 통찰을 얻을 수 없다는 사실을 의미하지 않는다. 이것은 확실히 우리가 기독교 신앙의 관점에서 죽음을 바라볼 때 분명한 사실이다. 우리는 새로운 길, 즉 하나님의 계약의 성실성의 길, 이스라엘에서 시작하여 그 위에서 우리가 전심으로 그의 잃어버린 인류를 위해 일하시는 하나님이신 하나님을 만나는 길 위에 놓여져 있다; 그렇게 해서 그는 죽음을 통하여 부활과 영광에 도달하게 되는 새로운 인간 존재를 예수 안에서 창조하시며, 예수 안에서 성령과 더불어 이 새로운 삶의 길에 사람들을 포함하기 위하여 일하신다. 이 구원은 너무나 큰 것이어서 지금 우리의 몫인 이 현재의 일시적이고 죄적인 존재의 한계 내에서는 도저히 실현될 수가 없다. 따라서 죽음은 하나님의 길의 마지막이 될 수 없다. 이것은 이 장의 주제로부터 특히 분명하게 된다: 만일 성령이 하나님을 위하여 사람들을 얻으시고 투쟁과 앞으로 밀어내심 속에서 단순히 매우 단편적인 신생을 주신다면, 하나님은 그가 여기에서 시작하셨던 것을 죽음을 넘어서 끝내셔야 하거나, 혹은 죽음은 하나님 이상으로 더 강력하게 되고 그렇게 해서 실재하는 신(神)과 궁극적이고 차가운 인간의 삶의 신비가 되어버릴 수 있을 것이다. 이 대안에 근거하거나 혹은 오히려 이 신실하신 하나님과의 만남에 의하여 기독교인은 이것을 위하여 전통적인 용어를 사용할 때, "죽음 이후의 삶"이라 불리는 것을 믿는다. 우리는 신생의 완성을 믿는다.

기독교 교회는 따라서 예를 들면, 과학적인 발견이나 비교(秘敎)적인 경험들 위에 이러한 기대를 정초시키지 않는다. 교회는 심지어 어떻게 해서든지 이 단편적인 인간의 삶이 죽음 이후에 완전히 전개될 수 있어야 한다는 널리 퍼져있는 감정에도 호소하지 않는다; 그 자체로서 이 감정은 오히려 "소망스런 사상"이거나 혹은 성급한 자기 확언으로 되어버릴 수도 있다. 신앙은 이 감정에 의해 확언되지 않는다; 오히려 반대로, 이 감정은 신앙에 의해서 확언되거나 더 좋게 말하면 그의 신음하는 피조물의 좌절에 의해서 마음이 움직여지신 하나님에 의해서 확언된다(롬 8:18-22).

한편으로, 우리는 다소간 합리적인 추론으로서, 죽음에 직면하여 이 희망을 생각해서는 안되며 다소간 비합리적인 도약으로서 그렇게 해서도 안 된다. 이것은 신생의 길에 있는 신자가 갑자기 죽음의 벽과, 그 다음으로 그것에도 불구하고 낭떠러지와 마주치게 되지만, 그의 신생의 완성을 계속해서 믿는 그런 것이 아니다. 죽음은 불시의 사건이 아니라, 다른 형태들 속에서, 그가 신생의 길 위에서 이미 좀더 자주 만났던 사건이다. 죽음은 신생의 과정 안에 발효의 요소로서 포함되어 있다. 지금까지 우리는 이것을 네 번이나 만났다. (1) 그의 복종의 필수적인 결과로서 예수의 죽음, 즉 그의 승귀에 이르는 현관이 되었던 죽음 안에서(34장); (2) 우리의 칭의의 반대면으로서의 우리 자신에 대한 죽음 속에서(43장); (3) 우리가 세상의 적의와 만날 때 경험하는 죽음 속에서(48장); 그리고 (4) 신생의 과정에서의 우리의 끊임없는 자기 부정의 형태 속에 있는 죽음 속에서(49장).

이 모든 형태의 죽음 속에서 인간의 자아의 소멸이 일어나며, 이것은 지금 혹은 회고적으로 해방과 신생의 반대면으로 입증될 것이다. 따라서 신자는 하나님이 자기 백성들과 함께 행하시는 길 위에서 죽음과 신생이 서로를 배제하지 않고 포함한다는 사실을 알고 있다. 모든 사람들에게 생물학적인 필연으로 다가오는 자연적인 죽음은 실제로 죽음의 전술한 형태들과 전혀 다른 것처럼 보인다. 그러나 그리스도의 죽음 안에서 이 두 가지가 서로 연결되었다. 이것들 사이에서 확립된 것은 창조와 구원 사이의 연결이다. 이것의 일시적인 성격과 관련하여, 창조는 해소되도록 의도되었다. 인간의 창조된 본성은 그의 자아의 해소를 통하여 자신의 목적지에 단순히 도달할 수 있는 그런 것이다. 그의 죄는 그가 이 자기-내어줌을 거절하고 자기-긍정 속에서 죽음에 저항하고 있다는 사실이다. 그가 이렇게 하는 한, 그는 죽음을 하나의 패배로서 경험하지 않으면 안된다; 신앙의 관점에서 볼 때, 이 패배는 "죄에 대한 응보"이다. 그러나 구원에 참여함으로써 우리는 죽음을 그것의 신적으로 계획된 목적과 관련하여, 즉 이 지상적인 존재의 일시성에 대한 확언으로서 뿐만 아니라, 이것의 폐지와 아울러 이 생의 완성에 이르는 출입구로서 이해하게 되었다.

죽는 것과 죽음에 대한 우리의 부정적인 경험과 더불어 이 믿음을 관련시키는 것은 어려운 것으로 남아 있다. 결국, 유기체를 통합하고 살아있게 하였던 생명의 원리는 완전히 사라졌다. 하나님과의 계약으로 받아들여졌던 인간은 분명히 혹은 외관상 더 이상 존재하지 않는다. 그러나 인간과 이 관계를 맺으셨던 하나님은 아직도 거기에 계신다. 그의 성령의 "보증"에 의해서 그는 이 관계를 보증하시며, 그렇게 해서 그가 계약을 맺으셨던 사람은 그의 새로운 삶을 지속하게 될 것이다. 또한 우리는 이 주제에 대해 알 수 없으며 알 필요도 없다.

소위 "개인적인 종말론"이라 불리는 것을 이 문맥에서 이미 논의하는 것은 이상하다; 정상적으로 이것은 종말론의 한 측면으로서 끝에 가서나 논의된다. 그 때 주요한 관심은 세계와 역사의 완성이지만, 그의 죽음 이후의 개인의 운명은 이것과는 다소 무관한 주제로 남게 된다. 그래서 우리는 이 질문에 이르게 된다: 그의 죽음과 세계의 완성 사이의 간격에서 인간은 어디에 "있는가"? 이 질문이 이렇게 표명될 때, 신앙은 아무런 답을 줄 방도가 없는데, 그 이유는 우리가 사람의 개인적인 삶을 그것의 원래의 정황에서 들어 올려, 이상한 정황으로 바꾸어 표현하기 때문이다: 우리의 믿음과 소망과 사랑이 그 안에서 단순히 단편적인 것에 불과한 이 지상적인 삶은 완성을 소리쳐 요청한다. 오직 이 배경으로부터만 우리는 다음 장에서 세계와 역사의 정황에 대해 의미있게 말할 수 있다. 개인주의적인 종말론에 대한 반작용으로서, 우리는 오늘날 모든 기대의 핵심과 하나님의 계약적인 구원의 활동의 절정이 **사람들의 완성**이라는 사실을 잊어버릴 위험 속에 있다. 완성을 일차적으로 구조들 및 이후 세대들과 관련시키려는 현재의 경향은 기독교의 기대의 수준에 미치지 못한다. Hans Grass, "Das eschatologische Problem in der Gegenwart," in *Theologie und Kritik* (1969), esp. pp. 217-229를 보라. 우리가 여기까지 따라왔던 착상은 또한 E. Flesseman-van Leer, *Geloven vandaag* (1972)를 보라;

XV: "De toekomst van ons leven"(우리의 삶의 미래)를 보라.

불가피하게도 구약이 사람의 개인의 미래에 대해서 거의 언급하고 있지 않은 이유에 대한 질문이 야기된다. 이사야 26:19와 다니엘 12:2와, 아마도 시편 16:9-11; 49:16; 73:25f.를 언급할 수 있을 것이다. 아마도 십중팔구는 모든 진술들이 구약의 계약사의 상당히 늦은 시기에 나왔을 것이다. 처음에는 개별적인 사람은 단순히 하나의 전체로서 국가의 일부분이었으며, 단지 점차적으로만 이것으로부터 분리되었다. 신약 시대에 이르기까지, 개별적인 사람에 대한 약속들은 논쟁의 문제로 남아 있었다(마 22:23; 행 23:8); 결정적인 답변은 단순히 예수의 부활에서 주어졌다(고전 15:12-22). 구약의 오랜 기간의 침묵은 개인의 피안에서의 완성을 하나님의 유일한 목적으로 생각하지 말라고 하는 경고로서 사용되었다; 현재와, 사회, 세계, 그리고 그것의 구조들 — 이 모든 것들 역시 중요한 것이다.

그러나 예수의 부활 이후에 사람의 완성을 여전히 무시할 수 없는 양(*quantité négligeable*)으로 다루는 사람은 마태복음 22:29과 33절, 고린도전서 15:34과 빌립보서 1:6에서 이 완성이 어떻게 직접적으로 하나님 자신의 실재 및 본성과 관련되는지를 주목해야 할 것이다: 살아계신 하나님은 살아있는 상대를 필요로 하신다.

신약에서, 조에와 싸나토스라는 단어는 한 가지 수준 이상의 의미를 가지고 있다: *TDNT*, *s.v.*를 보라. 따라서 신앙의 연구에서 영적이고 일시적이고 영원한 죽음을 구분하는 것은 관례적인 것이다. 우리가 여기에서 요청받는 구분들은 창세기 2:17과 3:19과 로마서 5:12-21과 6:23과 같은 구절들에서 "일반적인" 죽음의 생물학적인 상태가 무시될 만큼 성경에서 너무나 중요한 하나의 주제이다. 그러나 고린도전서 15:45-49은 바울이 죄와 분리되어 일어나는 죽음을 알고 있었음을 보여준다. 그러나 죄있는 인간의 구체적인 삶과 죽음에 대해서는 이것은 필수적인 중요성이 결핍된 추상적 개념이다; 오직 신앙에 대해서만 이러한 구분을 하는 것이 의미가 있게 된다(죄의 삯으로서의 죽음에 대한 로마서 6:23의 진술은 6:15-22의 빛에서 보면, 신앙에 의해 우리가 뒤에 남겨 놓은 단계로 간주되어야 한다). 신약에 대해서는 J.N. Sevenster, *Leven en dood in de evangeliën*(1952)와 *Leven en dood in de brieven van*

Paulus(1954)를 보라.

많이 논의된 문제는 우리의 지상 생애와 우리를 기다리고 있는 생애 사이의 연속성과 불연속성의 문제이다. 이미 바울은 이것과 더불어 씨름하였고 씨앗과 완전히 자란 식물의 비유를 사용하였다(고전 15:35-38). 죽음 안에서나 그것을 넘어서나 하나님의 신실하심으로 말미암아 연속성은 우리의 신앙과 우리의 사고 속에서 첫번째 말과 마지막 말을 가지고 있어야 한다. 그가 죽음의 단절을 은혜롭게 극복하시는 것은 실제로 오로지 이 신실하심으로 말미암은 것이다. 오랜 세월 동안, 교회와 신학은 원래 순수하게 육체적인 죽음 뒤에 살아남는 플라톤적인 관념의 "불멸의 영혼" 속에서 이 신실성의 인간론적인 관계물을 찾아왔다. 이것은 절대로 신약이 받아들이고 있는 입장이 아니다; 이와는 반대로 신약은 오직 하나님만이 불멸하시며(딤전 6:16), 부활에서 우리가 불멸을 덧입게 될 것(고전 15:53)이라고 주장한다. 반작용으로서 이것은 오늘날 많은 사람들이 모든 인간론적인 연속성을 부인하게 만들었다; 예를 들어, G. van der Leeuw, *Onsterfelijkheid of opstanding?*와 P. Althaus, *Die letzten Dinge*(4판 이후의 개정판, 1933), ch. IV 2를 보라. 그러나 이것은 계약의 관계를 나쁘게 평가하고 있다: 하나님의 신실하심은 죽음에서도 우리를 붙드시고 불연속성 속에서도 우리의 정체성을 보증하신다. 그러나 죽음의 이러한 측면의 관점에서 볼 때, 우리는 이 정체성이 무엇인지 결정할 수 없다. 바빙크는 "이것이 무엇인지 우리는 알지 못하며 결코 찾을 수도 없다"(*GD* IV, no. 573)라고 적었다. 따라서 이렇게 말해 보자: 하나님은 나, 혹은 나의 "나"(이것이 무엇이었든지 간에)가, 지켜지고 새로워지는 것을 보증하신다. F.W. A. Korff, *Onsterfelijkheid der ziel of onsterfelijkheid der Godsverhounding?*(1946); P.J. van Leeuwen, *Het christelijk onsterfelijkheidsgeloof*(1955), 그리고 G.C. Berkouwer, *Man: the Image of God*(E.T. 1962), ch. 7을 보라.

그러나 최근에 인간론적인 연속성 안에서 자신들의 출발점을 다시 취한 사상가들이 있다. 이들 가운데 한 사람은 칼 라너(Karl Rahner)인데, 그는 일차적으로 죽음을 자신에게 성숙을 가져다 준 불멸의 사람의 행동으로서 본다. 그의 *On Christian Dying*(기독교인의 죽음에 관하여, E.T. 1971)와 그의 보다 절제된 *Theological Considerations on the Moment of Death*, XI(죽음의 계기에 대한 신학적 성찰, E.T. 1974), pp. 309-321를 보라. 이 견해는 현대의 로마 가톨릭 신학자들 사이에 널리 퍼져 있지만, 특히 쉴레벡스에 의해서 공격을 받았다(in *Tijdschrift voor theologie*, 1970, pp. 418ff.). 이것은 죽음의 험한 불연속성을 오판하였고 인간이 소유하고 있지 않은 자기 결단을 이 시점에 인간에게 속하는 것으로 생각하였다. 또한 이렇게 해서 계약의 관계가 오해되었다.

연속성과 불연속성의 관계는 매우 정확한 것이다; 이것은 전자와 후자를 서로 싸움을 붙여 덕을 보거나 후자를 희생하고 전자를 헐뜯기 위한 것이 아니다. 처음부터 끝까지 성령의 활동의 연속성은 우리를 향한 하나님의 전적인 요구에 반대되는 우리의 삶의 너무나 많은 것, 모든 것의 철저한 파괴를 요구한다.

마지막으로 바로 지금, 우리는 이 장의 주요한 문제를 제기할 수 있다: 우리는 죽음의 경계의 저편에서의 완성의 내용에 대해 신앙으로 알 수 있는가? 여하튼 간에, 이 지식은 이 편과 저편 사이의 결합에 의해서 우리가 우리의 신앙의 경험으로부터 끌어내거나 추측할 수 있는 것에 제한되어 있다. 우리는 여기에서 사람들을 사로잡고 계시며 특별히 그들을 변화시키시는 그리스도의 영이 이러한 의미에서 이 과정을 저편에서 완성하시며, 우리가 약간의 신약 성경의 명칭을 사용한다면, "그리스도와 함께 있게 될 것이며", "그의 형상과 같이 될 것이며," 따라서 "하나님이 만유 안에 만유가 되실 것"이라는 사실을 알고 있다. 이 모든 것은 지금까지의 우리의 현재의 경험을 넘어 있고, 또한 우리의 신앙 경험을 초월해 있으며, 너무나 상상할 수 없는 것으로서, 우리는 이것을 하나님의 순간적인 재창조 활동의 산물로서, 따라서 죽음으로부터 인간이 갑자기 완전히 변화된 삶으로 깨어나게 되는 것으로 생각하고 싶다. 그러나 그 때에 우리는 죽음의 위기의 양편에 있는 삶 사이에 있는 밀접한 유대를 잘못 평가하게 된다. 신약 성경은 이 완성을 "열매", "추수", 그리고 이 생애에서 씨를 뿌리고 고군분

투한 "품삯"이라고 말한다.

  이 유대는 우선 부정적인 결과를 갖고 있다: 저편에서, 모든 것을 드러내는 하나님의 현존의 빛의 비추임 속에서, 우리는 우리가 우리의 지상적인 존재의 한계 내에서 결코 하지 못하였거나 혹은 할 수 없었던 그의 계약의 성실하심과 관련된 우리의 죄된 실패를 알게 될 것이다. 죽음은 순간적이고 자동적으로 우리를 완성으로 옮겨놓지 않는다. 우리의 이전의 삶과의 연계성이 기독교 신앙의 언어로 "심판"이라고 불리는 것 속에서 표현되어 있다. 마찬가지로 깊은 방해의 의미가 없이는 신생에 대한 어떠한 깊고 유쾌한 인식도 있을 수 없다. 철저한 신생은 우리의 지상 생애에 대하여 직접적으로(im-*media*-tely, 매개없이) 이어지지 않으며, 갈라진 틈을 이어주는 심판에 의해서 중재된다. 전적으로 우리에게 수치감을 주는 폭로에 의해서만 우리는 이전의 존재를 가지고 있고 또한 우리가 속하였던 다른 이전의 존재를 가진 사람들로서 신생을 하나님의 놀라운 선물로서 받아들인다.

  그러나 만일 이것이 그렇다면, 우리는 이 부정적인 중재에서 거의 멈출 수가 없다. 심판에서 우리는 우리를 목표로부터 분리시키고 있는 거리가 얼마나 크며 여전히 극복되지 않으면 안되는 것이 무엇인지를 알게 된다. 마치 마술처럼, 이 거리가 갑자기 하나님의 재창조의 행동에 의해서 극복되겠는가? 혹은 죽음 저편에 정화와 성숙과 같은 것이 존재하는가? 우리 자신이 하나님과 관련되기 위하여 저편에서 여전히 더 많은 새로운 죽음의 과정 속에서 상실되는 것이 필요한가? 이 주제에 대하여 우리는 질문하는 것 이상의 일을 할 수 없다. 그러나 이것들은 만일 우리가 여기와 저편에서의 삶 사이의 유대에 대해 진지하게 될 때 제기되어야 하는 질문들이다. 만일 여기에서 신생이 마술적인 변형이 아니라면 — 창조의 어느 곳에서도 우리가 이러한 불연속적인 변형을 보지 못한다면 — 우리는 이것을 미래에 기대할 수도 없고 기대해서도 안된다. 만일 이것이 더 높은 수준에 있고 더 분명하게 보이는 목표를 가지고 있다면, 죽음 저편에서 우리를 기다리고 있는 것은 오히려 계속되는 길로서 입증될 수 있다.

이 관념을 고려함으로써 우리는 또한 완성을 우선 우리 자신의 지상적인 소원의 성취로 보지 않을 수 있게 된다. 이것은 안전이 아니라, 거룩함의 문제이다. 오직 근본적인 외과적 수술을 통해서만 우리는 하나님이 만유 안에 만유가 되시고 우리의 하나님으로서 그가 우리 안에 창조하신 모든 소원들을 만족시키시는 세계를 위하여 준비하게 된다.

따라서 하나님의 의도에 의해서 도달될 예정인 목표가 존재한다. 이것의 내용은 다양하게 묘사될 수 있다. 신약 성경과 교회사에서 우리는 많은 묘사들을 발견한다: "하나님의 환상", "영원한 안식", "그리스도와 함께 있으라", 등등. 우리는 42장에 그 이유가 설명되어 있는 바, "그리스도를 본받는 것"을 선호한다. 우리가 이것에 대하여 여기에서 말하고 있는 문맥 속에서, 이 서술은 그리스도의 지상 사역 및 성령의 지상 사역과의 관계를 분명히 유지하고 있다는 이점을 가지고 있다. 이것은 또한 "환상"과 "안식"에 대해 이러한 이점을 가지고 있으며, 따라서 개인주의와 수동성의 뉘앙스를 결여하고 있다. 왜냐하면 그리스도를 닮는다는 것은 그와 같이 우리가 전적으로 하나님과 이웃을 지향하고 있다는 것을 의미하기 때문이다. 따라서 이러한 닮는 일은 오직 사귐 속에서만 가능하다. 따라서 신약 성경은 완성을 그리스도의 형상을 닮게 된 사람들과 그리스도 안에 계신 하나님의 완성된 계약의 교제로서; 즉 연회, 도시, 축하하는 다수로서 묘사한다; 하나님의 환상과 휴식의 차원들은 함축적으로 포함되어 있는 측면들이다. 더욱이 우리는 대완성에 대해서 이 문맥에서 말할 수 없다. 우리의 영원한 미래에 대해 더 많이 언급될 수 있는 모든 사실은 마지막 장에서 우리가 또한 우리의 장래의 목표 안에 역사와 문화와 자연을 포함할 수 있을 때까지 연기되어야 할 것이다.

완성에 대한 이 믿음의 실제적인 의미를 언급하는 일이 아직 남아 있다. 오직 국외자만이 이 믿음이 우리의 지상 생애로부터 그것의 의미를 빼앗아갈 것이라고 생각할 것이다. 사실은 그 정반대이다: 이 관점은 우리의 지상 생활에 영원한 의미를 부여한다. 왜냐하면 심판과 완성은 하나님이 이 생애를 얼마나 진지하게 받아들이시며 그가 이생에서 우리에게 얼마나 큰 책임을 부여하셨는지를 우리에게 말해주기 때문이다. 동시에 이 진지함은 우리를 파괴하지 않는데, 그 이유는 그가 이것의 완성을 보증하시기 때문이다. 그리고 이 지상 생애는 목표가 아니라 길이기 때문에, 우리는 이것으로부터 모든 것을 요청하거나 기대할 필요가 없다. 따라서 완성에의 기대는 우리를 행복을 향한 우리의 열정으로부터(from) 해방시켜서 하나님과 사람을 자유롭게 섬길 수 있게(unto) 해 준다.

이미 지금 여기에서 일어나고 있는 것으로부터 추정하는 종말론의 방법에 대해서는 K. Rahner, "The Hermeneutics of Eschatological Assertions," in *Theological Investigations*, IV(E.T. 1966), pp. 323-346; 그리고 H. Berkhof, *Well-Founded Hope*(1969), pp. 16-21과 여러 곳을 보라.

신약 성경은 죽음선의 이 편에서의 삶과 저편에서의 삶 사이에서 밀접한 관련성을 고려한다: 후자는 전자의 결과이고 열매이고 보상이다. 상, 면류관, 열매, 추수, 씨앗, 그리고 다 자란 식물, 파종과 추수와 같은 단어와 표상들의 사용을 유의하라; 예를 들어 마 13:24-30; 막 4:1-9; 요 12:24f.; 고전 15:35-53; 갈 5:8f.를 보라. 특별히 이 관련성에 있어서 특징적인 것은 "품삯"이라는 개념의 용법이다; 이 단어는 당시의 유대 교훈으로부터 나온 것이며 정반대되는 내용으로 채워져 있다; cf. 마 20:1-16. 품삯은 이제 더 이상 공로의 상관물이 아니라, 은혜가 마음 속에서 일깨웠던 기대치의 상관물이다. 여기에서의 성실한 고난과 투쟁과 인내는 죽음 선(line) 저편에서 헛된 것이 아니었으며 하나님에 의해서 완성되고 면류관을 쓰게 될 것임을 증명한다. 여기에서 신실하게 고백되는 것이 보상을 받게 된다.

심판의 개념은 위에서 하나의 특별한 의미로서, 즉 신자들에 의해 그들의 지상에서의 삶 속에서 이루어지는 행위에 대한 판단으로서 사용되었다; 롬 14:10-12; 고전 3:10-15; 고후 5:10; 갈 6:8f. 이러한 의미에서의 심판에 대해서는 L. Mattern, *Das Verständnis des Gerichtes bei Paulus*(1966), 특히 pp. 151-193를 보라(나중에 우리는 다른 의미들에 대해서 언급하게 될 것이다). 개신교 신학에서 이 관점은 은혜에 대한 강조로 말미암아 거의 전적으로 옆으로 밀려나게 되었다. 로마 가톨릭 신앙에서 이것은 성인 및 연옥 숭배와 관련하여 매우 현저하다(혹은 그러하였다). 로마 가톨릭 교회는 신자들이 그들의 진보 및 결실과 관련하여 매우 다르다고 정확하게 가정한다. 로마 가톨릭에서 성인은 완전하거나 심지어 그 이상의 선행(opera supererogatoria)을 수행한 사람이다; 이런 사람은 그의 공로와 중보기도에 의해서 지상에 있는 더 약한 신자들의 대의를 변호할 수 있다. 그러나 우리는 하나님의 표준이 무엇인지, 심지어 사람들이 그 표준에 따라 살아가고 있는지를 알지 못한다. 이 교리는 특별히 받아들이기 어려운데, 그 이유는 이것의 윤리적인 구조를 때문이다. 신약 성경의 심판에 대한 선포에 의하면, 각 사람은 스스로에 대해서 개인적으로 책임을 지며, 심판에서 그의 삶이 하나님의 목적에 대해 가능한 한 많이 응답하였다는 사실을 확실히 하기 위한 소원을 가지고 있어야 한다(cf. 갈 6:1-10). 그것은 도래할 완성이 이생에서의 우리의 성공 및 실패의 척도와 관련될 것이기 때문이다. 우리의 행위의 윤리적인 자질을 여기에서 구원을 위한 조건으로 만들지 않으면서도, 이 행위들은 하나님이 어떻게 우리에게 그의 구원을 제공하실 것인지를 더불어 결정하기 때문에 매우 중요하게 된다.

따라서 행위에 따른 심판의 관념은 저절로 로마 가톨릭 전통에서 연옥이라 불리는 정화(淨火)의 과정에 대한 고찰로 나아가게 된다. 트렌트 공의회에서 정의되었던 공식적인 교리에 대해서는 D 1580과 1820을 보라. 종교개혁은 이 교리를 깨뜨렸는데, 그 이유는 구원에 대한 이것의 윤리적인 개념과 경건의 실천에 대한 이것의 해로운 영향 때문이었다(면죄부; 죽은 자를 위한 중보 기도와 미사들). 일반적으로 그것을 신학적으로 계속 성찰하지 않고 또한 지상에서의 성화를 위한 투쟁과 관련시키지 않고 이것은 심판 이후의 갑작스럽고 철저한 변형을 상상하였다. 한편으로 로마 가톨릭 사상 역시 너무 많이 보류되었다.

로마 가톨릭 개념의 전형적인 것은 칼 라너가 "The Life of the Dead(죽은 자의 삶)", in *Theologicial Investigations*, IV(E.T. 1966), pp. 347-354에서 전개하고 있는 "성숙"(ripening: *ausreifen*)의 개념이다. 그의 사고에서 이 개념은 앞에서 유의하였던 죽음에 대한 모호한 견해와 관련된다; 그러나 이 관련이 이것의 가치를 가져가 버리지는 않는다. 정화의 단계에 대한 "증거"로서의 고린도전서 3:15에 대한 로마 가톨릭의 호소는 부자연스러운 것이지만; 이 진술은 바울이 갑작스런 인간의 재창조 이상의 것을 생각하였음을 암시한다; 구원은 지상에서의 자기 자신의 실패를 고통스럽게 인식하는 일과 동반된다. 여기에서의 난점들은 앞 뒤에서의 신학적인 비난에 대한 주제 보다 신학적인 성찰에 대하여 더 많이 열려있는 열린 질문이다. 죽음 너머에 놓여 있는 것에 대한 믿음으로부터 추론을 끌어내는 문제는 너무나 많은 문제들을 안고 있다. 바빙크와 더불어 "죽음 이후에는 더 이상 성화가 존재하지 않으며, 완전한 거룩의 상태로 들어가게 된다 … 그 이유는 죽음이란 인간이 해낼 수 있는 가장 큰 도약, 즉 그리스도의 현존 안으로 신자가 갑작스럽게 전위(轉位)되는 것이며, 그렇게 해서 외면적인 사람을 완전히 멸하고 내적인 사람을 완전히 새롭게 하는 일이기 때문이다"(*GD* IV, no. 650, under 4)라고 말할 수도 있다. 그러나 또한 G.J. Heering과 더불어 이렇게 질문할 수도 있다: "하나님이 회개하는 영혼에 자비를 보이시고 이 영혼을 자기에게로 데려가실 때, 이것은 순간적으로 변하는 것인가? … 인생은 훈련 학교라고 불리지만, 아마도 위에는 더 높은 훈련 학교가 있을 것이다"(*De menselijke ziel*, 1955, pp. 190, 192).

신약의 갈라지는 전통 속에서 완성의 내용이 오히려 매우 냉정하고 집중적으로 그리스도와 함께 있는 것으로 지칭되고 있다는 사실은 인상적인 일이다 (눅 23:43; 요 14:2f.; 17:24; 고후 5:8; 빌 1:23; 살전 4:14,17; cf. 계 14:13). 이것과 나란히, 그 내용은 종종 하나님을 보는 것으로 불리어진다. 훨씬 더 널리 유포된 안식의 표상은 신약에서 주변적인 것이다(히 4:8-11; 계 14:13); 어떤 것도 이 안식이 복된 게으름이라고 암시하지 않는다. 여러 가지 표상들과 개념들의 찬반양론에 대해서는 H. Berkhof, *A Well-Founded Hope*, pp. 53-57를 보라.

51. 기도

우리가 여기에서 왜 기도에 대한 논의를 삽입하는지 질문할 수 있을 것이다. 여하튼 간에 그 이유는 우리가 이것을 머리돌로서 의도하기 때문이 아니며, 인간의 신생에 관한 장에 대한 일종의 부록으로서 보는 것은 더 더욱 아니다. 이 특별한 위치는 확실히 강제적인 것은 아니다. 기도의 본성은 신앙의 연구에서 그 위치가 불확실하고 따라서 변하는 그러한 것으로 나타난다. 기도에 대한 성찰은 신론이나 인간론, 보존, 계약, 성령, 교회 혹은 인간의 개인적인 삶과 조화된다. 우리는 마지막에 언급된 가능성을 선호하는데, 그 이유는 그 대부분의 형태와 상당한 내용에 있어서, 기도가 매우 개인적인 관심사이기 때문이다. 그러나 이러한 배치는 약점도 가지고 있다. 이것은 기도가 가장 강력한 개인 감정의 가장 강력한 개인적인 표현이라는 광범위한 오해를 더하여 줄 수도 있을 것이다. 이것이 바로 특별히 신앙에 관한 많은 책들 속에서 — 내키지 않은 마음과 주지주의의 혼합물로부터 — 기도가 단순히 빈약하게 취급되는 이유이다. 이제 이어지는 내용 속에서 우리는 이러한 오해들을 피하고 극복할 수 있기를 희망한다.

    기도가 너무나 많은 다른 표제들 하에서 다루어질 수 있다는 사실은 인간의 편에서, 이것이 계약 관계의 일차적이고 분명한 표현이기 때문이다. 우리는 "그" 일차적인 표현이 아니라 "어떤" 일차적인 표현에 대해서 말하는데, 이것이 언급될 수 있는 더 많은 표현들: 즉 성경읽기, 회중의 활동에 참여함, 구원의 수단의 활용, 이웃에 대한 봉사, 윤리적인 복종이 존재하기 때문이다. 이 모든 것에 대해 적용되는 것은 확실히 기도에도 적용된다: 이것의 위치는 사람이나 환경, 시대, 문화, 혹은 문화적인 단계에 따라서 변하는 경향이 있다. 한 편이 신앙에 대해서 요청되는 것이라고 생각하는 것이 다른 편에 대해서는 그렇게 될 필요가 없다. 기도가 보편적인 종교적 현상이라는 사실이 또한 명심되어야 한다; 종교의 역사와 심리학은 이것에 대해서 우리에게 많은 것을 가르쳐 줄 수 있다. 그 자체로서의 기도는 아직 기독교인의 행동이 아니다. 기독교인의 기도는 특정한 계약 관계의 표현이며, 하나님과 그의 행위와 계획과 관련된 매우 특별한 지식에 대한 반응이다.

    그러나 이러한 구분이 기도가 하나님과 그리스도인의 교제에서 갖는 일차적인 중요성을 제거하지는 않는다. 때때로 다른 언표들이 기도를 주변으로 밀어버릴 수는 있다. 그러나 이것이 사라지는 곳에서는, 신앙 그 자체도 끝나고 만다. 그 이유는 "계약"은 하나님을 "아버지"로 부를 수 있는 아들과 딸로 우리가 입양되는 것을 의미하기 때문이다. 우리는 단순히 구원의 대상만이 아니다. 사실상 우리의 구원도 역시 우리를 대상이 되는 것으로부터 "해방시키며", 우리를 다시 진정한 주체들로 변화시킨다. 하나님은 우리를 대상으로 원하시지 않고 계약의 상대방, 즉 대화할 수 있는 상대방으로 원하신다. 그는 우리의 대화에 의한 참여와 우리의 자발적인 감사, 우리의 자유로운 협력을 원하시지만, 또한 우리의 성급하거나 참을성 있는 질문도 원하신다: 그리고 심지어 우리의 격렬한 저항조차도 조용하고 설득되지 않은 묵인보다는 그에게 더 소중한 것이다(욥을 보라).

그러나 이 하나님의 상대편의 참여(input)로서 이것은 제한된 참여이다. 왜냐하면 이 계약에서는 협력자들이 동등하지 않기 때문이다. 우리는 위대한 협력자(Partner)에 의해서 협력관계로 구원받은 두번째 협력자이다. 우리의 모든 행위 ― 개인적이고 창조적인 ― 는 그의 행위에 대한 반응이다. 우리는 그의 행동을 따르고, 그에게 보조를 맞춘다. 우리는 그의 조건들을 받아들인다. 우리가 그에게로 가는 것은 그가 우리에게 오시는 것에 의해서 결정된다. 따라서 기독교적인 기도는 이것의 자발성과 다양성에도 불구하고, 우리가 향해서 나아가는 한 분에 의해서 결정되고 통지되는 담화이다.

따라서 기도는 우리의 인간성의 수직적인 차원이라 불릴 수 있는 것의 강조된 표현이다. 이것은 발전으로 오는 첫번째 차원이 아니다. 어떤 사람이 듣고, 감사하고 기도할 준비가 되기 전에, 그는 많은 것을 먹고 마셔야 하며 그 외에도 많은 다른 것들을 행하고 경험해야 한다. 그러나 일단 이 단계에 도달하면, 이 수직적인 차원은 다른 차원들을 상정할 뿐만 아니라 아울러 포함하는 것으로 입증된다. 기도의 이러한 자세 안에서, 말하는 인간(*homo orans*)으로서, 우리의 인간성이 완성된다. 그리고 이 기도의 자세 안에서, 우리는 삶을 하나님의 면전에서 가장 높은 곳이나 깊은 곳이나 완전한 지평 속에 두게 된다. 실제로 기도는 대부분 개인적인 문제이지만, 이것은 결코 사적인 관심사는 아니며 확실히 이 세계로부터 들어올려진 단순히 순전한 "내적인" 영혼의 관심사도 아니다. 기도에서 우리의 전체 인간 존재는 우리가 세계 안에서 세계를 위하여 가지고 있는 모든 다양한 정황과 책임과 염려 속에서 표현된다.

이것은 기도가 신앙과 삶 자체만큼이나 광대한 것이며, 따라서 대단히 다양한 내용을 가지고 있고 또 가질 수 있다는 사실을 의미한다. 사실상, 이것은 기도가 하나님이 우리에게 오시는 방법과 연결된다는 사실 속에 이미 함의되어 있다. 따라서 기도는 정황과 상황에 의존하는 것이 될 수 있다: 즉 기도는 하나님이 행하시는 것에 대한 감사의 표시; 그분의 존재에 대한 찬양; 그의 이해할 수 없는 사랑에 대한 몰입; 나의 죄됨과 그 사랑을 거스른 것에 대한 고백; 신앙과 용서를 위한 기도; 신앙의 싸움에서의 투쟁을 위한 기도; 우리의 존재의 상실성으로 인한 부르짖음; 어려울 때의 도움을 위한 기도; 바른 결정을 할 수 있는 지혜를 위한 기도; 우리의 뜻이 하나님의 뜻과 모순된다고 생각할 때 복종과 항복을 위한 기도. 그리고 신자가 스스로 자신을 위해서만 존재하지 않기 때문에, 자신을 위해서만 대도(代禱)할 수는 없다; 교회와 함께 교회를 위하여 그는 복음 선포의 진보와 어떤 형태든지 간에 교회의 일치와 건덕과 확장을 위하여 기도한다. 그리고 교회가 스스로 그 자신을 위해서 존재하지 않고, 세상을 위해서 존재하기 때문에, 신자와 교회는 교회가 무엇을 간절히 고대하고 있는지를 알지 못하는 신음하는 세계를 위하여, 하나님을 아는 지식의 증가를 위하여, 끝없는 고통을 완화할 수 있는 힘의 강화를 위하여, 그들의 어리석음 속에서 세상의 불의를 유지하고 조장하는 사람들의 회심이나 억제를 위하여 대표적으로 기도한다. 그리고 그 안에서 또한 그것을 넘어서 모든 것을 포괄하는 기초와 목표로서, 모든 존재의 신생을 위한, 즉 하나님의 나라의 결정적이고 전적인 도래를 위한 기도가 존재한다.

기도는 다양한 내용뿐만 아니라, 다양한 형태도 역시 가지고 있다. 우리는 우선 기도의 다양한 형태를 보여주는 회중 예배 의식에서의 예전을 생각하게 된다: 찬양과 감사의 찬송, 죄의 고백, 성령의 조명을 위한 기도, 대도(代禱). 예배 찬송들은 주로 기도이며, 하나님의 탁월하심에 대한 풍부한 경배로부터 그 나라의 도래를 갈망하는 기도에 이르기까지 전부를 망라한다. 교회 예배 외에도 특별한 필요에 대한 응답으로 종종 자발적으로 형성된 기도 그룹이 존재한다. 게다가 가족 기도, 즉 크고 작은 필요를 위한 최소의 사회 단위에 의한 대도(代禱)로서 대단히 중요한 기도, 그러나 일상적인 일 때문에 괴로워하거나 일상적인 것을 혐오함으로써 그만두게 된 기도가 존재한다. 조심스럽게 표현되고 규칙적인 개인 기도, 예를 들어 아침에 일어나거나 밤에 은거할 때의 기도와 또한 긴장과 두려움의 순간의 "신속한 기도"가 존재한다. 또한 어떤 점에서 복음의 대의와 관련되는 만남과 모임의 개회를 위한 — 불행하게도 오용과 남용으로 고통을 받는 — 기도가 있다.

내용과 형태 모두에 대해서 우리가 언급한 사실로부터, 간구(懇求)가 기도의 지배적인 형태라는 사실이 추론될 수 있을 것이다. 그러나 이것이 유일한 형태는 아니다. 또한 감사, 경배, 고백, 항복의 기도가 있다. 그러나 거의 언제나 이것들은 간구로 변한다. 이것은 "기도"라는 용어에 대한 우리 자신의 용법에서 뿐만 아니라 성경에서도 나타나는데, 이 말로써 우리는 우선 요청과 탄원에 대해서 생각하게 된다. 기도를 "참여"(input)로 정의하였을 때, 우리는 이미 이것을 예기(豫期)하였다. 우리는 나아가서 이것을 "제한적인 참여"라고 정의하였다. 그러나 이것은 마치 우리가 매우 중요한 사람을 알현하고 있었던 것과 같이, 우리의 요청에서의 소심함과 주저함을 의미할 수는 없다: 정확히 아버지와 아들의 관계 속에는 자발성이 있을 수 있고 또 있어야 한다. 이 하나님의 면전에서 우리는 우리의 깊은 동기들과 우리가 우리의 삶과 세상 속에서 느끼는 모든 단점들을 담대하게 표현한다. 심지어 빵이나 치유를 요청하면서 예수께로 나왔던 가장 미신적인 사람조차도 응답받지 못한 채 쫓겨나지는 않았다. 이와는 반대로, 그분과의 교제에서 사람들은 그들이 시작했던 것보다 더 많이 요청하고, 다른 것을 요구하게 되었다: 즉 더 이상 단순히 그들 자신의 필요의 관점에서가 아니라, 그들을 보살피는 것이 그것의 일부가 되는 하나님의 목적의 관점에서 훨씬 더 많이 요구하게 되었다.

특별히 제자들은 힘든 훈련 학교에서 이 새로운 간청의 방법을 배웠다. 그러나 그들의 선생이었던 예수는 이 훈련 학교를 모면시켜 주시지 않았다. 겟세마네에서의 그의 번민의 기도의 말씀인, "그러나 나의 원대로 마옵시고 아버지의 원대로 하옵소서"(막 14:36)는, 만일 우리가 이 말씀들 안에서 일어나게 될 불가피한 것에 대한 단순한 묵종이라고 듣는다면, 우리가 판단하기에는, 오해된 것이다. 이것은 주기도문에서의 세번째 간구와 같은 성격을 가진 참된 기도이다. 예수는 그가 성부와 더불어 한 가지로 마음 속에 가지고 있는 위대한 목표에 자신의 뜻과 소원이 예속되게 해달라고, 즉 사람들을 구하고 그의 나라를 세우시려는 성부의 뜻이 — 필요하다면 예수의 고통과 번민스러운 죽음을 통해서 — 이루어지게 해달라고 하나님께 간청하셨다.

질문을 어떻게 해야 하는지는 우리가 배워야 하는 것이다. 예수 자신이 기도하시는 것을 보았을 때 제자들은 이것을 깨달았다: 따라서 그들은 요청하였다: "주여, 우리에게 기도를 가르쳐 주옵소서"(눅 11:1). 그 답변이 주기도문(2-4절)인데, 이것은 그 구조 속에서 우리에게 본보기로서 가르쳐 주고 있다. 첫째로, 세 가지 실제적으로 같은 의미의 간구(우리에게는 필요하지만 하나님께는 필요하지 않은 간구)로써, 사람은 기도를 통하여 하나님의 구원 계획을 자신의 것으로 만들며, 그렇게 해서 그의 뜻은 하나님의 뜻에 복종하게 되고 그것과 하나가 되는 것이다. 그러나 그렇게 해서 사람의 뜻이 없어지는 것은 아니다. 하나님이 주도권을 가지신 곳에서는, 사람의 뜻이 그 이유로 해서 세상에서의 성실한 삶을 위한, 그리고 죄 용서와 견인과, 구속에 기초한 구원을 위한 간구들 속에서 그 자신의 것이 된다. 이 기도는 "나"("I" and "me")가 아니라 "우리"("we" and "us")를 사용하는데, 그 이유는 하나님께 우선권을 드리는 사람은 스스로를 위하여 원하는 것처럼 이웃에 대해서도 동일한 공간을 원할 것이기 때문이다. 더욱이, 복수인 "우리"("we" and "us")가 사용되는데, 그 이유는 신자가 언제나 그리스도의 전체 몸의 한 지체로서 기도하기 때문이다.

우리의 간구에서 우리는 배우고 동시에 잊어버리는 도중에 있다. 하나님의 면전에서 우리는 "기도해야 할 때 우리가 어떻게 기도해야 하는지를 모른다"는 사실을 발견한다. 그러나 이것이 우리를 말 못하게 하거나 체념하게 하지는 않는다. 우리는 우리 자신의 소원을 가지고 나와서, 성령이 우리의 소원들을 하나님의 뜻과 일치되게 변화시키신다는 사실을 신뢰하게 되며, 그 결과 모든 것이 합력하여 선을 이루게 되는 방식으로 듣게 된다 (롬 8:26-28). 기독교의 기도는 강요하지 않지만, 효력이 없는 것이 아니다. 이것은 마술과 신비주의 사이의 좁은 길을 걸어가며 — 그렇게 해서 상황에 따라서 다르지만 — 때때로 전자나 혹은 후자에 매우 가까이 갈 수도 있다.

그러나 우리는 내적인 삶과 경험에 대한 강조에 의해서 규정되는 종교적인 분위기의 안과 밖에서 기도하도록 요청받고 있는 오늘날의 신자의 질문과 의혹으로 들어가지 않은 채로 (간구의) 기도에 대한 논의를 끝내서는 안된다. 끊임없이 그는 이 문제에 직면한다: 하나님께 무엇을 요청하는 것이 이치에 닿는 것인가? 우리의 마음에 떠오르는 생각은 하나님과 우리의 대화는 일방적이거나 혹은 그렇게 보인다는 사실이다: 우리는 요청하지만, 답변이 없다. 그러나 이 의심은 단순히 피상적인 것에 불과하다. 왜냐하면 우리는 우리가 요구하기 오래 전에 주어졌던 우리의 필요와 죄책에 대한 답변(Answer)의 토대 위에서 요청하고, 그렇게 하지 않기 때문이다: 더욱이 이 답변에 대해서 우리는 이것이 우리의 질문에 대한 답변이 되는 그런 방식으로(안전과 구원, 믿음의 증가, 결단하는 지혜, 등등을 제공하시는) 성령이 이것을 우리와 다른 사람들에게 적용하실 것이라는 사실을 믿는다.

우리를 마비시킬 수 있는 또다른 생각은 우리가 그에게 요청하지 않더라도, 하나님은 모든 것을 아시고 그것을 어떻게 하시든지 하실 수 있다는 사실이다. 이것에 대해서는 나중에 언급하게 될 것이다. 우리가 요청할 때 우리는 일어나는 모든 일에 대한 결정론에 의해 더욱 많이 괴로움을 당한다: 우리가 이것을 요청하기 때문에 하나님께서 이것을 단순히 그처럼 변화시키실 수 있는가(예를 들어 소위 치료할 수 없는 질병에 대해서)? 우리를 괴롭히는 또다른 어려운 문제는 인간 자신의 자유와 책임에 대한 것이다: 하나님은 우리가 그것을 요청하기 때문에, 인간의 계획과 결정을 반대하시거나 상황을 변하게 하실 수 있는가(예를 들어 기근이나 불의나 전쟁을 끝내실 수 있는가)? 우리가 사실들의 결정적인 통일성에 대해서 더 많이 알고 자유로운 사람들로서 더 많이 할 수 있는 것처럼 보이면 보일수록, 기도는 내용에 있어서 더욱더 불확실하고 제한적으로 된다.

우리는 이 질문들을 앞에서 다루었다: 결정론과 기적에 대해서는 24장 5, 6항을, 세계의 보존에 대해서는 27장을, 그리고 은폐에 대해서는 45장을 보라. 여기에서 다음의 사실이 언급되어야 한다: 창조자와 보존자와 신생자이신 하나님을 믿는 일은 신뢰할 수 있고 동시에 열려있는 세계를 믿는다는 사실을 포함한다. 자연(진화)과 역사의 전과정은 비록 나중에는 설명할 수 있다 하더라도, 미리 예측할 수 없는 놀라운 사건들로 가득 차 있다. 우리가 자연법칙이라고 부르는 것을, 신앙의 눈은 하나님이 세상을 유지하시는 도구로서 이해한다. 자유롭고 성숙한 인간은 자연을 점차적으로 지배해 나가는 하나님의 상대편 주자이지만, 그의 창조주를 조종할 수는 없다; 이와는 반대로 그는 자신의 이익을 위하여 그가 계획하였던 것과는 다른 방향으로 규칙적으로 가지 않을 수 없게 된다. 하나님은 자신의 법과 그가 스스로를 위하여 창조하신 상대편 주자를 소중히 여기신다. 따라서 그는 그들을 난폭하게 정지시키지 않으신다. 우리의 기도에서 우리는 그가 존중하시는 것을 존중하며 따라서 그것에 반하여 요청하지 않는다. 그러나 우리는 이 세계가 얼마나 열려있는지와 이것을 이용하시려는 성령의 소원을 알고 있다. 정확히 우리가 기도하도록 요청받고 있다는 사실은 하나님께서 세계를 다스리실 뿐 아니라 그와 더불어 이것의 방향과 과정을 논의하기 위하여 얼마나 우리를 소중히 여기시며 우리의 자유를 포함하기 원하시는지를 입증해 준다. 이것은 우리가 하나님과 함께 하는 행보에 있어서 우리의 간구의 주도권을 위한 놀랄 만한 기회가 존재한다는 것을 보여주는데, 그 이유는 인간적으로 불가능한 것으로 나타날 수 있는 것의 상당수가 그에게는 가능하기 때문이다. 하나님과의 이러한 교제에 있어서, 우리는 우리가 요청해야 하는 것과, 요청하지 말아야 할 것을 또한 규칙적으로 새롭게 배우게 된다.

그러나 우리가 요청하지 않으면 하나님께서 이것을 홀로 행하실 수 없는가? 실제로 종종 그는 행하셔야 할 것이다. 그러나 아버지로서 그는 그의 성숙한 자녀들과 상의하시면서 이것들을 행하기를 원하신다. 그는 세상적인 관점으로부터 그 나라의 도래를 위해 필요하다고 생각하는 변화와 큰 발전을 그의 면전에서 제시하는 교회를 원하신다. 그러나 믿지 않는 사람은 요청하지 않는다. 요청하지 않는 사람은 아무런 답변을 얻지 못하며, 높은 지혜의 답변으로 인정되지 않는 그런 답변을 받아들이게 될 것이다.

신앙의 연구에서 기도는 무시된 주제이다. 물론 예외가 있다. 칼빈은 25장이나 기도에 할애하였다(*Inst* III,xx). 그러나 S와 H에서 이 주제는 전혀 언급되지 않고 있다. 레이덴의 *Synopsis purioris theologiae*(1625, 순수 신학 개요)의 52가지 토론 항목에서, 어떤 것도 기도를 다루지 않는다. 슐라이어마허는 이것을 "예수의 이름으로 드리는 기도"(*CF* pars. 146f.)라는 제목으로 고려하였다. 바빙크에게는 기도가 별개의 주제가 아니었다; 그는 이것을 하나님의 계획을 논의하면서 단순히 지나가면서 언급하였다. 알트하우스와 베버도 거의 마찬가지이다. 트릴하스(Trillhaas)에게는 이 단어가 주제 목록에 나타나지도 않는다. 조금 나은 것이 프렌터(Prenter)이다(*Creation and Redemption*, pp. 484ff.). 브룬너는 "기도의 신학"(pp. 324-335)이라는 제목하에 기도에 대한 별개의 장(24)을 가지고 있다. 틸리히는 그의 「조직신학」에서 약간은 흔하게 사용하지만, 기도에 대해서 좀더 부수적으로 언급하였다.

그러나 바르트는 어느 누구보다도 많이 기도를 교의학의 주제로 만들었다. 「교회교의학」에서 이것은 네 번 의도적으로 언급되었다: 처음에는 섭리와 관련하여(III,3, par. 49,4), 다음에는 윤리학과 관련하여(III,4, par. 53,3), 그 다음에는 "공동체의 질서"(IV,2, pp. 704ff.)의 세부항목으로서, 그리고 마지막으로는 세상에 대한 사역의 일부로서(IV,3, pp. 882-884). 그러나 또한 이러한 구분 이외에도, 바르트는 우리가 결코 하나님의 은사(하나님에 대한 지식, 회심 등등)를 우리 마음대로 가질 수 없다는 사실로 인하여 기도에 대해서 종종 언급하였다.

기도가 무시되는 곳에서는, 인간의 자유나 혹은 하나님의 능력이 과소평가 된다는 징표(비록 이것이 절대적으로 확실한 것은 아니라 하더라도)가 있을 수 있다: 첫째는 예정론적인 특징을 지닌 개혁파 스콜라주의의 경우이고, 두 번째는 19세기와 20세기의 실존주의의 경우이다. 기도는 계약의 구조를 따르는 신앙의 연구에서는 단순히 없어서는 안될 주제가 된다.

우리는 체계적인 성찰들을 담고 있는 좀 더 명상적인 풍부한 문헌을 잊어서는 안된다. 더욱이 또한 기도에 대한 약간의 훌륭한 교의학적인 저작들이 있다: A. de Quervain, *Das Gebet*(1948)과 K.H. Miskotte, *De weg van het gebed*(1962).

프리드리히 하일러(Friedrich Heiler)는 기도의 종교 현상학에 대한 고전적인 저작을 저술하였다: *Das Gebet*(1918; E.T. 1932). 그가 묘사하고 있는 기도의 굉장한 다양성은 한편으로는 큰 구조적인 유사성을 보여주고, 다른 한편으로는 기도의 성격이 그것이 드려지는 신(들)의 본성에 의해서 얼마나 많이 결정되는지를 보여준다.

교회사에서도 역시 상이한 종교적 경험들이 상이한 기도의 형태들 속에 반영되어 있다: *RGG* II, *s.v. Gebet* V. 굉장하지만, 우리가 생각하기에, 기독교의 기도에 수백년 혹은 수십년 동안 불행한 영향이 되었던 것은 토마스 아 켐피스의 「그리스도를 본받아」(*Imitation of Christ*)의 영향이었다; 이것은 참된 기도가 순전히 사적인 문제라는 관념을 뒷받침하였다. 이것과 더불어 관련되지 않았던 것은 기도의 예전적인 형태들이었다. 개신교회에서 자유로운 강단 기도는 종종 설교자의 사적인 영역이 되었다. 단지 최근 수십년이 지나면서 비로소 고착적인 면과 완전히 개방적인 면을 둘 다 피하는 "보편적인" 형태의 공동 기도가 개발되고 있다.

특별히 최근 20세기 중엽 이후로, 세속화가 기도의 개념에 위기를 가져오게 되었다. 실존주의와 자율의 감정은 많은 사람들을 기도의 대화 성격으로부터 소외시켰다; 더욱이 기도의 토대 위에서 하나님께서 세상의 과정 속에 어떤 변화를 가져오시는지를 볼 수가 없다. 이와 관련하여 기도가 상당한 면에서 사적인 소원들의 무비판적인 표출이 되는 모든 종류의 경건한 의식들에 대해서 쉽게 반발한다. 특히 J.A.T. Ronbinson, *Honest to God*(1963), ch. 5, pp. 99-104(기도에 대한 "비종교적인" 이해)는 이러한 위기를 많은 사람들이 의식적으로 알 수 있게 해주었다. 그 때에 기도는 많은 사람들에게 있어서 하나님의 면전에서 인간 자신의 동기들을 정화(淨化)하는 현실화에 불과한 것이었다. 이것은 확실히 중요한 요소이다. 그러나 기도는 만남이지 독백이 아니다. 이와 대조적으로 부흥 운동과 오순절운동에서 기도는 종종 하나님과의 진정한 만남으로 경험되지만, 이 경험 속에는 자신의 욕망을 만족시키기 위하여 하나님을 조정하려는 위험이 놓여 있다. 독백과 마술 사이에 있는 길은 좁다. "대화하는 존재"(dialogische Existenz)라는 표현으로서의 기도에 대해서는 H. Ott, *Der persönliche Gott*(1969), XII를 보라.

기도의 본질은 청원인가? 브룬너에 따르면, "그러나 기독교 신앙에 있어서, 기도는 우선 간청이 아니라, 찬양과 예배와 감사이다"(*Dg* III, p. 335). 정반대편에 마틴 켈러(M. Kähler)의 진술이 존재한다. "바리새인들은 감사하고, 세리들은 요청한다." 그리고 좀더 사려깊은 것이 바르트의 개념이다. "기도는 예배와 회개의 문제이지만, 첫째로 그렇지는 않다. 첫째로, 이것은 하나님을 향하여 구하고 찾고 두드리는 것이며: 하나님께 드려진 소원과 바람과 요청이다" (*CD* III,3, p. 268). 이것이 이것이냐-저것이냐의 문제가 아니라면, 경배의 기도는 당연히 간구의 기도가 된다(cf. 빌 4:6과 주기도). 우리가 아무리 은혜 가운데 있다 하더라도, 우리의 필요는 언제나 우리가 소유한 것보다 더 크다; 오직 완성에서만 더 이상 구하는 것이 없게 될 것이다(요 16:23).

이러한 기도의 본성을 우리는 아마도 시편에서 가장 잘 배우게 될 것이다. 그러나 이 본성에 대한 성찰을 위하여, 우리는 신약에서 특별히 도움을 발견할 수 있다. 신약에서는 모든 참된 기도가 그 나라의 도래에 초점이 맞추어져 있다는 것이 분명하다(마 6:9; 눅 18:1-8). 그러나 이 기도에 포함되어 있는 것은 성령이 이 도래에 우리를 관련시키신다는 것이며(눅 11:13), 이것은 우리가 간구의 기도를 우리의 전체 삶에 적용할 수 있음을 의미한다: 마가복음 7:11을 누가복음 11:13과 비교하고, 나아가서 마태복음 6:5-8; 7:7-11과 비교하라; 또한 누가복음 11:1-13과, 궁극적인 희망과 준궁극적인 기대들을 아주 직접적으로 연결하고 있는 마태복음 19:27-29의 강한 확언을 보라.

그러나 그 나라와 성령과 죄 용서는 이 넓은 영역의 중심으로 남아 있다; 따라서 "예수의 이름으로" 드리는 이러한 기도는 언제나 확실하게 들려지게 된다(요 16:23f.). 이러한 기도는 궁극적인 기대들과 관련하여 절망으로 떨어지지 않으면서도 응답이 없는 기도가 존재한다고 가정할 수 있다(겟세마네의 예수, 육체의 가시를 지닌 바울, 고후 12:1-9). 스스로를 해방시킨 사람은 자신과 다른 사람들을 위해 요구할 수 있는 위치에 있으며, 성령이 하나님의 목적과 일치되게 이 기도를 나타내실 것이라고 믿는다(롬 8:26). 이론적으로 이 모든 고찰들을 함께 유지하고 이것들을 서로 비교 검토하는 것은 매우 어려운 일로 보인다. 그러나 우리가 하나님을 만나는 기도의 행동에서, 이것은 다르다. 기도의 만남에서는 겸손과 담대함, 조용한 굴복과 열심있는 기대가 자연스럽게 함께 간다.

그 때에는 최종적으로 한 번 더 우리의 모든 질문들이 하나의 최종적인 질문으로 설명된다: 기도의 효력은 무엇인가? 이것은 하나님께 대하여 무언가를 성취하는가? 계약의 만남의 진정성과 결정적인 성격을 확신하는 사람은 하나님께서 그의 상대편에 대해서 ― 우리가 담대하게 기도하거나 혹은 상상할 수 있는 이상으로 ― 반응하신다는 사실을 의심하지 않는다. 스스로 이 협력 관계 밖에 있는 사람은 이 믿음을 위한 아무런 토대도 갖지 못한다. 안으로 들어가는 사람은 의심할 만한 아무런 근거도 갖고 있지 않다. 다음의 말로써 끝나는 바르트의 웅대한 지면들을 읽어보라(*CD* III,3, pp. 284-288). "궁극적으로 단순히 창백하고 무기력한 요청, 즉 하나님께 내어밀지만 비어있는 손들의 형태에 불과한 것만을 가질 수 있는 주관적 요소가, 만사 가운데 가장 객관적인 것, 즉 이스라엘의 왕이시고 그 나라의 왕으로서 그의 수중에 만물을 붙드시고, 이 세상에서 일어나는 모든 것을 최상의 존재를 위하여: 우리 주 예수 그리스도를 위하여(*per Jesum Christim, Dominum nostrum*) 인도하시는 그 한 분(the One)의 주되심을 감추고 포함하고 현실화하고 있다."

세계의 갱신

52. 신앙에 있어서 세계의 위치

기독교 신앙은 인간 지향적이다. 중요한 것은 사람들의 회심과 신생이다. 그 자체로서의 신앙은 인격적인 문제이다. 그러나 이것은 인격주의적인 것은 아니다. 왜냐하면 인간은 스스로 공동체, 즉 사람들과 구조들 전체 안에서 또 그것에 의하여 단순히 자신이기 때문이다. 사람을 실제로 인간으로 만들어주는 이 넓은 전체성을 우리는 "세계"라고 부른다. 이것은 크고 모호한 용어이며 따라서 역시 다른 의미들도 가질 수 있다. 이것은 오늘 살아있는 모든 인류를 나타내거나, 인류와 자연 전체를 나타낼 수 있다. 신약 성경에서 이것은 종종 복음을 모르거나 거절한 모든 비신자들을 나타내기 위하여 사용되었다. 그러나 이 장에서 우리는 인간 존재가 그 안에서 발생하는 전체 배경과 구조를 가리키는 말로서 "세계"를 사용한다. 만일 정치(국가)와 문화를 제외한 사회적인 구조들에 종종 국한된다는 사실만 아니라면, 우리는 또한 "사회"라는 단어를 사용할 수 있을 것이다. "문화"라는 용어도 역시 "세계"와 관련되지만, 이것은 예술과 문학과 철학, 등등과 같은 문화의 더 높은 차원을 위해서만 종종 사용된다. 따라서 우리는 더 폭넓은 용어인 "세계"를 선택한다. 이렇게 할 때에, 우리는 이 단어에 내재하는 모호성을 경계하기를 희망한다.

신앙은 실제로 세계와 아무런 관계가 없다는 사실이 옹호될 수 있을 것이다. 이 관점은 너무나 광범위하여 신학 편람들은 지금까지 거의 이 주제에 특별한 주의를 기울이지 않는다. 그러나 이것은 치명적인 실수이다. 인간을 창조하신 하나님은 그를 세계 속에 있는 인간으로 창조하셨으며, 따라서 그는 또한 세상도 창조하셨다. 중요한 것은 사람이지만 정확히 그 이유로 해서 세계도 역시 마찬가지로 중요하다. 인간과 세계는 한 가지 실재의 두 가지 측면이다. 이것들은 서로 간에 환원될 수 없으며 서로를 단순히 규정할 수 있을 뿐이다. 이런 이유로 해서 기독교적인 창조와 신생과 완성의 개념은, 만일 세계가 이 고찰에 포함되지 않는다면 추상적으로 남아있을 수밖에 없다. 특별히 신생의 교리는 이러한 무시로 인하여 곤란을 겪었다. 한편으로 이것은 그것을 세계로부터 분리되고 따라서 너무나 자주 비실재적인, 즉 실재의 살과 피를 가진 실재의 피조물이 아닌 인간에 대한 연구로 환원시켜 버렸다; 다른 한편으로, 세계에 대한 이것의 침묵으로 말미암아 이것은 이 세계가 신앙에 대해 무의미한 것이라는 사실을 암시하는데, 그 이유는 이것이 스스로를 구원할 수 있거나 혹은 구원받을 수 없게끔 상실되었기 때문이다. 어느 것도 옳지 않을 것이다. 만일 인간을 새롭게 하는 것이 하나님의 염원이라면, 세계를 새롭게 하는 것 역시 그의 염원임에 틀림없다. 그렇지 않으면 그는 단순히 절반의 인간만을 새롭게 하게 될 것이다.

 따라서 성경에서 세계의 갱신은 독특한 주제이다: 모세오경의 율법책과 그것에 기초한 이스라엘의 신정(神政)정치에서, 사회적이고 국제적인 문제들에 대한 예언적인 메시지와 심판에서, 부자를 정죄하시고 가난한 자들의 명분을 변호하시는 예수의 말씀과 행동에서, 권세들에 대한 그리스도의 주권에 관한 바울의 생각 속에서, 유대인과 희랍인, 강한 자와 약한 자, 부자와 가난한 자, 시민과 정부, 주인과 노예, 남편과 아내, 부모와 자녀의 관계에 대한 서신에서의 훈계 속에서.

 복음이 사회 구조와 갖는 이 관계가 신앙의 연구에서 아무런 반향을 찾지 못하였다는 사실은 정말로 불가해한 것이다. 우리의 판단으로는 이것은 논거들의 결합으로 말미암은 것이다: 고정된 창조의 법령들, 정부와 이것이 세우고 유지하는 질서에 대한 존중, 신약 성경이 구약보다 구조에 훨씬 덜 관심을 보여주고 있다는 사실, 압도적으로 인격적이고, 심지어 "내적인" 성격을 가지고 있는 것처럼 보이는 성령의 활동. 인간뿐만 아니라, 세계도 역시 새롭게 될 수 있고 또 새롭게 되어야 한다는 인식은 사회의 대변동들이 교회에 충격을 주어 교회에 위탁된 메시지의 이러한 측면을 알게 할 때마다 다시 살아나게 된다. 아마도 교회는 이러한 훈계가 이미 자신의 메시지 속에 포함되어 있기 때문에 이러한 훈계를 필요로 하지 않을 수도 있을 것이다. 그러나, 역사적으로 사실들은 좀처럼 그와 같지 않았다. 따라서 하나님은 세계 내에서 일어나는 일에 의해서 그 역만큼이나 많이 교회를 교훈하시게 되었던 것이다. 더 나쁜 것은, 교회는 이 교훈을 종종 너무 늦게 혹은 불충분하게 마음에 받아들였다. 교회는 프랑스 혁명의 교훈을 배우는데 한 세기 반이나 걸렸다. 한편, 산업 혁명은 오랫동안 더 많고 더 파급효과가 큰 변화들, 즉 교회가 단순히 마지못해서나 혹은 주저하면서 — 약간의 예언적인 환상가들의 예외가 있지만 — 대면하려고 하는 변화들을 이미 요구하였다.

좀더 최근에는 여기에 선진국과 후진국들 사이의 간격에 대한 점차적인 인식이 더하여지게 되었다. 지금까지 부자 나라들은 이 간격을 좁히기 위해 무엇을 할 것인지 거의 평가하지 않았다. 그 결과로, 20세기에 살고 있는 우리는 더 이상, 우리의 신앙의 연구에서도 역시, 세계와 그것의 신생에 대한 문제를 피할 수 없다. 그러나 한 번 더 말하자면, 이것은 신학이 긴급한 문제들을 다뤄야 할 의무를 가지고 있다고 해서 그런 것이 아니다; 그러나 상당 부분은, 이 문제들이 너무나 오랫동안 무시되어 왔던 신앙의 차원을 교회에 상기시켜 주기 때문이다.

이 마지막 진술은 만일 우리가 교의학과 윤리학을 구분하지 않는다면 불공평하게 들릴 수도 있다. 적어도 최근 수십년간, 기독교 사회 윤리학은 사회 구조와 그것들의 변화에 큰 관심을 보여주었다. 이것은 그것들의 실제적인 책임과 관련하여 교회와 신자에게 호소하였다. 교의학의 견해는 다르다; 이것들이 하나님의 행동과 그의 약속과 성실성에 근거하고 있는 한, 이것은 이러한 행동의 근거와 가능성에 대해 질문한다. 이러한 질문이 없으면 기독교 윤리학은 허공에 매달려 있게 된다. 그러나 우리는 여기에서 생소하고 어려운 영역으로 들어가지 않는다. 앞 장에서와 같이, 우리는 성령론의 궤도 안에 남아 있을 것이다. 여기에서 질문은 이렇다: 사람들을 새롭게 하시는 성령이 이와 유사하게 그들의 세계를 새롭게 하실 것이라는 약속이 있는가? 원칙적으로 우리는 이미 이 질문에 긍정으로 답하였다; 성령은 절반의 일을 하시지 않으신다. 그러나 깊이 성찰해 보면, 우리는 큰 난점에 부딪히게 된다. 사람들은 믿고 회개하고 자신들의 길을 개선하며, 새로운 삶을 이끌려고 노력한다. 구조는 이것을 할 수 없다. 이 고찰은 많은 기독교인들에게 세계의 변화와 신생이 단순히 새로워진 사람들의 활동으로서만 일어날 수 있는 것이라고 생각하게 하였고, 여전히 그렇게 인도하고 있다. 이것이 바로 이 변화가 교의학에서가 아니라 단순히 윤리학에서 다루어지고 있는 이유이다.

그러나 이것은 부당한 분리이다. 만일 새로워진 사람이 구조의 갱신을 위해 일하도록 강요된다면, 이것은 개인적인 취미가 아니라 성령의 명령이다. 그러나 성령은 구조를 새롭게 하는 활동에 있어서 신자들을 통하여 단순히 활동하시는 것은 아니다. 왜냐하면 이것이 상당한 정도로 신자들이 아닌 사람들의 활동이라는 사실이 분명하기 때문이다. 따라서 세계의 갱신은 사람들의 신생의 직접적인 열매가 아니며, 이것은 그 자체의 방법을 따른다. 이 길들이 성령의 길인지의 여부는 미리 긍정될 수도 부정될 수도 없다.

이 영역에서 책임적인 진술을 할 수 있기 위해서, 우리는 아직 입증되지 않은 명제로서 시작한다: 세계 내에서 성령의 새롭게 하시는 활동은 사람 안에서의 그의 활동과 유비를 보여준다. 유비는 유사성과 차이점을 나타낸다. 인간의 신생을 언급할 때, 우리는 성화와 자유와 사랑, 죽고 다시 사는 것과, 투쟁과 진보와 같은 개념들을 사용하였다. 우리는 만일 성령이 세계 내에서 활동하신다면, 이 개념들의 유비들이 반드시 존재한다는 가정으로부터 시작한다. 왜냐하면 세계는 인간 자신이 무엇인지에 대한 제도적인 표명과 연장이기 때문이다. 구조들 역시 하나님에 의해서 거룩하게, 즉 쓸모있게 되어질 수 있다. 이것들은 자유와 사랑을 증진하거나 방해한다. 또한 구조들 속에서 전투가 이기주의와 사랑 사이에서 맹위를 떨친다. 또한 이 영역 안에서, 실제로 정확히 여기에서는, 경과와 심지어 진보의 개념들이 중심에 있다.

이러한 고찰을 통하여 우리는 앞의 장의 그것과 유비되는 착상과 배치를 이 장에 과감하게 제공하게 된다. 그리고 우리는 우리가 이것과 더불어 얼마나 얻을 수 있는지를 기다리고 보게 될 것이다. 우리는 세계의 성화에서부터 시작할 것이다(53장). 다음으로 어떤 의미에서 성화의 관점에서, 진화와 진보를 언급할 수 있는 질문이 존재한다(54장). 세번째로 우리는 미래에 있을 성령의 승리를 어떻게 생각할 수 있는지를 질문하게 될 것이다(55장).

세계의 갱신의 가능성과 관련한 신앙의 역할과 신앙의 연구에 있어서의 제한은 상당한 정도로 복음 그 자체의 성격으로 말미암은 것이다. 결국 이것은 사람들을 향하며, 믿지 않는 대부분의 사람들 속에서(구약의 고임, 신약의 코스모스와 아이온 후토스), 하나님과 그리스도에 대한 반대의 연합, 즉 사회 구조들을 또한 상당히 크게 지배하는 어떤 것을 보게 된다. 또한 이 점에서 교회에 의한 결정적인 권위와 조화되었던 신약에서, 이러한 제한은 구약에서보다 훨씬 더 큰 것이었다: 작으면서 곧장 박해를 받았던 소수의 기독교인들은 사회와 국가의 삶을 지배하였던 규칙들과 관련하여(더욱이 우리의 민주주의 체계도 알지 못했다) 로마 제국에서 아무런 목소리를 갖지 못했다. 따라서 우리는 성령과 세계의 관계에 대해서 신약에서 거의 발견하지 못하며 세계의 성화에 대해서는 전혀 아무런 기획도 발견하지 못한다.

그러나 면밀히 조사해보면, "세계"라는 주제가 성경에서 단순히 주변적인 역할만을 수행한다는 결론은 유지될 수 없다. 위에서 좀더 큰 형태로 우리는 이것이 명백하게 중요한 주제로 있는 구약과 신약의 부분들을 언급하였다. 구약에 대해서 우리는 우선 율법서의 방대한 입법을 생각하게 된다. 이것이 포함하고 있는 다양한 율법의 편집물들은 많은 사람들이 우리가 일반적으로 "신정정치"라고 부르는 것을 향하여 나아가는 것처럼, 그것의 윤리적이고 제의적인 차원들이 하나님께서 자기 백성들을 위하여 생각하셨던 것에 의해 다스려지는 사회 생활의 유형이다. 이것의 많은 규정들은 주변 국가들, 특히 바벨론의 율법(특히 함무라비 법전)과 비교되며, 차이가 있는지에 대해서, 그리고 만일 그렇다 하더라도, 이것이 신학적으로나 사회학적으로 설명될 수 있는지를 말하는 것은 언제나 쉬운 일이 아니다. 그러나 이스라엘에서 이 율법들은 새로운 배경, 즉 이것과 함께 가는 계약과 신정의 배경을 받아들인다. 이 율법들 가운데 어떤 것들은 이스라엘의 하나님의 품성과 밀접하게 연결되어 있음이 분명하다.

우리는 두 가지를 언급할 것이다. 신명기 17:14-20에서 신정적인 왕은 하나님의 율법에 엄격하게 종속되어 있으며 모든 동양적인 신성적 영광은 가지고 있지 않다; 그는 너무 많은 권력과 즐거움과 부에 대해서 자신을 지켜야 하는 대등한 사람들 가운데 단순히 으뜸에 불과하다. 이 그림이 이스라엘의 역사와 심지어 이스라엘의 사료편찬과 예언에 얼마나 많은 영향을 미쳤는지는 분명하다. 두번째 보기로서 우리는 안식년과 (또한 P에서) 희년(출 23:10f.; 레 25; 신 15:1-18)에 대한 교훈들을 언급할 것인데, 이것들은 인간의 소유가 하나님으로부터 빌려온 것이며 가난과 큰 땅의 소유가 금지되어야 한다는 가정에 근거하고 있다; 희년의 개념은 "소득에 관한 정책"이다. 이것은 이 출발점에 기초해 있으며, 공산주의와 자본주의 사이의 세번째 자리(*tertium*)를 구성한다. 삶의 실제에 있어서는 이것이 거의 이루어지지 않았다. 그러나 이 이상은 이스라엘이 계약을 맺었던 하나님의 성품과 밀접하게 연결되어 있다; 따라서 정반대의 실천에 대한 이스라엘의 선지자들의 강력한 고발이 있었다(왕상 21장; 사 5:8; 미 2:2). 야훼 신앙과 사회-경제 윤리 사이의 관계에 대한 개관을 위해서는 C. van Leeuwen, *Le développement du sens social en Israel*(1954)를 보라. 그 자체로서 구약의 사회적이고 정치적인 기획들은 우리에게는 어떤 직접적인 권위도 갖고 있지 않다. 그러나 이것들이 거기에 있고 이러한 형태를 가지고 있다는 사실은 가장 중요하다. 더 깊이 조사해보면 아마도 이것들 중 많은 것들이 영감에 의해서든 비평에 의해서든 간에, 또한 기독교 교회에 대해서도 의미가 있을 수 있다는 사실을 알 수 있을 것이다.

신정정치 이외에, 예언이 언급될 수 있다. 이것들은 서로의 연장(延長)이다.

선지자들은 언제나 삶의 더 깊은 영역들을 첨가하였으며 하나님의 뜻을 이것들과 관련시켰다. 아모스는 이것을 사회 생활에 대해서 행한 첫번째 사람이었으며, 이사야는 대외 정책에 대해 이것을 적용한 첫번째 사람이었다. 제2 이사야는 세계의 열방들에 대한 내용이다. 선지자들에게 있어서 개인의 회심은 동시에 사회 생활을 지배하는 규칙들의 변형을 포함하였다.

신약에서 이러한 것들은 덜 두드러져 보이는데, 그 이유는 여기에서는 이스라엘이 더 이상 독립 국가가 아니었고, 신정정치의 남아 있는 지도자들이 예수를 십자가에 못박았으며, 교회가 유다 백성들의 한계를 넘어서 나아갔으며, 교회가 무력하고 곧 박해받을 소수였기 때문이었다. 그러나 예수는 그의 설교에서 인간의 사회적이고 경제적인 행동에 대한 선지자적 책망을 계속하였다. 그는 의도적으로 가난하고 멸시받고 곤궁한 자들에게로 향하셨다; 그리고 그에게 있어서 이것은 박애주의적인 측면의 관심이 아니라, 그의 은혜의 메시지에 필수적인 것이었다. 이것은 누가에게서 특히 분명히 나타난다(1:51-53; 3:10-14; 4:18f.; 5:20, 25; 10:25-37; 12:13-21 ,3f., 42ff.; 16:19-31; 18:18-27; 19:1-10). 이러한 봉건 사회에서 살지 않는 우리는 이 메시지를 범세계적인 윤리적 정황에 놓지 않는다면, 이것이 얼마나 혁명적으로 들렸었는지를 상상할 수 없다: 누가복음 12장에 나오는 어리석은 부자와 악한 종, 누가복음 16장에 나오는 부자, 삭개오, 부자 청년은 지금은 다른 국가들을 가난 속에 버려두고 있으며 그것에 대해서 회개해야 하는 산업화되고 번영하는 국가들이다. 그 때와 지금 사이의 사회의 유형의 차이점은 이렇게 해서 후기 기독교가 갱신의 세계적인 측면을 충분히 평가하지 못하게 하는데 기여하였다.

신약에서 구원의 이러한 세계적인 측면을, 특별히 그의 권세에 관한 교리에서 개념적으로 포착하였던 사람은 바울이다. 이 가르침은 또한 너무나 그 당시의 정황의 측면에서 해석되었으며(바울이 천사들의 형태를 언급하는 것으로 생각되었다), 이렇게 해서 이것의 영원한 취지와 항구적인 관련성을 보지 못하였다. 다음 장들에서 우리는 이것에 대해 더 많이 언급할 것이다. 이외에 우리는 소위 가정에 관한 교훈들을 언급해야 하는데(엡 6:1-9; 골 3:18-4:1; 벧전 2:11-3:7), 이것들은 기독교 사회 윤리의 최초의 기획으로서 기독교적인 사랑에 의해서 행동을 위한 당시의 기준들에 침투하고 변형하려고 의도되었던 것이다. 이 모든 것이 하찮은 것으로 보일 수도 있지만, 만일 신약이 전혀 그것에 도달할 수 없었다면 이것이 얼마나 쉽고 얼마나 변명할 수 있었을 것인지 우리가 고려해 본다면, 이것은 큰 것이었다. 따라서 좀더 우호적인 정치적 분위기 속에서 이런 생각들이 큰 발아(發芽)력을 가진 가능성을 보여줄 수 있을 것으로 기대할 수도 있었을 것이다.

교회사에서 이 기대는 단순히 아주 부분적으로만 실현되었다. 우리는 성경을 정확하게 읽는데 있어서 장애물들을 이미 지적하였다. 박해받는 소수의 위치가 장애물이었다. 그러나 콘스탄티누스 대제 이후로 지배하는 교회의 위치가 마찬가지로 장애물로 증명되었다. 이러한 교회는 기존 질서를 기꺼이 받아들이고 이것을 자신의 이익을 위하여 이용하려는 유혹에 쉽게 굴복한다. 그리고 이것은 마치 체제 순응주의가 로마서 13:1-7과 베드로전서 2:13-17과 같은 구절들에 의해서 완전하게 재가되는 것처럼 보인다.

이것이 바로 기독교 유럽이 적어도 수백년간 갱신된 세계의 비전의 씨앗들이 발아할 수 없었던 불모의 땅이었는가 하는 이유이다. 신학과 실천은 나란히 손을 잡고 나갔다; 대부분의 신학적 사고는 체제순응적인 실천을 반영하였다. 그러나 교회사와 신학사 모두에 있어서 온갖 종류의 예외가 있었는데, 그것들은 이것이 실제로 규칙임을 증명하였다. 교회와 정부들 사이에는 수많은 갈등들이 있었다. 유럽의 역사의 과정에서, 많은 선지자적이거나, 저항적이거나 혹은 혁명적인 개인들이나 집단들이 선지자들의 고발에 호소하거나 산상수훈으로부터 그들의 영감을 받아들였다. 화란에 대해서 말한다면, 화란 교회의 역사가 유럽의 국가 교회들의 그것과 같은 동일한 일방성을 보여주지 않았다면, 우리는 지금 이 모든 것들에 대해서 훨씬 더 많이 알 수 있을 것이다. 초대 교회에 의한 그들 시대의 사회에 대한 이론적이고 실제적인 비판, 오랜 세월 동안의 고리대금업에 대한 투쟁, 중세의 탁발 수도사들과 청빈 서약, 후스파의 전쟁, 토마스 뮌처의 활동, 재세례파의 소란, 신령파(the Spiritualists), 영국과 후대의 특별히 미국에서 전개되었던 자유 교회의 유형, 이 모든 것들은 세계내의 기존 질서가 결코 체제 순응적으로 받아들여지지 않았던 인상적이고 거의 중단되지 않았던 교회 전통의 일단을 구성하고 있다.

교회사에서 유효한 것은 또한 신학사에서도 부분적으로는 진실이다. 사실상, 이것들은 계속해서 섞이어 구성된다. 스토아철학과 성경의 관념들의 결합을 이용하는 교부 신학 연구는 자연법 사상을 발전시켰다: 이것은 타락 이전의 세계를 묘사하는 형태로, 자유와 평등과 형제애라는 세 가지 원칙에 의해서 지배되는 일종의 기독교 사회를 기획하는 것을 의미하였다. 기독교인은 혁명가가 되어서는 안되지만, 낙원과 새 예루살렘의 구조에 따라서 그가 할 수 있는 것과 마찬가지로 세계를 형성하는 소명도 가지고 있다. 이것은 수도원제도의 구조와 노예제도에 대한 반대, 이자의 금지, 자선을 해야 할 의무를 설명해 준다.

종교개혁에서 처음부터 칭의론이 사회 구조의 개혁에 관한 이론 및 실천과 나란히 손을 잡고 나아갔다는 사실은 주목할 만한 가치가 있다. 일찍이 1520년에 루터는 교회의 종교개혁을 통한 사회 개혁을 위하여「독일 국가의 기독교 귀족들에게」(*To the Christian Nobility of the German Nation*)라는 제목의 자신의 프로그램을 저술하였다. 같은 해에 츠빙글리는 용병제도(Reislaufen)에 반대하는 캠페인을 시작하였다. 1523년에 그는「하나님의 정의와 인간의 정의」(*Divine and Human Justice*)를 저술하였다. 취리히에서는 그의 통찰력이 사회 개혁으로 나아가게 되었다. 칼빈은, 제네바시(市)를 개혁하여 이것을 신정정치로 만들려는 그의 강력한 시도 없이는 생각될 수 없다. 그는 심지어 사회 문제들을 자신의 교의학에 포함하였다: *Inst* IV.xx: "시민 정부"(국가와 사회가 함께 논의되고 있다)의 마지막 장을 보라. 스코틀랜드 신앙고백(1560) 24장과 벨기에 신앙고백(1561) 36장은 심지어 이 주제를 교회의 공적인 신앙고백들 속에 포함하였다. 하급 행정관리들에 의한 저항권에 대한 칼빈의 조심성있는 사상들(*Inst* IV.xx.21)은 나중에 그의 의도와는 달리, 혁명 이론과 실천을 위하여 영감을 제공하였다. 그러나 마침내 종교개혁가들에 의하여 추구된 갱신 운동들은, 그들의 교회가 확립되고 중요하게 되고 사회에서 기존 질서의 지탱자들이 되었을 때, 제도화되거나 약화되거나 잊혀지게 되었다. 종교개혁가들의 이상 속에 내재해 있던 사회비판적인 정신은 자유 교회들에서 지속되었으며, 이 교회들은 미국 식민지에 구세계의 사회보다는 하나님의 뜻에 더욱 일치되는 사회를 건설하려고 하였다.

교회와 세계의 관계에 대해서는 E. Troeltsch, *The Social Teaching of the*

Christian Churches(E.T. 1931)의 고전적인 저작을 보라. 많은 자료들이 또한 5권으로 된 *Cultuurgeschiedenis van het christendom*(1948ff.)에서 찾아질 수 있을 것이다. 교부들의 자연법에 대한 비판적인 취지에 대해서는 또한 F. Flückiger, *Geschichte des Naturrechtes*, I(1954), 특히 8장을 보라.

사회 법칙들에 대한 불만이 없었던 시대는 교회사에서, 특별히 많이 지탄을 받는 경건주의에서도 존재하지 않는다. 이미 할레에서 프랑케의 지도하에 이것은 큰 교육적인 노력들을 시작하였으며, 그 제도들 속에 혜택받지 못한 사람들을 위한 피난처를 만들었으며, 그 비밀 예배에서 계급과 성별, 지위의 차이를 무시하였다. 만일 우리가 선교사(史)를 살펴보면, 이것이 훨씬 더 분명하게 된다. 선교 분야에서, 기독교인들은 구조적인 변화에 상당한 관심을 보여주었으며 전통적인 삶의 양식에 대한 존중이 결여되어 있다고 당대인들에게 자주 비난을 받았다. 그러나 이와 관련하여 선교가 종종 기독교의 구조와 같은 것으로 고려되는, 서구(북반구)의 사회 구조를 소개하려고 하였다는 사실이 기억되어야 한다. 이것은 자신의 문화에 대해서는 체제순응적이었던 반면에 원시 문명에 대해서는 혁명적인 활동을 하는 것을 가능하게 해주었다. 그러나 교육과 병자에 대한 관심, 가난하고 혜택받지 못한 자에 대한 관심의 분야들에서의 광범위하고 철저한 활동을 통하여 주요한 체제순응의 경계 내에서 정신과 제도들의 변화를 일으키려는 노력들이 또한 존재하였다: 이러한 활동은 때때로 기존 구조들에 대한 비판에 근접하거나 혹은 심지어 비판이 되었다(T. Chalmers, C. Blumhardt, 기타 등등).

그러나 여기에서 우리의 관심은 얼마나 어느 정도나 "세계"라는 주제가 신학에 의해서 취급되었는지에 대한 의문이다. 이것에 대해서 우리는 종교개혁으로부터 빨라도 19세기 후반부로 뛰어넘어가야 한다. 왜냐하면 기독교의 몸(*corpus Christianum*)으로부터 떨어져 나간 세속주의의 도래만이 복음과의 대면을 새롭게 할 필요가 있는 힘으로서 세계의 비전으로 나아갔기 때문이다. 처음에 이 이상은 오직 윤리학에서만 표현되었으며 교의학에서는 거의 표현되지 않았다. 종종 언급되는 예는 리차드 로테(Richard Rothe, 1799-1867)인데, 그는 인류의 도덕적인 완성이 교회가 아니라 국가에서 형태를 이루어야 한다는 견해를 제시하였다: 그러나 이 관념은 너무나 문화적이고 너무나 낙관적이어서 "세계"의 갱신에서 존립할 수가 없었다. 이와 관련하여 아브라함 카이퍼(Abraham Kuyper, 1837-1920)가 훨씬 더 중요하였는데, 그는 칼빈주의적인 신정정치와 현대 민주정치의 결합을 통하여 세속주의를 이념적으로나 유기적으로 공격하려고 하였다(트뢸치가 이런 이유로 해서 그에 대해 *Social Teaching*의 마지막 부분에서 언급한 내용을 보라). 그는 구조에 상당한 관심을 갖고 있었다("삶의 범위들", "삶의 영역들"). "일반 은총"과 "대립 명제"라는 두 기둥 위에서 그는 기독교 체제에 의해서, 일반 문화에, 특별히 교육과 과학, 정치, 사회 관계들에 영향을 미칠 수 있는 독립적인 기독교 문화를 세우기를 원했다. 특별히 *Lectures on Calvinism*(E.T. 1931), *Van de gemeene gratie*(1902-1905)와 *Pro Rege*(1911f.)를 보라.

카이퍼가 단순히 세속주의에 의해서 제기된 도전의 측면에서만 구조의 문제를 여전히 생각하였다면, 이 질문은 이미 그 이전 오래 전에, 또다른 전혀 다른 형태로, 즉 산업 혁명과 이에 수반되는 무자비한 자본주의의 결과로서 제기되었다. 이것은 그들이 이것들을 적대적이고 "소외시키는" 세력들로 보기 시작하였다는 이러한 의미에서, 노동자 계층으로 하여금 구조들을 알게 만들었다. 특별히 칼 마르크스(Karl Marx, 1818-1883)는 이것에 대하여 그들의 눈을 열어 주었다. 그의 개념은 유물론 및 무신론과 아주 밀접하게 연결되어 있어서 한 세기 내내 신학은 "세계"라는 주제에 대한 신선한 신학적인 숙고를 자극하는 요소를 그 안에서 찾지 못했다. 단지 최근에 와서야 우리는 마르크스와 함께 그를 통하여 우리 세계의 구조들이 하나님이 원하시는 인간 삶의 질과 관련하여 얼마나 많은 소외의 영향을 미칠 수 있는지를 발견하였다. 이 발견의 결과로, "세계"라는 주제가 이전에는 결코 그렇게 하지 못했던, 우리의 주목 안에 각인되었다.

마르크스와 복음 사이의 차이가 이 주제와 관련하여 무엇인지 정확히 지적하기는 여전히 어렵다. 왜냐하면 마르크스도 역시 인간과 그의 행복, 그리고 구조들이 그 목적에 이바지하게 하려고 하는 일에 관심을 갖고 있었기 때문이다. 그러나 마르크스에게 있어서, 인간은 특별히 구조의 대상이고 희생물이었다. 그에 의하면 인간이 역사의 과정을 통하여 이러한 예속으로부터 단순히 해방되는지 아니면 인간이 또한 이 구조들의 주체이고 따라서 결정론의 영역으로부터 자유의 영역으로 스스로 도약할 수 있는지 분명하지 않다. 여하튼, 젊은 시절에 마르크스는 또한 이렇게 말했다: "사람들이 환경과 교육의 산물이고 따라서 변화된 사람들이 다른 상황과 변화된 교육의 산물이라는 유물론은 상황을 변화시키는 것은 사람들이며 교육가 자신이 교육을 받을 필요가 있다는 사실을 잊고 있다"(*Theses on Feuerbach*, 1846, 세 번째 주제로부터).

세속주의와 마르크스주의 다음으로 우리에게 세계의 문제를 아주 많이 알게 해 준 세번째 요소는 진화론적인 사고에 의해서 야기된 우리의 역동적인 전망이다. 구조를 정적이고 불변하는 실체들로 보았던 이전 세대와는 달리, 우리는 이것들을 훨씬 더 많이 진화론적인 과정 속에 있는 개별적인 계기들로서, 그리고 본래적으로 변하는 것들로서 경험한다. 우리에게 있어서는 "자연법칙"의 이론이 그것의 유용성을 대부분 상실하였다. 또한 모든 것이 지금 존재하는 것과 전혀 다르게 될 수 있다. 이것은 마찬가지로 세계의 성화를 포함할 수 있도록 인간의 변화가능성(성화)에 대한 믿음을 확대하려는 신학자들에 대한 도전을 포함한다. 그러나 이 모든 것에도 불구하고, 오늘날의 교의학에서는 세계의 문제가 거의 논의되지 않는다. 그러나 또한 신앙 연구의 전통적인 기획에 있어서 마침내 하나의 변화로 나아가는 모든 종류의 예비적인 시도들이 있다.

바르트는 인간과 교회의 성화의 유비를 사용하여 구조의 문제를 다루었다. *Church and State*(E.T. 1939)와 *Christengemeinde und Bürgergemeinde*(1946)를 보라. 그러나 그의 교의학에서는 이만큼만 발견된다: *CD* IV,3도 역시 증인과 사도직의 한계 안에 머물러 있다. (*CD* IV,4를 위하여 아직도 출판되고 있는 강의들은 더 많은 것을 포함하게 될 것이다: A.W. Kist, *Antwoord aan de machen*, 1971, 특히 pp. 356-365를 보라.) F.-W. Marquardt, *Theologie und Sozialismus*(1972)가 이것을 말할 때 옳지 않다고 한다면, *CD*가 또한 좌파적인 사회주의의 문제에 대한 답변으로서 읽힐 수 있을 것이다(VI장) — 그러나 그런 일은 있을 것 같지 않다.

또한 이와 관련하여 중요한 것은 A.A. van Ruler(반 룰러)인데, 그는 그 나라와 성령이 중심이고, 그 나라가 또한 정치적인 질서로 생각되는 신학에 칼빈주의적인 신정정치를 통합하였다. 따라서 그는 "인격주의"에 반대하였는데,

이것은 1945년에 나타났으며 그의 견해에 의하면 제도와 구조의 중요성을 오판하였다. 그러나 그의 사고에 있어서 구조의 문제는 단순히 세속주의의 정황 속에서만 나타나며, 자신의 해결책을 위하여 그는 "신정정치", "기독교화", 그리고 "하나님께 영광을 돌리는 국가"와 같은 개념들로 돌아가고 있다. 구조의 성화는 따라서 좁고 보수적인 한계 내에서 유지된다. 특징적인 보기로서, 그의 논문, "Theocratie en tolerantie," in *Theologisch werk*, I(1969), pp. 191-215를 보라.

현금의 신학자들 가운데에서 특히 위르겐 몰트만은 신마르크스주의자인 에른스트 블로흐에 의해 자극을 받았고, 신학에 대하여 구조의 문제의 관련성을 표명하려고 하였던 사람으로 언급될 수 있다. 그의 *Theology of Hope*(E.T. 1967), ch.5와 *The Crucified God*(E.T. 1974), ch.8을 보라. 보다 루터파적인 접근방법은 H. Thielicke, *The Evangelical Faith*, II(E.T. 1977), par. 17,4에 의해 제공된다.

구조의 문제의 신학을 위한 많은 자료가 세계 교회협의회의 각종 출판물들 속에서 발견될 수 있다. 그러나 이 건물의 벽돌들은 많은 다른 벽돌과 함께 아직 조직 신학으로 통합되지 않았다.

53. 세계의 성화

신앙의 연구에서 성화는 하나님의 거룩한 사랑이 인간의 생각과 행동에 동기를 제공해주는 방식을 지시한다. 그 엄격한 의미에서 이 단어는 세계의 사회적인 여타의 구조들에 적용되지 않는다. 구조는 동기가 부여될 수 없다. 이것들은 인간의 활동들을 전달하고 결합한다. 이런 이유로 해서, 이것들은 성화의 힘을 방해하거나 소멸시킴으로써 심히 훼방할 수 있다. (예: 고용주는 자신의 근로자들을 위하여 최상의 작업 조건들을 만들려고 노력하지만, 현재의 경제 체제에 내재해 있는 이윤 동기와 경쟁으로 말미암아 자신의 시도에 있어서 좌절하게 된다.) 구조는 성화된 활동을 위한 필수적인 통로를 제공함으로써 도움을 줄 수 있다: 그리고 그 자신 안에서 마지못해서 혹은 억지로 돕고 선행을 행하는 사람들을 강요함으로써 도움을 줄 수 있다. (예: 많은 법들은 우리 돈의 얼마를 전체 공동체의 이익과 가난한 자에 대한 배려와 병약자들, 기타 등등을 위하여 내어 놓을 것을 우리에게 강요한다.) 좋은 동기가 없는 선행은 진정으로 선한 것이 아니라는 이의가 제기될 수 있을 것이다. 그러나 선하거나 그렇지 않은 동기를 가지는 것과는 별개로, 행동 역시 선하거나 그렇지 않은 결과를 가지고 있다. 기독교적으로 말한다면, 두번째가 첫번째만큼 중요하다: 하나님은 마음 속에서 뿐 아니라 세계 안에서도 살기를 원하신다. 그는 그의 거룩한 사랑의 힘을 위하여 최상의 가능한 통로를 제공해 주며, 무기력과 이기주의, 그와 이웃에 대한 무관심의 힘들을 가능한 한 많이 중화시켜주는 사회 형태를 원하신다.

앞에서 말한 것으로부터 우리가 "성화된 구조"라는 말로써 의미했던 바가 분명해졌다. 대상은 정부와 입법의 형태, 토론과 중재의 형태, 서로를 다루는 성문화되고 성문화되지 않은 규칙들, 성(性)과 세대들의 관계, 고용주와 고용자들, 부자와 가난한 사람들, 회사와 국가들 등등이며, 이것들은 가능한 한 많이 하나님의 거룩하신 사랑의 목적을 위한 전달이나 혹은 적어도 공간을 허용한다. 우리는 이 성화, 단순히 개인적인 성화에 불과한 것이 우리의 자연적인 염원과 일치한다는 신호로서, 여기에서 거룩한 사랑을 강조하여 언급한다. 규범이 없는 염세적이고 다원론적인 사회(이러한 사회가 있을 수 있다고 가정해 보자)는 신정 정치적인 절대권만큼이나 여기에서 배제된다.

여기에서 성령의 새롭게 하시는 활동이 이 사회의 형태와 어떠한 관계가 있으며, 그리고 관계를 맺는지의 여부에 대한 앞 장의 질문이 더욱 긴박하게 되돌아온다.

1. 성령(세계와 관계를 맺고 계시는 하나님 자신)도 역시 세계의 창조와 보존에서 활동하신다. 사람은 하나님에 의해 버림받지 않는다. 만일 그렇지 않으면 그는 완전한 지옥에서 살아갈 것이다. 그러나 세계 어느 곳에서나, 살아있는 기억 속에서, 그들이 살아가는 구조는 그들의 이기주의와 무

기력에도 불구하고 사람들이 함께 일하도록 강요하며, 그렇게 해서 그들의 행동 속에서 이웃을 그들 자신처럼 사랑하도록 만든다. 실제로, 인간의 이기주의는 규칙적으로 이 구조를 방해하였다; 그러나 그 역도 마찬가지로 사실이다. 사람들은 어느 정도 성화된 구조를 만들어내며, 이 구조들은 사람들이 스스로 다소간 성화된 방식으로 행동하도록 만든다.

2. 이 활동과 결속하여 이것을 심화하고 수정하고 확대하면서, 성령은 사랑의 도구로서의 성화된 사람들을 통하여 활동하신다. 이 사람들은 사회적으로 유용하고 가능한 것에 관심을 가지고 있을 뿐 아니라, 그들의 첫번째 관심은 규범적인 것이다. 그들은 구조가 더 많은 사랑의 행동을 성취하는 것을 가능하게 하는 과제를 스스로에게 부과하지만, 또한 가능한 곳에서는 (그러나 이것은 종종 얼마나 불가능한 일인가! pp. 361f.를 보라) 이 행동들에 더 많은 기회와 더 큰 효과를 허용하도록 이것들을 변형하려고 노력한다.

3. 성령에 의해서 이렇게 도입된 사회정치적인 관념들은 1에서 언급된 것과 관련하여 성령의 이러한 특별한 작용과는 별개로 세계의 보존과 개선에 대하여 스스로 책임이 있음을 알고 있는 많은 사람들을 설득한다. 단순히 신자로서, 이 사람들은 성령의 이 객관적인 성화의 활동의 담지자가 될 수 있다. 역으로, 신자들은 구조적인 성화의 영역에서 범법자가 될 수 있는데, 그 이유는 그들의 정신과 상황으로 인하여 특정하고, 종종 긴급한 문제 영역들에 대해서 그들이 눈을 감아버리기 때문이다.

이렇게 해서 우리는 앞장에서와 같은 결론에 도달하게 되었다: "세계의 갱신은 사람들의 신생의 직접적인 열매가 아니라, 그 자신의 방법을 따른다." 그러나 이 길 역시 성령의 길이다. 교회의 머리되신 그리스도는 또한 모든 인류의 머리가 되셨다. 그의 형상을 본받는 것은 개인들을 위해서 의도되었을 뿐 아니라, 전체 인류, 따라서 또한 공동체적인 삶의 양식을 위해서도 의도되었다. 따라서 성령은 또한 이 두번째 측면으로 나아가신다.

사회 구조에 성화의 개념을 적용하는 것은 새로운, 단순히 유별난 것이 아니다. 이러한 측면에서 가장 멀리까지 나아간 저자는 A.W. Kist, *Antwoord aan de machten*, 제10장이다. 이 개념은 기독교 신앙과 상충되는 열광적이고 유토피아적인 기대를 불러일으킬 수 있다. 브룬너는 "기독교인들은 자신들이 성화되는 그런 방식으로 세계, 즉 인류를 '성화할' 수 없다"(*Dg* III, p. 315)고 적었다. 그러나 공동체를 다스리는 규칙과 관계의 의미로 받아들여진 인류는 공동체를 구성하는 사람들의 의미에서의 인류보다 성화를 위한 더 큰 능력을 소유한다. 세계의 일반적인 보존에서 활동하시는 성령의 작용의 방식에 대해서는(논지 1), 27장을 보라. 여기에서 인용된 문헌 이외에, 논지 1과 2의 관계에 대해서 또한 A. Kuyper, *Van de gemeene gratie*, 특히 Vol. III(1905)과, *Pro Rege*, Vol. III(1912)를 보라. 불신자들의 "율법을 모방하는" 활동의 가치에 대한 (개혁파의) 논의에 대해서는, J. Douma, *Algemene genade*(1966)을 보라.

보존의 구조가 계약 관계와 성화에서 변화되는 방식은 구약으로부터, 좀 더 특별하게는 입법, 제의, 축전, 왕권으로부터 습득될 수 있다. 신약에서는 바울의 권세(엑수시아, 스토이케이아)에 관한 가르침이 두드러진다. 이 권세들은 세계의 보존의 일부이지만(갈 4:1-3; 골 1:16), 그리스도가 활동하시는 영역에서 이것들은 그 성격에 따라 변한다; 이것들은 궁극적인 권세로서 자리를 박탈당하며, 따라서 하나님의 사랑의 도구로서만 존재할 수 있는 일종의 권리를 갖고 있다(롬 8:38f.; 엡 1:10, 20f.; 골 1:20). 에베소서 3:10에 의하면, 교회는 이 권세와 관련하여 자체의 기능을 갖고 있다: 유대인과 이방인의 화해된 공동체로서의 존재에 의해(2:11-3:7을 보라), 교회는 권세가 아무런 통제력을 갖지 못하는 하나님의 의도하시는 삶의 유형에 대한 선포이다. 우리는 바울의 권세론이 구조의 문제가 성경에서 의도적으로 다루어지는 유일한 형태라고 말할 수 있다. 이것은 바울의 문제와 선포가 해석학적인 유대 관계를 최소한으로 연결해주면서 오늘날의 문제에 적용될 수 있는 그런 방식으로 이루어진다. H. Berkhof, *Christ and the Powers*(E.T. 1962, 1977)와 특히 A.W.Kist, *Antwoord aan de machten*, chs. III-VIII를 보라.

현재 성령과 구조의 관계가 어떻게 생각되어야 하는가에 대한 상당한 견해 차가 존재한다. 반 룰러가 보는 것처럼, "기독교화"의 작업에서 성령은 칼빈의 의미에서(하나님의 주권의 구조적인 인정) 신정적인 질서에 의하여 창조 질서를 회복하면서 주로 뒤로 돌아가신다. 몰트만에 의하면, 성령은 미래로 나아가는 길을 준비하시고, 이 미래의 방향에서 기존 질서를 초월하려는 "출애굽-교회"를 창조하신다. 이 상반되는 관점은 물론 상반되는 정치적 이상과 행동으로 나아가게 된다. 우리의 개념은 구조의 문제에 접근하는 반 룰러의 구조 문제에 대한 원시적인 접근 방법과 다르며, 이것이 기독론적이고 성령론적이라는 점에서 몰트만의 종말론적인 접근 방법과도 다르며, 개인의 성화의 유비에 따라서, 시작에서도 끝에서도 출발하지 않고, "중간"에서 출발한다.

지금까지의 다른 모든 것과 같이, 이것들은 신앙의 진술들이다. 이러한 진술들은 일반적인 경험에 의해서 검증될 수 없다. 그러나 다소간, 여기에서 이루어지는 진술들은 대부분 다른 것들보다는 경험적으로 더 검증될 수 있다. 왜냐하면 복음이 세상에 들어왔고 어떤 부분들에서 이것은 오랜 세월 동안 문화와 구조에 영향을 미칠 기회를 가져왔기 때문이다. 우리는 물론 우선 유럽과 북미를 생각한다. 만일 실제로 사회 구조의 성화와 같은 것이 존재한다면, 그 지역과 세계의 나머지 지역 사이에 있는 차이로부터 이것을 보여주는 것이 가능해야 한다. 분명한 차이의 결여는 우리가 위에서 논의한 것을 매우 의심스럽게 만들 수도 있다.

그러나 우리가 여기에서 사용하는 용어의 의미에서 분명한 차이가 존재한다면, 이 차이가 또한 다른 방식으로 설명될 수 있는 한, 이것이 우리의 신앙 진술이 "입증되었다"는 사실을 따르는 것은 아직 아니다. 그러나 이 경우에 신앙 진술과 역사적인 현실 사이에는 아무런 모순도 존재하지 않는다. 현대의 전문어로 말하면: 성령과 구조들 사이의 관계와 관련된 신앙 진술은 일반적인 경험으로부터 검증할 수 있는 것이 아니라, 사실이 그런 것처럼 거짓으로 입증될 수 있다. 이렇게 해서 우리는 유럽 현상으로 돌아오게 되었다(문화적이고 구조적으로 북미도 역시 여기에 속한다).

문화사의 1300년이 지나는 동안 유럽이 "보편적인 인간 패턴"으로부터 점차적으로 벗어났다는 사실은 의심할 여지가 없다. 모든 일탈이 동시에 오지는 않았다. 오히려, 우리는 등가속운동(等加速運動)의 인상을 받는다. 두 가지 초기의 두드러진 요소는 병자와 가난한 자에 대한 배려와, 국가의 권세의 신적인 성격에 대한 거절이다. 이미 로마 제국에서 이 표지들은 기독교인들을 일반 행동 패턴과 따로 떼어 놓았다. 이것의 일부로서, 기독교도 역시 희랍-로마 개념으로부터 벗어난 인간관을 갖고 있었다; 이것은 기독교인들이 겸손과 자기 부정, 봉사를 나타내는 가치 속에서 표현되었다. 그리고 이것으로 말미암아, 노동과 책임이 강하게 강조되었다. 더욱이 이러한 빛에서 보았을 때, 모든 사람들의 일차적인 동등성이 초기 문화에서보다도 훨씬 더 두드러지게 되었다. 이렇게 해서 개인에 대한 배려의 발전과 사회 정의의 관념을 위한 공간이 만들어졌다. 결국, 민주주의는 이 관념들의 실현을 위하여 가장 적합한 사회 형태로 입증되었다.

혜택받지 못한 자들에 대한 배려와 기존 질서의 세속화 이외에, 언급될 수 있는 세번째 기본 요소는 자연에 대한 연구를 위해서 뿐만 아니라, 자연에 대한 점차적이고 더욱 철저한 지배를 위한 공간을 만들어가는 자연의 비신격화이다. 인류가 더 나은 미래, 즉 동시에 약속이고 명령인 미래로 가는 과정중에 있는 역사를 통과하여 간다는 인식의 맥락 속에서 이 모든 것이 일어난다. 유럽은 초기 문화의 정적인 형태를 버렸다. 사랑, 사실성, 목표 지향적인 역사의 관념들은 이 문화를 역동적이고 해방적이고 확장적인 것으로 만들었다. 이것은 삶의 모든 것의 발전과 인간 존재의 인간화를 목표로 한다. 이것은 세계의 다른 부분에 강력한 선교적인 영향을 미쳤다. 유럽-미국 문화의 영역 밖에 있는 나라들도 같은 규칙을 채택하기를 좋아하여, 그들은 자유와 평등과 번영의 동일한 열매를 즐길 수 있게 된다.

보편적인 인간 패턴으로부터 벗어난 이러한 수수께끼 같은 곁가지의 근원에 대한 질문은 아직 일치된 답변을 얻지 못했다. 오랜 세월 동안의 설교와 교육의 활동을 지니고 있는 기독교 신앙이 중요한 역할을 하였다는 사실은 부인하기 어려운 것이다. 그러나 비기독교 사상가들은 희랍-로마 문화에서나 혹은 르네상스 이후의 물리학과 기술의 부흥(과학과 법, 스토아철학의 인도주의적인 관념들)에서, 마찬가지로 세속주의에서 실제적인 설명을 찾기를 선호한다. 마치 개인에게 있어서 그의 이전 역사와 성격이 성화의 과정에 기여하는 것처럼, 이 모든 것들은 실제로 매우 중요하였다. 그러나 잊어서는 안되는 첫번째는, 특히 이 희랍-로마의 요소들이 교회가 느끼기에 교회 자신의 목적을 위하여 사용할 수 있었던 것을 계속해서 통과하여 지나갔다는 사실이며, 다음으로는 물리학과 기술과학이 원인이 아니라, 그것 자체가 오랜 세월 동안의 발전의 산물이라는 사실이다. 따라서 그럼에도 불구하고 우리는 기독교라는 효소가 유럽-미국 사회의 규칙과 목표의 기원과 진화에 있어서 결정적인 역할을 하였다는 결론에 도달하게 된다. 이것의 개별화, 인간화, 사회화, 사실성, 미래지향성의 특징들은 주로 복음의 관철로서 이해될 수 있다. 구약의 이스라엘 이후에, 우리는 여기에서 구조적인 성화의 최초의 큰 실례(實例), 아마도 다른 것들, 예를 들어 이전의 유럽 식민지들에서 이어지거나 능가되어질 수 있는 실례를 발견한다.

우리가 여기에서 논의한 구조적인 성화의 성격과 정도는 물론 성경에서 발견되지 않는다. 이것은 성경 내용들의 일부가 아니라 그것의 독특하고 인상적인 적용이다. 그러나 구약에서 이것은 계명으로서 명확하게 제시되었으며, 신약에서는 높아지신 그리스도의 우주적인 능력이 초인간적인 용어로 묘사됨으로써 이것이 불러일으키는 기대와 후대의 적용이 생소한 병치 관계로 나타나지 않는다. 우리는 마 28:18; 엡 1:20-23; 골 1:15-20; 2:15; 계 1:5을 생각한다. 세상의 소금에 대한 구절(마 5:13)과 겨자씨와 누룩의 비유들(마 13:31-33)도 역시 신자들의 사회의 한계를 훨씬 벗어나는 복음의 범위와 관철을 시사한다.

또한 기억되어야 하는 사실은 예수의 가르침의 많은 요소들, 특히 가난하고 무력한 자에 대한 이러한 관심은 이제 우리 사회의 구조 안으로 광범위하게 통합되었다. (이 요소들은 만일 우리가 오늘날 이것들을 단순히 우리 자신의 사회에 적용하지 않고, "제3세계"에 집단적으로 적용한다면 신선하고 비판적인 타당성을 얻게 된다!)

신학적인 개념으로서 유럽에 대해 상당하게 글을 쓴 사람들은 정확히 화란인들이다. "일반적인 인간 패턴"으로부터의 일탈로서의 유럽의 개념도 역시 화란인, 즉 얀 로마인(Jan Romein)으로부터 왔다; 그의 *Aera van Europa. De europese geschiedenis als afwijking van het algemeen menselijk patroon*(1954)를 보라.

신학적인 개념으로서의 유럽에 대해서는 이미 소개한 A. Kuyper, *Pro Rege*, III(1912), pp. 342-350을 보라. 반 룰러는 이 개념을 그의 논문 "De kolonie" in *Visie en vaart*(1947), 특히 pp. 139-157에서 포함하였는데, 여기에서 그는 유럽-미국의 기독교적인 문화를 육체 안에 계신 하나님의 현존으로서 계시가 세계를 통하여 확장되는 선택된 형태로 보았다. 더욱 구체적이고 더 많은 조건을 달고서 이 개념은 H. Berkhof, *Christ the Meaning of History*(E.T. 1966), ch.5, 특히 pp. 87-91에서, 그리고 H. van der Linde, *De oecumene in een planetaire wereld*(1967), ch. IV에서 다루어지고 있다; 양자에게서 더 많은 문헌에 대한 참고를 발견할 수 있다. 또한 H. Berkhof, *The Doctrine of the Holy Spirit*(E.T. 1964), pp. 100-104를 보라. A.T. van Leeuwen, *Christianity in World History*(1964)는 유럽에 의하여 희랍-로마 문화와 공생관계에 있는 이스라엘에서 시작하여, 전세계에 걸쳐 삶이 어떻게 비신화화되고 대변혁을 가져오게 되었는지에 대한 인상적인 분석을 제시하고 있다. 여기에서 제기되어야만 하는 질문, 즉 "왜 교회는 성령의 활동의 이러한 형태를 그토록 종종 인식하지 못하였는가" 하는 질문은 54장에서 다루어질 것이다.

54. 진보와 투쟁

우리는 개인의 성화의 영역에서 끌어낸 두 단어를 여기에서 사용한다(49장을 보라). 유비적으로 이 단어들이 구조적인 성화에도 적용될 수 있는지에 대한 질문은 답변하기 어려운 것이 아니다. 이것이 처음으로 유럽에서 일어났을 때와 같이, 공동체 구조의 성화의 역사는 미국과 세계의 더 큰 부분으로 확대되었고 아직도 일어나며, 투쟁과 진보의 역사이다. 이 역사 내에서 진보는 너무나 현저하여서 "진보"의 개념은 정확히 이 배경 속에서 제기되었다. 우선 우리는 이 진보의 신학적인 중요성을 고려할 것이며(A), 그 다음으로 신자 안에서 나타나는 옛 사람과 새 사람 사이의 투쟁과 유사한 문화 내적인 갈등을 유발하는 아주 부정적인 효과를 이 진보가 어떻게 수반하는지를 보여주게 될 것이다(B). 이것은 그 마지막을 우리가 볼 수 없지만, 그 안에서 우리가 한 편으로는 가속화된 갈등의 강화를 볼 수 있고 다른 한 편으로는 이것을 기대할 수 있는 변경할 수 없는 역사 내에서 일어난다.

A. 진보

유럽 안에서 유럽에 의해, 문화가 점차적으로 일반적인 인간 패턴으로부터 더 빠르게 벗어나게 되었다는 사실과, 몇 가지 본질적인 점에서, 이것이 인간의 개성과 상호 관계의 굉장한 발전을 의미하였다는 사실은 분명하다. 혹은 좀더 정확하게 말해서: 이 관계가 변하였으며 그 결과로 인간은 스스로를 더욱 자유롭게 발전시킬 수 있었다. 일어났던 것은 더 많은 집단과 계층에 대해 그들의 개인적이고 사회적인 존재의 잠재성의 더 많은 것을 끊임없이 인식할 수 있는 기회를 제공해주는, 이 관계들의 점진적인 수정과 변형이었다. 이 발전의 과정에서 결과와 원인이었던 구조적인 변화들을 단지 조금만 언급한다면: 법 앞에서의 평등, 정부의 행정부와 사법부의 분리, 의무교육, 보편적인 참정권, 종교의 자유, 육체적이고 정신적인 장애자를 위한 공적인 배려, 보험, 출판의 자유 등이다. 초기 문화에서는 알려지지 않았던 이것과 많은 다른 규정들은 비록 결코 완전하지는 않지만, 두려움과 굶주림과 가난과 후진국으로 존재하는 것으로부터의 자유를 위한 비교적 최상의 기회를 제공해주는 사회를 건설하였다.

여기에서 언급된 모든 예들은 프랑스 혁명보다 오래 되지 않은 가장 최근 시대로부터 나온 것이다. 이것은 우리가 구조의 성화라고 부르는 것이 기독교 신앙의 산물이라기보다는 오히려 세속주의의 산물이라는 인상을 줄 수도 있을 것이다. 이 견해에 대한 진리에 대해서 우리는 B에서 더 많이 언급하게 될 것이다. 여기에서 우리는 우리가 앞장에서 주목하였던 것을 언급해야 한다. 이러한 모든 곳에서 가속화된 과정 속에서 가장 주목할 만한 열매들은 단지 최근에 나온 것이다. 그러나 토양의 시비(施肥)와 나무의 성장이 결정적인 요인들이었다: 그리고 이것들은 오랜 세월의 과정을 필요로 하였다. 우리의 현 문화의 공리(公理)들은 기독교적인 기원을 갖고 있다. 따라서 기독교 신앙은 열매들을 인식할 수 있어야 한다. B에서 우리는 왜 기독교인들이 그럼에도 불구하고 종종 이러한 인식에 어려움을 겪고 있는지를 조사하게 될 것이다.

여기에서 우리는 기독교 교회가 이 열매들을 인식할 뿐만 아니라 인정하고 있는지의 여부에 대한 주요한 질문을 제기한다. 이 진보가 실제로 개인의 성화의 유비로서 간주될 수 있는가? 우리는 이 질문에 긍정으로 답하는데, 그 이유는 우리가 여기에서 동료 인간에 대한 더 큰 관심과, 그의 창조적인 잠재성을 위한 더 큰 기회, 그리고 약한 자와 혜택받지 못한 자에 대한 신중한 배려로 나아가는 진보를 목격하기 때문이며; 또한 모든 "정직한" 신념을 위한 더 큰 자유와 기독교 공동체와 선포와 봉사를 위한 함축성으로 인하여 그렇게 답변한다. 우리는 여기에서 봉사와 이웃 사랑, 희생 정신, 책임감의 관념들의 광범위한 적용을 보게 된다. 이것들은 기독교 신앙에 의해 틀림없이 인식되고 인정되는 요소: 즉 성취된 것에 대한 영원한 불만족, 진보를 향한 끊임없는 노력, 서구 문화를 다른 문화와 구별해주는 가장 현저한 기독교의 유산일 수 있는 "나쁜 양심"을 수반한다.

따라서 실제로 진보가 존재한다. 비록 기독교가 단순히 적당한 자극에 불과한 것이라 하더라도, 이것은 유럽 안에서와 유럽 밖에서, 계속될 것이다. 후자는 있을 수 있는 가능성이다; 기독교 신앙은 단순히 소수에게만 확신을 주지만, 구조적인 성화는 전세계의 사람들에게 확신을 준다. 많은 사람들은 이것을 인류 안에서 작용하고 있는 혁명적인 과정의 결과로서 혹은 심지어 이것의 최상의 성취로서 고려한다.

그러나 이 모든 것을 언급한 후에, 우리는 진보의 제한에 대해서 마찬가지로 강하게 지적해야 하며, 비본질적인 역사적 한계들이 아니라, 진보의 진정한 개념 속에 내재해 있는 그러한 것들을 염두에 두고 있다. 우리는 세 가지 이러한 한계들을 지적한다: (a) 이 개념은 물리학, 기술, 법률학,

사회 관계들에는 적용될 수 있지만, 예술, 인간 정신, 사랑, 감정이입, 종교에는 적용될 수 없다. 이 영역들에서는 우리가 예를 들어, 희랍 사람들이나 심지어 원시인들보다 "더 나아갔다"고 아무도 단언할 수 없을 것이다. (b) 이것은 존재의 일시성을 분리시키는 큰 세력들: 질병, 슬픔, 죽음에는 적용될 수 없다. 구조적인 과정은 이것을 더 견딜만한 것으로 만들고, 이것을 뒤로 후퇴시키거나 연기시키기 위하여 무언가를 할 수 있지만, 이것을 폐지할 수는 없다. a와 b로 인하여, 진보를 위한 모든 노력이 더 큰 인간 행복을 지향한다 하더라도, 행복의 의미에서는 진보를 말할 수가 없다. (c) 진보를 제한하는 세번째 경계는 죄의 사실이다. 만일 새로워진 구조 안에서 인간 자신이 새로워지지 않은 채로 남아있다면, 이 구조들은 다행히도 죄의 영향을 억제할 수 있다: 그러나 죄로 말미암아 구조적인 갱신의 방해도 역시 일어날 수 있다. 과거의 모든 잘못들은 너무나 종종 단순히 새로운 방법이나 다른 사람들과 더불어 지속된다. 진보에 대한 많은 신념이 큰 환멸에 이르게 되었는데, 그 이유는 사람들이 그 밖의 모든 것이 동일하게 남아 있는 반면에 오직 징표들만이 변경되었다는 느낌을 갖고 있기 때문이다. 여기에서 우리는 구조의 영역에서 성령과 "육"의 투쟁의 어떤 것을 보게 된다; 이것은 자신들이 죄를 몰아낼 수 없지만, 그럼에도 불구하고 하나님의 계획에 참여할 수 있다는 것을 알고 있는 기독교인들이 현실적으로나 영속적으로 연루되어야 하는 전쟁이다. 왜냐하면 모든 숨막히게 하는 진보는 신선한 긴장을 가져오고, 또한 우리가 책임을 지며, 자기 희생적인 봉사의 행동에 의해서 단순히 역전되거나 완화될 수 있는 신성한 심판으로 간주되어야 하는 폭발에 이르기 때문이다. 이러한 의미에서 개인의 성화도 역시 구조적인 성화에 대한 도전을 수반한다.

B. 투쟁

그럼에도 불구하고 이 문맥에서 투쟁은 전혀 다른 어떤 것, 즉 지금까지 우리가 언급하지 않았던 것을 의미한다. 사실은 진보에 이르는 해방의 과정이 투쟁에 의거하고 투쟁을 향하여 전진할 뿐만 아니라, 이 과정 자체가 그 자신의 독특한 종류의 투쟁을 도출해낸다는 것이다. 개인의 거룩이 없는 구조적인 성화는 인간에게 이중적인 효과를 가지고 있다: 이것은 발전하거나 전멸한다. 왜냐하면 해방되고 있는 인간은 하나님의 형상으로 창조되었던 인간이지만, 동시에 스스로 자율적이 되기를 원하면서 하나님의 형상으로 지음받은 그 창조에 내재해 있는 소명을 따르기를 거절하는 사람이다. 이것은 구조적인 갱신에도 불구하고 그리고 그것으로 인하여, 하나님의 우선권과 회심과 회개를 위한 구조적인 여지를 갖고 있지 않은 세계가 지어지고 있다는 것을 의미한다. 이것이 교회적으로나 문화적으로나 문제가 되지 않는 것처럼 보이는 때가 있다. 그러나 조만간에 우리의 문화가 그 위에서 건설되고 있는 이 두번째 기본적인 결정, 그 자체의 자율적인 결정은 스스로 분명하고도 고통스럽게 느끼게 된다(기독교적인 결정, 즉 갱신의 결정에 비하여); 이것은 개인적이고 집단적인 소비주의적 이기주의 속에서, 사람이 지배인으로서가 아니라 창조의 주인으로서 그 안에서 행동하는 잔인한 방식에 있어서, 의미의 상실과 존재에 의미를 부여하지 못하는 가운데에서 이것을 행하며, 권태에 이르게 되고 따라서 그들의 이데올로기와 목적을 위하여 사람에게 요구하는 권력에 대한 탐구에 이르게 된다. 기독교 교회는 점차적인 비기독교화로부터, 심지어 더욱이 현대인에게 존재의 수직적인 차원을 이해시키지 못하는 무능력으로부터, 이것으로부터 초래되는 소외를 이미 예언할 수 있었다.

    성화와 세속화는 함께 진행된다. 사회의 성화와 더불어 성령은 모호하고 내적으로 모순된 세계, 즉 그것으로부터 결실을 거두고 있는 복음 나무를 자르는데 바쁜 사회를 일깨우신다. 이것은 반드시 일어나게 되어 있다. "의인이면서 동시에 죄인인" 신자 안에서 투쟁을 자극하시는 성령께서 문화 안에서 같은 일을 하신다. 기독교 교회는 이 문화를 도저히 거부할 수 없다: 이것은 교회의 살 중의 살이다. 그러나 교회는 여기에서도 편안함을 느낄 수 없다. 어떠한 실제적이거나 명백한 자유가 그 안에서 교회에 남겨질 수 있다 하더라도, 교회는 전율하면서 이 도처에서 가속화되는 해방 운동의 최종적인 결과를 예상한다. 이것이 바로 그렇게 많은 기독교인들이 인간성과 해방에 있어서의 진보, 즉 더 깊이 성찰해 보면, 그들이 환영을 했어야만 하는 ― 그리고 실제로 그들이나 그들의 자녀가 결국 환영했던 ― 진보를 종종 시초에 저항하였던 가장 심오한 이유이다. 그들의 반대는 조급하였고 방향이 잘못 되었던 것이었다. 그러나 최후의 결과는 그 자체로서 옳은 길이 신생하지 않은 사람을 하나님과 그 자신으로부터 더욱 소외시키게 하는 것이었다: 그리고 그것은 이것이 기독교 교회에 고통과 고립, 그리고 배교와 무관심에 대한 투쟁을 야기하였다는 것을 의미한다. 성령에 의해서 시작된 진보는 영들의 선별작업으로 나아가서, 해방시킬 뿐만 아니라 단순히 그만큼 그 결과에 있어서 폭로하고 노예화하는 것이다.

C. 강화

우리는 "도처에서의 균일한 가속 운동"을 언급함으로써 이미 이 개념을 예기하였다. 이것은 역사와 미래와 목적의 의미로서 성령에 의해 고취된 문화에 필수적이다. 과학과 기술을 통하여 진보를 향해 나가는 이러한 추진력은 우리 세계의 하부 구조에 깊이 배여 있다. 그 결과로 우리는 우리의 전 존재로서 점차적으로 더 강해지고 빨라지는 흐름 속에 사로잡히게 된다. 우리 문화의 모호한 성격을 고려할 때 이러한 단계적인 확대가 어디로 이르게 될 것인지가 큰 문제이다. 모든 종류의 가능성이 존재한다: "용감한 신세계", 약탈되고 박탈된 나라들에 의해 시작되는 제3차 세계 대전, 이데올로기적인 블록들 사이에서 일어나는 핵전쟁, 반-기독교 이데올로기에 기초한 세계적인 독재 정부. 이것은 유럽이라 불리는 실험의 정지(standing)나 직접적인 실패가 될 수도 있을 것이다. 그러나 이런 전망에 의해 충격을 받은 인류가 소외시키는 힘들과 싸워서 스스로 자유롭게 되고 문화의 복음적인 뿌리를 거슬러 올라감으로써 갱신을 추구하는 것도 역시 상상할 수 있을 것이다. 이 지점에서 우리는 성경의 미래 기대 속에서 그것이 전개되는 것처럼 지구의 미래에 대한 두 가지 이미지를 생각하게 된다: 한편으로는 생존할 수 있는 인간 존재를 구원하는 유일한 희망으로서 복음적인 구조의 규칙들을 보편적이고 자발적으로 받아들이는 것,

즉 "천년 왕국"이고, 다른 한편으로는 반-기독교적인 세계 독재 정부이다 — 결국은 하나님의 전체적인 통치를 위한 공간을 만들기 위하여 서로를 이끌어 내고 제한하는 그런 방식으로. 미래에 대한 이 두 가지 이미지는 묵시적이고 신화론적인 것으로 해소될 수 없다. 이것은 예수의 처형에서 이루어진 인간의 결정과 그의 부활에서 이루어진 하나님의 결정 양자를 다 알고 있는 기독교 신앙에는 절대적인 것이다. 우리의 역사에서 이 두 가지 결정은 펼쳐지고 확대되며 강화된다. 우리의 역사는 서로를 일깨우고 제한하며 정복할 수 없는 두 가지 힘의 막다른 골목에 이르러 끝이 나게 된다.

신약에서, 우리가 여기까지 도출한 흐름은 임박한 기대(Naherwartung)로 말미암아 결여된 것처럼 보인다. 그러나 좀 더 면밀하게 조사해보면, 이것은 사실이 아니다. 우선, 그의 생애 동안의 예수로부터 그리고 나중에 복음의 세계적인 선포 속에서 나온 두 가지 효과에 대한 강력한 강조가 존재한다(특히 마 10:34; 13:24-30[같이 자라고 있는 알곡과 가라지에 대한 비유]; 눅 2:34; 요 9:39; 고후 2:16). 이 진술과 이와 유사한 진술들은 하나의 사건에 대한 설명이다: 예수는 그 사람들에 의해 살해되었다; 그러나 거기에서 그의 주변에 새롭고 꾸준하게 성장하는 공동체가 모인다; 그러나 이것은 박해를 수반하며, 그의 백성의 대부분의 다수는 그를 계속해서 거부한다. 이것은 또한 역사의 (길거나 짧은) 미래에 빛을 비추어준다. 두 가지 효과와 강화의 관점에서 역사를 바라보는 것은 데살로니가후서 2:5에서 분명한 것처럼, 이미 바울의 초기 케리그마의 일부였음에 틀림없다. 역사에 대한 이러한 시각에 대해서는 데살로니가후서 2:1-12를 보라; cf. H. Ridderbos, *Paul*(E.T. 1975), pp. 512-528.

19세기의 근대주의에서 종종 무비판적으로 받아들여졌던 진보의 개념은 정통주의에 의해 마찬가지로 오랫동안 무비판적으로 거절되었다. 자연적인 삶에 대하여 긍정적으로 평가하는 로마 가톨릭 신학은 테이야르 드 샤르뎅(P. Teilhard de Chardin)의 영감 아래에서 이것을 재빨리 최대한 흡수하였는데, 그는 자연에 대한 진화론적인 사고를 신비적으로 채색된 신앙과 결합하였다. 이 연합 자체는 너무 조화적인 것으로서 상당히 빨리 일반적으로 거절되었다.

그러나 진보의 관념에 대한 신학적인 평가와 통합은 많은 이들에 의해 받아들여졌는데, 로마 가톨릭 신학에서 맨 처음으로 그러했고, 개신교 신학에서는 나중에 받아들여졌다. 이 개념은 어디에서도 직접적이고 완전하게 사용될 수 없다. 그러나 로마 가톨릭 신학에서는 그것의 양면가치에도 불구하고, 이것을 구조틀로서 적용하기가 보다 용이하다. 전형적인 것이 제2차 바티칸 공의회의 가우디움 엣 스페스(*Gaudium et spes*, 1965) 헌장인데, 이것은 제2장에서 특징적인 문장을 포함하고 있다: "… 사랑으로부터 이것이 창조주에 의해서 지음 받고 유지된다고 기독교인들이 믿고 있는 세계; 비록 이것이 죄의 권세 아래에 오게 되었지만, 이것은 그리스도의 십자가에서의 죽음과 부활에 의해서 해방되었으며, 이렇게 해서 그는 악한 자의 권세를 깨뜨리셨으며, 그렇게 해서 이것은 하나님의 구원의 목적에 따라서 변화되고(*transformetur*) 그것의 궁극적인 완성(*consummationem*)에 이를 수 있게 된다." 그리고 제39장에서는 좀 더 신중하게 적고 있다: "따라서, 비록 지상에서의 진보(*progressus terrenus*)가 하나님 나라의 성장과 신중하게 구분되어야 하겠지만, 그러나 이러한 진보는 이것이 인간 사회의 더 나은 정돈에 기여할 수 있는 한, 하나님 나라와 밀접하게 연결되어 있다. 인간의 존엄성 및 형제적인 친교와 자유의 가치들, 우리의 본성과 우리의 노력의 이러한 모든 귀중한 열매들에 대해서 우리는 주의 영 안에서 그의 계명에 따라서 지상에 이것들을 전파한(*propagaverimus*) 후에, 나중에 모든 더러움을 씻고, 계몽되고 변화된(*illuminata et transfigurata*) 상태로 다시 발견하게 될 것이다."

이런 어마어마한 주해는 신앙과 직제 연구 보고서인 「자연과 역사 안에 계신 하나님」(*God in Nature and History*, 1967)에서는 들을 수 없다; 비록 여기에서도 그 배경은 진화론적인 사고이지만, 여기에서는 양면가치가 훨씬 더 많이 강조된다. 전형적으로 근대적인 개신교도는 G.C. van Niftrik, *De vooruitgang der mensheid*(1966)이다; 그는 십자가와 부활 양자를 인류 위에 "각인된" 것으로 본다; 대부분 그는 도래할 그 나라의 "단편적이고" 또한 "경구적인" 징표들만을 보지만, 마지막 장에서(10장: "De menselijkheid") 훨씬 더 멀리까지 나아간다: "실패와 패배를 통하여 이 역사는 그 나라에 … 인류의 진정한 절정에 이르는 도중에 있다"(p. 264). "진보? 이 단어는 너무 부적절하며, 비기독교적인 관념들로 너무 가득 차 있다. 그러나 우리는 진보하고 있다: 우리는 가장 완전한 의미에서 사람들이 되어가는 도중에 있다"(p. 265). 또한 H. Berkhof, *Christ the Meaning of History*, pp. 169-178를 보라. Cf. 24장의 창조론에서 8, 9, 10에 나타나는 진보의 개념과 밀접하게 연결되어 있는 주제에 대한 논의를 참고하라.

진보에 대한 신학적인 개념은 세속주의에 대한 신학적인 개념과 함께 이루어져야 할 것이다. 이 개념은 고가르텐(F. Gogarten)에 의해「우리 시대의 절망과 희망」(*Despair and Hope for Our Time*, E.T. 1970) 속에서 전개되었는데, 그는 이 책에서 세속주의를 특별히 인간의 성숙의 열매로서 그리고 그리스도의 오심의 결과로 오게된 삶의 비인격화로서 보고 있다. 많은 역사적인 예증을 가지고 있는 이 입장은 A.T. van Leeuwen, *Christianity in World History*(1964)에 의해서 갱신되었다. 나중에, 특별히 그의 유고작인 *Die Frage nach Gott*(1968)에서, 고가르텐 자신은 세속주의에서의 부정적인 경향(하나님 없는 자율적인 인간은 새로운 노예상태로 물러나게 된다)을 훨씬 더 많이 강조하였다. 가장 큰 영향력은 본회퍼(D. Bonhoeffer)의「옥중서신」(*Letters and Papers from Prison*, 유고작, 1951)에서 나왔는데, 이 책은 첫눈에 보기에 자율적이고 성숙한 삶(*etsi Deus non daretur*)이 해방으로서 환영되는 것처럼 보이지만, 그럼에도 불구하고 이것은 하나님이 무력하고 거절된 자(One)로서 그 안에서 단순히 현존하실 수 있는 삶으로서 나타난다(1944년 7월 16일의 편지). 이 부정적인 측면(현존하는 실재에 대한 반역으로서의 세속주의)이 A. Loen, *Secularization: Science without God?*(E.T. 1967)을 지배한다. 세속주의에 대한 절대적인 거절이 F. de Graaff, *Het europese nihilisme*(1956)에서, 그리고 W. Aalders, *Schepping of geschiedenis*(1969)에서 발견된다. 발전과 소멸의 양면가치를 보다 상세하게 다룬 내용으로는 H. Berkhof, *Christ the Meaning of History*, ch.5, 그리고 "De theologie tussen Cassandra en Hananja", in *Tijdsein*, ed. S.W. Couwenberg(1972), pp. 225-240를 보라. 세속주의에 대한 이러한 양면 가치적인 사고에 대한 훌륭한 초기의 보기가 A. Kuyper이다: 개요를 위해서는 *Pro Rege*, III(1912), pp. 342-353를 보라. 그러나 기독교적인 효소와 유럽 문화의 불경함에 대한 가장 심오한 사고는 니체로부터 나오는데, 그의 문제 분석과 형태는 성서적인 것과 대조되는 상관물로 간주될 수 있지만, 아직도 신학에 의해 동화되지 않았다.

강화의 개념은 지금까지 신학에서 거의 사용되지 않았다. 구약과 신약이 이와 관련하여 제의하는 것은 일반적으로 "묵시적인 것"으로 무시되었다. 한편으로 이 개념은 문화의 분석과 철학에 침투한다. 티드자인(Tijdsein)은 그것의 제명으로 미국의 생물물리학자인 플랏(Platt)의 다음과 같은 진술을 담고 있다: "우리는 과거에나 혹은 미래에나 인류의 완전한 진화 속에서 지금 가장 급속한 변화의 시대에 존재할 수도 있다 … 세계는 유토피아보다 못한 것을 위하여 이제 너무 위험하게 되었다."

우리는 적그리스도와 천년 왕국의 이미지들을 십자가에 달리셨다가 부활하신 그리스도와 세계 사이의 진정한 관계에 대한 믿음에 필수적인 것으로 생각한다. 이것들은 신약에서 전혀 우연한 계기들은 아니다: H. Berkhof, *Christ the Meaning of History*, 6장과 7장을 보라. 이것이 인정된다 하더라도, 이것들이 미래의 화면에 투사될 때 이 굉장한 이미지들이 우리에게 권위를 주는 정확한 정도는 사람에 따라 다를 수 있다. 나는 위에 있는 책에서 내가 했던 것보다는 더 많은 조건을 가지고 이야기하게 될 것이다. 따라서 나는 더 큰 활자로써 역사에 대한 기독교 신앙고백 전체와 이 이미지들의 통일성을 단순히 지적하였다.

55. 양면 가치와 승리

우리는 그리스도의 영이 두 가지 방식으로 우리의 현실에 인(印)을 치시려고 하는 방식을 관찰하였다. 첫째는 죽음과 부활을 통하여 그가 우리로 하여금 그리스도의 형상을 본받게 하려고 하시는 개인의 성화에서(46-49장), 다음으로는 하나님이 그리스도 안에서 의도하시는 것처럼 그가 세계의 모범과 예언을 제의하시는 구조적인 성화에서이다(53f.장에서). 그러나 이 양자 모두에서 우리는 신생의 이 활동에 한계가 있음을 주목하였다: 개인의 성화와 관련하여 이생에서 우리는 작은 복종의 시작 이상으로 더 나아가지 못한다. 그리고 구조적인 성화는 구원받지 못한 사람 안에서 성령의 의도와 정확히 반대되는 것을 이끌어내며, 그 결과로 그리스도는 세계의 성화에서 부수적이고 일시적인 부활을 축하할 뿐 아니라, 더욱 설상가상인 것은 이 성화에 의해 유발된 세속주의 안에 있는 우리의 세계 안에서 계속해서 다시 십자가에 달리시게 된다.

우리가 하나님과 그리스도와 성령을 믿는다는 사실은 신생이 이 이중적인 한계를 극복할 수 있다는 사실을 우리가 믿는다는 것을 의미한다. 제50장에서 우리는 죽음의 한계, 즉 우리의 개인적인 죽음이 성령에 의해 신생의 과정에서 어떻게 효소로 되는지를 보았다. 우리는 세계의 한계에 대해서 같은 방식으로 언급할 수는 없다. 여기에서 신생의 한계는 인류로부터 죽어 없어지거나 죽어서 사라지는데 있지 않으며(적어도 우리는 이것에 대하여 신앙의 진술을 할 수 있는 위치에 있지 않다), 성령의 능력과 반대 능력의 강화되고 극복하기 어려운 양면가치의 막다른 골목에 이르는 강화에 있다. 이것은 역사의 결정적인 신비에 의해서 유발된다: 예수는 십자가에 달리셨고 그리고 부활하셨다. 이런 방식으로, 그리고 이 한계로 내려가서, 그의 운명은 세계의 운명 속에서 전세계적으로 반영되고 있다.

이 변증법이 도대체 어떻게 극복될 수 있는가? 만일 우리가 예수의 부활이 그의 십자가 수난과 죽음을 폐지하였다고 믿는다면, 우리는 유비적으로 이것이 또한 역사 안에서 세계적으로 일어나고 있다는 사실을 믿는다. 이렇게 해서 실제로, 인간의 개인적인 죽음과의 유비가 존재한다. 성화와 세속화의 궁극적인 긴장 속에서 세계는 이것의 두 가지 가능성의 대비의 막다른 골목에서 끝나게 된다.

세계는 이것의 두 가지 반대되는 경향들 사이에서 궁지의 위기를 향해 나아가고 있다. 오직 하나님만이 그에게 가능한 것이 이 궁지에서 승리할 수 있게 하심으로써 세계를 이 위기로부터 구원하실 수 있으시다. 그리스도를 들어 올리심으로써, 그는 그리스도 안에 있는 부활의 능력이 승리하도록 하셨다. 하나님은 성자가 성부의 이름으로 성취하신 사역으로 말미암아 그를 의롭다 하시기 위하여 정확히 그를 들어 올리셨다. 도약은 동시에 결과이고 최고의 보상이다.

유비에 의해서, 우리는 그의 성령이 세계 안에서 활동하시는 힘을 자유롭게 하기 위한 하나님의 편에서의 도약의 사건으로서 세계의 미래를 생각할 수 있을 것이다. 그러므로 바울은 세계의 상태를 임신과 산고(産苦)와 비교할 수 있었다(롬 8:22). 이 도약은 연속성을 깨뜨리지 않는다; 반대로 이것은 그것을 구해준다. 세계 그 자체나 성령의 활동은 이 연속성을 줄 수 없다. 단절, 즉 불연속성은 필수적이지만, 이 불연속성은 봉사하는 것이며 연속성의 구조틀 속에 서 있다.

인간의 개인적인 미래 기대에서와 같이, 여기에서 다시 우리는 심판의 개념과 만나게 되는데, 이 개념 속에서 연속성과 불연속성이 일치된다. 심판에 있어서(희랍어. 크리시스; 문자적으로 분할), 큰 선별작업과 정화가 일어난다. 우리는 이미지들이 아니고서는 이것에 대해서 말할 수 있는 다른 방법이 없지만, 여기에 대해 침묵할 수가 없다. 심판은 미래를 향한 신적인 전환뿐만이 아니라 역사와의 연계성도 표현한다. 심판에서 일그러지고 탈선한 세계가 심판을 받고, 바르게 갱신되며, 이러한 방식으로 모든 낯선 요소들이 버려지고 하나님의 거룩한 사랑이 모든 관계들 속에 충만하게 되기 시작한다. 하나님은 만유 안에 만유(사람들)가 되실 뿐만 아니라, 모든 것 안에 모든 것(구조들)이 되신다; 그러므로 사랑이 없고 자충족적인 모든 것이 내려 놓아지고 무력하고 멸시받는 것이 높이 올려지게 될 것이다. 이 심판을 통하여 그리고 이것으로부터, 세계는 "의가 거하는 땅"으로서 새롭게 일어나게 된다.

우리는 예수의 부활에서의 일시적인 도약 이후에, 그러나 그 안에서 보증되는 우리의 세계의 결정적인 도약 이전에 살아간다. 이것은 우리의 생각과 상상력에, 그리고 우리의 행동에 대해서는 더욱더 한계를 설정한다. 우리가 그 나라의 도래에 있어서 협력할 수 있는가? 성령이 우리 안에서 일으키시는 것은 세계를 그것의 양면 가치로부터 구할 수 없다. 그러나 이 역사하심을 통하여 우리는 양면 가치를 강화하고 알곡과 가라지의 무르익음에 있어서 큰 대립을 촉진하고 또 그렇게 할 수 있다. 이런 의미에서 우리는 그 나라의 도래에 있어서 직접적으로 협력자들이다. 그러나 이것은 또한 그리스도를 위한 공간이 없는 자율적인 문화의 건설을 위하여 성화의 건축용 블록을 무의식적으로나 본의 아니게 사용하는 사람들의 현실이기도 하다. 따라서 협력의 개념도 역시 양면가치적이다. 오히려 상당히 결정적인 것이 선택의 개념이다. 중요한 것은 대추수에서 알곡으로 추수될 수 있는 것의 성숙을 우리가 돕는다는 사실이다.

오랜 세월 동안, 성경은 마치 세계의 갱신이 전적으로 불연속적인 것이라고 가르치는 것처럼, 즉 이 세계와 역사에 대한 단절로서 읽혀져 왔다. 그러나 좀 더 면밀하게 조사해 보면, 심지어 가장 불연속적인 진술들에서조차도, 배경과 구조틀은 언제나 연속성이었다는 사실을 알게 된다. 구약과 관련하여, 이것은 더 이상의 논증을 요청하지 않는다. 그러나 신약도 역시 파멸이 아니라, 우리가 아는 세계의 갱신에 대해 언급한다. 이 세계 자체가 아니라, "이 세계의 형적이 지나가게 된다"(고전 7:31). 심지어 (정화하는) 세계적인 대화재에 대해서 언급하는, 묵시적으로 들리는 구절인 베드로후서 3:5-13조차도, 동시에 이렇게 말한다: "그리고 땅과 그 중에 있는 모든 일이 드러나리로다"(10절). 그리고 비록 요한계시록 끝부분에서 관심은 실제로 천상의 예루살렘이지만, 이것은 하나님께로부터 새로운 땅으로 내려오는 것이며(21:1f.), 그 안으로 역사의 문화적인 보배들이 들어오게 된다(21:24,26). 이 세계와 오는 세계와의 관계를 다루는 다른 신약의 구절들, 즉 공관복음의 묵시(막 13장과 병행절들)와 고린도전서 15:23-30, 데살로니가후서 2장에서는, 오는 세계가 이 세계의 갱신과 완성이 될 것이라는 사실이 전적으로 분명하다. H. Berkhof, *Christ the Meaning of History*, pp. 180-184와 188-192를 보라.

부분적으로 오랜 세월 동안의 일방성에 대한 반발로서, 가장 최근의 신학에서 종말론은 이 세계의 문제 및 발전과 직접적으로 연결되어 있다. 이 신학은 성화의 힘이 마침내 반대 세력을 극복하고 땅 위에 평화와 의의 나라, 즉 샬롬의 나라를 세우게 될 것이라는 인상을 조성하기를 좋아한다. 성경에서 연속성만큼이나 중요한 도약이 이 논문들에서는 간과되고 있다. 이 요소는 너무나 "이원론적인 것"으로 간주된다. 그러나 이러한 순전히 연속적인 기대는 성경적으로 정초될 수 없으며, 역사적이고 경험적으로도 일어날 것 같지 않아 보인다. 인류가 자유의 영역에 도달하는 방식은 모호하게 남아 있다. 주요한 것은 윤리학으로서, 이것은 "미래"를 (매우 형식적인) 지령으로서 활용해야 한다. 그 예들이 H. Cox, *The Secular City*(1965), chs. II와 IV; R. Alves, *A Theology of Human Hope*(1969)이다. 성령에서 역사와 완성 사이의 강한 불연속성에 대해서는 W. Jaeschke, *Die Suche nach den eschatologischen Wurzeln der Geschichtphilosophie*(1976), pp. 99-217를 보라.

심판의 개념은 성경에서 한 가지 이상의 함축성을 갖고 있다. 전체로서의 세계와의 관계 속에서 이것은 50장의 주제(신자들의 활동에 대한 심판)와 관련하여 그 밖의 어떤 것을 의미한다. 여기에서 우리는 특별히 구약의 개념(이것은 또한 신약의 개념들의 배경을 형성하고 있다)을 생각해야 한다: 샤파트 어근의 파생어들은 사물들을 바로잡는다는 의미에서 "재판"을 가리키며, 왜곡된 관계들의 바로 놓음이라는 의미에서 "심판"을 가리킨다. 세계 내의 관계들은 거룩한 사랑의 의도와 전혀 조화되지 않는다. 세계의 큰 도약 속에서 이것들은 근본적으로 바르게 세워질 것이다. 이 문맥에서 "심판"은 혁명만큼이나 많은 것을 의미한다: 이기적인 강력한 통치자들이 폐위되고 억압받는 자, "가난한" 자, "비천한" 자가 숨쉴 수 있고 자연스럽게 행동하도록 최종적으로 허용될 것이다. 예를 들어 시 72; 75:8; 사 11:4; 눅 1:51ff.; 6:20-26; 16:19-31; 약 5:1-11를 보라. 이러한 함축성과 더불어 심판은 일차적으로 기쁜 소식이다; 오실 심판주는 사물들을 바로 잡게 되는 심판주, 즉 세계 내에서 오랫동안 기다렸던 구조적인 의를 일으키실 구세주이시다. 여기에 대한 더 자세한 것에 대해서는 H. Berkhof, *Well-Founded Hope*(E.T. 1969), pp. 43-47을 보라.

만물을 새롭게

56. 그리스도와 성령 그리고 미래

55장에서 우리는 우리의 세계와 오는 세계를 구분하고, 또한 하나님의 편에서의 도약에 의해서만 단순히 극복될 수 있는 간격이 미래에 대한 우리의 숙고에 한계를 설정한다는 사실을 지적하였다. 이런 의미에서 미래는 기독교적인 사고에 대한 제한적인 개념이다. 이 제한을 고려하지 못하게 되면 단순히 무의미한 사색에 불과한 공상적이거나 혹은 단순히 근시안적인 발표들에 이르게 된다.

그럼에도 불구하고, 미래는 절대적으로 진귀한 성격을 가진 제한적인 개념이다. 역설적으로 이것을 "중심적이고 제한적인 개념"이라고 부를 수도 있을 것이다. 우리는 우리를 대 미래로부터 분리시키는 간격의 이쪽 편에서 여전히 살지만, 그 간격의 다른 쪽 편에 있는 미래를 지시하는 현실들로부터 여기에서 살아가며, 적어도 이것들이 그 미래에 대한 희미한 원경(遠景)을 열어주는 그런 방식으로 이 미래와 "일시적으로"(pro-visional) 관련된다. 미래는 그리스도와 성령의 두 가지 상호보완적인 실재들을 포함한다. 그리스도: 즉, 죽음으로 가는 순종의 길에서 일으키심을 통한 부활의 도약에 의해서 하나님이 인류를 위하여 염두에 두고 계시는 목표에 도달하신 예수. 영화로워지신 분으로서 그는 성부와의 완전한 조화 속에서 살고 활동하신다. 이 존재 양식은 우리로서는 상상할 수 없는 것이지만, 다메섹 도상에서의 사도 바울과 같이 그의 부활의 증인들은 이것을 일견하였으며 따라서 이 이미지들 속에서 대갱신에 대해서 용감하게 더듬거리며 말했다. 그리고 새로운 도약이 그리스도로부터 유효하게 되는 성령은 이 미래의 위대한 개척자인데, 그 이유는 세계 어느 곳에서든지 그가 사람들을 그리스도의 새로운 아들되심으로 인도하시기 때문이다. 그리스도와 성령 양자는 미래에서 그들의 궁극적인 칭의를 발견한다. 양자는 이 미래의 선취이다. 더불어서 그들은 여전히 모든 곳에서 일시성과 죄책에 의해서 특징지어지는 세계 안에서 좁은 통로를 구성하신다. 그러나 이 통로를 따라서 양자는 도래할 삶의 능력을 경험하게 하신다: 화해, 사랑, 친교, 정의, 평화, 행복, 전체성. 이 통로를 따라가는 우리는 알지 못하고, 여전히 알고 있는 사람들로서 앞을 바라본다. "우리가 지금은 하나님의 자녀라 장래에 어떻게 될 것은 아직 나타나지 아니하였으나 그가 나타내심이 되면 우리가 그와 같을 줄을 아느니라"(요일 3:2).

따라서 우리가 미래에 대해 진술할 수 있는 오직 한 가지 언어, 즉 이미지의 언어, 상징적인 언어가 존재한다. 한 편으로 이미지는 우리가 아는 이 세계에서 유래하지만, 다른 한 편으로 이것은 그것을 넘어서 도달한다. 이것은 아는 것과 아직 모르는 것, 연속성과 불연속성을 결합한다. 그러므로 우리는 미래를 혼인식, 식사, 황금길로 된 도시, 잔치로 말한다. 물론 우리는 미래가 전혀 다른 것이고 훨씬 더 큰 것이라는 사실을 아주 잘 알고 있다. 그러나 그리스도와 성령으로 인하여 우리는 미래가 이 방향에 놓여 있음에 틀림없고 행복과 황홀경과 유사한 느낌들을 고무시킬 것이라고 대담하게 말한다. 한 편으로 이 비유는 이 세계에서 향상과 기쁨인 것을 무한히 확대하며, 다른 한 편으로는 정확히 우리 세계의 많은 부분으로서의 다른 요소들, 즉 슬픔과 혼란, 죄와 같은 요소들을 완전히 몰아낸다.

일반적으로 성경의 이미지들은 스스로 말한다. 이 가운데 몇 가지에 대해서는 나중에 다시 언급하게 될 것이다. 여기에서 우리는 그리스도의 재림의 이미지를 특별히 지적한다. 이 이미지는 언젠가 그리스도가 우리의 경험 세계 안에서 이것의 비밀과 토대로서 계시되실 것이며, 이 계시는 내재적인 힘들을 펼쳐놓는 것으로서가 아니라, 인류가 그 해방자들로서 성자와 성자 안에 계신 성부를 도상에서 만나는 새로운 만남의 사건으로서 나타나게 될 것이라는 것을 의미한다. "성령과 신부가 말씀하시기를 오라 하시는도다"(계22:17). 그 이유는 그리스도로부터 나오시는 성령이 이 미래를 향해 역사하시기 때문이다. 그리고 교회는 이 미래에 대해 알고 있는 친교이다; 아직 이것을 소유하지는 않았지만, 교회는 이곳을 향해 가고 있다.

종말론은 우리가 우리의 세계와 역사 안에서 터득한 하나님 경험들로부터 나온 예측의 형태로서만 있을 수 있다. K. Rahner, "The Hermeneutics of Eschatological Assertions," in *Theological Investigations*, IV(E.T. 1966), pp. 323-346; 그리고 H. Berkhof, *Well-Founded Hope*(E.T. 1969), pp. 16-21와 여러 곳을 보라. 50장에서, 인간의 개인적인 삶의 완성에 대하여 논의할 때, 우리의 사고도 역시 이러한 흐름을 따랐다.

세계와 인류의 종말은 이스라엘 이전이나 이스라엘 밖에서는 알려지지 않았다. 사람들은 순환, 파동 운동, 세계의 끊임없는 악화, 무감각적인 과정, 혹은 도래하는 세계의 대재난에 대해서 말하였다. 이스라엘 안에서 어떻게 그리고 왜 구원의 기대로서 미래 기대가 나타났는지에 대한 질문은 이 주제가 연구되었을 때 매우 다양하게 답변되었다. 그러나 다음과 같이 표명될 수 있는 일치가 나타났다(구약 성서 신학을 보라): 이스라엘의 역사 안에서의 야훼에 대한 반복된 경험, 특별히 이집트로부터의 구원, 가나안 정착, 적들에 대한 승리, 그리고 다윗과 솔로몬 치하에서 거대한 국가로의 융성은 이 하나님과 더불어 그들이 그가 이스라엘 안에서 그리고 이스라엘로부터 완전하고 영원한 평화의 나라를 세우시게 될 미래로 가는 도중에 있다는 확신으로 귀결되었다. 야훼가 역사적인 하나님이셨기 때문에, 그는 필연적으로 종말론적인 하나님이 되셨다. 이렇게 해서 이 성경적이고 신학적인 통찰은 신앙의 연구에서 예측의 방법의 정확성을 확립해 준다. 역사 안에서의 놀라운 방향 전환에서(예를 들면 바벨론 유수(幽囚)로부터의 귀환), 이 구원의 기대는 심지어 임박한 기대(Naherwartung)가 되었다. 그러나 사람들의 죄로 말미암아 이 기대는 규칙적으로 먼 미래로 새롭게 멀어졌다. 그러나 이것은 사라지지 않았다; 역사는 어떠한 실망도 근절할 수 없는 기대들을 불러일으켰다.

신약에서, 종말은 비슷한 구조들을 보여준다. 세례 요한과 예수는 종말론적인 기대들로 가득 찬 분위기 속에서 출현하셨다. 어느 것도 그 기대들을 만족시켜 주지 못했다. 그러나 예수의 사역과 부활의 결과로 최초의 교회 안에서 이 미래가 곧 다가오리라는 적극적인 기대를 수반한 미래에 대한 새롭고 절대적인 확신이 일어났는데, 그 이유는 이것이 예수의 삶과 죽음과 부활의 직접적인 결과였기 때문이다. 공관복음에서 예수의 사역은 가까이 와 있는 그 나라의 전조이고; 바울에게서 종말은 예수의 죽음과 부활의 결과이며; 양자의 설명 속에서 미래는 현재로부터의 예측치이다. 종말이 오지 않았을 때, 전망이 변하였다. 요한에게서 모든 강조는 성령 안에서 이미 지금 여기에 현존하는 영원한 삶에 두어졌다; 이와 대조적으로 히브리서에서는 이것은 아직 아니에 있고, 길을 인도하시는 신앙(즉, 희망)의 개척자와 완성자이신 그리스도와 더불어 하나님의 백성들의 순례의 길에 있다. 이러한 강조점의 차이들에도 불구하고, 현재와 미래의 긴장관계의 일치는 예측치를 통하여 후자가 전자로부터 유래되면서도 손상되지 않고 유지되고 있다. 특별히 바울에게서 그리스도와 성령과 미래의 이 관계는 분명하다(롬 5:5; 8:11, 23; 15:13; 고전 6:14; 고전 15:12-22; 고후 4:14; 살전 4:14; 5:10; 살후 2:16).

신약에서, 어떻게 다른 문맥에서는 그리스도의 출현이나 성령의 활동을 나타내기 위해 사용되는 용어로서 미래가 규칙적으로 지시되고 있는가 하는 것은 인상적이다; 예를 들어, "영원한 생명"(cf. 마 19:6; 요 3:36; 5:24; 갈 6:8), "올리우심"과 "부활"(cf. 행 4:2; 고전 15:12-22; 엡 5:14), "계시"(아포칼립시스; cf. 눅 2:32; 롬 8:19; 엡 1:17), "나타나심"(에피파네이아; cf. 딤후 4:8; 딛 2:13), "날"(cf. 마 25:13; 요 8:56; 고후 6:2), "때"(즉 결정의, 카이로스; cf. 막 1:15; 롬 13:11; 벧전 1:5).

오직 이전 세기로부터 비로소 신앙의 연구가 점차적으로 성경 종말론의 외삽법적인 구조를 고려하기 시작하였다. 바르트 학파에서, 종말론은 전적으로 기독론과의 관계에서 고안되어 왔다; Weber, *Gl* II, ch. XI와 특별히 W. Kreck, *Die Zukunft des Gekommenen*(1961)을 보라. 우리로 하여금 도래할 시대의 능력을 맛보게 하시는 분으로서의 성령의 역할은 기독론적인 강조에 비해서 필요한 주목을 일반적으로 받지 못하였다. 기독론의 방법을 성령론적으로 확대하려는 주목할 만한 시도는 A. König, *Jesus Christus die eschatos*(1970)의 종말론에 나타나는 세 장이다: "Jesus Christus bereik die eschaton vir ons"(제4장), "in ons"(제5장), "met ons"(제6장)("예수 그리스도는 우리를 위하여, 우리 안에서, 우리와 함께 종말에 이르신다").

한편으로 이 방법이 우리로 하여금 이 기독론-성령론적인 흐름을 종말론적인 것으로 확대하는데 필요한 도약을 잊어버리게 하도록 해서는 안된다. 외삽과 불연속성이 함께 받아들여져야 한다. 종말론적인 사고에 대한 가장 최근의 고안들 중에서 두번째가 상실될 우려가 있다(제55장의 작은 활자 부분을 보라). 그러나 다른 의미에서 이것은 이미 바르트에게 사실로 적용되었는데, 그에게 있어서 그리스도는 너무나 지나치게 유일한 계시 전체였기 때문에(계시의 실제적인 시간으로서 부활과 승천 사이의 사십일, 시간의 충만) 그는 미래를 단순히 이미 기독론적으로 현존하는 것의 드러남으로서만 생각할 수 있었다: 이미 지금 그리스도 안에서의 하나님의 오심에 의해서 그런 것처럼 언젠가 세계가 명백하게 드러나게 될 것이다. *CD* I, 2, par. 14, 1과 III, 2, par. 47, 1을 보라. 상당히 갑작스럽게, 특별히 에른스트 블로흐의 「희망의 원리」(E. Bloch, *Das Prinzip Hoffnung*, 1959)의 영향으로 인하여, 이 관점에 대하여 몇 가지 이견이 제기되었다. J. Moltmann, *Theology of Hope*(E.T. 1967); G. Sauter, *Zukunft und Verheissung*(1965)과, U. Hedinger, *Hoffnung zwischen Kreuz und Reich*(1968)을 보라. 이 모든 사상가들에게서 방법론적인 움직임은 중심(그리스도)으로부터 미래로가 아니라, 그 반대로 이루어졌다: 외삽이 유토피아로 변하였다. 따라서 미래의 도약의 성격은 훨씬 더 많이 인정되었다. 중심(특히 예수의 부활)과의 관계가 부인되지는 않았지만, 이 중심은 전적으로 약속(*promissio*)을 의미하는 것으로 생각되었다. 이 상반되는 방법에 대한 논의를 위해서는 W.-D. Marsch, ed., *Diskussion über die "Theologie der Hoffnung": von Jürgen Moltmann*(1967)을 보라. 비록 이해할 수는 있지만, 유토피아적인 종말론에서 미래 그 자체가 형식적인 원리에 불과한 것이 되고, 이어서 형식주의적으로 중심을 좁히고 있다는 것은 놀랄만한 일이다. 미래를 그리스도와 성령으로부터 추론하는 정반대의 방법, 즉 특별히 바울이 사용하였던 방법은 신중하기는 하지만, 그럼에도 불구하고 훨씬 더 실질적인 미래에 대한 언급으로 귀결된다. 그러나 구원과 따라서 구원의 연속성의 이러한 외삽 안에서, 도약의 요소가 제자리를 찾아야만 한다. 연속성이 역사 그 자체 안에 있지 않고, 역사 안에서 그의 활동의 연속성을 보증하시기 위하여 규칙적으로 도약을 사용하셨던 하나님 안에 있다는 사실을 일단 우리가 인정하면 이것은 어려운 것이 아니다. 흥미로운 것은 K. Schilder, *Wat is de hemel?*(1935), ch. V에 나오는 "진화"와 "충격"의 관계에 대한 성찰들이다.

여기에서 제시된 미래에 대한 접근 방법을 가지고, 우리는 다수의 다른 방법들을 거절한다: 근본주의(이것은 성경 본문을 결합하고 조화시키며 그 결과를 직접적인 정보로서 제시한다), 진화론(이것은 황금 시대를 내재적인 발전의 결과로서 기대한다), 미래주의(이것은 같은 것을 훨씬 더 짧은 시간 안에서 기대하며, 미래를 기술적인 발전으로부터의 외삽의 측면에서 고려한다), 그리고 물론 실존주의(이것은 지금 여기에서 우리를 위한 그리스도와 성령의 의미를 아는 것으로 충분하다고 생각한다). 우리가 여기에서 따르고 있는 흐름은 하이델베르크 요리문답(제 58문답)에 분명하고 간결하게 표명되어 있으며, "당신은 '영원한 삶'의 항목으로부터 어떤 위로를 얻습니까"라는 질문에 대하여 "지금 나는 나의 마음으로 영원한 기쁨의 시작을 느끼고 있기 때문에, 이생이 지난 후에 완전한 행복을 소유하게 될 것입니다 …"라고 답하고 있다.

마지막으로, 우리는 여전히 반 룰러를 참고하게 되는데, 그의 방법은 중심에서 출발점을 취하는 방법과 끝에서 출발하는 방법 양자와 대조된다. 그는 종말을 엄격하게 창조의 질서의 회복으로서 시작의 관점에서 인식한다. 그리스도는 죄로 말미암아 단순히 필요하게 된 잠정 조치가 아니다; 성령에 대해서도 마찬가지이다. "성자는 … 메시야가 되기를 그만둔다; 그는 다만 사물들을 이것들의 구원받은 상태에 두신다; 그렇게 해서 존재의 기쁨 속에서 이것들은 하나님과 어린 양을 영원히 찬양한다. 성령에 대해서도 마찬가지이다. 육체가 제거되게 되면, 부으심과 내주하심이 중단될 것이다. 영광의 나라의 영원한 빛이 전체 피조물 위에 떠오를 때, 성령의 조명(그의 부으심과 내주하심 속에서!)은 사라지게 될 것이다"(*De vervulling van de wet*, 1947, p. 149). Cf. 또한 *Theologisch werk*, I(1969), chs. VII과 VIII; II(1971), ch. XI; IV(1972), ch.

VIII. 이 관점에 의하면, 그리스도와 성령은 현재 안에서 미래를 나타내시지 않고, 우리는 하나님의 선하신 창조에 대하여 우리 스스로의 지식을 갖고 있지 않기 때문에, 종말은 추상적으로 남아 있게 되어 버린다. 그러나 때때로, 반룰러는 갑자기 다른 방향으로 나아간다, 예를 들면, *De vervulling van de wet*, IV, ch. XI, pp. 109f.

도약의 관념과 결합된 기독론적인 외삽의 고백이 그리스도의 재림의 관념 속에 특별히 표현되어 있다. 그러나 재(再;re-)라는 측면은 신약에서는 종종 발견되지 않는다. 파루시아는 단순히 "오심"을 의미한다. 이것은 공적이고 결정적이고 승리의 오심을 지칭한다. 이런 이유로 해서 이것은 좀처럼 재-림이나 혹은 다시-오심이라 불리지 않는데(오직 요 14:3; 행 1:11; 히 9:28에서만 단순히 간접적으로), 그 이유는 이것이 그 때와 나중에 오게 될 것 사이에 있는 공백의 존재를 전제할 수 있기 때문이다. 그러나 그리스도는 성령 안에서 여전히 임재하신다. 이것이 바로 그가 그의 공적인 오심을 향하여 감추어진 방법으로 그의 교회 안에서 기동하시는 방법이다. 이와 관련하여 주목할 만한 구절이 요한복음 16:16-22인데, 여기에는 부활과, 성령과, 파루시아 안에서 오심이 융합되어 있다. 끊임없는 오심과 가심이 존재하며, 이것은 해산의 고통에 비교되고 있다(21절). 연속성과 도약의 조합 속에서, 그리스도와 성령은 미래를 향해 나아가신다. 이에 대해서는 Barth, *CD* IV, par. 69,4: "성령의 약속"을 보라.

57. 개인과 인류와 미래

그리스도와 성령은 도래할 도약을 위하여 전체로서의 인류뿐만 아니라 개인들을 준비하게 하시는데 도움을 주신다. 이제 문제는 사람과 사회를 위한 그리스도와 성령의 활동을 고려할 때, 우리가 이 경계와 그것을 넘어서 무엇을 기대할 수 있는가 하는 것이다. 우리가 여기에서 두 가지 전적으로 다른 경계선을 다루고 있다는 사실을 인정함으로써 시작해야 한다: 개인들에게 있어서는 죽음의 경계가 있고, 인류에게 있어서는 막다른 골목에 이른 세계 종말의 경계가 있다. 이 이중성이 우리의 사고를 가장 혼란스럽게 만든다. 부분적으로는 이런 이유로 해서, 인류 역사가 나아가는 새롭고 완전한 사회의 측면에서 대부분 혹은 배타적으로 미래를 생각하기를 선호하는 많은 이들이 오늘날 존재한다. 그 때에 사람들은 전적으로 인류와 시간과 역사의 측면에서 생각한다. 그러면 이 구원의 새시대의 출현 이전에 종말에 이르게 된 막대한 수의 인간 생명의 완성을 위한 자리가 남아 있지 않게 된다. 구원 계시 전체와 특별히 예수의 부활의 의미를 우리를 향한 약속과 보증으로 고려할 때에, 이 개념은 그 기대에 대한 받아들일 수 없는 축소이다. 기독교 신앙을 위하여, 개인과 인류와 사회 전체는 분리할 수 없는 통일성을 구성한다. 따라서 그들의 신생에 대한 기대 역시도 분리할 수 없다.

그러나 그 때에 우리는 다시 이중성의 문제에 직면하게 된다: 왜냐하면 인류가 미래의 경계를 건너가기 오래 전에, 대부분의 사람들이 죽음의 선을 넘어가게 될 것이기 때문이다. 그렇다면 그들의 개인적인 완성은 세계의 완성의 때까지 기다려야만 하는가? 이 질문에 대한 답변을 통하여 소위 중간 상태의 교리, 혹은 오히려 여러 가지 교리들이 발전되었다. 이 사상의 뿌리는 개인 영혼의 구원에 대한 오랜 세월 동안의 집중과 죽을 육체와 불멸하는 영혼의 구분에 대한 고래(古來)로부터의 믿음이었다. 이 사상은 죽음에서 신자의 영혼이 영원히 "보좌 앞에서 즐거워 하기 위하여" 하나님이 계시는 곳(천국)으로 올라간다는 것이었다. 마찬가지로 새로운 육체적 존재를 부여하게 될 인류의 완성은 이미 얻어진 구원에 필수적인 것은 거의 아무것도 더해줄 수가 없을 것이다.

이 사상은 전적으로 개인의 영혼과 공간의 측면에서 나온다(지구-천국): 역사의 과정은 구원받지 않고 있지만, 인간은 이것으로부터 구원받는다. 하나님이 세계를 위하여 그의 목적을 어떻게 성취하시는가 하는 문제가 이렇게 함으로써 무의미한 것으로 환원된다. 이것 역시 지지할 수 없는 것이다. 더 작은 일로서의 죽음 이후의 구원과 더 큰 일로서의 인류의 완성을 구분하기 위하여, 다른 사람들은 기다림이나 혹은 정화의 시간으로서, 혹은 심지어는 시간 의식이 정지된 잠으로서 중간 상태를 생각한다. 이 모든 개념이 성경적인 관념들에 호소할 수 있지만, 이것들은 한편으로는 서로 배제하며, 다른 한 편으로는 죽음선 저편에서의 삶이 여기에서와 같이 시간 안에서 유사하게 진행된다는 일반적인 확신으로부터 출발한다. 저편에서의 존재는 따라서 시간 안에서 지속되는 존재로서 전적으로 생각된다. 이 편에서 사는 우리는 다른 개념적인 범주들을 갖고 있지 않다. 그러나 우리는 도약을 넘어서 "시간"이 무엇을 의미하는지를 모르고 있다는 사실을 깨달아야 한다. 따라서 두 경계선을 넘어서 우리가 (하나로) "영원"으로 들어간다고 말하는 것 역시 의미가 없다. 왜냐하면 하나님의 영역으로서의 영원은 우리를 위해서 의도된 것이 아니기 때문이다. 시간은 선한 창조의, 따라서 또한 우리 인간 존재의 완전한 측면이다. 이것이 대 완성에서 의미할 수 있는 것이 마지막 장에서 논의될 것이다. 우리는 중간 시간이나 중간 상태에 대해서 의미있는 진술을 할 수가 없다(이 진술을 제외하고 — 이것은 결정적인데 — 죽음선을 넘어서 우리는 결코 어디에서도 우리의 신실하신 계약의 상대편의 손에서 떨어져 나오지 않을 것이다. 그는 이 경계의 양쪽편에 동일하게 머물러 있다).

비록 후기 단계에서 죽음 이후에 신자들을 기다리고 있는 것에 대해 약간의 진술을 하고 있기는 하지만, 구약은 거의 배타적으로 이스라엘과 인류의 미래에 관심을 갖고 있다(시 16:9-11; 49:16; 73:25f.); 두 가지가 일치한다는 사실이 이사야 26:19와 다니엘 12:2f.에 제시되고 있다. 신약은 인류의 미래에 관계하지만, 그에 못지 않게 개개인 신자의 운명에도 관계된다. 임박한 종말기대(Naherwartung)로 인하여, 처음의 느낌은 예수의 많은 추종자들에게 있어 그들이 일치할 것이라는 것이었지만(눅 9:27; 고전 15:51f.; 살전 4:13-17), 이 확신은 곧 사라졌다. 아주 종종 죽은 자는 "자고" 있거나 혹은 "잠든 것"으로 언급되고 있다(코이마스타이, 케코이메케나이, 요 11:11; 고전 15:6, 18, 20, 51; 살전 4:13-15); 때때로 그들은 완성을 갈망하면서 기다린다(계 6:9-11); 때로는 그들은 이것을 이미 지금 맛보고 있는 것처럼 보인다(히 12:22f.; 계 7; 14:1-5, 13); 하여튼 그들은 "그리스도와 함께" 있다(요 14:2f.; 고전 5:8; 빌 1:23; 살전 4:14, 17). 이런 모든 명칭들이 신학사에서 이론으로 만들어졌다. 이 이론들이 갖고 있는 빈약한 성경의 지원을 고려할 때, 가장 최근에 대부활 이전에 죽은 자의 완전한 비존재의 관념이 또한 변호되고 있다(반 데르 레우, 알트하우스, 그리고 다른 학자들). 문헌에 대해서는 G.C. Berkouwer, *The Return of Christ*(E.T. 1972), ch.2; H. Berkhof, *Well-Founded Hope*, pp. 69ff., 그리고 H. Ott, *AG* art. 48을 보라. 우리 시대에 이상한 것은 그라스(H. Grass)의 입장인데, 그는 좋은 근거가 없지 않지만 "Das eschatologische Problem der Gegenwart", *Theologie und Kritik*(1969), 특히 pp. 217-229에서 역사의 종말의 종말론(endgeschichtliche Eschatologie)과 대조되는 내세의 종말론(Jenseitseschatologie)을 옹호한다. 알더스(W. Aalders)는 *Schepping of geschiedenis*(1969)에서 비슷한 분위기로 언급하고 있다. 그러나 양자의 경우에 지구와 인류의 노선은 개인과 천국의 노선을 위하여 버려지고 있다. 계속해서 50장에서 작은 활자로 된 부분을 보라.

잠든 사람들이 어떤 방식으로든 예수 그리스도의 아버지의 수중에 있다고 믿는 것이 최소 한도로 보일 수도 있지만, 이것은 최대 한도이다. 다양한 신약의 진술과 이미지들은 단순히 이것의 근사치에 불과하다. 그러한 것으로서 이것들은 신학적인 교리를 위한 아무런 자료도 제공하지 않지만, 신앙이 그것을 넘어서 있는 것을 묘사하려고 할 때 적절하게 사용할 수 있는 언어에 속한다. 사건들은 이 차이가 인식되지 않는 곳에서만 일어난다.

개인과 인류의 미래의 결합된 성격을 포착하기 위하여 기독교 신앙에 의하여 처음부터 사용되는 개념이나 이미지는 죽은 자의 부활의 개념이나 이미지이다. 이것은 몇 가지 개념들을 결합하는데, 그 전부가 미래에 대한 기독교인의 기대에 절대적이다. (a) 이것은 예수의 부활과 우리의 다가오는 해방과 신생의 직접적인 관련성을 지시해준다. (b) 이것은 또한 성령이 이 생에서 우리에게 행하시는 것과, 사람을 거듭나게 함으로써 새로운 창조를 일으키시는 그의 행동의 관계를 지시해준다. (c) 그러나 이것은 마찬가지로 이전에 성취된 모든 것과의 불연속성을 표현한다: 이것은 우리가 이 지상적 존재의 모호성과 죽음으로부터 새로운 삶으로 되살아날 때 단절이며 새로운 기적이다; 우리 자신이 준비한 것, 예를 들어 "불멸의 영혼"이 아니라, 오직 하나님만이 이 변화를 보증하신다. (d) 비록 그렇다 하더라도, 이 이미지는 우리의 지상적 존재와의 연속성을 표현한다: 비록 경계선의 이편에서 우리가 그 연속성을 보여주거나 표현할 수는 없지만, 부활하는 이는 우리 자신이다. 존재하는 이는 또 다른 사람이 아니라, 변화되는 그 사람이다. (e) 동시에 "부활"은 신생의 전체성을 표현한다. 오직 인간의 일부만이 계속해서 살아있는 영혼의 불멸성과 대조하여, 부활은 인간이 전체로서 사멸하고 전체로서 구원받는다는 사실을 표현한다. 구원받은 사람은 유령이 아니다; 그는 또한 자신을 다른 사람들에게 개방할 수 있고 그들과 대화할 수 있는 새로워진 육체적 존재를 소유하며, 이것은 연합과 구조(構造)와 따라서 세계의 부활뿐만 아니라 종말을 가능하게 해준다. (f) "부활"이라는 단어는 따라서 우리의 인간 존재가 포기되거나 영원성을 부여받게 되지 않을 것이라는 우리의 신앙고백의 대요(大要)이다. 이것은 우리의 옛 존재로부터 새로운 삶으로 부활하신 예수의 유비를 좇아서 새로워질 것이다. 따라서 우리는 수직적으로 도피하거나, 수평적으로 계속하여 달림으로써 우리의 목적지에 도달하지 않는다. 인간과 인류의 존재의 전부가 근본적인 신생의 방식으로 구원받고 보존되고 결실하게 된다.

(a)에 대하여: 정확히 논증의 이상한 반전(反轉)으로 인하여, 고린도전서 15:12-22에서 바울이 그리스도의 부활과 인류의 미래를 어떻게 관련시키고 있는지가 중요하다; 특히 12절을 보라: 사도에 의하면, 부활이 없다면, 그리스도 자신도 부활하지 않았을 것이라고 입증하고 있다(cf. 행 4:2).

(b)에 대하여: 결국 단순히 시작, 즉 "계약금"(아라본)에 불과한 성령의 활동에 대하여, 신약은 "부활"이라는 단어를 피하고 있다; cf. 롬 8:23과 딤후 2:18. 그러나 이것의 고백은 때때로 그것에 매우 가까이 다가간다; 롬 6:4; 고후 5:17; 골 2:11; 3:1; 엡 2:5f.; cf. 엡 5:14을 보라.

(a)와 (b)에 대하여: 이 기대의 기독론적이고 성령론적인 토대가 로마서 8:11과 베드로후서 1:3에서 공동으로 언급되고 있다.

(c)와 (d)에 대하여: 50장에 나오는 작은 활자체를 보라.

(e)에 대하여: 빈 무덤과 더불어 새로운 육체적 존재로 나타나신 예수의 출현은 시초부터 종말을 물질로부터의 영혼의 도피로 생각하지 못하도록 기독교 신앙을 보호하였다. 빌립보서 3:21을 보라. 이 존재는 내적으로 그리고 외적으로, 영적으로 그리고 물질적으로 구원받는다. 따라서 사도신경에 다음과 같은 대담한 표현이 나타난다: "나는 육(the flesh, 肉)의 부활을 믿습니다"(사르코스 아나스타신, *carnis resurrectionem*). 그러나 이것은 우리의 육(사르크스)이 물질적이고 연약하고 부패하는 본성 안에서 영구화될 수 있다는 오해를 불러일으킬 수 있다. 이런 측면에 관해서는, 부활에서 이것이 제거된다. 바울이 그토록 강하게 강조하는 이러한 불연속성(고전 15:44, 50)은 "육의 부활"(화란어: *des vlezes*; 표준 영어 읽기: "몸의")이라는 표현에서는 충분히 나타나지 않는다. 그러나 불연속성에 대한 강조는 그만큼 더 필요한데, 그 이유는 우리가 심리적인 것과 사회적인 것에 대해서보다 부활의 물질적인 차원에 대해서 더욱 적게 말할 수 있기 때문이다. 우리는 "무엇"에 대해서 아무것도 모른다. 우리는 "그것"을 단순히 고백한다. 그러나 이것은 엄청난 것이다; 왜냐하면 이것으로 인하여 우리가 또한 사랑의 소망을 가지고 존재의 물질적인 행복을 변호하고 증진할 수 있기 때문이다.

그러나 이제 미래 기대에 대한 우리의 연구가, 아무리 (인류가) 광대하다 하더라도, 그럼에도 불구하고 단순히 좁은 길을 따라서 나아왔다는 사실을 고려할 때가 되었다. 우리는 그리스도와 성령이, 도약에 의하여 이생에서 그들 안에서 역사하신 것의 완성으로서, 신자들의 미래에 몰두해 왔다. 그러나 이 계약 관계 밖에서 살아온 무수한 다른 사람들에 대해서는 우리가 어떻게 생각해야 하는가? 물론 우리는 한 편으로는 많은 명목상의 신자들이 존재하고, 다른 한 편으로는 우리가 그 길을 따라서 그를 알게 되었던 이스라엘과 그리스도의 계약의 길 바깥에 있는 사람들과의 친교를 하나님께서 확립하실 수 있기 때문에, 누가 어떤 그룹에 속하는지 말할 수 없다는 사실을 알고 있다. 그러나 이것이 지상에서 하나님께서 그의 계약의 의지를 가지고 수많은 사람들, 즉 그들이 이 만남을 거절하였다는 점에서는 작은 소수에게, 그리고 이 만남이 그들에게 결코 오지 않았다는 점에서는 거대한 다수에게 결코 다가오지 않으셨고 다가오지 않으실 것이라는 사실을 변하게 하지는 않는다.

비신자들을 위하여서는 어떤 미래 기대가 존재하는가? 이것은 긴급하고도 어려운 질문인데, 그 이유는 기독교 신앙이 두 가지 외관상으로나 혹은 실제로 서로 배타적인 신념들을 유지하고 있기 때문이다: 한 편으로는 시·공간을 통과하는 이 길이 아무리 좁다 하더라도, 계약의 역사가 모든 사람들에게 축복과 구원으로서 이해된다는 신념이고; 다른 한 편으로는 만일 사람들이 믿음과 순종으로 이것들을 받아들이지 않으면 이 축복과 구원이 헛된 것이 되어버린다는 신념이다.

마지막으로 자유와 사랑의 영역으로의 도약이 일어날 때, 지상에 있는 수많은 사람의 생명이 이것을 향하여 나아가지 않았다는 사실이 분명하게 될 것이다. 여기에서 세번째로 우리는 심판의 개념을 만나게 된다. 결국 이 개념은 동시에 이 세계와 다가올 세계 사이의 연속성과 불연속성을 표현한다. 이것은 이 두 세계 사이의 거리가 우리의 책임과 우리의 죄책에 의해서 결정된다고 말한다. 신자에 관해서, 우리는 심판을 그의 행위에 대한 분별(sifting)로서 만났다(50장); 인류에 관해서는, 구조와 관계를 혁명적으로 바로 세우는 것으로서 만났다(55장). 이제 이것은 계약 관계 바깥에서 삶을 이어온 인간 삶 전체의 장래의 폭로와 관련된다.

그러나 이 점에 있어서도 역시 — 교회의 전통과 신앙 연구와 대조하여 — 우리는 분명한 구분을 하여야 할 것이다.

무엇보다도 우리는 인류의 구조적인 구원이 그것의 역(逆)으로서 수많은 사람들의 구원을 필요로 한다는 사실을 깨달을 필요가 있다. 하나님이 압제적인 구조들을 폐지하실 때, 이것은 억압받는 자를 향한 구원을 의미한다. 수많은 사람들이 — 무법자들, 차별의 희생자들, 박해받는 자들, 짓밟힌 사람들, 순교자들 — 이생에서 결코 하나님의 목적에 응답할 수 없었는데, 그것은 그들 자신의 죄 때문이 아니라, 다른 사람들의 죄로 말미암은 것이었다. 만일 하나님이 죄를 몰아내고 죄인들을 반대하시기로 마음에 두신다면, 압제자들에 대한 심판은 그들의 희생자들의 구원을 분명히 포함하는 것이다. 그렇지 않으면 이것은 의미가 없을 것이다. 성경은 이러한 기대로 차 있다. 대부분의 시간에 우리는 우리의 성경 읽기에서 이것을 간과하였다. 그러나 만일 또한 우리가 이것을 하나님으로부터 기대할 수 없다면, 이러한 불공평한 기회들을 제공하는 세계, 즉 불의에 흠뻑 빠져있는 세계 안에서 우리가 이것을 어떻게 견딜 수 있겠는가?

이 심판은 또한 하나님을 알지 못하거나 혹은 적어도 그들이 그로 말미암아 기동한다는 것을 느끼지 못하면서 억압받는 자들에게 정의를 나타내고 그렇게 해서 하나님의 목적에 따라 행동하였던 자들을 향한 것이 될 것이다. 억압받는 자들에게 구원을 의미하는 이 동일한 심판은 자비를 베푸는 자들을 향한 정의를 포함한다. 그들은 하나님이 자신에게 충실하시는 한 틀림없이 자비를 얻게 될 것이다.

그러나 이 일들을 알지 못하는 자들에게, 즉 언제나 인류의 대다수를 구성하는 집단에게 심판은 무엇을 의미하는가? 그들은 나아가서 그들에게 기대되는 일을 행하고, 모험과 희생을 피하며, 자신들과 그들의 가족과 친구들을 위하여 그들이 할 수 있는 것을 삶으로부터 얻으려고 노력한다. 심판은 그들에게 있어서 그들이 그 안에서 살아온 소외의 무서운 계시가 되어서는 안되는 것인가? 그러나 그들은 어느 정도나 죄 가운데 있으며 그것은 어느 정도나 그들의 운명이 되었는가? 우리는 하나님이 어떻게 심판하시는지 알지 못한다. 우리는 우리를 둘러싼 모든 소외를 묵인해서는 안된다는 사실을 알지 못한다. 그리고 하나님에 대해서 우리는 하나님께서 우리가 익숙한 방식으로 사람들을 범주별로 나누지 않으시고, 각 사람을 그의 거룩한 사랑으로 찾으시고 드러내신다는 사실을 안다.

성경은 심판의 두려움에 대해서 많이 언급하지만, 거의 배타적으로 이것은 하나님의 대적들에 관한 것이다. 그들은 그의 선택과 사랑의 길을 반대하는 사람들이다. 그들은 이스라엘이 빛 가운데 (물론 부당하게) 위치해 있다는 사실을 시기하는 대적들이고, 성자를 거절하고 죽이는 것은 불순종하는 이스라엘이며, 하나님의 이름의 비밀하에 자신의 세속적인 의식들을 계속 고집하고 그렇게 해서 다시 반복해서 주님을 십자가에 못박는 기독교이며, 세상에서의 그의 거룩한 사랑의 선포와 실현을 알면서 기꺼이 반대하는 자가 그들 전부이다. "알면서 기꺼이" 이것을 행하는 자들이 누구인가? 우리는 그들을 지적할 수 없다. 심판이 그것을 드러낼 것이다. 그들에게 심판은 절대적인 정죄와 절대적인 치욕을 의미할 것이다: 소외된 존재뿐만 아니라 상실된 존재의 폭로를 의미할 것이다.

그리고 너무나 다르고 너무나 많은 다른 종류에 속해 있는 이 모든 사람들에 대해서, 심판은 그들이 받은 빛에 따라서 그들이 심판받을 것이라는 사실을 의미할 것이다.

구약에서 "야훼의 날"은 처음에는 하나님과 그의 백성 이스라엘의 대적들에 대한 심판을 의미하였다. 그러나 아모스 이후로 이스라엘과 유다도 역시 야훼의 대적들로서 정죄받을 수 있다는 사실이 분명하게 되었다(암 1:2; 5:18-20). 오직 "남은 자"에 대해서만 피할 길이 있을 것이다. 가난한 자와 비천한 자와 낮은 자가 남은 자에 속한다(사 11:1-5; 습 3:12 등등). 그들은 이스라엘뿐만 아니라 이스라엘 밖에서도 발견된다(사 11:10; 19:19-25; 욘; 미 3:3 등등).

신약에서는 대(大)분할이 이스라엘과 열방들을, 심지어는 그리스도의 교회 자체를 통과하여 지나갈 것으로 기대된다(후자는 특히 마태복음에서; 7:21-23; 18:21-35; 25:1-30을 보라). 심판에서 이 지상 생활의 흐름이 연장된다; 그러나 혹은 이런 이유로 해서 심판이 어떤 사람에게는 당황스러운 일을, 다른 사람에게는 놀라운 일을 의미할 것이다.

신약이 여기에서 우리를 사로잡고 있는 질문에 대하여 거의 혹은 아무런 의도적인 성찰을 포함하고 있지 않다는 사실은 주목할 만한 일이다. 이것은 주로 이 저자들이 반성(反省)이 아니라, 행동에 관심을 갖고 있었기 때문이다: 그들의 설교에 의해서 그들은 다가올 심판으로부터 사람들을 구하려고 한다(고후 5:11a, 20f.). 비록 그렇다 하더라도, 우리가 열거한 대부분의 집단들이 심판과 관련하여 신약에서 상당히 분명하게 인식된다: 억압받는 자(눅

4:18; 6:20-26; 16:19-32; 약 5:1-6), 자비를 베푸는 자(마 25:31-46; 눅 10:25-37; 롬 2:14-16), 교회에서 불순종하는 자(마 7:21-23; 18:21-35; 25:1-30), 그리고 외부에 있는 대적자들(살후 1:6-10). 때때로 신약은 심판의 단계적 변화에 대해서 언급하는데, 이것은 인지나 지식의 정도에 따라 다르다(눅 10:10-15; 11:29-32). 그리고 로마서 8:19-23에서는 "창조"(크티시스)가 구속받지 않은 인류를 배타적으로 혹은 주로 언급하는데, 교회는 그들이 창조의 첫열매들이라는 사실을 아는 사람들로서 간주되며(23절; cf. 약 1:18), 그들을 쫓아서 그리고 그들과 함께 지금 "오늘날의 고난"(18절) 속에서 지금 신음하고, 교회가 이미 지금 의식적으로 살고 있는 그 미래를 무의식적으로 동경하는 모든 사람들이 구원받게 될 것이다.

교회들과 신앙의 연구는 여기에서 내려진 구분들을 사용해 오지 않았다. 대체로 그들은 사람들을 단순히 신자들과 불신자들로 나누었으며, 이 "불-"이 매우 다양한 태도들을 포함하고 있다는 사실을 고려하지 않았다. 광범위한 "자연"("선한 의지를 가진 모든 사람들"이 여기에 속한다)의 하부 구조와 연옥에 관한 교리로 말미암아, 로마 가톨릭 교회는 어느 정도의 융통성을 도입할 수 있었다. 종교개혁의 교회들은 이것 없이 해내야 한다. 많은 정통 기독교인들이 편안하게 적어도 인류의 95퍼센트가 상실되었다고 지적하였거나 또한 여전히 지적하는 것은 상당한 경솔함과 가혹함을 드러내준다. 다행히도, 세속주의와 비기독교 세계들과의 강력한 접촉이 이 문제를 더 깊고 더 주의깊게 고찰하도록 강요한다. 그러나 지금까지 신앙의 연구에서 그것에 대해서 거의 주목할 만한 것이 없다. 다음 부분에 나오는 문헌을 보라.

물론 이 심판이, 특히 이 심판에 대한 정죄가 영원히 지속되게 될 것인지에 대한 질문이 이제 제기되어야 한다. 정죄의 상황은 신약에서 "지옥"(음부)이라 불린다. 인간은 "바깥 어두운 곳에서" 마침내 끝나게 되는데, 그 이유는 그의 지상 생애에서 그가 빛을 반대하고, 어두움을 선택하였기 때문이다; 그 흐름이 이제 연장된다. "울며 이를 가는 것"은 낭비된 기회들을 헛되이 반추하는 것을 표현한다. 비신자들 일부에게 적용된 앞 부분에서 제기된 질문(비신자들에게 어떤 미래 기대가 존재하는가?)은 이제:

지옥은 영원한가 하는 질문이 된다.

  어느 곳에서도 이 질문을 명확하게 논의하지 않는 신약 성경의 문서들은 한 가지 이상의 답변을 제시하며, 이것은 기독교 교회들 안에서 다양한 견해들로 귀결되었다. 그러나 공식적인 교회의 교리에서 지배적인 관념은 지옥은 영원하다는 것이다. 소수의 성경 구절들이 이것을 분명히 진술한다. 그리고 그리스도를 따르거나 반대하는 결정이 영원한 비중을 지니고 있는 것이 아니겠는가? 그러나 이러한 놀라운 확신을 더 깊이 검토하는 일은 언제나 마지못해서 이루어졌다. 왜냐하면 절대적인 하나님의 버리심이 새로워진 창조 안에 한 장소를 영원히 유지하고 있다고 가정해야 할 것이라는 사실이 그 함의이기 때문이다. 따라서 어떤 이들에 의하면, 심판에서의 정죄는 완전한 멸절로서 이해되는 것이다. 또다른 관념은 내세에서 회심의 기회가 있을 수 있다는 것이다. 여전히 다른 사람들은 언젠가 하나님의 형상으로 창조된 모든 사람들이 그리스도의 형상으로 재창조될 것이라고 믿는다; 이것은 보편적인 속죄론에 대한 믿음이다(아포카타스타시스).

  이것의 성격과 방법론으로 말미암아, 신앙의 연구에서, 우리가 주어야 하는 첫번째 답변은: 우리는 모른다는 것이다. 우리의 답변은 사람들을 이 생에서 회심하도록 불러야 할 책임이다; 그리고 하나님이 영원에서 그들에게 행하시는 일은 우리의 일이 아니다. 많은 이들이 이렇게 말하고 싶어 한다: 이것은 우리가 확신을 갖고 최대의 정의이시고 최고의 사랑이신 하나님께 맡겨야 하는 것이다. 그러나 그 자체로서 정확한 이 답변은 우리가 알지 못한다는 사실 이상의 것을 포함한다. "확신"이라는 단어와 정의와 사랑의 중복은 이미 보다 긍정적인 답변을 지시하고 있다. 그리고 실제로, 이 결정은 우리가 정의와 자비, 거룩과 사랑, 분노와 용서, 하나님 안에서의 혼합을 보는 방식에 의해서 결정된다. 이것과 관련하여, 우리는 20장을 참고로 한다. 거기에서 우리는 여기에서 우리가 관련되는 질문을 미해결로 남겨 두었다. 그러나 그 후로 우리는 이스라엘과 그리스도 안에서 존재했던 정의와 사랑을 면밀하게 조사해왔다. 이 계약이 하나님의 신실하심이 반복하여 인간의 불성실성과 투쟁하시는 것을 의미한다는 사실을 우리는 알고 있다. 궁극적으로 어떤 것이 양보하지 않으면 안되는가: 신적인 성실성인가 인간의 불성실성인가? 바울은 하나님과 인간의 관계의 재판의 장(場)으로서 이스라엘에 관하여 그 질문을 제기하였다; 그리고 다음과 같은 고백으로 끝을 맺었다: "하나님이 모든 사람을 순종치 아니하는 가운데 가두어 두심은 모든 사람에게 긍휼을 베풀려 하심이로다"(롬 11:32). 이 고찰들은 하나님에 대한 인간의 "아니오"의 무게와 그 결과를 헐뜯으려는 것이 아니라, 고집스럽게 반항하는 인간들에 대한 하나님의 "예"를 우리가 단순히 약간 더 많이 생각하도록 강요한다. 하나님은 우리의 결정의 책임에 대해 진지하시지만, 그의 사랑의 책임에 대해 훨씬 더 진지하시다. 거절과 하나님의 버리심의 어두움은 반증될(argue away) 수 없고 반증되지 않을 것이며, 단순히 영속화될 수 있고 또 되어야 한다. 하나님을 위하여 우리는 지옥이 정화의 형태일 것으로 희망한다.

위에서 우리는 하나님을 반대하는 자들의 영원한 운명에 대한 네 가지 견해를 논의하였다. 그들이 단순히 파멸(멸절)될 것이라는 사상은 하나님의 사랑이나 우리의 결정의 진지함을 바르게 평가하지 않는 것처럼 보인다. 이 견해를 지지하는 것처럼 보이는 — 문자적으로 받아들일 때 — 성경의 표현은 "파멸"(perdition), "멸망되는 것", "영원한 죽음", 그리고 특별히 요한계시록 20:14이다. 그러나 이 단어들은 정확히 계속되는 존재를 전제로 하고 있다. 더욱이 절멸은 힘의 행위에 의해서 감추어지기는 하지만, 결과적으로는 하나님의 사랑의 패배가 되고 만다. 죽음과 심판 이후의 회심의 기회에 대한 관념은 베드로전서 3:19f, 즉 많은 논쟁을 가져왔던 구절에서 뒷받침을 얻고 있다: "두번째 기회"라는 감상은 심리학적으로 호소력이 있을 것이다. 그러나 이것은 경건한 환상이며, 우리가 여기에서 다루고 있는 문제를 해결해주지 못한다. 인류가 영원히 두 집단으로 나누어질 것이라는 생각은 비록 일반적으로 교회에서 받아들여지지만, 그것에 반하여 울며 이(齒)를 가는 곳으로서의 지옥에 대한 언어가 특별히 마태복음(8:12; 13:42, 50; 22:13; 24:51; 25:30)에서 발견되며, 역시 "영원한" 불이나 형벌에 대해서도 마태복음에서 세 번(18:8; 25:41, 46) 언급되고 있다; 더욱이 바울은 교회의 박해자들에 대한 "영원한 파괴"에 대해서 오직 한 차례만 언급하고 있다(살후 1:9; cf. 살전 2:16). 분명히 지옥에서의 영원한 형벌에 대한 집중은 케리그마의 핵심에 속하지 않는다. 이 진술들과 병치되는 수많은 다른 구절들이 바울에게서 나타나는데, 이 구절들은 "모든 사람"을 위한 구원의 미래를 너무나 분명하게 열어 놓아서, 방금 언급된 구절들: 즉 롬 5:12-21; 11:25, 30-32, 36; 고전 15:22, 28; 엡 1:10; 빌 2:11; 딤전 2:4; 4:10; 요일 2:2과 조화될 수가 없다. 우리의 판단으로는, 처음의 일련의 진술들은 갈등 상황의 측면에서 이해되어야 한다: 이 진술들은 모두가 메시야와 교회에 대한 적의(敵意)로 말미암아 자신의 구원을 던져버리고 있는 이스라엘에 대한 것이다. 두번째 진술들의 배경은 헬라파 교회들인데, 그들에게 그들의 믿지 않는 가족과 이웃들에게 영원 속에서 무슨 일이 일어날 수 있을 것이라는 사실은 계속적인 질문과 관심이 되었음이 분명하다(또한 고전 15:29를 보라); 그들은 그리스도 안에서의 구원이 아담 안에서의 상실만큼 베풀어질 것이라는 확신을 의지할 수 있을 것이다(고전 15:22).

우리는 첫번째 진술들을 두번째 진술들로 환원하려고 하거나, 일반적으로 되어지듯이, 두번째를 첫번째로 환원하려고 함으로써 이 두 일련의 진술들을 주석적으로 변경하려고 해서는 안된다(예를 들어 어거스틴과 칼빈의 부자연스런 주석들을 보라). 해석학적으로 우리는 전자에 대해서는 결정의 중요성의 의식(Entscheidungsbewusstsein)을 표현함으로써, 후자에 대해서는 선택의 중요성의 의식(Erwählungsbewusstsein, 알트하우스)을 표현함으로써 양 진술들을 공정하게 다루어야 한다. 우리는 이것들을 서로 나란히 놓아서는 안되고 차례로 놓아야 하며, 마찬가지로 최종적인 단어는 인간의 결정이 아니라 하나님의 영원한 목적에 맡겨둔다. 우리가 칼빈과 더불어 이것을 가정할 수 없다면, 이 목적에 따르면 어떤 사람들은 영원한 저주를 위하여 창조되었다(*Inst* III,xxiii). 그러나 이 경우에 하나님의 가장 심오한 성품은 구원하는 사랑이 아니라, 위협적인 모호성이며; 이것은 칼빈과 그의 추종자들이 언제나 피하여 왔던 결과이다.

보편구원론(아포카타스타시스)의 교리는, 오리겐에 의해서 제의되었던 때로부터(언젠가, 정화의 과정을 통하여, 모든 영혼들이 하나님께로 돌아갈 것이다, *De principiis* II,10, III,6), 희랍 교부들과 중세의 이단들과 종교개혁의 아류 운동들, 경건주의, 외팅거, 슐라이어마허, 모리스(F.D. Maurice), 블룸하르트(C. Blumhardt) 등과 같은 다양한 사람들 사이에서 긴 지지자들의 행렬이 있어 왔다. 화란에서는 이것이 콘스탐(P. Kohnstamm)에 의해서, *De heilige*(1931), pp. 390-403에서 열렬하게 옹호되어 왔다. 그러나 주창자들의 동기는 종종 매우 다양하다. 바르트도 역시 그의 사고(思考) 전부를 지배하는 은혜의 탁월성에 대한 믿음으로 말미암아 지지자들 사이에서 평가될 수 있다; 은혜를 하나의 체계로 만드는 것을 염려하여, 단순히 그는 궁극적인 결과를 도출하기를 거절한다(모리스와 같이). *CD* II,2, p. 417와 IV,3, pp. 470f를 보라.

이 주제에 대한 중요한 논의가 P. Althaus, *Die letzten Dinge*(1933년의 4판 이후로), ch. IV에서 발견된다. 또한 Ott, *AG* art. 50과 더 많은 문헌에 대해서는 H. Berkhof, *Well-Founded Hope*, pp. 104-106을 보라.

58. 영원한 삶

첫째로 우리는 미래에 대한 진술들에 우리가 어떻게 도달할 수 있는지에 대한 질문을 제기하였다(56장); 다음으로 우리가 이 미래로의 도약을 어떻게 생각할 수 있느냐 하는 질문을 제기하였다; 이제 우리는 이 도약의 저편에서 우리를 기다리고 있는 삶에 대해서 우리가 어떤 기대를 가질 수 있는지를 질문할 준비가 되었다. 사람들은 언제 부활을 경험하게 되고, 구조들은 언제 새롭게 되며, 심판은 언제 그것의 정화하는 효과를 가지게 되며, 그 다음에는 어떻게 되는가? 우리는 이것을 영생이라고 부르는데 익숙하다. 그러나 단순히 우리의 환상과 소망의 산물이 아닌 이것에 대해서 도대체 우리가 무엇을 생각할 수 있는가? 다행히도 이것은 불가능하지 않다. 우리가 이스라엘과, 그리스도와, 성령의 길을 따라서 하나님의 활동에 대해 아는 것이 우리의 생각을 인도하고 교정할 수 있다. 그러나 심지어 그 때에도, 영생은 그 길에서 우리보다 앞에 놓여 있는 영원이 아닌가? 그것은 여전히 우리가 개념적으로 포착할 수 있는 것인가? 교의학자는 여기에서 시인에게 양보해서는 안되는가? 비유적인 표상이 음악의 언어와 더불어 영원의 본질에 가장 근접해 있는 언어라는 것이 사실이다. 그러므로 영원한 삶에 대한 최고의 표현은 바흐와 헨델, 그리고 수많은 교회 음악들과 기독교 찬송가에서 발견된다. 이와 비교해서, 교의학의 개념적인 언어는 언제나 빈약하고 무미건조하게 되어 있다. 그럼에도 불구하고, 이 언어에서도 역시 우리는 영원한 삶에 대하여 무언가를 말하려고 노력해야 한다; 단순히 이 개념이 이제 갑자기 침묵하게 될 수는 없다는 점에서라도 그러하다. 묘사하려고 시도하는 것에 언제나 그것이 훨씬 미치지 못할 것이라는 인식 속에서, 이것이 아무리 열등하고 불완전하다 하더라도, 이것은 그 자신의 찬양의 방식을 끝까지 유지해야 한다.

우리가 역사를 통한 그의 길에서 그리고 사람들의 마음 속에서 하나님에 대해 보아온 모든 것에 근거하여, 우리가 기대할 수 있는 전적으로 새로워진 존재에 절대 필요한 일련의 요소들이 언급될 수 있다. 다음에 열거된 항목 안에 우리가 50장 후반부에서 영원한 삶에 대해 이미 언급하였던 것의 확대된 개념, 즉 "세계"의 개념에 의해서 가능하게 된 확대를 동시에 포함한다.

1. 이것은 죄의 완전한 제거가 될 것이다. 사랑이 이것의 모든 관계들 속에서 그리고 이것의 가장 먼 부분들까지 존재를 지배할 것이기 때문에 죄는 추방될 것이다.

2. 이것은 일시적인 것의 폐지가 될 것이다. 새로운 세계는 하나님의 빛으로 완전하게 충만하게 될 것이다. 여전히 창조주로부터 너무나 멀리 떨어져 있는 우리의 옛 세계는 어두운 그림자와 자연의 재해와 질병과 죽음으로 가득 차 있다. 새로운 세계는 빛의 근원에 아주 가까이 살 것이므로 그림자들은 사라질 것이고 모든 것이 빛으로 뒤덮이게 된다; 이것은 고통과 슬픔과 애통이 없는 우리가 상상할 수 없는 세계이다.

3. 영원한 삶은 또한 하나님과의 유대가 더 이상 베일에 가려져 있지 않다는 것을 의미할 것이다. 우리의 존재의 현세성 속에서 이 유대는 모든 곳에서 오직 은폐와 단절 속에서만, 우리의 경험 세계의 관계성의 형태 안에서 현존하고 따라서 의심과 불신에 예속되어 있다(9장을 보라). 영원한

삶에서는 하나님이 그가 지으신 실재 안에서 완전하게 현존하시고 알려지게 될 것이다. 듣고 믿는 이 현재의 존재와 대조하여, 우리는 그 때에 "하나님을 뵙는" 일을 말할 수 있으며, 훨씬 더 많은 지식과 더 큰 사랑을 향한 우리의 동기가 충족되게 될 것이다. 물론 성경과 교회사에서 인기있는 영원한 삶에 대한 이러한 명칭은 구경꾼의 관계를 의미하지 않는다. 이것이 주장하기를 원하는 점은 이것이 하나님의 직접적인 현존이고 이와 동시에 일어나는 확실성이고 하나님과의 이러한 완성된 관계를 나타내게 될 기쁨이라는 사실이다. 그리고 물론, 완성된 친교는 단순한 비전보다는 훨씬 더 큰 것이다. 이것은 또한 사랑과 찬양과 예배(service)이다.

4. 영원한 삶은 모든 다른 인간들과 더불어 완전히 하나가 되는 일(Mitmenschlichkeit)이 될 것이다. 이생에서 하나님은 우리를 사람들의 공동체 안에 두셨고 끊임없이 우리에게 우리 동료를 지시해 주셨다. 위대한 미래에서 하나님과 동료 인간을 향한 사랑은 절대적으로 하나가 될 것이다. 단순히 사적인 관심에 불과한 구원은 없을 것인데, 그 이유는 이것이 자기 모순적인 것이 될 수 있기 때문이다.

5. 영원한 삶은 모든 관계들이 하나님과 사람 사이에서, 그리고 사람들 자체 안에서, 위협이나 차별없이, 두려움이나 증오심없이 사랑의 상호작용의 통로들이 될 것이다.

6. 그 때에 사람은 하나님이 사람을 위하여 염두에 두고 계시고(25장을 보라) 그것을 위하여 성령이 우리의 성화를 통하여 지금 우리를 훈련하시는(47장을 보라) 자유와 사랑의 절대적인 연합 안에서 그의 운명에 도달하게 될 것이다.

7. 그리스도는 이 새로워진 인류에게 둘러싸여 가운데 자리에 계시게 될 것이다. 왜냐하면 그는 이 거룩하게 의도된 인류의 뿌리이시고 첫열매이시기 때문이다. 우리는 그의 형상을 본받게 될 것이다. 그는 우리를 이끌고 가시는 선구자이시다. 그의 활동과 첫열매이신 그를 둘러싸고 서 있는 것 때문에, 우리는 드디어 우리의 운명에 도달하며, 드디어 우리 스스로 하나님의 완전한 아들들이 될 것이다.

8. 마지막으로, 앞에 놓여 있는 것을 바라보면서, 우리는 우리가 "자연"이라 부르는 것이 이 미래에 참여하게 될 것을 기대할 수 있다. 그 이유는 한 편으로는 이것이 인간 존재를 가능하게 해주는 필요 조건들에 속하고(우선은 우리의 육체의 본성에 관하여), 다른 한 편으로는 하나님이 자연에 대한 그 자신의 목적을 갖고 계시기 때문이다. 이것은 또한 지금 그림자들, 즉 아직 하나님으로부터 먼 곳에 있음에 참여하고 있다. 이것은 그 자체에 대한 위협이고 사람에 대한 위협이다. 더욱이, 사람은 자연을 위협하고 더럽히며, 그렇게 함으로써 자신을 위협하게 된다. 더욱이 자연과 그것의 인간과의 관계는 아직 회복되지 않고 있다. 그러나 규칙적으로 하나님은 또한 세계를 통한 그의 구원의 과정 속에서 자연에 한 역할을 부여하셨다. 우리는 순수한 영들의 영역이 아니라 실제 사람들의 영역을 기대하는데, 이것은 조화로운 한 부분이며 더 큰 세계의 면류관이 될 것이다.

요한계시록 21:1-22:4의 즐거운 비전이 비유적 표상의 형태 속에, 위에서 언급한 모든 요소들을 어떻게 포함하고 있는지 읽어 보는 것은 매력적인 일이다: 21:27에 1; 21:4에 2; 21:3, 22f.; 22:4에 3; 21:10-21에 4-6; 21:9, 22f.; 22:3에 7; 21:1; 22:1f.에 8이 나타난다.

3에 대하여: 사람의 최종적인 운명으로서 하나님의 비전에 대한 개념은 성경적인 토대를 갖고 있다(출 33:18-23; 신 6:24-26; 시 27:8; 63:3; 마 5:8; 고전 13:12; 고후 3:18; 히 12:14; 계 22:4); 저스틴과 클레멘트가 이것을 *visio Dei beatifica*(축복된 하나님의 비전)의 매우 오래된 교리로 발전시킨 이후로, 다수의 교부들에게서 플라톤적인 테오스타이와 테오리아의 개념과의 의심스러운 결합의 결과로서 단순히(*Summa contra gentiles*, III, c.37,47-63, 그리고 *ST* Supp. q. 92). 이 결과는 신앙의 연구와 기독교 신앙에 있어서 모든 곳에서 유지되고 있으며 역시 개인주의적이고 수직적이고 수동적이며 소모적인 많은 부분에 있어서 미래에 대한 하나의 견해로 나아가게 된다. 이 주제에 대하여 K.E. Kirk, *The Vision of God*(1934); K. Schilder, *Was is de hemel?*(1935), ch. VI,4; V. Lossky, *Vision de Dieu*(1962); G.C. Berkouwer, *The Return of Christ*(E.T. 1972), ch. 12를 보라.

7에 대하여: 이 미래에 있어서 그리스도의 위치에 대해서는 의견들이 다양하다. 우리는 그 때에 여전히 그의 중보에 의존하게 될 것인가? 그리스도를 화해의 중간기에 절대적으로 속하여 있는 분으로서 보고 있는 반 룰러에 의하면, 그리스도의 인간성은 이 종말에서 존재하지 않게 될 것이다; *De vervulling van de wet*(1947), esp. pp. 90-94를 보라. 그의 사상에 대한 비판은 Berkouwer, *The Return of Christ*, pp. 430-439에서 발견된다. 반 룰러의 견해와 반대되는 것이 훌스보쉬(A. Hulsbosch in *De schepping Gods*(1963), ch. XI)의 견해이다: "또한 이생 이후에도 그리스도는 우리가 하나님을 만나는 자리에 그대로 계신다"(p. 179), 그 이유는 그의 인성에 따라서 그 안에 성부의 완전한 사랑이 거하시고 또한 그 반대가 성립되기 때문이다; 따라서 하나님의 비전은 영원히 그를 통하여 중재될 것이다. 우리가 보는 것처럼, 두 가지 견해는 성경적인 진술에서나 신앙의 구조의 전체성에 있어서 토대를 결여하고 있는 극단들이다. 우리의 판단으로는 우리는 그리스도가 없이도 아니고 그리스도를 통해서도 아니라, "많은 형제들 가운데 처음 난 자"로서 그와 더불어, 중심이신 그를 둘러싸고 성부의 존재 안에 있게 될 것이다.

8에 대하여: 여기에서 우리는 앞의 논제들보다 덜 분명하게 언급하였다. 그 이유는 우리가 사람에 대한 하나님의 관심의 방식을 알고 있지만, 자연에 대한 그의 관심의 방식을 알지 못하기 때문이다. W. Künneth, *The Theology of the Resurrection*(E.T. 1965)와 더불어, 자연에 대한 다소간 사변적인 신학의 방향에서 예수의 부활에서부터 시작할 수 있지만, 또한 P. Teilhard de Chardin, *Oeuvres*, V(1959), pp. 401-403와 더불어, 물질을 자궁, 즉 영적인 삶이 완전히 이것으로부터 가까스로 벗어나게 되었을 때 그것의 목적에 이바지하게 될 모체로서 이해할 수도 있다. 그러나 우리가 볼 때 후자는 성경의 사고가 일관되게 몸과 영혼, 물질과 정신, 자연과 역사를 결합하고 있는 방식을 따르지 않고 있는 것으로 보인다. 따라서 논제 8의 마지막 문장이 오게 되는 것이다.

영원한 삶에 대한 위의 진술들은 신중하게 표명되고 있다. 이것들은 한편으로는 배제의 원리에 근거하고 있으며(죄와 일시성과 은폐가 없음), 다른 한 편으로는 외삽의 원리에 의존하고 있다(완전하게 된 인류, 친교, 사랑, 등등). 그러나 이것에 의해서 우리가 이 모든 요소들 안에 있는 공통인자가 무엇인지는 아직 지시하지 않았는데, 그것은 이 요소들을 집단적이고 개별적으로 큰 도약 이전에 있었던 것들과 구별해주는 것이다. 이것이말로 설명될 수 있는 것인지 여부가 당연히 질문될 수 있을 것이다. 그렇지 않으면 이 측면은 "영원한 삶"의 "영원한"에 포함되는가? 영원한 것은 단순히 "끝이 없는 것"이 아니다; 이것은 질적인 개념이다. 그러나 어떤 특질을 이것이 표현하는가? 신약 성경은 여기에서 우리를 도와주는 한 가지 기본적인 단어, 즉 영광을 가지고 있다. 구약 성경에서 이 단어(히, 카보드)는 배타적으로 하나님의 삶의 영역만을 나타낸다. 신약 성경(희, 독사)에서 이것은 또한 예수의 삶의 영역과 특별히 높아지신 그리스도이신 예수를 나타내기 위하여 사용된다. 그리고 그에게서 나와서, 이 단어는 이제 대 미래의 구원받은 인류의 삶의 영역을 가리키기 위한 명칭이 되었다. 이것이 의미하는 것은 그 때에 우리가 신적인 삶의 영역으로 완전히 인도될 것이라는 것이다.

이것의 완전한 의미를 이해하기 위해서, 우리는 종종 사용하였던 용어인 "계약"으로 되돌아가야 한다. 이것은 하나님과 사람의 연합을 표현한다. 현재까지 이것은 가장 큰 난점들과 더불어서만 나타났던 어떤 것이다. 대부분의 사람들의 삶에서 하나님은 거의 아무것도 아니며, 몇몇의 사람들의 삶에서는 어떤 것이며, 어떤 사람들의 삶에서는 상당한 것이며, 오직 그리스도 안에서만 그는 모든 것이 되신다. 하나님은 아직 "만유 안에 만유"가 아니시다. 성부와 성자의 친밀한 하나됨으로부터 우리는 하나님의 계약의 목적이 무엇인지를 말할 수 있다. 미래에 대한 우리의 기대는 그리스도로 말미암아 그리고 그를 뒤따라감으로써 우리가 하나님의 삶의 영역에 참여할 것이라는 것이다. 이것은 경이적이고 상상할 수 없는 전망이다. 그는 자기로부터 먼거리에 우리를 창조하셨는데, 그곳에서 그의 빛은 오직 굴절에 의해서 간접적으로만 비칠 수 있으며, 음침한 그림자로 어둡게 될 수 있다. 더욱이 우리는 이 빛을 따르지 않았고 우리 자신의 길을 따르기로 선택하였다. 그러나 하나님은 계속해서 우리를 부르시고 이끄신다. 그리고 언젠가 그의 목적이 우리의 삶 속에서 승리하실 것이다. 그 때에 우리는 그가 우리 안에서 영화롭게 되시기 때문에 영화롭게 될 것이다. 그 때에 우리의 원창조의 모습과 하나님을 떠나서 방황하는 우리의 모든 죄된 모습 사이의 거리가 극복될 것이며, 우리는 주님을 친히 잘 알게 될 것이다.

우리가 "신비주의"라고 부르는 것은 단순히 그것의 간접적이고 희미한 반영에 불과할 뿐이다. 그 때에 하나님과 우리 사이의 거리는 사라진다. 그러나 우리는 하나님 안에서 상실되지 않는다. 우리는 없어지지 않는다: 이와는 반대로, 사랑과 협력의 일치와 거리로 말미암아 드디어 우리는 우리 자신이 된다. 왜냐하면 이 성부의 집에는 방이 많기 때문이다. 그러나 하나님의 영역에서의 이러한 익숙함은 우리가 여덟 가지 점에서 언급하였던 모든 것을 모든 인간의 상상을 훨씬 초월하여 고양시키는 효과를 가지고 있다: 유비와 외삽도 역시 쓸모없게 될 것이며, 따라서 하나님이 우리를 위해 붙드시는 미래는 상상할 수 없을 만큼 크다.

모든 것이 이 영광의 축연에 참여하게 될 것이다. 이것은 그 때에 우리가 무엇이었든지 간에 "자연"이라고 부를 수 있는 것: 지구, 즉 하나님이 이 웅대한 실험을 시작하셨던 이 작은 행성: 그리고 이것 없이는 인간 존재가 생각될 수 없는 시간과 공간을 포함한다. 공간은 하나님의 무한한 자유의 공간이 되지 않지만, 마치 그것과 같을 것이고, 그것을 향해 열려 있으며, 그것에 의해서 상상할 수 없을 만큼 확대될 것이다. 그리고 시간은 하나님의 영원으로 변하지는 않지만, 과거-현재-미래는 분리되어 쇠퇴하지 않고, 영원의 전형으로서 상상할 수 없는 일체감을 구성할 것이다. 이것이 우리가 이것에 대해서 더듬으면서 말할 수 있는 전부이다. 한 가지는 확실하다: 우리가 지금은 제한된 공간과 시간의 범주 안에서만 생각할 수 있기 때문에, 지금 영원한 삶에 대해 묻고 있는 질문들은 그 때에 유치하고 무의미한 것으로 나타날 것이다.

아레오바고의 위(僞)디오니시우스(500년)는 하나님에 대한 지식론에 세 가지 방식의 구분을 도입하였다: *via causalitatis*(인과율의 방법), *via eminentiae*(탁월성의 방법), *via negationis*(부정의 방법). 이 구분은 우리에게는 별로 쓸모가 없는 하나님에 대한 자연적인 지식의 가정과 밀접하게 연결되어 있다. 그러나 종말론에서는 이 구분은 유용한 것으로서 판명된다. 우리는 한 편으로 미래에 대한 우리의 지식을 그리스도와 성령의 역사하시는 양식을 확대 해석함으로써(*via causalitatis*), 그리고 이것을 완성을 향하여 외삽함으로써(*via eminentiae*) 추론한다. 그러나 다른 한 편으로는 종말론적인 도약에 의하여 우리의 사고에 강요된 경계(境界)로 말미암아, 우리는 *via negationis*를 향하여 나아가도록 더욱 더 강요되고 있다. 가능한 한 세 가지 *viae*(방법들)를 함께 결합함으로써, 우리는 궁극적인 관점에 있어서, "영광"에 대하여, 이것의 본질에 대하여 최종적으로 분석할 때, 단순히 *per negationem*(부정을 통해서)에 의해서만 묘사될 수 있는 어떤 것을 말할 수 있다는 사실을 알고 있다: 그것은 지금 여기에서 우리에게 없는 것이며, "눈으로도 보지 못하고, 귀로도 듣지 못하고, 마음으로도 생각하지 못하는 것"이다.

독사('영광'그리고 독사제인: '영화롭게 하다')는 신약에서 기독론적으로, 특별히 그의 "영화롭게 되심" 이후의 그리스도와 관련하여(요 1:14; 2:11; 7:39; 13:31f.; 17:1, 5; 고후 4:6; 벧전 1:11, 21; 딤전 3:16), 때로는 성령론적으로(요 17:10; 고후 3:8-10, 18), 그러나 특별히 종말론적으로(롬 5:2; 8:18, 21, 30; 고전 15:43; 고후 3:18; 빌 3:21; 골 3:4; 벧전 5:1,4; 히 2:10; 계 21:11,13) 사용되고 있다. 독사의 이러한 종말론적인 사용과 병행되는 것이 프뉴마(성령)와 프뉴마티코스(신령한 자, 고전 15:44-49에서)의 사용이며, 마찬가지로 테이아스 코이노노이 피세오스(신의 성품에 참예하는 자, 벧후 1:4)라는 대담한 표현의 사용이다.

이 마지막 본문은 우리에게 동방 교회의 "신격화"(테이오시스, 테오포이에이스)라는 개념을 상기시켜주는데, 이 개념은 *De incarnatione*, c. 54에 나오는 아타나시우스의 유명한 말에 의해 고무된 것이다: "우리가 신과 같이 될 수 있도록 하기 위해 그가 사람이 되셨다"(아우토스 가르 에넨트로페센, 히나 헤메이스 테오포이에토멘). 이것은 마치 하나님과의 동일시를 의미하는 것처럼 오해를 불러일으킬 수도 있지만, 반면에 그 의도는 영화를 표현하려는 것이다. 이 용어를 피하려는 염원이 이것을 반대해야 한다는 것을 의미하지는 않는다. 이것의 중요성에 대해서는 A. van Haarlem, *Incarnatie en verlossing bij Athanasius*(1961), 특히 pp. 84-87와 137-143을 보라. 로마 가톨릭의 "현양(顯揚)"(elevation, *elevatio*)이라는 개념의 선택에 대해서도 역시 같은 사실이 적용된다. 물론, 개신교는 창조에 대한 이층(二層)적인 견해와 죄의 심각성에 대한 과소평가를 포함하고 있는 자연-은총 이원론과의 관계로 말미암아 이 개념을 결정적으로 거부해왔다; 이것에 대해서는 B. Wentsel, *Natuur en genade*(1970)를 보라. 그러나 구원과 회복(무엇보다도 먼저)이라는 사실 이외에, 구원은 또한 현양이기도 하다; 그리고 만일 어딘가에서라고 한다면, 이 용어는 "영광"의 병행어로서 종말론에서 적당한 자리를 갖고 있다.

대개 종말론은 공간의 범주나 현양의 주제에 대해서는 조용하다. 여하튼 우리가 이것에 대해 무엇을 말할 수 있을 것인가? 그러나 우리가 보는 것처럼, 한 가지 위에서 표명된 문장은 정당하다. 이 문장은 또한 한 편으로는 우리들에게서 불필요한 의혹들을, 다른 한 편으로는 언젠가 지구가 저 무수한 사람들을 어떻게 포함할 수 있을 것인가 하는 질문에 대한 불필요한 사색들을 제거하는데 필수적이다. 하늘이 땅과 결합될 것이고, 그것을 둘러싸서 이것의 경계들을 제거하게 될 것이다. 바르트는 하나님의 편재와 관련하여 일종의 공간 신학을 전개하였다: *CD* II, 1, pp. 461-490을 보라.

공간을 취급하는 것과는 대조적으로, 종말론은 시간과 및 시간과 영원의 관계를 장황하게 다루었다. 그러나 실제로 우리가 위에서 표명하였던 것 이상으로 더 멀리 나아가지는 못한다. "더 멀리" 나아가는 사람은 한없이 시간을 연장하거나 혹은 이것을 무시간적인(timeless) 영원에 의해서 흡수해 버렸다. H. Berkhof, *Well-Founded Hope*, pp. 27-32와 p. 102에 나오는 문헌을 보라; 나아가서 E. Brunner, *Eternal Hope*(E.T. 1954), pp. 42-57와 130-135를 보라.

두 가지 질문이 남아 있다. 우리는 이생과 우리의 이 세상적 역사 전체 사이에 있는 관계에 대하여 질문하지 않고서 영원한 삶을 생각할 수는 없다. 그리고 우리는 역사로서의 이생의 성격에 대하여 예기적으로 질문하지 않고서 영원한 삶을 생각할 수는 없다. 그래서 우선 이 세상적 역사와 영원한 삶의 관계에 대한 질문이 제기된다. 앞서 말한 것에서, 반복해서 단언되었던 사실은 그리스도와 성령 안에서의 하나님의 활동이 도래할 신생에 대하여 기초적이라는 것이다. 그러나 사회적이고 문화적인 삶의 결과들 뿐만 아니라 모든 투쟁에 대해서 우리가 무엇을 말해야 하는가? 이것들은 도래할 완성에 대하여 어떤 것에 공헌하는가? 만일 이미 지상적인 구원 활동에 대한 대처에 있어서, 우리의 언급이 대(大) 종말론적인 도약의 이편에 있다는 사실을 우리가 명심해야 한다면, 비록 이것들이 언제나 죄적이고 모호하다 하더라도, 인간적인 성취의 정보(input)를 고려할 때 우리는 이것을 얼마나 더 많이 행해야 하는가?

비록 그렇다 하더라도, 근본적인 결과들과 더불어 도약에 의해서이긴 하지만, 새로운 세계는 이 세계로부터 탄생하게 될 것이다; 이것은 또다른 새로운 세계가 아니라, 새롭게 된 이 옛 세계이다. 이것은 이 세계가 향해 가고 있는 대(大)위기로부터 나타날 것이다. 여기에 대해서는 55장을 보라. 이것의 탄생은 따라서 기술적이고 문화적인 성취와, 그리고 이 세계에서의 성화(聖化)의 힘들의 발전과 완전히 분리되지는 않는다. 그러나 이 "완전히 분리되지 않음"은 한 가지 이상의 해석을 가질 수 있다. 우리는 우리의 문화가 도래할 구조를 위한 비계(飛階), 즉 나중에 다시 해체될 비계를 제공한다고 말할 수 있다. 그러나 우리의 문화를 도래할 그 나라를 위하여 건물의 재료를 제공하는 것으로 간주하는 것도 역시 가능하다. 우리는 싹이 나고 있는 "배아"(胚芽), 즉 이 미래로 옮겨지고 있는 "내용"을 언급할 수 있다. 그러나 보다 적절하게, 우리는 또한 "준비" 혹은 여전히 더 적절하게, "증거", "징표", "유사한 것"을 언급할 수도 있다. 우리는 이 세계가 가능한 한 틀림없이 새롭게 되어질 것이라고, 이 마지막 용어들 속에서 표현된 것보다는 확실히 더 낮게 기대할 수 있을 것이다. 확실한 것은 언젠가 이 완전한 문화의 발전과 영원의 관계가 의미있는 것으로 드러나고 보여지게 될 것이라는 사실이다. 그러나 우리는 이 대(大) 도약을 넘어서 볼 수는 없다. 우리가 우리의 문화 발전에서 받고 성취하는 모든 진, 선, 미가 하나님이 우리를 위하여 예비하신 삶의 충만과 세계의 어렴풋한 예기(豫

期)라는 사실을 안다는 것은 충분히 놀라운 일이다.

성경은 구약의 종말론에서 뿐만 아니라, 신약에서도 하나님의 도성에서의 문화와 인간 사회의 지속에 대하여 전적으로 사실의 문제로서 언급하고 있다. 그러나 이 표상들은 현재의 세계의 파멸의 생생한 이미지들에 의해 그에 못지 않게 조화를 이루고 있다. 요한계시록 21:2(새 예루살렘이 하늘에서 내려온다)과 21:24, 26(열방의 문화적인 보물들이 그 안으로 옮겨진다)을 비교하라.

신앙의 연구는 그 개념화에 있어서 이 이중적인 비유적 표상을 포함해야 한다. 17세기의 루터파 정통주의는 이 세계의 파멸에 이어지는 미래를 새 창조(*nova creatio*)의 측면에서 생각하는 경향이 있었다; pars. 66f.와 P. Althaus, *Die letzten Dinge*(1933년 제 4판 이후), pp. 353-360을 보라. 개혁파 정통주의는 일반적으로 재창조(*re-creatio*)의 측면에서 생각하였고, 따라서 강한 연속성을 보여주었다. 예를 들어, Bavinck, *GD* IV, pp. 797-803, 그리고 A. Kuyper, *Van de gemeene gratie*, I(1902), pp. 454-494를 보라. 우리가 보는 것처럼, 새 창조도 아니고 재창조도 아니고, 오히려 변모(*transfiguratio*)로서 말해야 할 것이다. 이 용어는 모든 문화적인 발전이 영원의 빛에서 의미있는 것으로 입증될 것이라는 사실을 표현하고 있다. 그러나 이것이 바로 영원에 대해 언급될 수 있는 것의 한계이다.

신앙이 상상할 수 있는 것은 신앙의 연구가 할 수 있는 것보다 더 깊이 나아갈 수 있고 또 나아가야 한다. 종교적인 상상력은 무의미한 공상 이상의 것이다; 나침반의 자석과 같이, 이것은 영원(永遠)이 발견될 수 있는 방향을 찾는다. 그래서 바르트는 그곳에서 모차르트의 음악을 들을 수 있기를 기대할 수 있고, 또다른 사람은 기술이 새로운 더 위대한 경이(驚異)들을 산출하기를 기대하며, 세번째 사람은 모든 시대의 철학자들과 토론을 벌일 수 있을 것으로 기대할 수 있는 것이다. 이들 모두는 그들이 여기에서 상상할 수 있었던 것보다 더 옳았다는 사실을 발견할 것이다.

그 다음으로 두번째 질문은: 우리가 영원한 삶을 역사로서 생각할 수 있는가 하는 것이다. 이것은 이 세상적인 역사에 대해서 우리가 아는 것과 유사한 역사가 결코 될 수 없다. 우리에게 있어서 역사는 나타나서 빛을 발하고, 쇠퇴하는 세대들의 연속이며, 썩어질 것과 죽음으로써 특징지어진다. 그러나 이것은 그 자체로서의 영원한 삶이 역사없음을 의미하는 것인가? 이것이 바로 결코 끝나지 않는, 정적인 운동이나 혹은 영원한 안식일로서, 기독교 전통에서 종종 제시되는 바로 그 방법이다. 지난 이 세기 동안 우리는 역사 발전과 목표 지향성과 미래 계획이 인류에게 얼마나 크게 절대적으로 필요한가를 경험하였으며, 또한 그것없이는 우리가 인간의 삶을 상상할 수 없는 가속도와 긴장에 그것이 얼마나 크게 이바지하였는가를 경험하였다; 따라서 변하지 않는 영원의 묘사는 지루하고, 우리에게 심지어 혐오스러운 것으로 나타나게 되는 것이다. 그러나 이 묘사는 옳은 것일 수 없다.

시간은 고정된 영원 속에서 사라지지 않을 것이다. 삶은 존재와 생성의 대비 위로 고양(高揚)될 것이다. 과거-현재-미래의 삼요소 안에 내재하는 긴장은 폐지되지 않겠지만, 오직 현재만 남을 것이다. 더욱이 영화로워진 시간은 그 안에 미래의 차원을 갖게 될 것이다. 우리는 정적으로 되지 않고 우리의 목적지에 있을 것이며 부족함이 없이 활동할 수 있을 것이다. 그곳에서는 사랑이 다스릴 것이며, 이 사랑은 믿음과 소망을 포함하고 영원히 활동할 것이다. 우리의 존재의 역사성(Geschichtlichkeit)은 그 때에 폐지되지 않고 영화롭게 될 것이다. 만일 우리가 영원한 활동과 봉사에 대해서 마찬가지로 말한다면, 우리는 영원한 안식이나 영원한 기쁨을 언급할 수 있을 것이다. 우리는 또한 영원히 계속되는 지식과 행동의 발전에 대해서 언급할 수 있는가? 우리는 대도약을 넘어서 있는 것을 "세계의 종말" 혹은 "시간의 종말"이라고 부르는데 익숙하다. 이런 표현들을 피하는 것이 더 좋다. 하나님께서 인간 피조물을 이 일시적이고 소외된 삶의 형태로부터 들어 올리시고 그를 이 참된 현존의 집으로 인도하시게 될 때, 드디어 그 때에 삶이 실제로 시작되는 것이다.

슐라이어마허는 영원한 삶을 단순히 "갑작스럽고 변하지 않는 지고한 것의 소유나 혹은 지고한 것으로의 점진적인 상승"으로서 생각할 수 있었다(CF par. 163). 그러나 그는 첫번째 것을 상상할 수 없는 것으로 간주하였고, 두 번째 것은 결함과 불만 없이는 가능하다고 생각하지 않았다. 그의 결론은 "따라서 문제는 미해결로 남아 있다"는 것이었다. 우리의 견해로는 이 두 가지를 새로운 종합 안에서 결합하는 것이 상상할 수 없는 것이 아니며, 심지어 전혀 상상될 수 없는 것이 아니다; 이러한 동시적인 소유와 발전의 보기들은 결혼의 유대나 혹은 직업에서 가질 수 있는 관계가 될 수 있을 것이다.

신약이 영원한 삶의 정적인 개념을 제공하지 않는다는 사실이 충분히 주목되지 않고 있다. 지상 생애에서 그의 재화를 가장 잘 활용한 사람은 영원한 삶에서 훨씬 더 큰 책임을 부여받게 된다(눅 19:11-27). 이와 관련하여 그리스도를 통하여, 그리스도와 더불어, 영원한 삶을 특징지어주는 것으로서 "다스림"(바실류에인)이라는 용어가 특별히 중요하다(롬 5:17; 딤후 2:12; 계 3:21; 5:10; cf. 눅 19:17, 19; 고전 4:8). 우리가 아는 것처럼, 이것은 창세기 1:26-28에서 인간에게 할당되었던 다스림과 청지기직의 신분으로 되돌아가는 것이다; 영원한 삶은 이 신분의 끝이 아니라, 오히려 이것의 진정한 시작을 의미할 것이다.

보다 정적인 시대에나 혹은 삶이 힘들고 수고와 슬픔으로 가득 찼던 시기에, 기독교 신앙은 "휴식"이나 "안식일"과 같은 다른 신약의 이미지들에 훨씬 더 많은 관심을 보여주었다. 이것은 근거없는 것이 아닌데, 그 이유는 영원한 삶은 또한 인간이 다시 휴식하고 쉴 수 있음을 의미하기 때문이다. 우리 시대와 같은 시대에는 우리의 사고와 상상력에 다른 측면을 포함하는 것이 또한 필요하다. 교의학에 관해서는 Bavinck, *GD* IV, no. 580와 특별히 P. Althaus, *Die letzten Dinge*, pp. 332-337와, pp. 363f.에 나오는 바, 미래는 "완전하게 되는 것이 아니라, 영원한 생성의 살아있는 현실, 즉 이런 방식으로, 하나님이 우리를 무한한 앎과 형상의 부여로 부르시는 방식에 있다. 성취에 대한 현재의 즐거움, 앎과 형성에 대한 숭고한 즐거움은 미리 맛보기이며, 우리가 이러한 종류의 활동 속에서 경험하는 기쁨에 대한 약속이다"라는 표현을 보라. 알트하우스는 단순히 펼쳐놓는 것(p. 335)만을 언급하고 있다; 그는 진보와 발전에 대해 언급하기를 거절한다. 그러나 우리에게 보이는 바로는 이 구분은 그의 논증의 문맥에서 뿐만 아니라 일반적으로도 인위적이다.

여기에서도 역시 우리는 신앙의 연구의 중요성과 나란히, 신앙의 상상하는 능력의 독립적인 중요성을 지적하기를 원한다. 고난당하는 자와 수고하는 자는 방해받지 않는 휴식으로서 영원한 삶을 묘사하는 것에 대해 불안해할 필요가 없지만, 활동적인 사람은 그곳에서 그가 억압되거나 미개발된 잠재성을 깨닫고 훨씬 더 넓은 지평에 도달할 수 있게 되기를 마찬가지로 전적으로 기대할 수 있을 것이다. 하나님은 다함이 없으시다; 우리가 그에게 더 가까이 다가가서 살면 살수록, 삶은 더욱더 우리에게 모든 무진장함 속에서 드러나게 될 것이다.

교의학개론

초판 발행 1999년 10월 25일
중쇄 발행 2008년 11월 25일

발행처 **크리스챤다이제스트**
발행인 박명곤
주소   경기도 고양시 일산동구 정발산동 1193-2
전화   070-7538-9864, 031-911-9864
팩스   031-911-9824
등록   제98-75호
판권   ⓒ 크리스챤다이제스트 1999
총판   (주) 기독교출판유통
        전화 031-906-9191~4
        팩스 080-456-2580

· 값은 표지에 쓰여 있습니다.

● 본사 도서목록은 생명의 말씀사 인터넷서점 (lifebook.co.kr)에서 출판사명을 "크리스챤다이제스트"로 검색하시면 됩니다.